Hung Yeh

春秋左傳注

（修訂本）上冊

楊伯峻◎編著

國家圖書館出版品預行編目(CIP)資料

春秋左傳注 / 楊伯峻編著. -- 臺北市 :
洪葉文化, 2015.01 冊 ; 公分
ISBN 978-986-6001-56-7(上冊 : 精裝)

1.左傳 2.注釋

621.732 103017188

春秋左傳注（修訂本）上冊

編 著／楊伯峻
發 行 人／洪有道
發 行 所／洪葉文化事業有限公司
登記號：局版北市業字第 1447 號
地 址：106 台北市羅斯福路三段 283 巷 14 弄 18 號 3 樓
電 話：02-2363-2866
傳 真：02-2363-2274
劃 撥：1630104-7 洪有道帳戶
e-mail:service@hungyeh.com.tw
http://www.hungyeh.com.tw
版 次／2015 年 01 月 初版一刷
2018 年 02 月 初版二刷
I S B N 978-986-6001-56-7

定價◎500 元 〔如有缺頁、破損、裝幀錯誤請寄回更換〕

春秋左傳注目錄

修訂小記

此書初版初印本以各種原因，錯字衍文以及脫奪倒轉之文字語句，幾乎數不勝數。既不願求全責備於人，亦非過盡在我。愧對讀者，內疚實深。重印時，又限於紙型，不能盡如己意，加以訂正。幸而未嘗三印，讀者或能諒此苦心。

重排之先，力求掃除訛脫。其有誤注者，亦加改正。亦有新意或新資料，盡可能補入。惟春秋左傳詞典附注頁碼，必使詞典頁碼與先後各版都能符合，故增補時必須兼顧及此。或利用空白，或刪舊補近，求其適當而已。

責任編輯李解民先生細心通讀，並提供新資料，盡心竭力，期有益於讀者，亦使編著者爲之感動。河北師範大學張文質先生，於本書手民之誤外，並爲所徵引書與原書比勘，眉批行批，惠我寔多。江蘇溧陽縣浦金瑞先生寄來校語一厚冊，用心甚細，用功實勤，彌足感人。此外蘇州晏嗣平先生、新疆奎屯市第三中學何容先生、鐵嶺市銀州區物價局周維綱先生等曾先後來信，有所指正。特此記敍，以表謝忱。

一九八六年二月二十七夜編著者

前言

（一）春秋名義

春秋本是當時各國史書的通名，所以國語晉語七說：「羊舌肸習於春秋。」楚語上也說：「教之春秋。」墨子明鬼篇也曾記各國鬼怪之事，一則說：「著在周之春秋。」二則說：「著在燕之春秋。」三則說：「著在宋之春秋。」四則說：「著在齊之春秋。」隋書李德林傳載其答魏收書也說：「墨子又云：『吾見百國春秋。』」（今本無此文，孫詒讓閒詁輯入佚文中。）

春秋之名，似乎其來已久。據唐劉知幾史通六家篇說：

> 春秋家者，其先出於三代。按汲冢瑣語，記太丁時事，目爲夏殷春秋。

由此，劉知幾論定：「知春秋始作，與尚書同時。」但這種推理，很難使人信服。汲冢瑣語，現在我們已經看不到。劉知幾看到其中有夏殷春秋之名，而記的是太丁時事，這個不必懷疑。然夏殷春秋之名，是太丁時原有的呢，還是汲冢瑣語作者所後加的呢？則難以肯定。據史記殷本紀，殷商有兩個太丁，第一個是商湯的兒子，殷本紀說：

> 湯崩，太子太丁未立而卒，於是迺立太丁之弟外丙，是爲帝外丙。

這個太丁既未曾坐過朝廷，自無時事可記。第二個太丁是紂的祖父。殷本紀說：

> 武乙震死，子帝太丁立。帝太丁崩，子帝乙立。帝乙崩，子辛立，是爲帝辛，天下謂之紂。

兩個太丁，後一個太丁，龜甲文實作文丁。王國維所作殷卜辭中所見先公先王考和續考未曾考及這一個文丁。據後漢書西羌傳和注及通鑑外紀，都引有大丁，或太丁，可能沿襲史記殷本紀把文丁作太丁之誤，唐劉知幾史通也誤把文丁作太丁，而其人爲紂之祖則甚明。但並無夏殷春秋之名。徧考卜辭，確如于省吾歲時起源初考所言，「有春、秋而無冬、夏」。更沒有「春秋」這一雙音名詞，足見所謂夏殷春秋者，是汲冢瑣語作者所加，並不是如劉知幾所云「其先出於三代」。

據墨子，各國的史書都叫春秋，所以左傳昭公二年傳說：

> 晉侯使韓宣子來聘，……觀書於大史氏，見易、象與魯春秋。

孟子離婁下也說：

> 晉之乘，楚之檮杌，魯之春秋，一也。

那麼，「春秋」既是各國史書的通名，也是魯國史書的專名。因爲各國史書，有的各有專名，晉國的叫乘，楚國的叫檮杌，它們和魯國的春秋，是性質相同的書。

爲什麼叫「春秋」呢？根據春秋經，一般在一年四季（古人叫四時）的第一個月，縱是無事可記，也寫「春正月」或「春王正月」、「夏四月」、「秋七月」、「冬十月」。春、夏、秋、冬四時之名，至遲起於西周。以詩而論，我認爲豳風作於西周，七月有「春日載陽」；小雅出車也作於西周，有「春日遲遲」。

說文夊部說：「夏，中國之人也。」而朱駿聲說文通訓定聲却說：「春、夏、秋、冬四時並本字本義。」林義光文源徵引這一說法，並引右戲鬲「夏」作「□」爲證。

秋季本爲穀熟季節，所以說文禾部說：「秋，禾穀熟也。」尚書盤庚上「若農服田力穡，乃亦有秋」，「秋」字正是這意義。左傳僖公十五年：「歲云秋矣，我落其實，而取其材。」這個秋字，正是四時的秋。古鈢（璽印之璽）文常見「千秋」字，「千秋」正如詩王風采葛「一日不見，如三秋兮」的「三秋」。古人每年莊稼只收一次，所以「千秋」猶如「千年」，「三秋」猶如「三年」。

冬，說文仌（冰本字）部云：「四時盡也。」四季最末一季自是冬季。金文有□字，即冬字，却假借爲終，如頌鼎「頌其萬年眉壽，畯臣天子霝冬」，「霝冬」即「靈終」，和詩大雅既醉「高朗令終」的「令終」同。井（邢）人安鐘云「永冬于吉」，即「永終于吉」。詩唐風葛生：「夏之日，冬之夜。百歲之後，歸於其居。」「冬之夜，夏之日。百歲之後，歸於其室。」這「夏」和「冬」，才是四季的夏和冬。

古人記事，標明春夏秋冬的，據趙汸春秋屬辭卷一說：

> 近代或有以書「王」爲夫子（孔丘）特筆者，按殷人鐘鼎曰「唯正月王春吉日」之文，可見時日稱「王」，乃三代恆辭。

趙汸說的重點在「王」字，我引他的文字重點在「春」字。陸粲春秋胡氏傳辨疑也說：

> 商鐘銘曰「惟正月王春吉日」，又曰「惟王夾鐘春吉月」，是三代之時皆然。

然而他們所舉商鐘，不曾傳到今天。而在傳世彝器中，欒書缶有「正月季春」的紀載。「正月」是晉用夏正的「正月」，對周正來說就是季春三月。還有商鞅量標有「冬」字，這個商鞅量自己說作於秦孝公十八年冬十二月乙酉，便在春秋之後一百三十多年。古本竹書紀年大半輯自前人所引，引文不但不完全，可能還有修改變動，然而原本既已喪失，現在不能不依靠輯本。而輯本也絕大多數不標春夏秋冬四時。唯初學記二、太平御覽十四、北堂書鈔一五二引西周時一條，說：

夷王七年冬，雨雹，大如礪。

這一條不知道是否紀年作者鈔自西周夷王原始紀載，還是他本人改寫。但這條的「冬」字，依情理論，後人難以妄加或妄改。如果這個推斷不錯，那麼，古代史書於每季的第一月或者最初記事之月，標明春、夏、秋、冬，從西周已是如此。

古人於四季中，較多的重視春、秋二季，所以經常把「春」「秋」二字連用。如周禮天官宮正說：「春秋以木鐸修火禁。」又地官州長說：「春秋以禮會民。」詩經魯頌閟宮說：「春秋匪解。」（左傳文公二年引有此語）禮記中庸說：「春秋修其祖廟。」其餘如左傳僖公十二年管仲之言「若節春秋來承王命」，周語上「諸侯春秋受職於王以臨其民」，楚語上「唯是春秋所以從先王者」，春秋二字連用的多得很。

這些辭語有些在春秋經文既成以前，而大多寫於春秋經文既成之後，更是寫在韓宣子所見的魯春秋之後，但它反映春秋和春秋時代以前的現象，是不容置疑的。無怪乎杜預春秋左傳集解序說：「故史之所記必表年以首事，年有四時，則錯舉以爲所記之名也。」意思是史書之名爲「春秋」，即是節取「春夏秋冬」四字中「春秋」二字。

至於公羊傳隱公元年徐彥疏引春秋說說孔丘以其書「春作秋成，故云春秋」；又引三統曆說「春爲陽中，萬物以生；秋爲陰中，萬物以成，故名春秋」，恐怕都不足信。

後來別的書也叫做「春秋」，現存的有晏子春秋、呂氏春秋等，「春秋」意義和史書的「春秋」不同，不在本文討論範圍之內。

（二）春秋和孔丘

據史記、漢書和陸德明經典釋文序録等書，春秋有三種傳授本，也就是三種講解本。三種傳授本，第一種是左氏春秋，它是用秦以前的文字寫的，所以漢書藝文志（以後簡稱漢志）春秋類列它於第一，名之曰「春秋古經十二篇」；其他二種是公羊春秋和穀梁春秋，據漢志說，這兩種本子是口耳相傳，到漢代才用當時文字寫出來，漢志稱之曰「經十一卷」，班固又自注說：「公羊、穀梁二家。」詳細情況，可以參看王先謙漢書補注和王應麟漢書藝文志考證（二十五史補編本）。古代經自經，傳自傳，各自單行。傳是對經加以講解的，所以有三種傳授本，也就有三種講解本。漢志列有「左氏傳三十卷，公羊傳十一卷，穀梁傳十一卷」。其餘還有鄒氏傳十一卷，夾氏傳十一卷。鄒氏傳沒有老師傳授，夾氏傳只見於劉向別録、劉歆七略的著録，班固不曾見到書。梁阮孝緒七録說：「建武（後漢光武帝年號，公元二五——五六）中鄒、夾氏皆絶。」那麼，更不必談它了。

因爲公羊和穀梁經、傳是用漢代當時文字隸書寫的，所以稱爲「今文」，並且「立於學官」，即在國立大學中有「博士」講授。左氏傳是用先秦文字寫的，所以稱爲「古文」，却不得立於學官。左氏傳當西漢時，雖然未能在國立大學開科傳授，却從戰國直到後代，相當盛行。即在西漢，傳授注解的很多，如漢書儒林傳說：「漢興，北平侯張蒼及梁太傅賈誼、京兆尹張敞皆修春秋左氏傳。」

三種經文，大體相同。自然也有差異很大的。而最重要的差異，一是公羊經於魯襄公二十一年寫道：

十有一月庚子，孔子生。

穀梁經也寫道：

庚子，孔子生。

而左氏經却没有這一條。二是公羊和穀梁經、傳寫到魯哀公十四年「西狩獲麟」，左氏經却繼續寫到魯哀公十六年「夏四月己丑，孔丘卒」。傳不但寫到魯哀公二十七年出走至越國，而且還大略敍述了趙襄子和韓、魏二家共同滅亡智伯，這是春秋以後幾年的事了。由於三種春秋傳授本，二種紀載「孔子生」，一種紀載「孔丘卒」，左傳還記載了魯哀公弔唁孔丘之辭，又加上孔丘學生子貢的評論。就從這個現象看，不能說春秋和孔丘没有關係。

首先提出春秋是孔丘所修的，是左傳作者。僖公二十八年說：

是會也，晉侯召王，以諸侯見，且使王狩。仲尼曰：「以臣召君，不可以訓，故書曰：『天王狩于河陽。』」

根據杜預春秋經傳集解後序所引竹書紀年，紀年作「周襄王會諸侯于河陽」，既沒有以臣召君的文字，不知魯史原先怎樣敍述的。從史記晉世家「孔子讀史記（當卽魯春秋或者晉乘）至文公，曰：『諸侯無召王。王狩河陽者，春秋諱之也。』」那麽，今本「天王狩于河陽」，司馬遷便以爲孔子所讀原文如此。紀年記載和春秋不同，紀年是以晉和魏爲主的史書，自然可能和魯史不一樣。但左傳强調春秋爲孔丘所修，不止一次。又如成公十四年傳說：

君子曰：「春秋之稱，微而顯，志而晦，婉而成章，盡而不汙，懲惡而勸善，非聖人，誰能脩之？」

這君子之口的聖人，卽是孔丘，猶如公羊的「君子」。公羊莊公七年傳說：

不脩春秋曰：「雨星不及地尺而復。」君子脩之曰：「星霣如雨。」何以書？記異也。

這是公元前六八七年三月十六日所發生的流星雨現象，並且是世界上最古的天琴流星雨紀事。那麽「星霣（亦作「隕」）如雨」是紀實。流星雨也有不曾達到地面而消滅的現象，那是西漢成帝永始二年，卽公元前十五年三月二十五日的天琴流星雨，卽公羊傳所謂不脩春秋「雨星不及地尺而復」，而不是公元前六八七年的流星雨。公羊傳作者認爲有所謂不脩春秋，大概就是魯國史官所紀載的原本春秋。孔丘曾經脩改它，便是今日的春秋。公羊所謂「君子脩之」，王充論衡藝增篇和說日篇都說：「君子者，孔子。」這是一語破的。孟子滕文公下更說：

世衰道微，邪說暴行有（同又）作。臣弑其君者有之，子弑其父者有之。孔子懼，作春秋。春秋，天子之事也，是故孔子曰：「知我者其惟春秋乎！罪我者其惟春秋乎！」

左傳和公羊傳只說孔丘「脩」春秋，孟子竟說孔丘「作」春秋，越說越遠。孔丘自己說過「述而不作」（論語述而），孟軻硬說他「作春秋」，豈不和孔聖人自己的話矛盾嗎？

我認爲莊子齊物論是莊周自己的筆墨。他也說：

六合之外，聖人存而不論；六合之內，聖人論而不議。春秋經世先王之志，聖人議而不辯。

莊周這裏所謂「聖人」指的是孔丘。天下篇也是莊周自己寫的，他又說：「春秋以道名分。」細玩莊周的文字，似乎也肯定春秋有孔丘的思想意識，卽有孔丘的筆墨。不過只「議」而不「辯」，目的在「經世先王之志」而「道名分」。

那麼，孔丘在什麼時代脩或者作春秋呢？史記孔子世家列之於哀公十四年西狩獲麟以後，而且說：

子曰：「弗乎弗乎！君子病没世而名不稱焉，吾道不行矣，吾何以自見於後世哉？」乃因史記，作春秋。

如果這話可信，孔丘作春秋，動機起於獲麟。而孔丘於二年後卽病逝。以古代簡策的繁重，筆寫刀削，成二百四十二年的史書，過了七十歲的老翁，僅用兩年的時間，（據第一節所引春秋說，僅用半年的時間。）未必能完成這艱巨任務罷。同樣是司馬遷做的史記，十二諸侯年表序却說：

是以孔子明王道，干七十餘君莫能用，故西觀周室，論史記舊聞，興於魯而次春秋。

這一段話又和孔子世家相矛盾。世家記孔丘到周王朝，在孔丘三十歲以前，其後未載再去周室。孔丘三十歲以前去周室，在魯昭公之世，如何能作春秋至哀公之世？論語是專記孔丘和他門下弟子言行的書，却没有一個字提到春秋，更不曾說孔丘修或作過春秋。論語中記載孔丘讀過易，而且引用過詩和書，並且自己說：「吾自衞反魯，然後樂正，雅、頌各得其所。」（子罕）那麽，他確實整理過詩經的雅和頌的篇章。他若寫了或者修了春秋，這比整理雅、頌篇章貢獻還大，爲什麽他和他學生都一字不提呢？

春秋經文記載二百四十二年的大事，在魯國經歷十二個君主，尤其是當時形勢經過很大的變化。春秋爲魯國史書，又不曉得經過若干人的手筆。這些史官（當時叫太史）一方面不得不適應當時的形勢，一方面也有他自己的觀點和文風，這在春秋經文中表現得相當明顯，下文將舉例證明。如果孔丘果真修或作了春秋，爲什麽不把文風統一，尤其不把體例統一呢？

以形勢論，春秋初期，黄河下流諸國比較富强，而鄭國以爲王卿士之故，稱强稱霸，甚至和周桓王相戰而獲勝。不久，齊桓稱霸，楚也日見强盛，宋襄争霸未成。秦穆霸西戎而晉文、晉襄久霸中原。這是一變。晉國政出多門，吴國突起，越又滅吴。這是後期形勢。因之，魯史紀事便有不同體例，在注中都曾注出。現在我略舉出幾條：

一、隱、桓二公時，若不是魯國之卿大夫，無論盟會、征伐都不寫卿大夫之名。莊公二十二年春秋「及齊高傒盟于防」，這是和外國卿結盟寫出他姓名的開始。文公八年春秋經「公子遂會晉趙盾盟于衡雍」，這是盟會魯國和魯以外之國卿都寫上姓名的開始。

二、征伐，非魯大夫書名（寫出姓名），詳隱公二・九注。

三、諸侯書某人，詳隱公一〇・二注。

四、書「帥師」見文公三・七注。

五、楚國君，春秋在文公九年以前都稱「楚人」，文公九年一則書「楚人（實是楚穆王）伐鄭」，一則書「楚子使椒來聘」，書「楚人」「楚子」同在一年。宣公五年以後就都書「楚子」。而且楚大夫書名，也從「使椒來聘」開始，椒是鬭椒，却不寫他的姓氏。

孔穎達疏說：「推尋經文，自莊公以上諸弒君者皆不書氏，閔公以下皆書氏，亦足以明時史之異同，非仲尼所皆貶也。」（見隱四年經、莊十二年經、文九年經孔疏。文九年疏「亦」下衍「不」字，應依校勘記刪正。）孔穎達說「時史有同異，非仲尼所皆貶」，這是確有心得的話。

不但孔穎達有這論點，其他人也有相類似或者更進一步的看法。前文曾徵引趙汸的看法，「王」字並不是孔丘的特筆。陸粲也徵引金文，認爲：

今世所傳古器物銘，往往有稱「王月」者，如周仲稱父鼎銘則「王五月」，父己鼎銘則「王九月」，敔殷銘則「王十月」，是周之時凡月皆稱「王」，不獨正月也。商鐘銘曰「惟正月王春吉日」，又曰「惟王夾鐘春吉月」，是三代之時皆然，亦不獨周矣。以爲立法創制裁自聖（孔丘）心者，殆未考於此耶？

彝器銘文標年月時有「王」字，在現今傳世古器物中可以得到證明。而且這「王」字有不同意義，如𢓊伯敦（王國維觀堂別集補遺羌伯敦跋讀乖爲羌）云「唯王九年九月甲寅，王命□公征眉敖」云云，彔伯𢦏敦云「唯王正月，辰在庚寅，王若曰：『彔伯𢦏！繇自厥祖考有勞于周邦』云云，這種「王」字，是指周王，卽周王所頒曆法之年月，絶不是如公羊傳所云「何言乎王正月，大一統也」。叔夷鐘銘云「唯王五月，辰在戊寅，師于淄涶」云云，齊子仲姜鎛（楊樹達先生積微居金文說改稱𦉜𩊚鎛）「唯王五月初吉丁亥」云云，也是表明齊用周曆。至于楚王熊章鐘銘之「唯王五十有六祀」，此「王」乃楚惠王自稱，器亦戰國時器。楚王頵鐘銘云：「唯王正月初吉丁亥，楚王頵自作鈴鐘」云云，楚王頵卽楚成王，文元年春秋「楚世子商臣弑其君頵」可證。則春秋時，楚所鑄器物，銘文之「王」，是楚王自稱，楚自用楚曆，非周王之曆，由此兩器可以斷言。我而且懷疑晉姜鼎銘之「唯王九月乙亥」之「王」也不是周王。晉姜乃姜姓女嫁于晉國者。銘有「勿廢文侯顥（顯）命」，文侯就是晉文侯仇，周平王東遷得到他的大力支援，現存尚書文侯之命足以爲證。晉用夏正，不得稱「王九月」，則「王九月」之「王」是指晉侯。王國維觀堂別集補遺有古諸侯稱王說，舉乖伯敦、彔伯𢦏敦蓋等彝器爲證，而不知楚之稱王，明見左傳，彝器中亦有之。晉器亦有稱王的。足見公羊傳所謂「大一統」之說只是秦漢大一統後想像之辭而已。

公羊傳昭公十二年云：

十有二年春，齊高偃帥師納北燕伯于陽。「伯于陽」者何？公子陽生也。子曰：「我乃知之矣。」在側者曰：「子苟知之，何以不革？」曰：「如爾所不知何？」

何休注云：「子謂孔子。時孔子年二十三，具知其事。」依孔子之意，「伯于陽」應作「公子陽生」。姑不論這點的是非。據何休注和徐彥疏，孔丘親見其事，魯史有誤而不改。那麽，明知史文有誤而不訂正，孔丘到底修了春秋没有？這不是不打自招，孔丘只是沿舊史文麽？俞正燮癸巳類稿卷二春秋不告不書義曾經問：「策書參錯，孔子何以不訂正之？」

穀梁傳於僖公十九年云：

梁亡，鄭棄其師，我無加損焉，正名而已矣。

「我無加損焉」，這也是穀梁傳作者僞託孔丘的話的自供狀，說明孔丘對魯春秋原文並没有增減。至于「正名而已矣」，不過爲孔子修春秋作一調停之筆罷了。

孔丘作或修春秋之說，到西漢所謂經師之手，越說越神奇。舉一個例子爲證。僖公經云：

十有六年春王正月戊申朔，隕（公羊作「霣」，同）石于宋五。

公羊傳說：

曷爲先言「霣」而後言石？霣石記聞，聞其磌然；視之，則石；察之，則五。

穀梁傳也說：

先隕而後石，何也？隕而後石也。于宋四竟（境）之内，曰宋。後數，散辭也。耳治（猶言聽而知之）也。

董仲舒春秋繁露深察名號篇說：

春秋辨物之理以正其名。名物如其真，不失秋毫之末。故名「霣石」，則後其五。……聖人之謹于正名如此。君子於其言，無所苟而已。

「君子於其言，無所苟而已矣」，本是孔丘對子路説的話，見論語子路篇。董仲舒就用來贊美春秋，以爲春秋真是孔丘所修或所作，一字的先後都有重大意義。殊不知史通惑經篇引竹書紀年也作「隕石于宋五」。竹書紀年難道也是孔丘所修或所作？無怪乎劉知幾於惑經篇對孔子作春秋，提出很多疑問。劉氏真有高見特識！

我還可以從春秋、左傳本身提出春秋本是魯史本文的證據，孔丘不曾修改。左傳文十五年説：

宋華耦來盟……公與之宴。辭曰：「君之先臣督得罪於宋殤公，名在諸侯之策。臣承其祀，其敢辱君？」

宋華督殺宋殤公在魯桓公二年，春秋説：

宋督弒其君與夷及其大夫孔父。

華耦説「先臣督……名在諸侯之策」，可見各國史官都是這樣寫的。至於宣公二年春秋「晉趙盾弒其君夷皐」，襄公二十五年春秋「齊崔杼弒其君光」，都本於晉、齊兩國太史的直筆，左傳都有詳細的紀述，孔丘何曾改動？另外再提幾個證據。襄公二十年傳説：

衞甯惠子疾，召悼子曰：「吾得罪於君，悔而無及也。名藏在諸侯之策，曰『孫林父、甯殖出其君』。君入則掩之。若能掩之，則吾子也。若不能，猶有鬼神，吾有餒而已，不來食矣。」悼子許諾。惠子遂卒。

由這段文字看，孫林父、甯殖當初逐出衞獻公，諸侯史書都書「衞孫林父、甯殖出其君」，這是甯殖自己也知道的。他臨死迫切期望他兒子替他洗刷、掩蓋這一醜名，惟有把衞獻公再送回國一法。他以「不來食」（不享受祭祀）要挾兒子這樣做，甯喜（卽悼子）果於魯襄公二十六年殺掉衞殤公，復立衞獻公。現在的春秋于襄公十四年春秋經把「孫林父、甯殖出其君」改爲「衞侯出奔齊」，不罪甯殖，而罪衞獻公，就是甯殖的「掩之」。這一定是甯殖把持衞國政權，改行通告諸侯，諸侯太史也依通告照改。孔子若真修或作春秋，爲什麼不保留「衞孫林父、甯殖出其君」的原文原事呢？足見孔子未曾修或作春秋。禮記坊記曾兩次引魯春秋，一次說：

故魯春秋記晉喪曰：「殺其君之子奚齊及其君卓。」

這是坊記作者引兩年之事並舉，因而文有省略。春秋僖公九年說：

冬，晉里克殺其君之子奚齊。

十年又說：

晉里克弒其君卓及其大夫荀息。

坊記作者所引爲魯春秋，卽是魯史記，而基本上和今日春秋相同。一稱「殺其君之子奚齊」，一稱「其君卓」，可見魯史原文本來和今日春秋經文同。坊記還引魯春秋「孟子卒」，更和今日哀公十二年春秋經文一樣。由此，更可見孔丘未曾修或作春秋。坊記還曾引論語，足見其作者在論語書名已定之後，他引春秋而稱魯春秋，一種可能是當時他還能看魯史記，更可能是他不認爲孔丘曾修春秋，當時所傳的春秋就是魯史本文。

竹書紀年「楚囊瓦奔鄭」（春秋集傳纂例一引劉貺書）和定公四年經「楚囊瓦出奔鄭」，只少一「出」字，可說基本相同。

由此看來，孔丘實未嘗修春秋，更不曾作春秋。後代學者也有不少人對孔丘曾修或作春秋表示懷疑，但他怕背負得罪聖人之名，不敢直說，只能婉曲說出。縱是說得婉轉，他們的真意還是可以看出。今根據朱彝尊經義考引幾條：

鄭樵曰：「以春秋爲褒貶者，亂春秋者也。」

朱熹曰：「聖人作春秋，不過直書其事，善惡自見。」

劉克莊曰：「春秋，史克之舊文也。」

另外，清人袁穀芳春秋書法論說：

春秋者，魯史也。魯史氏書之，孔子録而藏之，以傳信於後世者也。

石韞玉獨學廬初稿春秋論也說：

吾則曰，春秋者，魯史之舊文也。春秋總十二公之事，歷二百四十年之久，秉筆而書者必更數十人。此數十人者，家自爲師，人自爲學，則其書法，豈能盡同？

那麼春秋和孔丘究竟有什麼關係呢？我認爲孔丘曾經用魯春秋作過教本，傳授弟子。論語述而曾經說「子以四教，文、行、忠、信」。在這四者之中，文自包括魯國歷史文獻，卽當時的近代史和現代史。

他必然看到魯春秋有闕文，所以又說「吾猶及史之闕文也」。春秋一定有闕文。僖公十四年經「冬，蔡侯肸卒」，無月無日，便是闕文。顧棟高大事表列入闕文篇，便是一例。

總而言之，春秋和孔丘有關，僅僅因爲孔丘用過魯春秋教授過弟子。仲尼弟子列傳所謂「子夏之徒不能贊一辭」。弟子，尤其是子夏，受授春秋，有幾分可能。第一，子夏是孔門晚期弟子，少于孔丘四十四歲，晚年爲魏文侯師，教授于西河。第二，春秋之傳又多出于子夏。第三，韓非子外儲說右上有明文：「患之可除，在子夏之說春秋也。」至于「孔丘生」「孔丘卒」，當爲後人傳春秋者所加，不是魯春秋舊文。加者不過藉以表示春秋和孔丘的關係罷了。

假定有人說，孔子修春秋，或者孔子作春秋，自戰國以來，便曾這麼說，難道能輕易否定？那我們可以徵引韓非子外儲說左上篇記晉文公伐原一事來論它。春秋經不載伐原事，左傳僖公二十五年却有這事，韓非子却說「孔子聞而記之」，這樣，左傳也是孔子所記的，難道左傳真是孔子所記的麽？縱是戰國人的說法，也是不可盡信的。

（三）春秋評價

春秋是魯國的一部自隱公元年至哀公十四年（後人又續至十六年）共二百四十四年間的不完備而可信的編年史。

第一，爲什麽說它可信呢？以天象而論，春秋的紀載可信。以近代和現代天文學的發展，不但能推測未來的日蝕，還可以追測古代的日蝕。春秋紀載日蝕三十六次，而襄公二十一年九月朔、十月朔的一連兩次日食，又二十四年七月朔、八月朔的兩次日蝕，相連兩月初一而日蝕，前人叫做「比食」，雖然有這種可能，但在一地兩次都能見到，可能性沒有。尤其在前一次是全蝕或環蝕之後，決不能于下一月又發生日蝕。因之襄公二十一年十月初一的日蝕可能是誤認或者是誤記；襄公二十四年八月的日蝕，可能是錯簡。除此二次而外，實三十四次，而三十三次是可靠的。這是古人所不能僞造的。又如春秋紀載有「星隕如雨」（莊公七年經），這是公元前六八七年三月十六日所發生的天琴星座流星雨紀事，而且是世界上最早的一次紀載。不是當時人看到，當時史官加以紀載，誰也不能假造。還有文公十四年「秋七月，有星孛入于北斗」，這是世界上哈雷彗星的最早紀録，也是無法假造的。由于春秋有關天象的記載，根據近代和現代天文學家的研究，證明它基本上是真實的，也就證明春秋作爲歷史資料是可以相信的。

其次，由于彝器和古代文物不斷地發現，很多能和春秋相印證。這在本書注中引用不少，也就不重複。

又其次，兩晉以至唐宋人所引用的竹書紀年，也有能和春秋相印證的，本書注中都加引用，然而所引不多。爲什麼呢？雷學淇於竹書紀年義證卷三十一「八年晉文公卒」條說：

> 紀年爲晉、魏之史記，其原本録晉、魏之事必詳。宋初傳本止記其異於左氏經、傳者，以備稽核；其同者則不録。而唐以前諸書徵引又皆取春秋經、傳，而不引紀年。故紀年之同於經、傳者多

不傳於後。如文公之霸業，紀年豈有不詳記者，而今皆不見，即此之故。若史通惑經篇、唐書劉貺傳所引，皆其僅存者矣。

我認爲這話有一定道理。也足以説明春秋之可信。杜預春秋左傳集解後序説：

> 會汲郡汲縣有發其界内舊冢者，大得古書。……其紀年篇……大似春秋經，推此足見古者國史策書之常法也。……略舉數條，以明國史皆承告。

劉知幾史通惑經篇也説：

> 觀汲冢所記（即竹書紀年）皆與魯史符同。

這些都是確鑿證據。一則證明春秋史料的可信；二則證明孔子未曾修，更未曾作春秋。

第二，爲什麽説它不完備呢？這可以從兩方面來説。一方面，古代史官紀事本來簡略，宣公二年，晉靈公被趙穿所殺，其中有一段經過，而晉太史僅僅寫「趙盾弒其君」五個字，魯太史才根據通報寫作「秋九月乙丑，晉趙盾弒其君夷皋」。而於具體情況，一字不寫。而且實際殺晉靈公的是趙穿，爲什麽太史歸罪於趙盾呢？這一道理，春秋也不曾提及。同樣，襄公二十五年，齊崔杼殺掉齊莊公，其中經過更爲曲折，也有醜事，而齊國太史也僅僅寫「崔杼弒其君」五個字。魯國史官才根據齊國通告，補上被殺日期和齊君之名，寫爲「夏五月乙亥，齊崔杼弒其君光」。我們再用古本竹書紀年相對，如桓公十八年齊人殺鄭國之君子亹，竹書紀年也僅僅寫「鄭殺其君某」六個字。杜預在春秋經傳集解後序論紀年説：「其著書文意，大似春秋經。」可見這樣簡略的記事，是當時各國太史的通例。這種大線條的畫筆，連個輪廓都不完全，無怪乎桓譚新論（此書已佚，嚴可均全後漢文有輯本）説：

> 左氏傳于經，猶衣之表裏相待而成。經而無傳，使聖人閉門思之十年，不能知也。

這話完全正確。如莊公二十六年經「曹殺其大夫」、僖公二十五年經「宋殺其大夫」，兩條都没有傳來説明補充，則殺者是誰，被殺者又是誰，爲什麼被殺，其經過如何，一概無法知道。杜預作注，也只得説「其事則未聞」。

以上是一方面。還有一方面，春秋記事，可能本不完備，又加上後來抄寫有遺漏，因之有不少地方使人難以理解。

以日蝕爲例，在春秋自隱公至哀公二百四十二年間，日蝕在魯都可見到的在六十次以上，春秋紀載僅一半。那一半就没紀載。縱使日蝕那天逢密雲或大雨，其中有日全蝕，就是密雲大雨，也不至于不知是日蝕，可見失記的不少。據孟子離婁下，孟軻説：「天之高也，星辰之遠也，苟求其故，千歲之日至，可坐而致也。」那麼，在孟子時代，已經知道推算冬至、夏至的方法，不論那種推算方法是否完全正確，總之，能求其所以然，便有一套推算術。對於日蝕，春秋史官是不是也知其所以然，而有推算術呢？如果説没有，那麼，僖公十五年的那次日偏食，日月合朔在凌晨四時四十一分，日復圓在五點多，接近六點，而魯都曲阜要到七點鐘才見到日出，日蝕在日出以前，魯國境内人都見不到，又如何能够寫入春秋的呢？當時秦國地處西偏，日出晚于曲阜一個多小時，是否由于秦國見到日蝕通報各國，而魯史加以記載呢？這個問題，很難解答。若説有一定的推算術，不但文獻無徵，而且就當時文化水平論，連冬至常常有誤測，更談不上推算日蝕了。何況既有推算日蝕術，哪能漏掉一半而不加紀載呢？

春秋失紀的不僅一兩件事，再略舉出幾點。

春秋歷魯國十二公，除閔公外，其餘在位年數，隱公雖僅十一年，而攝位時年已長大，其餘十公，長者三十多年，短者如定公十五年，然而他是昭公之弟，卽位至少在三十二歲以上。這些魯公，總有不少女兒出嫁。但春秋載魯女出嫁的僅僅七次，可見遺略未紀的很多。尤爲明顯的，如宣十六年書「秋，郯伯姬來歸」，她回娘家紀載，她出嫁爲什麼不紀載呢？成公五年書「春王正月，杞叔姬來歸」，也不寫其出嫁。當然，這兩個女子，都是被夫家拋棄而回娘家，但她們出嫁時，怎麼能知道她們將被離棄而不書呢？如果說，本是寫了的，因其被棄，史官便删去了。那麼，難道二百四十二年間魯國僅有不到十個女公子出嫁嗎？

春秋之時，周室固然已經衰落，但名義尚存，所以僖公二十五年載狐偃向晉文公說：「求諸侯，莫如勤王。諸侯信之，且大義也。」晉文公由此稱霸。而魯爲周室之最親近者，並且齊國仲孫湫說魯國「猶秉周禮」，「魯不棄周禮」（見閔元年傳）。既然魯國還實行周代禮制、禮節，爲什麼二百四十二年間，春秋書魯大夫到京師去的僅僅七次，聘問者僅僅二次呢？可見一定有漏載的。

其餘明顯失載的也不少。如昭公十八年，邾人入鄅。十九年，宋公伐邾，盡歸鄅俘。由此可以知道鄅國並未被滅亡。哀公三年，魯城啓陽。啓陽卽是鄅國。三傳屢說春秋「重地也」（公羊傳襄二十一年，又昭公五年），重地故也（左傳昭公三十一年），而鄅國爲魯所有，爲什麼春秋不載一筆呢？到今天一直還不明白鄅國是哪年併于魯，用什麼方法併于魯。又如宣公十年傳說：「凡諸侯之大夫違，告於諸侯曰：『某氏之守臣某失守宗廟，敢告。』所有玉帛之使者則告；不然，則否。」然而文公六年經書「晉狐射姑出奔狄」，那麼，狐射姑應該曾經來魯，作爲「玉帛之使者」，但是經和傳都不曾記載。總而言之，春秋失載的事不少，拿輯本竹書紀年來看，就有若干條爲春秋所無，也應屬於失載之列。

至于春秋是否有傳寫脱漏，從古今所載春秋字數的差距來看，未嘗無此可能。史記太史公自序集解引張晏說，「春秋一萬八千字。」公羊傳昭公十二年「其詞則丘有罪焉耳」下徐彥疏引春秋說也說「春秋一萬八千字」。王觀國學林却說：「今世所傳春秋經，一萬六千五百餘字。」李燾爲謝疇作春秋古經序說：「張晏云春秋萬八千字，誤也。今細數之，更缺一千四百二十八字。」張晏爲曹魏時人，王觀國和李燾都爲南宋初時人。假若張晏的「萬八千字」的數字可靠，則相隔九百年光景，春秋便漏抄一千四百二十八字。據汪伋十三經紀字，依清乾隆甲寅（一七九四年）刻本，春秋爲一萬六千五百十二字，較之李燾所細數，又少了六十字。輾轉抄刻，字數難免有脱落。試想，春秋一條，多則二十餘字，少則幾個字；而自張晏以來，幾乎少了一千五百字，至少是脱了一百多條，是不是可以說，這也是造成春秋不完備原因之一。

公扈子曰：「春秋，國之鑑也。春秋之中，弑君三十六，亡國五十二。」（見說苑建本篇）董仲舒春秋繁露滅國上篇說春秋「弑君三十六，亡國五十二」，淮南子主術訓更明白地說：「春秋二百四十二年，亡國五十二，弑君三十六。」其後司馬遷於史記太史公自序、劉向於所上封事（見漢書楚元王傳）無不如此說。而按之春秋，實際都不够此數，也不知道漢人傳說是這樣，而不論春秋實際紀載；還是漢人所見春秋，遠比今日所傳春秋爲多。所以我說，春秋所存史料並不完備。左傳雖然增補了些，即「無經之傳」，但還遠遠不够，春秋二百四十多年間的史實，有不少是失傳了。

（四）春秋和三傳

漢書藝文志：「春秋古經十二篇。經十一卷。」班固於「經十一卷」下自注：「公羊、穀梁二家。」那麽，春秋古經就是左氏傳的經，因爲它原來是古代文字寫的，所以稱它爲「古經」。可能它以魯國一公爲一篇，魯國十二公，所以它爲十二篇。至於公羊經和穀梁經，是到漢朝才寫定的。藝文志說公羊和穀梁於戰國「末世口說流行」，公羊傳何休序徐彥疏引戴弘公羊序說公羊「至漢景帝時，壽（公羊壽）乃共弟子齊人胡母子都著於竹帛」，則公羊寫於西漢有明文可據。四庫全書提要直定公羊傳爲公羊壽所撰，而胡母子都助成之。穀梁寫定年代，雖然没有明文，但從藝文志及其內容看，也在西漢。要知道「十二篇」和「十一卷」，主要分別不在數字「十二」和「十一」；十二篇（十二公各一篇）、十一卷（或者以閔公僅二年，與莊公合爲一卷），而在于「篇」和「卷」。漢人用此兩字，大有分別。篇指寫在竹簡或木簡上的，每簡很窄，可寫二十多字到一百多（據武威慶氏禮漢簡，木簡容字多，竹簡容字少），用素絲或青絲編聯爲篇。若寫在帛素上，則容字多，可能加軸捲起來，所以稱卷。漢書藝文志有篇有卷，篇指竹簡、木簡書，卷指帛書。另外還有紙本書，不過到今天未曾發現過實物。紙不能長久保存，自然不可能還有二千年以上的紙書存在。雖無實物，當時有紙書，不能否定。另外還有石本，如漢石經，只存殘石。長沙馬王堆三號墓所發現的帛書，不曾用軸，也不捲，而是摺疊成方塊，置於盒中。那是殉葬物，應屬特例。現在回到本題。藝文志於春秋古經用「篇」計，於公羊、穀梁經用「卷」計，一則可見古經寫在簡上，公、穀寫在帛上；二則先秦書一般用簡，漢代絲業較發達，大都用帛和紙，由此可以證明左氏古經是先秦物，公、穀是漢代才寫定的。史記吳世家說，「予讀古之春秋」云云，據下文，司馬遷所讀「古之春秋」就是中祕書所藏的古文寫的春秋左氏傳。

公羊、穀梁因爲都寫於漢代，自用漢代通行文字，所以稱爲今文。左傳一則出於屋壁，二則傳於民間，未得立學官。在西漢哀帝時，劉歆力爭，而被「今文家」所否定。否定理由之一，是「左氏不傳春秋」。左傳是否傳春秋，只有就左傳本身來考察。上文徵引過桓譚新論的話，「左氏傳於經，猶衣之表裏相待而成。經而無傳，使聖人閉戶思之十年，不能知也」。反過來，若有傳無經，也有許多費解處，還有更多史事闕文。先舉費解的例子。

成十七年經云：「夏，公會尹子、單子、晉侯、齊侯、宋公、衞侯、曹伯、邾人伐鄭。」傳云：「公會尹武公、單襄公及諸侯伐鄭，自戲童至于曲洧。」傳僅云「諸侯」，若沒有經所紀載的「晉侯、齊侯」等，離開經，不知道「諸侯」是哪些國君。同樣，襄十年經云：「春，公會晉侯、宋公、衞侯、曹伯、莒子、邾子、滕子、薛伯、杞伯、小邾子、齊世子光會吳于柤。」襄十年傳云：「春，會于柤，會吳子壽夢也。」（下略）若沒有經文，誰知道哪些人在柤地相會。桓譚說，經不能離開左傳，其實，左傳也不能離開春秋經。不過左傳的解經，不像公羊和穀梁。據漢書藝文志，春秋家有「公羊董仲舒治獄十六篇」，現存董仲舒春秋繁露，也足以窺見公羊學說之一斑。何休公羊解詁和唐人徐彥的疏都曾採用或徵引嚴彭祖、顏安樂的遺說，有所謂「五始」、「三科」、「九旨」、「七等」、「六輔」、「二類」、「七缺」之義（詳見公羊傳「隱公第一」徐彥疏），現在看來，不是穿鑿附會，便是迂腐迷信。試想，用春秋來判斷訴訟，來救旱、止雨，難道不是愚蠢之至麽？清代凌曙是通人，他著有公羊禮疏。他在公羊禮疏序中批評漢人講公羊者說：「公羊至漢，始著竹帛。鄒、夾無傳，嚴、顏最盛。然是非不明，句讀亦失。」無怪乎北史儒林傳說：「其公羊、穀梁二傳，儒者多不措懷。」隋書藝文志也講過：「晉時公羊、穀梁，但試讀文，而不能達其義。」穀梁傳大多同於公羊，所以前人以兩傳並論。清人陳立作公羊義疏、鍾文烝作穀梁補注，近人柯劭忞還專用「九旨」爲全書綱領作春秋穀梁傳注。這些書，我都讀過，真是越讀越糊塗。不是這些學者糊塗，我認爲是公羊傳、穀梁傳本身糊塗。柯劭忞縱然費盡苦心，不惜改動原文，使他通順，但究竟是「可憐無補費精神」。

左傳直接解釋經文的話比較少，但基本上是必要的。如隱公「元年春王正月」，左傳不像公羊傳，把「元年」、「春」、「王」、「正月」，先截成幾段，加以無謂的解釋，又綜合起來，從詞的順序加以臆測。左傳僅說：「不書卽位，攝也。」所以司馬遷作史記，在魯世家中，用左傳，而不用公羊和穀梁。沒有必要，左傳不但對經文不加任何解釋，而且連春秋經本文都不寫。所以左傳有不少的無傳之經。杜預很懂得左傳體例，假若經文和傳文相類，如文公元年傳「夏四月丁巳，葬僖公」，和春秋「夏四月丁巳葬我君僖公」，好像無所增加和說明，而杜預却注云：「傳皆不虛載經文。」那麽，爲什麽這裏「虛載經文」呢？杜預認爲後文「穆伯如齊始聘焉……」這條傳文應在「葬僖公」下，就是孔穎達疏所說的「既葬除喪，卽成君之吉位也」。我則認爲這是表示下一傳文「王使毛伯衞來錫公命。叔孫得臣如周拜」。若不寫僖公已葬，周王既不能使人錫命，文公也不得接受，並且使人答謝。正如宣十年經「公孫歸父帥師伐邾，取繹」。傳僅云：「師伐邾，取繹。」實際爲下文「冬，子家如齊，伐邾故也」作伏筆。因爲最初春秋自春秋，左傳自左傳，各自爲書，古人叫「別本單行」。把春秋經文和左傳分年合併，杜預春秋序自認是他自己「分經之年與傳之年相附，比其義類，各隨而解之」。若在經、傳未合併以前，作傳者於與其他傳文有關之經，不能不也寫一筆。這不叫「虛載」。

左傳還有時把幾條相關的經文，合併寫成一傳，如僖公三十二年「冬十有二月己卯晉侯重耳卒」，三十三年「春王二月秦人入滑」、「夏四月辛巳，晉人及姜戎敗秦師于殽」、「癸巳，葬晉文公」，一共四條經文，左傳寫成一傳，不過今本左傳因三十二年和三十三年之間，插入經文，因而隔斷，文氣實際是相聯的。這又是左傳一種條例。

左傳有更多的無經之傳。因此魯史官雖然未必記載那事入春秋，而左傳作者却認爲不能不寫出來。讀者隨時可以發現，不再舉例。這又是左傳一種條例。

左傳有和經矛盾的，一般是左傳對經的糾正，如昭公八年左傳說「夏四月辛亥，哀公（陳哀公）縊」，辛亥爲四月二十日，而經文作「辛丑」，則爲初十日，兩者相差十天。孔疏說：「經、傳異者，多是傳實經虛。」就是傳文實在，經文虛假。又如一般日食，傳文不述。可是襄公二十七年經「十二月乙亥朔，日有食之」，傳文却作「十一月乙亥朔，日有食之」。按今法推算，這是當時公曆十月十三日之日全蝕，丁亥朔日應在十一月，日食也應在十一月。經寫成「十二月」是錯誤的。作左傳者大概掌握了更可靠的史料，才寫這一條傳文，以糾正經文。但他自己並不懂曆法，說什麼「辰在申」等等外行話。但他所掌握的日食日期的資料是比春秋還可靠的。

總而言之，公羊傳、穀梁傳，不是空話，便是怪話，極少具體的有價值的歷史資料。但偶然發現一兩點全經體例，爲漢人所重視，所抄襲，甚至加以附會。這種地方，還應該加以表彰和說明。

如公羊傳宣公十八年說：

甲戌，楚子旅卒。何以不書葬？吳、楚之君不書葬，辟（避）其號也。

禮記坊記因而附會說：

子云：「天無二日，土無二王，家無二主，尊無二上，示民有君臣之別也。春秋不稱楚、越之王喪。」

鄭玄注說：

楚、越之君僭號稱王。不稱其喪，謂不書葬也。春秋傳曰：「吳、楚之君不書葬，辟（避）其僭號也。」

我對春秋全部經文作過各種統計，以書「葬」而論，除葬周王、魯君、魯國夫人、魯國女公子以外，外國之君書「葬」的，一共八十四次，還不算定公四年經的「葬劉文公」，因爲劉文公是周王室大臣，並非諸侯。

當然也有不書葬的，如左傳成公十年云，「冬，葬晉景公」，春秋經，卽魯史官便不書。據左傳的解釋是魯成公親去送葬，而其他諸侯沒有一人親自去的，魯人認爲這是奇恥大辱，不但不記載魯成公去晉國，甚至連晉景公的葬也不寫。可見非魯國諸侯的葬，由于各種原因，魯國太史不紀載的不少。吳、楚、越三國國君自稱王，若寫他們的葬，一定要出現「葬某某王」諸字，如左傳襄公二十九年書「葬楚康王」。這便違反坊記所說「土無二王」的原則了。春秋全經的確沒有寫過楚、吳、越君之葬，公羊加以總結，成爲全經義例，還是有道理、有參考價值的。

穀梁傳也總結一條經例，也爲坊記所竊取、附會。穀梁哀公十二年傳說：

> 夏五月甲辰，孟子卒。孟子者何也？昭公夫人也。其不言夫人何也？諱取同姓也。

坊記因而說：

> 子云：取妻不取同姓，以厚別也，故買妾不知其姓，則卜之。以此坊民，魯春秋猶去夫人之姓曰吳，其死曰「孟子卒」。

其實，這事論語述而篇有記載：

> 陳司敗問昭公知禮乎。孔子曰：「知禮。」孔子退，揖巫馬期而進之，曰：「吾聞君子不黨，君子亦黨乎？君取於吳，爲同姓，謂之吳孟子。君而知禮，孰不知禮？」巫馬期以告。子曰：「丘也幸，苟有過，人必知之。」

左傳也有類似說明：

夏五月，昭夫人孟子卒。昭公娶于吴，故不書姓。

同姓不婚，雖是周禮，「猶秉周禮」的魯國也不遵守，各國早不理會了。晉獻公以驪姬爲夫人，晉文公的母親也姓姬，鄭國叔詹公開地説：「晉公子，姬出也。」（僖二十三年傳）正如齊國的盧蒲癸娶同宗女爲妻，别人説他：「男女辨姓，子不辟宗，何也？」盧蒲癸答説：「宗不余辟，余獨焉辟之？賦詩斷章，余取所求焉，惡識宗！」（左傳襄公二十八年）坊記雖然竊取論語和穀梁傳，並假託孔子的話來加説明，實是「孟子」之稱，在她爲昭公夫人時便已如此，魯國國君先和宋國通婚，桓公以後，多和齊國通婚，到昭公才和吴國通婚。可能這是第一次和同姓女子通婚，魯又是著名的遵守周禮的國家，才羞羞答答地不敢直稱「吴姬」，改稱「吴孟子」。魯太史寫其「卒」，連「吴」字都去掉，因爲吴爲太伯之後，自然也姓姬，存一「吴」字，還是表明同姓通婚，所以僅寫「孟子卒」。穀梁傳這一總結，並没有多少意義，衹是表明魯國一些人的保守觀念而已。

除此之外，公羊、穀梁兩傳也偶有説得對的。如莊公七年經「夜中，星隕（公羊作「霣」，同。）如雨」，二傳解「如」字便作像字解，和恆星雨天象符合。左傳解「如」爲「而」，説成是「與雨偕」，便錯解了。

然而左傳以具體史實來説明或者補正以至訂正經文。行文簡勁流暢，自東漢以後更爲盛行，自魏晉以後便壓倒公羊、穀梁二傳。

最後引日本學者島田翰古文舊書考春秋經傳集解（卷子本）一段，補充説明春秋古經和左氏傳的來由：

據漢志，「春秋古經十二篇」，「左氏傳三十卷」。案：古經十二篇者，左氏之單經，蓋因十二公爲十二篇也。（自注云：史記吳世家「余讀春秋古經」。周官小宗伯注云古文春秋經「公卽位」爲「公卽立」……）而其三十卷者，左氏之單卷。（……以左氏傳名者，北平侯張蒼獻春秋左氏傳是也。）顧所謂春秋左氏傳者，當分別春秋與左氏傳而觀之。蓋張蒼所獻，有經有傳，而孔壁所得，有傳無經也。……夫始除挾書之律，在惠帝四年，則蒼之獻書，當在此際。而恭王壞孔子壁，則景、武之間也。乃知春秋經之出，必在恭王壞孔壁前矣。張蒼生於先秦，曾爲秦御史，主柱下方書。則其所藏左氏傳，卽先秦舊書，當與孔壁所得無異矣。見後魏書江式傳所言，北平侯張蒼獻春秋左氏傳，書體與孔子相類，卽前代之古文矣，而可徵也。

（五）左傳的作者

史記十二諸侯年表序說：

魯君子左丘明懼弟子人人異端，各安其意，失其真，故因孔子史記（卽春秋）具論其語，成左氏春秋。

春秋左氏經傳集解序孔穎達疏引沈氏說：

嚴氏春秋引觀周篇（西漢本孔子家語中的一篇。今本孔子家語是曹魏王肅所僞作）云：「孔子將修春秋，與左丘明乘，如周，觀書於周史，歸而修春秋之經，丘明爲之傳，共爲表裏。」

嚴彭祖要早於司馬遷，而兩說有同有異。同者，孔子修春秋，左丘明作傳。不同者，孔子作春秋在前，左丘明恐怕孔門學生各執己見，走失孔丘原意，因而作傳，是作傳在後。嚴彭祖却說孔子和左丘明同車到周太史那裏看書，一個作經，一個作傳，是經、傳寫作同時。左丘明這個人，論語公冶長曾經提到：

子曰：「巧言、令色、足恭，左丘明恥之，丘亦恥之。匿怨而友其人，左丘明恥之，丘亦恥之。」

孔丘說話，引左丘明以自重，可見左丘明不是孔丘學生，所以司馬遷稱他爲「魯君子」，仲尼弟子列傳也沒有他的名字。那麽，他至少是孔丘同時人，年歲也不至小於孔丘。唐人陸淳春秋集傳纂例趙氏損益例甚至說：

夫子（孔丘）自比，皆引往人，故曰「竊比於我老、彭」。又說伯夷等六人云：「我則異於是。」並非同時人也。丘明者，蓋夫子以前賢人，如史佚、遲任之流，見稱於當時爾。

這樣，把左丘明的生存年代提到孔子以前若干年，便是否定左丘明曾經作過左氏傳。

後人還有對左丘明的姓表示疑問的。司馬遷既說左丘明，又說「左丘失明」（報任安書，見漢書司馬遷傳；也見於史記太史公自序）而他的著作又叫左氏傳。究竟他姓左名丘明呢？還是複姓左丘名明呢？還有其他說法呢？

朱彝尊經義考卷一六九便主張左丘爲複姓之說。他說：

司馬遷報任少卿書「左丘失明，厥有國語」。應劭風俗通：「丘，姓，魯左丘明之後。」然則左丘爲複姓甚明。孔子作春秋，明爲作傳。春秋止獲麟，傳乃詳書孔子卒。周人以諱事神，名，終將諱之。爲弟子者自當諱師之名，此第稱左氏傳，而不書左丘也。」這種說法有兩不通。第一，左丘明不是孔丘學生，史記證據顯然，朱彝尊受杜預等影響，因爲杜預在春秋左氏經傳集解序中說：「左丘明受經於仲尼。」晉書荀崧傳引荀崧上疏也說：「孔子懼而作春秋……時左丘明、子夏造膝親受。」這樣，硬把左丘明變成孔門弟子，却和史記不相合。這是一不通。而且周人以諱事神，却「臨文不諱」。周文王名昌，武王名發，可是周初文獻，「昌」字「發」字並不避忌。詩周頌雝「克昌厥後」，又噫嘻「駿發爾私」，都可以爲證。何況左丘爲複姓，並不見於姓氏書？這是二不通。

第二種說法是，司馬遷既稱其書名爲左氏春秋，班固漢書藝文志又稱其名爲丘明，那麽，此人姓左名丘明。孔穎達在杜預春秋左氏傳序疏中說：

藝文志云：「左丘明，魯史也。」是言「丘明爲傳」，以其姓左，故號爲左氏傳也。

但怎樣解釋司馬遷之稱他爲「左丘」呢？有人說，古人本有複名單稱之例，如晉文公名重耳，左傳屢見，而定公四年左傳所引載書（盟約），省稱爲晉重。這種例子並不少。何況司馬遷是在做文章，並不曾考慮到因此引起後代爭議。楊樹達先生古書疑義舉例續補有二字之名省稱一字例，而且說：「史記中此例甚多。」那麽，司馬遷省左丘明爲左丘，便不足爲奇。何況若稱丘明，便和本句下文「失明」的「明」字重複。司馬遷這段文字既都是四字一逗，又要避免重複，其稱左丘明省爲左丘，竟是文勢所不得不然。

至於俞正燮癸巳類稿左丘明子孫姓氏論說：

廣韻十八尤「丘」字注引風俗通云：「魯左丘明之後。」丘明子孫爲丘姓，義最古無疑。丘明傳春秋，而曰左氏傳者，以爲左史官言之。」依俞氏之説，左丘明三字，左是官名，丘是姓，明是名。然而左史省稱左，自古没見這例子。清乾隆年間便有人奏請立丘姓人爲左丘明之後，段玉裁替禮部寫了一篇駁山東巡撫以丘姓人充先賢左丘明後博士議，文見經韻樓集。俞氏考據之學號稱精審，但這種議論實在不高明。

無論左丘明的姓氏如何，無論左丘明是孔丘以前人或同時人，但左傳作者不可能是論語中的左丘明。

左傳最後記載到魯哀二十七年，而且還附加一段，説明智伯之被滅，還稱趙無恤爲襄子。智伯被滅在紀元前四五三年，距孔丘之死已二十六年，趙襄子之死距孔丘死已五十三年。左丘明若和孔丘同時，不至於孔丘死後五十三年還能著書，於是有種種説法：

呂大圭説：「左氏者，意其世爲史官，與聖人同時者丘明也。其後爲春秋作傳者，丘明之子孫或其門弟子也。」這種説法很巧，可惜古人未曾説過，呂氏也舉不出任何論證來。「意其世」云云，便表明只是臆測。

姚鼐左傳補注序説：「左氏之書非出一人所成。自左丘明作傳以授曾申，申傳吴起，起傳其子期，期傳楚人鐸椒，椒傳趙人虞卿，虞卿傳荀卿。蓋後人屢有附益。其爲丘明説經之舊及爲後人所益者，今不知孰爲多寡矣。」這是説左傳經過後代傳習的有所增加，但又指不出哪些是增加部分。至於「悼之四年」至「知伯貪而愎，故韓、魏反而喪之」一段是證成陳成子「知伯其能久乎」這句話，自是左傳作者應有之筆，未必爲後人所加。由于左傳成書于公元前四〇三年以後，自然看到趙襄子的死。

章炳麟春秋左傳讀說：「韓非外儲說右上曰：『吳起，衞左氏中人也。』左氏者，衞邑名。內儲說上曰：『衞嗣君之時，有胥靡逃之魏，因爲襄王之后治病。衞嗣君聞之，使人請以五十金買之。五反而魏王不予，乃以左氏易之。』注：『左氏，都邑名也。』左氏春秋者，固以左公名，或亦因吳起傳其學，故名曰左氏春秋。」錢穆因此及其他類似說法，竟作一結論說：「此左氏傳出吳起，不出左丘明之說也。」（見先秦諸子繫年考辨卷二，香港大學出版社版）這種結論我也不相信。據史記吳起傳，吳起治國，用法家；善用兵，幾乎戰無不勝。大凡古代的真法家和大軍事家，極少有迷信思想的。如果迷信，便會不知敵我，不講形勢。而左傳一書講「怪、力、亂、神」的地方很多，其不是吳起所著可知。但不能因此而否定他傳授過它。一則它是一部當時基本可信的近代史。二則左傳的描寫戰爭，不但生動，而且每一戰爭，著重點各有不同，各有特色。許多軍事觀點，很值得軍事家學習。

我認爲，左傳作者不是左丘明，不但不是論語的左丘明，也沒有另一位左丘明（有一說如此），因爲漢書古今人表以及其他任何史料都沒有提到第二位左丘明。吳起雖然傳授過左傳，左氏傳之稱絕不是因爲吳起是左氏人。左傳採取很多原始資料，如成公十三年傳載晉侯使呂相絕秦書，這是一篇強辭奪理的文字，可是藝術性很高。秦國後來竟模倣這篇受辱的文章，寫了一篇詛楚文（見嚴可均所輯全上古文卷十四）。由詛楚文足以知道呂相絕秦一定是原始紀錄，或者原始文獻。左傳作者安排改寫這些史料，有始有終，從惠公生隱公和桓公至智伯之滅，首尾畢具，風格一致。其人可能受孔丘影響，但是儒家別派。韓非子顯學篇說：「故孔墨之後，儒分爲八，墨離爲三。」孔丘不講「怪、力、亂、神」，左傳作者至少没有排斥「怪、力、亂、神」，所以我認爲是儒家別派。他的改編史料，正和司馬光寫資治通鑑一樣。資治通鑑編一千三百六十二年之史，雖然有當時著名史學家劉恕、劉攽、范祖禹等人爲助，但據司馬光的進書表「臣既無他事，得以研精極慮，窮竭所有，日力不足，繼之以夜」云云，司馬光實曾把全書作了統一工夫，所以現在讀資治通鑑，真像一個人寫的。據宋陳振孫直齋書録解題，司馬光恐怕資治通鑑卷帙太多，内容太富，晚年又節縮著通鑑舉要歷八十卷（此書已不存）。由此足見司馬光於資治通鑑實曾通讀並加工。左傳作者雖然取材也多，但僅二百五十五年，全書除春秋經外，不過十八萬字左右。縱使當時寫作條件艱難，也不如司馬光有皇帝支持，公家供給，而未始不可以一人成書。從注中可以知道，後人所謂劉歆等增益者（如南宋林栗說：「左傳凡言『君子曰』，是劉歆之辭」），都不可信。我們應該重視的，是左傳的成書年代。

（六）左傳成書年代

研究左傳成書年代，前人也曾用過力量，獲得一定的成績。可惜每每只用一種方法，没有從内及外，更没有搜集正反兩方面資料來解決矛盾，導致作出比較符合客觀實際的結論。我的這篇考證，對於前人研究成果有所取，也有所不取。但不是由於不合己意而不取，僅僅由於它缺乏科學性和邏輯推理不足而不取。就是符合己意的，也因此而不用。因爲用了它，反而不能够取信讀者。

論斷左傳成書年代，首先要引崔述洙泗考信餘録：

> 戰國之文恣横，而左傳文平易簡直，頗近論語及戴記之曲禮、檀弓諸篇，絶不類戰國時文，何況於秦？襄、昭之際，文詞繁蕪，遠過文、宣以前；而定、哀間反略，率多有事無詞，哀公之末事亦不備，此必定、哀之時，紀載之書行於世者尚少故爾。然則作書之時，上距定、哀未遠，亦不得以爲戰國後人也。

崔述這些話，有對有不對，現在不加討論。但他推定左傳作書之時，上距定公、哀公不遠，下也不會在戰國後。雖然此段時間相距很長，但作爲第一位認真探討左傳成書年代的學者，其結論還是值得重視的。

史記十二諸侯年表序説：

> 鐸椒爲楚威王傅，爲王不能盡觀春秋，采取成敗，卒四十章，爲鐸氏微。趙孝成王時，其相虞卿上采春秋，下觀近世，亦著八篇，爲虞氏春秋。

司馬遷上文所謂春秋，實指左傳，前人已有定論，現在不再重複。讀者參考近人金德建司馬遷所見書考司馬遷所稱春秋系指左傳考也足以瞭如指掌。不然，春秋在當時最多不過一萬八千字，爲什麼「爲王不能盡觀」？春秋和左傳近二十萬字，才「爲王不能盡觀」。孔穎達在春秋左氏經傳集解序疏中引劉向別録也説：

> 鐸椒作抄撮八卷，授虞卿。虞卿作抄撮九卷，授荀卿。

別録的二種抄撮，就是司馬遷的鐸氏微和虞氏春秋。漢書藝文志有鐸氏微三篇，班固自注說：「楚太傅鐸椒也。」又有虞氏微傳二篇，班固自注說：「趙相虞卿。」那麽，鐸椒、虞卿節録左傳成書，不但武帝時司馬遷看過，劉向、劉歆整理西漢末皇家藏書時，並曾整理過，這是十分可信的。而且，戰國策楚策四並有下列一段文字：

虞卿謂春申君曰：「臣聞之春秋，『于安思危，危則慮安』。」

「于安思危」二語，實際就是對左傳襄公十一年「居安思危，有備無患」的引意。古人引書，一般不拘泥於文字，只是大意相同便够。

鐸椒爲楚威王太傅，因作這書。楚威王元年爲公元前三三九年，末年爲前三二九年，鐸椒作鐸氏微或抄撮，不出這十一年之間，足見戰國時代的上層人物都喜愛左傳。虞卿的年代大概在公元前三〇五——前二三五年。從這以後徵引左傳的更多。劉師培羣經大義相通論中有左傳荀子相通論，其中雖不免有附會之處，但荀子徵引左傳，實無可疑。現在僅舉二條爲例。荀子大略篇：

送死不及柩尸，弔生不及悲哀，非禮也。

這和隱元年傳「贈死不及尸，弔生不及哀，豫凶事，非禮也」基本相同。而且荀卿還怕後人誤會尸體爲未經入棺之尸，又加以「柩」字表明它，足見這是荀卿引左傳，不是左傳用荀子。又致士篇說：

賞不欲僭，刑不欲濫。賞僭則利及小人，刑濫則害及君子。若不幸而過，寧僭無濫。與其害善，不若利淫。

襄公二十六年傳也有此文：

> 善爲國者，賞不僭而刑不濫。賞僭則懼及淫人，刑濫則懼及善人。若不幸而過，寧僭無濫。與其失善，寧其利淫。

兩者只有幾個字的差別，所以盧文弨説荀子致士篇「此數語全本左傳」。其後戰國策（如魏策三用僖公二年和五年左傳，稱左傳爲春秋）、呂氏春秋、韓非子無不徵引左傳文字。呂氏春秋、韓非子二書徵引尤多。劉師培有詳細考證，見讀左劄記。至于西漢，從漢高祖賜韓王信書用左傳哀十六年語以至淮南子、賈誼新書，文帝作詔書（見史記文帝紀二年），武帝制令（見史記三王世家並索隱）也曾徵引左傳；司馬遷作史記，徵引更多。其後哀帝封册（見漢書王嘉傳）以至劉向作説苑、新序、列女傳，都用左傳故事。左傳從成書一直到今天，流行於世，未曾斷絶。

晉武帝咸寧五年（公元二七九年）汲郡人不準盜掘魏國古墓，發現不少竹簡古書。其中有一種叫師春的，據晉書束晳傳和杜預的春秋左氏經傳集解後序説，完全抄録左傳的卜筮事，連上下次第及其文義都和左傳相同。杜預和束晳都認爲「師春」是抄集者人名。師春不知何年代人，但汲郡魏墓很多人説是魏襄王（就是孟子梁惠王上的梁襄王）墓。墓中另一種書叫竹書紀年，紀載魏史只到今王二十年。今王就是魏襄王，當時還活着，在王位，所以稱爲「今王」。魏襄王在位二十三年死去，那麽，師春的抄集左傳卜筮事至遲在魏昭王元年以前，卽公元前二九五年以前。左傳在戰國的流行更獲得實物證明。雖然師春其書已不存在，而杜預、束晳二人是親自看到那批竹簡才記述下來的。

以上只是證明左傳在戰國時卽已流行，還不能肯定左傳成書於何年。自然，成書在流行以前。顧炎武日知録卷四有左氏不必盡信條，說：

昔人所言興亡禍福之故不必盡驗。左氏但記其信而有徵者爾，而亦不盡信也。三良殉死，君子是以知秦之不復東征。至於孝公，而天子致伯，諸侯畢賀；其後始皇遂併天下。季札聞齊風以爲國未可量，乃不久而篡於陳氏；聞鄭風以爲其先亡乎，而鄭至三家分晉之後始滅於韓。渾罕言姬在列者，蔡及曹、滕其先亡乎，而滕滅於宋王偃，在諸姬爲最後；僖三十一年狄圍衛，衛遷於帝丘，卜曰三百年，而衛至秦二世元年始廢，歷四百二十一年。是左氏所記之言亦不盡信也。

後人因此，認爲左傳作者每每借他人之口作預言。預言被證實的，是作者所親見的；預言不靈驗的，是作者所未及聞見的。由此可以測定左傳成書年代。預言不靈驗的，主要有下列諸項。

一、文公六年傳說：「秦伯任好卒，以子車氏之三子——奄息、仲行、鍼虎——爲殉，皆秦之良也。國人哀之，爲之賦黃鳥。……君子是以知秦之不復東征也。」史記秦本紀說：「周室微，諸侯力政，爭相併。秦僻在雍州，不與中國諸侯之會盟，夷翟遇之。」這是秦孝公以前的情況，也是左傳作者所見到的「不復東征」的情況。然而自秦孝公卽位「於是乃出兵，東圍陝城，西斬戎之獂王。二年，天子致胙」，這是左傳作者所不及見的。這時已是公元前三六〇年。

二、莊公二十二年傳說：「初，懿氏卜妻敬仲，其妻占之，曰：『吉。是謂鳳皇于飛，和鳴鏘鏘。有媯之後，將育于姜。五世其昌，並於正卿。八世之後，莫之與京。』」末又說：「及陳之初亡也，陳桓子始大於齊。其後亡也，成子得政。」陳成子專姜齊之政，正是左傳筮者之言「此其代陳有國乎」。當時晏嬰也私自對晉國叔向說「此季世也。吾弗知齊其爲陳氏矣」（昭公三年傳）。然而不能肯定陳成子之曾孫太公和竟託人向周王請求，立他爲齊侯。所以卜辭只說「八世之後，莫之與京」；不言十世之後，爲侯代姜。昭公八年傳史趙的話也僅說陳之「繼守將在齊，其兆既存矣」。就是當時人多看到陳氏有代齊的苗頭，是否果真代齊爲侯爲王，誰都未敢作此預言。田和爲齊侯在公元前三八四年，這是左傳作者所未及知道的。

哀公十五年還有一段紀載：

秋，齊陳瓘如楚，過衞。仲由見之，曰：「天或者以陳氏爲斧斤，既斲喪公室，而他人有之，不可知也。其使終饗之，亦不可知也。」（下略）

子路對齊國前途的推測，還不及晏嬰的肯定。他肯定姜齊的被陳氏斲喪，這是當時人所共見的，却是否終爲陳氏所享有，或者另外鑽出第三者（他人）攫取果實，都在「不可知」之列。由此表明，左傳作者未及見到陳氏篡齊。

三、宣公三年傳：「成王定鼎于郟鄏，卜世三十，卜年七百。」這裏有個問題：周的世數和年數，應從文王計算起，還是從武王滅紂後算起，還是根據這段文字從成王定鼎算起。我認爲，「成王定鼎于郟鄏」，只是說明卜世卜年的時間和背景，而卜世卜年應該包括周王朝所傳之世、所得之年，至遲應該從武王計算起。晉書裴楷傳說：「武帝初登阼，探策以卜世數多少。」也是從西晉初開國計算起，正和成王卜世相類。漢書律曆志說：「周凡三十六王，八百六十七歲。」西周自武王至幽王共十二王，但年數多少則各說不同。史記匈奴傳說自武王伐紂至犬戎殺幽王凡四百餘年。這說得最長。史記周本紀集解引汲冢紀年說：「自武王滅殷以至幽王，凡二百五十七年也。」通鑑外紀三引汲冢紀年也說：「西周二百五十七年。」這說得最短。介於兩者之間的，有漢書律曆志引劉歆世經說自伯禽至春秋凡三百八十六年。劉恕通鑑外紀載西周凡三百五十二年。鄭玄詩譜序說：「夷、厲以上，歲數不明；太史年表，自共和始」，則無怪乎前人對西周年數無定論。東周自平王至赧王，不計哀王和思王，共二十二王。西、東周總共三十四王。律曆志說「三十六王」，可能是把哀王、思王計算在內。若說「卜世三十」，到安王便已三十王。平王元年爲公元前七七〇年，安王末年（二十六年）爲公元前三七六年，近四百年。加上西周約三百年，左傳成書年代很難到周安王時代。

四、閔公元年傳說：「賜畢萬魏。……卜偃曰：『畢萬之後必大。萬，盈數也；魏，大名也。以是始賞，天啓之矣。天子曰兆民，諸侯曰萬民。今名之大，以從盈數，其必有衆。』」又說：「初，畢魏筮仕於晉，……公侯之卦也。公侯之子孫，必復其始。」「復其始」就是恢復爲公侯。這樣，左傳作者一定看到魏斯爲侯。那時是周威烈王二十三年，公元前四〇三年。但看不到魏文侯後代稱王。昭公二十八年傳說：「魏子之舉也義，其命也忠，其長有後於晉國乎！」晉國就是魏國，作者行文避免「魏」字重複出現，因改「魏國」爲「晉國」。晉國本是魏國又一稱號，猶如孟子梁惠王上，梁惠王（即魏惠王）自稱其國爲晉國。他曾對孟軻說：「晉國，天下莫强焉。」由此足見左傳作者只見到魏文侯爲侯，見不到魏後稱王，更看不到它的日益衰弱，「東敗於齊，西喪地於秦七百里」。

綜上所論，足以推測左傳成書在公元前四〇三年魏斯爲侯之後，周安王十三年（公元前三八九年）以前。離魯哀公末年約六十多年到八十年。和崔述的論斷相較，相距不遠，只是具體得多。

公羊傳和穀梁傳的成書在後，古人早有明文。詳玩史記及漢書儒林傳自然知道。陳澧東塾讀書記卷十說，穀梁傳僖公二十二年說：「故曰禮人而不答，則反其敬；愛人而不親，則反其仁；治人而不治，則反其知。」這是用孟子離婁下語，可見穀梁傳作於孟子流行之後。陳澧還舉出一些證據，認爲穀梁出於公羊傳之後。章炳麟春秋左傳讀敍録後序說，公羊宣十五年傳：「上變古易常，應是而有天災。」何休解詁曰：「上謂宣公。」六國時尚無直稱人君爲上者。以「上」之名斥人君，始於秦并天下以後，公羊遂用之稱宣公。若依陳澧之說，公羊寫於秦統一以後，穀梁傳又在公羊傳後。據漢書藝文志「末世口說流行，故有公羊、穀梁、鄒、夾之傳」，那麽，除左氏傳外，無論公羊傳、穀梁傳以及鄒氏傳、夾氏傳，都只是口耳相傳授，原本没有寫本。公羊傳注疏卷首有戴弘序，說公羊傳到漢景帝時，公羊壽「乃共弟子胡母子都著於竹帛」，則公羊傳的寫定在西漢了。穀梁傳更在其後。

（七）左傳和國語

史記十二諸侯年表序說：「魯君子左丘明懼弟子人人異端，各安其意，失其真，故因孔子史記（即春秋），具論其語，成左氏春秋。」司馬遷所說的左氏春秋，就是今天的左傳。他又說：「左丘失明，厥有國語。」依司馬遷之意，左傳和國語都是左丘明一人所作。史記十二諸侯年表序說：「於是譜十二諸侯，自共和訖孔子，表見春秋、國語」云云，可見司馬遷是根據春秋（實指左傳）和國語作十二諸侯年表的。漢書律曆志下引國語楚語下「少昊之衰」及周語下「顓頊之所建」等語都稱春秋外傳。因此許多人便把左傳稱爲春秋内傳，國語稱爲春秋外傳。甚至班固在漢書司馬遷傳贊便說：

> 孔子因魯史記而作春秋，而左丘明論輯其本事以爲之傳，又纂異同爲國語。

三國吴國韋昭作國語解序也同意這一說法，並且還解釋說：

> 其文不主於經，故號曰外傳。

論衡案書也跟着說：「國語，左氏之外傳也。」

而最可笑者莫如康有爲。他著新學僞經考，說：

> 左傳從國語分出，又何疑焉？

康有爲的所謂新學，換句話說，就是王莽之學，因爲王莽逼漢孺子嬰讓位，國號新。而劉歆爲王莽國師，康有爲接受劉逢禄左氏春秋考證的論點，更加以穿鑿附會，因此指左傳等書爲「僞經」。他寫了新學僞經考、孔子改制考等書。這些書在當時政治上起的作用，自然應該另行論定。至于在學術上，却毫無是處。章炳麟作春秋左傳讀敍録，一條一條地駁斥劉逢禄，讀者無妨把這兩部書大致翻看一遍。至于康有爲的書，既不必看，更不值得駁斥。崔適作史記探源和春秋復始也和康有爲之說同，同樣不值一駁，因爲他們只是臆測，不舉可靠的證據，不依合理的邏輯。這是某些今文經學者的通病，我們在這裏只提一下，若詳細剖析，便可能寫出一本相當厚的專書。

左傳和國語是兩書，國語更不是一人所作。過去有不少學者加以論定，我只不過加以編排整理，而插以自己心得，寫成此章罷了。

晉書束皙傳云：「初，太康二年，汲郡人不準盜發魏襄王墓，或言安釐王冢，得竹書數十車。……國語三篇，言楚、晉事。」汲郡所出的國語，應該就是今天的楚語和晉語的一部分。據荀勗穆天子傳序，所發現竹簡，爲古尺二尺四寸，當晉時通用尺二尺。每簡四十字。但不知道多少簡爲一編，因而也無從知道這三篇竹簡國語究竟多少字。總而言之，汲郡所發現的，師春是抄襲左傳的卜筮書，國語另是一部書。在戰國時，左傳自左傳，國語自國語。自然，這還不足以證明左傳取材於國語，更不能證明左傳作者先寫了左傳，「又纂異同爲國語」。因爲這時，左傳和國語都已經同時流行。

要研究這問題，唯有從現存左傳和國語本身作分析。

第一，我已經說明，左傳是一人手筆，取材雖然豐富，但行文風格完全一致，並無後人添加的字句。國語却不同。首先，他的文風與左傳不能相比。晁公武郡齋讀書志引陸淳的話說，國語「與左傳文體不倫，定非一人所爲」。李燾也說，國語「其辭多枝葉，不若內傳之簡單峻健，甚者駁雜不類，如出他手」。崔述洙泗考信録餘録說得更透徹：「左傳之文，年月井井，事多實録。而國語荒唐誣妄，自相矛盾者甚多。左傳紀事簡潔，措詞亦多體要；而國語文詞支蔓，冗弱無骨，斷不出於一人之手明甚。」這是從文章風格以左傳和國語相比。

其實，國語也不是一人之筆。崔述又説：「且國語周、魯（即周語和魯語）多平衍，晉、楚多尖穎，吴、越多恣放，即國語亦非一人之所爲也。」這又是從文章風格上論國語各國語言和文風的不同。

第二，左傳雖然在舊的分類中列爲經書，國語却列爲雜史。若從兩書體例分類，左傳應屬於編年史，國語應屬於國別史。其不同於其他國別史的，一是言多事少；二是各國史實互相間很不相稱。鄭語只是一段文章，所敍自鄭國始封君桓公，而于其後僅敍晉文侯（非晉文公）定天下，齊僖公小霸，楚蚡冒始啓濮三句，這些事或者在春秋以前，或者在春秋初期。而齊桓公、晉文公之事却一字不提。以鄭國而論，鄭莊公在春秋初期亦是一霸，也不提及。而且據左傳襄公三十年，鄭子産引鄭書「安定國家，必大焉先」，又昭公二十八年傳，叔游引鄭書「惡直醜正，實蕃有徒」。然而這幾句鄭書語，不但不見於今之鄭語，也無從在今鄭語中安插進去。若説鄭語成書在前，不及見齊桓公、晉文公，更不及見子産。若今鄭語「芈姓夔、越，不足命也」，「閩芈蠻矣」（原作「蠻芈蠻矣」，今從汪遠孫國語發正據周禮職方氏鄭玄注引文訂正），足以證明鄭語作者看見楚威王伐越，殺王無疆，而越以此散（詳史記越世家）諸事。楚威王滅越，在公元前三三九年，則鄭語作於這年以後。尤其是鄭語又説「曹姓鄒、莒，皆在采衞」。漢書韋賢傳説：「韋賢，魯國鄒人也。其先韋孟家作諫詩曰：『王赧聽譖，實絶我邦。』」這麽，鄒國實在於王赧時被滅。王赧後人都作周赧王，實誤。「赧」非謚號，其人名「延」，音轉爲「赧」，朱希祖汲冢書考有周赧王周隱王考言之甚詳，可信。韋詩云「王赧」，不云「赧王」，又可爲朱説添一證據。王赧即位於公元前三一四年，則鄭語之作，又在此後。不但鄭語内容與左傳無關，即鄭國大政治家、外交家子産，鄭語亦無所記載，難道左傳作者竟對鄭事，不別「纂異同」麼？

左傳很少記載越事，可能左傳作者離越國很遠，看不到越國史料。今存越語上下二卷，都敍越王勾踐和范蠡、大夫種謀報吳仇事。二篇文風又大不相同。越語下專敍范蠡，又多排體韻文。越滅吳，據左傳，在哀公二十二年。史記六國年表與左傳同。而據越語下，越滅吳在魯哀十年（依王引之經義述聞說），相差十二年。左傳作者既把越滅吳事詳盡地編纂於國語中，爲何不用其滅吳年代？更爲何連大夫種（或文種）、范蠡一字不提？

周語有三卷，自周穆王征犬戎至萇弘被殺。萇弘被殺在魯哀公三年。其他關於春秋時期史事，幾乎都不合於左傳。尤其是齊語一卷，完全敍齊桓公事，也和左傳不相同。而魯語二卷，晉語九卷，偏偏又多和左傳重複。只是左傳言簡意賅，國語囉嗦蕪穢，使人讀他産生厭倦。左傳作者爲什麼既不去其重複，又不採其異聞，使自己的兩種著作起互相配合的作用呢？

我現在徵引閻若璩尚書古文疏證卷六上一條以爲佐證：

地理之學爲從來作書與註書者所難。予嘗謂作國語之人便不如左氏，何況其他？或者怪其說。予曰：左氏昭十一年傳，「楚子城陳、蔡、不羹。」杜註云：「襄城縣東南有不羹城，定陵西北有不羹亭。」十二年傳，「今我大城陳、蔡、不羹。」對曰：「是四國者，專足畏也。」杜註云：「四國：陳，蔡，二不羹。」予考之漢地理志，潁川郡有東不羹，在定陵；有西不羹，在襄城。恰列爲二，杜氏之言蓋是也。作國語者不通地理，認不羹爲一，謂之城三國。（見楚語上）……以知左氏之作，杜氏之註，皆精於地理如此。或曰：「國語與左氏竟出二人手乎？」予曰：「先儒以其敍事互異，疑非一人。予亦偶因不龔事，頗有取其説云。」

最後，徵引葉適習學記言卷十二國語總論代替我的結論：

以國語、左氏二書參校，左氏雖有全用國語文字者（伯峻案：應作「左傳與國語相同者」），然所采（伯峻案：「所采」二字可商）僅十一而已。至齊語不復用，吳、越語則采用絶少，蓋徒空文，非事實也。左氏合諸國記載成一家之言，工拙繁簡自應若此。惜他書不存，無以遍觀也。而漢、魏相傳，乃以左氏、國語一人所爲，左氏雅志未盡，故别著外傳。餘人爲此語不足怪，若賈誼、司馬遷、劉向不加訂正，乃異事爾。

（八）左傳在西漢的流傳

左傳的成書年代在公羊、穀梁之前，而在西漢却没有「立學官」。雖然没有「立學官」，但有兩種傳本。一種是孔壁藏本，一種是民間私傳本。先説孔壁藏本。這事見于漢書楚元王交傳劉歆移讓太常博士書。這封信，對學術史説，是件重要文獻，可是不少人誤解了，因爲劉歆在這信中加了些插句。我們若用破折號把插句標出，這封信的原意便顯露出來了。現在我先把移讓太常博士書有關文字抄録重新標點於下：

及魯恭王壞孔子宅，欲以爲宫，而得古文於壞壁之中，逸禮有三十九，書十六篇——天漢之後，孔安國獻之，遭巫蠱倉卒之難，未及施行——及春秋左氏——丘明所修——，皆古文舊書，多者二十餘通，臧於祕府，伏而未發。……或懷妒嫉，不考情實，雷同相從，隨聲是非，抑此三學，以尚書爲備，謂左氏不傳春秋，豈不哀哉！

張心澂僞書通考把這段文字讀懂了。他說：

所云「得古文於壞壁之中」，卽逸禮、書及春秋在氏。下文云「皆古文舊說，多者二十餘通，臧於祕府，伏而未發」，皆指此三書。故下文云「得此三事」也。因「書十六篇」之下加「天漢之後，孔安國獻之，遭巫蠱倉卒之難，未及施行」數語，以說逸禮及書（或專指書——原注）之經過，與下文「邱明所修」一語爲「春秋左氏」之說明同。但「天漢……」數語較長，讀者不察，以爲文氣已斷，下文乃另一事，與孔壁無關。然下文「及春秋左氏」之「及」字，卽表示上之逸禮、書及此春秋共三書。此猶可謂與上文「及魯恭王」之「及」字用法同，爲另一段之證。但下文「皆古文」之「皆」，明指三書。若專言春秋左氏，何來一「皆」字乎？……惟其辭頗閃爍，讀者易誤會。故班固漢書藝文志不言春秋左氏傳出孔壁，而王充論衡言之，許愼說文敘則言春秋出孔壁，皆對歆移書讀法不同之故也。

這段話說得很明白。王充論衡案書篇說：

春秋左氏傳者，蓋出孔子壁中。孝武皇帝時，魯共王壞孔子教授堂以爲宮，得佚春秋二十篇，左氏傳也。

這裏要説明一點，古人用對古書「佚」和「亡」有分別。「佚」就是劉歆讓博士書「逸禮」的「逸」，正和論語微子篇的「逸民」，而許慎説文作「佚民」一樣。逸禮和佚春秋意即未立於學官的禮和春秋，西漢時只是公羊、穀梁得立學官，左傳未得立，所以王充稱左氏傳爲佚春秋。亡是亡失，書已無存。這是漢人用「佚」或「逸」和「亡」的區别。後人則把「佚」和「亡」混同起來，不能用以解釋兩漢之書。孔子壁中所發現的左傳，司馬遷曾採以作史記，吴世家説：「余讀春秋古文，乃知中國之虞與荆蠻、句吴兄弟也。」司馬遷所説「春秋古文」，就是這壁中書。王國維觀堂集林卷七也曾論及此事。到劉向、劉歆整理古書時，在中祕書（意即皇家圖書館）發現這書，更加重視。劉向作説苑、新序和列女傳，採用很多左傳故事和文字，足爲堅强的證據。劉歆尤其愛好左傳，在移讓太常博士書中可以看出。劉向父子一家人喜愛左傳，見於馬總意林所引桓譚新論：

劉子政、子駿，子駿兄弟子伯玉，俱是通人，尤重左氏，教授子孫，下至婦女，無不讀誦。

王充論衡案書篇也説：

劉子政玩弄左氏，童僕妻子皆呻吟之。

子政是向之字，子駿是歆之字。足見父子和其全家都熟讀左傳。自然，孔壁中的左傳是用作者當時文字，所謂「古文」寫的。劉氏全家要誦讀它，不能不改寫爲漢代通行的隸書。這是左傳孔壁本的下落。

左傳還有民間傳讀本，上文已經説過。就是在戰國末年，不但韓非子採用了不少左傳文字，就是陷害韓非的李斯，也用左傳。他在上韓王書說：「且臣聞之，『脣亡則齒寒』。」（附見韓非子存韓篇）這明明是用左傳僖公五年文。至于西漢，引用左傳者不勝數，劉師培左盦集有左氏學行於西漢考，可惜引用並不完備。吳承仕經典釋文序錄疏證說：「蓋當高帝之時，故漢廷譔誥，皆引其（左傳）文。」可見左傳自成書後一直有誦讀引用者。至於其傳授、訓詁，陸德明經典釋文序錄曾經採擇兩漢有關記載，加以敍述。吳承仕爲之疏證。下文所引括弧內的都是吳承仕疏證文字：

左丘明作傳以授曾申，申傳衞人吳起（魏文侯相），起傳其子期，期傳楚人鐸椒（楚太傅），椒傳趙人虞卿（趙相），卿傳同郡荀卿名況，況傳武威張蒼（漢丞相、北平侯），蒼傳洛陽賈誼（長沙王太傅），誼傳至其孫嘉，嘉傳趙人貫公（漢書云，賈誼授貫公，爲河間獻王博士），貫公傳其少子長卿（蕩陰令），長卿傳京兆尹張敞（字子高，河東平陽人，徙杜陵）及侍御史張禹。禹數爲御史大夫蕭望之言左氏，望之善之，薦禹，徵待詔。未及問，會病死。禹傳尹更始，更始傳其子咸及翟方進、胡常。常授黎陽賈護（字季君，哀帝時待詔，爲郎），護授蒼梧陳欽（字子佚，以左氏授王莽，至將軍）。漢書儒林傳云：「漢興，北平侯張蒼及梁太傅賈誼、京兆尹張敞、太中大夫劉公子皆修春秋左氏傳。」始劉歆（字子駿，向之子，王莽國師）從尹咸及翟方進受左氏（哀帝時，歆與房鳳、王龔欲立左氏，爲師丹所奏，不果。平帝時始得立），由是言左氏者，本之賈護、劉歆。（下略）

左傳作者不是左丘明，但它的作者傳給曾申，再傳給吳起，未嘗沒有可能。曾申是曾參的次子（見禮記檀弓上），曾參和他父親曾點（也叫曾皙）先後作孔丘學生，史記仲尼弟子列傳說曾參「少孔子四十六歲」，那麽，孔丘死時，曾參年二十七。假若曾申爲曾參晚年所生兒子，孟子公孫丑下説魯繆公尊禮賢人，其中有子思，子思爲孔丘孫，曾申爲曾點孫。魯繆公立於公元前四〇七年，死于前三七六年，當時左傳已經寫成，曾申得到作者傳授，是完全可能的。韓非子和氏篇説：「悼王行之朞年而薨矣，吴起枝解於楚。」楚悼王死于公元前三八一年，吴起即死於此年，接受左傳的傳授也是可能的。而且説苑建本篇曾載「魏武侯問元年於吴子」，吴子自是吴起，不久便由魏至楚。魏武侯即位於公元前三九五年，死於公元前三七〇年，那麽，吴起接受左傳的傳授，很可能在去楚以前。關於西漢時左傳的傳授，漢書有更多的證據。劉歆一方面得到孔壁本左傳，又從尹咸和翟方進學習民間私傳本左傳，甚至兩本並没有什麽歧異，於是兩種本子合爲一了。

(九)從左傳看春秋時代

西周，范文瀾中國通史簡編説是封建社會。郭沫若在青銅時代、奴隸制時代諸書中，則認爲：「依據史記，把絶對的年代定在周元王元年，即公元前四七五年。在這之前的春秋作爲奴隸社會的末期，在這之後的戰國作爲封建制的初期。」（奴隸制時代一九七三年版第四十頁）李亞農則説：「中國古代的奴隸制，從周宣王的時代起，開始轉入封建制。」（西周與東周，一九五六年上海版一一五頁）

我認爲，從春秋左傳等書考察，奴隸制和封建制的交替，在各國間是不平衡的；即在同一國家中，也未必能一刀截。奴隸制向封建制的過渡，必然是由量變到質變的過渡。到農業生産者——當時主要的生產者——不再是奴隸或者農奴，而是佃農、傭農或者自耕農，上層建築也有相適應的變革，這個過渡才算完成。

以魯國而論，宣公十五年，卽公元前五九四年，宣布「初稅畝」。按田畝抽稅，便是承認土地私有的合法。以前是，如詩小雅北山所詠「溥天之下，莫非王土；率土之濱，莫非王臣」。那麽，天下土田的所有權，一概屬於天子或周王一人；甚至任何人，只要他在中國土地上生存，也都是他的臣屬，非聽他的擺佈不可。然而由左傳看，有不少矛盾現象，一種是諸侯居然抗拒周王的軍隊，公元前七〇七年，魯桓公五年，鄭莊公的臣子祝聃竟射中周桓王的肩膀。這是一方面。另一方面，周王還擁有虛名，諸侯利用它能起作用。隱公四年傳，衞國州吁殺掉衞桓公而自立，想要得到國內人的公認，石碏替他出主意，叫他朝覲周王。意思便是，得到周王的接受朝覲，便取得合法地位。僖公四年傳述齊桓公伐楚，表面理由，其一，不向周王納貢；其二，周昭王征伐楚國而溺死於漢水。僖公二十五傳，「狐偃言於晉侯曰：『求諸侯，莫如勤王。諸侯信之，且大義也。』」對抗周王和擁護周王，同時都有，這種矛盾現象，正表示奴隸制社會正在向封建制過渡中。

在奴隸制社會，天子分封諸侯以土地和奴隸，並且附有寶物，甚至命以治理大綱。這在定公四年傳說得很清楚。在西周彝器銘文中，凡賜予田的，連同種田的奴隸一同賜予。如克鼎「錫女井家𤔲田于䟫，以（與也）厥臣妾」。彝銘中單身奴隸稱若干人，或若干夫；有妻室兒女的奴隸稱若干家。如曶鼎「曶則拜稽首，受茲五夫」、「昔饉歲匡衆厥臣廿夫」、「用卽曶田七田人五夫」，都以一人爲一夫。矢令簋，「姜賞令貝十朋，臣十家，鬲百人」。若把某幾塊地方聚居的奴隸賜人，則稱若干品，並説明地名。如周公𣪘，「錫臣三品，州人、重人、郭人」。而東周彝器却不見此等文字。左傳宣公十五年，「晉侯賞狄臣千室」，變「家」言「室」，這是以落後民族的俘虜爲奴隸。至於定公十三年傳，「歸我衞貢五百家」，這五百家是不是奴隸，尤其是農業奴隸，很難確定，只能存而不論。

在紀述春秋時代的文獻中大量出現的是自耕農，甚至小地主，或者僱農。奴隸也有，但不是從事農業生產的奴隸，而是各種工匠甚至樂師。大夫以上家庭中有服務奴隸，甚至從事戰鬬的奴隸。因爲他們不是當時生產的主要力量，所以不能因此斷定春秋是奴隸社會。僖公二十三年傳述晉文公「出於五鹿，乞食於野人，野人與之塊」，這野人應是有自由身份的農民。論語微子篇，孔丘使子路問津於長沮、桀溺，這兩人有文化，有自己的人生觀，至少是自耕農。子路所碰到的「丈人」，能留子路住下，並且「殺雞爲黍」招待子路晚餐，可能還是小地主。襄公二十七年傳述齊國申鮮虞奔魯，「僕賃於野，以喪莊公」，那所僱的人或是僱農。襄公九年傳楚國子囊説晉國「其庶人力於農穡」，似乎此時在晉國的農業生產者都是自由民。襄公二十三年傳趙宣子的斐豹，才是家族中的奴隸。哀公二年傳的「人臣隸圉免」，被免者自是作戰的奴隸兵卒。成公二年傳所述魯賂楚的「執斲、執鍼、織紝皆百人」，這是從事手工業的奴隸。襄公十五年傳所述鄭賂宋的「師茷、師慧」，是奴隸而爲樂人者。

魯國雖然於宣公十五年就承認了田土私有制，但仍然不能完全廢棄奴隸制。昭公五年（公元前五三七年）三分公室、四分公室，還未必能完成封建所有制。可能要到哀公十二年（公元前四八三年）「用田賦」，才完全解放農業奴隸，這已近春秋末期了。

一個國家刑法公佈與否，和奴隸制、封建制很有關係，而這種鬬争也相當激烈。若農業生產者奴隸多於自由民，奴隸根本没有人生自由可言，他們的主人可以任意處置他們，自然談不上有什麼成文刑法應該公佈。尚書有呂刑，可能是中國最早的成文刑法（昭公七年傳引有周文王之法，不知可信程度如何），却不是爲奴隸作的。若農業奴隸少了，自由民多了，那麼，那些從事農業經濟的自由民，不但要求有人身安全，還要求有其他保護規定，不管他們是小地主、自耕農甚至傭農。於是統治者不得不適應社會潮流，公佈刑法。鄭國子產於魯昭公六年（前五三六年）鑄刑書，晉國的所謂賢能之人叔向便給子產一信，表示失望。子產簡單地回信說：「吾以救世也。」這正和王安石答復司馬光的信相類似。到昭公二十九年（前五一三年），晉國趙鞅、荀寅等又鑄刑鼎。這就是表示晉國的農業生產已由奴隸制過渡到封建制了。孔丘是個保守派，發了一通反對的議論，怎麼能阻攔住社會潮流的趨勢？

在奴隸社會，最大奴隸主稱爲「天子」，意卽上帝之子。而天象和人事有密切相關。這種天人關係兩種觀點的鬬争，從春秋時代便開始，因爲春秋時代是兩種社會制度的過渡。子產是當時進步派的代表，不但是位政治家、外交家，也是一位思想家。昭公十七年和十八年傳，鄭國裨竈請求子產禳火災，子產不肯，鄭國果然大火。裨竈又請求禳火災，說「不用吾言，鄭又將火」。鄭國人都請求聽用裨竈之謀，連鄭國人望所歸的子大叔也勸說子產。子產堅持不肯。子產說：「天道遠，人道邇，非所及也，何以知之？竈焉知天道？是亦多言矣，豈或不信？」子產不禳火災，鄭國也没有再發生火災。子產堅持真理，以一人之力排斥幾乎遍及朝廷的議論。從當時的科學水平看，的確是「天道遠」；就從今天的科學而論，天體距離我們不可想像的遠，而我們固然能夠知道天文學、氣象學，但還是子產那個結論：天道和人事，非所及也。這種科學論點，也足以說明自殷商奴隸社會流傳下來的天人觀念還很盛行，就是到了漢代，早已是封建社會了，董仲舒的春秋繁露、漢書五行志引劉向說，還紛紛議論天人關係。春秋繁露玉杯篇說：「春秋之法，以人隨君，以君隨天。」這足以表示奴隸社會的上層意識並沒有隨奴隸制的消滅而消滅，奴隸主的尸體還在發臭。然而在封建社會初期，不但有子產，其後更有荀卿。如果不是奴隸制完全爲封建制所代替，荀子天論這種唯物主義的文章是不可能產生的。一部戰國策，任何人都不講天人關係，也不迷信鬼神，只談形勢和政治、戰略，更多地談外交政策。足見戰國遊說者的思想，和當時形勢相適應。

左傳雖然講「怪、力、亂、神」，一方面是真實地反映當時社會和一些人的思想情況；另一方面，可能也是作者喜歡這一套。爲什麽全書所載卜筮，除偶然幾次外，都是很靈驗的？不能不使人懷疑，左傳作者於其中有些添枝畫葉。但左傳對於各種有關上層建築的鬭争，還是如實地反映出來。譬如僖公十六年傳，宋國有隕石，又六鷁退飛過宋都。宋襄公問周内史叔興「是何祥也」。内史叔興預言靈驗，但他自己認爲他的預言是由人事觀察得來，和隕石及六鷁不相干。因之「退而告人曰：『君失問。是陰陽之事，非吉凶所生也。吉凶由人，吾不敢逆君故也。』」

在奴隸社會，祭祀是國家一件大事，這固然從殷商和最近發掘的西周初年的龜甲卜辭可以看出。

左傳成公十三年傳引劉康公的話說：「國之大事在祀與戎。」襄公二十六年傳載衞獻公謀回國復位，和甯喜談判，條件是「政由甯氏，祭則寡人」。衞獻公寧肯放棄政權，却不放鬆主祭權。這也是奴隸制社會遺流下來的一種現象。在全部左傳中，講「禮」的次數比講「仁」的次數多得多。甚至因爲某一人在行禮儀中有所過失，便斷定他不會得好結果。到春秋末期，奴隸制已近尾聲，孔丘這位哲學家、教育家，雖然在政治上是保守派，但他的某些思想，還是比當時一般人較爲進步，反映封建制初期一些觀念。他重「仁」，昭公十二年傳引孔丘的話說：「古也有志，克己復禮，仁也。」而在論語顏淵篇中，「克己復禮爲仁」，便是孔丘自己的中心觀點。八佾篇，孔丘甚至說：「人而不仁，如禮何？」認爲仁是實質，是核心；禮僅僅是條文，是形式。這種概念，也只能在封建制初期才能出現。

總而言之，左傳一書，是今天研究春秋時代一部最重要而必讀的書。它搜集了不少原始史料，雖然不免攙雜着一些迷信和作者個人的增飾，但是，研究任何一部史書，都應該「去粗取精、去僞存真」（毛澤東選集一九六六年直排本二八〇頁）。我只是在校勘中對底本略有訂正；在注解中，搜集並且考慮了前人成果，有所取捨，有所增補，或者提不同意見和自己的心得，以供讀者參考而已。

關於左傳的整理工作，周恩來同志曾經關心。周恩來同志的關心給我以莫大力量，使我日夜以赴。現在雲霧已散，日月重輝，我謹把這部稿子作爲黨的六十誕辰獻禮，並藉以表示對周恩來同志的懷念和敬意。

同時，沈雁冰先生爲本書題簽，社會科學院語言研究所何樂士同志曾通看全書，並給我奔走借書；

中華書局張忱石同志在工作上也替我借書還書，魏連科同志給我補充了幾條金文材料，還有史樹青、周紹良同志或借或贈我罕見書，都應在這裏表示謝意。

凡例

（一）經、傳都以阮元刻本爲底本，一則以其流通廣，影響大；二者以其有校勘記，可以利用。阮氏校勘記成於衆手，間有疏誤。如僖三年傳「春不雨，夏六月雨。自十月不雨至于五月。」校勘記云：「石經『六』作『四』，是也。」此條錯誤有二。第一，石經仍作「夏六月雨」，「六」字並不作「四」。第二，傳明言「自十月不雨至于五月」，自應是「夏六月雨」，不得云「『六』作『四』是也」。復取校勘記所未見者補校，其中有敦煌各種殘卷，除據前人各家題記外，復取北京圖書館所藏照片覆校。有楊守敬所藏所謂六朝人手書殘本，據有正書局石印本。以其「中」字缺筆作「由」，蓋避隋文帝父楊忠諱，當是隋初寫本。楊守敬跋六朝人手書本記日本石山寺藏本三條，亦採入。而最可貴者，爲日本卷子本，以其曾有「金澤文庫」圖章，今稱金澤文庫本。此卷子本早已歸日本天皇宫内省圖書寮，其形制、來歷，可參島田翰古文舊書考卷一春秋經傳集解一文。島田翰之業師竹添光鴻作左傳會箋，即據此卷子本。此本首尾完具。吴闓生左傳微所謂「倭庫本」，疑即此本。然據其引文與會箋細校，頗有異同，不知其故。皆能於阮本有所校正。凡改正底本者，多於注中作校記。其文字有重要不同，雖不改動底本，亦注出，以供參考。至一般異文，則省而不出注，以避煩瑣。

（二）三傳經文，略有歧異。凡公羊、穀梁異於左氏者，必具列之。可以論其所以然或是非者，必略論之。惟某字，公羊或穀梁例作某者，則僅於初見時注明。如「螽」，公羊例作「蟓」之類。

（三）彙纂於每年之首列干支並列周室及重要諸侯紀年，甚便讀者。今用其法，並補公元前若干年，且增其可考者，如許、越之紀年。彙纂間有疏誤，則用可靠史料加以訂正，並列證據。

（四）各本所分章節，頗多歧異。今據經、傳義例並依文義史事，重爲釐定。

（五）注釋盡量採取前人及今人研究成果及近代發掘資料。前人解説，論證可信而文字不繁者，則引用原文。不然，則加改寫。若於原文有所删削，便注明「詳」某人某書；若於原文略有增改，則注明「見」某人某書；若因前人之説啓我之心，論證多自己出，則注明「本」某人某書；若於原説並不全用，則注明「參」某人某書。書名長者，初見時舉其全名，以後或用簡稱。簡稱亦載於引用書目。至融合前人之説，其論證爲前人所常見；或爲著者之心得，概不注明。注明者，示非剽竊。不注明者，示學術爲公器。

（六）春秋經、傳，禮制最難。以校周禮、儀禮、禮記，有合有不合。禮記王制疏引杜預釋例云：「禮記後儒所作，不必與春秋同。」考校春秋禮制，三禮僅作參考，取其可合者。而於左傳、國語及其他可信史料，自行歸納，反而符合史實。如春秋實有「殯廟」之禮（詳僖公八年傳注），則知禮記檀弓「周人朝而遂葬」之非；春秋之禘無定月，則知明堂位「季夏六月以禘」及雜記下「七月而禘，獻子爲之也」之非（詳僖公八年經注）。故此注釋，以求真爲本，於三禮之説有取有捨。

（七）古今學人作春秋長曆者多，惟王韜所推近是，而亦有疏失，如僖公二十八年七月丙申，誤排爲六月晦，實則七月朔。今多採其説而訂正其譌。

（八）春秋日食，説者亦多。馮澂集證，匯集諸説，而不明西法。朱文鑫著天文考古録、春秋日食考，全用今法考正。今兩取之，而以朱説爲主。

（九）注中引書，有節略而無改動者，仍用引號，不用删節號，以便觀覽。

（十）爲幫助讀者閱讀，另有左傳譯文，由沈玉成同志爲之。譯文自有體例。

（十一）另編春秋左傳詞典。詞典體例亦見於詞典前。

春秋左傳注引用書目

（一）所披閱書數倍於此，僅列其曾徵引者。

（二）分類列目。徵引較頻者，有時不舉全名，因附簡稱。

（三）各類中以著者生卒先後爲序。不能知其生卒者，據其他資料約略推之，未必盡確。今人所著無定序。

一、關于春秋的專著

唐陸淳春秋集傳纂例

宋孫復（九九二——一〇五七）春秋尊王發微

劉敞（一〇一九——一〇六八）春秋權衡　春秋意林

孫覺（一〇二八——一〇九〇）春秋經解

蘇轍（一〇三九——一一一二）春秋集解

王晳（宋仁宗至和中（一〇五四——五六）爲太常博士）皇綱論

胡安國（一〇七四——一一三八）春秋傳

葉夢得（一〇七七——一一四八）春秋傳
呂祖謙（一一三七——一一八一）春秋集解
陳傅良（一一三七——一二〇三）春秋後傳
黄仲炎（序作於一二三〇年）春秋通説
張洽（一二三四年進書）春秋集注
洪咨夔（？——一二三六）春秋説
趙鵬飛（宋末元初時作）春秋經筌　簡稱經筌
呂大圭（宋末被害）春秋或問
家鉉翁（？——一二九四）宋末北遷時作春秋集傳詳説
元俞皋（元初人）春秋集傳釋義大成　簡稱釋義大成
陳則通春秋提綱
齊履謙（一二六三——一三二九）春秋諸國統記
程端學（一二八〇——一三三六）春秋本義
陳深（一二九三——一三六二）讀春秋篇
李廉（元末被害）春秋諸傳會通　簡稱會通
趙汸（一三一九——一三七四）春秋屬辭

明汪克寬（一三〇四——一三七二）春秋胡傳附錄纂疏　簡稱纂疏
王樵（一五二一——一五九九）春秋輯傳
郝敬（一五五八——一六三九）春秋直解
清毛奇齡（一六二三——一七一六）春秋毛氏傳　春秋簡書刊誤　簡稱簡書刊誤
萬斯大（一六三三——一六八三）學春秋隨筆　簡稱隨筆
方苞（一六六八——一七九四）春秋直解
欽定春秋傳說彙纂（一六九九年敕撰）　簡稱彙纂
陶正靖（一六六九——一七三二）春秋說
張自超（？——一七一七）春秋宗朱辨義
惠士奇（一六七一——一七四一）春秋說
龔元玠（乾隆時進士）春秋客難（在十三經客難中）
李富孫（一七六四——一八四三）春秋三傳異文釋
趙坦（一七六五——一八二八）春秋異文箋　簡稱異文箋
黃式三（一七八九——一八六二）春秋釋
張應昌（一七九〇——一八七四）春秋屬辭辨例編
姚彥渠春秋會要

二、春秋左傳類

晉杜預（二二二——二八四）春秋左氏傳集解　簡稱杜注　唐孔穎達（五七四——六四八）正義　簡稱孔疏

五代蜀馮繼先春秋名號歸一圖

宋葉夢得（一〇七七——一一四八）左傳讞

程公説（一一二四一——一二五一編）春秋分紀，亦作分記

林堯叟左傳句解

明邵寶（一四六〇——一五二七）左觽

郝敬（一五五八——一六三九）讀左傳日鈔

清顧炎武（一六一三——一六八二）左傳杜解補正　簡稱補正

高士奇（一六四五——一七〇四）左傳紀事本末

顧棟高（一六七九——一七五九）春秋大事表　簡稱大事表

沈彤（一六八八——一七五二）春秋左傳小疏

惠棟（一六九七——一七五八）春秋左傳補注　簡稱惠補注

齊召南（一七〇三——一七六八）春秋左氏傳注疏考證　簡稱考證

倪倬讀左卮言

陳樹華（一七三〇——一八〇一）春秋內傳考證　簡稱考證

姚鼐（一七三一——一八一五）左傳補注

邵瑛（一七三七——？）劉炫規杜持平

朱亦棟（乾隆中舉人）讀左札記（在十三經札記中）

武億（一七四五——一七九九）左傳讀考異（在經讀考異中）左傳義證（在羣經義證中）簡稱考異或義證

洪亮吉（一七四六——一八〇九）春秋左傳詁　簡稱洪詁

梁履繩（一七四八——一七九三）左通補釋　簡稱補釋

孫星衍（一七五三——一八一八）杜預春秋釋例（輯校）

石韞玉（一七五六——一八三七）讀左卮言

嚴可均（一七六二——一八四三）唐石經校文　簡稱校文

焦循（一七六三——一八二〇）左傳補疏　簡稱補疏

阮芝生（乾隆時人）左傳杜註拾遺　簡稱杜註拾遺

王引之（一七六六——一八三四）左傳述聞（在經義述聞中）簡稱述聞

英和（一七七一——一八四〇）等欽定春秋左傳讀本　簡稱讀本

馬宗璉春秋左傳補注
沈欽韓（一七七五——一八三一）春秋左傳補注　簡稱補注
劉逢祿（一七七六——一八二九）左氏春秋考證
張聰咸（一七八三——一八一四）左傳杜注辨證　簡稱辨證
臧壽恭（一七八八——一八四六）春秋左氏古義
李貽德春秋賈服注輯述　簡稱輯述
丁晏（一七九四——一八七五）左傳杜解集正
錢綺（一七九八——一八五八）左傳札記　簡稱札記
劉文淇（一七八九——一八五四）春秋左氏傳舊注疏證　簡稱舊注疏證
楊峴春秋左氏古義
俞樾（一八二一——一九〇六）春秋左傳平議　簡稱平議　左傳古本分年考
陶鴻慶（一八六〇——一九一八）左傳別疏
羅振玉（一八六六——？）春秋經傳集解殘卷（在鳴沙石室古籍叢殘羣經叢殘中）
章炳麟（一八六九——一九三六）春秋左傳讀　簡稱章讀
劉師培（一八八四——一九一九）讀左劄記　春秋左氏傳答問（在劉申叔先生遺書中）
楊樹達（一八八五——一九五六）讀左傳（在積微居讀書記中）　簡稱楊讀

孫人和（一八九六——一九六六）左宧漫録（文史第二輯）

童書業（一九〇八——一九六八）春秋左傳研究

王重民（一九〇三——一九七五）敦煌古籍敍録春秋經傳集解

徐孝宓春秋左氏傳鄭義輯述（文史第八輯）

并力（李解民）春秋左傳注商榷（文史第十六輯）

日本中井積德左傳雕題略

安井衡左傳輯釋

竹添光鴻左傳會箋　簡稱會箋

瑞典高本漢（一八七九——一九七八）左傳注釋

三、其他經書類

毛詩注疏（毛亨傳、鄭玄箋、孔穎達疏。）

陳啓源（康熙時人）毛詩稽古篇

李黼平（一七七〇——一八三二）毛詩紬義

胡承珙（一七七六——一八三二）毛詩後箋

馬瑞辰（一七八二——一八五三）毛詩傳箋通釋

陳奐（一七八六——一八六三）詩毛氏傳疏
魏源（一七九四——一八五七）詩古微
于省吾（一八九六——一九八四）澤螺居讀詩札記
尚書注疏（僞孔安國傳、孔穎達疏。）
金履祥（一二三二——一三〇三）尚書注
胡渭（一六三三——一七一四）禹貢錐指
王鳴盛（一七二二——一七九七）尚書後案
孫星衍（一七五三——一八一八）尚書今古文注疏
曾運乾（一八八四——一九四五）尚書正讀
顧頡剛（一八九三——一九八〇）劉起釪尚書甘誓校釋譯論（中國史研究第一期）
周易注疏（魏王弼、韓康伯注、孔穎達疏。）
尚秉和（一八七〇——一九五〇）周易尚氏學
高亨（一九〇一——一九八六）左傳國語周易説通解　周易古經今注
周禮注疏（鄭玄注、唐賈公彥疏。）
清孫詒讓（一八四八——一九〇八）周禮正義
儀禮注疏（鄭玄注、賈公彥疏。）

胡培翬（一七八二——一八四九）儀禮正義
胡匡衷儀禮釋官
黃以周（一八二八——一八九九）禮書通故
禮記注疏（鄭玄注、孔穎達疏。）
孫希旦（一七三六——？）禮記集解
公羊注疏（何休注、唐徐彥疏。）
孔廣森（一七五二——一七八六）春秋公羊通義
陳立（一八〇八——一八六九）公羊義疏
包慎言春秋公羊傳曆譜
穀梁注疏（晉范甯注、唐楊士勛疏。）
鍾文烝（一八一八——一八七七）穀梁補注
柯劭忞春秋穀梁傳注
論語注疏（魏何晏集解、宋邢昺疏。）
劉寶楠（一七九一——一八五五）論語正義
楊伯峻論語譯注
孟子注疏（趙岐注、宋孫奭疏。）

焦循（一七六三——一八二〇）孟子正義

楊伯峻孟子譯注

爾雅

宋羅願爾雅翼

朱彝尊（一六二九——一七〇九）經義考

大戴禮記北周盧辯注　清孔廣森（一七五二——一七八六）補注

余蕭客（一七二九——一七七七）古經解鉤沈

王度記（漢魏叢書本）

李惇（一七三四——一七八四）羣經識小録

四、史書類附有關史事考證書

司馬遷（公元前一四五——前八六）史記

錢大昕（一七二八——一八〇四）史記考異（在二十二史考異中）

梁玉繩（乾隆時增貢生）史記志疑　簡稱志疑

沈家本史記瑣言

班固（三二——九二）漢書

梁玉繩古今人表考
王先謙(一八四二——一九一七)漢書補注　後漢書集解
晉書
宋書
北齊魏收(五〇六——五七二)魏書
梁書
周書
隋書
唐李延壽南史、北史
逸周書集訓校釋　清朱右曾校釋並輯佚
國語集解　徐元誥集解
竹書紀年
雷學淇(嘉慶時進士)竹書紀年義證　簡稱紀年義證
朱右曾(道光進士)汲冢紀年存真
朱希祖(？——一九四四)汲冢書考
范祥雍古本竹書紀年輯校訂補

戰國策　鮑彪注本　吴師道（一二八三——一三四四）注本

金正煒戰國策補釋

山海經新校正　清畢沅（一七三〇——一七九七）校正

世本　雷學淇輯

晏子春秋　吴則虞集釋本

宋蘇轍（一〇三九——一一一二）古史

宋羅泌路史

後漢袁康越絶書

後漢趙煜吴越春秋

列女傳王照圓（一七六三——？）注本

新序

説苑

唐杜佑（七三五——八一二）通典

宋葉隆禮契丹國志

馬驌（一六二〇——一六七三）繹史

徐宗元帝王世紀輯存

五、子書類

老子

荀子　王先謙集解本

管子

莊子　郭慶藩集釋本

尸子

呂氏春秋　許維遹（一九〇四——一九五一）集釋本

韓非子　陳奇猷校注本

靈樞經

淮南子

新語　陸賈

新書　賈誼

法言　汪榮寶疏證本

論衡　劉盼遂集解本

中論

劉子　北齊劉晝

六、考證筆記之屬

唐劉知幾（六六一——七二一）史通

韋絢（唐長慶至大中時人）劉賓客嘉話録

蘇鶚（光啓時進士）蘇氏演義

五代丘光庭兼明書

宋孫奕（皇祐時進士）示兒編

沈括（一〇二九——一〇九三）夢溪筆談

王闢之（一〇三一——？）澠水燕談録

蘇軾（一〇三六——一一〇一）志林

姚寬（？——一一六一）西溪叢話

袁文（一一一九——一一九〇）甕牖閒評

洪邁（一一二三——一二〇二）容齋隨筆

朱熹（一一三〇——一二〇〇）朱子語類

葉適（一一五〇——一二二三）習學記言

王楙（一一五一——一二一三）野客叢書
魏了翁（一一七八——一二三七）讀書雜録
黄震（一二一三——一二八〇）黄氏日鈔
王應麟（一二二三——一二九六）困學記聞
俞成螢雪叢説
邢凱坦齋通編
明李時珍（一五一八——一五九三）本草綱目
焦竑（一五四一——一六二〇）筆乘
何良俊四友齋叢説
清吴偉業（一六〇九——一六七一）梅村文集
黄宗羲（一六一〇——一六九五）南雷文案
周亮工（一六一二——一六七二）書影
顧炎武（一六一三——一六八二）日知録　黄汝成（一七九九——一八三七）集釋
黄生（一六二二——？）義府
姜宸英（一六二八——一六九九）湛園未定稿　湛園雜記
汪師韓（一六三一——一七〇五）韓門綴學續編

王士禎(一六三四——一七一一)居易録

閻若璩(一六三六——一七〇四)潛邱劄記　四書釋地、續、又續　尚書古文疏證

董含(一六六一——?)三岡識略

臧琳(一六五〇——一七一三)經義雜記

何焯(一六六一——一七二二)義門讀書記

張文虎(?——一七五八)螺江日記

姚範(一七〇二——一七七一)援鶉堂筆記

秦蕙田(一七〇五——一七六四)五禮通考

全祖望(一七〇五——一七五五)經史問答

盧文弨(一七一七——一七九五)鍾山雜記

程瑤田(一七二五——一八一四)通藝録

趙翼(一七二七——一八一四)陔餘叢考

錢大昕(一七二八——一八〇四)十駕齋養新録　潛研堂集

桂馥(一七三三——一八〇二)札樸

段玉裁(一七三五——一八一五)經韻樓集

崔述(一七四〇——一八一六)豐鎬考信録

汪中（一七四四——一七九四）述學　經義知新記
王念孫（一七四四——一八三二）讀書雜志
龔景瀚（一七四七——一八〇二）澹静齋文鈔
孫星衍（一七五三——一八一八）問字堂集
程大中（乾隆時人）在山堂集
梁玉繩瞥記　庭立紀聞
石韞玉（一七五六——一八三七）獨學廬初稿
徐養原（一七五八——一八五二）頑石廬經説
王紹蘭（一七六〇——一八三五）經説
阮元（一七六四——一八四九）揅經室集
趙坦（一七六五——一八二八）寶甓齋札記
洪頤煊（一七六五——一八三三）讀書叢録　經義叢鈔
許宗彦（一七六八——一八一八）鑑止水齋集
周中孚（一七六八——一八三一）鄭堂札記
俞正燮（一七七五——一八四〇）癸巳類稿　癸巳存稿
胡培翬（一七八二——一八四九）研六室雜著

雷學淇介菴經說
崔應榴吾亦廬稿
徐卓經義未詳說
劉寶愉秋槎雜記
王端履重論文齋筆錄
左暄三餘偶筆
沈濤銅熨斗齋隨筆
鄭珍（一八〇六——一八六四）巢經巢文集
陳喬樅（一八〇九——一八六九）禮堂經說
陳澧（一八一〇——一八八二）東塾讀書記
劉書年（一八一一——一八六一）劉貴陽經說
朱緒曾（道光舉人）開有益齋讀書志、續志　經說
周壽昌（一八一四——一八八四）思益堂札記
劉毓崧（一八一八——一八六七）通義堂文集
俞樾（一八二一——一九〇六）茶香室經說　羣經賸義　俞樓雜纂　湖樓筆談　經義續篇　古書疑義舉例　賓萌集

何秋濤（一八二四——一八六二）一鐙精舍甲部稿
黃以周（一八二八——一八九九）禮説
李慈銘（一八三〇——一八九四）越縵堂日記
王闓運（一八三二——一九一六）湘綺樓日記
戴望（一八三七——一八七三）謫麐堂文集
汪之昌（一八三七——一八九五）青學齋集
孫詒讓（一八四八——一九〇八）籀高述林
胡玉縉（一八五八——一九四〇）許廎學林
任泰質疑（另有杭世駿質疑，未有所採。）
蘇時學爻山筆話
徐灝通介堂經説
成孺經學駢支
曾廉（清末，或卒於民初）䗡庵集
章炳麟（一八六九——一九三六）國故論衡
章鴻釗（一八七七——一九五〇）石雅
王國維（一八七七——一九二七）觀堂集林

吳闓生（一八七七——一九四八）文史甄微
于鬯香草校書
金其源讀書管見
劉師培（一八八四——一九一九）左盦集
楊樹達古書疑義舉例續補
柯昌濟韡華閣集古録跋尾乙編
蒙文通孔子和今文學
孫人和（一八九六——一九六六）陳濮水考（文史第四輯）
顧頡剛（一八九三——一九八〇）史林雜識　有仍國考（古史辨第七册下篇）
唐蘭（一九〇一——一九七九）五祀衛鼎（文物一九七六年五期）
劉節古史考存
楊寬古史新探
齊思和周代錫命禮考（燕京學報第三十二册）
李亞農西周與東周
高亨周代地租制度考
周祖謨問學集

洪誠大司馬固諫述評（南京大學學報一九七〇年四期）

七、天文曆法類

隋書律曆志

新唐書曆志

陳厚耀（一六四八——一七二二）春秋長曆

盛百二（一七二〇——？）左傳歲星超辰辨

王韜（一八二八——一八九七）春秋曆學三種

日人新城新藏著沈璿譯東洋天文學史研究

馮澂春秋日食集證

朱文鑫（一八八三——一九三八）天文考古錄　春秋日食考

陳遵嬀（一九〇一——　）中國古代天文學簡史

董作賓（一八九五——一九六三）殷曆譜

鄭文光天文學源流

何幼琦左氏日南至辨惑（中山大學學報一九八〇年第一期）　曆術推步簡述

八、地理類

漢書地理志　王先謙補注本

水經注　王先謙合校本　楊守敬（一八三九——一九二五）注疏

唐李吉甫（七五八——八一四）元和郡縣志

宋樂史（九三〇——一〇〇七）太平寰宇記

王應麟（一二二三——一二九六）詩地理考　通鑑地理通釋

元于欽（一二八四——一三三三）齊乘

明李賢（一四〇八——一四六六）明一統志

清顧炎武（一六一三——一六八二）山東考古録

王夫之（一六一九——一六九二）春秋稗疏（此書考訂地理者多，其餘考訂本書極少採取，故列地理類。）

顧祖禹（一六二四——一六八〇）讀史方輿紀要　簡稱方輿紀要

高士奇（一六四五——一七〇四）春秋地名考略　簡稱考略或地名考略

江永（一六八一——一七六二）春秋地理考實　簡稱考實

尹繼善(一六九五——一七七一)主修江南通志
雍正七年至乾隆元年所修山東通志
乾隆大清一統志　簡稱清一統志
畢沅(一七三〇——一七九七)晉書地理志新補正
嘉慶重修一統志　簡稱嘉慶一統志
沈欽韓(一七七五——一八三一)春秋地名補注
程恩澤(一七八五——一八三七)戰國策地名考
高岱春秋地名考補
包慎言河外考
朝邑縣志
鮑鼎春秋國名考　釋圭外篇
童書業(一九〇八——一九六七)古巴國考
陳夢家(一九一一——一九六六)淮夷考(禹貢五卷十期)
中國地名大辭典

九、甲骨鐘鼎古器物之屬

呂大臨考古圖

徐堅(一七一二——一七九八)西京職官印譜自序

阮元積古齋鐘鼎彝器欵識

吳榮光(一七七三——一八四三)筠清館金文

徐同柏(一七七五——一八五四)從古堂欵識學

吳式芬(一七九六——一八五六)攈古録金文

方濬益(?——一八九九)綴遺齋彝器欵識

吳大澂(一八三五——一九〇二)愙齋集古録，又賸稾，又校勘記　古玉圖考

端方(一八六一——一九一一)陶齋吉金録

孫詒讓古籀拾遺　古籀餘論

劉心源奇觚室吉金文述

劉體智善齋吉金録　小校經閣金石文字

羅振玉(一八六六——?)殷虛書契考釋　三代吉金文存

吳闓生(一八七七——一九四八)吉金文録

王國維（一八七七——一九二七）觀堂金文考釋
周懋琦、劉翰荆南萃古編
鄒安周金文存
王襄簠室殷契徵文
馬衡（一八八一——一九五五）中國金石學概要
楊樹達積微居金文説
郭沫若（一八九二——一九七八）卜辭通纂　殷契粹編　兩周金文辭大系省稱大系　金文叢考　金文續考　金文餘釋之餘
于省吾甲骨文字釋林
唐蘭（一九〇一——一九七九）古樂器小記（燕京學報十四册）　晉公雉蘁考釋
陳直（一九〇一——一九八〇）金文拾遺
陳夢家（一九一一——一九六六）蔡器三記（考古一九六三年三期）
温廷敬沈子𣪘訂釋（中山大學文史研究所月刊三卷三期）
周緯中國兵器史稿
商承祚十二家吉金圖録　長沙古物聞見記上楚革帶
容庚（一八九四——一九八三）商周彝器通考　頌齋吉金圖録、續録

黄河水庫報告之三
文物考古工作三十年
劉翔王孫遺者鐘新釋（江漢論壇一九八三年八期）

十、小學字書及語法修辭之屬

說文解字
徐鍇（九二〇——九七四）說文繫傳
徐灝說文解字注箋
桂馥（一七三三——一八〇二）說文義證
段玉裁（一七三五——一八一五）說文解字注
王筠（一七八四——一八五四）說文句讀
朱駿聲（一七八八——一八五八）說文通訓定聲
葉德輝（？——一九二七）說文讀若考
王念孫（一七四四——一八三二）廣雅疏證
梁顧野王（五一九——五八一）玉篇
唐顏師古（五八一——六四五）匡謬正俗

宋陸佃（一〇四二——一一〇二）埤雅
宋陳彭年（九六一——一〇一七）重修廣韻
方以智（一六一一——一六七一）通雅
清王引之（一七六六——一八三四）經傳釋詞　簡稱釋詞
俞樾古書疑義舉例
王先謙釋名疏證補
馬建忠（一八四五——一八九九）馬氏文通
楊樹達積微居小學述林
楊樹達積微居小學金石論叢　詞詮　中國修辭學
楊伯峻文言語法

十一、姓氏世族之屬

潛夫論志氏姓
杜預世族譜
元和姓纂
通志氏族略

唐書宰相世系表

陳厚耀補春秋世族譜

吴其昌（一九〇四——一九四四）金文世族譜

春秋左傳注

隱公

春秋以魯國舊史爲據，故以魯君紀事。自孟子萬章下言有公、侯、伯、子、男五等諸侯爵位，禮記王制、白虎通爵篇相繼言之，然考之兩周彝器銘文，知銘文國君之名稱不但與春秋歧異，即在彝銘本身，雖同一國名，彼此互殊者仍甚多。楊樹達先生積微居小學述林古爵名無定稱說言之鑿鑿有據。魯有四器稱魯侯，一器稱魯公。尚書費誓爲魯侯伯禽誓師之辭，開首即云「公曰」。考之春秋經，於諸侯之葬皆稱「公」，左傳於諸侯亦嘗稱「公」，則「公」爲當時對諸侯之通稱。魯國姬姓，文王子周公旦之後。周公輔佐周王朝，成王封其子於曲阜，定四年傳「因商奄之民命以伯禽而封於少皞之虛」是也。龔景瀚謂魯都一爲曲阜，一爲奄城，古奄國都也。二城相距僅三里。曲阜在東而稍北，今山東曲阜縣北三里之古城村。奄城在西而稍南，即今曲阜縣治。初都曲阜，煬公遷奄城；春秋時又遷曲阜，蓋在僖公時。詳澹靜齋文鈔魯都考。一九七七年曾於魯都進行勘探發掘，測得魯都城平面大致呈不規則橫長方形，城東西最長處三點七公里，南北最寬處二點七公里，面積約十平方公里。周圍有城壕，西北兩面城壕利用古洙水河道。今日曲阜縣縣城僅佔魯故城西南角之一小部份。故城城門十一座，東、西、北各三座門，南兩座門。魯宮殿在城中。在東北部城牆下與城內西北、西南部有魯城以前之居民區，或即商奄遺址。依史記魯世家，伯禽至隱公凡十三君。隱公名息姑，魯世家作「息」，然詩魯頌疏、文十六年左傳疏及釋文、穀梁首篇疏證並引魯世家俱作「息姑」，則唐時史記魯世家作「息姑」明甚，且史記十二諸侯年表亦作「息姑」，年表及魯世家索隱均引世本謂隱公名息姑，則今本魯世家無「姑」字，蓋唐以後史記或本脫「姑」字。隱公爲伯禽七世孫，惠公弗皇子，聲子所生，於周平王四十九年即位。

傳

惠公元妃孟子。惠公，史記魯世家謂名弗湟，索隱引世本作「弗皇」，又引年表作「弗生」，隱公及桓公之父。惠公在位四十六年卒。據文二年傳「凡君即位，娶元妃以奉粢盛」，宣三年傳「姞，吉人也，后稷之元妃也」，則元妃爲第一次所娶正夫人。金文亦作「元配」，如陳逆簠銘云「斁（擇）毕（厥）吉金，以乍（作）毕元配季姜之祥器」。周代，即在春秋，女子生三月，命以名，如襄二十六年傳載宋平公嬖妾名棄，昭二十七年傳載齊景公夫人名重，禮記檀弓下載孔丘之母名徵在。至許嫁而笄（參胡培翬儀禮士昏禮正義及禮記內則注疏），則不稱名，惟介紹婚姻時用名，由禮記曲禮上「男女非有行媒不相知名」知之。其稱謂如「孟子」，孟是排行，即老大，所謂「孟、仲、叔、季」或作「伯、仲、叔、季」是也；子則母家姓。宋國姓子，則孟子乃宋國女。此及下文「仲子」，皆是以排行冠姓上，亦有變「季」稱「少」者，如少姜。其它則有以本國國名冠姓上者，如齊姜、陳嬀；有以丈夫之國冠姓上者，如韓姞、秦姬；有以丈夫之謚冠姓者，如莊姜、宣姜；有以夫家之氏冠母家之姓者，如欒祁；有別爲謚冠姓者，如下文聲子及厲嬀、戴嬀之類。魯自文姜後，夫人多不從夫謚，別爲謚以尊夫人。尚有因再嫁而改稱者，如秦穆公以女嫁晉懷公，因謂懷嬴；後又改嫁晉文公，乃改稱辰嬴。周王之女稱「王姬」。**孟子卒，繼室以聲子，**左傳凡四用「繼室」，皆作動詞語，續娶之意。昭三年傳載晉平公娶齊之少姜，少姜有寵而死，齊請繼室於晉。少姜非晉平公嫡夫人，而所續娶者反是嫡夫人。魯世家謂聲子爲賤妾，或有所據。哀二十四年傳云：「若以妾爲夫人，則固無其禮也。」似魯未曾以妾爲妻者，則聲子不能視爲正室夫人矣。僖公九年穀梁傳及孟子告子下均載葵丘盟約，有云「毋以妾爲妻」，是必先有以妾爲妻者，然後載於盟約以禁止之。但左傳無此言，或未必可信。**生隱公。**隱公非太子，十一年傳「公之爲公子也」，不言「爲太子」，可證。

宋武公生仲子。宋，國名，子姓，成湯之後裔。及周武王滅紂，封其子武庚。武庚企圖恢復殷商王室，與管叔、蔡叔聯絡舉兵，而爲周公旦所敗，改封紂父帝乙之長子微子啓爲宋公。或稱殷，或稱商，皆仍其舊稱。都商丘，今河南商邱市。傳至穆公七年，卽魯隱公元年。昭公得之元年，卽魯哀公二十七年，左傳止于此年。自昭公傳六世，一百七十年，據史記宋世家及漢書地理志下，爲齊、魏、楚三國所滅。但吳師道注戰國策曾疑之，顧棟高春秋大事表列國爵姓及存滅表則直云「滅於齊」。依宋世家，微子至武公凡十二君。武公名司空，微仲九世孫。傳世彝器有宋公誙鐘。史記十二諸侯年表云：「宋武公十八年生魯桓公母。」**仲子生而有文在其手，曰爲魯夫人，**文卽字，而先秦書未有言字者。周禮外史、儀禮聘禮皆言名，左傳、論語、中庸並言文。以字爲文，始於史記秦始皇瑯邪臺石刻曰「同書文字」。詳顧炎武日知録及段玉裁說文解字敘注。手，手掌。論衡雷虛篇、紀妖篇並改作「文在掌」可證。自然篇仍作「手」，則用左傳原文。疑左傳本作「曰魯夫人」，與於成季「有文在其手曰友」（閔公二年、昭公三十二年傳）、於唐叔「有文在其手曰虞」（昭元年傳）同例。**故仲子歸于我。**杜注：「婦人謂嫁曰歸。」孔穎達疏云：「石經古文『虞』作『㐺』，『魯』作『㐀』，手文容或似之。」據孔說，不以其手掌真有文字爲可信，蓋手紋有似「魯夫人」三字或似「虞」字者，當時人或後世人因而附會之。宋仲子之嫁於魯，蓋附會其手紋有似「魯夫人」三字耳。據下傳文，歸于我卽嫁於惠公爲嫡妻。而魯世家云：「公賤妾聲子生子息。息長，爲娶於宋。宋女至而好，惠公奪而自妻之。」索隱云：「不知太史公何據而爲此說，譙周亦深不信。」**生桓公而惠公薨，**杜注：「言歸魯而生男，惠公不以桓生之年薨。」孔疏申杜注，理由有三。一謂元年傳云「惠公之薨也，有宋師，大子少」，大子卽桓公，言其少，則非初生之稱。又謂本年冬十月改葬惠公，隱公弗臨，則桓公爲喪主。若其年不足二歲，不堪爲喪主。且羽父殺隱公，與桓公同謀。若桓年僅十二，未堪定殺君之謀云云。孔疏此說，甚有理。再考之史記十二諸侯年表及宋世家，宋武公生仲子在其十八年，宋武公亦死于此年，此時尚未入春秋，周平王之二十三年，卽公元前七四八年。魯隱公元年爲周平王四十九年，此時仲子虛歲已二十七，其出嫁固早于此時，生子亦當早于此時。**是以隱公立而奉之。**杜注：「隱公追成父志，爲桓尚少，是以立爲大子，帥國人奉之。爲經元年春不書卽位傳。」然據下文傳「公攝位而欲求好於邾」、「公立而求成焉」等句，是隱公行國君之政，而實奉桓公爲君，非立之爲太子。桓公之被立爲太子，惠公未死時已如此，不待隱公再立之。桓公雖非初生嬰兒，其年亦甚幼小，不能爲君，故隱公攝政焉耳。孔疏極力申杜，駁鄭衆、賈逵二說。鄭、賈之說亦謂立桓爲太子，與杜則同一謬誤。訖隱公之世，不稱卽位，惠公之葬弗臨，于桓公母仲子之死則用夫人之禮，于己母則僅稱「君氏卒」，是不用夫人禮，處處皆足以明之。攝位稱公亦猶周公攝位稱王，固周禮也。此與下傳「元年春王正月不書即位，攝也」爲一傳，後人分傳之年，必以「某年」另起，故將此段提前而與下文隔絶。杜注云「爲經元年春不書即位傳」，則所見本已妄爲分割矣。左傳中此種例子不少，俞樾左傳古本分年考與楊樹達先生讀左傳、楊向奎論左傳之性質及其與國語之關係，均曾先後指出，本注亦將隨時論證之。

元年，己未，公元前七二二年。周平王四十九年、齊僖公祿父九年、晉鄂侯郄二年、曲沃莊伯鮮十一年、衞桓公完十三年、蔡宣公考父二十八年、鄭莊公寤生二十二年、曹桓公終生三十五年、陳桓公鮑二十三年、杞武公二十九年、宋穆公和七年、秦文公四十四年、楚武王熊通十九年。

經

一・一 元年春王正月。漢書律曆志引商書伊訓有「太甲元年」，則元年之稱，起源甚早。舀鼎（吳闓生吉金文録稱留鼎）銘云「隹（惟）王元年六月既望乙亥，王才（在）周穆王大〔室〕」，此西周亦以第一年爲元年之實證。劉師培春秋左氏傳時月日古例考元年例自注云：「隱公以攝位稱元年者，說詳隋書李德林傳德林復魏收論齊書起元書。」又漢書律曆志下引劉歆世經有「周公攝政五年」之文，則攝位得紀年，自係古文說，天子與諸侯一也。春秋紀月，必於每季之初標出春、夏、秋、冬四時，如「夏四月」、「秋七月」、「冬十月」。雖此季度無事可載，亦書之。考之卜辭、西周及春秋彝器銘文與尚書，書四時者，彝銘無一例。然詩小雅四月「四月維夏，六月徂暑」，「秋日淒淒，百卉具腓」，「冬日烈烈，飄風發發」，豳風七月

「春日載陽，有鳴倉庚」，則四時之記，西周早已有之，且以建寅爲正，與實際時令相合。春秋之四時，則不合於實際時令。相傳有「三正」，夏以建寅之月（今農曆正月）爲正，殷以建丑之月（今農曆十二月）爲正，周以建子之月（今農曆十一月）爲正，而仍以正月爲春，則殷、周之春皆今之冬。漢書五行志亦云：「劉向以爲周春，今冬也。」論語衞靈公載孔丘之言，主「行夏之時」。以詩經考之，民間之四時，皆夏時也。以傳文考之，晉卽行夏時者。相傳周王朝于每年末頒明年曆書於諸侯，諸侯奉而行之。考之兩周彝銘，西周彝器大抵爲王朝卿士所作，記月日多言佳（唯）王某月某日，如晉姜鼎銘云「佳王九月乙亥」，悉用王曆。但東周彝器多爲列國諸侯或巨族所製，則有用本國之曆者，如都公簠銘云「唯都正二月初吉乙丑」，標明「都正」，以別於「王正」；鄧國器有「鄧八月」、「鄧九月」。都、鄧皆小國，俱不奉周曆，或者以其國小而不頒曆歟？抑或自行其是歟？魯爲周最親近之國，奉周曆唯謹。自隱公訖哀公歷十二公，二百四十二年，皆用王正，甚至哀公十二年經僅云「春用田賦」，傳必申明之曰「春王正月用田賦」。然當時修曆者不密，觀測亦難準確，雖曰「建子」，有時實非建子。本年實建丑，以冬至之日在去年十二月十二日癸亥也。大致春秋初期，誤算者多，其後日益密確，誤算者遂漸罕見矣。商鞅量云：「十八年，齊遣卿大夫衆來聘。冬十二月乙酉，大良造鞅爰積十六尊五分尊壹爲升。」則秦孝公時紀事亦標四時。陳騂壺銘云「佳王五年奠□陲戛再立事歲孟冬戊辰」云云，孟冬，則十月也。越王鐘銘云「佳正月孟春吉日丁亥」云云，既言正月，又言孟春。則戰國時器，有不僅言四時，且分孟、仲、季，如呂氏春秋及禮記月令所云矣。董作賓殷曆譜下編卷一云：「殷代之稱正月，始自祖甲，則無可疑。本譜所舉祖甲二年之曆版，首稱『月一正』（後編下一·五），卽在改制之初稱正月，並列舉一月之舊名。」愙齋集古録有叔皮毁銘爲「佳一月」。𩰫鼎「正月」作「征月」，極罕見。

一·三　三月，公及邾儀父盟于蔑。公卽魯隱公。凡經文單稱「公」者，皆魯君。邾，國名，曹姓。參見王國維觀堂集林邾公鐘跋。初都今曲阜縣東稍南，蓋魯之附庸，後都今鄒縣東南，春秋後八世楚滅之。禮記檀弓、公羊皆作「邾婁」，國語鄭語、晏子春秋内篇上三、孟子並作「鄒」，蓋邾婁速讀而音變。傳世彝器有邾公牼鐘、邾公華鐘（「邾」並作「鼄」）及邾公鐘、邾公釛鐘等。儀父，邾君之字，名克。另一曹姓邾，楚之與國，在湖北黃岡（見陳直金文拾遺）。盟法，先鑿地爲坎（穴、洞），以牛、羊或馬爲牲，殺於其上，割牲左耳，以盤盛之，取其血，以敦（音對，容器）盛之。讀盟約（古謂之載書，亦省稱載或書）以告神，然後參加盟會者一一微飲血，古人謂之歃血。歃血畢，加盟約正本于牲上埋之，副本則與盟者各持歸藏之。文物一九七二年第四期有侯馬東周盟誓遺址一文，可參閱。蔑，魯地，卽定公十二年之姑蔑，在今山東省泗水縣東四十五里之地。姑蔑，此省稱「蔑」者，惠棟左傳補注謂：「隱公名姑息，當時史官爲之諱也。」春秋經傳集解後序引竹書紀年云「魯隱公及邾莊公盟於姑蔑」，正作「姑蔑」。竹書紀年乃魏國史書，不必爲魯諱，因不省「姑」字，亦足以證成惠說。蔑，公羊、穀梁俱作「眛」，蓋同音假借。猶戰國時楚之唐蔑，亦作唐眛。

一·四　夏五月，鄭伯克段于鄢。鄭，國名，姬姓，周宣王母弟桓公友之後。卜辭常見奠（鄭）地，有「厌奠」、「南奠」、「北奠」、「多奠」、「奠臣」諸詞。又有一片云「巳（祀）奠河邑」，則地當在今鄭州市南、新鄭縣北。西周彝器又有奠虢仲鼎、奠虢仲毁等。是則鄭地早已有之。桓公初封鄭，在今陝西華縣東北。據鄭語，寄帑于虢、鄶之間。武公因取而都之，卽今新鄭縣。春秋後又六世九十一年爲韓所滅。近年出土之哀成叔鼎則鑄於鄭亡後。史記有世家。鄭伯，鄭莊公。段，鄭莊公同母弟，古本竹書紀年作公子聖。鄢，本是妘姓之國，爲鄭武公所滅，地在今河南省鄢陵縣北而稍西。

一・四　**秋七月，天王使宰咺來歸惠公、仲子之賵。**　天王，周平王。周王，經文或稱「天子」，如成公八年「天子使召伯來賜公命」；或稱「王」，如文公五年「王使榮叔歸含且賵」；或稱「天王」。統計稱「天子使」者一，「王使」者三，「天王使」者十二，其實一也。宰咺，宰，官名。周禮有太宰，卿，一人；小宰，中大夫，二人；宰夫，下大夫，四人。此宰不知是何宰。孔穎達正義以爲宰夫，章炳麟春秋左氏疑義答問四以周禮天官宰夫之職論證之，其說可信。咺，音宣。歸，同饋，贈送之意。惠公，魯惠公，此時已死。仲子，惠公夫人，此時尚未死。穀梁傳謂惠公仲子爲一人，乃惠公之母、孝公之妾。陳立公羊義疏駁之云：「然惠公既爲君矣，自必尊其母爲夫人，如成風之例，何以仍稱仲子？」足見穀梁之說不可信。賵，音鳳，助喪之物，用車馬束帛。既夕禮「公賵玄纁束馬兩」是也。依說苑修文篇，賵，天子乘馬六匹，乘車；諸侯四匹，乘輿；大夫三匹，參輿；元士二匹，下士一匹，不用輿。天子束帛五匹，玄三纁二，各五十尺；諸侯玄二纁二，各卅尺；大夫玄一纁二，各卅尺；元士玄一纁一，各二丈；下士綵、縵各一匹，庶人布、帛各一匹。

一・五　**九月，及宋人盟于宿。**此謂魯及宋人盟于宿。「及」上省「魯」字。與盟者姓名未書。春秋初期，外大夫盟會侵伐，皆不書名。莊公二十二年經云「及齊高傒盟于防」，此盟會外卿書名之始；文公八年經云「公子遂會晉趙盾盟于衡雍」，此盟會內外大夫書名之始。舊說謂若是命卿，則書名于經，否則書人。則豈莊公、文公以前代表列國參予盟會侵伐者，皆無一是命卿邪？恐未必然。宿，國名，風姓，地在今山東省東平縣稍東南二十里。與莊公十年「宋人遷宿」之「宿」爲兩地。此宿其後爲齊邑，定十年傳「騶赤先如宿」可證。

一・六　**冬十有二月，祭伯來。**　祭，音債。祭伯，王朝卿士，祭是其食邑，即今河南省鄭州市祭城公社。伯，蓋其行次，說本孔廣森春秋公羊通義。杜注以爲伯是爵位，蓋由僖二十四年傳「凡、蔣、邢、茅、胙、祭，周公之胤也」之文，以爲此六者皆國。穀梁傳亦以祭伯爲「寰內諸侯」。公羊傳云「奔也」，漢書劉向傳引向封事用公羊義。

一・七 **公子益師卒。** 益師，魯孝公之子，字衆父，後爲衆氏，衆仲之祖先。卒，大夫死曰卒。

傳

一・一 **元年春，王周正月，不書卽位，** 依春秋書法，魯國十二君，於其元年，應書「元年春王正月公卽位」。惟隱公、莊公、閔公、僖公四公之元年，只書「元年春王正月」，不書「公卽位」，蓋各有緣由，傳文亦各有解釋。定公元年甚至未書「王正月」，則由於定公之卽位，在此年之六月。并詳各公元年經、傳及注。**攝也。** 攝，假代之義，下文「公攝位而欲求好於邾」可證。魯世家亦云：「惠公卒，爲允少故，魯人共令息攝政，不言卽位。」

一・二 **三月，公及邾儀父盟于蔑——邾子克也。** 全句應作「儀父，邾子克也」。儀父爲主語，承上省，古書多有此文法。克是邾君之名，莊公十六年經云「邾子克卒」，故左氏以此知克爲名。方苞春秋直解云「春秋從無書字之法」，且謂「意克爲儀父之子」云云。顧棟高因之而作春秋無書字之法論。春秋不書字，然亦非絕無例外，方、顧二說得其大概而遺其特例。**未王命，故不書爵。曰「儀父」，貴之也。** 此是釋經語。莊十六年經既書「邾子克卒」，子是爵；而此不云邾子，左氏以爲此時尚未得王命。杜預注以爲附庸之君未王命，例稱名。而邾子克能自通於大國，繼好息民，故書字貴之。然考之經例，凡小國，或文化落後，或在邊裔，所謂蠻、夷、戎、狄者，皆稱其君爲子。考之彝銘，鼄公牼、鼄公華、鼄公釛三鐘自稱公，鼄伯鬲、鼄伯御戎鼎又稱伯。**公攝位而欲求好於邾，故爲蔑之盟。**

一·三 **夏四月，費伯帥師城郎。**「費」，釋文音「秘」。費伯，魯大夫，費亭當在今山東省魚臺縣舊治西南。郎，地名，當在今魚臺縣舊治東北十里。**不書，非公命也。**經不書，傳記此事者，由於城郎意出費伯本人，非奉隱公命。

一·四 **初，鄭武公娶于申，曰武姜。**初，乃表追敍前事副詞。鄭武公名掘突。經稱鄭伯，傳稱公者，公是諸侯之通稱，無分於公、侯、伯、子、男。參張應昌春秋屬辭辨例。尚書秦誓「公曰嗟」，秦伯也。詩碩人「覃公維私」，覃子也。禮大射經「公則釋獲」，大射者，諸侯之禮，伯子男皆在也。燕禮大射儀、聘禮，五等諸侯皆稱公，而「公食大夫禮」又以名篇，則凡君皆曰公，無五等之別明矣。申，國名，伯夷之後，姜姓。後爲楚所滅。故城在今河南省南陽市。莊六年傳載楚文王伐申，哀公十七年傳又云楚文王「實縣申、息」，則魯莊之時申已爲楚滅。然據昭十三年傳文，楚平王似曾復其國。武是武公之謚，姜爲姓。**生莊公及共叔段。**共音恭。共，賈逵、服虔謂是謚號；杜注以爲段出奔共，故曰共叔。叔是排行，段是名。史記十二諸侯年表云「鄭武公十年取申侯女武姜，十四年生莊公寤生，十七年生大叔段」，則莊公長於大叔段三歲。**莊公寤生，驚姜氏，故名曰寤生，遂惡之。**寤生，杜注以爲寤寐而生，誤。寤字當屬莊公言，乃「悟」之借字，寤生猶言逆生，現代謂之足先出。明焦竑筆乘早已言之，即史記鄭世家所謂「生之難」。應劭謂生而開目能視曰寤生，則讀寤爲悟，亦誤。其他異說尚多，皆不足信。**愛共叔段，欲立之。**立之爲太子。**亟請於武公，公弗許。**亟音器，屢也。弗，義同于「不……之」，動詞下賓語包含在內，說本今人丁聲樹釋否定詞弗不，載慶祝蔡元培先生六十五歲論文集。其說於較早文獻大體適用。**及莊公即位，爲之請制。**制，地名，即今河南省滎陽縣汜水公社，亦名虎牢關。公曰：「制，巖邑也，巖邑卽險邑。說參倪倬讀左瑣言。虢叔死焉。虢指東虢，制當爲其屬地。國語鄭語云：「虢叔恃勢。」勢謂地勢險阻。韋昭以東虢爲虢仲所封。虢叔者，又虢仲之後。胡玉縉許廎學林虢仲虢叔封國考曾申明此義。漢書地理志臣瓚注云「鄭桓公寄帑與賄於虢、會之間。幽王既敗，二年而滅會，四年而滅虢」，此蓋據竹書紀年，虢叔之死亦在此年。佗邑唯命。」當言佗邑唯命是聽，此是語言省略，乃當日常語，如僖三十三年及哀十三年傳云「遲速唯命」，宣十二年傳云「其俘諸江南以實海濱，亦唯命；其翦以賜諸侯，使臣妾之，亦唯命」皆是。請京，使居之，謂之京城大叔。大同太。京，故城在今滎陽縣東南二十餘里。京城大叔，詩鄭風有叔于田、大叔于田可證。鄭世家云：「莊公元年，封弟段于京，號太叔。」顧頡剛謂古人用太字，本指其位列之在前，叔段之稱太叔以其爲鄭莊公之第一個弟弟也。詳史林雜識太公望年壽篇。祭仲曰：祭仲，鄭大夫，卽隱公三年之祭足。祭爲其食邑，祭邑當卽今河南中牟縣之祭亭，與祭伯之祭在鄭州市者爲兩地。「都，城過百雉，國之害也。都、城爲兩詞，都謂都邑，城謂城垣，與閔元年傳之「分之都城而位以卿」之都城爲一詞者不同。古之城邑皆可謂都，莊二十八年傳「凡邑有宗廟先君之主曰都，無曰邑」，實則可以通稱，說詳閻若璩四書釋地又續。雉，三堵也。長一丈，高一丈謂之堵，三堵爲雉，則雉高一丈長三丈。劉師培左盦集百雉說云：「戰國策趙策二引馬服君對田單云『且古者城雖大，無過三百丈』，與左傳不過百雉說互符。」侯伯之城方五里，計每面長九百丈，卽三百雉。大都不過其三之一，故不能過百雉。雉之數，古人頗有異說，張聰咸左傳杜注辨證徵引尚詳，可參看。管子云「國小而都大者弑」，可爲「國之害也」注脚。先王之制：大都，不過參國之一；中，五之一；小，九之一。參同三。國，國都；與國家之國意義不同。中五之一，小九之一，謂中都，其城不過五分國都之一；小都，其城不過九分國都之一。**今京不度，非制也，**不度，猶言不合法度。不度與非制，語意似重複，不過强調其不可而已。**君將不堪。」**堪，勝也，任也。不堪，猶言受不了。**公曰：「姜氏欲之，焉辟害？」**莊公稱其母爲姜氏，亦猶趙盾稱其嫡母曰君姬氏，申生稱驪姬曰姬氏，此是當時習慣稱謂。焉，何處。辟，同避，逃避。**對曰：「姜氏何厭之有？**猶言有何厭；厭，足也；意思爲有何滿足。此是賓語（何厭）置於動詞（有）前之結構；之爲結構助詞，幫助倒裝，無義。**不如早爲之所，**所，處所，地方。早爲之所，猶言及早處置。之仍是代詞，代大叔。**無使滋蔓！蔓，難圖也。**滋蔓，同義連綿詞。說文作「茲」，云：「草木多益也。」比喻大叔段地益廣，勢益大。蔓，自成一讀，謂若使滋蔓。**蔓草猶不可除，況君之寵弟乎？」公曰：「多行不義，必自斃，子姑待之。」**斃，踣也，猶言跌跤，失敗。

既而大叔命西鄙、北鄙貳於己。既而，猶言不久。西鄙、北鄙，鄭國西部與北部邊境一帶地。貳於己，句法與隱公三年傳「王貳於虢」同；句意宜與成十三年傳之「君有二心於狄」同。杜注謂兩屬，蓋從其實際言之；洪亮吉左傳詁謂有二心，蓋就訓詁言之，皆是也。**公子呂曰：**公子呂，鄭大夫。**「國不堪貳，君將若之何？欲與大叔，**謂以國君之位讓與大叔。**臣請事之；若弗與，則請除之，無生民心。」公曰：「無庸，將自及。」**庸，用也。無庸，猶言用不着。將自及，謂禍將自及。**大叔又收貳以爲己邑，至於廩延。**此「貳」之義與上文同，但作名詞，猶言「貳者」（兩屬之邑），不能解爲二者（兩邑）。左傳凡數字皆用「二」，不用「貳」；「攜貳」、「陪貳」之「貳」字皆用「貳」，不用「二」，分別極爲明顯。雖然此處兩解皆指西鄙、北鄙，但「貳」、「二」兩字之義不可混淆。廩延，劉文淇春秋左氏傳舊注疏證據水經注以爲卽今滑縣舊治（在今治之東）。若據杜注，則當在今河南省延津縣北而稍東。杜說可信。**子封曰：**子封，公子呂之字。**「可矣。厚將得衆。」**厚，謂勢力雄厚。此爲語言緊縮後之分句，以意義言，宜作一逗。下「厚」字同。**公曰：「不義，不暱，厚將崩。」**不義不暱，杜注以爲不義於君，不親於兄，則不義與不暱平列。然暱爲親近之義不確。當解爲不義則不暱。「暱」依說文當作「䵒」，黏連之義。猶今言不義則不能團結其衆。說本沈欽韓左傳補注。

大叔完、聚，完，謂完城郭，孟子離婁上「城郭不完」可證。完有堅牢之義，周禮考工記輪人云：「輪敝，三材不失職，謂之完。」聚，謂聚糧食，襄公三十年傳「聚禾粟」可證。杜注以爲聚人民，非。**繕甲、兵，**繕，修補也。甲兵，指武器。句亦見成十六年傳。亦單言繕，如哀二十四年傳「軍吏令繕，將進」。**具卒、乘，**具，備也，足也。卒乘指戰士。步兵曰卒，車兵曰乘。此猶言戰士滿員。**將襲鄭，夫人將啓之。**襲，行軍不用鐘鼓，今言偷襲。莊公二十九年傳云：「凡師，有鐘鼓曰伐，無曰侵，輕曰襲。」啓，開也。此謂開城門。僖公三十二年傳記杞子告秦之言云：「鄭人使我掌其北門之管，若潛師以來，國可得也。」則襲人城邑者，宜有內應爲之開門。**公聞其期，曰：「可矣。」命子封帥車二百乘以伐京。**春秋時多以車戰，車一輛謂之一乘。杜預本司馬法，謂車一乘有甲士三人，步卒七十二人。但司馬法爲戰國時書，未必合於春秋制度。以左傳考之，閔二年，齊侯使公子無虧帥車三百乘，甲兵三千人以戍曹，是一車用甲士十人。僖二十八年，晉文公獻楚俘于王，駟介百乘，徒兵千，一車徒兵亦十人。參之隱四年傳注所引禹鼎銘文，西周亦一乘徒兵十人。**京叛大叔段。段入於鄢。公伐諸鄢。五月辛丑，**古以干支紀日，自甲骨鐘鼎皆如此。

辛丑爲二十三日。大叔出奔共。共即閔二年「益之以共、滕之民」之共，本爲國，後爲衞別邑，即今河南省輝縣。鄭伯于隱十一年猶云「寡人有弟，不能和協，而使餬其口於四方」，則段實未死。公羊、穀梁皆謂鄭伯殺段。唐陸淳春秋集傳纂例卷一謂：「竹書自是晉史，其中有鄭莊公殺公子圣（原注：春秋作段），又與公羊同。」史記全用左傳。

書曰：「鄭伯克段于鄢。」段不弟，故不言弟；不弟，猶言不像兄弟，與論語顏淵「父不父，子不子」句法同。弟，或破讀爲悌，亦通。如二君，故曰克；此言莊公與叔段之戰，可比兩國國君之相戰，莊公戰勝，故用「克」字。稱鄭伯，譏失教也；此言兄本有教弟之責，莊公於弟不加教誨，養成其惡，故不言兄，而書其爵。謂之鄭志。鄭志者，鄭莊公之意志也。桓十七年傳云「宋志也」，莊七年傳云「齊志也」，襄元年傳云「謂之宋志」，可以爲證。此言鄭莊公養成叔段之罪，意在誅之，書法探其本心言之。昭十六傳「宣子曰，二三君子請皆賦，起亦以知鄭志」，則鄭六卿之志。不言出奔，難之也。襄二十九年經云：「齊高止出奔北燕。」傳云：「書曰『出奔』，罪高止也。」昭三年經亦云：「北燕伯款出奔齊。」傳云：「書曰『北燕伯款出奔齊』，罪之也。」則出奔爲有罪之詞。此若書段出奔共，則有專罪叔段之嫌；其實莊公亦有罪，若言出奔，則難於下筆，故云難之也。

遂寘姜氏于城潁，寘，音義同「置」。城潁，當在今河南省臨潁縣西北。而誓之曰：「不及黃泉，無相見也！」黃泉，地下之泉。此二句猶言不死不相見。既而悔之。

潁考叔爲潁谷封人，潁，廣韻潁字下云：「又姓，左傳潁考叔。」然據水經潁水注「陽乾山之潁谷，潁考叔爲其封人」，似仍當從水，不當從禾。潁谷當在今河南省登封縣西南。封人爲鎮守邊疆之地方長官。聞之，有獻於公。

公賜之食。食舍肉。舍音捨，置也。食舍肉，謂食時將肉另置一邊。公問之。對曰：「小人有母，皆嘗小人之食矣，張文甗螺江日記云：「皆者，備也，言小人之母備嘗小人之食。」未嘗君之羹，請以遺之。」羹，肉汁也。爾雅釋器及儀禮鄭注並云：「肉謂之羹。」此卽指上文所舍之肉，蓋熟肉必有汁，故亦可曰羹。遺，去聲，饋也，與也。公曰：「爾有母遺，繄我獨無！」繄，發聲詞，無義。論語顏淵：「司馬牛憂曰：『人皆有兄弟，我獨無。』」意義與此類似而無「繄」字。疑繄與噫古僅平入對轉，卽今歎詞咳，可單獨爲一逗。潁考叔曰：「敢問何謂也？」考叔問鄭莊公此言何意，以其有母而曰無，明知故問也。公語之故，且告之悔。對曰：「君何患焉？若闕地及泉，隧而相見，闕，掘也。隧，動詞，掘作隧道。其誰曰不然？」其，語氣副詞，此表疑問語氣。鄭世家亦用左傳。公從之。公入而賦：賦，賦詩。此疑各人隨口吟其自作辭句，餘詳隱三年傳「衞人所爲賦碩人也」注。「大隧之中，其樂也融融。」中、融爲韻，古音同在冬部。姜出而賦：「大隧之外，其樂也洩洩。」「洩」本作「泄」，今作「洩」者，蓋仍唐石經避唐太宗李世民諱改。金澤文庫本作「泄」。今「洩」已通行，故不改。外、洩爲韻，古音同在曷部。遂爲母子如初。君子曰：「君子曰」云云，國語、國策及先秦諸子多有之，或爲作者自己之議論，或爲作者取他人之言論。文二年傳躋僖公「君子以爲失禮」云云，魯語作宗人有司之言；襄三年傳「君子謂祁奚於是能舉善矣」，二十一年傳作叔向之言，呂氏春秋去私篇則作孔丘之言。北史魏澹傳，魏澹以爲所稱「君子曰」者，皆左氏自爲論斷之辭。清人張照則云：「君子之稱，或以德，或以位。左氏所謂君子者，謂其時所謂君子其人者，皆如是云云也，非左氏意以如是云云者，乃可稱君子之論也。」兩說不同，俱有所偏，合之則較備。「潁考叔，純孝也，愛其母，施及莊公。施，去聲，讀難易之易，延及也。**詩曰『孝子不匱，永錫爾類』，**詩見今詩經大雅既醉。匱，竭盡也。永，長也，久也。錫，賜也。言孝子爲孝，無有竭盡之時，故能以此孝道長賜予汝之族類。**其是之謂乎！」**猶言「其謂是」，「是」指潁考叔。史記十二諸侯年表列「公悔，思母，不見，穿地相見」於下年。

一·五　**秋七月，天王使宰咺來歸惠公、仲子之賵。緩，**緩者，言惠公死已逾年（惠公之死不知何月。春秋時，舊君死，新君逾年始稱元年，此時是隱公元年七月，則已逾年矣），始來饋贈助喪之物，太遲緩矣。**且子氏未薨，**子氏卽仲子。仲子此時猶在，未死而助其喪，尤不合理。**故名。**依春秋體例，天子之卿大夫不宜書名，而此稱宰咺者（咺是其名），卽由此之故。

天子七月而葬，同軌畢至；諸侯五月，五月而葬也。「而葬」兩字承上省。**同盟至；大夫三月，同位至；士踰月，外姻至。**七月而葬，自死之月數至葬之月，經歷七個月份而已，非實七個月也。如文公八年八月天王（周襄王）崩，九年二月葬。五月、三月同。禮記禮器及雜記下並云「諸侯五月而葬」，然考春秋，三月而葬者多，亦有遲至六月始葬者，參昭二十八年經並注。踰月者，歷二月也。説苑修文篇云「大夫三日而殯，三月而葬；士庶人二日而殯，二月而葬」是也。此乃劉向左氏義。王制謂「士庶人三月而葬」，雜記亦云「士三月而葬」，則非左傳義。王制疏本鄭玄義謂大夫除死月爲三月，士則數死月爲三月，左傳除死月言之，故云踰月，王制並死月言之，故云三月，左傳之踰月，王制之三月，其實相同，以爲調和之論，恐非傳旨。同軌，指諸侯。軌謂轍廣，軌同則轍跡亦同，後人因謂車跡爲軌。輿廣六尺六寸（周尺較今尺小），兩輪離車廂各七寸，故轍以八尺爲度。天下車同軌，先秦早有此思想。**畢至者，言**無不至者。

昭三十年傳游吉之言曰：「靈王之喪，我先君簡公在楚，我先大夫印段實往，敝邑之少卿也。」孔疏引鄭玄云：「簡公若在，君當自行。」但杜預謂「天王喪葬，諸侯例皆不往」，以春秋證之亦可信。　同盟至，宜是同盟諸侯遣使會葬。　同位，同爲大夫者。　外姻，與結婚姻之親戚。**贈死不及尸，弔生不及哀，**荀子大略篇云：「送（說苑修文篇作「贈」）死不及柩尸，弔生不及悲哀，非禮也。」正用此語。　楊倞注云「皆謂葬時」，是也。　尸本爲未葬之通稱，荀卿故加「柩」字以明之。自始死及殯（將葬停棺），自啓（將葬舉棺）及反哭（古禮，葬後返廟而哭），皆主人所至哀，此所謂哀者，指自始死至返哭時。參沈彤春秋左傳小疏。**豫凶事，**此釋「子氏未薨」。仲子未死，而贈以助喪之車馬，豫贈以凶事之物也。　隱二年十二月乙卯，夫人子氏薨，或此時已病重，周室聞之，故於賵惠公之便，而兼賵之。**非禮也。**

一·六　**八月，紀人伐夷。**紀，國名，姜姓。　故城當在今山東省壽光縣南。　古器銘作「己」，有己侯鐘、己侯𣪘、己侯貉子𣪘等。　己侯鐘出山東壽光縣（見阮元積古齋鐘鼎彝器款識卷三），尤可證「己」卽「紀」。彝器又有㠱公壺，銘云：「㠱公乍爲子叔姜□盥壺。」又有㠱孟姜匜，郭沫若兩周金文辭大系圖録考釋、方濬益綴遺齋彝器考釋俱以爲「㠱」卽「紀」。近年壽光、萊陽、煙臺等地皆有紀國青銅器出土，似紀國轄地甚廣。　夷，國名，妘姓。夷，金文作𠆢，與「人」字形近，卜辭有「人方」，亦卽夷國。　又作𡰣，形又與尸字近，故經典或作「尸」。夷之蹤跡，實徧及中國。　此夷國之故城，卽山東省卽墨縣西六十一里壯武故城。　古彝器有夷伯𣪘，䀠卣亦有「夷伯」之稱，又有「夷子」之稱，不知是何夷國之器。**夷不告，故不書。**

一·七　**有蜚。**　蜚音匪。　爾雅翼云：「蜚者，似蟅而輕小，能飛，生草中，好以清旦集稻上，食稻花。田家率以早作掇拾至他所。至日出，則皆散去，不可得矣。　既食稻花，又其氣臭惡，能熯稻，使不蓄。　春秋書之，當由此爾。　今人謂之蜚盤蟲，亦曰香娘子。」不爲災，亦不書。以上二章皆無經有傳，傳且釋魯史「不書」之故。以下同。

一·八　惠公之季年，季年，猶言晚年、末年。敗宋師于黄。黄，宋國之邑，故城當在今河南省民權縣東十五里。公立而求成焉。成，解怨結好也，今言媾和。九月，及宋人盟于宿，宿，見經注。始通也。隱公立，始與宋通好也。

一·九　冬十月庚申，庚申，十四日。改葬惠公。公弗臨，臨，臨喪哭泣也。爲喪主，則哭臨。隱公攝位，不敢以喪主自居，故弗臨。故不書。惠公之薨也，有宋師，太子少，有宋師，服虔以爲卽上文所謂敗宋師于黄之役，孔疏以爲宋人報黄之敗而來伐，服説近是。太子，桓公。由此可見惠公未死時，桓公已爲太子。葬故有闕，闕謂缺失，不完備。是以改葬。

一·一〇　衞侯來會葬，衞，國名，姬姓；文王子康叔封之後。傳世有康侯丰鼎，丰卽封。「衞」字卜辭多見，足見其地名早已有之，金文亦有，字形不一。此時衞國都朝歌，卽今河南省淇縣治。戴公廬曹，今河南舊滑縣治（新治已移至道口鎮）；文公遷楚丘，今滑縣東六十餘里；成公遷帝丘，今河南省濮陽縣。於春秋後十三世二百五十八年，爲秦二世所滅。不見公，亦不書。據昭十年傳，諸侯之大夫如晉會葬晉平公，欲見新君，而叔向辭之。不知隱公之不見衞侯，是否亦由此故。

一·一一　鄭共叔之亂，公孫滑出奔衞。共叔卽共叔段。公孫滑，共叔段之子。衞人爲之伐鄭，取廩延。鄭人以王師、虢師伐衞南鄙。鄭人能用周王之師及虢師者，時鄭莊公爲王卿士，西虢公又與鄭莊公同仕王朝也。僖二十六年傳云：「凡師，能左右之曰以。」此用「以」，即謂鄭能指揮王師、虢師。虢，西虢國，故城在今河南省陝縣境。上傳「虢叔死焉」，孔疏：「案傳，燕國有二，則一稱北燕；邾國有二，則一稱小邾。此虢國有二，而經、傳不言東、西者，於時東虢已滅，故西虢不稱西。」請師于邾，邾子使私于公子豫。邾子當即邾子克。私于公子豫，謂向公子豫私人言之。公子豫，魯大夫。豫請往，公弗許，遂行，及邾人、鄭人盟于翼。翼，邾國之地，在今山東省費縣西南九十里。不書，非公命也。隱公既不允公子豫之請，則公子豫翼之盟，必非公命，故經文不書。

一・一二 新作南門，不書，亦非公命也。

一・一三 十二月，祭伯來，非王命也。

一・一四 衆父卒，公不與小斂，以衣衾加於死者之尸曰小斂，以死者之尸入棺曰大斂。襄公五年傳云「季文子卒，大夫入斂，公在位」，是卿大夫之喪，入斂公臨之證。與，去聲，音預，今言參加。故不書日。經僅云「公子益師卒」，未書卒於何日，故傳云云。大夫卒不書日，惟隱公經文三見，宣公四年一見，餘皆書日。可見大夫卒而國君親視小斂爲當時之禮，春秋魯君率能行此禮。而隱公不行此禮者，或係自謂攝位，謙讓不以國君自居。但文十四年經「九月甲申，公孫敖卒於齊」，魯文公不得與小斂，而書日，不審其故。説參孔廣森公羊通義。

二年，庚申，公元前七二一年。周平王五十年、齊僖十年、晉鄂三年、衞桓十四年、蔡宣二十九年、鄭莊二十三年、曹桓三十六年、陳桓二十四年、杞武三十年、宋穆八年、秦文四十五年、楚武二十年。

經

二·一　二年春，去年十二月二十三日戊辰冬至，實建丑。有閏月。公會戎于潛。春秋時，華、戎猶雜處。哀十七年傳敍衞莊公登城見戎州，可以爲證。水經濟水注：「濟瀆自濟陽縣故城南，東逕戎城北，春秋『公會戎于潛』是。」據清一統志，山東省曹縣西北有戎城。潛，以管子小匡篇返魯侵地常與潛證之，潛爲魯地，當在今濟寧市西南。

二·二　夏五月，莒人入向。莒，國名，鄭語「曹姓鄒、莒」，以莒爲曹姓，恐另一莒。此莒國，春秋後五十年爲楚所滅，見楚世家。傳世彝器有中子化盤，記楚簡王伐莒，見郭沫若兩周金文辭大系考釋。據文八年傳及世本，當爲己姓，舊都介根，在今山東省膠縣西南；後遷莒，今山東省莒縣。據魯語下「晉信蠻夷」之語，則當時人以蠻夷視之。向，國名，姜姓，據太平寰宇記，莒縣南七十里有向城，當卽此向。杜注謂「譙國龍亢縣東南有向城」，則在今安徽懷遠縣西四十里，距莒甚遠，非也。懷遠之向當是襄十四年「會吳」之向。說詳江永春秋地理考實、顧炎武日知錄卷三十一並黃汝成集釋。顧棟高大事表春秋入國滅國論云：「莒人入向，而宣四年伐莒取向，則向已爲莒邑，而隱二年向爲莒滅明矣。」

二·三　無駭帥師入極。無駭，魯國之卿，公子展之孫，展禽（柳下惠）父。極，魯附庸國。當在今山東省金鄉縣南而稍東三十五里。考極以後不再見，可能自此後遂爲魯所有。金文無極氏，有遽氏，其人有遽父己、遽白還、遽中、遽叔買等，吳其昌金文氏族譜以爲卽此極氏。

二·四　秋八月庚辰，以長曆及今法推之，八月不應有庚辰之日，疑經有誤字。公及戎盟于唐。唐，據顧棟高大事表，在今山東省曹縣東南四十里。春秋時，以唐爲地名者有五處，此是魯國之唐。據讀史方輿紀要，今山東省魚臺縣舊治（今治已移駐谷亭）東北十二里有武唐亭，當卽此地。與大事表說不同，似以此說爲長。

二·五　九月，紀裂繻來逆女。繻音須。杜注：「裂繻，紀大夫。」紀君娶魯惠公女，裂繻爲之來逆。據文四年傳「逆婦姜於齊，卿不行，非禮也」，此不言非禮，則裂繻實卿，大夫可以包卿言之。

二·六　冬十月，伯姬歸于紀。無傳。據曲禮「男女異長」之文，男子與女子行第不相混亂。伯姬是魯惠公長女，隱七年又歸于紀之叔姬，當是其妹。此歸于紀，蓋由裂繻來迎，故從之而行。

二·七　紀子帛、莒子盟于密。紀子帛，杜預以爲卽紀裂繻，子帛爲其字。杜預又據左傳「魯故也」之文，以爲其與莒子盟，爲調解魯與莒間之不睦，故比之魯大夫，列其名於莒君之上。陸淳春秋集傳纂例一引趙匡據竹書紀年，亦證成其說。而水經注淮水篇云「游水又東北逕紀鄣故城南，故紀子帛之國」，則酈道元以帛爲紀子之名。考春秋經，於紀國之君，皆稱紀侯，無稱紀子者。且裂繻字子帛，名字實相應，則杜預之說是也。說本毛奇齡春秋簡書刊誤。密，莒地。據清一統志，今山東省昌邑縣東而稍南十五里有密鄉，當是此密。

二·八　十有二月乙卯，乙卯，十五日。夫人子氏薨。無傳。夫人子氏，杜預以爲卽桓公之母仲子，是也。隱五年經云「九月考仲子之宮」，蓋此時三年之喪已畢，故爲仲子之廟而落成之。穀梁傳以子氏爲隱公之妻，公羊傳以子氏爲隱公之母，皆不可信。諸侯之死曰薨，諸侯之夫人或母夫人死亦曰薨。春秋記魯公或魯夫人之死，除隱三年「君氏卒」及哀十二年「孟子卒」等特殊情況外，皆用「薨」字；記其他諸侯之死，則用「卒」字。

二·九 鄭人伐衞。春秋之初，外國大夫侵伐，稱某國人而不書名氏。僖十五年救徐，始書公孫敖及諸侯之大夫，猶未歷敍名氏。外國大夫獨帥師書名，自文三年晉陽處父始；外國大夫連兵書名，自宣六年晉趙盾、衞孫免始；至𥻘之戰，然後本國及外國大夫之名歷書之。說詳張自超春秋辨義總論。春秋例：凡行軍，有鐘鼓曰伐。

傳

二·一 二年春，公會戎于潛，修惠公之好也。戎與惠公，本有友好；今日又相會見，尋温舊好，故曰修好。餘詳經注。戎請盟，公辭。

二·二 莒子娶于向，向姜不安莒而歸。夏，莒人入向，以姜氏還。入者，以兵深造其國邑之名。然有二義：有入而取其地者，有入而不取其地者。取其地，與滅同，閔二年「狄入衞」，哀八年春「宋公入曹」是也。不取其地，隱十年「宋人衞人入鄭」，桓二年「入杞」是也。此「入向」不知取地與否。據傳云云，是稱兵奪婦而入其國邑，未嘗取地，故公、穀亦曰「得而不居」。然僖二十六年公會莒茲丕公、甯莊子盟于向，宣四年魯伐莒取向，襄二十年仲孫速會莒人盟於向，向皆莒地，則又似滅其國而取其地。說本毛奇齡春秋傳。

二·三 司空無駭入極，魯有司空之官，爲卿，昭四年傳「孟孫爲司空以書勳」可證。費庈父勝之。庈音琴，父音甫。費庈父即元年傳「費伯帥師城郎」之費伯。王厚之鐘鼎款識有虘父鼎。阮元引吳侃叔云：「虘父疑即庈父。」據讀史方輿紀要廢魚臺縣西南有費亭，費與極均在今金鄉縣南而稍東。郎與極亦在廢魚臺縣附近。無駭入極，費庈父因城郎而滅極，勝極卽滅極也。文十五年傳云「凡勝國曰滅之」，則滅國亦可曰「勝」。說本俞樾茶香室經說。

二·四 戎請盟。秋，盟于唐，復修戎好也。唐詳經注。

二·五 九月，紀裂繻來逆女，卿爲君逆也。詳莊公二十四年經注。

二·六 冬，紀子帛、莒子盟于密，魯故也。詳經注。

二·七 鄭人伐衞，討公孫滑之亂也。公孫滑爲大叔段之子，叔段失敗，滑奔衞，衞人爲之伐鄭，取廩延，見隱元年傳。

三年，辛酉，公元前七二〇年。周平王五十一年、齊僖十一年、晉鄂四年、衞桓十五年、蔡宣三十年、鄭莊二十四年、曹桓三十七年、陳桓二十五年、杞武三十一年、宋穆九年、秦文四十六年、楚武二十一年。

經

三·一 三年春王二月，己巳，日有食之。無傳。此年亦實建丑，夏正則爲正月。己巳爲初一，日食必在初一，經不書「朔」，後人以爲史官失之。至于公羊以爲食二日，穀梁以爲食晦，皆不可信。此是建丑之二月，建子應爲三月。以今法推算，此公元前七二〇年二月二十二日之日全食。漢書五行志云「推隱三年之食，貫中央，上下竟而黑」，亦全食之象。「日有食之」，簡言之卽「日食」。說文云：「有，不宜有也。」此言日食非所宜有，故加「有」字，蓋前人臆說。日食而作「日有食之」，乃當時習慣。此種習慣語本自西周。詩小雅十月之交云「十月之交，朔日辛卯，日有食之」，可以爲證。甲骨文記日食則略異，或云「日食」，或云「日出食」，或云「大食」。「日出食」即「日有食」。

三．二　三月庚戌，庚戌，十二日。天王崩。天王，周平王。春秋之世，周歷十二王（王子猛及敬王不計），春秋書其崩並書其葬者五王：桓、襄、匡、簡、景；書其崩而不書其葬者四王：平、惠、定、靈；其崩及葬皆不書者三王：莊、僖、頃。

三．三　夏四月辛卯，辛卯，二十四日。君氏卒。「君氏」，公羊、穀梁皆作「尹氏」，謂尹氏爲天子之大夫。「尹」蓋「君」之殘誤字，公、穀蓋因字殘而誤。昭二十年傳「棠君尚」，釋文云「君或作『尹』」；荀子大略篇「堯學於君疇」，漢書古今人表作「尹疇」，皆「君」「尹」形近而誤之證。春秋除周王及魯侯外，列國諸侯以及卿大夫，其卒，常例皆書其名，而此尹氏若果爲周大夫，竟不書名，則不可解，以是可知公、穀之誤。吳偉業梅村文集謂此尹氏即十一年傳鄭大夫尹氏；毛奇齡春秋傳、春秋條貫篇亦主之，非左傳義。

三．四　秋，武氏子來求賻。釋文：「賻音附。」「武氏子」意謂武氏之子，武氏乃周室之大夫，其人不來，而使其子來。其子猶爲門子，無爵無官，故經書「武氏子」。說本孫詒讓周禮正義。賻，助喪之財物。此乃周平王死，周室使人來求賻。杜注以爲由于魯不供奉王喪，致使王室來有求，經文直書以示不敬。而公羊以爲「喪事無求，求賻非禮」，故書以譏之。穀梁則以爲「周雖不求，魯不可以不歸；魯雖不歸，周不可求之」，故書以「交譏之」。考周禮宰夫鄭玄注云：「凡喪，始死，弔而含襚（送死者口中所含之珠玉及所著衣），葬而賵贈，其閒加恩厚則有賻焉，春秋譏武氏子求賻。」推鄭玄之意，則以爲含襚賵贈是正禮，魯已行之。賻以大量財幣是加禮，魯未如此，故使人求之，非禮。鄭說可採。僖二十七年傳云：「齊孝公卒，有齊怨，不廢喪紀，禮也。」齊一再伐魯，魯於齊侯之喪，仍致弔贈，於周王之喪，似更宜然。杜注以爲魯不供奉王喪，不知何據。

三·五　八月庚辰，庚辰，十五日。宋公和卒。宋公和，宋穆公。卒，死也，有廣狹兩義。禮記曲禮下云「天子死曰崩，諸侯曰薨，大夫曰卒」，此爲狹義。無論尊卑，人死均可謂卒，如孟子離婁下「舜卒於鳴條，文王卒於畢郢」。春秋之例，魯君死書「薨」，其它諸侯死書「卒」。一用狹義，一用廣義，似爲內（本國）外（他國）之別。

三·六　冬十有二月，齊侯、鄭伯盟於石門。齊，國名，姜姓，太公之後，國于營丘，在今山東省臨淄廢縣（今爲臨淄鎮）稍北八里。臨淄齊城包括大城、小城二部分，總面積三十餘平方公里。（詳文物考古工作三十年。）僖公九年入春秋。春秋後，田氏奪其國，是爲田齊。石門，齊地。據清一統志，石門在今山東省長清縣西南約七十里。

三·七　癸未，癸未，二十日。葬宋穆公。「穆」，公羊例作「繆」。凡謚「穆」者，史記亦多作「繆」。「穆」、「繆」字通。

傳

三·一　三年春，王三月，壬戌，壬戌，二十四日。平王崩。赴以庚戌，故書之。赴，今作「訃」，告喪也。此謂周平王實以三月壬戌日死，而赴告却云庚戌日（十二日），故春秋經從訃告，亦書庚戌日。赴告何以將死日誤提早十二日，杜注云「欲諸侯之速至，故遠日以赴」，恐是臆測之辭。襄二十八年經云：「十有二月甲寅，天王崩。」傳云：「癸巳，天王崩，未來赴，亦未書，禮也。王人來告喪，問崩日，以甲寅告，故書之，以徵過也。」與此可以互相發明。

三・二 夏，君氏卒。——聲子也。不赴于諸侯，不反哭于寢，不祔于姑，故不曰「薨」。不稱夫人，故不言葬，聲子雖是隱公之母，但非惠公之正夫人；隱公雖當時爲魯國之君，却自謂代桓攝位，有讓位桓公之志；故去年十二月，桓公之母仲子死，以夫人之禮爲之葬，春秋亦書云「夫人子氏薨」。而距此不過四、五月，勢不能再以夫人之禮爲聲子治喪。所謂以夫人之禮治喪者，當其初死，訃告於同盟諸侯，一也；既葬返哭於祖廟，虞於殯（虞爲葬後迎死者之魂，祭而安樂之之禮）——此從沈欽韓說——二也；卒哭（虞後三月，卒無時之哭——意謂以後哭死者有時），以死者之主祔（以後死者祔於祖廟曰祔）於祖姑，三也。若三禮皆備，則書曰「夫人某氏薨」，又書曰「葬我小君某氏」。聲子之死，既未向同盟諸侯訃告；葬後，隱公又未反哭於寢（祖廟）；卒哭後，亦未祔於祖姑，三者皆不具備，則是不以夫人看待聲子，故經書其死用「卒」字，而不用「薨」字；只云「某氏」，而不云「夫人某氏」；又不書其葬。不書姓。爲公故，曰「君氏」。聲子姓子，依慣例，宜曰「子氏卒」。但隱公當時正爲魯君，聲子是其生母，如此對待聲子，或者有傷隱公之心。據襄二十六年傳，當時習慣有「君夫人氏」之稱，此不便明言「夫人」，故省「夫人」兩字，改稱之曰「君氏」，故曰「爲公故，曰君氏」。國君曰君，君夫人曰小君，「君氏」者，猶言「小君氏」，「氏」亦猶「母氏」「舅氏」之義例。

三・三 鄭武公、莊公爲平王卿士。經書屢見卿士一詞，意義不一。尚書洪範「謀及卿士，謀及庶人」，顧命「卿士邦君麻冕蟻裳，入卽位」，卿士似泛指在朝之卿大夫，此廣義之卿士。牧誓言「是以爲大夫卿士」，則卿士不包括大夫；此卿士義當同于詩小雅十月之交「皇父卿士，番維司徒」、商頌長發「降予卿士，實維阿衡」之「卿士」，此狹義之卿士。杜注謂「卿士，王卿之執政者」，蓋得之。左傳凡八用「卿士」，皆狹義。王貳于虢。虢，西虢公，亦仕於王朝。王貳於虢，謂王不專任鄭伯，偶亦以政權畀虢公。西虢，詳元年傳注。鄭伯怨王。王曰：「無之。」沈彤春秋左傳小疏謂「無之，約無怨與貳」，則以「無」爲表示禁止之否定副詞。但表禁止副詞「無」字下承代詞「之」字，古文無此語法。「無」當仍爲「無有」之義。故周、鄭交質。質，人質，以人爲抵押品，春秋、戰國時多盛行。交，互相之義。王子狐爲質於鄭，鄭公子忽爲質於周。王子狐，平王子。公子忽，鄭莊公太子。王崩，平王卒。平王死在今年三月，見前。周人將畀虢公政。畀，音比去聲，予也。杜注：「周人遂成平王本意。」四月，鄭祭足帥師取溫之麥。四月，夏正之四月，麥已熟，故鄭人帥師割取之。趙翼陔餘叢考卷二所謂「是鄭用夏正也」。杜預以爲周正之四月，即夏正之二月，麥未熟，鄭人故意芟踐之，誤。祭足，鄭國大夫，即隱公元年之祭仲。溫，周王畿內之小國，當在今河南省溫縣稍南三十里之地。秋，又取成周之禾。秋，亦是夏正之秋。成周，尚書洛誥序所謂「召公既相宅，周公往營成周」者是也。其後遷殷之遺民於此。故城在今河南省洛陽市東約四十里，偃師縣西約三十里。禾有兩義，一爲百穀之通名，一爲稷類穀物之專名，此蓋第二義。詩兔爰疏引此作「取成周之粟」，蓋孔穎達以粟解禾，非所據本不同。粟亦有兩義，凡穀實皆可曰「粟」，通名也。稷實曰「粟」，今曰「小米」，專名也。周、鄭交惡。

君子曰：「信不由中，人言爲信。中同衷。左傳僖二十八年傳「今天誘其衷」，杜注：「衷，中也。」皆指中心。句意謂言不由衷心，非誠實之義。質無益也。明恕而行，要之以禮，要音腰，約也。論語屢言「約之以禮」，此要亦約束之義。雖無有質，誰能間之？間，離間也。苟有明信，澗、谿、沼、沚之毛，澗、谿，皆是山溝水。谿，今作「溪」。沼、沚，皆是池塘之義。凡地所生曰「毛」，詳陳立公羊宣十二年「錫之不毛之地」義疏。蘋、蘩、蘊藻之菜，蘋，池塘淺水中小草本植物。蘩，白蒿，菊科多年生草本植物。蕰，聚積也；藻，水中隱花植物；蕰藻，藻草之聚積者。蘋、蘩、蕰藻爲三種植物，與下隔句潢、汙、行潦爲三種水相對。洪亮吉左傳詁謂「蕰亦水草之名」，恐誤。上文云「澗、谿、沼、沚之毛」，此又云「蘋、蘩、蕰藻之菜」，毛卽菜也，所以重複者，上句言其產地之陋，此句言其產物之薄，用意不同。筐、筥、錡、釜之器，筥，音舉。筐、筥皆竹器，方者曰筐，圓者曰筥，本以盛飯，此言其用盛蘋藻。錡，音奇，釜音輔，同爲烹飪之器，有足者曰錡，無足者曰釜。潢、汙、行潦之水，潢音黄，汙音烏，皆積水之義。大者曰潢，小者曰汙。行潦，行，道路也，行潦之行，與「行露」「行葦」之行同義；潦音老，雨水謂之潦；行潦乃大雨水之積於道路者。詩泂酌毛氏傳以行潦爲流潦，恐誤。可薦於鬼神，可羞於王公，薦，進也；羞亦進也，皆進獻之義，薦羞亦可連言，周禮宰夫「掌祭祀之戒具與其薦羞」，又庖人「與其薦羞之物」，皆其例。而況君子結二國之信，行之以禮，又焉用質？風有采蘩、采蘋，兩詩均見詩經召南。雅有行葦、泂酌，兩詩均見詩經大雅。釋文：「泂音迥。」昭忠信也。」昭，明也。明何良俊四友齋叢説卷二云：「左傳用詩，苟於義有合，不必盡依本旨。」

三・四　武氏子來求賻，王未葬也。

三・五　宋穆公疾，史記宋世家云：「武公卒，子宣公力立。宣公有太子與夷。十九年，宣公病，讓其弟和，曰：『父死子繼，兄死弟及，天下通義也。我其立和！』和亦三讓而受之。宣公卒，弟和立，是爲穆公。」據史記十二諸侯年表，穆公立於周平王四十一年（公元前七二八年）。召大司馬孔父而屬殤公焉，大司馬，宋國官名。孔父名嘉，桓二年傳亦稱孔父嘉，正考父之子，孔丘之祖先，詳見左傳昭七年杜注並孔疏。殤公卽宣公之子與夷。屬，今囑託之「囑」字，音燭，古書皆作屬，囑是後起字。曰：「先君舍與夷而立寡人，舍同捨，上古多以舍爲捨。捨，棄也，廢也。寡人，諸侯自稱之謙詞。寡人弗敢忘。弗敢忘，猶言不敢忘之。說詳隱元年注。若以大夫之靈，靈，福也。說詳昭七年傳「寵靈」注。得保首領以没，此當時套語，謂得善終。領，頸項。保首領，不遭殺戮之謂。没，終也。襄十三年傳敍楚共王臨死亦有此語。先君若問與夷，先君指宣公。其將何辭以對？其，語氣副詞。請子奉之，以主社稷。子，對稱敬稱代詞，猶今言您。奉，與元年傳前「是以隱公立而奉之」之「奉」字義同。社稷即國家，國必有土，土神曰社；民必有食，穀神曰稷。故禮記王制謂天子以大牢祭社稷，諸侯以少牢祭社稷。禮記曲禮下「國君死社稷」，猶言爲國而死；檀弓下「能執干戈以衛社稷」，猶言保衛國家。寡人雖死，亦無悔焉。」對曰：「羣臣願奉馮也。」「馮」，亦作「憑」，穆公之子，莊公也。公曰：「不可。先君以寡人爲賢，使主社稷。若棄德不讓，是廢先君之舉也，豈曰能賢？穆公之意，蓋以讓國是德，宣公以國讓於己，己亦讓位於人，是光昭先君之德舉。己不讓，則是廢棄此德舉。襄公十三年傳士匄亦云：「昔臣習於知伯，是以佐之，非能賢也。」能賢，蓋當時常語，猶今之言賢能也。光昭先君之令德，光昭，猶今言發揚。令，善也。可不務乎？說文：「務，趣也。」段注云：「趣者，急走也。務者，言其促疾於事也。」段說是。晏子春秋云：「景公起大臺，役者皆涷，晏子執朴，鞭其不務者。」淮南子修務訓云：「聖人知時之難得，務可趣也。」諸「務」字尤合此訓。吾子其無廢先君之功！」吾子，對稱代詞，既表恭敬，亦表親暱。上稱子，此稱吾子，表示其囑託之重且深。其，表命令副詞。使公子馮出居于鄭。杜注：「避殤公也。」八月庚辰，宋穆公卒，殤公即位。

君子曰：「宋宣公可謂知人矣。立穆公，其子饗之，命以義夫！饗與享同，受也。命，謂宣公不立子而讓弟之命。夫音扶，語氣詞。此句意謂其命出自道義。商頌曰『殷受命咸宜，百祿是荷』，其是之謂乎！」宋爲殷商後，故引商頌以贊之。詩見玄鳥之卒章。受、授古人多同用「受」，疑此受即授殷商王位，早期多兄終弟及，宋宣公亦不傳子而傳弟，故引此詩。竊疑作者讀「咸宜」之「宜」爲「義」，「宜」與「義」古音全同，可通訓。「殷受命咸義，百祿是荷」者，亦謂殷王兄終弟及爲義，因而得各種福祿也。或讀「宜」如字，誤。杜注僅就殷湯、武丁爲言，亦誤。百祿是荷，荷百祿之倒裝式。百祿猶言多福。荷，毛詩用本字作「何」；去聲，負荷也。史記宋世家敍此事全取左傳。

三·六　冬，齊、鄭盟于石門，尋盧之盟也。尋，温也。尋盟，當時常語，即修舊好之義。盧盟在春秋前。盧，地名，據讀史方輿紀要，當在今山東省長清縣西南二十五里。庚戌，十二月無庚戌，日有誤。鄭伯之車僨于濟。僨，音奮，仆也。濟，古四瀆之一，今河道已奪。讀史方輿紀要云：「大清河在長清縣西南二十里，自平陰縣流入境，又東北入齊河縣境，即濟水也。鄭伯之車僨于濟，蓋在縣界。」杜注謂鄭伯之車所以傾覆于水，由遇大風之故，傳記其異。恐臆說。

三·七　衞莊公娶于齊東宮得臣之妹，曰莊姜，衞莊公名揚，據史記十二諸侯年表，即位于周平王十四年（公元前七五七年）即春秋前三十五年。又據衞世家，莊公五年娶齊女爲夫人，此齊女即莊姜，當是齊僖公之姊妹，齊莊公之嫡女。東宮，太子所居，故名太子曰東宮。得臣，齊莊公之太子，當是未得立而死，故齊莊公死，齊僖公得繼立。不曰僖公之妹，而曰東宮得臣之妹者，明得臣是嫡長子，其妹必是嫡女也。詩衞風碩人云「東宮之妹」，傳文本此。美而無子，衛人所爲賦碩人也。「賦」有二義，鄭玄曰「賦者或造篇，或誦古」，是也。此「賦」字及隱元年傳之「公入而賦」、「姜出而賦」，閔二年傳之「許穆夫人賦載馳」、「鄭人爲之賦清人」，文六年傳之「國人哀之，爲之賦黄鳥」，皆創作之義；其餘「賦」字，則多是誦古詩之義。衛人所爲賦碩人，卽衛人爲之賦碩人，與閔二年「鄭人爲之賦清人」，文異義同。又娶于陳，曰厲嬀，生孝伯，早死。陳，國名，嬀姓，虞舜之後，故又稱虞，見逸周書王會篇，亦猶杞之稱夏，宋之稱殷或商。今河南省開封市以東，安徽省亳縣以北，皆其國土。都宛丘，卽今河南省淮陽縣治。金文有陳侯鼎、陳子匜等，其字作「敶」。桓公二十三年入春秋，哀公三十五年，卽魯昭公八年，爲楚所滅。魯昭公十三年，惠公復興。史記有陳世家。厲嬀、戴嬀可能爲桓公之姊妹行。左傳曰「又娶」，史記衛世家曰「又娶陳女爲夫人」，則厲嬀是莊公夫人無疑。諸侯是否應當再娶，三禮無文可徵。公羊傳謂諸侯不再娶，白虎通亦主是言，以左傳考之，不合史實。其娣戴嬀，「厲」、「戴」皆其人之謚。詩邶風燕燕云「仲氏任只」，毛氏傳云：「仲，戴嬀字也。」生桓公，莊姜以爲己子。桓公名完，衛世家云：「陳女女弟亦幸於莊公，而生子完。完母死，莊公命夫人齊女子之，立爲太子。」本傳孔疏云：「石碏言：『將立州吁，乃定之矣。』請定州吁，明太子之位未定。衛世家言立完爲大子，非也。」詩燕燕孔疏云：「左傳唯言戴嬀生桓公，莊姜養之以爲己子，不言其死，衛世家云『完母死』，亦非也。」

公子州吁，嬖人之子也。嬖音閉，得寵幸者曰嬖。詳宣十二年傳注。有寵而好兵，兵，武事。公弗禁。莊姜惡之。石碏諫曰：石碏，衛大夫。碏音鵲。「臣聞愛子，教之以義方，方，道也。義方猶義道。弗納於邪。驕、奢、淫、泆，泆與逸字通。尚書酒誥「淫泆于非彝」，釋文云：「泆，又作逸，亦作佚。」孔疏云：「驕謂恃己陵物，奢謂夸矜僭上，淫謂嗜欲過度，泆謂放恣無藝。」所自邪也。猶言邪所自也。謂由此四者，則必至于邪。四者之來，寵祿過也。意謂寵幸太過，其人必驕奢淫泆；驕奢淫泆，則無事不邪。將立州吁，乃定之矣；若猶未也，階之爲禍。階，階梯之意。此作動詞用，謂留作禍亂之階梯。夫寵而不驕，驕而能降，驕，指州吁目前情況言。降，暗指莊公死後，太子完繼位，州吁地位勢焰必不如目前言。能降，謂安於地位下降。降而不憾，憾，亦作「感」，音含去聲，恨也。憾而能眕者，眕音軫，說文：「目有所恨而止也。」鮮矣。此數語謂寵之必驕，驕必難以貶黜，貶黜之必恨，恨必難自抑止，因而思亂。不如此者其人甚少。且夫賤妨貴，妨，害也。此以地位言，完爲夫人娣子，貴；州吁嬖人子，賤。少陵長，少，去聲。陵，侵也。此以年齡言，完長，州吁少。遠間親，間，去聲，代也。此以親疏言，完親，州吁疏。新間舊，此以歷史關係言。小加大，此以情勢言。加，亦侵陵之意。論語公冶長：「我不欲人之加諸我也，吾亦欲無加諸人。」馬融云：「加，陵也。」襄十三年傳云：「君子稱其功以加小人，小人伐其技以馮君子。」杜注云：「加，陵也；馮，亦陵也。」今言駕陵，駕卽加。淫破義，此以義不義言。所謂六逆也；君義，臣行，臣行君之義。韓愈原道云「臣者，行君之令而致之民者也」，義蓋本此。父慈，子孝，兄愛，弟敬，所謂六順也。周語中富辰亦云：「夫禮，新不間舊。」管子五輔篇云：「是故聖王飭此八禮，以導其民。八者各得其義，則爲人君者中正而無私，爲人臣者忠言而不黨，爲人父者慈惠以教，爲人子者孝悌以肅，爲人兄者寬裕以誨，爲人弟者比順以敬，爲人夫者敦懞以固，爲人妻者勸勉以貞。夫然，則下不倍(背)上，臣不殺(同弒)君，賤不踰貴，少不陵長，遠不間親，新不間舊，小不加大，淫不破義。凡此八者，禮之經也。」與左傳文義略同。去順效逆，去，作及物動詞用，舊讀上聲。效謂效法而行之。僖二十四年、襄二十一年傳皆云「尤而效之」，亦作效。所以速禍也。速，動詞，使動用法。速禍，謂使禍害速來。君人者，意謂爲人民之君者。將禍是務去，禍是務去，乃務去禍之倒裝式。而速之，無乃不可乎？」弗聽。其子厚與州吁游，禁之，不可。桓公立，據年表，桓公立於平王三十七年。乃老。史記衞世家所記略同。老，謂告老致仕。此追敍衞桓公即位以前及初即位石碏告老事。而隱公三年，衞桓公即位十五年矣。本文當與「四年春衞州吁弑桓公而立」以下傳文連接爲一篇，後人分經之年與傳之年相附，遂割裂分列，宜併下年傳文讀之。

四年，壬戌，公元前七一九年。周桓王元年、齊僖十二年、晉鄂五年、衞桓十六年、蔡宣三十一年、鄭莊二十五年、曹桓三十八年、陳桓二十六年、杞武三十二年、宋殤公與夷元年、秦文四十七年、楚武二十二年。

經

四・一 四年春王二月，冬至在去年十二月十六日己卯，此年實建丑。二月則建寅之月。莒人伐杞，杞，國名，姒姓。杞本舊國，湯封之，梁玉繩史記志疑卷二曾言之，證以卜辭中有杞侯（殷虛書契後編下三七・五），良信。周武王克殷紂，求禹之後，得東樓公，封之於杞，是爲重封，故亦稱夏（見逸周書王會解），猶宋之稱殷、稱商。國都初于今河南杞縣，春秋前即已東遷。清光緒間，山東新泰縣出土杞伯器多種，許瀚以爲新泰即杞都所在，詳見吳式芬攈古録金文卷二一。

其後又遷淳于，即今山東安丘縣東北三十里之杞城。據顧棟高大事表，杞武公二十九年入春秋。春秋後三十六年，即杞簡公元年，楚惠王滅之。史記有杞世家，傳世有杞伯鼎、杞伯豆等。一九六六年，山東滕縣木石公社南台大隊又發見杞伯每比所作邾曹鼎，定爲西周厲王時物。

取牟婁。無傳。據清一統志，牟、婁爲兩邑，牟城在今山東壽光縣東北二十里，婁鄉城在諸城縣西南四十里。杜預注以牟婁爲一邑，即諸城縣西之婁鄉。昭五年經及傳「莒牟夷以牟婁及防茲來奔」，如此，牟婁實一地，杜說可信。宣十五年經之「無婁」，公羊雖作「牟婁」，實另一地。外諸侯取邑，全部春秋唯此年及六年兩見。或以後疆埸之爭，此取彼奪，數見不鮮，故皆略之乎。

四·二　**戊申，**二月無戊申日，戊申當是三月十六日。此條不蒙上文，故杜注云：「有日而無月。」**衞州吁弒其君完。**州吁爲公子，此不言公子州吁者，正義本杜氏釋例云：「推尋經文，自莊公以上，諸弑君者皆不書氏；閔公以下皆書氏。」弑音試，以下殺上曰弒。完，衞桓公之名。此春秋書弑君之始。「州吁」，穀梁作「祝吁」，州與祝古音聲紐與元音俱同，惟有平入之異，故得通假。

四·三　**夏，公及宋公遇于清。**公，魯隱公。宋公，宋殤公。穀梁八年傳云：「不期遇會曰遇。」曲禮下云：「諸侯未及期相見曰遇。」杜預此注云：「遇者，草次（草次即造次，猶言倉卒）之期，二國各簡其禮，若道路相逢遇也。」清，地名，據杜注是衞邑，當在今山東省東阿縣南約三十里之地。

四·四　**宋公、陳侯、蔡人、衞人伐鄭。**春秋傳說彙纂云：「此諸侯會伐之始，亦東諸侯分黨之始。」據傳衞州吁告宋之言「若伐鄭，以除君害，君爲主，敝邑以賦與陳、蔡從」云云，則是役以宋爲主，故首列宋公。宋與陳皆國君自將，故陳侯次之。蔡、衛則是大夫帥師，故稱人。詩邶風擊鼓序云：「衞州吁用兵暴亂，使公孫文仲將，而平陳與宋。」則衞州吁未嘗自將，可以知矣。　蔡，國名，武王弟蔡叔度之後。此時都上蔡，今河南省上蔡縣西南附近有故蔡國城。故城長一〇四九〇米，略成南北長方形。平侯遷新蔡，今河南新蔡縣。昭侯遷州來，謂之下蔡，今安徽鳳臺縣。一九五五年五月曾在安徽壽縣發掘蔡侯墓，並出土有蔡侯鐘、蔡侯盤及吳王光鑑等遺物。此地離鳳臺縣極近，故蔡侯葬此。史記有蔡世家。宣公二十八年入春秋。春秋後二十一年，蔡侯齊四年滅於楚。然據程恩澤戰國策地名考及蘇時學爻山筆話，戰國時又復建國于今湖北巴東縣、建始縣一帶，更至楚宣王八年時，而蔡始亡。

四·五　**秋，翬帥師會宋公、陳侯、蔡人、衞人伐鄭。**翬，魯大夫公子翬，字羽父。其不稱公子者，史原有徒名之例，此與前二年「無駭帥師入極」，莊三年「溺會齊師伐衞」例同。說見毛奇齡春秋傳。彙纂曰：「此大夫會伐之始。」

四·六　**九月，衞人殺州吁于濮。**濮音卜，陳國地名，即昭公九年傳之「夷濮」，說詳孫人和陳濮水考（文史第二輯），其地當在今安徽亳縣東南。

四·七　**冬十有二月，衞人立晉。**晉，宣公名。

傳

四·一　**四年春，衞州吁弑桓公而立。**此句本緊接上年末傳文，爲後人所割裂。史記衞世家云：「十三年，鄭伯弟段攻其兄，不勝，亡，而州吁求與之友。十六年，州吁收聚衞亡人，以襲弑桓公，州吁自立爲衞君。」

四·二 公與宋公爲會，將尋宿之盟。宿盟在隱元年。未及期，衞人來告亂。夏，公及宋公遇于清。

四·三 宋殤公之即位也，公子馮出奔鄭。鄭人欲納之。及衞州吁立，將修先君之怨于鄭，鄭與衞世有戰争，此先君當包括莊公、桓公以上各君。修，治也。治怨猶報復怨仇。而求寵於諸侯，以和其民。使告於宋曰：「君若伐鄭，以除君害，君害，指宋公子馮，欲與宋殤公争君位者。君爲主，敝邑以賦與陳、蔡從，敝邑以賦與陳、蔡從爲一句。賦，兵賦，即「悉索敝賦」之賦，蓋總指戰争之人力物力而言。從，舊讀去聲。則衞國之願也。」宋人許之。於是陳、蔡方睦於衞，於是，於此時也。故宋公、陳侯、蔡人、衞人伐鄭，圍其東門，五日而還。衞世家、鄭世家俱採左傳。詩擊鼓可能因此役而作。

公問於衆仲曰：衆仲，魯大夫。潛夫論志氏姓篇云：「魯之公族有衆氏。」「衞州吁其成乎？」其，將也。對曰：「臣聞以德和民，不聞以亂。亂謂用兵伐鄭。以亂，猶治絲而棼之也。棼，音汾，紛亂之意。夫州吁，阻兵而安忍。夫音扶。提挈之詞。阻，仗恃也。漢書朱建傳「不欲阻險」，不欲恃險也。安忍謂安於殘忍。阻兵，無衆；恃力則衆不附。安忍，無親。素行殘忍，則無親附之者。衆叛、親離，難以濟矣。濟，成功也。句猶言難於濟矣。夫兵，猶火也；弗戢，戢，音緝，藏兵也，斂也，止也。將自焚也。夫州吁弑其君，而虐用其民，於是乎不務令德，令，善也。而欲以亂成，必不免矣。」古人於免禍、免刑皆曰免，亦猶史、漢謂免官曰免。

四·四 秋，諸侯復伐鄭。宋公使來乞師，考之春秋經，他國來魯乞師，除晉國外，皆不書，故此宋來乞師，不見於春秋。公辭之。羽父請以師會之，羽父，公子翬之字。公弗許。固請而行。故書曰「翬帥師」，疾之也。疾之者，惡其不聽公命也。諸侯之師敗鄭徒兵，古皆車戰，此言僅敗其徒兵，足見鄭雖敗，未受大創。説本沈欽韓補注。古者謂戰器爲兵，戰必令人執兵，執兵之人亦曰兵。徒兵即步卒，在車下作戰者。亦曰徒，如詩魯頌閟宮「公徒三萬」。禹鼎銘「遣禹率公戎車百乘，斯馭二百，徒千」，則徒兵西周已有之。取其禾而還。禾見三年傳「取成周之禾」注。

四·五 州吁未能和其民，上文衆仲對魯隱公之問，其言曰：「臣聞以德和民。」此「和民」即接上文而來。厚問定君於石子。厚，石厚，州吁黨羽，石碏之子，三年傳所謂「其子厚與州吁遊」者是也。定君，使君位安定。州吁未能和民，君位不能穩定，石厚乃問計於其父。石子即石碏。石子曰：「王覲爲可。」諸侯朝見天子曰覲。王覲猶言覲王，此種語法乃猶孔子家語篇名曰郊問，乃問郊之意；楚辭有天問，乃問天之意。石子意謂如能朝覲周王，即取得合法（天子同意）地位。曰：「何以得覲？」曰：「陳桓公方有寵於王。此時陳桓公未死，不應舉其謚，此或左傳作者偶疏之筆。左傳全書僅此一例，而史記則多有之。陳、衞方睦，若朝陳使請，朝音潮。諸侯見天子曰朝，諸侯相見亦曰朝。必可得也。」厚從州吁如陳。如，動詞，往也，適也。石碏使告于陳曰：「衞國褊小，褊音貶，小也。褊小，蓋當時常用詞。孟子梁惠王上齊宣王亦曰：「齊國雖褊小。」老夫耄矣，據曲禮，大夫七十歲以上自稱老夫。曲禮鄭注云：「耄，惛忘也。」無能爲也。此二人者，實弒寡君，敢卽圖之。」「弒」字各本作「殺」，今從石經、宋本改作「弒」。敢，敢請之意。卽，就也，就此機會。陳人執之，而請涖于衛。涖，音利，又音類，臨也。此謂陳人執州吁與石厚，而請衛人自來討殺之。九月，衛人使右宰醜涖殺州吁于濮。右宰，衛國官名，或因以爲氏，襄十四年傳有右宰穀。醜，人名。濮，地名。詳經注。史記衛世家所記略異。石碏使其宰獳羊肩涖殺石厚于陳。獳，奴侯切。古卿大夫有家臣，家臣之長曰宰。

君子曰：「石碏，純臣也。此與隱元年之「潁叔考，純孝也」句法相同。此臣當有特別意義，晉語云「事君不貳是謂臣」是也。惡州吁而厚與焉。與音預，謂一同被戮。『大義滅親』，此蓋古語。其是之謂乎！」

四•六 衛人逆公子晉于邢。逆，迎也。衛世家云：「迎桓公弟晉於邢而立之。」以公子晉爲衛桓公之弟，當另有所據。此時或正避亂而在邢。邢，國名，姬姓。通志氏族略二云：「周公之第四子受封於邢。」傳世有邢侯彝，彝爲周天子冊命邢侯時所作，銘末曰「作周公彝」，足證其爲周公之胤，故僖二十四年傳云云。金文常見「井侯」、「井伯」，劉節古史考存古邢國考謂井卽邢。今河北省邢台市境有襄國故城，卽古邢國。太平寰宇記卷五十九邢州龍岡縣引北史，謂齊武平初掘古冢，得銅鼎，有銘邢侯夫人姜氏墓，足證邢在今邢台。冬十二月，宣公卽位。宣公卽公子晉。依舊禮，新君卽位必在舊君死之第二年，此不待第二年者，孔疏云：「賊討乃立，自繼前君，故不待踰年也。」書曰「衛人立晉」，衆也。言公子晉之立乃本多數人之意。

五年，癸亥，公元前七一八年。周桓王二年、齊僖十三年、晉鄂六年、衞宣公晉元年、蔡宣三十二年、鄭莊二十六年、曹桓三十九年、陳桓二十七年、杞武三十三年、宋殤二年、秦文四十八年、楚武二十三年。

經

五・一 五年春，去年十二月二十六日甲申冬至，建丑，有閏月。公矢魚于棠。「矢」穀梁作「觀」，公羊或作「矢」，或作「觀」。矢，陳也。孔疏云：「陳魚者，獸獵之類，謂使捕魚之人，陳設取魚之備，觀其取魚以爲戲樂。」朱熹語類、俞成螢雪叢説、邢凱坦齋通編、黄仲炎春秋通説、葉夢得春秋考、王應麟困學紀聞卷六上以及毛奇齡簡書刊誤、趙翼陔餘叢考卷二據傳「則公不射」之文，又據他書射魚之事，因謂矢魚爲射魚，靜簋云「射于大池」尤可證。但傳文明云「陳魚而觀之」，則矢仍當訓陳。周祖謨問學集審母古讀考亦謂「矢，古與陳聲相近」。傳云「則公不射」，只屬上文「鳥獸之肉」而言，與矢魚無關。公羊、穀梁「矢魚」作「觀魚」。臧壽恭左傳古義云：「陳魚、觀魚事本相因，故經文雖異，而傳説則同。」史記魯世家作「觀漁于棠」，「魚」作「漁」，蓋以漁解魚，魚爲動詞。詩小雅采緑「其釣維何？維魴及鱮。維魴及鱮，薄言觀者」，亦見古有觀魚事。棠，地名，今山東省魚臺新縣治西南有觀魚臺址。

五・二 夏四月，葬衞桓公。

五・三 秋，衞師入郕。「郕」，公羊作「盛」，或本亦作「郕」。郕，國名。傳世器伯多父簋銘云「成姬多母」，成姬即郕姬。鮑鼎春秋國名考釋亦云：「泉文『成』不從邑。郕者，後起之字也。」周原甲骨有「宬叔用」三字，宬叔即成叔，則字又作

「宬」。據管蔡世家，初受封者成叔武爲文王之子，武王與周公之弟。孔疏云：「後世無所見，既無世家，不知其君號謚。」一九七五年于陝西岐山縣董家村發現成伯孫父鬲，或疑郕本封于西周畿內，東遷後改封于山東。方輿紀要及顧棟高大事表並謂古郕國當在今山東省汶上縣西北二十里，然恐離衞太遠。元和郡縣志十二、太平寰宇記十四、路史國名記五、王應麟詩地理考六並云東漢郕陽縣爲古郕伯國，則郕故城當在今山東濮縣廢縣治東南。或云在鄄城和鄆城之間。

五・四　**九月，考仲子之宮。**古時宗廟宮室或重要器物初成，必舉行祭禮，或名曰考，此「考仲子之宮」及詩斯干序所云「宣王考室」是也。或名曰落，昭四年傳「叔孫爲孟鐘，饗大夫以落之」是也。或名曰成，禮記檀弓「晉獻文子成室」是也。或名曰釁，定四年傳「祓社釁鼓」是也。考與釁對文則異。禮記雜記下云：「成廟則釁之，路寢成則考之而不釁。」鄭玄注云：「考之者，設盛食以落之爾。」但仲子之宮亦是宗廟，非生人居室，故知此考卽釁。釁宗廟之禮詳見禮記雜記下。春秋經例，周公之廟稱大廟，羣公之廟不稱廟而稱宮。故此仲子之宮，卽仲子之廟。左傳文例不如此，周公太廟亦或稱宮，羣公之宮亦或稱廟。仲子，惠公夫人，桓公之母。隱公本代桓公執政，實奉桓公爲君，故爲桓公尊異其母，爲別立一廟。**初獻六羽。**此與考仲子之宮雖相關，而是兩事。考仲子之宮是爲廟成而舉行落成之祭，所祭爲門、户、井、竈、中霤之神。考宮之禮不用樂舞，故知初獻六羽與上句不相蒙。初獻六羽者，仲子神主入廟，獻六羽樂舞也。六羽卽六佾。古代樂舞，以八人爲一列，謂之一佾。舞時，文舞執翟，詩邶風簡兮「右手秉翟」是也。翟是雉（野雞）羽，樹之于竿，執之而舞，故亦稱爲羽。古禮制，天子八佾，諸侯六佾，大夫四佾，士二佾。魯公爲諸侯，但據禮記祭統與明堂位，成王、康王命魯公世世祭祀周公，特用天子之禮樂，因而相沿用八佾。而今獨于祭仲子時，改用六佾，故云初獻六羽。知他處仍用八佾者，昭二十五年公羊傳述子家駒之言曰：「諸侯僭於天子，大夫僭於諸侯久矣。設兩觀，乘大路，朱干玉戚以舞大夏，八佾以舞大武，此皆天子之禮也。」論語八佾篇亦謂「季氏八佾舞於庭」，必魯不廢八佾，季氏始得而亦用八佾。俞樾湖樓筆談謂初獻六羽爲始供雁、鶩、鷃、雉、鳩、鴿等六禽，曲說不可從。

五·五 郳人、鄭人伐宋。郳國小，且郳儀父此時猶未受王命，尚是附庸；鄭國大，且鄭莊公正爲王朝卿士，而序郳于鄭之上者，以郳爲戎首，傳文所云「敝邑爲道」是也。

五·六 螟。無傳。 螟，蛾屬，昆蟲類鱗翅目，幼蟲曰螟，棲稻之葉腋或莖中，蛀食稻莖之髓部，爾雅釋蟲所謂「食苗心，螟」是也。螟害成災，故書。

五·七 冬十有二月辛巳，辛巳，廿九日。公子彄卒。彄音摳。公子彄卽傳之臧僖伯。

五·八 宋人伐鄭，圍長葛。長葛，鄭國邑名，當在今河南省長葛縣治東北二十餘里。

傳

五·一 五年春，公將如棠觀魚者。魚者意卽捕魚者，與孟子「芻蕘者」「雉兔者」語法相同。臧僖伯諫曰：臧僖伯卽公子彄，字子臧，本孝公之子，臧是其後代之姓氏。孔疏云：「諸侯之子稱公子，公子之子稱公孫。公孫之子不得祖諸侯，乃以王父之字爲氏。計僖伯之孫始得以臧爲氏，今於僖伯之上已加『臧』者，蓋以僖伯是臧氏之祖，傳家追言之也。」僖是其謚。「凡物不足以講大事，講謂講習、簡習。大事指祭祀與兵戎。其材不足以備器用，此器用非一般之器用，獨指用于大事之器用而言，觀下文可知。**則君不舉焉。**舉，舉動、行動。**君，將納民於軌、物者也。故講事以度軌量謂之軌，**此解釋軌字。度軌量，度，動詞，舊讀入聲，音鐸，正也；軌量爲其賓語。度軌量猶言揆正法度。**取材以章物采謂之物。**此釋物字。章，明也。物之本義爲雜色牛（見王國維觀堂集林釋物及楊樹達先生積微居小學述林釋物），引申之，凡雜色亦可曰物，此物采之物字卽是其義。物采爲同義連綿詞，猶上文軌量爲同義連綿詞，故亦可倒言爲「采物」，文六年傳「分之采物」是也。**不軌不物，謂之亂政。**不軌謂舉事不合禮制法度，不物謂不關大事器用之物采而君主浪用之，如莊公二十三年「丹桓宮楹」。**亂政亟行，**亟，去聲，屢也。**所以敗也。**此謂亂政亟行爲敗亡之原因。所以，古爲表原因之詞，與今之用爲表結果者不同。**故春蒐、夏苗、秋獮、冬狩，**此春、夏、秋、冬皆是夏正。左傳全書凡引古典標時而不揭月者，皆是夏正。蒐、苗、獮、狩皆田獵名，亦以之習武，因四時而異。爾雅釋天、周禮大司馬與左傳同，公羊謂春苗、秋蒐、冬狩（夏不田，其意蓋以爲夏非農隙，一年之田獵惟三時行之。禮記王制「天子諸侯無事，則歲三田」是也），穀梁謂春田、夏苗、秋蒐、冬狩，與此異。蒐音搜。獮音癬。**皆於農隙以講事也。**農隙謂農功空隙，卽農閑之時。周語：「蒐於農隙，獮於既烝，狩於畢時。」農隙謂既耕之後；既烝之烝讀如論語陽貨「新穀既升」之升，登場也，卽已經收割之後；畢時，謂當時農務完畢之時。講事，講習武事，所謂教民戰也。**三年而治兵，入而振旅。**平年於四時小習武，三年又大演習。入謂入國都，演習在郊外，入國而後振旅。振，杜注云，整也。旅，衆也。振旅意卽整軍。此習武之振旅。作戰凱旋亦曰振旅，詳僖二十八年傳並注。**歸而飲至，**桓公二年傳：「凡公行，告于宗廟，反行飲至，舍爵策勳焉。」襄公十三年傳：「公至自晉，孟獻子書勞于廟。」桓公十六年經：

「公至自伐鄭。」傳：「公至自伐鄭，以飲至之禮也。」綜合觀之，凡國君出外，行時必告于宗廟，還時亦必告於宗廟。還時之告，於從者有慰勞，謂之飲至。其有功者書之于策，謂之策勳或書勞。**以數軍實。**數，計算也。軍實之實與庭實、內實、官實諸實字同義。左傳凡四用軍實，或指士卒言，宣公十二年之「無日不討軍實而申儆之」及襄公二十四年「齊社蒐軍實」是也；或指囚俘言，僖公三十三年傳「隳軍實而長寇讎」是也。此軍實則兼指其他俘獲，依周禮天官獸人鄭司農注引此文，亦以軍實爲俘獲。**昭文章，**昭，明也。文章猶言文彩，此指車服旌旗而言。**明貴賤，辨等列，**辨，别也。等列，等級也。**順少長，**爾雅釋天：「出爲治兵，尚威武也；入爲振旅，反尊卑也。」孫炎注：「出則幼賤在前，貴勇力也；入則尊老在前，復常法也。」**習威儀也。**以上就講事而言，以下就取材而言。**鳥獸之肉不登於俎，**俎，祭器，肉可以爲俎實。**皮革、齒牙、骨角、毛羽不登於器，**有毛曰皮，去毛曰革；皮爲茵韔（茵，車中墊褥；韔，皮製箭袋），革爲甲胄。牙，壯齒也，所以爲弭（弭，弓末也。詩采薇云「象弭魚服」，則是以象牙爲弭）。骨所以飾弓兩頭，角所以爲弓弩。毛，旄牛尾，所以注竿首；羽，鳥羽，所以爲旌。不登於器，猶言不用於製成軍國之重要器物。**則公不射，**僖伯謂鳥獸固田獵所射，然若不用于祭祀與軍備車服，即不用之于大事，則公不射。惠棟以祭祀射牲爲説亦有據。戩壽堂所藏殷墟文字考釋九之二云：「其射二牢叀伊。」則殷禮祭祀射牲。楚語亦云：「觀射父云『天子禘郊之事，必自射其牲』」云云尤可證。但此僅謂國君一舉一動，必與國家大事有關，而觀魚者乃戲樂之事。**古之制也。若夫山林、川澤之實，**山林、川澤之實，不僅指材木、樵薪、芡、魚蟹之屬，實包括一切不登於俎、不登於器而産于山川者。**器用之資，**此器用是一般器用。**皁隸之事，**皁隸，古之賤役。昭公七年傳云：「士臣皁，皁臣輿，輿臣隸。」**官司之守，非君所**

及也。」穀梁傳謂「禮，尊不親小事，卑不尸大功。魚，卑者之事也。公觀之，非正也」，與此意相同。意謂至於山川産物，一般器用之物資，乃皁隸賤者之所爲，有關官吏管守之事，而非君主所應涉及者。公曰：「吾將略地焉。」巡行視察邊境曰略。棠爲魯、宋兩國交界之地，故隱公以略地爲名。遂往，陳魚而觀之，陳，陳設。僖伯稱疾不從。書曰「公矢魚于棠」，非禮也，且言遠地也。棠距曲阜較遠。

五·二　曲沃莊伯以鄭人、邢人伐翼，晉國事始見於此，而春秋經不書，蓋以晉五世有内亂，不及來告之故。晉國，武王子唐叔虞之後。成王滅唐而封叔虞。翼，今山西省翼城縣東南。傳世有晉公𥂴，據唐蘭晉公雉𥂴考釋，定爲晉定公所作。銘文「我皇祖鄺（唐）公，膺受大命，左右武王」云云，與逸周書王會篇所言「成周之會」，「唐叔、荀叔、周公在左，太公望在右」之意相適應，加以晉語引叔向之言，唐叔以武力封，足證呂覽重言、説苑君道所傳桐葉封弟之不可信。唐叔之子燮父改唐爲晉，即今之太原市。（顧炎武日知録卷三十一謂唐叔之封在翼，黄汝成集釋引全祖望説辨其在今太原。）四世至成侯，南徙曲沃，今山西省聞喜縣東。又五世至穆侯，復遷於絳，絳即翼。魯成公六年，晉景公遷都新田，此後命新田爲絳，新田即今山西侯馬市，而以舊都爲故絳。自春秋後出公以下五世六十五年，韓、趙、魏三家瓜分晉地，遷靖公爲庶民，晉亡。曲沃莊伯及翼本末，詳桓公二年傳。曲沃在今山西省聞喜縣東二十里。曲沃去翼一百餘里。王使尹氏、武氏助之。王，周桓王也。尹氏、武氏皆周世族大夫。尹氏又詳昭公二十三年經、傳，蓋食邑於尹，因爲氏者。翼侯奔隨。水經注引鄭氏詩譜云：「穆侯遷絳，孝侯繼昭侯而立，改絳曰翼。武公子獻公廣其城，又命之曰絳，莊公二十六年『士蔿城絳以深其宮』是也。」據此，翼與絳是一地二名。故史記索隱云：「翼本晉都，自孝侯以下，一虢翼侯。」則翼侯卽是晉侯，此翼侯爲晉鄂侯。隨，晉地，後爲士蔿食邑，今山西省介休縣東稍南約二十五里有古隨城。

五·三 夏，葬衞桓公。衞亂，是以緩。經書「夏四月葬衞桓公」。衞桓公被殺於隱公四年三月，至此已一年有餘，始能安葬。依隱公元年傳及禮記禮器、雜記下，諸侯五月而葬，此因衞有州吁之亂，葬故緩。

五·四 四月，鄭人侵衞牧，爾雅：「郊外謂之牧。」杜預以牧爲地名，誤，詳洪亮吉左傳詁。以報東門之役。東門之役見隱公四年傳。衞人以燕師伐鄭，燕有二，一爲北燕，史記有燕召世家者是也。此爲南燕，孔疏云：「南燕國，姞姓，黃帝之後也。小國無世家，不知其君號謚。」南燕國國都故址，據清嘉慶重修一統志，在今河南省延津縣東北約四十五里，俗呼爲城上。鄭祭足、原繁、洩駕以三軍軍其前，使曼伯與子元潛軍軍其後。曼伯疑卽莊十四年傳之子儀。而顧炎武左傳補正及日人竹添光鴻左傳會箋謂爲鄭昭公忽之字，疑不確。子元則鄭厲公之字。軍，動詞，駐也，列也。燕人畏鄭三軍，而不虞制人。虞，度也，備也。制人卽曼伯與子元暗中繞道出于燕師之後者。六月，鄭二公子以制人敗燕師于北制。二公子，曼伯與子元。北制，卽虎牢。君子曰：「不備不虞，不可以師。」此言不防備意外，則不可以率軍作戰。

五·五 曲沃叛王。不久前，周桓王使尹氏、武氏助曲沃莊伯伐翼。此時曲沃莊伯復叛王。秋，王命虢公伐曲沃，而立哀侯於翼。十二諸侯年表：「桓王二年，使虢公伐晉之曲沃。」又晉世家：「周平王（案：當作桓王）使虢公將兵伐曲沃莊伯，莊伯走保曲沃。晉人共立鄂侯子光，是爲哀侯。」是時，鄂侯已奔隨，故立其子光。明年，鄂侯又被迎立。

五・六 衞之亂也，郕人侵衞，故衞師入郕。 郕見經注。

五・七 九月，考仲子之宫，將萬焉。 萬，舞名，包括文舞與武舞。文舞執籥與翟，故亦名籥舞、羽舞，詩邶風簡兮所謂「公庭萬舞，左手執籥，右手秉翟」者是也；武舞執干與戚，故亦名干舞，莊二十八年傳「爲館於其宫側而振萬焉，夫人聞之，泣曰『先君以是舞也，習戎備也』」者是也。萬舞亦用於宗廟之祭祀，詩商頌那「萬舞有奕」，用之于祀成湯也；魯頌閟宫「籩豆大房，萬舞洋洋」，用之于祀周公也；此則用之于祭祀仲子，蓋考宫之後而後擬用之。考宫、將萬爲二事，詳經注。 公問羽數於衆仲。 羽數，執羽之人數。 對曰：「天子用八，諸侯用六，大夫四，士二。 襄公十一年傳「鄭人賂晉以女樂二八」，「二八」即二佾。天子用八佾，諸侯用六佾，大夫用四佾，士用二佾。八、六、四、二皆指佾數。佾，列也。每佾八人，所謂「所以節八音而行八風」者也。故白虎通禮樂篇云：「八佾者何謂也？佾，列也，以八人爲行列。」楚辭招魂「二八接舞」，王逸注云：「二八，二列也。」國語「女樂二八」，韋昭注亦云：「八人爲佾，備八音也。」杜注謂「八八六十四人，六六三十六人，四四十六人，二二四人」，誤。 俞樾茶香室經説謂「用八直是八人，用六直是六人，大夫四直是四人，士二直是二人」，尤爲曲説，不可從。 夫舞，所以節八音而行八風， 八音，金、石、絲、竹、匏、土、革、木八種不同材料所製樂器之音。周禮大師職注云：「金，鐘鎛也；石，磬也；土，塤也；革，鼓、鼗也；絲，琴、瑟也；木，柷、敔也；匏，笙也；竹，管、簫也。」八風，八方之風也。 呂氏春秋有始覽：「何謂八風？東北曰炎風，東方曰滔風，東南曰薰風，南方曰巨風，西南曰淒風，西方曰飂風，西北曰厲風，北方曰寒風。」八風之名，亦見淮南子地形訓與史記律書，大同小與。此謂舞所以隨樂，樂則節以八音之器，而播八方之風者也。故自八以下。」此謂唯天子得用八佾，諸侯以下宜等而下之。公從之。於是初獻六羽，始用六佾也。

五·八 宋人取邾田。邾人告於鄭曰：「請君釋憾於宋，以打擊報復之道而泄忿曰釋憾，猶今言解恨。敝邑爲道。」道同導，嚮道也。鄭人以王師會之，鄭莊公爲王卿士，故能以王師會之。伐宋，入其郛，郛，音孚，郭也。即外城。管子度地篇云：「歸地之利，內爲之城，外爲之郭。」以報東門之役。東門之役在隱公四年。宋人使來告命。告命，以君命告急請救。公聞其入郛也，將救之，問於使者曰：「師何及？」對曰：「未及國。」國即郛內。周禮鄉大夫鄭注云：「國中，城郭中也。」使者之答詞如此，杜預以爲忿魯隱公知而故意問之，顧炎武則云「諱之不以實告」。公怒，乃止。止而不往救援。辭使者曰：「君命寡人同恤社稷之難，恤，憂也。難，去聲。今問諸使者，曰『師未及國』，非寡人之所敢知也。」

五·九 冬十二月辛巳，臧僖伯卒。公曰：「叔父有憾於寡人，臧僖伯爲孝公之子，惠公之弟，於隱公爲親叔父。有憾於寡人者，謂諫往觀魚者而不從之。寡人弗敢忘。」葬之加一等。杜注：「加命服之等。」

五·一〇 宋人伐鄭，圍長葛，以報入郛之役也。

六年，甲子，公元前七一七年。周桓王三年、齊僖十四年、晉哀侯光元年、衛宣二年、蔡宣三十三年、鄭莊二十七年、曹桓四十年、陳桓二十八年、杞武三十四年、宋殤三年、秦文四十九年、楚武二十四年。

經

六·一　六年春，鄭人來渝平。去年十二月初七日己丑冬至，建丑。公羊、穀梁作「輸平」，「輸」與「渝」同從俞聲，本可通用。史記年表云「隱公六年，鄭人來渝平」，則用左傳。廣雅釋詁：「渝，更也。」渝平與渝盟不同。渝盟見桓元年、僖二十八年傳。渝盟謂毀棄盟約，渝平則謂棄舊怨而修新好。魯、鄭本有舊怨，此時則變舊怨爲新好。

六·二　夏五月辛酉，辛酉，十二日。公會齊侯盟于艾。艾，疑地在齊、魯之間，當在今山東省新泰縣西北約五十里。

六·三　秋七月。李廉春秋諸傳會通云：「無事書『春正月』者二十四，自隱元年始；書『夏四月』者十一，自桓九年始；書『秋七月』者十七，自隱六年始；書『冬十月』者十一，自桓元年始。」舊說，春秋雖某一季度無事，亦必書時與其首月。（周正之正、四、七、十諸月卽夏正之十一、二、五、八諸月，固爲一季之第一月，亦爲冬至、春分、夏至、秋分所在之月。故漢書律曆志引三統曆以爲「月以記分、至」。）但亦有不如此者，如桓四年及七年不書秋七月，成十年不書冬十月，桓十七年直書五月不書夏，昭十年直書十月不書冬。其所以不具者，杜預以爲史之闕文。

六·四　冬，宋人取長葛。

傳

六·一 六年春，鄭人來渝平，更成也。公羊傳云：「輸平猶墮成也。」穀梁傳亦云：「輸者，墮也。來輸者，不果成也。」左傳則以渝平爲更成。兩義相反。考之史事，左傳爲是。隱公爲公子時，與鄭人戰於狐壤，爲鄭人所獲，賂尹氏而逃歸，固與鄭結仇。隱公四年，宋、陳、蔡、衞諸國伐鄭，魯公子翬率師會之伐鄭。宋、鄭世怨，而魯、宋則屢結同盟，是魯、鄭亦仇怨之國，無所謂成不成也。既本無成，又何從而毀敗之？此蓋鄭莊公見上年魯公拒絕宋使之求援，因而派使來，約棄前嫌而修新好。餘詳經注。

六·二 翼九宗五正頃父之子嘉父逆晉侯于隨，此句只是説嘉父迎晉侯于隨，「翼九宗五正頃父之子」，皆所以説明嘉父之所自出。翼，地名，蓋頃父、嘉父所居。九宗五正，官名，蓋頃父之官職。定四年傳云「分唐叔以懷姓九宗，職官五正」，足見此乃殷商以來傳世之官職。頃父或係當時極著聲望之人，故敍其子嘉父，冠以其名位，與桓二年「靖侯之孫欒賓」爲一例。此只敍一人耳，而詳其地，詳其族，詳其官，詳其父，於以見晉之有强宗耳。晉侯即翼侯之奔隨者。納諸鄂，據一統志，鄂侯故壘在今山西省鄉寧縣南一里。晉人謂之鄂侯。依晉世家及年表，鄂侯已卒於桓王立哀侯之前，此時不應與其子哀侯並立，史記蓋另有所據。依左傳所敍，哀侯已立於翼，故鄂侯不得復入翼。

六·三 夏，盟于艾，始平于齊也。艾見經注。杜注云：「春秋前，魯與齊不平，今乃棄惡結好，故言始平于齊。」

六·四 五月庚申，庚申，十一日。鄭伯侵陳，大獲。大獲者，謂虜俘甚多。近人以爲以俘虜爲其奴隸者甚多。往歲，鄭伯請成于陳，陳侯不許。何焯義門讀書記云：「周、鄭交惡，陳桓公方有寵於王，故不許鄭成。」考是年爲鄭莊公之二十七年、陳桓公之二十八年，傳所謂往歲者，不能確指是何年。若依何説，則當在周、鄭交惡以後，只是近年之事。五父諫曰：五父卽桓公五年傳之文公子佗，餘詳桓五年傳注。「親仁、善鄰，國之寶也。君其許鄭！」其，表祈請與命令之副詞。陳侯曰：「宋、衞實難，王引之經義述聞云：「實，是也；難，患也。宋、衞實難者，言唯宋、衞是患也。」實爲用於動賓倒裝之結構助詞。鄭何能爲？」遂不許。

君子曰：「善不可失，惡不可長，長，動詞，上聲。其陳桓公之謂乎！長惡不悛，悛音銓，悔改也。從自及也。從，隨從。猶今言跟着，表時間之速。王引之以爲當作徒，不可從。自及，謂自及於禍害。雖欲救之，其將能乎！其，用法同豈。商書曰：『惡之易也，王念孫曰：「易者，延也，謂惡之蔓延也。」詳經義述聞。如火之燎于原，不可鄉邇，其猶可撲滅？』今商書盤庚上篇有此文，而無「惡之易也」一句，疑「惡之易也」一句乃左傳作者所增。鄉同嚮。其作豈用。周任有言曰：馬融論語注云：「周任，古之良史。」江永羣經補義云：「疑卽書盤庚遲任。」『爲國家者，見惡，如農夫之務去草焉，芟夷蘊崇之，「蘊」，阮刻本作「薀」，今從校勘記及金澤文庫本正。芟，說文引作「癹」。癹音潑，以足蹋夷草。另有「芟」字，音衫，刈草也。考古多芟夷連用，成十三年傳云「芟夷我農功」，尚書序「芟夷煩亂」。或作「芟薙」，周禮稻人云「凡稼澤，夏以水殄草而芟薙之」，皆是也。杜注：「芟，刈也；夷，殺也。」周禮薙氏鄭玄注：「夷之，以鉤鎌迫地芟之也。」芟夷爲同義連綿詞。蘊崇，積聚也。漢書食貨志：「播種於甽中，苗生葉以上，稍耨隴草，因隤其土，以附苗根。故其詩曰：『或芸或芓，黍稷儗儗。』芸，除草也；芓，附根也。言苗稍壯，每耨輒附根。比盛暑，隴盡而根深，能（耐）風與旱，故儗儗而盛也。」此蓋古人去雜草藉以肥田之法。芟夷卽芸，蘊崇卽芓（亦作耔），堆積附着苗根，讓其發酵肥田也。說本章炳麟春秋左傳讀。絶其本根，勿使能殖，則善者信矣。』」信同仲。善者，意義雙關，既指嘉穀，又指善人、善政、善事。

六·五 秋，宋人取長葛。經書「冬，宋人取長葛」，而傳書「秋」，蓋經用周正，傳則作者取各國史策爲之，於宋國可能用殷正，趙翼陔餘叢考卷二亦云：「是宋用殷正也。」然此年周亦建丑，傳蓋用寅正。上年冬經、傳並云「宋人伐鄭，圍長葛」，宋劉敞云：「按前圍今取，諸家並云一役，杜氏分爲兩役，非。」

六·六 冬，京師來告饑，公爲之請糴於宋、衞、齊、鄭，禮也。糴，音狄，買穀也。

六·七 鄭伯如周，始朝桓王也。杜注：「桓王卽位，周、鄭交惡，至是乃朝，故曰始。」何焯義門讀書記云：「鄭既結怨於陳，又懼王之將討己也，故朝周。」王不禮焉。鄭世家云：「二十七年，始朝周桓王。桓王怒其取禾，弗禮也。」周桓公言於王曰：周桓公卽桓公十八年之周公黑肩。據詩周南召南譜，周公封於魯，召公封於燕，元子世襲君位，而次子則世守王畿內之采地，在王朝爲官，卽春秋時之周公、召公。周公最初之采地當在今陝西省鳳翔縣境，杜注所謂「扶風雍縣東北有周城」者是也。周東遷以後，平王以西都賜秦，周公、召公當別於東都受采地，而存周、召之本名。周公東都采地當今何所，則無所聞。「我周之東遷，晉、鄭焉依。晉、鄭焉依，卽晉、鄭是依，故國語周語及水經渭水注引「焉」字俱作「是」，焉、是均爲結構助詞，助賓語倒置動詞前者。襄三十年傳云「安定國家，必大焉先」，言必先大也；吳語云「今王播棄黎老，而孩童焉比謀」，言比謀孩童也。後漢書任光李忠劉植傳贊「委蛇還旅，二守焉依」，卽襲用此文句法。杜注：「周幽王爲犬戎所殺，平王東徙，晉文侯、鄭武公左右王室，故曰晉、鄭焉依也。」善鄭以勸來者，猶懼不蔇，蔇同暨，及也，至也。況不禮焉？此「焉」字作「之」字用，代詞。鄭不來矣。」

七年，乙丑，公元前七一六年。周桓王四年、齊僖十五年、晉哀二年、衞宣三年、蔡宣三十四年、鄭莊二十八年、曹桓四十一年、陳桓二十九年、杞武三十五年、宋殤四年、秦文五十年、楚武二十五年。

經

七・一 七年春王三月，去年十二月十八日甲午冬至，建丑，有閏。叔姬歸于紀。無傳。古代諸侯娶女，嫁女，以姪女與妹陪嫁，所謂媵以姪娣也。注家見二年伯姬歸于紀，而此時伯姬未卒，叔姬又歸于紀，故何休注公羊、杜預注左傳、范寧注穀梁，皆以爲此叔姬即伯姬之妹而爲媵者。其所以當時未隨伯姬同行者，以其時年尚幼稚，故六年之後始行。媵妾卑賤，嫁往夫家而竟書於經者，或以叔姬爲紀侯所重之故，或以叔姬有賢德之故。惟萬斯大學春秋隨筆本唐陸淳之意謂叔姬所歸，不爲紀侯，而爲紀侯之弟紀季。但此皆猜測之辭，傳既無文，闕疑可也。

七・二 滕侯卒。滕，國名，周文王子錯叔繡，武王封之，居滕。今山東省滕縣西南十四里有古滕城，即滕國也。自叔繡至滕宣公十七世，乃見於春秋；滕隱公卒于魯哀公之十一年，滕隱公以後，尚有六世爲君，孟軻猶得見滕文公。戰國策宋策謂宋康王滅滕。孔疏引世族譜謂齊滅滕。金正煒戰國策補釋主宋滅滕說。彝器有滕侯穌𣪘・滕虎𣪘。「滕」字並從舟從火作「𦩍」。魏三體石經左傳殘石則作「滕」。一九八〇年於滕縣莊里西村發現一套青銅樂器。

七・三 夏，城中丘。中丘故城，當在今山東省臨沂縣東北。

七·四 齊侯使其弟年來聘。春秋所謂弟，皆同母弟。莊八年傳云「僖公之母弟曰夷仲年」，本傳亦云夷仲年，即是此人。凡天子於諸侯，諸侯於諸侯，使其卿大夫相訪問，皆曰聘。說文云：「聘，訪也。」隱公九年及宣公十年穀梁傳並云：「聘，問也。」汪克寬春秋胡傳附録纂疏云：「書諸侯來聘三十一，齊五，晉十一，宋、衞各四，陳、鄭、秦、吳各一，楚三。」

七·五 秋，公伐邾。

七·六 冬，天王使凡伯來聘。凡，本國名，周公之後，僖二十四年傳「凡、蔣、邢、茅、胙、祭，周公之胤」是也。凡伯蓋世爲周王室卿士而食邑于凡。詩大雅板序云「板，凡伯刺厲王也」，此爲厲王時之凡伯；詩大雅瞻卬與召旻序俱云「凡伯刺幽王大壞也」，此爲幽王時之凡伯。此凡伯當係此二人之後代。據方輿紀要及春秋大事表，凡城在今河南省輝縣西南二十里。戎伐凡伯于楚丘以歸。定公四年傳云「君行，師從；卿行，旅從」，則凡伯之出使，必非少數人，戎欲攔截而擊之，亦必用相當兵力，故曰伐。楚丘當爲戎州己氏之邑，地界曹國與宋國之間。據一統志，楚丘城在今山東省成武縣西南、曹縣東南三十里。杜注以爲衞地，誤，詳春秋大事表。以歸者，戎脅迫凡伯與之同歸，實執之也。春秋以及三傳凡伯不再見，蓋爲此歟？淮南子泰族訓云「周之衰也，戎伐凡伯于楚丘以歸」，即用此文。

傳

七·一 七年春，滕侯卒。不書名，未同盟也。凡諸侯同盟，於是稱名，故薨則赴以名，盟時以名告神，故其卒亦以名訃告同盟諸侯。成十三年滕公會魯公及諸侯同伐秦，不知是同盟之國否，而十六年滕子卒亦不名。告終、稱嗣也，本脫「稱」字，今依石經、宋本、岳本、足利本、金澤文庫本補。 告終，謂告亡者之卒；稱嗣，謂告嗣位者爲何人。以繼好息民，繼同盟之舊好，取得各國承認，而安息人民。謂之禮經。禮經猶言禮之大法。隱十一年傳云：「恕而行之，德之則也，禮之經也。」襄二十一年傳云：「會朝，禮之經也。」樂記云：「著誠去僞，禮之經也。」此「禮經」卽「禮之經也」之意。杜注謂周公所制禮經，誤。

七·二 夏，城中丘。書，不時也。中丘，見經注。 不時者，謂既非國防之所急，而又妨害農功。

七·三 齊侯使夷仲年來聘，結艾之盟也。艾盟在六年。經書年而傳曰夷仲年，年是其名，經只書其名而已；仲蓋其排行，夷蓋其謚，傳則用其全稱。 廣雅云：「結，續也。」戰國策秦策注云：「結，固也。」於艾之盟續而固之，故曰結艾之盟。

七·四 秋，宋及鄭平。七月庚申，庚申，十七日。盟于宿。宿，今山東省東平縣東南約二十里之地。公伐邾，爲宋討也。五年，邾、鄭會同伐宋，公嘗拒絕宋使之請救；六年初，又與鄭棄舊嫌而媾和，欲依鄭爲援；今則鄭復與宋盟，故懼宋而伐邾，宋嘗報鄭，未嘗報邾也，故曰爲宋討。

七·五 初，戎朝于周，發幣于公卿，凡伯弗賓。初，不知何年，當在此以前而已。 發幣猶致幣也。詳王引之經義述聞。據儀禮聘禮，貴賓於朝君以後，又訪問公卿，公卿接待之於祖廟，復又私相見面，兩次皆有財禮，則所謂致幣也。說文：「幣，帛也。」儀禮士相見禮「凡執幣者」，疏云：「玉、馬、皮、圭、璧、帛，皆稱幣。」此引申義。 發幣之幣卽引申義。

戎朝周王，於周室公卿亦致送財幣。公卿受幣後，據儀禮聘禮注及詩大東鄭箋，應設宴招待，並回致財幣。凡伯爲周室世卿，戎致送禮物，而竟不回報，是不以貴賓之禮待戎，故曰弗賓。弗賓者，不以貴賓待之也。冬，王使凡伯來聘。還，戎伐之于楚丘以歸。王使凡伯聘魯，凡伯回返周室，道經楚丘，楚丘爲戎所據之邑，戎故得攔截而擊之，執之而歸。餘詳經注。

七·六 陳及鄭平。六年，鄭侵陳，大獲，今乃媾和。十二月，陳五父如鄭涖盟。五父見六年傳注。涖，臨也。猶今言參加。壬申，壬申，二日。及鄭伯盟，歃如忘。歃音煞，以口微飲血也。盟時必宰牛，割其左耳，取其血，以敦盛之，與盟者一一微飲其血，謂之歃血。互詳元年注。說文引「如」作「而」，如、而兩字古多通用。歃而忘，謂臨歃而意不在盟。或以爲忘其盟辭，不確。洩伯曰：「五父必不免，不賴盟矣。」洩伯，鄭大夫洩駕。不免，謂不免於禍。五父於桓公六年爲蔡人所殺。賴，善也，利也。

鄭良佐如陳涖盟，良佐，鄭大夫。辛巳，辛巳，十一日。及陳侯盟，亦知陳之將亂也。陳亂在桓公五年與六年。

七·七 鄭公子忽在王所，隱公三年，鄭公子忽爲質於周。故陳侯請妻之，妻，動詞，去聲。四年傳云：「陳桓公方有寵于王。」鄭伯許之，乃成昏。古者娶妻必於黃昏，故曰昏禮。據儀禮士昏禮，古代結婚有六禮，納采、問名、納吉、納徵、請期、親迎。見于春秋及三傳者，唯納幣。納幣即納徵。納幣之後，婚姻即訂。古謂之聘，如昭元年傳「鄭徐吾犯之妹美，公孫楚聘之矣」。此言「成昏」，即男家已向女家納幣。成有定義，論語先進「春服既成」，猶言春服已定。鄭忽迎娶在明年四月。

八年，丙寅，公元前七一五年。周桓王五年、齊僖十六年、晉哀三年、曲沃武公稱元年、蔡宣三十五年、衞宣四年、鄭莊二十九年、曹桓四十二年、陳桓三十年、杞武三十六年、宋殤五年、秦寧公元年、楚武二十六年。

〔註〕據年表，曲沃武公元年在去年。司馬遷蓋以曲沃莊伯死年即其子武公即位之年，不知當年雖嗣位，翌年乃得改稱元年。校以古本竹書紀年，亦應以此年爲武公之元年。

經

八・一　八年春，此年仍建丑，冬至在去年十二月三十日庚子。宋公、衞侯遇于垂。遇字之義，見四年經注。垂，衞地，即今山東省曹縣北之句陽店。或以爲在今鄄城縣東南十五里。

八・二　三月，鄭伯使宛來歸祊。「祊」，音崩，公羊、穀梁及漢書五行志引俱作「邴」。方與丙，古音同屬邦母陽韻，故從方之祊與從丙之邴，可得通假。宛，鄭大夫。祊，鄭祀泰山之邑，當今山東省費縣東約三十七里處。餘詳傳注。庚寅，庚寅，二十一日。我入祊。魯雖入祊，然猶未完全固定，桓公元年卒易祊田，祊始肯定歸魯。

八・三　夏六月己亥，己亥，二日。蔡侯考父卒。無傳。史記管蔡世家云：「戴侯十年卒，子宣侯措父立。宣侯二十八年，魯隱公初立。三十五年，宣侯卒。」所敍年代與春秋合，惟「考父」作「措父」耳。傳世器有正考父鼎，阮元定此爲蔡侯考父器，可信。云「正」者，考父時爲周卿士也。詳鐘鼎彝器款識。

八・四 辛亥，辛亥，十四日。宿男卒。無傳。

八・五 秋七月庚午，庚午，三日。宋公、齊侯、衛侯盟于瓦屋。此時宋序仍在齊上，自齊桓公以後，齊常序在宋上矣。瓦屋，杜注云「周地」，依傳文，可知在今溫縣西北。或以今河南省洧川廢治南瓦屋里當之，則是鄭地，誤。又或以今清豐縣東三十五里之瓦屋頭集當之，尤非。

八・六 八月，葬蔡宣公。無傳。諸侯五月而葬，此僅三月卽葬。據經，三月而葬者乃常事。

八・七 九月辛卯，辛卯，二十五日。公及莒人盟于浮來。「浮來」公、穀俱作「包來」，包與浮古音近，可通假。浮來，今山東省莒縣西有浮來山，山半有莒子陵，則浮來爲莒邑。杜預注則云紀邑。今人又謂浮來在沂源、沂水沿沂水東岸兩縣之間。

八・八 螟。無傳。成災，故書。

八・九 冬十有二月，無駭卒。杜注云：「公不與小斂，故不書日。卒而後賜族，故不書氏。」「無駭」，穀梁作「無侅」，駭侅同從亥聲，得通假。

傳

八・一 八年春，齊侯將平宋、衛，下云「齊人卒平宋、衛于鄭」，以是知此平宋、衛者，平宋、衛於鄭也，使宋、衛兩國與鄭國和好，文省「于鄭」兩字。國語鄭語云：「齊莊、僖於是乎小伯。」韋昭注云：「小伯，小主諸侯盟會。」此或者亦是齊僖公小伯之一事。有會期。卽下文四月會于溫、盟于瓦屋之期。宋公以幣請於衞，請先相見。莊三十二年，宋公請先見於齊侯，因爲梁丘之遇，宋未嘗以幣。或以幣請，或不以幣請。此乃宋殤公餽贈禮物于衞宣公，請兩人先相見。衞侯許之，故遇于犬丘。犬丘卽垂，一地兩名。互參經注。

八・二　鄭伯請釋泰山之祀而祀周公，以泰山之祊易許田。鄭桓公爲周宣王母弟，因賜之以祊，使於天子祭泰山時，爲助祭湯沐之邑。周成王營王城（在今洛陽市），有遷都之意，故賜周公許田，以爲魯君朝見周王時朝宿之邑。詩魯頌閟宮「居常與許」是也。或據此以周公姬旦或伯禽本封在今許昌或今魯山縣者，誤。鄭莊公或者見周王泰山之祀廢棄已久，助祭湯沐之邑無所用之，祊又遠隔，而許則近，因欲以祊易許。許有周公之別廟，恐魯以廢祀周公爲辭拒之，故以捨泰山之祀而祀周公爲辭。釋，捨棄也。易，交易，互換也。許田據太平寰宇記，今河南省許昌市南有魯城，卽此許田。三月，鄭伯使宛來歸祊，不祀泰山也。鄭先歸祊，魯此時尚未以許田與鄭。至桓元年，鄭始以璧假許田。史記年表云：「隱公八年易許田，君子譏之。」蓋用穀梁義。

八・三　夏，虢公忌父始作卿士于周。三年傳云：「鄭武公、莊公爲平王卿士，王貳于虢。王崩，周人將畀虢公政。」則虢公之爲王卿士，周室有意已久，此時乃實現，故傳文用「始」字。顧棟高春秋大事表引程啓生云：「鄭伯爲左卿士，則虢公右卿士也。鄭伯奪政之後，蓋周公黑肩代之，故桓五年伐鄭之役，虢公將右軍，周公將左軍。」

八・四　四月甲辰，甲辰，六日。鄭公子忽如陳逆婦嬀。此文本與七年傳「乃成昏」連貫爲一，因後人改編左傳，

「分經之年與傳之年相附」，遂斷爲兩截。古人娶婦，除天子外，必親迎。親迎者，新壻先至女家，迎新娘歸。公子忽至陳逆婦，卽行此禮。嬀，陳國姓，卽以此名其新婦。逆，迎也。辛亥，辛亥，十三日。以嬀氏歸。甲寅，甲寅，十六日。入于鄭。陳鍼子送女。陳鍼子，陳國大夫。公子忽雖親迎其婦，陳國亦必有送女之人。先配而後祖。先配而後祖，指新夫婦而言，其上主語省略，古人以爲不言可知。配，指同床共寢；祖，指返國時告祭祖廟。依禮，鄭公子忽率婦返國，當先祭祖廟，報告其迎娶歸來之事，然後同居，乃公子忽則先同居而後祭祖。說見沈欽韓補注。劉毓崧通義堂文集卷三有大夫以上廟後成昏說。孔疏引鄭玄說，以祖爲祓道之祭，俞正燮癸巳類稿主之，但與下文「誣其祖矣」祖字之義不合，今不從。鍼子曰：「是不爲夫婦，此言不能名爲夫婦，其意謂，若要名爲夫婦，必須一切依夫婦婚娶之禮而行。公子忽先配後祖，違背禮節，因此難以謂之夫婦。誣其祖矣，其意爲若承認公子忽與陳嬀爲夫婦，則是欺誣其祖先。非禮也，何以能育？」育，說文：「養子使作善也。」意謂其子孫何以蕃育爲善於鄭。鄭公子忽果不終享鄭國，則其縱有子孫，亦難以存於鄭。

八·五　齊人卒平宋、衞于鄭。平宋、衞于鄭者，使宋、衞與鄭言和也。以經文齊侯與盟觀之，齊人蓋指齊僖公。秋，會于温，温，在今河南省温縣西南三十里。會于温，經文未書，蓋書「盟于瓦屋」可以包括之。盟于瓦屋，瓦屋見經注。以釋東門之役，東門之役在四年。釋，丟却舊事不再置念。若宋、衞仍以曾經圍鄭東門爲念，惟恐鄭之報復，則難于言和。齊僖公早與鄭莊公相親而謀議，足以代表鄭國表示其盡棄舊嫌之心，故此會雖平宋、衞于鄭，而鄭莊公可以不與盟。禮也。

八・六　八月丙戌，據經，七月有庚午，九月又有辛卯，則八月不得再有丙戌。鄭伯以齊人朝王，齊人，當亦指齊僖公。經、傳固有稱某國君爲某人者，其例不鮮。以，介詞，表率領，亦表引導。禮也。鄭莊公爲王朝卿士，以他諸侯朝王，故曰禮也。

八・七　公及莒人盟于浮來，浮來見經注。以成紀好也。好，去聲。二年傳云：「紀子帛、莒子盟于密，魯故也。」紀、莒兩國既爲魯國而盟會，則魯與莒盟，亦與紀友好之表示，故云以成紀好。

八・八　冬，齊侯使來告成三國。謂以宋、衞與鄭講和事來告。此事實齊侯從中斡旋之力，故由齊侯使人來告。公使衆仲對曰：「君釋三國之圖，圖，謀也。釋三國之謀，謂使三國捨棄其互相侵伐報復之謀議。以鳩其民，定四年傳云：「若鳩楚境，敢不聽命。」杜注：「鳩，安集也。」此「鳩」字亦此義。君之惠也。寡君聞命矣，敢不承受君之明德。」

八・九　無駭卒，羽父請謚與族。謚，死後依其人之行事而賜名。此禮蓋起於宗周共王、懿王諸王之後（據王國維遹敦跋所作結論）。族與姓氏之氏同義。毛奇齡經問云：「氏與族原無分別。襄仲以『仲』爲氏，以『東門』爲族，而春秋呼襄仲之子爲東門氏，則族亦稱氏。晉叔向曰：『肸之宗十一族，惟羊舌氏在而已。』夫叔向以『叔』爲族，以『羊舌』爲氏，今併『羊舌』而族之，則氏亦稱族。無駭已是公孫之子，生前未嘗賜氏，故於其死，羽父爲之請氏。」顧炎武日知録云：「春秋隱、桓之時，卿大夫賜氏者尚少，故無駭卒而羽父爲之請族。莊、閔以下，其時無不賜氏者矣。」公問族於衆仲。衆仲對曰：「天子建德，據杜注，建德者，建立有德之人而以爲諸侯也。因生以賜姓，因生以賜姓，前人異說頗多。

依王充論衡詰術篇，譬如夏禹祖先因其母吞薏苡而生，故夏姓苡（史記作姒）；商朝祖先契，其母曰簡狄，吞燕子（卵）而生契，故商姓子；周朝祖先棄，其母曰姜原，踐踏大人脚跡，懷孕以生棄，故周姓姬。此謂因其祖先所由孕而得姓。依杜注、孔疏及鄭樵通志氏族略序，譬如舜生于嬀汭，其後胡公滿有德，周朝故賜姓曰嬀；姜之得姓，居於姜水故也。此謂因其祖所生之地而得姓。此又一說。于鬯香草校書則以生讀爲性，性卽德也。因生以賜姓，卽以其德行而賜之姓。此又一說。上古姓氏起源具體情況已難推斷，不但以上各種解釋皆屬臆測，卽衆仲天子賜姓之説亦是據當時傳説與典禮而爲之辭，恐亦未必合於太古情況。**胙之土而命之氏。**國語齊語韋注云：「胙，賜也。」韻會云：「建置社稷曰胙。」依杜注意，此謂天子封諸侯，既因其所由以賜之姓，又封以土地而命之氏。如周封舜後於陳，賜姓曰嬀，命氏曰陳。國語周語下云：「皇天嘉之，祚以天下，賜姓曰姒，氏曰有夏，謂其能以嘉祉殷富生物也。祚四嶽國，命以侯伯，賜姓曰姜，氏曰有吕，謂其能爲禹股肱心膂以養物豐民人也。」可與此文互相印證。劉師培左盦集卷二有釋氏，可參看。**諸侯以字爲諡，因以爲族。**諸侯以字爲諡，六字爲句，鄭玄如此讀。杜預讀「諸侯以字」爲句，非。詳阮元校勘記。此謂諸侯于大夫，以其字爲其諡，而其後人因之以爲族姓。以字爲族者，多用於公族。當時之制，諸侯之子稱公子，公子之子稱公孫，公孫之子不可再稱公孫，乃以其祖父之字爲氏，如鄭公子去疾，鄭穆公之子，字子良，其子爲公孫輒，其孫良霄卽以良爲氏，良霄之子爲良止是也。又有以父之字爲族者，如衞之子叔、公孟，宋之石氏是也。諡法之起，既在周共王、懿王以後，最初惟天子諸侯有之，卿大夫尚無用此典禮者。至東周以後，卿大夫始漸有之。崔述嘗考之春秋傳，晉自文公以前，惟欒共叔有諡，狐偃、先軫有佐霸之功，而諡皆無聞。至襄公世，趙衰、欒枝始有諡，而先且居、胥臣之屬仍以字稱。成、景以後，卿始以謚爲常；先縠、三郤以罪誅，乃無謚。降於平、頃，則雖欒盈之以作亂死，荀寅、士吉射之失位出奔，而無不謚矣。魯國大夫有謚者，較他國爲獨多，然桓、莊以前，卿尚多無謚者。昭、定之間，則榮駕鵞、南宮説、子服公父之倫，下大夫無不謚者。鄭國大夫初皆無謚，至春秋之末，子思、子賸亦有謚。惟宋國大夫始終無謚。據此，春秋初年，大夫並無賜名之謚，故衆仲云以字爲謚。古人多不知此義。張文虎螺江日記雖知此義，而論證不明，故略言之。于鬯不解此義，謂「以字爲謚」之「爲」當讀「與」，果如此，「諸侯以字與謚因以爲族」，句不可通矣。顧炎武杜解補正據陸粲左傳附注，謂鄭玄駁五經異義引此傳文作「諸侯以字爲氏」，因謂「今作謚者，傳寫誤也」。朱熹以至石韞玉讀左卮言，張聰咸左傳杜解辨證悉主此説。但以字爲氏，因以爲族，兩句不嫌重複乎？故不取。**官有世功，則有官族。**謂以先世有功之官名爲族姓，如司馬氏、司空氏、司徒氏，宋之司城氏，晉之士氏、中行氏之類。**邑亦如之。」**謂以先世所食之采邑以爲族姓，如晉韓氏、趙氏、魏氏之屬。**公命以字爲展氏。**杜注云：「公孫之子以王父（祖父）字爲氏，無駭，公子展之孫也，故爲展氏。」杜云以王父字爲氏，蓋本公羊傳之説。明傅遜則以「展」爲無駭本人之字。以文義觀之，傅遜之説較可信。自杜注而後，孔疏、鄭樵氏族略、唐書宰相世系表，均從杜氏誤説矣。

九年，丁卯，公元前七一四年。周桓王六年、齊僖十七年、晉哀四年、曲沃武公二年、衞宣五年、蔡桓侯封人元年、鄭莊三十年、曹桓四十三年、陳桓三十一年、杞武三十七年、宋殤六年、秦寧二年、楚武二十七年。

經

九·一 九年春，去年十二月十一日乙巳冬至，建丑。天王使南季來聘。無傳。「天王」本作「天子」，今依石經、岳本、足利本、金澤文庫本改。公羊、穀梁亦皆作「天王」。杜注：「南季，天子大夫也。南，氏；季，字也。」惠棟與孔廣森等均以南季爲文王子南季載之後，詳穀梁古義與公羊通義。

九·二 三月癸酉，癸酉，十日。大雨，震電。年表云：「隱公九年三月，大雨，震電。」

庚辰，庚辰，十七日。大雨雪。雨爲動詞，卽下雪，傳文可證。

九·三 挾卒。無傳。公、穀「挾」皆作「俠」，挾、俠字得通用。挾爲魯大夫之名。不書氏族者，杜注以爲未賜族。元齊履謙春秋諸國統紀云：「魯卿之嗣不見於經者三人，然益師之後，傳有衆仲；無駭之後，傳有展禽、展嘉、展瑕、展叔、展王父；惟挾之後無見。」至章炳麟春秋左傳讀以莊公二十四年之御孫當挾之後，則純是臆測之辭。穀梁傳云：「俠者，所俠也。」孔疏轉引漢尹更始說，謂「所者，俠之氏」，但春秋無所氏，說未必可信。

九·四 夏，城郎。元年春，費伯已城郎，而今年又城郎，蓋魯有兩郎。費伯城者爲舊魚臺縣治東北八十里之郎，去魯(曲阜)約二百里，爲遠。此年城者，蓋魯(曲阜)近郊之邑。說見江永春秋地理考實。又互詳莊三十一年經注。

九·五 秋七月。一季雖無事，亦書首月。

九·六 冬，公會齊侯于防。「防」，公羊作「邴」，從方聲之字與從丙聲之字，古音多同(方、丙二字古音同屬邦母陽韻)，故防、郱得通假。魯有二防，此時西防尚未爲魯所有，故知此是東防，當在今山東省費縣東北四十餘里，世爲臧氏食邑。餘詳襄十三年經注。石韞玉讀左卮言謂「防」字或「祊」字之訛，祊爲鄭邑而新歸於魯，此時鄭告伐宋，魯會齊而謀之於祊也。姑録之以備參考。

傳

九・一　九年春王三月癸酉，大雨霖以震，書始也。「大雨霖以震」爲句。以，連詞，與也。尚書金縢「天大雷電以風」，與此句法同。臧琳經義雜記謂「大雨霖」爲句，「以震書始也」爲句，誤。書始也者，依杜注義，謂癸酉日爲開始霖雨之日。霖雨爲久雨，當不止一日。經作「大雨震電」，傳作「大雨霖以震」，文異而義同，所謂錯綜成辭。杜注、孔疏必謂經文脱「霖以」二字，「電」字乃後人妄加，考之公、穀與漢書五行志，知經文本作「大雨震電」，並無誤。説本臧琳經義雜記與洪頤煊讀書叢録。庚辰，大雨雪，亦如之。亦如之者，大雪不止一日，而以庚辰日開始，與上文所言書始也相同。書，時失也。意謂經文所以書此者，當時誤以王三月爲夏正正月，不當有雷電；既有雷電，則不當有大雪。乃雷電之後八日復有大雪，皆節候不得其正，故言時失。漢書五行志云「劉向以爲周三月，今正月也，當雨水，雪雜雨，雷電未可以發也。既已發也，則雪不當復降。皆失節，故謂之異」，可以爲證。

凡雨，自三日以往爲霖，此自解傳文「霖」字，杜注以爲解經文，非。平地尺爲大雪。此解經、傳「大雨雪」，平地雪深一尺，始能謂之大雪。

九·二 夏，城郎。書，不時也。此年建丑，周正之夏，當夏正之春，正農忙季節，若非急難，不宜大興土功，故云不時。

九·三 宋公不王，諸侯見於天子曰王。宋公不王，猶言宋公不朝。杜注謂不供王職，誤。說詳王引之經義述聞。然春秋之世，朝王者極少。以魯而論，十二公二百四十餘年，據春秋所載，惟僖公因晉文之霸，兩朝王所；成公因伐秦之役，一至京師；隱、桓二十九年間，王使來者不絕，而兩公未嘗一朝王。則鄭伯以宋之不王而討宋者，亦猶齊桓伐楚，責其包茅不入，皆藉辭而已。鄭伯爲王左卿士，以王命討之。伐宋。宋以入郛之役怨公，不告命。入郛之役在五年。公曾於七年爲宋伐邾，欲以悅宋，而宋猶不釋然，故雖見伐，而不來告。公怒，絶宋使。絶宋使者，探後言之，謂此後隱公與宋殤公不復有使者來往。

九·四 秋，鄭人以王命來告伐宋。前此鄭伐宋，恐未嘗得志，故鄭再謀伐宋，而以王命來告。

九·五 冬，公會齊侯于防，謀伐宋也。鄭伯未與會者，或以其國有北戎之役故。是以十年又有中丘之會。

九·六 北戎侵鄭。北戎疑即莊公二十八年之大戎、小戎（其地當在今山西省交城縣），或成公元年之茅戎（當在今山西省平陸縣），此數戎離鄭不遠，故能侵鄭。若以山戎（當在今河北省盧龍縣一帶）當之，則離鄭遠，恐未必是。說詳江永春秋地理考實。鄭伯禦之，患戎師，曰：「彼徒我車，懼其侵軼我也。」徒，步兵；車，車兵。淮南子覽冥訓高誘注云：「自後過前曰軼。」侵軼爲一詞，突然從後超越而來犯我之意。公子突曰：「使勇而無剛者，嘗寇而速去之。公子突即後來之鄭厲公。嘗，試也，試探也。勇則能往，無剛則不以後退爲恥，此誘敵之兵。君爲三覆以待之。覆，埋伏之兵。伏兵分三處，故曰三覆。戎輕而不整，貪而無親；勝不相讓，敗不相救。輕率而無秩序，貪圖而不團結，故戰勝則争利而不相讓，戰敗則貪生而不相救。先者見獲，必務進；進而遇覆，必速奔。先行者見可以有所虜獲，必專一前進；進而遭遇伏兵突起，必馬上奔逃。後者不救，則無繼矣。後者見先行者之遇伏，奔潰而不相救助，則其兵無後援矣。乃可以逞。」逞，杜注：「解也。」解者，謂憂患可解。説本焦循左傳補疏。逞若作快意解，亦通。從之。

戎人之前遇覆者奔，祝聃逐之，祝聃，鄭大夫，疑是統帥伏兵者。衷戎師，衷借爲中，中斷之意。此謂因三處伏兵突起，將戎師折爲數段。洪頤煊經義叢鈔訓衷爲當，不可從。前後擊之，盡殪。殪音翳。盡殪猶今言全部殲滅。戎師大奔。戎師之先行遇伏者盡殪，其後軍不相救而奔潰。十一月甲寅，十一月無甲寅日。鄭人大敗戎師。盡殲其遇伏者，又敗其大奔者，故以大敗戎師總言之。

十年，戊辰，公元前七一三年。周桓王七年、齊僖十八年、晉哀五年、曲沃武公三年、衞宣六年、蔡桓二年、鄭莊三十一年、曹桓四十四年、陳桓三十二年、杞武三十八年、宋殤七年、秦寧三年、楚武二十八年。

經

一〇・一 十年春王二月，冬至在去年十二月二十一日庚戌，故實建丑。本年應有閏月。公會齊侯、鄭伯于中丘。中丘，魯地，見隱七年經注。

一〇・二　夏，翬帥師會齊人、鄭人伐宋。以傳文證之，齊人、鄭人實指齊僖公、鄭莊公。蓋魯僖公以前，多稱某國君爲某人；僖公而後，惟秦、楚兩國之君間稱秦人、楚人；宣公五年而後，卽秦、楚之君亦不稱人。此自是時代不同，稱謂有異，無關所謂大義微言。

一〇・三　六月壬戌，壬戌，七日。公敗宋師于菅。菅本音姦，地名音關。宋國地名，疑當在今山東省單縣之北。辛未，辛未，十六日。取郜。郜，在今山東省成武縣東南十八里。辛巳，辛巳，二十六日。取防。防，據方輿紀要，在今山東省金鄉縣西南六十里。從此魯有二防邑，此爲西防，近齊國者爲東防。

一〇・四　秋，宋人、衞人入鄭。宋人、蔡人、衞人伐戴。鄭伯伐取之。戴音再，公、穀作「載」，釋文及正義亦作「載」。說文作「𢦔」。今河南省民權縣東而稍北四十五里，離宋都六十餘里，當卽古載國之地。卜辭有𢦏方（見簠室殷契徵文二・八），則戴舊爲殷商時國，或周封以同姓。𢦏叔慶父鬲銘云「𢦏叔慶父作叔姬尊鬲」，故知戴，姬姓國也。郭沫若兩周金文辭大系考釋有𢦏叔朕鼎，亦此戴國所作鼎。

一〇・五　冬十月壬午，壬午，二十九日。齊人、鄭人入郕。郕，國名，見五年經、傳。

傳

一〇・一　十年春王正月，公會齊侯、鄭伯于中丘。癸丑，癸丑，以經證之，當是丑正二月（寅月）癸丑日，卽二月二十五日。傳作正月，豈經用丑正，傳用寅正耶。盟于鄧，爲師期。鄧，魯地。九年爲防之會，鄭伯未與，故重爲此盟會。經僅書會而未書盟，杜注以爲魯公還國告祖廟時，告會而不告盟；劉師培春秋左氏傳答問以爲「盟鄧之役傳文爲師期，下言羽父先會齊、鄭，則出師之期不與盟符，經爲內諱，因不書盟」，皆是臆測。春秋全經盟會異地而並書者，僅襄公二十五年夏會于夷儀，秋同盟于重丘一次。此是大會，且會在夏而盟在秋，相距兩三月，其間又有鄭師入陳一事，故不能不分別書之。其餘則或以盟包會，如八年會于溫，盟于瓦屋，經只書盟；或以會包盟，如此經只書會于中丘，未必有深意。

一〇·二　夏五月，羽父先會齊侯、鄭伯伐宋。先會者，先公而行以會師也，杜注以爲非鄧盟所約之本期，恐非。

一〇·三　六月戊申，六月無戊申。如是戊午，則爲三日。公會齊侯、鄭伯于老桃。杜注：「老桃，宋地。」或云今山東省濟寧市東北有桃聚鄉即老桃，則地在魯、齊境上，恐非。此非盟會之會，蓋羽父已率師先公而行，公後至也。壬戌，壬戌，七日。公敗宋師于菅。庚午，庚午，十五日。鄭師入郜。郜本國名，爲周文王之子所封，春秋以前，爲宋所滅，其鼎自爲宋所取，魯故能得郜鼎。餘詳經注。辛未，歸于我。庚辰，庚辰，二十五日。鄭師入防。此防自是西防。辛巳，歸于我。

君子謂鄭莊公「于是乎可謂正矣，以王命討不庭，庭，動詞，朝于朝廷也。詩大雅常武「徐方來庭」，猶言徐國來朝。不庭即不朝。九年傳云「宋公不王」，故此云以討不庭。此不庭爲名詞，義謂不庭之國，即詩大雅韓奕之「不庭方」，毛公鼎之「不廷方」。管子明法解云：「廢其公法，專聽重臣，爲此，故羣臣皆務其黨，重臣而忘其主，趨重臣之門而不庭。故明法曰：「十至於私人之門，不一至於庭。」則明以不至朝庭解不庭也。「庭」字亦作「寧」，易比卦云「不寧方來」，意卽早先不來朝之國今來朝。易之「不寧方」又卽周禮考工記梓人、大戴記投壺篇、白虎通義鄉射篇、說文矢部「侯」字之「不寧侯」。其祝辭曰「毋若不寧侯，不朝于王所，故伉而射女」，則不庭、不寧之訓不朝，尤顯然可證。杜預于成十二年「而討不庭」注云：「討背叛不來在王庭者。」以之解此，則合矣。惠棟、洪亮吉等依舊說謂不庭爲不直，非。說詳中國語文一九六三年第四期不廷不庭說。不貪其土，以勞王爵，正之體也。」勞，去聲，慰勞，犒勞也。「正」卽「政」字。鄭伯爲王左卿士，以王命討宋，不宜接受此土，故以歸魯。故傳言以勞王爵，得治政之體。杜注未了。

10·四　蔡人、衞人、郕人不會王命。去年鄭伯以王命告伐宋，曾遍告有關各國，而蔡、衞、郕三國不以師會同伐宋。

秋七月庚寅，庚寅，五日。鄭師入郊，猶在郊。鄭師自郜、自防還國，入于本國遠郊，停而未續進。宋人、衞人入鄭，宋、衞乘虛而入。蔡人從之伐戴。由下段傳文觀之，此六字宜作一句讀。八月壬戌，壬戌，八日。鄭伯圍戴。癸亥，癸亥，九日。克之，取三師焉。金澤文庫本「取」下有「其」字。三國已入戴，鄭伯圍而克之，故能取三國之師。

宋、衞既入鄭，而以伐戴召蔡人，蔡人怒，故不和而敗。此數語補充說明鄭師圍戴，第二日卽克之故。

10·五　九月戊寅，九月無戊寅日。鄭伯入宋。杜注：「報入鄭也。」

10·6 冬，齊人、鄭人入郕，討違王命也。以其不會師伐宋之故。

十有一年，己巳，公元前七一二年。周桓王八年、齊僖十九年、晉哀六年、曲沃武公四年、衞宣七年、蔡桓三年、鄭莊三十二年、曹桓四十五年、陳桓三十三年、杞武三十九年、宋殤八年、秦寧四年、楚武二十九年。

經

11·1 十有一年春，冬至在去年十二月初二乙卯，建丑。有讀爲又，甲骨文、金文多作「又」。春秋經文凡整數與零數之間悉加「有」字，傳文則否。滕侯、薛侯來朝。滕見七年經注。薛，任姓國，杜注謂小國無傳記，其君之世不可知。定元年傳謂奚仲居薛；國語晉語四謂黃帝之子十二姓，任爲其一，則薛亦黃帝之後也。雷學淇竹書紀年義證卷三十八曾比輯薛史事而論之。蓋薛本居薛城，今山東滕縣南四十里；後遷邳，亦曰下邳，在今江蘇邳縣東北；旋又遷上邳，即仲虺城，在薛城之西。春秋以後又遷下邳。閻若璩四書釋地謂齊湣王三年，封田文于薛，即薛亡之歲。傳世器有薛侯匜、薛侯鼎，一九七三年山東滕縣官橋公社狄莊大隊在薛城遺址又發現薛仲銅簠四件。朝有數義。臣下見君上曰朝，「孟子將朝王」是也，此日常之朝。諸侯朝見天子亦曰朝，此覲見之朝，儀禮有覲禮載其儀節。諸侯相見亦曰朝，其朝見之儀，大戴禮記朝事有「諸侯相朝之禮」。薛國朝魯僅此一見。此後小國於大國，尤於霸主，非朝不可。

11·2 夏，公會鄭伯于時來。公羊、穀梁「夏」下有「五月」二字。時來，公羊作「祁黎」。時來當在今河南省鄭州市北三十里。

一一·三 秋七月壬午，壬午，三日。公及齊侯、鄭伯入許。許，姜姓國，周武王封文叔於許，故城在今河南省許昌市東三十六里。魯成十五年，許靈公遷於葉，卽今河南省葉縣南稍西三十里。昭公九年，許悼公遷夷，實城父，今安徽省亳縣東南七十里之城父集。一九六二年在安徽宿縣許村公社蘆古城孜發現許國諸侖之器。許國君葬於許村，離城父集固不甚遠。十八年遷析，實白羽，卽今河南省西峽縣。定公四年，許男斯遷容城，容城故城在今魯山縣南稍東約三十里。傳世器有許子鐘、許子妝簠等。「許」皆作「鄦」，與說文同。自文叔至莊公十一世，始見于春秋。戰國初滅于魏。詳漢書地理志潁川郡許王先謙補注。

一一·四 冬十有一月壬辰，壬辰，十五日。公薨。魯公被殺而死者三，隱公、桓公、閔公。而桓公被殺于齊人，唯隱、閔被殺於國內。桓公之死，書公薨于齊，又書葬；而隱、閔二公只書「公薨」，不言薨于何處，亦不書葬。

傳

一一·一 十一年春，滕侯、薛侯來朝，爭長。長，上聲。爭長，爭行禮先後。薛侯曰：「我先封。」薛之祖先奚仲居薛，爲夏朝車正之官，是薛封於夏代。滕侯曰：「我，周之卜正也；卜正，官名，爲卜官之長。周禮春官有太卜，當卽此。薛，庶姓也，庶姓，非周之同姓也。詳後。我不可以後之。」

公使羽父請於薛侯曰：「君與滕君辱在寡人，辱爲表敬副詞。在，存問也。說詳王引之經義述聞。

周諺有之曰：『山有木，工則度之；度音踱（入聲），爾雅釋器郭璞注引作「劇」，治木謂之劇。又可解爲丈量長短。漢書律曆志所謂「分、寸、尺、丈、引也，所以度長短也」。賓有禮，主則擇之。』度、擇爲韻，古音元音相同。周之宗盟，宗盟爲並列結構。周禮大宗伯：「以賓禮親邦伯，春見曰朝，夏見曰宗，秋見曰覲，冬見曰遇，時見曰會，殷見曰同。」是宗亦會同之名。尚書禹貢「江漢朝宗于海」，朝、宗亦以同義詞並列爲一詞。則宗盟者，猶言會盟也。前人皆未得其義。異姓爲後。陶鴻慶左傳別疏云：「周禮秋官司儀職云：『土揖庶姓，時揖異姓，天揖同姓。』鄭注云：『庶姓，無親者也；異姓，昏姻也。』賈疏云：『土揖庶姓已下，先疏後親爲次。』哀二十四年傳，周公及武公娶于薛，薛於魯固昏姻也，故滕侯言『庶姓』，公言『異姓』，庶有卑稱，而異存敵體。滕侯意主指斥，公意主平亭。一語之殊，辭氣宛然。左氏修詞精當如此。」寡人若朝于薛，不敢與諸任齒。諸任，謂任姓諸國。正義引世本姓氏篇，任姓之國有十，謝、章、薛、舒、呂、祝、終、泉、畢、過。齒，列也。不敢與齒，謂不敢與並列。君若辱貺寡人，貺，加惠也。則願以滕君爲請。」猶言願薛侯從滕侯之請求。

薛侯許之，乃長滕侯。長，仍讀上聲，動詞使動用法。長滕侯，使滕侯先於薛侯。

一一·三　夏，公會鄭伯于郲，「郲」經作「時來」。詳經注。謀伐許也。

鄭伯將伐許。五月甲辰，甲辰，二十四日。授兵於大宮。兵，武器。大同太。太宮，鄭國祖廟。文二年傳云「鄭祖厲王」，則鄭之大宮，周厲王廟也。互詳宣十二年傳注。古者兵器藏于國家，有兵事則頒發；事畢，仍須繳還。周禮夏官司兵所謂「掌五兵五盾，各辨其物與其等以待軍事。及授兵，從司馬之法以頒之；及其受兵輸，亦如之；及其用兵，亦如之」是也。詳孫詒讓周禮正義。公孫閼與潁考叔争車，閼音遏。公孫閼，鄭大夫。潁考叔挾輈以走，輈音舟，車轅也。爲駕車所用之車槓，後端與車軸相連，用於載物之車者爲兩直木夾於牲畜旁，曰轅；用於乘車者爲一曲木，在中，曰輈。在太廟内頒發兵車及兵器，車尚未駕馬，故潁考叔爲争奪此車，因挾輈以奔馳。走，古爲奔跑之義。徐行曰步，急步曰趨，急趨曰走。子都拔棘以逐之。棘即戟。戟爲戈矛兩種兵器之合體，柄前安有直刃以刺敵人，而旁又有横刃可以勾啄敵人，兼有勾刺兩種作用。形式詳周禮考工記。近年出土之戟多爲戰國銅戟，與考工記合。及大逵，寬闊能並容九具車馬者謂之逵。此種道路已能四通八達，故爾雅云：「九達謂之逵。」鄭國有此，桓十四年傳亦謂之大逵，莊二十八年傳謂之逵市。宣十二年傳謂之逵路，雖非同一道路，皆以逵名。魯國亦有此，莊三十二年傳所謂逵泉是也。蓋國都必有其最寬闊而又四通之道路，皆可謂之逵。孔疏謂鄭城獨有之，恐非。弗及，子都怒。

二•三 秋七月，公會齊侯、鄭伯伐許。庚辰，庚辰，初一日。傅于許。傅，附着也。傅于許，謂大軍薄許城而攻之。宣十二年傳「傅于蕭」，襄六年傳「傅於堞」，襄九年傳「聞師將傅」，襄二十五年傳「傅諸其軍」，諸「傅」字皆同此義。潁考叔取鄭伯之旗蝥弧以先登，蝥弧，鄭伯旗名，亦猶齊侯之旗名靈姑銔，見昭十年傳。子都自下射之，射，舊音石。顛。顛謂自城上墜下。從後傳文，知其墜死。瑕叔盈又以蝥弧登，瑕叔盈，鄭大夫。周麾而呼曰：周，遍也。麾謂揮動旗幟以招大軍。「君登矣！」鄭師畢登。壬午，遂入許。疑鄭莊公入許。許莊公奔衛。許莊公奔衛，經文不書，亦猶定公四年吳人入郢，而經不書楚昭王出奔。

齊侯以許讓公。魯本有許田，見八年傳「鄭伯以泰山之祊易許田」注，此或齊侯以許讓魯之故歟？公曰：「君謂許不共，共音恭，法也。不共猶言不法，與下文「無刑而伐之」無刑同義。說詳俞樾羣經平議。故從君討之。許既伏其罪矣，雖君有命，寡人弗敢與聞。」與音預。魯隱公一則曰許既伏罪，二則曰我不敢與聞，其意蓋欲保存許國而不私有之。乃與鄭人。

鄭伯使許大夫百里奉許叔以居許東偏，據杜注及其世族譜，許叔爲許莊公之弟，名鄭，謚桓公。姚彥渠春秋會要則以爲許穆公，名新臣。許東偏，謂許城東部。曰：「天禍許國，鬼神實不逞于許君，不逞猶言不快意、不滿。而假手于我寡人，假手，猶言借手，謂借我之手以討伐之。假手，古人常語，如國語晉語一云「無必假手于武王」。後漢書段熲傳引熲上言「上天震怒，假手行誅」，得其義矣。伐許之役，鄭力爲多，故莊公云云。寡人唯是一二父兄不能共億，共，王念孫讀去聲。共億猶言相安，詳王引之經義述聞。其敢以許自爲功乎？其，用法同「豈」。寡人有弟，不能和協，而使餬其口于四方，此指共叔段而言，見元年傳。餬口之餬，卽今餬紙餬窗之餬，以薄粥塗物也。昭七年傳正考父鼎銘「饘於是，鬻於是，以餬余口」可證。餬口者，以薄粥供口食耳。餬口於四方，「於四方」三字始有寄食之意，方言云「餬，寄也」，說文云「餬，寄食也」，皆王筠說文句讀所云「約舉傳意以爲說耳」。不然，不但不能以之釋正考父之鼎銘，莊子人間世云「挫鍼治繲，足以餬口」，亦難解釋矣。其況能久有許乎？吾子其奉許叔以撫柔此民也，吾子，親而又尊之對稱代詞。其，命令副詞。柔，和也，安也。撫柔一詞，猶言撫安。吾將使獲也佐吾子。獲，卽下文之公孫獲，鄭大夫。獲下加「也」字，以示語氣鄭重。若寡人得沒于地，謂以壽終。天其以禮悔禍于許，謂天或者依禮撤回加于許之禍。無寧茲許公復奉其社稷，無寧，寧也。無爲發語詞，無義，不可作否定詞看。茲，使也。謂願使許公重執國政。唯我鄭國之有請謁焉，謁，請也。此語有省略，全句當是唯我鄭國之有請謁而是聽。如舊昏媾，謂相親若舊通婚之國。其能降以相從也。其，語氣副詞，表示不肯定。降，降心也。無滋他族實偪處此，滋，同茲，使也。以與我鄭國争此土也。吾子孫其覆亡之不暇，覆，詩生民「鳥覆翼之」之「覆」，引申爲救護意，覆亡猶言挽救危亡。覆亡之不暇，猶言不暇挽救危亡。此句承上文而來，謂若使他族逼近而居於此，以與鄭國相争，則鄭國將忙於救護敗亡。而況能禋祀許乎？禋音因，誠敬清潔以祀祭爲禋。句意謂若鄭忙於自救，亦難以保持許國土地。寡人之使吾子處此，不唯許國之爲，不僅爲許國。亦聊以固吾圉也。」聊，姑且。圉音語，邊疆也。乃使公孫獲處許西偏，曰：「凡而器用財賄，無寘於許。而同爾。財賄猶言財貨。器用財賄，當時常語，左傳屢見。無，表禁止，猶今言不要。我死，乃亟去之！亟，急也。吾先君新邑於此，新邑於此，指新鄭一帶。鄭國初封於西周，國土在今陝西省華縣東北二十里。東遷而後，鄭桓公伐虢、檜而併其土地，因立國於此。王室而既卑矣，周之子孫日失其序。序謂緒業，卽所承受之功業。詩周頌烈文「繼序其皇之」，閔予小子「繼序思不忘」，諸「序」字卽此義。說本王引之經義述聞。鄭亦周之子孫，此謂姬姓力量已漸衰落。夫許，大岳之胤也。大同太。大岳卽四岳，國語周語下「共之從孫四嶽佐之」，申、呂雖衰，齊、許猶在」及周語中「齊、許、申、呂由太姜」可證。舊說許爲堯時四岳伯夷之後，不可信。說詳顧頡剛史林雜識四嶽與五嶽。胤音印，後代也。天而既厭周德矣，厭，厭棄也。吾其能與許争乎？」其作豈用。

君子謂鄭莊公「於是乎有禮。禮，經國家，定社稷，序民人，利後嗣者也。經謂經營治理。定，安定。序民人，謂使民人有一定秩序或次序、等級。許，無刑而伐之，無刑猶言不法，違背法度。服而舍之，舍同捨。度德而處之，度舊音踱，量也。處之謂處理此事。量力而行之。相時而動，相，去聲。此指「我死乃亟去之」而言。無累後人，無，用法同不。累，去聲，恐也，憂也。句謂不遺後人以憂懼。可謂知禮矣。」

一一·四　鄭伯使卒出豭，行出犬、雞，以詛射潁考叔者。百人爲卒。豭音加，雄猪。祭祀周不用牝。二十五人爲行。行讀行列之行。日人中井履軒春秋左傳雕題略云：「卒自卒，行自行，蓋不相領統者。百人爲卒，是奉一車者，然則行乃徒兵之伍列矣。」雖未必然，亦備一說。出犬雞，或出犬，或出雞。詩小雅何人斯「出此三物，以詛爾斯」，毛傳云：「三物，豕、犬、雞也。君以豕，臣以犬，民以雞。」是古人祭神以詛人用豕、犬、雞三物。詛爲祭神使之加禍于某人。昭二十年傳云「民人苦病，夫婦皆詛。祝有益也，詛亦有損」云云可證。射潁考叔者明知爲公孫閼，而鄭莊公佯爲不知，使軍士詛咒之。竊疑公孫閼即詩鄭風山有扶蘇「不見子都，乃見狂且」之子都。其人貌美，得莊公之寵幸，故莊公不欲加之以刑，爲平衆怒計，乃出此策。說參石韞玉讀左卮言。

君子謂鄭莊公「失政刑矣。政以治民，刑以正邪。既無德政，又無威刑，是以及邪。及邪者，大臣不睦，于戰陣之時射殺先登者。邪而詛之，將何益矣！」

一一·五　王取鄔、劉、蔿、邘之田于鄭，鄔音烏。劉邑在今河南省偃師縣南，鄔又劉之西南。蔿音偉。蔿邑當在今河南省孟津縣東北。邘音于。邘邑，今河南省沁陽縣西北有邘臺鎮，當是古邘城。而與鄭人蘇忿生之田——

温、原、絺、樊、隰郕、欑茅、向、盟、州、陘、隤、懷。成公十一年傳云「昔周克商，使諸侯撫封，蘇忿生以温爲司寇」，則蘇忿生乃周武王時司寇而受封于温者也。温即隱公三年「取温之麥」之「温」，故城在今河南省温縣西稍南三十里。依莊公十九年傳觀之，温于莊公十九年仍爲蘇氏邑。以金文證之，如敔毁銘云「王賜田于敔五十田，于早五十田」，則此所謂温田者，亦王田之在温者耳，非以其全邑與鄭，故温仍得爲蘇氏邑。原，今河南省濟源縣北而稍西有原鄉，當卽其地。顧棟高大事表以爲濟源之原爲莊十八年原莊公之原，此則另一原邑，疑未能明。絺音痴，今河南省沁陽縣西稍南三十里有故絺城。樊，亦名陽樊，今濟源縣東南約二十里有古陽城，當卽其地。隰郕，據王引之經義述聞考證，本作「隰成」，卽濕城，後人誤改爲郕。當在今河南省武陟縣西南。欑音鑽營之鑽。欑茅，今河南省修武縣有大陸村者當卽其地。向，今河南省濟源縣南稍西二十餘里有故向城。盟音孟，地在今河南省孟縣南稍西數里。州，當在今河南省沁陽縣東稍南五十里之地，餘詳昭三年傳注。陘音形，當在今河南省沁陽縣西北三十里地。隤音頹，地當在今河南省獲嘉縣北約二十里。懷，地在今河南省武陟縣西南，隰郕之北。據杜注，共十二邑。沈欽韓地名補注據正義引括地志，謂欑茅爲二邑，杜預誤合爲一，則共十三邑。今依杜注。

君子是以知桓王之失鄭也。此「是以」與作連詞用之「是以」不同。作連詞用之「是以」，意義等於故，此「是以」爲介賓倒裝，猶言以是，因此。是爲代詞，指下文所言。恕而行之，德之則也，禮之經也。己弗能有，而以與人。人之不至，不亦宜乎？杜注：「蘇氏叛王，十二邑王所不能有，爲桓五年從王伐鄭張本。」論語衛靈公以「己所不欲，勿施於人」爲「恕」，則周桓王以己不能有者與鄭莊爲失恕道矣。

一一·六 鄭、息有違言。息，一作「鄎」，姬姓之國。不知初封於何時何人。莊十四年前爲楚所滅。息故城當在今河南省息縣。清一統志引息縣志，謂有古息里在縣治西南十五里，卽息侯國。息侯伐鄭，鄭伯與戰于竟，竟，同境，疆境。息師大敗而還。

君子是以知息之將亡也：莊十四年傳述楚文王以息亡之故伐蔡，則息之亡當在莊公十四年以前數年，距此時不過二、三十年。「不度德，沈欽韓補注謂：德，得事宜也，鄭莊公能自用其威福以令人，故息之德不如鄭。不量力，鄭大息小。不親親，鄭、息同爲姬姓國，宜相親。不徵辭，徵，審也，明也，問也。意謂言語不和，仍當明辨是非。不察有罪。意謂既不徵辭，則曲直未分。犯五不韙，韙音偉，是也。而以伐人，其喪師也，不亦宜乎？」

一一·七 冬十月，鄭伯以虢師伐宋。壬戌，壬戌，十四日。大敗宋師，以報其入鄭也。入鄭事見十年傳。宋不告命，故不書。命，國之大事政令。凡諸侯有命，告則書，不然則否。師出臧否，亦如之。否音痞。臧否謂善惡得失。古人常以臧否二字用於師旅。如易師卦初六爻辭云：「師出以律，否臧凶。」宣十二年傳釋之云：「執事順成爲臧，逆爲否。」國語晉語云：「夫師，郤子之師也，其事臧。」韋昭注云：「臧，善也。」雖及滅國，滅不告敗，勝不告克，不書于策。此謂勝敗兩方，有一方告，卽書，不待雙方告而後書之。策，假借爲册。古代書寫多用竹木。用木者曰方，曰牘，曰版；用竹者曰簡，曰册。析言之，單執一札謂之簡，連編諸簡乃名爲策。册字，甲骨、金文以及小篆皆象長短竹簡連編之形，可以爲證。然對文則異，散文則通，單簡亦可謂之策。

羽父請殺桓公，將以求大宰。大同太，大宰亦作太宰。大宰之名見于諸經傳記者，以侯國言之，其義有二。一爲一般官職名，一爲冢宰、執政、卿相之義。以左傳考之，宋之大宰其位實在卿相下，華父督以大宰殺殤公而相莊公可證。然韓非子說林下云「宋大宰貴而主斷」，考以內儲說上「叔孫相魯，貴而主斷」之文，則大宰又指卿相言，則是第二義。鄭之大宰石㚟爲良霄之副手使于楚，見襄十一年傳，則職位不高。然晉趙武又稱鄭執政子皮爲冢宰，見昭元年傳，則爲後一義。楚以令尹執政，然其下有大宰子商、大宰伯州犂。然蔿敖爲令尹，晉隨會稱之爲宰，見宣十二年傳。宰卽大宰，則大宰又爲執政之通稱。魯本無大宰之官，此云將以求大宰者，謂欲以殺桓公求爲執政之卿。故十二諸侯年表述此事云：「大夫翬請殺桓公，求爲相。」魯世家亦云：「公子揮諂，謂隱公曰：『百姓便君，君其遂立，吾請爲君殺子允，君以我爲相。』」皆以相釋大宰，得其義矣。**公曰：「爲其少故也，吾將授之矣。**爲其少故也，史文有省略。史記魯世家所述較全。授之，謂授之以君位。**使營菟裘，吾將老焉。」**營，讀如詩大雅靈臺「經之營之」之「營」，亦卽營造之營，猶今言建築。菟音徒。史記秦本紀云：「秦之先爲嬴姓，其後分封，以國爲姓，有菟裘氏。」潛夫論志氏姓亦云：「鍾離、運掩、菟裘，皆嬴姓也。」則菟裘古爲嬴姓之國，其後土地併于魯。梁履繩左通補釋引張雲璈之言云：「山東省泰安縣東南九十里近梁父有菟裘城。」老謂終老。**羽父懼，反譖公于桓公而請弒之。**譖，音怎，去聲，以言語毁人也。

公之爲公子也，與鄭人戰于狐壤，止焉。狐壤，鄭國地名，當在今河南省許昌市北。杜注：「內諱獲，故言止。」止，俘獲也。**鄭人囚諸尹氏。**尹氏，鄭大夫。**賂尹氏，而禱於其主鍾巫。**鍾巫，神名。尹氏之家立以爲祭主。說詳焦循左傳補疏。**遂與尹氏歸，而立其主。**立鍾巫之主於魯。**十一月，公祭鍾巫，齊于**

社圃，館于寪氏。

社圃，公祭鍾巫，公將祭鍾巫也。古人有時省略將字。齊同齋。古人祭祀前，先齋戒。社圃，園名。館，住宿也。寪音委。寪氏，魯大夫。壬辰，羽父使賊弑公于寪氏，「寪氏」猶言「寪家」。立桓公，而討寪氏，有死者。陳澧東塾讀書記云：「云討寪氏有死者，言其寃也。」寪氏不書名，顧炎武云：「言非有名位之人。」不書葬，不成喪也。陳澧又云：「言桓不以人君之禮葬隱也。」

春秋左傳注

桓公

世本云名軌，史記魯世家云名允。說文有「𡕲」字，從本，從屮，允聲。軌蓋𡕲字之譌，世人少見𡕲也。

元年，庚午，公元前七一一年。周桓王九年、齊僖二十年、晉哀七年、曲沃武公五年、衞宣八年、蔡桓四年、鄭莊三十三年、曹桓四十六年、陳桓三十四年、杞武四十年、宋殤九年、秦寧五年、楚武三十年。

經

一·一 元年春王正月，去年十二月十四日辛酉冬至，此年仍建丑。公即位。「位」，古文經作「立」。金文無位字，位皆作「立」。漢書劉歆傳謂左氏傳多古字，然今本絶少古字，錢大昕潛研堂文集答問四謂蓋魏、晉以後經師所改。

一·二 三月，公會鄭伯于垂，鄭伯以璧假許田。垂見隱八年經注。此事亦見於隱八年經與傳。史記魯世家云：「桓公元年，鄭伯以璧易天子之許田。」集解云：「鄭以祊不足當許田，故復加璧。」鄭伯以祊加璧與魯易許田，此實交換，而經、傳以假借言之者，蓋襲用當時辭令。穀梁傳則云：「非假而曰假，諱易地也。」春秋繁露王道篇亦云，蓋公、穀義。

一・三 夏四月丁未，丁未，二日。公及鄭伯盟于越。正義云：「成會禮於垂，既易許田，然後盟以結之。」越當在今山東省曹縣附近。

一・四 秋，大水。

一・五 冬十月。

傳

一・一 元年春，公即位，修好于鄭。鄭人請復祀周公，卒易祊田。隱公八年傳只云「使宛來歸祊」、「我入祊」，而未言以許田致鄭，故鄭復以再祀周公終此交易爲請。魯初受祊而不致許者，或以祊小許大，不足抵償之故，鄭故加以璧。公許之。三月，鄭伯以璧假許田，爲周公、祊故也。爲周公、祊故也，猶言爲鄭請祀周公且以祊歸我故也。周公與祊爲兩事，觀上文自明，故此文有省略。于鬯不解此，謂「爲周公祊」不辭，當作爲周公祀，無據。

一・二 夏四月丁未，公及鄭伯盟于越，結祊成也。結成之事見襄公二十五及二十六年傳。盟曰：「渝盟，無享國！」渝，變也。

一・三 秋，大水。凡平原出水爲大水。

一・四 冬，鄭伯拜盟。諸侯來魯，魯史應書，而經無之。毛奇齡經問云：「魯史于桓年獨多闕文，不知舊史故闕而夫子仍之，又不知夫子本完書而其後又從而闕之，皆不可考矣。」夫子即孔丘。孔丘與春秋之關係，前言已詳之。

一·五 宋華父督見孔父之妻于路，目逆而送之，曰：「美而豔。」此二十字應與下年傳文「二年春，宋督攻孔氏，殺孔父而取其妻」連讀。孔疏引世本云：「華父督，宋戴公之孫，好父說之子。」蓋名督，字華父。華，去聲。古人名與字連敍，先字後名。孔父見隱公三年傳。逆，迎也。人從對面來，先以目迎之；既過，則以目送之。美言其面目姣好，豔言其光彩動人。

二年，辛未，公元前七一〇年。周桓王十年、齊僖二十一年、晉哀八年、曲沃武公六年、衞宣九年、蔡桓五年、鄭莊三十四年、曹桓四十七年、陳桓三十五年、杞武四十一年、宋殤十年、秦寧六年、楚武三十一年。

經

二·一 二年春，王正月去年十二月二十五日丙寅冬至，此年建丑，有閏月。戊申，正月無戊申。宋督弒其君與夷及其大夫孔父。

二·二 滕子來朝。無傳。滕子即隱公十一年之滕侯，公、侯、伯、子、男皆古國君之通稱，故或稱「滕侯」，或稱「滕子」，亦猶僖公二十七年經云「杞子來朝」，而文公十二年經云「杞伯來朝」。或書「杞子」，或書「杞伯」，其實一也。

二·三 三月，公會齊侯、陳侯、鄭伯于稷，以成宋亂。稷，宋地，當在今河南省商丘地區商丘縣境內。成，成就也。說詳章炳麟春秋左傳讀。

二·四 夏四月，取郜大鼎于宋。郜，國名，姬姓，據僖公二十四年傳，初封者爲文王之子。國境在今山東省成武縣東南，鼎爲郜國所鑄，故曰郜鼎。據隱十年經，郜國早滅於宋，故鼎亦歸于宋。傳世有郜史碩父鼎、又有告仲尊。告卽郜。告仲尊銘云：「峊中作父丁寶隮彝。」初著録於西清古鑑九·九，釋「峊」爲「古」，誤。今從吴其昌金文世族譜改釋「告」。

— 戊申，戊申，四月九日。納于大廟。大同太。大廟，周公廟。

二·五 秋七月，杞侯來朝。杞見隱四年經注。「杞」，公、穀俱作「紀」。杞、紀爲兩國，故傳文各異。杞、紀兩字形相近，易誤。以「九月入杞」經文觀之，左傳爲是。

二·六 蔡侯、鄭伯會于鄧。鄧，蔡國地名，卽昭十三年傳「蔡朝吴奉蔡公，召子干、子皙盟于鄧」之鄧。其地在蔡之北、鄭之南，據清一統志，今河南省郾城縣東南三十五里，卽漯河市東南十餘里，有鄧城，當卽此地。又參江永考實。

二·七 九月，入杞。不稱主帥，帥兵之人非卿也。入，入其國而不有其地。

二·八 公及戎盟于唐。唐見隱二年經注。

二·九 冬，公至自唐。孔疏引釋例云，全經「凡盟有一百五，公行一百七十六。書至者八十二。其不書至者九十四，皆不告廟也」，然則書至者，皆歸而告於廟者也。

傳

二年春，宋督攻孔氏，殺孔父而取其妻。孔父此時猶未以孔爲氏，「孔氏」是追書之辭。公怒，督懼，遂弒殤公。公、穀二傳記此事，以爲宋督欲弒殤公而先殺孔父，與左傳所敍有出入。宋世家全用左傳。

君子以督爲有無君之心，而後動於惡，故先書弒其君。此解經語。督殺孔父在前，弒君在後，而經書「弒其君與夷及其大夫孔父」者，孔父爲顧命大臣（見隱三年傳），督竟專殺之，則心目中早無君主矣。

會于稷，以成宋亂，爲賂故，立華氏也。據孔疏，唐人所見晉、宋古本往往無「故」字。以當時君臣之義言，華氏爲弒君之賊。然公子馮出居于鄭，鄭莊實欲納之。宋殤公及孔父之屢與鄭交戰，亦爲公子馮故。今華督殺殤公及孔父而迎立公子馮，實鄭莊之所欲。稷之會，實欲成就此事，且樹立華氏之政權，故華氏于各國皆有賄賂。宋督此時亦未以華爲氏，「華氏」亦是追書之辭。

宋殤公立，十年十一戰，孔疏引服虔云：「與夷，隱四年即位，一戰伐鄭，圍其東門；再戰取其禾，皆在隱四年。三戰取邾田；四戰邾、鄭，入其郛；五戰伐鄭，圍長葛，皆在隱五年。六戰，鄭伯以王命伐宋，在隱九年。七戰，公敗宋師於菅；八戰，宋、衞入鄭；九戰，宋人、蔡人、衞人伐戴；十戰，戊寅，鄭伯入宋，皆在隱十年。十一戰，鄭伯以虢師大敗宋師，在隱十一年。」十一戰中唯取邾田與鄭無關，餘皆宋、鄭交兵。民不堪命。不堪，猶今言不能忍受。孔父嘉爲司馬，督爲大宰，故因民之不堪命，先宣言曰：「司馬則然。」司馬則然，我則不然也。且司馬爲典軍之官長，督之宣言易於誘人。督以此表明自己于此事不負責任。「則」字此種用法詳詞詮。已殺孔父而弒殤公，召莊公于鄭而立之，以親鄭。以郜大鼎賂公，齊、陳、鄭皆有賂，故遂相宋公。華督雖于莊公十二年爲宋萬所殺，但華氏世執宋國政柄者二百餘年。

二·二　夏四月，取郜大鼎于宋。戊申，納于大廟，非禮也。臧哀伯諫曰：哀伯，魯大夫，名達，僖伯之子。「君人者，將昭德塞違，德與違爲對立之名詞，違，邪也，指不合德義而違禮之事。字亦作「回」。說詳王引之述聞。以臨照百官，猶懼或失之，故昭令德以示子孫：是以清廟茅屋，清廟即太廟，一曰明堂，一曰太室。屋之覆蓋以茅葦者謂之茅屋，周禮匠人謂之葺屋；覆蓋以瓦者，謂之瓦屋。清廟茅屋者，謂清廟以茅草蓋屋，示節儉。大路越席，路亦作輅，車之一種，此處用以祀天。殷用木路，周用玉路。木路爲最樸素之車，以木爲之，不覆以革，唯漆之而已；玉路爲最華貴之車，既覆以革，又以玉飾諸末。越席，結蒲草所成之席。大路越席與清廟茅屋對文，則大路越席者，謂大路之中用蒲草之席爲茵藉。大羹不致，大羹，肉汁也。不致，不以酸、苦、辛、鹹、甘五味爲調和，唯煮之而已。祭祀用大羹。粢食不鑿，粢音咨，食音嗣。粢食猶言主食。周禮小宗伯有六粢，即六種主食，黍、稷、稻、粱、麥、苽（音孤，今謂之茭米）。唯祭祀以用黍、稷爲常。鑿，舂也。說文：「糳，糲米一斛舂爲九升曰糳。」糳即此文之鑿。雲夢秦簡倉律亦云：「糲米一石爲毇九斗。」韓非子五蠹篇云：「堯之王天下也，糲粢之食。」史記李斯傳亦有此語。淮南子主術訓又加詳，皆謂主食不用精米而用糙米。說見并力文，詳文史十六輯。昭其儉也。此四者以示節儉。袞、冕、黻、珽，袞音滾，古代天子及上公之禮服，祭祀時用之，畫卷曲龍於衣上。冕，古代禮帽，大夫以上服之。黻字亦作韍或芾。以韋（熟治之皮革）爲之，用以遮蔽腹膝之間。古田獵時代，食獸肉，衣獸皮，先知蔽前，後知蔽後。後代易之以布帛，而獨存其蔽前。說本鄭玄易緯乾鑿度注。韍亦可謂之韠。據禮記玉藻，韠下寬二尺，上寬一尺，長三尺，頸寬五寸，肩革帶寬二寸（皆古尺，約今尺六折强）。　珽音挺，天子所用笏，長三尺，一名大圭。笏音忽，古代天子以至士，朝見皆執笏。天子之笏以玉爲之，諸侯以象牙爲之，大夫與士則用竹爲之，但大夫之笏以鮫魚之皮飾之。　笏之用同於漢、魏以後之手版，有事則書於其上，以備遺忘。**帶、裳、幅、舄，**此帶是大帶，杜注以爲革帶，誤。　大帶寬四寸，以絲爲之，用以束腰，垂其餘以爲紳。　大帶之制：天子素（生帛）帶，以大紅色爲裏，全帶兩側飾以繒彩。諸侯亦素帶，但無朱裏，亦以繒彩飾全帶之側。大夫素帶，唯下垂部分飾以繒彩。士練（已煮漂之熟帛）帶，密緝帶之兩邊，唯其末飾以繒彩。　裳，古人上穿衣，下穿裳，裳亦曰裙。　幅音逼，古人以布纏足背，上至於膝，以偪束其脛。纏時邪行而上，故亦名邪幅，漢人謂之行縢，似今之綁腿。舄音昔，古人謂鞋爲履，鞋底用一層者謂之屨，雙層者謂之舄。單底用皮，雙層底加木。古代天子諸侯，吉事皆着舄。　舄有赤、白、黑諸色，所服不同，舄亦異色。　赤舄者，冕服之舄；白舄者，皮弁之舄；黑舄者，玄端之舄。士皆着屨。卿大夫服冕者亦赤舄，餘服皆着屨。**衡、紞、紘、綖，**此四物皆冕之飾。　衡即横笄。　笄音鷄，簪也。　笄有二，有安髮之笄，有固冠之笄。　衡笄，固冠者也。　固冠之笄，長一尺二寸，天子以玉，諸侯以似玉之石。　紞，音膽，懸瑱之繩，織綫爲之，垂於冠之兩旁，當兩耳，下懸以瑱。　瑱音填去聲，又音鎮。　以美石之似玉者爲之，紞與瑱皆可謂之充耳。　紘音宏，冠冕之系，以一條繩先屬一頭于左耳笄上，以一頭繞于頤下，屈而向上，結于右旁之笄上，垂其餘以爲飾，亦所以固冕弁者。　綖音延，以版爲質，以玄布裹之。　冕之大體有二，加于首者曰卷，亦曰武；其覆于卷上者曰延，亦作綖，綖所以屬于武者。**昭其度也。**　衮冕以下十二物，皆就祭服言之。　此十二物，尊卑上下各有制度。　疑此度有雙關義，一爲制度、法度之度，一爲德度、態度之度。　哀伯意謂章明制度即所以表明德度也。**藻、率、鞞、鞛，**藻字亦可作繅，音早，薦玉之物，亦名繅藉。以木板爲之，外包熟皮，以粉白畫水藻之文於其上。率借爲帥，字亦作「帨」，佩巾。見王紹蘭經說。鞞音丙，刀鞘（音俏，盛刀之套）。鞛同琫，音崩，上聲，佩刀刀把處之裝飾。陳喬樅禮堂經說有藻率鞞鞛解。杜注以藻率爲一物，爲藉玉之韋，于古無徵，李慈銘日記（光緒戊子七月初十日）亦主之，不取。**鞶、厲、游、纓，**鞶，服虔、賈逵、許慎及杜預均以爲大帶。段玉裁說文解字注從鄭玄說，謂爲革帶。上文之帶既是大帶，則此或當爲革帶。厲，鞶帶之垂下成飾者。游，音流，字亦可作旒，古代旌旗上附着之飄帶。天子以至大夫、士，游數不同。纓即馬鞅，馬頸上之革用以駕車者。杜注謂纓在馬胸前，恐誤。詳僖二十八年傳注。**昭其數也。**繅藉等八物各依地位之高低而不同。以游而論，據周禮，天子十二斿（旒），上公九斿，侯伯七斿，子男五斿，卿大夫士之斿，各如其命數，即所謂昭其數也。**火、龍、黼、黻，**四者皆衣裳上之花紋。火形作半環。龍，畫爲龍形。黼音斧，用白黑兩色所刺繡之一對斧頭形。黻音紱，用黑與青兩色所刺繡之花紋，像兩個弓形相背，如亞。前人以爲兩己相背，恐不確。此用阮元與桂馥（說文義證）說。**昭其文也。**此四者均爲文彩，故云昭其文。**五色比象，**五色，青、黃、赤、白、黑，古代以此爲正色。比象，謂以五色繪山、龍、華、蟲之象。此仍指服章言。杜注謂「比象天地四方」，誤。今從劉文淇舊注疏證說。**昭其物也。**物即物色之物。周禮保章氏「以五雲之物」，注：「物，色也。」**鍚、鸞、和、鈴，**鍚音揚，馬額眉眼上飾物，以銅爲之，行走時有響聲。鸞，古代車上飾物，置於馬嚼子或車衡上方。馬衡中國金石學概要上云：「鑾之制如鐘鐸，上有鈕，腹有舌，與漢以後牛馬鐸同。」和，設於軾（車前橫木）前之小鈴。阮元揅經室集有銅和考，證以孟津所出，阮說不誣。亦見馬衡金石學概要上。鈴，此指設在旂旗上之小鈴。毛公鼎銘云「朱旂二鈴」，即此。商承祚十二家吉金圖録載一鈴，通紐高一寸四分，口縱七分，橫一寸半分，兩旁有棱。安陽出土。容庚商周彝器通考云：「器小，疑綴于旂上者。」昭其聲也。四者皆鈴之屬，車行時有聲。三辰旂旗，三辰，日、月、星。旂音祈。旗有九種，旂旗是其總稱。天子之旗名太常，其上畫日月，或云，亦畫星辰。昭其明也。旂旗所以爲標幟，且畫有日、月、星、辰，故曰昭明。夫德，儉而有度，登降有數，此德亦即上文昭德、下文滅德之德。以上所言皆是禮物，禮物所以表禮意，禮意不外上古之倫常，故以德言之。儉承大羹不致，粢食不鑿；有度承袞冕黻珽等十二物。登降猶言增減，説詳王引之述聞。有數承上文昭其數。文、物以紀之，文承火龍黼黻，物承五色比象。聲、明以發之，聲承鍚鸞和鈴，明承三辰旂旗。以臨照百官。百官於是乎戒懼，而不敢易紀律。易，違也，反也。哀元年傳「吾先大夫子常易之」，杜注云：「易猶反也。」呂覽禁塞篇「不可易」，高注云：「易猶違也。」今滅德立違，與上文「昭德塞違」相對。而寘其賂器於大廟，寘音至，置也。以明示百官。上云「昭令德以示子孫」，而如此行爲，則適得其反。百官象之，謂百官以此爲榜樣。其又何誅焉？國家之敗，由官邪也。官之失德，寵賂章也。郜鼎在廟，章孰甚焉？武王克商，遷九鼎于雒邑，九鼎，宣三年傳謂爲夏代使九州貢金所鑄。戰國策東周策云「昔周之伐殷，得九鼎，凡一鼎而九萬人輓之，九九八十一萬人」云云，言雖誇張過甚，九鼎或是九個大鼎，當實有其事。宣三年傳王孫滿之言曰：「成王定鼎于郟鄏。」據尚書，武王亦無經營雒邑之事。成王之營雒邑，先卜其地，則遷鼎恐亦非武王事。一九六二年出土何尊爲成王五年器，云：「唯王初遷宅于成周。」又云：「唯珷王既克大邑商，則廷告于天，曰：余其宅兹中國，自之辥民。」似武王早有遷築王城意，成王不過禀承父命而行。昭二十八年傳言：「昔武王克商，其兄弟之國者十有五人，姬姓之國者四十人。」古人常以成王事歸武王。雒邑即成周，在河南省洛陽市西南。義士猶或非之，漢書王吉貢禹傳云「昔武王伐紂，遷九鼎於雒邑，伯夷、叔齊薄之，餓于首陽，不食其祿」云云，則以義士爲伯夷、叔齊，蓋古左傳義。宋葉適習學記言序目卷十謂「雜説乃有伯夷、叔齊不食周粟之事」，恐未必然。而況將昭違亂之賂器於大廟，此句無動詞，「將」或「器」下應有「寘」字。其若之何？」公不聽。

周内史聞之，内史，周王室官名。莊三十二年及僖十一年傳有内史過，僖十六年及二十八年傳有内史叔興，文元年及十四年傳有内史叔服，統諸記載觀之，内史既代表周室至諸侯行聘問慶弔之禮，亦代表周王行策命之禮；且以當時人觀之，通曉神道與天道，能言吉凶，故有神降于莘，周惠王問之；隕石于宋五，六鷁退飛，宋襄公問之；而文十四年有星孛於北斗，又預言宋、齊、晉之君皆將死亂。曰：「臧孫達其有後於魯乎！以魯大夫言，臧氏享世祿爲最久，哀二十四年猶有魯侯伐齊，乞靈於臧氏，臧石帥師會之，取廩丘之記載。君違，違，違背當時禮制，與論語諸「違」字同義。不忘諫之以德。」

二·三　秋七月，杞侯來朝，不敬。杞侯歸，乃謀伐之。

二·四　蔡侯、鄭伯會于鄧，始懼楚也。此年爲楚武王之三十一年，中原諸國患楚自此始。楚亦名荆，詳莊十年經注。初都丹陽，據史記楚世家集解及正義當在今湖北省枝江縣；水經注謂在今秭歸縣一帶，難信。武王遷郢，今江陵縣北十里之紀南城。定公六年，楚昭王因畏吴而遷都，旋後還郢，證之楚王酓章鐘銘，可信。武王十九年入春秋。楚王負芻五年，滅于秦。楚器傳世及出土者多見。

二·五 九月，入杞，討不敬也。僖二十七年傳云：「春，杞桓公來朝，用夷禮，故曰子。公卑杞，杞不共也。」又云：「秋，入杞，責無禮也。」與此傳事同而文異。

二·六 公及戎盟于唐，修舊好也。隱公於其二年嘗與戎盟，今又盟，卽修舊好。

二·七 冬，公至自唐，告于廟也。此第一次書「至」，故說明其緣由。十六年又第一次書「至自伐鄭」，故申之曰「以飲至之禮也」。

凡公行，告于宗廟；反行，飲至、舍爵、策勳焉，禮也。據左傳及禮記曾子問，諸侯凡朝天子，朝諸侯，或與諸侯盟會，或出師攻伐，行前應親自祭告禰廟，或者並祭告祖廟，又遣祝史祭告其餘宗廟。返，又應親自祭告祖廟，並遣祝史祭告其餘宗廟。祭告後，合羣臣飲酒，謂之飲至。舍，去聲，音赦，置也。爵，古代酒杯，其形似雀，故謂之爵。爵，古雀字。設置酒杯，猶言飲酒。策，此作動詞用，意卽書寫于簡策。勳，勳勞。策勳亦可謂之書勞，襄十三年傳「公至自晉，孟獻子書勞于廟，禮也」可證。

特相會，往來稱地，讓事也。特，獨也。特相會者，魯公與另一國相會也。相會必有主人，單獨二人相會，則莫肯爲主，兩人相讓，故云讓事。讓事之會，無論公往，或者他國來，皆稱舉所會之地。自參以上，則往稱地，來稱會，成事也。參同三，會者三國以上，必有一國擔任主人，成有當、任之義，此與讓事之讓相對成文，說詳章炳麟春秋左傳讀。凡三國以上之盟會，公往，則稱舉所會之地；他國來，則稱會而已。

二·八 初，晉穆侯之夫人姜氏以條之役生大子，命之曰仇。晉世家云：「獻侯十一年卒，子穆侯費生立

（「費生」本作「費王」，今依十二諸侯年表及楓山本、三條本校正）。穆侯四年，取齊女爲夫人。七年，伐條，生太子仇。」據年表，穆侯伐條在周宣王二十三年，於魯，當孝公二年。條爲條戎，竹書紀年云：「王師及晉穆侯伐條戎、奔戎，王師敗逋。」王師敗逃，晉師亦必敗逃，故穆侯不悦，因名其子爲仇。山西省廢安邑縣治，今安邑鎭北三十里有鳴條岡，當卽古條戎之地。以作於用，以條之役，猶言於條之役。命與名古音同聲同義，命之曰仇，卽名之爲仇。**其弟以千畝之戰生，命之曰成師。**千畝之地有二，千畝戰役亦有二。一爲周地，戰役在周宣王之三十九年，國語周語所謂「宣王卽位，不籍千畝。三十九年戰於千畝，王師敗績於姜氏之戎」者是也。一爲晉地，當在今山西省安澤縣北九十里。杜注以千畝在今之介休縣，恐不確。戰役在周宣王之二十六年，晉世家所謂「十年，伐千畝，有功，生少子，名曰成師」者是也。此役前於周宣王之役十三年，且晉戰而勝，與周宣王之戰而敗者不同，故不可不辨。參齊召南注疏考證。

師服曰：師服，晉國大夫。**「異哉，君之名子也！夫名以制義，**名必有義，且必合於義。論語子路篇孔丘之言「故君子名之，必可言也」，卽此意。**義以出禮，**禮由義出，義爲禮之根源。**禮以體政，**體爲「體用」之體，意謂禮爲政治、政法之骨幹。**政以正民，**禮與體，政與正，皆以聲爲訓。定十五年傳「夫禮，死生存亡之體也」，論語顏淵篇「政者，正也」，皆此例。**是以政成而民聽。易則生亂。**易亦違反之義。**嘉耦曰妃，怨耦曰仇，**美好姻緣謂之妃，妃卽配。孽緣謂之仇。**古之命也。**命卽名。**今君命大子曰仇，弟曰成師，始兆亂矣。**命大子卽名大子。兆亂謂爲禍亂之預兆。**兄其替乎！」**替，衰微也。晉世家云：「晉人師服曰：『異哉，君之命子也！大子曰仇，仇者，讎也。少子曰成師，成師大號，成之者也。名，自命也；物，自定也。今適庶名反逆，此後晉其能毋亂乎？』」

司馬遷所引師服之語，與左傳有同有異。其謂「適庶名反逆」，自成一義，並非以此解「易則生亂」之易。傳文「易」字仍當訓違反。文侯仇平定王室，受秬鬯圭瓚之榮，尚書文侯之命是也。文侯卒而晉始亂，其後六十八年，曲沃武公盡併晉地，周僖王使虢公命曲沃伯以一軍爲晉侯。

惠之二十四年，晉始亂，故封桓叔于曲沃。石經凡經、傳「二十」俱作「廿」，「三十」均作「卅」。以下全同，不復注。惠，魯惠公。惠之二十四年，周平王之二十六年，春秋前二十三年。傳中追敍往事，有以魯年紀者，如惠之二十四年、惠之三十年、惠之四十五年、僖之元年、成之十六年、悼之四年；有以他國之年紀之者，如晉文公之季年、齊襄公之二年、記鄭事曰僖之四年、簡之元年。列國文告稱述，有以其本國年紀者，如寡君卽位三年、十四年七月、十五年五月、文公二年六月、四年二月、我二年六月、我四年三月；有以所告之國之年紀者，如在晉先君悼公九年；亦有不以君年而舉其年之大事以紀者，如會於沙隨之歲、會於夷儀之歲、魯叔仲惠伯會郤成子於承匡之歲、湨梁之明年、鑄刑書之歲、齊燕平之月、范宣子爲政聘於諸侯之歲。當時諸侯之紀年，參差不齊，周名爲天下共主，却不聞以周某王某年紀事者。曲沃見隱公五年傳注。**靖侯之孫欒賓傅之。**晉世家云：「文侯仇卒，子昭侯伯立。昭侯元年，封文侯弟成師于曲沃。曲沃邑大於翼。翼，晉君都邑也。成師封曲沃，號爲桓叔，靖侯庶孫欒賓相桓叔。桓叔是時年五十八矣，好德，晉國之衆皆附焉。」是傳所謂傅之者，卽相之也。索隱又引世本云：「欒叔，賓父也。」則賓父是欒叔之字。靖侯，據孔疏述晉世家，靖侯生僖侯，僖侯生獻侯，獻侯生穆侯，穆侯生桓叔，則靖侯乃桓叔之高祖。欒賓爲靖侯庶孫，則爲桓叔之叔祖父。

師服曰：「吾聞國家之立也，本大而末小，是以能固。晉世家、年表皆以師服語爲君子之辭。故天子建國，天子分封諸侯。諸侯立家，諸侯分采邑與卿大夫。卿大夫曰家。卿置側室，側室之義甚多。左傳凡三用側室一詞。杜預注此云：「側室，衆子也，得立此一官。」是以側室爲官名。文十二年傳云：「趙有側室曰穿。」杜注云：「側室，支子。」則又一義也。然亦未嘗不可解爲官名。當時趙盾爲晉國正卿，趙穿爲趙夙庶孫，於趙盾爲從父兄弟（說詳文十二年傳注），則被立爲側室者，不必親子弟，選其宗之庶者而爲之卽可矣。此左氏側室之義也。韓非子八姦篇云，「側室公子，人主之所親愛也；爲人臣者，事公子側室以音聲子女」，是側室又指諸侯之羣子言。韓非子亡徵篇云「君不肖而側室賢，太子輕而庶子伉，官吏弱而人民桀，如此則國躁。國躁者，可亡也」，是側室似又指人主之庶弟言（王先愼謂側室卽君之父兄行）。此又一義也。至禮記檀弓下「有殯，聞遠兄弟之喪，哭於側室。無側室，哭于門內之右」，及內則「妻將生子及月辰，居側室。夫齋，則不入側室之門」等側室，又指房舍言，猶今之耳房。此又一義也。漢書南粤傳載文帝賜趙佗書「朕，高皇帝側室之子」，顏師古注云：「言非正嫡所生。」淮南子修務訓云：「側室爭鼓之。」南史梁宗室傳下云：「安成康王秀、秀母弟始興王憺，文帝哀其早孤，命側室陳氏並母二子。」又韋放傳云：「放與吳郡張率皆有側室懷孕，因指爲婚姻。」則側室又爲姬妾之通稱。左傳無此義。大夫有貳宗，貳宗亦官名，亦以大夫之宗室子弟爲之。士有隸子弟，「士」自以其子弟爲隸役。「士」自是「宗子」（家長），說詳楊寬贄見禮新探。庶人、工、商，各有分親，皆有等衰。衰音摧，等差，恐卽隱五年「等列」之義，等級也。此言庶民以及工商，其中不再分尊卑，而以親疏爲若干等級之分別。是以民服事其上，服事，詳僖公二十一年傳「以服事諸夏」注。而下無覬覦。覬音冀，覦音俞。覬覦，非分之冀望也。今晉，甸侯也；甸，甸服。國語周語上云：「夫先王之制，邦內甸服。」韋注云：「邦內謂天子畿內千里之地。王制曰：『千里之內曰甸。』周襄王謂晉文公曰：『昔我先王之有天下也，規方千里以爲甸服』是也。」顧頡剛曰：「晉何以在甸服？蓋汾、沁之域，王季已伐燕京之戎，西伯已戡黎，厲王亦流彘，宣王又料民太原，足證其爲周之王畿；叔虞封晉，自在甸服中矣。」說見史林雜識。而建國，本既弱矣，其能久乎？」其同豈。

惠之三十年，晉潘父弑昭侯而納桓叔，不克。晉人立孝侯。晉世家云：「昭侯七年，晉大臣潘父弑其君昭侯，而迎曲沃桓叔。桓叔欲入晉，晉人發兵攻桓叔。桓叔敗，還歸曲沃。晉人共立昭侯子平爲君，是爲孝侯。誅潘父。」年表亦云：「魯惠公之三十年，晉昭侯之七年，潘父殺昭侯，納成師，不克。昭侯子立，是爲孝侯。」惠之四十五年，曲沃莊伯伐翼，弑孝侯。翼人立其弟鄂侯。翼爲當時晉國都城，卽故絳，故城在今山西省翼城縣東南，又詳隱五年傳並注。晉世家云：「孝侯八年，曲沃桓叔卒，子鱓代桓叔，是爲曲沃莊伯。孝侯十五年，曲沃莊伯弑其君晉孝侯於翼。晉人攻曲沃莊伯，莊伯復入曲沃。晉人復立孝侯子郄爲君，是爲鄂侯。」年表云：「孝侯九年，曲沃桓叔成師卒，子代立，爲莊伯。孝侯十六年，曲沃莊伯殺孝侯，晉人立孝侯子郤爲鄂侯。」年表所敍與世家差一年，蓋世家以昭侯之弑、孝侯之立爲昭侯七年，年表則以爲孝侯元年；若以魯年紀之，實無所差，皆與左傳合，取年表與世家細核，自可明白。唯史記晉世家、年表及漢書古今人表俱以鄂侯爲孝侯子，傳則以爲孝侯弟，自以傳爲可信。鄂侯生哀侯。曲沃莊伯又曾伐翼，鄂侯奔隨，周桓王立哀侯于翼，已見隱公五年傳，故此不復敍。哀侯侵陘庭之田。陘音刑。陘庭在今翼城縣東南七十五里，舊有熒庭城。陘庭南鄙啓曲沃伐翼。杜注謂爲下年曲沃伐翼張本。啓，引導也。

三年，壬申，公元前七〇九年。周桓王十一年、齊僖二十二年、晉哀九年、曲沃武公七年、衞宣十年、蔡桓六年、鄭莊三十五年、曹桓四十八年、陳桓三十六年、杞武四十二年、宋莊公馮元年、秦寧七年、楚武三十二年。

經

三・一 三年春正月，春秋有時、有月而不書王者共十五條，有時、無月而不書王者共一百餘條，史文有詳略，未必有義例。說詳毛奇齡春秋傳。去年閏十二月初六日辛未冬至，故此年仍建丑。公會齊侯于嬴。嬴故城在今山東省萊蕪縣西北，據一統志，俗名城子縣。

三・二 夏，齊侯、衞侯胥命于蒲。胥命者，諸侯相見，約言而不歃血。莊公二十年傳亦云：「春，胥命于弭。夏，同伐王城。」夫有約言然後能同伐。荀子大略篇云：「不足於行者，說過；不足於信者，誠言。故春秋善胥命，而詩非屢盟，其心一也。」依荀子之意，亦以胥命爲可信之約言，不待盟誓。公羊傳亦云：「胥命者何？相命也。何言乎相命？近正也。此其爲近正奈何？古者不盟，結言而退。」蒲，衞地，在今河南省長垣縣治稍東。

三・三 六月，公會杞侯于郕。公羊作「公會紀侯于盛」。杞、紀易誤，郕、盛可通。杜預無注，則以此「郕」即隱公五年之「郕」。穀梁范寧注云：「郕，魯地」，與杜異。魯地之郕，左傳作「成」，故城當在今山東省寧陽縣東北。

三・四 秋七月壬辰朔，日有食之，既。無傳。既，盡也。日全食也。漢書五行志云「京房易傳以爲桓三年日食，貫中央，上下竟而黃」，亦全食之象。當爲公元前七〇九年七月十七日之日食。朱文鑫、何幼琦謂日食在周八月。

三・五 公子翬如齊逆女。舊禮，除天子外，取妻皆必親迎。但春秋無諸侯迎夫人之文，恐諸侯之親迎，不出國境，出國境則使卿代迎。

三・六 九月，齊侯送姜氏于讙。讙音歡。魯國地名，當在今山東省寧陽縣北而稍西三十餘里。

三・七 公會齊侯于讙。無傳。疑此桓公之親迎也。

三・八 夫人姜氏至自齊。無傳。公已親迎，故稱夫人。

三・九 冬，齊侯使其弟年來聘。年已見隱公七年經與傳。

三・一〇 有年。無傳。五穀皆熟爲有年。春秋經文中唯此書「有年」，宣公十六年書「大有年」，左傳俱無說。

傳

三・一 三年春，曲沃武公伐翼，次于陘庭。莊公三年傳云：「凡師，一宿爲舍，再宿爲信，過信爲次。」則次爲停留三宿以上。韓萬御戎，韓本國名，據竹書紀年，春秋前晉文侯二十一年滅之。僖二十四年傳云：「邘、晉、應、韓，武之穆也。」韓卽此古韓國。漢書魏豹田儋韓王信傳及贊並注俱以古韓國與韓厥共祖，恐未深考。韓萬爲桓叔之子，受韓封以爲大夫，卽戰國韓國之祖，國語晉語八載韓宣子拜叔向之言「其自桓叔以下，嘉吾子之賜」可證。韓，當在今山西省河津縣稍東。御戎，卽駕馭戎車，周禮夏官謂之戎僕。梁弘爲右。僖公三十三年傳晉亦有梁弘，兩者相距八十三年，自非一人。爲右者，爲車右也，周禮夏官謂之戎右，掌戎車之兵革役者是也。戰時，與君同車，在車之右，執戈盾，備制非常，並充兵革使役，如執兵、著甲及其他在車中役使之事。成二年傳及公羊傳，齊頃公代逢丑父爲右，使公下取飲；穀梁成五年傳，晉伯尊遇輦者不避，使車右下而鞭之，皆可證。說詳周禮戎右孫詒讓正義。古代兵車，主將在中，御者在左，車右在右。**逐翼侯于汾隰，**翼侯即晉哀侯。汾隰猶言汾水下濕之地，亦以爲地名。後漢書西羌傳云：「後二年（周宣王三十八年）晉人敗北戎于汾隰。」章懷太子注以「汾隰」爲「二水名」，可商。汾水源出山西省寧武縣西南之管涔山，西南流經静樂縣西，東南流經太原市，折而西南，經介休、靈石、霍、洪洞、臨汾諸縣之西，至新絳東南折而西流，至河津縣西南入黄河。此逐翼侯之地當在今襄汾、曲沃之間，晉世家謂「伐晉於汾旁」，汾旁即汾隰。**驂絓而止，**成二年傳敍鞌之役云「驂絓於木而止」，則此亦謂驂馬爲樹木所絓礙，因不能逃。古者一駕四馬，兩馬在中謂之服，詩鄭風大叔于田「兩服上襄」、「兩服齊首」者是也。左右兩旁各一馬謂之驂，詩大叔于田「兩驂如手」、「兩驂雁行」者是也。驂亦謂之騑，驂在旁，如道路狹側，則易爲樹木所絓礙。絓音卦，穀梁昭公八年傳云：「御轚者不得入。」范寧注云：「轚挂則不得入門。」陸德明釋文云：「轚，古帝反，挂也。」劉兆云：「絓也。挂，礙也。」則左傳之「絓」即穀梁之「轚」，皆爲挂礙之義。絓從圭聲，轚從毄聲，聲紐相同，韻爲平入對轉，于古音本有通假之理。**夜獲之，及欒共叔。**共叔，桓叔之傅欒賓之子，名成，爲哀侯大夫。國語晉語一云：「武公伐翼，殺哀侯，止欒共子曰：『苟無死！吾以子見天子，令子爲上卿，制晉國之政。』」共子辭而死之。晉世家云：「哀侯九年，伐晉于汾旁，虜哀侯。」則哀侯與欒共叔俱死。

三·二 **會于嬴，成昏于齊也。**成昏義見隱公七年傳注。

三·三 夏，齊侯、衞侯胥命于蒲，不盟也。不盟解釋所以書「胥命」之故。餘詳經注。

三·四 公會杞侯于郕，杞求成也。杜注：「二年入杞，故今來求成。」

三·五 秋，公子翬如齊逆女。修先君之好，故曰「公子」。此釋經文「公子」之義。此以前如隱四、十年經僅書「翬」。

三·六 齊侯送姜氏于讙，非禮也。「于讙」二字本無，阮元校勘記云：「釋文云：『本或作送姜氏于讙。』水經注汶水篇引傳文作『齊侯送姜氏于下讙。』」此是釋經「齊侯送姜氏于讙」文，宜有「于讙」二字。楊守敬所藏六朝人手寫左氏傳及日本金澤文庫本俱有此兩字，今據補。史記年表云：「桓公三年，翬迎女，齊侯送女，君子譏之。」即用此傳之義。凡公女，嫁于敵國，姊妹，則上卿送之，以禮於先君；公子，則下卿送之。公子，男女通稱，此謂女公子。戰國策中山策：「公何不請公子傾以爲正妻？」公子傾爲魏文侯之女，則戰國時仍稱諸侯之女爲公子。於大國，雖公子，亦上卿送之。於天子，則諸卿皆行，公不自送。於小國，則上大夫送之。此釋「非禮」之義。士昏禮云：「舅饗送者以一獻之禮，酬以束錦。」鄭玄注云：「送者，女家有司也。」則縱大夫與士嫁女，主人亦不自送，賈公彥疏所謂「尊者無送卑者之法」。諸侯嫁女，更不自送，故以自送爲「非禮」。

三·七 冬，齊仲年來聘，致夫人也。古者，女出嫁，又使大夫隨加聘問，所謂「存謙敬，序殷勤」。在魯而出則曰致女，成公九年經、傳「季孫行父如宋致女」是也；在他國而來則總稱曰聘，故傳以致夫人釋之。

三·八 芮伯萬之母芮姜惡芮伯之多寵人也，故逐之，出居于魏。芮音銳，國名。芮國有二，一爲殷商時之芮，與虞國爲鄰，詩大雅緜所謂「虞、芮質厥成」者是也。一爲周畿內國，姬姓，嘗爲王朝卿士，尚書序云「巢伯來朝，芮伯作旅巢命」，此武王時之芮伯也；顧命有芮伯，成王時也；詩桑柔序云「桑柔，芮伯刺厲王也」，逸周書有芮良夫篇，則厲王時也。此芮伯萬當是其後。據史記秦本紀，秦穆公二十年滅之。但據路史國名紀戊羅苹則云秦滅芮在繆（穆）公二年。未詳孰是。今陝西省舊朝邑縣（今朝邑鎮）南有芮城，離大荔縣治東南五十里，當卽古芮國。古彝器有內公簠、內公鼎、內子仲□鼎等，「內」卽「芮」。魏亦古國名，閔公元年晉獻公滅魏者是也。據方輿紀要，山西省芮城縣東北七里有河北城，一名魏城，故魏國城也。芮城縣西三十里鄭村有芮伯城，當爲芮伯萬被逐所居之地。水經河水注、路史國名紀戊注並引汲冢竹書紀年云：「晉武公七年，芮伯萬之母芮姜逐萬，萬出奔魏。」

四年，癸酉，公元前七〇八年。周桓王十二年、齊僖二十三年、晉小子侯元年、曲沃武公八年、衞宣十一年、蔡桓七年、鄭莊三十六年、曹桓四十九年、陳桓三十七年、杞武四十三年、宋莊二年、秦寧八年、楚武三十三年。

經

四・一　四年春正月，去年十二月十七日丙子冬至，此年仍建丑。公狩于郎。郎已見隱公元年傳注。

四・二　夏，天王使宰渠伯糾來聘。宰爲官名。據昭二十六年傳，渠是周室地名，則渠伯糾蓋以邑爲氏。伯蓋其行次，糾是其名，伯糾以行次冠名，猶論語伯達、伯适之類。桓公在位十八年之中，元年冬十月，九年夏四月，十二年春正月，十三年秋七月、冬十月，十八年秋七月，皆以無事書時及首月；而此年及七年經，秋、冬無事，並闕「秋七月」、「冬十月」六字。

傳

四·一 四年春正月，公狩于郎。書，時，禮也。周禮大司馬：「中冬教大閱，遂以狩田。」周正之春正月，正夏正之仲冬十一月。但此年實是建丑，春正月爲夏正之季冬十二月，亦農閒可以狩獵之時，故曰「時」。

四·二 夏，周宰渠伯糾來聘。父在，故名。宰是糾所任之官，其父另有官，蓋父子同仕王室者，猶晉國欒書專政，而其子黶亦以名通，成公十六年書「欒黶來乞師」是也。此與下年仍叔之子無列於朝者不同。

四·三 秋，秦師侵芮，敗焉，小之也。左傳秦事始見于此。春秋經則至僖公十五年韓原之戰始見。秦爲嬴姓國，周孝王封伯益之後非子爲附庸，邑之秦，今甘肅省天水市故秦城是。顧棟高大事表以爲今清水縣。襄公討西戎有功，平王賜以岐、豐之地，列爲諸侯，徙居汧，即今陝西省隴縣南三里之汧城。文公後卜居汧、渭之閒，即今眉縣東北十五里之故眉城。寧公二年，即魯隱公九年，徙平陽，故城在今眉縣西四十六里。德公元年，即魯莊公十七年，徙居雍，今鳳翔縣治。一九七三年于鳳翔縣南四里發現其宮殿遺址及遺物。獻公十二年徙櫟陽，故城在今陝西省臨潼縣北五十里。孝公徙都咸陽，故城在今陝西省咸陽市東。王國維觀堂集林秦都邑考，其說有是有非，不能盡信。大事表云：「文公四十四年入春秋。春秋後二百六十年，始皇并天下。」史記有秦本紀。傳世古器有秦公𣪘、秦公鐘、秦子戈、秦子矛等。梁書劉之遴傳有秦客成侯尊。

四·四 冬，王師、秦師圍魏，執芮伯以歸。水經河水注、路史國名紀戊注並引竹書紀年云：「（晉武公）八年，周師、虢師圍魏，取芮伯萬而東之。九年，戎人逆芮伯萬于郊。」路史國名紀戊注又云：「桓王十二年秋，秦侵芮。冬，王師、秦師圍魏，取芮伯萬而東之。」餘參去年傳。

五年，甲戌，公元前七〇七年。周桓王十三年、齊僖二十四年、晉小子侯二年、曲沃武公九年、衞宣十二年、蔡桓八年、鄭莊三十七年、曹桓五十年、陳桓三十八年、杞武四十四年、宋莊三年、秦寧九年、楚武三十四年。

經

五·一 五年春正月，去年十二月二十八日壬午冬至，仍建丑。應有閏月，在年終。甲戌、己丑，陳侯鮑卒。甲戌，上年十二月二十一日；己丑，此年正月六日。赴告之日雖不同，但皆以正月起文，故但書正月。

五·二 夏，齊侯、鄭伯如紀。

五·三 天王使仍叔之子來聘。「仍叔」，穀梁作「任叔」。仍叔世爲周大夫。詩大雅雲漢序云「雲漢，仍叔美宣王也」，此周宣王時之仍叔。自此年上距周宣王之卒已七十六年，若當初年，則百二十年矣。周有尹氏、武氏、仍叔、榮叔、家父，曰氏、曰叔、曰父，皆世稱。如晉稱趙孟，世世稱之。此仍叔之子不書名，亦猶隱公三年經書「武氏子」，其人本于朝廷無爵位，父老而以門子代其事。顧頡剛謂仍爲國，卽任國，有有仍國考，見古史辨七册下編，說似可商。

五·四 葬陳桓公。無傳。

五·五 城祝丘。無傳。祝丘故城當在今山東省臨沂縣稍東約三十五里。

五·六 秋，蔡人、衛人、陳人從王伐鄭。詩王風兔爰序云：「桓王失信，諸侯背叛，構怨連禍，王師傷敗。」所謂王師傷敗者，蓋指此役。春秋一代，天子親征，只此一役。

五·七 大雩。雩音于，求雨之祭也。

五·八 螽。無傳。螽音終。公羊例作「蝝」，說文以「蝝」爲「螽」之或體。古者螽、蝗不分，今則螽斯（蜇螽）、草螽屬螽斯科，蝗螽（蚱蜢）、蟿螽、土螽（土蝶）屬飛蝗科。春秋所書之螽，皆飛蝗。成災甚大，故書之。藝文類聚引春秋佐助期云：「螽之爲蟲，赤頭甲身而翼，飛行，陰中陽也。螽之爲言衆，暴衆也。」又引五行傳云：「介蟲有甲能蜚，陽之類，陽氣所生。於春秋爲螽，今謂之蝗。」皆以螽卽飛蝗，與詩之螽斯、草蟲不同。

五·九 冬，州公如曹。州，姜姓國，都淳于，今山東省安丘縣東北之淳于城。傳世古器有𦎫于公戈、𦎫不叔卣，或謂𦎫于、𦎫皆州國。西周康王時有周公𣪕，銘文有云「舍邢侯服，錫臣三品：州人、𠂤人、郭人」，此州人未審卽此州否。若是，則州本封在西周畿內矣。曹，國名，姬姓，武王封其弟叔振鐸於曹，都陶丘，故城當在今山東省定陶縣西南七里。說見雷學淇竹書紀年義證卷二十四。魯哀公八年，爲宋所滅。史記有曹世家。曹本地名或國名，卜辭已見。如殷墟書契前編二、五「在𣍘，貞」，後編上十五「猷伐棘，其𢦏」。𣍘、棘皆曹字，說文作「𣍘」。但不知其地是否在陶丘。

傳

五·一 五年春正月，甲戌、己丑，陳侯鮑卒。再赴也。此解釋何以有甲戌、己丑兩日之故。甲戌與己丑，相距十六日。公羊傳云：「甲戌之日亡，己丑之日死(尸)而得，君子疑焉，故以二日卒之也。」穀梁傳云：「春秋之義，信以傳信，疑以傳疑。陳侯以甲戌之日出，己丑之日得，不知死之日，故舉二日以包也。」推二傳之意，蓋以陳桓公患精神病，甲戌之日一人出走，經十六日而後得其尸，不知其氣絕之日，故春秋作者舉二日以包之。左氏則以爲再赴，較爲可信，故史記從之。於是陳亂，文公子佗殺大子免而代之。公疾病而亂作，國人分散，故再赴。此說明再赴之故。於是，於此時也。佗，傳稱文公之子，則桓公之弟也。餘詳下年「蔡人殺陳佗」經注。免音問。疾病，病危。

五·二 夏，齊侯、鄭伯朝于紀，欲以襲之。紀人知之。齊、鄭大國，齊僖、鄭莊且當時雄主。紀，小國耳，竟連袂來朝，其別有用心可以知之。

五·三 王奪鄭伯政，孔疏云：「隱三年傳稱『王貳于虢』，謂欲分政于虢，不復專任鄭伯也。及平王崩，周人將畀虢公政，卽周、鄭交惡，未得與之。八年傳曰『虢公忌父始作卿士于周』，於是始與之政，共鄭伯分王政矣。九年傳曰『鄭伯爲王左卿士』，則虢公爲右卿士，與鄭伯夾輔王也。此言王奪鄭伯政，全奪與虢，不使鄭伯復知王政。」鄭伯不朝。秋，王以諸侯伐鄭，鄭伯禦之。

王爲中軍；虢公林父將右軍，虢公林父，王卿士。蔡人、衛人屬焉；周公黑肩將左軍，黑肩，周桓公也，此時代鄭伯爲卿士。陳人屬焉。

鄭子元請爲左拒，子元，公子突之字。拒，方形陣勢。六朝手寫本作「矩」，下同。以當蔡人、衛人；爲右拒，以當陳人，曰：「陳亂，是時陳桓公死，國內争殺。民莫有鬭心。若先犯之，必奔。王卒顧之，必亂。顧，今言照料、照顧，王軍一面照顧陳之潰兵，同時復與鄭戰，故必亂其陣容。蔡、衛不枝，枝亦可作支，戰國策西周策云：「魏不能支。」高誘注云：「支，猶拒也。」實則卽今之支持、支撐。固將先奔。既而萃於王卒，可以集事。」萃，聚也。集，成也。蔡、衛、陳軍皆逃散，可以集中兵力于周王之軍，故能成事。從之。曼伯爲右拒，曼伯，公子忽之字。祭仲足爲左拒，原繁、高渠彌以中軍奉公，子元、曼伯、祭仲足、原繁俱已見隱五年傳。史記秦本紀云：「鄭高渠眯殺其君昭公。」高渠彌作高渠眯，彌眯通。爲魚麗之陳。陳卽陣字。後漢書蓋勳傳云：「勳收餘衆百餘人，爲魚麗之陳。」似此陣法後漢仍有之。先偏後伍，杜注云：「司馬法，車戰二十五乘爲偏，以車居前，以伍次之，承偏之隙而彌縫闕漏也。五人爲伍。此蓋魚麗陳法。」江永引周禮夏官司右云：「凡軍旅會同，合其車之卒伍而比其乘。」注云：「車亦有卒伍。」又引司馬法云：「二十五乘爲偏，百二十五乘爲伍。」謂此蓋以二十五乘居前，以百二十五乘承其後而彌縫之，若魚之相麗而進。杜注謂五人爲伍，恐誤。說詳羣經補義。然司馬法既非春秋戰法，杜注固難從。卽如江說，以百二十五乘而彌二十五乘之縫，於理亦未必合。後代頗多異說，莫衷一是。文獻不足徵，考古又難爲證，姑闕疑可也。伍承彌縫。伍之作用在于承偏之隙而彌縫闕漏。

戰于繻葛。繻音須。繻葛卽隱公五年之長葛。命二拒曰：「旝動而鼓！」旝音檜，大將所用軍旗，執以爲號令者也，通用一絳帛，無畫飾。賈逵以旝爲發石，一曰飛石，段玉裁說文注云：「飛石起于范蠡兵法，在左傳云『親受矢石』，恐尚非飛石。」段說是也，故不取此義。蔡、衞、陳皆奔，王卒亂，鄭師合以攻之，王卒大敗。祝聃射王中肩，王亦能軍。王雖受肩傷，尚能指揮全軍。王引之述聞謂「亦」爲「不」字之誤，無據。祝聃請從之。從之，謂追逐之也。公曰：「君子不欲多上人，況敢陵天子乎？上亦駕陵之義。苟自救也，社稷無隕，多矣。」多矣，當時習語。成十六年傳亦云「我若羣臣輯睦以事君多矣」。此句猶云國家免于危亡，則足矣。

夜，鄭伯使祭足勞王，且問左右。勞，去聲，慰問也。

五・四　仍叔之子來聘，弱也。原脫「來聘」二字，劉文淇舊注疏證據杜預注說補，是也。此釋經書「仍叔之子」，謂其人年少。經書「天王使仍叔之子來聘」在夏季，而傳釋之於末秋者，或者仍叔之子來聘，桓王欲魯出師以從王伐鄭。魯實未出師，故傳釋之於繻葛之役後以見意乎！

五・五　秋，上文云「秋，王以諸侯伐鄭」，此又云「秋」，兩書「秋」字，唯本年傳有之。大雩。書，不時也。雩有二，一爲龍見而雩，當夏正四月，預爲百穀祈雨，此常雩。常雩不書。一爲旱暵之雩，此不時之雩。春秋書雩者二十一，左傳於此年云，「書，不時也」；于襄五年、八年、二十八年、昭三年、六年、十六年、二十四年，皆曰「旱也」；昭二十五年再雩，則曰「旱甚」；餘年無傳。首言不時而後皆言旱，互文見義，皆以旱而皆不時也。說本汪克寬纂疏。凡祀，啓蟄而郊，啓蟄猶今言驚蟄，宋王應麟所謂「改啓爲驚，蓋避景帝諱」。淮南子天文訓改驚蟄在雨水後，爲夏正二月節氣。古之驚蟄在雨水前，爲夏正正月之中氣。郊禮，古今異説紛繁。今以春秋、左傳解左傳。郊爲夏正正月祈穀之禮，襄公七年傳「夫郊祀后稷以祈農事」可證。然春秋書郊者九，宣三年、成七年、定十五年、哀元年之改卜牛俱在周正正月，卽夏正十一月，蓋正月卜牛，四月五月用之，禮記郊特牲所謂「帝牛必在滌三月」者也。僖三十一年、成十年、襄十一年之卜郊則在周正四月，卽夏正二月；定十五年之郊在夏正三月，哀元年之郊在夏正二月，其甚者成十七年書九月辛丑用郊，總之，卜郊及郊皆已過啟蟄之節，誠如襄七年孟獻子所云「故啟蟄而郊，郊而后耕，今既耕而卜郊」，是下文所云「過則書也」。**龍見而雩**，龍，蒼龍，東方角、亢、氐、房、心、尾、箕七宿之總稱，其中有室女座、天秤座、天蝎座、人馬座之星。見同現。龍見，非謂七宿盡出現，角、亢兩宿（角宿有室女座之二星，亢宿有室女座之四星）于黄昏出現東方，卽可謂之「龍見」，是時當夏正四月，孟夏建巳之月。金鶚求古録禮説必謂蒼龍七宿盡見始謂「龍見」，因謂雩在午月，恐非。雩，祈雨之祭。**始殺而嘗**，始殺，謂秋氣至，開始肅殺。於時當孟秋建申之月，今之夏正七月。杜注以爲建酉之月，誤，王引之述聞已駁之。嘗，祭名，禮記月令所謂「孟秋之月，農乃登穀，天子嘗新，先薦寢廟」者也。嘗祭在七月行之者不書。春秋書嘗祭者，唯桓公十四年之「秋八月壬申，御廩災，己亥，嘗」一次。此年建丑，但當時誤以爲建子之周正秋八月，乃夏正六月（實是夏正之七月），是不及七月而嘗祭，書其例外。**閉蟄而烝**。閉蟄謂昆蟲蟄伏，於時當建亥之月，夏正之孟冬十月。烝，冬祭名，杜注所謂「萬物皆成，可薦者衆，故烝祭宗廟」。烝祭宜在冬十月行之，昭元年傳云：「十二月，晉既烝。」周正十二月乃夏正十月，足證晉亦孟冬烝祭。春秋書烝者，唯桓公八年正月己卯烝，夏五月丁丑又烝，兩烝左氏皆無傳，春秋書之者，以爲非禮。若孟冬之烝，乃常祀，則不書。**過則書**。過，謂非常祭。

五·六 冬，淳于公如曹。淳于公卽州公，國名州，都淳于，淳于在今山東省安丘縣東北三十里，以都名代國名，古本有此例。戰國時，魏惠成王徙都大梁，古本竹書紀年稱之爲梁惠成王，孟子亦稱之梁惠王。韓遷於鄭，其國亦曰鄭，是其著例。度其國危，遂不復。國有危難，度無以自救，故出朝而不返國。

六年，乙亥，公元前七〇六年。周桓王十四年、齊僖二十五年、晉小子侯三年、曲沃武公十年、衛宣十三年、蔡桓九年、鄭莊三十八年、曹桓五十一年、陳厲公躍元年、杞武四十五年、宋莊四年、秦寧十年、楚武三十五年。

經

六·一 六年春正月，去年閏十二月初九丁亥冬至，建丑。寔來。古本經自經，傳自傳。此句本緊接上年經，全文爲「冬，州公如曹。六年春正月，寔來」。自分經之年（分經之年不知起於何時，觀公、穀兩傳，經年早已分裂）而後，一事而分隸兩年，「六年春正月寔來」則缺主詞。寔來者，寔亦作實，卽虛實、確實之實。覲禮云「伯父實來」，成二年傳云「而鞏伯實來」，十八年傳云「知伯實來」，昭三年傳云「今子皮實來」，皆此類。昭三十年傳云「我先大夫印段實往」，亦此類。傳以「不復其國」解「寔」，乃解其書法，非解其訓詁。家鉉翁春秋詳說云：「『寔來』二字乃當時之常言，似不必過求。」

六·二 夏四月，公會紀侯于成。「成」，穀梁傳作「郕」，成、郕字通。古成邑在今山東省寧陽縣北。後爲孟氏采邑。定十二年仲由爲季氏宰，將墮成，公斂父謂孟孫，墮成，齊人必至於北門云云；哀十五年成叛入齊，既而齊歸成，是成爲魯北境近齊之邑。

六・三 秋八月壬午，壬午，八日。大閱。大閱，檢閱兵車及駕車之馬也。

六・四 蔡人殺陳佗。本年無此事之傳文，而莊公二十二年傳云「陳厲公，蔡出也，故蔡人殺五父而立之」，則雖是年無傳，而實未嘗無傳。五父卽佗，爲一人。史記陳世家以五父與佗爲二人，於厲公之外又横添一利公，誤。

六・五 九月丁卯，丁卯，二十四日。子同生。子同卽莊公。魯十二公，惟子同是嫡夫人之長子，備用太子之禮舉之，故書。稱「子同」者，魯國於公子，無論嫡庶，縱爲儲子，亦皆稱子，莊三十二年經書「子般卒」，襄三十一年經書「子野卒」，可證。尚書顧命云「乙丑，王崩，逆子釗于南門之外」，則雖王世子亦稱子。

六・六 冬，紀侯來朝。

傳

六・一 六年春，自曹來朝。書曰「寔來」，不復其國也。此承上年傳文連爲一章。餘詳經注。

六・二 楚武王侵隨，隨，國名，姬姓，然據姓纂四支「隨」下引風俗通、路史後記謂隨爲神農之後，姜姓；路史後記又謂隨爲堯後。或傳說不同，或另一隨國。不知始封爲誰，故城在今湖北省隨縣南。終春秋之世猶存。哀十年傳以爲羣蠻之一。使薳章求成焉，薳音委，亦可作「蔿」。潛夫論志氏姓云：「蚡冒生蔿章者，王子無鈎也。」通志氏族略云：「蔿章食邑於薳，故以命氏。」軍於瑕以待之。瑕，隨國地名。成十六年傳「楚師還及瑕」，亦當是此地。隨人使少師董成。少師疑是官名，其人之姓名不可知。董猶今言主持，近代「董事」之「董」，正取此義。董成，主持和談。

鬭伯比言于楚子曰：鬭氏，羋姓，若敖之後。若敖生四子，曰廉，曰緡，曰祁，曰伯比。伯比，令尹子文之父。「吾不得志於漢東也，得志謂得逞其志，此則實指擴張國土。漢，即今漢水。漢東多姬姓小國，僖二十八年傳「漢陽諸姬」，定四年傳「周之子孫在漢川者」皆是。我則使然。我張吾三軍，而被吾甲兵，張三軍與尚書康王之誥「張皇六師」意同。張皇，擴大也。被吾甲兵即戰國策楚策一「吾被堅執鋭」，謂吾三軍「被堅執鋭」。以武臨之，彼則懼而協以謀我，「以」阮刻本作「來」，今從校勘記及金澤文庫本訂正。故難閒也。閒去聲，音諫，今言離間。下文言「小國離，楚之利也」，足見離間同意。漢東之國，隨爲大。隨張，張，去聲，自高自大。必棄小國。棄有輕視之義，荀子修身篇云「怠慢僄棄」，不苟篇云「通則驕而偏，窮則棄而儑」，孟子離婁上「自棄者不可與有爲也」，諸「棄」字皆此義。不可解爲捨棄，蓋好大喜功者皆欲小國附己，必不捨棄之。説詳章炳麟春秋左傳讀。小國離，小國離隨。楚之利也。少師侈，請羸師以張之。」羸音雷，弱也。羸師者，藏其精鋭不使見，而以疲弱士卒代之，示之以弱，下文所謂「毁軍」即是。張亦可讀去聲，張之者，使少師自驕大。熊率且比曰：熊率且比，楚大夫。「季梁在，何益？」季梁，隨國賢者。鬭伯比曰：「以爲後圖，少師得其君。」少師得其君，句省表將來時之副詞，謂少師將得其君。古人多此句法，尚書盤庚上「盤庚遷于殷」，盤庚將遷殷也；麦鼎銘「王在成周，王徙于楚⿱艹禁」，王將遷於楚⿱艹禁也，故下文言「王至于徙居」。此言今所以羸師者，不求今日之效，爲日後少師得其君時之計。八年傳云「隨少師有寵」云云，正應此語。王毁軍而納少師。納者，迎之至于軍中也。

少師歸，請追楚師。隨侯將許之。季梁止之，曰：「天方授楚，楚之羸，其誘我也。其，將也。君何急焉？臣聞小之能敵大也，小道大淫。所謂道，忠於民而信於神也。信，誠也。上思利民，忠也；祝史正辭，信也。祝史，主持祭祀祈禱之官，哀二十五年傳有祝史揮。正辭，不虛稱君美。今民餒而君逞欲，逞欲謂力圖滿足其欲望以快己意。人民饑餓而君主惟快意於私慾，自是不忠於民。祝史矯舉以祭，矯舉，詐稱功德，自是不誠於神。臣不知其可也。」公曰：「吾牲牷肥腯，牷音全。說文：「牲，牛完全。」「牷，牛純色。」蓋古人祭祀，其重者必用肢體完具、毛色純一之牛，故牲牷可引申爲凡祭祀用牲之同義雙音詞，猶言犧牲。禮記表記亦云「牲牷禮樂齊盛」。腯音突，又音鈍，肥也。肥腯亦爲同義雙音詞。粢盛豐備，粢亦可作秶、齋，音咨，祭祀所用之黍稷等穀物。盛音成，祭物之在祭器中者也。粢盛亦同義雙音詞，借用爲祭祀所用穀物之通稱。何則不信？」對曰：「夫民，神之主也，杜注：「言鬼神之情，依民而行。」是以聖王先成民而後致力於神。故奉牲以告曰『博碩肥腯』，謂民力之普存也，此釋博字。謂其畜之碩大蕃滋也，畜古讀蓄，今音觸，牲畜也。此釋碩字。謂其不疾瘯蠡也，瘯音簇，借爲瘦。蠡借爲羸。不疾瘯蠡，猶言不病瘦弱，正釋肥字，說詳楊樹達先生讀左傳。謂其備腯咸有也；此釋腯字。奉盛以告曰『絜粢豐盛』，絜同潔。此言爲穀則潔清，在器則豐滿。謂其三時不害而民和年豐也。三時，春、夏、秋，此皆務農之時，三時不害，猶孟子之「不違農時」。奉酒醴以告曰『嘉栗旨酒』，嘉，善也。栗借爲洌，清也，潔也。說詳俞樾茶香室經說。旨，美也。嘉栗旨酒，猶言既好又清而美之酒。章炳麟謂嘉栗旨酒與上文絜粢豐盛文法同。嘉栗，嘉量也。言酒而及飲器之嘉，則酒之如量可知。說評春秋左傳讀。亦可通。謂其上下皆有嘉德而無違心也。所謂馨香，無讒慝也。馨香，言祭品之芳香遠聞也。僖五年傳云：「黍稷非馨，明德惟馨。」又云：「若晉取虞，而明德以薦馨香。」國語周語上云：「國之將興，其君齊明衷正，清潔惠和，其德足以昭其馨香。」以此等言觀之，足見馨香既指祭品言，古人亦以爲祭品之馨香尤在祭者之德行有以副之。古人常以「讒慝」連文，左傳凡八見，爾雅釋訓有「崇讒慝」之語。又文十八年傳「服讒崇慝」，亦足爲同義或義近之證。故務其三時，務謂專力以赴。務其三時謂專力以赴農事。修其五教，文十八年傳云：「使布五教于四方，父義，母慈，兄友，弟共，子孝。」親其九族，九族之義，異説紛紜，尚書堯典「克明俊德，以親九族」，自是指自高祖至玄孫。而此上文有「修其五教」之文，五教有「母慈」，自不能排除母族。杜注：「九族謂外祖父、外祖母、從母子及妻父、妻母、姑之子、姊妹之子，女子之子並己之同族，皆外親有服而異族者也。」以致其禋祀，禋音因，潔祀也。禋祀爲同義雙音詞。於是乎民和而神降之福，故動則有成。有成卽有功，古代成與功同義。説見楊樹達先生積微居金文説[illegible]黔鎛跋。今民各有心，而鬼神乏主；民各有心，民不和也。前云「民，神之主也」，民不和，則鬼神乏主。君雖獨豐，豐，包括牲牷肥腯與粢盛豐備。其何福之有？其有何福之倒裝語。其爲語氣副詞，無義。君姑修政，而親兄弟之國，兄弟之國指漢陽諸姬姓之國，此教其團結以對楚，正與鬭伯比「協以謀我故難閒」之言相映。庶免於難。」庶，庶幾，表希冀之副詞。隨侯懼而修政，楚不敢伐。

六·三　夏，會于成，紀來諮謀齊難也。諮謀同義雙音詞，卽詩小雅皇皇者華「周爰咨謀」之「咨謀」。齊欲滅紀，據隱二年「伯姬歸於紀」經文，紀爲魯甥，且魯新與齊成婚，故紀來共商。

北戎伐齊，據史記匈奴傳，北戎卽莊三十年之山戎，詳莊三十年經、傳並注。齊使乞師于鄭。鄭大子忽帥師救齊。六月，大敗戎師，獲其二帥大良、少良，大良、少良或云人名，猶論語微子之有少連；或云官名，猶史記商君列傳秦之有大良造。章炳麟以爲大良、少良，大君、少君也，皆其酋豪之稱，猶左賢王、右賢王。說詳春秋左傳讀。以文義論之，上文既稱「二帥」，則「大良」、「少良」以人名爲確。甲首三百，甲首，被甲者之首。哀十一年傳云「師獲甲首八十」，又云「甲首三千」，皆同此義。以獻於齊。

於是諸侯之大夫戍齊，齊人饋之餼，餼本作氣，亦作既，禮記中庸「既廩稱事」是也。凡饋人以食物，其熟者曰饔，其生者曰餼。餼有牛、羊、豕、黍、粱、稷、禾等。亦可作動詞用，饋人以生食也。禮記聘義有「餼客於舍，五牢之具陳於內，米三十車，禾三十車，芻薪倍禾，皆陳於外。乘禽日五雙，羣介皆有餼牢」云云，可見其周到。使魯爲其班。班，次也。謂使魯定其先後之次序。使魯爲班，則魯亦遣大夫戍齊可知，經未書。後鄭。鄭忽以其有功也，怒，故有郎之師。郎之師在十年。

公之未昏於齊也，齊侯欲以文姜妻鄭大子忽。大子忽辭。人問其故。大子曰：「人各有耦，耦同偶，匹也，配也。齊大，非吾耦也。詩云：『自求多福。』詩在大雅文王篇。在我而已，大國何爲？」君子曰：「善自爲謀。」此蓋美鄭忽辭文姜之詞。文姜淫亂，卒使魯桓被殺。章炳麟春秋左傳讀謂善讀爲嫸，說文，嫸，好枝格人語也，一曰靳也。則此乃譏鄭忽辭婚失援，卒致失國之言，不確。及其敗戎師也，齊侯又請妻之。此時文姜歸魯已四年，蓋以他女妻之。隱八年傳云「鄭公子忽如陳逆婦嬀」，則忽早已娶正妻矣。固辭。

僞古文尚書大禹謨「禹拜稽首固辭」，僞孔傳「再辭曰固」，可備一說。人問其故。大子曰：「無事於齊，吾猶不敢。今以君命奔齊之急，而受室以歸，是以師昏也。民其謂我何？」意謂勞民出師，而已成婚以歸，民將謂己所以勞民者，爲娶妻於齊耳。遂辭諸鄭伯。告之於鄭伯而辭之。此爲十一年鄭忽出奔衞張本。鄭忽辭齊婚者兩次。齊世家及鄭世家皆以忽第一次辭婚之言加於敗戎師第二次辭婚之時，不可從。說本劉文淇舊注疏證。說苑權謀篇同左傳。

六·五　秋，大閱，簡車馬也。

六·六　九月丁卯，子同生。以大子生之禮舉之：接以大牢，古代祭祀，牛、羊、豕三牲皆用曰大牢。大同太。其用一牲者曰特，其用羊與豕者曰少牢。接者，謂其父接見其子。禮記內則云：「國君世子生，告于君，接以大牢，宰掌具。」然子爲嬰兒，不可食大牢，故以享其母，鄭玄注：「謂食其母使補虛强氣。」至解接爲接待其母，恐非經義。禮記內則又云：「接子擇日。」鄭注云：「雖三日之內，尊卑必皆選其吉焉。」則接子多在初生三日之中。內則又云：「接子，庶人特豚，士特豕，大夫少牢，國君世子大牢，其非冢子則皆降一等。」卜士負之，占卜士人之吉者使抱負此子。漢書賈誼傳所謂「古之王者，太子乃生，因舉以禮，使士負之」。內則亦云：「三日，卜士負之。吉者宿齊（同齋），朝服寢門外，詩（持也，承也）負之。射人以桑弧蓬矢六射天地四方，保（保母）受乃負之。宰醴（禮）負子，賜之束帛。」士妻食之，內則又云：「卜士之妻、大夫之妾使食子。」蓋其母不自乳其子，卜士之妻或大夫之妾之有乳汁者，其吉者使之乳太子。公與文姜、宗婦命之。宗婦，蓋同宗之婦也。命之，爲太子取名。內則云：「世子生，則君沐浴朝服，夫人亦如之。

皆立于阼階，西鄉。世婦抱子升自西階。君名之，乃降。」鄭注云：「子升自西階，則人君見世子於路寢也。」儀禮喪服傳云：「故子生三月，則父名之。」內則亦云：「三月之末，擇日，父執子之右手，咳而名之。」則名子之禮在子生三月之後。禮記曾子問君薨而世子生，「三日，子升自西階，殯前北面，祝立于殯東南隅，祝聲三，曰：『某之子某從執事敢見。』」夫云子某，則三日已有名矣。蓋此是變禮，欲死君之靈不及葬而見子，故三日卽名之。若君已葬而世子生，仍三月後名於其父之廟。

公問名於申繻。繻音須。申繻，魯大夫。此問必在命名禮舉行前。對曰：「名有五，有信，有義，有象，有假，有類。以名生爲信，依論衡詰術篇及杜注之意，謂若唐叔虞之初生，其手掌有字形似「虞」，故名之曰虞；魯季友之初生，其手掌亦有字形似「友」，故名之曰友。沈欽韓左傳補注謂名生之子，所包甚廣，唐叔虞、公子友之事，其偶然者。殷家質直，以生日名子，或聽其聲，以律定其名，此所謂名生爲信也。以德命爲義，論衡詰術篇云：「以德名爲義，若文王爲昌，武王爲發也。」以祥瑞之字爲名者屬此類。以類命爲象，論衡詰術篇云：「以類名爲象，若孔子名丘也。」杜注：「若孔子首像尼丘。」孔子世家云：「禱於尼丘，得孔子。生而首上圩頂，故因名曰丘云。」取於物爲假，假借萬物之名以名子，如宋昭公名杵臼，孔丘名其子爲鯉。論衡詰術篇云：「取於物爲假，若宋公名杵臼也。」取於父爲類。論衡詰術篇云：「取於父爲類，有以類於父也。」莊公之生與桓公同日，故名曰同。不以國，不以國者，不以本國之名名子也，至於以他國國名名子者，春秋之時則數見不鮮矣，衛宣公名晉，成公名鄭，魯定公名宋，陳惠公名吳，晉悼公名周皆是。凡此諸國，當時皆在，晉悼公之名且與王室同，當時不以爲怪。不以官，不以本國官名名子，如司徒、司空之類。不以山川，不以本國山川之名名子，若魯獻公名具，武公名敖。不以隱疾，莊子外物篇釋文引李頤云：

「隱，病患也。」此隱字當即此義。隱疾爲同義詞連用，猶言疾病。舊解隱疾爲衣中之疾（初見於禮記曲禮鄭玄注），周壽昌思益堂日札卷一且謂隱疾當如秦公孫痤（癤也，癰也）、漢鄺疥（史記陸賈傳）、温疥（漢書功臣表）之類云云，恐不確。疾病，人所不免，口難以避諱，故不以爲名。**不以畜牲，**畜牲，馬、牛、羊、豕、狗、鷄也。養之則爲畜，用之以祭祀則爲牲。此亦同義詞連用，與上文隱疾相對。**不以器幣。**器指禮器，如俎、豆、罍、彝、鐘、磬之屬，下文云「以器幣則廢禮」可證。古者以禮物饋贈人曰「幣」。周禮小行人有六幣，圭、璋、璧、琮、琥、璜、馬、皮、帛、錦、繡、黼等是。禮記曲禮上云：「名子者，不以國，不以日月（如蔡莊公名甲午，魯僖公名申），不以隱疾，不以山川。」內則云：「凡名子不以日月，不以國，不以隱疾。」有「不以日月」，而無「不以畜牲，不以器幣」兩則。**周人以諱事神，**周人以諱事神，明殷商無避諱之禮俗。以諱事神者，生時不諱，死然後諱之，檀弓下所謂「卒哭而諱」。故衞襄公名惡，而其臣有石惡，君臣同名，不以爲嫌。周人雖避諱，遠不如漢以後禁忌日甚，嫌名、二名皆避，生時亦避。**名，終將諱之。**此解以諱事神之義，句讀從張聰咸杜注辨證。人死曰終，終則諱之，生則不諱。所諱世數，天子諸侯諱其父、祖、曾祖、高祖之名；高祖以上，五世親盡，其廟當遷，則不諱矣。檀弓下云「既卒哭，宰夫執木鐸以命于宮曰『舍故而諱新』」，即是此意。曲禮云：「逮事父母，則諱王父母；不逮事父母，則不諱王父母。」鄭玄云「此謂庶人，適士以上」，則自卿大夫以下皆諱一代。父在而諱祖者，以祖之名乃父所諱，故亦諱祖之名。**故以國則廢名，**如以國名爲名，國名不可廢，唯廢改其人之名耳。**以官則廢職，以山川則廢主，**以官名爲人名，則改其官名；以山川名爲人名，則改其山川之名，此言廢職、廢主，極言其不可。**以畜牲則廢祀，**以牛、羊、豕等爲人名，則不可以用之爲犧牲，是廢祭也。**以器幣則廢禮。**器幣皆爲行禮儀之物，以之爲人名，由于避諱而不用其物，是廢禮儀。晉以僖侯廢司徒，晉僖侯名司徒，廢之改爲中軍。宋以武公廢司空，宋武公名司空，宋廢之改爲司城。先君獻、武廢二山，二山，具山、敖山也。具山在今山東省蒙陰縣東北十五里，敖山在今蒙陰縣西北三十五里。魯獻公名具，武公名敖，由避諱故，廢具、敖兩山之名，改以其鄉名爲山名。國語晉語九云：「范獻子聘於魯，問具山、敖山，魯人以其鄉對。獻子曰：『不爲具、敖乎？』對曰：『先君獻、武之諱也。』」范獻子聘魯在昭公世，距獻公、武公，時代已遠，早已親盡遷廟矣，而猶諱具、敖者，山川之名既改，不便復舊，故魯人仍以其鄉對。魯有公孫敖（僖十五年經），則非山名不諱矣。是以大物不可以命。」大物包括上所言國、官、山、川、隱疾、畜牲、器幣。賈子胎教篇云：「然後卜王大子名，上毋取於天，下毋取於地，中毋取於名山通谷，毋悖於鄉俗，是故君子名難知而易諱也。」所言雖異，其意則同。命同名。公曰：「是其生也，是，此人，指子同。與吾同物。據昭七年傳，歲、時、日、月、星、辰爲六物。史記魯世家云：「夫人生子，與桓公同日，故名曰同。」改物作日，其義更明。命之曰同。」

六·七　冬，紀侯來朝，請王命以求成于齊。公告不能。夏四月，紀侯來魯商謀齊難，冬又來朝，請魯轉求王命以與齊和。桓公告以不能，紀於是謀納王后以自固，而終不免爲齊所滅。

七年，丙子，公元前七〇五年。周桓王十五年、齊僖二十六年、晉小子侯四年、曲沃武公十一年、衞宣十四年、蔡桓十年、鄭莊三十九年、曹桓五十二年、陳厲二年、杞武四十六年、宋莊五年、秦寧十一年、楚武三十六年。

經

七‧一　七年春二月己亥，冬至在去年十二月二十日壬辰，建丑，有閏。己亥，二十八日。焚咸丘。無傳。咸丘，魯地，在今山東省巨野縣東南。焚之者，以火焚地，驅使野獸外逃，然後羅網圍取之。禮記王制云：「昆蟲未蟄，不以火田。」此實周正之三月，夏正之二月，或者天仍寒涼，可用火燒法田獵。公羊、穀梁解咸丘爲邾地，焚咸丘爲焚邑，乃火攻之法，恐非。

七‧二　夏，穀伯綏來朝。鄧侯吾離來朝。穀，國名。郭沫若殷契粹編有卜辭云「王氏𣪊」，唐蘭、于省吾俱以爲「穀」字，詳于省吾雙劍誃殷契駢枝三編，似穀國殷商已有之。孔穎達云「不知何姓」，通志氏族略以爲嬴姓。故城在今湖北省穀城縣西北。鄧，曼姓國，莊公十六年楚文王滅之。故城在今河南省鄧縣，或謂在襄樊市北鄧城。古彝器今可知者有鄧公𣪘、鄧伯姬簋、鄧公子𣪘等。「鄧」字作「𤼷」、或「𦍒」等形。杜注：「不總稱朝者，各自行朝禮也。」此與隱十一年經書「滕侯、薛侯來朝」不同。滕、薛同時朝，故爭長；此則分別朝，故分書。是年無秋、冬兩時與月，說詳四年經注。

傳

七‧一　七年春，穀伯、鄧侯來朝。經書「夏」而傳書「春」，杜注以爲「以春來，夏乃行朝禮」。趙翼陔餘叢考謂二國不用周正。經、傳書時，或有乖異，經用周正，傳用夏正，此亦宜然。此年實建丑，疑是夏正三月時事，於丑正爲四月，故經書「夏」。名，賤之也。經舉穀伯與鄧侯之名，此解釋其故。公羊、穀梁以爲兩國皆失地之君，故書其名，恐不可信。鄧之被滅在莊公十六年，魯史無由預知而書其名；穀之被滅，經、傳皆無文，亦不知由誰滅之。謂魯史修史而用此書法，則州公如曹而來朝，不復其國；紀侯來朝，終滅於齊，而皆不書名，何獨於穀伯、鄧侯則不然？是知公、穀爲臆說。

七·二 夏，盟、向求成于鄭，既而背之。據隱十一年傳，周桓王嘗以盟、向等十二邑易鄭田；君子謂桓王不能自有，而以與鄭，是鄭雖于名義上受盟、向諸邑，而實未必能有之，鄭與盟、向之主必有用兵之事。此盟、向之所以求和於鄭。

七·三 秋，鄭人、齊人、衛人伐盟、向。王遷盟、向之民于郟。盟、向叛鄭，則必親周。鄭以四國之軍伐盟、向，桓王不能抗而救之，則唯有遷其民，而以其地與鄭耳。郟音夾，以郟山得名（郟山即北邙山），即郟鄏，又曰王城，今河南省洛陽市。

七·四 冬，曲沃伯誘晉小子侯殺之。史記十二諸侯年表繫此事於桓公六年，云：「曲沃武公殺小子。周伐曲沃，立晉哀侯弟湣爲晉侯。」晉世家云：「曲沃益彊，晉無如之何。晉小子之四年，曲沃武公誘召晉小子殺之。」若小子侯四年，則仍是桓七年。

八年，丁丑，公元前七〇四年。周桓王十六年、齊僖二十七年、晉侯緡元年、曲沃武公十二年、衛宣十五年、蔡桓十一年、鄭莊四十年、曹桓五十三年、陳厲三年、杞武四十七年、宋莊六年、秦寧十二年、楚武三十七年。

經

八·一 八年春正月己卯，己卯，十四日。烝。無傳。 桓五年傳云：「閉蟄而烝，過則書。」閉蟄當夏正之十月，去年閏十二月初一丁酉冬至，今年實建丑。此春正月當夏正之十二月，所謂「過則書」。穀梁傳云：「烝，冬事也；春興之，志不時也。」亦是此意。杜注云「爲下五月復烝見瀆也」，或亦有此意。孔疏引衞氏之說，所謂一責過時，二責見瀆。

八·二 天王使家父來聘。無傳。 家父，天子大夫。詩小雅節南山之末章云：「家父作誦，以究王訩。」節南山爲刺幽王之詩，兩家父相距近百年，必非一人。孔穎達毛詩節南山正義以春秋之時，趙氏世稱「孟」，智氏世稱「伯」，仍氏亦或世字「叔」，則家父以父爲字，或累世同之。杜注以家爲氏，何休公羊注以家係以采邑爲氏。詩小雅十月之交「家伯維宰」，鄭玄注謂「家伯」是字。

八·三 夏五月丁丑，丁丑，十三日。烝。無傳。

八·四 秋，伐邾。無傳。 「邾」，公羊例作「邾婁」。

八·五 冬十月，雨雪。無傳。 此年建丑之十月，夏正之九月，不應有雪而雨雪，故書。

八·六 祭公來，遂逆王后于紀。 隱元年有祭伯，疑卽此人。此稱祭公，或此時爲天子三公。此是爲周桓王迎接王后，此時桓王立已十六年，豈有天子卽位十六年然後娶后之事，其非初婚可知。白虎通與王度記皆謂「天子諸侯不再娶」，考之三禮，並無其文；徵之左傳，亦無其事，不足信。說詳毛奇齡春秋傳。古時通婚，男女雙方必須地位相稱。周室雖卑，名義上仍是天子，與諸侯通婚，地位不同，因之天子不自主婚，而託同姓諸侯代爲主持。故王姬下嫁，先送之至于魯，然後由魯遣嫁，莊元年經「單伯送王姬，築王姬之館于外」是也。周王娶后亦如此。由王室派遣公卿來魯，然後迎王后直歸京師，此祭公迎接王后之所以必須來魯之故。天子娶后不親迎，遣卿迎之，此古左氏說。襄十五傳云：「官師從單靖公逆王后于齊。卿不行，非禮也。」卿不行，指單靖公留途不行。卿不行非禮，則卿行合禮可知。至禮記哀公問謂「冕而親迎」，所謂親迎，恐非如卿大夫以下人物親迎于女家，而僅如王莽之娶杜陵史氏女爲皇后，親迎於前殿兩階間。說參章炳麟春秋左傳讀。

傳

八・一 八年春，滅翼。此句本與七年傳連接，宜合讀爲「冬，曲沃伯誘晉小子侯殺之。八年春，滅翼」。

八・二 隨少師有寵。楚鬭伯比曰：「可矣。讎有釁，杜注：「釁，瑕隙也。」猶今言空子。不可失也。」讎指隨國。有釁，指少師得其君，此大好機會，不可錯過。

夏，楚子合諸侯于沈鹿。沈，今作沉。沈鹿，楚地，在今湖北省鍾祥縣東六十里。黃、隨不會。黃，國名，嬴姓，廣韻「黃」字注謂爲「陸終之後，受封於黃」。僖十二年楚滅之。曾於河南潢川縣西北十二里處發掘其國都遺址。又在該縣發現五件黃國容器與兵器。傳世剌鼎銘云：「剌對揚王休，用作黃公尊彝。」此黃公不知即此黃國之君否。又有黃大子伯克盤、黃君𣪘，當是黃國所造。使薳章讓黃。讓，責讓也。楚子伐隨。軍于漢、淮之間。隨國正在漢水之東、淮河之南，故楚軍駐紮于兩水之間。

季梁請下之：「弗許而後戰，所以怒我而怠寇也」。此季梁語。少師謂隨侯曰：「必速戰。不然，將失楚師。」隨侯禦之。望楚師。季梁曰：「楚人上左，春秋諸國，多以右爲上，左爲下。桓五年傳敍周王伐鄭，虢公林父將右軍，周公黑肩將左軍；鄭曼伯爲右拒，祭仲足爲左拒；皆先書右而後書左。文公七年傳敍宋之六官，亦先右師而後左師；僖二十八年傳敍晉作三行，亦先右行而後左行。惟敍楚師，則先左而後右，如僖二十八年傳云：「子西將左，子上將右」，是楚人以左爲上。君必左，君謂隨侯。隨侯之左師當楚軍之右師。杜注謂君指楚王，誤。說詳日知録卷二十七。無與王遇。戰國策齊策一云：「盼子復整其士卒與王遇。」高誘注云：「遇，敵也。」敵猶當也，故少師以爲「不當王」。說詳惠棟補注。且攻其右。且作「而」用。吕氏春秋察微篇：「使治亂存亡，若高山之與深谿，若白堊之與黑漆，則無所用智，雖愚猶可矣，且治亂存亡則不然。」論衡定賢篇云：「丘能仁且忍，辯且訥，勇且怯。」諸「且」字皆用作「而」。右無良焉，良指良將。必敗。偏敗，偏，偏師，猶言非主力軍。衆乃攜矣。」攜，離也。少師曰：「不當王，非敵也。」弗從。不從季梁之計。戰于速杞。速杞，隨地，當在今湖北省應山縣治西。隨師敗績。隨侯逸。逸，逃也。鬬丹獲其戎車，與其戎右少師。鬬丹，楚大夫。戎車，君所乘兵車也。戎右即車右，少師有寵，隨侯以之爲戎右。

秋，隨及楚平，楚子將不許。隨及楚平，隨將與楚和也；楚子將不許，欲滅之。鬬伯比曰：「天去其疾矣，謂少師爲楚所獲，不復當隨國之政。隨未可克也。」乃盟而還。楚世家云：「三十七年，與隨人盟而去，於是始開濮地而有之。」

八・三 冬，王命虢仲立晉哀侯之弟緡于晉。虢仲，王卿士虢公林父。晉世家云：「周桓王使虢仲伐曲沃武公。武公入于曲沃。乃立晉哀侯弟緡爲晉侯。」

八・四 祭公來，遂逆王后于紀，禮也。禮也者，謂祭公來受命於魯，然後往迎王后，合於天子娶於諸侯，使同姓諸侯爲其主之禮。周桓王娶后，魯爲之主；周惠王娶后，虢、晉、鄭三國爲之主，故莊十八年傳云「虢公、晉侯、鄭伯使原莊公逆王后于陳，陳嬀歸于京師」。

九年，戊寅，公元前七〇三年。周桓王十七年、齊僖二十八年、晉緡二年、曲沃武公十三年、衞宣十六年、蔡桓十二年、鄭莊四十一年、曹桓五十四年、陳厲四年、杞靖公元年、宋莊七年、秦出子元年、楚武三十八年。

經

九・一 九年春，去年十二月十二日壬寅冬至，仍建丑。紀季姜歸于京師。紀季姜即去年祭公所迎之桓王后，紀爲其國，季爲其姊妹排行，姜爲其姓。古代同姓不婚，故女子必著姓于下。迎時稱王后，歸時稱其母家姓，蓋當時書法如此。季姜之稱亦猶僖二十三年之稱叔隗、季隗。京師指洛邑，此時周室都洛邑。京本周祖公劉所居之地名，詩大雅公劉「篤公劉，于京斯依」是也。其後鎬京、洛邑俱亦稱京，亦猶絳本晉國所都，其後遷新田，新田亦稱絳；王充論衡正說篇所謂「本所興昌之地，重本不忘始」也。京復稱京師者，周人於地名之下往往加師爲稱，亦猶召誥稱洛，洛誥稱洛師。師，金文作「𠂤」。小臣單觶有成𠂤，小臣謎𣪕有牧𠂤，左傳莊九年亦有堂阜，皆可證。克鐘有京𠂤，當卽京師，故知經典古文字作「𠂤」者，漢代經師或讀之爲師，故有洛師、京師之稱。說詳楊樹達先生積微居小學述林駁公羊傳京師說。

九·二 夏四月。

九·三 秋七月。

九·四 冬，曹伯使其世子射姑來朝。世子卽大(太)子，世太古音同。經多作「世子」，傳多作「大子」。曹伯，曹桓公，卽位已五十餘年，實老矣。以明年春卒，杜注謂「曹伯有疾，故使其子來朝」。

傳

九·一 九年春，紀季姜歸于京師。凡諸侯之女行，詩邶風泉水云：「女子有行，遠父母兄弟。」鄘風蝃蝀、衛風竹竿亦皆云：「女子有行，遠兄弟父母。」行，皆指出嫁。此行字義亦同。唯王后書。莊十八年傳載「原莊公逆王后于陳」，宣六年傳載「召桓公逆王后于齊」，而不書陳女、齊女歸于京師。是知諸侯之女行，雖王后或有不書，而書者必王后。

九·二 巴子使韓服告于楚，請與鄧爲好。巴，國名，據昭十三年傳「楚共王與巴姬埋璧」之文，則姬姓。舊說四川省重慶市有江州故城，卽古巴國。然以傳文考之，巴必與鄧相近。莊十八年傳又云「巴人叛楚，而伐那處」，文十六年傳又云「秦人、巴人從楚師，遂滅庸」，是巴國當在楚之西北。春秋之世，巴國可能在今湖北省襄樊市附近，遷入夔門，則戰國時事。說參童書業古巴國考、顧頡剛史林雜識牧誓八國。　好，去聲，友好也。楚子使道朔將巴客以聘於鄧，將，去聲，率領也。鄧南鄙鄾人攻而奪之幣，鄾音憂，顧棟高大事表以爲國名。據方輿紀要，鄾城在今湖北省襄陽舊城東北十二里。哀十八年傳「巴人伐楚圍鄾」之鄾，即此鄾，其時鄧早爲楚所滅，故鄾亦入於楚。　之，用法同其，奪之幣，即奪其幣。幣指聘問禮品。殺道朔及巴行人。上言巴客，此言巴行人，皆即韓服，變文也。行人爲古代官名，周禮秋官有大行人，掌大賓之禮及大客之儀；小行人掌使適四方，協九儀賓客之事。諸侯之行人似通掌之。餘詳宣十二年傳注。楚子使薳章讓於鄧。讓於鄧，猶言讓鄧。於字不宜有，但古人多有此種語法。鄧人弗受。阮芝生左傳杜注拾遺云：「弗受者，不納也。自知理屈，故不使薳章入于鄧地。」阮說可商。弗受者，不受責讓，强詞拒之也，非不受使者。

夏，楚使鬬廉帥師及巴師圍鄾。鬬廉，楚大夫。鄧養甥、聃甥帥師救鄾。養甥、聃甥皆鄧大夫。三逐巴師，不克。猶言向巴師衝鋒三次，而不能敗之。鬬廉衡陳其師於巴師之中，以戰，而北。衡同橫。北，軍敗奔走也。段玉裁說文解字注云：「謂背而走也。韋昭注國語云：『北者，古之背字。』」鬬廉以楚師於巴師之中列爲橫陣，以與鄧戰，僞敗而逃走。鄧人逐之，背巴師；鄧人不知楚之詐，以爲楚真敗而追之，巴師乃在其後。而夾攻之。楚師回軍攻其前，巴師前進攻其後。鄧師大敗。鄾人宵潰。路史國名紀戊注引竹書紀年云：「〔周〕桓王十七年（當曲沃武公十三年），楚及巴伐鄧。」載年與傳合。

九・五　秋，虢仲、芮伯、梁伯、荀侯、賈伯伐曲沃。芮已見桓三年、四年傳。梁，國名。僖十七年傳云：「惠公之在梁也，梁伯妻之。梁嬴孕，過期。」則梁爲嬴姓。今陝西省韓城縣南二十二里有少梁城，當卽古梁國。僖十九年，卽秦穆公十九年，秦滅之。秦本紀謂穆公二十年滅梁、芮。雷學淇竹書義證調停其說，謂「亡在十九年冬，而取在二十年」，亦苦于用心矣。文十年地入于晉。傳世器有梁伯戈、梁其鐘、梁其鼎、梁邑幣等。荀，姬姓國，今山西省新絳縣東北二十五里有臨汾故城，卽古荀國。漢書地理志注引汲郡古文云：「晉武公滅荀，以賜大夫原氏黯，是爲荀叔。」賈，姬姓國，元和姓纂三十五馬韻謂周康王封唐叔虞少子公明於此。當在今山西省襄汾縣東。顧棟高大事表本通志，以今陝西省蒲城縣西南之賈城當之，恐不確。賈亦爲晉所滅，賜狐射姑爲邑。

九·四 **冬，曹大子來朝。賓之以上卿，**謂以其本國上卿之禮接待之。**禮也。**

享曹大子。初獻，酒始獻。**樂奏而歎。施父曰：**杜注：「施父，魯大夫。」**「曹大子其有憂乎！**其，表將來之時間副詞。爲下年其父死作預言。**非歎所也。」**昭二十八年傳云：「諺曰：『唯食亡憂。』」曹大子當食而歎，故云非歎所。說本楊樹達先生讀左傳說。

十年，己卯，公元前七〇二年。周桓王十八年、齊僖二十九年、晉緡三年、曲沃武公十四年、衛宣十七年、蔡桓十三年、鄭莊四十二年、曹桓五十五年、陳厲五年、杞靖二年、宋莊八年、秦出子二年、楚武三十九年。

經

10·1 十年春王正月，冬至在去年十二月二十三日戊申，此年仍建丑，且有閏月。庚申，庚申，六日。曹伯終生卒。

10·2 夏五月，葬曹桓公。無傳。

10·3 秋，公會衞侯于桃丘，弗遇。無傳。桃丘在今山東省東阿縣安平鎮東八十里。魯公本與衞侯相約於桃丘會晤，然衞既接受齊國之請，以軍隊助齊、鄭伐魯，衞侯乃背約而不來，因而不遇。不遇而經言「公會衞侯」者，公本以會禮往也。成公十六年，魯公往參加沙隨之會，晉侯不見魯公，經亦書云「公會晉侯、齊侯、衞侯、宋華元、邾人于沙隨，不見公」，與此同一例。但此用「弗」字。春秋經文只此一處用「弗」字。

10·4 冬十有二月丙午，丙午，二十七日。齊侯、衞侯、鄭伯來戰于郎。魯有兩郎，一爲隱元年「費伯帥師城郎」之郎，離曲阜約二百里。一爲魯近郊之郎，隱九年「夏城郎」，卽此郎。公羊傳云：「郎者何？吾近邑也。」則三國之師已至曲阜近郊。

傳

10·1 十年春，曹桓公卒。史記曹世家云：「五十五年，桓公卒，子莊公夕姑立。」「夕姑」，經作「射姑」，見莊二十三年經。

10·2 虢仲譖其大夫詹父於王。虢仲爲王卿士，其屬有大夫。詹父又見莊公九年傳。詹父有辭，有辭，猶今言有理。以王師伐虢。夏，虢公出奔虞。虞，姬姓國，僖公五年爲晉所滅。故城在今山西省平陸縣東北。金文作「虞」，亦作「吴」。今存虞器有虞司寇壺、吴龍父毁等。

一〇·三 秋，秦人納芮伯萬於芮。萬于四年爲秦所執，詳四年傳。

一〇·四 初，虞叔有玉，杜注：「虞叔，虞公之弟。」虞公求旃。旃，「之焉」兩字之合音。弗獻。既而悔之，曰：「周諺有之：『匹夫無罪，懷璧其罪。』吾焉用此，其以賈害也？」其，表將來可能之副詞，也讀爲耶。猶言我何必用此璧，將以之買禍耶。賈音古，買也。乃獻之。本無「之」字，今從石經、宋本、足利本、金澤文庫本補。又求其寶劍。叔曰：「是無厭也。無厭，將及我。」厭，平聲，足也。將及我，言禍難將及本身。古人言語簡略，及於難曰及，猶免於刑曰免。十八年傳云：「周公弗從，故及。」杜注「及於難也」，亦可證此及字之義。遂伐虞公。故虞公出奔共池。「共」，金澤文庫本作「洪」，釋文云：「共音洪，一音恭。」共池，當在今山西省平陸縣境。

一〇·五 冬，齊、衞、鄭來戰于郎，我有辭也。

初，北戎病齊，六年傳云：「北戎伐齊。」此改伐爲病，暗示齊不能抵禦而乞師之意。「病」，動詞使動用法。「病齊」，使齊困病。諸侯救之，鄭公子忽有功焉。齊人餼諸侯，饋送諸國援軍以牛羊芻米。使魯次之。次，排行饋送先後。魯以周班後鄭。依周室封爵之次，鄭應在後。鄭人怒，請師於齊。齊人以衞師助之，故不稱侵伐。先書齊、衞，王爵也。王爵卽周班。齊人饋餼，魯以周班後鄭；三國來戰，鄭雖爲戎首，仍以周班後鄭，足見魯雖見伐，而其理仍直，以見「我有辭」之義。説詳六年傳並注。

十有一年，庚辰，公元前七〇一年。周桓王十九年、齊僖三十年、晉緡四年、曲沃武公十五年、衞宣十八年、蔡桓十四年、鄭莊四十三年、曹莊公射姑元年、陳厲六年、杞靖三年、宋莊九年、秦出子三年、楚武四十年。

經

一一·一 十有一年春正月，去年閏十二月四日癸丑冬至，此年仍建丑。齊人、衞人、鄭人盟于惡曹。惡曹，杜注以爲「地闕」（不知何地）。沈欽韓疑爲烏巢之異文，則在今河南省延津縣東南。

一一·二 夏五月癸未，癸未，七日。鄭伯寤生卒。

一一·三 秋七月，葬鄭莊公。無傳。隱元年傳謂諸侯五月而葬，此則三月即葬。諸侯三月而葬者甚多。

一一·四 九月，宋人執鄭祭仲。祭仲即祭足，亦稱祭仲足，蓋祭是氏，仲是行第，足是名。杜注以爲仲是名，足是字，誤。古人稱謂不以名冠字上。若名、字連言，先字後名。突歸于鄭。鄭忽出奔衞。公羊、穀梁則列三句爲三條，依左傳所敍史事，宜爲一條。

一一·五 柔會宋公、陳侯、蔡叔盟于折。無傳。柔，魯大夫。此內卿會盟諸侯之始。蔡叔，杜注以爲蔡大夫，名叔。張應昌春秋屬辭辨例編云：「桓十一年蔡叔，桓十七年蔡季，叔、季，弟之稱也，蔡叔、許叔、蔡季、紀季是也。」則蔡叔是蔡桓侯母弟。前人多主是說。折，不知今何地。

一一・六　公會宋公于夫鍾。無傳。夫音扶。「鍾」，公羊傳作「童」，童、鍾兩字可通假。據沈欽韓左傳地名補注，今山東省汶上縣治東北有夫鍾里，當卽古夫鍾地。據文十一年傳，夫鍾爲郕邑。

一一・七　冬十有二月，公會宋公于闞。無傳。闞音瞰，魯地。據江永考實，汶上縣西有闞亭，在今南旺湖中。

傳

一一・一　十一年春，齊、衞、鄭、宋盟于惡曹。經文無宋，杜預以爲「經闕」，毛奇齡春秋傳以傳之「宋」字爲衍文。

一一・二　楚屈瑕將盟貳、軫。貳、軫兩國名。春秋傳說彙纂以爲貳在今湖北省應山縣境，軫在今應城縣西。兩國其後皆爲楚滅。鄖人軍於蒲騷，將與隨、絞、州、蓼伐楚師。鄖音云，國名，杜注謂「在江夏雲杜縣東南」，則當在今湖北省京山縣西北，然據括地志及元和郡縣志則當在今安陸縣，恐今安陸縣一帶皆古鄖國。程大中在山堂集有鄖子國考。蒲騷，鄖國地名，在今湖北省應城縣西北三十五里。絞，國名，在今湖北省鄖陽地區鄖縣西北。古器有交君子鼎（貞松堂三・三）、交君子壺（善齋禮器三・五一）、交君子簠（貞松堂六・二八），不知是此絞國器不。州，國名，卽今湖北省監利縣東之州陵城。蓼，音了，國名，亦作「廖」，古爲飂國，詳高士奇春秋地名考略，在今河南省唐河縣南稍西八十里。莫敖患之。莫敖，楚國官名，卽司馬。淮南子修務訓有「莫囂大心」，莫囂卽莫敖。十二年傳卽作「莫敖屈瑕」，官名與姓名連言。此時之莫敖，蓋相當大司馬之官，但以後楚又另設大司馬、右司馬、左司馬，莫敖則位降至左司馬之下，於襄十五年傳可以證之。鬭廉曰：「鄖人軍其郊，必不誡。誡音戒，警戒也。且日虞四邑之至也。虞，望也。說詳王念孫廣雅釋詁疏證、王引之述聞。四邑，卽隨、絞、州、蓼。邑亦國也。散氏盤之散邑卽散國。至謂至楚。蓋四國之師先行，鄖人將與之共伐，故下文云「君次於郊郢以禦四邑」。說詳于鬯香草校書。君次於郊郢，以禦四邑，君指屈瑕，鄭玄注儀禮喪服所謂「天子諸侯及卿大夫有地者皆曰君」，則君除指國君外，亦爲一般對稱敬詞。郊郢，當卽今湖北省鍾祥縣郢州故城。我以銳師宵加於鄖。鄖有虞心而恃其城，虞心，冀四國援兵之心。其城，蒲騷城。蒲騷爲鄖國小邑，亦有城保，詳香草校書。莫有鬭志。若敗鄖師，四邑必離。」莫敖曰：「盍請濟師於王？」盍，何不之合音字。濟，益也。對曰：「師克在和，不在衆。商、周之不敵，君之所聞也。商指殷王紂，周指周武王。據孟子盡心下，武王伐殷，革車三百輛，虎賁之士三千人。又據昭二十四年傳引大誓，紂有億兆夷人。則相傳紂王之軍多，武王之兵少，而武王卒滅紂。成軍以出，又何濟焉？」莫敖曰：「卜之？」對曰：「卜以決疑。不疑，何卜？」遂敗鄖師於蒲騷，卒盟而還。卒與貳、軫兩國盟。於此可見隨與諸國之伐楚師者，欲破壞楚與兩國之盟會。此年楚僅敗鄖，成七年傳楚有鄖公鍾儀，則其時鄖已早爲楚所滅，變爲一縣矣。哀公十七年傳謂觀丁父克州、蓼，未審卽此役否。

一一・三　鄭昭公之敗北戎也，在六年。齊人將妻之。妻，動詞，去聲，妻以女也。昭公辭。祭仲曰：「必取之。君多內寵，君指鄭莊公。僖十七年傳云：「齊侯好內，多內寵，內嬖如夫人者六人。」則內寵指妻妾而言，此內寵當同義。子無大援，將不立。金澤文庫本「不」下有「得」字。三公子皆君也。」三公子，子突、子亹、子儀；其母皆有寵。史記鄭世家云：「所謂三公子者，太子忽，其弟突，次弟子亹也。」索隱云：「此文則數太子忽，而杜預不數太子，以子突、子亹、子儀爲三，蓋得之。」弗從。詩鄭風有女同車序云：「有女同車，刺忽也。鄭人刺忽之不昏于齊。太子忽嘗有功于齊，齊侯請妻之。齊女賢而不取，卒以無大國之助，至於見逐，故國人刺之。」

夏，鄭莊公卒。

初，祭封人仲足有寵於莊公，祭，鄭地，當在今河南省鄭州市東北。莊公使爲卿。爲公娶鄧曼，十三年及莊四年傳有楚武王夫人鄧曼，同是鄧國之女。生昭公。故祭仲立之。立之者，莊公卒立之爲君也。史記年表云：「鄭昭公元年，忽母，鄧女，祭仲取之。」宋雍氏女於鄭莊公，曰雍姞，生厲公。女，動詞，去聲，妻之也。雍氏，宋大夫。雍姞，姞是雍氏之姓。雍氏宗，宗，爲人所尊仰也。有寵於宋莊公，故誘祭仲而執之，曰：「不立突，將死。」亦執厲公而求賂焉。祭仲與宋人盟，以厲公歸而立之。

秋九月丁亥，丁亥，十三日。昭公奔衞。己亥，己亥，二十五日。厲公立。鄭世家取左傳而較詳。

十有二年，辛巳，**公元前七〇〇年**。周桓王二十年、齊僖三十一年、晉緡五年、曲沃武公十六年、衞宣十九年、蔡桓十五年、鄭厲公突元年、曹莊二年、陳厲七年、杞靖四年、宋莊十年、秦出子四年、楚武四十一年。

經

一二・一　十有二年春正月。去年十二月十五日戊午冬至，此年仍建丑，且有閏月。

一二・二　夏六月壬寅，壬寅，初二日。公會杞侯、莒子盟于曲池。「杞」，公羊、穀梁俱作「紀」，春秋啖趙集傳纂例一引竹書紀年亦作「紀」。然據左傳義，以作「杞」爲是。「曲池」，公羊傳作「毆蛇」，紀年作「區蛇」。區、毆與曲爲平入對轉，蛇與池古音亦同。曲池在今山東省寧陽縣東北。

一二・三　秋七月丁亥，丁亥，十七日。公會宋公、燕人盟于穀丘。燕，南燕。餘詳隱五年傳注。燕人疑係燕君。穀丘，宋邑，據方輿紀要，在今河南省商丘縣東南四十里。一說在今山東省菏澤縣東北三十里，但其地近曹國，恐非。

一二・四　八月壬辰，八月無壬辰。陳侯躍卒。無傳。躍，厲公。陳世家誤以五父與佗爲兩人，因謂佗爲厲公，躍爲利公，前人辨之詳矣。

一二・五　公會宋公于虛。「虛」，公羊作「郯」，宋地，在今河南省延津縣東。

一二・六　冬十有一月，公會宋公于龜。龜，宋地。疑在今河南省睢縣境内。

一二・七　丙戌，丙戌，十八日。公會鄭伯，盟于武父。武父，鄭地，在今山東省東明縣西南。傳世器有武父矛，銘云「武父敢」。劉心源奇觚室吉金文述卷十謂武父即此城。敢，人名。

一二・八　丙戌，衞侯晉卒。無傳。外諸侯死，全部春秋經中惟此一處書日。晉即宣公。

一二・九　十有二月，及鄭師伐宋。丁未，丁未，十日。戰于宋。

傳

一二·一 十二年夏，盟于曲池，平杞、莒也。隱四年，莒人伐杞，自是遂不和，魯與兩國相鄰，因而和之。

一二·二 公欲平宋、鄭。宋多責賂於鄭，鄭不能堪，因不和。秋，公及宋公盟于句瀆之丘。句音鉤。句瀆之丘卽穀丘。急讀之爲穀，緩讀之爲句瀆。宋成未可知也，故又會于虛；冬，又會于龜。宋公辭平，故與鄭伯盟于武父，遂帥師而伐宋，戰焉，宋無信也。

君子曰：「苟信不繼，盟無益也。詩云『君子屢盟，亂是用長』，詩小雅巧言句。是用，猶是以。無信也。」

一二·三 楚伐絞，十一年傳云：「鄖人軍於蒲騷，將與隨、絞、州、蓼伐楚師。」則楚之伐絞，蓋由此。軍其南門。莫敖屈瑕曰：「絞小而輕，輕則寡謀。請無扞采樵者以誘之。」行軍必有采樵之役徒，采樵之時又必有保衞之者。此則僅有采樵之人，而不設保衞，用以引誘敵軍。從之。絞人獲三十人。獲楚之采樵者三十人。明日，絞人争出，驅楚役徒於山中。役徒，卽楚軍之采樵者。楚人坐其北門，而覆諸山下。坐其北門，猶昭公二十七年傳所云「王使甲坐於道及其門」。坐卽坐立之坐，意謂待。惠棟補注謂古有坐陣，孔廣森經學卮言亦主之，洪亮吉詁謂坐當訓止，杜預謂坐猶守也，皆求之過深。覆諸山下謂於山下設伏兵。楚既軍于絞南門，絞人之逐楚役徒而遇伏者必逃向北門，故楚軍先坐于其北門以待之。大敗之。爲城下之盟而還。宣十五年傳述宋華元之言曰：

「敝邑易子而食，析骸以爨。雖然，城下之盟，有以國斃，不能從也。」由此足見城下之盟爲奇恥大辱。

一二·四 伐絞之役，楚師分涉於彭。彭水，後名筑水，今名南河。源出於湖北省房縣西南。羅人欲伐之。羅，熊姓國。今湖北省宜城縣西二十里之羅川城乃羅國初封之故城。其後楚徙之于湖北省舊枝江縣（縣治今已遷馬家店鎮），後漢志所謂「枝江侯國本羅國」是也。今湖南省平江縣南三十里有羅城，又是羅國自枝江所徙處。至湘陰縣東六十里之羅城，乃其接界處。使伯嘉諜之。伯嘉，羅國大夫。諜音牒，今言偵察。三巡數之。巡，徧也。數，上聲。謂伯嘉數楚師之數。此段本與下年傳文「十三年春楚屈瑕伐羅」緊接，爲後人割裂在此。後人又誤連上章，不知上章敍楚伐絞，此章敍楚伐羅，各自獨立，今分別爲另一章。

十有三年，壬午，公元前六九九年。周桓王二十一年、齊僖三十二年、晉緡六年、曲沃武公十七年、衞惠公朔元年、蔡桓十六年、鄭厲二年、曹莊三年、陳莊公林元年、杞靖五年、宋莊十一年、秦出子五年、楚武四十二年。

經

一三·一 十有三年春二月，去年十二月二十六日癸亥冬至，又閏十二月，則此年實建寅。公會紀侯、鄭伯。己巳，己巳，三日。及齊侯、宋公、衞侯、燕人戰。衞侯，衞惠公朔。是時衞宣公雖未葬，然死于去年，新君踰年即位，例得稱爵。春秋之例，舊君死，新君立，當年稱子，踰年稱爵。當年稱子者，如僖公九年正月宋桓公卒，夏，宋襄公參與葵丘之會，故書曰宋子；僖公二十五年夏，衞文公卒，冬，衞成公與魯會，書曰衞子；僖公二十八年，陳穆公卒，冬，陳共公與溫之會，書曰陳子；定公四年二月，陳惠公卒，三月陳懷公與召陵之會，亦書曰陳子。踰年稱爵者，宣公十一年，陳成公與辰陵之盟，是時不但陳靈公未葬，且殺君者亦未討，然靈公死于去年，新君已改元，故經仍書陳侯；成三年經書「公會晉侯、宋公、衞侯、曹伯伐鄭」，宋公爲宋共公，衞侯爲衞定公，而是時宋文公、衞穆公俱未葬，但因新君已踰年即位，故仍稱爵。　燕人實指南燕之君，不稱爵而稱人者，以南燕僻小，亦猶邾人、牟人、葛人、江人、黄人之稱人，實皆指其君而言。顧炎武謂「燕獨稱人，其君不在師」，無據。南燕見隱五年傳注。　齊師、宋師、衞師、燕師敗績。莊公十一年傳云：「大崩曰敗績。」春秋書「敗績」者十六次，其十四次皆稱某師敗績，唯莊二十八年稱「衞人敗績」，成公十六年稱「楚子、鄭師敗績」。

一三·二　三月，葬衞宣公。無傳。

一三·三　夏，大水。無傳。

一三·四　秋七月。

一三·五　冬十月。

傳

一三·一　十三年春，楚屈瑕伐羅，羅，已見上年傳注。鬭伯比送之。還，謂其御曰：「莫敖必敗。舉趾高，心不固矣。」遂見楚子，曰：「必濟師！」鬬伯比之言必詳於此，此不過述者撮其大要而已。楚子辭焉。辭焉者，拒其所請也。入告夫人鄧曼。鄧曼曰：「大夫其非衆之謂，大夫指鬬伯比。其，傳疑副詞。其非衆之謂爲倒裝語，其非謂衆猶言不在師之多少。其謂君撫小民以信，訓諸司以德，而威莫敖以刑也。莫敖狃於蒲騷之役，將自用也，狃音紐，習也。蒲騷之役在十一年。特舉蒲騷之役者，莫敖本欲請濟師，以鬬廉之言而止，卒以少勝多。自用，自以爲是，獨斷專行之意。必小羅。小，猶言輕視。君若不鎮撫，其不設備乎！其，將也。夫固謂君訓衆而好鎮撫之，釋文：「好，呼報切；又如字。」然此宜如字讀。好鎮撫之，猶言善鎮撫之，不當破讀喜好之好。夫，他稱代詞，彼也。指伯比。召諸司而勸之以令德，見莫敖而告諸天之不假易也。令德，善德也。諸，用法同「之」，指莫敖。假易，猶寬縱。天不假易，謂天道不相寬縱。說詳王引之述聞。不然，夫豈不知楚師之盡行也？」楚子使賴人追之，賴，國名，今湖北省隨縣東北有厲山店，當即其地。或以爲在河南省商城縣南，恐不可信。杜注謂賴人乃賴國之人仕於楚者。不及。

莫敖使徇于師曰：「諫者有刑！」徇音殉，宣令也。莫敖拒諫證實鄧曼所謂自用。及鄢，亂次以濟，鄢，水名，源出湖北省保康縣西南，今名蠻河，流經南漳、宜城兩縣入于漢水。楚師濟渡處當在今宜城縣南三十里處。洪亮吉左傳詁謂杜預本「以濟」下脫「淇水」二字，又謂鄢爲地名，皆不可信。詳梁履繩補釋。遂無次。無次，不爲次列也。且不設備。及羅，羅與盧戎兩軍之，盧戎（盧或作廬），南蠻國。據國語周語中「盧由荊嬀」，知爲嬀姓。據顧棟高大事表，今湖北省南漳縣東北五十里有中廬鎮，當即其地，其後爲楚所滅，爲廬邑，文公十六年傳所謂自廬以往是也。兩軍之，謂由兩面迫而擊之。大敗之。莫敖縊于荒谷。荒谷在今湖北省江陵縣西。羣帥囚于冶父以聽刑。冶父在今江陵縣南。聽刑，待楚王之處罰。楚子曰：「孤之罪也。」皆免之。列女傳卷三仁智傳楚武鄧曼全載此事，文與傳同。惟末有「君子謂鄧曼爲知人。詩云『曾是莫聽，大命以傾』，此之謂也」數語。

一三・二　宋多責賂於鄭。鄭厲公之立由于宋，宋因求賂，見十一年傳。鄭不堪命，故以紀、魯及齊與宋、衞、燕戰。僖二十六年傳：「凡師能左右之曰以。」謂主戰之國能統一指揮他國之兵。不書所戰，後也。經未書戰于何處，以桓公在約期後始至，至而後定戰期爲己巳日。魯師必參加此一戰事，故經書「及齊侯、宋公、衞侯、燕人戰」，傳亦云「以紀、魯及齊與宋、衞、燕戰」。公羊傳謂戰于魯，穀梁傳謂戰于紀，恐穀梁傳近是；不然，何以首書紀？

一三・三　鄭人來請脩好。此語當與傳文「十四年春會于曹」相聯，爲後人割裂置於此。

十有四年，癸未，公元前六九八年。周桓王二十二年、齊僖三十三年、晉緡七年、曲沃武公十八年、衞惠二年、蔡桓十七年、鄭厲三年、曹莊四年、陳莊二年、杞靖六年、宋莊十二年、秦出子六年、楚武四十三年。

經

一四・一　十有四年春正月，冬至在去年十二月初八己巳，此年仍建丑。公會鄭伯于曹。以傳「曹人致餼」推之，曹或亦參加此會。

一四・二 無冰。無傳。春秋書「無冰」者凡三次，此及襄二十八年不書月，成元年則書「二月」。以昭四年傳「日在北陸而藏冰」證之，此及襄二十八年皆當是二月，蓋「藏冰」爲古二月之禮，至此氣候仍暖，無冰可藏，故史官書之。

一四・三 夏五，「五」下當有闕文。鄭伯使其弟語來盟。「語」，穀梁傳作「禦」，語、禦同音相假。語，莊公之子，厲公之弟。

一四・四 秋八月壬申，壬申，十五日。御廩災。御廩有兩義，此則如杜注所云藏公所親耕以奉粢盛之倉也，月令謂之神倉。說苑反質篇述魏文侯之言曰：「夫御廩者，寡人寶之所藏也。」則諸侯之珍寶庫亦得曰御廩。宣十六年傳云：「凡火，人火曰火，天火曰災。」所謂天火，可能爲雷電所擊，可能爲自燃火，可能爲當時不知起因之火，無以歸之，歸之于天而已。

一四・五 乙亥，乙亥，十八日。嘗。參見五年傳「始殺而嘗」注。

一四・六 冬十有二月丁巳，丁巳，二日。齊侯祿父卒。無傳。

一四・七 宋人以齊人、蔡人、衛人、陳人伐鄭。經書「以」者僅三次，此及僖公二十六年「公以楚師伐齊」及定公四年「蔡侯以吳子及楚人戰于柏舉」。公羊作「衛人、蔡人」，衛人在蔡人之上，趙坦異文箋以爲公羊乃傳寫之譌。

傳

一四・一 十四年春，會于曹。曹人致餼，禮也。此文本與上年傳「鄭人來請修好」聯爲一貫，故「會于曹」承上省略相會者。　餼見六年傳「齊人饋之餼」注。　哀公十二年傳述子服景伯之言曰：「夫諸侯之會，事既畢矣，侯伯致禮，地主歸餼，以相辭也。」此會曹既爲地主，亦于會畢致餼，故傳曰「禮也」。

一四·二　夏，鄭子人來尋盟，且脩曹之會。　子人是鄭伯弟語之字，故其後人以字爲氏。　僖公七年傳有子人氏，二十八年傳有子人九。　尋盟，重温十二年武父之盟。

一四·三　秋八月壬申，御廩災。　乙亥，嘗。　書，不害也。不害，不以御廩之火災爲懼也。　古人迷信，常以天道與人事相聯係，以爲凡有災害，乃上天示警，人主必懼而反省。　今壬申日御廩災，三日後仍舉行嘗祭，不以天災爲懼，故書之。　杜注以爲不害乃指火災因救之而熄滅，未害及所儲之穀物而言，恐未必然。　若於所藏穀物無害，則何必書？

一四·四　冬，宋人以諸侯伐鄭，報宋之戰也。　宋之戰在十二年。　焚渠門，渠門，鄭城門。　入，及大逵。　入謂入其城。　大逵，鄭城內四通八達之寬闊街道。　詳隱十一年傳「及大逵」注。　伐東郊，取牛首。　牛首，鄭郊。　今河南省廢陳留縣治（今陳留鎮）西南十一里牛首鄉有牛首城，亦即在今通許縣稍東北。　以大宮之椽歸爲盧門之椽。　大宮即太宮，鄭國祖廟。　椽音傳遞之傳，今謂之椽子，木條用以支持房頂而托灰與瓦者，總名爲榱，其圓者名椽，方者名桷。　章炳麟左傳讀謂椽假爲傳，即爾雅釋宫「植謂之傳」之傳，墨子非儒篇云「争門關抉植」，植即此。　蓋古人於閉門之後，中植一木，加鎖其上者。　其說亦可通。　盧門，據呂氏春秋行論篇述楚莊王之圍宋，「乃爲却四十里，而舍於盧門之闔」云云，則宋實有盧門，乃宋郊之城門。　昭二十年傳云「華氏居盧門以南里叛」，亦即此盧門。

十有五年，甲申，公元前六九七年。周桓王二十三年、齊襄諸兒元年、晉緡八年、曲沃武公十九年、衞惠三年、蔡桓十八年、鄭厲四年、曹莊五年、陳莊三年、杞靖七年、宋莊十三年、秦武公元年、楚武四十四年、許穆公新臣元年。

〔注〕「許穆公新臣元年」，據姚彦渠春秋會要説，參隱十一年傳「許叔」注。

經

一五・一 十有五年春二月，此年仍建丑，冬至在去年十二月十九日甲戌。天王使家父來求車。家父見桓八年經「天王使家父來聘」注。

一五・二 三月乙未，乙未，十一日。天王崩。無傳。 天王，桓王也。平王立五十一年死，太子洩父早死，故立其子林，是爲桓王。桓王立二十三年死，子莊王佗立。

一五・三 夏四月己巳，己巳，十五日。葬齊僖公。無傳。

一五・四 五月，鄭伯突出奔蔡。

一五・五 鄭世子忽復歸于鄭。世子忽即鄭昭公。鄭莊公死，世子忽當年即出奔，四年後返國，不得稱君，故稱世子。詳顧炎武杜解補正。世子之稱，不必父在，故昭十一年經有蔡世子有，哀二年經有衞世子蒯聵，皆父死而稱世子。成公十八年傳云，「復其位曰復歸」。僖二十八年經云「衞元咺自晉復歸于衞」，則大夫復其位亦可謂復歸。

一五·六 許叔入于許。三國入許，許莊公奔衞，鄭莊公使許大夫百里奉許叔以居許東偏，事見隱公十一年傳。今年許叔自東偏以入于許都。許叔，許穆公新臣，卒于僖四年。

一五·七 公會齊侯于艾。「艾」，公羊作「鄗」，穀梁作「蒿」。蓋艾與蒿同物，鄗與蒿同音。艾見隱六年經「公會齊侯盟于艾」注。

一五·八 邾人、牟人、葛人來朝。無傳。三國皆其君來朝，以國小，故稱人。牟，今山東省萊蕪縣東二十里有牟城，當卽其故國。葛，嬴姓國，僖十七年傳齊桓公如夫人者六人中有葛嬴可證。據杜注，故城在今河南省寧陵縣北十五里，然王夫之稗疏、沈欽韓地名補注皆疑之。王以爲在今山東省棗莊市嶧城鎮，沈以爲泰山旁小國。

一五·九 秋九月，鄭伯突入于櫟。櫟爲鄭之大都，卽今河南省禹縣，在鄭都西南九十里。

一五·一〇 冬十有一月，公會宋公、衞侯、陳侯于袲，伐鄭。公羊「宋公」上有「齊侯」二字，說文「袲」字下引春秋傳亦云「公會齊侯於袲」，許愼用左氏春秋，則今本或脫「齊侯」二字。袲、袳字同，形稍變，猶裏作裡。公羊作「侈」。袳、侈音同。據清一統志，袲在今安徽省宿縣西。陳立公羊義疏謂鄭在宋、陳西，宿縣在宋、陳東南，不知何以在此相會而伐鄭。此先行會禮，然後伐鄭，參宣元年經注。

傳

一五·一 十五年春，天王使家父來求車，非禮也。諸侯不貢車、服，車與戎服，乃在上者所以賜與在下者，故諸侯不用以貢於天子。周禮天官太宰九貢中有服貢，大行人因朝而貢亦有祭服，但所貢皆是製作衣服之材料，非謂已製成之衣服。天子不私求財。

一五・二　祭仲專，專謂個人把持政柄，卽專權，專擅，不待君命而行。鄭伯患之，使其壻雍糾殺之。壻，女子之夫。雍糾，鄭大夫。將享諸郊。諸，「之於」之合音，謂雍糾擬在郊區宴請祭仲而殺之。雍姬知之，謂其母曰：「父與夫孰親？」其母曰：「人盡夫也，父一而已，胡可比也？」意謂女子未出嫁時，人人皆可以爲其丈夫；至于父親，爲天然骨血關係，只有一人，不能與夫相比。遂告祭仲曰：「雍氏舍其室而將享子於郊，舍同捨。謂不享之於室而於郊。吾惑之，以告。」祭仲殺雍糾，尸諸周氏之汪。謂以雍糾之尸陳之於周氏之汪。汪，池也。僖三十三年傳敍楚伐鄭，門于桔柣之門，公子瑕覆于周氏之汪，則周氏之汪與桔柣之門相近。公載以出，載雍糾之尸出奔。曰：「謀及婦人，宜其死也。」謀及婦人猶言與婦人謀。夏，厲公出奔蔡。鄭世家云：「夏，厲公出居邊邑櫟。」年表同，蓋以其定居言。

一五・三　六月乙亥，乙亥，二十二日。昭公入。史記鄭世家云：「祭仲迎昭公忽。六月乙亥，復入鄭，卽位。」

一五・四　許叔入于許。

一五・五　公會齊侯于艾，謀定許也。

一五・六　秋，鄭伯因櫟人殺檀伯，昭公十一年傳云「五大不在邊」，又云「鄭京、櫟實殺曼伯」，足知櫟爲鄭國之大邑。檀伯，鄭守櫟大夫。史記作「單伯」。錢大昕史記考異、梁玉繩志疑、洪頤煊讀書叢録俱謂「單」、「檀」古多通用。或以櫟人殺檀伯爲人民起義，恐不然。經、傳稱人者，皆指國君或大夫。而遂居櫟。昭公十一年傳云：「鄭莊公城櫟而寘子元焉，使昭公不立。」子元卽厲公，則櫟本厲公舊邑。

一五·七 冬，會于袲，謀伐鄭，將納厲公也。弗克而還。鄭世家云：「諸侯聞厲公出奔，伐鄭，弗克而去。宋頗予厲公兵，自守於櫟。鄭以故亦不伐櫟。」

十有六年，乙酉，公元前六九六年。周莊王元年、齊襄二年、晉緡九年、曲沃武公二十年、衞惠四年、蔡桓十九年、鄭厲五年、昭公忽元年、曹莊六年、陳莊四年、杞靖八年、宋莊十四年、秦武二年、楚武四十五年、許穆二年。

經

一六·一 十有六年春正月，此年仍建丑，冬至在去年十二月二十九日己卯。此年有閏，蓋閏十二月。公會宋公、蔡侯、衞侯于曹。

一六·二 夏四月，公會宋公、衞侯、陳侯、蔡侯伐鄭。正月曹之會爲盟會。所以會者，據傳，爲謀伐鄭，則此伐鄭之會爲會師。

一六·三 秋七月，公至自伐鄭。

一六・四 冬，城向。向已見隱二年經注，則此時向已由莒改屬魯。

一六・五 十有一月，衞侯朔出奔齊。朔即衞惠公，立於桓公十三年。

傳

一六・一 十六年春正月，會于曹，謀伐鄭也。史記十二諸侯年表云：「公會曹（各本誤作「晉」），謀伐鄭。」曹未出師，似未與會。

一六・二 夏，伐鄭。

一六・三 秋七月，公至自伐鄭，以飲至之禮也。參二年「冬，公至自唐」傳並注。

一六・四 冬，城向。書，時也。春秋經凡冬城者，傳皆曰時，書時者凡七次。莊二十九年城諸及防，文十二年城諸及鄆，並在十二月下；宣八年城平陽，在十月下；成九年城中城，在十一月下；唯襄十三年之城防，昭九年之築郎囿以及此經，有冬而難推其月。但襄十三年傳云：「冬，城防，書，事時也。於是將早城，臧武仲請俟畢農事，禮也。」則所謂時者，農事畢也。

一六・五 初，衞宣公烝於夷姜，生急子，上淫曰烝。宣公爲莊公子，桓公弟。夷姜之夷或是國名，說見楊樹達先生積微居金文說畏卣跋。隱元年紀人伐夷，亦姜姓，疑即此國。夷姜或是莊公妾，爲宣公庶母。宣公與夷姜通奸，必在莊公或桓公時，故傳文以初字別之。宣公既立，乃立夷姜爲夫人。故衞世家云：「初，宣公愛夫人夷姜。夷姜生子伋，以爲太子。」宋人洪邁容齋五筆誤認宣公與夷姜之通奸在宣公既立之後，因而懷疑此事，不可信。「急」，衞世家、詩邶風新臺及二子乘舟序、新序節士篇、漢書古今人表等皆作「伋」。急、伋同從及聲，同音通假。屬諸右公子。衞世家云「以爲太子，而令右公子傅之」，則所謂屬之者，使傅之也。此與隱公三年傳「宋穆公疾，召大司馬孔父而屬殤公焉」，僖公十七年傳「公與管仲屬孝公於宋襄公以爲大子」，其意則一，其囑託之方法則有不同，史記具言之。右公子名職，見下。何謂右公子，則不得其詳。杜注謂「左右媵之子，因以爲號」，孔疏謂「此左右公子，蓋宣公之兄弟也」，皆不知何據。爲之娶於齊，而美，公取之。詩邶風新臺序云：「新臺，刺衞宣公也。納伋之妻，作新臺于河上而要之，國人惡之，而作是詩也。」衞世家亦載此事。生壽及朔。屬壽於左公子。夷姜縊。宣姜與公子朔構急子。宣姜，卽齊女。構，謂進讒言以挑撥離間。詩小雅青蠅「讒言罔極，構我二人」，可以爲證。衞世家云「讒惡太子伋」，以讒惡解「構」字，甚確。公使諸齊。使盜待諸莘，將殺之。莘，衞地，爲衞、齊兩國邊界，其地狹隘，故詩邶風二子乘舟毛傳云「公令伋之齊，使賊先待於隘而殺之」。莘當在今山東省莘縣北八里。衞世家云：「宣公自以其奪太子妻也，心惡太子，欲廢之。及聞其惡，大怒，乃使太子伋於齊，而令盜遮界上殺之。與太子白旄，而告界盜，見持白旄者殺之。」甚詳贍。壽子告之，使行。行，猶逃走。不可，曰：「棄父之命，惡用子矣？有無父之國則可也。」及行，飲以酒。壽子載其旌以先，盜殺之。急子至，曰：「我之求也，此何罪？請殺我乎！」又殺之。詩二子乘舟序云：「二子乘舟，思伋、壽也。衞宣公之二子，爭相爲死，國人傷而思之，作是詩也。」若如毛詩說，則伋與壽之適於齊，蓋由水道。列女傳卷七及新序節士篇俱載此事，與左傳各有不同。衞宣立於隱公四年，死于桓公十二年，在位十九年。若壽生於在位後二、三年，則年十七、八矣。二公子故怨惠公。二公子，右公子與左公子也。衞世家云「左、右公子不平朔之立也」云云。

十一月，左公子洩、右公子職立公子黔牟。公羊傳莊公三年何休注云：「衞朔背叛出奔，天子新立衞公子留。」徐彥疏云：「世本及史記並有其事。」則公子黔牟亦名留，且爲周莊王所支持。惠公奔齊。惠公卽公子朔，齊爲其母舅家。

十有七年，丙戌，公元前六九五年。周莊王二年、齊襄三年、晉緡十年、曲沃武公二十一年、衞惠五年、黔牟元年、蔡桓二十年、鄭厲六年、昭二年、曹莊七年、陳莊五年、杞靖九年、宋莊十五年、秦武三年、楚武四十六年、許穆三年。

經

【一七·一】十有七年春正月丙辰，此年仍建丑，冬至在去年閏十二月十日甲申。丙辰，十三日。公會齊侯、紀侯盟于黃。黃當卽宣八年傳「公子遂如齊，至黃乃復」之黃，爲由魯至齊所經過之地。據水經注，當時之昌國縣有黃山、黃阜，或卽春秋黃之故地，則其地當在山東省廢淄川縣城（今爲淄川鎮）之東北。若以今之黃縣當之，則距齊、魯、紀三國均太遠，恐誤。互詳宣八年經注。

一七·二　二月丙午，二月無丙午，日或月必有一誤。公會邾儀父，盟于趡。「會」，公羊、穀梁俱作「及」，則當作一句讀。左氏經例，會是一事，盟又是一事；有會而不盟者，亦有既會且盟者，故此作兩句讀。趡音崔上聲，魯國地名，當在今山東省泗水縣與鄒縣之間。

一七·三　夏五月丙午，丙午，五日。及齊師戰于奚。孔穎達左氏序疏云：「桓十七年五月無夏，昭十年十二月無冬」，則孔所據本無「夏」字。唐石經、宋本亦無「夏」字。公羊亦無「夏」字。惟穀梁有「夏」字。依經例當有「夏」字。「奚」，穀梁作「郎」，郎蓋「郎」之誤字。郎、奚同音，穀梁假郎爲奚，詳臧壽恭春秋左傳古義及葉德輝說文讀若考卷三。奚，當在今山東省滕縣南六十里之奚公山下。

一七·四　六月丁丑，丁丑，六日。蔡侯封人卒。

一七·五　秋八月，蔡季自陳歸于蔡。成公十八年傳云「諸侯納之曰歸」，則蔡季之立，雖蔡召之，亦由陳國納之。

一七·六　癸巳，癸巳，二十三日。葬蔡桓侯。無傳。諸侯之卒，例書其爵，而葬則一律稱公。今不曰蔡桓公而曰蔡桓侯，據史記，蔡國歷代君主皆稱侯，此或仍其舊稱。然宣十七年經亦書「葬蔡文公」。

一七·七　及宋人、衛人伐邾。

一七·八　冬十月朔，日有食之。詳傳注。

傳

一七・一 十七年春，盟于黃，平齊、紀，齊欲滅紀，十三年紀又隨魯、鄭敗齊師，故魯爲間以使兩國和好。且謀衞故也。衞逐惠公，惠公奔齊，齊欲納之。

一七・二 及邾儀父盟于趡，尋蔑之盟也。蔑盟在隱公元年。

一七・三 夏，及齊師戰于奚，疆事也。此爲邊疆間局部戰爭。於是齊人侵魯疆，於是，於此時。疆吏來告。公曰：「疆埸之事，埸音易，邊境也。疆埸爲同義連綿詞。慎守其一，邊疆爲兩國或數國土地交接處，其一者，本國境界。而備其不虞。備爲預備、戒備之義。不虞，猶言意外，指他國之突然侵襲。隱五年傳云：「不備不虞，不可以師。」姑盡所備焉。事至而戰，事，戎事，指他國之武力。又何謁焉？」謁，請也，告也，猶言報告請示。魯桓意謂鄰國來侵犯，可自行抵抗，不必事先請示。

一七・四 蔡桓侯卒。蔡人召蔡季于陳。

一七・五 秋，蔡季自陳歸于蔡，蔡人嘉之也。蔡世家云「桓侯卒，弟哀侯獻舞立」，則蔡季者，哀侯獻舞也。

一七・六 伐邾，宋志也。魯背趡盟而用兵于邾，蓋屈從宋國意願之故。宋之伐邾，或報隱五年邾、鄭伐宋之役。

一七・七 冬十月朔，日有食之。不書日，官失之也。依長曆推之，是日爲庚午，入食限，相當公元前六九五年十月十日之日環食。朱文鑫、何幼琦皆以爲在周十一月，何且謂庚午朔。天子有日官，諸侯有日御。日官居卿以底日，禮也。「底」本作「厎」，今從校勘記訂正。居猶處也。天子日官蓋卽太史，職掌天象，朝位特尊，雖不在六卿之數，而位從卿。賈子新書保傅篇謂史佚爲少師，大戴禮記保傅篇亦謂史佚爲承，或卽史官居卿之義。說詳周禮春官太史孫詒讓正義。厎音旨，致也，周禮春官典瑞所謂「土圭以致四時日月」、馮相氏所謂「冬夏致日，春秋致月」是也。古代以土圭測日影，度其影之至與不至，用以推知日月之行，寒暑之候，此卽致。日御不失日，以授百官于朝。天子之日官定曆以頒于諸侯，諸侯之日御奉之以授百官。

一七·八 初，鄭伯將以高渠彌爲卿，桓五年鄭與周王之戰，高渠彌曾以中軍奉鄭莊公。昭公惡之，固諫，不聽。昭公立，懼其殺己也，辛卯，辛卯，十月二十二日。弑昭公，而立公子亹。亹音尾。韓非子難四篇全用此文，「亹」作「亶」，蓋因形近而訛。鄭世家云：「昭公二年，自昭公爲太子時，父莊公欲以高渠彌爲卿，太子忽惡之，莊公弗聽，卒用渠彌爲卿。及昭公卽位，懼其殺己，冬十月辛卯，渠彌與昭公出獵，射殺昭公于野。祭仲與渠彌不敢入厲公，乃更立昭公弟子亹爲君，是爲子亹也。無謚號。」

君子謂「昭公知所惡矣」。韓非子難四篇說此句云：「君子之舉（稱也）『知所惡』，非甚之也，曰：知之若是其明也，而不行誅焉，以及於死，故曰『知所惡』，以見其無權也。」公子達曰：杜預以公子達爲魯大夫，然此人不再見於傳，不知杜何據。韓非子難四篇作「公子圉」。「高伯其爲戮乎！高伯，伯蓋渠彌之字，所謂五十以伯仲也。其，將也。爲，表被動。復惡已甚矣。」復，報復。報惡猶報怨。已，太也。

十有八年，丁亥，公元前六九四年。周莊王三年、齊襄四年、晉緡十一年、曲沃武公二十二年、衞惠六年、黔牟二年、蔡哀侯獻舞元年、鄭厲七年、子亹元年、曹莊八年、陳莊六年、杞靖十年、宋莊十六年、秦武四年、楚武四十七年、許穆四年。

經

〔一八·一〕十有八年春王正月，冬至在去年十二月二十二日庚寅，今年仍建丑。公會齊侯于濼。濼音洛，今山東省濟南市西北之洛口。公與夫人姜氏遂如齊。管子大匡篇述此事云：「遂以文姜會齊侯於濼。」則濼之會，文姜亦同行，唯未參與會禮。公羊公字下無「與」字，唐石經、穀梁亦無「與」字。段玉裁謂左氏經之「與」字疑俗人增之，春秋書「及」、書「暨」，未有書「與」者。

〔一八·二〕夏四月丙子，丙子，十日。公薨于齊。桓公實被殺，而經書「薨」，蓋諱之。

〔一八·三〕丁酉，丁酉，五月朔日。公之喪至自齊。無傳。書之者，告于祖廟也。喪，尸體，已入柩。

〔一八·四〕秋七月。

〔一八·五〕冬十有二月己丑，己丑，二十七日。葬我君桓公。無傳。九月乃葬，杜注以爲緩。阮芝生杜注拾遺則謂「桓公見戕鄰國，往返踰時，嗣子幼弱，國家多故，安得復拘此例五月而葬，蓋有不得已者」。

傳

〔一八·一〕十八年春，公將有行，遂與姜氏如齊。此未行時之計議也。申繻曰：繻音須，又音儒。申繻，魯大夫。管子大匡篇作「申俞」。俞、繻古音同在侯部。列女傳孽嬖傳仍作「申繻」。「女有家，男有室，無相瀆也。孟子滕文公下云：「丈夫生而願爲之有室，女子生而願爲之有家。」禮記曲禮上云：「三十曰壯有室。」鄭注云：「有室，有妻也。妻稱室。」則家室猶夫妻也。瀆，慢也，易也，褻也。意謂男各有妻，女各有夫，宜界限謹嚴，不得輕易而褻瀆之。謂之有禮。易此，必敗。」易猶違反。文姜與齊襄公關係曖昧，不自此時始。

公會齊侯于濼，遂及文姜如齊。齊侯通焉。通猶今言通奸。昭二十年傳「公子朝通乎襄夫人宣姜」，詩鄘風牆有茨序云「公子頑通乎君母」，是以下淫上也；襄二十五年傳云「齊棠公之妻，東郭偃之姊也」，「莊公通焉」，三十年傳云「蔡景侯爲太子般娶于楚，通焉」，是以上淫下也。此則兄妹通姦，故服虔云：「凡淫曰通。」齊世家云：「四年，魯桓公與夫人如齊。齊襄公故嘗私通魯夫人。魯夫人者，襄公女弟也。自釐公時，嫁爲魯桓公婦。及桓公來，而襄公復通焉。」此則謂齊襄與文姜本已私通。詩齊風敝笱序、南山序亦記此事。公謫之。謫音摘。責也，怒也，罪也。以告。文姜以此告齊襄公。

夏四月丙子，享公。使公子彭生乘公，乘，去聲，助其登車。公薨于車。公羊莊元年傳云：「夫人譖公于齊侯曰：公曰『同非吾子，齊侯之子也』。齊侯怒，與之飲酒。於其出焉，使公子彭生送之；於其乘焉，搚幹而殺之。」齊世家云：「使力士彭生抱上魯君車，因拉殺魯桓公。桓公下車，則死矣。」

魯人告于齊曰：「寡君畏君之威，不敢寧居，來修舊好。禮成而不反，無所歸咎，惡於諸侯。請以彭生除之。」齊人殺彭生。管子大匡篇所述與左傳同，但其末又云：「豎曼曰：『賢者死忠以振疑，百姓寓焉；智者究理而長慮，身得免焉。今彭生二於君，無盡言，而諛行以戲我君，使我君失親戚之禮命，又力成我君之禍，以搆二國之怨。彭生其得免乎？禍理屬焉。夫君以怒遂禍，不畏惡親聞容，昏生無醜也。豈及彭生而能止之哉？魯若有誅，必以彭生爲說。』二月，魯人告齊曰：『寡君畏君之威，不敢寧居，來修舊好。禮成而不反，無所歸死。請以彭生除之。』齊人爲殺彭生，以謝於魯。」豎曼所云與長沙馬王堆三號墓出土帛書春秋事語醫寧之語大體一致。

【一八．二】秋，齊侯師于首止；首止，衞地，近於鄭。當在今河南省睢縣東南。子亹會之，高渠彌相。相，去聲，爲助手。古代行朝聘、盟會、享讌、祭祀等禮儀，必有襄助之人。其人曰相，其事曰相禮，宣十六年傳「原襄公相禮」是也；亦省曰相，此是也。七月戊戌，戊戌，三日。齊人殺子亹，鄭世家云：「子亹自齊襄公爲公子之時，嘗會鬭相仇。及會諸侯，祭仲請子亹無行。子亹曰：『齊彊而厲公居櫟，卽不往，是率諸侯伐我，納厲公。我不如往。往，何遽必辱？且又何至是！』卒行。子亹至，不謝齊侯。齊侯怒，遂伏甲而殺子亹。」然春秋啖趙集傳纂例一引劉貺書引紀年及釋，云：「鄭殺其君某。」釋云：「是子亹。」則子亹爲鄭所殺矣。而轘高渠彌。轘音患，以車裂人使肢體分散之刑，史記龜策列傳所謂「頭懸車軫，四馬曳行」者也。鄭世家謂高渠彌逃亡回鄭，且與祭仲謀立子儀，與傳不同，司馬遷或採異說。祭仲逆鄭子于陳而立之。杜注：「鄭子，昭公弟子儀也。」一九一八年新鄭鄭墓出土王子嬰次鑪，郭沫若兩周金文辭大系考釋謂卽子儀之器，恐不確。子儀，鄭世家謂之公子嬰。

是行也，祭仲知之，故稱疾不往。鄭世家詳述此事。人曰：「祭仲以知免。」謂祭仲預料子亹之將被殺，己亦可能牽及，因稱病不往。仲曰：「信也。」信也猶言誠然。

一八・三　周公欲弒莊王而立王子克。莊王，桓王太子。王子克，莊王弟子儀。虢公既于十年出奔虞，則周公黑肩獨執周政。辛伯告王，辛伯，周大夫。遂與王殺周公黑肩。王子克奔燕。莊王四年爲魯莊元年，左傳列于此年末者，蓋傳用夏正。此燕亦爲南燕。

初，子儀有寵於桓王，桓王屬諸周公。辛伯諫曰：辛伯諫周公。「並后、匹嫡、兩政、耦國，亂之本也。」並后，妾如后。匹嫡，庶子同於嫡子。兩政，政謂正卿，朝廷之臣執宰相之權者二人。耦國，大城市足與國都相抗衡，所謂「都城過百雉，國之害也」。閔二年傳狐突之言曰：「昔辛伯諗周桓公云：『內寵並后，外寵二政，嬖子配適，大都耦國，亂之本也。』」韓非子說疑篇：「故曰，孽有擬適之子，配有擬妻之妾，廷有擬相之臣，臣有擬主之寵，此四者，國之所危也。故曰，內寵並后，外寵貳政，枝子配適，大臣擬主，亂之道也。故周記曰：『無尊妾而卑妻，無孽適子而尊小枝，無尊嬖臣而匹正卿，無尊大臣以擬其主也。』」管子君臣下篇云：「內有疑妻之妾，此宮亂也；庶有疑適之子，此家亂也；朝有疑相之臣，此國亂也；任官無能，此衆亂也。」語意皆與此同。惟韓非與管子不言大都耦國，蓋戰國以後書。說參王引之述聞。周公弗從，故及。閔二年傳云：「周公弗從，故及於難。」古人及于禍難曰及，不及于禍難曰不及，僖十年傳「故不及」，亦謂不及於難。

春秋左傳注

莊公

名同。桓公子，生於桓公六年。母爲文姜。

元年，戊子，公元前六九三年。周莊王四年、齊襄五年、晉緡十二年、曲沃武公二十三年、衞惠七年、黔牟三年、蔡哀二年、鄭厲八年、子儀元年、曹莊九年、陳莊七年、杞靖十一年、宋莊十七年、秦武五年、楚武四十八年、許穆五年。

經

一・一 元年春王正月。此年建子，正月初三乙未冬至，是年有閏。

一・二 三月，夫人孫于齊。孫同遜。當時人若言及國君或夫人之奔，不言奔而言遜。奔是直言其事，遜是婉曲成辭。

一・三 夏，單伯送王姬。無傳。單音善，天子畿内地名。單伯，天子之卿，世仕三朝，比及文公之世皆稱單伯，成公以下常稱單子。窓齋集古録有揚設，銘云「司徒𠭯伯」，𠭯伯即單伯，吴大澂釋爲「留伯」，誤。單伯之爲周人，而非魯大夫，於此得確證。説詳楊樹達先生積微居金文説揚設跋。又據宋呂大臨考古圖，黄河岸崩，曾於河清（今河南孟縣西南五十里）得彝器十數物，皆曰「單作從彝」。郭沫若金文餘釋之餘壹卣因云「單乃成周畿内采邑」，亦即此單。「送」，公羊、穀梁作「逆」，蓋字之誤。説詳毛奇齡簡書刊誤、趙坦異文箋。王姬者，周王之女之通稱。天子嫁女於諸侯，必使同姓諸侯爲之主，已不主婚，以天子與諸侯尊卑不稱故也。周王將嫁女於齊，魯侯主婚，故天子之卿單伯送女來魯，以備出嫁。此王姬當是周平王之孫女，嫁與齊襄公或齊桓公（指莊十一年冬王姬歸於齊），故詩召南何彼襛矣詠之曰「平王之孫，齊侯之子」。説詳日知録集釋卷三。

一·四　秋，築王姬之館于外。館，舍也。

一·五　冬十月乙亥，乙亥，十七日。陳侯林卒。無傳。陳侯林即陳莊公，明年二月葬。

一·六　王使榮叔來錫桓公命。無傳。榮叔，周大夫。厲王時周有卿士榮夷公，見周語上，此當是其後。錫，賜也。春秋之世，周天子賜諸侯命，有在即位時賜之者，於魯文公、晉惠公是也；有即位後八年始賜之者，於魯成公是也；於齊靈公，則天子將婚於齊乃賜之；於魯桓公、衞襄公則既葬乃賜之。襄公十四年傳載有命齊靈之辭，昭七年傳載有追命衞襄公之辭。此賜桓公命，亦追命，其辭當與追命衞襄公者相近。互詳僖十一年傳注。

一·七　王姬歸於齊。無傳。

一·八　齊師遷紀郱、鄑、郚。無傳。郱、鄑、郚爲紀國邑名，齊欲滅紀，故遷徙其民而奪取其地。郱音瓶，故城當在今山東省安丘縣西。鄑音貲，故城當在今山東省昌邑縣西北二十里。郚音吾，故城當在今安丘縣西南六十里。史記秦始皇本紀正義引竹書云：「齊襄公滅紀郱、鄑、郚。」

傳

〔一〕元年春，不稱卽位，文姜出故也。魯世家云：「莊公母夫人因留齊，不敢歸魯。」則桓公之喪至自齊，文姜未隨喪歸。及莊公卽位，文姜猶未歸。然下文云「三月，夫人孫于齊」，則文姜於莊公卽位後一度回魯，故詩齊風南山序鄭玄箋云：「夫人久留於齊，莊公卽位後乃來。」文姜回魯而不書者，前人以爲由於不告祖廟之故。石韞玉讀左卮言則以爲「夫人之禮降於君」。文九年三月亦書「夫人姜氏至自齊」。夫人書「至」雖僅此一次，然夫人亦可書「至」，其禮當如此。石氏說不可信。

〔二〕三月，夫人孫于齊。不稱姜氏，絕不爲親，禮也。公羊傳云：「夫人固在齊矣，其言遜于齊何？念母也。」此蓋臆說。孔穎達正義駁之云：「史之所書，據實而錄，未有虛書其事者也。夫人若遂不還，則孫已久矣，何故至是三月始言孫于齊乎？」孔駁是也。絕不爲親者，以文姜有殺夫之罪，莊公宜慟父之被殺而絕母子之親，說苑所謂「絕文姜之屬，而不爲不愛其母」，此卽所謂「禮也」。

〔三〕秋，築王姬之館于外。于外者，孔疏引鄭玄箴膏肓云：「宮廟、朝廷各有定處，無所館天子之女，故宜築于宮外。」是以「外」爲宮外。然昭元年傳云：「楚公子圍聘於鄭，且娶於公孫段氏，伍舉爲介。將入館，鄭人惡之，使行人子羽與之言，乃館於外。」注云「舍城外」，則是單言「外」者，謂城外也。故孔疏亦謂此爲城外。**爲外，禮也。**此「外」字與上文「于外」之「外」不同。上條云「絕不爲親，禮也」，此云「爲外，禮也」，兩句相應。親指文姜，外指王姬。王姬非魯女，故云外。意謂爲外女禮當築室於城外也。說詳于鬯香草校書。俞樾古書疑義舉例卷一謂「爲外」即「于外」，不確。

二年，己丑，公元前六九二年。周莊王五年、齊襄六年、晉緡十三年、曲沃武公二十四年、衞惠八年、黔牟四年、蔡哀三年、鄭厲九年、子儀二年、曹莊十年、陳宣公杵臼元年、杞靖十二年、宋莊十八年、秦武六年、楚武四十九年、許穆六年。

經

二・一　**二年春王二月，**去年閏十二月十四日庚子冬至，此年又建丑。**葬陳莊公。**無傳。

二・二　**夏，公子慶父帥師伐於餘丘。**無傳。公羊「於餘丘」無「於」字。公子慶父，據公羊莊二十七年及三十二年傳，是莊公之母弟。魯世家亦云：「莊公有三弟，長曰慶父，次曰叔牙，次曰季友。」惟杜預以爲是年莊公年十五，慶父若爲其弟，年更幼小，又無晉悼公、王孫滿自小聰明之文，不能統軍，因以爲是莊公庶兄。陳立公羊義疏云：「慶父年幼將兵，本不必實有統兵之能，虛假其名，以爲統帥，當時自必有撫軍之人。」理或然也。於餘丘，公羊、穀梁以爲邾國之邑名，杜預注則以爲國名。孔疏謂春秋之例未有伐人之邑而不繫國者，此無所繫，故知是國。蓋近魯小國也。毛奇齡春秋傳謂此可與成公三年「晉郤克、衞孫良夫伐廧咎如」相比，廧咎如亦夷狄小國也。於餘丘之地未能確知。俞皐春秋集傳釋義大成謂在章丘縣（今屬山東省），高士奇春秋地名考略謂在今臨沂縣境。高説近是。

二・三 秋七月，齊王姬卒。無傳。禮記檀弓下云：「齊穀王姬之喪，魯莊公爲之大功。或曰：由魯嫁，故爲之服姊妹之服。或曰：外祖母也，故爲之服。」鄭玄注云：「穀當爲告，聲之誤也。王姬，周女，齊襄公之夫人。春秋周女由魯嫁，卒，服之如內女服姊妹是也。天子爲之無服。嫁於王者之後，乃服之。莊公，齊襄公女弟文姜之子，當爲舅之妻，非外祖母也。外祖母又小功也。」

二・四 冬十有二月，夫人姜氏會齊侯于禚。禚音酌，公羊作「郜」。齊國地名。據莊四年及定九年傳，當爲齊、魯、衞三國分界之地，疑在今山東省長清縣境內。

二・五 乙酉，乙酉，四日。宋公馮卒。無傳。

傳

二・一 二年冬，夫人姜氏會齊侯于禚。書，姦也。文姜於去年三月奔齊，今年冬會齊侯，歷時一年有半，似曾返魯。文姜返魯而不書，詳去年經注。書姦也者，杜預以爲意出自夫人；七年傳云：「文姜會齊侯于防，齊志也。」齊志也者，杜預以爲意出自齊侯。

三年，庚寅，公元前六九一年。周莊王六年、齊襄七年、晉緡十四年、曲沃武公二十五年、衞惠九年、黔牟五年、蔡哀四年、鄭厲十年、子儀三年、曹莊十一年、陳宣二年、杞靖十三年、宋閔公捷元年、秦武七年、楚武五十年、許穆七年。

經

三·一　三年春王正月，去年十二月二十四日乙巳冬至，建丑，有閏。溺會齊師伐衞。溺，魯大夫。詳傳注。

三·二　夏四月，葬宋莊公。無傳。

三·三　五月，葬桓王。

三·四　秋，紀季以酅入于齊。紀季，紀侯弟。史例，諸侯之弟類以仲、叔、季稱，共仲、許叔、蔡季是也。秦始皇本紀贊云「紀季以酅，春秋不名」，則「季」非名可知。酅音擕，紀國邑名，當在今山東省淄博市東，與壽光縣相近。

三·五　冬，公次于滑。「滑」，公羊、穀梁皆作「郎」。滑，鄭國地名，當在今河南省睢縣西北。同時另有滑國，則當今之河南省偃師縣之緱氏鎮。東西相距甚遠，魯莊公無由到此，毛奇齡春秋傳混而一之，誤。

傳

三·一　三年春，溺會齊師伐衞，疾之也。隱四年傳云：「故書曰『翬帥師，疾之也』。」疾之者，嫌惡公子翬專命而行也。此亦當同，故漢書五行志引劉歆之説云：「魯公子溺專政會齊以犯王命。」劉歆治左氏，此當是左氏古義。穀梁傳則云：「溺者何也？公子溺也。其不稱公子何也？惡其會仇讎而伐同姓，故貶而名之也。」此自是穀梁義，與左氏義不同，宜分別觀之。

三・二 **夏五月，葬桓王，緩也。** 杜注：「以桓十五年三月崩，七年乃葬，故曰緩。」章炳麟左傳讀則云：「緩至七年始葬，情理所無。公羊傳云『改葬也』。蓋緩本借爲爰，僖十五年『爰田』，服注：『爰，易也。』小爾雅廣詁同。書盤庚『既爰宅于茲』，義亦同。『海鳥爰居』，能避風而他適，是亦易居之義也。然則爰者，卽爰土易居之訓，正謂改葬也。」說雖辯，恐非左氏義。

三・三 **秋，紀季以酅入于齊，紀於是乎始判。** 判，分也。紀分爲二，紀侯居紀，紀季以酅入齊而爲附庸。莊十二年經云：「紀叔姬歸于酅。」則知紀季入齊，猶奉紀祀。國語齊語述齊桓公初年正其封疆云「地南至於岱陰（岱陰或作鮐陰），西至於濟，北至於河，東至於紀酅」是也。

三・四 **冬，公次于滑，將會鄭伯，謀紀故也。鄭伯辭以難。** 齊之欲滅紀，蓋紀國處於齊都臨淄之東南，相距不過百餘里，齊欲擴張，非併紀不可。紀之不能保存，其情勢然也。紀侯雖多次向魯求助，魯亦多方爲之謀，十餘年間，經、傳屢書。今則紀岌岌可危，魯求助於鄭伯。鄭伯，卽子儀。鄭伯辭以難，蓋厲公居櫟，虎視眈眈，謀欲入鄭，子儀自顧不暇，不能與齊大國爲敵也。難，去聲，國有禍難。此從釋文讀，義固如此。

凡師，一宿爲舍，再宿爲信，過信爲次。 「凡師」以下，金澤文庫本有「出」字。一宿爲舍者，古代師行一日三十里，三十里爲一舍，故一宿亦爲舍。詩周頌有客：「有客宿宿，有客信信。」毛傳云「一宿爲宿，再宿爲信」，則舍亦可謂之宿。諸侯之出，必以師從，故傳以師出釋經之次字。其實不必師出，凡出過三宿俱可謂之次，昭二十八年經「公如晉，次于乾侯」可證。

四年，辛卯，公元前六九〇年。周莊王七年、齊襄八年、晉緡十五年、曲沃武公二十六年、衞惠十年、黔牟六年、蔡哀五年、鄭厲十一年、子儀四年、曹莊十二年、陳宣三年、杞靖十四年、宋閔二年、秦武八年、楚武五十一年、許穆八年。

經

四・一　四年春王二月，冬至在去年閏十二月初六辛亥，此年仍建丑。夫人姜氏享齊侯于祝丘。無傳。「享」，公羊、穀梁作「饗」。享、饗兩字古音相同，古書用此兩字，各有其條例，説詳段玉裁説文解字注及其經韻樓集。祝丘，魯地，司馬彪郡國志以當時瑯琊之卽丘當之。但卽丘故城在今山東省臨沂縣之東南，與齊境相距頗遠，恐不可信。春秋經書享者僅此一見。諸侯之相享讌者多，魯公與諸國人物亦嘗享讌，但不書於經。卽鄭伯享王、王享晉侯，經皆不書，足見夫人享齊襄公而書者，直書其事，以見其非禮。

四・二　三月，紀伯姬卒。無傳。紀伯姬，隱二年紀裂繻所迎去者。魯國君之女爲諸侯夫人者，據經、傳所載，計有九人。紀伯姬、宋共姬、紀叔姬書卒書葬，鄫季姬、子叔姬、杞叔姬僅書卒，而子叔姬、杞叔姬乃杞桓公所遺棄者；至郯伯姬、齊子叔姬、杞伯姬則不書卒，而郯伯姬、齊子叔姬亦被出而歸者也。

四·三 夏，齊侯、陳侯、鄭伯遇于垂。無傳。遇，見隱四年經並注。垂，見隱八年經並注。

四·四 紀侯大去其國。大去者，去而不返。猶婦人永歸母家曰大歸，故詩邶風燕燕疏云：「言大歸者，不返之辭。」

四·五 六月乙丑，乙丑，二十三日。齊侯葬紀伯姬。無傳。三年紀季以酅入齊，此年紀侯亦大去其國，故齊侯爲之葬伯姬。

四·六 秋七月。

四·七 冬，公及齊人狩于禚。無傳。「禚」，公羊、穀梁作「郜」。公羊、穀梁俱以齊人爲齊侯，杜注則以爲齊之微者，杜注恐無據。魯公不至與齊之賤吏共田獵。

傳

四·一 四年春王三月，楚武王荊尸，湖北雲夢縣睡虎地秦墓竹簡，有秦楚月名對照表，秦之正月，楚曰「刑夷」，于豪亮秦簡日書記時記月諸問題謂「刑夷」即「荊尸」。則「楚武王荊尸授師孑焉」作一句，楚武王正月授軍隊以戟也。見雲夢秦簡研究。疑此「荊尸」當作動詞，指軍事。授師孑焉，孑，戟也。戟爲戈矛合體之武器，柄前安置刃以刺，旁有橫刃可以勾啄，兼有勾與刺兩種作用。以戟授與軍隊，則楚軍此刻始參用戟也。以伐隨。將齊，齊同齋。授兵於太廟，故先須齋戒。入告夫人鄧曼曰：「余心蕩。」蕩，動搖也。心蕩猶言心跳、怔忡。鄧曼歎曰：「王祿盡矣。盈而蕩，天之道也。物滿必動，故盈與蕩可以連類成義，莊子天運篇有商太宰蕩而名盈。先君其知之矣，故臨武事，將發大命，大命，征伐之令也。命令古通。而蕩王心焉。若師徒無虧，王薨於行，國之福也。」王遂行，卒於樠木之下。樠音門，又音瞞，又音朗，松心木也。傳文未言卒於何地，或謂今湖北省鍾祥縣東一里有樠木山，亦名武陵，因楚武王卒於此而得名，見大事表及清一統志；或謂今湖北省應城縣南有樠池，楚武王卒於樠木卽此，見明一統志，恐皆不可信。史記年表與傳同。楚世家云：「五十一年，周召隨侯，數以立楚爲王。楚怒，以隨背己，伐隨。武王卒師中，而兵罷。」與傳損益不同，而「而兵罷」與後文所敍又異。列女傳卷三楚武鄧曼所載文與傳同。令尹鬬祁、莫敖屈重除道、梁溠，令尹，楚官名，相當後世之宰相，楚世家陳軫對昭陽之言曰「今君已爲令尹矣，此國冠之上」可證。顧棟高謂桓六年武王侵隨，其時鬬伯比當國，主謀議，不著官稱。十一年有莫敖爲尊官，未有令尹，至莊四年令尹與莫敖並稱。嗣後莫敖或設或不設，且或又設左司馬與右司馬。而令尹以次相授，至戰國時猶仍其名。其官大都以公子或嗣君爲之。除道猶開路。戰國策西周策云「除道屬之於河」，韓非子說林下「除道將內之」，呂氏春秋去宥篇「姦人除路」，高誘注云：「除猶開通也。」梁，橋也，此作動詞用，修築橋梁之意。溠，音乍，水名，亦曰扶恭河，亦曰洑恭河，源出隨縣西北雞鳴山，南流注於涓水。梁溠，於溠水築橋。營軍臨隨，營亦動詞，營軍，爲軍隊築營壘也。楚武王新薨，軍欲速退，而祕不發喪，開道築橋，建築營壘，佯示敵人以久戰之計，促使敵人不戰而降，此應變之方。或曰營讀環，謂圍其四周。臨隨，兵臨隨國都下。隨人懼，行成。行成猶言求和。莫敖以王命入盟隨侯，且請爲會於漢汭，而還。漢卽今之漢水。杜注謂漢汭卽漢西，此時楚尚未有漢水，楚在漢水之西，隨在漢水之東，孔穎達疏謂「莫敖既與隨侯盟，且又請隨侯與楚爲會禮於漢水之汭，而後還楚」。濟漢而後發喪。孔疏又謂「會訖，隨侯因濟漢還國而後發王喪」。

四·二 紀侯不能下齊，以與紀季。下齊，屈己以服屬齊。宣十二年傳「其君能下人」，句法與此同。以與紀季者，紀自紀季以酅入齊後，已分爲二，此時紀侯又以其半與之也。夏，紀侯大去其國，違齊難也。違，避也。年表云：「齊襄八年伐紀，去其都邑。」然則紀侯之離國，由齊伐之。禮記曲禮下「國君去其國」，正義引五經異議云：「左傳說，昔大王居豳，狄人攻之，乃踰梁山，邑於岐山，故知有去國之義也。」公羊以爲齊襄公九世祖哀公，爲紀侯所譖，被烹於周，齊襄復仇而滅之。蘇轍春秋集解已疑其不可信。

五年，壬辰，公元前六八九年。周莊王八年、齊襄九年、晉緡十六年、曲沃武公二十七年、衞惠十一年、黔牟七年、蔡哀六年、鄭厲十二年、子儀五年、曹莊十三年、陳宣四年、杞靖十五年、宋閔三年、秦武九年、楚文王熊貲元年、許穆九年。

經

五·一 五年春王正月。冬至在去年十二月十七日丙辰，此年仍建丑。

五·二 夏，夫人姜氏如齊師。無傳。齊師，孔疏疑爲齊侯疆理紀地，有師在紀。于鬯香草校書駁之，謂爲齊伐衞之師。冬伐衞，而齊與師在夏，故夫人得夏如齊師。未詳孰是。

五·三　秋，郳犂來來朝。「郳」，公羊作「倪」；「犂」，穀梁作「黎」。倪與郳，犂與黎，字均得通假。據潛夫論志氏姓、孔疏所引世本及杜預世族譜，郳爲附庸國，其先世出於邾。邾君名顏字夷父者，有小子曰肥（世族譜作「友」，今有邾友父鬲，當卽此人），邾顏封之於郳。犂來，肥之曾孫也。其後附從齊桓公以尊周室，周室命之爲小邾子。穆公之孫惠公以下春秋後六世，而楚滅之。郳與小邾一地二名。郳，據顧棟高大事表，當在今山東省滕縣東六里。然據太平寰宇記沂州承縣條，則當在今山東嶧城鎮西北一里。兩者相距百餘里，未詳孰是。卜辭兩見「兒白（伯）」，一見鐵雲藏龜，一見殷墟書契後篇，或云卽此郳國，不確。又有「郳始鬲」。方濬益綴遺齋彝器考釋卷二十七云：「郳始當是郳之夫人、始姓之女。」

五·四　冬，公會齊人、宋人、陳人、蔡人伐衞。齊人、宋人，穀梁傳謂卽齊侯、宋公。

傳

五·一　五年秋，郳犂來來朝。名，未王命也。犂來，詳經注。爲附庸之國，此時猶未得周室之命，故稱名。

五·二　冬，伐衞，納惠公也。衞惠公朔於桓公十六年奔齊，故齊侯會諸侯之師以謀納之。

六年，癸巳，公元前六八八年。周莊王九年、齊襄十年、晉緡十七年、曲沃武公二十八年、衞惠十二年、黔牟八年、蔡哀七年、鄭厲十三年、子儀六年、曹莊十四年、陳宣五年、杞靖十六年、宋閔四年、秦武十年、楚文二年、許穆十年。

經

六・一 六年春王正月，去年十二月二十八日辛酉冬至，此年仍建丑。王人子突救衛。「正月」，公羊、穀梁俱作「三月」。王人猶言周王室之官。子突不知是名或字，正義謂「春秋之世，二字而子在上者皆是字」，未必盡然。左傳有王子朝、宋子朝、宋子哀，皆是其名。春秋書救始於此。

六・二 夏六月，衛侯朔入于衛。

六・三 秋，公至自伐衛。無傳。告廟，故書。

六・四 螟。無傳。

六・五 冬，齊人來歸衛俘。「俘」，公羊、穀梁俱作「寶」。左傳亦云「齊人來歸衛寶」，杜注疑此「俘」是誤字，孔疏謂古文保作保，即寶字，因而致誤，段玉裁左氏古經注謂「古者用兵所獲，人民器械皆曰俘，此所歸者寶器，故左傳以寶釋經之俘」。張聰咸杜注辨證亦謂「獲寶物亦得稱俘，周書世俘解『武王俘商舊玉億有百萬』，此明證也」云云。其實俘、保、寶古音皆近，得相通假。

傳

六・一 六年春，王人救衛。當與上年傳「冬，伐衛，納惠公也」連讀。

夏，衞侯入，衞侯入，承上年經、傳齊、魯、宋、陳、蔡諸國之師伐衞納惠公而言。**放公子黔牟于周，放甯跪于秦，**放，放逐也，流之於遠方也。甯跪，衞大夫。據世族譜，爲甯速之子。至哀公四年之甯跪，則世族譜列之於雜人，年代亦不相及。黔牟之立，見桓十六年傳。**殺左公子洩、右公子職，乃卽位。**衞世家云：「衞君黔牟立八年，齊襄公率諸侯奉王命共伐衞，納惠公，誅左、右公子，衞君黔牟犇于周。惠公復立。惠公立三年出亡，亡八年復入，與前通年凡十三年矣。」案之左傳，齊率諸侯之師伐衞，納衞惠公，而周莊王命子突救之，則諸侯之師顯與王命相違，而史記云「奉王命」，恐不確。年表繫此事於七年及八年。七年云：「齊立惠公，黔牟奔周。」八年云：「衞公朔復入。」依年表所計，與世家「與前通年凡十三年」之數合。但衞世家云黔牟立八年，則與左傳合。蓋太史公所據史料有矛盾處，於年表與世家有依有違。

君子以二公子之立黔牟「爲不度矣。事見桓十六年傳。不度卽下文不度於本末。**夫能固位者，必度於本末，而後立衷焉。**呂氏春秋適音篇云「衷也者，適也。以適聽適，則和矣」，則衷有和適之義。意謂凡立君而能固其位，必於立其人之先，揣度其本末，而後選擇適當方法、適當時機而行。前人解本末者多矣，如孔疏云「度其本者謂其人才德賢善、根本牢固；度其末者，謂其久終能保有邦國，蕃育子孫，知其堪能自固」。又引劉炫云：「度其本，謂思所立之人有母氏之寵，有先君之愛，有彊臣之援，爲國人所信服也；度其末，謂思所立之人有度量，有知謀，有治術，爲下民所愛樂也。」沈欽韓補注云：「度其本者，其人於義當立者也；度其末者，其人立後能安固國家者也。」劉炫之解太實，沈說近之。**不知其本，不謀；**不知其本，猶言其本之不足與立也。不謀，不爲之謀也。顧炎武謂不謀猶言失計，則與下文弗彊不類，非。知本之不枝，弗彊。本枝，根本與枝葉。本之不枝，猶言雖有根，而不生枝葉；即其人雖當立，然而孤立無助，不能安國家，固後世。弗彊，不勉彊爲之也。阮芝生拾遺謂「枝猶支」，解此句意爲其本不能支持，則與上文「不知其本」之意重複。詩云：『本枝百世。』」詩大雅文王篇句。原文云：「文王孫子，本支百世。」毛傳云：「本，本宗；支，支子也。」毛傳義與詩句原旨相合。左傳蓋斷章取義。古人引詩多如此，襄公二十八年傳所謂「賦詩斷章，余取所求焉」者也。

六·二 冬，齊人來歸衞寶，定公四年傳云：「分康叔以大路、少帛、綪茷、旃旌、大呂。」衞世家云：「成王長，用事，舉康叔爲周司寇，賜衞寶祭器，以章有德。」則此所謂衞寶者，其康叔所受之寶器乎？齊襄率諸侯之師以納惠公，惠公或報以其國之寶器。文姜請之也。莊公親與齊共伐衞，事畢而還。文姜淫於齊侯，故求其所獲珍寶，使以歸魯。然公羊傳云：「其讓乎我奈何，齊侯曰：『此非寡人之力，魯侯之力也。』」與左傳不同。

六·三 楚文王伐申。申國故城在今河南省南陽市。餘詳隱元年傳注。伐申之役，巴人從楚師，見莊十八年傳。據哀十七年傳，伐申之役曾獲彭仲爽，未審即此役否。過鄧。鄧祁侯曰：「吾甥也。」楚文王蓋武王夫人鄧曼之子，鄧曼與鄧祁侯或爲兄妹，或爲姊弟，姊妹之子曰甥。祁，鄧侯之謚。衞有石祁子，亦謚也。止而享之。騅甥、聃甥、養甥請殺楚子。年表作「鄧甥曰，楚可取」云云，則太史公以三甥之甥乃親戚之稱，杜注云「皆鄧甥仕於舅氏也」，蓋本此。鄧侯弗許。三甥曰：「亡鄧國者，必此人也。若不早圖，後君噬齊。齊假爲臍，今言肚臍。噬臍，當時俗語，人不能自咬其肚臍，比喻後悔不及。章炳麟左傳讀謂齊讀爲易噬嗑九四爻辭「噬乾胏」之胏（説文作[illegible]），不可信。其及圖之乎！其，表命令祈使之語氣副詞。及，及時之省略。後又補説一句，可證。圖之，此爲時矣。」鄧侯曰：「人將不食吾餘。」此句有省略，意謂吾若於此時殺楚王，人將唾棄我。不食餘，古代俗語，賤視唾棄之意。漢書元后傳云：「受人孤寄，乘便利時，奪取其國，不復顧恩義。人如此者，狗豬不食其餘。」世説新語賢媛篇亦載卞太后罵魏文帝之言曰：「狗鼠不食汝餘，死故應爾。」對曰：「若不從三臣，抑社稷實不血食，而君焉取餘？」抑，語首詞，無義。詳王引之經傳釋詞。弗從。還年，伐申還國之年。楚子伐鄧。十六年，魯莊公十六年。楚復伐鄧，滅之。楚世家並年表並取左傳而變其辭，年歲亦與左傳合。

七年，甲午，公元前六八七年。周莊王十年、齊襄十一年、晉緡十八年、曲沃武公二十九年、衞惠十三年、蔡哀八年、鄭厲十四年、子儀七年、曹莊十五年、陳宣六年、杞靖十七年、宋閔五年、秦武十一年、楚文三年、許穆十一年。

經

七・一　七年春，建子，正月九日丙寅冬至。有閏。夫人姜氏會齊侯于防。防，見隱九年經注。

七・二　夏四月辛卯，辛卯，五日。夜，「夜」，穀梁作「昔」。昔卽夕。傳且云「日入至於星出謂之昔」，則夜與夕有所不同。恒星不見。恒星，常見之星也。穀梁楊士勛疏云：「周之四月，夏之二月，常列宿者，謂南方七宿也。」夜中，星隕如雨。「隕」，公羊作「霣」。兩字可相通假。公羊、穀梁皆謂星隕似雨。左氏義謂「與雨偕」，如，而也。法國天文數學家俾俄(Jean Baptiste 1774—1862)中國流星推爲公元前六八七年三月十六日所發生流星雨，並斷定此是世界上最古之天琴座流星雨紀事。詳陳遵嬀中國古代天文學簡史。天琴座流星雨，即近於天琴座之流星雨。我國古代關於流星雨之紀載約百八十次，其中天琴座流星雨約九次。

七·三 秋，大水。無傳。

七·四 無麥、苗。詳傳注。

七·五 冬，夫人姜氏會齊侯于穀。無傳。 穀，齊地，今山東省東阿縣舊治東阿鎮。

傳

七·一 七年春，文姜會齊侯于防，齊志也。文姜數與齊襄相會。會于齊地，則發自文姜，故傳云「書姦」；會于魯境，則齊侯之志，故傳云云。

七·二 夏，恒星不見，夜明也。此因流星雨而夜明。夜明則不見星宿，故曰「恒星不見」。星隕如雨，與雨偕也。論衡說日篇述傳作「星霣如雨，與雨偕也」，杜預亦解「偕」爲「俱」，讀「如」爲「而」。漢永始二年「二月癸未夜，星隕如雨」，亦流星雨，可證成經義。王闢之澠水燕談録卷九記北宋建隆、景祐兩次流星雨，是公非左。

七·三 秋，無麥、苗，不害嘉穀也。周正之秋，夏正之夏也。是時麥已熟，因大雨而無收，故云無麥。至黍稷尚未成禾(禾初生曰苗，秀曰禾)，故云無苗。苗漂没後，猶可更種，故云不害嘉穀。黍稷謂之嘉穀者，以供祭祀也。

八年，乙未，公元前六八六年。周莊王十一年、齊襄十二年、晉緡十九年、曲沃武公三十年、衞惠十四年、蔡哀九年、鄭厲十五年、子儀八年、曹莊十六年、陳宣七年、杞靖十八年、宋閔六年、秦武十二年、楚文四年、許穆十二年。

經

八・一 八年春王正月，冬至在去年閏十二月二十日壬申，仍建丑。師次于郎，以俟陳人、蔡人。無傳。凡師，三宿以上爲次。郎見隱元年傳注。俟陳人、蔡人者，杜預以爲期共伐郕，陳、蔡不至，故駐師于郎以待之。賈逵則用穀梁傳説，謂陳、蔡欲伐魯，故待之。孔疏駁之云：「俟者，相須同行之辭，非防寇拒敵之稱。若是畏其來伐，當謂之禦，不得稱俟，故知期共伐郕耳。何休、服虔亦言欲共伐郕。」杜注、孔疏之説近是。欲伐郕而陳、蔡終不至，故又迴師治兵大舉。

八・二 甲午，甲午，正月十三日。治兵。「治兵」，公羊作「祠兵」。五經異義引公羊説：「祠兵，祠五兵矛、戟、劍、楯、弓矢及祠蚩尤之造兵者。」鄭玄駁之云：「祠兵，公羊字之誤，以治爲祠，因而作説如此。」餘詳傳注。

八・三 夏，師及齊師圍郕。春秋書圍國者二十五次，始於此而終於哀七年之「宋人圍曹」。「郕」，公羊作「成」。郕見隱公五年經注。郕降于齊師。

八・四 秋，師還。

八・五 冬十有一月癸未，癸未，七日。齊無知弒其君諸兒。容庚頌齋吉金圖續餘載者（諸）兒觶，銘文云「者兒乍寶隮彝」，疑即齊襄公所作。

傳

八・一 八年春，治兵于廟，禮也。春秋左傳言治兵者凡十一次，其中有每三年之大講武，隱五年傳「三年而治兵，入而振旅」是也；亦有將戰前之習武，僖二十七年傳「楚子將圍宋，使子文治兵於睽」、「子玉復治兵於蔿」是也；亦可用於外交辭令而引申作用兵解，僖二十三年傳「晉、楚治兵遇於中原」及昭五年傳「寡君聞君將治兵於敝邑」是也；亦可曰治戎，成三年傳「二國治戎」、成十六年傳「今兩國治戎」是也。此爲將戰前之治兵，蓋以伐郕。然與僖二十七年楚之治兵於睽、於蔿，宣十五年晉侯治兵於稷，襄十九年楚子庚帥師治兵於汾，昭十三年晉治兵於邾南等有所不同。諸治兵皆於郊野，而此則於廟。故五經異義引左氏說，甲午治兵爲授兵於廟。則此治兵僅指授兵而言。授兵必於太廟，隱十一年傳「鄭伯將伐許，五月甲辰，授兵于大宮」可證。

八・二 夏，師及齊師圍郕。郕降于齊師。仲慶父請伐齊師。仲慶父，據魯世家爲莊公之弟。杜預以爲莊公庶兄，恐不可信。請伐齊師者，與魯同伐郕，而齊獨受郕降也。公曰：「不可。我實不德，齊師何罪？罪我之由。罪我之由，乃罪由我之倒裝句。之字無義。夏書曰：『皋陶邁種德，德，乃降。』此爲逸書文。逸書者，在漢立尚書博士所傳二十八篇之外者也。當時或尚未亡，其後始亡。僞古文尚書以此兩句入大禹謨篇。邁借爲勱，勉也。此兩句原意已不可考，莊公引此，其意若謂，皋陶勉力種樹德行，德行具備，他人自來降服。姑務修德，以待時乎！」

秋，師還。君子是以善魯莊公。

八・三 齊侯使連稱、管至父戍葵丘，連稱、管至父皆齊大夫。戍，戍守，衞戍。葵丘卽昭十一年傳「齊渠丘實殺無知」之渠丘，今山東省淄博市西有西安故城及蘧丘里，當卽其地。水經淄水注引京相璠說，謂距齊都近，無庸戍之，因以僖九年會于葵丘之葵丘當之，蓋誤，酈道元已駁之。說參高士奇春秋地名考略。瓜時而往，詩豳風七月「七月食瓜」，則瓜時謂夏正七月，周正九月。曰：「及瓜而代。」至來年食瓜季節，當使人替代也。尉繚子：「兵戍過一歲，遂亡，不候代者，法比亡軍。」是古戍兵一歲而代。期戍，期同朞，音基，一周年。時戍已一歲。公問不至。問，音訊也。請代，弗許。故謀作亂。

僖公之母弟曰夷仲年，夷是其字或謚，仲是其行第，年其名。生公孫無知，無知爲莊公之孫，故曰公孫。有寵於僖公，衣服禮秩如適。秩借爲豑，說文：「豑，爵之次第也。」禮秩猶今言待遇之等級。適，音義與嫡同。管子君臣篇云：「選爲都佼，冒之以衣服，旌之以章旗，所以重其威也。」尹知章注云：「所立之嫡，必選其都雅佼好者，又以美衣麗服覆冒之，章表旗幟旌異之，凡此皆所以重嫡子之威也。」則古嫡子之衣服、章旗與衆子、庶子不同。襄公絀之。絀借爲黜。說文：「黜，貶下也。」二人因之以作亂。謂連稱、管至父憑藉無知作亂。史記年表並齊世家、管子大匡篇、呂氏春秋貴卒篇皆據左傳述此事。

連稱有從妹在公宮，從，去聲。從妹今言伯叔妹或堂妹。在公宮，在宮爲妾。無寵，使閒公。公孫無知因連稱使閒公也。閒，去聲，與孟子離婁下「王使人瞯夫子」之瞯同，偵察情況也。曰：「捷，吾以汝爲夫人。」此公孫無知之言，齊世家乃改爲連稱之言，誤。

冬十二月，齊侯游于姑棼，姑棼卽薄姑，在今山東省博興縣東北十五里。遂田于貝丘。今博興縣南有貝中聚，當卽其地。齊世家作「沛丘」，而管子大匡篇與論衡訂鬼篇仍作「貝丘」。見大豕。從者曰：「公子彭生也。」公怒，曰：「彭生敢見！」射之。豕人立而啼。後足立地，前足懸空，如人之立。公懼，隊于車。隊同墜。傷足，喪屨。屨音句，單底之鞋，夏用葛，冬用皮爲之。反，誅屨於徒人費。誅，責也。誅屨，責其見屨也。徒人，「徒」當爲「侍」字之誤。侍人卽寺人。漢書古今人表作「寺人費」，是其明證。徧考書傳，無徒人之官。說詳王引之述聞。齊世家作「主屨者茀」。茀、費通假。弗得，鞭之，見血。走出，遇賊于門。劫而束之。費曰：「我奚御哉？」御同禦，抵禦也。其言若曰，我適被鞭，何故爲之抵禦也。章炳麟左傳讀强與齊世家比傅，解御爲驚愕，失之穿鑿。袒而示之背。古人鞭撻所施多於背，如莊子則陽篇「忌也出走，然後抶其背，折其脊」；漢書賈誼傳「行臣之計，請必係單于之頸而制其命，伏中行說而笞其背」；說文手部「撻，鄉飲酒罰不敬，撻其背」，皆可證。信之。費請先入。伏公而出，伏，藏匿也。鬭，死于門中。石之紛如死于階下。石之紛如當亦侍人，齊世家所謂公之幸臣也，亦鬭死。石之紛如之「之」字，蓋加以助音節者，莊傳有耿之不比，閔傳有舟之僑，僖傳有介之推、佚之狐、燭之武、宮之奇，文傳有文之毋畏，襄傳有上之登、夏之御寇、燭庸之越，哀傳有文之錯、孟之側，皆此類。襄傳尹公佗、庚公差，孟子離婁下作尹公之他、庚公之斯，加「之」字可證。遂入，殺孟陽于牀。孟陽當亦寺人，僞裝爲襄公寢於牀。曰：「非君也，不類。」見公之足于户下，遂弑之，而立無知。年表及齊世家皆用左傳。

初，襄公立，無常。無常，謂言行無準則，使人莫知所措。齊世家云「初襄公之醉殺魯桓公，通其夫人，殺誅數不當，淫於婦人，數欺大臣」，此是太史公所解無常之義。杜預注爲政令無常，恐不確。説詳劉文淇疏證及章炳麟左傳讀。鮑叔牙曰：國語齊語韋注云：「鮑叔，齊大夫，姒姓之後，鮑敬叔之子叔牙也。」然章炳麟據潛夫論志氏姓「齊有鮑叔世爲卿大夫」之文，謂「齊鮑氏始於鮑叔，則得氏蓋自牙始，鮑敬叔蓋譜家追稱耳」。説詳左傳讀。「君使民慢，慢，鬆弛放縱之意。阮芝生云：「此句從上『無常』看出。無常之人，朝暮百變，民情惶惑，而不知所從，則必相率而歸於慢易。蓋進退皆罪，轉不如坐以聽之，乃必然之情也。」説詳杜注拾遺。亂將作矣。」奉公子小白出奔莒。荀子宥坐篇：「孔子曰：『昔晉公子重耳霸心生於曹，越王句踐霸心生於會稽，齊桓公小白霸心生於莒。故居不隱者，思不遠；身不佚者，志不廣。』」謂重耳觀脅，句踐臣吴也。則小白亦爲莒所不禮可知。考十年傳，譚以不禮，而齊桓滅之，據管子小問篇，莒雖不滅，亦以無禮見伐矣，左傳未載耳。説詳章炳麟左傳讀。亂作，管夷吾、召忽奉公子糾來奔。據世本、莊仲山産敬仲夷吾。齊語注亦云：「管夷吾，齊卿，姬姓之後，管嚴仲（嚴仲卽莊仲，漢人避明帝諱改）之子敬仲也。」年表及魯世家並云：「子糾來奔，與管仲俱避毋知亂。」齊世家云：「初襄公之醉殺魯桓公，通其夫人，殺誅數不當，淫於婦人，數欺大臣，羣弟恐禍及，故次弟糾奔魯。——其母，魯女也。——管仲、召忽傅之；次弟小白奔莒，鮑叔傅之。」鮑叔傅小白事，管子大匡篇有所記載，然未必可信。子糾爲桓公兄，觀齊世家所敍次第自明。荀子仲尼篇、莊子盜跖篇及韓非子、説苑、越絶書皆以子糾爲兄，桓公爲弟，固不誤也。唯漢書淮南厲王傳薄昭與厲王書曰：「齊桓殺其弟以返國。」蓋其時漢文帝於淮南王爲兄，故有所避而改之。說詳梁履繩左傳補釋。

八・四 **初，公孫無知虐于雍廩。** 此與九年「雍廩殺無知」爲一傳。凡記今事而追溯其始事，則云初；記初而無今事，獨爲一傳，無此事理，此以年分傳者妄分耳。杜注云「爲殺無知傳」，知杜所據本已誤分，而杜已不知其當爲一傳矣。說詳楊樹達先生讀左傳。昭十一年傳云「齊渠丘實殺無知」，故知雍廩爲渠丘大夫。渠丘即葵丘。昭十一年疏又謂鄭衆以渠丘爲無知之邑。渠丘既爲無知之邑，又以雍廩爲其大夫者，晉封桓叔于曲沃而以欒賓傅之，鄭使許叔居許而以公孫獲佐之，楚使太子建居城父而以奮揚助之，並是一邑而有二人，則無知與雍廩同居一邑，當亦如是。說詳高士奇春秋地名考略。齊世家「齊君無知游於雍林」云云，「雍廩」作「雍林」，且以爲地名，與左傳異。然秦本紀又云「齊雍廩殺無知、管至父等」，則太史公又未嘗不以雍廩爲人名。說詳劉文淇疏證。無知又稱仲孫，見昭四年傳。

九年，丙申，公元前六八五年。周莊王十二年、齊桓公小白元年、晉緡二十年、曲沃武公三十一年、衞惠十五年、蔡哀十年、鄭厲十六年、子儀九年、曹莊十七年、陳宣八年、杞靖十九年、宋閔七年、秦武十三年、楚文五年、許穆十三年。

經

九・一 **九年春，** 正月朔丁丑冬至，建子，有閏。**齊人殺無知。** 此與隱四年「衞人殺州吁」同例，不書「君」，不以君視之。

九・二 公及齊大夫盟于蔇。「蔇」，公羊、穀梁俱作「暨」。蔇、暨通假字。春秋書魯公與大夫盟，大夫而不名者僅二例，此及文七年與趙盾盟是也。此則齊無君，文七年則晉靈公尚在抱也。

九・三 夏，公伐齊，納子糾。公羊、穀梁作「納糾」，無「子」字。臧琳經義雜記、趙坦異文箋以爲自漢至六朝以及隋、唐皆作「納糾」，今左氏作「納子糾」，乃爲唐定本所誤。然萬斯大學春秋隨筆則以爲公羊、穀梁之「納糾」而不稱「子」爲闕文，左氏經爲可據。考下經云「齊人取子糾殺之」（公羊、穀梁俱有「子」字），若此經左氏原無「子」字，杜預宜有注，而今杜氏無注，則知杜所據本必有「子」字。且上年傳云「公子糾」，而此年鮑叔之言曰，「子糾親也」，則或稱糾或稱子糾，其實一也。如楚公子元亦稱子元，鄭世子華稱子華，齊公孫明稱子明，稱子不稱子，非義例所繫。齊小白入于齊。

九・四 秋七月丁酉，丁酉，二十四日。葬齊襄公。無傳。九月乃葬，以亂故。

九・五 八月庚申，庚申，十八日。及齊師戰于乾時，乾音干。時，水名，今曰烏河，一曰耏水，又曰如水，因水色黑，一曰黑水。出臨淄西南矮槐樹鋪，舊由桓臺、博興合小清河入海；今則不與小清河合，合澅水、系水北流，西折入桓臺縣，北注入麻大湖，其歧流旱則竭涸，故其地名曰乾時。魯師戰敗處當在今臨淄鎮西南與舊桓臺縣城（今桓臺縣治已徙于舊縣東北之索鎮）之間。我師敗績。

九・六 九月，齊人取子糾殺之。

九・七 冬，浚洙。無傳。洙音朱，又音殊。洙水今爲泗水支流，一出山東省費縣北，西流入泗；一出曲阜縣北，南流合沂水以達泗，與水經注所言故道不合。故道如何，今不可考。清一統志所言，亦揣測之辭。此所浚者，當在曲阜北，蓋以備齊難。

傳

九·一 九年春，雍廩殺無知。齊世家云：「桓公元年春，齊君無知游於雍林。雍林人嘗有怨無知。及其往游，雍林人襲殺無知。告齊大夫曰：『無知弒襄公自立，臣謹行誅，唯大夫更立公子之當立者，唯命是聽。』」與傳異。管子大匡篇亦載此事，與經、傳同。

九·二 公及齊大夫盟于蔇，齊無君也。昭十三年傳叔向論齊桓曰「有莒、衛以爲外主，有國、高以爲內主」，則齊國諸大夫有小白之黨，亦有子糾之黨。莊公所與盟者，黨于子糾之齊大夫也。

九·三 夏，公伐齊，納子糾。桓公自莒先入。詳見齊世家。

九·四 秋，師及齊師戰于乾時，我師敗績。公喪戎路，傳乘而歸。戎路爲兵車。喪戎路者，棄其所乘而逃也，與宣十二年趙旃棄車而走林相類。洪亮吉左傳詁讀傳爲驛傳之傳，則以傳乘爲名詞，恐誤。傳乘之乘應是動詞。晉書輿服志云：「追鋒車去小平蓋，加通幰，如軺車，駕二。追鋒之名，蓋取其迅速也，施於戎陣之間，是爲傳乘。軺車，古之軍車。一馬曰軺車，二馬曰軺傳。」傳乘疑卽此之追鋒。或云轉乘他車，亦通。秦子、梁子以公旗辟于下道，秦子、梁子爲魯公戎路之御及戎右。辟同避。以公旗辟於下道者，欲以誘致齊師而使魯公得逃。是以皆止。止，獲也，爲齊師所俘獲。參見齊世家及管子大匡篇。

九・五 鮑叔帥師來言曰：「子糾，親也，請君討之。討，誅也，殺也。管、召，讎也，請受而甘心焉。」管仲曾射桓公，故曰讎。呂氏春秋贊能篇云：「於是乎使人告魯曰：『管夷吾，寡人之讎也，願得之而親加手焉。』」親加手以殺之卽「甘心」也。乃殺子糾于生竇。竇音豆。生竇當在今山東省菏澤縣北二十餘里。齊桓之殺子糾在其初入國時，而韓非子説林下云：「公子糾將爲亂，桓公使使者視之。使者報曰：『笑不樂，視不見，必爲亂。』乃使魯人殺之。」此恐戰國時之流傳，未必合史實。召忽死之。管仲請囚，鮑叔受之，及堂阜而稅之。堂阜，據文十五年傳「魯，爾親也，飾棺寘諸堂阜，魯必取之」之語，是知爲齊、魯交界處而地屬齊。一至齊境，卽釋管仲之縛。詳洪亮吉左傳詁。堂阜在今山東蒙陰縣西北。歸而以告曰：「管夷吾治於高傒，此謂治事之才多於高傒。傒音奚。據唐書宰相世系表，高氏出自姜氏，齊太公六世孫文公赤生公子高，高傒爲其孫，以王父字爲氏。高傒卽高敬仲，據僖十二年傳「有天子之二守國、高在」，則高氏世爲齊國上卿久矣。使相可也。」公從之。國語齊語以及管子大匡、小匡諸篇，史記齊、魯世家俱有記載，不具引。傳世有齊子中姜鎛，見潘祖蔭攀古樓彝器款識，據楊樹達先生考釋，乃鮑叔之孫所作。由此銘文，足與管晏列傳「鮑叔子孫世祿於齊，有封邑者十餘世」及呂氏春秋贊能篇「桓公先賞鮑叔」語相印證。詳積微居金文説鞷䩄鎛跋。

十年，丁酉，公元前六八四年。周莊王十三年、齊桓二年、晉緡二十一年、曲沃武公三十二年、衛惠十六年、蔡哀十一年，鄭厲十七年、子儀十年、曹莊十八年、陳宣九年、杞靖二十年、宋閔八年、秦武十四年、楚文六年、許穆十四年。

經

10·1 十年春王正月，冬至在去年閏十二月十二日壬午，此年又建丑。公敗齊師于長勺。據定四年傳，成王分魯公以殷民六族，其中有長勺氏，則長勺原爲殷民所居之地。據山東通志，長勺在今曲阜縣北境。

10·2 二月，公侵宋。無傳。此春秋書「侵」之始。二十九年傳云：「凡師，有鐘鼓曰伐，無曰侵。」

10·3 三月，宋人遷宿。無傳。遷其民而取其地也，與莊元年經「齊師遷紀郱、鄑、郚」同例。此宿恐非隱元年經之宿，以宋不得至齊、魯境內也。「駟赤先如宿」，則宿其後又入於齊。疑此宿卽戚，本宋地，初屬周，而後宋取之。元和郡縣志十泗州宿遷下云「春秋宋人遷宿之地」，則以今江蘇省宿遷縣爲宿民被迫遷徙之地。

10·4 夏六月，齊師、宋師次于郎。郎爲曲阜近邑。詳隱九年、桓十年經注。公敗宋師于乘丘。乘，去聲。乘丘在今山東省兗州縣境，應劭及清一統志以今巨野縣西南之古乘氏縣當之，誤。說參江永考實。

10·5 秋九月，荆敗蔡師于莘，荆卽楚，詩小雅采芑「蠢爾蠻荆」，[illegible]殷「[illegible]從王伐荆」，昭二十六年傳王子朝之辭曰「茲不穀震盪播越，竄在荆蠻」，則知荆乃楚之本號。昭十二年傳述楚右尹子革之言曰：「昔我先王熊繹，辟在荆山。」此蓋所以稱荆之故，以地名爲國號。一九七七年四月於周原遺址（陝西岐山、扶風兩縣間）發現周初甲骨，中有云「楚子來告」，則周初卽有楚稱。魯莊公世，經皆稱荆，至僖元年始稱楚。商頌殷武「奮伐荆楚」、「維女荆楚」，荆楚並言。莘蔡地，當在今河南省汝南縣境。**以蔡侯獻舞歸。**獻舞即桓十七年「自陳歸于蔡」之蔡季，蔡哀侯也。

10·六 **冬十月，齊師滅譚。**文十五年傳云：「凡勝國（杜注：絕其社稷，有其土地）曰滅之。」又襄十三年傳云：「用大師焉曰滅。」此蓋用後一義，詳傳注。此春秋書「滅國」之始。譚，國名，說文作「鄿」。詩衛風碩人「譚公維私」，即此譚國。山東省濟南市東南舊有譚城，抗戰前曾發掘出遺址，見城子崖一書。**譚子奔莒。**

傳

10·一 **十年春，齊師伐我。**史記年表云：「齊伐我，爲糾故。」**公將戰。曹劌請見。**劌音桂。史記刺客列傳：「曹沫者，魯人也。」沫、劌音近。關於曹沫事，古代傳說不一，詳十三年「盟于柯」傳注。見，去聲，接見。**其鄉人曰：「肉食者謀之，**肉食蓋當時習語，大夫以上之人，每日必食肉也。孟子梁惠王論庶人，云「七十者可以食肉」，是一般人民非至七十難食肉。襄二十八年傳載子稚、子尾之食，云「公膳日雙雞」；昭四年傳載頒冰之法，云「食肉之祿，冰皆與焉。大夫命婦喪浴用冰」，則大夫例得食肉。哀十三年傳亦云「肉食者無墨」。**又何間焉？」**間，去聲，參與其間也。**劌曰：「肉食者鄙，**鄙，固陋不通。**未能遠謀。」乃入見，問何以戰。公曰：「衣食所安，弗敢專也，必以分人。」對曰：「小惠未徧，**以衣食分人，不能周徧。**民弗從也。」公曰：「犧牲、玉帛，弗敢加也，**犧牲玉帛皆祭神之物，必依禮爲之，不使超過規定。**必以信。」**說文：「信，誠也。」必以信，謂祭祀必誠。桓六年傳云：「祝史正辭，信也。」**對曰：「小信未孚，**孚借爲覆，古音平入通轉。孟子離婁上「而仁覆天下矣」，覆有蓋被之意，即徧及之意，與上文之偏異字同義，意謂祝史告於鬼神之言必誠實可信。神弗福也。」公曰：「小大之獄，雖不能察，必以情。」魯語上作「必以情斷之」。孟子離婁下「聲聞過情」，情謂實際情況，即此情字之義。或曰，情，忠誠也，見荀子禮論注，義較長。對曰：「忠之屬也，可以一戰。可憑此作戰也。戰，則請從。」國語魯語上云：「長勺之役，曹劌問所以戰於莊公。公曰：『余不愛衣食於民，不愛牲玉於神。』對曰：『夫惠大（各本大作本，依俞樾說訂正）而後民歸之志，民和而後神降之福。若布德於民，而平均其政事，君子務治，而小人務力，動不違時，財不過用，財用不匱，莫不共祀，是以用民無不聽，求福無不豐。今將惠以小賜，祀以獨恭；小賜不咸，獨恭不優。不咸，民不歸也；不優，神弗福也。將何以戰？夫民求不匱於財，而神求優裕於享者也，故不可以不大（大，各本亦誤作本）。』公曰：『余聽獄，雖不能察，必以情斷之。』對曰：『是則可矣。夫苟中心圖民，智雖弗及，必將至焉。』」

公與之乘。魯公與曹劌同乘一兵車。戰于長勺。公將鼓之。「之」字無義，詳文言語法。劌曰：「未可。」齊人三鼓。劌曰：「可矣！」齊師敗績。公將馳之。馳謂馳車而逐齊師。劌曰：「未可。」下，下，下車也。視其轍，轍，車轍也。登軾而望之，曰：「可矣！」遂逐齊師。

既克，公問其故。對曰：「夫戰，勇氣也。一鼓作氣，再而衰，三而竭。彼竭我盈，故克之。夫大國，難測也，懼有伏焉。有埋伏之兵，則其敗奔爲詐而誘我者。吾視其轍亂，望其旗靡，靡，披靡也，偃也。轍亂則行列不整，旗倒是師失耳目，是知其爲真敗。故逐之。」

一〇·二 夏六月，齊師、宋師次于郎。公子偃曰：公子偃，魯大夫。「宋師不整，可敗也。宋敗，齊必還。請擊之。」公弗許。自雩門竊出，雩門，魯南城西門。蓋南城有三門，正南門曰稷門，見三十二年傳；東門曰鹿門，見公羊閔二年傳；西門則雩門也。或以雩門卽稷門，誤。說詳梁履繩左通補釋。竊出，私自出擊。實爲公子偃竊出。蒙皋比而先犯之。皋比，虎皮。世謂蒙馬以虎皮，與僖二十八年傳「胥臣蒙馬以虎皮」同一伎倆。俞樾茶香室經說謂蒙人以虎皮，恐非。公從之。莊公率師隨其後。大敗宋師于乘丘。宋世家云：「十年夏，宋伐魯，戰於乘丘，魯生虜宋南宮萬。」齊師乃還。禮記檀弓上云：「魯莊公及宋人戰于乘丘，縣賁父御，卜國爲右。馬驚，敗績。公隊，佐車授綏。公曰：『末之卜也。』縣賁父曰：『他日不敗績，而今敗績，是無勇也。』遂死之。」蓋莊公雖敗於一時，而終獲大勝，可與此傳互相發明。

一〇·三 蔡哀侯娶于陳，息侯亦娶焉。息嬀將歸，蔡侯蓋先娶，息侯此時始娶。出嫁曰歸。過蔡。過，經過，舊讀平聲。陳都宛丘，今河南省淮陽縣；蔡都在今河南省上蔡縣西南，故息嬀由陳至息必過蔡。蔡侯曰：「吾姨也。」妻之姊妹曰姨。呂氏春秋長攻篇云：「蔡侯曰：『息夫人，吾妻之姨也。』」高誘注：「妻之女弟爲姨。」詩衞風碩人敍莊姜爲「邢侯之姨」，義與左傳同。餘詳襄二十三年傳注。止而見之，弗賓。杜注：「不禮敬也。」據十四年傳，息嬀甚美，則此所謂弗賓，蓋有輕佻之行。息侯聞之，怒，使謂楚文王曰：「伐我，吾求救於蔡而伐之。」楚子從之。秋九月，楚敗蔡師于莘，以蔡侯獻舞歸。蔡世家謂楚文王虜蔡哀侯以歸。哀侯留九歲，死於楚。然楚世家謂虜蔡哀侯以歸，已而釋之。此蓋太史公所據不同，故所說有異。

一〇·四 齊侯之出也，過譚，譚不禮焉。及其入也，諸侯皆賀，譚又不至。冬，齊師滅譚，譚無禮也。譚子奔莒，同盟故也。齊世家云：「桓公二年，伐滅郯，郯子奔莒。初，桓公亡時，過郯，郯無禮，故伐之。」考郯與譚爲兩國。郯國故城當在今山東省郯城縣西南，與濟南之譚城相去甚遠。且襄公七年經、傳並云「郯子來朝」，則齊桓所滅者必非郯也。史記之作「郯」，蓋音誤。又管子小匡篇云：「伐譚、萊而不有也，諸侯稱仁焉。」此亦有據。譚處於臨淄至牽之間，爲東西通道之所必經，齊國不能不加控制而存其社稷，故齊國早期貨幣有「譚邦」之法化（貨）」，稱「譚邦」，與其他齊國地方貨幣稱某邑者不同，似可以證成管子此說。

十有一年，戊戌，公元前六八三年。周莊王十四年、齊桓三年、晉緡二十二年、曲沃武公三十三年、衛惠十七年、蔡哀十二年、鄭厲十八年、子儀十一年、曹莊十九年、陳宣十年、杞靖二十一年、宋閔九年、秦武十五年、楚文七年、許穆十五年。

經

一一·一 十有一年春王正月。無傳。冬至在去年十二月二十三日丁亥，此年建丑，有閏月。

一一·二 夏五月，戊寅，戊寅，十七日。公敗宋師于鄑。鄑音貲，又音晉。此鄑爲魯地，而在宋、魯之間者，與元年紀邑之鄑非一地。

一一·三 秋，宋大水。杜注：「公使弔之，故書。」

一一·四　冬，王姬歸于齊。傳云：「齊侯來逆共姬。」則魯代周王爲婚主可知，公羊、穀梁並云「過我」，非。

傳

一一·一　十一年夏，宋爲乘丘之役故，侵我。公禦之。宋師未陳而薄之，薄，迫也，兵逼而壓迫之也。敗諸鄑。

凡師，敵未陳曰敗某師，此未必盡然。長勺之役，齊人三鼓，則已陣矣，而經仍書曰「敗齊師」。魯敗外國之師者八，悉書曰「敗某師」，是以知「敗某師」者，內勝外之辭也。外諸侯之勝敗偶亦用之，如僖三十三「夏四月辛巳，晉人及姜戎敗秦師于殽」是也。說參王晳春秋皇綱論、葉夢得左傳讞。皆陳曰戰，此亦未必盡然。春秋經書外諸侯之戰，多用「戰」字，如文七年「夏四月戊子，晉人及秦人戰于令狐」，而令狐之役，傳言晉人「背先蔑而立靈公，以禦秦師，潛師夜起」，則晉之所以勝者，在夜間偷襲耳，秦師未陣可知，而經亦書「戰」。大崩曰敗績。此亦未必盡然。成十六年，鄢陵之戰，楚未大崩，且擬復戰，而經書曰「楚子、鄭師敗績」；至僖三十三年殽之戰，晉盡生獲秦師之三帥，穀梁且謂「匹馬隻輪無反者」，而經又不言「敗績」。禮記檀弓上「馬驚，敗績」，鄭注云：「驚奔失列。」徵之襄三十一年傳「譬如田獵，射御貫則能獲禽。若未嘗登車射御，則敗績厭覆是懼，何暇思獲」，蓋得其義。離騷亦言「恐皇輿之敗績」。至國語晉語言「國無敗績」，則假借之辭耳。得儁曰克，春秋書「克」者，惟隱元年「鄭伯克段于鄢」一事。傳云「如二君，故曰克」，非「得儁」之比。得儁者，儁同俊，戰勝其師，獲得其軍內之雄儁也。殽之戰，晉得秦之三帥；乘丘之役，魯獲宋之南宮萬，皆不書「克」。覆而敗之曰取某師，覆，隱也，設覆兵而敗之也。春秋書「取某師」者僅二例，哀九年「宋皇瑗帥師取鄭師于雍丘」，哀十三年「鄭罕達帥師取宋師于嵒」是也。至襄公十二年傳又云「凡書取，言易也」，則又是一例。又設覆而敗敵者多矣，成三年丘輿之役，鄭「使東鄙覆諸鄤」；十六年汋陵之役，「鄭人覆之」，然經皆不書「取」。京師敗曰王師敗績于某。經書「王師敗績」者，唯成元年「王師敗績于貿戎」一條，國語周語亦云「王師敗績于姜氏之戎」。

二·二　秋，宋大水。公使弔焉，周禮大宗伯云：「以弔禮哀禍烖。」鄭玄注云「禍烖謂遭水火」，乃用此。其實禍災不僅水火，凡凶災皆可弔，文十五年傳所謂「賀善弔災」，昭十一年傳所謂「賀其福而弔其凶」，文八年傳又云「弔喪」是也。曰：「天作淫雨，作讀如孟子梁惠王上「天油然作雲」之作。淫雨，霖雨也。隱公九年傳云：「凡雨，自三日以往爲霖。」害於粢盛，粢盛，黍稷以供祭祀者，此實指百穀言。若之何不弔？」若之何，如何也。襄十四年傳厚成叔弔衞侯之辭曰：「聞君不撫社稷，而越在他竟，若之何不弔？」措辭與此相似。年表云：「桓公十一年，臧文仲弔宋水。」又云：「宋湣公九年，宋大水，公自罪。魯使臧文仲來弔。」宋世家亦云：「湣公九年，宋水，魯使臧文仲往弔水。」太史公斷言使者即臧文仲。然據世本，臧文仲爲哀伯達之孫，以莊公二十八年始見於經，以文十年卒。文十年上距莊二十八年凡五十年，上距此年凡六十八年，若文仲卒年九十，此時不過二十二歲耳。史記之說或因下文臧文仲之言而誤。說參劉文淇疏證。對曰：「孤實不敬，禮記曲禮下云：「諸侯見天子曰臣某侯某，其與民言自稱曰寡人，其在凶服曰適子孤。」此宋公自稱孤，蓋用凶禮，故下文云「列國有凶，稱孤，禮也」。天降之災，又以爲君憂，拜命之辱。」拜命之辱爲當時慣語，成十六年傳作「君命之辱」，禮記聘義又作「拜君命之辱」，猶如後代「承蒙關注，實不敢當」。宋世家云：「湣公自罪曰：

『寡人以不能事鬼神，政不脩，故水。』」是司馬遷以「不能事鬼神」與「政不脩」釋「不敬」，蓋古左氏義。

臧文仲曰：臧文仲即臧孫辰。禮記禮器疏、左傳莊公二十八年疏並引世本云：「孝公生僖伯彄，彄生哀伯達，達生伯氏瓶，瓶生文仲辰。」文仲之父伯氏瓶無謚，蓋早年逝世。「宋其興乎！禹、湯罪己，禹罪己之事，尚書無徵。而前人引說苑及後漢書陳蕃傳禹見罪人而泣之事以實之，不知皆因左傳此語而造作者，難以取證也。論語堯曰篇載湯禱雨之辭曰：「朕躬有罪，無以萬方；萬方有罪，罪在朕躬。」成孺經學駢支以爲此乃古文尚書逸文，此湯之罪己是也。其興也悖焉；悖，同勃，興起貌。孟子梁惠王上云：「則苗浡然興之矣。」浡然即此悖焉。桀、紂罪人，其亡也忽焉。忽，速也，疾也。呂氏春秋論人篇云：「昔上世之亡主，以罪爲在人，故日殺僇而不止，以至於亡而不悟。三代之興王，以罪爲在己，故日功而不衰，以至於王。」蓋用此義。故高誘注云：「亡主，若桀、紂者也；三代，禹、湯、文王也。」且列國有凶，凶謂凶荒，因大水而年成不收也。稱孤，禮也。言懼而名禮，言懼指不敬而天降災之辭，名禮指自稱爲孤。其庶乎！」韓詩外傳三云：「傳曰：宋大水，魯人弔之，曰：『天降淫雨，害於粢盛，延及君地，以憂執政，使臣敬弔。』宋人應之曰：『寡人不仁，齋戒不脩，使民不時，天加以災，又遺君憂，拜命之辱。』孔子聞之曰：『宋國其庶幾矣！』弟子曰：『何謂？』孔子曰：『昔桀、紂不任其過，其亡也忽焉；成湯、文王知任其過，其興也勃焉。過而改之，是不過也。』」則是以此爲孔子之言。說苑君道篇亦載之，文辭與韓詩外傳大同，則以爲君子之言，蓋傳聞之異。既而聞之曰公子御說之辭也。「御」，史記及漢書古今人表俱作「禦」。御、禦通。說音悦。御說，宋莊公之子，閔公之弟，桓公也。宋世家云：「此言乃公子子魚教湣公也。」子魚即目夷，至僖八年始見左傳，距此尚三十餘年，史記之說於理未安，未知別有所據否。說詳劉文淇疏證。臧孫達曰：「臧孫達卽臧哀伯，已見桓二年傳。自桓二年至此二十七年，臧哀伯容或未死。上述文仲語，下引其祖之言，一稱宋之將興，一稱御說宜爲君，所說不同，何爲不可？惠棟以爲疑，實不必。「是宜爲君，有恤民之心。」孔疏云：「謂御說明年爲君之後，方始聞之。聞之時已爲君，故云是人宜其爲君也。」

二·三 冬，齊侯來逆共姬。齊侯，齊桓公。共姬，王姬。齊桓公來親迎。高士奇紀事本末云：「魯主王姬之嫁舊矣，故桓公之娶王姬，亦逆于魯，蓋魯爲王室懿親也。」

二·四 乘丘之役，在十年。公以金僕姑射南宮長萬，僕姑，矢名，矢之名僕姑，猶旗之名靈姑鈃（昭十年傳），其義已不可强求。元人伊世珍瑯環記中、唐詩鼓吹杜牧詩廖注以及張聰咸杜注辨證、章炳麟左傳讀各有所解，皆穿鑿附會之談，不足信。南宮長萬，卽宋萬，南宮是氏，萬是其名，長是其字。說參王引之春秋名字解詁。公右歂孫生搏之。據檀弓上，公戎車之右爲卜國，馬驚，敗績，公墜車下，佐車授綏。則歂孫者，或佐車之右。歂音遄。國君或元帥所乘車曰戎車，副車曰佐車。兵車亦可泛曰戎車，成二年傳「唯吾子戎車是利」是也。搏同捕，擊取也。生搏今言活捉。宋世家云：「生虜宋南宮萬。」宋人請之。宋世家云：「宋人請萬，萬歸宋。」宋公靳之，靳音近，戲而相愧也。漢人猶有此語，見禮記儒行篇鄭注。宋魏了翁讀書雜録引寇萊公言行録「有一青幃二十餘年，或以公孫弘事靳之」，卽用此義。曰：「始吾敬子；今子，魯囚也，吾弗敬子矣。」病之。此與下年傳「十二年秋，宋萬弒閔公于蒙澤」本爲一傳，後人誤析，割裂在此。徵之史記宋世家尤可證。宋世家云：「十一年秋，湣公與南宮萬獵，因博爭行，湣公怒，辱之，曰：『始吾敬若；今若，魯虜也。』萬有力，病此言，遂以局殺湣公於蒙澤。」但史記言因博爭行，蓋參用公羊傳。魏徐幹中論法象篇云「宋敏碎首于棋局」，亦用公羊。杜注云「爲宋萬弒君傳」，則割裂不始於杜。

十有二年，己亥，公元前六八二年。周莊王十五年、齊桓四年、晉緡二十三年、曲沃武公三十四年、衛惠十八年、蔡哀十三年、鄭厲十九年、子儀十二年、曹莊二十年、陳宣十一年、杞靖二十二年、宋閔十年、秦武十六年、楚文八年、許穆十六年。

經

一二·一　十有二年春王三月，去年十二月初五癸巳冬至，此年建丑。紀叔姬歸于酅。無傳。紀季以酅入于齊，見莊三年經、傳。公羊傳云：「其國亡矣，徒歸于叔爾也。」穀梁傳云：「國而曰歸。此邑也，其曰歸何也？吾女也。失國喜得其所，故言歸焉爾。」

一二·二　夏四月。

一二·三　秋八月甲午，甲午，十日。宋萬弒其君捷及其大夫仇牧。「捷」，公羊作「接」。捷、接字通。據傳，華督亦被殺，而經不書。毛奇齡以爲宋人不赴，故不書。顧棟高讀春秋偶筆以爲孔丘削之，則未必然。

一二·四　冬十月，宋萬出奔陳。自僖公二十八年經書衛元咺出奔晉以前，外大夫出奔於他國者，唯此一書。其餘非無奔者，蓋史官筆法隨時勢而異也。

一二・一 十二年秋，宋萬弑閔公于蒙澤。萬卽長萬，太平御覽七五四引亦作「長萬」，新序亦作「長萬」，釋文謂「本或作『長萬』，『長』，衍字也，下亦然」。餘詳上年傳注。公羊傳云：「萬嘗與莊公（魯莊公）戰，獲乎莊公。莊公歸，散舍諸宮中，數月然後歸之。歸反，爲大夫於宋。與閔公博，婦人皆在側。萬曰：『甚矣，魯侯之淑、魯侯之美也！天下諸侯宜爲君者，唯魯侯爾。』閔公矜此婦人，妒其言。顧曰：『此虜也。爾虜焉故？魯侯之美惡乎至？』萬怒，搏閔公，絶其脰。」韓詩外傳八、新序義勇篇亦皆敍此事，文多襲公羊傳，俱與左傳有異。蒙澤，今河南省商丘縣北。遇仇牧于門，批而殺之。公羊傳曰：「仇牧聞君弑，趨而至，遇之于門，手劍而叱之。萬臂摋仇牧，碎其首。齒著乎門闔。」史記年表云：「萬殺君，仇牧有義。」又宋世家云：「大夫仇牧聞之，以兵造公門。萬搏牧，牧齒著門闔死。」是以門爲公門，疑蒙澤有離宮也。批，玉篇及一切經音義並作「𢱧」。說文：「𢱧，反手擊也。」段玉裁注云：「今左傳作『批』，俗字也。」遇大宰督于東宮之西，又殺之。東宮，諸侯小寢。詳公羊僖二十年傳陳立義疏。史記宋世家云：「因殺太宰華督。」立子游。宋世家云：「乃更立公子游爲君。」羣公子奔蕭，蕭，國名，附庸，子姓，當在今安徽省蕭縣治西北十五里。又詳宣十二年經注。公子御說奔亳。亳卽僖二十一年與哀十四年之薄，在今河南省商丘市北四五十里。南宮牛、猛獲帥師圍亳。宋世家謂南宮牛爲萬之弟，而杜注謂牛爲萬之子，不知何據。猛獲爲南宮萬之黨。

冬十月，阮刻本「冬」上誤衍一「○」，是另爲一傳，依校勘記刪之。蕭叔大心及戴、武、宣、穆、莊之族以曹師伐之。蕭叔大心者，蕭本宋邑，叔則其人之行第，大心其名。因叔大心此次討南宮萬有功，故宋封以蕭使爲附庸，蕭卽今安徽蕭縣。二十三年經書「蕭叔朝公」是也。說本孔穎達正義及唐書宰相世系表。宋戴公、武公、宣公並在春秋前。武公爲戴公子，宣公爲武公子，穆公爲宣公弟，莊公爲穆公子。穆、莊之間尚有殤公，其族未參與，豈因殤公之被弒而族亦被滅耶？或者殤公無後耶？戴公之族有華氏、樂氏、老氏、皇氏；莊公之族有仲氏。其他則無所聞。殺南宮牛于師，于師卽于亳，師在亳也。殺子游于宋，宋國都也。立桓公。宋世家云：「冬，蕭及宋之諸公子共擊殺南宮牛，弒宋新君游而立湣公弟御說，是爲桓公。」猛獲奔衞。南宮萬奔陳，以乘車輦其母，一日而至。乘車，乘人之車，天子諸侯曰乘輿，孟子梁惠王下「今乘輿已駕矣」是也。輦，以人駕之也，此當是南宮萬自輦。據杜注，宋去陳二百六十里，「一日而至」，言萬之多力。

宋人請猛獲于衞。衞人欲勿與。石祁子曰：石祁子爲石駘仲之子，見禮記檀弓下。石駘仲爲石碏之族，見檀弓下鄭玄注。春秋初期，各國卿大夫並以伯、仲、叔、季爲稱，此衞大夫稱石祁子，閻若璩謂「大夫稱子莫先於此」。參日知録集釋四。「不可。天下之惡一也，惡於宋而保於我，保之何補？此謂惡人爲天下所共嫉，我卽保護之志無補益也。得一夫而失一國，與惡而棄好，與，黨與，此猶言袒護。宋與衞本同盟，故曰好。非謀也。」衞人歸之。亦請南宮萬于陳，以賂。當由此斷句。武億經讀考異謂連下陳人，「以賂陳人」四字爲句，不如此長。陳人使婦人飲之酒，而以犀革裹之。比及宋，比，去聲。「比及」連文，論語先進「比及三年」可證，猶言等到。手足皆見。見同現。此言其有力能破犀牛之革。宋人皆醢之。醢音海，肉醬也。此作動詞用，謂烹而醃之。史記魯仲連傳「吾將使秦王烹醢梁王」，「烹醢」連文可證。

十有三年，庚子，公元前六八一年。周僖王元年、齊桓五年、晉緡二十四年、曲沃武公三十五年、衞惠十九年、蔡哀十四年、鄭厲二十年、子儀十三年、曹莊二十一年、陳宣十二年、杞靖二十三年、宋桓公御說元年、秦武十七年、楚文九年、許穆十七年。

經

一三·一 十有三年春，去年十二月十六日戊戌冬至，此年建丑。齊侯、宋人、陳人、蔡人、邾人會于北杏。「齊侯」，穀梁作「齊人」。「邾」，公羊例作「邾婁」。宋人、陳人、蔡人、邾人俱稱人，其實或是各國之君。十四年經稱「齊人、陳人、曹人伐宋」，而傳云「諸侯伐宋」，足見經稱人未必是微者。以諸侯而主天下之盟會，以此爲始。經書「邾人」亦始於此。北杏，齊地，當在今山東省東阿縣境。

一三·二 夏六月，齊人滅遂。據昭三年及八年傳，遂爲虞舜之後，世本亦云「遂，嬀姓」。其地當在今山東省寧陽縣西北，與肥城縣接界。傳世器有遂邧諆鼎。齊世家云：「（桓公）五年伐魯，魯將師敗，魯莊公請獻遂邑以平。」與左傳異。

一三·三 秋七月。

一三·四 冬，公會齊侯盟于柯。柯，齊邑。今山東省陽穀縣東北五十里有阿城鎮，當是故城所在。

傳

一三·一 十三年春，會于北杏，以平宋亂。宋亂見十二年經、傳。遂人不至。夏，齊人滅遂而戍之。戍，守也。「夏」上阮刻本誤衍一「○」，依校勘記删正。經分爲兩事，傳則以兩事相因，併爲一傳。

一三·二 冬，盟于柯，始及齊平也。莊十年敗齊師于長勺；齊、宋聯軍，又敗宋師于乘丘，此時方與齊言和。柯之盟及曹劌事，公羊傳、史記十二諸侯年表與齊世家所述，與左傳不同。齊世家云：「（桓公）五年，伐魯，魯將師敗。魯莊公請獻遂邑以平，桓公許，與魯會柯而盟。魯將盟，曹沫以匕首劫桓公於壇上，曰：『反魯之侵地！』桓公許之。」於是遂與曹沫三敗所亡地於魯。」左傳此年既無齊伐魯之事，且長勺之役，魯勝齊敗，更無曹劌之三敗。然史記所述，頗流行於戰國。戰國策屢言曹沫劫桓公，齊策六載魯仲連遺燕將書且舉此事以勸燕將；荀子王制篇又云「桓公劫于魯莊」，復與管子大匡篇及呂氏春秋貴信篇所述相合。然而諸書所言，無不有破綻可尋。遂爲齊所滅，則史記所言「獻遂邑以平」者誤也。春秋無關内侯之稱，則管子及呂氏春秋所言「魯請比關内侯」者誤也。汶陽之田至成十年鞌之戰齊始歸魯，不但載之春秋經與左傳，史記亦載之于年表與世家，則公羊傳諸書所言「請汶陽之田」者誤也。葉適習學記言序目卷十曰：「是時東遷未百年，人材雖陋，未至便爲刺客。」盧文弨鍾山札記謂曹沫劫桓公事出于戰國之人所撰造，但以耳目所見，施之上世，而不知其有不合，誠哉是言也。司馬遷不取左傳曹劌論戰，而取其劫齊桓，已載之年表與齊世家、魯世家，復爲之作刺客列傳，蓋亦好奇之過。漢武梁祠畫像因有曹沫劫桓公圖像。

一三·三 宋人背北杏之會。北杏之會卽在今春，必有盟，而經、傳皆不書。背北杏之會，卽背北杏之盟。此句本與下年傳「十四年春諸侯伐宋」爲一傳，爲後人割裂在此，致使單文孤義不成片段。

十有四年，辛丑，公元前六八〇年。周僖王二年、齊桓六年、晉緡二十五年、曲沃武公三十六年、衞惠二十年、蔡哀十五年、鄭厲二十一年、子儀十四年、曹莊二十二年、陳宣十三年、杞共公元年、宋桓二年、秦武十八年、楚文十年、許穆十八年。

經

一四·一 十有四年春，去年十二月二十六日癸卯冬至，此年建丑，有閏月。齊人、陳人、曹人伐宋。孔疏：「經書人而傳言諸侯，先儒以爲諸如此輩皆是諸侯之身。釋例曰：『諸侯在事傳有明文，而經稱人者，凡十一條，丘明不釋其義。』」

一四·二 夏，單伯會伐宋。單音善。杜注：「既伐宋，單伯乃至，故曰會伐宋。單伯，周大夫。」當與莊元年送王姬之單伯爲同一人。

一四·三 秋七月，荆入蔡。文十五年傳云：「獲大城焉曰入之。」襄十三年傳云：「弗地曰入。」此或兼有兩義。

一四·四 冬，單伯會齊侯、宋公、衞侯、鄭伯于鄄。鄄音絹，至今鄄城縣人仍讀絹；又音眞。衞地，後爲衞司寇齊豹之邑，見昭二十年傳。故城當在今山東省鄄城縣西北。亦即河南濮城鎮（舊濮縣治）之東，但隔黃河耳。單伯爲天子之卿，而魯未與會，故經以單伯爲主，書曰單伯會某某。若魯公與會，則以魯爲主，僖八年經「公會王人、齊侯、宋公、衛侯、許男、曹伯、陳世子款盟于洮」，九年經「公會宰周公、齊侯、宋子、衛侯、鄭伯、許男、曹伯于葵丘」是也。

傳

一四·一　十四年春，諸侯伐宋。齊請師于周。杜注：「齊欲崇天子，故請師，假王命以示大順。」夏，單伯會之。取成于宋而還。宋世家云：「桓公二年，諸侯伐宋，至郊而去。」

一四·二　鄭厲公自櫟侵鄭，鄭厲公出奔及居櫟始末，詳桓公十五年經、傳。櫟即今河南省禹縣，在鄭都之西南九十里。及大陵，大陵當在自密縣至新鄭（鄭國都城）之間。舊以今臨潁縣東北三十五里之巨陵亭當之，非道路所經，恐不確。獲傅瑕。傅瑕曰：「苟舍我，舍同捨。吾請納君。」與之盟而赦之。六月甲子，甲子，二十日。傅瑕殺鄭子及其二子，而納厲公。鄭子即子儀，以無謚號，故稱鄭子。傳世器有王子嬰次盧，王國維謂爲楚公子嬰齊器，郭沫若則以爲即鄭子儀之器，詳殷周青銅器銘文研究第二册。然鄭子不得稱王子，郭說似可商。僖二十八年衛成公出奔，其弟居守，與於踐土之盟，經書衛子，與此有同有異。年表與鄭世家俱用左傳而異其文辭。

初，內蛇與外蛇鬬於鄭南門中，據水經注，鄭南門名時門。內蛇死。六年而厲公入。十六年傳云：「鄭伯自櫟入，緩告于楚。」則鄭伯入國已徧告諸侯，而經不書。公聞之，問於申繻曰：繻音須。「猶有妖乎？」對曰：「人之所忌，其氣燄以取之。「燄」，唐石經及金澤文庫本俱作「炎」，漢書五行志、藝文志及王符潛夫論引亦俱作「炎」。校勘記亦以作「炎」爲是。風俗通過譽篇云：「人之所忌，炎自取之。」則似以「其氣」二字作一停頓，不以氣燄爲一詞。妖由人興也。人無釁焉，妖不自作。人棄常，則妖興，故有妖。」申繻實際懷疑妖怪之客觀存在，認爲妖怪爲人所畏忌，由於其氣燄不能勝而謂有妖。妖不自作，人失常，而有釁隙，則妖怪興。

厲公入，遂殺傅瑕。使謂原繁曰：「傅瑕貳，從下文「納我而無二心者」云云推之，則傅瑕貳，蓋謂傅瑕於納己之後仍有二心也。然據鄭世家「厲公謂甫假曰『子之事君有二心矣』」云云，則此貳字意謂傅瑕既事子儀而又殺之以納己。兩説皆可通。周有常刑，既伏其罪矣。納我而無二心者，吾皆許之上大夫之事，吾願與伯父圖之。伯父謂原繁。詩伐木篇毛傳云：「天子謂同姓諸侯、諸侯謂同姓大夫皆曰父，異姓則稱舅。」儀禮覲禮云：「天子呼諸侯同姓大國則曰伯父，其異姓則曰伯舅；同姓小邦則曰叔父，其異姓小邦則曰叔舅。」則天子於諸侯，以國之大小分伯叔；諸侯於大夫恐不必然，當以年之長幼分伯叔也。鄭世家云「入而讓其伯父原」，似以原繁實厲公之伯父；伯父非泛稱。章炳麟左傳讀亦如此云。且寡人出，伯父無裏言。裏言者，以國内情況告於在外之厲公也。襄二十六年傳，衞獻公使讓大叔文子曰：「寡人淹恤在外，二三子皆使寡人朝夕聞衞國之言。吾子獨不在寡人，寡人怨矣。」對曰：「臣不能貳，通外内之言以事君，臣之罪也。」不通外内之言即無裏言。説詳王引之述聞。俞樾羣經平議謂裏言卽理言，卽訟治之言，不可信。入，入謂自蔡入於櫟。又不念寡人，寡人憾焉。」對曰：「先君桓公命我先人典司宗祏。祏音石，宗廟中藏主石室也。典司宗祏乃宗人之官，説詳章炳麟左傳讀。社稷有主，而外其心，其何貳如之？其何貳如之謂此乃有二心之最大者。苟主社稷，國內之民，其誰不爲臣？臣無二心，天之制也。子儀在位，十四年矣；而謀召君者，庸非貳乎？庸，豈也，反詰副詞。莊公之子猶有八人，猶有八人者，謂除已死之子忽、子亹、子儀及厲公本人外，尚有八人在。桓十四年經「鄭伯使其弟語來盟」，語是厲公之弟，則其一。詩鄭風清人序有公子素，陳奐詩人考以爲亦是莊公之子；果然，則又其一。說本顧炎武補正。若皆以官爵行賂勸貳而可以濟事，君其若之何？臣聞命矣。」乃縊而死。鄭世家謂先殺原繁，後殺傅瑕，與左傳不同。

一四・三　蔡哀侯爲莘故，楚敗蔡於莘，以蔡哀侯歸，見十年傳。繩息嬀以語楚子。繩，譽也。呂氏春秋古樂篇「周公旦乃作詩以繩文王之德」，繩亦是此義。廣雅作「譝」，云：「譽也。」語，去聲。楚子如息，以食入享，遂滅息。此當是前數年之事，此年息嬀則已生二子矣。呂氏春秋長攻篇云：「楚王欲取息與蔡，乃先佯善蔡侯，而與之謀曰：『吾欲得息，奈何？』蔡侯曰：『息夫人，吾妻之姨也。吾請爲饗息侯與其妻者，而與王俱，因而襲之。』楚王曰：『諾。』於是與蔡侯以饗禮入於息，因與俱，遂取息。旋舍於蔡，又取蔡。」所敍與左傳不盡合，難以盡信。然楚子如息，以食入享，則有相近處。又宣四年傳云：「吾先君文王克息，獲三矢焉。」以息嬀歸，生堵敖及成王焉。「堵敖」，楚世家作「杜敖」（或本作「壯敖」，又作「莊敖」者，恐係字誤），堵、杜音近。楚辭天問「吾告堵敖以不長」，似堵敖先成王死。列女傳貞順傳謂息夫人自殺，息君亦自殺，與此異。然劉向頌語「楚虜息君，納其適妃」，「夫人持固，彌久不衰」，又與傳合。未言。禮記喪服四制云：「禮，斬衰之喪，唯而不對；齊衰之喪，對而不言。」鄭注云：「言謂先發口也。」正此言字之義。于鬯香草校書謂言當訓笑，誤。俞正燮癸巳存稿以未言爲守心喪禮，尤爲臆說。楚子問之。對曰：「吾一婦人，而事二夫，縱弗能死，其又奚言？」楚子以蔡侯滅息，遂伐蔡。秋七月，楚入蔡。

君子曰：「商書所謂『惡之易也，如火之燎于原，不可鄉邇，其猶可撲滅』者，商書云云，解已見隱六年傳。其如蔡哀侯乎！」

一四・四　冬，會于鄄，宋服故也。

十有五年，壬寅，公元前六七九年。周僖王三年、齊桓七年、晉緡二十六年、曲沃武公三十七年、衞惠二十一年、蔡哀十六年、鄭厲二十二年、曹莊二十三年、陳宣十四年、杞共二年、宋桓三年、秦武十九年、楚文十一年、許穆十九年。

經

一五・一　十有五年春，去年十二月七日戊申冬至，此年建丑。齊侯、宋公、陳侯、衞侯、鄭伯會于鄄。

一五・二　夏，夫人姜氏如齊。無傳。夫人姜氏，文姜也。文姜爲齊僖公之女，於襄公、桓公俱爲姊妹。父母在，則可歸寧，詩周南葛覃「歸寧父母」者是也；父母沒，則使卿代爲至母家問好，襄十二年傳「秦嬴歸于楚，楚司馬子庚聘于秦，爲夫人寧，禮也」者是也。卿爲夫人寧爲禮，則夫人自行不合當時之禮可知。說參注疏。

一五・三 秋，宋人、齊人、邾人伐郳。「邾」，公羊例作「邾婁」。「郳」，公羊作「兒」。或云另是一郳，其地已不可考。說參呂大圭春秋或問及洪亮吉春秋左傳詁，未詳孰是。

一五・四 鄭人侵宋。

一五・五 冬十月。

傳

一五・一 十五年春，復會焉，齊始霸也。年表及齊世家皆用左傳。

一五・二 秋，諸侯爲宋伐郳。鄭人間之而侵宋。間，去聲，承其空隙也。各本皆以爲是二傳，今依文義合爲一傳。

十有六年，癸卯，公元前六七八年。周僖王四年、齊桓八年、晉緡二十七年、武公稱三十八年、衞惠二十二年、蔡哀十七年、鄭厲二十三年、曹莊二十四年、陳宣十五年、杞共三年、宋桓四年、秦武二十年、楚文十二年、許穆二十年。

經

一六・一 十有六年春王正月。去年十二月十九日甲寅冬至，此年建丑。

一六・二 夏，宋人、齊人、衞人伐鄭。 征伐之事，諸侯序列，以主兵爲先。伐鄭以宋爲主，故序在齊上。詳杜注及孔疏。據傳，知是各國諸侯親自帥師。

一六・三 秋，荆伐鄭。

一六・四 冬十有二月，會齊侯、宋公、陳侯、衞侯、鄭伯、許男、滑伯、滕子同盟于幽。 今本公羊「會」上有「公」字，然春秋繁露滅國下篇云：「幽之會，莊公不往。」董仲舒爲公羊家，則其所據本無「公」字可知，今本公羊「公」字恐係誤衍。 今本公羊、穀梁「許男」下又有「曹伯」兩字，然滅國下篇云「幽之會，齊桓數合諸侯，曹小，未嘗來也」，則董仲舒所據公羊原無「曹伯」二字。說詳臧壽恭春秋左氏古義。 董仲舒雖以爲幽之會莊公未往，左氏義恐不如此。會上省略主語，自是魯往會可知。杜注謂「不書其人，微者也」，亦不必然。僖二十九年經云：「夏六月，會王人、晉人、宋人、齊人、陳人、蔡人、秦人盟于翟泉。」傳云：「公會王子虎、晉狐偃、宋公孫固、齊國歸父、陳轅濤塗、秦小子慭盟于翟泉。」是翟泉之盟，經僅書會，而傳以與會爲魯公。 此會齊侯始霸，諸侯皆親往，齊、魯相鄰，魯斷無僅使大夫往會之理，是以知此會亦必莊公自往，經之書法與翟泉之盟相同。 滑，姬姓，國於費，故一名費滑，見成十三年、襄十八年傳，故城當在今河南省偃師縣之緱氏鎮。僖三十三年滅於秦，旋入晉，復又屬周。 餘詳錢大昕潛研堂文集答問。 自隱元年至莊十四年四十三歲，衞與陳凡四會，衞在陳上；自莊十五年至僖十七年三十五歲，凡八會，陳在衞上，終春秋之世陳俱在衞上。 杜預以爲陳所以改列在衞上者，由於齊桓公始霸，楚亦始强，陳侯介於兩大國之間，而爲三恪之客，故齊桓因而進之，以後遂著爲例，終於春秋之世。 說詳杜注及孔疏。

一六・五 郳子克卒。

傳

一六・一 十六年夏，諸侯伐鄭，宋故也。釋文云：「或作『爲宋故也』。」金澤文庫本「宋」上正有「爲」字。

一六・二 鄭伯自櫟入，在十四年。緩告于楚。鄭厲入國已兩年，告楚較晚，楚以爲不敬，即下文之「不禮」。秋，楚伐鄭，及櫟，爲不禮故也。

一六・三 鄭伯治與於雍糾之亂者，在桓十五年。與，去聲。九月，殺公子閼，刖强鉏。兩人乃祭仲之黨羽。隱十一年有公孫閼，距此三十五年，不容復有公子閼，釋文因以爲疑，謂此公子字當爲公孫，蓋一人也。刖音月，斷足曰刖。公父定叔出奔衛。公父定叔爲共叔段之孫。段之子曰公孫滑，見隱元年傳，則此當是公孫滑之子，定爲其謚。顧棟高大事表列國謚法考云「春秋之世，通君臣皆有謚者，惟魯、衛、晉、齊四國爲然。然皆卿有謚，而大夫無謚；公族世卿有謚，而庶姓無謚。鄭之子皮、子産、子太叔皆赫然著見于春秋之世，而後世不聞以謚稱。二百四十二年，莊公世惟一公父定叔，僖公世惟一皇武子，襄公世惟一馮簡子」云云。三年而復之，曰：「不可使共叔無後於鄭。」使以十月入，曰：「良月也，古以奇數之月爲忌，偶數之月爲良，見顧炎武日知録。就盈數焉。」十爲滿數。公父定叔今年出奔，三年而復之，則是探後言之。

君子謂强鉏不能衛其足。此與楚伐鄭事全不相干，當另是一無經之傳，各本與「鄭伯自櫟入」合爲一傳，今分析別出之。

一六·四 冬，同盟于幽，鄭成也。

一六·五 王使虢公命曲沃伯以一軍爲晉侯。曲沃伯即曲沃武公，桓七年傳稱「曲沃伯誘晉小子侯殺之」，八年傳稱「滅翼」，又稱「王命虢仲立晉哀侯之弟緡于晉」。至此曲沃伯完全吞併晉國，僖王因命爲晉侯。周禮夏官敍官云：「凡制軍，萬有二千五百人爲軍。王六軍，大國三軍，次國二軍，小國一軍。」每軍蓋車五百乘。說詳孫詒讓正義。案水經河水注引紀年云：「晉武公元年，尚一軍。」則晉武公本一軍也。晉此時爲一軍，閔元年增爲二軍，後又增爲三軍，又增爲六軍。史記年表云：「曲沃武公滅晉侯緡，以寶獻周，周命武公爲晉君，并其地。」晉武公稱并晉，已立三十八年，不更元，因其元年。」晉世家云：「晉侯（緡）二十八年，曲沃武公伐晉侯緡，滅之，盡以其寶器賂獻於周釐王。釐王命曲沃武公爲晉君，列爲諸侯，於是盡併晉地而有之。曲沃武公已即位三十七年矣，更號曰晉武公。晉武公始都晉國，前即位曲沃，通年三十八年。武公稱者，先晉穆侯曾孫也，曲沃桓叔孫也。桓叔者，始封曲沃。武公，莊伯子也。自桓叔初封曲沃以至武公滅晉也，凡六十七歲，而卒代晉爲諸侯。」桓二年傳敍師服之言，謂「兄（文侯仇）其替」，此載其驗。

一六·六 初，晉武公伐夷，執夷詭諸。夷，采地名，文六年傳晉蒐於夷，即此地。今地闕。至隱元年傳「紀人伐夷」之夷，則爲國名，與此非一。夷詭諸，周大夫，以采邑爲氏。積微居金文說卷七謂夷爲姜姓國。蔿國請而免之。蔿音洧，蔿國，周大夫，王子頽之師，見十九年傳。既而弗報，詭諸不向蔿國酬謝。故子國作亂，子國即蔿國。謂晉人曰：「與我伐夷而取其地。」遂以晉師伐夷，殺夷詭諸。周公忌父出奔虢。周公忌父，王朝卿士。惠王立而復之。惠王恢復周公忌父之位當在後，此是探後言之。魯桓十五年經書桓王崩，莊三年經書葬桓王，自此以後，周有莊王，又有僖王，其崩、葬皆不見於經、傳。據史記，惠王立于明年，則周公忌父之復位在明年。此與命曲沃伯爲晉侯爲兩事，舊本合爲一傳，今別出之。

十有七年，甲辰，公元前六七七年。周僖王五年、齊桓九年、晉武三十九年、衞惠二十三年、蔡哀十八年、鄭厲二十四年、曹莊二十五年、陳宣十六年、杞共四年、宋桓五年、秦德公元年、楚文十三年、許穆二十一年。

經

一七・一 十有七年春，冬至在去年十二月二十九日己未，此年建丑，有閏月。齊人執鄭詹。「詹」，公羊作「瞻」，音同，字通。僖七年傳云：「鄭有叔詹、堵叔、師叔三良爲政。」杜預以此鄭詹即叔詹，故注云：「詹爲鄭執政大臣，詣齊見執。」又據鄭世家，叔詹爲鄭文公弟，則厲公之子也。而公羊、穀梁則以爲鄭詹爲鄭之卑微者，因佞被執，與左氏義異。

一七・二 夏，齊人殲于遂。殲，殺之而盡也。唐書劉貺傳及春秋啖趙集傳纂例一引劉貺書均云「齊人殲于遂」。

一七・三 秋，鄭詹自齊逃來。無傳。

一七・四 冬，多麋。無傳。周之冬，夏之秋也。麋多則害稼，故以災書。

傳

一七・一 十七年春，齊人執鄭詹，鄭不朝也。不朝，杜注以爲不朝齊，于鬯香草校書以爲不朝周。據僖五年傳「鄭伯懼其不朝於齊也」，杜注是。

一七・二 夏，遂因氏、頜氏、工婁氏、須遂氏饗齊戍，齊滅遂而戍之，在十三年。頜音閤，又音盍。因氏等四族，遂之强家。饗，以酒食享之也。醉而殺之，齊人殲焉。齊人殲焉，與僖二十二年傳「門官殲焉」句法相同，皆謂被殺盡也。

十有八年，乙巳，公元前六七六年。周惠王元年、齊桓十年、晉獻公詭諸元年、衞惠二十四年、蔡哀十九年、鄭厲二十五年、曹莊二十六年、陳宣十七年、杞共五年、宋桓六年、秦德二年、楚文十四年、許穆二十二年。

經

一八・一 十有八年春王三月，冬至在去年閏十二月十一日甲子，此年建丑。日有食之。無傳。不書朔與日，杜預依桓十七年、僖十五年傳例，謂「官失之」。此相當於公元前六七六年四月十五日之日全食。元史曆志云：「周正當在五月壬子朔，入食限。經誤『五』爲『三』。」蓋誤以建丑爲建子，又月之大小有誤，非「誤『五』爲『三』」。陳厚耀補春秋長曆駁元史郭守敬說云「經明書『春三月』，則非『夏五月』可知」，甚有理。朱文鑫天文考古錄、何幼琦曆術推步簡述亦以爲周五月，何且以爲壬子朔，王韜則以爲四月壬子朔。實則全食在十六時二十二分，盡在晝中，中原可見。

一八·二 夏，公追戎于濟西。周禮小司徒鄭注云：「追，逐寇也。」此蓋追字本義，說詳楊樹達先生積微居甲文說釋追逐。僖三十一年傳云：「取濟西田，分曹地也。」故正義以「濟西」爲濟水之西，服虔以「濟西」爲曹地。此戎卽己氏之戎，隱二年公會戎于潛，七年「戎伐凡伯」，皆此戎也。今曹縣西南乃其故城所在。

一八·三 秋，有蜮。蜮又作蜮，音域，又音或。呂氏春秋任地篇云：「又無螟蜮。」高誘注云：「蜮或作螣。食心者螟，食葉者螣。兗州謂蜮爲螣，音相近也。」然則蜮卽詩小雅大田「去其螟螣」之螣。後漢書明帝紀引詩作「去其螟蜮」，尤可證螣與蜮爲一物。說文云：「蟘，蟲食苗葉者，詩曰『去其螟蟘』。」則蜮又作蟘，而訓短狐之蜮別爲一物。漢書五行志引劉向說及服虔、杜預皆謂此蜮爲含沙射人之短狐，恐非。說參惠棟與馬宗璉之左傳補注。

一八·四 冬十月。

傳

一八·一 十八年春，虢公、晉侯朝王。虢公蓋爲僖五年傳之虢公醜，晉侯爲晉武公之子獻公詭諸。王饗醴，周禮秋官大行人鄭注云：「饗，設盛禮以飲賓也。」沈欽韓謂「饗」卽「享」，考之彝銘，作「鄉」，卽「饗」之初文。師遽彝銘「隹正月既生霸丁酉，王在周康寑(寢)鄉醴，師遽蔑曆晉(侑)」可證。醴，用麥芽釀之，一宿而成，汁與糟不分，味極薄，濁而甜，若今之甜酒釀，詳周禮天官酒正孫詒讓正義。饗醴者，饗時用醴不用酒也。**命之宥。**宥有四說。杜預以至沈欽韓等俱以侑幣酬幣當之，説詳沈氏左傳補注。蓋古代主人享讌賓客，於飲食之際，又致送禮品於賓客，杜預所謂「飲宴則命以幣物，宥，助也，所以助驩敬之意」是也。沈氏徵引周禮、儀禮以證之，其實左傳亦可證，昭元年傳所云「后子享晉侯，歸取酬幣，終事八反」是也。然不可以解此文，王引之駁之云：「且如杜説，命以幣物以助驩，則傳當云『命宥之』，不當云『命之宥』也。」王引之因謂宥與侑通，「侑與酬酢同義，命之宥者，其命虢公、晉侯與王相酬酢與？或獻或酢，有施報之義，故謂之侑。命之侑者，所以親之也。僖二十五年傳『晉侯朝王，王饗醴，命之宥』，晉語作『王饗醴，命公胙侑』。胙卽酢之借字，蓋如賓酢主人之禮以勸侑於王，故謂之酢侑與？」詳經義述聞。王説較可信。蓋此享爲天子款待諸侯，必王命之，然後虢公、晉侯始敢於主人敬酒之後奉命回敬酒於主人。周禮秋官大行人孫詒讓正義實主此説，王國維觀堂集林釋宥論之尤詳。至吳闓生文史甄微謂「宥謂侑坐也，昭公二十五年『宋公使昭子右坐』，此宥卽右坐之義」，不知昭二十五年宋公與昭公宴，因飲酒樂而命昭子右坐，乃乘一時之興，不可與此相比，故不可信也。朱彬經傳考證又謂僖二十八年「命晉侯宥」爲「既享之後，又加爵以勸之」。若如此解，亦當如王引之之駁杜注，當作「命宥晉侯」，不當作「命晉侯宥」，故知其誤。**皆賜玉五瑴，馬三匹，**瑴亦作珏，雙玉爲珏。馬三匹當作馬四匹，四古作亖，因脱一劃而誤。太平御覽八十三引竹書紀年云：「三十四年，周王季歷來朝，武乙賜地三十里，玉十瑴，馬八匹。」然則賜玉五瑴者，馬當四匹矣。説詳王引之經義述聞。此賜乃酬幣。古代享禮，先由主人獻賓，賓侑主人，主人又自酌自飲勸賓飲，謂之酬，酬有禮物，謂之酬幣。**非禮也。王命諸侯，名位不同，禮亦異數，不以禮假人。**虢公與晉侯名位不同，而所賜不異，故左氏以此爲以禮假人，而認爲非禮。昭六年傳敘述楚公子棄疾見鄭伯，「如見王，以其乘馬八匹私面；見子皮如上卿，以馬六匹；見子産以馬四匹，見子大叔以馬二匹」。故漢書韋玄成傳載王舜、劉歆之議曰：「春秋左氏傳曰『名位不同，禮亦異數』，自上以下，降殺以兩，禮也。」

一八・二　虢公、晉侯、鄭伯使原莊公逆王后于陳。通志氏族略云：「周有原莊公，世爲周卿士，故以邑爲氏。」餘詳隱十一年傳注。顧棟高大事表以今河南省濟源縣西北之原鄉爲其國，實則采邑也。陳嬀歸于京師，實惠后。史記年表：「惠王元年，取陳后。」惠后寵愛少子事見僖二十四年傳。

一八・三　夏，公追戎于濟西。濟水爲古四瀆之一，所謂江、河、淮、濟是也。源出河南省濟源縣王屋山。春秋時濟水經曹、魏、齊、魯之界。以僖三十一年傳證之，濟西爲曹地，曹、魯分境之濟，當在今山東省巨野縣、壽張縣、東平縣之間。濟水今惟存發源處。不言其來，諱之也。經文只書追戎，不書戎來，故傳釋爲諱之。何爲諱之，杜注以爲戎來而魯不知，沈欽韓以爲戎狄爲中國之患，故諱言其來；喜其捍禦有素，故書追之。說詳左傳補注，近是。

一八・四　秋，有蜮，爲災也。

一八・五　初，楚武王克權，權，國名，據唐書宰相世系表，爲子姓，商武丁之後裔，今湖北省當陽縣東南有權城。使鬭緡尹之，鬭緡，楚大夫。尹之，以權爲楚縣，使其爲縣尹也。襄二十六年傳「穿封戌，方城外之縣尹也」，則楚稱縣宰爲縣尹。亦稱縣公，宣十一年傳「諸侯縣公皆慶寡人」可證。淮南子覽冥訓高誘注云「楚僭號稱王，其守縣大夫皆稱公」是也。猶魯稱縣人或縣宰，晉稱縣大夫。以叛，鬭緡據權邑而叛楚，可能與周初管、蔡監殷而以殷叛情形相近。圍而殺之。楚武王殺鬬緡。遷權於那處，以權國原來之臣民遷之于那處，猶周遷殷「頑民」。那處，楚地，今湖北省荆門縣東南有那口城，當卽其地。使閻敖尹之。尹之，主管那處之地方政治，亦卽管理權國之舊臣民。以上楚武王時事。及文王卽位，文王，武王子。魯莊公五年爲楚文王元年。與巴人伐申，伐申事見莊公六年傳。而驚其師。楚師驚巴師也。陶鴻慶謂驚、警字通，此謂閻敖戮辱巴人以警懼之，故致叛。說見左傳別疏。巴人叛楚而伐那處，取之，遂門于楚。巴人取那處之後，又進而攻楚都之城門。其時楚文王已遷都於郢，郢在今湖北省江陵縣北之紀南城，那處卽在其北。巴國當在襄陽附近。閻敖游涌而逸。涌，據水經江水三注及方輿紀要，卽今湖北省監利縣東南俗名乾港湖者。楚子殺之。其族爲亂。冬，巴人因之以伐楚。此與下年傳文本爲一章，爲後人割裂分爲兩傳。

十有九年，丙午，公元前六七五年。周惠王二年、齊桓十一年、晉獻二年、衞惠二十五年、蔡哀二十年、鄭厲二十六年、曹莊二十七年、陳宣十八年、杞共六年、宋桓七年、秦宣公元年、楚文十五年、許穆二十三年。

經

一九·一 十有九年春王正月。去年十二月二十一日己巳冬至，此年建丑。

一九·二 夏四月。

一九・三 **秋，公子結媵陳人之婦于鄄，遂及齊侯、宋公盟。** 無傳。公子結，魯大夫。鄄音絹，衞地，詳莊十四年經注。古代，諸侯娶于一國，二國以庶出之女陪嫁，曰媵。此當是衞國之女嫁與陳宣公爲夫人，魯國以女陪嫁，使公子結往送女，本應送至衞國都城，使與陳侯夫人同行，但公子結送之鄄，聞齊侯、宋公有會，遂臨時變更計劃，使他人往送女，己則代表魯國參與盟會。陳侯夫人稱陳人之婦者，以尚未嫁入陳國，猶不成爲夫人。說參杜注、孔疏及毛奇齡春秋傳。至劉敞春秋權衡、胡安國春秋傳謂「陳人」爲「陳大夫」，此是陳大夫娶婦。程頤則謂鄄之巨室嫁女於陳人，公子結以己之庶女媵之，因與齊、宋盟，遂挈之以往（據春秋傳說彙纂），皆主觀曲說。

一九・四 **夫人姜氏如莒。** 無傳。夫人姜氏，文姜也。兩年之間爲何兩次至莒國，經、傳未言，已不可考。杜注云「書姦」，恐未必然。文姜於桓公三年嫁至魯國，至此已三十五年，則其年齡已五十餘矣。

一九・五 **冬，齊人、宋人、陳人伐我西鄙。** 無傳。經書齊伐我者十四，始於此。鄙者，邊陲之辭。

傳

一九・一 **十九年春，楚子禦之，** 此與去年傳文本爲一傳。禦之者，禦巴人伐楚之師也。**大敗於津。** 杜注：「爲巴人所敗。」津，卽今湖北省江陵縣江津戍（亦名奉城），詳沈欽韓地名補注。或云，卽今枝江縣津鄉。**還，鬻拳弗納。** 鬻音育。鬻拳，楚同姓，時爲楚大閽，主管城門，故能拒絕楚文王入城。**遂伐黃。** 黃，嬴姓國，故城在今河南省潢川縣西。僖公十二年爲楚所滅。方濬益綴遺齋彝器款識考釋卷七黃太子盤釋文云：「此銘乃東遷以後書體，爲僖公以前之器。」

敗黄師于踖陵。踖音鵲，又音積。踖陵，黄國地名，當在今潢川縣西南境。還，及湫，湫音剿。清一統志謂湫在湖北省鍾祥縣北，春秋大事表謂在湖北省宜城縣東南，其實一也。湫，楚靈王時爲伍舉采邑，國語有湫舉、湫鳴。今本「湫」或作「椒」。有疾。夏六月庚申，庚申，十五日。卒。楚文王在位十五年，史記楚世家及年表謂十三年，恐誤。鬻拳葬諸夕室。葬諸夕室，葬楚王於夕室也。杜注以夕室爲地名。沈欽韓補注、章炳麟左傳讀均謂夕室猶言柩臺，蓋楚國君主冢墓所在之稱。亦自殺也，而葬於絰皇。絰皇即宣十四年傳「屨及於窒皇」之窒皇。窒、絰字通。蓋殿前之庭也。楚文王陵墓，必有地下宮殿，鬻拳之尸即葬於殿前之庭，所以示願侍君於地下爲守衛也。杜注解絰皇爲冢前闕，不知冢前不得有闕，即冢前之門亦不能葬人。章炳麟左傳讀謂絰皇爲墓門內庭中之道。

初，鬻拳强諫楚子。强，上聲，勉强也。楚子弗從。臨之以兵，懼而從之。鬻拳曰：「吾懼君以兵，罪莫大焉。」金澤文庫本此下有「君不討，敢不自討乎」八字。遂自刖也。楚人以爲大閽，大閽，杜注謂相當晉朝之城門校尉，爲典守城門之官，蓋因其拒納歸師而推知之。沈欽韓補注駁杜注，謂大閽主守宮門。若然，鬻拳雖以拒絶楚師入城。若謂楚師已入城，鬻拳守宮門，拒其入宮，尤不近理，故不取。哀十六年傳「石乞尹門」，則以勇力死士爲守門者。尹，主也。韓非子內儲說下篇云：「倚於郎門，門者刖跪請曰」云云，呂氏春秋音初篇云：「斧斫斬其足，遂爲守門者」云云，則古人常以刖者守門。周禮秋官掌戮謂「墨者使守門，劓者使守關，刖者使守囿」云云，非春秋史實。謂之大伯。大音泰。孔疏云：「鬻拳本是大臣，楚人以其賢而使典此職。」使其後掌之。使其子孫常主掌此官。

君子曰：「鬻拳可謂愛君矣：諫以自納於刑，刑猶不忘納君於善。」謂拒納文王師。

一九·二 初，王姚嬖于莊王，王姚，莊王之妾。王之妻妾通以王字與其母家姓連言；王姚，姚是其母家姓。生子頹。子頹有寵，蒍國爲之師。之作其用。宋程公說春秋分紀職官書一引周禮地官師氏職以相證，恐不合。蓋師氏掌以媺詔王，以三德教國子，此則蒍國僅爲子頹一人之師耳。及惠王卽位，惠王，莊王之孫，僖王（史記作釐王）之子，史記云名閬，世本、國語韋注及皇甫謐帝王世紀均云名毋涼，蓋閬卽毋涼之變音。惠王卽位于去年。取蒍國之圃以爲囿。別言之，圃與囿有別。圃種菜蔬果蓏，以籬笆圍繞之；囿畜養禽獸。囿大圃小。然僖三十三年傳云：「鄭之有原圃，猶秦之有具囿也，吾子取其麋鹿」云云，可見囿亦可名曰圃。邊伯之宮近於王宮，邊伯，周大夫。孟鼎銘「惟殷邊侯田」，劉心源奇觚室吉金文述卷二引路史國名紀謂邊爲商時侯國。此說不確，參陳夢家卜辭綜述。王取之。王奪子禽祝跪與詹父田，子禽祝跪，杜注以爲二人，誤。下文云「蒍國、邊伯、石速、詹父、子禽祝跪作亂」，又云「五大夫奉子頹以伐王」，五大夫卽蒍國等五人，若以子禽祝跪爲兩人，則六大夫矣。杜預自圓其說云「石速士也，故不在五大夫數」，亦無據。國語周語上云：「邊伯、石速、蒍國出王而立子頹。」又云：「王子頹飲三大夫酒。」則石速亦大夫而非士。傳文於子禽祝跪與詹父間著一「與」字，正恐讀者以爲皆是二字名而誤分爲三人也。說參于鬯香草校書。詹父已見桓十年傳。周禮太宰「以八柄詔王馭羣臣」，六曰「奪以馭其貧」，孫詒讓正義引此文云：「亦爲奪其田祿耳，非必盡沒其家財也。」孫說恐非。若然，則與下文「收秩」意複。奪其田未必盡沒家財，則當如隱十一年傳取蘇忿生之田。而收膳夫之秩，膳夫，官名，周禮天官有膳夫，掌王之食飲膳羞以養王及后、世子。秩，俸祿也。膳夫卽下文之石速。此言膳夫，下言石速，蓋變文。故蒍國、邊伯、石速、詹父、子禽祝跪作亂，因蘇氏。隱十一年傳敍桓王奪蘇忿生十二邑之田以與鄭，蘇氏或因此不滿王室。秋，五大夫奉子頹以伐王，不克，出奔温。温爲蘇氏邑。成十一年傳云「蘇忿生以温爲司寇」，則温爲蘇氏始封邑，故僖十年經云「狄滅温，温子奔衛」，而傳作「蘇子奔衛」；以邑言之則曰温子，以氏言之則曰蘇子，一也。周本紀、年表及衛、燕世家均謂惠王奔温，但以左傳文義言之，奔温者似是五大夫。蘇子奉子頹以奔衛。衛師、燕師伐周。衛世家云「二十五年，惠公怨周之容舍黔牟，與燕伐周」，則衛之伐周，由於洩助黔牟之忿。又燕召世家云：「莊公十六年，與宋、衛共伐周惠王。」據此，似伐周惠王者，除燕、衛外，尚有宋國。但左傳不言宋國。且十二諸侯年表云「惠王二年，燕、衛伐王」，亦不言宋。衛世家述此事只云「與燕伐周」。獨燕世家有宋國，恐史公之偶疏。又史公以燕爲北燕，杜注則以爲南燕，北燕路遠，恐南燕也。北燕姬姓，南燕姞姓。史記不列南燕於世家，而混兩燕爲一。冬，立子頹。國語周語上及史記周本紀、年表、燕召世家、衛世家所述與左傳同。

二十年，丁未，公元前六七四年。周惠王三年、齊桓十二年、晉獻三年、衛惠二十六年、蔡穆侯肸元年、鄭厲二十七年、曹莊二十八年、陳宣十九年、杞共七年、宋桓八年、秦宣二年、楚堵敖熊囏元年、許穆二十四年。

經

二〇・一 二十年春王二月，冬至在正月初三乙亥，故此年建子，有閏月。夫人姜氏如莒。無傳。

二〇・二 夏，齊大災。無傳。宣十六年傳云：「凡火，人火曰火，天火曰災。」許慎説文亦以此爲災之本義。偏考春秋之言災者，皆火災也。桓十四年之「御廩災」，僖二十年之「西宮災」，宣十六年之「成周宣榭災」，成三年之「新宮災」，定二年之「雉門及兩觀災」，哀三年之「桓宮、僖宮災」，四年之「亳社災」，其爲火災，固無論矣。即襄九年及三十年之「宋災」，昭九年之「陳災」，十八年之「宋、衞、陳、鄭災」，以傳文觀之，亦皆火災。即昭六年傳之「鄭災」，亦火災也。足知此之齊大災，亦猶言齊大火。襄三十年之宋災，亦大火也，而經不書大，此言大者，齊來告以大也。

二〇・三 **秋七月。**

二〇・四 **冬，齊人伐戎。**無傳。穀梁「戎」作「我」，字之誤也，詳鍾文烝穀梁補注。此爲經書伐戎之始。

傳

二〇・一 **二十年春，鄭伯和王室，**在惠王與子頹之間調和也。**不克。**克，能也。此處意謂調停不果。**執燕仲父。**服虔、杜預皆以燕仲父爲南燕之君。史記以爲北燕臣，恐不確。**夏，鄭伯遂以王歸。王處于櫟。**櫟見桓十五年傳並注。**秋，王及鄭伯入于鄔。**據隱十一年傳，鄔爲王所取鄭邑。**遂入成周，**據二十一年傳，王子頹在王城，成周在王城東。**取其寶器而還。**

冬，王子頹享五大夫，樂及徧舞。樂及徧舞，舊有兩義。一曰舞六代之樂。六代之樂者，黄帝之雲門、大卷，堯之大咸，舜之大韶，禹之大夏，湯之大濩，周武王之大武也。一曰諸侯及大夫徧舞。考樂及徧舞者，謂奏樂及於所有舞樂也。周禮春官大司樂云：「以樂舞教國子，舞雲門、大卷、大咸、大磬（韶）、大夏、大濩、大武。」孫詒讓正義云「六樂雖有歌奏，而以舞爲尤重」是也，則前一説爲長。鄭伯聞之，見虢叔曰：賈逵、韋昭周語注均以虢叔爲虢公林父之字，然桓十年傳云「虢仲譖其大夫詹父」，則林父字仲不字叔也。疑此虢叔爲僖五年傳之虢公醜。「寡人聞之：哀樂失時，殃咎必至。今王子頽歌舞不倦，樂禍也。夫司寇行戮，武億經讀考異以「夫」字屬上讀，「樂禍也夫」，恐非。君爲之不舉，國語楚語下云：「祀加於舉。天子舉以大牢（牛羊豕三牲並用曰大牢），祀以會（三大牢舉四方之貢也）；諸侯舉以特牛，祀以大牢；卿舉以少牢（羊豕並用），祀以特牛；大夫舉以特牲（僅用一豕），祀以少牢；士食魚炙，祀以特牲；庶人食菜，祀以魚。」然則自天子以至大夫，其日食謂之舉，士庶人則謂食。古代王、后一日三餐，而早餐最爲重；周禮天官膳夫所謂「王日一舉」是也。至中餐、晚餐則僅食早餐之剩餘而已。惟齋戒之日每餐皆殺牲，膳夫「王齊日三舉」是也。舉爲盛饌，以樂助食。舉者，兼食與樂而言之。襄二十六年傳云：「古之治民者，將刑，爲之不舉，不舉則徹樂。」則不舉者，包括貶損膳食、撤除音樂兩事。韓非子五蠹篇云「司寇行刑，君爲之不舉樂」，則僅就徹樂言之。而況敢樂禍乎？奸王之位，奸同干，犯也。禍孰大焉？臨禍忘憂，憂必及之。盍納王乎！」盍，「何不」之合音。虢公曰：「寡人之願也。」周本紀云：「樂及徧舞，鄭、虢君怒。」國語周語上所載與傳同。此傳文與下年傳文貫穿一氣，知本緊接，後人因欲經、傳按年相配，故今爲下年經文隔開。由此足知原本左傳不載經文而單行。

二十有一年，戊申，公元前六七三年。周惠王四年、齊桓十三年、晉獻四年、衛惠二十七年、蔡穆二年、鄭厲二十八年、曹莊二十九年、陳宣二十年、杞共八年、宋桓九年、秦宣三年、楚堵敖二年、許穆二十五年。

經

二一・一　二十有一年春，王正月。去年閏十二月十四日庚辰冬至，此年建丑。

二一・二　夏五月辛酉，辛酉，二十七日。鄭伯突卒。鄭世家記厲公之卒在秋季，與春秋異。

二一・三　秋七月戊戌，戊戌，五日。夫人姜氏薨。無傳。魯國君夫人見經者，文姜、哀姜、聲姜、穆姜、齊姜書薨，書葬；子氏以隱公在，不書葬；出姜歸齊，並不書薨；孟子以同姓諱而略之。妾母見經者，成風、敬嬴、定姒皆書薨與葬，稱夫人、小君，與正嫡無異。唯定十五年姒氏卒，以哀公未即位，故不成小君之禮。説本汪克寬春秋胡傳附録纂疏。

二一・四　冬十有二月，葬鄭厲公。無傳。杜注：「八月乃葬（原無「乃」字，依校勘記增），緩慢也。」

傳

二一・一　二十一年春，胥命于弭。此句本承上年傳文，主語承上省略，謂鄭伯、虢公在弭相約也。胥命者，諸侯相見，約言而不歃血也。詳桓三年經注。弭，鄭地，當在今河南省密縣境。夏，同伐王城。今河南省洛陽舊城西部即王城故址。自平王東遷至景王，十一世皆居此。敬王遷成周，王城廢，至王赧復居之。詳顧棟高春秋大事表。鄭伯將王自圉門入。詩周頌我將：「我將我享。」鄭箋云：「將猶奉也。」圉門，王城南門。據昭二十二年及二十六年傳，周有東圉及圉澤，圉門恐以此得名。説本高士奇地名考略。**虢叔自北門入。殺王子頹及五大夫。**國語周語上謂「殺子頹及三大夫，王乃入也」。年表、周本紀、鄭世家與傳文無異。

鄭伯享王於闕西辟，辟同僻，偏也。闕亦謂之觀，亦謂之象魏，天子諸侯宮門皆築臺，臺上起屋，謂之臺門。臺門之兩旁特爲屋高出於門屋之上者謂之雙闕，亦謂之兩觀。闕或觀若今之城樓。闕西辟者，雙闕中之西闕也。張聰咸杜注辨證謂爲兩觀內道西，不確。姚鼐左傳補注謂此闕爲廟門之闕，非宮門之闕，無據，不可信。禮記郊特牲：「天子無客禮，莫敢爲主焉。君適其臣，升自阼階，不敢有其室也。」鄭注：「明饗君非禮也。」正義：「春秋之時則有諸侯饗天子，故莊二十一年鄭伯享王於闕西辟，樂備，亂世非正法也。」郊特牲云云，不可爲據。下文原伯譏鄭伯，不在其享王，而在其樂備，享王於當時亦非不合禮。**樂備。**杜注：「備六代之樂也。」**王與之武公之略，自虎牢以東。**王以自虎牢以東鄭武公之舊土與鄭厲公也。武公，鄭武公，傳周平王，平王賜之地，自虎牢以東，後又失其地，今惠王復與之。説文：「略，經略土地也。」昭七年傳：「天子經略，諸侯正封，封略之內，何非君土？」封略之內，疆界之內也。僖十五年傳云「東盡虢略」，謂東以虢國之邊界爲盡頭也。虎牢即北制，見隱五年傳注。**原伯曰：**原伯，原莊公也。**「鄭伯效尤，**尤，説文作「訧」，罪也，過也。僖二十四年、襄二十一年傳並云「尤而效之」，定六年傳云「尤人而效之」，皆此意。説見楊樹達先生讀左傳。鄭伯效尤指樂備而言。鄭伯既以王子頹樂及徧舞爲非，而己又於享王時備六代之樂，是所謂「尤人而效之」也。**其亦將有咎！」**其，語氣副詞，表示不肯定。咎，災也，殃也。詳襄四年傳注。**五月，鄭厲公卒。**

王巡虢守，守亦作狩，孟子梁惠王下云：「天子適諸侯曰巡狩。巡狩者，巡所守也。」王巡虢守者，王巡視虢公所守之土地也。虢公爲王宫于玤，玤音棒，虢地，當在今河南省澠池縣境。王與之酒泉。酒泉，周邑，不詳所在。顧棟高大事表以今陝西省大荔縣之酒泉莊當之，不確。江永考實駁之，是也。

鄭伯之享王也，王以后之鞶鑑予之。鞶是大帶，亦名紳帶；鑑，鏡也。鞶鑑爲一物，大帶而飾之以鑑者。管子輕重己篇之「帶玉監」、「帶錫監」，監卽鑑也，可以爲證。説詳章炳麟左傳讀及楊樹達先生讀左傳。然至今未見實物。桂馥説文義證云：「王后之鞶，卽夫人鞶絲也。」乃以絲組爲之。李貽德賈服注輯述謂鞶鑑爲以囊盛鏡者也；沈欽韓左傳補注謂鞶是小囊之盛帨巾者，鑑爲鏡，鞶鑑爲兩物，恐皆不可爲據。或謂鞶鑑是銅鑑，亦不知所據。虢公請器，王予之爵。爵，飲酒器。鄭世家云「惠王不賜厲公爵祿」，以爵祿解爵，恐不合傳意。鄭伯由是始惡于王。此鄭伯爲厲公之子文公。爵爲禮器，自貴于鞶鑑，鄭文因以爲小其父，而惡王。「于」爲介詞，實不必有。此爲僖公二十四年鄭文公執王使張本。

冬，王歸自虢。

二十有二年，己酉，公元前六七二年。周惠王五年、齊桓十四年、晉獻五年、衞惠二十八年、蔡穆三年、鄭文公捷元年、曹莊三十年、陳宣二十一年、杞惠公元年、宋桓十年、秦宣四年、楚堵敖三年、許穆二十六年。

經

三・一　二十有二年春王正月，去年十二月二十五日乙酉冬至，建丑。肆大眚。無傳。眚音生上聲，公羊作「省」，同音假借字。肆大眚，杜注：「赦有罪也。」肆有赦義，書舜典「眚災肆赦」，「眚災」同義連文，「肆赦」亦同義連文。襄九年傳云「肆眚，圍鄭」，言赦罪而圍鄭也。僖三十三年傳「且吾不以一眚掩大德」，杜注：「眚，過也。」孔疏引賈逵說，以爲文姜有罪，故魯大赦國中罪過，欲令文姜之過因是得除，以葬文姜，蓋臆說。

三・二　癸丑，癸丑，二十三日。葬我小君文姜。無傳。

三・三　陳人殺其公子御寇。「御」，公羊、穀梁作「禦」，字通。杜注謂陳惡殺太子之名，以公子告。

三・四　夏五月。春秋體例，一季無事，亦書時與首月，此則當書「夏四月」。今書「夏五月」者，或以爲下有脫文，或以爲「五」乃「四」字之誤，疑不能明。至公羊何休注以爲「譏莊公娶仇國女」，李貽德賈服注輯述以爲「明登臺視朔備」，則顯是妄說。

三・五　秋七月丙申，丙申，九日。及齊高傒盟于防。無傳。魯及齊高傒盟也。高傒詳莊九年傳注。防爲東防，詳隱九年經注。

三・六　冬，公如齊納幣。無傳。納幣卽儀禮士昏禮之納徵，亦卽後代之納聘禮。幣，帛也。但古人於玉、馬、皮、圭、璧、帛皆稱幣，因此六種皆常用作禮物。士昏禮言昏禮有六：一納采，採擇女也；二問名，問女之姓氏歸以卜其吉凶；三納吉，卜於廟而吉，使使者往告；四納徵，使使者納幣以定婚；五請期，告婚期；六親迎，往迎婦。春秋於六者僅穀梁傳於此年書納采、問名、納徵、告期，左傳唯書納幣與親迎及成八年「聘共姬」，餘數者不知同于士昏禮否。納幣不自往，故文二年「公子遂如齊納幣」，傳曰「禮也」；成八年「宋公使公孫壽來納幣」，傳亦曰「禮也」，則此莊公親往納幣，其不合當時之禮可知。公羊、穀梁兩傳俱云：「親納幣，非禮也。」

傳

三·一　二十二年春，陳人殺其大子御寇。陳公子完與顓孫奔齊。陳世家云：「二十一年，宣公後有嬖姬生子款，欲立之，乃殺其太子禦寇。禦寇素愛厲公子完，完懼禍及己，乃奔齊。」年表云：「齊桓公十四年，陳完自陳來奔，田常始此也。」顓孫自齊來奔。

齊侯使敬仲爲卿。田敬仲完世家云：「完卒，謚爲敬仲。」辭曰：「羈旅之臣幸若獲宥，羈同羇。羇旅，同義連綿詞，周禮地官遺人「掌野鄙之委積以待羇旅」，猶言行旅。幸，表敬副詞，無實義。及於寬政，赦其不閑於教訓，閑，習也。不閑於教訓，因而獲罪以奔逃。而免於罪戾，弛於負擔，弛於負擔猶今言放下包袱，實與免於罪戾同義。外交辭令，故不嫌重複。君之惠也。所獲多矣，敢辱高位以速官謗？豈敢受此高位以辱君而速召官謗也。請以死告。詩曰：『翹翹車乘，翹翹，高貌。廣雅以翹翹爲衆多，亦通。招我以弓。豈不欲往？畏我友朋。』」此逸詩，不見於今三百篇中。原詩本義已不可知。引者之意蓋以車乘指齊桓公，招我以弓，據昭二十年傳「弓以招士」，則敬仲自謙爲士以下，蓋羈旅之人已失祿位也。使爲工正。工正，掌百工。又詳宣四年傳注。田敬仲完世家、陳世家所敍與傳同。

飲桓公酒，樂。飲，去聲。禮記郊特牲云：「大夫而饗君，非禮也。」杜預據此，以爲陳完乃知禮之人，不致作非禮之事，因謂此乃齊桓公就陳完家飲酒，然不合此句語法。郊特牲乃戰國以後之作，所言未必符合春秋之禮俗。左傳記大夫享王之事多矣，未見有譏其非禮者，故知郊特牲所言不可信。晏子春秋內篇雜上亦兩言「晏子飲景公酒」。公曰：「以火繼之。」辭曰：「臣卜其晝，未卜其夜，不敢。」晏子春秋雜上及說苑反質篇以此爲齊景公與晏子事，管子中匡篇及呂氏春秋達鬱篇則以爲齊桓公與管子事，蓋皆襲用左傳而變其人。言卜者，服虔云：「臣將享君，必卜之，示戒慎也。」但此兩卜字，恐係虛說。君子曰：「酒以成禮，不繼以淫，凡事過度皆可謂淫。義也；以君成禮，弗納於淫，仁也。」此贊美陳完語。

初，懿氏卜妻敬仲。懿氏，陳大夫。陳世家及田敬仲完世家並以懿氏爲齊懿仲。但傳文明提一初字，且後文云「不在此，其在異國」，則敬仲成婚在陳。恐太史公誤解左傳。懿氏欲以女嫁陳完而卜其吉凶。其妻占之，曰：「吉。是謂『鳳皇于飛，和鳴鏘鏘』。鳳皇，古代相傳爲神鳥，雄曰鳳，雌曰皇（亦作凰）。于飛，飛也；于爲語首詞，古人常置動詞前，無義。或曰：往也。和鳴，雌雄鳴聲相和也。鏘鏘狀其和鳴之聲。此兩語蓋言其夫妻必能和好。有嬀之後，將育于姜。陳爲舜後，嬀姓；姜，齊國之姓。古人於名詞之前有時加一「有」字以足音節，故嬀稱「有嬀」。隱八年傳云：「是不爲夫婦，誣其祖矣，非禮也，何以能育？」即此育字之義。五世其昌，並于正卿。據田敬仲完世家，敬仲生穉孟夷，穉孟夷生湣孟莊，湣孟莊生文子須無，文子生桓子無宇。則五世，陳無宇也。昭二年傳謂陳無宇非卿而爲上大夫，上大夫位卽卿。邾公釺鐘云「樂我嘉賓，及我正卿」，足見正卿爲春秋各國通語。文七年、宣二年傳之正卿皆指晉之趙宣子，襄四年傳之正卿指魯之季文子，襄二十一年傳之正卿指魯之季武子，昭元年傳之正卿指晉之趙武，皆卿之當權者。詩小雅雨無正有正大夫，鄭箋云：「正，長也。」大夫之長曰正大夫，卿之長曰正卿，其意相同。雨無正之大夫是公卿之總名，則雨無正之正大夫與左傳之正卿，其實相同。**八世之後，莫之與京』。」**據田敬仲完世家，陳無宇生武子開與釐子乞，乞生成子常，成子常即殺齊簡公之陳恒。陳恒於敬仲爲七世，據其相代在位則八世。京，大也。與下文「物莫能兩大」之「大」字相照應。齊至陳恒，篡奪之勢已成。疑「鳳皇于飛，和鳴鏘鏘」兩句是卜書之辭，有嬀之後以下數句，則爲占者之辭，然相互叶韻。鏘、姜、卿、京古音皆在陽唐部。此是占卜之辭，今已無書可以稽考。左傳好言卜筮鬼神，而孔穎達作正義則致疑焉。詳玩孔疏可知。

陳厲公，蔡出也，爾雅釋親云：「男子謂姊妹之子曰出。」釋名云：「姊妹之子爲出，出嫁於異姓而生之也。」然則出者以舅言之，故王引之述聞解襄五年公羊傳「蓋舅出也」，以「舅出」爲相對之辭，猶言舅甥。出亦可解爲出生之出，猶言蔡女所生，蓋指其母言。晉語四云「同出九人，惟重耳在」，則此出又指其父言。**故蔡人殺五父而立之。**見桓六年經。**生敬仲。**陳厲公立於桓公六年，而生陳完，則陳完之年歲可以推知。**其少也，周史有以周易見陳侯者，**史，官名，古有大史、内史等官。周易爲占筮之書。**陳侯使筮之，**卜用龜，筮用蓍草。**遇觀䷓之否䷋，**觀，去聲，卦名。否音痞，卦名。觀卦爲坤（下）巽（上）兩卦所組成，故有六爻，爻自下向上數，其第四爻爲陰爻（一爲陽爻，- -爲陰爻），今一變而爲陽爻，則成否卦矣。否卦爲坤下乾上。由觀卦變而爲否卦，當時術語謂之「觀之否」，今之周易謂之「觀之六四」。**曰：「是謂『觀國之光，利用賓于王』。**左傳、國語引用周易爻辭，本無「初六」、「上九」、「九四」

「六三」諸詞，本卦所變之爻，變爲何卦，卽用其卦名以指其爻。如此占，本卦爲觀，變在第四爻，則變爲否卦，於是觀之否，卽指觀六四爻詞。觀讀爲襄二十九年傳「請觀於周樂」、昭二年傳「觀書於大史氏」之觀，儀禮聘禮有請觀之舉，謂使者聘於他國，亦欲請觀其國之光也。 用，於也。「利用賓于王」猶言利於爲君主之上客。 說本高亨周易古經今注。 此其代陳有國乎？不在此，其在異國；非此其身，此其身猶言此人之身。在其子孫。此筮者根據觀六四爻辭所作之具體論斷，下文則以卦象作說明。 光，遠而自他有耀者也。先釋「觀國之光」中之「光」字。 坤，土也；巽，風也；乾，天也；周易八卦，重之則爲六十四卦，故六十四卦之每卦俱由八卦中之兩卦構成。八卦各有所象徵之物。觀卦否卦之下卦均爲坤卦，坤卦可象徵土地，故云「坤，土也」；觀卦上卦爲巽卦，巽爲風，故云「巽，風也」；否卦上卦爲乾卦，乾爲天，故云「乾，天也」。周易自下而上，故先言坤而及巽；先本卦（觀爲本卦）而及變卦（否爲變卦），故乾在後。 風爲天；於土上，山也。杜注以爲巽☴變爲乾☰，卽風變爲天，故曰風爲天。但坤☷未變，代表土地。而自否卦之第二爻至第四爻，古所謂互體，爲艮卦，艮爲山，故云「山也」。後人多不信互體之說，顧炎武日知録卷一互體、卦爻外無別象卽言之，近人高亨左傳國語的周易說通解亦言之。然解此節，不用互體，甚難圓通。此採并力文，見文史十六輯。 有山之材，中庸謂山「草木生之，禽獸居之，寶藏興焉」，山上有各種物產，故云「有山之材」。 而照之以天光，於是乎居土上，故曰『觀國之光，利用賓于王』。劉用熙以「利用賓于王」五字爲衍文，是也，然孔疏已有此五字。此釋「觀國之光」，下文解釋「利用賓于王」。 庭實旅百，諸侯朝於天子，或互相聘問，必將禮物陳列庭內，謂之庭實。艮有門庭之象，故云庭實。旅，陳也。百舉成數言之，以見其多耳。 奉之以玉帛，庭實多以車馬等物爲之，另外加之以束帛玉璧，吕氏春秋權勳篇所謂「荀息以屈產之乘爲庭實，而加以垂棘之璧」是也。故云「奉之以玉帛」，說見惠棟補注。乾爲金、爲玉，坤爲布帛（俱見說卦傳），故云「奉之以玉帛」。**天地之美具焉，**有庭實，有玉帛，故云「天地之美具焉」。**故曰『利用賓于王』。**否，乾上坤下，乾爲君，坤爲臣，有臣朝見君作賓之象。**猶有觀焉，**就觀卦而言觀，觀者，視他人之所爲而非在己者也。**故曰其在後乎！風行而著於土，**觀卦巽（風）在坤（土）上，故曰風行著於土。風行，則自此處而落於他處。**故曰其在異國乎！若在異國，必姜姓也。姜，大嶽之後也。**大音泰。大嶽即四嶽。國語周語下云：「其後伯禹念前之非度，共之從孫四嶽佐之，祚四嶽國，命以侯伯，賜姓曰姜，氏曰有呂，謂其能爲禹股肱心膂以養物豐民人也。」是姜姓出自四嶽也。**山嶽則配天。**詩大雅崧高云「崧高維嶽，駿極于天」，言天之高大惟山嶽足以配之。說見顧炎武杜注補正。**物莫能兩大。陳衰，此其昌乎！」**

及陳之初亡也，昭八年楚滅陳。**陳桓子始大於齊；**此言「五世其昌，並于正卿」之徵應。**其後亡也，**哀十七年楚復滅陳。**成子得政。**此言「八世之後，莫之與京」之徵應。

二十有三年，庚戌，公元前六七一年。周惠王六年、齊桓十五年、晉獻六年、衞惠二十九年、蔡穆四年、鄭文二年、曹莊三十一年、陳宣二十二年、杞惠二年、宋桓十一年、秦宣五年、楚成王頵元年、許穆二十七年。

經

二三・一 二十有三年春，冬至在正月初六庚寅，建子，有閏。公至自齊。

二三・二 祭叔來聘。無傳。

二三・三 夏，公如齊觀社。

二三・四 公至自齊。無傳。

二三・五 荆人來聘。無傳。荆人，楚人。楚之通魯自此始。楚世家云：「成王惲元年，初即位，布德施惠，結舊好於諸侯。」

二三・六 公及齊侯遇于穀。無傳。穀，齊地，即今山東省東阿縣舊治，互見莊七年經注。

二三・七 蕭叔朝公。無傳。蕭，宋之附屬國。餘詳莊十二年傳注。

二三・八 秋，丹桓宫楹。

二三・九 冬十有一月，曹伯射姑卒。無傳。射音亦。「射姑」，曹世家作「夕姑」。

二三・一〇 十有二月甲寅，甲寅，五日。公會齊侯盟于扈。無傳。扈，杜注以鄭地之扈（今河南省原武廢縣西北有扈亭，當即其地）當之，恐相距太遠。此扈當是齊地，疑在今山東省觀城廢縣境。說本王夫之稗疏。

傳

二三・一 二十三年夏，公如齊觀社，社，祀社神也，詩小雅甫田「以社以方」可證。襄二十四年傳云：「楚子使薳啓彊如齊聘，且請期。齊社，蒐軍實，使客觀之。」則齊之祭社，亦可以藉以蒐軍實，此蓋特爲楚國使者爲之，未必祭社必檢閱軍隊。墨子明鬼下云：「燕之有祖，當齊之社稷，宋之有桑林，楚之有雲夢也，此男女之所屬而觀也。」則齊之社如宋之桑林，所以聚男女而相遊觀者也。參沈欽韓左傳補注。非禮也。曹劌諫曰：「不可。夫禮，所以整民也。故會以訓上下之則，制財用之節；盟會宜節用財物。朝以正班爵之義，義讀如儀，正班爵之儀卽周禮司士所云「正朝儀之位，辨其貴賤之等」，說詳王引之述聞。帥長幼之序；帥同率，循也。諸侯之序，依爵位之貴賤，不依年齡之長幼，此云帥長幼之序者，其爵位相同者，乃依年齡。征伐以討其不然。然讀爲戁。說文：「戁，敬也。」討其不然亦猶宣十二年傳之「伐不敬」、成二年傳之「懲不敬」。說詳楊樹達先生讀左傳。諸侯有王，詩曹風下泉「四國有王，郇伯勞之」，鄭箋云「有王謂朝聘於天子也」，正此有王之義。王有巡守，以大習之。管子幼官篇云：「千里之外，二千里之內，諸侯三年而朝習命。二千里之外，三千里之內，諸侯五年而會至習命。」此所謂大習者，蓋習會朝之教命也。說見惠棟補注。王巡守之大習，于古無徵。非是，君不舉矣。是指會、朝、征伐、有王、巡狩五者。舉，義與二十七年傳「諸侯非民事不舉」之「舉」同，謂出行也。周禮地官師氏云「王舉則從」，鄭注云：「舉猶行也。」實則一切舉動均可謂之舉，可各依上下文義解之。曲禮云「主人不問，客不先舉」，則舉猶問也；王制云「山川神祇有不舉者爲不敬」，則舉又指祭祀而言。君舉必書。史官必書於策。書而不法，不法猶言不合法度。後嗣何觀？」魯語上亦載此事，末云：「公不聽，遂如齊。」年表及魯世家省曹劌諫語。

二三・二　晉桓、莊之族偪，桓，桓叔；莊，莊伯，曲沃武公之父與祖也。莊伯又詳隱五年傳。偪謂强盛壓迫公室。獻公患之。士蔿曰：士蔿，晉大夫。通志氏族略四云：「士氏，陶唐之苗裔，歷虞、夏、商、周，至成王遷之杜，爲伯。宣王殺杜伯，其子隰叔奔晉，爲士師，故爲士氏。其子孫居隨及范，故又爲隨氏、范氏，有三族焉。隰叔生士蔿，字子輿，故亦謂之士輿。」晉語八云：「昔隰叔子違周難於晉國，生子輿，爲理。」理與士皆今之司法官。「去富子，富子爲桓、莊之族中多智術能爲謀畫者。彝器有富子登，方濬益綴遺齋彝器考釋卷二十五引此文，又引昭十六年傳鄭之富子，謂富爲氏族之稱，是也。但登則不知何國器。則羣公子可謀也已。」公曰：「爾試其事。」士蔿與羣公子謀，譖富子而去之。此蓋先譖富子於羣公子，復與羣公子謀而去之。

二三·三 秋，丹桓宮之楹。桓宮，桓公之廟也。楹音盈，柱也。丹，朱色漆之。據穀梁傳，天子諸侯之屋柱用微青黑色，大夫用青色，士用黃色，用赤色者爲非禮。此語與下年傳文「刻其桷」本爲一傳，爲後人所割裂。

二十有四年，辛亥，公元前六七〇年。周惠王七年、齊桓十六年、晉獻七年、衞惠三十年、蔡穆五年、鄭文三年、曹僖公赤元年、陳宣二十三年、杞惠三年、宋桓十二年、秦宣六年、楚成二年、許穆二十八年。

經

二四·一 二十有四年春王三月，去年閏十二月十六日乙未冬至，此年建丑。刻桓宮桷。

二四·二 葬曹莊公。無傳。

二四・三 夏，公如齊逆女。無傳。 公羊傳云：「親迎，禮也。」穀梁傳云：「親迎，事也。」然考之春秋與左傳，諸侯出境親迎，未必爲當時之禮。文四年傳云：「逆婦姜於齊，卿不行，非禮也。」然則諸侯娶婦，必使卿出境迎迓，然後爲禮。故桓公三年娶婦，公子翬如齊逆女；宣公元年娶婦，公子遂如齊逆女；成十四年娶婦，叔孫僑如如齊逆女。隱二年，魯伯姬嫁於紀，紀使其卿裂繻來迎，故傳云「卿爲君逆」，尤可爲證。

二四・四 秋，公至自齊。無傳。

二四・五 八月丁丑，丁丑，二日。夫人姜氏入。

二四・六 戊寅，戊寅，三日。大夫宗婦覿，用幣。 大夫宗婦爲一事，同姓大夫之婦也。穀梁傳分爲大夫與宗婦爲二事，誤。一則古無大夫見君夫人之禮，二則傳文只言宗婦，不言大夫，足見左氏亦以大夫宗婦爲一事。說參沈欽韓左傳補注。

二四・七 大水。無傳。

二四・八 冬，戎侵曹。無傳。

二四・九 曹羈出奔陳。無傳。 公羊以「冬，戎侵曹。曹羈出奔陳」爲一節，又以羈爲曹大夫。賈逵以羈是曹君。杜注：「羈，蓋曹世子也。」桓十一年經云「鄭忽出奔衞」，忽是鄭太子，以彼例此，杜說爲近之。詳章炳麟左傳讀。

二四・一〇 赤歸于曹。無傳。 賈逵以赤是戎之外孫，故戎侵曹，逐羈而立赤。杜注以赤是曹僖公之名。但曹世家及年表均謂釐公（僖公）名夷。自當以經爲正，曹僖公名赤也。

二四·一一 郭公。無傳。公羊、穀梁以「郭公」與上節「赤歸于曹」連讀，以爲赤即郭公，曲説不可通，杜預不用，而以此爲經有闕誤。洪亮吉左傳詁以爲郭即虢。但周公𣪘有「郭人」，古彝器又有郭伯馭𣪘，以銘文考之，郭國似在東方。彝器「虢」與「郭」字不相混，則此郭宜非虢矣。洪説誤。周公𣪘與郭伯馭𣪘俱西周器，則郭國於西周已有。新序雜事四載齊桓公過郭氏之墟，問郭所以滅亡，則郭於齊桓公時已亡。

傳

二四·一 二十四年春，刻其桷，皆非禮也。此句本緊接上年「秋，丹桓宮楹」而來，爲後人所割裂，分爲兩截。刻其桷者，刻桓宮之桷也。刻，雕刻；桷，音角，椽之方形者。據穀梁傳，古禮，天子宮廟之桷，斲之礱之，又加以細磨；諸侯宮廟之桷，斲之礱之，不加細磨；大夫之桷，只斲不礱；士人之桷，砍斷樹根而已。自天子以至大夫士，皆不雕刻桷，亦不紅漆柱，則此丹楹、刻桷均非制，故傳云「皆非禮也」。莊公之所以如此者，歷來注家均以爲夫人哀姜將從齊國迎娶而來，卽將廟見，故修飾宮廟以相誇。御孫諫曰：御孫，魯大夫。魯語上作「匠師慶」。韋昭注云：「匠師慶，掌匠大夫，御孫之名也。」「臣聞之：『儉，德之共也；共讀爲洪，大也。舊讀共爲恭，不妥。説詳俞樾平議。侈，惡之大也。』先君有共德，而君納諸大惡，無乃不可乎？」魯語上亦載此事，諫語較長。

二四·二 秋，哀姜至，公使宗婦覿，宗婦，同姓大夫之婦。覿音狄，見也。公使宗婦與哀姜相見。用幣，幣，玉帛之屬。非禮也。御孫曰：御孫，魯語上作「宗人夏父展」。列女傳孽嬖傳作「大夫夏甫不忌」。「男贄，大者玉帛，小者禽鳥，贄本作摯，音至，古人相見，必手執物以表誠敬，所執之物謂之摯。公、侯、伯、子、男五等諸侯執玉，諸侯之太子及附庸國君與諸侯之孤卿執帛；卿執羔，大夫執雁，士執雉，庶人執鶩，工、商執雞。以章物也。章物與隱五年傳「取材以章物采謂之物」之「章物采」不同。此由各人所執之物類不同而顯示其貴賤等差。楊寬古史新探謂「在西周、春秋間貴族舉行的贄見禮中，贄實際上就是一種身份證，而且具有徽章的作用。它不僅用來表示來賓的身份，用來識別貴賤，並用作貴族中等級的標誌」，即此「章物」之義。女贄，不過榛、栗、棗、脩，榛，說文作「亲」，即詩鄘風定之方中「樹之榛栗」之「榛」，其果似栗而小。脩，經捶治而加薑桂之乾肉。以告虔也。表示誠敬耳。今男女同贄，是無別也。幣爲男子所用，今女亦用幣，即是男女同贄，而無所區別。贄何以男女有別，楊寬古史新探贄見禮新探有所解釋，可參看。男女之別，國之大節也；而由夫人亂之，無乃不可乎？」魯語上及穀梁傳皆載此事，並謂用幣非禮。

二四·三 晉士蔿又與羣公子謀，使殺游氏之二子。游氏二子亦桓、莊之族。士蔿告晉侯曰：「可矣。不過二年，君必無患。」

經

二十有五年，壬子，公元前六六九年。周惠王八年、齊桓十七年、晉獻八年、衞惠三十一年、蔡穆六年、鄭文四年、曹僖二年、陳宣二十四年、杞惠四年、宋桓十三年、秦宣七年、楚成三年、許穆二十九年。

二五・一 二十有五年春，冬至在去年十二月二十八日辛丑，此年建丑。陳侯使女叔來聘。女叔，陳卿。女爲其氏，彝器有女夔彝；叔爲其字，傳云「不名」可證。彙纂云：「此諸侯交聘之始。」

二五・二 夏五月癸丑，癸丑，十二日。衞侯朔卒。無傳。朔，衞惠公也。

二五・三 六月辛未，朔，日有食之，鼓、用牲于社。伐鼓于社並用牲于社也。朱文鑫、何幼琦俱謂七月辛未朔。

二五・四 伯姬歸于杞。無傳。伯姬，魯莊公之長女，據杞世家索隱，蓋爲杞成公之夫人。

二五・五 秋，大水，鼓、用牲于社、于門。

二五・六 冬，公子友如陳。無傳。公子友，公羊傳以爲莊公之母弟。春秋經母弟稱弟者，有桓三年「齊侯使其弟年來聘」、十四年「鄭伯使其弟語來盟」、成十年「衞侯之弟黑背帥師侵鄭」三處，餘如陳昭爲陳哀公之母弟，而昭元年經號之會稱公子，八年經又稱陳侯之弟，或稱弟，或稱公子，恐未必有義例。公子友之如陳，答女叔之來聘。季友自此與陳私好，故三十二年子般見殺，季友奔陳。友爲莊公之幼弟，桓公之幼子，故字季，後以季爲氏，世專魯政。

傳

二五・一 二十五年春，陳女叔來聘，始結陳好也。嘉之，故不名。春秋之世，命卿來聘於魯者計三十次，不稱名者，惟女叔一人而已。今年以前，陳未嘗來聘，故此次來聘而嘉之。陳之來聘見於經、傳者亦僅此一次。

二五・二 夏六月辛未，朔，日有食之，以今法推算，相當紀元前六六九年五月二十七日之日環食。鼓、用牲于社，非常也。非常卽非禮之意，由文十五年傳「六月辛丑，朔，日有食之，鼓、用牲于社，非禮也」知之。唯正月之朔，正音政。正月，正陽之月也，卽夏正之四月，周正之六月，詩小雅正月「正月繁霜」者是也。俞樾曲園雜纂達齋詩說謂正月非夏之四月，今不從。慝未作，慝，陰氣。古人以爲夏正之四月爲純陽用事，其時陰氣未作。日有食之，於是乎用幣于社，伐鼓于朝。此昭十七年傳季平子之言，左氏截取於此以爲釋者，明此次日食，魯于社只能用幣，伐鼓只能于朝，以明伐鼓、用牲於社，乃僭用天子之禮。俞樾茶香室經說本顧炎武杜解補正之說而推衍之，以「唯正月之朔」以下二十三字爲衍文，恐誤。

二五·三　秋，大水，鼓、用牲于社、于門，門，城門。亦非常也。凡天災，有幣，無牲。大水爲天災，古禮只能用幣，不能用牲，用牲則爲非禮。此蓋諸侯之禮，天子或不然。論語堯曰篇、墨子兼愛下篇、呂氏春秋順民篇俱載湯禱雨之辭，曰「敢用玄牡告于上天后土」云云，詩大雅雲漢「靡神不舉，靡愛斯牲」云云，旱亦天災，而湯與周宣王皆用牲，故知天子能用牲。非日、月之眚不鼓。眚音生上聲，微傷也。日月食始鼓，則大水鼓亦不合當時之禮。

二五·四　晉士蔿使羣公子盡殺游氏之族，乃城聚而處之。聚，晉邑。據方輿紀要，卽今山西省絳縣東南十里之車箱城。沈欽韓地名補注謂聚非邑名，乃鄉落之通名。聚固可爲鄉落之通名，但以此傳文觀之，仍宜解爲都邑之專名。處之，使之居於聚。

冬，晉侯圍聚，盡殺羣公子。僖五年傳云：「桓、莊之族何罪？而以爲戮，不唯偪乎？」卽此事也。晉世家云：「獻公八年，士蔿說公曰：『故晉之羣公子多，不誅，亂且起。』乃使盡殺諸公子，而城聚都之，命曰絳。」絳都爲今之翼城縣，聚在今絳縣東南，兩地非一；城聚在今年，城絳在明年，其時亦不同，而太史公合而一之，不合傳意。說見顧棟高大事表。

二十有六年，癸丑，公元前六六八年。周惠王九年、齊桓十八年、晉獻九年、衞懿公赤元年、蔡穆七年、鄭文五年、曹僖三年、陳宣二十五年、杞惠五年、宋桓十四年、秦宣八年、楚成四年、許穆三十年。

經

二六・一 二十有六年春，冬至在正月初九丙午，建子，有閏。公伐戎。無傳。公羊無「春」字。

二六・二 夏，公至自伐戎。無傳。

二六・三 曹殺其大夫。無傳。僖二十五年經：「宋殺其大夫。」杜注：「無傳。其事則未聞。」此亦當「其事未聞」類也。

二六・四 秋，公會宋人、齊人伐徐。無傳。徐，國名，嬴姓。古徐子國在今安徽省泗縣西北五十里。彝器有徐伯彝。又有郐王鍴、郐王量鼎，則作「郐」，與「徐」同。甲骨文有「𥁰子國」，𥁰國或即徐國。

二六・五 冬十有二月癸亥，朔，日有食之。無傳。據今法推算，相當公曆十一月十日之日環食。詩小雅十月之交「朔日辛卯，日有食之」，至此相距一百有八年餘，三九五一二日，適合六交食周。

傳

二六・一 **二十六年春，晉士蔿爲大司空。** 士蔿新有功，由大夫升爲卿，説詳沈欽韓補注。

二六・二 **夏，士蔿城絳，以深其宮。** 士蔿爲大司空，主司土木。儀禮覲禮「四門壇十有二尋，深四尺」，鄭注：「深，高也。」文十二年傳「深壘」，猶高壘也。絳本晉國都城，在今翼城縣東南十五里，詳隱五年傳注，而年表云：「晉獻公九年，始城絳都。」似絳都本無城郭者，恐太史公誤會傳意。傳意僅謂士蔿爲高其宮而城絳，則所謂城者，加高加大而已。自成六年徙新田後，謂之故絳。宮，牆垣也。

二六・三 **秋，虢人侵晉。冬，虢人又侵晉。** 杜注：「爲傳明年晉將伐虢張本。」晉世家云：「獻公九年，晉羣公子既亡奔虢，虢以其故再伐晉，弗克。」

二十有七年，甲寅，公元前六六七年。周惠王十年、齊桓十九年、晉獻十年、衞懿二年、蔡穆八年、鄭文六年、曹僖四年、陳宣二十六年、杞惠六年、宋桓十五年、秦宣九年、楚成五年、許穆三十一年。

經

二七・一 **二十有七年春，** 去年閏十二月二十日辛亥冬至，建丑。**公會杞伯姬于洮。** 洮，音叨，又音桃，魯地。大事表及方輿紀要俱謂在今山東省舊濮陽縣西南五十里。江永考實則以爲當卽今山東省泗水縣東南舊名桃墟者。

二七・二 夏六月，公會齊侯、宋公、陳侯、鄭伯同盟于幽。十六年曾有幽之盟，至此十一年矣。

二七・三 秋，公子友如陳，葬原仲。原仲，陳大夫。公羊傳有所敍述，可參。柯昌濟韡華閣集古録跋尾乙編謂原仲爲叔遼父之後。

二七・四 冬，杞伯姬來。傳文云：「歸寧曰來。」

二七・五 莒慶來逆叔姬。無傳。慶，莒大夫。叔姬，莊公女。宣五年經云：「齊高固來逆叔姬。」傳云：「自爲也，故書曰逆叔姬，卿自逆也。」以彼例此，則亦是莒慶自來迎娶其妻。

二七・六 杞伯來朝。無傳。桓公二年經云「杞侯來朝」，十二年經云「公會杞侯、莒子盟于曲池」，俱稱「杞侯」；自此以至春秋之終又均改稱「杞伯」，亦稱「杞子」。

二七・七 公會齊侯于城濮。無傳。城濮，衞地，今山東省舊濮縣（一九五六年已併入范縣）南七十里有臨濮城，當卽古城濮地。

傳

二七・一 二十七年春，公會杞伯姬于洮，非事也。會杞伯姬，與女相會也，與民事無關。天子非展義不巡守，展義猶言宣揚德義。巡守卽巡狩。諸侯非民事不舉，舉謂出行，詳二十三年傳「君不舉矣」注。卿非君命不越竟。竟同境。

二七·二　夏，同盟于幽，陳、鄭服也。二十二年陳人殺其大子禦寇，陳完奔齊，桓公以爲工正，此時陳可能不服於齊。文十七年傳載鄭子家與趙宣子書有云「文公四年二月壬戌，爲齊侵蔡，亦獲成于楚」，鄭文公之四年，當魯莊公二十五年，鄭與楚交好，是以曾不服於齊。

二七·三　秋，公子友如陳葬原仲，非禮也。原仲，季友之舊也。季友卽公子友。原仲僅是季友之私交，季友往會葬，非君命可知。上傳文云「卿非君命不越竟」，故云「非禮」。

二七·四　冬，杞伯姬來，歸寧也。詩周南葛覃：「害澣害否，歸寧父母。」寧，安也。女子出嫁，返回娘家問父母安曰歸寧。凡諸侯之女，歸寧曰來，來者，仍將返回夫家也。出曰來歸；出者，見棄於夫家。來歸者，來而不再返回。宣十六年經云「秋，郯伯姬來歸」，傳云「出也」，是其例。夫人歸寧曰如某，文九年經云「夫人姜氏如齊」，是其例。出曰歸于某。文十八年經云：「夫人姜氏歸于齊。」傳云：「大歸也。」哀姜之大歸，雖非見棄於夫，然以夫死子被殺，難以在魯安身，其爲不容於夫家則一也。歸者，亦不返之辭。

二七·五　晉侯將伐虢。士蔿曰：「不可。虢公驕，若驟得勝於我，必棄其民。無衆而後伐之，欲禦我，誰與？金澤文庫本誰上有「其」字。言雖欲抵禦我，無人從之也。與，從也。夫禮、樂、慈、愛，戰所畜也。夫民，讓事、樂和、愛親、哀喪，讓事謂禮，樂和謂樂，愛親謂慈，哀喪謂愛。而後可用也。虢弗畜也，亟戰，亟，去聲，屢也。將饑。」饑非指肚腹言，乃指民氣士氣言。孟子公孫丑上言養浩然之氣，亦云「配義與道，無是，餒也」，「行有不慊於心，則餒矣」，此「饑」字正與孟子之「餒」字相同。晉世家載此事，文有省略。

二七·六 王使召伯廖賜齊侯命，廖音聊。召伯廖，王卿士，召康公之後。今山西省垣曲縣東有邵亭，或是召公東遷以後之食邑。互詳文五年經注。周本紀云：「惠王十年，賜齊桓公爲伯。」年表：「惠王十年，賜齊侯命。」則賜命卽賜爲侯伯也。章炳麟左傳讀云：「據齊語，賞服大輅、龍旗九旒等在葵丘之會，彼時命爲方伯，則此時命爲州牧也，特已攝方伯之任耳。」齊語不可盡據，章說亦近臆測。九命以下皆曰賜命，元年追錫桓公命、襄二十四年使劉定公賜齊侯命可證。此次賜命是否與僖二十八年策命晉侯爲侯伯同，則不可知。且請伐衞，以其立子頹也。立子頹在十九年。

二十有八年，乙卯，公元前六六六年。周惠王十一年、齊桓二十年、晉獻十一年、衞懿三年、蔡穆九年、鄭文七年、曹僖五年、陳宣二十七年、杞惠七年、宋桓十六年、秦宣十年、楚成六年、許穆三十二年。

經

二八·一 二十有八年春，冬至在正月丙辰朔，建子，且有閏。王三月甲寅，三月無甲寅。齊人伐衞。衞人及齊人戰，春秋書某及某戰，若魯與人戰，以魯爲主，桓十七年「及齊師戰于奚」、成二年「會晉郤克、衞孫良夫、曹公子首及齊侯戰于鞌」之屬是也。若晉與秦、楚戰，則先晉而後秦或楚，韓（僖十五年）、彭衙（文二年）、令狐（文七年）、河曲（文十二年）、城濮（僖二十八年）、邲（宣十二年）、鄢陵（成十六年）諸役皆是也。若宋與楚戰（僖二十二年泓之役）、蔡與楚戰(定四年柏舉之役)、齊與吳戰(哀十一年艾陵之役),皆先中原諸國而後楚或吳,所謂先諸夏而後夷狄也。若宋與齊、鄭戰,則先宋而後齊或鄭,僖十八年「宋師及齊師戰于甗」,宣二年「宋華元帥師及鄭公子歸生帥師戰于大棘」是也。即衞、齊相戰,亦先衞而後齊,成二年新築之役是也。楚、吳相戰,又先楚而後吳,昭十七年「楚人及吳戰于長岸」是也。公羊傳謂伐人者爲客,是伐者爲主,此是衞見伐,故是衞主之,按之經例,未必然。衞人敗績。春秋書敗績而言「人」者僅此一次,互詳桓十三年經注。

二八・二　夏四月丁未,丁未,二十三日。邾子瑣卒。無傳。

二八・三　秋,荆伐鄭,公會齊人、宋人救鄭。公羊「宋人」下有「邾婁人」三字,疑衍。

二八・四　冬,築郿。「郿」,公羊、穀梁作「微」,本相通假。郿當在今山東省壽張廢縣治南。

二八・五　大無麥、禾,麥熟於芒種、夏至之間,禾則爲黍稷之屬,熟於此後。此處麥、禾分言,猶莊七年「無麥、苗」之麥、苗分言。黍、稷、稻、苽、粱皆可名爲禾,唯麻與菽、麥則不稱禾。呂氏春秋任地篇「今茲美禾,來茲美麥」,亦以禾與麥對文。臧孫辰告糴于齊。臧孫辰即臧文仲,見莊十一年傳注。告,請也。糴音狄,買穀也。

傳

二八・一　二十八年春,齊侯伐衞,戰,敗衞師,數之以王命,數,責也。見二十七年傳。取賂而還。

二八・二　晉獻公娶於賈,賈,姬姓國。餘詳桓九年傳注。無子。烝於齊姜,杜注云:「齊姜,武公妾。」然晉世家云：「太子申生，其母齊桓公女也，曰齊姜，早死。」似不以爲武公妾。然傳云「烝」，上淫曰烝，杜注蓋本此。齊桓立於魯莊九年，晉武死於魯莊十七年，似不及娶齊桓女，史記説不可信。顧棟高大事表卷五十衛夷姜齊姜辨疑之，謂齊姜爲獻公未即位時所娶之適夫人；章炳麟左傳讀卷八又謂齊姜非哀侯之妾，則小子侯之妾，皆臆説不足據。存疑可也。**生秦穆夫人及大子申生。**此以秦穆夫人先言，似以爲姊，而申生爲弟。秦本紀亦云：「繆（穆）公四年，迎婦於晉，晉太子申生姊也。」然晉世家云「申生同母女弟爲秦穆公夫人」，又以申生爲兄，誤。**又娶二女於戎，大戎狐姬生重耳，**大戎狐姬，昭十三年傳又謂之爲狐季姬。閻若璩四書釋地謂大戎地在今山西省交城縣。張澍姓氏辨誤卷六謂言狐姬者，明此姬出於王子狐之後，有居於戎者，此説較勝。**小戎子生夷吾。**晉世家云：「重耳母，翟之狐氏女也；夷吾母，重耳母女弟也。」則大戎狐姬與小戎子爲姐妹，小戎子蓋以娣爲媵者也。杜注謂狐姬與小戎子爲兩國之女，蓋本於晉語三，以虢射爲夷吾之舅，狐偃爲重耳之舅。綴遺齋卷二十七頁七有春秋時鬲，銘有晉姬，當即狐姬。晉語四云：「狐氏出自唐叔。狐姬，伯行（韋注：「伯行，狐突字。」）之子也，實生重耳。」晉世家云：「自獻公爲太子時，重耳固以成人矣。」然據晉語四「晉公子生十七年而亡」，史公説不可信。**晉伐驪戎，**驪戎，舊注俱以爲在今陝西省臨潼縣東之驪戎城，顧頡剛疑之，謂當在今山西省析城、王屋兩山之間，詳史林雜識驪戎不在驪山。**驪戎男女以驪姬，**女，納女於人。晉語一云「獻公伐驪戎，克之，滅驪子，獲驪姬以歸」，與傳不同。晉世家及年表列此事於獻公五年，實魯莊之二十二年。**歸，生奚齊，其娣生卓子。**「卓子」，史記作「悼子」。**驪姬嬖，欲立其子，賂外嬖梁五與東關嬖五，**外嬖對內嬖而言，女寵曰內嬖，僖十七年傳「內嬖如夫人者六人」是也。然則外嬖者殆男寵。外嬖統梁五與東關嬖五兩人言之。外嬖東關嬖五之稱，猶昭九年傳之「外嬖嬖叔」之稱，王引之述聞、錢綺札記據漢書古今人表、國語韋注引作「東關五」，謂「嬖五」之「嬖」字爲衍文，恐不可信。使言於公曰：「曲沃，君之宗也；襄二十七年傳云：「崔，宗邑也。」哀十四年傳亦云：「薄，宗邑也。」則此「君之宗也」即「君之宗邑也」之意。曲沃爲桓叔之封。桓叔，晉獻公之始祖，晉宗廟所在，故爲宗邑。故下文云「宗邑無主」。蒲與二屈，君之疆也；蒲，晉邑，在今山西省隰縣西北，其地俗名斬祛垣，相傳爲寺人披斬晉文公袪處。二屈，北屈、南屈，兩屈蓋毗鄰，故夷吾一人鎮之。北屈在今吉縣東北，南屈當在其南。據晉世家，蒲邊秦，二屈邊狄，故曰君之疆。疆，境也。不可以無主。宗邑無主，則民不威；不威猶言不畏，不畏，則民慢其政。疆埸無主，則啓戎心；埸音亦，邊境、疆界也。古人常以疆埸連言。啓，開也。戎泛指蒲、屈境外之異國言。戎之生心，民慢其政，國之患也。若使大子主曲沃，而重耳、夷吾主蒲與屈，則可以威民而懼戎，且旌君伐。」旌，表彰也。伐，功也。使俱曰：使，驪姬使之也。以上梁五與東關嬖五各自爲言，「俱曰」以下則是異口同聲。沈欽韓補注謂俱曰以下爲假設衆人誇美之辭，說士之常調如此，恐非傳意。「狄之廣莫，於晉爲都。廣莫猶言廣大無邊，莊子逍遥遊篇云：「何不樹之無何有之鄉，廣莫之野。」意言戎狄曠野廣大無垠，歸於晉國，皆立爲都邑矣。晉之啓土，不亦宜乎！」啓土猶言開疆拓土。晉侯說之。夏，使大子居曲沃，重耳居蒲城，夷吾居屈。晉語四載僖負羈之言，謂晉文公生十七年而亡，晉文之亡，在僖之四年，則重耳、夷吾此時俱年幼小，所謂主、所謂居，未必親自治理軍民，不過使其居守，另有師相輔佐之耳。顧棟高以此爲疑，殊可不必。羣公子皆鄙。皆鄙者，皆居於邊鄙也。金澤文庫本作「皆在鄙」，「在」字蓋淺人妄增。僖二十四年傳謂獻公之子九人

（晉世家謂獻公子八人），則除申生、重耳、夷吾、奚齊、卓子之外，尚有四人，卽是羣公子也。唯二姬之子在絳。二姬卽驪姬與其娣。子謂奚齊及卓子。二五卒與驪姬譖羣公子而立奚齊，謂立奚齊爲太子，蓋探後言之。晉人謂之二五耦。二五耦者，梁五與東關嬖五朋比爲奸也。古人兩人共作俱曰耦。詳顧炎武杜解補正。晉語一亦敍此事，與左傳同，而晉世家以二五之言作獻公之語。又年表及晉世家俱列此事於獻公十二年，卽魯莊二十九年，較左傳遲一年。

二八・三　楚令尹子元欲蠱文夫人，子元，楚語上韋注云：「楚武王子，文王弟，王子善也。」三十年謂之公子元。蠱音古，蠱惑以淫事也。文夫人，文王夫人息嬀，見十年、十四年傳。爲館於其宮側，而振萬焉。禮記樂記云「天子夾振之」，注云：「夾振之者，上與大將夾舞者振鐸以爲節也。」然則武舞必振鐸以爲節，故舞萬曰振萬。萬爲舞名，詳隱五年傳注。此爲武舞，故下文云「習戎備也」。夫人聞之，泣曰：「先君以是舞也，習戎備也。今令尹不尋諸仇讎，而於未亡人之側，杜注：「尋，用也。」謂不用之於仇敵而用之於我側。尋字直貫「於未亡人之側」，劉文淇舊注疏證謂「而」下脫「置館」二字，誤。未亡人，古代寡婦自稱之辭。不亦異乎！」御人以告子元。御人疑是夫人之侍者。子元曰：「婦人不忘襲讎，我反忘之！」

秋，子元以車六百乘伐鄭，入于桔柣之門。桔柣音結迭。據下文，入自純門後又有懸而不發之門，可以推知此桔柣之門是遠郊之門。楚師突起，鄭國無備，故不戰而入門。子元、鬬御彊、鬬梧、耿之不比爲旆，據世本，若敖生鬬彊，鬬彊生鬬班。此鬬御彊當卽世本之鬬彊。旆，前軍也。詳僖二十八年傳注。鬬班、王孫游、王孫喜殿。鬬班爲鬬彊之子，與宣四年傳之鬬般爲兩人。衆車入自純門，純門，鄭外郭門。及逵市。逵市，鄭國城外大路之市場。互詳隱十一年傳注。縣門不發。縣同懸。懸門猶今之閘門。此閘門施於內城門上，由楚軍已入桔柣之門及純門知之。墨子備城門篇云：「備城門爲縣門，沈機長二丈，廣八尺，爲之兩相如。門扇數，令相接三寸，施士扇上。」襄十年傳孔疏云：「縣門者，編版，廣長如門，施關機以縣門上，有寇則發機而下之。」太白陰經云：「縣門，縣木版以爲重門。」由此知縣門之制。縣門不發，此是鄭誘敵之空城計。楚言而出。楚子元等既入城，見其縣門不發，復操楚語退出。所以楚言者，明楚不中計。杜注謂鄭出兵而效楚言，誤。子元曰：「鄭有人焉。」此即楚言之內容也。人謂人才。諸侯救鄭。經云：「公會齊人、宋人救鄭。」楚師夜遁。鄭人將奔桐丘，桐丘，今河南省扶溝縣西二十里有桐丘亭，即其地。諜告曰：「楚幕有烏。」言楚軍拋棄帳幕而逃。幕無人居，烏鴉止其上。乃止。

二八・四　冬，饑，穀不熟爲饑，即經之「大無麥禾」。臧孫辰告糴于齊，禮也。周書糴匡篇云：「大荒，卿參告糴。」魯語上敍臧文仲之言甚詳，可參看。

二八・五　築郿，非都也。凡邑，有宗廟先君之主曰都，無曰邑。金鶚云：「先君之廟有二：公卿大夫之采邑得立太祖廟，采邑若不廢，廟亦不毁；士無太祖，是無先君之廟矣。親王子弟采邑，有賜之得立出王廟者，是亦先君廟也。侯國如魯三家立桓公廟，惟卿有此，大夫則無之也。故王國公卿采邑稱大都，大夫采邑稱小都，士則稱邑而已。侯國卿之采邑得稱都，大夫士則稱邑而已。尊卑之別如此。若通而言之，都亦可稱邑，如季孫氏之費、孟孫氏之成、叔孫氏之郈，皆稱爲邑。邑亦可稱都，孟子言『王之爲都者臣知五人焉。知其罪者惟孔距心』，距心爲平陸宰，平陸，下邑，而亦曰都。月令孟夏之月「命農勉作，毋休於都」，此都卽四井爲邑之邑，而亦曰都。」詳求古録禮説邑考。邑曰築，都曰城。詩小雅出車孔疏云：「春秋別大小之例，故城、築異文。散則城、築通。」春秋魯凡城二十四邑，惟郿書「築」。

二十有九年，丙辰，公元前六六五年。周惠王十二年、齊桓二十一年、晉獻十二年、衞懿四年、蔡穆十年、鄭文八年、曹僖六年、陳宣二十八年、杞惠八年、宋桓十七年、秦宣十一年、楚成七年、許穆三十三年。

經

二九・一 二十九年春，冬至在去年閏十二月十二日壬戌，建丑。新延廄。廄，馬棚。延是此馬棚之名。新，據傳爲新作之意。杜預以爲「更造之辭」。孔疏推杜意謂經闕「作」字，未必然。

二九・二 夏，鄭人侵許。

二九・三 秋，有蜚。

二九・四 冬十有二月，紀叔姬卒。無傳。叔姬以隱七年歸於紀。

二九・五 城諸及防。諸、防皆魯邑。據山東通志，諸故城在今山東省諸城縣西南三十里，石屋山東北，濰河南。防卽東防，詳隱九年經注。

傳

二九・一 二十九年春，新作延廄，書，不時也。凡馬，日中而出，日中而入。日中者，春分、秋分也。其日之長短與夜中分，故曰日中。日中而出者，春分百草始繁，牧於坰野也。日中而入者，秋分農事始藏，水寒草枯，則皆還廄也。據周禮夏官圉師及牧師，知馬四季所居不同，春仲居牧，夏日居庌（音訝，涼棚），秋仲居廄。圉師又云「春除蓐釁廄始牧」，則必於始牧之時而後釁廄，其時爲夏正之二月，周正之夏矣。今實於殷正之春（丑、寅、卯三月）新廄，故云不時。公羊傳謂「新」爲「修舊」，非左傳意。

二九・二 夏，鄭人侵許。凡師，有鐘鼓曰伐，無曰侵，輕曰襲。聲罪致討，鐘鼓堂堂曰伐；鐘鼓不備或不用曰侵；以輕師掩其不備曰襲。晉語五云「是故伐備鐘鼓，襲、侵密聲」，亦此意也。然有時侵伐亦可互言，定四年經云「三月，公會劉子、晉侯、宋公、蔡侯、衞侯、陳子、鄭伯、許男、曹伯、莒子、邾子、頓子、胡子、滕子、薛伯、杞伯、小邾子、齊國夏于召陵侵楚」，計總十九國之師，豈可不備鐘鼓？而書用「侵」字，故傳云「三月，劉文公合諸侯于召陵，謀伐楚也」，則用「伐」字。

二九・三 秋，有蜚，爲災也。凡物，不爲災，不書。詳隱元年傳注。

二九・四 冬十二月，城諸及防，書，時也。凡土功，土功，土木工程。龍見而畢務，戒事也；龍即蒼龍，東方七宿（角、亢、氐、房、心、尾、箕）之總稱。見同現，下同。龍見者，謂夏正九月，周正十一月，蒼龍角、亢早晨出現於東方也。　畢務，夏收、秋收俱已完畢。　戒事之事指土功而言，謂土木之功必須準備矣。　周語中云：「故夏令曰：『九月除道，十月成梁。』其時儆曰：收而場功，徛而畚梮。』」此所謂戒事，亦猶夏令之「徛而畚梮」也。　火見而致用，襄九年傳云「心爲大火」，火卽心宿，夏正十月之初，次角、亢之後，晨出現於東方。　致用，板、臿、畚、梮諸用具致之於場地，周語中所謂「火之初見，期於司里」是也。　水昏正而栽，水卽昭十九年傳之大水，卽定星，亦卽營室，今飛馬座α、β二星，十月昏中（黄昏正見於南方）。　栽，築牆立板。　詩大雅緜「縮板以載」，馬瑞辰毛詩傳箋通釋謂載卽「水昏正而栽」之栽，則縮板爲立板而以繩約束之，載卽築土，今之打夯。　互參定元年傳「庚寅栽」注。　周語中所謂「營室之中，土功其始」，詩鄘風定之方中所謂「定之方中，作于楚宮」，與此義近。　日至而畢。　日至，冬至。　冬至以後不再施工。

二九・五　樊皮叛王。　樊皮，周大夫。　周宣王有卿士仲山父，封於樊，故周語上稱之爲樊仲山父、樊穆仲，晉語四稱之爲樊仲；樊皮當是其後。　樊又爲蘇忿生之田，桓王又取以與鄭，見隱十一年傳。　樊皮保有樊，王與鄭之樊田；爲樊邑田之一部分。　此句本應與下年傳「王命虢公討樊皮」爲一傳，爲後人割裂分爲二傳。

經

三十年，丁巳，公元前六六四年。　周惠王十三年、齊桓二十二年、晉獻十三年、衞懿五年、蔡穆十一年、鄭文九年、曹僖七年、陳宣二十九年、杞惠九年、宋桓十八年、秦宣十二年、楚成八年、許穆三十四年。

三〇・一　三十年春王正月。　冬至在去年十二月二十三日丁卯，此年實建丑。

三〇·二 夏，次于成。無傳。公羊、穀梁作「師次于成」。穀梁以爲次成爲欲救鄣而不能。成地見桓六年經注。

三〇·三 秋七月，齊人降鄣。無傳。鄣音章，紀之遠邑，紀亡雖已二十七年，紀季猶保酅，兼有鄣邑。至此，齊桓始降鄣而有之。鄣當卽昭十九年傳之紀鄣，紀鄣者，本紀國之鄣邑也，當在今江蘇省贛榆舊城（贛榆縣今移治於其東南之青口鎮）北七十五里處。依杜注，則宜以今山東省東平縣東六十里之鄣城集當之，不知東平縣之鄣城集乃世本任姓之國，與紀國相隔遥遠，非紀國所能有。說參王夫之稗疏、段玉裁說文解字注、章炳麟左傳讀。

三〇·四 八月癸亥，癸亥，二十三日。葬紀叔姬。無傳。魯國女嫁於他國，卒與葬俱書者，紀伯姬、叔姬、宋伯姬而已。他如鄫季姬、杞叔姬，書卒不書葬。

三〇·五 九月庚午朔，日有食之，朱文鑫、何幼琦俱以爲十月庚午朔，但下文言「冬」，當時固以爲九月。以今法推算，相當于公曆八月二十八日之日全食。鼓、用牲于社。無傳。參二十五年傳。

三〇·六 冬，公及齊侯遇于魯濟。春秋時濟水經曹、衞、齊、魯之界，在齊界者爲齊濟，在魯界者爲魯濟。蓋流經今山東省巨野縣、廢壽張縣、東平縣之間，穿曹、魯之境者爲魯濟，其流在今東阿縣以下穿齊、衞之境者，則齊濟也。

三〇·七 齊人伐山戎。齊語云：「桓公曰：『吾欲北伐，何主？』管仲對曰：『以燕爲主。』遂北伐山戎，剸令支、斬孤竹而南歸。」晉語二亦云：「夫齊侯好示，務施與力而不務德，是以北伐山戎，南伐楚，西爲此會（葵丘之會）也。」令支故城在今河北省遷安縣西，孤竹當在盧龍、灤縣一帶，則山戎所在之處亦當距此不遠。左傳之伐山戎，與齊語之剸令支、斬孤竹，當是同年之役，故齊語分爲三事，而晉語仍以伐山戎包之。齊世家引齊桓之言曰「寡人北伐山戎、離支、孤竹」，亦以爲一時事。齊伐孤竹事又見管子小問篇、韓非子說林上。

傳

三〇·一 三十年春，王命虢公討樊皮。此句緊接上年「樊皮叛王」而來。夏四月丙辰，丙辰，十四日。虢公入樊，執樊仲皮，樊仲皮卽樊皮，皮其名，仲其行次。歸于京師。

三〇·二 楚公子元歸自伐鄭，而處王宮。欲遂蠱文夫人。鬭射師諫，杜預以鬭射師卽鬭廉（見桓九年及十一年），服虔以爲鬭射師卽鬭班，未詳孰是，參章炳麟左傳讀卷七。則執而梏之。梏，手銬，此作動詞，施之以手銬。楚伐鄭是二十八年事，此亦當是二十八年事，距今二年，秋，申公鬭班殺子元。申，楚縣。餘詳隱元年及莊六年傳并注。楚子自稱王，稱其縣尹爲公。鬭穀於菟爲令尹，穀音構，於音烏，菟音徒。鬭穀於菟卽令尹子文。自毀其家，桂馥札樸二：「蒼頡篇：『毀，破也。』」以紓楚國之難。紓，緩也，使楚國之難得以緩和。左傳凡十四用「紓」字，皆此義。

三〇·三 冬，遇于魯濟，謀山戎也。金澤文庫本「謀」下有「伐」字。以其病燕故也。此燕是北燕，召公奭之後，穆侯七年入春秋，春秋後二百四十六年，燕王喜三十三年爲秦所滅。都薊，今北京市西南。彝器有匽侯鼎、匽公匜、匽侯旨鼎、郾侯載戈。「燕」作「匽」或「郾」。稱侯，亦稱公。戰國時期稱王，而字作「郾」，傳世有郾王戈、郾王戟、郾王大事劍。齊世家云：「桓公二十三年，山戎伐燕，燕告急於齊。齊桓公救燕，遂伐山戎，至于孤竹而還。燕莊公遂送桓公入齊境。桓公曰：『非天子，諸侯相送不出境，吾不可以無禮於燕。』於是分溝割燕君所至與燕，命燕君復修召公之政，納貢于周，如成、康之時。諸侯聞之，皆從齊。」年表云：「桓公二十三年，伐山戎，爲燕故也。」燕世家與年表並敍此事。又匈奴列傳：「當是之時，秦襄公伐戎至岐，始列爲諸侯。是後六十有五年，而山戎越燕而伐齊，齊釐公與戰于齊郊。其後四十四年，而山戎伐燕。燕告急于齊，齊桓公北伐山戎，山戎走。」齊釐公與戰于齊郊事，即桓六年之「北戎伐齊」，或曰北戎，或曰山戎，其實一也。據文物一九七三年三期唐蘭文，從河北盧龍至遼寧喀左正是孤竹國範圍。

三十有一年，戊午，公元前六六三年。周惠王十四年、齊桓二十三年、晉獻十四年、衞懿六年、蔡穆十二年、鄭文十年、曹僖八年、陳宣三十年、杞惠十年、宋桓十九年、秦成公元年、楚成九年、許穆三十五年。

經

三一·一　三十有一年春，正月初四壬申冬至，建子，有閏。築臺于郎。無傳。郎即隱公九年「城郎」之「郎」，據莊十年傳，齊師、宋師次于郎，魯自雩門竊出，大敗之。雩門爲魯南城門，則郎爲魯南郊之邑可知。公羊文十六年傳云：「泉臺者何？郎臺也。郎臺則曷爲謂之泉臺？未成爲郎臺，既成爲泉臺。」則此臺即泉臺也。泉臺即逵泉之臺，據寰宇記及清一統志，逵泉在曲阜縣東南。

三一·二　夏四月，薛伯卒。無傳。

三一·三　築臺于薛。無傳。薛，魯邑，今不詳所在。彙纂以今滕縣南之薛城當之。薛城是當時之薛國，魯無築臺於他國之理，恐非。沈欽韓地名補注謂此薛即齊世家之薛陵，當在今陽穀縣西南，魯更無築臺于齊國之理，亦不可信。

三一·四 六月，齊侯來獻戎捷。周禮天官玉府鄭注云：「古者致物於人，尊之則曰獻，通行曰饋。春秋曰：『齊侯來獻戎捷。』尊魯也。」戰勝而有所獲，獻其所獲曰獻捷，亦曰獻功。據傳云「諸侯不相遺俘」，則此是獻俘。若襄二十五年鄭子産之獻捷于晉，以鄭之入陳，司徒致民，司空致地，則無俘囚可獻，蓋獻所獲寶器耳。然據說苑權謀篇，此所獻者亦以山戎之寶器獻于周公之廟，蓋說苑所載乃戰國、秦、漢間之傳說，未必合史實。

三一·五 秋，築臺于秦。無傳。據清一統志，今山東省范縣舊城（今范縣已移治於舊縣北之英桃園）南三里古有秦亭。

三一·六 冬，不雨。無傳。僖三年傳云：「不曰旱，不爲災也。」

傳

三一·一 三十一年夏六月，齊侯來獻戎捷，非禮也。凡諸侯有四夷之功，則獻于王，王以警于夷；中國則否。成二年傳云：「晉侯使鞏朔獻齊捷于周，王弗見，使單襄公辭焉，曰：『蠻夷戎狄，不式王命，淫湎毁常，王命伐之，則有獻捷。王親受而勞之，所以懲不敬、勸有功也。兄弟甥舅，侵敗王略，王命伐之，告事而已，不獻其功，所以敬親暱、禁淫慝也。』」可與此文互證。諸侯不相遺俘。襄八年傳云「鄭伯獻捷于會」，又云「以討于蔡，獲司馬燮，獻于邢丘」，皆是遺俘之事。

三十有二年，己未，公元前六六二年。周惠王十五年、齊桓二十四年、晉獻十五年、衞懿七年、蔡穆十三年、鄭文十一年、曹僖九年、陳宣三十一年、杞惠十一年、宋桓二十年、秦成二年、楚成十年、許穆三十六年。

經

三二・一 三十有二年春，去年閏十二月十五日丁丑冬至，實建丑。城小穀。公羊傳徐彥疏云：「二傳作『小』字，與左氏異。」孫祖志讀書脞録、劉文淇舊注疏證、章炳麟左傳讀等因謂左氏本作「城穀」。但案之水經濟水篇「濟水側岸有尹卯壘，南去魚山四十餘里，是穀城縣界，故春秋之小穀城也，齊桓公以魯莊公二十三年（當作三十二年，楊守敬注疏已訂正）城之，邑管仲焉。城內有夷吾井」云云，則是酈道元所據左傳已有「小」字矣，孫等之說恐非。小穀卽穀，齊邑，今山東省東阿縣治。顧炎武杜解補正據穀梁范寧注、孫復尊王發微謂小穀爲魯邑，曲阜西北有小穀城，不合傳意。

三二・二 夏，宋公、齊侯遇于梁丘。春秋書「遇」止於此。梁丘，宋邑，在今山東省成武縣東北三十里，其地今有梁丘山。穀梁傳云：「梁丘在曹、邾之間，去齊八百里。」

三二・三 秋七月癸巳，公子牙卒。癸巳，四日。

三二・四 八月癸亥，公薨于路寢。癸亥，五日。寢，寢室。古代天子有六寢，正寢一，燕寢五；諸侯有三寢，正寢一，燕寢二。正寢一曰路寢，一曰大寢；燕寢一曰小寢。平日居燕寢，齋戒及疾病則居路寢。疾病居路寢者，儀禮既夕禮所謂「男子不絕于婦人之手」也。春秋魯十二公，終於路寢者，莊、宣、成三公。成公十八年傳云：「公薨於路寢，」言順也。」禮記喪大記亦云：「君夫人卒於路寢。」可見當時之禮，以諸侯及其夫人死於路寢爲得其正。

三二・五 冬十月己未，己未，二日。公羊、穀梁作「乙未」。十月不得有乙未，然春秋繁露楚莊王篇云「子般殺而書乙未，殺其恩也」，是董仲舒所據公羊早已作「乙未」。子般卒。通典凶禮篇引鄭玄駁五經異議云：「時父未葬也。子者，繫於父之稱也。言卒不言薨，未成君也。」

三二・六 公子慶父如齊。無傳。

三二・七 狄伐邢。無傳。邢，姬姓國，周公之子所封，今河北省邢台市西南有襄國故城，即其地。

傳

三二・一 三十二年春，城小穀，爲管仲也。昭十一年傳述申無宇之言云：「齊桓公城穀而寘管仲焉。」傳文本此。顧炎武日知録四、山東考古録疑之，無據。事亦見晏子春秋外上篇。據管子大匡篇，吴人伐穀，齊桓公因城穀，遂爲管仲采邑。

三二・二 齊侯爲楚伐鄭之故，請會于諸侯。楚伐鄭在二十八年；請會，謀爲鄭報復也。宋公請先見于齊侯。夏，遇于梁丘。

三二・三 秋七月，有神降于莘。莘，虢地。今河南省三門峽市西有峽石鎮，峽石鎮西十五里有莘原。惠王問諸内史過曰：内史過，周大夫，又見僖十一年傳。過，平聲。餘詳桓二年傳注。「是何故也？」對曰：「國之將興，明神降之，監其德也；説文：「監，臨下也。」段玉裁注：「小雅毛傳：『監，視也。』許書：『臨，視也。』『監，臨下也。』」此監卽說文之「矙」，與下文「觀其惡」之「觀」變文見義。將亡，神又降之，觀其惡也。故有得神以興，亦有以亡，金澤文庫本作「亦有得神以亡」。重「得神」二字。後漢書楊賜傳云：「臣聞之經傳，或得神以昌，或得神以亡。」蓋撮述大意，不可據爲原文也。虞、夏、商、周皆有之。」周語上數夏、商、周三代之神，不及虞，蓋以虞夏同科，虞夏連言乃古人常語，此因夏事而連虞，說詳俞樾茶香室經說。但虞、夏究竟不同朝代，今仍隔開。王曰：「若之何？」對曰：「以其物享焉。物指祭品、祭服。其至之日，亦其物也。」古代祭神有一定制度，但此所降之神，如何祭祀，並不載於祀典，故內史過以爲惟有依其所至之日而以相當之祭品、祭服祭之。所至之日，指始至之日而言。古以干支紀日，甲乙丙丁等是也。據禮記月令，甲、乙日至，祭先脾，玉用蒼，服上青；丙、丁日至，祭用肺，玉、服皆赤；戊、己日至，祭用心，玉、服皆黃；庚、辛日至，祭用肝，玉、服皆白；壬、癸日至，祭用腎，玉、服皆玄。王從之。內史過往，聞虢請命，據下文，知是請命於神求賜土田。反曰：「虢必亡矣。虐而聽於神。」虐謂虢君暴虐。聽於神，則不以民爲心。

神居莘六月。孔疏：「上云七月降神，則今年七月降也。居莘六月，虢公使祝史享焉，則今年十二月也。內史過往，已聞虢請命，則過至虢亦十二月也。傳先說王事使了，後論虢事以終內史之言，故文倒耳。」虢公使祝應、宗區、史嚚享焉。祝，太祝；宗，宗人；史，太史。應、區、嚚其人之名。史嚚又見晉語二。嚚音銀。神賜之土田。神許以土田賜之也。漢書五行志：「谷永曰：『昔虢公爲無道，有神降曰，賜爾土田。』」是谷永以賜土田爲諸語。史嚚曰：「虢其亡乎！吾聞之：國將興，聽於民；將亡，聽於神。神，聰明正直而壹者也，壹卽國語所謂

「夫神壹，不遠徙遷」。韋注云：「言神壹心依憑於人，不遠遷也。」依人而行。謂善則福之，惡則禍之。虢多涼德，涼，薄也。其何土之能得？」周語上亦載此事，而內史過之言極詳。說苑辨物篇同。

三二·四　初，公築臺，臨黨氏，黨音掌。黨氏猶言黨家。其女稱孟任，知任是其姓。襄二十九年有黨叔，或是其後。據方輿紀要，莊公臺在曲阜縣東北八里。見孟任，從之。閟。閟音秘，閉門也。此謂莊公追孟任，孟任閉門以拒之。而以夫人言，莊公許孟任以夫人。莊八年傳無知謂連稱從妹曰「捷，吾以女爲夫人」，與此同意。許之，孟任許與莊公交好也。此從顧炎武補正讀。割臂盟公。孟任割臂與公相盟誓。割臂者，破臂出血以歃也；猶定四年傳「割子期之心以與隨人盟」，亦歃胸血而盟。割謂殘破之，非割斷之義。淮南子齊俗訓「越人契臂」，高誘注：「割臂出血。」割臂與契臂、刻臂同。靈樞經引黃帝曰「此先師之所禁坐私傳也，割臂歃血之盟也」云云，可爲割臂歃血之證。生子般焉。雩，講于梁氏，雩，求雨之祭。講，猶今言講習、預習。舉行雩祭之先，預行演習其禮也。梁氏，魯大夫。其家蓋近於雩門，故於此講肄也。女公子觀之。據史記魯世家，女公子爲梁氏女，然杜注以爲莊公女，子般之妹。諸侯之女亦稱公子，見公羊莊元年傳。「女公子」之稱僅此一見。圉人犖自牆外與之戲。圉人，職名，掌養馬芻牧之事；昭七年傳亦云「馬有圉，牛有牧」是也。宋亦有圉人，見襄二十六年傳；齊有圉人，見襄二十七、八兩年傳。犖爲其人之名。公羊作「鄧扈樂」。宣十二年公羊傳何注「養馬者曰扈」，是扈與圉人同義。鄧蓋其姓，樂、犖聲同。楚語下云「魯圉人犖殺子般於次」，亦作「圉人犖」。子般怒，使鞭之。金澤文庫本無「怒」字，則以「子般使鞭之」爲句。公曰：「不如殺之，是不可鞭。犖有力焉，能投蓋于稷門。蓋借爲盍，荀子宥坐篇云：「還復瞻彼九蓋皆繼。」

楊倞注云：「蓋音盍，户扇也。」此蓋謂稷門之門扇，城門門扇必重，能舉而投之，足見其力。說詳焦循補疏。劉炫以蓋爲車蓋，顧炎武補正謂有力者乃能投輕物使上，張聰咸杜注辨證謂投蓋並達常桯圍（達常，蓋斗柄下入扛中也；桯，蓋扛也）而去之，皆未得。稷門，魯城正南之門，僖公更高大之，改名高門。定十年，齊人陳女樂文馬於魯城高門外，即此門。

公疾，問後於叔牙。對曰：「慶父材。」魯世家云：「莊公有三弟，長曰慶父，次曰叔牙，次曰季友。」問於季友。對曰：「臣以死奉般。」公曰：「鄉者牙曰『慶父材』。」成季使以君命命僖叔，成季即季友，僖叔即叔牙。待于鍼巫氏，使鍼季酖之。鍼巫、鍼季之鍼皆音箝，非針字。鍼季即鍼巫，魯大夫，鍼蓋其姓，巫蓋其職或其名，氏者家也；季乃其字。說見梁履繩補釋。酖同鴆，音振。鴆，鳥名，其羽毛有毒，古人用以爲毒酒殺人。故以毒酒飲人亦曰鴆。曰：「飲此，則有後於魯國；不然，死且無後。」飲之，歸，及逵泉而卒。逵泉，據清一統志，在曲阜縣東南五里，水中石如伏黿怒鼉。立叔孫氏。魯世家敍此更詳，可參閱。

三二·五　八月癸亥，癸亥，五日。公薨于路寢。子般即位，次于黨氏。冬十月己未，己未，二日。共仲使圉人犖賊子般于黨氏。共音恭。共仲即慶父。據公羊傳「然後誅鄧扈樂而歸獄焉」之文，則圉人犖終被慶父作爲替罪羊。舊本自冬十月以下另爲一傳，今以文意相緊接，連爲一傳，或較近原貌。成季奔陳。立閔公。閔公，據閔二年傳，哀姜之娣叔姜之子也。哀姜以二十四年至魯，如翌年叔姜生閔公，則閔公此時不過八歲。魯世家云：「八月癸亥，莊公卒，季友竟立子斑爲君，如莊公命。侍喪，舍于黨氏。先時，慶父與哀姜私通，欲立哀姜娣子開。及莊公卒而季友立斑。十月己未，慶父使圉人犖殺魯公子斑於黨氏。季友奔陳。慶父竟立莊公子開，是爲湣公。」

春秋左傳注

閔公

杜注從世本云名啓方，長沙馬王堆三號漢墓出土帛書春秋事語亦作「啓方」，史記魯世家云名開。孔疏云：「漢景帝諱啓，啓、開因是而亂。」漢書人表作「啓」，缺「方」字。叔姜之子。即位時，至多八歲。「閔」，史記作「湣」，漢書作「愍」。

元年，庚申，公元前六六一年。周惠王十六年、齊桓二十五年、晉獻十六年、衞懿八年、蔡穆十四年、鄭文十二年、曹昭公班元年、陳宣三十二年、杞惠十二年、宋桓二十一年、秦成三年、楚成十一年、許穆三十七年。

經

一·一 元年春王正月。去年十二月二十六日癸未冬至，此年建丑。

一·二 齊人救邢。

一·三　夏六月辛酉，辛酉，七日。葬我君莊公。

一·四　秋八月，公及齊侯盟于落姑。「落姑」，公羊、穀梁作「洛姑」，落、洛字通。落姑，齊地。顧棟高謂在今山東省平陰縣境，沈欽韓則謂落姑卽薄姑，在今博興縣東北十五里，未知孰是。季子來歸。季子卽成季友。

一·五　冬，齊仲孫來。

傳

一·一　元年春，不書卽位，亂故也。子般被殺，成季奔陳，杜注：「國亂不得成禮也。」

一·二　狄人伐邢。莊三十二年經云：「狄伐邢。」狄，赤狄，詳顧棟高大事表與梁履繩補釋。管敬仲言於齊侯曰：管敬仲卽管仲，敬是其諡。「戎狄豺狼，不可厭也；厭，滿足也。諸夏親暱，不可棄也。中原諸侯，爲互相親近之國，不宜拋棄之。宴安酖毒，不可懷也。安逸等於毒藥，不可以懷戀。詩云：『豈不懷歸？畏此簡書。』詩小雅出車句。簡書，書於一片竹簡之文字，此指告急文書。沈欽韓補注云：「國有急難，不暇連簡爲策，單執簡往告，猶今之羽檄矣。」簡書，同惡相恤之謂也。告急文書，意義在於一國有惡，他國亦同以爲惡，是同惡也；一國有急難，他國同以爲憂而往救之，是相恤也。恤，憂也，救也。此釋簡書之意義與作用。請救邢以從簡書。」齊人救邢。

一·三　夏六月，葬莊公。亂故，是以緩。莊公死於上年八月，至此歷十一月。依古禮，諸侯五月而葬，而據春秋所載，多三月而葬。

一•四 秋八月，公及齊侯盟于落姑，請復季友也。齊侯許之，使召諸陳，公次于郎以待之。郎在魯近郊，詳隱九年及莊三十一年經注。「季子來歸」，嘉之也。其意若曰，春秋書曰「季子來歸」，嘉之也。桓十七年經云「秋八月，蔡季自陳歸于蔡」，傳曰「蔡人召蔡季於陳。秋，蔡季自陳歸于蔡，蔡人嘉之也」，與此同例。春秋經於人多書名，蔡季、季子，季均爲行次或字，故有褒意。季友稱季子者，排行或字殿以子字，爲古人稱人之習慣，亦猶孟明稱孟子（僖三十二年傳）、季札稱季子（襄三十一年及昭二十七年傳）也。

一•五 冬，齊仲孫湫來省難，書曰「仲孫」，亦嘉之也。湫爲仲孫之名，而不書名，亦嘉之之意。省，視察。

仲孫歸，曰：「不去慶父，魯難未已。」時慶父已還魯，故仲孫爲此言。公曰：「若之何而去之？」對曰：「難不已，將自斃，此與隱元年傳「多行不義，必自斃」義近。君其待之！」公曰：「魯可取乎？」對曰：「不可。猶秉周禮。秉，執也，持也，操也。周禮，所以本也。臣聞之：『國將亡，本必先顛，而後枝葉從之。』詩大雅蕩云：「人亦有言：顛沛之揭，枝葉未有害，本實先撥。」立言之角度雖有不同，而意有相似處。魯不棄周禮，未可動也。君其務寧魯難而親之。親有禮，因重固，重固兩義有相因相近處，此處連爲一詞，謂重厚堅固之國。因，依也，親也。間携貳，他國內部離心離德，則因而離間之。覆昏亂，昏亂之國，因而敗亡之。霸王之器也。」成十六年傳云：「德、刑、詳、義、禮、信，戰之器也。」兩器之用法相同。杜注彼云：「器猶用也。」猶今言方法，策略。

一·六　晉侯作二軍，晉本一軍，見莊十六年傳。公將上軍，大子申生將下軍。趙夙御戎，秦本紀云「繆王（周穆王）以趙城封造父，造父族由此爲趙氏」，則趙以邑爲氏。趙城舊縣今已併入洪洞縣。晉語四云：「趙衰，其先君之戎御趙夙之弟也。」史記則以爲衰爲夙之孫，惟世本云「公明生孟及趙夙，夙生成季衰」。焦氏易林亦云：「伯夙奏獻，衰續厥緒。」以世次推之，夙與衰爲父子較合理。說詳惠棟補注。畢萬爲右，據僖二十四年傳，畢國之始祖爲周文王之子。魏世家云：「魏之先，畢公高之後也。畢公高與周同姓。武王之伐紂，而高封於畢，於是爲畢姓。其後絶封，爲庶人，或在中國，或在夷狄。其苗裔曰畢萬，事晉獻公。」據尚書顧命正義引世本，始封君爲文王庶子。以滅耿、滅霍、滅魏。耿，姬姓侯國，或云嬴姓國。今山西省河津縣東南有耿鄉城，當爲其故城。霍，姬姓國，文王子叔處所封。故城在今霍縣西南十六里。彝器有霍壺、霍作己公鼎等。文五年傳稱先且居爲霍伯，則晉嘗以霍爲先且居采邑。魏見桓三年傳注。晉語一云：「（獻公）十六年，公作二軍。公將上軍，太子申生將下軍，以伐霍。太子遂行，克霍而反。」則滅霍者，太子之下軍也。滅耿與魏者當係獻公之上軍，故賜趙夙以耿，賜畢萬以魏而勞之。還，爲大子城曲沃，太子居曲沃，見莊二十八年傳。賜趙夙耿，賜畢萬魏，以爲大夫。年表云：「晉獻公十六年，滅魏、耿、霍。始封趙夙耿，畢萬魏，始此。」（依中華書局校點本）趙、魏世家亦有記述，皆與左傳合。惟秦本紀書滅耿則在武公十三年，相隔二十四年，張文虎校史記札記以爲錯簡。梁玉繩史記志疑則引宋葉大慶考古質疑謂爲司馬遷之訛誤。

士蔿曰：「大子不得立矣。意謂將被廢黜。分之都城，都城指曲沃，邑有宗廟先君之主曰都。而位以卿，指將下軍。先爲之極，又焉得立？意謂身爲儲君而今位極人臣，則難以嗣君位矣。不如逃之，無使罪至。爲吳大伯，吳世家云：「吳太伯、太伯弟仲雍，皆周太王之子，而王季歷之兄也。季歷賢，而有聖子昌，太王欲立季歷以及昌，於是太伯、仲雍二人乃犇荆蠻，文身斷髮，示不可用，以避季歷。季歷果立，是爲王季，而昌爲文王。太伯之犇荆蠻，自號句吳。荆蠻義之，從而歸之千餘家，立爲吳太伯。」不亦可乎？猶有令名，與其及也。及謂及於罪刑。此兩句是因補充而倒説，順説之當爲「與其及也，不如逃之，無使罪至。爲吳太伯，不亦可乎？猶有令名」。參焦循補疏及楊樹達先生古書疑義舉例續補倒句例。且諺曰：『心苟無瑕，何恤乎無家？』瑕、家爲韻。恤，憂也。天若祚大子，其無晉乎？」意謂天若保祐太子得善終，必不致令其在晉國，蓋仍是勸太子逃亡之意。士蔿此語，晉語一謂説於伐霍之前。晉世家全用左傳。

卜偃曰：卜偃，晉掌卜大夫。以其職曰卜偃，以其姓氏則曰郭偃（晉語）。呂氏春秋當染篇云「文公染於咎犯、郄偃」，「郄」爲「郭」之形近誤，太平御覽治道部引正作「郭」。墨子所染篇作高偃，高乃郭音之轉耳。參梁履繩補釋。商君書更法篇引有郭偃之法，韓非子南面篇亦云：「管仲毋易齊，郭偃毋更晉，則桓、文不霸矣。」參以墨子、呂覽，則卜偃之於晉文公，實變法稱霸之功臣。「畢萬之後必大。萬，盈數也；魏，大名也。魏，據古璽及説文本作「巍」，巍，高大也。以是始賞，天啓之矣。天子曰兆民，諸侯曰萬民。沈彤小疏曰：「天子曰兆民，若尚書呂刑所稱『兆民賴之』是也；諸侯曰萬民，若魯頌閟宮之美僖公曰『萬民是若』是也。但盤庚云『汝萬民乃不生生』，則天子亦有稱萬民者。」今名之大，以從盈數，其必有衆。」

初，畢萬筮仕於晉，遇屯䷂震下坎上。之比䷇。坤下坎上。屯卦之第一爻陽爻，即初九變爲陰爻初六也。辛廖占之，辛廖，杜注以爲晉大夫，劉炫用服虔説，以爲周大夫。劉炫云：「若在晉國而筮，何得云『筮仕於晉』？又有辛甲、辛有並是周人，何故辛廖獨爲晉大夫？」劉炫説是也，孔疏駁之申杜，不可信。曰：「吉。屯固、比入，屯，險難，所以爲堅固；比，親密，所以得入。俞樾平議讀屯固爲純固，非。吉孰大焉？其必蕃昌。震爲土，震爲土者，震卦變爲坤卦（土）也。車從馬，震爲車，坤爲馬。凡卦，變而之他曰從，此震變爲坤，故曰車從馬。足居之，震爲足。兄長之，長，上聲，震爲長男。母覆之，坤爲母。衆歸之，晉語四云：「坤，衆也。」以上解釋卦象。六體不易，尚秉和周易尚氏學附録謂「坎數六，遇卦、之卦皆有坎。不易者，坎卦不變也」。合而能固，比合而屯固，合集衆民而能固守之。安而能殺，坤爲地，故言安；震有威武之象，故言殺。安爲惠，殺爲威，有惠有威，能生能殺。俞樾茶香室經説謂殺當讀爲粲，散之也。安而能殺，即曲禮之「安安而能遷」之義。曲説不可從。公侯之卦也。高亭左傳國語的周易説通解云：「總之，屯、比兩卦卦象是有車馬，有土地，有兄的幫助，有母的覆育，有羣衆的歸附，又有足居其地，因此論定是『公侯之卦』。」公侯之子孫，必復其始。」畢萬爲畢公高之後，復其始，謂仍將爲諸侯也。

二年，辛酉，公元前六六〇年。周惠王十七年、齊桓二十六年、晉獻十七年、衛懿九年、蔡穆十五年、鄭文十三年、曹昭二年、陳宣三十三年、杞惠十三年、宋桓二十二年、秦成四年、楚成十二年、許穆三十八年。

經

二•一 二年春王正月，正月初七戊子冬至，建子。有閏月。齊人遷陽。無傳。陽，國名，據顧棟高大事表，姬姓，而洪亮吉左傳詁云偃姓。路史國名紀四又云御姓。周金文存卷二頁五九有鼎銘云：「叔姬作陽伯旅鼎，永用。」若此叔姬爲陽伯之女，則陽爲姬姓。陽故城在今山東省沂水縣西南。此蓋齊人逼徙其民而取其地。

二•二 夏五月乙酉，乙酉，六日。吉禘于莊公。

二•三 秋八月辛丑，辛丑，二十四日。公薨。

二•四 九月，夫人姜氏孫于邾。孫同遜。餘詳莊元年經注。

二•五 公子慶父出奔莒。

二•六 冬，齊高子來盟。無傳。杜注云：「蓋高傒也。」齊語云：「桓公憂大下諸侯，魯有夫人、慶父之亂，二君弒死，國無嗣。桓公聞之，使高子存之。」管子小匡篇文同。禮記曲禮下云：「列國之大夫入天子之國，曰某士，自稱曰陪臣某。於外曰子。」鄭玄注云：「子，有德之稱。魯春秋曰：『齊高子來盟。』」

二•七 十有二月，狄入衛。杜預後序引紀年云「衛懿公及赤狄戰于洞（當爲「泂」）澤」，則狄卽赤狄也。

二•八 鄭棄其師。唐書劉貺傳引紀年亦云「鄭棄其師」。

傳

二•一 二年春，虢公敗犬戎于渭汭。犬戎卽殷、周間之鬼方、昆夷。戰國以降，又稱曰胡、匈奴。詳王國維鬼方昆夷獵狁考。渭汭，渭水入河處，當今陝西省華陰縣東北。舟之僑曰：舟之僑，虢大夫。「無德而祿，殃也。殃將至矣。」遂奔晉。晉語二亦敍舟之僑以其族適晉事，與此不同。秦策云：「夫晉獻公欲伐郭（卽虢），而憚舟之僑存。荀息曰：『周書有言：美女破舌。』乃遺之女樂而亂其政。舟之僑諫而不聽，遂去。」與傳說亦不同。蓋戰國縱橫家言，不足爲史實。

二・二　夏，吉禘于莊公，速也。禘，大祭也，郊祭、終王、時祭皆得禘名。此所以名吉禘者，蓋古者三年之喪二十五月而畢，致新死者之主於廟，因是大祭以審昭穆，禫而卽吉也。莊公卒於三十二年八月，當於閔二年八月吉禘，而禘於五月，故傳云「速也」。說參孫人和左宧漫録禘祫申左（文史第二輯）。禮記王制疏引鄭玄答趙商云：「閔公心懼於難，務自尊大，以厭其禍。凡二十二月而除，又不禫，於禮少六月。」說略不同。文二年吉禘僖公，經云「大事于大廟」，則此亦當於太廟行之。

二・三　初，公傅奪卜齮田，齮音錡。卜齮，魯大夫。禮記檀弓上云：「魯莊公及宋人戰于乘丘，縣賁父御，卜國爲右。」則魯國有卜氏。公不禁。秋八月辛丑，辛丑，二十四日。共仲使卜齮賊公于武闈。宮中門曰闈。武闈，孫詒讓周禮考工記匠人正義疑爲魯武公廟之側門，但此時武公廟已毁，孫說不確。金鶚求古録禮説及孫人和左宧漫録俱謂「武」當作「虎」，周禮地官師氏、左昭十一年傳俱有虎門；虎門，路寢門也。則武闈者，路寢之旁門也。成季以僖公適邾。僖公，史記以爲閔公弟，而杜注以爲閔公庶兄，成風之子。共仲奔莒。乃入，立之。共仲奔莒之後，成季復入魯國而立僖公。以賂求共仲于莒，莒人歸之。及密，密，魯地，據杜注，當在今費縣北。水經注沂水以爲莒地，楊守敬水經注疏亦從之，實不可信。或以爲卽隱二年之密，不知彼密當在今昌邑縣境，距曲阜甚遠，與「奚斯哭而往」之情態不合，自不足據。使公子魚請。不許，哭而往。慶父使公子魚請求赦罪，未被允許，公子魚哭而返也。共仲曰：「奚斯之聲也。」奚斯，公子魚之字。詩魯頌閟宮云：「新廟奕奕，奚斯所作。」卽此奚斯。乃縊。共仲之葬禮以罪降，見文十五年傳並注。

閔公，哀姜之娣叔姜之子也，故齊人立之。共仲通於哀姜，哀姜欲立之。閔公之死也，哀姜與知之，故孫于邾。齊人取而殺之于夷，夷疑卽隱元年傳「紀人伐夷」之夷，杜注以爲魯地，誤。說詳王夫之稗疏。列女傳孽嬖傳云：「齊桓公立僖公，聞哀姜與慶父通以危魯。乃召哀姜酖而殺之。」以其尸歸，僖公請而葬之。魯世家全取左傳情事。歸，歸于魯也。哀姜爲罪人，故僖公請於齊人而葬之。

二·四　成季之將生也，桓公使卜楚丘之父卜之，卜楚丘之父不知其名，故舉其子以稱之。卜楚丘見於文十八年及昭五年傳。昭三十二年傳云：「昔成季友，桓之季也，文姜之愛子也，始震而卜。」曰：「男也，其名曰友，在公之右；在右言用事。兩句友、右爲韻，古音同在之咍部。間于兩社，魯國有兩社，一爲周社，一爲亳社。天子諸侯皆有三朝，曰外朝，曰治朝，曰燕朝。諸侯之宮有三門，曰庫門，卽外門；曰雉門，卽中門；曰路門，卽寢門。外朝在庫門之內，斷獄決訟及詢非常之處，君不常視；治朝在雉門之內，或謂之正朝，君臣日見之朝。古者視朝之儀，臣先君入，君出路門立於宁，徧揖羣臣，則朝禮畢，於是退釋路寢聽政，諸臣至官府治事處治文書。王朝有九室，諸侯之朝左右亦當有室。燕朝一曰內朝，如議論政事，君有命，臣有進言皆於內朝。雉門之外右有周社，左有亳社。間於兩社，外朝正當其地，其實亦總治朝內朝言之。治朝不但有君臣日見之朝，諸臣治官書亦在焉。說苑至公篇云：「季孫行父之戒其子也，曰：『吾欲室之俠（夾）於兩社之間也，使吾後世有不能事上者，使其替之益速。』」則間於兩社者，不僅朝廷之所在，亦執政大臣治事之所在也。間於兩社謂爲魯之大臣。爲公室輔。兩句社、輔爲韻，古音同在魚模部。季氏亡，則魯不昌。」此句古有兩解。史記魯世家作「季友亡，則魯不昌」，則季氏實指季友一人，亡必解爲逃亡，服虔所謂「謂季友出奔，魯弑二君（子般與閔公）」也。另一解則以爲季氏指季友之子孫，兩句言季氏與魯爲終始。費爲季氏私邑，孟子有費惠公，呂氏春秋愼勢篇謂「以滕、費則勞，以鄒、魯則逸」，楚世家謂「騶、費、郯、邳者，羅鸗也」，足見費國，頃襄王時尚存，蓋亦與魯國同滅於楚。說詳沈欽韓補注。　亡、昌爲韻，古音同在陽唐部。又筮之，周禮春官筮人云：「凡國之大事，先筮而後卜。」考之左傳，則殊不然。成季之生固先卜後筮，其後僖公四年載晉獻公卜以驪姬爲夫人，僖二十五年晉文公卜內襄王，哀九年趙鞅卜救鄭，皆先卜後筮，唯哀十七年衞侯先筮後卜，蓋古卜用龜，筮用蓍，謂龜長筮短，以動物靈於植物，故以卜爲先。遇大有䷍乾卦在下，離卦在上。之乾䷀乾上，乾下。曰：「同復于父，敬如君所。」此筮者之言，非卦、爻辭。同復于父者，言其尊與父同也。敬如君所者，言國人敬之，其敬如君之所處，言其貴與君同也。說見孔疏。　高亨左傳國語的周易說通解云：「大有卦是上離下乾，乾卦是上乾下乾。乾爲父，離爲子，大有上卦的離變爲乾，是象徵子與其父同德，『無改於父之道』，所以說『同復于父』。（復，行故道也。）乾又爲君，離又爲臣，大有上卦的離變爲乾，又象徵臣與其君同心，常在君的左右，所以又說『敬如君所』。（如，往也。所，處也。）」及生，有文在其手曰「友」，遂以命之。　魯世家用傳意。

二·五

冬十二月，狄人伐衞。衞懿公好鶴，鶴有乘軒者。軒，曲輈（音侜，轅也）而有藩蔽之車，大夫以上乘之。鶴乘軒車，汪中述學釋三九中云：「謂以卿之秩寵之，以卿之禄食之也。」汪説可信。賈子春秋云：「衞懿公喜鶴，鶴有飾以文繡而乘軒者。」則以鶴乘軒車爲實有其事，恐不可信。清王端履重論文齋筆録謂鶴指鶴邑之人爲懿公外嬖者，左傳無此用詞法，不可信。將戰，國人受甲者皆曰：「使鶴！鶴實有禄位，余焉能戰？」「國人」與「庶民」不同。或曰「國人」是當時城市居民，即自由民；或曰凡城市及四郊居民均是「國人」，説較可信。「受甲」，見隱十一年傳「授兵」注。呂氏春秋忠廉篇云：「翟人攻衞。其民曰：『君之所予位禄者，鶴也；所貴富者，宫人也。君使宫人與鶴戰！余焉能戰？』遂潰而去。」韓詩外傳七、新序義勇篇、論衡儒增篇俱載此事。至呂氏春秋、新序等書所載弘演事，左傳所無。論衡儒增篇稱衞懿公爲衞哀公，梁玉繩瞥記謂其有哀公之號，以其爲狄所殺故也。公與石祁子玦，石祁子見莊十二年傳並注。與甯莊子矢，甯莊子，據晉語四韋注及杜氏世族譜，爲甯跪之孫，甯穆仲静之子，名速。使守，曰：「以此贊國，贊，助也。擇利而爲之。」與夫人繡衣，曰：「聽於二子！」二子，石祁子與甯莊子也。渠孔御戎，子伯爲右；黄夷前驅，孔嬰齊殿。孔嬰齊，孔達之父。孔達見文元年傳。及狄人戰于熒澤，此熒澤當在黄河之北，沈欽韓地名補注謂「歷考諸書，從無言熒在河北者，蓋懿公帥師迎狄師，望風而遁，至河南，狄人追及熒澤，乃盡覆之也。」然覈之傳文，沈説不可信。胡渭禹貢錐指八謂「衞、狄戰地，或河北自有一熒澤，如魏獻子之所田，別是一大陸（定元年），非禹貢之大陸，亦未可知」。胡説較是。衞師敗績，遂滅衞。此滅字仍是滅亡之滅。下傳云「衞國忘亡」可證。經不書滅而書入者，以亡而復存也。衞侯不去其旗，胡渭及惠棟補注謂不去其旗爲不藏其旗，其實「去」如字解卽可通。是以甚敗。呂氏春秋忠廉篇云：「翟人至，及懿公於榮澤，殺之，盡食其肉，獨捨其肝。」狄人囚史華龍滑與禮孔，以逐衞人。二人曰：二人，華龍滑與禮孔也。「我，大史也，實掌其祭。不先，國不可得也。」古人視祭祀與祭器極重，故太史爲此言以騙狄人。乃先之。至，則告守曰：「不可待也。」魯語下及楚語下韋注並云：「待猶禦也。」此不可待，亦不可抵禦之意。夜與國人出。狄入衞，遂從之，狄師追逐衞人也。又敗諸河。衞、狄相戰，終始在黃河之北。

初，惠公之卽位也少，衞宣公以隱公四年立，桓公十二年卒，終始二十年。卽位之後始納急子之妻，生壽及朔，朔卽惠公。惠公既有兄，則卽位之時，不過十五六歲。齊人使昭伯烝於宣姜，齊人蓋齊僖公，僖公於春秋前八年立，宣姜（宣公夫人，惠公之母）當是僖公女。衞惠公以桓公十三年立，以十六年十一月奔齊，而齊僖公卒於桓十四年十二月，推其年月可以知。昭伯，據史記，衞宣公之子，急子之弟公子頑。服虔以昭伯爲急子之兄，不知何據。詩鄘風牆有茨序云：「牆有茨，衞人刺其上也。公子頑通乎君母，國人疾之而不可道也。」鶉之奔奔序云：「鶉之奔奔，刺衞宣姜也。衞人以爲宣姜鶉鵲之不若也。」不可，强之。生齊子、戴公、文公、宋桓夫人、許穆夫人。齊子，會箋云：「齊子謂嫁於齊者。僖十七年『齊侯好內，多內寵。長衞姬，生武孟。』齊子卽長衞姬也。」宋桓夫人卽宋襄公之母。自惠公之立至此四十年。文公爲衞之多患也，衞世家云：「懿公卽位好鶴，淫樂奢侈。」又云：「懿公之立也，百姓大臣皆不服。」先適齊。及敗，宋桓公逆諸河，衞懿公之敗死，宋桓公乃迎衞之敗衆於黃河。或以爲迎文公，文公已至齊，由齊至宋，不涉河，故知其誤。宵濟。夜渡，蓋畏狄師也。衞之遺民男女七百有三十人，蓋宋桓公所迎之敗衆也。益之以共、滕之民爲五千人。共爲衛邑，即今河南省輝縣。西周共伯和疑即衛武公，説詳顧頡剛史林雜識共和篇。滕亦衛邑，不詳所在。立戴公以廬于曹。曹，衛邑，當即今河南省滑縣西南之白馬故城。廬同旅，寄止也。據詩與左傳及毛、鄭、服、杜注與孔氏正義，可推知戴公實以閔二年十二月立，立而旋卒，文公繼立，踰年改元，當魯僖公之元年。衛世家云：「自懿公父惠公朔之讒殺太子伋代立至於懿公，常欲敗之，卒滅惠公之後而更立黔牟之弟昭伯頑之子申爲君，是爲戴公。」又云：「初，翟殺懿公也，衛人憐之，思復立宣公前死太子伋之後，伋子又死，而代伋死者子壽又無子。太子伋同母弟二人，其一曰黔牟，黔牟嘗代惠公爲君，八年復去；其二曰昭伯。昭伯、黔牟皆已前死，故立昭伯子申爲戴公。戴公卒，復立其弟燬爲文公。」據傳及史記，戴公爲昭伯子，無復可疑。而漢書古今人表以戴公爲黔牟子，不知何據。許穆夫人賦載馳。載馳見詩鄘風。齊侯使公子無虧帥車三百乘、甲士三千人以戍曹。無虧即公子武孟，其母爲衛姬。歸公乘馬，祭服五稱，牛、羊、豕、雞、狗皆三百與門材。歸讀爲饋。杜注：「四馬曰乘。」章炳麟左傳讀：「乘馬者，通指當乘之馬，非四馬爲乘之謂也。管子小匡云『狄人攻衛，衛人出旅於曹，桓公城楚丘封之，其畜以散亡，故桓公予之繫馬三百匹』，是不止四匹也。牛羊豕雞狗皆三百，故馬亦三百矣。」章説是也。昭六年傳云「以其乘馬八匹私面」，二十年傳云「衛侯以爲乘馬」，二十九年傳云「衛侯來獻其乘馬」，乘馬皆指駕車之馬，以傳證傳，足知杜注之誤。門材，爲門户之材也。歸夫人魚軒，魚軒亦猶定九年之犀軒。犀軒，蓋以犀革爲飾者；魚軒，則以魚皮爲飾者。詩小雅采薇「象弭魚服」，孔疏引陸璣疏云：「魚服，魚獸之皮也。魚獸似猪，東海有之，其皮背上斑文，腹下純青。」章炳麟左傳讀謂史記禮書有鮫韅，乃以鮫魚皮爲馬腋之革，魚軒亦以因此得名。重錦三十兩。錦，用各種顏色之絲所織成之綢緞料。重錦，錦之熟細者。三十兩，三十匹。古代布帛，每匹四丈，分爲兩段，兩兩合捲，故謂之兩；若匹偶然，亦謂之匹。

二·六　鄭人惡高克，使帥師次于河上，詩鄭風清人疏云：「於時有狄侵衞，衞在河北，鄭在河南，恐其渡河侵鄭，故使高克將兵於河上，禦之。」久而弗召，師潰而歸，高克奔陳。鄭人爲之賦清人。清人今在詩鄭風。清，鄭邑名，高克及其所率師疑皆清邑之人，故詩云云。清邑當在今河南省中牟縣境。據清人序「刺文公也」，則鄭人者，鄭文公及公子素也。

二·七　晉侯使大子申生伐東山皐落氏。東山皐落氏，赤狄別種，今山西省垣曲縣東南有皐落鎮，當即故皐落氏地。山西省昔陽縣東南七十里亦有皐落鎮，寰宇記謂此即東山皐落氏之地，恐不確。晉語一謂此驪姬之計，述驪姬語甚詳。里克諫曰：里克，晉大夫里季也。「大子奉冢祀、社稷之粢盛，以朝夕視君膳者也，冢，大也；冢祀指宗廟之祀。膳，膳食。禮記文王世子云：「文王之爲世子，朝於王季日三。食上，必在，視寒煖之節；食下，問所膳，命膳宰。」此蓋太子朝夕視君膳之儀節也。故曰冢子。君行則守，有守則從。從，舊讀去聲。李貽德賈服注輯述引文王世子「若有出疆之政，庶子以公族之無事者守於公宮，正室守太廟，諸父守貴宮、貴室，諸子諸孫守下宮、下室」以證有守，然文王世子所云，蓋太子未從之事。且覈之左傳，君行而守國者，蓋多由執政卿大夫之未從行者爲之。里克所言蓋古制。從曰撫軍，守曰監國，古之制也。夫帥師，專行謀，專斷謀略。誓軍旅，號令軍隊。君與國政之所圖也。國政，國之正卿。非大子之事也。師在制命而已，古代行師，主帥制命，所謂

「自閫以外，將軍制之」，「將在外君命有所不受」者是也。稟命則不威，主師遇事請示，則失其威嚴。專命則不孝，專制命之權，而不受君命，又失父子之道。故君之嗣適不可以帥師。適同嫡。嗣適猶言適嗣。君失其官，猶言君失其官人之道，而以太子率師。帥師不威，將焉用之？且臣聞皋落氏將戰。君其舍之！」舍之，謂不遣太子行，非謂不伐東山也。公曰：「寡人有子，未知其誰立焉！」不對而退。晉語一敍里克語與傳有異，晉世家所敍則用左傳。

見大子。大子曰：「吾其廢乎？」對曰：「告之以臨民，謂使太子居曲沃治曲沃之民。教之以軍旅，謂前令其將下軍，又令其主伐東山皋落氏。不共是懼，共，金澤文庫本作供。如讀爲供，不供則是不能完成任務之意；如讀爲恭，不恭則是臨事不嚴肅認真之意，國語周語韋注云：「夙夜敬事曰恭。」何故廢乎？且子懼不孝，無懼弗得立。修己而不責人，則免於難。」晉語一敍此亦異於左傳。晉世家仍用左傳，但又云：「里克謝病，不從太子。」

大子帥師，公衣之偏衣，偏衣，晉語一亦作「偏裻之衣」。裻，背縫也，在背之中，當脊梁所在。自此中分，左右異色，故云偏裻之衣，省云偏衣。其色之一與公服同，故下文先友云「衣身之偏」；左右異色而不相對稱，故下文罕夷云「尨奇無常」。佩之金玦。玦，古代佩身之物，形如環而缺，多以玉爲之，而金玦則以青銅爲之。狐突御戎，先友爲右。狐突字伯行，狐偃之父，重耳外祖。先友，先丹木之族。此太子代晉侯將上軍。孔疏謂「傳之上下諸言某御戎、某爲右者，謂國君自將」云云，其實不然。詳文七年傳注。梁餘子養御罕夷，先丹木爲右。梁餘子養，梁是姓，餘子爲其字，養其名，若百里孟明視，皆姓、字、名連言。晉有梁五、梁由靡、梁丙、梁益耳，俱以梁爲姓。廣韻「梁」字注及通志氏族略序以梁餘爲複姓，恐誤。說參王引之名字解詁。罕夷當爲下軍將，蓋太子本將下軍，今代公將上軍，則以罕夷爲下軍將而從行。羊舌大夫爲尉。羊舌大夫，據唐書宰相世系表，名突。爲羊舌職父，叔向祖。尉，軍尉。襄十九年傳云「公享晉六卿于蒲圃，賜之三命之服；軍尉、司馬、司空、輿尉、候奄皆受一命之服」，則軍尉在軍帥之下，衆官之上。淮南子兵略篇云：「夫論除謹，動靜時，吏卒辨，兵甲治，正行伍，連什伯，明鼓旗，此尉之官也。」蓋尉之職掌如此。先友曰：「衣身之偏，太子所衣之偏衣，半同公之服色，是以公服之偏衣太子也。握兵之要，佩金玦，將上軍，下軍又從行也。在此行也，子其勉之！偏躬無慝，分公衣之半爲其服，似無惡意。兵要遠災，遠，舊讀去聲。兵權在己，可以遠害。親以無災，親釋無慝，無災卽遠災。又何患焉？」先友以此爲好事。或已心知其非，故意作此慰勉之語。狐突歎曰：「時，事之徵也，時指舉行之時間；徵，證也。其意謂獻公以冬季舉兵伐人，冬爲肅殺之時，下文所謂「冬殺」者是也。蓋心存殺意。衣，身之章也；古代服色所以表明各人身份貴賤者。佩，衷之旗也。佩以表德，衷猶言中心，故佩猶表明中心之旗幟。故敬其事，則命以始；命以始，謂當賞之於春夏。服其身，則衣之純；必以純色爲服。古代戎服，尤貴一色，故謂之均服。用其衷，則佩之度。欲使其人中心爲用，必以合乎禮度之物佩之。古人以佩玉爲常度。今命以時卒，閟其事也；十二月，四時之卒也，故曰命以時卒。閟，閉門也，引申爲凡閉之稱（見說文段注）。閟其事，謂使其事不得通達也。衣之尨服，遠其躬也；尨服，雜色之服，指偏衣。遠其躬與先友親字針鋒相對。佩以金玦，棄其衷也。不宜佩金玦而佩之，故云棄其中心。服以遠之，時以閟之；尨，涼；冬，殺；涼，說文引作「䳖」，亦雜色之義。此以涼訓尨。冬日肅殺，此以殺釋冬。金，寒；玦，離；古人謂玉之德温，而金之德寒，故此以寒釋金。古人以玦表訣絶與離別，荀子大略篇所謂「絶人以玦，反絶以環」，大戴禮記王度記所謂「人臣賜玦則去」，白虎通諫諍篇所謂「臣待放於郊，君賜之環則反，賜之玦則去」，皆可證。胡可恃也？雖欲勉之，狄可盡乎？」雖欲勉之，針對先友語「子其勉之」言。「狄可盡乎」，以獻公曾命太子曰「盡敵而反」也。梁餘子養曰：「帥師者，受命於廟，晉語韋注云：「將行告廟，受戎命也。」受脤於社，脤，說文作「祳」，云：「社肉，盛之以蜃，故謂之祳。」成十三年傳云：「公及諸侯朝王，遂從劉康公、成肅公會晉侯伐秦。成子受脤於社，不敬。」此出兵前受脤之事。古代出兵祭社，其名爲宜。祭畢，以社肉頒賜諸人，謂之受脤。有常服矣。不獲而尨，不獲謂不得常服。韋弁服爲戎服，成十六年傳「有韎韋之跗注，君子也」可證。蓋以淺赤色之柔韋爲弁，因爲服裝。尨指偏衣。命可知也。命指公命，謂獻公之命不懷善意。死而不孝，不如逃之。」罕夷曰：「尨奇無常，晉語一云：「是故使申生伐東山，衣之偏裻之衣，佩之以金玦。僕人贊聞之，曰：『太子殆哉！君賜之奇，奇生怪，怪生無常，無常不立。』」周禮閽人「奇服怪民不入宮」，鄭注：「奇服，衣非常。春秋傳曰：『尨奇無常。』」是以非常解無常。金玦不復。玦表決絶，故云不復。雖復何爲？君有心矣。」杜注：「有害大子之心。」先丹木曰：「是服也，狂夫阻之。晉語一云：「且是衣也，狂夫阻之衣也。」爾雅釋詁：「阻，難也。」狂夫阻之，謂狂夫亦難穿之。章炳麟則謂服虔、韋昭以周禮夏官之方相氏當之。然方相氏蒙玄衣朱裳，不著偏衣，故知章說非。阻之猶言著之，說詳左傳讀。韋昭讀阻爲詛，亦不可信。于鬯香草校書謂「是服也狂」爲句，「夫阻之曰」連讀，晉侯以偏衣服太子時而詛之也。「盡敵而反」，即其詛辭云云，尤爲臆説。曰『盡敵而反』，此晉獻公命申生之辭也。敵可盡乎？雖盡敵，猶有内讒，不如違之。」違，去也。與梁餘子養「不如逃之」相應。狐突欲行。羊舌大夫曰：「不可。違命不孝，棄事不忠。雖知其寒，此寒字與狐突語「金寒」寒字相應，寒涼猶言苦惡。惡不可取。惡指不孝不忠。子其死之！」又見晉語一。

大子將戰，狐突諫曰：「不可。昔辛伯諗周桓公云：諗音審，深諫也。『内寵並后，外寵二政，政卽國政，正卿也。嬖子配嫡，指奚齊、卓子與申生相匹敵。大都耦國，辛伯語詳桓十八年傳注。狐突引辛伯之語以比附晉國時事，指驪姬擅寵，梁五與東關嬖五與正卿並用事。或以大都指曲沃，但居曲沃者爲申生本人，不爲晉國之害。古人援前聞證今事，皆取其大致，不必事事符同。亂之本也。』周公弗從，故及於難。詳桓十八年傳。今亂本成矣，立可必乎？孝而安民，子其圖之！狐突仍勸其行，杜注謂「奉身爲孝，不戰爲安民」也。與其危身以速罪也。」戰則危身而使罪戾速至也。此倒裝句法，正説宜是「與其危身以速罪也，不如孝而安民，子其圖之」。此種句法與元年士蔿語「與其及也」同。晉語一云：「至於稷桑，狄人出逆。申生欲戰。狐突諫曰：『不可。突聞之：國君好艾，大夫殆；好内，適子殆，社稷危。若惠於父而遠於死，惠於衆而利社稷，其可以圖之乎！況其危身於狄以起讒於内也？』申生曰：『不可。君之使我非歡也，抑欲測吾心也，是故賜我奇服，而告我權，又有甘言焉。言之大甘，其中必苦，譖在中矣。君故生心，雖蝎譖，焉避之？不若戰也。不戰而反，我罪滋厚。我戰死，猶有令名焉。』果敗狄於稷桑而反。讒言益起。狐突杜門不出。君子曰：『善深謀也。』」

二·八 成風聞成季之繇，成風，莊公妾，僖公之母。繇音宙，卦兆之占辭也，見前傳。乃事之，文十八年傳云「文公二妃，敬嬴生宣公，敬嬴嬖，而私事襄仲」，與此「事」字同，謂結之以爲援也。而屬僖公焉，故成季立之。

二·九 僖之元年，齊桓公遷邢于夷儀。夷儀，據馬宗璉補注、沈欽韓地名補注，當在今山東省聊城縣西十二里。或謂在河北省邢台市西，誤。二年，封衞于楚丘。楚丘，衞地，在今河南省滑縣東。齊召南左傳注疏考證曰：「傳有追敍，有預敍，此類則預敍也。」呂氏春秋簡選篇：「齊桓公良車三百乘，教卒萬人，以爲兵首，橫行海內，天下莫之能禦。南至石梁，西至酆郭，北至令支。中山亡邢，狄人滅衞。桓公更立邢于夷儀，更立衞于楚丘。」邢遷如歸，衞國忘亡。劉知幾史通模擬篇曰：「言上下安堵，不失舊物也。」

二·一〇 衞文公大布之衣、大帛之冠，衞文公繼戴公，見前傳注。大帛，禮記雜記上鄭注引作「大白」，又云：「大白冠，大古之布冠也。」大布衣、大白冠，所以示儉。詳徐孝寔春秋左氏傳鄭義輯述（文史第八輯）。務材、訓農，孔疏云：「務材，務在植材用也；訓農，訓民勸（從宋本）農業也。」通商、惠工，孔疏云：「通商，通商販之路，令貨利往來也；惠工，加恩惠於百工，賞其利器用也。」敬教、勸學，孔疏云：「敬教，敬民五教也；勸學，勸民學問也。」授方、任能。此二事指官人言，方即成十八年及襄九年傳「官不易方」、昭二十九年傳「官修其方」之方，授方者，授之以百官之常法也；任能者，任用其材能之人也。不授以方，則無治法；不任其能，則無治人。說詳俞樾平議。元年，革車三十乘；季年，季年，末年也，杜注以爲在僖二十五年。乃三百乘。乃三百乘，竟至三百乘也。三十乘，齊桓所饋；三百乘，治國所得。

春秋左傳注

僖公

魯世家云「名申，莊公之少子」，又云「季友聞之，自陳與滑公弟申如邾」，則閔公之弟也。而漢書五行志則以僖爲閔之庶兄，說家亦皆因之，陸德明釋文、何休公羊注及疏並同此說，恐誤。母成風。史記、漢書「僖」例皆作「釐」，惟史記年表書「僖公薨」，或疑是後人所改。

元年，壬戌，公元前六五九年。周惠王十八年、齊桓二十七年、晉獻十八年、衞文公燬元年（未計戴公，蓋即位卽死）、蔡穆十六年、鄭文十四年、曹昭三年、陳宣三十四年、杞惠十四年、宋桓二十三年、秦穆公任好元年、楚成十三年、許穆三十九年。

經

一・一 元年春王正月。去年十二月十八日癸巳冬至，則此年建丑，有閏月。

一・二　齊師、宋師、曹師次于聶北，救邢。「曹師」，各本作「曹伯」，今從唐石經及莊三年、襄二十三年正義所引訂正。據傳文「諸侯救邢」，則三國皆是其君親自率師，亦不應獨稱「曹伯」。穀梁亦云：「其不言曹伯，何也？以其不言齊侯，不可言曹伯也。」聶北，說文「嵒」字下引作「嵒北」，聶、嵒古音同在泥母帖部。聶北當卽今山東省博平廢治博平鎮。一統志謂聶城在今河北省清豐縣東北，方輿紀要謂在清豐縣北十里，於道路爲迂曲，恐不可信。山東省聊城縣亦有聶城，更相近。朱駿聲說文通訓定聲謂聶卽昭二十年傳所謂「聊、攝以東」之「攝」，此言是也。

一・三　夏六月，邢遷于夷儀。夷儀見閔二年傳。公羊作「陳儀」，夷、陳古音微、真對轉，相近。說詳趙坦春秋異文箋。劉師培春秋左氏傳答問云：「春秋之例，自遷弗書（案：指晉遷新田，楚遷鄀，邾遷繹，經皆不書），經書所遷，均逼外勢者也。許四遷，三由楚命（容城弗見傳）；蔡遷迫於吳；邢、衞之遷迫於狄。」

一・四　齊師、宋師、曹師城邢。

一・五　秋七月戊辰，戊辰，二十六日。夫人姜氏薨于夷，齊人以歸。以歸卽以尸歸，唐石經於「以」字下增刻「尸」字，乃後人增入，不足據。詳洪亮吉左傳詁及嚴可均唐石經校文。歸者，歸於魯。毛奇齡春秋傳謂歸于齊，不可信。史記年表云：「齊桓公二十七年，殺女弟魯莊公夫人，淫故。」姜氏爲齊所殺，下文傳亦言之。

一・六　楚人伐鄭。莊二十八年經楚尚稱荆，自此改稱楚，則楚之定號爲楚，當在莊二十八年以後，僖元年以前。初學記七引竹書紀年云「昭王十六年，伐楚荆」云云，似西周楚荆並稱。餘詳莊十年經注。

一・七　八月，公會齊侯、宋公、鄭伯、曹伯、邾人于檉。檉音頳。公羊作「朾」，古音通假。檉，杜注謂宋地，彙纂以爲陳地。其地當在今河南省淮陽縣西北。

一・八　九月，公敗邾師于偃。「偃」，公羊作「纓」，蓋古音同屬影母，一聲之轉。偃，邾地，當在今山東省費縣南。

一・九　冬十月壬午，壬午，十二日。公子友帥師敗莒師于酈，獲莒挐。「酈」，公羊作「犂」，穀梁作「麗」，三字通假。魯地。大夫被俘，生死皆曰獲。挐音如。監本、毛本作「拏」。說文有「挐」字，亦有「拏」字，音同義別，然古書多混用，今從唐石經、宋本、金澤文庫本、足利本、岳本作「挐」。莒挐，莒君之弟。

一・一〇　十有二月丁巳，丁巳，十八日。夫人氏之喪至自齊。杜注以爲「氏」字上應有「姜」字，不稱「姜」爲闕文。但「夫人氏」、猶隱公三年之「君氏」、詩邶風凱風之「母氏」，並非闕文。杜注又云：「僖公請而葬之，故告於廟而書喪至也。」

傳

一・一　元年春，不稱卽位，公出故也。孔疏：「去年八月閔公死，僖公出奔邾；九月，慶父出奔莒，公卽歸魯；言公出故者，公出而復歸，卽位之禮有闕，爲往年公出奔之故，非言應卽位之時公在外也。」劉文淇舊注疏證則云：「公出，謂公自陳立也。」公出復入，不書，諱之也。諱國惡，禮也。孔疏：「國內有亂，致令公出，不書公出復入，諱國亂也。國亂，國之惡事；諱國惡，是禮也。」

一·二　諸侯救邢。此是齊桓公、宋桓公、曹昭公親自率師，孔疏所謂「先儒以爲此役諸侯身行」者是也。邢人潰，出奔師。奔至諸侯之師。師遂逐狄人，具邢器用而遷之，師無私焉。諸侯之師於邢之器用財物無所私取。

一·三　夏，金澤文庫本作「夏六月」。邢遷于夷儀，諸侯城之，救患也。齊語云：「狄人攻邢，桓公築夷儀以封之。男女不淫，牛馬選具。」管子大匡篇云：「狄人伐邢，邢君出，致於齊，桓公築夷儀以封之，予車百乘，卒千人。」凡侯伯，鄭語韋注云：「侯伯，諸侯之伯。」此指齊桓，晉語四所謂「管仲賊桓公而卒以爲侯伯」者是也。救患、分災、諸侯有天災，分穀帛之屬以賑之。分讀如成二年傳「吾以分謗也」之分，分擔之意。高本漢左傳注釋說與此同。討罪，周禮大宗伯賈疏云：「諸侯無故相伐，是罪人也。霸者會諸侯共討之，是討罪也。」禮也。

一·四　秋，楚人伐鄭，鄭卽齊故也。卽，就也。與齊親。盟于犖，犖音洛。杜注：「犖卽檉也，地有兩名。」謀救鄭也。救鄭之師不見經、傳，或是謀而未行，或是楚師自退，皆不可知。

一·五　九月，公敗邾師于偃，虛丘之戍將歸者也。虛丘，服虔以爲魯邑，杜預以爲邾地，疑不能明。此地當在今費縣界。服虔以爲魯有亂，邾使兵戍虛丘。魯與邾無怨，因兵將還，要而敗之，所以惡僖公也。杜預以爲邾人既送哀姜還，齊人殺之，因戍虛丘，欲以侵魯。公以義求齊，齊送姜氏之喪，邾人懼，乃歸，故公要而敗之。其實兩說皆想當然之辭。

一·六　冬，莒人來求賂，閔二年傳云：「以賂求共仲于莒，莒人歸之。」則莒還慶父，已得賂矣，而仍求賂者，或者貪得無厭，亦猶桓十三年之「宋多責賂於鄭」。于鬯香草校書以爲魯但許賂而未嘗與，莒故來求。說亦可通。公子友敗諸酈，獲莒子之弟挐。穀梁於此事有所叙述，然未必可信。非卿也，嘉獲之也。此言莒挐非卿，而經書「獲莒挐」者，嘉獎季友獲之之功。公賜季友汶陽之田及費。水北曰陽，田在汶水之北，故曰汶陽之田。水經汶水注云：「蛇水西南流逕汶陽之田，齊所侵也。自汶之北，平暢極目，僖公以賜季友。又西南逕鑄城西。」張雲璈據此，以爲季友所得汶陽田在今泰安縣西南樓上村東北。詳梁履繩補釋。費故城在今山東省費縣西北二十里。

一·七 夫人氏之喪至自齊。喪，尸體。此時當已大殮。君子以齊人之殺哀姜也爲已甚矣，已，太也。女子，從人者也。古人謂女子有三從之義，未嫁從父，既嫁從夫，夫死從子（見儀禮喪服傳），若然，哀姜既嫁於魯，在夫家有罪，則非父母家所宜討。

二年，癸亥，公元前六五八年。周惠王十九年、齊桓二十八年、晉獻十九年、衞文二年、蔡穆十七年、鄭文十五年、曹昭四年、陳宣三十五年、杞惠十五年、宋桓二十四年、秦穆二年、楚成十四年、許穆四十年。

經

二·一 二年春王正月，去年閏十一月二十九日戊戌冬至，則此年正月實是寅月。城楚丘。元年城夷儀而經書「城邢」者，以邢已遷夷儀也。此時衞尚廬於曹，先城而後徙，故不云城衞而云「城楚丘」。楚丘已見閔二年。

二·二　夏五月辛巳，辛巳，十四日。葬我小君哀姜。無傳。哀姜雖被殺於去年七月，然去年冬其喪始來，喪至五月而葬。

二·三　虞師、晉師滅下陽。晉始見經。「下陽」，公羊、穀梁作「夏陽」，下、夏同音。下陽，杜注云「虢邑」。據元和郡縣志，在當時陝州平陸縣東二十里。今平陸縣縣治又已西南移，則當今治東北三十五里。雷學淇竹書紀年義證云：「其實虢之宗廟社稷在下陽，不在上陽。經於此年書滅，卽謂宗廟已覆，雖有孽餘，不可謂國矣。」然此說只能以之解紀年，與左傳所敍顯然不合。水經河水注、路史國名紀己注並引紀年云「十九年，獻公會虞師伐虢，滅下陽。虢公醜奔衞。獻公命瑕公呂甥邑于虢都。」春秋後序引僅作「晉獻公會虞師伐虢，滅下陽」。以「虢公醜奔衞」（傳作奔京師）在五年，卽晉獻公之二十二年也。

二·四　秋九月，齊侯、宋公、江人、黄人盟于貫。江，國名，嬴姓，故城當在今河南省息縣西南。顧棟高大事表云在正陽縣東南。文公四年爲楚所滅。黄見桓八年傳並注。江人、黄人，江、黄之君也。十二年傳云「黄人恃諸侯之睦于齊也，不共楚職」，所謂「黄人」卽黄國之君。貫，宋地，當在今山東省曹縣南十里。

二·五　冬十月，不雨。傳在三年。

二·六　楚人侵鄭。

傳

二·一　二年春，諸侯城楚丘而封衛焉。孔疏：「封者，聚土之名也。天子之建諸侯，必分之土地，立其疆界，聚土爲封以記之，故建國謂之封國。衛是舊國，今云封者，以其君死國滅，更封建之，故云封也。」亦見史記年表及衛世家。不書所會，後也。此釋經語。元年城邢，云「齊師、宋師、曹師城邢」，此次城楚丘，亦以齊爲首，他國亦與焉，然經僅書「城楚丘」，不書其他諸侯者，諸侯已完成工程，而魯後至，諱其不及期，故以獨城爲文。文七年傳亦云：「公後至，故不書所會。」據詩鄘風定之方中，城楚丘在僖元年建亥之月，卽夏正之十月，周正之十二月，魯以第二年往助之，雖不及與諸國主持者相會，然未必甚遲。

二·二　晉荀息請以屈產之乘與垂棘之璧假道於虞以伐虢。漢書地理志注引竹書紀年云：「武公滅荀以賜大夫原氏黯，是爲荀叔。」據僖九年傳，荀息卽荀叔，黯或是其名，息其字，叔則是其行次，所謂「五十以伯仲」（禮記檀弓上）者也。餘詳雷學淇義證。屈卽北屈，見莊二十八年傳並注。產爲動詞，屈產之乘，猶言北屈所產之馬。何休注公羊、趙岐注孟子俱以屈產爲地名，樂史太平寰宇記因附會謂今山西省石樓縣有屈產泉，此邑有駿馬，名馬飲此水者良。難於置信。垂棘，地名，亦見于成五年。沈欽韓地名補注以爲在今山西省潞城縣北。虞，在今山西省平陸縣東北（見桓十年傳注），是在晉南（晉此時都絳，絳今翼城縣東南）；虢又在虞之南，故晉師伐虢，必假道於虞。今平陸縣東北有虞坂者，卽古之顛軨坂，爲中條山衝要途徑，太平寰宇記謂晉假虞之道卽此路。又儀禮聘禮有過邦假道之禮，可參看。晉世家云：「十九年，獻公曰：『始吾先君莊伯、武公之誅晉亂，而虢常助晉伐我，又匿晉亡公子，果爲亂。弗誅，後遺子孫憂。』乃使荀息以屈產之乘假道於虞。」韓非子內儲說下六微述遺虞之物多「女樂六」。公曰：「是吾寶也。」對曰：「若得道於虞，猶外府也。」公羊、穀梁均有此文。穀梁蓋襲用呂氏春秋權勳篇及韓非子十過篇。公曰：「宮之奇存焉。」宮之奇，虞賢臣。春秋繁露滅國上篇有「虞公託其國於宮之奇，晉獻公患之」，說苑尊賢篇有「虞有宮之奇，晉獻公爲之終夜不寐」云云，蓋皆因此作誇張之言。對曰：「宮之奇之爲人也，懦而不能强諫。且少長於君，君暱之；少長於君可如林堯叟句解所云「宮之奇自少長養於公宮」，亦可解爲稍大于君。林解較長。雖諫，將不聽。」穀梁傳敍比較詳，可參看。乃使荀息假道於虞，曰：「冀爲不道，冀，國名。路史後記十一以爲殷商傅說之後，未詳所本。今山西省河津縣東北有冀亭遺址，當是其國都。不久終爲晉所滅，以爲郤氏食邑。不道猶言殘暴。入自顛軨，顛軨即虞坂，詳上「假道」注。伐鄍三門。鄍，服虔以爲晉邑，杜預以爲虞邑，以地理及事理考之，杜預爲是。地在今平陸縣東北。三門，舊說俱以今之三門峽當之，然三門峽在黃河中，冀未必能伐之，亦未必肯伐之，此三門或非地名。伐鄍三門者，伐鄍邑之三門也，猶言圍攻。方輿紀要謂鄍城周四里，則其有城門可知。鄍在虞國西南約二十餘里。此言冀爲强暴，無故伐虞邑。冀之既病，則亦唯君故。唯，因也。成二年傳「齊、晉亦唯天所授」，唯字用法同此。冀之既病者，晉助虞伐冀已使冀受損傷也。則亦唯君故者，言我伐冀，非自爲也，爲虞復讎擊敵耳。晉因有惠於虞，故先提此事，以責其還報。說詳于鬯香草校書。今虢爲不道，保於逆旅，保即禮記月令「四鄙入保」之保，注謂「小城曰保」，即今之堡壘。此作動詞，謂于逆旅作碉樓，可瞭望，可固守。說本高本漢左傳注釋。逆旅，客舍也。虢國有在晉南部邊鄙盤踞旅舍以爲鈔掠者。以侵敝邑之南鄙。莊二十六年傳兩言虢人侵晉，不知與此是否一事。敢請假道，以請罪于虢。」請罪猶言問罪。虞公許之，且請先伐虢。虞請先伐，則此役也，晉雖爲主，虞實爲導。宮之奇諫，不聽，遂起師。虞起師也。夏，晉里克、荀息帥師會虞師，伐虢，滅下陽。水經河水注引竹書紀年云：「十九年，獻公會虞師伐虢，滅下陽。虢公醜奔衞。公命瑕公呂甥邑于虢都。」與左傳有異。王夫之稗疏曰：「滅者，必其國也。虢有三，滎澤之虢亭，東虢也；下陽在平陸縣大陽之南，濱河之北，北虢也；陝州之上陽，南虢也。東虢，虢叔所封。南、北二虢皆虢仲地。北虢爲其故都，逼近於虞，後或渡河南遷，而宗廟社稷故在下陽。晉後再舉伐虢，取南虢耳。」然據竹書紀年諸書，晉滅虢，似僅此一舉，而左傳則謂此後虢尚有敗戎之役，僖五年晉再舉而後全部吞併之。王夫之此說可與前引雷學淇說併觀，而較圓通。其所謂「北虢」「南虢」即隱元年傳注之「西虢」。年表及晉世家俱用左傳。先書虞，賄故也。此釋經「虞師、晉師滅下陽」。

二・三　秋，盟于貫，服江、黃也。杜注：「江、黃，楚與國也；始來服齊，故爲合諸侯。」郭沫若大系有曾侯簠，銘云「叔姬霝乍黃邦，曾侯乍叔姬、邛（江）嬭（羋）賸（媵）器䵼」云云，「江、黃」同時言。

二・四　齊寺人貂始漏師于多魚。寺人，宦官之爲宮中侍御者，周禮天官有寺人之官。貂，豎貂。國語、管子、呂氏春秋及說苑諸書「豎貂」並作「豎刁」。孔疏云：「漏師者，漏洩師之密謀也。云始者，言其終又甚焉。」多魚，高士奇地名考略以爲或在今河南省虞城縣界。

二・五　虢公敗戎於桑田。桑田卽今河南省靈寶縣之稠桑驛。此時虢雖已亡其河北地，猶能敗戎於河之南。晉卜偃曰：「虢必亡矣。亡下陽不懼，下陽乃其宗廟社稷所在，被滅而不懼。而又有功，是天奪之鑒，之作其用。鑒，鏡也。天奪其鏡，無以自見其醜惡。而益其疾也。疾乃借用之詞，意猶罪惡。語又見成十七年傳。必易晉而不撫其民矣。易去聲。易晉，輕視晉國。易爲動詞意動用法。不可以五稔。」稔音荏，本義爲穀熟。穀一年一熟，故引申有年歲之義。五稔，五年也。

二·六 冬，楚人伐鄭，鬬章囚鄭聃伯。鬬章，楚大夫。聃音南。

三年，甲子，公元前六五七年。周惠王二十年、齊桓二十九年、晉獻二十年、衞文三年、蔡穆十八年、鄭文十六年、曹昭五年、陳宣三十六年、杞惠十六年、宋桓二十五年、秦穆三年、楚成十五年、許穆四十一年。

經

三·一 三年春王正月，不雨。去年十二月十一日甲辰冬至，是年建丑。

三·二 夏四月不雨。

三·三 徐人取舒。無傳。徐見莊二十六年經並注。舒，國名，偃姓。說文作「䣄」。舒，據文十二年傳孔疏引世本，有舒庸、舒蓼、舒鳩、舒龍、舒鮑、舒龔六名，恐皆同宗異國，統稱之曰羣舒，大致宗國在今安徽省舒城縣，而散居于舒城縣、廬江縣至巢縣一帶。徐越數百里而取舒，固不能有其地，故其後舒復見，文十二年傳言楚子孔執舒子平，疑自後滅於楚。說本顧棟高大事表。詩魯頌閟宮云「荆舒是懲」，鄭玄箋謂「僖公與齊桓公舉義兵，南艾荆及羣舒」。前人又據十七年傳，齊桓夫人有徐嬴，因謂此次徐之取舒，由齊桓之力，未必然。阮元積古齋鐘鼎彝器款識有「蠡王作彝」。鄒安周金文存有「𨰻王之鈚」。吳闓生吉金文録自序謂徐、舒同字，王孫遺諸鐘云「余弘龔𦈢辟」，「𦈢辟」即謂徐王，遺諸亦徐之王孫也云云。徐、舒明是兩國，吳氏謂「徐、舒同字」，蓋本洪亮吉，實誤。安徽舒城縣九里墩墓殘存一青銅鼓，蓋春秋末期所造，參安徽省考古學會會刊第五輯。

三·四 六月雨。

三·五 秋，齊侯、宋公、江人、黄人會于陽穀。據清一統志，陽穀古城在今山東省陽穀縣北三十里。齊語云：「嶽濱諸侯，莫敢不來服。而大朝諸侯於陽穀。」

三·六 冬，公子友如齊涖盟。穀梁作「公子季友」。僖十六年經亦書「公子季友卒」，杜注云，「稱字者，貴之」，則友字季友，亦猶公子遂字仲遂，晉之羊舌肸字叔肸，字與名同，惟加一行次。涖盟見隱七年傳並注。經書涖盟自此始。全經凡四見。

三·七 楚人伐鄭。

傳

三·一 三年春不雨，夏六月雨。自十月不雨至于五月。不曰旱，不爲災也。後漢書黄瓊傳李賢注引春秋考異郵云：「僖公之時，雨澤不澍，比于九月。公大驚懼，率羣臣禱山川，以六過自讓，絀女謁，放下讒佞郭都等十三人，誅領人之吏受貨賂趙祝等九人，曰：『辜在寡人。方今天旱，野無生稼，寡人當死，百姓何謗？請以身塞無狀也。』」

所記未必能全信，姑引以供參。又顧棟高大事表四十二之二云：「春秋兩書大旱，皆在夏、秋；三不雨皆連秋言之。周之秋，今之夏，故爲災。此書六月雨，則正當孟夏（按：實當仲夏，今農曆五月），自宜不爲災也。」說亦可參。

三·二　秋，會于陽穀，謀伐楚也。穀梁傳云：「桓公委端搢笏而朝諸侯，諸侯皆諭乎桓公之志。」公羊傳云：「桓公曰：『無障谷，無貯粟，無易樹子，無以妾爲妻。』」據孟子告子下，此是葵丘之會事。彙纂曰：「陽穀之會，以爲謀伐楚者，左氏也。公、穀則皆無此意，然下與伐楚事相近，疑左氏說是。」

三·三　齊侯爲陽穀之會來尋盟。陽穀之會，魯未與，故桓公來尋盟。來尋盟者，使人來而求尋盟也。冬，公子友如齊涖盟。

三·四　楚人伐鄭，鄭伯欲成。鄭文公欲與楚媾和。孔叔不可，曰：孔叔又見於僖七年。「齊方勤我，「勤」，金澤文庫本作「懃」。勤，勞也；勤我，爲我勤勞也。詳楊樹達先生讀左傳。棄德，不祥。」此勤其不服楚而服齊。

三·五　齊侯與蔡姬乘舟于囿，蔡姬，據史記爲蔡穆侯之女弟，齊桓公之夫人。十七年傳亦云「齊侯之夫人三，王姬、徐嬴、蔡姬」。囿，苑也；其中有池，故能乘舟。蕩公。蕩，搖也。公懼，變色；禁之，不可。公怒，歸之，未之絶也。「之絶」，毛本、監本誤倒作「絶之」，今從石經、宋本、金澤文庫本訂正。蔡人嫁之。此傳本與下年侵蔡事連爲一傳，爲後人割裂在此。蔡世家、齊世家及年表所述俱與傳同，韓非子外儲說左上作「怒而出之，乃且復召之」。乃且復召之，卽未絶之也。長沙馬王堆三號漢墓出土帛書春秋事語載此事引有士說語云「今聽女辭而嫁之」，則再嫁出于蔡姬本人之意。

四年，乙丑，公元前六五六年。周惠王二十一年、齊桓三十年、晉獻二十一年、衞文四年、蔡穆十九年、鄭文十七年、曹昭六年、陳宣三十七年、杞惠十七年、宋桓二十六年、秦穆四年、楚成十六年、許穆四十二年。

經

四・一 四年春王正月，去年十二月二十一日己酉冬至，建丑，有閏。自此以前，建丑之年爲多。蓋古人以土圭測日影以定冬至，冬至之月既定，於是以其翌月爲明年正月，爲功較易。其後曆法較精，則建子之年漸多。公會齊侯、宋公、陳侯、衞侯、鄭伯、許男、曹伯侵蔡。蔡潰，文十三年傳云：「民逃其上曰潰。」遂伐楚，次于陘。陘音邢，楚地。依杜注，當在今河南省偃城縣南。然蔡在今河南省上蔡縣，由蔡伐楚，何以反而北行，尤與傳文「師進，次于陘」之意不合，恐杜注不可信。王夫之稗疏曰，「蘇秦說韓曰：『南有陘山。』則陘爲楚塞之山，其地應在應山之北」云云，理或然也。詳下文注。

四・二 夏，許男新臣卒。成十三年伐秦，曹伯盧卒于師；襄十八年圍齊，曹伯負芻卒于師。皆言「于師」，而此不言「于師」者，此經上文言許男與七國諸侯同次于陘，而下經書屈完來盟于師，上下俱言師，則許男之卒必于師，不言可知。

四・三 楚屈完來盟于師，盟于召陵。召陵，古今皆云在今河南省郾城縣東三十五里，然于地望亦不甚合。詳上注。然已難確定其地，姑依舊説。

四·四 齊人執陳轅濤塗。「轅」，公羊、穀梁並作「袁」，字通。穀梁傳云：「齊人者，齊侯也。」洪适隸釋載袁良碑云：「周之興，虞閼父典陶正，嗣滿爲陳侯。至玄孫濤塗立姓曰袁，魯僖公四年爲大夫。」杜世族譜謂轅濤塗卽宣仲（轅宣仲見五年傳）。

四·五 秋，及江人、黄人伐陳。「及」上無主語，杜注用穀梁義，謂「魯受齊命討陳之罪，時齊不行，使魯爲主」。汪克寬春秋胡氏傳纂疏引高氏説謂「書及者，蒙上齊人執轅濤塗之文，乃齊及之，非魯及之也」。考史記齊世家云：「秋，齊伐陳。」是齊師實行，高氏之説可信。又詳沈欽韓補注與劉文淇舊注疏證。

四·六 八月，公至自伐楚。無傳。公還，告于廟也。

四·七 葬許穆公。竹添光鴻會箋謂許穆公卽隱十一年之許叔，在位蓋四十二年。此説同于清姚彥渠春秋會要。然據杜氏世族譜，許叔爲桓公，名鄭。杜譜不知何據，今姑從姚説。

四·八 冬十有二月，公孫茲帥師會齊人、宋人、衛人、鄭人、許人、曹人侵陳。「茲」，公羊作「慈」，字通。公孫茲，叔牙之子叔孫戴伯。

傳

四·一 四年春，齊侯以諸侯之師侵蔡。此章應與上年傳文末章銜接。蔡潰，遂伐楚。戰國策西周策云：

「桓公伐蔡也，號言伐楚，其實襲蔡。」韓非子外儲說左上則謂「桓公藏蔡怒而攻楚」，「舉兵爲天子伐楚，楚服，因還襲蔡」云云，此蓋說客及作者欲以證成其說之言，仍當以左傳爲信。楚子使與師言曰：「君處北海，寡人處南海，古人以中國之四周皆爲海，故爾雅釋地云「九夷、八狄、七戎、六蠻謂之四海」，禮記祭義亦有東海、西海、南海、北海之稱。荀子王制篇云：「北海則有走馬吠犬焉，南海則有羽、翮、齒、革、曾青、丹干焉。」注云：「海謂荒晦絶遠之地。」則此所謂北海、南海者，猶言極北、極南，不必以實地證之。舊注多誤，唯劉壽曾得其意，見劉文淇舊注疏證。並參宣十三年傳注。唯是風馬牛不相及也，牛馬牝牡相誘而相逐謂之風。尚書費誓：「馬牛其風。」風馬牛不相及者，謂齊、楚兩國相隔遥遠，縱使牛馬牝牡相逐，奔逸雖速而遠，亦不致互相侵入邊界。不虞君之涉吾地也，何故？」虞，度也。管仲對曰：「昔召康公命我先君大公曰：召康公，召公奭也。詳史記燕世家。大公卽太公望，爲齊之始封君，故尊之曰大公，猶古公亶父爲大王，田齊之田和亦號爲大公。餘詳齊世家。『五侯九伯，女實征之，以夾輔周室！』五侯九伯，異說紛紜，較爲可信者有三。賈逵、服虔、杜預皆以爲五侯爲公、侯、伯、子、男五等諸侯，九伯爲九州之方伯，卽各州諸侯之長，此一說也。黄以周禮書通故職官通故二謂爲近是。王引之述聞則以爲五侯九伯者，謂分居五服之侯，散列九州之伯，蓋當時解左傳者，皆不以侯爲諸侯，伯爲方伯也。此又一說也。俞樾平議釋侯、伯之義與王引之同，而謂五、九爲虛數，五侯舉中數，九伯舉終數，宣十二年傳「夷於九縣」，昭十二年傳「五大不在邊，五細不在庭」，凡言五、言九者，皆此類也。此又一說也。三說雖略有不同，其指皆謂五侯九伯統言天下諸侯。西周成王時保卣銘云「乙卯，王令保及殷東或（國）五侯」云云，則「五侯」之稱早已有之。他如于鬯香草校書謂此不過敍述大公之功，其所征服者則十四國耳，侯國五，伯國九云云，則既無史證，又不合傳意。**賜我先君履，**履，所踐履之界，非指齊國疆土，乃指得以征伐之範圍。參桂馥札樸。唐蘭以「履」爲「踏勘」，另成一讀（見一九七六年文物五期五祀衞鼎注釋），疑不可從。**東至于海，**齊桓公之疆境不至海，齊語「東至於紀酅」可以爲證。**西至于河，**齊語述齊桓公正其封疆，西至于濟，則此「西至于河」，乃得以征伐之界。河即黃河。**南至于穆陵，**疑即今湖北省麻城縣北一百里與河南省光山縣、新縣接界之穆陵關（一作木陵關）。或以今山東省臨朐縣南一百里大峴山上之穆陵關（一名破車峴）當之，恐不合傳意，因其不至楚境也。**北至于無棣。**水經淇水注引京相璠曰「舊說無棣在遼西孤竹縣」，則當在今河北省盧龍縣一帶。或依酈道元說，以今河北省南皮、鹽山及山東省慶雲諸縣一帶之古無棣溝當之，恐是誤解履爲齊之疆境之故。凡此諸句，其意若曰，我先君大公實受命得專征伐，有權至楚國之境。**爾貢苞茅不入，王祭不共，無以縮酒，**「苞」各本作「包」，金澤文庫本作「苞」。作「苞」者是也。詳阮元校勘記及說文「苞」字下段注，今訂正。「共」金澤文庫本作「供」，餘詳校勘記。苞即包裹之包，茅即禹貢之菁茅，茅之有毛刺者。古人拔此茅而束之，故曰包茅。縮酒者，一則用所束之茅漉酒去滓；一則當祭神之時，束茅立之，以酒自上澆下，其糟則留在茅中，酒汁漸漸滲透下流，像神飲之也。參李淳羣經識小。「縮」，說文作「莤」，從酉、艸，酉即古「酒」字，則會意字。甲骨有[illegible]字，象手奉束於酉（酒）旁，王國維以爲即「莤」之初文。若可信，則縮酒之禮起自殷商。菁茅產於荆州，管子輕重篇所謂「江、淮之間，一茅三脊，名曰菁茅」者是也。爲楚應納貢物之一，而韓非子外儲說左上云，「楚之菁茅不貢於天子三年矣」。菁茅又爲王祭所不可缺少之物，周禮天官甸師所謂「祭祀供蕭茅」者是也，故齊以此責楚。**寡人是徵。**猶言寡人徵是。徵，問罪也。齊世家改作「是以來責」。**昭王南征**

而不復，唐石經「征」字下旁增「没」字，呂氏春秋季夏紀高注引傳，亦作「没而不復」。然據齊世家及漢書賈捐之傳，無「没」字者是也。詳劉文淇舊注疏證。周本紀云：「昭王南巡狩不返，卒於江上。」正義引帝王世紀云：「昭王德衰，南征，濟于漢，船人惡之，以膠船進王，王御船至中流，膠液船解，王及祭公俱没于水中而崩。其右辛游靡長臂且多力，游振得王，周人諱之。」帝王世紀所言船解王溺事，或本於左傳服虔注；所言辛游靡救王事，或本於呂氏春秋音初篇，而加以潤飾增補。初學記七引紀年云：「昭王十六年，伐楚荆，涉漢，遇大兕。」又云：「十九年，喪六師于漢。」御覽八七四引紀年云：「昭王末年，王南巡不反。」疑昭王兩次南征，十六年之南征，頗有所獲，釱駭𣪘銘云：「釱駭（御）從王南征，伐荆楚，又（有）得」云云，過伯𣪘銘云：「過伯從王伐反荆，孚（俘）金」云云，盩𣪘銘云：「盩從王伐𣃔（荆）」云云，皆可證。至十九年再伐荆楚，則不復矣。寡人是問。」對曰：「貢之不入，寡君之罪也，敢不共給？昭王之不復，君其問諸水濱！」貢不入，罪小，故認改；昭王不復，罪大，故推諉。杜注云：「昭王時漢非楚境，故不受罪。」楚辭天問：「昭后成遊，南土爰底？」蓋指此。師進，次于陘。戰國策蘇秦説楚謂「北有汾、陘」，説韓謂「南有陘山」，則陘在楚爲北塞，在韓爲南塞。

夏，楚子使屈完如師。屈完，楚之同族。如師，往齊師也。故下文述齊桓公與屈完共載。楚世家作「楚成王使將軍屈完以兵禦之」，齊世家作「楚王使屈完將兵扞齊」，左傳不言者，以爲此必然之舉，可以不言。章炳麟左傳讀因訓如師爲當師，當師者，抵禦齊師也，不合傳意。師退，次于召陵。

齊侯陳諸侯之師，與屈完乘而觀之。乘，去聲。共載也。齊侯曰：「豈不穀是爲？左傳凡用「不穀」二十一次，其中十六次皆爲楚子自稱，曲禮下因之曰「其在東夷、北狄、西戎、南蠻，雖大曰子，於内自稱曰『不穀』」。

其實不然。蓋不穀爲天子自貶之稱，故襄王避叔帶之難，自稱爲不穀，傳所謂「天子凶服降名，禮也」（僖二十四年）。王子朝立爲王出奔，亦自稱不穀（昭二十六年），亦由此故。楚子僭稱王，猶不敢襲用「余一人」之自稱，而從天子降名之例曰不穀，曲禮以爲蠻夷曰不穀，實誤。此齊桓公亦自稱不穀者，蓋以侯伯而爲王室討伐也。然亦僅此一稱而已，其餘中原諸侯以至所謂夷狄之君，無以不穀自稱者。老子「侯、王自謂孤、寡、不穀」，其意猶云「侯自謂孤、寡，王自謂不穀」，不穀實屬王言。豈不穀是爲者，意言諸侯興師，非爲我。先君之好是繼，欲其繼先君之友好。與不穀同好如何？」

對曰：「君惠徼福於敝邑之社稷，惠，表敬副詞，無義。徼音驍，求也。徼福，當時常語，亦可云徼某某之福，如成十六年「徼周公之福」。亦可云「徼亂」（成十三年）、「徼禍」（昭三年）、「徼罪」（昭十六年）等。辱收寡君，辱，表敬副詞，無義。收與下文「綏諸侯」之「綏」字義同。秦策「内收百姓，循撫其心」尤可證其義。寡君之願也。」齊侯曰：「以此衆戰，誰能禦之？以此攻城，何城不克？」對曰：「君若以德綏諸侯，誰敢不服？君若以力，楚國方城以爲城，姚鼐補注云：「楚所指方城，據地甚遠，居淮之南，江、漢之北，西踰桐柏，東越光黄，止是一山，其間通南北道之大者，惟有義陽三關，故定四年傳之城口。淮南子曰，緜之以方城。凡申、息、陳、蔡，東及城父，傳皆謂之方城之外，然則方城連嶺可七八百里矣。」説方城者甚多，唯姚説最爲有據。水經潕水注引盛弘之云：「葉東界有故城，始犨縣，東至瀙水，逕（原作「達」，依趙一清校改）比陽界，南北聯，聯數百里，號爲方城，一謂之長城云。」注又云：「酈縣有故城一面，未詳里數，號爲長城，卽此城之西隅，其間相去六百里。北面雖無基築，皆連山相接，而漢水流而南。故屈完答齊桓公云『楚國方城以爲城，漢水以爲池』。」又云：「郡國志曰『葉縣有長山曰方城』，指此城也。」依酈注諸說，以今地理度之，凡今之桐柏、大別諸山，楚統名之曰方城。洪亮吉左傳詁謂「方城」當作「萬城」，萬或作万，以字近而譌。然國語及戰國策諸書皆作「方城」，則未必各書皆誤，洪説殊不可信。**漢水以爲池，**王念孫據臧琳説，以「水」字爲衍文（見述聞），其實不確。**雖衆，**商頌殷武正義、周官大司馬正義、文選西征賦李善注、白帖五十三及五十八、太平御覽州郡部十四引此並作「雖君之衆」，蓋皆述傳文之意，非傳文本是四字句。**無所用之。」**

屈完及諸侯盟。齊世家、楚世家、年表俱載此事，而以齊世家爲詳，全用左傳義。

四·二 **陳轅濤塗謂鄭申侯曰：**申侯，鄭大夫，其説詳見下五年及七年傳。**「師出於陳、鄭之間，國必甚病。**病，困也。詩江漢正義云：「其意以齊侯所經之處多有徵發，陳、鄭兩國當其軍道，去既過之，來又過之，則民將困病。」**若出於東方，觀兵於東夷，循海而歸，其可也。」**觀兵即周語上之「先王耀德不觀兵」、吳語「寡君未敢觀兵身見」之「觀兵」，顯示兵力以威諸侯也。東夷，杜注謂指郯、莒、徐諸夷。循海而歸，沈欽韓謂按其道當沿淮河而下，由今之河南省潢川縣、安徽省六安縣東至安徽省泗縣、江蘇省東海縣而入山東省臨沂地區再回國，甚遼遠迂曲。**申侯曰：「善。」濤塗以告齊侯，**公羊傳云：「濤塗謂桓公曰：『君既服南夷矣，何不還師濱海而東，服東夷且歸。』」**許之。申侯見曰：**見，舊讀去聲，往謁見也。**「師老矣，**僖三十三年傳：「師老費財。」注：「師久爲老。」**若出於東方而遇敵，懼不可用也。若出於陳、鄭之間，共其資糧、屝屨，**資糧，同義連綿詞，資亦糧也。僖三十三年傳云：「唯是脯資餼牽竭矣。」注：「資，糧也。」屝、屨皆古之粗履，孫愐引字書曰：「草曰屝，麻曰屨。」**其可也。」齊侯説，與之虎牢。**虎牢即今河南省鞏縣東之虎牢關，亦即隱元年傳之制，爲鄭之巖邑，鄭莊公所不肯與共叔段者。此齊桓公與中侯以虎牢，恐亦强迫鄭文公爲之。執轅濤塗。公羊傳謂「於是還師濱海而東，大陷於沛澤之中，顧而執濤塗」。陳世家云，「陳大夫轅濤塗惡其過陳，詐齊令出東道。東道惡，桓公怒，執陳轅濤塗」，似用公羊。然齊世家云「過陳，陳袁濤塗詐齊，令出東方，覺」，則又用左傳。法言先知篇云「齊桓公欲徑陳，陳不果内，執轅濤塗」，與傳異。

四·三　秋，伐陳，討不忠也。以濤塗詐令諸侯之師出東道。

四·四　許穆公卒于師，葬之以侯，許爲男爵，而以侯禮葬之。禮也。凡諸侯薨于朝、會，加一等；朝、會，指相朝相會，莊二十三年傳「會以訓上下之則，朝以正班爵之義」是也。死王事，加二等。王事，此當指征伐。許男死于爲周王伐楚，亦王事也，故加二等。孟子萬章下云：「天子一位，公一位，侯一位，伯一位，子、男同一位，凡五等也。」以子、男而得侯禮，是加二等也。杜預據周禮春官典命「上公九命爲伯，侯、伯七命，子男五命」之文，謂「諸侯命有三等，公爲上等，侯、伯爲中等，子、男爲下等」，而許男「男而以侯，禮加一等」，恐不合傳意。周禮爲戰國時私人著作，不能盡用以釋左傳。且僖二十九年傳云「在禮，卿不會公、侯，會伯、子、男可也」，侯與伯截然分開，則周禮以侯、伯爲一等之說，明明不合傳意。卽傳云「葬之以侯」，考之金文，並無五等諸侯之實，左傳作于戰國儒家别派，未必全可信。於是有以衮斂。斂以衮衣也。衮音滾，古代天子之禮服，上公亦著之而微不同，其制可參周禮春官司服孫詒讓正義。許男以侯禮葬，不得用衮衣，此謂公、侯之加等者，可以用衮衣斂尸，蓋通説禮制。

四·五　冬，叔孫戴伯帥師會諸侯之師侵陳。經書公孫茲，傳言叔孫戴伯，戴其謚號，叔孫乃其族氏。十六年經亦書「公孫茲卒」，是猶未得以叔孫爲族，文元年經始書「叔孫得臣如京師」，則叔孫之得族氏，自得臣始。此傳言叔孫，乃追書。然毛奇齡經問云：「禮又有以父之字爲氏者，而世又不知也。夫戴伯者，叔牙之子也。乃竟稱叔孫，則父氏也。哀二十五年，衞出公奪南氏之邑。夫南氏邑者，公孫彌牟之邑也。其稱南氏，則以彌牟之父公子郢之字子南也。然則子南，父字也。是以鄭子展之氏罕也曰罕氏，則以子展者，子罕子也，父氏也。子晳稱駟氏，則以子晳爲子駟子也，父氏也。子産稱國氏，則以子國爲子産父也，父氏也。」蓋當時有以祖之字爲氏者，亦有以父之字爲氏者。陳成，歸轅濤塗。杜注：「陳服罪，故釋其大夫也。」

四·六　初，晉獻公欲以驪姬爲夫人，卜之，不吉；筮之，吉。先卜後筮，見閔二年傳並注。公曰：「從筮。」卜人曰：此卜人不知爲誰，晉有卜偃，不知是此人否。晉語一云：「獻公卜伐驪戎，史蘇占之。」僖十五年傳云：「晉獻公筮嫁伯姬於秦，史蘇占之。」禮記曲禮正義以爲此卜亦是史蘇，有此可能。「筮短龜長，不如從長。筮用蓍草，卜用龜。僖十五年傳晉韓簡云：「龜，象也；筮，數也。物生而後有象，象而後有滋，滋而後有數。」則當時人以先有象而後有數，而卜用象，筮用數，故以爲龜長於筮。杜預本此爲注。自是用當時人語解釋當時人語。而周禮春官占人正義引馬融注，以爲「筮史短，龜史長」（章炳麟左傳讀卷六有解説），高本漢左傳注釋又以周禮春官有「大卜，下大夫二人；卜師，上士四人；卜人，中士八人」，而筮僅有「筮人，中士二人」證之。且其繇曰：繇，卜卦之兆辭。古人自是重卜輕筮。所謂短長，謂靈驗也。『專之渝，攘公之羭。渝，變也。攘，盜竊也，奪也，與論語子路「其父攘羊」，孟子滕文公下「日攘其鄰之雞」諸「攘」字同。羭，牡羊也。此謂專心寵幸之則將生變，而奪去公之牡羊。牡羊自是借辭，指代申生等。（羭之字義從沈欽韓補注。杜注羭爲美，焦循補疏、高本漢注釋均從之，義亦可通。）渝、羭爲韻，古音同在侯部。一薰一蕕，薰，香草。沈括夢溪補筆談三云：「古之蘭蕙是也。唐人謂之鈴鈴香，亦謂之鈴子香，謂花倒懸枝間如小鈴也。」蕕音由，說文云：「水邊草也。」李時珍本草綱目隰草類下注云：「此草莖頗似薰而臭。」十年尚猶有臭。』十年，言其久也。「尚猶」同義虛詞連用，秦誓云：「雖則云然，尚猷詢茲黃髮。」尚猷卽尚猶。秦策三云：「天下之王尚猶尊之」，史記貨殖列傳云：「萬乘之王、千乘之侯、百室之君尚猶患貧」，皆此類也。臭有兩義，凡氣味，不論香臭，皆可曰臭。禮記月令「其臭羶」、「其臭焦」、「其臭香」，易繫辭上「其臭如蘭」，諸「臭」字皆是此義。一是專指惡氣而言，荀子正名「香臭以鼻異」，孔子家語「鮑魚之肆不聞其臭」是也。此恐是指第二義。蕕、臭爲韻，古音同在幽部。侯、幽兩部亦可合韻，則渝、羭、蕕、臭四字爲韻。必不可！」弗聽，立之。生奚齊，其娣生卓子。莊二十八年傳亦有此二語。據傳意，卓子之生在此年以前，卽晉獻公二十一年以前，而晉世家列卓子（作悼子）之生在晉獻二十五年，卽後此四年，與傳乖異，不知其據。穀梁且謂奚齊、卓子皆驪姬所生。

及將立奚齊，立之爲太子也。既與中大夫成謀，韓非子外儲說左上云：「中大夫，晉重列也。」又左下云：「故晉國之法，上大夫二輿二乘，中大夫二輿一乘，下大夫專乘，此明等級也。」僖十五年傳云「晉侯許賂中大夫」。成謀猶言定計。姬謂大子曰：「君夢齊姜，必速祭之！」齊姜，申生之母。晉語一云：「驪姬以君命命申生曰：『今夕君夢齊姜，必速祠而歸福！』」呂氏春秋任數篇云：「孔子起曰：『今者夢見先君，食潔而後饋。』」家語在阨篇云：「孔子召顏回曰：『疇昔予夢見先人，豈或啟佑我哉？子炊而進飯，吾將進焉。』」然則古人夢見先人，皆以食享之。穀梁傳云：「麗姬又曰：『吾夜夢夫人趨而來，曰，吾苦飢。世子之宮已成，則何爲不使祠也？』」必欲以「吾苦飢」云云實之，蓋可不必。大子祭于曲沃，曲沃爲獻公祖廟所在，齊姜死後祔於祖姑，故其廟在曲沃。且太子亦在曲沃，見莊二十八年傳。說參李貽德賈服注輯述。歸胙于公。周禮夏官祭僕鄭玄注云：「臣有祭祀，必致祭肉于君，所謂歸胙也。」胙，祭之酒肉也。公田，姬寘諸宮六日。六日屬下，另爲一讀亦可。公至，毒而獻之。晉語二云：「公田，驪姬受福，乃寘鴆於酒，寘堇於肉。公至，召申生獻。」穀梁傳云：「君田而不在，麗姬以酖爲酒，藥脯以毒。」晉世家云：「獻公時出獵，置胙于宮中。驪姬使人置毒藥胙中，居二日，獻公從獵來還，宰人上胙獻公。」其說毒而獻之與傳同。然呂氏春秋上德篇云：「太子祠而膳於公，麗姬易之。」易之者，謂以有毒者改換其無毒者，與傳微異。公祭之地，地墳。穀梁傳云：「君將食。麗姬跪曰：『食自外來者，不可不試也。』覆酒於地，而地賁。」晉世家云：「獻公欲饗之。驪姬從旁止之，曰：『胙所從來遠，宜試之。』祭地，地墳。」墳，謂土突起如墳也。與犬，犬斃。與小臣，小臣爲官名，與襄十四年傳「舍大臣而與小臣謀」之小臣義不同。甲文、金文多有之，成十年傳亦有小臣，大致皆爲王左右之近侍臣。以甲文、金文觀之，其地位甚高；然就左傳論之，則不過侍御之閹人而已。小臣亦斃。晉語二云：「公祭之地，地墳。申生恐而出。驪姬與犬肉，犬斃，飲小臣酒，亦斃。」左傳不言太子在場，以下文「太子奔新城」觀之，太子此時必在絳，但不知在場與否也。姬泣曰：「賊由大子。」穀梁傳云：「麗姬下堂而啼呼曰：『天乎天乎！國，子之國也；子何遲於爲君？』君喟然嘆曰：『吾與女未有過切，是何與我之深也？』使人謂世子曰：『爾其圖之！』」晉世家載驪姬之言更爲惡毒。大子奔新城。新城即曲沃，蓋由新爲太子城之，故又名新城。鄭、宋、秦俱有新城，見僖六年經及文四年、十四年傳，恐皆以其城新築而得名。晉語二云：「公命殺杜原款。申生奔新城。」公殺其傅杜原款。晉語二云：「杜原款將死，使小臣圉告于申生曰：『款也不才，寡知不敏，不能教導，以致于死，不能深知君之心度，棄寵求廣土而竄伏焉。小心狷介，不敢行也。是以言至而無所訟之也，故陷於大難，乃逮於讒。然款也不敢愛死，唯與讒人鈞是惡也。吾聞君子不去情，不反讒。讒行身死，可也，猶有令名焉。死不遷情，彊也；守情説父，孝也；殺身以成志，仁也；死不忘君，敬也。孺子勉之！死必遺愛。死民之思，不亦可乎！』申生許諾。」晉世家與傳合。

或謂大子：「或」，晉語二作「人」，亦未指名何人，餘詳下文注。「子辭，辭，説文云：「訟也。」此處可解作聲辯。宣十一年傳「楚王讓申叔時不賀縣陳。對曰：『猶可辭乎？』」辭字亦同此用法。其作名詞用者，如桓十年傳「詹父有辭」、宣十七年傳「使反者得辭」、成二年傳「寡君之命使臣則有辭矣」，諸「辭」字皆是。有辭、得辭猶言有理、得理。晉世家作：「或謂太子曰：『爲此藥者乃驪姬也，太子何不自辭明之？』」乃釋傳意。君必辯焉。」穀梁傳云：「世子之傅里克謂世子曰：『入自明！入自明，則可以生；不入自明，則不可以生。』」以「或」爲里克，且以里克爲世子之傅。然考之國語二所載驪姬謀殺太子而使優施飲里克，里克因而中立事，穀梁傳所云，自難置信。禮記檀弓上云：「晉獻公將殺其世子申生。公子重耳謂之曰：『子蓋(盍)言子之志於公乎？』」則又以「或」爲重耳。説苑立節篇亦謂重耳。大子曰：「君非姬氏，居不安，食不飽。我辭，姬必有罪。君老矣，吾又不樂。」太子之意蓋謂我若聲辯，驪姬必死，而君又老矣，失去驪姬，必不樂。君不樂，吾亦不能樂也。舊注既未了，朱彬經傳考證解「不樂」爲「不樂爲嗣」。楊樹達先生讀左傳又解爲「己不能令君樂」，均不合傳意。檀弓上云：「世子曰：『不可，君安驪姬，是我傷公之心也。』」晉世家云：「太子曰：『吾君老矣，非驪姬，寢不安，食不甘，卽辭之，君且怒之，不可。』」穀梁傳云：「世子曰：『吾君已老矣，已昏矣，吾若此而入自明，則驪姬必死。驪姬死，則吾君不安，所以使我君不安者，我不若自死。』曰：「子其行乎？」大子曰：「君實不察其罪，被此名也以出，此名謂殺父之惡名。人誰納我？」檀弓上云：「曰：『然則蓋（盍）行乎？』世子曰：『不可；君謂我欲弑君也，天下豈有無父之國哉？吾何行如之？』」晉語二云：「人謂申生曰：『非子之悲，何不去乎？』申生曰：『不可。去而罪釋，必歸於君，是怨君也。章父之惡，取笑諸侯，吾誰鄉而入？內困於父母，外困於諸侯，是重困也。棄君、去罪，是逃死也。吾聞之：仁不怨君，智不重困，勇不逃死。若罪不釋，去而必重。去而罪重，不智；逃死而怨君，不仁；有罪不死，無勇。去而厚怨，惡不可重，死不可避，吾將伏以俟命。』」

十二月戊申，晉用夏正，據周正推之，當爲周正明年二月之二十七日。縊于新城。晉語二云：「申生乃雉經於新城之廟。將死，乃使猛足言於狐突曰：『申生有罪，不聽伯氏，以至於死。申生不敢愛其死。雖然，吾君老矣，國家多難，伯氏不出，奈吾君何？伯氏苟出而圖吾君，申生受賜以死。雖死何悔？』」檀弓上略同。左傳與國語皆謂申生自縊而死，而呂氏春秋上德篇、劉向說苑同謂「遂以劍死」，論衡感虛篇亦云「申生伏劍」，穀梁傳謂「刎脰而死」，殆傳聞之異。

姬遂譖二公子曰：「皆知之。」此「知」字與成十七年傳「國子知之」之「知」字同義，謂與聞其事。重耳奔蒲，夷吾奔屈。蒲、屈見莊二十八年傳並注。史通惑經篇引竹書紀年云：「重耳出奔。」晉世家云：「此時重耳、夷吾來朝，人或告驪姬曰：『二公子怨驪姬譖殺太子。』驪姬恐，因譖二公子：『申生之藥胙，二公子知之。』二子聞之，恐，重耳走蒲，夷吾走屈，保其城，自備守。」

五年，丙寅，公元前六五五年。周惠王二十二年、齊桓三十一年、晉獻二十二年、衞文五年、蔡穆二十年、鄭文十八年、曹昭七年、陳宣三十八年、杞惠十八年、宋桓二十七年、秦穆五年、楚成十七年、許僖公葉元年。

經

五・一 五年春，此年正月初三甲寅冬至，建子。晉侯殺其世子申生。杜注：「書春，從告。」顧棟高大事表四十八曰：「經書春，不書月數，蓋春二月也。晉用夏正（見杜預春秋後序），晉之十二月，爲周之春二月。晉以十二月告，魯史自用周正改書春耳。杜謂以晉人赴告之日書之，非也。」顧説甚是。傳云「晉侯使以殺大子申生之故來告」者，釋經殺之之故，告則書，不告則不書，非謂書春，因告之日在春也。杜預誤會傳意，因以致誤。襄三十年傳云：「書曰『天王殺其弟佞夫』，罪在王也。」此亦當同，罪在晉侯。

五・二 杞伯姬來朝其子。無傳。此從公羊傳讀。來朝其子者，使其子來朝於魯。桓九年經「曹伯使其世子射姑來朝」，則諸侯固有使其子相朝之義，此不過變其句法。毛奇齡春秋傳謂「禮，諸侯世子有相朝之義」，謂太子相朝，不謂朝外國之君，不知所據。伯姬爲杞成公夫人，莊二十五年出嫁，成公卒於僖之二十三年，考之世本（杞世家索隱引）及史記，成公死，其弟桓公姑容立，是伯姬子終未得立爲君，或由于早卒歟？伯姬之嫁距此十五年，其子此時最多不過十四歲。杜預以來字絶句，朝其子另爲一句，謂來爲來歸寧成風（僖公母），並帥其子，使其子朝魯。今不從者，伯姬未必爲成風所生，伯姬之父母俱不在，於古禮，義不得歸寧。

五.三 夏，公孫茲如牟。牟，魯之鄰國，見桓十五年經並注。曲禮下云「大夫私行出疆，必請」，故杜注謂「卿非君命不越竟，故奉公命聘於牟，因自爲逆」。

五.四 公及齊侯、宋公、陳侯、衞侯、鄭伯、許男、曹伯會王世子于首止。「首止」，公羊、穀梁作「首戴」。戴、止古音相近，或得通假。王世子者，惠王太子鄭也。春秋經書及某某會某某者，僅此一次，舊說俱以爲尊王世子故書會，理或然。首止，衞地，見桓十八年傳並注。

五.五 秋八月，諸侯盟于首止。夏會，秋盟，會、盟異月，僖九年之葵丘、襄二十七年之宋等是也；異月又異地者，襄二十五年之夏會于儀夷，秋八月同盟于重丘是也。會、盟異月必書地，以見其同地或異地，會、盟異月，其間有他事，則稱諸侯，如葵丘之會與盟，其中有「伯姬卒」，故九月戊辰又書「諸侯盟于葵丘」；若其間無他事，則不重書諸侯，如昭十三年會於平丘，又書「八月甲戌同盟于平丘」。此其間無他事而仍書諸侯者，以表示王世子之來與盟也。

五.六 鄭伯逃歸不盟。

五.七 楚人滅弦，弦子奔黃。弦，路史謂爲姬姓國，春秋傳說彙纂則云「或隗姓」。其故國當在今河南省潢川縣西北，息縣南。或云，即今河南光山縣西北之仙居鎮，漢之軑縣也。

五.八 九月戊申朔，日有食之。無傳。以今法推之，相當公元前六五五年八月十九日之日全蝕。

五.九 冬，晉人執虞公。

傳

五·一 **五年春王正月辛亥朔，**朔日非辛亥，隋書律曆志據張胄玄謂壬子。新城新藏、王韜、何幼琦同。**日南至。**日南至，今謂之冬至。古代二分、二至均不繫春、夏、秋、冬之時，莊二十九年傳「日至而畢」，昭二十年傳「春王二月己丑日南至」，易復卦象辭「先王以日至閉關」、禮記月令「日長至」「日短至」、郊特牲「周之始郊日以至」、雜記「正月日至可以有事於上帝」、「七月日至可以有事於祖」，孟子離婁下「千歲之日至」，均只言至而不言夏至、冬至。莊二十九年傳「凡馬，日中而出，日中而入」，言中而不言春分、秋分；昭十七年傳「日過分而未至」，二十一年傳「二至二分日有食之不爲災」，並言分、至，亦不繫以四時。周之正月，今夏正之十一月。**公既視朔，**每年秋冬之交，天子頒明年之曆法於諸侯，曆法所記，重點在每月初一爲何日及有無閏月，謂之班朔，漢書律曆志「周道既衰，天子不能班朔」是也；王韜春秋曆雜考亦謂「周既東遷，王室微弱，天子未必頒曆，列國自爲推步」。諸侯於每月朔日，必以特羊告于廟，謂之告朔，論語八佾所謂「子貢欲去告朔之餼羊」、文六年傳「閏月不告朔，非禮也」是也。告朔之後，仍在太廟聽治一月之政事，謂之視朔，亦謂之聽朔，文十六年傳「公四不視朔」、禮記玉藻「諸侯皮弁聽朔于太廟」是也。杜注云，「視朔，親告朔也。」混告朔、視朔爲一，實誤。互詳文六年經注。後人以曆法推算，此年冬至應在甲寅，相差三日，説詳王韜春秋曆雜考。**遂登觀臺以望，而書，**觀，去聲。觀臺，孫詒讓周禮大宰正義謂卽雉門兩觀之臺。以魯制言之，象魏也，闕也，觀也，三者蓋異名而同物。天子諸侯宮門皆築臺，臺上起屋，謂之臺門，臺門之兩旁特爲屋高出于門屋之上者，謂之雙闕，亦謂之兩觀，定二年

「雉門及兩觀災」、「新作雉門及兩觀」是也。觀卽因門臺爲之，故亦稱爲觀臺。觀乃樓類可登者也。然自來注左傳者不以觀臺爲兩觀之臺，而以爲在太廟中。以其可以望氣，故謂之觀臺，亦謂之靈臺，哀二十五年傳「衞侯爲靈臺於藉圃」是也。望，望雲物也；書，亦書雲物也，皆探下省。禮也。凡分、至、啓、閉，分，春分、秋分；其日晝夜平分，故謂之分。至，夏至、冬至，其日晝極長或極短，其影極長或極短，至，極也，故謂之至。啓，立春、立夏；春生夏長，古人謂之陽氣用事，啓，開也，故謂之啓。閉，立秋、立冬；秋收冬藏，古人謂之陰氣用事，故謂之閉。必書雲物，雲物，古有兩義。太平御覽八引左傳舊注云：「雲，五雲也；物，風、氣、日、月、星、辰也。」是分雲、物爲二。然周禮春官保章氏云：「以五雲之事辨吉凶、水旱降豐荒之祲象。」鄭衆、鄭玄皆謂雲物卽雲色。五雲之色者，青、白、赤、黑、黃五色也。杜注亦云：「雲物，氣色災變也。」其義亦同兩鄭，是以雲物爲一。蓋古禮，國君於二分二至及四立之日，必登臺以望天象（或日旁雲氣之色），占其吉凶而書之。爲備故也。恐有災荒凶札，早爲之備。

五・二　晉侯使以殺大子申生之故來告。

初，晉侯使士蔿爲二公子築蒲與屈，城曲沃在閔元年，則蒲、屈之築當在稍後，以下文三年尋師之言推之，或在僖三年。屈與蒲見莊二十八年傳注。不愼，寘薪焉。不謹愼而置木柴於其中。晉世家作「弗就」，自是太史公以意改之，章炳麟左傳讀因謂愼有成就義，殊牽強。夷吾訴之。公使讓之。讓，譴責也。士蔿稽首而對曰：稽首爲古代拜禮之一，臣對君行之。古人席地而坐，其坐有似今日之跪。其拜大致有三。既跪而拱手，頭俯至於手，與心平，謂之拜手，省謂之拜，荀子大略云「平衡曰拜」是也。周禮春官大祝亦謂之空首，以其手不至地，首懸空也。

此爲常拜，通於尊卑，雖稽首、頓首，亦多先拜手也。既拜手而拱手下至於地，頭亦下至於地；拱手至地，手仍不分散，以全身論之，首低，腰高，尻更高，謂之稽首，荀子「下衡曰稽首」是也。此爲吉拜中最敬之禮。據燕禮、大射禮、覲禮，凡臣與君行禮，皆再拜稽首，尚書亦屢言「拜手稽首」。此不言拜手者，略也。既拜手而拱手下至於地，頭不徒下至地，且叩觸其額，謂之頓首，亦謂之稽顙。荀子云「至地曰稽顙」是也。稽顙爲居喪之凶禮，其拜至重，吉禮偶一用之，如穆嬴之頓首於趙宣子（文七年傳），申包胥九頓首於秦哀公（定四年傳），皆有重大請求而然也。可參段玉裁經韻樓集。「臣聞之：『無喪而慼，慼，慽或字，音戚，憂也。憂必讎焉；顧炎武補正曰：「讎，應也，如詩『無言不讎』之讎。」朱彬經傳考證謂當讀如詩「賈用不讎」之「讎」，誤。無戎而城，讎必保焉。』無兵患而築城，反足以資內部敵人爲保守之用。寇讎之保，又何慎焉？守官廢命，不敬；於理不應去築城，而身既在此官位，奉命而爲，如不往築，則是不敬君命。固讎之保，不忠。不得已而往築，若築之完固，是爲將來之仇敵築堅固之城池，於國爲不忠。失忠與敬，何以事君？以上明己所以不慎之用心，既不能廢命，又不能固築，則其置薪，乃有意爲之。詩云：『懷德惟寧，宗子惟城。』詩大雅板之七章。懷德乃是安寧，諷獻公之寵驪姬。宗子，羣宗之子，詳陳奐毛詩傳疏。或以爲王之嫡子者非，此指重耳、夷吾，非指太子申生。宗子即是城池，則何必另築城池也。君其修德而固宗子，何城如之？三年將尋師焉，小爾雅廣詁：「尋，用也。」焉用慎？」退而賦曰：此賦疑是自作詩。「狐裘尨茸，狐裘，大夫之服。尨茸，皮毛亂貌。史記晉世家作「蒙茸」，詩邶風旄丘亦云「狐裘蒙茸」。尨茸、蒙茸，其實一也。一國三公，吾誰適從？」三公或以爲指獻公與重耳、夷吾，或以爲指申生與重耳、夷吾，實不必的指。適，主也（詩伯兮毛傳），專也（韻會）。誰適從，謂口舌多，以誰爲主，我專聽從之。梁書武帝紀載高祖謂從舅張宏策之言曰「政出多門，亂其階矣。詩云：『一國三公，吾誰適從。』云云，得其義矣。昭十三年傳云：「共王無冢適，有寵子五人，無適立焉。」戰國策東周策云：「周共太子死，有五庶子，皆愛之，而無所適立也。」詩小雅四月云：「亂離瘼矣，爰其適歸？」彼言「適立」、「適歸」，此言「適從」，適字用法相同。詩衞風伯兮：「豈無膏沐，誰適爲容？」適字亦此用法。俱音的。晉世家敍此略異。

及難，難指申生之死與驪姬之譖。**公使寺人披伐蒲。**「披」，晉世家作「勃鞮」，「披」乃急言，「勃鞮」之合音也。晉語二「公令閹楚刺重耳」，韋昭注云：「楚謂伯楚，寺人披之字也。」二十四年傳云：「寺人披請見，公使讓之，曰：『蒲城之役，君命一宿，女卽至。』」卽指此事。**重耳曰：「君父之命不校。」**校猶言抵抗。大戴禮用兵篇「蜂蠆挾螫而生，見害而校，以衞厥身」，國策秦策「足以校於秦矣」，校字皆此義。高本漢注釋說同。**乃徇曰：**徇，行示也，宣令也，今言遍告。**「校者，吾讎也。」**二十三年傳云：「蒲城人欲戰。」**踰垣而走。披斬其袪。**袪音區，袖口也。二十四年傳「夫袪猶在」，則所剩之袪也。**遂出奔翟。**晉語二、晉世家俱載此事。

五・三 **夏，公孫茲如牟，娶焉。**杜注：「因聘而娶，故傳實其事。」

五・四 **會於首止，會王大子鄭，謀寧周也。**經書「王世子」，傳作「王大子」，亦猶申生經書「世子」，傳書「大子」。世、大古音極近，故通用，無論王或諸侯，其定爲嗣位者皆爲世子或太子，並無不同。白虎通謂「天子之子太子，諸侯之子世子」，此乃漢制，不足用以釋經。二十四年傳載襄王告難之辭曰：「不穀不德，得罪于母弟（「弟」當作「氏」）之寵子帶」，則襄王鄭亦惠后所生（周本紀謂「襄王母蚤死，後母曰惠后」，孔穎達疏已駁其誤）。惠后嫁于莊十八年，卽惠王元年，距今二十二年，則王太子鄭此時二十歲左右。惠后寵少子帶，惠王有廢太子之意，故齊桓公作首止之會，尊王太子鄭以安定之。此會固非惠王之意，故惠王間鄭，使之逃盟。

五·五 陳轅宣仲怨鄭申侯之反己於召陵，轅宣仲卽轅濤塗，事見四年。申侯本與濤塗有成約，背而賣之，故曰「反己」。故勸之城其賜邑，所賜之虎牢也。曰：「美城之，大名也，大名猶言名聲大，蓋霸主之所賜，因而誇示之。子孫不忘。吾助子請。」乃爲之請於諸侯而城之，美。遂譖諸鄭伯，曰：「美城其賜邑，將以叛也。」申侯由是得罪。鄭殺申侯見七年傳。

五·六 秋，諸侯盟。王使周公召鄭伯，杜注：「周公，宰孔也。」曰：「吾撫女以從楚，輔之以晉，可以少安。」首止之盟，所以定王世子之位，非惠王之意，惠王恨之，召鄭伯使之叛齊。楚、晉未與齊盟，故藉之以安鄭。鄭伯喜於王命，而懼其不朝於齊也，莊十七年，齊卽因鄭之不朝而執鄭詹，至此二十二年矣，鄭伯猶未朝齊，故懼也。故逃歸不盟。孔叔止之，孔叔見三年傳。曰：「國君不可以輕，輕謂輕舉妄動。輕則失親；杜注云：「親，黨援也。」失親，患必至。病而乞盟，所喪多矣。君必悔之。」弗聽，逃其師而歸。定四年傳云：「君行，師從；卿行，旅從。」則鄭伯赴盟，有師隨之。鄭伯棄其師，隻身逃逸，故曰「逃其師」。離師潛逃，懼被截留也。

五·七 楚鬬穀於菟滅弦，鬬，氏；穀於菟，名，楚語也。其所以命名之故，見宣四年傳。弦子奔黃。

於是江、黃、道、柏方睦於齊，「柏」阮刻本作「栢」，今從岳本、足利本及六經正誤訂正。二年經云：「齊侯、宋公、江人、黄人盟於貫。」傳云：「盟於貫，服江、黄也。」道，國名，其故城當在今河南省確山縣北，或云在息縣西南。柏，國名，其故城當在今河南省舞陽縣東南。皆弦姻也。說文：「姻，壻家也。」定十年傳云：「荀寅，范吉射之姻也。」杜注：「荀寅子娶吉射女。」弦子恃之而不事楚，又不設備，故亡。

五·八 晉侯復假道於虞以伐虢。初次假道在二年。宮之奇諫曰：「虢，虞之表也；虢亡，虞必從之。晉不可啓，啓，開也，謂使晉張其野心。寇不可翫。寇，兵也。周禮大宗伯「以恤禮哀寇、亂」，注云：「兵作於外爲寇，作於內爲亂。」虞引晉兵伐虢，是寇也。翫，習也，狎也，輕侮之意。一之謂甚，其可再乎？其，用法同豈。諺所謂『輔車相依，脣亡齒寒』者，輔，車之一物。詩小雅正月「其車既載，乃棄爾輔」，「無棄爾輔，員于爾輻」者是也。輔，車兩旁之板。大車載物必用輔支持，故輔與車有相依之關係。杜注解輔爲面頰，是以輔爲酺，誤。玉篇引亦作「酺車相依」，蓋因杜注而誤。呂氏春秋權勳篇述宮之奇此言爲「虞之與虢也，若車之有輔也；車依輔，輔亦依車，虞、虢之勢是也」云云，韓非子十過篇亦同，足見先秦皆不以輔爲酺。淮南子人間訓亦述此事，而云「虞之與虢，若車之有輪，輪依於車，車亦依輪」云云，是西漢亦以車爲喻。說參段玉裁說文輔字注、王引之述聞。俞樾疑輔爲轉之或體，車下索也，未必然。脣亡齒寒，趙策、齊策皆云「脣亡則齒寒」，韓非子存韓篇、莊子胠篋篇、呂氏春秋權勳篇、淮南子說林篇作「脣竭則齒寒」，韓策作「脣揭者，則齒寒」。竭與揭皆反舉之意，此蓋當時俗語，各人所道微異耳。其虞、虢之謂也。」公曰：「晉，吾宗也，豈害我哉？」對曰：「大伯、虞仲，大王之昭也；昭、穆爲古代廟次及墓次，始祖居中，左昭右穆。周代以后稷爲始祖，后稷以後之第一代（后稷之子不窋）爲昭，第二代（后稷之孫鞠）爲穆。以後第三、五、七，馴至奇數之代皆爲昭，第四、六、八，馴至偶數之代皆爲穆。大王（古公亶父）爲后稷之第十二代孫，爲穆，其子則第十三代孫爲昭，因之大伯、虞仲（即仲雍）、季歷皆爲昭，故云「大王之昭也」。大伯不從，是以不嗣。晉世家述此事云：「太伯、虞仲，太王之子也。太伯亡去，是以不嗣。」以「亡去」解「不從」，則「不從」爲不跟隨在側之義。説詳顧炎武補正。崔述豐鎬考信録謂虞仲爲虞國之始封君，可信。虢仲、虢叔，王季之穆也；虢仲、虢叔爲王季（即季歷）之子，季歷爲后稷第十三代孫，爲昭，則虢仲、虢叔爲穆，故云「王季之穆」。據隱元年傳「制，巖邑也，虢叔死焉」之語，則虢叔爲東虢，此被伐之虢爲西虢，蓋虢仲之後代。一九五七年曾於河南省陝縣上村嶺發現虢國墓葬三，其中一大墓有銅器一百餘件，如虢季子鼎、虢文公子⿰饣攵叔妃鼎、虢大子元徒戈等，蓋皆東虢初期之物，詳上村嶺虢國墓地。郭沫若兩周金文辭大系考釋謂「虢仲之虢乃東虢，其分枝爲北虢。西虢，金文稱輱虢，有輱虢仲毁，出土於鳳翔可證。北虢，金文稱虢季氏，如虢季子白盤、虢季子組壺，其證也。」若據水經河水注四趙一清説，虢有四，東虢、西虢、南虢、北虢，則不止兩虢矣。雷學淇介菴經説卷七且言有五虢。劉心源奇觚室吉金文述虢叔簠釋文云：「仲後亦有虢叔，見左隱元年傳及鄭語。叔後又有虢叔，見莊公二十年及二十一年。」又詳劉體智小校經閣金石文字卷一。爲文王卿士，勳在王室，藏於盟府。襄十一年傳亦云：「夫賞，國之典也，藏在盟府，不可廢也」，則周室及諸侯皆有盟府，主功勳賞賜。蓋策勳之時，必有誓辭。僖二十六年傳又云：「昔周公、大公股肱周室，夾輔成王，成王勞之，而賜之盟，曰：『世世子孫，無相害也。』載在盟府，大師職之。」策勳之策兼其盟誓。並藏於盟府。前人多以周禮秋官司盟解盟府，不知司盟僅掌盟載之法，不與此合。周禮夏官有司勳，云「大功，司勳藏其貳」，亦未必合傳意。蓋周禮爲戰國晚期私人著作，以之解左傳，自有齟齬，不必强合。並參僖二十六年注。將虢是滅，將滅虢之倒裝句。何愛於虞？且虞能親於桓、莊乎？桓，曲沃桓叔也，詳桓二年傳。莊，曲沃莊伯也，桓叔之子。莊伯之子爲武公，武公之子爲獻公，則莊伯爲獻公之祖，桓叔爲其曾祖。虞之與晉，則不過同爲太伯之裔孫耳，相隔已若干代矣。其愛之也，之指桓、莊之族，此句引起下文，前人多不了。桓、莊之族何罪？桓、莊之族，兩人之子孫。此「族」字義又大於隱八年「請謚與族」之「族」。而以爲戮，不唯偪乎？唯，僅僅因爲也。兩族人多勢大。晉獻公行士蔿陰謀，盡殺羣公子，詳見莊二十三、四、五年傳。親以寵偪，桓、莊之族因其親近，且曾受寵，能加壓力于獻公。猶尚害之，猶尚亦猶四年傳之「尚猶」，皆同義虛詞連用。越語下：「彼將同其力，致其死，猶尚殆。」墨子節葬下：「故衣食者，人之生利也，然且猶尚有節。」呂氏春秋知接篇：「衞公子啓方事寡人十五年矣，其父死而不敢歸哭，猶尚可疑邪？」皆「猶尚」連用。況以國乎？」公曰：「吾享祀豐絜，神必據我。」據，依也。下文「惟德是依」、「神所馮依」，皆針對此「據」字而發，説詳王引之述聞。杜注「據猶安也」，不確。對曰：「臣聞之，鬼神非人實親，鬼神非親人之倒裝結構。惟德是依。故周書曰：『皇天無親，惟德是輔。』此逸書文，僞古文採入蔡仲之命。又曰：『黍稷非馨，明德惟馨。』黍稷爲古人祭祀常用之穀物，詩小雅楚茨爲祭祀之詩，亦云「我黍與與，我稷翼翼。」明德，光明之德。禮記大學：「大學之道，在明明德。」馨，香之遠聞也。此亦逸書文，僞古文採入君陳。又曰：『民不易物，惟德繄物。』昭九年傳云：「文之伯也，豈能改物？」周語中亦云：「大物其未可改也。」此易物與改物同義，但物指祭物耳。意謂人不能改變祭物，僅有道德可以抵作祭物。僞古文採入旅獒，改作「人不易物，惟德其物」。詩秦風蒹葭「所謂伊人」，鄭玄箋云：「『伊』當作『繄』，猶是也。」經傳釋詞亦云「繄」「伊」二字同。唯此繄字，應是繄動祠。如是，則非德，民不和，神不享矣。神所馮依，馮同憑。將在德矣。若晉取虞，而明德以薦馨香，神其吐之乎？」其，用法同豈。弗聽，許晉使。使，去聲，使者也。宮之奇以其族行，以，率領之意。晉語二謂「以其孥適西山。三月，虞乃亡」。曰：「虞不臘矣。臘，祭名，因呼臘祭之月日爲臘月臘日。據禮記月令「孟冬臘門閭及先祖五祀」，則臘本在建亥之月，夏正之十月，周正之十二月。秦以後始改以亥月臘祭，故今以夏正之十二月爲臘月。臘祭本春秋時所已有，晏子春秋內篇諫下云：「景公令兵摶治，當臘、冰月之間而寒。」冰月亦見金文，吴式芬以爲卽十一月，則晏子春秋之臘月仍是十月。韓非子五蠹篇云：「夫山居而谷汲者，膢臘而相遺以水。」膢在二月，臘亦恐在十月。虞亡于十月朔，左傳之臘亦是夏正十月。朱熹謂「秦時始有臘祭，左傳『虞不臘矣』是秦時文字分明」，蓋不詳考之過。不臘，不能過臘祭也。在此行也，晉不更舉矣。」晉不再舉兵。戰國策秦策一云：「晉獻公又欲伐虞，而憚宮之奇存。荀息曰：『周書有言，「美男破老」。』乃遺之美男，教之惡宮之奇，宮之奇諫而不聽，遂亡。」

八月甲午，晉用夏正，八月甲午，魯之十月十七日。晉侯圍上陽。上陽，南虢也，在今河南省陝縣南，詳二年經「滅下陽」注。問於卜偃曰：「吾其濟乎？」對曰：「克之。」公曰：「何時？」對曰：「童謠云：『丙之晨，丙卽丙子，金澤文庫本作「丙子」，然晉語二亦無「子」字，則文庫本之「子」字乃後人所增。蓋謂童謡八句，餘七句皆四字句，此句亦宜四字，因依下文增之也。龍尾伏辰；龍尾卽尾宿，爲蒼龍七宿之第六宿。有星九，均屬天蝎座。日月之會曰辰。龍尾伏辰者，龍尾伏於辰，日行在尾宿，其光爲日所奪，伏而不見也。均服振振，「均」，字或作「袀」。袀服，戎服也，黑色。漢書五行志引卽作「袀服」。左思吴都賦云「六軍袀服」，卽用傳義。古之戎服，君臣上下無別，故管子大匡篇亦謂之同甲。成二年鞌之戰，逢丑父與齊頃公易位，致使韓厥誤認其爲齊侯，足證。陳喬樅禮堂經説卷一謂「周禮司服『凡兵事韋弁服』，注云『以韎韋爲弁，又以爲衣服』。此王之戎服也。韋弁服自非天子，雖侯國之君亦與其臣同服」云云。振音真。振振，盛貌。取虢之旂。旂，今音祈。古音則在痕部，此與晨、辰、振、賁、焞、軍、奔爲韻。説文云：「旂，旗有衆鈴以令衆也。」取旂即獲勝，以哀二年傳「獲其蠭旗」、十三年傳「彌庸見姑蔑之旗」證之，戰勝以獲旗爲榮。説本俞樾平議。鶉之賁賁，鶉音純，鶉火也。據爾雅釋天，柳宿亦名鶉火；據星經，心宿亦有鶉火之名。此蓋指柳宿。柳宿爲朱鳥七宿之第三宿，有星八，均屬長蛇座。賁音奔，賁賁，狀柳宿形。詩鄘風亦有鶉之奔奔，則與此異義。天策焞焞，天策即傅説星。焞音暾，焞焞，無光耀貌，以其近日也。火中成軍，中即禮記月令「昏參中，旦尾中」之「中」，皆謂某星宿出現南方。火中即鶉火出現于南方。成軍，勒兵整旅。虢公其奔。』其，將也。其九月、十月之交乎！用夏正。漢書五行志謂「言天者以夏正」，其實晉人固用夏正。丙子旦，日在尾，月在策，是夜日月合朔於尾星，而月行較快，故旦而過在天策。鶉火中，必是時也。」

冬十二月丙子，朔，此用周正，晉用夏正，則十月初一。晉滅虢。虢公醜奔京師。竹書紀年云「虢公醜奔衞」，詳二年傳注。師還，館于虞，遂襲虞，滅之。執虞公及其大夫井伯，晉世家：「虜虞公及其大夫井伯、百里奚。」考孟子萬章上謂百里奚知虞公之不可諫而去之秦，則百里奚早已離虞。井伯與百里奚爲兩人，或以爲一人者誤。詳閻若璩四書釋地又續及梁玉繩史記志疑四。以媵秦穆姬，秦穆姬，晉獻公女嫁於秦穆公者，互詳莊二十八年傳。以男女陪嫁曰媵。而修虞祀，虞祀者，天子命虞所祀祭之其境內山川之神。虞雖被滅，晉仍不廢其祭。且歸其職貢於王。 韓非子十過篇云：「荀息牽馬操璧而報獻公。獻公說曰：『璧則猶是也，雖然，馬齒亦益長矣。』」公羊、穀梁、史記、新序等書皆有此言，唯左傳略之。

故書曰「晉人執虞公」，罪虞，且言易也。 戰國策魏策三述魏謂趙王之言云：「昔者晉人欲亡虞，而先伐虢。伐虢者，亡虞之始也，故荀息以馬與璧假道於虞。宮之奇諫而不聽，卒假晉道。晉人伐虢，反而取虞，故春秋書之，以罪虞公。」魏之此言，卽用左傳義。

六年，丁卯，公元前六五四年。周惠王二十三年、齊桓三十二年、晉獻二十三年、衞文六年、蔡穆二十一年、鄭文十九年、曹昭八年、陳宣三十九年、杞成公元年、宋桓二十八年、秦穆六年、楚成十八年、許僖二年。

經

六．一 六年春王正月。 正月十三日己未冬至，建子。

六．二 夏，公會齊侯、宋公、陳侯、衞侯、曹伯伐鄭，圍新城。 新城，據方輿紀要，在今河南省密縣東南三十里。楊守敬水經洧水注疏謂卽今密縣。

六．三 秋，楚人圍許，傳云「楚子圍許以救鄭」；則此「楚人」卽楚子。經自僖二十一年盂之會始書楚子，稱爵不稱人。諸侯遂救許。

六·四 冬，公至自伐鄭。無傳。

傳

六·一 六年春，晉侯使賈華伐屈。晉世家云：「二十二年，使人伐屈，屈城守，不可下。二十三年，獻公遂發賈華等伐屈，屈潰。」依太史公言，此爲第二次伐屈。說見劉文淇舊注疏證。賈華據僖十年傳爲右行大夫。夷吾不能守，盟而行。與屈人盟，約其以後相助。于鬯香草校書不得其解，謂此三字爲衍文，誤。將奔狄，郤芮曰：郤芮，僖十年亦謂冀芮，冀，其食邑也，故三十三年傳云：「復與之冀。」成二年疏引世本云：「郤豹生冀芮，芮生缺，缺生克。」郤亦其食邑，以邑爲氏。「後出同走，「走」，金澤文庫本作「奔」。罪也，所謂罪者，可以證實驪姬之誣辭二公子「皆知之」也。不如之梁。梁見桓九年傳「梁伯」注。僖十九年亡于秦。梁近秦而幸焉。」幸焉者，梁得秦之幸，可因以求入也。乃之梁。晉語二及晉世家皆載此事，大同于左傳。

六·二 夏，諸侯伐鄭，以其逃首止之盟故也。詳五年傳。圍新密，鄭所以不時城也。此句釋經之「新城」。新城即新密，經謂之新城，以鄭新築之者。不時謂非土功之時，鄭以非土功之時築城者，自是因己之逃盟，防諸侯之伐。說本顧炎武補正。

六·三 秋，楚子圍許以救鄭，上年傳，周王召鄭伯曰「吾撫女以從楚」，故楚救之。諸侯救許，金澤文庫本作「諸侯遂救許」。乃還。楚師以鄭圍自解而還也。

六・四　冬，蔡穆侯將許僖公以見楚子於武城。楚師退而屯於武城，許因蔡而降楚。武城，今河南省南陽市北。許男面縛，面縛或如殷墟出土人俑，女俑兩手縛於前，男俑兩手翦於後。此應從洪亮吉詁手反縛背之說。或謂即史記高祖本紀「秦王子嬰素車白馬，係頸以組」之「係頸以組」，則面爲顏面之面。銜璧，與哀十一年傳「陳子行命其徒具含玉」同意，古人死多含珠玉，此所以示不生。楊寬贄見禮新探則以爲璧用以爲贄，不確。楚王受壁，示許其生。大夫衰絰，先穿孝服，示其君將受死。士輿櫬。輿，舉而行之也。楚子問諸逢伯。逢伯，楚大夫。對曰：「昔武王克殷，微子啟如是。宋世家亦云：「微子開（漢景帝名啓，司馬遷避諱，改「啓」爲「開」）者，殷帝乙之首子而帝紂之庶兄也。周武王伐紂克殷，微子乃持其祭器造于軍門，肉袒面縛，左牽羊，右把茅（孔疏「微子手縛于後，又焉得牽羊把茅也。此皆馬遷之妄耳」），膝行而前以告。於是武王乃釋微子，復其位如故。」馬驌繹史據論語「微子去之」之文，謂「殷未亡時，微子已去矣，面縛之說，乃楚人以誣成王受許男之降耳」。但微子去紂與其降周，必不是同時事。微子雖去，仍可能以其國降，左傳之說與論語並非不能兩立。荀子議兵篇云：「以故順刃者生，蘇刃者死，犇命者貢。微子開封於宋，曹觸龍斷於軍。」成相篇又云：「武王怒，師牧野，紂卒易鄉，啓乃下。武王善之，封之於宋，立其祖。」是微子降周確有其事，非楚人誣語。說參章炳麟左傳讀。武王親釋其縛，受其璧而祓之，祓音拂，除凶惡之禮。孔疏曰：「襄二十九年稱『公臨楚喪，以桃茢先祓殯』，此亦當以桃列祓之。」焚其櫬，禮而命之，使復其所。」復其所，復微子之國也。微國本在紂之畿內，後又封武庚於畿內，乃改封於宋。說詳劉文淇舊注疏證。楚子從之。年表謂「許君肉祖謝」，左傳未言肉祖。

七年，戊辰，公元前六五三年。周惠王二十四年、齊桓三十三年、晉獻二十四年、衞文七年、蔡穆二十二年、鄭文二十年、曹昭九年、陳宣四十年、杞成二年、宋桓二十九年、秦穆七年、楚成十九年、許僖三年。

經

七·一 七年春，正月二十五日乙丑冬至，建子，有閏。齊人伐鄭。

七·二 夏，小邾子來朝。無傳。小邾子即郳犂來，詳莊五年經、傳並注。此時已得王命，故來朝書爵。

七·三 鄭殺其大夫申侯。

七·四 秋七月，公會齊侯、宋公、陳世子款、鄭世子華盟于甯母。甯母當係魯地，在今山東省魚臺縣境。

七·五 曹伯班卒。無傳。「班」，公羊作「般」，兩字古本通假。

七·六 公子友如齊。無傳。杜注以爲「罷盟而聘」。

七·七 冬，葬曹昭公。無傳。

傳

七·一 七年春，齊人伐鄭。孔叔言於鄭伯曰：「諺有之曰：『心則不競，何憚於病？』則作假設連詞，若也；風俗通十反篇作「心苟不競」，尤可證。競，强也；病指屈辱，意謂心志不强，何怕屈辱。周書樂遜傳載其上疏作「德則不競，何憚於病」。既不能强，又不能弱，所以斃也。國危矣，請下齊以救國。」下齊，下於齊也，猶言屈服於齊。公曰：「吾知其所由來矣，姑少待我。」對曰：「朝不及夕，何以待君？」朝不及夕狀情況危急，猶朝露之不及夕也。北周書賀拔岳傳云：「爾朱榮謀入匡朝廷，謂岳曰：『計將安出？』岳對曰：『古人云，朝謀不及夕，言發不俟駕，此之謂矣。』」雖用傳語，却自生新解，非傳文本意。

夏，鄭殺申侯以說于齊，說同悦，猶今言討好。且用陳轅濤塗之譖也。濤塗之譖見五年。

七・二　初，申侯，申出也，申見隱元年傳注。傳凡言某出者，皆謂某女所生。說詳莊二十二年傳注。申侯或本非申氏，或雖申氏而娶於申國，申國固姜姓，不背古人同姓不婚之禮。前人不悟此理，顧炎武補正則謂「蓋楚女嫁於申所生」。若如顧說，則當云「楚出」，不當云「申出」。于鬯香草校書因謂「下申字涉上申字而誤，當云『申侯，楚出也』」云云，亦不確。有寵於楚文王。文王將死，楚文王死於莊十九年，見傳。與之璧，使行，曰：「唯我知女。女專利而不厭，專利猶言壟斷貨利。厭，足也。予取予求，句省介詞，謂從我取從我求。不女疵瑕也。我不罪過汝。疵瑕，動詞意動用法。後之人將求多於女，後之人指楚之嗣君。求多於女，謂向女多求財貨。多即指予取予求之利。杜注謂「求多，以禮義大望責之」，固失之迂曲。章炳麟左傳讀謂「多借爲疧；多求於女，猶言吹毛求疵」，與傳文亦未必合。女必不免。不免於罪戾刑戮，傳文「免」字多此義。我死，女必速行，無適小國，將不女容焉。」既葬，出奔鄭，楚文王之死，正當鄭厲公自櫟入鄭之四年，則申侯之奔鄭，必在翌年，則當鄭厲公之二十七年。又有寵於厲公。子文聞其死也，子文卽楚之鬭穀於菟。曰：「古人有言曰『知臣莫若君』，管子大匡篇云：「鮑叔曰：『先人有言曰，知子莫若父，知臣莫若君。』」齊世家云：「桓公問管仲曰：『羣臣誰可相者？』管仲曰：『知臣莫若君。』」晉語七祁奚之言曰：「人有言曰，擇臣莫若君，擇子莫若父。」戰國策趙策趙武靈王謂周紹曰：「選子莫若父，論臣莫若君。」語皆相似。申侯事又見呂氏春秋長見篇，與傳有異。弗可改也已。」謂知臣之語不可改易也。

七·三 秋，盟于甯母，謀鄭故也。

管仲言於齊侯曰：「臣聞之：招攜以禮，攜，離也；此指攜貳之國，謂鄭也。懷遠以德。德、禮不易，不易，不違也。無人不懷。」懷，思念也，歸也，至也。齊侯修禮於諸侯，諸侯官受方物。禹貢任土作貢，各貢其土地所生，方物指此。觀十一年、十二年傳之「黃人不歸楚貢」、「不共楚職」，則當時諸侯固供職貢於霸主。晉滅虞，亦歸其職貢於王，則諸侯猶有供職貢於王者。諸侯官受方物者，謂於諸侯之中，齊使官司受其所貢之土產且以獻於天子。說本朱彬經傳考證。俞樾茶香室經說解物爲職事，謂「諸侯官受方物者，言諸侯官司各於齊受其方所當爲之職事」，似無據。若據晉語二「齊侯好示，輕致諸侯而重遣之，使至者勸而叛者慕」，則此句亦可解爲諸侯之有司接受齊國之方物，所謂「重遣之」也。二說不同，朱彬近是。

鄭伯使大子華聽命於會，言於齊侯曰：「洩氏、孔氏、子人氏三族，實違君命。洩氏，隱五年洩駕、僖二十年洩堵寇是也。孔氏，孔叔是也。子人氏，鄭厲公弟，桓十四年名語者是也。三族，三個氏族。說詳成十五年傳注。實違君命，指逃盟而從楚。君若去之以爲成，「君若」，各本作「若君」，今從唐石經、宋本、金澤文庫本乙正。意欲齊爲去其三族，鄭與齊言和也。我以鄭爲内臣，以鄭事齊，如封内之臣。君亦無所不利焉。」齊侯將許之。管仲曰：「君以禮與信屬諸侯，屬，會合也，與下文「合諸侯」之合同義。晉語二「三屬諸侯」，七「寡人屬諸侯」，韋注並云，「會也」。而以姦終之，據下文，姦即違禮與信。姦，邪僻也。無乃不可乎？子父不奸之謂禮，金澤文庫本作「父子不干」。此指子華奸其父命，以作「子父」爲是。奸，犯也。守命共時之謂信，宣十五年傳云：「臣能承命爲信。」此守命與承命同義。共同恭，此句猶言見機行事以完成君命。亦可讀爲供，爲依時供給貢品。違此二者，姦莫大焉。」子華則不然，違背父命，勾結外援以謀私利。公曰：「諸侯有討於鄭，未捷；今苟有釁，杜注：「子華犯父命，是其釁隙。」從之，不亦可乎？」對曰：「君若綏之以德，加之以訓，辭，而帥諸侯以討鄭。舊讀「加之以訓辭」爲句，今從武億經讀考異，辭字自爲一句。意謂綏之以德，加之以訓，鄭仍不受，然後帥諸侯討伐之。鄭將覆亡之不暇，覆本蓋覆之義，覆亡，當時習語，意猶救亡。豈敢不懼？若揔其罪人以臨之，杜注：「揔，將領也。」子華奸父之命即罪人。臨即定二年傳「以師臨我」之省略語，西周策云「楚請道於二周之間以臨韓、魏」，高注云：「臨猶伐也。」鄭有辭矣，何懼？且夫合諸侯，以崇德也。會而列姦，會即上文之合諸侯。列，位也，多指君位，十五年傳「入而未定列」，定列猶定君位；昭四年傳「姬在列者」，言姬姓之在君位者。然則諸「列」字作名詞，此作動詞。姦即姦人，指子華。若許子華，是受子華爲内臣，奉子華爲鄭君，使姦人而在君位也，故云「列姦」。說本惠棟補注。何以示後嗣？夫諸侯之會，其德、刑、禮、義，無國不記。記姦之位，奉姦人在君位而記之，是「記姦之位」也。君盟替矣。杜注：「替，廢也。」作而不記，不記猶言不可記，說見顧炎武補正。非盛德也。君其勿許！鄭必受盟。夫子華既爲大子，而求介於大國以弱其國，文六年傳云：「介人之寵，非勇也。」兩「介」字同義，因也，藉也；謂子華求藉齊國之力削弱本國。亦必不免。鄭有叔詹、堵叔、師叔三良爲政，莊十七年有鄭詹，僖二十三年有叔詹，相距四十年，或仍爲一人。僖二十年有堵寇，即二十四年之堵俞彌，堵叔當即此人。楚潘尫字師叔，此師叔當亦是字，或即孔叔。未可間也。」此針對齊侯「今苟有釁」而發，有釁則可間，未可間，則實無釁。齊侯辭焉。不受子華之言。子華由是得罪於鄭。十六年，鄭殺子華。

七·四 冬，鄭伯使請盟于齊。

七·五 閏月，經、傳於歲尾書閏月者，閏十二月也。文元年傳謂「先王之正時也，歸餘於終」，故置閏多在歲末。然亦有歲中置閏者，昭二十年傳「閏月戊辰，殺宣姜」，是閏八月，其明證也。惠王崩。襄王惡大叔帶之難，惡，患也，畏也。說詳章炳麟左傳讀卷七。周本紀云：「惠王生叔帶，有寵於惠王，襄王畏之。」懼不立，不發喪，而告難于齊。襄王即王大子鄭，齊桓首止之會，所以定其位者，故此告難于齊。參五年經、傳並注。此節本與八年春洮之盟爲一傳，後人割裂分爲兩傳。

八年，己巳，公元前六五二年。周襄王元年、齊桓三十四年、晉獻二十五年、衞文八年、蔡穆二十三年、鄭文二十一年、曹共公襄元年、陳宣四十一年、杞成三年、宋桓三十年、秦穆八年、楚成二十年、許僖四年。

〔注〕「襄王元年」，年表作「惠王二十五年」，誤。以惠王去年閏十二月死，襄王今年應即位也。以春秋經書「天子崩」于今年，故史記以爲惠王在位二十五年，而以明年爲襄王元年，其實不確。考之國語，周語上云：「襄王三年而立晉侯，八年而隕于韓，十七年（各本作十六年，今從王引之説正）而晉人殺懷公。」又云：「襄王十七年立晉文公，二十一年以諸侯朝王於衡雍，遂爲踐土之盟。」周語中云：「襄王十三年，鄭人伐滑。」以春秋經及左傳覈之，襄王三年，魯僖之十年也；八年，魯僖之十五年也；十三年，僖之二十年也；十七年，僖之二十四年也；二十一年，僖之二十八年也，無一不可以證明惠王之死在去年，襄王之元年在僖之八年，左傳必據周室直接史料爲之，乃如此之確鑿可信。史記曆書亦以襄王二十七年（魯文公元年）爲二十六年，其誤同。

經

八·一　八年春王正月，正月六日庚午冬至，建子。公會王人、齊侯、宋公、衞侯、許男、曹伯、陳世子款盟于洮。公羊於「世子款」下有「鄭世子華」四字。下文云「鄭伯乞盟」，則鄭未與盟可知；且據公羊何注「以不序也」之文，足證何休所據公羊本無此四字。洮，地名，其北屬魯，其南屬曹，三十一年傳「分曹地，自洮以南，東傅于濟，盡曹地也」者是也。此則曹地，據水經注，當在今山東省鄄城縣西南。鄭伯乞盟。公、穀分爲兩條，今依傳意併爲一條。

八·二　夏，狄伐晉。

八・三 秋七月，禘于大廟，用致夫人。禘，大祭也；三年之喪，二十五月而畢，然後禘祀，禘之本也，閔公二年之吉禘是也；此則三年之常禘，所以書者，以非禮致哀姜也。考之左傳，禘無定月，閔二年之吉禘在夏五月，文二年作僖公主在二月，大事于大廟在八月，宣八年有事于大廟在六月，昭十五年有事于武宮在二月，昭二十五年禘于襄公在春，定八年從祀先公在冬，由此足知禮記明堂位「季夏六月以禘禮祀周公于大廟」及雜記下「七月而禘，獻子爲之也」之非，蓋此時獻子尚未出生。禮記正義引鄭玄答趙商云：「禮記之云，何必皆在春秋之例？」是鄭亦知禮記不與春秋合。大廟，魯之始祖周公之廟。夫人無姓氏，依傳文，乃哀姜。致者，以其主致之于廟而列其昭穆。公羊傳解「致夫人」爲「以妾爲妻」，何休注云：「僖公本聘楚女爲嫡，齊女爲媵；齊先致其女，脅僖公使用爲嫡，故從父母辭言致。」穀梁傳解「致夫人」爲「立妾之辭」，劉向則謂「夫人，成風也。致之于大廟，立之以爲夫人」。然案之哀二十四年傳，魯哀公欲立公子荆之母爲夫人，使宗人釁夏獻其禮，而對曰「以妾爲夫人，則固無其禮也」，則左傳自與公、穀之說異。

八・四 冬十有二月丁未，丁未，十八日。若是去年閏月之丁未，則爲十二日。天王崩。杜注：「實以前年（去年）閏月崩，以今年十二月丁未告。」

傳

八・一 八年春，盟于洮，謀王室也。此傳本與去年「閏月惠王崩」云云爲一傳。鄭伯乞盟，請服也。襄王定位而後發喪。

八·二　晉里克帥師，梁由靡御，梁由靡姓梁，參閔二年傳「梁餘子養御罕夷」注。虢射爲右，射，舊音實。十四年杜注以虢射爲惠公舅，但惠公爲小戎子所生，虢射非戎人，則杜說無據。以敗狄于采桑。采桑，據一統志，在今山西省鄉寧縣西。以下文「狄伐晉，報采桑之役也，復期月」觀之，杜注謂此乃補敍去年之事，是也，故經文亦只書「狄伐晉」，而不書里克敗狄。晉世家云，「二十五年，晉伐翟，翟以重耳故，亦擊晉於齧桑，晉兵解而去」，年表亦云「二十五年，伐翟，以重耳故」，俱列采桑之役於今年，恐史公讀左傳未審。俞樾茶香室經說亦謂此役必在今年二、三月間，然其解「復期月」三字終屬勉强，故仍不取。梁由靡曰：「狄無恥，不以逃走爲恥。從之，必大克。」里克曰：「懼之而已，「懼之」或本作「拒之」。無速衆狄。」虢射曰：「期年狄必至，期同朞，音姬，期年，一年也。示之弱矣。」此皆是追敍去年事。

夏，狄伐晉，報采桑之役也。復期月。期月即期年，此互文爲義。論語子路，「苟有用我者，期月而已可也，三年有成」，期月亦一年。至中庸之「擇乎中庸而不期月守也」之期月，雖可解爲匝一月，終乏鑿證。復即論語學而「信近於義，言可復也」之「復」，實踐諾言曰復，其言效驗亦可曰復。此謂虢射期年必至之言應驗。

八·四　秋，禘，而致哀姜焉，合祭魯之先祖，以昭穆列哀姜之主於廟。非禮也。凡夫人，不薨于寢，夫人有正寢，亦有小寢，此寢當爲夫人之正寢；就諸侯言之，則其小寢也。不殯于廟，殯，停棺待葬也。周代禮制，人死，斂尸于棺，于西階掘一坎地停柩。春秋有殯廟之禮，僖三十二年傳云：「冬，晉文公卒。庚辰，將殯于曲沃。」曲沃爲晉宗廟所在，殯于廟，故往曲沃也。襄四年傳亦以定姒不殯于廟爲失禮，尤可證。後人拘泥於檀弓下「殷朝而殯于祖，周朝而遂葬」之文，因謂周人不殯于廟，或曲解此廟字爲殯宮而非祖廟，或曲解殯廟爲朝廟，蓋皆無據。不赴于同，同，同盟之國。凡君與夫人之死，必赴告同盟之國。不祔于姑，以其主祔於祖姑，餘詳隱三年傳注。則弗致也。哀姜經書薨（僖元年）書葬（二年）必已殯于廟，赴于同，祔于姑，唯被殺而死，非死于寢耳。必四者備具，然後致主于廟。

八·四 冬，王人來告喪，難故也，是以緩。惠王實死于去年，此解釋經書天王崩于今年冬之故。

八·五 宋公疾，大子茲父固請曰：「目夷長且仁，君其立之！」目夷，茲父庶兄。說苑以目夷爲後妻之子，則不得年長於太子，自不可信。公命子魚。子魚，目夷之字。子魚辭，曰：「能以國讓，仁孰大焉？臣不及也，且又不順。」不順，捨嫡而立庶。遂走而退。宋世家云：「三十年，桓公病，太子茲甫讓其庶兄目夷爲嗣。桓公義太子意，竟不聽。」年表亦云。「茲甫」卽「茲父」。本與下年「春，宋桓公卒」云云爲一傳。

九年，庚午，公元前六五一年。周襄王二年、齊桓三十五年、晉獻二十六年、衞文九年、蔡穆二十四年、鄭文二十二年、曹共二年、陳宣四十二年、杞成四年、宋桓三十一年、秦穆九年、楚成二十一年、許僖五年。

經

九·一 九年春王三月丁丑，冬至在正月十六日乙亥，建子，有閏。丁丑，十九日。宋公御說卒。「御」，公羊、穀梁作「禦」，字通。說音悅。

九·二 夏，公會宰周公、齊侯、宋子、衞侯、鄭伯、許男、曹伯于葵丘。宰周公卽傳之宰孔，食邑於周，爲周王室之太宰，故稱宰周公。莊十六年傳、僖十年及二十四年傳俱有周公忌父，不知卽此人否。葵丘，其地有四。莊八年傳「齊侯使連稱、管至父戍葵丘」，齊地也。據傳「齊侯不務德而勤遠略」之言，則此葵丘非齊地可知。水經汾水注引賈逵說，汾陰方澤中有方丘，卽鄈丘，則爲晉地。然據宰孔道逢晉獻公且勸其「無勤於行」，亦非晉地可知。全祖望經史問答主此說，考之不精也。水經泗水注又謂「黃溝自城南東逕葵丘下，春秋僖公九年齊桓公會諸侯于葵丘」，元和志謂在考城縣東南，考城縣志謂葵丘東南有盟臺，其地名盟臺鄉。則當在今河南省蘭考縣東。水經濁漳水注又引春秋古地名（當是土地名之訛）云「葵丘，今鄴西三臺是也」，則當在今河北省臨漳縣西。以上兩地皆在齊之西，均與傳合。楊守敬水經注疏主在考城說，是也。臨漳三臺則曹操銅爵臺遺址。

九·三 秋七月乙酉，乙酉，二十九日。卽晦日。伯姬卒。無傳。左傳會箋云：「凡婦女之事，左氏多不傳，以其無關大義也。」公羊、穀梁皆以爲伯姬已許嫁而未適人，死則以成人之喪治之。

九·四 九月戊辰，戊辰，十三日。諸侯盟于葵丘。

九·五 甲子，晉侯佹諸卒。「甲子」，公羊作「甲戌」，蓋公羊誤。「佹諸」，公羊、穀梁、晉世家俱作「詭諸」，纂圖本、監本、閩本、毛本春秋左氏傳亦作「詭諸」。「佹」、「詭」字通。甲子無月，依傳，爲晉之九月；晉用夏正，則周正之十一月十日。經不書月者，孔疏云：「春秋之世，史失其守，赴告之文多違禮制。此甲子晉侯卒，蓋赴以日而不以月，魯史不復審問，書其來告之日，唯稱甲子而已。」

冬，晉里克殺其君之子奚齊。阮刻本「里克」作「里奚克」，「奚」字誤衍，于鬯香草校書謂古音「里」字曳長之曰「里奚」，然里字古屬咍部，奚字古屬支部，固不同韻，「里」字曳長之無由得「奚」音。今從校勘記刪「奚」字。「殺」，公羊作「弒」，段玉裁經韻樓集、春秋經殺弒二字辯別考謂此必當作「弒」，蓋未必然；奚齊非君，不得言弒。

傳

九•一 九年春，宋桓公卒。未葬而襄公會諸侯，故曰「子」。此釋經書「宋子」之故。凡在喪，王曰「小童」，小童之稱，於經、傳無徵。曲禮下云「天子未除喪曰予小子」，但徵之經籍，「予小子」乃天子通稱，未除喪與已除喪皆用之。周頌閔予小子：「閔予小子，遭家不造。」鄭箋云：「成王免喪，始朝于廟而作此詩也。」論語堯曰「予小子履」云云，尤非在喪之辭。至金縢云「公曰：體，王其罔害，予小子新命于三王」，則周公攝政亦用天子自稱之詞。公侯曰「子」。公侯包五等諸侯言之。春秋之例，舊君死，新君立，不論已葬未葬，當年稱子，踰年稱爵，已詳桓十三年經注。葉夢得亦知其例，故其春秋傳曰：「一年不可以二君，故未踰年之君不以爵見，內外皆稱子，子般、子野卒，宋襄公以『宋子』會葵丘，陳懷公以『陳子』會召陵是也。未踰年，雖既葬，內亦稱子不名，子赤卒稱『子卒』；外亦稱子，衞成公以『衞子』會盟于洮是也。曠年不可以無君，故踰年之君既葬稱爵，鄭厲公以『鄭伯』會武父是也。雖未葬，亦稱爵，衞惠公以『衞侯』會諸侯及魯戰，宋共公會諸侯伐鄭是也。」然此例通于會盟，非會盟亦有不然者，宣十年，齊惠公卒，既葬，經仍書「齊侯使國佐來聘」；成四年，鄭襄公卒，已葬，經仍書「鄭伯伐許」，皆未踰年，不稱子而稱爵。至定三年之於邾隱公，書

「邾子」、「子」是爵，抑是在喪之稱，則曖昧難明。

九·二

夏，會于葵丘，尋盟，且修好，禮也。

王使宰孔賜齊侯胙，二十四年傳云：「宋，先代之後也，於周爲客，天子有事膰焉。」是二王之後禮得賜胙。今齊侯亦賜胙，故杜注謂「尊之比二王後」。胙即膰，祭廟肉。但許宗彥鑑止水齋集文武世室考云：「宗廟胙肉，止分同姓。此賜齊侯者，宗廟孝先，一王之私祭，惟同姓共此大宗者得以分胙。祖功宗德，天下之公祭，雖在異姓，被功德者同得賜胙也。史記周本紀顯王九年致文、武胙于秦孝公；三十五年致文、武胙于秦惠王及此傳皆爲祖宗之祭，故惟言『文、武』。」其實此致胙於齊桓，其後致胙於秦孝、惠，皆以其强大，足以令諸侯，非被功德。秦且滅周，於周又何功何德？曰：「天子有事于文、武，有事，有祭事也。成十三年傳：「國之大事，在祀與戎。」文、武，文王、武王。使孔賜伯舅胙。」天子謂同姓諸侯曰伯父或叔父，謂異姓諸侯爲伯舅。襄十四年傳云「王使劉定公賜齊侯命曰：『昔伯舅大公右我先王』」云云，是周王於齊屢稱伯舅。至於同姓諸侯，於魯、衞皆稱叔父，於晉自唐叔以迄文公、景公皆稱叔父，然昭九年、三十二年傳，於平公、定公反改稱伯父，且並惠公亦以伯父稱之，由此觀之，覲禮所謂「同姓大國則曰伯父，同姓小邦則曰叔父」，未必然也。齊侯將下、拜。下拜者，降于兩階之間，北面再拜稽首。下指降於階下，拜包括再拜稽首，此爲當時臣對君之禮。孔曰：「且有後命——天子使孔曰：『以伯舅耋老，耋老，同義連緜詞，老年也，不必七十、八十。齊襄公初立，齊桓公已成人，讀莊公八年傳可知。至此又四十六年，則齊桓實老矣。加勞，賜一級，無下拜！』」對曰：「天威不違顏咫尺，違，離也。顏，顏面。咫音紙。八寸曰咫，咫尺言其近。漢師丹奏曾引此語，見漢書師丹傳。小白，余敢貪天子之命，小白、余俱爲主語，同位。周語云「道而得神，是謂逢福；淫而得神，是謂貪福」，則貪亦受也。說詳章炳麟左傳讀。無下拜？——恐隕越于下，隕越，猶顛墜也。此謂若不下拜，恐隕越。于下者，諸侯對周王而言。以遺天子羞。敢不下拜？」下，拜；登，受。先降於兩階之間，再拜稽首，然後升堂，又再拜稽首，然後受賜。登即覲禮之「升堂拜」，此當時習慣，不言可知，故以「登受」二字概之。齊語、管子小匡篇及齊世家皆敍此事，且謂齊侯下拜出管仲之謀。

九・三

秋，齊侯盟諸侯于葵丘，曰：「凡我同盟之人，既盟之後，言歸于好。」言爲語首助詞。孟子告子下云：「葵丘之會，諸侯束牲載書而不歃血。初命曰：『誅不孝，無易樹子，無以妾爲妻。』再命曰：『尊賢、育才，以彰有德。』三命曰：『敬老、慈幼，無忘賓、旅。』四命曰：『士無世官，官事無攝。取士必得，無專殺大夫。』五命曰：『無曲防，無遏糴，無有封而不告。』曰：『凡我同盟之人，既盟之後，言歸于好。』」穀梁傳云：「葵丘之盟，陳牲而不殺，讀書，加于牲上，壹明天子之禁，曰：『毋雍泉，毋訖糴，毋易樹子，毋以妾爲妻，毋使婦人與國事。』」依傳，夏會秋盟，宰孔與會而未與盟，以其非諸侯也。而晉世家謂「夏，會諸侯于葵丘。秋，復會諸侯于葵丘」，兩次皆會，恐太史公誤。

宰孔先歸，遇晉侯，曰：「可無會也。齊侯不務德而勤遠略，略，詩魯頌譜「謀東略」，疏云：「是征伐爲略也。」勤遠略，即下文之北伐、南伐。故北伐山戎，在莊三十一年。南伐楚，在四年。西爲此會也。東略之不知，西則否矣。是否伐東方諸侯，則不知；若西伐晉，則不可能矣。其在亂乎！「在」，水經注引作「有」。朱彬經傳考證謂齊後果有五公子爭立之事。然此時管仲未死，易牙、豎刁等未得與政，宰孔無由知其兆。詳下文注。君務靖亂，杜注謂晉將有亂。此時申生已死。奚齊已立爲太子，國人不服，晉內亂之兆已萌，宰孔謂「其在亂」、「靖亂」，或當指此。無勤於行。」俞樾平議曰：「首止之盟，王使周公召鄭伯曰：『吾撫女以從楚，輔之以晉，可以稍安。』周公即宰孔，然則此數語即勸晉叛齊之意。」晉侯乃還。齊世家云：「秋，復會諸侯於葵丘，益有驕色。周使宰孔會。諸侯頗有叛者。晉侯病，後，遇宰孔。宰孔曰：『齊侯驕矣，第無行！』從之。」公羊傳「葵丘之會，桓公震而矜之，叛者九國」云云。秦策三及史記蔡澤傳均亦云「至葵丘之會，有驕矜之色，畔者九國」。晉語二、晉世家俱載宰孔之言，而未敍諸侯叛齊之事。

九·四 九月，此夏正九月，下文十月、十一月亦夏正，晉用夏正。晉獻公卒。韓非子難二謂獻公并國十七，服國三十八，戰十二勝。

初，獻公使荀息傅奚齊。此是獻公疾病以前事。公疾，召之，曰：「以是藐諸孤辱在大夫，藐，小弱也。諸讀爲者，相當今口語之的。句法與周語中「贏者陽」同，說詳王引之述聞。全句意謂以此弱小孤兒付託于汝，只是一句，不宜分爲兩讀。辱在，當時習語，與隱十一年「辱在寡人」辭同而意不同。其若之何？」稽首而對曰：「臣竭其股肱之力，加之以忠、貞。其濟，君之靈也；不濟，則以死繼之。」公曰：「何謂忠、貞？」對曰：「公家之利，知無不爲，忠也；晉語二作「可以利公室，力有所能無不爲，忠也」。送往事居，耦俱無猜，貞也。」往指死者，居指新君。宋書徐羨之傳、謝晦傳俱援引此語作「送往事君」，蓋用其意；梁書武帝紀亦用此語，仍作「事居」，未必有誤字。耦指死者居者，謂兩者於我俱無猜疑。晉語二作「葬死者，養生者，死人復生不悔，生人不愧，貞也」。晉世家之「使死者復生，生者不慙」，蓋用晉語，亦即韓非子難三篇「死君復生，臣不愧而後爲貞」之意。

及里克將殺奚齊，先告荀息曰：「三怨將作，三怨，指三公子之徒。秦、晉輔之，晉指三怨外之晉人，于鬯香草校書謂「晉，本國也，不應與秦並數，疑當作齊」云云，但晉世家亦云「三怨將起，秦、晉輔之」，可見司馬遷所據本亦作「秦、晉」，則于說不可信。子將何如？」荀息曰：「將死之。」里克曰：「無益也。」晉語二作：「子死，孺子立，死，不亦可乎？子死，孺子廢，焉用死哉？」荀叔曰：荀叔即荀息。「吾與先君言矣，不可以貳。貳猶言苟且。貳有偷義，故昭十三年傳云「晉政多門，貳偷之不暇」，貳偷連言，蓋同義也。偷，苟且也。竹添光鴻會箋謂貳，變也。亦通。王引之述聞謂貳爲貣（同忒）字之誤。不確。能欲復言而愛身乎？復言猶言實踐諾言。雖無益也，將焉辟之？辟同避。且人之欲善，誰不如我？我欲無貳，而能謂人已乎？」已，止也。不能止人，其意亦不欲止里克之效忠于重耳等人也。

冬十月，里克殺奚齊于次。晉世家作「喪次」，謂次即喪次也。沈欽韓補注引士喪禮注「次謂斬衰倚廬」。倚廬者，遭喪者所居，倚木爲之，以草夾障，不塗泥。書曰「殺其君之子」，未葬也。以獻公未葬釋經書「殺其君之子」之故。荀息將死之，人曰：「不如立卓子而輔之。」「卓子」敦煌唐寫本殘卷作「公子卓」。荀息立公子卓以葬。十一月，里克殺公子卓于朝。晉語二云：「於是殺奚齊、卓子及驪姬。」列女傳孽嬖傳云：「奚齊立，里克殺之。卓子立，又殺之。乃戮驪姬，鞭而殺之。」是驪姬亦死矣。史記不書驪姬之被殺，梁玉繩志疑謂本左傳。荀息死之。

君子曰：「詩所謂『白圭之玷，尚可磨也；斯言之玷，不可爲也』，玷，玉之瑕疵。詩見大雅抑。荀息有焉。」晉語二作「君子曰：『不食其言矣。』」晉世家全本左傳。

九•五 齊侯以諸侯之師伐晉，及高梁而還，高梁，晉邑，當在今山西省臨汾市東北。討晉亂也。令不及魯，故不書。晉世家云：「齊桓公聞晉内亂，亦率諸侯如晉。秦兵與夷吾亦至晉，齊乃使隰朋會秦俱入夷吾，立爲晉君，是爲惠公。齊桓至晉之高梁而還歸。」齊世家言之略同。年表云「齊率我伐晉亂」，又與傳違。

九•六 晉郤芮使夷吾重賂秦以求入，曰：「人實有國，我何愛焉？言此時國非己所有，何愛而不以爲賂。入而能民，土於何有？」能民猶言得民，兄弟不相能，猶兄弟不相得也。尚書康誥「不能厥家人」，文十六年傳「不能其大夫」，昭十一年傳「不能其民」，三十一年傳「不能外内」，能皆此義。土於何有，何有於土之倒裝句，何有爲不難之詞，杜注「能得民，不患無土」，未得其恉。此蓋言先求入爲晉君，土地不足惜，得民爲要。爲「重賂」作辯解。從之。十五年傳云：「賂秦伯以河外列城五，東盡虢略，南及華山，内及解梁城。」晉語二亦云「且入河外列城五」，卽上文之「重賂」。

齊隰朋帥師會秦師納晉惠公。潛夫論志氏姓云：「隰氏，姜姓。」晉語二及晉世家於夷吾之入國，有詳細敍述，大體可信，足以補充印證，文長不錄。秦穆公使人弔重耳、夷吾，亦見禮記檀弓下，疑本之晉語。年表列此事於明年，蓋用周正。

秦伯謂郤芮曰：「公子誰恃？」晉語二作「公子誰恃於晉」，以郤芮答語觀之，秦穆亦是問在國内所恃何人。

對曰：「臣聞亡人無黨，有黨必有讎。夷吾弱不好弄，弱，幼小也。能鬭不過，謂能鬭而不爲太甚。長亦不改，不識其他。」晉語二與此略同。此數語蓋謂夷吾安詳而無惡於國。公謂公孫枝曰：公孫枝，秦大夫，字子桑。李斯列傳引李斯上書云「昔繆公求士，來丕豹、公孫支於晉」，則公孫枝亦自晉入秦者。正義引括地志謂「公孫支岐州人」，則公孫枝仍是秦人。「夷吾其定乎？」對曰：「臣聞之，『唯則定國』。行爲合乎準則始能定國也。呂氏春秋權勳篇亦引此語，謂爲逸詩。詩曰『不識不知，順帝之則』，詩大雅皇矣。此言其不假後天知識，而自然合於天帝之準則。鄭玄箋以「不識古，不知今」解「不識不知」，恐未必合詩旨。文王之謂也。又曰『不僭不賊，鮮不爲則』，詩大雅抑。僭，不信也；賊，傷害也。待人以信，不害他人，很少不可以爲他人之模範。無好無惡，好、惡皆讀去聲。不忌不克之謂也。今其言多忌克，難哉！」吳闓生文史甄微曰：「是時衆望在重耳，不在夷吾，故重賂以求入。秦伯知其無援，特立而用之，故有誰恃之問。郤芮亦明知其不及重耳，而強爲之詞，故曰詞多忌克也。」公曰：「忌則多怨，又焉能克？是吾利也。」此晉語二公子縶所謂「若求置晉君以成名於天下，則不如置不仁以猾其中，且可以進退」之意。

九•七　宋襄公卽位，以公子目夷爲仁，使爲左師以聽政，於是宋治。宋世家云：「三十一年春，桓公卒，太子茲甫立，是爲襄公。以其庶兄目夷爲相。」年表「目夷相」亦列之明年。宋國官位輕重詳文七年傳注。宋用商正，以建丑之月爲歲首，九年魯建子，十年魯亦建丑，蓋當時曆法粗疏，各國自行其是，因此不同。故魚氏世爲左師。目夷字子魚，其後以魚爲氏。

十年，辛未，公元前六五〇年。周襄王三年、齊桓三十六年、晉惠公夷吾元年、衞文十年、蔡穆二十五年、鄭文二十三年、曹共三年、陳宣四十三年、杞成五年、宋襄公茲父元年、秦穆十年、楚成二十二年、許僖六年。

經

10·一 十年春王正月，冬至在去年閏十二月二十七日庚辰，建丑。公如齊。無傳。

10·二 狄滅温，温子奔衞。温見隱三年、十一年及莊十九年傳並注。

10·三 晉里克弒其君卓及其大夫荀息。「卓」，公羊作「卓子」，莊二十八年左傳亦云「其娣生卓子」，則或稱卓，或稱卓子，猶晉悼公名周，而成十八年傳又稱爲周子。殺卓傳在去年，經在今年者，蓋傳仍晉史用夏正，卓被殺於夏正之十一月。但此時各國曆法俱不精確，魯太史不知何據列于此年。此用「弒」，因卓子父死逾年爲君。但爲君僅數日。

10·四 夏，齊侯、許男伐北戎。無傳。北戎，山戎也。

10·五 晉殺其大夫里克。

10·六 秋七月。

10·七 冬，大雨雪。無傳。公羊作「大雨雹」。臧壽恭古義曰：「漢書五行志於雨雪類別出公羊經曰大雨雹，正以經文不同。」隱九年傳云：「平地尺爲大雪。」

傳

10·1 十年春，狄滅溫，蘇子無信也。蘇子即經之溫子。莊十九年傳蘇子亦稱蘇氏，可見蘇是氏，溫則其國名。詳梁履繩補釋。蘇子叛王即狄，叛王事見莊十九傳。又不能於狄，不能於狄，猶言與狄不相得也。狄人伐之，王不救，故滅。狄雖滅溫，仍不能有其地，如楚滅蕭，不能有，而地入於宋。溫仍爲周有，二十五年以賜晉，晉以狐溱爲溫大夫；襄公以與陽處父，景公以與郤至，成十一年傳可證；昭三年傳，趙文子曰「溫，吾縣也」。蘇子奔衛。

10·2 夏四月，周公忌父、王子黨會齊隰朋立晉侯。周公忌父疑即宰孔，王之卿士。王子黨，周大夫。晉世家：「四月，周襄王使周公忌父會齊、秦大夫共禮晉惠公。」劉文淇舊注疏證曰：「隰朋之納晉侯，事在九年，此不當再見，此或賜命，晉世家謂『禮晉侯』可證。」晉侯殺里克以說。以說，謂示討惡之義。說詳沈欽韓補注。晉世家云：「惠公以重耳在外，畏里克爲變，賜里克死。」將殺里克，公使謂之曰：「微子，則不及此。微，無也。但只用於無主語假設分句，義同於若無。三十年傳「微夫人之力，不及此」、二十八年傳「微楚之惠，不及此」、襄二十七年傳「微甯子，不及此」、昭十六年傳「微吳，吾不及此」，句法皆與此同。昭元年傳「微禹，吾其魚乎」，微字用法亦同。雖然，子殺二君與一大夫，「殺」，唐石經及阮刻本作「弒」，金澤文庫本作「殺」，校勘記云：「宋本、纂圖本作『殺』。宋本是也。實舉其事，故曰殺二君與一大夫。」晉語三、晉世家述此語亦皆作「殺」，則作「弒」者爲後人所改。爲子君者，不亦難乎？」對曰：「不有廢也，君何以興？欲加之罪，其無辭乎？其作豈用。臣聞命矣。」伏劍而死。

於是丕鄭聘於秦，杜注：「丕鄭，里克黨。」且謝緩賂，謂所許之賂緩與之，致歉意。其實不與。晉語三云：「惠公既即位，乃背秦賂，使丕鄭聘於秦，且謝之。」故不及。不及，不及此難也。解互見桓十八年傳注。

10·三 晉侯改葬共大子。共同恭。檀弓上敍申生之死，末云「是以爲恭世子也」，晉語二則云「是以謚爲共君」。晉語三云「惠公即位，出共世子而改葬之，臭達於外。國人誦之曰『貞之無報也，孰是人斯而有斯臭也』」云云，韋注云：「時申生葬不如禮，故改葬之。」蓋申生自殺，奚齊、卓子陸續被殺，國無安定之日，先乃草率埋葬之，至惠公定位，始改葬。

秋，狐突適下國，下國，曲沃新城也。晉昭侯嘗以曲沃封桓叔，桓叔國之三世。武公併晉國，始遷居絳。曲沃固舊都，先君宗廟所在，故謂之下國，猶言陪都也。說本孔疏。遇大子。大子即申生。大子使登，僕，登大子之車而爲其御，狐突，固申生之御也。晉世家作「申生與載」，蓋取其意，論衡死僞篇作「太子趨登僕車」，則王充誤解。而告之曰：「夷吾無禮，疑指惠公烝於賈君，詳十五年傳並注。余得請於帝矣，得請，得我之所請。將以晉畀秦，秦將祀余。」對曰：「臣聞之：『神不歆非類，說文：「歆，神食氣也。」論衡祀義篇云：「歆者，內氣也；言者，出氣也。」又云：「凡能歆者，口鼻通也。使鼻鼽不通，口鉗不開，則不能歆矣。」蓋享神之食物，鬼神實不能食，以爲神但嗅其氣而已，故曰歆。民不祀非族。』族、類同義。成四年傳云「非我族類，其心必異」。上句就神言之，非其族之祀，神不受；此句就人言之，非其類之鬼，人不祭。君祀無乃殄乎？晉世家作「君其祀毋乃絕乎」，以絕釋殄。且民何罪？失刑、乏祀，以晉畀秦，是晉亡於秦也，晉民無罪而亡其國，是太子之請失其刑也。太子以爲秦將祀余，而狐突謂秦固不祀太子；縱祀太子，太子亦未必能歆享其祀。太子之祀將殄絕，是乏祀也。君其圖之！」君曰：「狐突謂太子爲君，左傳作者亦承用之以述事。「諾。吾將復請。七日，新城西偏將有巫者而見我焉。」晉世家七日作十日，七、十古文形近易誤。論衡死僞篇亦作七日。有巫者而見我，蓋謂已將憑附巫者而表現也。許之，遂不見。狐突許其七日後去新城西偏，申生之形象於是隱没。及期而往，告之曰：巫者告之也。「帝許我罰有罪矣，敝於韓。」有罪，有罪之人也。指夷吾。敝，杜注：「敗也。」金澤文庫本作「弊」。李貽德賈服注輯述曰：「説文，弊，頓仆也，與敗義近。」韓卽韓原，括地志謂在今陝西省韓城縣西南，依十五年傳文觀之，韓當在河東，不當在河西，説詳江永考實。方輿紀要謂在今山西省芮城縣。

丕鄭之如秦也，言於秦伯曰：「呂甥、郤稱、冀芮實爲不從，呂甥亦稱瑕甥，亦倂稱爲瑕呂飴甥，或稱陰飴甥，蓋呂（今山西省霍縣西）、瑕（今臨猗縣附近）、陰（今霍縣東南）皆其采邑，飴則其人之名；甥，蓋爲晉侯之外甥，故或配名以稱之，如魯富父終甥、宋公子穀甥，或單稱之，如鄧三甥之類是也。説參梁履繩補釋。十五年傳杜注謂蓋姓瑕呂名飴甥；顧炎武補正謂呂爲氏，皆可商。「呂甥」，晉世家作「呂省」，蓋異文。至郘鐘則爲魏氏器，説詳王國維觀堂集林郘鐘跋。大事表云：「冀本國名，地幷于虞。虞亡歸晉，惠公與郤芮爲食邑，謂之冀芮。」互詳僖二年傳並注。據周語上「秦人殺子金、子公」，可知郤芮字子公。不從，指不與秦賂，秦本紀所謂「今背秦約而殺里克，皆呂甥、郤芮之計也。」若重問以召之，問，問遺也。古代問訊，問好必以禮品，詩鄭風女曰雞鳴「雜佩以問之」、成十六年傳「楚子使工尹襄問之以弓」、哀十一年傳「使問弦多以琴」是也。聘問曰問，聘問之禮品亦曰問，杜注云「問，聘問之幣」是也。重問，厚其禮物也。臣出晉君，君納重耳，蔑不濟矣。」蔑，無也。例證見詞詮。

冬，秦伯使泠至報，問，泠音靈。泠至，秦大夫。晉語韋注云：「報，問，報丕鄭之聘，且問遺呂甥之屬。」阮刻本於此另爲一傳，今依文義不另分。且召三子。郤芮曰：「幣重而言甘，誘我也。」遂殺丕鄭、祁舉及七輿大夫，左行共華、右行賈華、叔堅、騅歂、纍虎、特宮、山祁，皆里、丕之黨也。七輿大夫，沈欽韓補注以爲下軍之輿帥七人也，卽左行共華等七人是。惠棟補注則以爲當作五輿大夫，爲官名，與共華等七人無涉。案二十八年傳云「晉侯作三行」，亦有左行、右行，則左行、右行乃步軍之帥，不得兼爲七輿大夫，沈說可商。七輿大夫又見襄二十三年傳，惠說亦不可信。據晉語三，丕鄭與秦使泠至偕行，故及於難。晉語三又敍共華之死，可參看。晉語二尚言賈華曾經受獻公之命刺夷吾。

丕豹奔秦，豹，鄭子。言於秦伯曰：「晉侯背大主而忌小怨，大主指秦，惠公之入，秦爲其主。小怨指里克、丕鄭之屬，非其黨也。民弗與也。伐之，必出。」公曰：「失衆，焉能殺？此答其「民弗與」，謂夷吾如果失衆，何能殺其大臣也。秦本紀作「百姓苟不便，何故能誅其大臣？能誅其大臣，此其調也」。違禍，誰能出君？」謂處於晉者皆逃禍，無人能出其君也。晉語三亦敍此事，秦本紀且云：「不聽，而陰用豹。」

十有一年，壬申，公元前六四九年。周襄王四年、齊桓三十七年、晉惠二年、衛文十一年、蔡穆二十六年、鄭文二十四年、曹共四年、陳宣四十四年、杞成六年、宋襄二年、秦穆十一年、楚成二十三年、許僖七年。

經

一一·一 十有一年春，正月九日丙戌冬至，建子，有閏。晉殺其大夫丕鄭父。傳凡四言丕鄭，無「父」字，經稱丕鄭父者，亦猶文七年傳之箕鄭，九年經稱之爲箕鄭父（八年、九年傳亦稱箕鄭父），文十二年傳之胥甲，宣元年經、傳並稱之爲胥甲父，或配「父」字，或省「父」字，其實一也。阮氏校勘記及段玉裁左氏古經皆以經文「父」字爲衍文，未必確。傳在去年，經在今年者，傳從晉史用夏正，經用周正。又參傳注。

一一·二 夏，公及夫人姜氏會齊侯於陽穀。無傳。夫人姜氏當卽聲姜，聲姜疑爲桓公之女而非妹。蓋齊桓之父齊僖死于魯桓十四年，至魯僖之立已三十八年，其女必不堪爲魯僖之匹配。陽穀見僖三年經並注。

一一·三 秋八月，大雩。無傳。

一一·四 冬，楚人伐黃。

傳

一一·一 十一年春，晉侯使以丕鄭之亂來告。杜注：「釋經書在今年。」此說可商，應從經注。

一一·二 天王使召武公、內史過賜晉侯命，金澤文庫本「召」作「邵」，召、邵字通。據周語上，召武公亦名過，韋注云：「邵公過，邵穆公之後邵武公也。」賜命已見莊元年經並注。據杜注解「賜命」爲「諸侯卽位，天子賜之命圭爲瑞」，然據周禮考工記玉人，命圭，諸侯自始封以來受諸天子，世世守之，無新君再賜之禮，杜注實誤。惠棟補注、沈欽韓補注皆駁之，是也。然沈欽韓謂賜命爲賜爵，以爲新君卽位，必受天子爵命，方敢用其車服云云，此僅賜命之一。此賜晉惠命或亦如此。但亦有他種賜命。莊元年，周天子不賜新卽位之莊公以爵命，反追命已死之桓公，則非繼位君之賜命矣。以毛公鼎、大克鼎及襄十四年、昭七年傳之辭命觀之，賜命只是一種寵命，表示倚畀之深耳。燕京學報三十二册有齊思和周代賜命禮考，可以參看。受玉惰。周語上「襄王使太宰文公及內史興賜晉文公命。晉侯端委以入。太宰以王命命冕服」，則賜命時致冕服，而此言受玉。沈欽韓補注：「其實致玉時卽致冕服，致冕服前亦送玉，但所指各異，見一擧二，自可意會。」賜策命時必賜玉以爲信，說詳楊寬贊見禮新探。周語上作「執玉卑，拜不稽首」，蓋卽「受玉惰」也。過歸，告王曰：「晉侯其無後乎！王賜之命，而惰於受瑞，瑞是玉之通稱。先自弃也已，「弃」，今作「棄」。其何繼之有？其有何繼也。無繼卽無後也。禮，國之幹也；敬，禮之輿也。漢書五行志注師古曰：「無禮，則國不立，故謂之幹；無敬，則禮不行，故比之於輿。」不敬，則禮不行；禮不行，則上下昏，昏，亂也。何以長世？」周語上且言及呂、郤二人。晉世家：「惠公二年，周使召公過禮晉惠公，惠公禮倨，召公譏之。」史公謂「召公譏之」，蓋概括言之。晉惠公之子懷公二十四年被殺，未聞其有子，卽有子，亦無位於晉。

二・三　夏，揚、拒、泉、皋、伊、雒之戎同伐京師，揚、拒、泉、皋，四戎邑。揚卽昭二十二年「劉子奔揚」之揚，去今河南省偃師縣不遠。杜注：「今伊闕北有泉亭」，則泉當在今洛陽市西南。然鄭語云：「當成周者，北有潞、洛、泉、徐、蒲。」似泉在洛陽市北。彙纂本續漢書郡國志謂洛陽西南有前亭。前亭卽泉亭。今姑從之。伊、雒之戎，戎居於伊水、雒水

（今之伊河、洛河）之間者，文八年傳「遂會伊、雒之戎」，成六年「晉、衞、鄭與伊、雒之戎侵宋」是也；亦曰雒戎，文八年經「公子遂及雒戎盟于暴」是也。諸戎皆在洛陽市西南。入王城，焚東門，王子帶召之也。年表、周本紀、齊世家所載大體相同。秦、晉伐戎以救周。年表云：「秦穆公十一年，救王伐戎，戎去。」秋，晉侯平戎于王。平，和也。晉侯使戎與周室構和而實未成功，故明年又有齊使平戎之事。

一一・四 黃人不歸楚貢。據桓八年傳，黃素爲楚之與國；又據僖二年、三年、五年傳，黃此時正睦於齊，因恃齊而不供楚貢。冬，楚人伐黃。

十有二年，癸酉，公元前六四八年。周襄王五年、齊桓三十八年、晉惠三年、衞文十二年、蔡穆二十七年、鄭文二十五年、曹共五年、陳宣四十五年、杞成七年、宋襄三年、秦穆十二年、楚成二十四年、許僖八年。

經

一二・一 十有二年春王三月庚午，去年閏十二月二十日辛卯冬至，實建丑。日有食之。無傳。王韜春秋日食辨正謂「是年仍用商正建丑，日食在四月庚午朔（當紀元前六四八年四月六日），經乃誤四爲三」。諸家多以爲五月庚午朔日食，經誤「五」爲「三」，乃據周正建子推算，此年實建丑。其春秋朔閏日至考又云：「三月無日食。四月庚午朔，日有食之。史官不書朔，或以爲食晦。豈以今曆四月之朔，乃卽春秋三月之晦歟？」據今法推算，此次爲日全食，食甚正當正午十二時十五分三十五秒。則當時人所目睹，不容有誤。

一二·二 夏，楚人滅黃。

一二·三 秋七月。

一二·四 冬十有二月丁丑，丁丑，十一日。陳侯杵臼卒。無傳。公羊作「處臼」，處、杵音近。史記陳世家云：「莊公七年卒，少弟杵臼立，是爲宣公。四十五年，宣公卒。」自宣公改元至此年正四十五年，故太史公云「四十五年，宣公卒」也。

傳

一二·一 十二年春，諸侯城衞楚丘之郛，郛即郭，外城。孔疏：「衞以二年遷於楚丘，諸侯爲之築其城，至此爲之築其郛。」懼狄難也。

一二·二 黃人恃諸侯之睦于齊也，不共楚職，職，貢也。莊子漁父篇「貢職不美」可證。曰：「自郢及我九百里，郢，楚都，今湖北省江陵縣。黃在今河南省潢川縣。自江陵至潢川今約七百里，古里較短，今七百里當古九百里，亦猶今自蘇州至山東省鄒縣約一千五百里，而哀七年傳邾子謂「吳二千里，不三月不至」也。說參閻若璩四書釋地。焉能害我？」夏，楚滅黃。穀梁傳云：「貫之盟，管仲曰：『江、黃遠齊而近楚，楚，爲利之國也，若伐而不能救，則無以宗諸侯矣。』桓公不聽，遂與之盟。管仲死，楚伐江滅黃，桓公不能救，故君子閔之也。」似管仲死在滅黃以前，其實不然。史記齊世家記管仲死於齊桓之四十一年，即魯僖之十五年，左傳雖無管仲卒年，然傳記是年管仲平戎于王，則管仲死于黄滅以後明矣。叔單鼎銘云「唯黄孫子系君叔單自作鼎」云云，阮元積古齋鐘鼎彝器款識卷四云：「『黄孫子系君』者，蓋黄滅後，子孫又續封，故稱『黄孫子』也。系者，繼也，續也。叔單爲始續封之君，故曰『系君』。可證春秋時小國絶而復續者多矣。」

一二·三 王以戎難故，討王子帶。秋，王子帶奔齊。周本紀云：「三年，叔帶與戎、翟謀伐襄王，襄王欲誅叔帶，叔帶犇齊。」年表同，則司馬遷并左傳兩年之事爲一年之事。

冬，齊侯使管夷吾平戎于王，使隰朋平戎于晉。

一二·四 王以上卿之禮饗管仲。宣十六年傳云：「晉侯使士會平王室，定王享之，原襄公相禮。殽烝。武季私問其故。王聞之，召武子曰：『季氏！而弗聞乎？王享有體薦，宴有折俎。公當享，卿當宴，王室之禮也。』」士會爲晉上卿。此云以上卿禮享管仲，當與享士會者同。管仲辭曰：「臣，賤有司也。有天子之二守國、高在，禮記王制云：「次國三卿，二卿命於天子，一卿命於君。」齊侯爵爲次國，二卿爲天子所命，則國氏、高氏也，爲上卿；管仲爲桓公所命，爲下卿。杜注云：「莊二十二年高傒始見經，僖二十八年國歸父乃見傳。歸父之父曰懿仲，高傒之子曰莊子。不知今當誰世。」總之，高、國二氏爲天子所命，世爲齊上卿，雖未必柄政，至定公九年，敝無存尚云「此役也，不死，反必娶於高、國」，其爲國人所羡如此。若節春秋來承王命，周語上云：「諸侯春秋受職於王，以臨其民。」楚語上云：「春秋相事，以還軫於諸侯。」吳語云：「春秋貢獻，不解於王府。」又云：「昔吳伯父不失春秋，必率諸侯以顧在余一人。」是皆以春秋爲朝聘之禮。節，賈逵云：「時也」；王肅云：「春秋聘享之節也。」依時節也。句謂若于春秋兩季朝聘之節，來接受王室之命。何以禮焉？謂若我受上卿之禮，如國、高二上卿來王朝，王將何以禮之。蓋加于上卿者，唯公侯矣。陪臣敢辭。」陪，重也，隔一層之臣子曰陪臣。諸侯臣於天子，列國之卿大夫臣於諸侯，故曲禮下云：「列國之大夫入天子之國自稱曰陪臣某」，卽此陪臣之義。大夫臣於諸侯，大夫之家臣臣於大夫，故家臣於諸侯亦曰陪臣，論語季氏「陪臣執國命」卽此義。王曰：「舅氏！據齊語述管仲之言曰「昔我先王昭王、穆王世法文、武遠績以成名」，則管仲爲周同姓，而此周王稱之爲舅氏者，蓋以齊爲異姓諸侯，其臣雖爲同姓，亦祇謂之舅氏。說本閻若璩古文尚書疏證四。余嘉乃勳！古代對稱代詞乃字，一般用於領位。應乃懿德，應，受也。說詳惠棟補注及王引之述聞。謂督不忘。督借爲篤，厚也，言其甚不能忘也。杜注解督爲正，陶鴻慶別疏解督爲理，均不確。往踐乃職，管仲雖位爲下卿，然爲齊執政，職高而位卑，此云往踐乃職，仍勸其受上卿之禮也。無逆朕命！」管仲受下卿之禮而還。周本紀作「管仲卒受下卿之禮而還」。王念孫謂此「受」字上亦當有一「卒」字，自唐石經始脫「卒」字，而各本皆沿其誤。白帖五十九、太平御覽人事部六十四引此並作「卒受下卿之禮」。說詳王引之述聞。然金澤文庫本、敦煌初唐寫本殘卷俱無「卒」字。

君子曰：「管氏之世祀也宜哉！管仲列傳索隱引世本云：「莊仲山產敬仲夷吾，夷吾產武子鳴，鳴產桓子啟方，啟方產成子孺，孺產莊子盧，盧產悼子其夷，其夷產襄子武，武產景子耐涉，耐涉產微，凡十代。」見於傳者，成十一年有管于奚，讀本以爲管仲之後；哀十六年有管修，據後漢書陰興傳，爲管仲七世孫。讓不忘其上。其上指高、國。詩曰：『愷悌君子，神所勞矣。』」詩大雅旱麓之文。毛詩「愷悌」作「豈弟」；愷悌，樂易也。鄭玄箋云：「勞，勞來，猶言佑助。」舊讀去聲。

十有三年，甲戌，公元前六四七年。周襄王六年、齊桓三十九年、晉惠四年、衞文十三年、蔡穆二十八年、鄭文二十六年、曹共六年、陳穆公款元年、杞成八年、宋襄四年、秦穆十三年、楚成二十五年、許僖九年。

經

一三·一 十有三年春，冬至在正月朔丙申，建子，有閏。狄侵衞。杜注謂傳在去年春。

一三·二 夏四月，葬陳宣公。無傳。諸侯五月而葬。

一三·三 公會齊侯、宋公、陳侯、衞侯、鄭伯、許男、曹伯于鹹。鹹，衞地，在今河南省濮陽縣東南六十里，與文十一年「敗狄于鹹」之爲魯地者恐爲兩地。

一三·四 秋九月，大雩。無傳。

一三·五 冬，公子友如齊。無傳。

傳

一三·一 十三年春，齊侯使仲孫湫聘于周，仲孫湫已見閔元年經、傳。且言王子帶。去年王子帶奔齊，此時齊桓使仲孫湫言於襄王，欲襄王召回王子帶。事畢，聘問之事畢。不與王言。不言王子帶之事。歸，復命曰：「未可。王怒未怠，說文云：「怠，慢也。」周語韋注云：「怠，緩也。」「王怒未怠」，意謂王之怒氣猶盛。其十年乎？不十年，王弗召也。」二十二年傳云：「王子帶自齊復歸于京師，王召之也。」果十年之後召之。年表及齊世家以仲孫未言爲襄王弗聽，與傳異。

一三．二 夏，會于鹹，淮夷病杞故，春秋左傳凡四言淮夷，或爲民族之名，昭二十七年傳「季氏甚得其民，淮夷與之」是也；或爲國名，昭四年會申、伐吳之淮夷是也。故其族所居之地恐亦甚分散，顧棟高大事表三十九謂淮夷當在今江蘇省淮安縣與漣水縣之間，恐不如是之狹仄也。王應麟詩地理考卷四謂淮夷之地不一，徐州有之，則在淮北；揚州有之，則在淮南，不止一種。其言甚是。卜辭有「隹夷」，又有「雚夷」、「北隹夷」，陳夢家隹夷考（禹貢五卷十期）謂卽淮夷。且謀王室也。

一三．三 秋，爲戎難故，諸侯戍周。齊仲孫湫致之。致送戍卒也。春秋唯襄五年書戍陳，而桓六年戍齊及此戍與僖十六年戍周皆未書。

一三．四 冬，晉薦饑，爾雅釋言：「薦，再也。」釋天：「穀不熟爲饑，仍饑爲薦。」則薦饑者，連年失收也。杜注謂麥、禾皆不熟爲薦饑，誤。使乞糴于秦。秦伯謂子桑：「與諸乎？」子桑，秦大夫公孫枝。此「諸」字作「之」字用。對曰：「重施而報，重施，指既納夷吾，又糴之粟。君將何求？重施而不報，其民必攜；攜，離也。攜而討焉，無衆，必敗。」謂百里：「與諸乎？」秦本紀及晉世家同載此事，俱以百里卽百里奚。百里爲氏，呂氏春秋不苟篇稱百里奚爲百里氏可證。古書多簡稱百里奚爲百里，荀子成相篇「子胥見殺百里徙」、楚辭惜往日「聞百里之爲虜」、鶡冠子備知篇「秦用百里」、世賢篇「百里醫秦」、易林隨之復「穆違百里」、升之坤「百里南行」皆可證。故或以百爲氏，里爲名者（于鬯香草校書），或以爲此百里乃百里孟明視者（梁履繩補釋），皆無據。**對曰：「天災流行，國家代有。**說文：「代，更也。」代有猶言各國更替有之。**救災、恤鄰，道也。行道，有福。」丕鄭之子豹在秦，請伐晉。秦伯曰：「其君是惡，**惡其君之倒裝句。**其民何罪？」秦於是乎輸粟于晉，**胡渭禹貢錐指十九歷舉當時運粟之事，而謂「計其道里並阻且長，有殼者難於轉漕，其所謂粟，當卽是米也。」然不知米不能久存，過夏生蟲發霉，故倉儲均以粟。今發現之原始社會倉有粟殼姑不論，洛陽隋含嘉倉遺址亦存粟殼。且杵臼脱殼甚慢，運量不小，自費時日，不若帶殼分散人民自行脱殼之爲便也。胡説似是而非。**自雍及絳相繼，**雍，秦都，秦本紀云：「德公元年，初居雍城大鄭宮」，時當魯莊公十七年，今陝西省鳳翔縣南七里有古雍城，秦德公所居大鄭宮城也。絳，晉都，今山西省翼城縣東南。自雍及絳，蓋沿渭河而東，至華陰轉黃河，又東入汾河轉澮河。**命之曰汎舟之役。**晉語三亦載此事，而云「是故氾舟於河，歸糴於晉」，韋注云：「氾，浮也。」說文「氾」「汎」異字，但有時通用。

十有四年，乙亥，公元前六四六年。周襄王七年、齊桓四十年、晉惠五年、衞文十四年、蔡穆二十九年、鄭文二十七年、曹共七年、陳穆二年、杞成九年、宋襄五年、秦穆十四年、楚成二十六年、許僖十年。

經

一四・一 十有四年春，冬至在去年閏十二月十二日辛丑，建丑。諸侯城緣陵。緣陵，今山東省昌樂縣東南七十里。

一四・二 夏六月，季姬及鄫子遇于防。季姬，杜氏世族譜以爲莊公女，據公羊家言，則以爲僖公女。以傳文「來寧」觀之，當是僖公女，蓋歸寧父母。「鄫」穀梁作「繒」，鄫、繒在古書多通用，周語中云「杞、繒由大姒」，周語下則云「杞、鄫猶在」，尤可證。鄫，國名，姒姓。襄六年滅于莒，昭四年魯取其地。後又屬齊，見吴世家。故城在今山東省嶧縣東八十里。一九七八至八一年山東臨朐縣泉頭村出土般殷鼎，銘云「上曾大子般殷」云云。戰國策魏策四云：「繒恃齊以捍越，齊和子亂，而越人亡繒。」卽此鄫地，但已是戰國初事，恐非姒姓之鄫矣。由傳世彝器考之，古代有姒姓之鄫，亦有姬姓之鄫。曾侯簠銘云：「曾侯乍叔姬邛嫞賸（媵）器」，則爲姬姓之曾。他若曾伯陭壺、曾大保盆、曾子仲宣鼎、曾諸子鼎等，則難定其何屬。近年湖北省京山縣發掘曾侯墓，葬以九鼎。又一九七七年，隨縣亦發掘得大量曾國遺物，而此曾國，先秦古籍俱無絲毫記載，疑是楚所封附庸國。使鄫子來朝。

一四・三 秋八月辛卯，辛卯，五月。沙鹿崩。杜注以沙鹿爲山名，公羊傳以爲河上之邑，穀梁傳則以爲沙山之麓，杜說近是。地在今河北省大名縣東。

一四・四 狄侵鄭。無傳。

一四・五 冬，蔡侯肸卒。日月不具。顧棟高大事表闕文篇以爲修春秋之後之闕文，未必然。

傳

【四·一】 十四年春，諸侯城緣陵而遷杞焉，舊說俱以緣陵爲杞邑，然管子大匡篇云「狄人伐（尹注云，謂入伐齊），齊車千乘，卒先致緣陵」，則緣陵本齊地。齊城之以封杞者，猶楚之遷許于葉，欲使在境内爲附庸耳。去年傳云「淮夷病杞」，則杞之遷由於淮夷之侵伐。管子大匡篇云：「宋不聽，果伐杞，桓公築緣陵以封之，予車百乘、卒千人。」霸形篇亦云：「宋伐杞，因命以車百乘、卒千人。」皆作宋伐杞。公羊傳則以爲徐、莒脅杞而桓公遷之。總之，城緣陵所以爲遷杞，是事實；杞受淮夷或徐、莒之威脅，則所言各異。說參章炳麟左傳讀。不書其人，有闕也。杜注云：「闕謂器用不具，城池未固而去，爲惠不終也。」毛奇齡春秋傳則以爲「闕」爲闕文，以經只言諸侯，不序諸國，蓋于諸國人氏偶未詳也。以文義言，毛說較長。

【四·二】 鄫季姬來寧，公怒，止之，嚴可均唐石經校文謂石經只作「公怒之」，今各本衍「止」字。據穀梁傳范寧注引此文及敦煌初唐寫本殘卷俱無「止」字。以下年經「季姬歸于鄫」推之，應有「止」字。止，留之也，留之而不使歸也。以鄫子之不朝也。夏，遇于防，而使來朝。

【四·三】 秋八月辛卯，沙鹿崩。晉卜偃曰：「朞年將有大咎，幾亡國。」卜偃之言驗于晉惠公韓原之役，而漢書五行志以爲驗于二十四年之晉懷公被殺於高梁。沙鹿崩而卜偃預言晉之吉凶，災害繫於所災所害，故杜注以沙鹿山在晉地。江永考實則以爲此時晉之東境未能至大名，當是衞地。章炳麟左傳讀則以爲名山不以封，沙鹿本周室所有，周衰，乃爲晉、衞所攘，衞多而晉少耳，晉地錯在衞地。孔疏引釋例云：「天人之際，或異而無感，或感而不可知。沙鹿崩因謂期年將有大咎，梁山崩則云山有朽壤而自崩。此皆聖賢之讜言，達者所宜先識。」杜預雖不明山崩川竭之理，然於古代迷信之說，似有所疑，孔疏尤爲通達。至漢書元后傳謂「沙鹿崩，崩後六百四十五年宜有聖女興」云云，顯係妄託。

一四·四　冬，秦饑，使乞糴于晉，晉人弗與。晉語三述此事云「秦饑，公令河上輸之粟」，則惠公本欲與之，以虢射之言而止。此云「晉人弗與」，似惠公本不欲與。晉世家、秦本紀皆載此事，俱謂晉君謀之羣臣，則調和兩者之說也。慶鄭曰：慶鄭，晉大夫。「背施，無親；背棄恩施，則失親己者。幸災，不仁；以他人之災爲己之幸，非仁愛之道。貪愛，不祥；貪所愛之貨利而不以與人，則禍殃將至。怒鄰，不義。使鄰國忿怒，不合道義。四德皆失，何以守國？」虢射曰：虢射，晉大夫。杜預據晉語三惠公稱之爲舅，乃注云：「虢射，惠公舅也。」不知諸侯謂異姓大夫爲舅，舅乃尊稱，惠公出自小戎子（莊二十八年傳），虢射不得爲其舅。參見李惇羣經識小。「皮之不存，毛將安傅？」新序雜事二云：「魏文侯出游，見路人反裘而負芻（古人着裘，毛在外；反裘則毛在內，皮在外）。文侯云：『胡爲反裘而負芻？』對曰：『臣愛其毛。』文侯曰：『若不知其裏盡而毛無恃邪？』」卽此義。皮以喻所許秦城，毛以喻糴，言既背秦施，爲怨已深，雖與之糴，猶毛之無皮，無所傅着。慶鄭曰：「弃信、背鄰，患孰恤之？無信，患作；失援，必斃。是則然矣。」虢射曰：「無損於怨，言與之糴，秦于背施之怨未必減損。而厚於寇，不如勿與。」慶鄭曰：「背施、幸災，民所弃也。近猶讎之，況怨敵乎？」怨敵謂秦，許賂而不與也。弗聽。惠公不聽。退曰：「君其悔是哉！」年表云：「惠公五年，秦饑，請粟，晉倍之。」晉世家、秦本紀且謂「晉發兵將伐秦」。梁玉繩志疑其誤。

十有五年，丙子，公元前六四五年。周襄王八年、齊桓四十一年、晉惠六年、衞文十五年、蔡莊公甲午元年、鄭文二十八年、曹共八年、陳穆三年、杞成十年、宋襄六年、秦穆十五年、楚成二十七年、許僖十一年。

經

一五·一 十有五年春王正月，去年十二月二十三日丁未冬至，建丑。有閏月。公如齊。無傳。

一五·二 楚人伐徐。徐，在今安徽省泗縣西北五十里。餘詳莊二十八年經、傳。

一五·三 三月，公會齊侯、宋公、陳侯、衞侯、鄭伯、許男、曹伯盟于牡丘，牡丘，據方輿紀要，即齊語桓公所築之牡丘，在今山東省聊城縣東北七里。遂次于匡。據杜注，匡爲衞地，當在今河南省長垣縣西南十五里之匡城，然江永考實謂長垣之匡去徐甚遠，今河南省睢縣西三十里有匡城，屬宋，距泗稍近，次師或當在此。沈欽韓地名補註又據山東通志謂匡城在今山東省金鄉縣鳳凰山北。江說較合理。公孫敖帥師及諸侯之大夫救徐。公孫敖，慶父之子孟穆伯也。杜注：「諸侯既盟次匡，皆遣大夫將兵救徐。」原分爲三條，今併爲一。

一五·四 夏五月，日有食之。金澤文庫本「食」作「蝕」。餘詳傳注。

一五·五 秋七月，齊師、曹師伐厲，厲，國名，惠棟補注以爲卽桓十三年傳之賴，在今湖北省隨縣之厲山店，此晉、宋以來之傳說。王夫之稗疏則以爲此又一厲，卽今河南省鹿邑縣東老子所生之苦縣厲鄉。以地理考之，齊移救徐之師以伐厲，稗疏之說較合。魯大司徒匜銘云，「魯大嗣(司)徒子仲白乍(作)其庶女⿰鬲厲孟姬賸也(匜)」云云，郭沫若兩周金文辭大系考釋謂「⿰鬲厲卽厲之繁文。在此乃孟姬所適之國名」。

一五·六　八月，螽。無傳。螽音終。或作「蝩」。說文：「螽，蝗也。」據莊二十九年傳「凡物不爲災不書」，則此爲災也，故書。

一五·七　九月，公至自會。無傳。

一五·八　季姬歸于鄫。無傳。蓋以鄫子來朝也。

一五·九　己卯晦，晦是晦朔之晦。己卯，九月三十日。公羊、穀梁皆以晦爲冥，謂晝日闇冥也，非經旨。漢書五行志謂「劉歆以爲春秋及朔言朔，及晦言晦」，卽駁公、穀之說者。震夷伯之廟。震，雷電擊之也。夷伯，據傳，當是展氏之祖。杜注謂夷爲謚，伯爲字，或然。但不知夷伯何名，爲何公之大夫。夷伯之廟當是展氏祖廟，高士奇左傳紀事本末疑爲無駭之廟，無據。昭十二年傳有游氏之廟，注謂是鄭大夫子太叔祖廟，正與此同。說見毛奇齡春秋傳。

一五·一〇　冬，宋人伐曹。

一五·一一　楚人敗徐于婁林。婁林在今安徽省泗縣東北。

一五·一二　十有一月壬戌，壬戌，十四日。晉侯及秦伯戰于韓，舊說韓在今陝西省韓城縣西南，然據傳「涉河，侯車敗」，「晉侯曰寇深矣」之文，其不在黃河之西可知。方輿紀要以爲今山西省芮城縣有韓亭，卽秦、晉戰處；江永考實則以爲當在河津縣與萬榮縣之間。**獲晉侯。**公羊昭二十三年傳：「君生得曰獲，大夫生死皆曰獲。」御覽八七七引史記云：「〔晉惠公〕六年，秦穆公涉河伐晉。」又史通惑經篇引紀年云：「惠公見獲。」

傳

一五・一 **十五年春，楚人伐徐，徐卽諸夏故也。**齊桓夫人有徐嬴，則徐此時與齊爲婚姻之國。僖三年經云「徐人取舒」，詩魯頌閟宮亦云「荆舒是懲」，則舒蓋楚之與國，而徐爲諸夏取之也。**三月，盟于牡丘，尋葵丘之盟，**葵丘之盟在九年。**且救徐也。孟穆伯帥師及諸侯之師救徐，諸侯次于匡以待之。**

一五・二 **夏五月，日有食之。不書朔與日，官失之也。**是月之日食，在四時四十一分。初虧固在夜中，復圓日尚未出，並無帶食，中原不可得見。見朱文鑫天文考古録。馮澂春秋日食集證則云：「是年在寅月甲申朔日食。周正建子，當在三月，經書五月者，經蓋誤三爲五。」然此年實建丑，馮説亦可商。

一五・三 **秋，伐厲，以救徐也。**

一五・四 **晉侯之入也，秦穆姬屬賈君焉，**賈君，杜注以爲晉獻公之次妃，按之莊二十八年傳，「晉獻公娶於賈，無子。烝於齊姜，生秦穆夫人及太子申生」，言娶于賈，則是正妃。然則賈妃爲惠公嫡母，何須穆姬之囑託？且賈妃此時年事必已甚高，與惠公相差必在二十至三十歲之間，惠公又何必烝之？唐固謂賈君爲太子申生之妃，覈之僖十年傳「夷吾無禮」之言，蓋爲近之，故惠棟補注、洪亮吉詁皆從之。章炳麟左傳讀以宋襄公夫人王姬及徵舒之母夏姬例賈妃，謂其老而復壯，尤爲曲説。且曰「盡納羣公子」。獻公之子九人，除申生、奚齊、卓子已死，夷吾立爲君外，尚有重耳等五人，卽所謂羣公子。晉侯烝於賈君，賈君爲惠公嫡長嫂，故亦用烝字。又不納羣公子，是以穆姬怨之。晉侯許賂中大夫，晉語二云，「夷吾退而私於公子縶曰『中大夫里克與我矣，吾命之以汾陽之田百萬；丕鄭與我矣，吾命之以負蔡之田七十萬』」，故杜注謂中大夫爲里、丕等。既而皆背之。賂秦伯以河外列城五，東盡虢略，今河南省靈寶縣治卽舊虢略鎭。南及華山，華山爲秦、晉之界。內及解梁城，河外，指河西與河南，黃河自龍門至華陰，自北而南，晉都於絳，故以河西與河南爲外。包愼言河外考以河西爲外，杜注以河外爲河南，皆僅得其一偏。河外列城五，蓋首舉其數，而下仍敍其疆域，言五城之地東極於虢略，南至華山而止；不言西北者，西北爲秦地故也。晉世家言獻公之季，晉疆西有河西，與秦接境，亦足爲證。內者河內。內及解梁城，解梁城不在列城五之數，蓋包有餘邑。解梁城卽今山西省永濟縣伍姓湖北之解城。僖三十年傳，鄭燭之武説秦伯曰，「許君焦、瑕，朝濟而夕設版焉」，焦固爲五城之一，瑕則在河東，詳三十年傳注。故秦本紀述夷吾之言謂「誠得立，請割晉之河西八城與秦」，言八城，則併河外五城與河內解梁及瑕數之，餘邑已不得知其名矣。惟史公謂「河西八城」，似八城俱在河西者，蓋偶疏。既而不與。晉世家云，惠公夷吾元年，使邳鄭謝秦曰：「始夷吾以河西地許君。今幸得入立。大臣曰：『地者，先君之地。君亡在外，何以得擅許秦者？』寡人爭之，弗能得。」晉饑，秦輸之粟；在十三年。秦饑，晉閉之糴，在十四年。故秦伯伐晉。晉語三云，「〔惠公〕六年，秦歲定，帥師侵晉」，亦言秦先伐晉。惟秦本紀云，「〔繆公〕十四年，秦饑，請粟於晉。晉君謀之羣臣。虢射曰：『因其饑伐之，可有大功。』晉君從之。十五年，興兵將攻秦。繆公發兵，使丕豹將，自往擊之」，晉世家亦云「惠公用虢射謀，不與秦粟，而發兵且伐秦，秦大怒，亦發兵伐晉」，似晉先將伐秦，然後秦伐晉。按之史事，秦請糴在去年冬，而韓之戰在今年冬（俱用周正），晉語所謂「秦歲定」然後擧兵，蓋得其實。若晉果用虢射之謀，「因其饑伐之」，必不待第二年秦收割以後。御覽八七七所引史記，實卽晉之史記，今謂之竹書紀年，亦云「秦穆公涉河伐晉」，尤可證。

卜徒父筮之，卜徒父，秦之卜人，名徒父。據周禮春官大卜，掌三兆、三易、三夢之法，是古之筮亦兼掌於卜人。吉：「涉河，侯車敗。」此蓋筮詞，言晉侯之車敗也。顧炎武補正謂「涉河，侯車敗」非占詞，乃事實，當是秦伯之車敗，故穆公以爲不祥而詰之耳。按之全文，似不合。侯車，公侯之車也。顧棟高大事表、張聰咸辨證、吳闓生文史甄微俱讀侯爲候，或謂爲斥候之車，或謂爲中軍候奄之車，俱不確。詰之。細問何以吉。對曰：「乃大吉也。三敗，必獲晉君。其卦遇蠱䷑巽下，艮上，蠱。曰：『千乘三去，三去之餘，獲其雄狐。』此蓋其繇詞。今周易無其文，故杜注謂「此所言蓋卜筮書雜辭」，顧炎武補正則以爲與成十六年「南國蹙，射其元王，中厥目」，並是夏、商之占，如連山、歸藏之類，故上文只言「筮之」，而不言「以周易筮之」。去，舊有三義。一讀爲阹、胠，上林賦云「江河爲阹」，注云：「遮禽獸爲阹。」荀子榮辱篇云「儵鮴者，浮陽之魚也，胠於沙而思水，則無逮矣」，俞樾說此云：「此言遮闌於沙而思水，則無及矣。」則千乘三去者，晉侯之軍三被遮攔也。說見章炳麟左傳讀。一謂去猶算法所謂除，千以三除，得零數一，故謂三去之餘，獲其雄狐。見沈欽韓補注引邵寶說。此兩說雖未嘗不可通，然不若石韞玉讀左巵言之說：「三去卽三驅，其詞應於下文之『三敗及韓』，蓋晉人三敗，則秦人三驅之矣。」石說蓋本之顧棟高。蠱之外卦爲艮，九家易，艮爲狐，是其象爲狐。主五爻，五爲君位，是其象爲雄狐。說詳王紹蘭經說卷三。古人喜以雄狐喻君，詩齊風南山亦以雄狐喻齊襄公，說本惠棟補注。若襄十年傳以「雄」喻鄭帥皇耳，亦類此。禽曰雌雄，獸曰牝牡，對文則異，散文則通，此曰雄狐，猶尚書牧誓之牝雞，例詳顧炎武日知録卷三十二。夫狐蠱，所筮得蠱卦，狐蠱卽雄狐之變辭。必其君也。蠱之貞，風也；其悔，山也。內卦爲貞，外卦爲悔。悔，說文作「𠧪」，云：「易卦之上體也。」蠱卦爲巽、艮兩卦所構成，巽爲內卦（下體）爲風，艮爲外卦爲山。歲云秋矣，下文云「九月」，則夏正九月也。「云」爲語中助詞，無義。成二年傳：「敝邑之幸，亦云從也。」十五年傳：「日云莫矣，寡君須矣。」晉語二：「內外無親，其誰云救之？」諸「云」字用法均同此。餘詳詞詮。我落其實，而取其材，巽爲內卦，自秦言之，代表本國；艮爲外卦，代表敵國。秦爲風，晉爲山，風經山上，故附會有落實取材之象。所以克也。實落、材亡，不敗，何待？」「不敗何待」前人作一句讀，「不敗」實爲分句。

三敗及韓。韓見經注。此句乃是敍事。言晉軍三敗，秦師至于韓原也。卜右在及韓之後，則晉軍之三敗，僅邊境守軍之抵抗。晉侯未嘗親臨指揮。晉侯謂慶鄭曰：「寇深矣，若之何？」對曰：「君實深之，深爲使動用法，使敵深入。可若何！」公曰：「不孫！」孫同遜，說文作「愻」，不孫猶言其答語不敬。卜右，慶鄭吉。弗使。惡其不遜。步揚御戎，步揚，姬姓，晉公族郤氏之後。步揚食采於步，遂以爲氏。成十一年經正義引世本云：「郤豹生義，義生步揚，揚生州。」正義又云：「州卽犨也。」故此杜注云：「步揚，郤犨之父。」家僕徒爲右。晉語三韋注云：「家僕徒，晉大夫。」于鬯香草校書謂家僕徒或卽郤氏之家臣，望文生義，彼亦不自信其說。乘小駟，鄭入也。杜注：「鄭所獻馬名小駟。」入卽納，貢獻，獻納。慶鄭曰：「古者大事，大事指戰爭，成十三年傳云：「國之大事，在祀與戎。」必乘其產。必以本國所產之馬駕車。生其水土，而知其人心；安其教訓，而服習其道；服亦習也，服習，同義雙音詞。漢書鼂錯傳數用「服習」二字。「服習其道」謂閒習其道路。或解道爲御馬之術，引孔子家語「雖有國之良馬，不以其道服乘之，則不可以取道里」爲證，則與「安其教訓」意義嫌重複。唯所納之，無不如志。今乘異產，異產，非本國所產。以從戎事，及懼而變，因不知人心，不安其教訓，不嫻習其道路，故臨戰而懼。變謂反乎正常狀態。將與人易。易與哀元年傳「子常易之」之易同，反也。與御者之意違反。亂氣狡憤，禮記樂記鄭玄注引作「血氣狡憤」，劉文淇疏證疑傳文本作「血氣」，「狡」本又作「交」，謂血與氣俱動也。孔疏解亂氣狡憤爲馬之亂氣狡戾而憤懣，此句言亂氣，下句言陰血，孔疏是，劉說不可信。陰血周作，血在身內，故云陰血。孔疏云：「陰血徧身而動作。」張脈僨興，脈卽今之血管，張脈，血管之漲起者。僨卽地墳之墳，沸起也。說參洪亮吉左傳詁。僨興，同義雙音詞。陰血周作，故青脈突起。外彊中乾。以上言馬。進退不可，周旋不能，君必悔之。」弗聽。

九月，晉侯逆秦師，使韓簡視師。韓世家索隱引世本云：「萬生賕伯（韓萬爲曲沃桓叔之子），賕伯生定伯簡」，故杜注云「韓簡，晉大夫韓萬之孫」。宣十二年傳亦引世本，缺定伯簡一代，誤。復曰：「師少於我，鬭士倍我。」公曰：「何故？」對曰：「出因其資，杜注：「謂奔梁求秦。」考之晉語二，夷吾奔梁亦由梁近於秦，可以求援之故。夷吾出奔，蓋因秦之資助。入用其寵，秦納之入國。饑食其粟，三施而無報，施，去聲，名詞，惠也。是以來也。今又擊之，我怠、秦奮，倍猶未也。」公曰：「一夫不可狃，況國乎？」晉語三敍惠公答韓簡之辭云：「公曰：『然；今我不擊，歸必狃。一夫不可狃，況國乎？』」則所狃者，乃指晉國之衆，故杜注云：「狃，忕也；言避秦則使忕來。」此乃答韓簡「我怠、秦奮」之言，杜注可商。所狃者疑指秦。玉篇：「狃，狎也。」惠公謂匹夫猶不可輕而狎侮，何況國君？秦君三次施惠於我，我不報之，是輕侮之也。國語未必與傳意合。遂使請戰，晉語三云：「公令韓簡挑戰。」此謂約戰。曰：「寡人不佞，佞，才也。能合其衆而不能離也。吳子治兵篇云：「其衆可合而不可離。」則古以能合其衆爲將才。君若不還，無所逃命。」秦伯使公孫枝對曰：「君之未入，此以詞組爲假設從句，參文言語法。寡人懼之；入而未定列，定列，定位，君位安定也。猶吾憂也。苟列定矣，敢不承命。」晉語三云：「穆公衡彫戈出見使者曰：『昔君之未入，寡人之憂也；君入而列未成，寡人未敢忘。今君既定而列成，君其整列，寡人將親見。』」據晉語，列爲師旅之行列，定列猶僖二十二年「宋人既成列」之成列。但單就左傳之文觀之，解定列爲君位之安定，似較圓通，不必强合國語。晉語謂秦穆親見使者，亦與左傳不同。韓簡退曰：「吾幸而得囚。」據此文，晉請戰之使者固是韓簡。以得囚爲幸，言戰則必敗，己或將戰死。

壬戌，壬戌，十四日。經用周正，故爲十一月壬戌；傳乃晉史用夏正，則九月也。戰于韓原。晉戎馬還濘而止。還，盤旋；濘，泥濘。小駟不調，陷泥濘中，盤旋不得出。公號慶鄭。向慶鄭呼號求救。慶鄭曰：「愎諫、違卜，愎音壁，周書謚法解：去諫曰愎。此指其不從勿用小駟之諫，違卜指不用其爲右。固敗是求，又何逃焉？」遂去之。晉語三云：「君揖大夫就車。君鼓而進之。晉師潰，戎馬濘而止。公號慶鄭曰：『載我！』慶鄭曰：『善忘而背德，又廢吉卜，何我之載？鄭之車不足以辱君避也。』」梁由靡御韓簡，虢射爲右，輅秦伯，將止之。輅，迎也。謂迎戰。止，獲也。鄭以救公誤之，遂失秦伯。秦獲晉侯以歸。晉語三敍此事與傳同。晉世家則云：「惠公馬騺不行，秦兵至，公窘，召慶鄭爲御。鄭曰：『不用卜，敗不亦當乎？』遂去。更用梁繇靡御，虢射爲右，輅秦繆公。繆公壯士冒敗晉軍，晉軍敗，遂失秦繆公，反獲晉公以歸。」與左傳、國語駁異，蓋參用呂氏春秋愛士篇之傳說故也，自當以左傳、國語爲可信。愛士篇云：「昔者秦繆公乘馬而車爲敗，右服失而埜人取之。繆公自往求之，見埜人方將食之於岐山之陽。繆公嘆曰：『食駿馬之肉，而不還飲酒，余恐其傷汝也。』於是徧飲而去。處一年，爲韓原之戰，晉人已環繆公之車矣，晉梁由靡已扣繆公之左驂矣，晉惠公之右路石奮杸（本作「投」，依王念孫說訂）而擊繆公之甲，中之者已六扎矣。埜人之嘗食馬肉於岐山之陽者三百餘人，畢力爲繆公疾鬬於車下，遂大克晉，反獲惠公以歸。」此事亦見韓詩外傳十、淮南子氾論訓、說苑復恩篇及金樓子說蕃篇。**晉大夫反首拔舍從之。**晉大夫蓋郤乞等，下文「晉侯使郤乞」可證。杜注：「反首，亂頭髮下垂也。」拔舍即周禮大司馬之茇舍，亦即襄二十八年傳之草舍。蓋行旅往來，雖有野舍，亦必除地爲壇，掌舍所謂壇壝宮也。軍行所久止之處，亦有軍舍，量人云「營軍之壘舍」是也。惟在道暫息，則除草而舍，不除地爲壇壝，以軍事尚嚴，不求安適。尉繚子武議篇云：「吳起與秦戰，舍不平隴畝，樸樕蓋之，以蔽霜露。」此即行軍草止之事，說詳孫詒讓周禮正義。此云拔舍者，拔草張軍用帳蓬也。此一解也。然姚範援鶉堂筆記謂「拔舍當謂拔起所舍止」，則句有動詞，其解較勝。則拔舍者，拔起帳蓬隨秦而西行也。**秦伯使辭焉，曰：「二三子何其慼也！**慼同慽，憂也。**寡人之從晉君而西也，**唐石經本作「從晉君而西也」，磨改去「晉」字。嚴可均校文曰：「此辭晉大夫，與上對請戰不同，若删『晉』字，似與晉君面語矣。改刻繆也，今各本脫『晉』。」嚴說是也。今依石經初刻增「晉」字。**亦晉之妖夢是踐，**亦，祇也。言祇踐履晉之妖夢。妖夢見十年傳。**豈敢以至？」**以，太也；至，甚也。說詳章炳麟左傳讀卷八。若謂「是踐」下省「不然」二字，則「豈敢以至」仍解爲豈敢至晉，然與下文不相應，不可從。

晉大夫三拜稽首曰：古人但有再拜稽首，此之三拜稽首，定四年傳申包胥之九頓首以及楚語上之「椒舉降三拜」皆是變禮。爲將亡或已亡之國之人所行之禮。至後周宣帝詔諸應拜者皆以三拜成禮，拜始以三爲節而著爲令。說參顧炎武日知録二十八及汪師韓韓門綴學續篇。「君履后土而戴皇天，皇天后土實聞君之言，羣臣敢在下風。」此聞其不爲太甚之言而要約之也。戰國策楚策鮑彪注云：「將迎之際，必有風焉，不敢當立，故言下風。」

穆姬聞晉侯將至，秦本紀云：「於是繆公虜晉君以歸，令於國：『齊宿，吾將以晉君祠上帝。』」以大子罃、弘與女簡璧登臺而履薪焉。罃即秦康公。列女傳賢明傳云：「秦遂興兵與晉戰，獲晉君以歸。秦穆公曰：『掃除先人之廟，寡人將以晉君見。』穆姬聞之，乃與太子罃、公子宏與簡璧衰絰履薪以迎。」履薪蓋積薪其下而履之，示欲自焚。使以免服衰絰逆，免音問，喪禮去冠括髮也。用布寬一寸，從項中而前，交於額上，又卻向後繞於髻。遭喪之服，初死則有免，服成則衰絰。據列女傳，及下引秦本紀並晉世家「晉君姊爲繆公夫人，衰絰涕泣」之言，衰絰乃穆姬自著之，蓋謂惠公戰敗身虜，同於死亡，故爲之服喪也，然非傳旨。傳意蓋使使者持此服以迎穆公，如己及兒女皆死，穆公當即著之。杜注謂令行人服此服以迎秦伯，亦誤。衰音崔，絰音諜，皆喪服，詳三十三年傳注。且告曰：「上天降災，使我兩君匪以玉帛相見，孔疏引作「使我兩君相見不以玉帛」。玉，圭璋之屬；帛，束帛。皆諸侯會盟朝聘禮物。而以興戎。若晉君朝以入，則婢子夕以死；夕以入，則朝以死。唯君裁之！」據陸德明釋文及孔疏，自「曰」以下至此四十二字古本皆無，因以爲乃後人妄增，洪亮吉詁且斷然刪之。然列女傳敍此事亦云：「且告穆公曰：『上天降災，使兩君匪以玉帛相見，乃以興戎。婢子娣姒不能相救，以辱君命。晉君朝以入，婢子夕以死。惟君其圖之。』」秦本紀亦隱括此文而爲之辭云：「夷吾姊亦爲繆公夫人，夫人聞之，乃衰絰跣，曰：『妾兄弟不能相救，以辱君命。』」皆足證此四十二字非後人所增。沈欽韓補注曰：「孔、陸文本偶爾褫奪耳。」禮記曲禮下云：「夫人自稱於其君曰小童，自世婦以下自稱曰婢子。」此當自稱小童，而亦稱婢子者，則婢子亦可爲婦人通用之謙稱。**乃舍諸靈臺。**此謂穆公聞其夫人之言，乃安排惠公居於靈臺。列女傳亦云：「公懼，乃舍諸靈臺。」靈臺乃秦國之靈臺，未必是西周之靈臺。當時諸侯亦有靈臺，哀二十五年傳「衛侯爲靈臺于藉圃」可證。此靈臺當在秦都郊外。

大夫請以入。請以惠公入國都。**公曰：「獲晉侯，以厚歸也；**以豐厚之獲歸。**既而喪歸，焉用之？大夫其何有焉？**杜注云：「何有猶何得。」**且晉人慼憂以重我，**慼憂，同義雙音詞，此指反首拔舍。王引之述聞疑重當爲動，謂使我動心也。**天地以要我。**要，平聲，約束也。**不圖晉憂，重其怒也；**加重其憤怒。**我食吾言，**尚書湯誓云：「朕不食言。」蔡沈集傳云：「食言，言已出而反吞之也。」哀二十五年傳云：「孟武伯惡郭重曰：『何肥也？』公曰：『是食言多矣，能無肥乎？』」古以不履行諸言爲食言。**背天地也。重怒，難任；**任，當也。**背天，不祥，必歸晉君。」公子縶曰：**晉語二韋注云：「縶，秦公子子顯也。」**「不如殺之，無聚慝焉。」**晉語三云：「穆公歸，至於王城，合大夫而謀曰：『殺晉君，與逐出之，與以歸之，與復之，孰利？』公子縶曰：『殺之利。逐之惡構諸侯；以歸，則國家多慝；復之，則君臣合作，恐爲君憂。不若殺之。』」**子桑曰：「歸之而質其大子，必得大成。**大成，大有利之構和。**晉未可滅，而殺其君，祇以成惡。且史佚有言曰：**史佚卽尚書洛誥之「作册逸」，逸、佚古通。晉語「文王訪於莘、尹」，注謂尹卽尹佚。逸周書世俘解「武王降自東，乃俾史佚繇書」。淮南子道應訓云：

「成王問政於尹佚。」則尹佚歷周文、武、成三代。左傳引史佚之言者五次，成公四年傳又引史佚之志，則史佚之言恐當時人均據史佚之志也。漢書藝文志有尹佚，注云：「周臣，在成、康時也。」此史佚爲人名。**『無始禍，**始禍猶言首禍，爲禍亂之倡導者。**無怙亂，**怙音户，恃也。恃人之亂以爲己利。**無重怒。』重怒，難任；陵人，不祥。」**晉語三云：「公孫枝曰：『不若以歸，以要晉國之成，復其君而質其適子，使子、父代處秦，國可以無害。』」**乃許晉平。**

晉侯使郤乞告瑕呂飴甥，郤乞，晉大夫。**且召之。**之指呂甥。**子金教之言曰：**子金，瑕呂飴甥之字。教郤乞，爲惠公謀也。**「朝國人而以君命賞。且告之曰：『孤雖歸，辱社稷矣，其卜貳圉也。』」**周禮大司徒云：「若國有大故，則致萬民於王門。」小司寇云：「掌外朝之政以致萬民而詢焉，一曰詢國危，二曰詢國遷，三曰詢立君。」此之國人卽周禮之致萬民。此朝國人卜貳圉爲詢立君，十八年傳邢人、狄人伐衛，衛侯以國讓朝衆曰「苟能治之，燬請從焉」；定八年傳衛靈公朝國人問叛及哀元年傳陳懷公朝國人問欲與楚、欲與吳，俱詢國危也。卜貳，卜日立其子圉爲君也。晉世家述此事云：「晉侯亦使呂省等報國人曰：『孤雖得歸，毋面目見社稷，卜日立子圉。』」是得其義。晉語一云：「夫太子，君之貳也。」卽此貳字之義。禮記坊記亦云：「卜之日稱貳君。」晉語三云：「公在秦三月，聞秦將成，乃使郤乞告呂甥。呂甥教之言，令國人於朝曰：『君使乞告二三子曰，秦將歸寡人，寡人不足以辱社稷，二三子其改置以代圉也。』」所謂「改置以代圉」者，改置晉君以圉代之也。韋昭不明此意，注云：「欲令更命立他公子以代子圉，言父子避位，以感羣下。」王引之述聞據此，欲改傳文之「貳」爲「貣」，牽就韋注以合左傳。不悟傳文但謂惠公以復位爲辱社稷，與子圉何涉，而亦當謀代之乎？卽韋注符合國語本意，亦國語自國語，左傳自左傳，不必牽合。說本楊樹達先生讀左傳。

衆皆哭，郤乞如吕甥之教而言於衆，衆於是哭。**晉於是乎作爰田。**晉語三云：「且賞以悦衆，衆皆哭，焉作轅田。」轅田卽爰田。爰田，古今異解紛紜，大致有如下諸説。杜注云：「分公田之税應入公者，爰之於所賞之衆。」蓋謂以應入公家之税改以賞衆人。杜以税言，恐非爰田之義。晉語三注引賈逵云：「轅，易也，爲易田之法，賞衆以田。易，易疆界也。」孔疏又引服虔、孔晁云：「爰，易也，賞衆以田，易其疆畔。」是賈、服、孔晁同。然此數語意思不甚分明，故後人各有解釋。李貽德輯述説此曰：「爰、轅皆假借字，本當作趄。説文云：『趄，趄田易居也。』公羊宣十五年何注云：『司空謹別田之高下、善惡分爲三品，上田一歲一墾，中田二歲一墾，下田三歲一墾，肥饒不得獨樂，墝埆不得獨苦，故三年一換主易居，財均力平。』惠公之前，古制已廢，肥瘠不相換易；今受賞之後，民衆大和，復作爰田之制，使三年一易，財均力平」云云，則謂晉作爰田爲復古制。既是復古制，則不能言作。且周制是否每年換土遷居，昔人早已疑之。孫詒讓周禮大司徒正義謂此種「田廬改易，紛擾無已」，陳立公羊宣十五年義疏謂其「窒礙種種，恐非久計」，則李貽德之説不合傳旨，實極顯明。馬宗璉補注曰：「漢書食貨志云：『民受上田夫百畝，中田夫二百畝，下田夫三百畝。歲耕種者爲不易上田，休一歲者爲一易中田，休二歲者爲再易下田。三歲更耕之，自爰其處。』周制三年易田，晉自武公得國以後，爰田之制不均，或有得不易上田者，不復以中下之田相易。今晉惠欲加惠於國人，或以平昔易田之外，別加厚焉。」則僅解爰田爲賞田，嚴蔚亦曰：「爰田，卽周官之賞田也。」李亞農西周與東周一七一頁説亦同此。但未必盡合於傳旨。姚鼐補注曰：「爰，於也。蓋周制定予民以私田，今自爰其處更耕之，上不奪其有也。晉制分國定以爲賞田，令其臣自爰其處世守之，上亦不奪其有也。故皆曰爰。」上不奪其有，不爲無見，然亦多臆測之辭，而乏實據。晉語三注又引或説云：「轅，車也，以田出車賦。」惠棟補注申之曰：「爰田者，猶哀公之用田賦也。賞衆是一時之事，爰田是當日田制改易之始，故特書之。」以爰田是當日田制改易之始，的爲有見；然謂同於哀公之用田賦，與賞衆無關，亦與上下文不合。晉語明云「賞以悦衆，焉作爰田」，傳下文亦云「而羣臣是憂，惠之至也」，足見爰田之作與賞衆有關，故惠説仍不可取。高亨周代地租制度考謂「作爰田可能是解放農奴，叫他們轉爲農民，取消公田，把土地都交給農民，放棄勞役地租，採用實物地租」云云，亦無確證。漢書地理志云：「孝公用商君，制轅田，開阡陌，東雄諸侯。」商君之制轅田，卽晉惠之作爰田也。商君制轅田而後開阡陌，則此之作爰田亦必開阡陌，從可知也。昔人以爰田與古人之休耕强爲比附，故不得其正解。張文虎螺江日記續編云：「晉之作爰田，並非三歲一易之法。」俞樾茶香室經説亦云：「趄田易居，此乃古田三歲一易之制，與左傳轅田無涉。」其言皆是。蓋晉惠既以大量田土分賞衆人，自必變更舊日田土所有制，一也；所賞者衆，所得必分別疆界，又不能不開阡陌以益之，二也。商鞅「制轅田，開阡陌」，然後秦孝公得以「東雄諸侯」，則晉此之作爰田，其作用亦可知矣。呂甥曰：「君亡之不恤，恤，憂也。而羣臣是憂，惠之至也，將若君何？」衆曰：「何爲而可？」對曰：「征繕以輔孺子。凡財賦、軍賦均可曰征，故孟子盡心下謂「有布縷之征、粟米之征、力役之征」。凡修治均可曰繕，故隱元年傳、成十六年傳云「繕甲兵」，襄九年傳、昭十五年傳云「繕守備」，襄三十年傳云「繕城郭」。然單言繕，蓋繕甲兵。成元年傳云：「臧宣叔令修賦、繕完、具守備。」完謂完城郭，則繕必謂繕甲兵無疑，以下文守備另具也。下文云「甲兵益多」，卽應此繕字。孺子指子圉，將立之也。考諸經、傳，天子而下以嫡長爲後者，或非嫡長而擬用之繼位者始得稱孺子。禮記檀弓下秦穆公欲立重耳，亦稱之爲孺子是也。諸侯聞之，喪君有君，羣臣輯睦，輯，和也。甲兵益多。好我者勸，惡我者懼，庶有益乎！」衆說，晉於是乎作州兵。作州兵，古今有數解。杜注：「五黨爲州，州，二千五百家也。因此又使州長各繕甲兵。」沈欽韓補注申之曰：「按周官，兵器本鄉師所掌，州共賓器而已，今更令作之也。」此謂作州兵爲擴大甲兵製造場所。惠棟補注：「州兵猶魯之作丘甲也。」洪亮吉詁曰：「作州兵蓋亦改易兵制，或使二千五百家略增兵額，故上云『甲兵益多』，非僅修繕兵甲而已。」今人蒙文通於孔子和今文學一文中，據周禮遂不出兵，謂「諸侯三郊三遂，管子謂統州者謂之遂，作州兵就是取消三郊服兵役的限制，擴大出于三遂」。李亞農於西周與東周一七〇頁謂爲「晉國在開始建立地方兵團」。以上四說，皆謂作州兵爲改革兵制。兵制改革，勢必擴充軍器之製造，則此說實包含前說，較爲合理。至於顧棟高大事表十四謂「此于軍制無所變更，第增一州長爲將耳，後日晉三軍皆立將佐本諸此」，其爲臆說顯然。晉語三述此與傳相同。

初，晉獻公筮嫁伯姬於秦，遇歸妹䷵兌下，震上，歸妹。之睽䷥。兌下，離上，睽。歸妹上六變爲上九（陰爻變爲陽爻）。史蘇占之，史蘇，晉卜筮之史。曰：「不吉。其繇曰：『士刲羊，刲音虧，說文云：「刺也。」廣雅釋言云：「屠也。」亦無衁也；衁音荒，血也。女承筐，亦無貺也。貺音況，賜也，與也。周易歸妹上六爻辭云：「女承筐，無實；士刲羊，無血。」以筐、羊爲韻，實、血爲韻，此則共以羊、衁、筐、貺爲韻。無貺，意猶無實，無實，故無所貺也。歸妹卦爻辭多言婚姻，此蓋亦言婚姻，且獻公此筮亦問婚姻。刲羊、承筐乃古代婚姻之禮，刲羊而無血，承筐而無實，故言不吉，易亦云「無攸利」。西鄰責言，不可償也。此句承上而言，說明晉女嫁于秦，不足以加强兩國關係，反使秦國多有責言，晉國無法應付。西鄰指秦。歸妹之睽，猶無相也。』杜注：「歸妹，女嫁之卦；睽，乖離之象，故曰無相。相，助也。」此數句儹、相亦與上數句同韻，則同爲繇辭。震之離，亦離之震。此句爲史蘇解釋語，此下文爲繇辭，以用韻知之。其繇辭既依震變爲離，又依離變震言之，故史蘇先作此解釋之語。『爲雷爲火，震爲雷。離爲火。爲嬴敗姬。嬴，秦國之姓。姬，晉國之姓。車説其輹，震爲車，兑爲毁折，見説卦，故謂「車脱其輹」。説，今作脱。輹音服，車下伏兔，輕車曰轐，大車曰輹，易大壯九四「壯于大輿之輹」可證。轐與輹異名而同實，俱在輿底軫下，爲半規形，與軸同銜，狀似伏兔，又與屐齒相類，亦謂之鉤心。説參徐灝説文解字注箋及王筠説文釋例。輹所以固輿于軸上，車脱輹，則輿不能固，失車之用。火焚其旗，離爲火，故謂「火焚」。不利行師，行師猶言出兵，易謙上六云「利用行師征邑國」，復上六云「用行師終有大敗」，皆可證。敗于宗丘。宗丘蓋即韓原之別名，杜氏春秋土地名云：「韓、韓原、宗丘，三名；故韓國。」説詳王引之述聞。數句以姬、旗、丘爲韻，古音同在之咍部。歸妹睽孤，寇張之弧。易睽上九云：「睽孤，見豕負塗，載鬼一車，先張之弧，後説之弧。」之作其用。弧音狐，木弓也。睽有睽違睽離之象，故易曰「睽孤」。歸妹爲嫁女，上古有搶奪婦女者，故曰「寇張之弧」。姪其從姑，古人以姑姪爲對文，儀禮喪服子夏傳「姪者何也？謂吾姑者，吾謂之姪」是也。戰國以後，姪又爲從子之異稱。呂氏春秋疑似篇云「梁北有黎邱部，有奇鬼焉，喜效人之子姪昆弟之狀」，史記武安侯傳云「往來侍酒，魏其跪起如子姪」是也。姪其從姑指子圉質于秦，秦爲穆姬所在之國，穆姬于子圉爲姑。凡卦變而之他曰從，姪從其姑，亦取震變爲離之義。震以陽爻爲主，而陽爻在下；離以陰爻爲主，而陰爻在中，離之陰爻高於震之陽爻一位，故震以男而爲姪，離以女而爲姑。説詳王引之述聞。六年其逋，逋音餔，逃亡也。子圉以十七年質於秦，二十二年逃歸，是六年也。逃歸其國，逃回至晉。而棄其家，桓十八年傳云：

「女有家，男有室。」然室家亦通言，此棄其家猶言棄其妻，指棄懷嬴。明年其死於高梁之虛。』」此以孤、弧、逋、家爲韻。明年謂子圉逃歸之翌年，杜注謂「惠公死之明年」，誤在不知此文用夏正。據傳，子圉於二十二年逃回，而死於二十四年之二月，似死於逃回後第三年；實則周正二十四年之二月實夏正二十三年之十二月，其間僅隔一年。說詳閻若璩潛邱劄記。高梁見僖九年傳並注。杜注：「凡筮者，用周易，則其象可推。非此而往，則臨時占者，或取於象，或取於氣，或取於時日王(旺)相，以成其占。若盡附會爻象，則構虛而不經。」杜預此言，雖未盡脫迷信，亦不無見地。據史蘇所言繇辭，未必盡用周易。且繇辭所述，無不與後日事實吻合，自非舊有之辭，而是後人附會追述者。及惠公在秦，曰：「先君若從史蘇之占，吾不及此夫！」韓簡侍，曰：「龜，象也；筮，數也。卜用龜，灼以出兆，視兆象而測吉凶，故曰龜象也。筮之用蓍，揲以爲卦，由蓍策之數而見禍福，故曰筮數也。物生而後有象，有物然後有形象。象而後有滋，金澤文庫本無兩「有」字。有形象然後其生長繁衍可得而言。滋而後有數。有生長繁衍，多少之數乃生焉。先君之敗德，及可數乎？杜注：「先君敗德非筮數所生。」乃得其意。洪亮吉詁云：「『及可數乎』猶言『數可及乎』，蓋倒字法也。」乃得其解。顧炎武補正云：「解以數爲象數之數，恐非。言先君之敗德，及今言之，豈可悉數乎。」以「及今言之」解「及」，增字爲訓，既可商；而解「數」爲計算，於文義雖可通，但與上文物、象、滋、數之意毫無聯係，斷爲兩橛，恐非傳旨。至釋文以「先君之敗德及」爲句，俞樾平議從而爲之辭，謂「韓簡之意謂先君之敗德亟矣，不可勝數也」云云，尤不近理。史蘇是占，勿從何益？勿非否定詞，乃語首助詞，無義。王引之釋詞曰：「勿從，從也；言雖從史蘇之言，亦無益也。」詩曰：『下民之孽，匪降自天。僔沓背憎，職競由人。』」詩小雅十月之交句。

「傳」，今詩作「噂」。詩意蓋謂下民之災禍，匪由天降，人相聚面語則雷同附合，相背則增疾毀謗，故皆當由人而生也。

一五·五 震夷伯之廟，罪之也，於是展氏有隱慝焉。杜注「隱惡，非法所得。尊貴，罪所不加」云云，不確。隱慝可有兩義，一謂人所不知之罪惡，一謂不可告人之罪惡。此仍是古人迷信，雷擊展氏廟，因謂其有隱慝。

一五·六 冬，宋人伐曹，討舊怨也。莊十四年曹與齊、陳伐宋，所謂舊怨蓋指此。

一五·七 楚敗徐于婁林，徐恃救也。恃齊及他國之救，故敗。

一五·八 十月，晉陰飴甥會秦伯，盟于王城。王城當在今陝西省大荔縣東。

秦伯曰：「晉國和乎？」對曰：「不和。小人恥失其君而悼喪其親，失君指惠公被俘，喪親指將士戰死。鄭玄詩箋云：「悼猶哀傷也。」此悼喪同義。不憚征繕以立圉也，曰：『必報讎，寧事戎狄。』謂寧肯屈事戎狄之國而必報秦讎也。君子愛其君而知其罪，不憚征繕以待秦命，曰：『必報德，有死無二。』以此不和。」秦伯曰：「國謂君何？」謂惠公之前途將如何也。對曰：「小人慼，謂之不免；君子恕，以爲必歸。小人曰：『我毒秦，秦豈歸君？』君子曰：『我知罪矣，秦必歸君。』貳而執之，服而舍之，德莫厚焉，刑莫威焉。服者懷德，貳者畏刑，此一役也，此役指韓戰之始終，包括伐晉與假想釋惠公言之。秦可以霸。納而不定，納惠公而不能使其君位安定。廢而不立，以德爲怨，秦不其然。』」晉語三作「君其不然」，與襄二十六年傳「秦其不然」、禮記檀弓上「其不然乎」句語同；此作「秦不其然」，蓋古代語法之遺存者。卜辭有「不其雨」、「不其遘大風」、「不其來」之句，盤庚「不其或稽」、召誥「不其延」、洛誥「敍弗其絕」，皆此句法。秦伯曰：「是吾心也。」改館晉侯，先拘之於靈臺，今改禮之於客館。饋七牢焉。以諸侯之禮待之，將歸之也。禮記禮器云：「諸侯七介七牢。」周禮秋官大行人云：「諸侯之禮，介七人，禮七牢。」是七牢爲諸侯之禮。牛一、羊一、豕一爲一牢。饔餼七牢，並有米禾芻薪，詳見周禮秋官掌客。

蛾析謂慶鄭曰：蛾同蟻。蛾析，晉大夫。「盍行乎？」對曰：「陷君於敗，謂惠公呼救而不救，又因使韓簡失秦伯。敗而不死，又使失刑，逃亡，則晉不得而罰之，是失刑也。非人臣也。臣而不臣，行將焉入？」十一月，晉侯歸。丁丑，丁丑，二十九日。殺慶鄭而後入。晉語三敍此事甚詳，可參閱。晉世家云：「晉侯至國，誅慶鄭，修政教。」

是歲，晉又饑，秦伯又餼之粟，曰：「吾怨其君，而矜其民。矜，哀憐之也。論語子張：「如得其情，則哀矜而勿喜。」且吾聞唐叔之封也，箕子曰：箕子，或言爲紂之諸父，或言爲紂之庶兄，未詳孰是。『其後必大。』晉其庸可冀乎？其、庸二字之用法俱同「豈」，此是同義虛詞連用。「其庸」連用亦猶昭十二年傳「豈其愛鼎」、荀子王制篇「豈渠得免夫累乎」、正論篇「是豈鉅知見侮之爲不辱哉」之「豈其」、「豈渠」、「豈鉅」連用也。冀讀如幾，宜十二年傳作「庸可幾乎」可證。幾，盡也。此言晉之後望無窮也。姑樹德焉，以待能者。」

於是秦始征晉河東，置官司焉。年表列此事于明年，傳蓋終言之。征即賦稅。河東是黃河之東，即傳所謂「東盡虢略，南及華山，內及解梁城」者，地當在今山西或河南兩省境內，至十七年又還晉。成十一年傳云「秦伯不肯涉河，次于王城，使史顆盟晉侯于河東，晉郤犨盟秦伯于河西」，則河東、河西以黃河爲界，實甚明顯。秦本紀云：「夷吾獻其河西地，是時秦地東至河。」或以河東即「河外列城五」，則仍在河西，恐非傳旨。

十有六年，丁丑，公元前六四四年。周襄王九年、齊桓四十二年、晉惠七年、衞文十六年、蔡莊二年、鄭文二十九年、曹共九年、陳穆四年、杞成十一年、宋襄七年、秦穆十六年、楚成二十八年、許僖十二年。

經

一六・一　十有六年春王正月戊申朔，冬至在正月初五壬子，建子。隕石于宋五。「隕」，公羊作「霣」，說文引作「碩」。是月，六鷁退飛，過宋都。「鷁」，穀梁作「鶂」，金澤文庫本亦作「鶂」，阮氏校勘記謂三傳經文皆作「鶂」，說文作「鶃」。司馬相如子虛賦云「浮文鷁，揚旌栧」，古代船頭畫鷁，當是水鳥，而能高飛。

一六・二　三月壬申，壬申，二十五日。公子季友卒。無傳。稱季友，杜注以爲「稱字者，貴之」；孔疏引劉炫說，則以季爲氏，云：「季友、仲遂皆生賜族，非字也。」劉炫說不可信。詳顧棟高大事表春秋大夫無生而賜氏論。

一六・三　夏四月丙申，丙申，二十日。鄫季姬卒。無傳。「鄫」，穀梁作「繒」。

一六・四　秋七月甲子，甲子，十九日。公孫茲卒。無傳。「茲」，公羊作「慈」。據四年經、傳，公孫茲即叔孫戴伯。

一六・五　冬十有二月，公會齊侯、宋公、陳侯、衞侯、鄭伯、許男、邢侯、曹伯于淮。杜注謂淮在

「臨淮郡左右」，晉之臨淮郡治在今江蘇省盱眙縣。

傳

六·一 十六年春，隕石于宋五，隕星也。年表云：「宋襄公七年，隕五石。」此用春秋不誤。然宋世家云「襄公七年，宋地霣星如雨，與雨偕下」，則是誤採莊公七年傳文入此年，蓋司馬遷之偶疏。史通惑經篇引竹書紀年亦作「隕石于宋五」。六鷁退飛，過宋都，風也。宋世家云：「六鶂退蜚，風疾也。」周內史叔興聘于宋，宋襄公問焉，此「焉」字作「之」字用。曰：「是何祥也？杜注：「祥，吉凶之先見者。」昭十八年傳云：「將有大祥，民震動，國幾亡。」書序云：「亳有祥，桑穀共生于朝。」祥字皆與此同義。中庸云：「國家將興，必有禎祥；國家將亡，必有妖孽。」禎祥乃是吉兆之義，此則統吉凶言之。吉凶焉在？」上句問主吉或主凶，此句問吉凶所在之境。對曰：「今茲魯多大喪，今茲，今年也。茲蓋借爲載。孟子滕文公下：「今茲未能。」呂氏春秋任地篇：「今茲美禾，來茲美麥。」諸「茲」字皆與此同義。季友、臧伯之卒，所謂多大喪也。明年齊有亂，指桓公卒，孝公奔宋諸事。君將得諸侯而不終。」指鹿上之盟與泓之役等事。退而告人曰：「君失問。是陰陽之事，非吉凶所生也。「生」或作「在」。謂隕石與六鷁退飛，其事由于宇宙中之陰陽之氣，不關人事吉凶。荀子天論篇亦云：「夫星之隊，木之鳴，是天地之變，陰陽之化，物之罕至者也。」吉凶由人。吾不敢逆君故也。」

六·二 夏，齊伐厲，不克，救徐而還。十五年秋曾伐厲以救徐，此又伐厲以救徐也。今年楚或又伐徐，傳不書，蓋省文。

一六·三 秋，狄侵晉，取狐、厨、受鐸，狐厨，杜注以爲一邑。水經汾水注所謂平水「東逕狐谷亭北，春秋時狄侵晉取狐厨」者也。洪亮吉詁云：「狐卽狐突食邑，厨卽厨武子食邑。」是以狐、厨爲兩邑。其地當在今山西省襄陵舊治西（襄陵本置縣，今已併入襄汾縣，但襄汾縣治在汾水之東，此則在汾水之西）。受鐸地亦當在襄陵舊治附近。涉汾，及昆都，昆都，據方輿紀要，在臨汾縣南，此則在汾河之東。因晉敗也。

一六·四 王以戎難告于齊。戎自十一年伐京師以來常爲王室難。齊徵諸侯而戍周。今本石經無「而」字，嚴可均校文云：「各本『侯』下衍『而』。」然查石經每行十字，而此行僅九字，間隔稀疏，似書丹時本有「而」字。金澤文庫本亦有「而」字。齊世家云：「四十二年，戎伐周，周告急於齊，齊令諸侯各發卒戍周。」年表則多用左傳原文。

一六·五 冬十一月乙卯，乙卯，十二日。鄭殺子華。金澤文庫本作「鄭伯殺子華」。參見七年傳。據宣三年傳，殺之南里。

一六·六 十二月，會于淮，謀鄫，鄫爲淮夷所侵凌，謀所以救之。且東略也。九年傳述宰孔論齊桓之言曰：「東略之不知，西則否矣。」此東略二字所以明宰孔之言。城鄫，役人病，病謂困弊，杜注以遇厲氣解之，未審。有夜登丘而呼曰：有用法同或，有人也。定八年傳云：「陽越射之，不中。築者闔門。有自門間射陽越，殺之。」有字與此用法同。成十二年傳載晉楚盟辭之「有渝此盟」，與襄十一年亳盟載書「或間茲命」同意，亦足證「有」卽「或」。金澤文庫本「呼」下有「者」字，蓋不知此「有」字之用法而妄增。「齊有亂！」不果城而還。

十有七年，戊寅，公元前六四三年。周襄王十年、齊桓四十三年、晉惠八年、衞文十七年、蔡莊三年、鄭文三十年、曹共十年、陳穆五年、杞成十二年、宋襄八年、秦穆十七年、楚成二十九年、許僖十三年。

經

一七·一　十有七年春，正月十五日丁巳冬至，建子，有閏。齊人、徐人伐英氏。英氏，國名，偃姓，夏本紀「封皐陶之後於英」者。其地，洪亮吉詁以爲在今湖北省英山縣東北，或以爲在今安徽省金寨縣東南，而彙纂以爲在今六安縣。黄生義府竟謂英即偃，不可信。以齊人、徐人伐之，其國在安徽省金寨縣爲較可從。齊師難以遠至英山。楚世家及年表謂楚成王二十六年滅英。成王二十六年當魯僖公十四年，則英已于三年前被滅，不知此年齊何以得而伐之。楚世家集解引徐廣說，謂英一本作「黄」，似世家之滅英乃滅黄之誤，然年表各本無作「黄」者。豈成王滅英之後又復之耶？疑未能明。其後終爲楚所得。

一七·二　夏，滅項。項，國名，故城在今河南省項城縣境。左傳以爲魯滅之，公羊、穀梁以爲齊滅之。左傳敍此事首尾完具，當爲信史。魯、項相距千里，不知何故而從事兵戎，龔景瀚澹靜齋文鈔滅項說嘗以爲疑。顧棟高大事表以爲「後爲楚地」，蓋地勢國力之必然，無論齊、魯，終不能越宋而保有項。

一七·三　秋，夫人姜氏會齊侯于卞。卞，魯邑，故城在今山東省泗水縣東五十里。

一七・四　九月，公至自會。

一七・五　冬十有二月乙亥，今本公羊脫「冬」字。　乙亥，八日。　齊侯小白卒。　實卒于十月乙亥，赴以十二月，書從赴。

傳

一七・一　十七年春，齊人爲徐伐英氏，以報婁林之役也。楚敗徐于婁林在十五年，英氏蓋爲楚與國，或亦與于婁林之役，故伐以報之。英氏爲偃姓國，當在今安徽省金寨縣與霍山縣之間。一九七八年三月間，曾在霍山縣東十六里大沙埂公社黄泥塘發現鼎、壺、敦、盤等青銅器，或定爲春秋時英氏器。

一七・二　夏，晉大子圉爲質於秦，秦歸河東而妻之。秦征河東置官司在十五年。　妻，去聲，以女嫁之也。　惠公奔梁在僖六年春，即令子圉生于是年冬，此時亦不過十一歲耳，而秦伯妻之。

惠公之在梁也，梁見桓九年傳注。梁伯妻之。梁嬴孕，懷子曰孕。過期。過十月而未產。卜招父與其子卜之。卜招父，梁大卜。晉世家作梁伯卜之，恐誤。其子曰：「將生一男一女。」招曰：馮繼先春秋名號歸一圖卷下以招卽卜招父，是也。「然。男爲人臣，女爲人妾。」臣妾之本義爲奴婢，尚書費誓「臣妾逋逃」，易遯九三「畜臣妾」，呂氏春秋察微篇「魯國之法，贖人臣妾於諸侯者，皆取金於府」，淮南子齊俗訓亦有此語，皆用其始義，故鄭公子魚臣，以僕叔爲字。故名男曰圉，女曰妾。此古人迷信，名之以厭不祥。及子圉西質，妾爲宦女焉。宦音患。越語上云：「與范蠡入宦於吴。」韋注云：「宦爲臣隸。」

一七・三 師滅項。魯僖公在國外帥兵伐項者，胡安國傳以爲季孫，誤。蓋其時季友已死，其子無佚，經、傳不載，似不當權，而季孫行父年齡幼小。決非此季孫。高士奇認爲此時公孫敖兵權在手，或是敖所爲，而僖公不知。淮之會，在去年冬十二月。公有諸侯之事，未歸，而取項。齊人以爲討，而止公。杜注：「內諱執，皆言止。」

一七・四 秋，聲姜以公故，聲姜，僖公夫人，齊女。會齊侯于卞。九月，公至。書曰「至自會」，猶有諸侯之事焉，猶有者，尚有而未畢也。且諱之也。不言被執，一則尚有諸侯之事，又諱之也。

一七・五 齊侯之夫人三，王姬、徐嬴、蔡姬，王姬娶於莊十一年。「徐嬴」，齊世家誤作「徐姬」。蔡姬又見三年傳並注。皆無子。齊侯好內，古或變言男女爲外內，如傳有外嬖與內嬖。內謂婦女，孔子家語曲禮子貢問云「好外者，士死之；好內者，女死之」，即此好內之義。韓策一云「公仲好內，率曰好士」，亦可證。多內寵，阮元校勘記引陳樹華説，洪亮吉詁均據漢書五行志注等書引文無「內」字，因謂「內寵」之「內」字爲衍文，然齊世家用此文亦作「多內寵」，足證「內」字原有。內嬖如夫人者六人：長衛姬，生武孟；衛姬有二，故分長少。齊世家云：「長衛姬，生無詭。」「無詭」，傳亦作「無虧」。無虧爲名，武孟其字也。少衛姬，生惠公；齊世家云：「少衛姬生惠公元。」下文敍諸姬。似以其子立君之先後，以孝、昭、懿爲序。惠公最後立而序在先者，以長、少兩衛姬於文不宜隔斷。鄭姬，生孝公；齊世家云：「鄭姬生孝公昭。」葛嬴，生昭公；葛見桓十五年經並注。齊世家云：「葛嬴，生昭公潘。」密姬，生懿公；密，本爲商時姞姓之國，見通志氏族略二引世本，詩大雅皇矣所謂「密人不恭，敢拒大邦」者是也。亦作「密須」，昭十五年傳所謂「密須之鼓與其大路，文所以大蒐也」者是也。爲文王所滅，以封姬姓，周語上所謂「恭王游於涇上，密康公從，而一年王滅密」者是也。故韋昭注云：「康公，密國之君，姬姓。」然此密國在今甘肅省靈臺縣西，與齊東西相距遥遠，且早亡於西周恭王，恐非此密姬之國。路史國名紀引史索云「密須，今河南密縣，與安定姬姓密别」，亦卽此意。然亦不知其據。梁履繩補釋以爲此密爲周室族卿之采邑，卽六年傳之新密，在今河南省密縣者，然此時密早已屬鄭，故沈欽韓補注云「未審密姬所來國」。齊世家云：「密姬，生懿公商人。」宋華子，生公子雍。據成十五年傳，宋國華氏出自宋戴公，故爲子姓。宋，其國；華，其氏；子，其姓。公與管仲屬孝公於宋襄公，以爲大子。韓非子難三篇云：「人有設桓公隱者曰：『一難，二難，三難，何也？』桓公不能射。管仲對曰：『一難也，近優而遠士；二難也，去其國而數之海；三難也，君老而晚置太子。』桓公曰：『善。』不擇日而廟禮太子。」沈欽韓補注云：「蓋卽此事。」雍巫有寵於衞共姬，雍卽周禮天官內饔、外饔之饔，主割亨之事者，巫爲其名，易牙則其字。傳文此舉雍巫、寺人貂，下云易牙、寺人貂，則明以雍巫、易牙爲一人。管子小稱篇有堂巫，卽呂氏春秋之常之巫，則爲巫覡之巫，故云審於死生，能去苛病，與雍巫爲另一人，沈欽韓補注謂雍巫、堂巫、常之巫爲一人，而非易牙，蓋未細審傳文。衞共姬當卽長衞姬。莊十一年桓公所娶王姬亦謚共姬，故此加衞字以别之也。因寺人貂以薦羞於公，薦羞同義連緜詞，周禮天官庖人云：「以共王之膳與其薦羞之物。」鄭注云：「薦亦進也。備品物曰薦，致滋味乃爲羞。」又宰夫云：「掌祭祀之戒具與其薦羞。」注云：「薦，脯醢也；羞，庶羞、內羞。」又籩人云：「凡祭祀，共其籩薦羞之實。」注云：「薦羞皆進也。未食未飲曰薦，既飲既食曰羞。」孫詒讓正義云：「二注各舉一隅爲釋，義並通也。」齊世家云：「雍巫有寵於衞共姬，因宦者豎刀以厚獻於桓公。」以「厚獻」釋「薦羞」，似嬖寵統而含混。雍巫職在割烹，故進所食之品物，非一般厚獻也。亦有寵。管子小稱篇云：「管仲攝衣冠起對曰：『臣願君之遠易牙、豎刁、堂巫、公子開方。夫易牙以調和事公。公曰，惟烝嬰兒之未嘗，於是烝其首子而獻其公。人情非不愛其子也，於子之不愛，將何有於公？公喜宮而妒，豎刁自刑而爲公治內。人情非不愛其身也，於身之不愛，將何有於公？公子開方事公十五年，不歸視其親。齊、衛之間，不容數日之行。臣聞之，務爲不久，蓋虛不長。其生不長者，其死必不終。』桓公曰：『善。』管仲死，已葬，公憎四子者，廢之官。逐堂巫，而苛病起矣；逐易牙，而味不至；逐豎刁，而宮中亂；逐公子開方，而朝不治。桓公曰：『嗟！聖人固有悖乎？』乃復四子者。」齊世家云：「管仲病，桓公問曰：『羣臣誰可相者？』管仲曰：『知臣莫如君。』公曰：『易牙如何？』對曰：『殺子以適君，非人情，不可。』公曰：『開方如何？』對曰：『倍親以適君，非人情，難近。』公曰：『豎刀如何？』對曰：『自宮以事君，非人情，難親。』管仲死，而桓公不用管仲言，卒近用三子，三子專權。」公許之立武孟。管仲卒，齊世家云：「四十一年，管仲、隰朋皆卒。」桓公四十一年，當魯僖之十五年，管仲卒於是年，核之國語，可信。晉語四云：「文公在狄十二年，狐偃曰：『齊侯長矣，管仲歿矣。』」晉文在狄十二年，當魯僖十六年，管仲卒已踰年，故狐偃云「管仲歿矣」。五公子皆求立。上述桓公子六人，孝公已立爲太子，則此五公子不數孝公。管子戒篇云「公薨，六子皆求立」則並數孝公。冬十月乙亥，乙亥，七日。齊桓公卒。管子小稱篇又云：「處朞年，四子作難，圍公一室不得出。有一婦人遂從竇入，得至公所。公曰：『吾饑而欲食，渴而欲飲，不可得，其故何也？』婦人對曰：『易牙、豎刁、堂巫、公子開方四人分齊國，塗十日不通矣。』公曰：『嗟乎！聖人之言長乎哉！死者無知則已。若有知，吾何面目以見仲父於地下？』乃援素幭以裹首而絕。」桓公不得其死，其事甚傳於戰國，故莊子徐無鬼篇、管子戒篇、呂氏春秋貴公篇、知接篇、韓非子十過篇等篇俱載之。齊世家云：「桓公病，五公子各樹黨爭立」，此其所以不得其死也。易牙入，與寺人貂因內寵以殺羣吏，內寵，服虔以爲即「如夫人者六人」，杜注謂爲「內官之有權寵者」，服虔說較確。羣吏，服虔云：「諸大夫也。」而立公子無虧。孝公奔宋。十二月乙亥，乙亥，八日。赴。辛巳，辛巳，十四日。夜殯。自卒至殯計相去六十七日。齊世家云：「及桓公卒，遂相攻，以故宮中空，莫敢棺。桓公尸在牀上六十七日，尸蟲出于戶。十二月乙亥，無詭立，乃棺赴。辛巳夜，斂殯。」所述與傳合。至管子戒篇所謂「公死七日不斂」，說苑權謀篇所謂「桓公死六十日，蟲出於戶而不收」等等，日數皆未審確。沈欽韓補注曰：「按禮，殯於日出時，言夜殯，明其非常。」

十有八年，己卯，公元前六四二年。周襄王十一年、宋襄九年、齊孝公昭元年、晉惠九年、衞文十八年、蔡莊四年、鄭文三十一年、曹共十一年、陳穆六年、杞成十三年、秦穆十八年、楚成三十年、許僖十四年。

經

［八·一］ 十有八年春王正月，冬至在去年閏十二月二十六日壬戌，建丑。宋公、曹伯、衞人、邾人伐齊。公羊「宋公」下有「會」字，蓋衍文。杜注：「納孝公。」

［八·二］ 夏，師救齊。無傳。師，魯師也。

〔八・三〕 五月戊寅，戊寅，十四日。宋師及齊師戰于甗。甗音險，又音言，又音彥。齊地，當在今山東省濟南市附近。齊師敗績。

〔八・四〕 狄救齊。無傳。

〔八・五〕 秋八月丁亥，以長曆推之，八月無丁亥，有誤。葬齊桓公。杜注：「十一月而葬，亂故。」

〔八・六〕 冬，邢人、狄人伐衛。經於狄，或單言狄，或稱狄人，蓋由于行文之便。此經文及二十年「齊人、狄人盟于邢」、僖二十四年「蒲人、狄人余何有焉」，以狄與他國或他邑並舉，他國皆不單稱，則於狄亦不得不從同。若惟狄而已，則不稱人，此年「狄救齊」、二十一年「狄侵衛」是也。說本宋趙鵬飛春秋經筌及顧炎武日知錄。

傳

〔八・一〕 十八年春，宋襄公以諸侯伐齊。三月，齊人殺無虧。齊世家云：「無詭立三月死，無謚。」又云：「孝公元年三月，宋襄公率諸侯兵送齊太子昭而伐齊。齊人恐，殺其君無詭。」無詭即無虧。

〔八・二〕 鄭伯始朝于楚。始朝者，前此未嘗朝也。齊桓初死，鄭即往朝楚。楚子賜之金，既而悔之，與之盟曰：「無以鑄兵！」故以鑄三鍾。周代鑄兵器，鑄鐘、鼎等彝器俱以銅。襄十九年傳云「季武子以所得於齊之兵作林鐘而銘魯功焉」，寔鼎銘云「孚戈，用作寶尊彝」，皆其事也。及至秦始皇二十六年，猶收天下兵，聚之咸陽，銷以爲鐘鐻。說參楊樹達先生積微居金文說寔鼎跋。

一八・三 齊人將立孝公，不勝四公子之徒，無虧已死，除孝公外，唯餘昭公潘、懿公商人、惠公元及公子雍耳，故曰四公子。遂與宋人戰。與宋人戰者，四公子之徒耳。夏五月，宋敗齊師于甗，立孝公而還。齊世家云：「齊人將立太子昭，四公子之徒攻太子，太子走宋，宋遂與齊人四公子戰。五月，宋敗齊四公子師，而立太子昭。是爲齊孝公。宋以桓公與管仲屬之太子，故來征之。」

秋八月，葬齊桓公。各本皆別爲一傳。案之傳例，若于春秋經文既無所補充，亦無所說明，例不爲其傳。今若別爲一傳，則不合例。傳例有並兩条經文合爲一傳者，莊二十三年經「秋，丹桓宮楹」，傳亦云「秋，丹桓宮之楹」，似亦無所說明或補充，然傳實與「二十有四年春王三月，刻桓宮桷」之經合爲一傳，故傳文云：「二十四年春，刻其桷，皆非禮也。」下一「皆」字，足知併丹楹言之。此「葬齊桓公」蓋與「立孝公而還」並爲一傳，於以見孝公立，齊國之亂定，桓公乃得葬耳。今依傳例併之。齊桓公墓在臨淄南牛山上，晉永嘉中爲人所發掘，詳齊世家集解及正義。

一八・四 冬，邢人、狄人伐衞，圍菟圃。菟音徒。菟圃，衞地，據高岱春秋地名攷補引或說，當在今河南省長垣縣境。衞侯以國讓父兄子弟。及朝衆，衆，國人。謂使國人共議於朝，詳十五年傳「朝國人而以君命賞」注。曰：「苟能治之，燬請從焉。」賈誼新書云：「衞侯朝于周，周行人問其名。答曰：『衞侯辟彊。』周行人還之，曰：『啓彊、辟彊，天子之號，諸侯弗得用。』衞侯更其名曰燬，然後受之。」如此說可信，則衞文初名辟彊，燬乃其更名。衆不可，而後師于訾婁。「後」，阮刻本作「從」，誤；于鬯香草校書強爲之說，謂從師爲從狄師，不可信。今從唐石經、金澤文庫本、宋本等本改正。訾音貲，訾婁在今河南省滑縣西南，與長垣縣接界。狄師還。狄師還，邢師亦必隨之還，杜注謂「邢留距衞」，恐不可信。說見顧炎武補正。

一八・五 梁伯益其國而不能實也，杜注「益其國」爲「多築城邑」，卽下年傳之「好土功」與「亟城」。實者，徙民實之也，與魏志辛毗傳「帝欲徙冀州士家十萬實河南」之「實」同義。下年傳云「弗處」，謂不使民居之，卽「不能實」。秦取之，然後使民居之。命曰新里，新里卽秦之新城，當在今陝西省澄城縣東北二十里。秦取之。此與下「十九年春遂城而居之」本爲一傳，爲後人割裂分爲二。

十有九年，庚辰，公元前六四一年。周襄王十二年、宋襄十年、齊孝二年、晉惠十年、衞文十九年、蔡莊五年、鄭文三十二年、曹共十二年、陳穆七年、杞成十四年、秦穆十九年、楚成三十一年、許僖十五年。

經

一九・一 十有九年春王三月，正月初八戊辰冬至，建子，有閏。宋人執滕子嬰齊。春秋書執國君者十有三，惟此滕子嬰齊及哀四年「晉人執戎蠻子赤」書名。杜注：「書名及不書名，皆從赴。」

一九・二 夏六月，宋公、曹人、邾人盟于曹南。無傳。「宋公」，公羊作「宋人」。「盟于曹南」與襄十一年「同盟于亳城北」同例，范寧穀梁注云：「曹南，曹之南鄙」，得其意矣。曹風候人云：「薈兮蔚兮，南山朝隮。」毛傳云：「南山，曹南山也。」曹南山在今山東省曹縣南，大事表以爲卽此之曹南，理或然。杜注：「曹雖與盟，而猶不服，不肯致餼，無地主之禮，故不以國地，而曰『曹南』云云，則謂此盟本在曹之國都，以曹不盡地主之誼，故不曰曹，而曰曹南，於傳無徵。

一九・三 鄫子會盟于邾。己酉，己酉，二十一日。邾人執鄫子，用之。鄫子何以會盟于邾，公羊以爲「後會」，杜注亦云：「不及曹南之盟，諸侯既罷，鄫乃會之于邾。」穀梁則云：「微國之君因邾以求與之盟。人因己以求與之盟，己迎而執之。」「用之」者，謂殺之以祭于社也，書法與昭十一年「楚師滅蔡，執蔡世子有以歸，用之」同。「用」義與「用牲於社」之「用」同。公羊、穀梁解「用之」爲「扣其鼻以衈社」（公羊作「血社」，「血」蓋「衈」之壞字。「衈」，周禮夏官小子作「珥」，山海經東山經作「聃」，中山經則言「刉」，云「刉一牝羊獻血」，周禮秋官士師則「刉衈」連言，説文有「刉」字，無「衈」、「聃」諸字），則不主殺之，但取其血而已。此説恐不確。孟子梁惠王上言釁鐘，明謂「吾不忍見其觳觫而就死地」，則殺之可知。釁禮尚且殺牲，祭禮斷無不殺牲之理，周禮小子「掌珥于社稷」，鄭衆云「珥社稷，以牲頭祭也」，得其義矣。

一九・四 秋，宋人圍曹。各本連下條「衛人伐邢」爲一節，今依傳分爲二。

一九・五 衛人伐邢。傳文書伐邢在圍曹前，而經書在後，杜注：「從赴。」

一九・六 冬，會陳人、蔡人、楚人、鄭人盟于齊。公羊「會」上有「公」字。據傳文「修桓公之好」，齊當亦與盟。杜注：「地於齊，齊亦與盟。」似謂以國名爲地名，則盟地之國必與盟，以此爲例，蓋不盡然。僖二十七年經云：「公會諸侯盟于宋。」宣十五年經云：「公孫歸父會楚子于宋。」雖皆以國名爲地名，然宋正在被圍中，不得與盟。若二十年之「齊人、狄人盟于邢。」據傳「爲邢謀衛難」，邢必與盟可知，則與此同。故盟地之國，或與盟，或不與盟，無義例之可言。説參劉師培左氏傳答問。

一九・七 梁亡。

傳

一九・一 十九年春，遂城而居之。 此本與上年傳「梁伯益其國而不能實也，命曰新里，秦取之」連爲一傳。

一九・二 宋人執滕宣公。 經曰「滕子嬰齊」，傳曰「滕宣公」，所以存滕之世系也。無所補充、說明而爲傳者，爲下文子魚之言「一會而虐二國之君」張本。

一九・三 夏，宋公使邾文公用鄫子于次睢之社，欲以屬東夷。 邾文公名蘧蒢，卒于魯文公十三年。 杜注：「睢水受汴，東經陳留、梁、譙、沛、彭城縣入泗。此水次有妖神，東夷皆社祠之，蓋殺人而用祭。」依杜意，次睢之社當在睢水之旁，然而續漢書郡國志三注所引張華博物記，謂臨沂東界次睢有大叢社，民謂之食人社，卽次睢之社，顧棟高大事表謂在今山東省臨沂縣境者，非睢水所經，與杜意不合。以地理考之，當在今江蘇省銅山縣附近。說參沈欽韓補注。昭十年傳云：「平子伐莒，取郠，獻俘，始用人於亳社。」僅謂祀亳社始用人，非謂祀社始用人也。昭十一年傳云：「楚子滅蔡，用隱太子于岡山。」論語雍也篇云：「犂牛之子騂且角，雖欲勿用，山川其舍諸？」殺人以祭，殺牲以祭，皆謂之用。屬東夷，使東夷諸國來附己也。與下文「屬諸侯」之「屬」同意，卽子魚所云「求霸」也。 社詳昭十一年傳注。 司馬子魚曰： 子魚，卽目夷。僖九年傳爲左師，此時或又改爲司馬矣。 「古者六畜不相爲用， 六畜，馬、牛、羊、豕、犬、鷄。杜注：「六畜不相爲用，謂若祭馬先不用馬。」則杜意謂古人于六畜之祖皆有祭，祭牛之祖不用牛，祭馬之祖不用馬。然考之古籍，僅周禮夏官校人有「春祭馬祖」之文，此外不見有祭牛、羊等先祖之文，杜說未必可信。六畜不相爲用者，用馬之祭，不以牛、羊、豕、犬代之耳。至于孟子梁惠王上言梁王以羊易牛以釁鐘，蓋戰國時已不甚遵循舊禮矣。**小事不用大牲，**據禮記雜記下，廟成則釁之，釁用羊，門、夾室皆用雞。釁門與夾室僅用雞，所謂小事不用大牲也。**而況敢用人乎？祭祀以爲人也。民，神之主也。用人，其誰饗之？齊桓公存三亡國以屬諸侯，**三亡國，古有二說，齊語云：「桓公憂天下諸侯，魯有夫人、慶父之亂，二君弑死，國絕無嗣。桓公聞之，使高子存之。狄人攻邢，桓公築夷儀以封之。狄人攻衞，衞人出廬於曹，桓公城楚丘以封之。天下諸侯稱仁焉，是故諸侯歸之。」管子小匡篇文與此大同，是以魯、衞、邢爲三亡國。然大匡篇云：「宋不聽，果伐杞，桓公築緣陵以封之。明年，狄人伐邢。邢君出，致於齊，桓公築夷儀以封之。明年，狄人伐衞，衞君出，致於虛，桓公築楚丘以封之。」隰朋、賓胥無謂「三國所以亡者絕以小」，是以杞、邢、衞爲三亡國。春秋繁露王道篇亦云「桓公存邢、衞、杞」。然城緣陵以遷杞，實在魯僖之十四年，而在築楚丘之後，大匡篇以爲在前，與春秋不合，恐誤。晉語二於葵丘之會，述宰孔論齊桓之言云：「三屬諸侯，存亡國三。」葵丘之會在魯僖九年，在城緣陵之前，則是三亡國不應數杞，韋注國語、杜注左傳皆謂魯、衞、邢爲三亡國，蓋得其實。**義士猶曰薄德，**此蓋泛論齊桓，雖存三亡國，其德猶不厚也。杜注謂「欲因亂取魯，緩救邢、衞」，僅就存三亡國言之，非。**今一會而虐二國之君，**指執滕宣公與用鄫子。**又用諸淫昏之鬼，**諸，「之於」之合音詞。淫昏之鬼指次睢之社，杜注因謂之妖神，非所當祀。**將以求霸，不亦難乎？得死爲幸。」**得死猶言善終。哀十六年傳「得死乃非我」，亦此意。若不得善終，則曰不得其死，論語先進篇「若由也，不得其死然」可證。以宋襄得善終爲幸，恐宋國亡也。

一九·四　秋，衞人伐邢，以報菟圃之役。不伐狄而伐邢者，以邢方無道。杜注謂「邢不速退，所以獨見伐」，傳無此義。於是衞大旱，卜有事於山川，卜祭山川也。不吉。甯莊子曰：「昔周饑，克殷而年豐。周頌桓云：「綏萬邦，屢豐年。」孔穎達正義即引此傳文爲證。今邢方無道，諸侯無伯，齊桓已死，無霸主也。天其或者欲使衞討邢乎？」從之。師興而雨。

一九·五　宋人圍曹，討不服也。文十五年傳季文子謂齊侯「已則無禮，而討于有禮者，曰『汝何故行禮』」，可見「討」字本身並無褒貶之義。子魚言於宋公曰：「文王聞崇德亂而伐之，崇，崇侯虎也。尚書大傳云：「文王受命，五年伐耆，六年伐崇，七年而崩。」說苑指武篇云：「文王欲伐崇，先宣言曰：『余聞崇侯虎蔑侮父兄，不敬長老，聽獄不中，分財不均，百姓力盡不得衣食，予將來征之，唯爲民。』乃伐崇。」崇國在今陝西省户縣東五里。軍三旬而不降。說苑指武篇云：「宋圍曹，不拔。司馬子魚謂君曰：『文王伐崇，崇軍其城，三旬不降。』」似解傳文之「軍」爲崇軍，恐非傳旨。軍三旬而不降者，文王之軍攻之三旬而崇軍不降也，與下文之「因壘」，均指文王言。退修教而復伐之，金澤文庫本作「退而修教而復伐之」，多一「而」字。說苑指武篇作「退而修教復伐之」，「而」字在退字下。因壘而降。文十二年傳「請深壘固軍」，孔疏云：「壘，壁也。軍營所處，築土自衞，謂之爲壘。深者，高也。」因，依也，就也。因壘者，依前所築之壘，未曾修繕與增築，既示未嘗增兵，亦示決戰之速也，與上「軍三旬不降」爲對比。前人解「因壘而降」爲崇軍未戰而自降，說苑指武篇亦云：「令毋殺人，毋壞室，毋填井，毋伐樹木，毋動六畜。有不如令者，死無赦。」崇人聞之，因請降。」然詩大雅皇矣云：「臨衝閑閑，崇墉言言。執訊連連，攸馘安安。」又云：「臨衝茀茀，崇墉仡仡，是伐是肆，是絕是忽。」則未嘗無戰鬭也。劉文淇舊注疏證謂皇矣所詠「當指伐崇未退以前事」，章炳麟左傳讀則謂「因壘」當讀作「闉壘」，通典云，於城外起土爲山，乘城而上，古謂之土山，今謂壘道是也。闉壘而降者，闉壘才就，以上敵城，而崇遂降也，恐皆不確。詩曰：『刑于寡妻，刑同型，法也，今言示範。寡，大也。嫡妻，近代言大太太，古則曰寡妻，猶大兄，尚書康誥曰寡兄；大命，尚書康王之誥曰寡命也。說參俞正燮癸巳類稾寡兄解。至于兄弟，以御于家邦。』詩大雅思齊文。晉語四云：「刑於大姒，比於諸弟。詩云：『刑于寡妻，至于兄弟，以御于家邦。』」寡妻指文王妃大姒。兄弟，同宗諸弟。御，治也。今君德無乃猶有所闕，而以伐人，若之何？盍姑内省德乎！說苑指武篇作「胡不退修德」，省德謂自察其德何如也，說苑作修德，則隨文易之，非訓詁也。而内作退者，内乃衲之假借，衲則退之或體，見於說文。墨子親士篇「君子進不敗其志，内究其精」，「内」亦「衲」之借字。上文言文王云退修教而後伐之，則此當以退勸宋公確然無疑義。說詳章炳麟左傳讀。無闕而後動。」

一九·六　陳穆公請脩好於諸侯，以無忘齊桓之德。陳世家云：「宣公卒，子款立，是爲穆公。」穆公卒于二十八年，經云「陳侯款卒」者是也，無傳。冬，盟于齊，脩桓公之好也。杜注：「宋襄暴虐，故思齊桓。」宋不與盟，所言似有理。

一九·七　梁亡，梁，國土，即今陝西省韓城縣南之少梁城。不書其主，滅之者不書。自取之也。荀子富國篇云：「是以臣或弒其君，下或殺其上，粥其城，背其節而不死其事者，無他故焉，人主自取之也。」初，梁伯好土功，亟城而弗處。亟，去聲，屢也。民罷而弗堪，則曰「某寇將至」。乃溝公宮，於公宮外爲深溝也。曰：「秦將襲我。」民懼而潰，秦遂取梁。穀梁傳云：「梁亡，自亡也。湎於酒，淫於色，心昏耳目塞，上無正長之治，大臣背叛，民爲寇盜。梁亡，自亡也。如加力役焉，湎不足道也。」春秋繁露王道篇云：「梁內役民無已，其民不能堪。使民比地而伍，一家亡，五家殺刑。其民魚爛而亡，國中盡空。」與左傳有所不同。年表及晉世家俱用左傳，惟誤認梁伯「秦寇將至」之誑語爲民相驚之語耳。至秦本紀則謂秦滅梁在穆公二十年，相差一年。雷學淇竹書紀年義證三十云「亡在十九年之冬，而取在二十年」，則是調停之辭。梁戰國時屬魏，梁惠王與秦戰，敗，遂又入秦，見魏世家。

二十年，辛巳，公元前六四〇年。周襄王十三年、宋襄十一年、齊孝三年、晉惠十一年、衛文二十年、蔡莊六年、鄭文三十三年、曹共十三年、陳穆八年、杞成十五年、秦穆二十年、楚成三十二年、許僖十六年。

經

二〇·一 **二十年春**，此年冬至在去年閏十二月十九日癸酉，建丑。**新作南門**。杜注：「魯城南門也。本名稷門，僖公更高大之，今猶不與諸門同，改名高門也。言新，以易舊；言作，以興事，皆更造之文也。」水經泗水注云：「沂水北對稷門。」注云：「昔圉人犖有力，能投蓋於此門。春秋書春新作南門，其遺基猶在，地入丈餘矣。亦曰雩門，莊十年公子偃請擊宋師，竊從雩門蒙臯比而出者也。」孔子世家云：「陳女樂文馬於魯城南高門外。」此高門當卽稷門，足爲杜注之證。

二〇·二 **夏，郜子來朝**。無傳。據隱十年、桓二年經、傳，郜已亡于宋，今猶有郜子來朝，公羊以爲「失地之君也」。

然郜滅于隱十年以前，距此已七、八十年，其君縱壽考，亦未必能來。俞樾俞樓雜纂卷二十八謂「郜子以耄耋大年來朝兄弟之國」，不知亡國多年之君，春秋例不書爵，故不能信。或以爲滅而復封，亦無據。沈欽韓補注謂郜有二城，高士奇地名考略謂桓二年郜大鼎之郜爲國，是爲北郜城；隱十年魯取郜之郜爲宋邑，是爲南郜城。齊召南公羊注疏考證且謂郜未嘗被滅，宋有郜鼎，安知非郜以賂乎？衆説紛紜，皆無確證，録以備考。

二〇・三　五月乙巳，乙巳，二十三日。西宮災。無傳。諸侯有東宮、西宮、北宮。莊十二年傳云「遇大宰督于東宮之西」，是諸侯之東宮也。哀十七年傳云「衛侯夢于北宮見人登昆吾之觀」，是諸侯之北宮也。此則西宮也。襄十年傳云「晨攻執政于西宮之朝」，則西宮亦君臣治事之所。穀梁以西宮爲閔公之廟，不可信。宣十六年傳云：「天火曰災。」

二〇・四　鄭人入滑。

二〇・五　秋，齊人、狄人盟于邢。

二〇・六　楚人伐隨。

傳

二〇・一　二十年春，新作南門。書，不時也。莊二十九年傳云：「凡土功，龍見而畢務，戒事也；火見而致用，水昏正而栽，日至而畢。」此已過冬至而興土功，故曰不時。凡啟塞，從時。據孔疏引服虔注，啓謂闔扇，塞謂鍵閉。從時者，禮記月令所謂以仲春之月修闔扇，孟冬之月修鍵閉也。闔扇指門，用木制者曰闔，用竹葦制者曰扇。闔扇所以開，故曰啓。鍵閉者，門有兩扇，每扇各直釘一短木，其上有孔，兩扇既合，然後用一横木貫於兩孔中，加管鑰焉，所以閉之也。其貫門扇之横木曰鍵，其受横木者曰閉。鍵閉所以塞，故曰塞。鍵閉非鎖鑰。說詳李貽德輯述。杜注意謂門户道橋謂之啓，城郭牆塹謂之塞，隨壞隨修爲從時。今僖公修飾城門，非開閉之急。

二〇·二 滑人叛鄭，而服於衛。夏，鄭公子士、洩堵寇帥師入滑。滑，國名，詳莊十六年經注，秦於僖三十三年滅之。此次鄭師入滑，不久又即衛，見二十四年傳。滑地近鄭，於鄭在所必爭。說詳顧棟高大事表四。杜注：「公子士，鄭文公子。洩堵寇，鄭大夫。」

二〇·三 秋，齊、狄盟于邢，爲邢謀衛難也。上年衛伐邢。於是衛方病邢。明年狄伐衛，蓋爲邢也。

二〇·四 隨以漢東諸侯叛楚。冬，楚鬭穀於菟帥師伐隨，取成而還。

君子曰：「隨之見伐，不量力也。量力而動，其過鮮矣。善敗由己，善敗猶言成敗。周語上云：「口之宣言也，善敗於是乎興。」晉語九云：「朝夕誦善敗而納之。」楚語下云：「獻善敗于寡君。」諸善敗皆此義。說詳竹添光鴻會箋。而由人乎哉？詩曰：『豈不夙夜，謂行多露。』」詩召南行露。謂，奈何之義，例證見楊樹達先生詞詮。行，道也。詩意謂豈不欲清晨昏夜行走乎，奈路中露水多何。謂多露而不行，以喻有所畏則不動，量力而後動也。

二〇·五 宋襄公欲合諸侯。臧文仲聞之，曰：「以欲從人，則可；以人從欲，鮮濟。」以欲從人者，推己之所欲以從人，使人同得所欲也。以人從欲者，强迫他人以逞一己之欲也。昭四年傳云：「求逞於人，不可；與人同欲，盡濟」，亦即此意。　此數語當與下年「宋人爲鹿上之盟」爲一傳。

二十有一年，壬午，公元前六三九年。周襄王十四年、宋襄十二年、齊孝四年、晉惠十二年、衞文二十一年、蔡莊七年、鄭文三十四年、曹共十四年、陳穆九年、杞成十六年、秦穆二十一年、楚成三十三年、許僖十七年。

經

二一・一　二十有一年春，冬至在去年十二月二十九日戊寅，建丑。狄侵衞。無傳。　杜注：「爲邢故。」

二一・二　宋人、齊人、楚人盟于鹿上。　鹿上，宋地。據杜注則在今安徽省阜陽市南，距齊遠，距楚差近，江永考實謂「宋人既求諸侯于楚，必就其近楚之地」，因以此說爲是。據續漢書郡國志，則在山東省巨野縣西南曹縣東北，王夫之稗疏以爲宋之鹿上不得遠在阜陽，而主續漢志之說。方輿紀要同。以地理考之，王說較是。

二一・三　夏，大旱。　禮記玉藻「至于八月不雨，君不舉」，鄭玄注云：「春秋之義，周之春夏無雨，未能成災。至其秋秀實之時而無雨，則雩。雩而得之，則書雩，喜祀有益也；雩而不得，則書旱，明災成也。」杜預用此義，注云：「雩不獲雨，故書旱。自夏及秋，五稼皆不收也。」以此言之，此書「夏大旱」，實則自夏及秋皆不雨，是否經義，可疑。至雩得雨曰雩，不得雨曰旱，乃穀梁（見僖十一年）義。按之全經，書「大雩」者自桓五年至哀十五年凡二十一次；書「不雨」者則莊三十一年、僖二年與三年、文二年、十年與十三年，自後不見；書「大旱」者，唯此及宣七年而已。義例何在，難知。

二一・四 秋，宋公、楚子、陳侯、蔡侯、鄭伯、許男、曹伯會于盂。「盂」，公羊作「霍」，穀梁作「雩」。盂，宋地。據一統志，今河南省睢縣有盂亭，即是其地。經於楚君稱「楚子」始于此。其後間有稱「楚人」者，自宣九年以後，則全稱「楚子」矣。執宋公以伐宋。公羊傳云：「孰執之？楚子執之。曷爲不言楚子執之？不與夷狄之執中國也。」此公羊義。杜注：「不言楚執宋公者，宋無德而争盟，爲諸侯所疾，故總見衆國共執之文。」以下文釋宋公亦總諸侯言之，或合經旨。

二一・五 冬，公伐邾。無傳。

二一・六 楚人使宜申來獻捷。無傳。宜申即鬬宜申。不書氏，詳文九年經注。獻宋捷也。不言宋者，事不異年，承文，從可知也。

二一・七 十有二月癸丑，癸丑，十日。公會諸侯盟于薄，盂之會，魯未與；薄之盟，魯與之。諸侯當即楚子、陳侯等。薄即亳，宋邑，在今河南省商丘市北，詳莊十二年「公子御說奔亳」注。釋宋公。

傳

二一・一 二十一年春，宋人爲鹿上之盟，以求諸侯於楚。齊桓卒于僖十七年，中國失霸主。十八年，鄭始朝楚；十九年，楚又與陳、蔡、鄭盟於齊，則此時楚已得諸侯矣。故宋襄欲繼齊桓之霸業，必求于楚而後可。楚人許之。公子目夷曰：「小國争盟，禍也。宋其亡乎！幸而後敗。」句與十五年傳「幸而得囚」相似，韓簡恐已戰死，此則恐宋國亡，戰敗而不亡即屬幸事。宋世家云：「襄公八年，齊桓公卒，宋欲爲盟會。十二年春，宋襄公爲鹿上之盟，以求諸侯于楚，楚人許之。公子目夷諫曰：『小國爭盟，禍也。』不聽。」史公用左傳，而變目夷之言爲諫語。

二一·二 **夏，大旱。公欲焚巫、尪。** 甲骨文屢見烄字，像人交股於火上，疑焚人求雨之俗起源甚早。禮記檀弓下云：「歲旱，穆公召縣子而問然，曰：『天久不雨，吾欲暴尪而奚若？』曰：『天久不雨，而暴人之疾子，虐，毋乃不可與？』『然則吾欲暴巫而奚若？』曰：『天則不雨，而望之愚婦人，於以求之，毋乃已疏乎？』」則以巫尪爲二。穆公欲暴巫、尪，僖公欲焚之，其實質則一。尪音汪，呂氏春秋盡數篇注云：「突胸仰向疾也」，鄭玄檀弓注亦云「尪者面向天，覬天哀而雨之」。杜預本此而引申之云：「瘠病之人，其面上向，俗謂天哀其病，恐雨入其鼻，故爲之旱，是以公欲焚之。」國語楚語下云：「在男曰覡，在女曰巫。」荀子王制篇「知其吉凶妖祥，傴巫跛擊（覡）之事也」，正論篇「譬之是猶傴巫跛匡（尪）大自以爲有知也」，僅言巫尪自謂能前知。**臧文仲曰：「非旱備也。脩城郭、貶食、省用、務穡、勸分，此其務也。** 修城郭，孔疏引服虔云：「國家凶荒，則無道之國乘而加兵，故修城郭爲守備也。」沈欽韓補注云：「民艱於食，故修土功，給其稍食，亦救荒之策，若宋史趙抃於越州下令修城，使民食其力是也。」貶食，省用者也，禮記曲禮下所謂「歲凶，年穀不登，君膳不祭肺，馬不食穀，馳道不除，祭事不縣；大夫不食粱，士飲酒不樂」是也。務穡者，杜注云：「穡，儉也。」則以穡爲嗇，論衡明雩篇及李善注册魏王九錫文亦作「務嗇」。然「務嗇」與「省用」意義相同，何必重言？論衡、文選注之作「務嗇」，乃以嗇爲穡，尚書湯誓之「舍我穡事」，史記殷本紀作「舍我嗇事」，亦猶是也。務穡者，務稼穡之事，雖旱而不捨農，亦可以補救災荒。册魏王九錫文云「勸分務本」，「務本」即此「務穡」，亦可證此穡字之義。勸分者，勸其有儲積者分施之也。

巫、尪何爲？天欲殺之，則如勿生；如，應當之義。說詳王引之釋詞。若能爲旱，焚之滋甚。」公從之。是歲也，饑而不害。不害，不傷害民也。或因採取臧文仲所言諸對策之故。

二一·三 秋，諸侯會宋公于盂。年表云：「襄公十二年，召楚盟。」子魚曰：子魚卽目夷，詳僖九年傳注。「禍其在此乎！君欲已甚，已，太也。其何以堪之？」於是楚執宋公以伐宋。冬，會于薄以釋之。子魚曰：「禍猶未也，未足以懲君。」公羊傳云：「宋公與楚子期以乘車之會。公子目夷諫曰：『楚，夷國也，彊而無義，請君以兵車之會往。』宋公曰：『不可。吾與之約以乘車之會，自我爲之，自我墮之，曰：不可。』終以乘車之會往。楚人果伏兵車，執宋公，以伐宋。宋公謂公子目夷曰：『子歸守國矣！國，子之國也。吾不從子之言以至乎此。』公子目夷復曰：『君雖不言國，國，固臣之國也。』於是歸設守械而守國。楚人謂宋人曰：『子不與我國，吾將殺子君矣。』宋人應之曰：『吾賴社稷之神靈，吾國已有君矣。』楚人知雖殺宋公，猶不得宋國，於是釋宋公。宋公釋乎執，走之衞。公子目夷復曰：『國爲君守之，君何爲不入？』然後逆襄公歸。」然宋世家全用左傳。楚世家云：「三十三年，宋襄公欲爲盟會，召楚。楚王怒曰：『召我，我將好往襲辱之。』遂行，至盂，遂執辱宋公，已而歸之。」

二一·四 任、宿、須句、顓臾，風姓也，任國故城在今山東省濟寧市。秦嘉謨世本輯補、雷學淇竹書義證俱疑任卽仍。宿見隱元年經並注。須句，句音劬。公羊作「須胊」。杜注：「須句，在東平須昌縣西北」，則在今山東省東平縣東南。據水經濟水注，今東平縣西北亦有朐城，引京相璠云，須朐一國二城，蓋後遷都。在東平縣西北者是。潘祖蔭舊藏一器，銘作「□」，郭沫若解爲「須句」二字之合文，見金文餘釋之餘釋須句。顓臾故城在今山東省費縣西北八十里，卽平邑縣東。論語季氏：「夫顓臾，昔者先王以爲東蒙主，且在邦域之中矣。」故顧棟高以爲魯之附庸。實司大皞與有濟之祀，司，主也。大皞又見昭十七年傳。相傳四國爲大皞之後，故主其祭祀。有濟卽濟水，有爲詞頭，猶有虞、有夏之有，加字以成雙音節。以服事諸夏。服事諸夏，蓋服從中國之意。論語泰伯篇云「三分天下有其二，以服事殷」，兩服事義同。又據論語季氏篇，顓臾則主魯國東蒙之祭祀，爲魯社稷之臣。邾人滅須句。須句子來奔，因成風也。據杜注，須句乃成風母家。成風，莊公之妾，僖公之母，見閔二年傳。成風爲之言於公曰：「崇明祀，明祀，大皞與濟水之祭祀也。保小寡，老子「小國寡民」卽此「小寡」之義，指須句。周禮也；蠻夷猾夏，猾音滑，亂也。周禍也。若封須句，是崇皞、濟而脩祀、紓禍也。」皞卽大皞，濟卽濟水。「脩祀」，當作「脩禮」，脩禮承「周禮」，紓禍承「周禍」，因「禮」古文作「礼」，與祀字相似致誤。若作脩祀，則與「崇皞、濟」意複。說詳俞樾平議。紓，解也。此節當與下年「春伐邾，取須句」連讀。

二十有二年，癸未，公元前六三八年。周襄王十五年、宋襄十三年、齊孝五年、晉惠十三年、衛文二十二年、蔡莊八年、鄭文三十五年、曹共十五年、陳穆十年、杞成十七年、秦穆二十二年、楚成三十四年、許僖十八年。

經

三・一　二十有二年春，此年正月初十癸未冬至，建子。公伐邾，取須句。公羊作「公伐邾婁，取須朐」。「邾」，公羊例作「邾婁」。「須句」，亦例作「須朐」。

二二·二 夏，宋公、衛侯、許男、滕子伐鄭。

二二·三 秋八月丁未，丁未，八日。及邾人戰于升陘。升陘，魯地，不詳當今何地。

二二·四 冬十有一月己巳朔，宋公及楚人戰于泓，泓，水名，當在今河南省柘城縣北三十里。明一統志謂為渙水支流。渙水即戰國策楚策「取睢、濊之間」之濊水，本為澮河上流，今已湮矣。宋師敗績。莊十一年傳云：「大崩曰敗績。」

傳

二二·一 二十二年春，伐邾，取須句，反其君焉，禮也。禮也者，成風所謂「崇明祀，保小寡，周禮也」。杜注云「得恤寡小之禮」，即本此而言。劉文淇舊注疏證引僖元年傳「凡侯伯，救患、分災、討罪，禮也」以駁杜，恐失之拘。

二二·二 三月，鄭伯如楚。

二二·三 夏，宋公伐鄭。子魚曰：「所謂禍在此矣。」鄭自齊桓死後，即服事楚。鹿上之盟，鄭伯未與。宋求諸侯於楚，鄭始與于盂之盟。今年三月，鄭文公猶至楚朝，則鄭始終從楚。宋之戰鄭，即與楚爭矣。

二二·四 初，平王之東遷也，周平王東遷雒邑，當魯孝公之二十五年，公元前七七〇年。是為東周。辛有適伊川，辛有，周大夫。其次子適晉為董史，見昭十五年傳。伊川，伊河所經之地，當今河南省嵩縣及伊川縣境。見被髮而祭于野者，曰：「不及百年，此其戎乎！其禮先亡矣。」被同披。論語憲問篇云：「微管仲，吾其被髮左衽矣」，足證披髮爲當時所謂夷、狄之俗。祭於野，沈欽韓補注謂卽周禮春官大祝之衍祭，男巫之望衍。然細讀衍祭、望衍之諸家注釋，恐非此野祭之義。祭於野疑卽祭於墓。蔡邕、曹丕雖云「古不墓祭」，然徵之經、史，古實有墓祭之俗，閻若璩四書釋地已詳言之。或古者墓祭蓋卽禮記曾子問之「望墓而爲壇以時祭」。今以野祭爲所謂夷、狄之俗者，或者此之墓祭不爲壇，或者非謂墓祭，乃謂披髮而祭墓耳。平王元年距此一百三十三年，而此言不及百年者，或辛有之言說于中葉。秋，秦、晉遷陸渾之戎于伊川。陸渾之戎蓋其本名，本居于瓜州，晉惠公始誘而遷之于伊川。昭九年傳云「先王居檮杌于四裔，以禦螭魅，故允姓之姦居于瓜州。伯父惠公歸自秦而誘以來，使偪我諸姬，入我郊甸」者是也。至僖十一年傳之伊雒之戎或者爲其地之土著，或者爲先至其地者，以其事在遷陸渾之戎以前十一年也。說詳顧頡剛史林雜識瓜州。

二二·五　晉大子圉爲質於秦，在十七年。將逃歸，謂嬴氏曰：「與子歸乎？」嬴氏卽懷嬴，又見下年傳。晉世家云：「十三年，晉惠公病，內有數子。大子圉曰：『吾母家在梁，梁今秦滅之，我外輕於秦而內無援於國。君卽不起，病大夫輕更立他公子。』乃謀與其妻俱亡歸。」秦本紀所述意同，史公或另有所據，而左傳略之。對曰：「子，晉大子，而辱於秦。子之欲歸，不亦宜乎？寡君之使婢子侍執巾櫛，禮記曲禮下云：「自世婦以下自稱曰婢子。」又詳十五年傳注。巾爲拭巾，櫛乃梳篦之總名。侍執巾櫛，當時謙語。以固子也。從子而歸，弃君命也。不敢從，亦不敢言。」遂逃歸。圉逃歸晉也。

二二・六 富辰言於王曰：富辰，周大夫。「請召大叔。大叔，王子帶也，十二年奔齊。詩曰：『協比其鄰，昏姻孔云。』詩小雅正月句。「協比」今詩作「洽比」，義同。比，去聲，協比，協和親附也。孔，甚也。云，毛傳云「旋也」，鄭箋云「猶友也」。富辰引詩之意，謂先與左右鄰近之人團結親附，然後昏姻親戚得以甚爲友好。吾兄弟之不協，焉能怨諸侯之不睦？」不睦，謂不睦于周，猶言不服于周。與文七年傳「日衞不睦」之「不睦」義同。王說。說同悅。王子帶自齊復歸于京師，王召之也。終十三年傳仲孫湫之言，且爲二十四年襄王出居于鄭張本。

二二・七 邾人以須句故出師。公卑邾，卑猶輕視。不設備而禦之。「禦」，金澤文庫本作「御」。臧文仲曰：「國無小，不可易也。易，去聲，猶輕也。無備，雖衆，不可恃也。古人行文有上下互省之例，此言國無小，猶言無小與寡，國小則民寡，此省寡字；言雖衆，猶言雖大與衆，民衆則國大，此省大字。說本楊樹達先生所作曾星笠傳。詩曰：『戰戰兢兢，兢音矜，戰戰兢兢，恐懼之貌。如臨深淵，如履薄冰。』詩小雅小旻句。宣十六年傳羊舌職亦引此數語。呂氏春秋愼大篇云：「賢主愈大愈懼，愈彊愈恐。周書曰『若臨深淵，若履薄冰』，以言愼事也。」似周書亦有此語。又曰：『敬之敬之！天惟顯思，命不易哉！』詩周頌敬之句。顯，明也。思，語氣詞，無義。據下文「猶無不難也」之文，則文仲讀易爲難易之易。其意若謂，必須認眞嚴肅以從事，天監臨在上而無不照，獲得與保守天命極不容易也。先王之明德，猶無不難也，應「命不易哉」。無不懼也，應「戰戰兢兢」。小旻爲刺詩，而文仲言「先王之明德」者，古人引詩多不顧本義，所謂賦詩斷章也。況我小國乎！君其無謂邾小，蠭蠆有毒，蠭，今作蜂。說文云：「蠭，飛蟲螫人者。」段注謂爲大黃蜂。蠆音瘥，毒蟲也。長尾爲蠆，短尾爲蠍。而況國乎！」

弗聽。

八月丁未，公及邾師戰于升陘，我師敗績。邾人獲公冑，冑，今之頭盔。古代用皮製成，秦、漢以後改用鐵製，名爲兜鍪。縣諸魚門。魚門，邾之城門。禮記檀弓上云：「邾婁復之以矢，蓋自戰於升陘始也。」鄭注云：「戰於升陘，魯僖二十二年秋也。時師雖勝，死傷亦甚，無衣可以招魂。」

三・八　楚人伐宋以救鄭。宋公將戰，大司馬固諫曰：宋世家正義引世本曰：「宋莊公孫名固，爲大司馬。」又據晉語四，公孫固之爲大司馬，正在此時，詳二十三年傳注，則此大司馬必公孫固也。僖十九年傳有「司馬子魚」，司馬卽大司馬，詳後注。是則此時子魚已不爲司馬矣。宋世家以此爲子魚之言，顧炎武補正力主之，恐未確，說參惠棟及沈欽韓補注。韓非子外儲說左上作「右司馬購强」，「購强」卽「固」之緩讀。固爲魚部字，强爲陽部字，古音可通。盧文弨以購强爲固之字，可商。參盧文弨鍾山札記及梁玉繩史記志疑。近人洪誠有大司馬固諫述評，載南京大學學報一九七〇年四期。「天之弃商久矣，商卽宋，說詳顧炎武日知録及王國維觀堂集林說商。盛昱鬱華館金文商丘叔簠銘云：「商丘叔作其旅簠。」亦云：「商，宋也。」然其不曰宋而曰弃商者，亦以見「寡人雖亡國之餘」之意。說參閻若璩潛丘劄記四下。傳世有宋戴公戈，文曰「王商戴公」云云，阮元積古齋鐘鼎彝器款識謂足證宋之稱商，但此「商」應讀爲「賞」。詩之商頌，卽宋頌。君將興之，弗可赦也已。」杜注：「言君興天所弃，必不可，不如赦楚勿與戰。」焦循補疏云：「爾雅，赦，舍也。推注，『弗可』句，『赦也』句，勿與戰三字解已字。」俞樾平議曰：「如杜解，當於『弗可』絕句，『赦也已』三字文不成義矣。此五字宜連讀，蓋卽違天必有大咎之意。天固棄之，君必興之，是得罪於天也，故曰弗可赦也已。」俞說是。弗聽。

冬十一月己巳朔，宋公及楚人戰于泓。宋人既成列，楚人未既濟。既，盡也。渡泓水僅一部登陸，餘軍在渡河中。司馬曰：司馬卽大司馬之省文。隱公三年傳謂「召大司馬孔父而屬殤公焉」，而桓二年傳言「孔父嘉爲司馬」；文八年傳先云「殺大司馬公子卬」，後云「司馬握節以死」，足以知宋有大司馬之官，簡稱司馬。杜注本僖十九年傳「司馬子魚曰」，因分大司馬、司馬爲二人，而以此司馬爲子魚，不確。說本沈欽韓補注。「彼衆我寡，及其未既濟也，請擊之。」公曰：「不可。」既濟而未成列，又以告。公曰：「未可。」既陳而後擊之，宋師敗績。公羊傳云：「宋公與楚人期戰于泓之陽，楚人濟泓而來，有司復曰：『請迨其未畢濟而擊之。』宋公曰：『不可。吾聞之也，君子不厄人。吾雖喪國之餘，寡人不忍行也。』既濟，未畢陳。有司復曰：『請迨其未畢陳而擊之。』宋公曰：『不可。吾聞之也，君子不鼓不成列。』已陳，然後襄公鼓之，宋師大敗。」公傷股。楚世家云：「射傷宋襄公。」門官殲焉。門官，古今有數解。杜注云：「門官，守門者，師行則在君左右。」正義云：「周禮虎賁氏：『掌先後王而趨以卒伍。軍旅、會同亦如之。舍則守王閑；王在國，則守王宫；國有大故，則守王門。』此門官蓋亦天子虎賁氏之類。」此一義也。惠士奇禮說云：「門官，軍之帥也。向戌稱廬門合左師，華元亦居廬門，二旅皆卿，而爲軍帥，謂之門官。」此又一義也。沈欽韓補注云：「門官卽門子也。卿大夫之子弟衞公，若唐之三衞矣。襄九年傳，大夫門子皆從鄭伯。」此又一義也。若門官是虎賁氏，其地位實不高，傳無庸書之，杜注恐難信。惠、沈兩說俱有理，沈說似尤勝。殲，盡也，盡被殲滅。

國人皆咎公。公曰：「君子不重傷，重，應讀平聲，已傷之後不再傷之。不禽二毛。禽同擒。二毛，有白髮間於黑髮者。穀梁十二年傳云：「古者不重創，不禽二毛。」淮南子氾論訓云：「古之伐國，不殺黃口，不獲二毛，於古爲義，於今爲笑。」古之爲軍也，不以阻隘也。杜注：「不因阻隘以求勝。」以阻與隘爲同義詞平列連用，俞樾平議駁之，謂阻隘爲阻其隘，則是動賓結構。阻，扼也。不以阻隘，言不扼敵於險隘。俞說似長，下文「阻而鼓之」可證。寡人雖亡國之餘，亡國之餘者，宋乃殷商之後，殷商滅亡于周也。不鼓不成列。」不鼓，猶言不擊。不向未陣者發動攻擊。子魚曰：「君未知戰。勍敵之人，勍音擎，彊也。隘而不列，金澤文庫本作「不成列」，與文選李注所引合，蓋涉上文誤衍「成」字。天贊我也；贊，佐助也。言楚在險隘之地，不能擺開陣勢，此天之所以助我也。阻而鼓之，不亦可乎？猶有懼焉。我因其隘，扼而鳴鼓以攻擊之，何嘗不可。縱如此，猶懼不能取勝。且今之勍者，皆吾敵也。雖及胡耇，胡，壽也；耇音苟，亦壽也。「胡耇」猶詩周頌載芟之「胡考」，皆同義詞平列連言。杜注謂「胡耇，元老之稱」，似以胡爲修飾詞，不確。獲則取之，何有於二毛？何有，不顧之辭。昭元年「何有於諸游」、九年「何有於余一人」，晉語「何有於妻」語句與此同。明恥、教戰，惠棟補注曰：「吳子曰：『凡制國治軍，必教之以禮，勵之以義，使有恥也。夫人有恥，在大足以戰，在小足以守矣。』周書曰：『明恥示教。』」則明恥是一事，教戰是一事。先有不受國恥之心，後教以戰術。求殺敵也。傷未及死，如何勿重？以其尚能害己也。若愛重傷，則如勿傷；愛其二毛，則如服焉。兩「愛」字皆憐惜義。兩「如」字皆應當之義，說詳釋詞。三軍以利用也，以利用者，利則用之，故當敵之未既濟、未成列，則當利用而攻之；不利於我者，則不用也。金鼓以聲氣也。莊十年傳云「夫戰，勇氣也」，此氣卽勇氣；又云「一鼓作氣」，足見金鼓所以勵勇節氣者。金鼓以聲爲用而制其氣，故曰聲氣。利而用之，阻隘可也；於敵人之在險隘而阻擊之。聲盛致志，鼓聲大作曰聲盛，因鼓聲之大作而士氣高昂，曰致志。致志者，使鬭志高也。鼓儳可也。」儳音讒，周語中「夫戎翟冒没輕儳」韋注云：「儳，進退上下無列也。」鼓儳者，因其未成列，鳴鼓而攻擊之。

二二·九 丙子晨，丙子，十一月八日。鄭文夫人芈氏、姜氏勞楚子於柯澤。金澤文庫本作「鄭文公夫人」，多一「公」字。 芈音弭，其字本作芈，與芊（音千）芉（音干）之從艸者有別。芈爲楚姓，芈氏則楚女也。 姜氏，齊女也。勞，去聲，慰勞。 柯澤，鄭地。楚子使師縉示之俘馘。正義云：「書傳所言師曠、師曹、師蠲之類皆是樂師，知此師縉亦樂師也。」章炳麟讀云：「大司樂云：『王師大獻，則會奏愷樂。』樂師云：『凡軍大獻，教愷歌，遂倡之。』是戰勝而歸，樂官有事，故使師縉以俘馘示焉。」 俘，所獲生囚也。 馘音國，此指死獲。 古代戰爭於所殺之敵，割其左耳以爲證，曰馘，字本作聝，經、傳多作馘。 宣二年傳云：「俘二百五十人，馘百。」此俘馘之事也。 參下二十八年傳注。君子曰：「非禮也。婦人送迎不出門，此「門」字與魯語下「康子往焉，䦪門與之言」之「門」字同義，指寢門。見兄弟不踰閾，閾音域，門限也。 魯語下敍季康子與其從祖叔母言，皆不踰閾， 孔丘以爲「別於男女之禮」。 則男女相見，古人皆以不踰門限爲禮，不僅見兄弟如此。戎事不邇女器。」邇，近也。 顧炎武補正引明傅遜左傳屬事曰：「戎事當嚴，不近女子所御之物，況使婦人至軍中，又示以俘馘乎？」

丁丑，丁丑，九日。楚子入饗于鄭，石經、宋本、金澤文庫本、足利本「饗」作「享」。饗、享兩字古書通用。 楚子入于鄭都，鄭文公饗之。九獻，庭實旅百，晉語四云：「遂如楚，楚成王以君禮（原作「周禮」，依俞樾說改正）享之，九獻，庭實旅百」云云，則「九獻，庭實旅百」爲國君相饗燕之禮，國語韋注及此文杜注俱謂九獻爲上公之享禮，蓋本之周禮秋官大行人「上公之禮，饗禮九獻」之文，其實周禮未必與傳文合。　九獻者，主酌獻賓，賓酢主人，主人酬賓爲獻，如此者九。　**庭實旅百**亦見莊二十二年傳，然彼爲諸侯所以獻王，此則鄭伯所以享楚子。旅，陳也。庭實，陳于庭中之禮品，謂所陳凡百品。　後漢書班固傳「於是庭實千品」，又十倍于此矣。**加籩豆六品。**　於正禮之外復有所增添曰加。二十四年傳云「鄭伯從之，享宋公，有加」，二十九年傳云「介葛盧來，禮之加燕好」，昭六年傳「季孫宿如晉，晉侯享之，有加籩」，皆此意。　昭六年傳又云：「武子退，使行人告曰：『小國之事大國也，得貺不過三獻。今豆有加，下臣勿堪。』」則加籩加豆是在三獻、九獻之外。　加籩加豆之時必有加爵。　周禮天官籩人云：「加籩之實，蔆、芡、栗、脯。」醢人云：「加豆之實，芹菹、兔醢，深蒲、醓醢，箈菹、鴈醢，筍菹、魚醢。」想此亦當然。　然周禮所言僅四品，此所加則六品，或饋食之籩豆、羞籩羞豆、四籩四豆，其實亦得爲加籩加豆也。　**饗畢，夜出，文芈送于軍。取鄭二姬以歸。**　謂楚成王取姬姓二女。鄭，姬姓。　**叔詹曰：**莊十七年爲齊所執之鄭詹或即此人，然距此四十年矣。「詹」，宋世家作「瞻」，與公羊同。　**「楚王其不没乎！爲禮卒於無別。**　無別，男女無別也，指以俘馘示文芈、姜氏，文芈送至軍及取二姬諸事。　**無別不可謂禮。將何以没？」**　叔詹之言止此。　宋世家云：「楚成王已救鄭，鄭享之；去而取鄭二姬以歸。叔瞻曰：『成王無禮，其不没乎？爲禮卒於無別，有以知其不遂霸也。』」　並下敘述語亦以爲叔詹之言，　蓋史公之疏。　文元年楚成王爲其子商臣所殺。　**諸侯是以知其不遂霸也。**　二十八年，楚爲晉敗于城濮。　周書太子晉篇「遂巡而退，其不能遂」。注：「遂，終也。」此不遂霸今言不能完成霸業。

二十有三年，甲申，公元前六三七年。周襄王十六年、宋襄十四年、齊孝六年、晉惠十四年、衞文二十三年、蔡莊九年、鄭文三十六年、曹共十六年、陳穆十一年、杞成十八年、秦穆二十三年、楚成三十五年、許僖十九年。

經

二三・一 二十有三年春，正月二十一日戊子冬至，建子，有閏。齊侯伐宋，圍緡。緡音民，穀梁作「閔」。緡、閔古音相近，故可通假。緡，本古國名，昭四年傳「有緡叛之」是也。在今山東省金鄉縣東北二十五里，舊名緡城阜。闞駰十三州志云：「鄒衍曰：『余登緡城，以望宋都。』」故二十六年楚人伐宋，亦圍緡邑。

二三・二 夏五月庚寅，庚寅，二十五日。宋公茲父卒。公羊作「慈父」，宋世家作「慈甫」。慈與茲、父與甫，同音假借。

二三・三 秋，楚人伐陳。

二三・四 冬十有一月，杞子卒。春秋於杞，初稱侯，見桓二年；莊二十七年又稱伯，以後多稱伯，偶亦稱子，此及二十七年「杞子來朝」、襄二十九年「杞子來盟」是也。

傳

二三・一 二十三年春，齊侯伐宋，圍緡，以討其不與盟于齊也。十九年，陳穆公請修好於諸侯，以無忘齊桓之德、其實蓋以擯宋，宋故不與會。今討之者，亦乘宋有泓之敗，此特其藉口耳。

二三·二 夏五月，宋襄公卒，傷於泓故也。韓非子外儲說左上謂「公傷股，三日而死」，不可信。史記宋世家與年表俱用左傳。

二三·三 秋，楚成得臣帥師伐陳，成得臣，字子玉。討其貳於宋也。遂取焦、夷，焦、夷皆陳邑。焦當今安徽省亳縣，夷在亳縣東南七十里。杜注謂「夷一名城父」，其實城父不過夷之一邑耳。説詳昭九年傳注。城頓而還。頓，國名，姬姓，卽今河南省項城縣稍西之南頓故城。顧棟高大事表引或曰「頓國本在今縣北三十里，頓子迫於陳而奔楚，自頓南徙，故曰南頓」，未審確否。子文以爲之功，「之」作「其」用，以爲其功也。使爲令尹。叔伯曰：「子若國何？」杜注：「叔伯，楚大夫薳呂臣也，以爲子玉不任令尹。」對曰：「吾以靖國也。夫有大功而無貴仕，其人能靖者與有幾？」言若其人有大功而無貴仕能安國者不多也。與同歟，謂其人能靖者有幾歟，釋文從「與」字絕句固非，邵寶左觿謂「若曰『其有幾人能靖者與』」，近似而未的。馬氏文通謂「與」本在句末，倒在前，是也。

二三·四 九月，晉惠公卒。杜注：「經在明年，從赴。」實誤，詳明年經注。韓非子難二謂惠公淫衍暴亂云云，蓋言之過實。懷公立，命無從亡人，各本原無「立」字。王引之述聞謂：「懷公下脫一『立』字，則與上句不相承。太平御覽人事部五十九、治道部二兩引此文，皆作『懷公立，命無從亡人』。」今從金澤文庫本補「立」字。晉世家云：「十四年九月，惠公卒，太子圉立，是爲懷公。」亡人指公子重耳。期，約從重耳者之歸期。期而不至，無赦。狐突之子毛及偃從重耳在秦，弗召。冬，懷公執狐突，曰：「子來則免。」子卽狐毛、狐偃。下「子」字同。對曰：「子之能仕，父教之忠，古之制也。策名、委質，策名，名字書於策上也。古者始仕，必先書其名於策。楊寬古史新探解爲「策命」、「錫命」，似乏的證。委質，質同贄，音至，莊二十四年所謂「男贄，大者玉帛，小者禽鳥」是也。委質之委與昏禮納采委雁之委同義，置也。呂氏春秋執一篇云「今日置質爲臣」，置質卽委質。凡贄必相授受，唯臣之於君，則不親授，置之於庭，不敢送於君前也。楊寬謂「委贄就是質附給主人，不再收還」，亦有見地。說詳其贄見禮新探。杜解委質爲「屈膝」，誤。說參沈欽韓補注。孟子滕文公下孟軻謂孔丘「出疆必載質」，因無質（贄）卽不能爲人臣。戰國猶行此禮，呂氏春秋執一篇「置質爲臣」，秦策四「梁王身抱質執璧，請爲陳侯臣」皆可證。但戰國雖委質而不必死于其君，且隨時可以離開，執一篇所謂「今日釋璽辭官」可證。貳乃辟也。委質爲臣，如有二心，則爲罪戾。辟，罪也。晉語九云：「臣聞之，委質爲臣，無有二心；委質而策死，古之法也。」今臣之子，名在重耳，有年數矣。若又召之，教之貳也。父教子貳，何以事君？刑之不濫，君之明也，臣之願也。淫刑以逞，濫用其刑曰淫刑。誰則無罪？臣聞命矣。」乃殺之。晉世家亦載此事，有詳有略。

卜偃稱疾不出，曰：「周書有之：『乃大明，服。』尚書康誥文，言君大明，臣民乃服。己則不明，則，若也。而殺人以逞，不亦難乎？民不見德，而唯戮是聞，而唯聞殺戮。其何後之有？」杜注：「言懷公必無後於晉，爲二十四年殺懷公張本。」

二三·五

十一月，杞成公卒。杞世家脱成公一代。集解引世本云：「惠公（卽杞世家之德公）立十八年，生成公及桓公。成公立十八年。」似此則成公當立於魯僖之六年。書曰「子」，杞，夷也。襄二十九年傳云：「杞，夏餘也，而卽東夷。」蓋杞本非夷，以其用夷禮，因而夷之；二十七年傳亦云：「杞桓公來朝，用夷禮，故曰子。」不書名，未同盟也。隱七年傳：「滕侯卒，不書名，未同盟也。」凡諸侯同盟，死則赴以名，禮也。赴以名，則亦書之，未同盟之國，若其國君卒，赴以名，則亦書名。春秋記外諸侯之卒凡一百三十三，而不書名者十次而已，以盟會求之，經、傳未嘗見其同盟者五十二，而書名者，皆赴以名者也。不然則否，亦謂未同盟之國，若其赴不以名，則不書名。杞成公娶魯女，魯必知其名，而其卒不書名者，以其赴告不以名耳。杜注謂此句指「同盟而不以名告」者，誤。春秋於同盟諸侯之卒皆書名，沈欽韓補注謂「若已同盟，雖不赴名，策書固已悉之，書其名者無不審之患」者是也。並參顧炎武補正。辟不敏也。杜注：「敏猶審也。」避其不審，恐誤書也。

二三・六　晉公子重耳之及於難也，晉人伐諸蒲城。事見五年傳。蒲城人欲戰，重耳不可，曰：「保君父之命而享其生祿，保，依靠，仗恃。生祿猶言養生之祿，沈彤小疏謂生有穀義，不確。於是乎得人。有人而校，校猶抵抗。詳五年傳注。罪莫大焉。吾其奔也。」遂奔狄。晉語二敍此較詳，以奔狄爲狐偃之謀。晉世家云：「狄，其母國也。是時重耳年四十三。」然據國語與左傳，是時重耳年十七，司馬遷說不足信。從者狐偃、趙衰、顛頡、魏武子、司空季子。狐偃，狐突之子，已見前。戰國策秦策五云「文公用中山盜而勝於城濮」，高誘注以咎犯（卽狐偃）爲中山盜，則未聞也。趙衰，杜注云：「趙夙弟。」然趙世家及左傳宣二年正義引世本則以趙衰爲夙之孫，趙世家索隱引世本又謂「夙生成季衰」，則趙夙與衰又爲父子，諸家之說紛歧如此。當以父子之說爲近是，說詳閔元年傳注。魏武子，魏犫也。魏世家謂畢萬生武子，而索隱引世本云「畢萬生芒季，芒季生武仲州」（卽武子犫），世族譜亦謂魏犨是畢萬之孫，恐世家脱去一代。至樂記正義引世本謂「畢萬生芒，芒生季，季生武仲州」，以芒、季爲二人二代，或傳鈔之誤。總之，魏、趙二氏世系，傳寫多誤，於此略言之，期折中於一是。司空季子，司空是其官，季子是其字；胥，其氏；臣，其名；食邑於臼，故亦謂之胥臣，亦謂之臼季。晉世家云：「晉文公重耳自少好士，年十七，有賢士五人，曰趙衰，狐偃咎犯，文公舅也，賈佗，先軫，魏武子。從此五士，其餘不名者數十人，至狄。」五人不數顛頡與司空季子，而代以賈佗、先軫，與傳不同。蓋從者不止五人，至水經涑水注引竹書紀年謂「狐毛與先軫禦秦」(詳下)，則不但二人未從文公，且初時與爲敵。與傳更異。此五人，當時有名望者也。狄人伐廧咎如，廧音牆，咎音高。成三年傳謂廧咎如爲「赤狄之餘」，故杜注云：「廧咎如，赤狄之別種也。」竹添光鴻會箋據成十三年傳吕相絶秦言「白狄及君同州，君之仇讎而我昏姻也」，以昏姻指季隗，因謂廧咎如爲白狄，不知晉與狄通婚，不僅此也，説不足據。據讀史方輿紀要卷一，廧咎如約在今山西省太原市一帶。或云在河南安陽市西南。後説疑近是。獲其二女，叔隗、季隗，廧咎如，隗姓也。凡狄女稱隗氏，見於古金文者，如鄭同媿鼎、芮伯[飠攵]叔媿鼎、鄧公子敦，皆作「媿」，從女。納諸公子。公子取季隗，生伯儵、叔劉，「儵」一作「鯈」，音籌。以叔隗妻趙衰，生盾。據傳，重耳娶少者，以其姊與趙衰，而晉世家謂「以長女妻重耳，以少女妻趙衰」，與左傳不同。將適齊，謂季隗曰：「待我二十五年，不來而後嫁。」對曰：「我二十五年矣，又如是而嫁，則就木焉。木謂棺槨。孟子公孫丑下「木若以美然」，木亦謂棺槨。楊樹達先生古書疑義舉例續補有以製物之質表物例，可參看。請待子。」處狄十二年而行。此句謂重耳居狄凡十二年，重耳於魯僖之五年至狄，十六年而行。據晉語與晉世家，適齊之謀起魯僖之十六年，卽晉惠之七年。晉語四及晉世家敍此較繁。

過衞，衞文公不禮焉。衞世家謂文公「十六年，晉公子重耳過，無禮。」衞文公之十六年即魯僖之十六年，亦即重耳去狄之年。出於五鹿，言自五鹿出而東行。五鹿，衞地。五鹿有二，一在今河北省大名縣東，一在今河南省濮陽縣南三十里。顧棟高大事表主前說，沈欽韓地名補注則主後說。當以濮陽之說較可信。乞食於野人，野人與之塊。塊，土塊也。晉世家作「野人盛土器中進之」。蓋器者，公子乞食所用者也。公子怒，欲鞭之。子犯曰：「天賜也。」稽首受而載之。稽首爲古人最重之禮節，詳顧炎武日知録二十八。此拜天賜，故稽首。此稽首之前有拜，不言者，省文。晉語四、晉世家俱載此事，諸說大體相同，惟史記以子犯語爲趙衰語耳。

及齊，晉世家謂晉惠公欲使人殺重耳於狄，重耳聞之如齊。梁玉繩志疑云：「如齊求入，非爲惠公欲殺之故也。」其事在惠公七年，即魯僖十六年。齊桓公妻之，有馬二十乘。一乘四匹，二十乘，馬八十匹，因此乘有四義，孟子離婁下「發乘矢而後反」是也。公子安之。從者以爲不可。將行，謀於桑下。晉語四敍此事較傳稍詳。蠶妾在其上，中國養蠶織絲之術發明極早。一九二六年在山西夏縣西陰村新石器時代遺址中，即發現被切割之蠶繭，但此繭是野繭抑家繭，尚難斷定。然在浙江吳興錢山漾新石器時代遺址發現一批絲織品，其中有絹片、絲帶與絲線等，則足以肯定距今四千餘年前中國已知養蠶繅絲之術。以告姜氏。姜氏殺之，姜氏，重耳妻。殺蠶妾以滅口，恐孝公知之也。而謂公子曰：「子有四方之志，其聞之者，吾殺之矣。」公子曰：「無之。」姜曰：「行也！懷與安，實敗名。」晉語五敍甯嬴從陽處父，及山而還。其妻曰：「子得所求而不從之，何其懷也？」

懷謂留戀妻室，此懷字當與之同義。安，謂圖安逸而重遷。公子不可。姜與子犯謀，醉而遣之。醒，以戈逐子犯。晉語四敍此過於煩瑣。列女傳節採晉語之文，且曰：「晉人殺懷公而立公子重耳，是爲文公，迎齊姜以爲夫人。」

及曹，晉語四於及曹之前，尚有過衞一事，又分「五鹿乞食」與「衞文公不禮」爲兩年事，乞食五鹿在適齊前，衞文公不禮在去齊後。史記于衞世家既用左傳列衞文公無禮於十六年；復于年表魯僖之二十三年，亦卽衞文之二十三年云，「重耳從齊過，無禮」，亦因晉語之故。不知重耳由齊及曹，並不過衞，國語不可信。曹共公聞其駢脅，曹共公，名襄。見曹世家。駢脅，說文作骿脅，晉語同，骿、駢通用字。駢脅者，肋骨比迫若一骨然。欲觀其裸。駢脅非裸體不能見。浴，薄而觀之。使重耳浴，設簾而窺之。薄卽晉語四之「微薄」，亦卽帷薄，今之簾也。依杜注意謂迫近觀之，不確。說參沈欽韓補注。釋文以「欲觀」爲一句，「其裸浴」爲句，不如一讀至裸字絕句。至呂覽上德篇、淮南人間訓謂曹共公使重耳袒而捕池魚，黃氏日抄已云，恐無此理。淮南人間訓且言釐(僖)負羈止曹共公云云，亦與左傳異。史記所述蓋本此。見下文。僖負羈之妻曰：「吾觀晉公子之從者，皆足以相國。若以相，夫子必反其國。武億經讀考異以「若以相夫子」爲句，誤，今從杜預讀。夫子，子，男子之美稱；夫音扶，指示詞，今言那。反其國，必得志於諸侯。得志於諸侯，而誅無禮，曹其首也。子盍蚤自貳焉！」蚤同早。貳謂示貳心於重耳。乃饋盤飧，寘璧焉。杜注：「臣無竟(境)外之交，故用盤藏璧飧中，不欲令人見。」飧音孫，餔也。公子受飧反璧。晉語四載此事，且有曹伯語，左傳省之。曹世家云：「共公十六年，初，晉公子重耳其亡過曹，曹君無禮，欲觀其駢脅。釐負羈諫，不聽，私善於重耳。」曹世家既著此事於共公之十六年，又著一「初」字，似重耳之過曹在共公十六年之前，然年表仍列此事於十六年，卽魯僖二十三年，以重耳過宋之年推之，當在魯僖之二十二年。韓非子十過篇亦載此事，且誤入叔瞻事，不具錄。列女傳則述負羈妻，大體同于傳文。

及宋，宋襄公贈之以馬二十乘。晉語四及晉世家俱敍此而較繁。宋世家云：「是年（宋襄十三年），晉公子重耳過宋，襄公以傷於楚，欲得晉援，厚禮重耳以馬二十乘。」重耳過宋當在魯僖之二十二年，卽宋襄之十三年，宋世家之言可據。

及鄭，鄭文公亦不禮焉。叔詹諫曰：「臣聞天之所啓，啓，開也。引申爲贊助也。詳楊樹達先生積微居金文說番生𣪘蓋跋。人弗及也。晉公子有三焉，天其或者將建諸，「其」與「或者」皆表示不肯定之副詞，此處強調其語氣，故連用。諸，之乎合音。君其禮焉！男女同姓，其生不蕃。宣三年傳云：「吾聞姬、姞耦，其子孫必蕃。」蕃，蕃殖也，子孫昌盛之意。昭元年傳子產之言曰：「僑又聞之：『內官不及同姓，其生不殖。』」與此意同。晉公子，姬出也，重耳爲大戎狐姬之子，見莊二十八年傳。姬出，猶言姬姓女所生。詳莊二十二年傳注。而至於今，一也。離外之患，離同罹，遭受也。外指逃亡外國。離外之患者，遭逃亡于外國之憂患也。而天不靖晉國，「天」字下原衍「下」字，從校勘記刪。靖，安也。殆將啓之，二也。有三士，足以上人，據晉語四，三士爲狐偃、趙衰及賈佗。而從之，三也。晉、鄭同儕，杜注：「儕，等也。」其過子弟固將禮焉，況天之所啓乎！」弗聽。晉語四載叔詹之諫詳于此。鄭世家及年表俱列此事於鄭文之三十六年，卽魯僖之二十三年，可信。

及楚，楚子饗之，曰：「公子若反晉國，反同返。則何以報不穀？」對曰：「子、女、玉、帛，則君有之；子、女、玉、帛爲四，韋注晉語四以子女爲一，云「子女，美女也」，不可信。子女蓋指男女奴隸，此以「子女」與「玉帛」並列，猶師寰𣪘之「毆俘士、女、羊、牛」，以「士女」與「羊牛」並列。羽、毛、齒、革，則君地生焉。晉語四作「羽旄齒革」，韋注云：「羽，鳥羽，翡翠、孔雀之屬；毛，旄牛；齒，象牙；革，犀兕皮，皆生於楚。」此與隱五年傳之「皮革、齒牙、骨角、毛羽」意略同。其波及晉國者，君之餘也；波讀爲播，散也，言散及晉國者也。詳王引之述聞。其何以報君？」曰：「雖然，何以報我？」對曰：「若以君之靈，得反晉國。晉、楚治兵，治兵本爲教練軍隊或習武之義，見隱五年傳，此處爲外交辭令，避免戰爭字樣。晉語韋注云：「治兵謂征伐」，僅得其大意。遇于中原，其辟君三舍。古者師行一宿爲一舍，莊三年傳「凡師一宿爲舍」是也；而師行每日三十里，故三十里亦爲一舍。晉語四韋注引司馬法云：「進退不過三舍，禮也。」若不獲命，不獲命亦當時辭令，猶言不得允許。韋注晉語四云「不得楚還師之命」，杜注此文云「不得楚止命也」，似皆失之拘。其左執鞭、弭，鞭，馬鞭，宣十五年傳「雖鞭之長，不及馬腹」可證。弭音米，爾雅釋器云：「弓，有緣者謂之弓，無緣者謂之弭。」此泛指弓言。右屬櫜、鞬，屬音燭，著也。櫜音高，盛箭矢之器。鞬音犍，盛弓之物。以與君周旋。」周旋可爲旋轉義，僖十五年「周旋不能」。又作應酬解。此引申作交戰義。子玉請殺之。楚子曰：「晉公子廣而儉，杜注：「志廣而體儉。」文而有禮。其從者肅而寬，杜注：「肅，敬也。」忠而能力。晉侯無親，晉侯，惠公。外內惡之。吾聞姬姓唐叔之後，其後衰者也，其將由晉公子乎！此謂晉之衰亡在最後，由晉公子爲君之故乎。天將興之，誰能廢之？違天，必有大咎。」乃送諸秦。晉語四及楚世家述此互有同異。楚世家及年表俱載此事於楚成王三十五年，即此年。

秦伯納女五人，懷嬴與焉。懷嬴，晉懷公之妻嬴氏，卽二十二年子圉與謀偕逃之嬴氏；嫁文公後爲辰嬴，見文六年傳。奉匜沃盥，奉，手持之也。匜，音移，古人洗手洗面之具，用以盛水。古人洗盥，一人持匜，灌水於洗盥者之手以洗之，下有槃，以盛盥訖之水。禮記內則云：「進盥，少者奉槃，長者奉水，請沃盥。」奉水卽奉匜，以水盛匜中也。此懷嬴奉匜以注水，注水曰沃，而重耳盥之。馬宗璉補注以儀禮士昏禮說此事，依士昏禮，新郎入室，新婦之從者曰媵，爲新郎沃盥；新郎之從者曰御，爲新婦沃盥。此秦穆公以文嬴妻文公，懷嬴爲媵，故爲文公沃盥。則此爲初婚時事。按之晉語，或然。既而揮之。揮之者，重耳揮去手中餘水使乾。本待授巾使拭乾，內則「盥卒，授巾」是也。重耳不待巾而揮去餘水，非禮，故懷嬴怒。洪亮吉詁謂「蓋懷嬴不欲，故以手揮灑此水」，誤。怒，懷嬴怒。曰：「秦、晉，匹也，何以卑我？」公子懼，降服而囚。杜注：「去上服，自拘囚以謝之。」蓋懷嬴以秦言，謂「輕我」卽輕秦。

他日，公享之。子犯曰：「吾不如衰之文也，文，有文辭也。請使衰從。」公子賦河水。杜注：「河水，逸詩，義取河水朝宗于海。海喻秦。」晉語四韋注云：「河當作沔，字相似誤也。其詩曰：『沔彼流水，朝宗于海。』言己反國，當朝事秦。」江永羣經補義曰：「此說是也。余謂『嗟我兄弟，邦人諸友，莫肯念亂，誰無父母』，亦欲以此感動秦伯，望其念亂而送己歸也。」左傳記賦詩者始於此，而終于定四年秦哀公之賦無衣。始於此，非前此無賦詩者，蓋不足記也。終于定四年者，蓋其時賦詩之風漸衰，後竟成絕響矣。公賦六月。晉語四韋注云：「小雅六月道尹吉甫佐宣王征伐，復文、武之業。其詩云：『王于出征，以匡王國。』其二章曰：『以佐天子。』三章曰：『共武之服，以定王國。』此言重耳爲君，必霸諸侯，以匡佐天子。」趙衰曰：「重耳拜賜！」公子降，拜，稽首，降，降階至堂下。再拜而後稽首。見十五年傳注。公降一級而辭焉。秦穆公降階一等，依儀禮公食大夫禮及聘禮，賓與主人若地位不同，賓卑主尊，賓必降拜，主必降辭。辭者，辭其降拜，非辭其稽首。杜以爲「辭公子稽首」，誤。說詳沈欽韓補注。衰曰：「君稱所以佐天子者命重耳，重耳敢不拜？」自「晉公子重耳之及於難也」至此，當與「二十四年春王正月秦伯納之」爲一傳。不然，「秦伯納之」一語爲無根。晉語四敍此極繁。晉重耳之亡，除國語與史記外，其它若韓非子（如外儲說、十過篇）、呂氏春秋（如務本篇、上德篇）、淮南子（如道應訓、人間訓）亦多所引述，略有同異，不具引。

二十有四年，乙酉，公元前六三六年。周襄王十七年、齊孝七年、晉文公重耳元年、衞文二十四年、蔡莊十年、鄭文三十七年、曹共十七年、陳穆十二年、杞桓公姑容元年、宋成公王臣元年、秦穆二十四年，楚成三十六年、許僖二十年。

經

二四·一 二十有四年春王正月。冬至在正月初三甲午，建子。

二四·二 夏，狄伐鄭。

二四·三 秋七月。

二四·四 冬，天王出居于鄭。杜注：「襄王也。天子以天下爲家，故所在稱居。」孔疏云：「出居實出奔也。出謂出畿內，居若移居然。」經用「出居」者唯此一次。其他若昭二十二年之「劉子、單子以王猛居于皇」，二十三年之「天王居于狄泉」，皆不用「出」字，蓋未遠離王畿。傳用「出居」者凡四次，則無此義。據傳，襄王出居鄭在秋，而此書「冬」者，或以告難在冬乎。

二四・五　晉侯夷吾卒。據傳，晉惠公卒於去年九月，而經記於此年「冬」者，杜注謂「文公定位而後告」，此說實無理，顧棟高大事表已駁之。顧炎武補正云「疑此錯簡，當在二十三年之冬」，是也。

傳

二四・一　二十四年春王正月，秦伯納之。此文緊接上年傳文而來，秦伯納之，納重耳也。不書，不告入也。晉文不告入，故魯史不書。

及河，子犯以璧授公子，晉語四作「子犯授公子載璧」，韋注云：「載，祀也。授，還也。」曰：「臣負羈紲從君巡於天下，下文豎頭須亦云「行者爲羈紲之僕」，襄二十六年傳，大叔文子亦云「臣不佞，不能負羈紲以從扞牧圉」，則「負羈紲」爲從行者之套語也。羈，馬絡頭也。紲音薛，亦作絏、緤。凡繫人與動物之索皆可曰紲，論語公冶長「雖在縲紲之中」，繫人者也；禮記少儀「犬則執緤」，繫犬者也；此則指馬韁而言。不言流亡諸侯間，而言「巡於天下」，表敬之辭令。臣之罪甚多矣，王引之述聞謂「甚」爲「其」字之誤，不確。謀離齊，重耳怒，以戈逐子犯，即一例。臣猶知之，而況君乎？請由此亡。」淮南子說山訓云：「文公棄荏席後黴黑，咎犯辭歸。」高誘注引傳此事證之。公

仲扞弓射公子小白，中鉤。」齊世家云：「小白自少好善大夫高傒。及雍林人殺無知，議立君，高、國先陰召小白於莒。魯聞無知死，亦發兵送公子糾，而使管仲別將兵遮莒道，射中小白帶鉤。」皆射鉤事也。鉤，革帶上之鉤，阮元積古齋鐘鼎彝器款識卷十有丙午神鉤。參商承祚長沙古物聞見記上楚革帶及文物一九八二年十期王仁湘古代帶鉤用途考實。其用在使帶環束，淮南説林篇「滿堂之坐，視鉤各異，於環帶一也」，又泰族篇「帶不厭新，鉤不厭故，處地宜也」。君若易之，易，改易也，改變之卽反之。襄四年傳述韓獻子之言曰：「文王帥殷之叛國以事紂，唯知時也。今我易之，難哉！」哀十一年傳述伍子胥之言曰：「盤庚之誥曰：『其有顛越不共，則劓殄無遺育，無俾易種于茲邑。』是商所以興也。今君易之，將以求大，不亦難乎？」諸易字多同此義。句法亦大同。何辱命焉？行者甚衆，釋文云：「一本甚作其。」王引之述聞云：「甚當作其，言君若念舊惡，則行者其衆矣。其者將然之詞，此時當未有行者，不得言甚衆也。」王説是也。「行者其衆」乃針對文公「女其行乎」而言。豈唯刑臣？」晉語四敍此與傳同。公見之，以難告。三月，晉侯潛會秦伯于王城。王城，秦地。見十五年傳注。己丑晦，公宮火。瑕甥、郤芮不獲公，乃如河上，秦伯誘而殺之。晉侯逆夫人嬴氏以歸。晉語四韋注云：「賈侍中云：嬴氏，秦穆公女文嬴也。或云，夫人辰嬴。」傳云『辰嬴賤，班在九人』，非夫人也，賈得之也。」秦伯送衞於晉三千人，實紀綱之僕。紀綱之僕猶言得力之僕。韓非子十過篇謂秦穆公「因起卒，革車五百乘，疇騎二千，步卒五萬，輔重耳入之于晉」，所言或過夸。

初，晉侯之豎頭須，守藏者也，豎，未成人而給事者之稱，其年當在十五以上十九以下，説參周禮天官序官內豎孫詒讓正義。「頭須」，韓詩外傳十及新序雜事五俱作「里鳧須」。藏，去聲。守藏，猶言保管財物。其出也，竊藏以逃，盡用以求納之。據下文「居者爲社稷之守」及「何必罪居者」之文，頭須蓋逃而返國。晉語四云：「文公之出也，豎頭須，守藏者也，不從。」晉語云「不從」可證傳「居者」之義。韓詩外傳十則謂「晉文公重耳亡過曹，里鳧須從，因盜重耳資而亡」。盡用以求納之，杜注「求納文公」，是也。未成而留晉。及入，求見。公辭焉以沐。「焉」作「之」用，公辭之以沐，謂以沐髮爲藉口而拒之。謂僕人曰：僕人，晉語作「謁者」。僕人以其位言，謁者以其職言。「沐則心覆，晉語韋注云：「覆，反。沐低頭，故言心反也。」心覆則圖反，圖反，所圖謀者反於正常也。韓詩外傳十云：「鳧須曰：『臣聞沐者其心倒，心倒則其言悖。』」文異而義同。宜吾不得見也。居者爲社稷之守，行者爲羈紲之僕，其亦可也，何必罪居者？國君而讎匹夫，懼者其衆矣。」「其」各本作「甚」。釋文云：「甚衆，或作其衆。」王念孫云：「晉語作『懼者衆矣』，則作『其衆者』是也。」見王引之述聞。今從金澤文庫本改正。僕人以告，公遽見之。杜注：「言棄小怨，所以能安衆。」韓詩外傳十又云：「及重耳反國，國中多不附重耳者，於是里鳧須造見曰：『臣能安晉國。』文公使人應之曰：『子當（借爲「尚」）何面目來見寡人欲安晉也？』鳧須仰首曰：『離國久，臣民多過君。君反國，而民皆自危。里鳧須又襲竭君之資避於深山，而君以餒。介子推割股，天下莫不聞。臣之爲賊亦大矣，罪至十族未足塞責。然君誠赦之罪，與驂乘游於國中，百姓見之，必知不念舊惡，人自安矣。』於是文公大悅，從其計。是以晉國大寧。」新序雜事五所述大同小異。雖難盡信，棄小怨而安衆心則可以知之。此猶漢高祖之封雍齒，見留侯世家。

狄人歸季隗于晉，而請其二子。據上年傳，二子者，伯儵、叔劉也；請之者，請留于狄也。文公妻趙衰，生原同、屏括、樓嬰。杜注以爲文公以其女妻趙衰。趙同、趙括、趙嬰齊各食邑於原、屏、樓三地，故傳謂之

三、安撫臣心
對鳧須
不討前嫌

原同、屏括、樓嬰。原即趙衰爲原大夫之原，亦卽隱十一年傳周桓王與鄭莊公十二邑之原，在今河南省濟源縣西北。屏地未詳。樓，據春秋地名考略四，在今山西省永和縣南十里。文公妻趙衰，不知在何年，既生三子，返國而趙姬請逆盾，則自在此年以前。此女亦不知何人所生，傳所言者，惟季隗生二子。若齊姜，縱生女，此時亦年小，不足嫁人。趙姬請逆盾與其母，趙姬，文公女妻於趙衰者。盾與其母，卽叔隗及其所生子。子餘辭。子餘，趙衰字。姬曰：「得寵而忘舊，何以使人？必逆之！」固請，許之。來，以盾爲才，固請于公，以爲嫡子，而使其三子下之；以叔隗爲内子，禮記曾子問：「大夫内子有殷事，亦之君所。」鄭注：「内子，大夫妻也。」又雜記上：「内子以鞠衣褒衣素沙。」鄭注：「内子，卿之適妻也。」而己下之。沈欽韓補注曰：「以盾爲嫡子，固然。以叔隗爲内子，則姬氏之意特欲相推，而未必遂其事耳。宣二年趙盾稱趙姬爲君姬氏，則固以趙姬爲嫡母矣。」杜注謂趙姬請逆盾等事「皆非此年事，蓋因狄人歸季隗，遂終言叔隗」。趙世家云：「初，重耳在晉時，趙衰妻亦生趙同、趙括、趙嬰齊。趙衰既反晉，晉之妻固要迎翟妻，而以其子盾爲適嗣，晉妻三子皆下事之。」以「文公妻趙衰」爲重耳出亡前事，恐未必確。趙姬之言「得寵而忘舊」，明趙衰之得己在叔隗後。趙盾卒於魯宣七年八年之間，而成五年原同、屏括放嬰齊，成八年晉討趙同、趙括，似趙姬三子皆幼于盾。晉語四謂重耳年十七而亡，若然，其在晉時不得有及笄之女。史記謂重耳亡年四十三，故有此説。事亦見列女傳賢明傳。

晉侯賞從亡者，介之推不言禄，杜預以下文「推曰」不曰「之推曰」乃以「之」字爲語助。文十年傳有文之無畏，而下文只稱無畏，淮南子主術訓作文無畏，則杜注不爲無理。論語雍也篇有孟之反，劉寶楠正義曰：「古人名多用之爲語助，若舟之僑、宮之奇、介之推、公罔之裘、庾公之斯、尹公之佗與此孟之反皆是。」介之推大戴禮作「介山之推」，史記晉世家作「介子推」。又介之推，杜注以爲「文公微臣」，而其割股以食文公，見韓詩外傳、漢書丙吉傳等。祿亦弗及。晉世家云：「文公修政，施惠百姓。賞從亡者及功臣，大者封邑，小者尊爵。未盡行賞，周襄王以弟帶難出居鄭地，來告急晉。晉初定，欲發兵，恐他亂起，是以賞從亡，未至隱者介子推。推亦不言祿，祿亦不及。」推曰：「獻公之子九人，唯君在矣。惠、懷無親，外內弃之。天未絶晉，必將有主。主晉祀者，非君而誰？天實置之，而二三子以爲己力，不亦誣乎？竊人之財，猶謂之盜，況貪天之功以爲己力乎？釋名釋言語云：「貪，探也，探入他分也。」周語中云：「郤至佻天之功以爲己力。」韋注云：「佻，偷也。」語意皆與此同。說詳俞樾平議、劉文淇疏證。下義其罪，上賞其姦；上下相蒙，蒙，欺也。昭元年傳「又使圍蒙其先君」、八年傳「甚哉其相蒙也」、二十七年傳「蒙王與令尹」，皆以蒙爲欺。說見李貽德輯述。難與處矣。」孔疏云：「在下者以貪天之功爲立君之義，是下義其罪也；在上者以立君之勳賞盜天之罪，是上賞其姦也。居下者義其罪，是下欺上也；居上者賞其姦，是上欺下也。如此上下相欺蒙，難可與並居處矣。」其母曰：「盍亦求之？盍，「何不」之合音。以死，誰懟？」懟音隊，怨也。此謂如自己不求賞，因死，又怨誰。對曰：「尤而效之，罪又甚焉。尤，說文作「訧」，或亦作「郵」，罪也。然經、傳多作「尤」。此謂明知其爲錯誤而做效之，罪宜加一等。襄二十一年傳云：「尤而效之，其又甚焉。」晉語四云：「夫郵而效之，郵又甚焉。效郵，非禮也。」蓋當時常用語也。且出怨言，不食其食。」「其食」，晉世家作「其祿」，史公蓋以祿釋食。不食其祿即上文之「難與處」。其母曰：「亦使知之，若何？」對曰：「言，身之文也。此謂言所以文身。身將隱，焉用文之？——是求顯也。」晉世家云：「身欲隱，安用文之？文之，是求顯也。」重「文之」二字，傳文則省之而突接。其母曰：「能如是乎？與女偕隱。」遂隱而死。晉侯求之不獲。以緜上爲之田，緜上，晉蓋有兩緜上，在今山西省介休縣東南四十里介山之下而接靈石縣界者，爲介之推所隱處；在今翼城縣西者，爲襄公十三年晉侯治兵及定公六年趙簡子逆樂祁處。以緜上爲之田者，之作其用。顧炎武補正云：「乃以田祿其子。」武億義證云：「此虛封也，不必有人受之。外傳越語環會稽三百里者以爲范蠡地，曰，後世之孫有敢侵蠡之地者，使無終沒于越國。皇天后土、四鄉地主證之！亦在蠡既去之後而市此以爲名，當時文公亦猶是也。」武說是也。晉世家云：「介子推從者憐之，乃懸書宮門曰：『龍欲上天，五蛇爲輔，龍已升雲，四蛇各入其宇。一蛇獨怨，終不見處所。』文公出，見其書，曰：『此介子推也。吾方憂王室，未圖其功。』使人召之，則亡。遂求所在，聞其入緜上山中，於是文公環緜上山中而封之，以爲介推田。號曰介山。」此事又見吕氏春秋介立篇、新序節士篇、水經汾水注等，新序且謂「求之不能得，以謂焚其山宜出。及焚其山，遂不出而焚死」。曰：「以志吾過，且旌善人。」晉世家作「以記吾過，且旌善人」，記卽志也。周禮保章氏鄭注云：「志，古文識。識，記也。」說詳惠棟補注。旌，杜注云：「表也。」卽今表揚之表。周語上載「襄王使太宰文公及內史興賜晉文公命」事，左傳未載。晉惠卽位之第二年，周襄王曾賜命。則晉文卽位，周襄亦必賜命。晉惠賜命所以書者，以其受玉惰也。

二四·二　鄭之入滑也，滑人聽命。杜注云：「入滑在二十年。」師還，又卽衞。鄭公子士、洩堵俞彌帥師伐滑。公子士已見二十年傳。洩堵俞彌疑卽洩堵寇。洪亮吉詁以爲洩是氏，堵俞彌是名；俞正燮癸巳存稿、章炳麟讀則以爲洩堵是氏，寇及俞彌是名，疑不能明。惟陳厚耀補春秋世族譜誤解杜注，別出「公子士洩」一人，則誤。並參李惇羣經識小。王使伯服、游孫伯如鄭請滑。「伯服」，鄭世家作「伯犕」，周本紀仍作「伯服」。杜注云：「二子，周大夫。」請滑者，爲滑請命，勸鄭不伐之。鄭伯怨惠王之入而不與厲公爵也，事見莊二十一年傳。據傳，爵爲酒器，曾與虢公者。鄭世家云：「鄭文公怨惠王之亡在櫟，而文公父厲公入之，而惠王不賜厲公爵祿。」以爵祿解爵，非傳意。又怨襄王之與衞滑也。滑之舍鄭而就衞，疑周襄王使之。故不聽王命，而執二子。周語中云：「襄王十三年鄭人伐滑，使游孫伯請滑，鄭人執之。」周語中作襄王十三年，蓋以此卽僖公二十年事，與傳異。又周語言執游孫伯，周本紀、鄭世家均云「囚伯服」，兩書皆只言其一。王怒，將以狄伐鄭。富辰諫曰：「不可。臣聞之：大上以德撫民，其次親親，以相及也。襄二十四年傳謂「大上有立德，其次有立功，其次有立言」。大上、其次俱就其高下等次而言。餘參襄二十四年傳注。親親以相及者，謂先親其所親，然後由近及遠，所謂推恩以成義。昔周公弔二叔之不咸，弔，傷也。二叔，管叔、蔡叔。杜預本馬融之說，謂二叔爲「夏、殷之叔世」，誤。說詳王引之述聞及李貽德輯述。咸，終也。不咸謂不終也。說詳楊樹達先生積微居小學述林詩敦商之旅克咸厥功解。故封建親戚以蕃屏周。封建，分封土地建國家也。親戚古有數義，昭二十年傳「親戚爲戮，不可以莫之報也」，大戴禮記曾子疾病篇「親戚既没，雖欲孝，誰孝？」孟子盡心篇「人莫大焉亡親戚、君臣、上下」，親戚俱謂父母。然亦稱同家同族之人爲親戚，戰國策秦策一「富貴則親戚畏懼」，則蘇秦指其妻與嫂；此則指伯叔兄弟及子姪。至以親戚表婚姻關係，古亦有此義，如禮記曲禮上「兄弟親戚稱其慈也」，晉語四「愛親戚，明賢良」，楚語下「比爾兄弟親戚」，皆是。蕃屏，爲周室作藩籬屏障也。管、蔡、郕、霍、魯、衞、毛、聃、郜、雍、曹、滕、畢、原、酆、郇，文之昭也。十六國，皆文王子。管，管蔡世家云：「武王已克殷紂，平天下，封功臣昆弟。於是封叔鮮於管。」又云：「管叔鮮作亂誅死，無後。」而依此傳文之意，則封管者爲周公，其時爲管、蔡不咸之後，似不相合。王引之述聞謂「此乃謂管叔之言語之偶疏，不必字字拘泥」。管在今河南省鄭州市，春秋前已絶封，屬檜，檜滅屬鄭。宣十二年傳之「楚子次管」，卽此地。蔡，見隱四年經注。郕，見隱五年經注。霍，見閔元年傳注。毛，尚書顧命、穆天子傳五並古器如班毀、毛伯敦、毛公鼎皆稱毛公，周本紀、逸周書克殷解均有文王子毛叔鄭，當卽毛之始封者。顧棟高大事表五以爲其封地在今河南省宜陽縣境。據毛公鼎，西周初葉毛公膺爲周王卿士，毛公鼎、毛伯敦蓋並出扶風，似可推知毛公采邑西周時在扶風，東遷後在洛陽附近。本年傳有毛伯，當卽其後。毛非諸侯，乃其采邑。此及下者二十六分地，或在王畿外爲諸侯，或在王畿內爲采邑。雖在畿內，亦當封建，作蕃屏。說詳閻若璩尚書古文疏證五上。聃音南，管蔡世家云：「武王既崩，成王少，周公旦專王室。封季載於冉。」冉卽聃。文十四年傳周有聃啓，或卽其後。顧棟高大事表五則以爲季載國於那處，卽莊公十八年傳「遷權於那處」之那處，今湖北省荆門縣東南之那口。然汪遠孫國語發正二、梁玉繩漢書人表考三、姚範援鶉堂筆記十二均謂文昭十六，季載最少，不應遠封荆楚。江永考實據國語周語中謂聃之亡由于鄭姬，鄭有聃伯，以爲當在開封境，或是也。沈家本史記瑣言、朱緒曾開有益齋讀書續志俱謂聃之亡在魯桓、莊之時。郜，見桓二年經注。雍，據通志氏族略二，爲文王第十三子雍伯受封之國，在今河南省修武縣西，沁陽縣東北。銅器有雝王戟、雝公緘鼎、雝伯原鼎、邕子良人甗，不知是此雍器否。畢，銅器有伯顯父隮鬲，銘云「伯顯父作畢姬隮鬲」，則畢爲姬姓無疑。地在今陝西省西安市與咸陽市西北，綿亘二、三百里，橫跨渭水南北。餘詳閔元年傳「畢萬」注。原，莊十八年傳有原莊公，疑爲其後。今河南省濟源縣西北有原鄉，當卽原國初封之地。亦卽隱十一年之原。酆，亦作「豐」，顧棟高大事表五云：「酆本商崇侯虎地。文王滅崇，作豐邑，武王封其弟爲酆侯。竹書紀年成王十九年黜酆侯，自是絶封。」顧所引「成王黜酆侯」，見今本竹書紀年，然亦不爲無據。後漢崔駰酒箴云：「豐侯沈酒，荷罂負缶。自僇于世，圖形戒後。」李尤銘云：「豐侯荒繆，醉亂迷逸。乃象其形，爲酒戒式。」則豐侯以好酒被黜。地在今陝西户縣東，咸陽市南。傳世器有豐鼎、豐兮户𣪘等。郇，詩曹風下泉「郇伯勞之」之郇伯，當卽其後。地當在今山西省臨猗縣西南不遠之地。上傳云「軍于郇」，則早爲晉所滅矣。或云卽桓九年傳之荀國。銅器有筍伯大父𣪘、筍伯𣪘、筍伯甗，卽此國之器。昭穆，見僖五年傳注。周以后稷爲太祖，而不窋以下一昭一穆。文王爲不窋下之第十四世，於世次爲穆，故其子爲昭。邘、晉、應、韓，武之穆也。四國皆武王子。邘，據唐書宰相世系表二下爲周武王第二子邘叔所封國。今河南省沁陽縣西北二十餘里，當卽其封地。然王國維以大、小兩盂鼎皆出于陝西省郿縣禮村溝岸間，而大盂鼎銘紀王遣盂就國之事，在成王二十三祀；小盂鼎銘文紀盂伐鬼方獻俘受賜之事，在成王二十五祀，則兩鼎出土地當爲盂之封地，說詳觀堂集林鬼方昆夷玁狁考，亦可備一說。應，銅器有應公鼎、應公尊、應侯𣪘，「應」作「雁」，應公觶作「䧹」。通志氏族略二謂爲武王第四子所封國，故城當在今河南省魯山縣東三十餘里應鄉。傳世有應侯鐘。韓，詩大雅韓奕詠韓侯受命，足見宣王時尚强大。其封本當在今河北省固安縣東南之韓寨營，說詳顧炎武日知録三。雷學淇竹書紀年義證亦謂韓之初封近燕，後遷韓城。江永羣經補義及孫作雲詩經與周代社會研究謂韓初建國於陝西省韓城，宣王時改封于北安，卽今固安，正與雷說相反，不可信。春秋前爲晉所滅，詳桓三年傳「韓萬」注。武王於世次爲昭，故其子爲穆。凡、蔣、邢、茅、胙、祭，周公之胤也。胤，嗣也。凡，見隱七年經注。蔣，據通志氏族略二，爲周公第三子伯齡所封國。據杜注今河南省固始縣東北有蔣集，當卽其地。高士奇地名考略則據寰宇記今尉氏縣西六十里有蔣城，謂蔣國故封在此。據唐書宰相世系表十五下在今河南信陽地區光山縣西五十里。以第一說較可信。傳世器有𩰫兑𣪘、𩰫子爵。邢，見隱四年傳注。茅，茅伯所封，故城當在今山東省金鄉縣茅鄉，後屬邾，哀七年傳「成子以茅叛」者是也。胙，據清一統志故城在今河南省延津縣北故胙城東。祭，廣韻以爲周公第五子所封，餘見隱元年經「祭伯來」注。祭伯之祭與鄭國祭仲食邑之祭蓋爲兩地，此在今鄭州市之東北，祭仲之祭在中牟縣。漢書王莽傳謂「成王廣封周公庶子，六子皆有茅土」，是以此六子皆周公庶子。姬姓所封諸國，多在古黃土層，或沖積地帶，就當時農業生產而論，是最好或較好之土地。召穆公思周德之不類，召穆公，召公虎；據世本，爲召康公十六世孫。今陝西省岐山縣西南，舊有召亭，蓋其畿內采地；其後東遷，今山西省垣曲縣之召亭是也。詩大雅桑柔「貪人敗類」，毛傳云：「類，善也。」召穆公當周厲王周德衰微之時，故云不類。故糾合宗族于成周而作詩，糾，收也。此糾合連言。據下文，詩爲小雅常棣。然據周語中「周文公之詩曰」云云，則以爲周公旦所作，是周語、左傳之不同。杜預注傳，謂「召穆公特作此周公之樂歌」，蓋欲調和國語、左傳之說。古人言賦詩固有二義，自作詩曰賦，誦前人之詩亦可曰賦，若言作詩，則只能有自作之一義，是杜注之不可通者也。詩曰「凡今之人，莫如兄弟」，而周公則誅管、蔡二叔，是非周公之所作。說參楊樹達先生積微居金文說六年琱生𣪘（卽召伯虎𣪘）跋。成周在西周本爲糾合諸侯發號施令之所。逸周書有王會篇云「成周之會」。令彝銘云：「隹（唯）十月初吉癸未，明公朝至于成周，𠙶（出）令」云云，尤可證。曰：『常棣之華，鄂不韡韡。常棣，今名小葉楊。厲楊柳科，落葉喬木，高達三十米。春時，先葉開花。華即今花字。鄂，今作萼。不，同跗，萼足也，華下有鄂，鄂下有跗。管子地員篇「朱跗黄實」可證；亦作拊、柎，山海經西山經「圓葉而白柎」可證。韡韡，或作韡韡，音韙韙，光明貌。凡今之人，莫如兄弟。』常棣，孔疏云：「言常棣之華與鄂拊韡韡然甚光明也。由華以覆鄂，鄂以承華，華鄂相承覆，故得韡韡然而光明也。華鄂相覆而光明，猶兄弟相順而榮顯，然則凡今時之人，恩親無如兄弟之最厚也。」其四章曰：『兄弟鬩于牆，外禦其侮。』鬩，今音同隙。說文云，「恒訟也」。周語中「兄弟讒鬩」，韋注云：「很也。」此謂兄弟內雖不和，猶同心禦外侮。如是，則兄弟雖有小忿，不廢懿親。杜注云：「懿，美也。」章炳麟左傳讀則以爲懿親即因親。今天子不忍小忿以棄鄭親，其若之何？周語中云：「若是，則鬩乃內侮，而雖鬩不敗親也。鄭在天子，兄弟也。」庸勳、親親、暱近、尊賢，德之大者也。庸，讀如尚書益稷「車服以庸」之庸，酬其功勞也。庸勳，正謂於有功勳者酬之。即聾、從昧、與頑、用嚚，姦之大者也。嚚，音銀。愚且惡也。弃德、崇姦，禍之大者也。鄭有平、惠之勳，杜注：「平王東遷，晉、鄭是依；惠王出奔，虢、鄭納之，是其勳也。」周語中云：「我周之東遷，晉、鄭是依。子頹之亂，又鄭之繇定。」此指庸勳。又有厲、宣之親，杜注云：「鄭始封之祖桓公友，周厲王之子，宣王之母弟。」此指親親。鄭世家作「宣王庶弟」，年表作「母弟」，與傳意合。弃嬖寵而用三良，杜注：「七年殺嬖臣申侯，十六年殺寵子子華也。三良，叔詹、堵叔、師叔。」顧炎武補正曰：「解引殺子華未當，古人只是大概言爾。此見鄭伯之賢，王當尊之。」嬖寵爲一詞，杜分言之，未當。餘詳宣十二年傳注。於諸姬爲近，杜注：「道近，當暱之。」竹添光鴻會箋：「以道路之近爲四德之一，竟覺不妥。近是親近之近，言桓公爲司徒，武、莊爲卿士，世親近於王，與晉、衞諸國疏於周室者不同也。」四德具矣。耳不聽五聲之和爲聾，目不別五色之章爲昧，心不則德義之經爲頑，口不道忠信之言爲嚚。狄皆則之，四姦具矣。周之有懿德也，猶曰『莫如兄弟』，故封建之。其懷柔天下也，猶懼有外侮；扞禦侮者，莫如親親，故以親屛周。召穆公亦云。今周德既衰，於是乎又渝周、召，渝，變也。以從諸姦，從姦謂將用狄師。無乃不可乎？民未忘禍，杜注：「前有子頹之亂，中有叔帶召狄，故曰民未忘禍。」王又興之，其若文、武何？」杜注：「言將廢文、武之功業。」王弗聽，使頹叔、桃子出狄師。杜注：「二子，周大夫。」

夏，狄伐鄭，取櫟。櫟，今河南省禹縣，餘詳桓十五年經注。鄭世家云：「王怒，與翟人伐鄭，弗克。」與傳文微異。

王德狄人，德猶今言感謝。將以其女爲后。富辰諫曰：「不可。臣聞之曰：『報者倦矣，施者未厭。』施惠者望報太奢，永無滿足，而受惠者報之已倦矣。狄固貪惏，惏，同婪，貪也。王又啓之。以狄女爲后，是開導啓發其報之無已。女德無極，婦怨無終，狄必爲患。」王又弗聽。周語中亦載此事。

初，甘昭公有寵於惠后，甘昭公卽惠王子、襄王弟王子帶，封於甘；昭，其謚。甘，在今河南省洛陽市南。餘詳五年傳首止之會注。惠后將立之，未及而卒。昭公奔齊，見十二年傳並注。王復之，見二十二年傳。又通於隗氏。隗氏卽王所立狄后。王替隗氏。替，廢也。頹叔、桃子曰：「我實使狄，狄其怨我。」遂奉大叔以狄師攻王。王引之述聞：「下文始以狄師伐周，則此攻王者非『狄師』也，狄師二字蓋因下文而衍，當作

『遂奉大叔以攻王』。蓋穨叔、桃子先奉大叔以攻王，欲以大叔代王也，因國人納王而弗克，故是年之秋又以狄師伐周立大叔耳。」王御士將禦之，御士，蓋王侍御之士。左傳凡四言御士。襄二十二年傳言楚子南之子弃疾爲楚王御士，三十年傳言單公子愆期爲靈王御士，則御士多以公卿大夫子弟爲之。互參襄二十二年傳注及王引之述聞。王曰：「先后其謂我何？先后，其母惠后也。寧使諸侯圖之。」王遂出，及坎欿，坎欿，當在今河南省鞏縣東南。國人納之。

秋，穨叔、桃子奉大叔以狄師伐周，大敗周師，獲周公忌父、原伯、毛伯、富辰。周語中云：「十七年（本作十八年，依王引之說訂正）王黜狄后。狄人來，誅殺譚伯。富辰曰：『昔吾驟諫王，王弗從，以及此難。若我不出，王其以我爲懟乎？』乃以其屬死之。」王出適鄭，處于氾。氾音凡，在今河南省襄城縣南，以周襄王嘗出居于此，故名襄城。大叔以隗氏居于温。温，今河南省温縣西南，又見隱十一年傳注。

二四・三　鄭子華之弟子臧出奔宋，宣三年傳云：「文公報鄭子之妃曰陳媯，生子華、子臧，子臧得罪而出。」僖十六年鄭殺子華，子臧奔宋當亦在十六年。好聚鷸冠。鷸音聿，鳥名，爲涉禽類，卽戰國策燕策「鷸蚌相持」之鷸，夏季繁殖北方，冬則南渡。說文云「鷸，知天將雨鳥也」，蓋指此。古以爲知天文者冠鷸冠。子臧不知天文，而聚鷸冠，故以爲不稱。所聚者爲此羽所飾之冠。又續漢書及晉書輿服志又以爲鷸冠卽漢、晉時之建華冠。疑不能明。鄭伯聞而惡之，好聚鷸冠，何以爲鄭伯所惡，傳未之言。隋書張衡傳言隋煬帝「惡衡不損瘦，以爲不念咎」，若與此相比，則鄭伯之所以惡子臧者，蓋謂其得罪出奔，猶不自韜晦且好奇耳。使盜誘之。八月，盜殺之于陳、宋之間。

君子曰：「服之不衷，身之災也。詩曰：『彼己之子，不稱其服。』詩曹風候人句。己音記，禮記表記引詩作「記」，今詩作「其」。彼其之子即彼子，其、之皆虛詞以足句者，無義。稱，去聲。不稱其服與服之不衷義同。子臧之服，不稱也夫！釋文云：「之服，一本作『之及』。」王念孫曰：「作『及』者是也。及謂及於難，言子臧之所以及於難者，由服之不稱也。但言不稱而不言服者，蒙上文不稱其服而省也。」說詳述聞。王說是也。詩曰『自詒伊慼』，詩小雅小明句。詒，遺也。伊，是也，此也。慼，今詩作「戚」，憂也。言自遺此憂愁也。其子臧之謂矣。夏書曰『地平天成』，杜注：「夏書，逸書。地平其化，天成其施，上下相稱爲宜。」僞古文竊此四字入大禹謨。稱也。」

二四·四 宋及楚平，宋成公如楚。還，入於鄭。鄭伯將享之，問禮於皇武子。皇武子，杜注云「鄭卿」。梁履繩補釋則疑爲宣十二年傳皇戌之謚。對曰：「宋，先代之後也，宋爲殷商之後。於周爲客。天子有事，膰焉；有事，祭祀也。成十三年傳云：「國之大事，在祀與戎。」僖九年傳「天子有事於文、武」，謂祭于文、武之宗廟。膰亦作燔，音煩，宗廟祭肉，生者曰脤，熟者曰燔。此膰字用爲動詞，致胙也。此「焉」作「於之」解。考之經、傳，周天子祀祖，于同姓諸侯致胙，于夏、商二王之後致胙，于異姓諸侯之有大功者亦致胙，僖九年賜齊桓公胙是也。有喪，拜焉。此謂周王若喪，宋君來弔喪，嗣王拜之，用敵禮也。其餘諸侯弔國喪，則不拜矣。豐厚可也。」鄭伯從之，享宋公，有加，有加，詳僖二十二年傳「加籩豆六品」注。禮也。

二四·五 冬，王使來告難，曰：「不穀不德，不穀詳四年傳注。得罪于母弟之寵子帶，「母弟」當從僖五年傳正義引作「母氏」，然金澤文庫本、唐石經俱已誤作「母弟」矣，宋本有脫「弟」字者，直以其不可通而删之耳。鄙在鄭地汜，敢告叔父。」鄙謂野居，天子離王都，故曰鄙居。天子稱同姓諸侯曰叔父或伯父，詳僖九年傳「伯舅」注。臧文仲對曰：「天子蒙塵于外，敢不奔問官守？」官守，王之羣臣；奔問官守，猶言奔問左右，恭敬之辭而已。王使簡師父告于晉，使左鄢父告于秦。二子，周大夫。獨於晉、秦遣特使者，十一年秦、晉伐戎以救周，此亦望其救助耳。于晉、秦特使書名，則于魯及他國，僅一般之使告難而已。

天子無出，曲禮下云：「天子不言出。」書曰「天王出居于鄭」，辟母弟之難也。天子凶服、降名，凶服，傳未言；降名，指稱「不穀」。禮也。

二四・六　鄭伯與孔將鉏、石甲父、侯宣多省視官、具于汜，三子，鄭大夫。石甲父當卽宣三年之石癸，說詳梁履繩補釋。官，官司，卽王之工作人員；具，器用。此謂鄭伯率三人爲天子省視官司與器具。俞樾平議謂官具猶言公家器具，與下文私政相對，不確。而後聽其私政，禮也。戰國策趙策三云：「天子巡狩，諸侯辟舍，納筦鍵，攝衽抱几，視膳於堂下。天子已食，退而聽朝也。」賈誼新書禮篇云：「禮，天子適諸侯之宮，諸侯不敢自阼階。阼階者，主之階也。天子適諸侯，諸侯不敢有宮，不敢爲主人，禮也。」此皆謂天子巡狩，至于諸侯之國都，居于其宮之事，與此天子避難，與鄭伯異地異宮雖有不同，而其實質則大相似。

二四・七　衞人將伐邢，禮至曰：「不得其守，守卽孟子公孫丑下「官守」之守，此指邢正卿國子。國不可得也。我請昆弟仕焉。」乃往，得仕。此與下年「春衞人伐邢」本爲一傳，爲後人割裂分爲二。

二十有五年，丙戌，公元前六三五年。周襄王十八年、晉文二年、齊孝八年、衞文二十五年、蔡莊十一年、鄭文三十八年、曹共十八年、陳穆十三年、杞桓二年、宋成二年、秦穆二十五年、楚成三十七年、許僖二十一年。

經

二五・一 二十有五年春王正月，正月十三日己亥冬至，建子，有閏。丙午，丙午，二十日。衞侯燬滅邢。

二五・二 夏四月癸酉，癸酉，十九日。衞侯燬卒。無傳。

二五・三 宋蕩伯姬來逆婦。無傳。據杜注及孔疏，蕩伯姬爲魯女之爲宋大夫蕩氏妻者。宋有蕩氏者，宋桓公生公子蕩，蕩生公孫壽，壽生蕩意諸，意諸之後人以蕩爲氏。然嚴蔚、朱駿聲則以蕩伯姬即公子蕩之妻。蕩伯姬來魯；自爲其子迎妻。婦者，對姑之詞也。

二五・四 宋殺其大夫。無傳。杜注：「其事則未聞。」此與莊二十六年經「曹殺其大夫」同。

二五・五 秋，楚人圍陳，納頓子于頓。杜注：「頓子（各本無『子』字，今依金澤文庫本增）迫於陳而出奔楚，故楚圍陳以納頓子。不言遂，明一事也。」穀梁謂「圍一事也，納一事也，而遂言之，蓋納頓子者陳也」。公羊傳亦謂「何以不言遂？兩之也」，顯與左氏義不同，故杜注云「明一事也」。頓見二十三年傳注。楚於二十三年城頓，或爲今年納頓子歟。高士奇地名考略謂頓之南徙在此年，亦無確證。

二五・六 葬衛文公。無傳。

二五・七 冬十有二月癸亥，癸亥，十二日。公會衛子、莒慶盟于洮。衛侯稱衛子者，以其父卒未踰年也，詳桓十三年經及僖九年傳注。莒慶，莒大夫，已見莊二十七年經。洮，杜注：「魯地。」江永考實云：「此洮爲魯之内地，東近莒，即莊二十七年公會杞伯姬于洮者也。」

傳

二五・一 二十五年春，衛人伐邢，二禮從國子巡城，二禮，禮至與其弟也。此傳本與上年末「衛人將伐邢」云云爲一傳。掖以赴外，掖，持人臂也。赴借爲仆。此謂二禮隨從國子，出其不意，左右夾持其臂，然後仆以投諸城外。赴如字讀赴外，謂挾持至城外，亦通。殺之。正月丙午，丙午二十日。衛侯燬滅邢。同姓也，故名。公羊傳：「衛侯燬何以名？絶。曷爲絶之？滅同姓也。」穀梁傳：「燬之名何也？不正其伐本而滅同姓也。」則經書衛侯燬，三傳同義。曲禮下亦云：「諸侯滅同姓名。」然前人多以爲疑，如劉敞春秋權衡云：「晉滅虢，又滅虞；齊滅紀，楚滅夔，皆同姓也，何以皆不名耶？」不知晉滅虞、虢而不名者，罪虞、虢也；齊滅紀，楚滅夔而不名者，非周之同姓也。故孔廣森公羊通義云：「滅同姓名，唯謂滅周之同姓。若齊之於萊，楚之於夔，彼雖自爲同姓，而於王家則爲庶姓，罪猶差輕。」朱熹朱子語類大全卷八十三、毛奇齡春秋傳且謂「衛侯燬」「燬」字爲羨文，尤無謂也。禮至爲銘曰：金澤文庫本作「禮至自以爲銘曰」。多「自以」兩字。「余掖殺國子，莫余敢止。」子、止爲韻，古音同在之咍部。

二五・二 秦伯師於河上，將納王。年表云：「秦穆公二十五年，欲納王，軍河上。」狐偃言於晉侯曰：「求諸侯，莫如勤王。勤王者，爲王事勤勞也，此指納王。諸侯信之，且大義也。繼文之業，文謂晉文侯仇，平王東遷，晉文侯定天子，得平王錫命，尚書文侯之命是也。而信宣於諸侯，今爲可矣。」晉語四敍此較繁。年表于晉文元年又云：「咎犯曰：『求霸莫如内王。』」亦以爲狐偃語，唯以爲語在前一年耳。

使卜偃卜之，曰：「吉。遇黄帝戰于阪泉之兆。」大戴禮五帝德篇謂「黄帝與赤帝戰於阪泉之野，三戰而得行其志」，而逸周書嘗麥篇則謂「蚩尤爲赤帝臣，逐帝，赤帝乃説於黄帝，執蚩尤」云云。晉語四云：「昔少典娶於有蟜氏，生黄帝、炎帝。黄帝以姬水成，炎帝以姜水成，成而異德，故黄帝爲姬，炎帝爲姜，二帝用師以相濟也。」五帝本紀云：「炎帝欲侵陵諸侯，諸侯咸歸軒轅，軒轅乃修德振兵，以與炎帝戰於阪泉之野。三戰，然後得其志。」古書言此事者頗有紛歧。梁玉繩史記志疑以爲阪泉三戰卽涿鹿之戰，舉逸周書史記篇爲證，較爲可信。阪泉，在今河北省涿鹿縣東。公曰：「吾不堪也。」對曰：「周禮未改，今之王，古之帝也。」晉文公自以爲己當此兆，因謂黄帝指己，故云吾不堪。卜偃則答云，黄帝戰阪泉之兆乃指襄王與子帶之争（據晉語四，黄帝與炎帝本是同母兄弟，亦猶襄王與子帶爲同母兄弟）。周德雖衰，其命未改，其典章制度亦未改，周稱王猶古之稱帝，固相當也。公曰：「筮之！」古先卜後筮。筮之，遇大有䷍之睽䷥，曰：「吉。遇『公用享于天子』之卦。公用享于天子，易大有九三爻辭。大有之睽，九三變爲六三也。「享」，今易作「亨」。戰克而王饗，吉孰大焉？且是卦也，天爲澤以當日，天爲澤者，大有之下卦爲乾，乾爲天；變而爲兑，兑爲澤也。以當日者，離爲日，離卦未變，在大有，居乾之上；在睽，居兑之上，故云當日也。天子降心以逆公，以乾天之卦而在離火之下，故云天子降心以逆公也。不亦可乎？大有去睽而復，亦其所也。」本卦轉爲之卦，終要回到本卦。大有去睽，卽大有變爲睽；睽終將復于大有。天子「富有四海」（禮記中庸），自是「大有」。復於大有，卽天子復位。筮者以爲理所當然，故云「亦其所也」。

晉侯辭秦師而下。據此句，則納王之役，秦師未與，而秦本紀云「秦繆公將兵助晉文公入襄王，殺王弟帶」，恐是史公駁文。晉語四云「乃行賂於草中之戎與麗土之狄以啓東道」，則晉師之外，尚動員戎、狄。三月甲辰，甲辰，十九日。次于陽樊，陽樊卽隱十一年傳蘇忿生田之樊，亦曰陽，在今河南省濟源縣東南。右師圍溫，太叔及狄后居溫。左師逆王。齊召南考證曰：「晉武公初滅翼，王命以一軍爲晉侯。至獻公始作上下二軍，惠公因之，與秦戰韓時，公與韓簡分將其一。至文公初猶是兩軍，此左師、右師是也。至二十七年蒐被廬始作三軍。」夏四月丁巳，丁巳，三日。王入于王城。取大叔于溫，殺之于隰城。隰城卽隱十一年傳之隰郕，當在今河南省武陟縣境。晉語四云：「〔文公〕二年春，公以二軍下，次於陽樊。右師取昭叔於溫，殺之於隰城。左師迎王於鄭。王入於成周，遂定之於郟。」

戊午，戊午，四日。晉侯朝王。王享醴，命之宥。享醴、命宥詳莊十八年傳注。請隧，隧有二義。韋昭注晉語四以爲六隧。六隧卽六遂，周天子有六鄉六遂，百里內分置六鄉，六鄉外置爲六遂。然諸侯亦有三遂，尚書費誓「魯人三郊三遂」是也。以左傳證之，襄七年叔仲昭伯爲隧正，則魯有遂矣；九年令隧正納郊保，則宋有遂矣。諸侯已有遂，何乃復請乎？若云晉文不以三遂爲足，而請六遂，參以周語中「晉文公既定襄王於郟，王勞之以地。辭，請隧焉。

王不許，曰：『昔我先王之有天下也，規方千里以爲甸服，以供上帝、山川、百神之祀』」云云，似亦有據。然請六遂省曰請遂，於事理終難通。杜預用賈逵義，謂「闕地通路曰隧，王之葬禮也」。賈子審微篇敍此事云「文公辭南陽，卽死，得以隧下」云云，亦解「隧」爲葬禮。其實隧葬與六遂，兩義一貫。說詳章炳麟左傳讀卷二。古代天子葬禮有隧，諸侯以下有羨道。隧有負土，卽全係地下道；羨道無負土，雖是地道，猶露出地面。請隧者，晉文請天子允許於其死後得以天子禮葬己耳。蓋晉文先請隧葬，隧葬既得，則必置六遂供葬具也。弗許，曰：「王章也。章卽典章制度之章，詩大雅假樂「率由舊章」、哀三年傳「舊章不可忘也」，諸章字皆此義，今曰章程，亦此義之引申。未有代德，逸周書芮良夫篇云：「以予小臣良夫觀天下有土之君，厥德不遠，罔有代德。」代德義同，謂取周室代有天下之德也。而有二王，以諸侯而用王之葬禮，是有二王也。亦叔父之所惡也。」與之陽樊、温、原、欑茅之田。原與欑茅俱見隱十一年傳注。晉語四云：「賜公南陽陽樊、温、原、州、陘、絺、組、欑茅之田。」傳不言「州、陘、絺、組」，或本不同，或有所略。金樓子說蕃篇作「賜晉河內、陽樊之地」，本晉世家；新序善謀篇用左傳。賈子審微篇亦云：「晉文公率師誅賊，定周國之亂，復襄王之位，於是襄王賞以南陽之地。文公辭南陽，卽死，得以隧下。襄王弗聽，曰『周國雖微，未之或代也。天子用隧，伯父用隧，是二天子也。以地爲少，余請益之。』文公乃退。」與傳稍異。晉於是始啓南陽。「啓」，阮刻本作「起」，今從校勘記訂正。呂氏春秋去私篇「南陽無令」，高誘注：「南陽，晉山陽河北之邑，今河內温、陽樊、州之屬皆是也。」水經清水注引馬融曰：「晉地自朝歌以南至軹爲南陽。」朝歌，今河南省淇縣治；軹，今濟源縣東南十三里軹城鎮，則南陽大約卽河南省新鄉地區所轄境，亦陽樊諸邑所在地。其地在黃河之北、太行之南，故晉名之曰南陽。又見文元年傳並注。後漢書郡國志、晉書地理志謂後漢及晉之修武縣（今獲嘉縣）卽晉文公所啓之南陽，不足信。啓，開也，此開疆闢土義。

陽樊不服，圍之。蒼葛呼曰：「德以柔中國，刑以威四夷，兵者刑之一。此謂晉於陽樊宜柔以德，不宜威以兵，兵刑乃所以威四夷者也。宜吾不敢服也。此，誰非王之親姻，此指陽樊，謂在陽樊者，皆王之親姻也。晉語四所謂「陽人有夏、商之嗣典，有周室之師旅，樊仲之官守焉。其非官守，則皆王之父兄甥舅也」。其俘之也？」言豈能以爲俘虜乎。乃出其民。出者，放之令去也，取其土地而已。周語中、晉語四並載此事。周語中云：「晉侯聞之曰：『是君子之言也。』乃出陽民。」楚莊王有樊姬，則樊爲姬姓，故云「誰非王之親姻」。

二五・三 秋，秦、晉伐鄀。鄀音若，秦、楚界上小國，此時猶都商密，其地當在今河南省淅川縣之西南。其後遷都，則在今湖北省宜城縣東南九十里。考之古器銘，鄀有上鄀、下鄀之分。上鄀之鄀作「鄀」，下鄀之鄀作「蠚」或「蛣」，界限顯然。如鄀公敄人𣪘云「上鄀公敄人乍隮𣪘」，蠚公諴鼎云「下蠚雝公諴乍隮鼎」，蛣公諴簠云「蛣公諴作旅鉦」。商密爲下鄀，宜城東南爲上鄀。說詳郭沫若兩周金文辭大系考釋。文五年秦人入鄀，自是南徙爲楚附庸。定六年遷郢於鄀，則楚已滅之爲邑矣。陳樹華考正與洪亮吉詁俱謂晉文方啓南陽，圍樊、圍原，何暇會秦遠伐小國？傳中無一語及晉，可見晉字爲衍文。其實此時晉分兵助秦，亦無不可。杜注「不復言晉者，秦爲兵主」，未嘗不可通。楚鬬克、屈禦寇以申、息之師戍商密。鬬克，字子儀，時爲楚之申公；屈禦寇字子邊，時爲楚之息公。楚之地方長官皆稱公。楚國經營中國，常用申、息之師。僖二十八年城濮之敗，楚王謂子玉「若申、息之老何」可證；二十六年申公叔侯戍齊，宣十二年申公巫臣與伐蕭。成六年用申、息之師救蔡，亦可證。成七年傳所謂「申、呂所以邑，是以爲賦，以御北方」者也。戍商密卽戍鄀，商密以國都言，鄀以國言。杜注誤。秦人過析，析，此時當是鄀之別邑，據大事表七之四，今內鄉縣、淅川縣之西北境皆析地。昭十八年，楚遷許于此。隈入而係輿人，隈，水曲也。蓋秦人過析，從丹水曲過師，以避戍兵之路也。說見沈欽韓地名補注。或讀爲「秦人過析隈」句，以「析隈」連讀，名勝志、方輿紀要且因有析隈山，不合傳意。據鄭玄周禮弓人「夫角之中，恆當弓之畏」注，「玄謂讀爲秦師入隈之隈」，則鄭所見本「隈入」作「入隈」，尤宜以「秦人過析」爲句。輿人，衆人也。或爲士兵，或爲役卒。係輿人者，秦人實未取析，而僞爲已取析者，縛係己之衆人僞爲析之俘虜也。以圍商密，昏而傳焉。傳，憑近城池。必昏乃傳者，不欲令商密人識破其詐僞。宵，坎血加書，僞與子儀、子邊盟者。掘地爲坎，殺牲於其上，取血以告神，歃血，加盟書其上。詳見隱元年經注。子儀、子邊實不知此事，更未與盟，故宵爲之，免被城中人識破。商密人懼，曰：「秦取析矣！戍人反矣！」乃降秦師。秦師囚申公子儀、息公子邊以歸。各本不重「秦師」二字，今依金澤文庫本、唐石經、宋本、淳熙本、岳本增。淮南子覽冥篇高誘注云：「楚僭號稱王，其守縣大夫皆稱公。」楚令尹子玉追秦師，弗及。遂圍陳，納頓子于頓。

二五·四 冬，晉侯圍原，命三日之糧。晉語四亦作「令以三日之糧」，而韓非子外儲說左上云「裹十日糧」，當是傳聞之異。原不降，命去之。諜出，諜，間諜。出，自圍城中出。曰：「原將降矣。」晉語四云：「諜出，曰：『原不過一二日矣。』」韓非子云：「士有從原中出者曰：『原三日卽下矣。』」俱云「三日」。軍吏曰：「請待之。」公曰：「信，國之寶也，民之所庇也。得原失信，何以庇之？所亡滋多。」退一舍而原降。晉語四云：「及孟門而原請降。」古有孟門，襄二十三年「入孟門，登大行」是也，其地在太行山之東，蓋太行山隘道之名，卽今河南省輝縣之白陘，離原不止一日三十里之程，且非晉師之歸途，恐不可信。魏策四云「原恃秦、翟以輕晉，秦、翟年穀大凶而晉亡原」，或指此事。遷原伯貫于冀。莊十八年傳有原莊公，卽二十一年傳之原伯，蓋世守原氏采邑者。僖二十四年傳狄師所獲之原伯，或卽此原伯貫之父。原伯貫遷冀後，仍稱原伯，其子孫見傳者，昭十二年有原伯絞，十八年有原伯魯。冀，在今山西省河津縣東北，詳二年傳注。趙衰爲原大夫，狐溱爲溫大夫。杜注：「狐溱，狐毛之子。」據下傳「晉侯問原守於寺人勃鞮」，則原大夫卽原守。晉謂縣宰爲大夫，昭二十八年傳有鄔大夫、祁大夫等尤可證。

二五・五

衞人平莒于我，元年，魯敗莒，獲莒挐，魯、莒相怨已久，衞從中調停之。十二月，盟于洮，修衞文公之好，且及莒平也。洮盟凡有二事，一是衞成公修魯僖與衞文之好，一是魯、莒因衞成公之調停而相盟。莒之涖盟者爲莒慶。

二五・六

晉侯問原守於寺人勃鞮，守，名詞，舊讀去聲。勃鞮卽寺人披。對曰：「昔趙衰以壺飧從，徑，餒而弗食。」此謂趙衰爲晉文攜帶飯食，隨之而行，有時晉文行大道，趙衰行小道，趙衰雖餓，亦弗食。韓非子外儲說左下云：「晉文公出亡，箕鄭絜壺飧而從，迷而失道，與公相失，饑而道泣，寢餓而不敢食。」雖誤以趙衰爲箕鄭，然所謂「迷而失道，與公相失」，足證左傳「徑」字一字爲句，獨行小路也。說參焦循補疏。武億經讀考異主杜注，謂從徑猶從行，以「徑」字屬上讀；王引之述聞申孔疏所引劉炫說，改「徑」爲「經」，謂經歷饑餒，以徑屬下讀，皆不確。故使處原。此二十八字宜在「衞人平莒于我」之上，本與「狐溱爲溫大夫」相連，蓋所以說明趙衰爲原大夫之故，錯簡在此。說見王引之述聞。

二十有六年，丁亥，公元前六三四年。周襄王十九年、晉文三年、齊孝九年、衞成公鄭元年、蔡莊十二年、鄭文三十九年、曹共十九年、陳穆十四年、杞桓三年、宋成三年、秦穆二十六年、楚成三十八年、許僖二十二年。

經

二六・一 二十有六年春王正月，冬至在去年閏十二月二十四日甲辰，建丑。己未，己未，九日。公會莒子、衞甯速盟于向。「速」，公羊作「遬」，據説文，遬是速之籀文。甯速，衞大夫甯莊子。向，莒地，在今山東省莒縣南七十里，又見隱二年經並注。

二六・二 齊人侵我西鄙，公追齊師，前句稱齊人，後句稱齊師，蓋追以師言，於文爲協，無義例。桓十三年經云「及齊侯、宋公、衞侯、燕人戰，齊師、宋師、衞師、燕師敗績」，於南燕亦人、師異稱，敗績以師言爲協也。僖二十八年經云「及楚人戰於城濮，楚師敗績」，又三十三年經云「秦人入滑。晉人及姜戎敗秦師于殽」，於秦、楚亦人、師異稱，其例與此同。穀梁傳謂「其侵也曰人，其追也曰師，以公之弗及大之也」云云，不足採。至酅，「酅」，公羊、穀梁俱作「嶲」。酅音攜，齊地，今山東省東阿縣南有酅下聚，當即其地，與莊三年紀國之酅自別。弗及。「弗」，阮本作「不」，誤，今從校勘記訂正。

二六・三 夏，齊人伐我北鄙。國語齊語及管子小匡篇並云齊桓公「正其封疆，地南至於岱陰」，則齊、魯南北以泰山爲界。此所謂北鄙者，蓋泰山之南。

二六・四　衛人伐齊。

二六・五　公子遂如楚乞師。公子遂，傳曰東門襄仲，又曰襄仲、東門遂、仲遂、東門氏，莊公之子，魯之卿，禮記檀弓孔疏引世本「仲遂，莊公之子東門襄仲」是也。遂，其名；襄，其謚；仲則其字。「東門」義詳傳注。齊屢來侵犯，故往外求援。春秋凡五書「乞師」，此是魯乞師於外，其他四次則是晉向魯乞師，分見成十三、十六、十七、十八年。

二六・六　秋，楚人滅夔，以夔子歸。「夔」，公羊作「隗」，蓋通假字。亦作「歸」。彝器有芇伯𣪘，云歸芇伯，歸即夔，譙周古史考亦云「滅歸」也。夔，國名，與楚同姓。今湖北省秭歸縣東有夔子城，地名夔沱者，古夔國也。歸芇伯𣪘云「用作朕皇考武芇幾王尊𣪘」，則稱「王」矣。禮記曲禮下所謂「其在東夷、北狄、西戎、南蠻，雖大曰子。自稱曰王老」是也。楚不書令尹成得臣之名，而書人，僖以前之通例如此。滅國以其君歸，書於經者，始于此。

二六・七　冬，楚人伐宋，圍緡。「緡」，穀梁作「閔」。緡音民，又音昏。宋邑，見二十三年經並注。公以楚師伐齊，取穀。穀，今山東省東阿縣舊治，見莊七年經並注。

二六・八　公至自伐齊。無傳。

傳

二六・一　二十六年春王正月，公會莒茲丕公、甯莊子盟于向，茲丕爲莒公之號。莒國之君無謚，而有號，文十八年有莒紀公，襄十六年及三十一有莒犂比公，昭十四年有莒著丘公，此外尚有莒郊公、莒共公，皆其生號。尋洮之盟也。洮盟在去年。

齊師侵我西鄙，討是二盟也。二盟，洮盟與向盟。齊孝公仍以霸主自居，不以魯與他國盟會爲然，竟以爲討。

二六·二 夏，齊孝公伐我北鄙，衞人伐齊，洮之盟故也。魯、衞相盟，有互救之義，衞人伐齊，即所以救魯。

二六·三 公使展喜犒師，犒師者，以酒食餉饋齊師也。使受命于展禽。展禽名獲，字禽，或云食邑於柳下，或云居於柳下；據列女傳，其妻私謚以惠，故亦稱柳下惠；莊子盜跖篇及戰國策稱曰柳下季，季則其排行，五十以伯仲者也。魯語上云：「齊孝公來伐，臧文仲欲以辭告病焉，問於展禽。展禽使乙喜以膏沐犒師。」乙喜即展喜，展其氏（見隱八年傳），乙其字，喜其名也。古人名字連言者，皆先字後名，故晉解侯字張，而稱張侯；鄭公子騑字子駟而楚語稱之爲駟騑也。說見王引之春秋名字解詁。齊侯未入竟，竟同境。展喜從之，出境從齊侯。曰：「寡君聞君親舉玉趾，將辱於敝邑，使下臣犒執事。」魯語上載展喜之辭則云：「寡君不佞，不能事疆場之司，使君盛怒，以暴露於敝邑之野，敢犒輿師。」此似齊侯已入境之辭，與傳不同。蓋國語之編纂者不知齊侯雖未入魯境，齊師固已先入矣，因而以爲敵人未入，展喜即往犒之，似不合情理，乃改作已入之詞，而不知其非史實也。齊侯曰：「魯人恐乎？」對曰：「小人恐矣，君子則否。」齊侯曰：「室如縣罄，縣同懸。罄同磬，他本亦作「磬」，魯語上即作「磬」。磬之懸掛，中高而兩旁下，其間空洞無物。百姓貧乏，室無所有，雖房舍高起，兩簷下垂，如古磬之懸掛者然也。程瑤田通藝錄亦云：「室無資糧，故曰如縣磬也。」臧琳經義雜記謂當作「罄」，恐失之拘。野無青草，何恃而不恐？」對曰：「恃先王之命。昔周公、大公股肱周室，夾輔成王。成王勞之，而賜之盟，曰：『世世子孫無相害也！』載在盟府，載，盟約也，古謂之載書，亦省曰載。大師職之。杜注：「大公爲大師，兼主司盟之官。」是以大師專指齊大公。顧炎武補正則云：「太師，周之大師，主司盟之官。解云『太公爲太師』，非。」然考之古籍，並無太師職主盟約之記載。武億羣經義證、阮芝生拾遺謂大師當作大史，大史主藏載書，蓋周之定制。其說或然。職，主也。桓公是以糾合諸侯，而謀其不協，彌縫其闕，而匡救其災，成十八年傳「匡乏困，救災患」，杜注云：「匡亦救也。」昭舊職也。及君卽位，諸侯之望曰：『其率桓之功！』「桓」，金澤文庫本作「桓公」。率，循也。我敝邑用不敢保聚，金澤文庫本作「用是不敢保聚」，唐石經「用」下亦旁增「是」字。保聚，保城聚衆。曰：『豈其嗣世九年，而弃命廢職？其若先君何？君必不然。』恃此以不恐。」齊侯乃還。魯語上云：「齊侯乃許爲平而還。」

二六・四

東門襄仲、臧文仲如楚乞師。東門襄仲卽公子遂，稱「東門」者，據周禮大司馬「辨號名之用，帥以門名」，鄭玄注：「軍將皆命卿，古者軍將蓋爲營治於國門，故魯有東門襄仲，宋有桐門右師（昭二十五年傳），皆上卿爲軍將者也。」杜注則以爲「襄仲居東門，故以爲氏」。疑鄭玄說較是。臧文仲卽臧孫辰，見莊十一年傳並注。文仲爲副使，故經未書。臧孫見子玉而道之伐齊、宋，子玉，楚令尹成得臣。道，引導。或云，勸說也。以其不臣也。杜注：「言其不臣事周室，可以此罪責而伐之。」沈欽韓補注：「楚已僭號，豈復有尊周之心？此云不臣者，以齊、宋不肯尊事楚耳。」

二六・五

夔子不祀祝融與鬻熊，鬻音育。據楚世家「楚之先祖出自帝顓頊高陽。高陽生稱，稱生卷章，卷章生重黎。

重黎爲帝嚳高辛居火正，甚有功，能光融天下，帝嚳命曰祝融。帝誅重黎，而以其弟吴回爲重黎後，復居火正，爲祝融。吴回生陸終。陸終生子六人，六曰季連，芈姓，楚其後也。周文王之時，季連之苗裔曰鬻熊」云云，是祝融與鬻熊皆楚之先祖，而夔爲楚之別封，依古禮，亦宜祀之也。全祖望經史問答謂任、宿、須句，風姓也，實修太皞之祀。夫太皞，天子也，而任、宿諸國以附庸之小侯各主其祀，然則祝、鬻二祭，夔亦當祀之。楚人讓之。對曰：「我先王熊摯有疾，鬼神弗赦，謂曾祈禱于鬼神，而其疾不愈，故云鬼神弗赦也。而自竄于夔，唐石經「竄」本作「寓」，復磨改作「竄」。楚世家謂「熊渠生子三人。當周夷王之時，王室微，諸侯或不朝，相伐。熊渠甚得江、漢閒民和，乃立長子康爲句亶王，中子紅爲鄂王，少子執疵爲越章王。熊渠卒，子熊摯紅立。摯紅卒，其弟弑而代立，曰熊延」云云，則左傳之熊摯似即史記之摯紅。然摯紅爲熊渠之中子，曾繼立于楚，爲其弟所弑，則與傳異。索隱引譙周古史考云：「熊渠卒，子熊翔立；卒，長子摯有疾，少子熊延立。」正義引樂緯宋均注云：「熊渠嫡嗣曰熊摯，有惡疾，不得爲後，別居于夔，爲楚附庸，後王命曰夔子也。」無論熊摯爲熊渠之孫或嫡嗣，其有疾不得爲後，則與傳同。鄭語「芈姓夔、越，不足命也」，韋昭注亦云：「熊繹六世孫熊摯，有惡疾，楚人廢之，立其弟曰熊延，摯自棄於夔。其子孫有功，王命爲夔子。」據史記，熊摯宜當周厲王、周宣王之世。吾是以失楚，又何祀焉？」秋，楚成得臣、鬭宜申帥師滅夔，成得臣，令尹子玉；鬭宜申，司馬子西。以夔子歸。楚世家載此事於成王三十九年，依傳，則應在三十八年。

二六・六 宋以其善於晉侯也，晉文之出亡過宋，宋襄公贈馬二十乘，見二十三年傳。成十四年傳謂「孫文子甚善晉大夫」，文與此同。叛楚即晉。二十四年傳述「宋及楚平，宋成公如楚」，蓋宋從楚者近三年矣。年表云：「宋成公三年，倍楚，親晉。」冬，楚令尹子玉、司馬子西帥師伐宋，圍緡。

公以楚師伐齊，取穀。凡師，能左右之曰以。能左右之者，欲左則左，欲右則右，指揮客軍如己軍也。公羊桓十四年「宋人以齊人、衞人、蔡人、陳人伐鄭」，傳云：「以者何？行其意也。」亦卽此義，可以互證。此僅指諸侯之借助于他國軍旅者言，其他言以而不言師者不在此例。寘桓公子雍於穀，易牙奉之以爲魯援。杜注云：「雍本與孝公爭立，故使居穀以偪齊。」易牙見十七年傳並注。楚申公叔侯戍之。杜注云：「爲二十八年楚子使申叔去穀張本。」桓公之子七人，爲七大夫於楚。杜注：「言孝公不能撫公族。」楚世家云：「〔成王〕三十九年，魯僖公來請兵以伐齊，楚使申侯將兵伐齊，取穀，置齊桓公子雍焉。齊桓公七子皆奔楚，楚盡以爲上大夫。」楚成王三十九年，當魯僖二十七年，史公序列此事，恐遲誤一年。

二十有七年，戊子，公元前六三三年。周襄王二十年、晉文四年、齊孝十年、衞成二年、蔡莊十三年、鄭文四十年、曹共二十年、陳穆十五年、杞桓四年、宋成四年、秦穆二十七年、楚成三十九年、許僖二十三年。

經

二七·一 二十有七年春，正月初五日己酉冬至，建子。杞子來朝。

二七·二 夏六月庚寅，庚寅，十八日。齊侯昭卒。齊世家云：「十年，孝公卒。孝公弟潘因衞公子開方殺孝公子而立潘，是爲昭公。昭公，桓公子也，其母曰葛嬴。」此事經、傳未載。

二七·三 秋八月乙未，乙未，二十四日。葬齊孝公。無傳。諸侯五月而葬，此則三月葬。

二七·四 乙巳，乙巳，九月四日。疑經失書月。公子遂帥師入杞。杜注：「弗地曰入。」

二七·五 冬，楚人、陳侯、蔡侯、鄭伯、許男圍宋。傳云：「楚子及諸侯圍宋。」二十八年又云：「使子玉去宋。」似此，楚成嘗主圍宋，並與于諸侯之盟，不久卽離去，而由子玉主兵，故年表云「〔成王〕三十九年使子玉伐宋」。此楚人或卽指楚成，不曰楚子而曰楚人者，當時書法如此。自宣九年以後，楚子始不復稱人。

二七·六 十有二月甲戌，甲戌，五日。公會諸侯，諸侯者，楚子、陳侯、蔡侯、鄭伯、許男也。盟于宋。無傳。陳、蔡、鄭、許皆從楚者，魯則以去年乞師，且借其師伐齊之故，始與通和好也。此時宋方被圍，自不與盟。

傳

二七·一 二十七年春，杞桓公來朝。用夷禮，故曰子。杞本舊國，見隱四年經注。春秋多稱杞伯，卽以杞桓公而言，文十二年、成四、五、七、九、十八年，俱書「杞伯」。偶書「杞子」，僖二十三年於杞成公稱「杞子」，襄二十九年于杞文公稱「杞子」及此是也。曲禮下云：「其在東夷、北狄、西戎、南蠻，雖大曰子。」公卑杞，杞不共也。共同恭。以其用夷禮，故目爲不恭而賤之。其實，五等爵本無定稱，前已詳言之。不但楚、吳、越皆競稱「王」，文化落後之小國亦有自稱「王」者，而春秋皆書曰「子」。

二七・二　夏，齊孝公卒。有齊怨，去年齊兩次伐魯。不廢喪紀，孔疏曰：「周禮小司徒：『掌喪紀之禁令。』庖人：『掌喪紀之庶羞。』樂記曰：『衰麻哭泣，所以節喪紀也。』言喪紀者多矣。喪紀者，喪事之總名。」諸侯之間所謂喪紀，自指弔生送死之事。禮也。

二七・三　秋，入杞，入而不有其地。責無禮也。此與桓二年傳「秋七月，杞侯來朝，不敬。杞侯歸，乃謀伐之。九月，入杞，討不敬也」同。

二七・四　楚子將圍宋，使子文治兵於睽，子文，前令尹。治兵，義詳莊八年傳注。睽，楚邑。不詳今所在。終朝而畢，不戮一人。終朝，自旦至食時。此言子文之寬簡。子玉復治兵於蔿，蔿，楚邑，今亦不詳所在。終日而畢，鞭七人，貫三人耳。貫耳，以箭穿耳也。說文有「聅」字，音徹，又音壇，又音拽，云：「軍法以矢貫耳也，從耳從矢。司馬法云：『小罪聅，中罪刖（王筠說文句讀謂刖似當作刵，斷耳也），大罪剄。』」兩漢猶有此刑，見漢書原涉傳及後漢書楊政傳。此則貫耳較鞭刑爲重。國老皆賀子文。孔疏曰：「王制云：『有虞氏養國老於上庠，養庶老於下庠。』然則國老者，國之卿大夫士之致仕者也。」孔丘於魯，亦被稱爲國老，見哀十一年傳。晉語五敍趙盾舉薦韓厥，甚稱其職，因使諸大夫賀己，曰：「吾舉厥而中，吾乃今知免於罪矣。」可見舉拔得人，爲之慶賀，古有此禮。子文飲之酒。蔿賈尚幼，蔿賈字伯嬴，孫叔敖之父，又見文十六年、宣元年及四年傳。後至，不賀。子文問之。對曰：「不知所賀。子之傳政於子玉，曰：『以靖國也。』二十三年傳敍子玉伐陳有功，子文使爲令尹。叔伯曰：「子若國何？」子文答「吾以靖國也」云云，此則舉子文之言以駁之。靖諸內而敗諸外，所獲幾何？子玉之敗，子之舉也。舉以敗國，將何賀焉？子玉剛而無禮，不可以治民，疑此治民指治軍言，下文「過三百乘」可證。楚之令尹，軍民兼治。過三百乘，杜注：「三百乘，二萬二千五百人。」此是以每乘七十五人計算所得，然未必如此。其不能以入矣。入謂全師入國。下年傳敍子玉既敗，王使謂之曰：「大夫若入，其若申、息之老何？」彼入字與此入字同。說見沈欽韓補注及竹添光鴻會箋。孔疏謂入爲「入前敵」，固非；章炳麟讀謂入讀爲捷，勝也，亦不必。苟入而賀，何後之有？」

冬，楚子及諸侯圍宋。宋公孫固如晉告急。公孫固，宋莊公之孫。先軫曰：閔二年傳有先丹木與先友，宋程公說春秋分紀世譜二謂先軫爲先丹木之子，不知其據。「報施、救患，宋襄公贈馬于晉文，所謂施也。今宋被圍，患也。取威、定霸，於是乎在矣。」卽在於是矣也，此加重倒句。晉世家云：「先軫曰：『報施、定霸，於今在矣。』」僅取其意，非譯其文。狐偃曰：「楚始得曹，而新昏於衞，若伐曹、衞，楚必救之，則齊、宋免矣。」此兼敍齊事。去年楚使申叔侯戍穀以偪齊，楚若救曹、衞，亦必能紓齊患。晉世家敍此事只云「則宋免矣」，蓋史公省文。於是乎蒐于被廬，被廬，晉地，不詳今之所在。作三軍，閔元年晉獻公作二軍，今又加一軍。謀元帥。晉以中軍帥爲元帥。趙衰曰：「郤穀可。臣亟聞其言矣，說禮、樂而敦詩、書。說同悅。禮記樂記「樂者敦和」，鄭注謂「敦和，樂貴同也」，是敦有貴意。蓋假爲惇，說文：「惇，厚也。」經、傳多以敦爲之。後漢書鄭興傳，「杜林薦之曰：『竊見河南鄭興，執義堅固，敦悅詩、書』」，卽用此義。俞樾平議讀爲詩閟宮（魯頌）「敦商之旅」之敦，治也，亦通。詩、書，義之府也；禮、樂，德之則也；德、義，利之本也。夏書曰：『賦納以言，明試以功，車服以庸。』三句在今尚書益稷。　賦，今作敷，音近可以通假。賦爲敷之借字，徧也。謂不論尊卑遠近，如其言善，卽徧加納取。杜注：「賦納以言，觀其志也。」　試，今作庶，章炳麟云：「讀爲度。」杜注云：「明試以功，考其事也。」　庸謂酬勞報功，春秋繁露制度篇引作「輿服以庸」，意同，謂以車馬衣服酬其功。　蓋古者官階不同，車服亦異，賜以車服，所以表示尊貴寵榮。君其試之！」晉語四云：「文公問元帥於趙衰。對曰：『郤縠可，行年五十矣，守學彌惇。夫先王之法志，德義之府也。夫德義，生民之本也。能惇篤者，不忘百姓也。請使郤縠！』公從之。」乃使郤縠將中軍，郤溱佐之。晉語四韋注云：「郤溱，晉大夫郤至之先。」或云溱卽至，非也。使狐偃將上軍，讓於狐毛，而佐之。毛，偃之兄，見二十三年傳。晉語四云：「公使原季爲卿。辭曰：『夫三德者，偃之出也。以德紀民，其章大矣，不可廢也。』使狐偃爲卿。辭曰：『毛之智賢於臣，其齒又長，毛也不在位，不敢聞命。』乃使狐毛將上軍，狐偃佐之。」晉世家云「使狐偃將上軍，狐毛佐之」，恐史公有誤。命趙衰爲卿，讓於欒枝、先軫。據晉語四韋注及晉世家集解引賈逵說，欒枝謚貞子，爲桓二年傳欒賓之孫，三年傳欒共叔之子。使欒枝將下軍，傳世有欒左軍戈，阮元謂左軍卽下軍。方濬益且謂「欒氏世爲下軍將佐」，此戈其晉欒氏之物歟。詳綴遺齋彝器考釋卷三十。先軫佐之。晉語四云：「公使趙衰爲卿，辭曰：『欒枝貞慎，先軫有謀，胥臣多聞，皆可以爲輔佐，臣弗若也。』乃使欒枝將下軍，先軫佐之。」晉世家云：「命趙衰爲卿：欒枝將下軍，先軫佐之。」荀林父御戎，趙世家索隱引世本云：「晉大夫逝遨生桓伯林父。」太平御覽六四二引瑣語云：「晉治氏女徒病，弃之。舞嚚之馬僮飲馬而見之，病徒曰：『吾良夢。』馬僮曰：『汝奚夢乎？』曰：『吾夢乘水如河汾，三馬當以舞。』僮告舞嚚。自往視之，曰：『當可活，吾買汝。』答曰：『既弃之矣，猶未死乎？』舞嚚曰：『未。』遂買之。至舞嚚氏而疾有間，而生荀林父。」似舞嚚卽逝遨。二十八年傳稱荀林父將中行，故又以中行爲氏，文十三年傳因稱爲中行桓子。魏犨爲右。魏犨卽魏武子，見二十三年傳注。爲晉文公御戎車、爲車右也。

晉侯始入而教其民，晉文于二十四年入國。二年，欲用之。子犯曰：「民未知義，未安其居。」於是乎出定襄王，晉語四云：「襄王避昭叔之難，居於鄭地氾，使來告難。子犯曰：『民親而未知義也，君盍納王以教之義？』」入務利民，民懷生矣。晉語四云：「棄責(債)薄斂，施舍分寡，救乏振滯，匡困資無，輕關易道，通商寬農，懋穡勸分，省用足財，利器明德，以厚民性(生)。」諸所言蓋皆利民之事。俞樾平議曰：「懷，安也，言民安其生也。」將用之。子犯曰：「民未知信，未宣其用。」於是乎伐原以示之信。伐原在二十五年。民易資者，易爲交易之易，易資卽買賣之事。不求豐焉，明徵其辭。明徵其辭，猶言明碼實價或不二價。公曰：「可矣乎？」子犯曰：「民未知禮，未生其共。」共同恭，金澤文庫本作「恭」。於是乎大蒐以示之禮，蒐於被廬也。作執秩以正其官。昭二十九年傳云：「文公是以作執秩之官，爲被廬之法。」則執秩爲官名。然漢書刑法志注引應劭云「搜於被廬之地，作執秩以爲六官之法」，似以爲法名，官主爵秩，法當卽周禮太宰所謂「以八法治官府」之法。民聽不惑，不惑卽論語子罕「知者不惑」之「不惑」，明其道理，故不致迷惑也。而後用之。出穀戍，釋宋圍，俱見下年。一戰而霸，文之教也。一戰謂明年城濮之役。文之教，孔疏釋爲文德之教，然昭九年傳云「文之伯也」，文指文公，此似亦指文公。晉語四亦有此段，大同小異，不具錄。呂氏春秋簡選篇：「晉文公造五兩之士五乘，銳卒千人，先以接敵。諸侯莫之能難。反鄭之埤，東衛之畝，尊天子於衡雍。」

二十有八年，己丑，公元前六三二年。周襄王二十一年、晉文五年、齊昭公潘元年、衞成三年、蔡莊十四年、鄭文四十一年、曹共二十一年、陳穆十六年、杞桓五年、宋成五年、秦穆二十八年、楚成四十年、許僖二十四年。

經

二八·一 二十有八年春，正月十六日乙卯冬至，建子。晉侯侵曹，晉侯伐衞。

二八·二 公子買戍衞，不卒戍，刺之。據傳，公子買字子叢。不卒戍者，魯向楚解釋之辭，非事實。刺者，殺也。晉語四「刺懷公于高梁」，周語上「晉人殺懷公」，足見刺與殺同義。然春秋於外大夫曰殺，惟於魯大夫曰刺，此及成十六年「刺公子偃」是也，故杜注云：「內殺大夫皆書刺」。說文云：「君殺大夫曰刺，刺，直傷也。」蓋亦取春秋之義。

二八·三 楚人救衞。

二八·四 三月丙午，丙午，八日。晉侯入曹，執曹伯。畀宋人。畀，音比去聲，與也。據傳「執曹伯，分曹、衞之田以畀宋人」之文，則「執曹伯」與「畀宋人」爲兩事，當作兩句讀。「畀宋人」者，以田畀宋人也。公羊、穀梁以及杜注皆以六字作一句讀，遂解爲以曹伯與宋人，似誤解經旨。說見宋葉夢得春秋傳。

二八·五 夏四月己巳，己巳，二日。晉侯、齊師、宋師、秦師及楚人戰于城濮，楚師敗績。城濮已見莊二十七年經注。

二八・六　楚殺其大夫得臣。得臣不書族氏。自成二年而後，楚之大夫始具列氏族與名，如公子嬰齊、公子側是也。

二八・七　衞侯出奔楚。禮記祭統孔悝之鼎銘「乃祖莊叔，左右成公，成公乃命莊叔隨難于漢陽」，卽此事。

二八・八　五月癸丑，癸丑，十六日。公會晉侯、齊侯、宋公、蔡侯、鄭伯、衞子、莒子，盟於踐土。定四年傳述踐土之盟載書，其班次爲晉、魯、衞、蔡、鄭、齊、宋、莒，以姬之同姓爲先；齊、宋雖大，異姓在後，隱十一年傳所謂「周之宗盟，異姓爲後」是也。經所書乃會之班次，以國强弱大小爲序，盟之班次則從略矣。衞稱子者，衞成公此時出居于外，其弟叔武奉盟，從未成君之禮也。踐土，鄭地，在今河南省原陽縣西南，武陟縣東南。杜注：「王子虎臨盟，不同歃，故不書。」

二八・九　陳侯如會。無傳。陳本與楚，楚敗，懼而從晉，因赴會。不言與盟，恐未與盟也。八年經云「鄭伯乞盟」，此不書乞盟，或陳穆公未嘗乞盟。經書如會者三，此及襄三年雞澤之盟，陳侯使袁僑如會；襄七年，會于鄬，鄭伯髡頑如會。

二八・一〇　公朝于王所。無傳。杜注：「王在踐土，非京師，故曰王所也。」蓋用公羊、穀梁義，未必爲左氏義。隱七年傳云「鄭公子忽在王所」，時公子忽爲質于周，則在京師也。詩小雅出車「自天子所」，吉日「天子之所」，儀禮覲禮「女順命于王所」，周禮考工記「不屬于王所」，則天子無論在京師與否皆得言所。詩鄭風大叔于田「獻于公所」，齊侯鎛鐘「有共于公所」，則公所者，諸侯之所在。孟子滕文公下亦言「使之居于王所」。凡王、公之所在曰王所、公所，恐無義例之可言。經書魯之朝王者三，今年二次，及成十三年如京師，且均是順便而朝王，非特意誠心。年表云：「二十八年，公如踐土會朝。」

二八・一一 六月，衞侯鄭自楚復歸于衞。傳謂「衞侯聞楚師敗，懼，出奔楚，遂適陳」，則自陳復歸也；書曰自楚，蓋承上文「出奔楚」而言。成十八年傳云：「凡去其國，復歸其位曰復歸。」衞元咺出奔晉。咺音萱。據元和姓纂，元咺其先食采邑於元，因以爲氏。元，今河北省元氏縣。

二八・一二 陳侯款卒。無傳。陳穆公以十三年卽位，十五年盟於牡丘，十九年盟於齊，二十一年盟于薄，二十七年盟于宋，魯與陳皆與盟，凡四同盟，故赴以名。詳杜注及孔疏。

二八・一三 秋，杞伯姬來。無傳。伯姬，莊公女，杞成公夫人，于莊二十五年歸杞，至是三十八年，已老矣。

二八・一四 公子遂如齊。無傳。

二八・一五 冬，公會晉侯、齊侯、宋公、蔡侯、鄭伯、陳子、莒子、邾子、秦人于温。穀梁無「齊侯」，當係脱文。「邾子」，阮刻本作「邾人」，今從唐石經、金澤文庫本、岳本及校勘記訂正。陳共公稱陳子者，陳穆公卒，立未踰年也。秦與諸侯會盟始于此，故班序最後，而稱人。

二八・一六 天王狩于河陽。「狩」，穀梁作「守」，守、狩字通。狩爲冬日田獵之名，有解爲巡守者，恐非。河陽在今河南省孟縣西三十五里。

二八・一七 壬申，壬申，十月七日。此史失書月，或殘闕所致。公朝于王所。傳謂「是會也，晉侯召王，以諸侯見，且使王狩」，則朝王者不獨魯。年表謂齊、晉、秦、衞、陳、蔡俱朝周王，蓋指此。

二八・一八 晉人執衞侯，歸之于京師。成十五年傳云：「凡君不道於其民，諸侯討而執之，則曰某人執某侯。」衞元咺自晉復歸于衞。

二八・一九 諸侯遂圍許。從楚諸國，鄭自子人九行成而從晉，衞以叔武受盟而從晉，陳以陳侯如會而從晉，獨許負固不至；襄王在踐土、河陽，相距不遠，亦不朝，因而伐之。

二八・二〇 曹伯襄復歸于曹，遂會諸侯圍許。

傳

二八・一 二十八年春，晉侯將伐曹，假道于衞。此用上年傳所述狐偃之謀。曹都今山東省定陶縣，衞都楚丘，今河南省滑縣東六十餘里。曹在衞之東，故晉假道。衞人弗許。還，自南河濟，「南河」，阮刻本作「河南」，今從唐石經、金澤文庫本訂正。古黃河東北流，如衞肯借路，則由衞境渡河，衞既不肯借路，則軍隊南還，由南河渡，再向東。南河卽南津，亦謂之棘津、濟津、石濟津，在河南省淇縣之南，延津縣之北，河道今已湮。侵曹、伐衞。衞世家云：「成公三年，晉欲假道於衞救宋，成公不許。晉更從南河渡，救宋。」晉世家文同左傳。正月戊申，戊申，九日。取五鹿。二十三年傳謂晉文「出於五鹿，乞食於野人，野人與之塊」，今故取之以應其兆。商君書賞刑篇、呂氏春秋簡選篇、韓非子外儲說右上均謂文公此役「東衞之畝」，左傳未載。餘詳成二年傳注。二月，晉郤縠卒。原軫將中軍，原軫卽先軫，原爲其食邑，晉人多以食邑爲氏。胥臣佐下軍，上德也。先軫以下軍佐躍爲中軍帥，故云尚德。

上卽尚。胥臣佐下軍，補先軫之空缺。晉語四云：「取五鹿，先軫之謀也。郤縠卒，使先軫代之。胥臣佐下軍。」晉侯、齊侯盟于斂盂。斂，舊音廉。斂盂，衛地，在今河南省濮陽縣東南。衛侯請盟，晉人弗許。衛侯欲與楚，國人不欲，故出其君，以説于晉。説同悦，討好之意，亦可如字讀，解説也。衛世家謂晉嘗「徵師於衛，衛大夫欲許，成公不肯」，此傳文所無。夫假道尚不見許，又何宜徵師，史公此説恐不可信。晉世家則與傳文同。衛侯出居于襄牛。襄牛，衛地。出居，未必出其國境，凡離其國都皆可謂出，不必出國始可謂出。桓三年傳，芮伯萬出居于魏，魏當時仍在芮之國境内；哀二十年傳，吴公子慶忌出居于艾，艾仍吴邑，皆可證。據江永考實謂襄牛當在今山東省范縣境，衛之東鄙。衛世家云：「大夫元咺攻成公，成公出奔。」徵之傳下文「衛侯使元咺奉叔武以受盟」云云，則元咺恐不致有攻成公之舉。

二八·二 公子買戍衛，衛，楚之婚姻也，魯與楚，故爲之戍衛。楚人救衛，不克。公懼於晉，殺子叢以説焉。子叢，公子買之字。謂楚人曰：「不卒戍也。」石經、金澤文庫本無「曰」字，亦通。杜注謂「詐告楚人，言子叢不終戍事而歸，故殺之」，似其所據本有「曰」字。

二八·三 晉侯圍曹，門焉，門，名詞作動詞用，攻城也。多死。曹人尸諸城上，陳晉軍死屍於城上。晉侯患之。聽輿人之謀，稱「舍於墓」。「謀」，金澤文庫本、敦煌初唐寫本殘卷皆作「誦」，與孔疏所稱或本合，今從孔疏作「謀」。「謀」下各本有「曰」字，惟金澤文庫本及敦煌殘卷無，與通典兵十五及太平御覽兵部四十五所引合，是也，今從之删。説參王引之述聞。稱，言也。舍於墓爲所言内容，亦卽所謀。舍去聲。周禮春官墓大夫之職，「令國人族葬」，周書大聚篇亦云：「墳墓相連，民乃有親。」古人多族葬，晉師擬宿營于曹人墓地，則曹人墳墓勢必有被發掘者。此墓沈欽韓補注謂卽周禮春官墓大夫之邦墓，所葬皆曹之國人，曹軍之主力，故主力因恐發其祖墓而兇懼也。師遷焉。晉侯從輿人之計，師旅遷於曹人族葬之處。曹人兇懼，說文「兇，擾恐也」，則兇懼爲同義詞平列，猶今言恐懼也。曹人恐晉師掘其墓地，故恐懼也。戰國田單守卽墨，激怒燕師盡掘壟墓以勵敵愾，用意與此相反，而事則與此相類。爲其所得者，棺而出之。因其兇也而攻之。晉師因曹人之恐懼而攻曹城。三月丙午，入曹，戰國策魏策四云：「昔曹恃齊而輕晉，齊伐釐（萊）、莒而晉人亡曹」，疑指此事。但齊伐萊伐莒于春秋無徵。數之以其不用僖負羈，而乘軒者三百人也，數之云云，數其罪也。僖負羈事見二十三年傳。乘軒者三百人，大夫以上乘軒車，又見閔二年傳注。明郝敬讀左傳日鈔卷三謂「曹蕞爾國，舉羣臣不能三百人，而況大夫？言三百者，極道其濫耳」。晉世家作「數之以其不用釐負羈而用美女乘軒者三百人也」，謂乘軒者爲美女，恐史公駁文。曹世家贊云「余尋曹共公之不用僖負羈，乃乘軒者三百人」，仍用左傳可證。詩曹風候人謂「彼其之子，三百赤芾」，「彼其之子，不稱其服」，序且云「刺近小人也。共公遠君子而好近小人焉」，則候人之詩卽爲此而作。然晉語四載楚成王語已引詩「彼其之子，不遂其媾」句，豈此詩當時卽已遠播于楚國乎？或晉語四之楚成王引詩語，爲後人所增飾者乎？抑或候人之詩早已有之，序不可信乎？蓋已不能明矣。且曰獻狀。獻狀，古有數解。唐顏師古匡謬正俗謂「我之來，獻駢脅容狀耳」，此近兒戲語，惠棟補注、于鬯香草校書皆已指其誤。晉語四云：「文公誅觀狀以伐鄭。」惠棟因謂「獻狀，謂觀狀也。先責其用人之過，然後誅觀狀之罪，以示非惡報也」。此說較有據。杜注云「言其無德居位者多，故責其功狀」，則與「且曰」兩字文義不貫，沈欽韓補注已言其非。于鬯謂「使獻與美女三百乘軒馳驅之狀」云云，亦難置信。令無入僖負羈之宮，而免其族，報施也。報饋盤飧置璧之惠。韓非子十過篇云：「又令人告釐負羈曰：『軍旅薄城，吾知子不違也，其表子之閭！寡人將以爲令，令軍勿敢犯。』曹人聞之，率其親戚而保釐負羈之閭者七百餘家。」魏犨、顛頡怒，曰：「勞之不圖，報於何有？」二人各有從亡之勞，見僖二十三年傳；而作三軍時，除狐毛、狐偃、趙衰外，若郤縠、郤溱、欒枝、先軫皆非從亡者，魏犨僅爲戎右，顛頡不言其官，則位又在其下矣。二人有不平之忿，因有勞之不圖語。「報於何有」猶言「何有於報」，倒語也。爇僖負羈氏。爇，音焫，又音芮，燒也。氏猶家也。昭二十七年傳「令尹欲飲酒於子氏」，呂氏春秋慎行篇作「令尹欲飲酒於子之家」可證。魏犨傷於胸。公欲殺之，而愛其材。愛，惜也。孟子梁惠王上「齊國雖偏小，吾何愛一牛」，義與此同。使問，問，饋遺以物。且視之。視察病情。病，將殺之。病謂傷甚，言若其傷甚重，則將殺之。魏犨束胸見使者，曰：「以君之靈，靈謂威靈。不有寧也！」杜注：「言不以病故自安寧。」劉炫謂寧爲傷，誤。距躍三百，曲踊三百。示猶可用。距躍、曲踊，皆跳躍之名，顧炎武補正引邵寶説謂距躍爲直跳，曲踊爲横跳。劉文淇疏證謂直跳者，向上跳，今之跳高也；横跳者，向前跳，今之跳遠也。或是。若以曲踊爲倒行，恐非。三百，古人不以爲數，因其受傷，未必能跳躍六百次也。若以三百爲虛數，言其跳躍次數之多，亦未嘗不可通。杜注：「百猶勱也。」三勱，孔疏謂「言每跳皆勉力爲之」，於文義扞格難通，自不可信。王引之述聞謂「百、陌古字通，陌者，横越而前也」，則三百者，三次横越使者之意。桂馥札樸謂廣韻「趏，越」，則「三百」猶三下。洪亮吉詁又謂「三百或當作三尺，古人跳躍之法如此耳」。劉文淇疏證則謂「百」即「陌」，「江、淮間俗語謂一箭地，與以陌計步同。」梁書黄法氍傳，距躍三丈，以丈計躍，猶云以陌計躍也」，則三百乃其跳躍遠近之長度。諸說俱無確證。乃舍之。捨而不殺也。殺顛頡以徇于師，使將士遍知之。商君書賞刑篇云：「晉文公將欲明刑，以親百姓，於是合諸侯大夫於侍千宮。顛頡後至，吏請其罪（「吏」字各本無，依太平御覽六三六、六四六增）。君曰『用事焉。』吏遂斬顛頡之脊以徇（「徇」，各本作「殉」，依御覽六四六改）。晉國之士稽焉皆懼，曰：『顛頡之有寵也，斷以徇（「徇」字依御覽六三六引改），況於我乎？』」韓非子外儲說右上篇與此大同。皆與傳異。立舟之僑以爲戎右。舟之僑見閔二年傳。立之爲右，以代魏犨，則魏犨免職矣。

宋人使門尹般如晉師告急。杜注：「門尹般，宋大夫。」晉語四「般」作「班」，古同音通假。馬宗璉補注謂「班，蓋宋卿掌門尹之任，如桐門右師之類，楚圍急，故使重臣如晉乞師」云云，以「門尹」比「桐門」，所比不相類。蓋桐門爲城門名，門尹則否。然以門尹般爲宋重臣，則頗合情理。哀二十六年傳宋有門尹得，似亦重臣。顧棟高大事表十謂「國語『敵國賓至，關尹以告，門尹除門』，周禮地官之屬有司門、司關，鄭司農以司關爲關尹，則門尹卽周禮之司門也」，然司門官職卑。疑此門尹相當莊十九年傳楚之大閽。公曰：「宋人告急，舍之則絕，捨之而不救，則將與晉絕。告楚不許。請楚釋宋圍，楚又不肯。晉語四云「宋人告急，舍之則宋絕，告楚則不許我」，文義較明。我欲戰矣，齊、秦未可，若之何？」先軫曰：「使宋舍我而賂齊、秦，藉之告楚。假借齊、秦，使之爲宋告于楚，欲楚釋宋之圍。我執曹君，而分曹、衞之田以賜宋人。以曹、衞田賜宋人者，一則所以怒楚，一則所以補償宋與齊、秦之賄賂。楚愛曹、衞，必不許也。必不許齊、秦爲宋之請。喜賂、怒頑，齊、秦喜得宋之賂，而怒楚之頑固。晉語四云：「齊、秦不得其請，必屬怨焉。」能無戰乎？」此乃設計以激發齊、秦兩國參戰。公說，執曹伯，分曹、衞之田以畀宋人。晉世家云：「楚圍宋，宋復告急晉。文公欲救，則攻楚，爲楚嘗有德，不欲伐也。欲釋兵，宋又嘗有德於晉，患之。先軫曰：『執曹伯，分曹、衞地以與宋，楚急曹、衞，其勢宜釋宋。』於是文公從之。」與傳略有不同。衞世家、晉世家亦載此事而較略。

楚子入居于申，申在方城內，楚子由伐宋退居方城內，故曰入。申又見隱元年傳注。使申叔去穀，申叔即申公叔侯，二十六年戍穀。使子玉去宋，曰：「無從晉師！晉侯在外，十九年矣，晉文以僖五年出奔，在狄十二年，二十四年方入晉，以夏正數之，則整十九年。晉語四云「晉公子生十七而亡」，昭十三年傳亦云「先君文公生十七年有士五人」云云，則晉文出亡，時年十七；亡十九而返國，時年三十六；城濮之役，即位已四年，則年四十，死時才四十四。晉世家謂重耳出奔年四十三，凡十九歲而得入，時年六十二，閻若璩四書釋地三續謂史遷之說不若左傳、國語足信，其說是也。乃洪亮吉詁信史記不信左傳，其考據實誤。若如史記之說，重耳奔蒲，年四十三，而其年獻公滅虢，執井伯以媵秦穆姬，秦穆姬爲申生之姊，長於重耳者至少數年，豈五十歲左右始嫁耶？而果得晉國。險阻艱難，備嘗之矣；民之情僞，盡知之矣。情，實也；情僞猶今言真僞。天假之年，「之」作「其」用。言其十九年在外，流離轉徙，猶得生存，且獻公之子九人，惟彼一人在耳。而除其害，惠公死，懷公及呂、郤被殺。天之所置，其可廢乎？其作豈用。軍志曰：『允當則歸。』軍志，古之兵書。「允當則歸」猶今言適可而止。又曰：『知難而退。』今吳子料敵篇襲用此語。又曰：『有德不可敵。』此三志者，晉之謂矣。」子玉使伯棼請戰，楚之鬭椒字伯棼，一字子越（文十六年、宣四年傳），鬭伯比之孫。曰：「非敢必有功也，願以間執讒慝之口。」

間執猶塞也。莊子漁父篇：「好言人惡謂之讒。」荀子修身篇：「傷良曰讒。」爾雅釋訓「崇讒慝也」，釋文：「言隱慝其情以飾非。」古人「讒慝」連言，其意爲好言人過惡。讒慝之口指去年蒍賈之言，謂子玉過三百乘不能以入矣。王怒，少與之師，唯西廣、東宮與若敖之六卒實從之。廣，去聲。宣十二年傳言楚「其軍之戎，分爲二廣」，西廣當卽二廣之一。文元年傳太子商臣以宮甲圍成王，則東宮有兵，此東宮當亦是太子之宮甲。若敖爲楚武王之祖，楚君之無謚者，皆以「敖」稱，而冠以所葬之地，昭十三年傳所謂「葬子干于訾，實訾敖」者是也。則若敖者，爲楚君之葬于若者，實亦子玉之祖也。敖卽豪，猶今之酋長矣。若敖之六卒，疑爲若敖所初設之宗族親軍。卒爲車法，非徒法。一卒三十乘，六卒一百八十乘。詳江永羣經補義。杜注謂一卒爲百人，六卒則六百人，以徒法釋車，誤。楚語上云：「及城濮之役，唯子玉欲之，與王心違，故唯東宮與西廣寔來。」除子玉原將圍宋之軍外，此又以西廣、東宮及若敖之六卒益之。

子玉使宛春告於晉師曰：宛春，楚大夫，與呂氏春秋分職篇、新序刺奢篇諫衞靈公之宛春爲宋大夫者，自爲兩人。「請復衞侯而封曹，臣亦釋宋之圍。」子犯曰：「子玉無禮哉！君取一，臣取二，晉文爲君，僅得宋圍之釋；子玉爲臣，却得復衞、封曹兩事。不可失矣。」言時不可失，必與之戰也。先軫曰：「子與之！與，許也；許其所請也。定人之謂禮，楚一言而定三國，宋圍釋，曹、衞得復，是三國定也。我一言而亡之。我則無禮，何以戰乎？不許楚言，是棄宋也；救而棄之，謂諸侯何？無辭以對齊、秦諸國。楚有三施，我有三怨，宋、曹、衞三國皆將怨我。怨讎已多，已，太也。將何以戰？不如私許復曹、衞以攜之，攜，離也，離間曹、衞與楚之同盟。後云「曹、衞告絕於楚」卽其事。晉世家「攜」作「誘」，蓋史公以己意變其文。

執宛春以怒楚，既戰而後圖之。」公說。乃拘宛春於衞，且私許復曹、衞，曹、衞告絶於楚。

子玉怒，從晉師。從晉師者，撤宋之圍而從晉師也。晉語四云：「子玉釋宋圍從晉師」，楚成令子玉無從晉師，子玉反之。晉師退。軍吏曰：「以君辟臣，辱也；且楚師老矣，楚師去年冬圍宋，至此已五、六月，故言其疲憊。何故退？」子犯曰：「師直爲壯，曲爲老，豈在久乎？「乎」阮刻本作「矣」，今從校勘記訂正。微楚之惠不及此，退三舍辟之，所以報也。實踐晉文對楚成之諾言，見二十三年傳。背惠食言，食言見十五年傳注。以亢其讎，亢，扞蔽之義，昭元年傳「吉不能亢身，焉能亢宗」，諸「亢」字義同。其讎指宋國，此謂楚伐宋而晉救之。說詳王引之述聞。我曲楚直，其衆素飽，素，向來。飽，謂士氣飽滿。不可謂老。我退而楚還，我將何求？若其不還，君退、臣犯，曲在彼矣。」退三舍。楚衆欲止，子玉不可。晉世家敍此以子犯語爲晉文公語，與傳及晉語四皆不合。

夏四月戊辰，戊辰，朔日。晉侯、宋公、齊國歸父、崔夭、秦小子憖次于城濮。國歸父、崔夭，齊之大夫。傳世有齊大宰盤銘云「隹王八月丁亥，齊大宰邋父𥂴爲忌(己)盥盤」云云，郭沫若兩周金文辭大系考釋謂大宰邋父𥂴或卽此國歸父。方濬益綴遺齋彝器考釋卷七說同。崔夭，詳宣十年傳注。小子憖，秦穆公子。城濮，衞地，已見莊二十七年經注。楚師背酅而舍，酅音攜，丘陵險阻者；楚師憑險而軍也。晉侯患之。聽輿人之誦曰：「原田每每，舍其舊而新是謀。」每、謀爲韻，古音同在咍部。原田卽說文之「䢓田」。「原」、「䢓」古韻同部，聲亦相近，得通用。今謂之休耕地，周禮大司徒謂之「一易之地」、「再易之地」。休耕時，草茂盛，用以爲綠肥，「每每」

即形容草之盛出。去年已耕種者，今年即不再用，而用其先休耕者，故曰「舍其舊而新是謀」。杜注：「喻晉軍之美盛，若原田之草每每然，可以謀立新功，不足念舊惠。」雖得其意，猶未達一間。公疑焉。子犯曰：「戰也！戰而捷，必得諸侯。若其不捷，表裏山河，杜注云：「晉國外河而內山。」必無害也。」公曰：「若楚惠何？」欒貞子曰：欒貞子，欒枝。「漢陽諸姬，楚實盡之。水北曰陽，周、晉同姓之國在漢水之北者，楚皆滅之矣。楚世家謂楚武王三十五年伐隨，始開濮地而有之。文王六年伐蔡。楚彊，陵江、漢間小國，皆畏之。十一年，楚亦始大，成王時楚地千里云云，則皆吞併之事。思小惠而忘大耻，重耳出亡于楚，楚厚待之，小惠也；滅我同姓諸國，大耻也。不如戰也。」晉侯夢與楚子搏，兩人格鬬。楚子伏己而盬其腦，或本「己」作「已」，「伏」字一讀，「已而」連讀，誤。當「伏己」連讀，楚子伏於晉侯自己身上也。盬音古，咀嚼也。是以懼。子犯曰：「吉。我得天，晉侯仰卧，向上，故云得天。楚伏其罪，楚子伏，向下，故云伏其罪。陝西西安半坡遺址有公共墓地，埋葬本氏族死者。有仰身葬與俯身葬兩種。仰身葬有殉葬物，俯身葬則無。蓋仰身葬貴，俯身葬賤。故一則其葬「得天」，一則「伏其罪」。似可與子犯此言相印證。吾且柔之矣。」焦循補疏曰：「素問五藏别論：『腦、髓、骨、脈、膽、女子胞，此六者，地氣之所生也，皆藏于陰而象于地。』解精微論：『腦者，陰也。』陰柔，故子犯言吾且柔之。彼來盬我用齒，齒，剛也。我以腦承之，是有以柔其剛，故云柔之。」杜注云「腦所以柔物」。何樂士謂宜讀爲二十五年傳「德以柔中國」之柔。論衡異虚篇：「晉文公將與楚成王戰於城濮。彗星出楚，楚操其柄。以問咎犯。咎犯對曰：『以彗鬬，倒之者勝。』」左傳未載，王充蓋從它書得之。

子玉使鬬勃請戰，鬬勃，楚大夫。曰：「請與君之士戲，晉語九云：「少室周爲趙簡子之右，聞牛談有力，請與之戲；弗勝，致右焉。」韋注云：「戲，角力也。」此戲字亦卽此義。說詳王引之述聞。君馮軾而觀之，馮同憑。古人乘車多站立，憑軾則較舒適而能持久。得臣與寓目焉。」晉侯使欒枝對曰：「寡君聞命矣。楚君之惠，未之敢忘，是以在此。此指退避三舍之地。爲大夫退，爲同謂，以爲楚軍已退也。其敢當君乎？其同豈。因子玉是臣，晉文是君，臣不敢與君抗，君退，臣亦當退，故謂大夫退也。既不獲命矣，楚軍竟未退，且跟踪而至，故云不獲命。二十三年傳晉文答楚成之語，亦云「其辟君三舍，若不獲命」云云。敢煩大夫，大夫指鬬勃。謂二三子：二三子指子玉、子西等。『戒爾車乘，敬爾君事，詰朝將見。』」詰朝，明日之晨。

晉車七百乘，韅、靷、鞅、靽。韅音顯，駕車之馬有革直著於其腋下者。靷音引，然此當作靳，字之誤也。靳，駕車服馬當胸之革，亦謂之游環，詩秦風小戎「游環脅驅」是也。古以四馬駕車，兩馬在中曰服馬。左右兩旁之馬曰驂馬。驂馬之首當服馬之胸，服馬當胸之革爲靳，靳上有環，謂之靳轘，亦卽游環，而驂馬之外轡貫之，則驂馬不得外出；服馬行，驂馬亦不得不行，故定九年傳云「吾從子如驂之有靳」。游環就服馬得其義，靳環則兼驂馬得其義。說參王引之述聞、段玉裁說文靳字注、陳奐毛詩秦風小戎傳疏。鞅音央上聲，又音央，駕車時馬頸之革。靽同絆，音半，縶馬足之繩。或據秦始皇陵銅車馬，謂絆卽從馬後所牽之帶，經腹下繫胸前。韅、靳、鞅、靽，言其車馬之裝備齊全也。晉侯登有莘之虛以觀師，莘，舊國名，墨子尚賢中篇「伊摯，有莘氏之私臣」者是也；呂氏春秋本味篇作有侁氏，漢書人表及外戚傳敍並作有㜪氏，莘、侁、㜪字得相通。虛同墟。關於有莘之記載甚多，如大戴禮帝繫「鯀娶于有莘氏之子」，昭元年傳「商有姺、邳」，詩大雅大明「纘女維莘」，則夏、商、周皆有莘國（疑卽部落）。至其地望所言亦不一，卽以左傳論，莊十年經之莘爲蔡地，三十二年傳之莘爲虢地，成二年傳之莘則齊地，此則又一莘，古莘國之廢墟也。據春秋輿圖，有莘氏之虛在今山東省曹縣西北。曰：「少長有禮，少長謂軍士之長幼。當操練時，幼者敬長者，長者教幼者，故云有禮。其可用也。」遂伐其木，以益其兵。兵，兵器，如戈、矛之柄，俱須伐木以爲之。

己巳，晉師陳于莘北，莘北，當卽城濮。胥臣以下軍之佐當陳、蔡。晉軍當以中軍當楚中軍，以上軍當楚左師，下軍之將佐則各有所當，欒枝以下軍將誘子玉，胥臣以下軍佐當陳、蔡之師。陳、蔡屬楚右師。子玉以若敖之六卒將中軍，曰：「今日必無晉矣。」子西將左，子上將右。子西，鬬宜申；子上，鬬勃。胥臣蒙馬以虎皮，先犯陳、蔡。陳、蔡奔，楚右師潰。狐毛設二旆而退之。劉書年劉貴陽經說曰：「設二旆，設前軍之兩隊也。莊二十八年傳『楚子元、鬬禦彊、鬬梧、耿之不比爲旆，鬬班、王孫游、王孫喜殿』，旆、殿對文，而曰爲旆，是旆必前軍。楚前軍名旆，晉制亦然。哀二年傳晉趙鞅禦鄭師於戚，陽虎曰：『吾軍少，以兵車之旆與罕、駟兵車先陳。』注：『旆，先驅車也。以先驅車益其軍以示衆。』蓋以兵車之先驅者爲一軍，故云兵車之旆，是晉前軍名旆之確證。又襄十八年傳，晉伐齊，『左實右僞以旆先，輿曳柴而從之』，此旆亦是前軍。張衡東京賦『殿未出乎城闕，旆已返乎郊畛』，薛綜注：『旆，前軍；殿，後軍』，本左氏也。所以名旆者，以其載旆也。」旆本旌旗之旒，旌旗之有旒（飄帶）者曰旆。互詳昭十三年傳「建而不旆」注。劉說是，杜注以旆爲大旗，誤。退之，之指楚右師。蓋楚右師敗潰，必四處亂竄，狐毛將上軍，以當楚左師，今另設前軍二隊以防楚他師之竄入，楚右師之潰者亦被擊而他竄矣。欒枝使輿曳柴而僞遁，淮南子兵略訓云：「曳梢肆柴，揚塵起堨，所以營其目者，此善爲詐佯者也。」楚師馳之，當爲楚之左軍。原軫、郤溱以中軍公族横擊之。中軍之中有以公族爲之者，故云中軍公族。公族，詳宣二年傳注。狐毛、狐偃以上軍夾攻子西，晉上軍將佐各自帥其部屬從兩道攻子西，故曰夾攻。楚左師潰。楚師敗績。吕覽貴直：「城濮之戰，五敗荆人，圍衞取曹，拔石社，定天子之位。」此未敍「拔石社」，「五敗」亦未詳。子玉收其卒而止，其卒當爲若敖之六卒。故不敗。晉世家云：「晉焚楚軍，火數日不息。」或司馬遷本之韓詩外傳七。説苑君道篇亦有此語。

晉師三日館、穀，館，舍也。穀，食楚軍所積之糧，宣十二年傳云「城濮之役，晉師三日穀」是也。及癸酉而還。癸酉，六日。二日戰勝，三、四、五日館、穀，六日而返。甲午，甲午，二十七日。至于衡雍，杜注云鄭地。以宣十二年傳邲之戰楚次于衡雍證之，杜注可信。王夫之稗疏謂爲王畿，恐非。其地當今河南省原陽縣西，踐土東北。地本在黄河之南，自明天順中黄河自武陟徙入舊原武縣，遂在河北矣。互詳宣十二年傳注。作王宫于踐土。儀禮覲禮云：「諸侯覲于天子，爲宫方三百步，四門。」鄭注云：「宫謂壝土爲埒，以象牆壁也。」此亦當然。杜注：「襄王聞晉戰勝，自往勞之，故爲作宫。」不知所本。

鄉役之三月，城濮戰役前故曰鄉役，三月義有二，若爲三個月之義，城濮之役爲四月，則此爲一月，或二月；若非三個月之義，則爲役之前月，三月也。鄭伯如楚致其師。孔疏云：「致其師者，致其鄭國之師。許以佐楚也。戰時雖無鄭師，要本心佐楚；故既敗而懼。」鄭世家云：「四十一年，助楚擊晉。自晉文之過無禮，故背晉助楚。」晉世家云：「初，鄭助楚，楚敗，懼，使人請盟晉侯。」此俱以鄭助楚且以擊晉爲言，則太史公似以爲鄭實出兵。爲楚師既敗而懼，使子人九行成于晉。子人九當爲桓十四年鄭厲公弟語之後，詳彼傳注。晉欒枝入盟鄭伯。五月丙午，丙午，九日。晉侯及鄭伯盟于衡雍。

丁未，丁未，十日。獻楚俘于王：駟介百乘，駟介，駟馬被甲者，詩鄭風清人「駟介旁旁」者是也。古人戰車馬必被甲，成二年鞌之役，齊侯不介馬而馳晉軍，以特例而書。徒兵千。徒兵，步兵。鄭伯傅王，用平禮也。傅，相也。當行獻俘禮時，鄭文公爲周襄王之上相，亦猶周平王之於晉文侯仇，以鄭武公爲相。今尚書文侯之命當從書序爲周平王錫晉文侯之命，史記周本紀、晉世家及新序善謀篇以爲周襄王錫晉文公之命者，誤。鄭武公所以傅周平王者，時武公爲平王卿士也；今鄭文公所以傅襄王者，以晉文命其「各復舊職」也。襄二十五年傳子產答晉云「我先君武、莊爲平、桓卿士，城濮之役，文公布命曰『各復舊職』，命我文公戎服輔王，以授楚捷」，可爲的證。閻若璩四書釋地又續謂「蓋時能相禮者亦希，鄭伯素以知禮名，故用以相王，非合周制」云云，誤。己酉，己酉，十二日。王享醴，命晉侯宥。享醴及命宥，說詳莊十八年傳注。宥同侑。王命尹氏及王子虎、內史叔興父策命晉侯爲侯伯，周語上「襄王使太宰文公及內史興賜晉文公命」，雖是晉文公初立時事，然據韋注，太宰文公爲周卿士，卽王子虎；文三年傳又稱之爲王叔文公。內史興當卽叔興父，興爲其名，叔則其字也。阮元積古齋鐘鼎彝器款識卷七有鬲叔興父簋(盨)銘，並云：「鬲氏系出夏諸侯有鬲氏。左傳有內史叔興父，傳注未詳其氏，未知卽係此人否。」策命者，以策書命之，下文云「受策以出」者是也。周禮大宗伯：「壹命受職，再命受服，三命受位，四命受器，五命賜則，六命賜官，七命賜國，八命作牧，九命作伯。」哀十三年傳云：「王合諸侯，則伯帥侯牧以見於王。」均可證伯卽侯伯，爲諸侯之長。賜之大輅之服、戎輅之服，輅音路，或亦作路。禮記樂記云：「所謂大輅者，天子之車也，則所以贈諸侯也。」大輅乃天子車之總名，不但可以賜之諸侯，亦可以賜之國卿。周禮春官巾車謂王有五路，玉路、金路、象路、革路、木路是也。尚書顧命「大輅在賓階面」，則玉輅也。據巾車，金路以封同姓，則賜同姓諸侯或亦以金路，則此大輅，與定四年祝鮀所言先王分魯、衞、晉以大路，當爲金輅。至於襄十九年王追賜鄭公孫蠆之大路，二十四年王賜穆叔之大路，襄十九年孔疏引杜預釋例以爲革路或木路，孫詒讓周禮巾車正義則以爲與「左氏舊義不合」。戎輅，戎車也。二輅各有其服裝與配備，賜時一同頒賜，故云大輅之服、戎輅之服。齊語言周襄王於齊桓公「賞服大輅龍旗九旒渠門赤旂」，龍旗九旒等爲大輅之配備。沈欽韓補注謂「此大輅之服則金路衮冕，戎輅則革路韋弁服」，理或然也。據昭四年傳賜車服時，使三官書之，司徒書名，司馬與工正書服，司空書勳，此亦當然。**彤弓一、彤矢百，**彤，説文云：「丹飾也。」段玉裁注云：「以丹拂拭而涂之。」彤弓彤矢與下玈弓矢俱以所漆之色言之。**玈弓矢千，**金澤文庫本作「旅弓十，旅矢千」。「玈」作「旅」，「弓」下多「十旅」兩字。石經「弓」下亦旁增「十玈」兩字，後漢書袁紹傳注及御覽三四七引傳亦同，魏、晉以下「九錫文」亦同，但據詩小雅彤弓疏，服虔、杜預本、唐時定本、陸德明及孔穎達所據正本皆無「十玈」兩字，今從之。玈，正字當作黸，説文：「齊謂黑爲黸。」段注云：「經、傳或借盧爲之，或借旅爲之，皆同音假借也。旅弓旅矢，見尚書、左傳，俗字改爲玈。」同音盧。古代一弓百矢，故尚書文侯之命云「彤弓一、彤矢百，盧弓一、盧矢百」，此玈弓矢千，矢千，則弓十，不言十者，可推知，故文省也。亦有弓一矢五十者，荀子議兵篇「魏氏之武卒，以度取之，衣三屬之甲，操十二石之弩，負服矢五十个」是也。詩魯頌泮水云：「角弓其觩，束矢其搜。」毛詩亦謂「五十矢爲束」。**秬鬯一卣，**秬音巨，又音渠，黑黍也，今謂之黑小米。鬯，卽用黑小米釀之並搗香草合煮所成之酒，其酒芬芳條暢，故名曰鬯，古人用以降神。卣音酉，古代盛酒之器，尚書文侯之命」詩大雅江漢俱言秬鬯一卣，洛誥言秬鬯二卣，則秬鬯固以卣計。禮記王制云「賜圭瓚然後爲鬯」，則賜秬鬯必賜圭瓚，故晉世家敍此事，秬鬯一卣下有珪瓚二字。圭瓚者，以玉爲柄用以挹鬯裸祭之勺。虎賁三百人，「虎賁」，古書亦或作「虎奔」，賁、奔古通，言其士之勇猛如虎之奔也。魯語下云：「天子有虎賁，習武訓也。」周禮夏官虎賁氏則謂「掌先後王而趨以卒伍，軍旅會同亦如之。舍則守王閑，王在國則守王宮，國有大故則守王門」云云。昭十五年傳周景王答晉籍談之言，「其後襄之二路、鏚鉞、秬鬯、彤弓、虎賁，文公受之，以有南陽之田，撫征東夏」云云，賜物除此所敍者外，當有鏚鉞。王制云「諸侯賜弓矢然後征，賜鈇鉞然後殺，賜圭瓚然後爲鬯」。鈇鉞卽鏚鉞，兩者相證，則此必賜鏚鉞；不言者，省文也。曰：「王謂叔父，叔父指晉文公。餘詳僖九年傳「伯男」注。『敬服王命，以綏四國，綏，安也。四國，四方諸侯也。糾逖王慝。』」杜注：「逖，遠也。有惡於王者，糾而遠之。」惠棟補注則曰：「魯頌『狄彼東南』，鄭箋云：『狄當爲剔。剔，治也。』此傳當訓爲治也。」則糾逖爲義近詞連用，是也。慝，惡也。晉侯三辭，從命，曰：「重耳敢再拜稽首，奉揚天子之丕顯休、命。」敢，表敬副詞，無義。奉揚義近詩大雅江漢「對揚王休」之對揚，亦作「答揚」，如尚書顧命「用答揚文武之光訓」。丕，大也。顯，明也。休，賜與之義，舊訓爲美，誤。江漢云：「虎拜稽首，對揚王休」，答揚王賜也，與省卣之「省揚君之商（賞）」、守宮尊之「守宮對揚周師釐（賚）」同義。此句則謂奉揚天子之賞賜與策命，休命爲平列名詞。說參楊樹達先生積微居小學述林詩對揚王休解。受策以出。沈欽韓補注曰：「蔡邕獨斷：『策長二尺，下附篆書，起年月日，稱皇帝曰，以命諸侯王三公。』按古制大略也如此。」又曰：「覲禮：『諸公奉篋服，加命書于其上，升自西階，東面。大史是右。侯氏升，西面立，大史述命。侯氏降兩階之間，北面，再拜稽首。升，成拜。大史加書于服上，侯氏受。』是尋常覲錫皆有命書。今命晉侯爲方伯，則有加策可知。凡辭，卽內史讀之。」**出入三覲。**杜注謂「出入猶去來也。從來至去，凡三見王也」，則出入猶言前後。史記倉公傳云「使服藥出入二十日」，又云「出入五六日病已」，皆此義。三覲者，明邵寶左觿謂「始至而見，一覲也；享醴再策，二覲也；去而辭，三覲也」。享醴與受策非同時之事，邵說多誤。沈欽韓補注、劉文淇疏證俱駁之，是也。沈欽韓曰：「當獻楚俘之時，則覲禮裨冕墨車以朝，一也；受策之後，拜命于王，二也；聘禮食饗之後，拜禮于朝，三也。其三享卽在始覲，又天子親饗，意在待賓，不主於覲，皆不與焉。受策又于館，不于朝也。」然受策若于館，則傳文「受策以出」之出字，毫無意義，沈說仍可商。竊疑獻楚俘，一覲也；王享，二覲也；受策，三覲也。前後三覲，自統始終言之，天子親饗，焉得不計算在內？然郭沫若兩周金文辭大系考釋據頌鼎銘「頌拜稽首，受令册佩，以出，反入（返納）堇章（瑾璋）」云：「蓋周世王臣受王册命之後，于天子有司有納瑾報璧之禮。召伯虎毁第二器言『典獻伯氏，則報璧琱生』，典卽召伯所受之册命，琱生卽師嫠毁之宰琱生，乃天子之宰，其墉證也。左傳『出入三覲』亦當讀爲『出納三瑾』。古金文凡瑾、覲、勤、謹均以堇爲之，左氏古文必亦作『堇』，後人因讀爲覲，更進而更易其字。」録之備一說。

衞侯聞楚師敗，懼，出奔楚，自襄牛出奔。**遂適陳，**衞世家云：「晉文公重耳伐衞，分其地予宋，討前過無禮及不救宋患也。衞成公遂出犇陳。」**使元咺奉叔武以受盟。**使叔武攝政。**癸亥，**癸亥，五月二十六日。**王子虎盟諸侯于王庭，要言曰：**要，平聲，約也。**「皆獎王室，**周語中「修舊德以獎王室」，韋注云：「獎，成也。」杜注則云：「獎，助也。」然于定四年傳「以獎天衷」又注云「獎，成也」，則當以成義爲確。**無相害也！有渝此盟，**

渝，變也，背也。明神殛之，襄十一年同盟于亳，載書云：「或間茲命，司慎、司盟，名山、名川，羣神、羣祀，先王、先公，七姓十二國之祖，明神殛之。」杜注云：「二司，天神。羣祀，在祀典者。」則明神所包甚廣。下文衞國宛濮之盟，載書言「明神先君，是糾是殛」，此不言先君，以明神包括先君。殛，誅也。俾隊其師，隊同墜，隕也。金澤文庫本、敦煌初唐寫本殘卷皆作「墜」。無克祚國，及而玄孫，「而」，阮刻本作「其」，誤。今從石經、宋本、金澤文庫本、敦煌殘卷改正。爾雅釋親云：「曾孫之子爲玄孫。」曾孫有兩義，一爲孫之子，一爲遠孫之通稱。詩周頌維天之命「曾孫篤之」，哀二年傳「曾孫蒯聵敢昭告皇祖文王」是也。玄孫恐亦有兩義，一爲曾孫之子，一爲遠孫之通稱，此則第二義，穀梁桓二年傳楊疏云：「玄孫者，以玄者，親之極至，來孫昆孫之等亦得通稱之」是也。無有老幼。」猶言不論老少，皆將被殛。君子謂是盟也信，謂晉於是役也，能以德攻。晉語四云：「果戰，楚衆大敗。君子曰：『善以德勸。』」

二八·四

初，楚子玉自爲瓊弁、玉纓，瓊弁，馬冠，在馬鬣毛前，其弁飾之以瓊玉，故謂之瓊弁；纓即馬鞅，馬頸之革，飾之以玉，故謂之玉纓。兩物漢人皆解爲馬飾，杜注解爲皮弁，則爲子玉所自戴者，不知何據。說參沈欽韓補注、張聰咸杜注辨證、李貽德輯述。未之服也。先戰，夢河神謂己曰：「畀余！余賜女孟諸之麋。」孟諸，宋之藪澤，即尚書禹貢之孟豬、周禮夏官職方氏之望諸，在今河南省商丘縣東北，接虞城縣界，以屢被黃河衝決，早已無存。麋同湄，水草之交曰麋。弗致也。大心與子西使榮黃諫，大心，子玉之子；子西，子玉之族。弗聽。榮季曰：榮季即榮黃，黃是其名，季則字。「死而利國，而猶假如之如。「利國」，金澤文庫本及敦煌殘卷俱作「國利」，恐誤倒。猶或爲之，況瓊玉乎？是糞土也。論語公冶長，「糞土之牆，不可圬也」，則糞土爲古人恆語，猶朽土也。博物志謂士之三尺以上爲糞，以下爲地，蓋臆說。而可以濟師，而，用法同如，假設連詞。將何愛焉？」愛，惜也。弗聽。出，告二子曰：「非神敗令尹，敗，動詞使動用法，使之敗也。令尹其不勤民，不勤民謂不以民事爲重。實自敗也。」既敗，王使謂之曰：「大夫若入，其若申、息之老何？」申、息二邑子弟皆從子玉而死，言子玉何以對其父兄，與項羽無面目對江東父老義有相似處。子西、孫伯曰：孫伯卽大心。「得臣將死。二臣止之，曰：『君其將以爲戮。』」二臣，子西、孫伯自謂。句意謂子玉本欲自殺謝罪，而我等阻止之，謂且俟君王之刑戮。及連穀而死。高士奇春秋地名考略曰：「楚子入居于申，杜注：『申在方城內，故曰入。』子玉敗，王使謂之曰『大夫若入，其若申、息之老何？』蓋不欲其入方城也，然則連穀乃方城外地。」連穀，今地闕。杜注：「至連穀，王無赦命，故自殺也。」文十年傳云：「城濮之役，王思之，故使止子玉曰：『毋死！』不及，止子西，子西縊而縣絕，王使適至，遂止之。」然則楚成嘗兩次遣使，前使欲其死，後使止其死，止子玉而不及也。楚世家謂「成王怒，誅子玉」，晉世家則云「子玉自殺」，蓋成王前命實欲子玉死，自殺乃奉命耳。

晉侯聞之而後喜可知也，杜注：「喜見於顏色。」知猶見也。呂氏春秋自知篇「文侯不說，知於顏色」，見之於面容也；淮南子修務訓「奉一爵酒，不知於色」，不見於色也。說參梁履繩補釋。曰：「莫余毒也已。蔿呂臣實爲令尹，蔿呂臣卽二十三年傳之叔伯。奉己而已，不在民矣。」杜注：「言其自守，無大志。」韓詩外傳七及晉世家敍此事甚詳。

二八・五　或訴元咺於衞侯曰：成十六年傳「而訴公于晉侯」，杜注：「訴，譖也。」「立叔武矣。」其子角從公，元咺之子元角也。公使殺之。咺不廢命，不廢衞侯之命。奉夷叔以入守。夷叔卽叔武，夷爲其謚。武子名俞，論語公冶長篇載孔丘嘗稱其人。哀二十七年傳云：「甯武子、孫莊子爲宛濮之盟而君入。」

六月，晉人復衞侯。衞侯本出居，又出奔，叔武受盟之後，晉人聽其返國。甯武子與衞人盟于宛濮，宛濮在今河南省長垣縣西南。曰：「天禍衞國，君臣不協，杜注：「衞侯欲與楚，國人不欲，故不和也。」俞樾平議曰：「管子大匡篇『桓公使鮑叔識君臣之有善者』，問篇『君臣有位而未有田者幾何人』，王念孫謂君臣卽羣臣，此傳君臣亦卽羣臣也。故下文皆以居者行者爲言，居者行者卽所謂羣臣也。若以本義讀之，與下文不貫矣。」俞說亦可通。以及此憂也。今天誘其衷，天誘其衷，當時習語；左傳凡五見，餘四次分別見成十三、襄二十五、定四、哀十六年傳。吳語云：「天舍其衷，楚師敗績。」「天舍其衷」卽「天誘其衷」。皆天心在我之意。使皆降心以相從也。降心猶今言放棄成見。不有居者，誰守社稷？不有行者，誰扞牧圉？養牛曰牧，養馬曰圉。扞者，保護捍衞之也。牧圉可爲牧牛馬之奴隸，亦可引申指外出諸侯所帶之財產。不協之故，用昭乞盟于爾大神以誘天衷。定四年傳：「以獎天衷。」天衷，天心之意。此謂乞天心向我也。自今日以往，既盟之後，行者無保其力，僖二十三年傳「保君父之命」，杜注云：「保猶恃也。」力謂功勞。蓋從衞成公出走者，自以隨侍有功，今衞成返國，可恃功而驕己輕人。居者無懼其罪。有渝此盟，以相及也。杜注：「以惡相及。」及本有及于禍害之義。王引之述聞曰：「及當爲反，字之誤也。相反謂相違，韋注周語曰：『反，違也。』」章炳麟讀曰：「王說雖是，終嫌改字。荀子儒效篇『周公屏成王而及武王』，楊倞注：『及，繼也。』公羊莊二年傳『一生一及』，注：『兄死弟繼曰及。』然則相及者，謂兄弟相及也。言有渝此盟，而以叔武及衛君者，則見糾殛也。」章說失之牽强，王說改字無據。明神先君，是糾是殛。」糾卽上文「糾逖王慝」之糾，杜注：「糾，繩治之也。」此則糾、殛義近。是糾是殛卽糾是殛是之倒裝。國人聞此盟也，而後不貳。

衛侯先期入，本與衛人約定日期，衛侯不到約期而先入，不信叔武也。甯子先，甯武子又先衛侯，蓋爲衛侯疏通。長牂守門，以爲使也，重甯武子爲公之使者。與之乘而入。與甯武子同乘一車而入。長牂不守，此衛侯所以能直入而殺叔武。公子歂犬、華仲前驅，歂音遄。二人爲衛侯之前驅。叔孫將沐，叔孫卽叔武。聞君至，喜，捉髮走出，捉，握也。魯世家「然我一沐三捉髮，一飯三吐哺」，亦用捉髮字。前驅射而殺之。公知其無罪也，枕之股而哭之。首「之」字作「其」用，以叔武尸之股爲枕也。歂犬走出，公使殺之。元咺出奔晉。公羊傳云：「文公逐衛侯而立叔武，叔武辭立。而他人立，則恐衛侯之不得反也。故於是己立，然後爲踐土之會，治，反衛侯。衛侯得反，曰：『叔武篡我。』元咺争之曰：『叔武無罪。』終殺叔武。元咺走而出。」與左傳不同。

二八・六
城濮之戰，晉中軍風于澤，晉中軍行於澤中而遇大風也。前人解「風」字爲尚書費誓「馬牛其風」之「風」，杜注謂「牛馬因風而走，皆失之」。孔疏引劉炫謂「放牛馬於澤，遺失大旆左旃，不失牛馬」。夫古籍用風爲牝牡相誘之義者，必連牛馬言之，費誓及僖四年傳「唯是風馬牛不相及也」俱可證。若單一「風」字，而解爲馬牛牝牡相誘，尚無此例，足知其誤。張聰咸辨證讀「風」爲論語「風乎舞雩」之「風」，謂此風於澤爲風涼於澤，亦不可從。亡大旆之左旃。劉書年經說云：「大旆之左旃，前軍之左旃也。」餘參前「二旆」注。前人以大旆爲旗名，因生種種誤解，俞樾茶香室經說謂「之字爲連及之詞，大旆之左旃，言大旆與左旃也」，說雖可通，終不若劉說之確。旃，用大赤色帛，不加畫飾之大旗，周禮司常「通帛爲旃」是也。祁瞞奸命，奸，犯也。奸命，犯軍令也。不知是因亡左旃而犯軍令，抑或亡左旃卽犯軍令，傳意不明。司馬殺之，司馬職主軍法，見成二年傳注。以徇于諸侯，使茅茷代之。茷音吠，又音伐、音貝。師還。壬午，壬午，六月十六日。濟河。舟之僑先歸，士會攝右。文十三年孔疏及趙世家索隱俱引世本，謂「蔿生成伯缺，缺生武子會」，則士會，士蔿之孫，成伯之子，士季武子也。食采於隨、范，故文十三年曰隨會，昭二十年曰范會。季其字，武子其謚。隨卽隱五年傳「翼侯奔隨」之隨，詳彼注。舟之僑本爲戎右，既先歸，故士會暫代其職。秋七月丙申，丙申，王韜排爲六月晦日，與傳顯然不合。疑晉用夏正，不得以周正推算。振旅，愷以入于晉，隱五年傳云「入而振旅」，公羊、穀梁莊八年傳並云「入曰振旅」，爾雅釋天亦云「入爲振旅」，皆以治兵而歸曰振旅，此則以作戰而歸曰振旅，蓋凡軍旅勝利歸來曰振旅。反之，如韓之役，晉惠公敗，故成十六年傳云「韓之戰，惠公不振旅」。愷本作豈，說文云：「還師振旅樂也。」經傳皆作「愷」，俗又作「凱」。周禮大司馬云：「若師有功，則左執律，右秉鉞，以先，愷樂獻于社。」注引司馬法云：「得意則愷樂、愷歌，示喜也。」又春官大司樂云：「王師大獻，則令奏愷樂。」此亦戰勝還師而愷樂、愷歌。獻俘、授馘，俘爲生獲，馘本有生死兩說，禮記王制「以訊馘告」，注云：「訊馘，所生獲斷耳者。」此亦生獲也。詩大雅皇矣「攸馘安安」，傳云：「馘，獲也，不服者，殺而獻其左耳曰馘。」此死獲也。此授馘當是死獲。授與獻義雖不同，此處則相近。總之，統計生俘若干，殺死若干，以告于廟。杜注謂「授，數也」，心知其意而詁訓則非；俞樾謂「當讀爲受，獻俘授馘，文異而實同，自下言之謂之獻，自上言之謂之受矣」，不知傳用授受固分別謹嚴，且此是告廟慶功，無所謂自上自下也。飮至、大賞，「飮至」見隱五年傳並注。徧賞有功曰大賞。飮至、大賞，亦于廟中行之。晉世家云：「壬午，晉侯渡河北歸國。行賞，狐偃爲首。」徵會、討貳。徵召諸侯，冬將會于温也。有貳心者討之，即下文之執衞成公與討許。殺舟之僑以徇于國，民於是大服。

君子謂文公「其能刑矣，三罪而民服。殺三罪人而民服也。三罪謂顛頡、祁瞞、舟之僑。詩云『惠此中國，以綏四方』，詩大雅民勞文。不失賞、刑之謂也」。韓非子難一篇、吕氏春秋義賞篇、淮南子人間篇、史記晉世家、説苑權謀篇俱載晉文行賞事。

二六·七　冬，會于温，討不服也。杜注：「討衞、許。」執衞侯與討許，並見下傳。

二六·八　衞侯與元咺訟，想是元咺以殺叔武事訴于晉，故衞侯與之訟。甯武子爲輔，輔相衞侯，孔疏謂輔莊子，不可從。鍼莊子爲坐，鍼音斟。昭二十三年傳，邾人愬于晉，晉人使叔孫婼與邾大夫坐，杜注謂坐訟曲直，即此坐字，不過一作動詞，一作名詞而已。士榮爲大士。俞樾茶香室經説曰：「爲大士與爲輔爲坐，一律皆當時所爲，非舉其平日之官也。竊疑鍼莊子爲坐，不過代衞侯坐訟耳；至其往反辯論，與晉獄官對理，則皆士榮爲之；名之曰大士，蓋當時有此名目也。衞侯不勝，故士榮之罪獨重，鍼莊子爲坐者次之，甯武子爲輔者更次之。下文殺士榮、刖鍼莊子、免甯俞，正以此也。」俞所説雖屬揣測，頗合當時情理，舊注皆不了，故不復録。衞侯不勝。殺士榮，刖鍼莊子，謂甯俞忠而免之。執衞侯，歸之于京師，皆晉人之所爲也。寘諸深室。别爲囚室，其室幽深，故曰深室。荀子王霸篇云：「公侯失禮則幽。」晉文蓋用此禮。禮記祭統載孔悝鼎銘「即宮于宗周」，即指此事。衞世家不言成公被囚，但言「衞成公遂出犇陳，二歲，如周，求入，與晉文公會」云云，與傳異。甯子職納槖饘焉。饘，音旃，稠粥也。槖音託，囊與橐皆古代盛物之具，橐兩端有底，旁邊開口，物件盛滿以後，在中間舉起，所盛物便至兩端，可以擔，大者可以垂之於車，然不能盛粥。宣二年傳云「爲之簞食與肉，寘諸橐以與之」，飲食必先盛於簞，然後置于橐，足見橐不能直接盛飯，自更不能盛粥，顧炎武補正謂「橐可盛食」者恐誤。杜注以爲橐以盛衣，則橐饘代表衣食，不爲無理。後人舉宣二年傳以駁之，非也。**元咺歸于衛，立公子瑕。**杜注：「瑕，公子適也。」年表：「衛成公三年，立公子瑕。」

二八・九 **是會也，**是會，溫之會也。**晉侯召王，以諸侯見，且使王狩。**爾雅釋天云：「冬獵爲狩。」邵寶左觿謂「凡天子之出皆曰狩，猶今之幸，非田獵之守」，誤。晉世家云：「冬，晉侯會諸侯於溫，欲率之朝周，力未能，恐其有畔者，乃使人言周襄王狩于河陽。壬申，遂率諸侯朝王於踐土。」**仲尼曰：「以臣召君，不可以訓。故書曰『天王狩于河陽』，言非其地也，且明德也。」**隱晉文召君之失，明其勤王之德。晉世家云：「孔子讀史記至文公，曰：『諸侯無召王。』『王狩河陽』者，春秋諱之也。」周本紀云：「晉文公召襄王，襄王會之河陽、踐土，諸侯畢朝，書諱曰：『天王狩于河陽。』」孔子世家云：「踐土之會實召周天子，而春秋諱之曰『天王狩于河陽』，推此類以繩當世。」杜預後序引紀年作「周襄王會諸侯于河陽」。蓋晉史直紀其事。餘詳前言。

二八・一〇 **壬申，公朝于王所。**執衛侯，經在「公朝王所」下，而傳在「公朝」上，杜注謂「告執晚」，不確。蓋衛侯被執在先，而歸于京師則在諸侯畢朝，王亦已歸之後。傳敘衛侯與元咺事固應在先，而不得不終言歸于京師；經則以其囚于京師本在後，故後列之。

二八・一一 **丁丑，**丁丑，十月十二日。**諸侯圍許。**說苑敬慎篇云：「文公於是霸功立，期至意得，湯、武之心作，而忘其衆，一年用三師，且弗休息，遂進而圍許，兵亟弊，不能服，罷諸侯而歸。」若然，則圍許之役，無功而罷。

二八・三　晉侯有疾，曹伯之豎侯獳貨筮史，豎，見二十四年傳注。獳音羺，又音耨，又音儒。貨，賄賂也。筮史，晉掌卜筮之官。使曰以曹爲解：爲解猶爲辭也。使因之説復曹伯。「齊桓公爲會而封異姓，桓公封邢、衞，于齊爲異姓。阮芝生杜注拾遺則謂「凡云同姓異姓，皆從周而言。齊桓封異姓，當指城杞、救鄭、救徐」，亦可備一説。今君爲會而滅同姓。曹叔振鐸，文之昭也；叔振鐸，曹之始封君，文王之子也。先君唐叔，武之穆也。唐叔虞，晉之始封君，武王之子。昭穆詳五年傳注。且合諸侯而滅兄弟，滅兄弟之國也。非禮也；與衞偕命，私許復曹、衞。而不與偕復，非信也；同罪異罰，與衞同罪，衞已復而曹未復，故曰異罰。非刑也。禮以行義，信以守禮，刑以正邪。舍此三者，君將若之何？」此侯獳使筮史以曹爲解之辭，而筮史向晉文言之。晉世家作「曹伯臣或説晉侯」。公説，復曹伯，遂會諸侯于許。言晉文會諸侯。曹伯一復，不先回國，即會諸侯于許。

二八・四　晉侯作三行以禦狄。據昭元年傳「彼徒我車，請皆卒，乃毁車以爲行」之文，則行爲步卒。又據僖十年傳「左行共華、右行賈華」之文，則文公前，晉早有兩行，此作三行，特增一行而已。其云作三行者，猶晉本一軍，獻公增之，則曰作二軍；文公又增之，則曰作三軍。説參梁履繩補釋與錢綺左傳札記。荀林父將中行，二行僅有左行、右行，猶二軍僅有上軍、下軍；文公增一軍，始有中軍；增一行，始有中行，其意實相同。屠擊將右行，先蔑將左行。晉世家云：「於是晉始作三行，荀林父將中行，先縠將右行，先蔑將左行。」屠擊作先縠，與傳不同。先蔑，公羊文七年作「先昧」，蔑、昧古音義同。出土侯馬盟書「先」作「⿰牜先」或「⿰⿰牜先阝」。

二十有九年，庚寅，公元前六三一年。周襄王二十二年、晉文六年、齊昭二年、衞成四年、蔡莊十五年、鄭文四十二年、曹共二十二年、陳共公朔元年、杞桓六年、宋成六年、秦穆二十九年、楚成四十一年、許僖二十五年。

經

二九・一 二十有九年春，正月二十七日庚申冬至，建子。介葛盧來。介，顧棟高大事表以爲東夷國，在今山東省膠縣西南七十里。恐不確。膠縣距齊近，距魯遠，何不朝齊而朝魯？且明年經云「介人侵蕭」，膠縣與蕭相距七百里以上，介一小國，何能作此遠征？疑介當在魯南蕭北之某地。葛盧，介君之名。章炳麟讀曰：「管子地數篇云『葛盧之山發而出水，金從之，蚩尤受而制之，以爲劍、鎧、矛、戟』，然則介君取山爲名。」此書介葛盧，與莊五年書郳犂來同例。書來，與襄十八年書白狄來同例。杜注以爲不能行朝禮，故不言朝，然傳明言來朝，恐未必然。

二九・二 公至自圍許。無傳。

二九・三 夏六月，會王人、晉人、宋人、齊人、陳人、蔡人、秦人盟于翟泉。公羊、穀梁作「公會」，「會」上有「公」字。左氏無，臧壽恭古義、趙坦異文箋均以爲脱文。然據杜注，其所據本已無「公」字。「翟泉」，公羊作「狄泉」。翟泉於周時本在王城外，平王東遷居王城，此時襄王仍居王城。迨至敬王立，東遷洛陽，且其時翟泉亦在洛陽城外。自後王城併入洛陽，洛陽又擴大，翟泉乃在洛陽城中，杜注云：「翟泉，今洛陽城內大倉西南池水也。」又互詳昭二十三年「天王居于狄泉」經注。

二九・四 秋，大雨雹。雨，動詞，去聲。

二九・五 冬，介葛盧來。

傳

二九・一 二十九年春，介葛盧來朝，原無「介」字，今從校勘記增。舍于昌衍之上。昌衍即昌平山，在今山東省曲阜縣東南五十里屈山之西，接鄒縣界。據一統志，則在曲阜東南八十里。據孔子世家正義引括地志，在泗水縣南六十里，與括地志所言極近。公在會，此時當會諸侯圍許，以經「公至自圍許」知之。饋之芻、米，芻爲乾草，可以飼牲，亦可供爨。據孔疏，此饋之當爲芻六十車，米二十車，或然。據周禮秋官掌客及儀禮聘禮，知供賓之牢、米、芻、禾皆有一定之制，且成比例。此特舉芻、米，則牲、禾自在其中。不言者，省文耳。禮也。

二九・二 夏，公會王子虎、晉狐偃、宋公孫固、齊國歸父、陳轅濤塗、秦小子憖盟于翟泉，經有蔡人，而傳於蔡無名氏，杜注以爲蔡所派遣者爲卑微之人，恐未必然。尋踐土之盟，且謀伐鄭也。卿不書，罪之也。以文義言，卿當指狐偃諸人，會盟曰「卿不書」始於此。前此盟書卿者，莊二十二年齊之高傒、僖四年楚之屈完、二十六年衛之甯速。踐土以前，卿書或不書，無所謂褒貶；踐土以後，卿稱人，始爲貶。諸卿書人，則王官亦不得不稱王人；稱王人，非貶。在禮，卿不會公侯，王子虎爲周卿士，魯僖公親往，是公侯也。會伯子男可也。昭二十三年傳云，「列國之卿當小國之君，固周制也」，則伯子男爲小國之君，公侯之卿可往會之。此是依傳解傳。考之史實，公侯伯子男五等既非事實，褒貶亦難懸揣。

二九・三 秋，大雨雹，爲災也。不爲災，則不書。

二九・四 冬，介葛盧來，以未見公故，復來朝。禮之，加燕好。杜注：「燕，燕禮也。好，好貨也。一歲再來，故加之。」燕亦作讌，亦作宴。昭五年傳「宴有好貨」，饗燕之禮贈餽禮品，卽好貨也。加燕好者，饗宴時更盛于常禮。介葛盧聞牛鳴，曰：「是生三犧，犧，宗廟之牲也。皆用之矣。用，殺以祭也。其音云。」云，如此也。問之而信。

三十年，辛卯，**公元前六三〇年。**周襄王二十三年、晉文七年、齊昭三年、衞成五年、蔡莊十六年、鄭文四十三年、曹共二十三年、陳共二年、**杞桓七年**、宋成七年、秦穆三十年、楚成四十二年、許僖二十六年。

經

三〇・一 三十年春王正月。冬至在二月八日乙丑，此年實建亥，有閏。

三〇・二 夏，狄侵齊。

三〇・三 秋，衛殺其大夫元咺及公子瑕。公子瑕立于二十八年冬，至此近二載，衛成出而復入，或衛人不以國君視之歟？衛侯鄭歸于衛。

三〇・四 晉人、秦人圍鄭。

三〇・五 介人侵蕭。無傳。蕭，宋邑，餘見莊十二年傳並注。

三〇・六 冬，天王使宰周公來聘。

三〇・七 公子遂如京師，遂如晉。杜注：「如京師，報宰周公。」據春秋所記，魯卿如京師者七次，如晉者二十八次，皆始於此。然傳言「初聘于晉」，而不言始如京師，足見魯卿如京師者實早有其事，特未載耳。

傳

三〇・一 三十年春，晉人侵鄭，以觀其可攻與否。狄間晉之有鄭虞也，間，猶言乘隙，今曰鑽空子。釋文謂「間，間廁之間」，是也。武億義證謂爲「間諜之間」，恐誤。虞，憂也。夏，狄侵齊。齊，晉與國。

三〇・二 晉侯使醫衍酖衛侯。衍，醫生之名。甯俞貨醫，使薄其酖，不死。衛世家云：「晉使人鴆衛成公，成公私於周主鴆，令薄，得不死。」公爲之請，納玉於王與晉侯，皆十瑴，瑴音覺，雙玉曰瑴，說文作「珏」。王許之。秋，乃釋衛侯。年表云：「晉文公七年，聽周歸衛成公。」魯語上記此事較詳，且有臧文仲之言。

衛侯使賂周歂、冶廑曰：廑音覲。「苟能納我，吾使爾爲卿。」周、冶殺元咺及子適、子儀。

子適卽公子瑕；子儀，瑕母弟。衞世家云：「已而周爲請晉文公，卒入之衞，而誅元咺，衞君瑕出犇。」與左傳不同。公入，祀先君，周、冶既服，將命，將受卿命也。禮記祭統謂「古者明君爵有德而祿有功，必賜爵祿於太廟，示不敢專也」，是周、冶受命必於衞之太廟。周歂先入，及門，遇疾而死。冶廑辭卿。杜注：「見周歂死而懼。」

三〇・三 九月甲午，甲午，十日。晉侯、秦伯圍鄭，以其無禮於晉，重耳流亡過鄭，鄭文公不禮之，見二十三年傳。且貳於楚也。鄭世家云：「〔文公〕四十一年，助楚擊晉。自晉文公之過無禮，故背晉助楚。四十三年晉文公與秦穆公共圍鄭，討其助楚攻晉者及文公過時之無禮也。」晉軍函陵，函陵在今河南省新鄭縣北十三里。洪亮吉詁云：「余出使兩過其地，狹長如土衖，且旋轉屈曲，若行書函中，與閿鄉函谷關無異，益信古人命名之諦也。」函有書函之義晚於此，洪說可商。秦軍氾南。氾音凡，水名，此指東氾水，在今中牟縣南，惟早湮涸。氾南與函陵相距近。佚之狐言於鄭伯曰：佚之狐，鄭大夫。「國危矣，若使燭之武見秦君，燭之武，據水經洧水注「南歷燭城西，卽鄭大夫燭之武邑也」之文，似以采邑爲氏。燭邑當在今新鄭縣西南，鄭地也。然推研其「臣之壯也，猶不如人」之言，在此以前未必能得采邑，水經注所言或係附會之談，或因此後嘗得邑而言之。若係此後嘗得燭邑，因而氏燭，則此時決不以燭爲氏可知。故通志氏族略三謂「燭之武不得氏，以其居於燭地，故言『燭之』者，猶言介之推、佚之狐也」。洪亮吉詁云「春秋時氏燭者不止一人，齊景公時有燭雛，見說苑；吳有燭庸、晉有燭過，見子華子」，則鄭樵之言亦不免臆測。師必退。」公從之。辭曰：「臣之壯也，猶不如人；今老矣，無能爲也已。」公曰：「吾不能早用子，今急而求子，是寡人之過也。然鄭亡，「然」上石經有「雖」字。但石經各行均十字，此行則十一字，可見書丹時本無，覆勘時增入。其他各本皆無。子亦有不利焉。」許之。夜，縋而出。以繩繫之垂而出城。見秦伯曰：「秦、晉圍鄭，鄭既知亡矣。若亡鄭而有益於君，敢以煩執事。越國以鄙遠，君知其難也，鄙遠，以遠地爲其邊鄙也。鄙字此種用法，早已見于甲骨，殷契粹編八〇一片云「大方伐□，鄙廿邑」。大方卽大邦，爲殷人自稱，謂殷伐□奪其二十邑以爲邊鄙也。秦若得鄭以爲鄙邑，必須越過晉國而有之，是越國以遠地爲己鄙邑。越國鄙遠之事，春秋戰國多有之，可參俞正燮癸巳類稿卷三。隔國而有其地，猶後代之飛地。焉用亡鄭以陪鄰？阮刻本「陪」作「倍」，唐石經、金澤文庫本、宋本俱作「陪」。杜注「陪，益也」，亦作「倍」，校勘記引錢大昕云「從阜爲正」，今從之。亡鄭，秦既難以越國而有之，則鄭之亡，只爲晉增益土地耳；晉，秦之鄰國，故曰何用滅亡鄭國以厚鄰國。鄰之厚，君之薄也。以上說以亡鄭于秦之利害。若舍鄭以爲東道主，東道主，東道之主人也。秦有事于諸侯，必須向東行，多須經過鄭國國境，鄭可任招待之責，爲秦東道之主人。後世專以東道指主人，蓋誤會其義而用之。行李之往來，行李，古代專用司外交之官，行人之官也。亦作行理，昭十三年傳「行理之命無日不至」是也。說參顧炎武補正。共其乏困，「共」，金澤文庫本作「供」，釋文云：「共，本亦作供。」君亦無所害。又動之以利。且君嘗爲晉君賜矣，爲晉君賜，有賜于晉君也，指納晉惠公夷吾事，故下言「許君焦、瑕」。章炳麟讀謂「方言云『賜施，欺謾之語也』。蓋長言爲賜施，短言爲賜」云云，則解此句爲被晉君所欺，恐誤。許君焦、瑕，焦本封國，姬姓，復爲晉邑，當在今河南省三門峽市西郊。十五年傳「河外列城五」之一。瑕，有數說，中國歷史地圖集謂在今山西省芮城縣南。江永考實疑卽文十三年傳晉大夫詹嘉之邑，則在今河南省陝縣南四十里。戰國時屬魏。戰國策屢言焦、曲沃，知瑕卽曲沃，靈寶縣東舊有曲沃鎮。朝濟而夕設版焉，早晨歸國，夕晚即築城以備秦，言背約之速。君之所知也。夫晉，何厭之有？既東封鄭，東封鄭猶言東略鄭，封、略皆作動詞用，言東向鄭國以開拓其封疆。又欲肆其西封。肆，放恣也。放恣其心力以向西拓其邊界。不闕秦，將焉取之？阮刻本作「若不闕秦，將焉取之」，石經本作「不闕秦，焉取之」，後人旁增「若」、「將」二字。宋本亦無此二字。孔疏標起止亦無二字，岳氏相臺九經三傳沿革例云「諸本皆無，建上本有之」，則今本之有「若」字「將」字者皆出於建本。金澤文庫本無「若」字而有「將」字，與新序善謀篇同，今從之。敦煌六朝寫本殘卷並「將」字亦無之。此言晉向西開拓，如不損害秦國，其土地將從何而取得。闕秦以利晉，惟君圖之。」此又曉以大害。秦伯說，與鄭人盟，使杞子、逢孫、楊孫戍之，杞子詳三十二年傳並注。廣韻孫字注云：「複姓，左傳秦大夫逢孫氏、秦下大夫楊孫氏。」則以逢孫、楊孫爲複姓。列子周穆王篇云「秦人逢氏有子，少而惠，及壯而有迷罔之疾，楊氏告其父」云云，列子固僞書，然云秦有逢氏、楊氏，或有所本，則逢孫、楊孫以逢、楊爲氏，亦通。乃還。鄭世家云：「晉於是欲得叔詹爲僇。鄭文公恐，不敢謂叔詹言。詹聞，言於鄭君曰：『臣謂君，君不聽臣，晉卒爲患。然晉所以圍鄭，以詹；詹死而赦鄭國，詹之願也。』乃自殺。鄭人以詹尸與晉。晉文公曰：『必欲一見鄭君，辱之而去。』鄭人患之，乃使人私於秦曰：『破鄭益晉，非秦之利也。』秦兵罷。」此事亦見晉世家。晉討叔詹事，左傳不載，而晉語四亦有之，其結果爲「鄭人以詹予晉人，乃命弗殺，厚爲之禮而歸之，鄭人以詹爲將軍」，不但與史記自殺者不同，且左傳于僖七年即言「鄭有叔詹、堵叔、師叔三良爲政」，何至至三十年始以之爲將軍，其爲虛構，不足深辯。惟叔詹爲晉文所惡事，頗行于戰國，如韓非子十過篇即有之，不過誤以爲曹人耳。恐此事之流行與不可信，略同于曹沫劫盟。

子犯請擊之。公曰：「不可。微夫人之力不及此。阮刻本無「之」字，誤脫，今從石經、金澤文庫本、敦煌六朝寫本殘卷及宋本增。「及此」謂爲晉君而稱雄也，與二十八年「微楚之惠不及此」義同，句法亦同。新序善謀篇作「微夫人之力不能弊鄭」，蓋劉向以意改之。因人之力而敝之，「敝」金澤文庫本及敦煌六朝寫本俱作「弊」。敗也。不仁；失其所與，所與謂秦，本爲晉之與國。不知；以亂易整，晉攻秦爲亂，秦、晉和爲整。不武。吾其還也。」亦去之。

初，鄭公子蘭出奔晉，宣三年傳云：「公逐羣公子，公子蘭奔晉。」從於晉侯伐鄭，請無與圍鄭。許之，使待命于東。東，晉東界也。御覽一四六引服虔注謂「待命於鄭東」者，誤。晉在鄭西，晉東則接鄭界，子蘭不欲參與圍攻本國，自不入鄭境，安得至鄭之東境乎？鄭石甲父、侯宣多逆以爲大子，石甲父，宣三年傳作石癸，癸當是名，甲父其字。宣三年傳又有孔將鉏參與其事。文十七年鄭子家與趙宣子書云：「寡君卽位三年，敝邑以侯宣多之難，十一月，克減侯宣多。」則侯宣多被殺于魯文之二年。以求成于晉，晉人許之。鄭世家云：「初，鄭文公有三夫人，寵子五人，皆以罪蚤死。公怒，溉逐羣公子。子蘭奔晉，從晉文公圍鄭。時蘭事晉文公甚謹，愛幸之。乃私於晉，以求入鄭爲太子。晉文公欲入蘭爲太子，以告鄭。鄭大夫石癸曰：『吾聞姞姓乃后稷之元妃，其後當有興者。子蘭母，其後也。且夫人子盡已死，餘庶子無如蘭賢。今圍急，晉以爲請，利孰大焉！』遂許晉，與盟，而卒立子蘭爲太子，晉兵乃罷去。」

三〇·四　冬，王使周公閱來聘，饗有昌歜、白黑、形鹽。昌歜之歜，據釋文，不音觸，而音蠶上聲。王引之述聞謂當作歠，傳寫致誤，或然。昌歜即周禮天官醢人、儀禮公食大夫禮之「昌本」，蓋以昌蒲根，切之四寸，醃以爲菜，古人又謂昌蒲葅。呂氏春秋遇合篇、韓非子難四篇及太平御覽九九九引說苑，俱謂文王好食昌蒲葅（說苑作「昌本葅」）。白黑，白，熬稻；黑，熬黍。沈欽韓補注謂不但用稻、黍熬，且沃之以膏。形鹽，鹽形似虎者。辭曰：「國君，文足昭也，武可畏也，則有備物之饗，以象其德；薦五味，昌歜有五味之和。羞嘉穀，薦、羞，皆進也。嘉穀指稻、黍。鹽虎形，以獻其功。章炳麟讀曰：「此獻與象同意。讀當如儀。周語云『上不象天而下不儀地』，是儀象同舉之證也。」吾何以堪之？」

三〇・五

東門襄仲將聘于周，遂初聘于晉。杜注：「自入春秋，魯始聘晉，故曰初。」竹添光鴻會箋曰：「朝曰始，聘曰初，初聘始朝皆就立君而言之。宣十年『季文子初聘于齊』，是年齊頃公立；襄二十年『齊子初聘于齊』，去年齊靈公卒，莊公立。今晉文公立七年矣，亦初聘也。杞伯、滕子來朝，皆在文十二年，傳並曰『始朝公也』；襄六年、七年『始朝公』三出，杜云入春秋始聘，恐失考。」此說固有理，然魯之於晉，不同於齊，初入春秋，魯、晉遠隔，莊、閔以前，春秋且未嘗有晉事，晉亦鮮與聞諸侯之事，文公以前，其無朝聘，可以理推，杜之云云，蓋得其實。

三十有一年，壬辰，公元前六二九年。周襄王二十四年、晉文八年、齊昭四年、衞成六年、蔡莊十七年、鄭文四十四年、曹共二十四年、陳共三年、杞桓八年、宋成八年、秦穆三十一年、楚成四十三年、許僖二十七年。

經

三一・一　三十有一年春，正月十九日庚午冬至，建子。取濟西田。公羊以爲曹所侵魯之故田，以傳觀之，未必然。濟西田，經凡三見，此取之自曹，宣元年以之賂齊，宣十年齊人又歸于魯。濟西詳莊十八年經、傳並注。

三一・二　公子遂如晉。

三一・三　夏四月，四卜郊，郊義詳桓五年傳注。此卜郊，據傳「禮不卜常祀」、「牲成而卜郊」之文，蓋非卜其牲與日，乃卜宜郊與否；不然，則傳文云云成爲無的之矢。禮記曲禮上云：「卜筮不過三。」公羊傳云：「三卜，禮也；四卜，非禮也。」然考之卜辭，有一事十數卜者。周初或以三次爲限，金縢「乃卜三龜」可證。然至春秋，卜郊有三、有四、甚至有五，襄七年夏四月「三卜郊不從」，此及襄十一年夏四月「四卜郊不從」，成十年經夏四月「五卜郊不從」是也，然則四卜非禮，亦未必爲春秋之實。不從，乃免牲。免牲者，爲郊所準備之犧牲，免而不殺也。禮記郊特牲謂「牲用騂，尚赤也；用犢，貴誠也」。牲爲赤毛之牛犢。穀梁傳云：「免牲者，爲之緇衣熏裳，有司玄端，奉送至于南郊。免牛亦然。」左傳未言，禮或同此。猶三望。尚書舜典云：「望于山川」、「望秩于山川」，哀六年傳云「三代命祀，祭不越望，江、漢、睢、漳，楚之望也」，則望爲山川之祭，毫無可疑，故穀梁傳范甯注引鄭君曰：「望者，祭山川之名也。」魯之三望，鄭玄（亦見穀梁傳范甯注引）以爲東海、泰山及淮水，乃據尚書禹貢「海、岱及淮爲徐州」，魯在徐州，因爲此言，蓋是也。公羊以爲祭泰山、河、海者，鍾文烝穀梁補注云：「公羊高齊人，蓋據齊法，齊地在岱陰，又東至于海，西至于河也。」然則公羊以齊之三望爲魯之三望，自不可信。杜注謂「三望，分野之星、國中山川」，然望祭僅山川，無天神，故知其誤。其他望祭誤説尚有，不具辯。春秋書「猶三望」者三次，此年、宣三及成七年是也。

三一·四 秋七月。

三一·五 冬，杞伯姬來求婦。無傳。杜注：「自爲其子成昏。」

三一·六 狄圍衞。十有二月，衞遷于帝丘。帝丘，今河南省濮陽縣西南。明一統志又有帝丘城，云在滑縣（此指舊治，今已移治于其西之道口鎮）東北七十里土山村，卽衞成公所遷，蓋其境相接也。則衞自楚丘遷帝丘，兩地相距不遠。

傳

三一·一 三十一年春，取濟西田，分曹地也。杜注：「二十八年晉文討曹分其地，竟界未定，至是乃以賜諸侯。」使臧文仲往，宿於重館。重，舊讀平聲，據國語魯語上韋注，爲魯地名，據一統志在今山東省魚臺縣西。館者，候館也。周禮地官遺人云：「凡國野之道，十里有廬，廬有飲食；三十里有宿，宿有路室，路室有委；五十里有市，市有候館，候館有積。」候館亦可單曰館，儀禮聘禮「及館」是也。則館之爲用，有室可以安頓行人，又有高明樓榭足供候望。重館人告曰：魯語上韋注謂「人，守館之隸也」，不知其據。「晉新得諸侯，必親其共。共同恭。魯語上云「晉文公解曹地以分諸侯，僖公使臧文仲往。宿於重館。重館人告曰：『晉始伯而欲固諸侯，故解有罪之地以分諸侯，諸侯莫不望分而欲親晉，皆將争先，晉不以固班，亦必親先者』」云云，王念孫因謂此共字「當是先字之誤」。錢綺札記駁之曰：「先至則爲共，後至則爲不共，國語自作『先』字，不必與内傳同也。」錢駁甚是，金澤文庫本、敦煌寫本殘卷皆作「共」字。不速行，將無及也。」從之。分曹地，自洮以南，洮見八年經並注。東傅于濟，盡曹地也。據顧棟高大事表，魯所得當在今山東省東平、巨野及舊壽張諸地間。魯語上云：「獲地於諸侯爲多。反，既覆命，爲之請曰：『地之多也，重館人之力也。臣聞之曰：「善有章，雖賤，賞也。惡有釁，雖貴，罰也。」今一言而辟境，其章大矣，請賞之。』乃出而爵之。」可補左傳。

三一・二　襄仲如晉，拜曹田也。

三一・三　夏四月，四卜郊，不從，乃免牲，免牲即不郊，不郊，牲無用矣。非禮也。非禮者，謂郊爲魯之常祀，只宜卜牛、卜日，不宜卜可郊與否；今卜郊而不從，乃不郊，非禮也。猶三望，亦非禮也。禮不卜常祀，沈彤小疏曰：「常祀必以時祀，不更卜祀之吉凶。」郊，祭天之常祀。而卜其牲、日。先卜牲，後卜日。卜牲者，卜用此牛之吉凶，如宣三年「正月，郊牛之口傷，改卜牛」是也。卜日者，禮記郊特牲謂「郊之用辛」，證以成十七年經「九月辛丑用郊」，可信。又據「啓蟄而郊」傳文，魯郊宜在寅月，則當以丑月下辛卜寅月上辛。若不從，則又以於月之上旬卜。如此者數，此所以魯郊亦有在寅月後者。牛卜日曰牲。杜注曰：「既得吉日，則牛改名曰牲。」孔疏曰：「此言免牲，是已得吉日，牲既成矣。成七年乃免牛，是未得吉日，牲未成也。」牲成而卜郊，上怠、慢也。據杜注，怠謂怠於吉典，慢謂慢瀆龜策。此釋卜郊之非禮。望，郊之細也。細是細節。宣三年傳云：「望，郊之屬也。」細節與附屬之節同意。不郊，亦無望可也。此釋猶三望之非禮。

三一·四 秋，晉蒐于清原，清原在今山西省稷山縣東南二十餘里，據清一統志，亦曰晉原，長五十餘里。作五軍以禦狄。杜注：「二十八年晉作三行，今罷之，更爲上下新軍也。」此蓋又改三行之步兵爲車兵。趙衰爲卿。晉語四云：「以趙衰之故，蒐於清原，作五軍。使趙衰將新上軍，箕鄭佐之；胥嬰將新下軍，先都佐之。」

三一·五 冬，狄圍衛，衛遷于帝丘，卜曰三百年。孔疏曰：「案史記衛世家及年表，衛從此年以後歷十九君，積四百三十年。」

衛成公夢康叔曰：康叔，衛之始祖。「相奪予享。」相爲夏后帝啓之孫，帝中康之子，其所居當在帝丘，說參沈欽韓地名補注。公命祀相。甯武子不可，曰：「鬼神非其族類，不歆其祀。僖十年傳狐突亦曰：「神不歆非類，民不祀非族。」族類爲同義連緜詞。杞、鄫何事？杞、鄫爲夏代之後，宜祀之，今何事而不祀也。相之不享於此久矣，非衛之罪也，不可以閒成王、周公之命祀，閒借爲干，犯也，違也。襄十一年傳「或閒茲命」、昭二十六年傳「單、劉贊私立少，以閒先王」，諸「閒」字皆與此義同。魯語上云：「大懼殄周公、太公之命祀。」韋注云：「賈唐二君云：『周公爲太宰，太公爲太傅，皆掌命諸侯之國所當祀也』。」蓋諸侯之國所當祀者，由周王室命之；衛國之所當祀者，爲成王、周公所命，今祀相，在命祀之外者，故云犯成王、周公之命祀也。孔廣森經學卮言以此證尚書康誥爲周公代成王作，然于上文扞格難通。請改祀命。」杜注：「改祀相之命。」

三一·六 鄭洩駕惡公子瑕，洩駕，鄭大夫。隱五年亦有洩駕，距此九十年矣，自非一人。鄭伯亦惡之，故公子瑕出奔楚。杜注：「傳爲納瑕張本。」

三十有二年，癸巳，公元前六二八年。周襄王二十五年、晉文九年、齊昭五年、衞成七年、蔡莊十八年、鄭文四十五年、曹共二十五年、陳共四年、杞桓九年、宋成九年、秦穆三十二年、楚成四十四年、許僖二十八年。

經

三二・一　三十有二年春王正月。二月一日丙子冬至，建亥。

三二・二　夏四月己丑，己丑，十五日。鄭伯捷卒。無傳。「捷」，公羊作「接」，漢書古今人表從公羊亦作「接」，接、捷字通。年表云：「四十五年，文公薨。」

三二・三　衞人侵狄。秋，衞人及狄盟。

三二・四　冬十有二月己卯，己卯，九日。晉侯重耳卒。

傳

三二・一　三十二年春，楚鬬章請平于晉，晉陽處父報之，清一統志謂山西太谷縣東十五里有故陽城，漢爲陽邑縣，爲晉大夫陽處父之邑，不知何據。文六年傳云「陽處父至自溫」，成十一年傳云「襄王勞文公而賜之溫，狐氏、陽氏先處之」，則陽處父之食邑在温。江永考實疑處父食邑先在陽，後在温，亦係揣測調和之辭。晉、楚始通。金澤文庫本、敦煌六朝寫本句末皆有「也」字。杜注：「晉、楚自春秋以來始交使命爲和同。」

三二·二 夏，狄有亂，衞人侵狄，狄請平焉。秋，衞人及狄盟。

三二·三 冬，晉文公卒。庚辰，庚辰，十二月十日。經文以己卯卒，庚辰是卒之明日。將殯于曲沃。晉文祖廟在曲沃，故殯於此。據左傳，春秋有殯廟之禮，詳八年傳注。元和郡縣志謂晉文公墓在絳縣東二十里，未審其據。出絳，柩有聲如牛。柩音舊，曲禮下云：「在牀曰尸，在棺曰柩。」卜偃使大夫拜，曰：「君命大事：大事，戎事也。成十三年傳云：「國之大事，在祀與戎。」將有西師過軼我，過謂經過。軼，自後突出於前也，此當與隱九年傳「懼其侵軼我也」之「軼」字同義。過軼我者，秦兵襲鄭，必過晉之南境，秦過晉境而不假道也。擊之，必大捷焉。」杜注：「卜偃聞秦密謀，故因柩聲以正衆心。」說固合理，然左傳卜筮之辭，其應如響者多有，蓋左氏迷信而附會其說，固不必彊爲之解。

杞子自鄭使告于秦曰：「鄭人使我掌其北門之管，管，今之鑰匙也。周禮地官司門「掌授管鍵」，禮記月令「修鍵閉，愼管鑰」，皆可證其義。馬衡中國金石學概要上（凡將齋金石叢稿）云：「筦鑰之制，傳世極少。曾見一器，首屈如鉤，其柄節節相銜，可以伸縮。上有『雝庫籥重二斤一兩名百一』等字，形制與今迥殊。其用若何，尤不可解。」若潛師以來，國可得也。」三十年秦使杞子等三人戍鄭，鄭世家謂「鄭司城繒賀以鄭情賣之」，卽指此事，晉世家亦云「鄭人或賣其國於秦」，秦本紀亦然。云鄭人，則非杞子可知，與傳異。穆公訪諸蹇叔。史記秦本紀云：「百里傒讓曰：『臣不及臣友蹇叔。』於是穆公使人厚幣迎蹇叔，以爲上大夫。」又李斯列傳載其諫逐客書云「迎蹇叔於宋」，正義引括地志云：「蹇叔，岐州人，時游宋，故迎之於宋。」史記秦本紀因云「繆公問蹇叔、百里傒」，公羊、穀梁俱云「百里子與蹇叔子諫。」考孟子萬章上云：「百里奚不諫，知虞公之不可諫而去之秦，年已七十矣。」晉滅虞在僖五年，距此二十七年，則百里奚年近百歲，或早死矣，故左傳無之。呂氏春秋悔過篇載此事亦不言百里奚。蹇叔曰：「勞師以襲遠，非所聞也。呂氏春秋悔過篇云：「蹇叔諫曰：『不可。臣聞之，襲國邑，以車不過百里，以人不過三十里，皆以其氣之趫與力之盛。至，是以犯敵能滅，去之能速。今行數千里，又絕諸侯之地以襲國，臣不知其可也。』」師勞力竭，遠主備之，遠主指鄭國。無乃不可乎？師之所爲，鄭必知之，此句補充說明遠主備之，亦以引起下句。勤而無所，勤，勞也。所仍是處所之義。此謂鄭既知其來襲而有備，則無用武之地。必有悖心。士卒千里行軍而無所施其力，必有背犯之心。且行千里，其誰不知？」公辭焉。杜注：「辭不受其言。」竹添光鴻曰：「桓十三年『楚子辭焉』一例。」召孟明、西乞、白乙，使出師于東門之外。孟明，下年傳作百里孟明視，則百里是其姓氏，字孟明，名視也。秦本紀云：「使百里傒子孟明視、蹇叔子西乞術及白乙丙將兵。」以孟明視爲百里奚子，或然；以西乞、白乙爲蹇叔子，恐誤。呂氏春秋悔過篇以視爲蹇叔子，尤誤。下文云「蹇叔之子與師」，則僅參軍而已，未爲帥也。廣韻西字注云：「西乞，複姓，左傳秦帥西乞術。」白字注云：「白，姓，秦帥有白乙丙。」孔疏云：「術、丙必是名，西乞、白乙，或字，或氏，不可明也。」張文虎螺江日記續編亦以「秦三帥非蹇叔子」爲題論之。蹇叔哭之，曰：「孟子！唐石經初刻作「孟子」，後磨改作「孟兮」，釋文亦云「孟子本或作孟兮」，然各本皆作「孟子」，作「兮」者誤。吾見師之出而不見其入也！」公使謂之曰：「爾何知？中壽，爾墓之木拱矣。」中壽若干，其説不一。孔疏謂「上壽百二十歲，中壽百，下壽八十」，蓋本養生經（見文選孫楚征西官屬送於涉陽侯作李善注引），恐其太長。莊子盜跖篇謂「人上壽百歲，中壽八十，下壽六十」，呂氏春秋安死篇謂「人之壽久之不過百，中壽不過六十」，淮南子原道訓則謂「凡人中壽七十歲」，論衡正説篇則謂「上壽九十，中壽八十，下壽七十」。洪亮吉詁云「此云中壽，當在八十以下、六十以上」，或是也。合手曰拱。句意謂使爾中壽，爾墓上之樹木早已成抱矣，言其老而不死，昏悖而不可用。易繫辭下謂「古之葬者不封不樹」，自指太古而言，白虎通崩薨篇引禮緯含文嘉云：「天子墳高三仞，樹以松；諸侯半之，樹以柏；大夫八尺，樹以欒；士四尺，樹以槐；庶人無墳，樹以楊柳。」蹇叔之子與師，哭而送之，公羊、穀梁及秦本紀俱謂百里奚及蹇叔兩人哭送其子，百里奚或已不在，辨已見前。呂氏春秋悔過篇云「蹇叔有子，曰申與視，與師偕行」，亦僅言蹇叔。曰：「晉人禦師必於殽，「殽」亦或作「崤」，崤山在今河南省洛寧縣西北六十里，西接陝縣界，東接澠池縣界。尚書秦誓序疏云：「崤山險阨，是晉之要道關塞也。從秦嚮鄭，路經晉之南境於南河之南崤關而東適鄭。禮，征伐朝聘，過人之國，必遣使假道。晉以秦不假道，故伐之。」殽有二陵焉。説文：「陵，大阜也。」其實，山、陵同義。二陵者，東崤山與西崤山也。元和郡縣志云：「自東崤至西崤三十五里，東崤長坂數里，峻阜絶澗，車不得方軌。西崤全是石坂十二里，險絶不異東崤。」其南陵，夏后皋之墓也；南陵，西崤山也。夏本紀云：「孔甲崩，子帝皋立。帝皋崩，子帝發立。帝發崩，子帝履癸立，是爲桀。」則夏后皋爲桀之祖父。其北陵，文王之所辟風雨也。北陵，東崤山也。必死是閒，余收爾骨焉！」秦師遂東。此傳當與下年傳連讀。

三十有三年，甲午，**公元前六二七年。**周襄王二十六年、晉襄公驩元年、齊昭六年、衞成八年、蔡莊十九年、鄭穆公蘭元年、曹共二十六年、陳共五年、杞桓十年、宋成十年、秦穆三十三年、楚成四十五年、許僖二十九年。

經

三三・一 三十有三年春王二月，冬至在二月十二日辛巳，實建亥，有閏。秦人入滑。滑，國名，詳莊十六年、僖二十年傳並注。傳云滅滑而經書入滑者，秦雖滅之而不能有也。襄二十九年傳云：「虞、虢、焦、滑、霍、楊、韓、魏，皆姬姓也，晉是以大。若非侵小，將何所取？」然則滑被滅後卽入于晉。

三三・二 齊侯使國歸父來聘。

三三・三 夏四月辛巳，辛巳，十三日。晉人及姜戎敗秦師于殽。姜戎，姜姓之戎也。居晉南鄙。襄十四年傳其後代戎子駒支自陳此役云：「晉禦其上，戎亢其下，秦師不復，我諸戎實然。譬如捕鹿，晉人角之，諸戎掎之，與晉踣之。」

三三・四 癸巳，癸巳，二十五日。葬晉文公。昭三年傳云：「昔文、襄之霸也，君薨，大夫弔，卿共葬事。」然則此爲魯卿送葬也。

三三・五 狄侵齊。齊世家云：「六年，翟侵齊。晉文公卒。秦兵敗于殽。」述此事于昭六年，不誤；然于晉文卒以前，則誤；于秦兵敗之前，又與經、傳異，恐史公之疏。

三三·六 公伐邾，取訾婁。「訾婁」，穀梁作「訾樓」，公羊作「叢」。婁、樓音同。叢從取聲，取、鄒古音同，則叢爲其合音也。十八年傳衞邑有訾婁，非此地。此訾婁當是邾地。

三三·七 秋，公子遂帥師伐邾。

三三·八 晉人敗狄于箕。箕，彙纂據杜注謂在今山西省太谷縣東南三十五里，顧炎武補正疑晉襄公時此箕城未爲晉境。江永考實謂「此年狄伐晉，白狄也。白狄在西河，渡河而伐晉，箕地當近河。成十三年傳云秦『入我河縣，焚我箕、郜』，是近河有箕」，因考證箕當在今山西省蒲縣東北，舊有箕城是也。閻若璩又以箕在今山西榆社縣之箕城鎮。從卜辭及周初銅器銘文考之，榆社南之箕城鎮，恐是商及周初之箕，其字作「㠱」，非此箕也。江永說較可信。

三三·九 冬十月，公如齊。

三三·一〇 十有二月，公至自齊。

三三·一一 乙巳，乙巳，十一日。公薨于小寢。小寢見莊三十二年經注。

三三·一二 隕霜不殺草。無傳。經凡書「隕霜」者二，此及定元年「冬十月隕霜殺菽」是也。此在冬十二月。此年實建亥，冬十二月，夏正之九月也，隕霜自不殺草；定元年之冬十月，夏正之八月也，不當隕霜，更不當殺菽。李梅實。當時誤以此時爲冬，不應結果而結果。韓非子內儲說上云：「魯哀公問於仲尼曰：『春秋之記曰，冬十二月，霣霜不殺菽。何爲記此？』仲尼對曰：『此言可以殺而不殺也。夫宜殺而不殺，桃李冬實。天失道，草木猶犯干之，而況於人君乎？』」此事亦難信。孔丘明知周正不合四季之正，故論語衞靈公載其主張「行夏之時」，何至謂「宜殺而不殺」？

三三·一三 晉人、陳人、鄭人伐許。

傳

三三·一 三十三年春，秦師過周北門，阮刻本「秦」字上衍「晉」字，從校勘記删。江永考實曰：「門名乾祭，見昭二十四年。」左右免冑而下，古兵車，若非將帥，則御者在中，射者在左，戈盾勇力之士在右。若將帥之車，或天子諸侯親爲將帥，則在中央鼓下，御者在左，戈盾勇力在右，所謂戎右是也。此指一般兵車，故射者及持戈盾者皆下，御者不下，仍駕車而前行。呂氏春秋悔過篇王孫滿之言謂「過天子之城，宜橐甲乘兵，左右皆下，以爲天子禮」。免冑，則僅脱去頭盔，並不去其甲，亦未必束其兵，於當時之禮貌猶未全合。超乘者三百乘。呂氏春秋悔過篇作「超乘者五百乘」，但禮記喪服小記孔疏引仍作「三百乘」。國語周語中亦作「超乘者三百乘」。超乘者，畢沅呂氏春秋新校正云：「蓋既下而即躍以上車，示其有勇。」超，說文云：「跳也。」畢說可信。昭元年傳「超乘而出」，亦謂子南躍上車而出可證。王孫滿尚幼，通志氏族略四引英賢傳謂「周共王生圉，圉曾孫滿」。梁履繩補釋云：「共王，穆王之子。穆王名滿，其六世孫何得亦名滿？」則未必可信。觀之，言於王曰：「秦師輕而無禮，輕指超乘，謂其輕佻不莊重也；無禮指僅免冑而不卷甲束兵，過天子之門而不敬。必敗。輕則寡謀，無禮則脱。脱，簡易也，今曰脱略，疏略。入險而脱，險指殽山。又不能謀，能無敗乎？」

及滑，鄭商人弦高將市於周，呂氏春秋悔過篇謂「鄭賈人弦高、奚施將西市於周」，淮南子人間篇謂「鄭之弦高、蹇他」云云，除弦高以外，尚有其黨。秦本紀、晉世家則從左傳只有弦高。遇之，以乘韋先，牛十二犒師，乘韋，四張熟牛皮。孔疏曰：「乘車必駕四馬，因以乘爲四名。禮言乘矢謂四矢，此謂乘韋謂四韋也。」先者，古代致送禮物，均先以輕物爲引，而後致送重物，襄十九年傳「賄荀偃束錦加璧乘馬，先吳壽夢之鼎」，老子「雖有拱璧以先四馬」，皆可證也。曰：「寡君聞吾子將步師出於敝邑，步，行也。步師，猶今言行軍。敢犒從者。不腆敝邑，腆，厚也。不腆云云，當時客套慣語，文十二年傳「不腆敝器，不足辭也」、「不腆先君之敝器，使下臣致諸執事以爲瑞節」、成二年傳「不腆敝賦，詰朝請見」、「不腆敝賦，以犒從者」、襄十四年傳「我先君惠公有不腆之田，與女剖分而食之」等等皆可證。不但田賦及他物可謙言不腆，人亦可謙言不腆，昭三年傳「不腆先君之適以備內官」是也。不腆亦可言無腆，昭七年傳「鄭雖無腆」是也。爲從者之淹，淹，久也。成二年傳「無令輿師淹于君地」，久於君地也。故淹久亦可以同義詞連用，宣十二年傳「二三子無淹久」是也。居則具一日之積，積指以芻、米爲主之日食所需諸物，包括牛羊等肉食品，說詳周禮秋官大行人孫詒讓正義。杜注：「積，芻米菜薪。」行則備一夕之衞。」且使遽告于鄭。且，一面犒師，一面告鄭。杜注：「遽，傳車。」傳車猶後代驛馬，爲古代傳遞緊急公文之辦法，每隔若干里設驛站，接力換馬，務求奔馳迅速。然呂氏春秋說此事則云「遽使奚施歸告」，則此遽字解爲急、疾亦通。

鄭穆公使視客館，客館，杞子、逢孫、楊孫三人所居，鄭人以客禮待之也。則束載、厲兵、秣馬矣。載指可載于車之物，什物皆已捆束，兵器皆已磨礪，馬匹亦已喂飽，以待秦師之來，甚至可爲內應。使皇武子辭焉，辭謂道歉，實則示已知其謀。曰：「吾子淹久於敝邑，唯是脯資、餼牽竭矣，乾肉曰脯。杜注：「資，糧也。」沈欽韓補注謂「脯資當爲斧資，〔易〕旅九四『旅于處，得其資斧』」。則解「脯資」爲錢財，雖言之成理，然據下文取其麋鹿，仍以解爲食品爲宜。餼，牲生曰餼；牽指牛羊可牽行之牲畜。「餼牽」爲同義詞連用。句意謂食物罄竭也。爲吾子之將行也，鄭之有原圃，猶秦之有具囿也，具囿，盧文弨鍾山札記、王引之述聞皆謂當從山井鼎七經考文所引宋本作「具圃」，楊守敬水經渠水注疏亦謂當作「具圃」。但自六朝卷子本（即金澤文庫本所據）、敦煌六朝寫本、唐石經以下諸本皆作「具囿」，故不從。原圃即鄭之圃田澤，水經渠水注云：「澤在中牟縣西，西限長城，東極官渡，北佩渠水，東西四十許里，南北二十（或作二百，今從王先謙合校本、楊守敬疏本）許里，中有沙岡，上下二十四浦，津流徑通，淵潭相接。」具囿即淮南子地形篇之陽紆澤，爾雅之楊陓，山海經作陽華之山，畢沅注謂「今名楊華藪，在陝西華陰縣東，南至潼關」。沈欽韓等以爲即周禮職方氏之弦蒲藪，則在今陝西省隴縣西，恐不確。吾子取其麋鹿，以閒敝邑，欲其自取，以令我等得閒暇，示意之辭。若何？」杞子奔齊，逢孫、楊孫奔宋。向東逃者，恐晉、鄭防西兵，懼已被截獲。

孟明曰：「鄭有備矣，此乃遙接弦高犒師之語。不可冀也。攻之不克，圍之不繼，無繼續支援之師。吾其還也。」滅滑而還。淮南子人間篇又有「鄭伯乃以存國之功賞弦高，弦高辭之」一段。鄭賞弦高，自有可能，而弦高因徙東夷，未必然也。

三三・二　齊國莊子來聘，自郊勞至于贈賄，郊勞爲聘禮之始，贈賄爲聘禮之終，句猶言自始至終。郊勞者，使者至受聘國之近郊，受聘國君使卿朝服用束錦勞之。尚書牧誓僞孔傳云，近郊三十里，服虔注昭二年左傳亦云近郊三十里，戰國策秦策云「郊迎三十里」，則郊勞當在離國都約三十里之處。　贈賄者，聘事已畢，賓行，舍于郊，國君又使卿贈以禮物。詳儀禮聘禮。禮成而加之以敏。杜注：「敏，審當於事。」章炳麟讀曰：「釋訓：『踖踖，敏也。』詩小雅『執爨踖踖』，傳：『踖踖，爨竈有容也。』是敏卽有容。　禮成而加之以有容者，言非特成禮，其容儀又善也。」兩説皆可通。臧文仲言於公曰：「國子爲政，齊猶有禮，君其朝焉！臣聞之：服於有禮，社稷之衞也。」杜注：「爲公如齊傳。」吳闓生文史甄微曰：「秦人入滑與殽之戰，傳文實一篇。今本以此傳厠其閒，則前後横裂。此傳或後人續增，或本在戰殽之後，而分傳者依經文次第，移置戰殽之前。」疑後説是。

三三·三

晉原軫曰：「秦違蹇叔，而以貪勤民，天奉我也。杜注：「奉，與也。」梁履繩補釋、劉文淇疏證俱謂「奉，助也」。亦通。奉不可失，敵不可縱。縱敵，患生；違天，不祥。天與不取，則爲違天。必伐秦師！」欒枝曰：「未報秦施，而伐其師，其爲死君乎？」死君謂文公。惠棟補注云：「君在殯，故稱死君。」爲，有也。易夬初九：「壯于前趾，往不勝，爲咎。」俞樾平議讀爲爲「有」，是也。孟子多以爲爲「有」，滕文公上「夫滕，壤地褊小，將爲君子焉，將爲野人焉」，謂將有君子，將有野人也。盡心下「爲閒不用」，有閒不用也。欒枝蓋謂文公受秦惠，不爲之報，反伐秦師，是心目中無先君也。前人不明「爲」字之義，顧炎武補正、王引之述聞俱解此「死」字爲動詞，云「死君謂忘其先君」，則不知置「爲」字于何地，故不可信。其作豈用。先軫曰：「秦不哀吾喪，而伐吾同姓，滑，晉同姓。秦則無禮，何施之爲？言何足以爲施也，晉世家云「秦侮吾孤，伐吾同姓，何德之報」，與此意同。王念孫謂「言何施之有」，見釋詞「爲」。吾聞之：『一日縱敵，數世之患也。』謀及子孫，可謂死君乎！」言伐秦乃爲子孫謀，可以有辭以對先君。遂發命，發起兵之令。遽興姜戎。國語周語上謂周宣王三十九年戰于千畝，王師敗績于姜氏之戎，當卽此姜戎。可見姜戎雜處，有處于周室附近者，有處于晉國北境者，此卽處于晉國北境姜氏之戎。千畝與桓二年傳「以千畝之戰生」之千畝爲兩地，見彼注。雷學淇竹書紀年義證卷二十六誤兩千畝爲一。子墨衰絰，子，晉襄公。其父文公未葬，故稱子。衰音崔，字亦作縗，喪服，以麻布爲之。古有斬衰、齊衰之别。斬衰以極粗生麻布爲之，衣旁及下際皆不縫緝。「齊衰」之齊音咨，齊衰以熟麻布爲之。齊，緝也，緝其邊，故曰齊衰。絰音垤，戴于首者曰首絰，繫於腰者曰腰絰，皆以麻爲之，亦喪服也。襄公此時居喪，宜喪服，而喪服爲白色，不宜從戎，故雖着衰絰之喪服，而染爲黑色，黑色固戎服之色也。墨衰絰者，墨其衰與絰也。梁弘御戎，桓三年傳晉亦有梁弘，早于此八十三年，自另是一人。萊駒爲右。通志氏族略二云：「萊氏以國爲氏，晉有大夫萊駒。」梁弘、萊駒爲晉襄公御戎車、爲車右。

夏四月辛巳，辛巳，十三日。敗秦師于殽，此蓋乘秦師歸途經殽而截擊之，呂氏春秋悔過篇所謂「過秦師於殽而擊之」、公羊所謂「要之殽而擊之」、秦本紀所謂「遮秦兵於殽擊之」是也。獲百里孟明視、西乞術、白乙丙以歸。三帥被俘，則秦師盡殲矣，故公羊、穀梁俱云：「匹馬隻輪無反者」（穀梁隻作倚），秦本紀云「無一人得脱者」，俱可信。論衡儒增篇以爲增其實，非。此役與姜戎，又參襄十四年傳。遂墨以葬文公，謂着黑色喪服以葬文公也。晉於是始墨。晉自此以後用黑色衰絰爲常，襄二十三年傳云「公有姻喪，王鮒使宣子墨縗冒絰」可證。沈欽韓補注謂「自後喪葬遇有兵戎盟會之事，遂援此以墨衰從事」，限墨衰于兵戎盟會，恐非傳旨。

文嬴請三帥，文嬴，晉文公夫人，秦穆公所妻者，爲襄公嫡母。三帥，孟明、西乞、白乙丙。曰：「彼實構吾二君，構謂進讒言以挑撥離間，與桓十六年傳「宣姜與公子朔構急子」之構同義。構吾二君又與詩小雅青蠅「構我二人」句法同，謂挑撥秦、晉二君之關係也。寡君若得而食之，不厭，不厭，不足也。言雖食肉猶不足，狀惡之之甚。秦本紀作「繆公之怨此三人入於骨髓」，詞不同而意同。互詳宣十二年傳注。君何辱討焉？使歸就戮于秦，以逞寡君之志，逞，快也。逞志，猶言快意。若何？」公許之。先軫朝，問秦囚。公曰：「夫人請之，吾舍之矣。」先軫怒，曰：「武夫力而拘諸原，原指戰場，謂以力拘之於戰場。婦人暫而免諸國，章炳麟讀曰：「暫借爲漸。書盤庚『暫遇姦宄』，王引之曰：『暫讀爲漸，漸，詐欺也。莊子胠篋篇「知詐漸毒」、荀子不苟篇「小人知則攫盜而漸」、議兵篇「招近募選，隆勢詐，尚功利，是漸之也」、正論篇「上幽險則下漸詐矣」，是詐謂之漸。呂刑曰「民興胥漸」，漸亦詐也。』此暫亦詐也。文嬴言皆詐語也。」吳闓生文史甄微說同。免謂赦宥而釋放。墮軍實而長寇讎，墮，毁棄也。軍實指秦囚，鄭司農周禮天官獸人注云「珥焉者，取左耳以致功，若斬首折馘，故春秋傳曰『以數軍實』」，則軍實可指俘囚首馘。餘詳隱五年傳注。楊樹達先生積微居小學金石論叢有左傳軍實解，謂此軍實「亦指晉國之士卒爲言。先軫蓋謂殘傷晉國之士卒以得秦俘，今無故舍之以增寇讎之氣焰，故憤而言其亡無日也」，亦可備一解。亡無日矣！」不顧而唾。古代禮法，在尊長之前，不敢吐痰與擤鼻涕，禮記內則所謂「在父母舅姑之所不敢唾洟」是也。唾爲吐痰，洟爲擤出鼻涕。先軫不但唾于朝廷，且面向襄公，唾且不旋轉其頭，此極言其氣忿。公使陽處父追之，晉世家謂「軫乃追秦將」，以爲先軫自追之。及諸河，則在舟中矣。釋左驂，古代一車四馬駕之，在兩旁者曰驂，在左旁爲左驂。以公命贈孟明。誘其上岸受贈，因而執之。孟明稽首曰：「君之惠，不以纍臣釁鼓，纍，囚繫也。古代重要器物新成，必殺牲以祭，以血塗之，謂之釁。古代有以俘囚祭鼓者，昭五年傳「吳子使其弟蹶由犒師，楚人執之，將以釁鼓」可證。此言「釁鼓」，猶言殺戮，未必爲真祭鼓。成三年傳知罃之對楚王曰「二國治戎，臣不才，不勝其任，以爲俘馘，執事不以釁鼓，使歸即戮，君之惠也」，語與此同。**使歸就戮于秦，寡君之以爲戮，**此爲假設分句，猶言若以爲戮也。**死且不朽。**死且不朽亦當時慣語，亦見成三年、十六年、昭三十一年傳，猶言死猶不死耳。**若從君惠而免之，三年將拜君賜。」**孟明不中計。三年拜賜意猶三年將復仇也，文二年彭衙之役晉人因謂之拜賜之師。

秦伯素服郊次，素服，凶服也。據周禮大宗伯及注，古代凶禮以哀邦國之憂者有五，死亡、凶札、禍災、圍敗、寇亂是也。年不順成，天子素服，乘素車，食無樂，是凶札之服；水火爲害，君臣素服縞冠，是禍災之服；此則爲圍敗之服也。說詳顧炎武日知錄五。郊次猶襄二十三年傳之官次。凡所居皆可曰次，喪寢曰次。儀禮士喪禮「主人入就次」是也，次謂倚廬。呂氏春秋悔過篇謂「繆公聞之，素服廟臨」，與傳異。**鄉師而哭，**鄉同今向字。此言鄉師，似晉所釋放者不止孟明等三帥，或其他俘虜亦併釋之隨同三帥而歸。不然，則傳以師代三帥，故秦本紀謂「三將至，繆公素服郊迎，嚮三人哭曰」云云。或疑殽之役，秦兵未盡被殲，亦有逃脫而歸者。縱使如是，亦未必與孟明等同歸，秦穆亦未必親迎也。**曰：「孤違蹇叔，以辱二三子，孤之罪也。」不替孟明，曰：**替，廢也。不廢孟明爲左氏記事之詞。各本無「曰」字，王念孫據文選西征賦注、白帖五十九，謂「孟明下有『曰』字」，而今本脫之。上文穆公鄉師而哭，既罪己而不罪人矣，於是不廢孟明而復用之，且謂之曰，孤之過也，大夫何罪云云。大夫二字專指孟明而言，與上文統言二三子者不同」云云。說詳王引之述聞。王說甚是，金澤文庫本及敦煌六朝人寫本殘卷俱有「曰」字，今據增訂。「孤之過也，大夫何罪？且吾不以一眚掩大德。」眚音省，過也。尚書秦誓序云：「秦穆公伐鄭，晉襄公帥師敗諸崤，還歸作秦誓。」後人以此謂秦誓乃此時所作，然秦誓本文似不如書序所云。此事又見呂氏春秋悔過篇。

三三·四 狄侵齊，因晉喪也。

三三·五 公伐邾，取訾婁，以報升陘之役。升陘之役在二十二年。邾人不設備。秋，襄仲復伐邾。

三三·六 狄伐晉，及箕。八月戊子，戊子，二十二日。晉侯敗狄于箕。郤缺獲白狄子。白狄子，白狄之首領。白狄爲狄之別種。成十三年傳呂相絕秦云「白狄及君同州」，是與秦同在雍州也。僖二十四年傳晉文云「其後余從狄君以田渭濱」，則白狄之地南至渭水。江永考實謂「其地在西河之西」是也。今陝西省延安、安塞、延川、延長、宜川、黃龍以及清澗諸縣皆曰白狄之境。據左傳，狄爲隗姓。世本謂白狄釐姓，潛夫論謂白狄姮姓，王國維據秦有隗狀，漢有隗囂，魏有隗僖，謂赤、白二狄皆隗姓，是也。說詳其鬼方昆夷玁狁考。

先軫曰：「匹夫逞志於君，指不顧而唾之事。而無討，敢不自討乎？」免冑入狄師，死焉。此當是獲白狄子以前事。狄人歸其元，元，首也。面如生。

初，臼季使，臼季卽胥臣，臼其食邑，季其字也。臼卽二十四年傳之臼衰。過冀，冀，見二年傳注。見冀缺耨，耨，鋤田除草也。其妻饁之，饁音謁，向田野饋食也。敬，相待如賓。與之歸，言諸文公曰：「敬，德之聚也。聚土成山，故周語云「山，土之聚也」，此則謂聚德成敬。能敬必有德。德以治民，君請用之！

臣聞之：出門如賓，承事如祭，論語顏淵篇記孔子之言「出門如見大賓，使民如承大祭」，與此義同。仁之則也。」公曰：「其父有罪，可乎？」冀缺之父冀芮爲惠公之黨，二十四年欲害文公，爲秦穆公所誘殺。對曰：「舜之罪也殛鯀，鯀者，禹之父，尚書洪範云「鯀則殛死」，夏本紀云「於是堯聽四嶽，用鯀治水。九年而水不息，功用不成。舜登用，攝行天子之政，巡狩。行視鯀之治水無狀，乃殛鯀於羽山以死」是也。殛借爲極，極者，流放絶遠之義。殛死者，流放之以致死也。詳說文段注及徐灝說文解字注箋。其舉也興禹。管敬仲，桓之賊也，管仲嘗射齊桓公，中帶鉤，見二十四年傳注。實相以濟。相，去聲，使之爲相也。濟，成也。康誥曰：『父不慈，子不祇，祇，敬也。兄不友，弟不共，不相及也。』今尚書康誥無此文，但云「子弗祇服厥父事，大傷厥考心」云云，孔疏因謂傳是「直引康誥之意耳」。然康誥本文乃「刑茲無赦」之意，非罪不相及之意，孔說可商。惠棟補注謂「此康誥之脱文也」。後漢書章帝紀元和元年詔曰：「書云：『父不慈，子不祇，兄不友，弟不恭，不相及也。』」亦明言「書云」。昭二十年傳「在康誥曰，父子兄弟罪不相及」，則是此之節文。詩曰：『采葑采菲，采，採本字。葑，唐本草謂蔓菁，爲蕓薹之變種，大頭菜又此物之變種。劉禹錫嘉話録云：「諸葛亮所止，令兵士獨種蔓青者，取其纔甲，可生啖，一也；葉舒可煮食，二也；久居則隨以滋長，三也；棄去不惜，四也；回而易尋而採，五也；冬有根可食，六也。比諸蔬其利甚溥，至今蜀人呼爲諸葛菜。」菲即今之蘿蔔。無以下體。』詩見邶風谷風篇。蕪菁之根可食，萊菔從古以其塊根供蔬食用，不以其爲下體而棄之。君取節焉可也。」取節猶言節取其善，勿因其爲罪人之子而棄之。文公以爲下軍大夫。此事又見晉語五，文意大同。反自箕，襄公以三命命先且居將中軍，春秋諸侯之卿，有「一命」、「再命」、「三命」之別，以命數多爲貴，車服之制亦隨之。杜注：「且居，先軫之子；其父死敵，故進之。」晉語四有蒲城伯，韋注引賈逵說，謂卽先且居；文五年傳有霍伯，賈、杜皆云亦卽先且居，蒲城與霍皆其食邑，伯則其字也。以再命命先茅之縣賞胥臣，杜注：「先茅絕後，故取其縣以賞胥臣。」據此，則先茅亦晉之大夫也。曰：「舉郤缺，子之功也。」以一命命郤缺爲卿，復與之冀，亦未有軍行。杜注：「雖登卿位，未有軍列。」沈欽韓補注曰：「以五軍帥現有人故。」

三三·七 冬，公如齊朝，且弔有狄師也。反，薨于小寢，卽安也。杜注誤會卽安之文，認小寢爲夫人寢，非也。小寢，爲諸侯之燕寢，已詳莊三十二年經注。禮記玉藻云：「朝，辨色始入。君日出而視之，退適路寢聽政。使人視大夫，大夫退，然後適小寢釋服。」則小寢爲諸侯燕安之所，非夫人寢明矣。疾病當居路寢。魯僖病，未嘗移居路寢，卽就小寢以死，故傳云卽安也。

三三·八 晉、陳、鄭伐許，討其貳於楚也。

三三·九 楚令尹子上侵陳、蔡。陳、蔡成，遂伐鄭，將納公子瑕。公子瑕爲鄭文所惡而奔楚，見三十一年傳。門于桔柣之門，門，攻城也。桔柣之門爲鄭都遠郊之門，見莊二十八年傳並注。瑕覆于周氏之汪，覆，車傾覆也。汪，池之汙濁者。外僕髡屯禽之以獻。髡屯疑爲人名。杜注曰：「殺瑕以獻鄭伯。」蓋據下文葬鄶城而言，然傳無明文，若謂生擒而鄭伯殺之，亦未嘗不可。文夫人斂而葬之鄶城之下。文夫人，鄭文公之夫人也。宣三年傳云：「文公報鄭子之妃曰陳嬀，生子華、子臧。又娶于江，生公子士。又娶于蘇，生子瑕、子俞彌。」則此所謂文夫人者，或子瑕之母，因斂而葬之也。「鄶」又作「檜」，本爲國，妘姓。鄭語「妘姓鄔、檜、路、偪陽」可證。據水經洧水注引紀年，則爲鄭桓公所滅；據漢書地理志注引臣瓚説及今本紀年，則爲鄭武公所滅，不知誰是。其地當在今河南省密縣東南三十里，新鄭縣西北三十里。貞松堂吉金圖補録上十五有會娟乍媵鬲，娟疑卽妘字，爲妘姓，恐另一會國。

三三·一〇　晉陽處父侵蔡，楚子上救之，與晉師夾泜而軍。泜音雉。泜水卽滍水，今名沙河。源出河南省魯山縣西吴大嶺，東流經縣南，又東經寶豐、葉縣、舞陽合于北沙河。後漢書光武紀「光武擊王尋、王邑，滍水盛溢，尋、邑大敗」者卽此。此夾泜而軍處，疑在沙河下游，始接近蔡境。陽子患之，使謂子上曰：「吾聞之：『文不犯順，此蓋古語，當時人多喜言之，文十四年傳「宣子曰『辭順而弗從，不祥』」，襄二十五年傳「文子曰『其辭順，犯順不祥』」，皆此意。此言之者，蓋謂我之辭甚順，汝當聽而從我言。順卽論語子路「名不正則言不順」之順，順理成章也。武不違敵。』違，避也。子若欲戰，則吾退舍，子濟而陳，遲速唯命。不然，紓我。紓，緩也。緩我者，楚軍退舍，使我得濟而陳也。老師費財，杜注曰：「師久爲老。」亦無益也。」乃駕以待。車駕馬以待楚師之進退。子上欲涉，大孫伯曰：大孫伯卽二十八年傳之大心，文五年、十一年傳之成大心，子玉之子。「不可。晉人無信，半涉而薄我，薄，迫也。迫我謂以軍臨我，卽擊我也。悔敗何及？既敗而悔，亦無及矣。不如紓之。」乃退舍。欲使晉軍渡。陽子宣言曰：「楚師遁矣。」遂歸。楚師亦歸。

大子商臣譖子上曰：「受晉賂而辟之，楚之耻也。罪莫大焉。」王殺子上。楚成王欲立商臣爲太子，令尹子上嘗阻之，見文元年傳，商臣是以惡而譖之。

三三·一一　葬僖公，緩作主，此以三字爲句，杜預注以「緩」一字爲句，云：「文公元年經書四月葬僖公，僖公實以今年十一月薨，并閏，七月乃葬，故傳云緩。」說實誤。僖公之死在十二月乙巳，經、傳記述分明，杜氏據其長曆謂乙巳爲十一月十二日，經書十二月爲誤，此乃杜氏推算之誤，非經之誤，十二月卒，明年四月葬，其間並無閏月（傳云閏三月，實誤，詳後），正五月而葬，非緩也。姑不論此，若以「緩」字爲句，「作主」兩字一句，則作主爲「非禮」矣。祔而作主，固是古禮，何乃云「非禮」？則此句不可解矣。今從萬斯大隨筆、洪亮吉詁，以「緩作主」三字爲句。依禮，祔而作主，然僖公主作于文二年二月，過葬十月，故云緩作主。**非禮也。凡君薨，卒哭而祔，**卒哭者，卒，終也，止也，止無時之哭也。古禮，父母之喪，自初死至于卒哭，朝夕之間，哀至則哭，其哭無定時。葬後行虞祭，釋名釋喪制云：「既葬，還祭于殯宮曰虞，謂虞樂安神使還此也。」以諸侯論，五月而葬，行虞祭七次，葬之日初虞，用柔日（乙、丁、己、辛、癸五偶爲柔日），二、三、四、五、六虞亦用柔日，七虞用剛日（甲、丙、戊、庚、壬五奇日），則葬後之第十二日也。間一日行卒哭禮，亦用剛日，則葬後之第十四日也。至此以後，唯朝夕哭，他時不哭，故曰卒哭。祔者，以新死者之主附于主廟也。禮記檀弓下亦云：「周卒哭而祔。」**祔而作主，**公羊文二年傳謂喪主有二，「虞主用桑，練主用栗」。虞主爲虞祭之主，用桑木爲之；練主爲喪十三月小祥祭所立之主，用栗木爲之，而埋桑主，卽以此練主藏于廟。但左氏不言二主，又不言虞主，只言祔而作主，則所以作主者，爲祔于祖廟也，當只一主，無二主。周語上云：「襄王使太宰文公及內史興賜晉文公命，命於武宮，設桑主。」則一主爲桑主，並不埋之。周社主則用栗，見論語八佾。**特祀於主，**特祀者，單向新死者祭祀也，蓋卒哭之後，尚有小祥、大祥（二十五月而大祥祭）、禫（二十七月之除服祭）諸祭，唯祭于新死者之主，故云特祀於主。據左傳，春秋殯于廟，主又祔于廟，則特祀之主在廟可知。漢人說經謂祔祭既了，主仍還立于寢，杜注因之，謂此特祀乃「特用喪禮祭祀於寢，不同之於宗廟」，然經、傳無此文，恐不可信。**烝、嘗、禘於廟。**謂遇烝、嘗及禘祭，則于廟中合羣祖共祭之。烝、嘗見桓五年傳並注。禘見僖八年經注。考之左傳，卽在三年喪中，亦有烝、嘗、禘諸祭，襄十五年經書「冬十有一月癸亥，晉侯周卒」，十六年傳文又云「春，葬晉悼公。平公卽位，烝於曲沃」，是葬後卽烝也。後人拘于禮記王制「喪三年不祭」之文，謂此烝、嘗、禘乃三年喪畢後之祭，不知王制乃漢代儒生之作，不足以說春秋之禮制。孔疏引杜預釋例云：「禮記後儒所作，不正與春秋同。」此言甚有見地。餘詳孔疏。僖公之葬在文元年四月，作主在文二年二月，僖公篇末獨出此文，杜注謂「皆當次在經『葬僖公』下，今在此，簡編倒錯。」劉文淇疏證引讀本則謂「傳多附記之例，如閔公末年言成風事，又言邢、衛，皆非其年之事，知此是附記，非錯誤」，未詳孰是。杜氏釋例引賈逵說，末云「故上係此文於僖公篇」，如此，則縱簡編倒錯，自東漢已然矣。

春秋左傳注

文公

名興，僖公子，母聲姜。

元年，乙未，公元前六二六年。周襄王二十七年、晉襄二年、齊昭七年、衛成九年、蔡莊二十年、鄭穆二年、曹共二十七年、陳共六年、杞桓十一年、宋成十一年、秦穆三十四年、楚成四十六年、許僖三十年。

經

一・一 元年春王正月，正月二十三日丙戌冬至，建子，有閏月。公卽位。無傳。依春秋禮制，先君死，無論葬與未葬，嗣君俱於翌年正月改元卽位。公羊文九年傳「不可一日無君。緣終始之義，一年不二君，不可曠年無君」云云，足以說明當時禮制。

一・二 二月癸亥，日有食之。無傳。公羊於「癸亥」下衍「朔」字，當依王引之述聞說刪，三傳並無異文。史官不書朔，當是以癸亥爲晦日而日食。宋史律曆志三、元史曆志二俱謂三月癸亥朔，入食限，是也；但宋史因疑此二月爲三月之誤，則非。朱文鑫春秋日食考云：「春秋日食三十七，書日與朔者二十七，書朔不書日者一，書日不書朔者七，不書日與朔者二。自隱公三年至宣公十七年，凡一百二十八年，記載日食十五，書朔者七，不書朔者八。自成公十六年至哀公十四年，凡九十四年，記載日食二十二，書朔者二十一，不書朔者一。由此觀之，宣公以前平均八年半書一日食，而不書朔者多；成公以後，平均約四年半書一日食，而不書朔者僅一，足證當時曆家已知日食之必在朔，而觀測所得，亦有合於天象，故後之記載較勝於前也。」此說頗有理，則此二月癸亥之日食，蓋當時曆法誤以三月之朔爲二月之晦，故不書朔，非字之誤。

一・三　天王使叔服來會葬。叔服，傳稱內史叔服，則內史爲其官。公羊何休注以叔服卽王子虎，恐非。孔疏云：「四年風氏薨，五年王使榮叔歸含且賵，召昭公來會葬，傳曰禮也。夫人之喪，會葬爲禮，知諸侯之喪，天子使大夫會葬爲得也。」

一・四　夏四月丁巳，丁巳，二十六日。葬我君僖公。

一・五　天王使毛伯來錫公命。僖二十四年傳有毛伯，孔疏以爲「計是一人」。毛蓋其采邑，伯乃其家號，杜注云「毛，國；伯，爵」，恐不確。錫命見莊元年經並注、僖十一年傳並注。此乃嗣位諸侯天子之錫命，春秋經、傳載此者二：一，文元年錫魯文公命；二，僖十一年錫晉惠公命。金文中有伯晨鼎銘，卽錫䩵侯嗣位之命。吳大澂、吳闓生等俱謂䩵侯卽韓侯，可備一說。

一·六　晉侯伐衛。據傳，初是晉襄公親帥師，後從先且居之謀，改由先且居及胥臣帥師。杜注：「晉襄公先告諸侯而伐衛，雖大夫親伐，而稱晉侯，從告辭也。」

一·七　叔孫得臣如京師。禮記檀弓正義引世本云：「桓公生僖叔牙，牙生戴伯茲，茲生莊叔得臣，得臣生穆叔豹，豹生昭子婼，婼生成子不敢，不敢生武叔州仇。」雷學淇校輯世本云：「案春秋傳及世族譜，莊叔得臣生宣伯僑如及穆叔豹，豹生昭子婼及孟丙、中壬、竪牛，婼生成子不敢，不敢生武仲州仇，州仇生文子舒，是爲叔孫氏。其說與世本皆合。」

一·八　衛人伐晉。

一·九　秋，公孫敖會晉侯於戚。公孫敖，慶父之子，禮記檀弓孔疏引世本云「慶父生穆伯敖」是也。戚，衛邑，在今河南省濮陽縣北。顧棟高大事表七之二云：「蓋其地瀕河西，據中國之要樞，不獨衛之重地，亦晉、鄭、吳、楚之孔道也。」彙纂云：「此大夫專會諸侯之始。」

一·一〇　冬十月丁未，丁未，十八日。楚世子商臣弒其君頵。商臣，楚穆王也。頵音麇，公羊、穀梁俱作「髡」，漢書人表作「惲」，楚世家作「熊惲」。楚君之名多冠以「熊」字，楚世家可證，而左氏則省此「熊」字，單稱其名。哀六年傳「逆越女之子章，立之」，章卽楚王熊章鐘之熊章，尤可證也。今傳世有楚王頵鐘，銘曰「楚王頵自作鈴鐘」，則頵乃其名之本字。

一·一一　公孫敖如齊。

傳

一・一　元年春，王使內史叔服來會葬。公孫敖聞其能相人也，見其二子焉。見，舊讀去聲，此謂引其二子出與叔服相見。與論語微子「止子路宿，殺雞爲黍而食之，見其二子焉」句法同。叔服曰：「穀也食子，難也收子。穀，文伯；難，惠叔。食子，奉祭祀供養也；收子，葬其身也。惠叔收葬，見十五年傳。文伯、惠叔又見七年傳。穀也豐下，豐下，頤頷豐滿也。必有後於魯國。」禮記檀弓孔疏引世本云：「慶父生穆伯敖，敖生文伯穀。」自文伯以下，其後嗣世爲魯卿，稱孟氏。穀先公孫敖而死，見十四年傳。其子孫實奉祭祀，卽此「有後」也。

一・二　於是閏三月，非禮也。江永羣經補義曰：「古曆皆用平朔，謂日月皆平行，故朔日或失之先，或失之後，日食有不在朔者。文元年『二月癸亥日有食之』，姜岌、大衍、授時諸曆法皆推是三月癸亥朔入食限，經書『二月癸亥』，不言朔，蓋誤以癸亥爲二月晦，而以甲子爲三月朔也。三月甲子朔，則四月宜有丁巳，故經書『四月丁巳葬僖公』。是年本無閏三月，左氏以爲日食必在朔，二月爲癸亥朔，則四月無丁巳，意其間必有閏月，故憑空發傳云『於是閏三月非禮也』。」先王之正時也，履端於始，舉正於中，歸餘於終。此三語舊說紛紜，今據江永羣經補義說解之。履端於始，始指冬至，謂步曆以冬至爲始也。故下云「序則不愆」。御覽二九引臧榮緒晉書熊遠議曰「履端元日」，又引庾闡揚都賦曰「歲惟元辰，陰陽代紀。履端、歸餘，三朝告始」。以履端爲定歲首。舉正於中者，三代各有正朔，以正朔之月爲正月也。杜注云「舉中氣以正月」，非也。古代惟有啓、閉、分、至八節，偶見啓蟄（卽驚蟄）等，二十四節氣其後始備。以冬至爲始，以閏餘爲終，故舉正朔之月爲中。雖周正建子，而在「履端於始」之前而言先王之正時，則通三代言之。沈彤小疏曰：「舉正於中謂曆象日景中星以紀分至在四仲月也。冬至在正北，則夏至在正南，春、秋分在正東正西可知，故指其所在之位而稱爲正也。」此説亦通。蓋古人推曆，有二法，一觀天象，二測日影。觀天象有時爲雲層所遮掩，不得正確；測日影有時亦遇陰、雨，難定長短，故最初不確者多。其後經驗積累，能知日月星宿周行之大致，再加以觀測之術驗之，則日益密合。孟子離婁下云：「苟求其故，千歲之日至，可坐而定也。」足見至戰國時，天文曆法之學已有可觀者矣。歸餘於終者，置閏月或三年或二年，常置於歲終也。今置於三月，故云非禮。然此蓋言先王之正時，以春秋經、傳日月互相推校，知閏不必在歲終。春秋經、傳紀閏月者九，除襄九年傳之閏月爲誤字外，僅八次。若昭二十年傳「閏月戊辰殺宣姜」，傳文上有八月，下有十月，閏在其中，則不在年終明矣。其他如昭元年經書「六月丁巳，邾子華卒」，又下書「十一月己酉，楚子麇卒」。六月有丁巳，則十一月不得有己酉，中間應置一閏。又如昭二十八年經書「夏四月丙戌，鄭伯寧卒」，下文書「秋七月癸巳，滕子寧卒」。四月七月相距一百十餘日，四月有丙戌，七月安得有癸巳？其間必有一閏。凡若此者，不勝枚舉。古人閏月罕舉大事，故經、傳書閏月者稀，而不必在歲末，作傳者僅就古法發論耳。所謂古者，以今日出土卜辭考之，亦在殷代祖甲以前。據卜辭，武丁至祖甲，歲終置閏，名曰十三月。而帝乙、帝辛時代之卜辭，絕無十三月，集其卜旬之辭推算，皆年中置閏。西周初期亦年中置閏，王國維生霸死霸考、吳其昌金文疑年表已明確言之。周金文存著録之遣尊、受尊、牧毁，雖有「十又三月」，實乃閏十二月之異稱，不得因此而疑以歲終置閏爲常。履端於始，序則不愆；舉正於中，民則不惑；歸餘於終，事則不悖。史記曆書亦載此語，字句略異。

一・三 夏四月丁巳，葬僖公。杜注：「傳皆不虛載經文，而此經孤見，知僖公末年傳宜在此下。」吳闓生文史甄微曰：「傳當在『必有後於魯國』之下，終『會葬』之文。後人引傳附經，拘於時月先後，因以『閏三月』傳文間厠其中。」傳無虛載經文之例，杜氏所見甚是；而此傳孤立，兩氏所言俱有理，未詳孰是。

一・四 王使毛伯衞來賜公命。「賜」，阮刻本作「錫」，今從唐石經、金澤文庫本、宋本。蓋經用古字，傳用今字。衞當是毛伯之名，杜注以爲是毛伯之字，恐非。叔孫得臣如周拜。答謝賜命也。

一・五 晉文公之季年，諸侯朝晉，衞成公不朝，使孔達侵鄭，據哀十一年傳敍孔文子以孔姞妻太叔疾，是知孔氏爲姞姓，禮記正義謂爲異姓大夫是也。潛夫論志氏姓篇謂「孔氏，衞姬姓也」，其說誤。說見梁履繩補釋。禮記祭統正義引世本云：「孔莊叔達生得閭叔穀，穀生成叔烝鉏，鉏生頃叔羅，羅生昭叔起，起生文叔圉，圉生悝。」成叔烝鉏卽孔成子，見成十四年傳。頃叔羅世族譜作須叔羈，昭七年傳亦作「羈」，恐「羅」是誤字。文叔圉亦見昭七年傳，悝見哀十五年傳。伐緜、訾及匡。緜，不詳今何地，當與匡邑相近。訾疑卽僖十八年傳之訾婁，本爲衞邑，後則屬鄭，故今衞又伐之。匡當卽今河南省長垣縣西南十五里之匡城，亦卽論語子罕「子畏於匡」之匡，八年傳所謂「晉侯使解揚歸匡、戚之田於衞」者。本爲衞邑，鄭奪之，衞今又伐之。水經沙水注云：「卽扶溝之匡亭也，亭在匡城鄉，春秋『孔達侵鄭伐緜、訾及匡』，卽此邑也。」杜注及一統志俱從之，不知扶溝今屬許昌地區，去衞遠，衞不能有其地，故此說不可信。說參江永考實。晉襄公既祥，古喪禮，父母之喪，自祔以後，十三月小祥。晉文以僖三十二年十二月卒，則三十三年十二月爲小祥。既祥者，小祥之祭已行之也。使告於諸侯而伐衞，及南陽。南陽見僖二十五年傳並注。其地甚大，不止爲晉所有，應劭所謂「爲魏、鄭、衞三國之地」者也。魏卽分晉之地，應蓋本其後言之耳。先且居曰：「效尤，禍也。于鬯香草校書云：「禍當讀爲過。尤衞不朝而效之，未必卽有禍，特過而已，故曰效尤過也。」亦通。請君朝王，臣從師。」晉侯朝王於温。先且居、胥臣伐衞。五月辛酉朔，晉師圍戚。六月戊戌，戊戌，八日。取之，獲孫昭子。戚世爲孫氏采邑，故取戚而獲孫昭子。杜氏世族譜云：「孫莊子紇，武公三世孫；孫昭子，武公四世孫。」

衞人使告於陳。陳共公曰：「更伐之，我辭之。」辭之者，爲之請和於晉也。二年傳「陳侯爲衞請成於晉，執孔達以說」，卽其事也。衞孔達帥師伐晉。君子以爲古。古者，越國而謀。禮記檀弓上，「杜橋之母之喪，宮中無相，以爲沽也」，鄭注云：「沽猶略也。」此古字當與沽通。國事不自主，越國而謀，是粗略之甚也。杜預、劉炫以古今字讀之，謂其「合古之道」，誤解甚矣。說參朱彬經傳考證。于鬯香草校書讀古爲固，解爲固陋、固蔽，不如朱說之確。

一・六 秋，晉侯疆戚田，杜注：「晉取衞田，正其疆界也。」故公孫敖會之。

一・七 初，楚子將以商臣爲大子，訪諸令尹子上。據傳文「初」字及下文「君之齒未也」之文，楚子之訪於子上，當在子上未爲令尹時。蓋僖二十八年夏，令尹子玉死，蔿吕臣爲令尹，而後子上始爲令尹，則子上之爲令尹，當在僖二十九年以後，去今不過數歲。成王之生當在莊十四年以前，至僖之二十九年，亦五十以上，不得云「君之齒未也」，故知訪諸子上，當更在其前。傳云「令尹子上」者，以最後官階言之。子上曰：「君之齒未也，言其年歲尚少。而又多愛，楚世家作「而又多內寵」，是以內寵解愛字。黜乃亂也。謂若立所生愛子，必黜商臣而易之，則禍亂生。楚國之舉，恆在少者。楚國以立少者爲常。舉，立也。昭十三年傳述叔向之言「羋姓有亂，必季實立，楚之常也」，與此同意。且是人也，蠭目而豺聲，蠭，即蜂。忍人也，不可立也。」弗聽。既，又欲立王子職，列女傳節義傳云：「職，商臣之庶弟也。」而黜大子商臣。商臣聞之而未察，賈子道術篇：「纖微皆審謂之察。」告其師潘崇曰：「若之何而察之？」潘崇曰：「享江羋而勿敬也。」杜注：「江羋，成王妹嫁於江。」但楚世家作「饗王之寵姬江羋而勿敬也」，以江羋爲成王寵姬，兩説不同。據秦本紀太史公贊及陳杞世家索隱引世本，江爲嬴姓。江羋若爲成王寵姬，則當稱爲江嬴，今稱爲江羋，明是羋姓。郭沫若大系有器銘「楚王媵江仲羋」語，則成王妹。從之。江羋怒曰：「呼！呼是嘆詞。禮記檀弓上：「曾子聞之，瞿然曰：『呼！』」皆表驚怪。亦作吁，説詳王引之述聞。役夫！役夫，賤者之稱。管子輕重己篇云：「處里爲下陳，處師爲下通，謂之役夫。」列子周穆王篇亦言：「有老役夫筋力竭矣，晝則呻呼而爲僕虜。」宜君王之欲殺女而立職也。」殺女，韓非子內儲説下篇作「廢女」，劉知幾史通言語篇引亦作「廢女」，列女傳節義傳載此事亦曰「大子知王之欲廢之也」，依上下文義，自以作廢爲順，下文潘崇問「能事諸乎」，則亦自以爲不至被殺。故王引之述聞謂「古字多以發爲廢，傳文蓋本作發，發殺形相近，因誤而爲殺。」然楚世家及年表俱作「殺」，則司馬遷所據本本作「殺」，未必爲誤字。陳樹華考正云：「江羋怒，故甚其辭，讀者正不必泥也。」或然。告潘崇曰：「信矣。」潘崇曰：「能事諸乎？」諸作之字用。曰：「不能。」「能行乎？」楚世家作「能亡去乎」，以亡去解行，是也。曰：「不能。」「能行大事乎？」杜注曰：「大事謂弒君。」昭元年傳，「令尹將行大事」，杜注同。晉語一「吾欲作大事」，韋注：「大事，廢適立庶也。」齊策一「將軍可以爲大事乎」，蓋亦謂舉行軍事政變。曰：「能。」

冬十月，以宮甲圍成王。杜注曰：「太子宮甲，僖二十八年王以東宮卒從子玉，蓋取此宮甲。」韓非子內儲說下篇作「於是乃起宿營之甲而攻成王。」王請食熊蹯而死。熊蹯，熊掌也，難熟，宣二年傳「宰夫胹熊蹯不熟」可證。王請食之，蓋欲拖延時間以望外救。弗聽。丁未，王縊。謚之曰「靈」，不瞑；曰「成」，乃瞑。古禮，葬乃加謚，小斂則面不露，此見其目不合，則未斂即加以惡謚。孔疏引桓譚謂「尸冷乃瞑，非由謚之善惡」。

穆王立，以其爲大子之室與潘崇，孔疏曰：「商臣今既爲王，以其爲太子之時所居室內財物僕妾盡以與潘崇，非與其所居之宮室。」此說近是。楚語云：「施二帥而分其室。」韋注云：「室，家資也。」成七年傳：「子重、子反殺巫臣之族子閻、子蕩及清尹弗忌及襄老之子黑要，而分其室。子重取子閻之室，使沈尹與王子罷分子蕩之室，子反取黑要與清尹之室。」室恐指其一切財產而言，包括田地與奴隸；奴隸固以室計，周書所謂「一室之祿」、「千室之祿」是也。楚世家作「以其太子宮與潘崇」，年表亦謂「以其太子宅賜崇」，以宮宅解此「室」字，不確。使爲大師，且掌環列之尹。沈欽韓補注曰：「環列之尹若漢之衞尉矣。唐六典，十二尉大將軍掌統領宮庭警衞之法令，後人謂之環衞官。」楚世家云「使爲太師，掌國事」，年表云「爲相」，則俱是臆測之辭，蓋此時楚以成大心爲令尹，後又以成嘉繼之，見十二年傳，則潘崇非「爲相」「掌國事」明矣。穆王立於明年，傳蓋探後言之，故年表列此事於明年。

一•八

穆伯如齊，始聘焉，穆伯，公孫敖。禮也。凡君卽位，卿出并聘，并之言普也，徧也。并聘謂向諸侯普徧聘問，說詳王引之述聞。周禮秋官大行人云：「凡諸侯之邦交，歲相問也，殷相聘也，世相朝也。」大戴禮朝事篇亦云，「使諸侯世相朝，交歲相問，殷相聘」，此乃世相朝也。鄭注大行人云：「父死子立曰世，凡君卽位，大國朝焉，小國聘焉。」齊、魯敵國，文公繼僖而立，往齊始聘。襄元年傳云：「九月，邾子來朝，禮也。冬，衞子叔、晉知武子來聘，禮也。凡諸侯卽位，小國朝之，大國聘焉，以繼好結信，謀事補闕，禮之大者也。」此蓋襄公繼成公初立，諸侯來朝聘也。邾國小於魯，故其君來朝，衞、晉與魯爲兄弟之國，故來聘也。文九年經云「曹伯襄卒」，十一年傳云：「秋，曹文公來朝，卽位而來見也」，亦是世相朝之禮。 踐修舊好，踐當讀如纘，説文：「纘，繼也。」經典亦作「纂」，爾雅釋詁：「纂，繼也。」周語上「纂修其緒」，晉語九「纂修其身」，皆以纂修連文，纂修卽繼修也。此踐修舊好，謂繼修舊好也。説詳俞樾平議。洪亮吉漢魏音謂踐讀爲翦，爾雅：「翦，勤也。」不如俞説之確。 要結外援，好事鄰國，以衞社稷，忠、信、卑讓之道也。忠，德之正也；信，德之固也；卑讓，德之基也。

一·九 殽之役，在僖三十三年。晉人既歸秦帥，「帥」，阮刻本誤作「師」，今從唐石經、金澤文庫本訂正。秦大夫及左右皆言於秦伯曰：「是敗也，孟明之罪也，必殺之。」秦伯曰：「是孤之罪也。周芮良夫之詩曰：芮良夫，周厲王時卿士。據逸周書芮良夫篇，自稱「小臣良夫」，則良夫當是其名。餘詳桓三年傳并注。『大風有隧，隧之言迅疾也，有隧，形容其迅疾也。説詳王引之述聞。貪人敗類。毛傳云：「類，善也。」鄭箋云：「類，等夷也。」毛傳是，鄭誤。逸周書芮良夫篇爲可信之文獻，中云「后作類，后弗類，民不知后，惟其怨」，亦以類爲善。秦穆公下云，「孤實貪以禍夫子」，卽證實貪人敗壞良善之義。聽言則對，誦言如醉。鄭箋云：「對，答也。」貪惡之人，見道聽之言，則應答之；見誦詩、書之言，則冥卧如醉。」匪用其良，覆俾我悖。』毛傳云：「覆，反也。」鄭箋云：「居上位而不用善，反使我爲悖逆之行。」隧、類、對、醉、悖諸字爲韻，古音同在没部。　詩爲大雅桑柔之第十三章。　詩序云：「桑柔，芮伯刺厲王也。」潛夫論遏利篇云：「昔周厲王好專利，芮良夫諫而不入，退賦桑柔之詩以諷。」其説與此同。是貪故也，孤之謂矣。　孤實貪以禍夫子，夫子指孟明。　子，男子之美稱；　夫猶今言那，則夫子猶言那人也，但僅用於表敬。夫子何罪？」復使爲政。　此段當與明年傳「二年春，秦孟明視帥師伐晉以報殽之役」連讀，蓋先述其所以。　其實秦伯復孟明之位，已在僖三十三年，非文元年事也。　而年表亦於此年云「敗殽將亡歸，公復其官」，蓋據左傳此文，則司馬遷所據傳文似已列此章於文元年矣。

二年，丙申，公元前六二五年。　周襄王二十八年、晉襄三年、齊昭八年、衞成十年、蔡莊二十一年、鄭穆三年、曹共二十八年、陳共七年、杞桓十二年、宋成十二年、秦穆三十五年、楚穆王商臣元年、許僖三十一年。

經

二·一　二年春王二月甲子，正月初四辛卯冬至，建子。　甲子，七日。　晉侯及秦師戰於彭衙，彭衙，秦邑，秦本紀云：「武公元年，伐彭戲氏。」正義謂彭戲「戎號也。　蓋同州彭衙故城是也」。地即今陝西省白水縣東北四十里之彭衙堡，漢之衙縣故城。　王國維鬼方昆吾玁狁考謂兮甲盤「王初格伐嚴允於富盧」，富盧與彭衙爲對音，當是一地。秦師敗績。

二·二　丁丑，丁丑，二十日。　作僖公主。　主，死者之牌位。　通典吉禮七引許慎五經異義云：「主之制，正方，穿中央，達四方。天子長尺二寸，諸侯長一尺，皆刻謚於背。」五經異義又謂「唯天子諸侯有主，卿大夫無主」，恐不然。禮記檀弓下謂「重，主道也。殷主綴重焉，周主重徹焉」，并非指天子、諸侯爲說。禮記坊記引孔丘之語云：「祭祀之有尸也，宗廟之有主也，示民有事也。以此坊民，民猶忘其親。」坊民云云，則非指天子、諸侯可知。大夫有主，尤數見於傳記。衞孔悝反祏於西圃，見哀十六年傳。大夫聞君之喪，攝主而往，見公羊昭十五年傳。何休公羊文二年傳注引士虞記云：「桑主不文，吉主背刻而謚之。」説文解字祏字下，「一曰，大夫以石爲主」。魏收後魏書，王慄云「饋食設主，見於逸禮」，並其證。

二·三　三月乙巳，乙巳，十九日。及晉處父盟。杜注：「不地者，盟於晉都。」前此未有大夫盟魯者也，有之，自處父始。

二·四　夏六月，公孫敖會宋公、陳侯、鄭伯、晉士縠盟於垂隴。「士縠」，穀梁作「士穀」，穀、縠字通。「垂隴」，公羊、穀梁俱作「垂斂」，隴、斂蓋一聲之轉；斂，古音在侵部；隴，古音在東部，東、侵古亦可相通，詳顧炎武唐韻正。垂隴，鄭地。水經濟水注云：「又南會於滎澤，有垂隴城。」當在今河南省滎陽縣東北。此盟以晉爲主，前此未有大夫出主諸侯盟會者也，有之，自士縠始。經列士縠於諸侯下者，以其爲大夫也。

二·五　自十有二月不雨，至於秋七月。無傳。僖三年傳云：「春不雨，夏六月雨。自十月不雨至於五月，不曰旱，不爲災也。」此亦不曰旱，依義例推之，似亦不爲災，故杜注云：「周七月，今五月也，不雨足爲災，不書旱，五穀猶有收。」

二·六　八月丁卯，丁卯，十三日。大事於大廟，躋僖公。大事，吉禘也。大廟，周公之廟。餘詳傳注。

二·七 冬，晉人、宋人、陳人、鄭人伐秦。

二·八 公子遂如齊納幣。 詳莊二十二年經注。

傳

二·一 二年春，秦孟明視帥師伐晉，以報殽之役。 此章當連上年傳末章並讀。 二月，晉侯禦之，先且居將中軍，趙衰佐之。 趙衰代郤溱。 王官無地御戎， 王官，地名，見三年傳， 其人或以采邑爲氏。 代梁弘。 狐鞫居爲右。 狐鞫居即下文之續簡伯，六年傳又謂之續鞫居，續蓋其食邑， 簡伯或其字。 鞫音菊。 甲子， 及秦師戰於彭衙， 彭衙爲秦地，下傳「取汪及彭衙而還」可證。 而晉禦秦師之侵犯，不戰於晉而戰於秦，不可解，豈晉有意禦敵於國門之外，先涉敵境反客爲主耶？ 秦師敗績。 秦本紀云：「繆公於是復使孟明視等將兵伐晉，戰於彭衙。 秦不利，引兵歸。」不言敗績，與傳不同。 晉人謂秦「拜賜之師」。 僖三十三年傳， 孟明對陽處父有「三年將拜君賜」之語，故晉以此譏之。

戰於殽也，晉梁弘御戎，萊駒爲右。 戰之明日， 晉襄公縛秦囚， 使萊駒以戈斬之。 囚呼，萊駒失戈， 狼瞫取戈以斬囚， 瞫音審。 禽之以從公乘。 擒萊駒而追襄公之車以從之也。 遂以爲右。 箕之役， 箕之役在僖三十三年。 先軫黜之， 而立續簡伯。 孔疏曰：「御與車右雖有常員， 必臨戰更選定之。 韓之戰，卜右，慶鄭吉，是其事也。 自殽戰之後，狼瞫爲右。 箕之役，將戰， 選右， 先軫黜之。」續簡伯自箕之役爲車右，此役仍爲車右。**狼瞫怒。其友曰：「盍死之？」**盍，何不之合音。**瞫曰：「吾未獲死所。」其友曰：「吾與女爲難。」**與，爲也，言我可替你發難。難，去聲，爲難，卽發難共殺先軫。**瞫曰：「周志有之：**杜注：「周志，周書也。」古書多名爲志，楚語上云：「教之故志，使知興廢者而戒懼焉。」韋注云：「故志謂所記前世成敗之書。」文六年及成十五年傳之前志，恐卽楚語之故志；成四年傳之史佚之志，則史佚之書也。襄四年、二十五年、昭元年、三年、十二年、哀十八年傳以及晉語九俱引志，僖二十八年、宣十二年、昭二十一年諸傳並引軍志，皆以志名書者也。太康十年汲令盧無忌齊太公呂望碑云：「太康二年，縣之西偏，有盜發冢，而得竹策之書。其周志曰」云云，則汲冢書中有周志。朱希祖汲冢書考謂周志卽周書，以所引一語見今周書大匡篇也。**『勇則害上，不登於明堂。』**此語今見逸周書大匡篇，作「勇如害上，則不登於明堂」。則亦可用爲假設連詞，「勇則害上」卽「勇如害上」。明堂與大廟、大學同地。孫星衍古今宮室遺制考云：「明堂，蓋行禮之宮，禮畢則虛其位，故宗祀則曰清廟，齋宿則曰路寢，教士則曰大學，養老則曰庠，始自東則曰東序，習射則曰泮宮。大饗、獻馘諸大禮皆於此宮。」此說近是。又可參汪中述學明堂道釋、孫人和廟學明堂同地說（文史第二輯）。通典吉禮引高堂隆議云：「周志曰：『勇則害上，不登於明堂』，言有勇而無義，死不登堂而配食。」解登明堂爲享祀先祖，功臣配食，其義當甚。尚書洛誥云：「今王卽命曰，記功，宗以功作元祀。」是周初有功臣配享之禮。盤庚上云：「茲予大享於先王，爾祖其從與享之。」則殷商早有功臣配享之禮。呂氏春秋愼大覽云「祖伊尹世世享商」，亦可證。周以功臣配享，或承殷之禮。周禮夏官司勳云：「凡有功者，銘書於王之大常，祭於大烝。」銘書於王之大常，記功也；祭於大烝，宗以功作元祀也。禮記祭統引衞孔悝之鼎銘云「勤大命施於烝彝鼎」，亦足證此禮猶行於春秋之世。杜注謂明堂

「所以策功序德，故不義之士不得升之」，似解登明堂爲授爵禄之賜，恐非。死而不義，非勇也。若殺先軫，則已必死，是不義之死，非勇。共用之謂勇。共同恭。共用，死於國用也。吾以勇求右，無勇而黜，亦其所也。亦其所猶言得宜。意謂若發難殺先軫，是爲非勇，先軫黜我，乃其宜也。謂上不我知，上指先軫。黜而宜，乃知我矣。子姑待之。」及彭衙，迄於彭衙之役。既陳，以其屬馳秦師，死焉。晉師從之，大敗秦師。君子謂「狼瞫於是乎君子。詩曰：『君子如怒，亂庶遄沮。』詩小雅巧言句。毛傳云：「遄，疾；沮，止也。」鄭箋云：「君子見讒人如怒責之，則此亂庶幾可疾止也。」此乃本義，傳引此僅就字面取義。又曰：『王赫斯怒，爰整其旅。』詩大雅皇矣句。赫斯即赫然，怒貌。公羊傳宣六年云：「則赫然死人也。」此用赫斯，彼用赫然，義雖不同而詞相類似。爰，用法同焉，於是也。王赫然怒，於是整其師旅。怒不作亂，而以從師，可謂君子矣。」

秦伯猶用孟明。秦本紀云：「繆公復益厚孟明等。」孟明增修國政，重施於民。趙成子言於諸大夫曰：趙成子，趙衰也。「秦師又至，將必辟之。懼而增德，不可當也。詩曰：『毋念爾祖，聿修厥德。』詩大雅文王句。今詩作「無念爾祖」，無、毋同。杜注：「毋念，念也。」毋與聿俱發聲詞，無義。言念其祖考而修其德也。孟明念之矣。念德不怠，其可敵乎？」其作豈用。杜注：「爲明年秦人伐晉傳。」推杜預之意，謂「秦伯猶用孟明」等六十四字，自成一傳。然以文義論之，似當與彭衙之役連爲一傳，探後言之，並爲下年王官之役張本。

二・二　丁丑，作僖公主。書，不時也。僖三十三年傳云「卒哭而祔，祔而作主」，則作主當於僖公葬後之第十四日。今過葬十月始作主，故三十三年傳云「緩作主」，此傳又云「書不時也」。

二·三　晉人以公不朝來討，公如晉。夏四月己巳，己巳，十三日。晉人使陽處父盟公以耻之。經書「三月乙巳及晉處父盟」，傳云「夏四月己巳晉人使陽處父盟公」，月日不同。杜注以爲經、傳必有一誤，讀本則以爲三月文公適晉，則盟在四月。書曰「及晉處父盟」，不言「陽」，去其氏族。以厭之也。厭當如論語憲問「夫子時然後言，人不厭其言」之厭，憎惡、厭棄之意。杜注謂「厭猶損也」，顧炎武補正引傳遜謂「厭，臨也，以尊臨卑，如漢人所云厭勝之耳」，皆不確。適晉不書，諱之也。

二·四　公未至，金澤文庫本作「公自晉未至」，多「自晉」二字，疑各本脱去。六月，穆伯會諸侯及晉司空士縠盟於垂隴，司空卽大司空；士縠，士蔿子。莊二十六年傳，晉士蔿爲大司空，則士縠蓋繼父職。說參沈欽韓補注。晉討衞故也。元年，衞聽陳共公之謀，使孔達伐晉。書「士縠」，堪其事也。金澤文庫本作「書曰晉士縠」，多「曰晉」二字。堪其事者，能勝任其事也。其實，自文公以前，會盟侵伐，内大夫以名見，外大夫多稱人。若僖二十五年洮之盟，莒慶稱名；二十六年向之盟，衞寗速稱名，其例不過偶見耳。自此以後至宣公以前，霸國之大夫盟會書名，霸國之大夫及一國二國之大夫，如宋華元、鄭公子歸生、衞孫免，侵伐亦書名。至會伐、會盟而列序大夫名氏者無有也。自成二年戰於鞌，内大夫四人并列，而晉郤克、衞孫良夫、曹公子首皆列序焉；成十五年會吳於鍾離，而晉士燮、齊高無咎、宋華元、衞孫林父、鄭公子鰌皆列序焉。自是以後，不以名見而稱人者，惟曹、許、邾、莒、滕、薛、杞、鄫小國之大夫而已。此蓋記史者據形勢而漸變書法。

陳侯爲衞請成於晉，此陳共公踐上年「我辭之」之言。執孔達以說。解說於晉。

秋八月丁卯，大事於大廟，躋僖公，逆祀也。躋僖公者，享祀之位升僖公於閔公之上也。閔公與僖公爲兄弟，魯世家謂閔爲兄，僖爲弟；漢書五行志則謂僖是閔之庶兄。無論誰爲兄誰爲弟，僖公入繼閔公，依當時禮制，閔公固當在上。魯語上記此事云：「夏父弗忌爲宗，蒸，將躋僖公。宗有司曰：『非昭穆也。』曰：『我爲宗伯，明者爲昭，其次爲穆，何常之有？』有司曰：『夫宗廟之有昭穆也，以次世之長幼，而等冑之親疏也。夫祀，昭孝也。各致齊敬於其皇祖，昭孝之至也。故工、史書世，宗、祝書昭穆，猶恐其踰也。今將先明而後祖，自玄王以及主癸莫若湯；自稷以及王季，莫若文、武。商、周之蒸也，未嘗躋湯與文、武爲踰也。魯未若商、周，而改其常，無乃不可乎？』弗聽，遂躋之。」據此，則躋僖公，不惟享祀之位次變，昭穆亦變。周禮春官冢人賈疏說此事云：「文二年秋八月，大事於大廟，躋僖公，謂以惠公當昭，隱公爲穆；桓公爲昭，莊公爲穆；閔公爲昭，僖公爲穆。今升僖公於閔公之上，爲昭，閔公爲穆，故云逆祀也。」揆之魯語宗有司之言，其義或然。而孔穎達本疏則謂「禮，父子異昭穆，兄弟昭穆同，故僖、閔不得爲父子，同爲穆耳。當閔在僖上，今升僖先閔，故云逆祀。二公位次之逆，非昭穆亂也」云云，恐不合魯語之義。後人於此，議論紛紜，要當以魯語爲斷。曾廉謂「天子諸侯由旁支入繼大統者，皆當定爲昭穆，雖諸父、諸祖父亦然。蓋親親、尊尊之義兩不相蒙，故服制天子絶旁期，無緣復敍親屬」云云，此語蓋得古昭穆之真諦。詳見瓥庵集卷七温嶠、賀循、陳貞明、張璁諸論及朱子九廟圖論七篇。

於是夏父弗忌爲宗伯，於是，於此時也。夏父弗忌，禮記禮器作「夏父弗綦」，忌、綦古音近，自可通假。漢書古今人表作夏父不忌。魯語上有宗人夏父展。韋注云：「弗忌，魯大夫夏父展之後也。」宗伯，古代掌禮之官，亦即哀二十四年傳之宗人，魯語又省作宗。胡匡衷儀禮釋官謂魯無宗伯，疑此「宗伯」爲「宗人」之誤字，然魯語上亦云「我爲宗伯」，則胡說未必然。尊僖公，且明見曰：「吾見新鬼大，故鬼小。新鬼，新死之鬼，指僖公；故鬼，其死已久之鬼，指閔公。先大後小，順也。躋聖賢，蓋以僖公爲聖賢。齊召南考證云：「魯人甚重僖公，魯頌之文鋪張揚厲，贊不容口，宜乎夏父弗忌之以爲聖賢也。」明也。明、順，禮也。」

君子以爲失禮：孔疏：「傳有評論，皆託之君子，此下盡『先姑』以來，皆是一君子之辭耳。僖公薨後始作魯頌，爲傳之時乃設此辭，非當時君子有此言也。」然按之魯語，此實係宗有司之言，孔說未必然。「禮無不順。祀，國之大事也，而逆之，可謂禮乎？子雖齊聖，齊聖，古人常用語，詩小雅小宛「人之齊聖」，文十八年傳「齊聖溫淵」，可證。王引之詩經述聞云：「齊者，知慮之敏也。」則齊聖猶言聰明聖哲。俞樾平議謂「齊猶精明也，齊聖猶言明聖耳」，亦通。不先父食久矣。子不先父食，蓋譬喻語，猶言後立之君其合食之位不能在於其先立之君之上，以其下三證可以知之。杜注謂「臣繼君猶子繼父」，傳無此義。故禹不先鯀，鯀爲禹之父。湯不先契，契，湯十三世祖。文、武不先不窋。韋昭注國語周語上及此杜注俱謂不窋爲棄子，譙周（史記周本紀索隱引）及孔穎達（詩疏）俱駁之，汪遠孫國語發正、崔述豐鎬考信録言之尤詳，然古史渺茫，姑且置之。禹、湯以及文王、武王皆所謂「子雖齊聖」者，其合食之位固不能在其父與先祖之上。宋祖帝乙，鄭祖厲王，猶上祖也。宋以帝乙爲祖，鄭以厲王爲祖。帝乙，微子父；厲王，鄭桓公父。宋始封於微子，鄭始封於桓公，然而合食之時，微子猶不能先於帝乙，桓公猶不能先於厲王。始封之君猶且尊尚其父祖，故云「猶上祖也」。上同尚。杜注解猶字云：「二國不以帝乙、厲王不肖而猶尊尚之。」厲王可云不肖，而帝乙，據尚書多士「自成湯至於帝乙，罔不明德恤祀」，則帝乙未必不肖。杜注難從。是以魯頌曰：『春秋匪解，享祀不忒，解讀爲懈，懈怠也。忒，差誤也。春秋猶言四時。謂四時之祭祀無有懈怠差忒也。皇皇后帝，皇祖后稷。』詩魯頌閟宮句。皇皇后帝，謂天也。皇皇，叠字形容詞。襄七年傳：「夫郊祀后稷，以祈農事也。」此蓋言郊祀，祭上帝與后稷。君子曰『禮』，謂其后稷親而先帝也。君子爲評論魯頌之詩者，可能與上文君子爲同一人，亦可能爲別一人。下一君子同。詩曰：『問我諸姑，遂及伯姊。』詩邶風泉水句。父之姊妹稱姑。君子曰『禮』，謂其姊親而先姑也。」定八年經云：「從祀先公。」傳云：「冬十月，順祀先公而祈焉。辛卯，禘於僖公。」則此年所改僖閔之祀，至定八年又改回爲閔昭僖穆矣。君子此論或由此而發。

仲尼曰：「臧文仲，其不仁者三，不知者三。臧文仲見莊十一年傳注。下展禽，展禽，柳下惠也。論語衞靈公云：「臧文仲其竊位者與，知柳下惠之賢而不與立也。」下展禽者，使展禽屈居於下位也。廢六關，廢六關有兩解：杜注云：「塞關、陽關之屬凡六，關所以禁絕末游，而廢之」，則以廢爲廢棄。此一解也。然孔子家語「廢」作「置」，王肅注云：「六關，關名，魯本無此關，文仲置之以稅行者，故爲不仁」，則以廢爲置立。此又一解。兩義正相反。惠棟補注、洪亮吉詁均主後說，或近是。妾織蒲，妾織蒲席販賣，言其與民爭利。史記循吏公儀休傳云「見其家織布好，而疾出其家婦，燔其機，云『欲令農士工女安所讎其貨乎』」，其事與此相反，而觀點相同，於此亦可見古人之觀念。三不仁也。作虛器，作，家語作「設」。虛器指臧文仲私蓄大蔡之龜，作室以居之之事。論語公冶長云「臧文仲居蔡，山節藻梲，何如其知也」，卽指此事。襄二十三年傳載臧武仲納大蔡，亦卽居蔡之蔡，則蔡龜爲臧氏私家世守之物。縱逆祀，縱容夏父弗忌之主張也。禮記禮器云：「孔子曰：『臧文仲安知禮？夏父弗綦逆祀而弗止也。』」蓋臧文仲自莊公立於魯之朝廷，歷閔公、僖公以至文公，已爲四朝老臣，其言行足以左右當時，雖此時執政者爲公子遂，爲季孫行父，但文仲不據當時之禮以止之，斯孔丘所以獨責之歟？ **祀爰居，**爰居，海鳥之名。爾雅釋鳥郭璞注云：「漢元帝時，瑯琊有大鳥如馬駒，時人謂之爰居。」釋文引樊光云：「似鳳凰。」莊子至樂篇釋文引司馬彪云：「爰居，舉頭高八尺。」魯語上「海鳥曰爰居，止於魯東門之外三日，臧文仲使國人祭之。展禽曰：『今海鳥至，己不知而祀之，以爲國典，難以爲仁且知矣』」云云，卽此事也。**三不知也。」**

二·六　**冬，晉先且居、宋公子成、陳轅選、鄭公子歸生伐秦，**宋公子成，據文七年傳杜注，爲宋莊公之子。陳轅選，讀本云，轅濤塗之後，或然。鄭公子歸生，字子家，或云靈公之弟。**取汪及彭衙而還，**汪當近彭衙，方輿紀要謂白水縣有汪城，一曰汪在澄城縣。白水與澄城兩縣相鄰，今均屬陜西省。晉世家云：「後三年，秦果使孟明伐晉，報殽之敗，取晉汪以歸」，與傳相反，恐誤。年表亦謂秦伐晉，但又謂晉勝而秦敗，似又與世家違異。**以報彭衙之役。卿不書，**晉先且居爲晉中軍帥，公子成等亦皆各國之卿，而經書「晉人、宋人、陳人、鄭人」，故云「卿不書」。雖自僖公以前，外大夫之侵伐，例稱「人」稱「師」，皆不書名；但自踐土以來，晉元帥率諸侯之卿伐國，以此役爲始。而明年陽處父伐楚，經書其名，則此役先且居等亦宜書名。**爲穆公故，尊秦也，謂之崇德。**襄八年晉侯會諸侯之大夫於邢丘，傳云「大夫不書，尊晉侯也」，與此義例有相同處。

二·七　**襄仲如齊納幣，禮也。凡君卽位，好舅甥，修昏姻，娶元妃以奉粢盛，孝也。**齊與魯世爲昏姻，魯公屢娶齊女，齊與魯爲舅甥之國，遣使申好，故曰好舅甥。納幣固所以修昏姻也，故云修昏姻。此於文公爲初娶，故云娶元妃。　古人謂娶妻所以助祭祀，故云奉粢盛。　文公於此年納幣，至四年夏始逆女。　僖公卒於前年十二月，至此及大祥，公羊傳謂「三年之内不圖婚」，後人因此議論紛紛，蓋以後代之禮議評前人，恐兩周之人并無此禮法，公羊乃漢人之著作。宣公固文公之子，繼文公卽位。　文公卒於二月，宣公次年卽位，三月逆夫人，　父死僅年餘卽成婚，經、傳無譏，何況此之納幣也。　孝，禮之始也。

三年，丁酉，　公元前六二四年。　周襄王二十九年、晉襄四年、齊昭九年、衞成十一年、蔡莊二十二年、鄭穆四年、曹共二十九年、陳共八年、杞桓十三年、宋成十三年、秦穆三十六年、楚穆二年、許僖三十二年。

經

三·一　三年春王正月，　正月十五日丁酉冬至，建子，有閏月。　叔孫得臣會晉人、宋人、陳人、衞人、鄭人伐沈。　沈，國名。傳世器有沈子𣪘，據銘文，知沈子實爲周公之曾孫，其父始封於沈，沈子繼其父封，然猶秉承其大宗周公，說詳中山大學文史研究所月刊三卷三期温廷敬沈子𣪘訂釋。　其地在安徽省阜陽縣西北一百二十里之沈丘集，　西北距河南省沈丘舊縣治三十里，約在今臨泉縣。　今沈丘縣則已移於舊治北之槐店。　沈潰。

三·二　夏五月，　傳作夏四月乙亥。　乙亥，二十四日也。　經作夏五月，恐是經誤。　王子虎卒。　王子虎，傳作王叔文公，下傳有王叔桓公，爲其子，則以王叔爲氏，文其謚也。　公羊、穀梁均謂王子虎卽叔服。　王子虎，　周語上稱之爲太宰文公，則其官爲太宰；叔服，文元年傳稱爲內史叔服，則其官爲內史。且文十四年傳及成元年傳俱又引叔服之語，叔服非王子虎明矣，兩傳之言不可信。

三・三 秦人伐晉。

三・四 秋，楚人圍江。江見僖二年經並注。

三・五 雨螽於宋。

三・六 冬，公如晉。此書「公如晉」之始。十有二月己巳，己巳，二十二日。公及晉侯盟。

三・七 晉陽處父帥師伐楚以救江。公羊、穀梁俱無「以」字。淮南子說林訓云：「晉陽處父伐楚以救江，故解捽者不在於捌格，在於批扰。」章炳麟讀謂其所引乃左氏家說，或是也。春秋書帥師者百三十次，而僖公以前僅九次，且皆爲內大夫。文公、宣公以後，外大夫亦多書帥師，定公、哀公之間所書尤多，可見諸侯大夫之權日益增重，而史書體例因之有變。

傳

三・一 三年春，莊叔會諸侯之師伐沈，莊蓋叔孫得臣之謚，叔則其字也。以其服於楚也。沈潰。凡民逃其上曰潰，在上曰逃。僖五年經，「諸侯盟於首止，鄭伯逃歸」。襄七年鄬之會，經亦書「陳侯逃歸」，此在上曰逃之例。在上之逃，一人及其隨從而已；民逃其上，人數衆多，故不曰逃而曰潰。

三・二 衞侯如陳，拜晉成也。二年，陳共公爲衞請成於晉。拜晉成者，答謝其請晉與衞言和之力。

三・三 夏四月乙亥，王叔文公卒，來赴，弔如同盟，僖二十八年，王子虎與魯及其他諸侯盟於踐土，二十九年又同盟於翟泉，此所謂同盟也。然王子虎乃周室卿士，非諸侯，亦以同盟諸侯之禮弔之，故曰弔如同盟。禮也。

三・四 秦伯伐晉，濟河焚舟，猶如項羽鉅鹿之戰，沈舟破釜，示必死之決心。取王官及郊，秦本紀作「取王官及鄗」。郊與鄗古音同，字可通假，然亦可見司馬遷以郊爲地名，其地當近王官。與宣十二年傳「晉師在敖、鄗之間」、哀四年傳「齊國夏伐晉取鄗」兩鄗俱異。閻若璩四書釋地又續謂郊爲遠郊、近郊之郊，與昭二十三年晉人圍郊，郊爲周郊；定十二年衞伐曹，克郊，郊爲曹郊；哀十一年及齊師戰於郊，郊爲魯郊，諸郊字同，則讀「取王官」爲句，秦兵伐取王官也。又謂「及郊」爲句，秦兵至於晉都絳城之郊野也。然此次秦兵伐晉，先自西渡河而東，取王官，再自北而南，於茅津渡河。若取王官後至於晉郊，則自北而南以前，先須自南而東北行百數十里，然後又轉而南，恐非當時行軍之宜，故不取。王官，據成十三年呂相絕秦書「伐我涑川，俘我王官」，王官當近涑水，卽水經涑水注所謂「涑水又西逕王官城北」者是也，當在今山西省聞喜縣西。或以陝西省澄城縣之王官當之，誤。晉人不出。用上年趙衰之言。遂自茅津濟，茅津卽今山西省平陸縣之茅津渡，亦曰大陽渡者是。對岸爲河南陝縣，渡河而東，卽至殽山。封殽尸而還。杜注解封爲「埋藏之」，秦本紀集解引賈逵說解爲「封識之」，劉文淇疏證引朱駿聲云：「殽敗在僖三十三年四月，封尸在文三年五月，閱三載之久，豈尚有可以埋藏之尸？惟表識其地而已。賈是，杜非。」朱說是也。秦本紀云：「三十六年，繆公復益厚孟明等，使將兵伐晉，渡河焚船，大敗晉人，取王官及鄗，以報殽之役。晉人皆城守不敢出。於是繆公乃自茅津渡河，封殽中尸，爲發喪，哭之三日。」秦本紀謂「大敗晉人」，與傳異。傳言「晉人不出」，則未嘗交戰可知。遂霸西戎，秦本紀云：「三十七年，秦用由余謀，伐戎王，益國十二，開地千里，遂霸西戎。」用孟明也。

君子是以知「秦穆之爲君也，阮刻本作「秦穆公」，衍一「公」字，今依校勘記、王引之述聞及唐石經、金澤文庫本、足利本刪。舉人之周也，杜注：「周，備也，不偏以一惡棄其善。」秦本紀：「君子聞之，皆爲垂涕曰：『嗟乎！秦繆公之與人周也。』」與人之壹也；杜注：「壹，無二心。」蓋指其信任專一，數敗而仍用之。孟明之臣也，臣猶言盡其爲臣之心力。其不解也，解同懈，下「夙夜匪解」同。能懼思也；懼思卽上年趙衰語「懼而增德」，「毋念爾祖，聿修厥德」之義，謂既敗而懼，懼而思，思而修德也。子桑之忠也，子桑卽公孫枝，見僖十三年傳。其知人也，能舉善也。杜注謂子桑爲舉孟明之人。然據呂氏春秋愼人篇及韓非子說林上，子桑爲舉百里奚之人，孟明乃百里奚之子，章炳麟讀謂「一舉而得賢二世，故此傳亦以孟明成功歸於子桑」。詩曰，『于以采蘩？于以，于何也，謂在何處。說詳楊樹達先生積微居小學金石論叢詩于以采蘩解。于沼、于沚。于以用之？公侯之事』，詩爲召南采蘩句。隱三年傳云：「風有采蘩、采蘋，雅有行葦、泂酌，昭忠信也。」此引詩亦與彼意近，謂秦穆能以忠信待人，故人能爲其用也。秦穆有焉。『夙夜匪解，以事一人』，詩大雅烝民句。本意以一人指周宣王，此則借以指秦穆公。孟明有焉。『詒厥孫謀，以燕翼子』，詩大雅文王有聲句。詒，遺也，遺其子孫以謀略也。燕，安也；翼，輔也，佐也，謂安而輔佐其子孫也。後漢書班彪傳引此詩，以得賢輔佐爲遺子孫謀之事，與此引詩，謂子桑能舉百里奚父子爲秦穆之輔，兩意相合。說本陳奐毛詩傳疏。子桑有焉。」秦本紀且引秦誓，傳所無。

三・五 秋，雨螽於宋，隊而死也。隊同墜。公羊傳云：「雨螽者何？死而隊也。」隊而死與死而墜，其義略同。穀梁傳以爲「災甚」，與兩傳異。吳闓生文史甄微曰：「此以『楚人圍江』與下『救江』類敍爲傳，故先釋『雨螽于宋』也。」

三・六 楚師圍江，晉先僕伐楚以救江。

冬，晉以江故告於周，王叔桓公、晉陽處父伐楚以救江，杜注：「桓公，周卿士，王叔文公之子。」經僅書晉陽處父，不書桓公者，亦猶踐土、黃池不書王子虎與單平公，劉康公、成肅公會諸侯伐秦，成桓公會晉侵鄭，亦皆不書也。門於方城，方城已見僖四年傳并注，此方城當指方城山之關口。或即定四年傳之城口，與文十六年傳之庸方城自不同。遇息公子朱而還。息公，息縣之尹，名子朱。杜注：「子朱，楚大夫，伐江之帥也，聞晉師起而江兵解，故晉亦還。」

三・七 晉人懼其無禮於公也，請改盟。去年使陽處父盟魯公以辱之，是謂無禮，今請改盟。公如晉，及晉侯盟。晉侯饗公，賦菁菁者莪。杜注：「青青者莪，詩小雅。取其『既見君子，樂且有儀。』」莊叔以公降、拜。莊叔，叔孫得臣，時相其禮。戰國策秦策：「泠向謂秦王曰：『向欲以齊事王。』」高誘注云：「以猶使也。」此以字亦當訓使。降、拜者，降階、再拜，杜注：「謝其以公比君子也。」曰：「小國受命於大國，敢不愼儀？君貺之以大禮，大禮謂饗禮。何樂如之？抑小國之樂，抑，語首詞，無義，參王引之經傳釋詞。大國之惠也。」晉侯降，辭。降階辭讓，不使魯公拜。登，成拜。兩人皆升階至堂上，然後完成拜禮。公賦嘉樂。杜注：「嘉樂，詩大雅。義取其『顯顯令德，宜民宜人，受祿于天』。」

四年，戊戌，公元前六二三年。周襄王三十年、晉襄五年、齊昭十年、衞成十二年、蔡莊二十三年、鄭穆五年、曹共三十年、陳共九年、杞桓十四年、宋成十四年、秦穆三十七年、楚穆三年、許僖三十三年。

經

四・一 四年春，去年閏十二月二十六日壬寅冬至，實建丑。公至自晉。無傳。

四・二 夏，逆婦姜於齊。杜注：「稱婦，有姑之辭。」并參宣元年、成十四年經注。春秋魯十二公，六公娶齊女，惟僖公之聲姜逆、至皆不書。公羊傳謂所娶爲齊大夫之女，穀梁傳謂公自逆，則皆臆説，毛奇齡春秋傳駁之是也。

四・三 狄侵齊。無傳。

四・四 秋，楚人滅江。文十五年傳云：「凡勝國曰滅之。」杜注云：「勝國，絶其社稷，有其土地。」襄十三年傳又云：「用大師焉曰滅。」此蓋文十五年傳義。

四・五 晉侯伐秦。

四・六 衞侯使甯俞來聘。

四・七 冬十有一月壬寅，壬寅，朔日。夫人風氏薨。據傳爲成風，僖公母也。雖非莊公元妃，然經書夫人，書薨，書葬，禮同夫人，此與宣八年之於宣公母敬嬴、襄四年之於襄公母定姒、昭十一年之於昭公母齊歸，禮例正同。説本毛奇齡春秋傳。

傳

四·一　四年春，晉人歸孔達於衞，以爲衞之良也，故免之。二年傳，「陳侯爲衞請成於晉，執孔達以說」，至是，晉人歸之。

四·二　夏，衞侯如晉拜。杜注：「謝歸孔達。」

四·三　曹伯如晉會正。杜注：「會受貢賦之政也，傳言襄公能繼文之業，而諸侯服從。」讀正爲政，蓋當時小國諸侯有向霸主納貢賦之義務，因以定其額也。顧炎武補正云：「會正卽朝正也」，則讀正爲正月正歲之正。然晉雖行夏正，以周之三月爲正月，但曹伯夏季如晉，亦已過朝正之期，恐顧說不如杜。

四·四　逆婦姜於齊，卿不行，非禮也。劉文淇疏證曰：「桓三年傳例，『凡公女嫁於敵國，姊妹，則上卿送之，以禮於先君；公子，則下卿送之。於大國，雖公子，亦上卿送之。』敵國上卿送女，則逆女當然，故傳以卿不行爲非禮。下文『貴聘賤逆』，則大夫行也。」君子是以知出姜之不允於魯也，章炳麟讀曰：「允當借爲遂，終也，此謂出姜不終於魯，還復歸齊耳。允又與駿通，不駿於魯，亦謂子孫不長茂於魯也。」出姜之子被殺，己亦大歸，俱見十八年傳。曰：「貴聘而賤逆之，杜注曰：「公子遂納幣，是貴聘也。」君而卑之，君謂小君，國君之妻曰小君。不以國君夫人禮迎之，是卑之也。立而廢之，立爲夫人，而不以其禮，猶廢之也。棄信而壞其主，杜注：「主，內主也。」棄信謂貴聘賤逆，不依所聘時之禮行事。夫人，公宮內之主，而卑之、廢之，故曰「壞其主」。在國必亂，在家必亡。家謂卿大夫，古卿大夫多有采邑，故謂之家，論語季氏篇「有國有家」是也。不允宜哉！詩曰，『畏天之威，于時保之』，詩周頌我將句。于時，於是也。杜注：「言畏天威，於是保福禄。」杜蓋用詩本義。而傳似斷章取義，證明「敬主」，則「之」字不當指福禄，而指內主，下文「敬主之謂」可證。敬主之謂也。」

四·五　秋，晉侯伐秦，圍邧、新城，邧音元。沈欽韓地名補注謂卽魏世家之元里，則在今陝西省澄城縣南，大荔縣東北。新城卽梁國之新里，彙纂謂今陝西省澄城縣東北二十里有古新城。俞樾平議謂新城疑卽邧，非二邑，未必可信。以報王官之役。王官役在去年。

四·六　楚人滅江，秦伯爲之降服，出次，不舉，過數。降服，素服也。又詳成五年傳。出次，避開正寢不居也。不舉，去盛饌而徹樂也，詳莊二十年傳注。過數，謂過其禮數也。哀悼他國之被滅，有一定之禮數，哀十年傳云：「齊人弑悼公，赴于師，吳子三日哭於軍門之外。」此是哀悼他國君被殺之禮數。至於他國被滅，哀悼之禮數如何，雖不可知，據傳，秦穆公「降服，出次，不舉」，則過甚矣。哀二十年傳，越圍吳，吳被滅之勢已成，趙孟亦「降於喪食」而已。大夫諫。公曰：「同盟滅，秦、江爲同姓之國，或亦爲同盟之國。雖不能救，敢不矜乎？矜，哀憐也。吾自懼也。」

君子曰：「詩云，『惟彼二國，其政不獲；惟此四國，爰究爰度』，詩大雅皇矣句。二國，毛傳云「殷、夏也」。不獲，杜注解爲「不得人心」，于省吾澤螺居讀詩札記（文史第一輯）謂「獲」卽「蒦」、「矱」，法度也。則不獲猶言不合法度，兩解皆可通，惟以詩上文「求民之莫（瘼）」言之，杜注更切。　四國，四方國家。　爰，用法同焉，於是也。傳文引詩之義，謂夏、殷之政不得人心，因被滅亡，四方諸侯以此爲鑑，於是推尋之，圖謀之也。　秦穆之自懼亦是此意。

其秦穆之謂矣。」「矣」，金澤文庫本作「乎」。

四·七

衛甯武子來聘，公與之宴，爲賦湛露及彤弓。湛露及彤弓均在詩小雅。　傳言「爲賦」者，除此以外，尚有七年之「爲賦板之三章」、襄二十七年之「爲賦相鼠」、昭十二年之「爲賦蓼蕭」，皆所以着重表明所以賦此，皆有意爲之。不辭，不辭，猶言無所言辭也。　或云不辭謝。　又不答賦。　使行人私焉。金澤文庫本作「公使行人私焉」，使上多一「公」字。　行人見桓九年傳注。　私者，以私人身份探問也。　對曰：「臣以爲肄業及之也。說文：「業，大版也。」朱駿聲通訓定聲云：「又爲書册之版，禮記曲禮『請業則起』，注：『謂篇卷也。』」蓋古人書所學之文字於方版謂之業，師授生曰授業，生受之於師曰受業，習之曰肄業。　禮記玉藻「父命呼，唯而不諾，手執業則投之，食在口則吐之」，業亦書册也。　此乃飾詞。　甯武子明知魯賦湛露及彤弓不合於禮，佯爲不知。　論語公冶長云：「子曰：『甯武子邦有道則知；邦無道則愚。　其知可及也，其愚不可及也』」，卽此可見一斑。　昔諸侯朝正於王，襄二十九年傳云：「春王正月，公在楚，釋不朝正於廟也。」新正至祖廟賀正，謂之「朝正於廟」；則此「朝正於王」，謂以正月朝賀京師也。　王宴樂之，設宴，自必奏樂。　於是乎賦湛露，則天子當陽，諸侯用命也。湛露序云：「天子燕諸侯也。」首章云：「湛湛露斯，匪陽不晞。　厭厭夜飲，不醉無歸。」顧炎武補正云：「湛露之詩只是燕樂之意，取此爲興耳。」毛傳云：「湛湛，露茂盛貌。陽，日也。　晞，乾也。　露雖湛湛然，見陽則乾。」甯武子解此詩，又以陽喻天子，天子嚮明而治，謂之當陽。　蓋日光常向南照射，天子則當陽光坐。故董子天辨人在篇亦云：「天下之尊卑，隨陽而序位，不當陽者，臣子是也；當陽者，君父是也。」至「諸侯用命」，詩句似本無此義，甯武子蓋以意增之。諸侯敵王所愾，愾，説文作「鎎」，云：「怒戰也。」據王念孫廣雅疏證，張揖所據本已作愾。愾、鎎固可通假，當是恨怒之義。王之所恨怒者，諸侯亦以之爲仇敵而伐之，故曰敵王所愾。而獻其功，莊三十一年傳云：「凡諸侯有四夷之功，則獻於王，王以警於夷；中國則否。」成二年傳亦云：「蠻夷戎狄，不式王命，淫湎毁常，王命伐之，則有獻捷。王親受而勞之，所以懲不敬、勸有功也。兄弟甥舅，侵敗王略，王命伐之，告事而已，不獻其功，所以敬親暱、禁淫慝也。」則此謂獻功，依周代之禮，謂獻四夷之功耳。王於是乎賜之彤弓一、彤矢百、玈弓矢千，金澤文庫本作「玈弓十玈矢千」，多「十玈」兩字，唐石經「弓」字下亦旁增「十玈」兩字，太平御覽五三九引此傳亦有此兩字，情況與僖二十八年傳相同。以覺報宴。杜注：「覺，明也。」然以明報宴，不可通。馮登府十三經詁答問云：「覺與校古相假，以覺報宴謂校諸侯之功報之以宴樂。」此蓋言賦彤弓之禮。彤弓序云：「天子賜有功諸侯也。」今陪臣來繼舊好，杜注：「方論天子之樂，故自稱陪臣。」陪臣義見僖十二年傳。君辱貺之，辱爲表敬副詞，無實義。貺謂賜之宴。其敢干大禮以自取戾？」干，犯也。大禮，謂天子享諸侯之禮。戾，罪也。其作豈用；若謂之語氣副詞，表傳疑，亦可。

四·八

冬，成風薨。杜注：「爲明年王使來含賵傳。」此當與下年傳文「五年春王正月，王使榮叔歸含且賵」連讀。不然，不合立傳之體例。

五年，己亥，公元前六二二年。周襄王三十一年、晉襄六年、齊昭十一年、衞成十三年、蔡莊二十四年、鄭穆六年、曹共三十一年、陳共十年、杞桓十五年、宋成十五年、秦穆三十八年、楚穆四年、許僖三十四年。

經

五・一 五年春王正月，正月初七丁未冬至，建子。王使榮叔歸含，且賵。莊元年經周亦有榮叔來魯錫桓公命，與此相距七十一年，當非一人，疑此榮叔或其後也。榮氏世稱「叔」，其猶晉之趙盾、趙武、趙鞅、趙無恤世稱「趙孟」，荀罃、荀盈、荀躒、荀瑶世稱「智伯」，荀林父、荀庚、荀偃、荀吳世稱「中行伯」歟？於死者以珠玉等物實於其口中，其事曰含，襄十九年傳「二月甲寅卒，而視，不可含」是也；其所實之物亦曰含，此「歸含」是也。說文作「琀」，云「送死口中玉也」。古亦作唅。朱駿聲通訓定聲謂「琀唅皆含之俗體」。所唅之物，古多異說，如說苑修文篇云：「口實曰唅，天子唅實以珠，諸侯以玉，大夫以璣，士以貝，庶人以穀實。」公羊此傳何休注云：「孝子所以實親口也，緣生以事死，不忍虛其口。天子以珠，諸侯以玉，大夫以碧（御覽禮儀部二十八引春秋說題辭作璧），士以貝，春秋之制也。文家加飯以稻米。」然以左傳考之，大夫亦用玉，成十七年傳「聲伯夢涉洹，或與己瓊瑰，食之」，哀十一年傳「陳子行命其徒具含玉」是也。莊子外物篇引詩云：「青青之麥，生於陵陂，生不布施，死何含珠爲？」呂氏春秋節喪篇云：「國彌大，家彌富，葬彌厚，含珠鱗施。」俱言死人含珠。然此珠或非蚌蛤之珠，惠士奇謂「珠者，玉之圜好如珠，卽玉府之珠玉」；洪亮吉說珠謂「珠字從玉，皆以玉爲之，周禮玉府掌供王之服玉、佩玉、珠玉，若合諸侯，則供珠槃玉敦是也」。其說或然。致送死者以含玉，不必真置於死者口中，蓋遠道致送，死者入斂已久矣，故禮記雜記上云：「含者坐委於殯東南，有葦席；既葬，蒲席。」蓋謂含者坐委所含之物於殯之東南席上，未葬之前，有葦席承之；既葬以後，則以蒲席承之。　賵見隱元年傳並注，但此賵字作動詞用，謂賵之，以且字必用於兩謂語之間知之。

五·二　三月辛亥，辛亥，十二日。葬我小君成風。無傳。

五·三　王使召伯來會葬。「召」，穀梁作「毛」，疑是誤字。　據傳，召伯爲召昭公，召氏世爲天子卿，僖十一年傳有召武公，昭公或是其子。又召氏世稱伯，如莊二十七年傳有召伯廖，又宣十五年經之召伯，召戴公也；成八年經之召伯，召桓公也；昭二十二年傳之召伯奂，召莊公也；又二十六年經、傳之召伯盈，召簡公也。蓋自召康公稱召伯之後，即世襲此稱歟？互詳莊二十七年傳注。

五·四　夏，公孫敖如晉。無傳。

五·五　秦人入鄀。詳僖二十五年傳並注。

五·六　秋，楚人滅六。六，國名，據傳文，爲皋陶之後。其故城當在今安徽省六安縣北。彝器有彔戜卣、彔段、彔伯戜段。據彔戜卣銘，知因淮夷伐內國，周王曾命彔伯戜與成周師氏戍于𠭯自，可知彔國在淮水流域。郭沫若兩周金文辭大系考釋云：「彔國，殆即『楚人滅六』之六。」

五·七　冬十月甲申，甲申，十八日。許男業卒。無傳。

傳

五・一 五年春，王使榮叔來含且賵，金澤文庫本作「來歸含且賵」，多一「歸」字，與經文一致。召昭公來會葬，禮也。孔疏引鄭玄箴膏肓云：「禮，天子於二王後之喪，含爲先，襚次之，賵次之，賻次之。於諸侯，含之，賵之；小君亦如之。於諸侯臣，襚之。諸侯相於，如天子於二王後。於卿大夫，如天子於諸侯。於士，如天子於諸侯臣。」此來含且賵，正與天子贈小君之禮合。使卿來會葬，亦是當時之禮，故傳云「禮也」。公羊傳與穀梁傳俱以爲含與賵是兩事，當遣兩人，今以榮叔一人兼此兩事，故書「且」，譏其非禮，不但非左氏義，亦不合經義。穀梁又謂「賵以早而含以晚」，夫賵所以助葬，今成風未葬，何言太早？含固不能及其初死未入斂以前，古人且有既葬而歸含者，故雜記上有「既葬蒲席」之文，何言太晚？足見其皆漢人妄說。

五・二 初，鄀叛楚卽秦，又貳於楚。夏，秦人入鄀。文十五年傳謂「獲大城焉曰入之」，此蓋用其義。此時鄀蓋仍都商密，秦人入鄀，則取商密併入己國。鄀未亡，遷都今湖北省宜城縣東南，爲楚附庸。水經沔水云：「沔水又逕鄀縣故城南。」注云「古鄀子之國也，秦、楚之間自商密遷此爲楚附庸，楚滅之以爲邑」是也，故定六年楚令尹子西得遷郢於鄀，謂之鄢郢。

五・三 六人叛楚卽東夷。秋，楚成大心、仲歸帥師滅六。據十年傳，仲歸字子家。古人名「歸」者，多以「家」爲字，如宣四年經、傳之鄭公子歸生、十四年傳之魯公孫歸父、襄二十八年傳之齊析歸父、昭元年經、傳之蔡公孫歸生俱以「子家」爲字，見王引之春秋名字解詁。

五·四　**冬，楚公子燮滅蓼。**阮刻本脱「公」字，今從唐石經、金澤文庫本、宋本、岳本、足利本增。　蓼音了，國名，但與桓十一年傳之蓼同名而異國。據傳，此蓼國爲庭堅之後，禮記坊記、淮南氾論訓俱云「陽侯殺蓼侯（坊記「蓼」作「繆」），王引之述聞謂聲相近而假借）而竊其夫人」，蓼卽此蓼國。今河南省固始縣東北有蓼城岡，蓋卽古蓼國。**臧文仲聞六與蓼滅，曰：「皐陶、庭堅不祀忽諸。**此八字宜作一句讀，昔人分爲兩讀，誤。此猶言皐陶、庭堅忽焉不祀，惟忽焉作忽諸，倒置句末，故前人多不得其解。于鬯香草校書謂「忽諸合音爲吁，蓋歎辭也。此當讀皐陶、庭堅不祀六字爲句，忽諸二字屬下文爲義」云云，亦不可信。瑞典漢學家高本漢左傳注釋引詩大雅皇矣「是絶是忽」、毛傳「忽，滅也」爲釋，則與「不祀」義重複，不取。　文十八年傳，高陽氏才子八人有庭堅，杜注本班固漢書古今人表，謂「庭堅卽皐陶字」，則以此皐陶庭堅爲一人，然此說實難置信。崔述夏考信錄疑之，云：「典、謨之稱皐陶多矣，帝稱之，同朝之臣稱之，史臣稱之，皆以皐陶。乃至後世之詩人稱之，儒者稱之，亦同詞焉，從未有一人稱爲庭堅者，何所見而知庭堅之爲皐陶乎？」皐陶與庭堅宜爲兩人。雷學淇世本校輯云：「皐陶自出少昊，其後爲六，偃姓；庭堅乃出顓頊，其後爲蓼，姬姓。二國之姓，並詳見世本。」其說宜與傳意相會。然楚世家云：「穆王四年，滅六、蓼。六、蓼，皐陶之後。」雖未言皐陶、庭堅爲一人，但以六、蓼俱皐陶後。**德之不建，民之無援，哀哉！」**

五·五　**晉陽處父聘於衞，反過甯，**甯，晉邑，定元年傳敍魏獻子還卒於甯可證。其地當在今河南省獲嘉縣之西北、修武縣之東。**甯嬴從之。**甯嬴，賈逵、孔晁注國語，皆以爲掌逆旅之大夫，杜注左傳同之，而劉炫則以爲逆旅之主人。

孔疏云：「若是逆旅之主，則身爲匹庶，是卑賤之人，猶如重館人告文仲，重丘人罵孫蒯，止應稱人而已，何得名氏見傳？杜以傳載名氏，故爲逆旅大夫。」晉語五云：「陽處父如衛，反，過甯，舍於逆旅甯嬴氏。嬴謂其妻曰：『吾求君子久矣，今乃得之。』舉而從之。」及溫而還。晉語五云：「陽子道與之語，及山而還。」韋注云：「山，河內溫山也。」溫山在今河南修武縣北五十里。其妻問之。嬴曰：「以剛。以，太也。商書曰：『沈漸剛克，高明柔克。』句在洪範。洪範，今本尚書在周書，然左傳三引洪範，除此年外，尚有成六年、襄三年，皆曰商書，是古以洪範爲商書。沈漸，今尚書作「沈潛」，然史記宋世家亦作「沈漸」，漢書谷永傳「豈意將軍忘湛漸之義」，潛亦作漸。漸、潛古音近，字得通。此兩句古有兩解：一以沈潛、高明指人，宋世家集解引馬融云：「沈，陰也。潛，伏也。陰伏之謀，謂賊臣亂子非一朝一夕之漸，君親無將，將而誅。高明君子，亦以德懷也。」則以沈潛爲所謂亂臣賊子，高明爲所謂君子；於所謂亂臣賊子，當以剛克之；於所謂君子，當以柔克之。一以沈潛、高明指本性，杜注云：「沈漸猶滯溺也，高明猶亢爽也，言各當以剛柔勝己本性，乃能成全也。」詳繹傳文之義，杜注近之。夫子壹之，壹之謂陽處父本爲高明之性，又加以剛也。其不沒乎！天爲剛德，猶不干時，洪範孔疏云：「是言天亦有柔德，不干四時之序也。」況在人乎？且華而不實，言過其行如花開而不結實。怨之所聚也。與晉語五「非其實也，怨之所聚也」同意。犯而聚怨，剛則犯人，己又華而不實，故云犯而聚怨。不可以定身。余懼不獲其利而離其難，離同罹。是以去之。」杜注：「爲六年晉殺處父傳。」此章宜與下年「蒐于夷」章合看，「陽處父至自溫」正應此章，此章非孤立之章節。

晉趙成子、欒貞子、霍伯、臼季皆卒。趙成子，趙衰；僖三十一年晉蒐于清原，晉語四云「使趙衰將新上軍」；文二年彭衙之役，傳云「先且居將中軍，趙衰佐之」，則趙衰先爲新上軍帥，繼爲中軍佐。欒貞子，欒枝，僖二十七年傳云「使欒枝將下軍」，則下軍帥也。霍伯，先且居，先軫之子，僖三十三年代其父將中軍。霍，蓋其采邑。霍詳閔元年傳並注。　臼季即胥臣，見僖三十三年傳並注。僖二十八年傳云「胥臣佐下軍」，則下軍佐也。此句當與下年傳「六年春，晉蒐于夷」連讀。年表于此年云：「趙成子、欒貞子、霍伯、臼季皆卒」，全用傳文，且亦謂此文五年之事。晉語五韋注亦云：「魯文五年，晉四卿卒」，可見司馬遷及韋昭所據左傳，此句實在文五年，自西漢以來，左傳面目即已如此。蓋文氣雖一貫，然編年爲史，不得不分列兩年。　又晉世家「臼季」作「咎季子犯」，誤以「臼」爲「咎」，因誤胥臣爲子犯，與傳文違異。此與陽處父、甯嬴事及明年晉蒐于夷皆應相連。

六年，庚子，公元前六二一年。周襄王三十二年、晉襄七年、齊昭十二年、衞成十四年、蔡莊二十五年、鄭穆七年、曹共三十二年、陳共十一年、杞桓十六年、宋成十六年、秦穆三十九年、楚穆五年、許昭公錫我元年。

經

六・一　六年春，正月十八日壬子冬至，建子。有閏月。葬許僖公。無傳。

六・二　夏，季孫行父如陳。穀梁本年疏引世本云：「季友生仲無佚，佚生行父。」韋昭國語注亦云：「季文子，季友之孫，齊仲無佚之子。」則仲無佚即齊仲無秩，齊蓋其謚，檀弓孔疏引世本，「無佚」作「無逸」，而誤分齊仲無逸爲二人二代，不可據。世族譜亦云：「文子行父者，桓公子成季友之孫也。」尚書洪範序孔疏云：「春秋之世有齊侯禄父、蔡侯考父、季孫行父，父亦是名，未必爲字。」則行父是名也。春秋以字入經文者，極罕見。見則傳多有說解，如隱元年傳「曰儀父，貴之也。」

六・三　**秋，季孫行父如晉。**

六・四　**八月乙亥，**乙亥，十四日。**晉侯驩卒。**「驩」，公羊作「讙」。周語下云：「三而畀驩之孫」，作「驩」，與此同；晉語四云「吾欲使陽處父傳讙也」，作「讙」；晉世家作「歡」，諸字固可通假。

六・五　**冬十月，公子遂如晉。**

六・六　**葬晉襄公。**

六・七　**晉殺其大夫陽處父。**

六・八　**晉狐射姑出奔狄。**「射」，穀梁作「夜」。釋文云：「射音亦，一音夜。」射、夜古音同在鐸部，固可通假。狐射姑，狐偃之子。食邑於賈，字季，故一曰賈季。

六・九　**閏月不告月，猶朝于廟。**傳云「閏月不告朔」，則「告月」卽告朔。告朔者，每月以朔告神也。論語八佾篇云：「子貢欲去告朔之餼羊」，是告朔用特羊。告朔之後，聽治此月朔之政事，謂之聽朔，禮記玉藻「天子聽朔於南門之外，閏月則闔門左扉，立于其中。諸侯皮弁以聽朔於大廟」是也。聽朔又謂之視朔，僖五年傳「公既視朔」、文十六年經、傳「公四不視朔」是也。行此禮訖，然後祭於諸廟，謂之朝廟，此「猶朝于廟」是也。又謂之月祭，禮記祭法「皆月祭之」是也。

其歲首則謂之朝正。襄二十九年傳「釋不朝正于廟」是也。先告朔，次視朔，然後朝廟，此三事同日行之。告朔、視朔皆于大廟，孫詒讓周禮春官太史正義分别甚明，可參看。又孔穎達本疏及禮記玉藻疏以周禮春官司尊彝之「朝享」爲朝廟，則不可從。朝享爲四時之間祀，非月祭也，亦詳孫詒讓周禮正義。齊召南考證云：「猶者，幸其僅存此朝廟之禮，是餼羊之意也。經意所譏，在不告朔耳。」

傳

六・一　六年春，晉蒐于夷，夷見莊十六年傳並注。舍二軍。僖三十一年，晉蒐于清原，作五軍以禦狄。五軍各有帥及佐，共十卿，先軫、郤溱、先且居、狐偃、欒枝、胥臣、趙衰、箕鄭、胥嬰、先都是也。三十三年箕之役，先軫死；去年趙衰、欒枝、先且居、胥臣死。據文八年傳「晉侯將登箕鄭、先都」之文，則郤溱、狐偃、胥嬰亦先死矣，十卿惟有箕鄭、先都二人在。此或蒐于夷以謀軍帥之故歟？舍二軍，則廢新上軍、新下軍，恢復晉文公四年三軍之舊制（見僖二十七年傳）。據七年傳，趙盾將中軍，先克佐之；箕鄭將上軍，荀林父佐之；先蔑將下軍，先都佐之。使狐射姑將中軍，趙盾佐之。據八年傳，晉襄公本擬使士縠、梁益耳將中軍，以先克之言而改任狐、趙。陽處父至自温，據成十一年傳，温爲陽處父之采邑。陽處父自衛返晉，過其采邑温而稍停焉，故甯嬴先從之，亦至温而還。改蒐于董，董，杜注，「河東汾陰縣有董亭」，則當在今山西省萬榮縣榮河鎮東。然酈道元水經涑水注則以董即宣十二年傳之董澤，則在今聞喜縣東北四十里，兩說未詳孰是。楊守敬水經注疏據續漢志謂杜注「汾陰爲臨汾之誤」，「董澤、董亭爲一地」，姑録以備考。易中軍。公羊傳云：「君將使射姑將。陽處父諫曰：『射姑民衆不悅，不可使將。』於是廢將。」穀梁傳云：「晉將與狄戰，使狐夜姑爲將軍，趙盾佐之。陽處父曰：『不可，古者君之使臣也，使仁者佐賢者，不使賢者佐仁者。今趙盾賢，夜姑仁，其不可乎？』襄公曰：『諾。』謂夜姑曰：『吾始使盾佐女，今女佐盾矣。』夜姑曰：『敬諾。』」公、穀所云，與左傳異，自不可信。以下年傳文「侵官也」觀之，陽處父之改蒐，雖或先言於晉襄，究屬專斷。處父時爲太傅，故能以國老之身分爲此。陽子，成季之屬也，趙世家云：「趙衰卒，謚爲成季。」成蓋其謚，季則其字，亦猶趙盾謚宣，或稱宣子，成八年傳亦稱爲宣孟也。洪亮吉詁曰：「處父蓋嘗爲趙衰屬大夫。說苑，師曠對晉平公曰：『陽處父欲臣文公，因咎犯，三年不達；因趙衰，三日而達。』是處父由趙衰方得進用。」故黨於趙氏，且謂趙盾能，曰：「使能，國之利也。」卽穀梁傳所謂「使仁者佐賢者」之意。是以上之。宣子於是乎始爲國政，晉素以中軍帥秉國政，趙盾今爲中軍帥，故云「爲國政」。晉世家云，「趙盾代趙衰執政」，夫趙衰中軍佐耳，與中軍帥尚差一級。制事典，事典猶言辦事章程或條例，周禮太宰「六日事典，以富邦國，以任百官，以生萬民」是也。制，制定。正法罪，孔疏曰：「正法罪者，準所犯輕重，豫爲之法，使在後依用之也。」則若後代之制定刑罰律令。辟獄刑，阮刻本作「辟刑獄」，今從唐石經、金澤文庫本、宋本、岳本、足利本乙正。杜注：「辟猶理也。」孔疏：「辟獄刑謂有獄未決斷當時之罪，若昭十四年韓宣子命斷舊獄之類是也。」則辟獄刑若後代之清理訴訟積案。董逋逃，杜注：「董，督也。」孔疏：「董逋逃者，舊有逋逃負罪播越者，督察追捕之也。」由質要，由，用也。質卽周禮天官小宰「聽賣買以質劑」之質劑，鄭玄注云：「質劑謂兩書一札，同而別之，長曰質，短曰劑。」孫詒讓正義云：「質劑手書一札，前後文同而中別之，使各執其半札，唯札半別，而字全具不半別。質劑，不徒賣買用之，旅師平頒興積，斂之民而散之民，亦憑質劑以爲信焉。」要卽小宰「聽出入以要會」之要會，賈疏云：「歲計曰會，月計曰要」，謂簿書賬目也。然則由質要者，蓋謂財物之出入，皆用契約、賬目以爲憑據定奪也。治舊洿，洿音烏。治舊洿者，孔疏云：「法有不便於民，事有不利於國，是爲政之洿穢也，治理改正使絜清也。」沈欽韓補注謂爲治理停水，免民疾疫，似與上下諸事不類，恐非。本秩禮，孔疏：「本秩禮者，時有僭踰，貴賤相濫，本其次秩使如舊也。」續常職，據杜注，當卽論語堯曰篇之「修廢官」。孔疏云：「職有廢闕，任賢使能，令續故常也。」出滯淹。當卽昭十四年傳之「舉淹滯」，亦卽論語堯曰篇之「舉逸民」。孔疏云：「賢能之人沈滯田里，拔出而官爵之也。」以上九事平列，或以爲不平列者，恐非。既成，以授大傅陽子與大師賈佗，陽子，陽處父。宣十六年傳云：「晉侯請於王，以黻冕命士會將中軍，且爲大傅。」則太傅亦卿，唯不在軍行耳。晉之太傅，蓋主禮刑，故宣十六年士會兼太傅，使修范武子之法；晉語八亦云「叔向爲太傅，實賦祿」，皆其證。晉語四，宋「公孫固言於襄公曰：『晉公子好善不厭，父事狐偃，師事趙衰，而長事賈佗。賈佗，公族也，而多識以恭敬。』」昭十三年傳云：「我先君文公生十七年，有士五人，有先大夫子餘、子犯以爲腹心，有魏犨、賈佗以爲股肱。」則賈佗乃晉文公之舊臣，嘗從重耳出亡；年幼于狐偃、趙衰。韋昭注晉語四誤合賈佗與賈季爲一人，全祖望經史答問四已駁之。使行諸晉國，以爲常法。

六·二　臧文仲以陳、衞之睦也，欲求好於陳。夏，季文子聘于陳，且娶焉。

六·三　秦伯任好卒，任音壬。任好，秦穆公之名。劉文淇疏證云：「年表：『秦繆公三十九年，繆公薨，葬，殉以人，從死者百七十人，君子譏之，故不言卒。』此左氏舊說經不書秦伯卒義。」以子車氏之三子奄息、仲行、鍼虎爲殉，杜注：「子車，秦大夫氏也。」詩秦風黃鳥「子車奄息」，孔疏云：「左傳作『子輿』。」孔穎達所據左傳「子車」蓋作「子輿」，秦本紀亦作「子輿」。奄息、仲行、鍼虎爲三人之名，鄭玄詩箋以「仲行」爲字，恐非，詳陳奐毛詩傳疏。秦本紀云：「三十九年，繆公卒，葬雍。從死者百七十七人，秦之良臣子輿氏三人名曰奄息、仲行、鍼虎亦在從死之中。」則殉者不止三人，不過此三人特其良者耳。秦本紀謂秦武公卒，「初以人從死」，其實，以人殉葬，上古已然，史遷之說誤。皆秦之良也。國人哀之，爲之賦黃鳥。詩秦風黃鳥序云：「黃鳥，哀三良也。國人刺穆公以人從死而作是詩也。」亦謂三良之死，乃穆公殺之，蓋遺命使然。而秦本紀正義引應劭云：「秦穆公與羣臣飲酒酣，公曰：『生共此樂，死共此哀。』於是奄息、仲行、鍼虎許諾。及公薨，皆從死，黃鳥詩所爲作也。」漢書匡衡傳載匡衡上疏亦云：「臣竊考國風之詩，秦穆貴信，而士多從死。」鄭玄詩箋亦云：「三良自殺以從死。」三良自殺，與傳文及詩義皆不合。史記蒙恬傳載蒙毅之對云：「昔者秦穆公殺三良而死，罪百里奚而非其罪也，故立號曰繆。」則先秦皆謂三良被殺。自殺之說，或起于漢人。

君子曰：「秦穆之不爲盟主也宜哉！死而棄民。先王違世，違，離也。違世猶言死。猶詒之法，詒即詩大雅文王有聲「詒厥孫謀」之詒，與後文「遺後嗣」之「遺」同義。而況奪之善人乎？之作其用，奪其善人，謂奪去百姓之善人也。詩曰：『人之云亡，邦國殄瘁。』詩大雅瞻卬句。毛傳云：「殄，盡；瘁，病也。」鄭箋云：「賢人皆言奔亡，則天下邦國將盡困窮。」訓「云」爲「言」，訓「亡」爲「奔亡」，訓「殄」爲「盡」，皆不合詩義。人指善人、賢人。「人之云亡」句法與邶風雄雉「道之云遠」同。「之」「云」皆語中助詞，無實義。依傳義，亡乃死亡，非奔亡也。殄當讀爲周禮地官稻人「凡稼澤，夏以水殄草而芟夷之」之殄，鄭注云：「殄，病也。」魯語上云：「固民之殄病是待。」殄病連文，蓋同義詞連用，亦猶詩以「殄瘁」連文，亦同義詞連用。無善人之謂。若之何奪之？古之王者知命之不長，孔疏曰：「知命之不長，知其必將有死，不得長生久視，故制法度以遺後人，非獨爲當己之世設善法也。『並建聖哲』以下，卽位便爲之，非臨死始爲此也。下云『衆隸賴之而後卽命』，言其施行此事功成乃就死耳，非謂設此法以擬死也。」是以並建聖哲，並，普也，徧也。詳王引之述聞。聖哲泛指賢能。樹之風聲，爲其樹立風化聲教。分之采物，采物猶隱五年傳之「物采」，詳前。孔疏曰：「采物謂采章物色、旌旗衣服，尊卑不同，名位高下，各有品制，天子所有分而與之，故云『分之』。定四年傳稱『分魯公以大路大旂』之類皆是也。」著之話言，孔疏曰：「爲作善言遺戒，著於竹帛，故言『著之』也。」話言，同義詞連用，一般用爲善言之義，故詩大雅抑「告之話言」，毛傳云：「話言，古之善言也。」爲之律度，律度猶言法度、法制，舊以鍾律度量解之，恐非傳意。陳之藝極，杜注：「藝，準也。極，中也。」藝極亦爲同義詞連用，猶言準則也。陳之藝極，猶言制定各種標準而公用之。杜注解「藝極」兩字之義甚是；惟言「貢獻多少之法」，僅限于貢獻言，恐失之拘。藝字義又可參王念孫廣雅釋詁疏證。引之表儀，王念孫曰：「立木以示人謂之表，又謂之儀。說文曰：『檥，榦也。從木，義聲。』經、傳通作儀。表儀與藝極義相近，皆所以喻法度也。管子形勢解篇曰：『法度者，萬民之儀表也；禮義者，尊卑之儀表也。』韓詩外傳曰：『智如泉源，可以爲表儀者，人師也。』或言『表儀』，或言『儀表』，其義一也。」詳王引之述聞。此謂以法度引導之。予之法制，此四句「律度」「藝極」「表儀」「法制」義皆相近，唯「爲」「陳」「引」「予」諸動詞不同。爲者，制定之也；陳者，公開之也；引者，引導之也；予者，使之用之也。告之訓典，杜注：「訓典，先王之書。」楚語上「教之訓典，使知族類」，又下「又有左史倚相能道訓典以敍百物」，晉語八「緝訓典」，訓典蓋典章制度之書。

教之防利，防爲堤防之防，周禮地官稻人「以防止水」是也，防利猶襄二十八年傳之「幅利」，謂知足而不貪多也。委之常秩，杜注：「委，任也。常秩，官司之常職。」則謂任之以一定職務而責成之。竹添光鴻會箋云：「秩，禄廩也。此言使其禄廩有常。委，儒行篇『委之以貨財』之委。」則謂付之以俸禄。兩説皆可通。道之禮則，各本皆作「道之以禮則」，衍「以」字。唐石經本無「以」字，但爲俗儒旁增，不可從，今删正。或以「道之以禮」絶句，「則」字屬下，亦不可通。此「道」謂教導之，與上「引」字有別。使毋失其土宜，周禮地官大司徒：「以土宜之法，辨十有二土之名物。」孫詒讓正義：「卽辨各土人民、鳥獸、草木所宜之法也。」卽因地制宜之意。衆隸賴之，而後卽命。命謂天命，天命已終，而往就之，猶成十三年傳之「卽世」，前文之「違世」，皆死之異稱。聖王同之。今縱無法以遺後嗣，而又收其良以死，難以在上矣。」君子是以知秦之不復東征也。此文上有「君子曰」，末又有「君子是以知秦之不復東征也」語，似兩「君子」爲不同之人。秦本紀云：「君子曰：『秦繆公廣地益國，東服彊晉，西霸戎夷，然不爲諸侯盟主，亦宜哉！死而棄民，收其良臣而從死。且先王崩，尚猶遺德垂法，況奪之善人良臣百姓所哀者乎？是以知秦不能復東征也。』」節取傳文，則併兩「君子」語爲一人語。十二諸侯年表作「君子譏之，故不言卒」。論衡無形篇云：「傳又言秦繆公有明德，上帝賜之十九年（福虛篇作九十年，誤。王充言蓋本之墨子明鬼篇，惟今本墨子又誤『秦』爲『鄭』），是又虛也。」

六·四　秋，季文子將聘於晉，使求遭喪之禮以行。季文子求遭喪之禮者，杜注謂「聞晉侯疾故」。孔疏引劉炫説，則以爲「聘使之法，自須造遭喪之禮而行，防其未然也，非是聞晉侯有疾」。依儀禮聘禮，遭喪之禮有五：一，主國君之喪；二，主國夫人、世子之喪；三，聘君之喪；四，私喪，卽使者父母之喪；五，賓介之喪。又據禮記曾子問，「君出疆，以三年之戒，以椑從」，人君出境有喪備，人臣出境亦可能預慮喪事。據下文「其人曰，將焉用之」之語，則未必聞晉侯之疾。劉炫說可從。參沈欽韓補注、劉文淇舊注疏證、閻若璩四書釋地又續等書。其人曰：杜注「其人，從者。」「將焉用之？」文子曰：「備豫不虞，古之善教也。晉語一「誠莫如豫」，韋注云：「豫，備也。」則備豫同義，成九年傳亦云：「備豫不虞，善之大者也。」分言之，則如隱五年傳所云「不備不虞，不可以師」。求而無之，實難。求而無之，謂臨事急而求之，則無有也。實處困境。過求，何害？」

六·五　八月乙亥，晉襄公卒。史記扁鵲列傳謂襄公縱淫。靈公少，此時當在襁褓中。晉人以難故，顧炎武補正云：「謂連年有秦、狄之師，楚伐與國。」欲立長君。立長君，則廢太子，故年表云：「趙盾爲太子少，欲更立君。」趙孟曰：趙孟卽趙盾，自趙盾以後，趙氏世稱孟。文公傳之趙孟皆趙盾；襄公以及昭公元年傳之趙孟皆趙武；昭二十九年以後迄哀十年傳之趙孟，則趙鞅；哀二十年傳以後之趙孟則趙無恤。「立公子雍。好善而長，先君愛之，先君指文公，以公子雍爲文公之子，襄公庶弟。且近於秦。公子雍仕秦，詳下文。秦本紀謂「襄公之弟名雍，秦出也」。公子雍之母爲杜祁，傳有明文，不得言秦出。秦，舊好也。置善則固，事長則順，昭二十六年傳，楚「令尹子常欲立子西，曰：『子西長而好善，立長則順，建善則治。』」語意與此相類。此言事長，彼言立長，意義亦近。俞樾平議謂「事猶立也」，强不同爲同，又可不必。立愛則孝，結舊則安。爲難故，故欲立長君。有此四德者，難必抒矣。」四德謂固、順、孝、安。抒同紓，孔疏引服虔本卽作「紓」。說文云：「紓，緩也。」莊三十年傳「自毁其家，以紓楚國之難」，成二年傳「我亦得地而紓於難」，字皆作紓。參焦循補疏。賈季曰：賈季卽狐射姑。晉世家正義引國語韋昭注謂賈季即賈佗，惠棟及全祖望已駁之，參黄丕烈國語札記。「不如立公子樂。劉文淇疏證曰：「晉世家『賈季曰，不如立其弟樂』，蒙公子雍爲文，則樂爲雍弟。」辰嬴嬖於二君，辰嬴即僖二十二年傳子圉之妻嬴氏，二十三年傳之懷嬴。謂之懷嬴者，當時猶晉懷公之妻也。後又嫁文公，故今改謂爲辰嬴，辰或其謚也。二君謂懷公、文公。立其子，民必安之。」趙孟曰：「辰嬴賤，班在九人，班，位次也，謂在文公妃妾中，其位次爲第九。晉世家作「班在九人下」，恐非傳意。俞正燮癸巳存稿晉夫人考此謂「文嬴，嫡也；襄公之母偪姞在二，季媿在三，公子雍之母杜祁在四，辰嬴在九，此皆出于傳。其四人，以序推之，齊姜在五，秦女三人亦媵也，其在六、七、八歟？」其子何震之有？震，威也，成二年傳「畏君之震」，猶言「畏君之威」。且爲二君嬖，各本無「君」字，惟金澤文庫本有之，與晉世家合。上言「嬖於二君」，故此言「爲二君嬖」，今據增。淫也。爲先君子，不能求大，而出在小國，辟也。辟同僻，晉世家正作僻。僻，陋也。母淫子辟，無威；陳小而遠，無援，將何安焉？此反駁賈季「民必安之」。公子樂在陳，而説苑建本篇云，「樂有寵於國，先君愛而仕之翟，翟足以爲援」，與傳不同，蓋傳聞之異。杜祁以君故，讓偪姞而上之；杜祁爲公子雍之母。杜，國；祁，姓。古彝器有杜伯鬲，銘云：「杜伯乍叔嫞隮鬲。」郭沫若大系考釋釋「嫞」爲「祁」。又涵芬樓影印宋本嘯堂集古録有所謂劉公鋪者，郭沫若金文餘釋之餘釋嫞改釋銘文爲「襄公作杜祁隮鋪」，則劉公鋪爲晉襄爲杜祁所作器。杜國故址在今陝西省西安市故杜陵地。君指晉襄公。襄公爲偪姞之子，襄公既立爲太子，杜祁因讓偪姞而使居于己之上。偪，國名，姞姓，其地已不可考，章炳麟讀據潛夫論志氏姓「姞氏之別有密須氏」之文，謂「偪即密須氏之密」，可存參。以狄故，讓季隗而己次之，季隗見僖二十三年傳，文公娶於狄者。狄爲晉之强鄰，杜祁讓季隗居己上，蓋有政治作用。故班在四。辰嬴班在九，趙盾以爲賤，則杜祁班在四，亦未必貴，此所以釋之，然則杜祁班本在二也，並以見杜祁之賢。先君是以愛其子，而仕諸秦，爲亞卿焉。公子雍爲秦亞卿，於此以見其賢。秦大而近，與上文「陳小而遠」正相對。足以爲援；母義子愛，與上文「母淫子辟」正相對。足以威民。與上「其子何震之有」相對、相成。立之，不亦可乎？」使先蔑、士會如秦逆公子雍。先蔑、士會俱見僖二十八年傳。賈季亦使召公子樂于陳，趙孟使殺諸郫。郫卽襄二十三年傳之郫邵，晉邑，卽今河南省濟源縣西一百里之邵源鎮。馬宗璉補注云：「郫邵乃晉河内適河東之隘道，公子樂來自陳，故使人殺之於此。」

六・六　賈季怨陽子之易其班也，本爲中軍帥，陽子改蒐易爲中軍佐，見前。而知其無援於晉也，九月，賈季使續鞫居殺陽處父。續鞫居卽狐鞫居，狐氏之族也。又見二年傳。書曰「晉殺其大夫」，侵官也。杜注：「君已命帥，處父易之，故曰『侵官』。」

六・七　冬十月，襄仲如晉葬襄公。昭十六年傳云：「冬十月，季平子如晉葬昭公」，與此句法同。昭三年傳云：「昔文、襄之霸也，其務不煩諸侯，君薨，大夫弔，卿共葬事。」故此襄仲如晉也。晉自襄公以後，皆三月而葬。

六・八　十一月丙寅，十一月無丙寅。晉殺續簡伯。續簡伯卽續鞫居。賈季奔狄。宣子使臾駢送其帑。宣子卽趙盾。十二年傳云：「趙氏新出其屬曰臾駢。」帑同孥，妻子也。

夷之蒐，賈季戮臾駢，廣雅釋詁云：「戮，辱也。」又云：「戮，罪也。」此處兩義皆可通。臾駢之人欲盡殺賈氏以報焉。御覽四二一九引左傳舊注云：「人，臾駢從臣也。」臾駢曰：「不可。吾聞前志有之曰：『敵惠敵怨，不在後嗣，杜注：「敵猶對也。若及子孫，則爲非對。非對則爲遷怒。」孔疏：「敵惠謂有惠於彼，不可望彼人之子報；敵怨謂有怨於彼，不可讎彼人之子。」忠之道也。』夫子禮於賈季，夫子，謂趙盾。我以其寵報私怨，無乃不可乎？介人之寵，杜注曰：「介，因也。」非勇也。損怨益仇，損怨者，欲滅除我之怨氣也，然而因盡殺賈氏，祇以增加他人對我之仇恨耳。非知也。以私害公，非忠也。釋此三者，釋，舍棄。三者，勇、知、忠也。何以事夫子？」盡具其帑與其器用財賄，金澤文庫本無下「其」字。親帥扞之，杜注曰：「扞，衞也。」親帥扞之者，恐其人之不從己而害賈氏也。送致諸竟。竟同境。

六・九 閏月不告朔，告朔，即經之「告月」，詳經注。非禮也。閏以正時，月繞地球一週，即恆星月之平均數爲二七・三二一六六日。但古人至漢代始得其近似值。西周以及今日，所謂陰曆，則以自初一（朔）至月底（晦）爲一月之日數，古謂之朔實，今謂之平朔月。古人測定其日數約爲二九・五三〇五八五日，與近世所測平朔月爲二九・五三〇五九略有差距。一平朔月既爲二十九天半強，故必分大月三十日，小月二十九日，始能得其合朔。日蝕必在朔，由詩小雅十月之交「朔日辛卯，日有食之」可以知之。若每年十二個月，則全年爲三百五十四日或三百五十五日。而地球繞太陽一週，則爲三六五・二四二二一九日，此爲回歸年之日數，兩者相較，平均每年約差十日二十一時。分、至、啓，閉以及四時，必以地球繞日爲準，故必置閏以彌補差數，然後四時得正，故曰「閏以正時」。時以作事，隋書經籍志引作「時以序事」，蓋謂依節氣與物候而定生產勞動，詩豳風七月所謂「三之日于耜」，「四之日舉趾」，「春日載陽，有鳴倉庚。女執懿筐，遵彼微行，爰求柔桑」是也。事以厚生，生產勞動不失其時，始能衣食。生民之道於是乎在矣。生民之道卽在於此。不告閏朔，棄時政也，何以爲民？爲民猶言治民。

七年，辛丑，公元前六二〇年。周襄王三十三年、晉靈公夷皐元年、齊昭十三年、衞成十五年、蔡莊二十六年、鄭穆八年、曹共三十三年、陳共十二年、杞桓十七年、宋成十七年、秦康公罃元年、楚穆六年、許昭二年。

經

七·一 七年春，去年閏十二月二十九日戊午冬至，實建丑。公伐邾。

七·二 三月甲戌，甲戌，十七日。取須句。須句，見僖二十一年傳。傳云：「邾人滅須句。」翌年傳又云：「伐邾，取須句，反其君焉。」則此之「取須句」亦與「伐邾」相連，故杜注云：「須句，魯之封内屬國也，僖公反其君之後，邾復滅之。書『取』，易也。例在襄十三年。」

七·三 遂城郚。無傳。郚音吾。此郚爲魯邑，與莊元年經「齊師遷紀郱、鄑、郚」之郚爲紀邑而爲齊所奪者不同。此郚當在今山東省泗水縣東南。

七·四 夏四月，宋公王臣卒。王臣，穀梁傳作「壬臣」，王、壬形近易訛。

七·五 宋人殺其大夫。

七·六 戊子，戊子，四月朔日。餘詳下注。晉人及秦人戰於令狐。令狐已見僖二十四年傳並注。晉先蔑奔秦。公羊作「晉先眛以師奔秦」，蔑、眛同音假借，見隱元年經注。「以師」二字或公羊涉其傳「以師外也」之衍文。公羊釋文云，「眛，左氏作蔑」，而不言左氏無「以師」二字。則陸德明所據本無此二字可知。若當時以戊子爲朔，則當列於「宋公王臣卒」之前，或當時不以令狐之役在朔。

七·七 狄侵我西鄙。

七·八 秋八月，公會諸侯、晉大夫盟于扈。總言「諸侯」而不序，以魯文公後至之故。書「晉大夫」而不書趙盾之名，與莊九年「公及齊大夫盟于蔇」同義。其時齊無君，而魯欲納子糾，齊大夫子糾之黨故與公盟；此則晉靈公新立，而在襁褓中，不可主盟，必趙盾爲之。扈，鄭地，當在今河南省原陽縣西約六十里，與莊二十三年之扈恐是兩地。

七·九 冬，徐伐莒。

七·一〇 公孫敖如莒涖盟。

傳

七·一 七年春，公伐邾，間晉難也。間讀去聲。間晉難者，晉國國內有立君之爭，得此空隙，因而用兵也。

七·二 三月甲戌，取須句，寘文公子焉，非禮也。此與僖二十二年傳「取須句，反其君焉，禮也」正相對。彼以歸其君，復其國爲「禮」，此則滅其國，而以他人爲守須句之大夫，故爲「非禮」。「文公子」者，據杜注，爲邾文公之子，其時叛邾而在魯。

夏四月，宋成公卒。宋世家云：「十七年，成公卒。」此與傳合。然年表云：「十七年，公孫固殺成公。」司馬遷自相違異，恐是兼採異聞。**於是公子成爲右師，**杜注：「莊公子。」**公孫友爲左師，**杜注：「目夷子。」**樂豫爲司馬，**孔疏引世本云：「戴公生樂甫術（「術」當依唐書宰相世系表三下及通志氏族略三作「衎」。名衎，字樂甫，則相應），術生碩甫澤，澤生季甫，甫生子僕伊與樂豫。」杜注：「樂豫，戴公玄孫。」又十八年傳云：「使樂呂爲司寇。」孔疏引世本云：「戴公生樂甫術，術生碩甫澤，澤生夷甫須（「須」當依禮記檀弓下孔疏所引作「傾」，說詳王引之名字解詁），須生大司寇呂。」以世系言，樂豫、樂呂或同一人。**鱗矔爲司徒，**孔疏引世本云：「桓公生公鱗，鱗生東鄉矔。」杜注：「矔，桓公孫。」**公子蕩爲司城，**杜注：「桓公子也。」司城卽司空，宋武公名司空，宋故改司空之官爲司城，桓六年傳「宋以武公廢司空」是也。**華御事爲司寇。**文十六年孔疏引世本云：「華督生世子家，家生華孫御事，事生華元右師。」則華御事乃華督之孫，華元之父。章炳麟讀云：「風俗通曰：『所姓，宋大夫華所事之後也，前漢之所忠、後漢之所輔皆出焉。』所、御聲通，然則所事卽御事也。」宋以右師、左師、司馬、司徒、司城、司寇爲六卿，文十六年傳及成十五年傳所敍次序與此同，惟成十五年司寇分大司寇、少司寇，又有太宰、少宰耳。昭二十二年傳則以大司馬、大司徒、司城、左師、右師、大司寇爲序，哀二十六年傳又以右師、大司馬、司徒、左師、司城、大司寇爲序，蓋因時世之不同，六卿之輕重遂因之而移易。殤公以前，皆以大司馬執政，華督則以太宰執政。僖九年傳云：「以公子目夷爲仁，使爲左師以聽政。」則宋襄之世，左師居右師上。

七·三　**昭公將去羣公子，**宋世家云：「成公卒，成公弟禦殺太子及大司馬公孫固而自立爲君，宋人共殺君禦而立成公少子杵臼，是爲昭公。」年表云：「宋昭公杵臼，襄公之子。」一則以爲成公少子，一則以爲襄公之子，是司馬遷之存異說。然考之文十六年傳，宋昭公稱襄公夫人爲「君祖母」，則是成公之子，襄公之孫，無疑也。至宋世家所述成公弟禦殺太子事，不見左傳，公孫固之死亦與左傳不合，恐皆是司馬遷所採之異聞。　昭公欲去之羣公子，自是公族中之一部份，而非全部之羣公子。不然，公孫固、公孫鄭不得被殺于公宮。據傳，「穆、襄之族率國人以攻公」，或謂所去之羣公子盡爲穆、襄之族，亦未必然。文八年傳云：「夫人因戴氏之族以殺襄公之孫孔叔、公孫鍾離及大司馬公子卬，皆昭公之黨也。」昭公黨羽中有襄公之孫，則不得盡去其族也明矣。觀下文「親之以德，皆股肱也，誰敢攜貳」之諫，蓋昭公之欲去者，其不從己之公族也。至劉逢祿左傳考證據公羊「三世內娶」之文，謂「宋存殷道，祖免可通，昭公將去羣公子者，欲徧置其妃黨」云云，則純是妄說。

樂豫曰：「不可。公族，公室之枝葉也；若去之，則本根無所庇蔭矣。「蔭」，阮刻本作「陰」，唐石經及各本作「廕」，今從金澤文庫本作「蔭」。

葛藟猶能庇其本根，葛藟爲一物，鄭玄周南樛木箋以爲兩物者，恐誤。葛藟亦單名藟，亦名千歲藟、虆蕪（見名醫別録）、蓷虆（見詩毛氏傳疏）、苣瓜（見本草拾遺）、巨荒（見詩義疏），屬葡萄科，爲自生之蔓性植物。若葛覃之葛，則爲豆科之蔓生植物，與葛藟有別。

故君子以爲比，此用詩王風葛藟義。其首章云：「緜緜葛藟，在河之滸，終遠兄弟，謂他人父。謂他人父，亦莫我顧。」序云：「葛藟，王族刺平王也。周室道衰，棄其九族焉。」

況國君乎？此諺所謂『庇焉而縱尋斧焉』者也。孔子家語觀周篇引金人銘云：「毫末不扎，將尋斧柯。」晉書庾旉傳云，「芘焉而縱尋斧柯者也」，皆以尋爲動詞，則尋當訓用。縱者，章炳麟讀云：「詩鄭風大叔于田，『抑縱送忌』，傳曰：『發矢曰縱。』由此引申，則凡發動兵器皆得曰縱。」如此則「縱」「用」兩詞因義近而連用。

隋書高祖紀贊「縱其尋斧，翦伐本枝」，似以尋爲形容詞，蓋誤解此文，借尋爲覃，利也。必不可。君其圖之！親之以德，皆股肱也，誰敢攜貳？若之何去之？」不聽。穆、襄之族率國人以攻公，殺公孫固、公孫鄭于公宮。公孫固卽僖二十二年傳之「大司馬固」，此時已不爲司馬。六卿和公室，樂豫舍司馬以讓公子卬。杜注：「卬，昭公弟。」據八年傳，卬爲昭公之黨。昭公卽位而葬。依禮，新君於舊君殯前卽位，次年再朝廟卽位。此蓋昭公尚未改元，成公已應葬矣。昭公明年再改元卽位。書曰「宋人殺其大夫」，不稱名，衆也，且言非其罪也。杜注：「不稱殺者及死者名。殺者衆，故名不可知；死者無罪，則例不稱名。」

七・四　秦康公送公子雍于晉，曰：「文公之入也無衞，故有呂、郤之難。」秦康公，秦穆公太子罃也，其母穆姬，晉獻公之女，晉文公、晉惠公之異母姊，故晉文公於秦康公爲舅。詩秦風渭陽云：「我送舅氏，曰至渭陽。」相傳爲康公送文公之詩，文公之入晉，康公所親見者也。呂、郤之難見僖二十四年傳。乃多與之徒衞。步卒曰徒，徒衞者，步卒而爲護衞。此非作戰，故不用車兵。

穆嬴日抱大子以啼于朝，禮記喪大記云：「始卒，主人啼，兄弟哭。」鄭注云：「悲哀有深淺也，若嬰兒中路失母，能勿啼乎？」則啼與哭有輕重深淺之別。晉世家云：「太子母繆嬴日夜抱太子以號泣於朝。」則以「號泣」二字解「啼」字。曰：「先君何罪？其嗣亦何罪？舍適嗣不立，而外求君，將焉寘此？」寘音義俱同置。此指所抱太子夷皋。出朝，則抱以適趙氏，頓首於宣子，禮記少儀：「婦人吉事，雖有君賜，肅拜。爲喪主，則不手拜。」鄭玄注：「肅拜，拜低頭也。手拜，手至地也。婦人以肅拜爲正，凶事乃手拜耳。爲喪主不手拜者，爲夫與長子當稽顙也。」

據此，則繆嬴於宣子，若在喪次，當稽顙；若用吉拜，當肅拜，不當頓首，故少儀孔疏云：「左傳，穆嬴頓首於宣子之門者，
有求於宣子，非禮之正也。」曰：「先君奉此子也而屬諸子，屬音囑，託付也。曰：『此子也才，吾受子之
賜；不才，吾唯子之怨。』吾唯子之怨，吾唯子是怨也，之字作是字用。此蓋襄公欲趙盾善于教訓輔導其子。今
君雖終，言猶在耳，而棄之，若何？」宣子與諸大夫皆患穆嬴，且畏偪，晉世家云：「趙盾與諸大夫皆
患繆嬴，且畏誅。」以「誅」釋「偪」。僖二十四年傳「呂、郤畏偪」，晉世家作「呂省、郤芮本不附文公，文公立，恐誅」，亦以誅
釋偪。趙世家云：「趙盾患之，恐其宗與大夫襲誅之。」則所畏者穆嬴之黨也。御覽一四六引服虔注云：「畏他公子徒來相
迫也。」李貽德輯述云：「他公子謂公子樂輩也。」與史記義異。乃背先蔑而立靈公，以禦秦師。晉世家云：「乃
背所迎而立太子夷皐，是爲靈公。發兵以距秦送公子雍者。」則傳云「背先蔑」者，實背所迎之公子雍也，先蔑爲迎立之
正使，終又以此奔秦，故云「背先蔑」。此時先蔑已先歸，故能爲下軍將。昔人曾懷疑此句「背先蔑」與下文「先蔑將下軍」
矛盾，其實不然。箕鄭居守。趙盾將中軍，先克佐之；杜注：「克，先且居子，代狐射姑。」荀林父佐上軍；
上軍將爲箕鄭，已居守，故佐獨行。先蔑將下軍，先蔑此時已先還晉，故將下軍。其將下軍者，迫不得已耳，故令狐
之役之明日卽奔秦，雖將下軍，或未嘗與秦戰。穀梁傳云：「輟戰而奔秦，以是爲逃軍也。」公羊傳云：「此晉先眛也。其稱
人何？貶。曷爲貶？外也。其外奔何？以師外也。」則二傳亦以先蔑將軍爲說。于鬯香草校書謂「恐此將下軍者實先
僕，非先蔑也。卽由上下文言先蔑，故『僕』誤爲『蔑』耳」，證以二傳，足以知其不然。先都佐之。步招御戎，戎
津爲右。此御戎與車右，蓋中軍帥之御與右。閔二年傳云：「狐突御戎，先友爲右。」此太子申生代公將上軍之御、右。

文云：「梁餘子養御罕夷，先丹木爲右。」則罕夷爲下軍將，梁餘子養、先丹木爲其御、右。僖八年傳云：「晉里克帥師，梁由靡御，虢射爲右。」此里克之御、右。文十一年傳云：「侯叔夏御莊叔，緜房甥爲右。」此叔孫得臣之御、右。十二年傳云：「趙盾將中軍，范無恤御戎。」此趙盾之御。則書御、右，不必國君自將也。杜注誤以爲凡書御與右，皆國君之御、右，因謂「晉人始以逆雍出軍，卒然變計立靈公，故車右、戎御猶在職」。不知傳明言「背先蔑而立靈公以禦秦師」，則是先立靈公後出師，而出師專爲禦秦，非「卒然變計」，則此御、右非晉君之御，右可知。及堇陰。堇音謹，一音靳。堇陰，晉地，當在今山西省臨猗縣東，與令狐相距不甚遠。宣子曰：「我若受秦，秦則賓也；言接受所護送之公子雍，則待秦當以賓禮。不受，寇也。若拒絶之，則當視爲敵寇。既不受矣，而復緩師，秦將生心。生心，謂將以武力强納公子雍。先人有奪人之心，先人者，争取主動之謂。争取主動，可以奪敵之戰心。軍之善謀也。逐寇如追逃，軍之善政也。」劉文淇舊注疏證云：「『先人有奪人之心』、『逐寇如追逃』，當出古軍志。」訓卒，訓卒即成十八年傳之「訓卒乘」，此不言乘而乘在其中。此爲臨戰之教訓士卒。利兵，利兵即僖三十三年傳之厲兵，以磨礪言曰厲，以鋭利言曰利，磨礪是方法，鋭利是目的，其實一也。或謂「古厲、利通用」，則未必然。秣馬，蓐食，方言：「蓐，厚也。」蓐食謂厚食。戰前必令士卒飽餐。商君書兵守篇云：「壯男之軍，使盛食厲兵，陳而待敵。壯女之軍，使盛食負壘，陳而待令。」史記項羽本紀云：「項羽大怒，曰：『旦日饗士卒，爲擊破沛公軍。』」洪亮吉詁、劉文淇舊注疏證俱謂蓐食爲夜食、早食，恐非。此從王念孫廣雅疏證、王引之經義述聞之説。潛師夜起。戊子，敗秦師于令狐，至于刳首。水經涑水注引闞駰曰：「令狐即猗氏也，刳首在西三十里。」則刳首仍當在河東晉境，當今臨猗縣西四十五里臨晉縣廢治處。

清一統志謂在今陝西省合陽縣東南者，恐非。晉師恐未嘗渡河追擊秦師。且後漢衛敬侯碑陰文云：「城惟解梁，地即郩首。山對靈足，谷當猗口。」郩首即此郩首，必不在合陽。

己丑，己丑，四月二日。先蔑奔秦，士會從之。杜注：「從郩首去也。」此亦足證明先蔑本在軍中，秦師既敗而奔，則先蔑未嘗禦秦可知。

先蔑之使也，荀林父止之，曰：「夫人、大子猶在，而外求君，此必不行。子以疾辭，若何？不然，將及。杜注：「禍將及己。」攝卿以往，攝即隱元年傳「不書即位，攝也」、僖二十八年傳「士會攝右」之攝，代理之意。攝卿，謂以大夫而暫代卿職。可也，何必子？同官爲寮，吾嘗同寮，僖二十八年，林父將中行，先蔑將左行，故云同寮。敢不盡心乎？」弗聽。爲賦板之三章，板，今在大雅。三章云：「我雖異事，及爾同寮。我即爾謀，聽我囂囂。我言維服，勿以爲笑。先民有言，詢于芻蕘。」義取同寮及他人爲謀，汝當聽之也。又弗聽。及亡，荀伯盡送其帑及其器用財賄於秦，曰：「爲同寮故也。」

士會在秦三年，不見士伯。士伯即先蔑。其人曰：其人，士會之從者。「能亡人於國，杜注：「言能與人俱亡於晉國。」不能見於此，焉用之？」杜注：「何用如此。」士季曰：「吾與之同罪，杜注曰：「俱有迎公子雍之罪。」非義之也，將何見焉？」士會素不義先蔑之爲人。及歸，遂不見。士會歸在十三年，傳乃探後言之。

七·五 狄侵我西鄙，公使告於晉。趙宣子使因賈季問酆舒，據宣十五年傳「酆舒爲政」之語。酆舒當是狄相，狄則赤狄潞氏。且讓之。責其侵魯。酆舒問於賈季曰：「趙衰、趙盾孰賢？」對曰：「趙衰，冬日之日也；趙盾，夏日之日也。」杜注曰：「冬日可愛，夏日可畏。」

七·六　秋八月，齊侯、宋公、衞侯、陳侯、鄭伯、許男、曹伯會晉趙盾盟于扈，晉侯立故也。阮刻本脫「陳侯」二字，據各本補。晉世家云：「秋，齊、宋、衞、鄭、曹、許君皆會趙盾，盟於扈，以靈公初立故也。」亦脫「陳」字。公後至，故不書所會。不書所會者，不具列諸國及卿大夫也。凡會諸侯，不書所會，後也。成十六年沙隨之會，公亦後至，然而仍書所會諸侯及卿大夫者，或以其咎不在公，故不在此例。後至，不書其國，辟不敏也。顧炎武補正曰：「公既不及於會，則不知班位之次序，故不書諸國，以避不敏。」僖二十三年傳亦言「辟不敏也」，兩義相同。

七·七　穆伯娶于莒，曰戴己，生文伯；其娣聲己生惠叔。穆伯卽公孫敖，見元年經並注。文伯、惠叔，又見元年傳并注。戴己、聲己，戴、聲俱是其謚，則春秋時，卿之夫人亦有謚。戴己卒，又聘於莒，莒人以聲己辭，言聲己當繼戴己爲室，不必另聘。則爲襄仲聘焉。襄仲卽公子遂，公孫敖之從父昆弟也，詳見僖二十六年經並注。

冬，徐伐莒，莒人來請盟，杜注：「見伐，故欲結援。」穆伯如莒涖盟，且爲仲逆。仲卽襄仲，單言其字。爲之迎莒女也。及鄢陵，鄢陵，莒邑，據顧棟高大事表，當在今山東省臨沭縣境，與成十六年鄭地之鄢陵不同。登城見之，美，自爲娶之。仲請攻之，公將許之。叔仲惠伯諫，禮記檀弓孔疏引世本云：「桓公生僖叔牙，叔牙生武仲休，休生惠伯彭，彭生皮，爲叔仲氏。」杜注云：「惠伯，叔牙孫。」曰：「臣聞之：『兵作於內爲亂，於外爲寇。寇猶及人，外寇若來，雙方皆不免傷亡，故言及人。亂自及也。』內亂作，死傷皆是一家人。今臣作亂而君不禁，以啓寇讎，國有內亂，勢必使寇讎生心。若之何？」公止之。止仲遂之攻穆伯也。惠伯成之，成之謂和解之，使勿相怨。周禮地官調人云：「凡有鬬怒者成之。」此「成之」亦此義。使仲舍之，捨莒女不娶。公孫敖反之，使莒女返莒。復爲兄弟如初。從之。杜注：「爲明年公孫敖奔莒傳。」

七·八 晉郤缺言於趙宣子曰：郤缺見僖三十三年傳。「日衛不睦，日，往日也。不睦者，謂不睦於我，意即不服于晉。與僖二十二年傳之「不睦」用法同。故取其地。衛不朝晉，晉取衛地，俱見元年傳。今已睦矣，已睦猶言已歸服。可以歸之。歸還其侵地。叛而不討，何以示威？服而不柔，柔謂懷柔之，尚書舜典「柔遠能邇」，柔字同此義。何以示懷？示懷言示惠、示恩。呂氏春秋音律篇「以懷遠方」注：「懷，柔也。」「示威」與「示懷」正相對照。非威非懷，非猶不也。尚書盤庚下「肆予冲人非廢厥謀」，不廢其謀也。又「非敢違卜」，不敢違卜也。荀子宥坐篇「芷蘭生於深林，非以無人而不芳」，孔子家語在厄篇「非」字正作「不」，尤可證。參楊樹達先生詞詮。何以示德？無德，何以主盟？子爲正卿，以主諸侯，年表云：「晉靈公夷皐元年，趙盾專政。」晉爲霸主，而趙盾專政，故云「爲正卿，主諸侯」。而不務德，將若之何？夏書曰：『戒之用休，休，美也，喜也，慶也。戒同誡。玉篇：「命也，告也。」以慶喜命之告之。董之用威，董，督也。以威刑督理之。勸之以九歌，離騷云：「啓九辯與九歌。」天問亦云：「啓棘賓商，九辯、九歌。」則九歌爲夏后啓之歌。據傳下文，九歌之內容爲「九功之德」，不知啓之九歌亦如此否。勿使壞。』以上爲夏書語，尚書僞古文作者採之與下文郤缺解釋語併以入大禹謨篇。九功之德皆可歌也，謂之九歌。郤缺釋「九歌」。六府、三事，謂之九功。又釋「九功」。水、火、金、木、土、穀，謂之六府；正德、利用、厚生，謂之三事。又釋「六府三事」。成十六年傳述申叔時之言曰：「民生厚而德正。」襄二十八年傳述晏嬰之言曰：「夫民生厚而用利，於是乎正德以幅之。」則「正德、利用、厚生」三者雖別而實相關連。義而行之，謂之德、禮。行之，行六府三事也。謂之德、禮者，謂之德亦謂之禮也。德、禮是兩詞，僖七年傳「德、禮不易」，德與禮亦是兩事。無禮不樂，無禮卽無德，此只言「禮」。樂爲音樂之樂，亦爲快樂之樂。歌是音樂；不樂，猶言無可歌者。對霸主無可歌，則虐政肆行，亦無可樂矣。所由叛也。若吾子之德，此又只言德，可見德卽禮。莫可歌也，其誰來之？杜注：「來猶歸也。」盍使睦者歌吾子乎？」宣子說之。此段當與下年傳「晉侯使解揚歸匡、戚之田于衞」連讀。

經

八年，壬寅，公元前六一九年。周襄王三十四年、晉靈二年、齊昭十四年、衞成十六年、蔡莊二十七年、鄭穆九年、曹共三十四年、陳共十三年、杞桓十八年、宋昭公杵臼元年、秦康二年、楚穆七年、許昭三年。

八·一 八年春王正月。正月初十癸亥冬至，建子。

八・二 夏四月。

八・三 秋八月戊申，戊申，二十八日。天王崩。年表謂襄王三十三年崩，周本紀則云：「三十二年，襄王崩。」實則襄王立三十四年乃死。

八・四 冬十月壬午，壬午，三日。公子遂會晉趙盾盟于衡雍。衡雍見僖二十八年傳并注。

八・五 乙酉，乙酉，六日。公子遂會雒戎盟于暴。「雒戎」，公羊作「伊雒戎」，金澤文庫本作「伊雒之戎」。釋文云：「本或作『伊雒之戎』，此後人妄取傳文加耳。」雒戎見僖十一年傳並注。暴卽成十五年傳之暴隧，本爲周室暴辛公采地，後入於鄭，當在今河南省原陽縣西舊原武縣境。衡雍與暴相距不遠，故公子遂得于盟晉之後，又會雒戎也。

八・六 公孫敖如京師，不至而復。公羊作「不至復」，無「而」字。陸淳纂例云：「還者，事畢；復者，未畢。」丙戌，丙戌，七日。奔莒。公孫敖於僖十五年帥師，計已成年，至此又二十七年，近六十矣，故六年後卽死。

八・七 螽。無傳。杜注：「爲災，故書。」餘詳桓五年經注。

八・八 宋人殺其大夫司馬。宋司城來奔。於春秋，大夫書官，此爲特例。

傳

八・一 八年春，晉侯使解揚歸匡、戚之田于衛，說苑奉使篇云：「霍人解揚字子虎，故後世言霍虎。」通志氏族略三云：「晉大夫解揚，解狐之族，其先食邑於解。」解揚又見宣元年及十五年傳。解卽今山西省故解縣（解縣今已廢，併入運城縣）。　匡、戚本衛邑，詳見文元年傳并注。**且復致公壻池之封，自申至於虎牢之竟。**韓非子亡徵篇云：「公壻、公孫與民同門，暴慠其鄰者，可亡也。」公壻爲國君之壻，杜注或本此，因謂「公壻池，晉君女壻」，其實不然。十七年傳云：「晉鞏朔行成於鄭，趙穿、公壻池爲質焉。」則趙穿與公壻池爲兩人（朱駿聲謂「趙穿名池，一人也」，不可信）。又據十二年傳「趙有側室曰穿，晉君之壻也」文，趙穿實爲晉君女壻，反不曰「公壻」，何池獨曰「公壻」？公壻亦是氏。孔子家語七十二弟子解有公祖茲，論語憲問篇有公伯寮，公祖、公伯可以爲氏，則公壻何不可爲氏？說參于鬯香草校書。竹添光鴻會箋因定五年傳楚地有公壻之谿，便謂「蓋公壻池本楚人奔晉因地爲氏者」，亦僅猜測之辭。　公壻池之封者，公壻池所定之疆界，非封公壻池之采邑。成十四年傳云：「許人平以叔申之封。」叔申之封者，鄭公孫申所定許田之疆界也。此「公壻池之封」當與彼「叔申之封」同義。說本俞樾平議。　自申至於虎牢之竟卽公壻池之封。　申，杜注：「鄭地」，據彙纂，則當在今河南省鞏縣東、滎陽西之汜水境。虎牢卽今汜水西北之成皋故城，今名上街鎮，亦卽汜水公社。　自申至於虎牢之境致與誰，古有兩說。孔疏引服虔說，以爲致之于鄭；杜注則謂「並還衛」。沈欽韓補注云：「申與虎牢皆鄭地，衛之國于帝丘，在東郡濮陽（濮陽今屬河南省安陽地區），安得其境至虎牢？傳言歸衛地，遂並及鄭。不言鄭者，以申與虎牢易明也。」顧炎武補正、洪亮吉詁說同，此說是也。于鬯香草校書謂「蓋晉先取鄭地，自申至於虎牢之境，至是以鄭地致衛，此『鄙遠』之謂也」云云，其說雖巧，終恐不合當時情勢。

八·二　**夏，秦人伐晉，取武城，**武城，晉邑，當在今陝西省華縣東北十七里。**以報令狐之役。**令狐之役在去年。

八·三 秋，襄王崩。杜注：「爲公孫敖如周弔傳。」

八·四 晉人以扈之盟來討。去年扈盟，魯文後至。冬，襄仲會晉趙孟盟于衡雍，報扈之盟也。報猶補償也。遂會伊雒之戎。書曰「公子遂」，珍之也。襄仲會趙盾，必是啣魯文之命，然會伊雒之戎，是否奉命或專斷爲之，已不可考。杜注：「伊雒之戎將伐魯，公子遂不及復君，故專命與之盟。」不知何據，恐出臆測。杜注又解「珍之」云：「珍，貴也。大夫出境，有可以安社稷、利國家者，專之可也。」「大夫出境」云云，乃公羊莊十九年傳文，蓋用公羊義釋左傳，不知合左傳本旨不。

八·五 穆伯如周弔喪，不至，不至周也。以幣奔莒，幣指穆伯所齎弔喪之禮物。從己氏焉。己氏卽本爲襄仲聘，後竟自娶，旋又遣返之莒女。詳七年傳。

八·六 宋襄夫人，襄王之姊也，禮記檀弓上云：「宋襄公葬其夫人，醯醢百甕。」是宋襄有夫人死在其生前，而此時距宋襄之死已十八年，則此蓋其繼室。昭公不禮焉。宋襄爲昭公之祖，則其夫人爲昭公之祖母。夫人因戴氏之族，據杜注，宋之華、樂、皇三氏皆戴公之後，爲戴族。以殺襄公之孫孔叔、公孫鍾離及大司馬公子卬，皆昭公之黨也。司馬握節以死，節，符節，古人用以表信。杜注：「握之以死，示不廢命。」故書以官。司城蕩意諸來奔，杜注：「意諸，公子蕩之孫。」效節於府人而出。效，致也。還其節於府人而後出奔。府人亦見昭十八年及三十二年傳。周禮有大府、內府、外府、玉府、天府、泉府諸官。胡匡衷儀禮釋官云：「春秋諸國有府人而無大府、玉府、內府、外府之官，則諸侯府人兼彼數職可知矣。」公以其官逆之，昭七年傳，鄭之罕朔奔晉，晉韓起問子產如何安置罕朔，子產答以「卿違，從大夫之位，罪人以其罪降，古之制也」云云，則主國接受奔亡之臣，依其原官降位安置之。而此次魯文于蕩意諸則不然，仍依其原官接待之。皆復之。傳言「皆」，則不止一人，故杜注謂「司城官屬悉來奔，故言皆復」。此「皆復之」，謂魯文于意諸隨從官屬皆以原官待之，與十一年傳「襄仲聘于宋，且言司城蕩意諸而復之」恐是兩事，而杜注混爲一事，謂此卽「請宋而復之」，核之文義似不確。亦書以官，皆貴之也。

八·七　夷之蒐，晉侯將登箕鄭父、先都，而使士縠、梁益耳將中軍。夷蒐見六年傳。登猶今言提升。僖三十一年清原之蒐，箕鄭父佐新上軍，先都佐新下軍，而欲登之，又非將中軍，故杜注謂「登之於上軍」。若然，七年令狐之役敍諸將佐，箕鄭已將上軍，惟先都佐下軍。箕鄭仍有怨恨者，孔疏謂「箕鄭雖得不退，及狐射姑出奔，箕鄭位次宜佐中軍，而先克代射姑，箕鄭守其故職，蓋以此而恨也」，劉文淇疏證則謂「先克之請退箕鄭、先都，傳無其說，或夷蒐時，箕鄭未卽將上軍，令狐之戰乃登之，傳文不具」。兩說皆揣測之辭，未詳孰是或俱不是。士縠本爲司空。梁益耳者，後漢書梁統傳云：「梁統，字仲寧，安定烏氏人，晉大夫梁益耳卽其先也。」注又引東觀漢記云：「其先與秦同祖，出於伯益，別封於梁。」梁履繩補釋云：「晉有梁氏，桓三年有梁弘，莊二十八年有梁五，僖三十三年有梁弘（疑別一人，非同族），昭三年有梁丙，定十三年有梁嬰父，特未詳所系。」使士縠、梁益耳將中軍者，使士縠爲中軍將，梁益耳佐之。佐亦統兵之人，故俱言將。先克曰：「狐、趙之勳，不可廢也。」杜注：「狐偃、趙衰有從亡之勳。」從之。故夷蒐使狐射姑將中軍，趙盾佐之。先克奪蒯得田於堇陰。先克時爲中軍佐，七年令狐之役，晉師先在堇陰，故杜注以爲「以軍事奪其田」，恐亦祇是推測之辭。故箕鄭父、先都、士縠、梁益耳、蒯得作亂。此章宜與明年傳「春王正月己酉使賊

以三字寫 創造勢如破竹

子曰：「所不與舅氏同心者，有如白水！」所，假設連詞，若也，誓詞中用之尤多。「有如」亦誓詞中常用語，文十三年傳「有如河」、襄二十五年傳「有如上帝」、定六年傳「有如先君」、哀十四年傳「有如陳宗」皆可證。亦作「有若」，定三年傳「有若大川」是也。「有如白水」即「有如河」，意謂河神鑒之，晉世家譯作「河伯視之」是也。哀十四年傳宋公之誓曰：「所難子者，上有天，下有先君！」亦即此意。投其璧于河。晉語四作「沈璧以質」，韋注云「因沈璧以自誓爲信」。韓非子外儲說左上載此事而過詳，說苑復恩篇亦用韓非子。

濟河，圍令狐，令狐在今山西省臨猗縣西。入桑泉，桑泉在今臨猗縣臨晉鎮之東北。取臼衰。臼衰當在山西省舊解縣治今解州鎮之西北。晉語四云：「公子濟河，召令狐、臼衰、桑泉，皆降。」韋注：「召，召其長。」二月甲午，二月無甲午，此及以下六個干支紀日，據王韜推算，並差一月。王韜且云：「晉用夏正，傳書日月或有誤耳。」晉師軍于廬柳。杜注：「懷公遣軍距重耳。」據晉語四，率師者爲呂甥、郤芮。據竹書紀年，率師者爲狐毛、先軫。然狐毛已從重耳，以晉語爲可信。廬柳，據方輿紀要，臨猗縣北有廬柳城。秦伯使公子縶如晉師。師退，軍于郇。晉師退軍于郇也。郇音荀，據一統志，在今山西省臨猗縣西南。辛丑，狐偃及秦、晉之大夫盟于郇。水經河水注引竹書紀年：「十五年，秦穆公帥師送公子重耳。涉自河曲。」又涑水注引紀年：「圍令狐、桑泉、臼衰，皆降于秦師。狐毛與先軫禦秦，至於廬柳，乃謂秦穆公使公子縶來與師言，退舍，次于郇，盟于軍。」壬寅，公子入于晉師。晉語四云：「甲辰，秦伯還。」丙午，入于曲沃。丁未，朝于武宮。武宮者，曲沃武公之廟也。晉侯每即位，必朝之。宣二年傳「趙宣子使趙穿逆公子黑臀于周而立之；壬申，朝于武宮」，成十八年傳「晉欒書使逆周子于京師而立之。庚午，盟而入。辛巳，朝于武宮。武宮在絳，蓋曲沃自武公始爲晉侯，而徙絳，故其廟在絳。晉語四作「丁未，入于絳，卽位於武宮」尤爲明證。傳不言「入於絳」者，當本之當時晉史，晉史以當時人記當時事，不言可知。王引之述聞則謂此脫去「入於絳」三字，但晉世家敍此事全本傳文，亦無「入于絳」三字，則王說不確。戊申，使殺懷公于高梁。高梁見九年傳注。年表晉文公元年，誅子圉。自令狐等三邑降，懷公卽奔高梁，見晉語四。不書，亦不告也。春秋於有世系之諸侯而不書其終者，唯衞戴公、晉懷公而已，蓋未及改元卽死，不成君也。

呂、郤畏偪，將焚公宮而弒晉侯。寺人披請見。寺人披已見五年傳並注。公使讓之，且辭焉，曰：「蒲城之役，見五年傳。君命一宿，女卽至。其後余從狄君以田渭濱，女爲惠公來求殺余，命女三宿，女中宿至。中宿，第二宿後第三日也，三宿則第四日矣。韓非子難三篇亦載此事，「渭濱」作「惠竇」，「女中宿至」作「而汝一宿」，與晉語四「若宿而至」合。雖有君命，何其速也？夫袪猶在。女其行乎！」晉語四、晉世家載此事，「寺人披」作「寺人勃鞮」，晉語四又稱「伯楚」，韋昭注謂其字。晉語二、列女傳則並作「閹楚。」對曰：「臣謂君之入也，其知之矣。杜注：「知君人之道。」若猶未也，又將及難。君命無二，古之制也。除君之惡，唯力是視。此猶竭盡己力而爲。蒲人、狄人，余何有焉？何有，古人習語，意義隨所施而異，此謂心目中無之也。下文「其無蒲、狄乎」，卽此意之正面說法。「有」與「無」正相對照。俞樾平議解「何有」爲「何愛」，誤。今君卽位，其無蒲、狄乎！齊桓公置射鉤，而使管仲相。管子小匡篇云：「公曰：『管夷吾親射寡人中鉤，殆於死，今乃用之，可乎？』」呂氏春秋貴卒篇云：「公子糾與公子小白皆歸，俱至，争先入公家。管殺先克」連讀。

九年，癸卯，公元前六一八年。周頃王元年、晉靈三年、齊昭十五年、衞成十七年、蔡莊二十八年、鄭穆十年、曹共三十五年、陳共十四年、杞桓十九年、宋昭二年、秦康三年、楚穆八年、許昭四年。

經

九・一 九年春，正月二十一日戊辰冬至，建子。有閏月。毛伯來求金。杜注：「求金以共葬事。雖踰年而未葬，故不稱王使。」周天子使魯有所求者三，此及隱三年「武氏子來求賻」，俱不書「王使」，唯桓十五年之求車，書「天王使家父來求車」，則不稱「王使」，誠如傳所云「未葬也」。求金卽求賻，求賻非禮，已見隱三年經注。宋高閌春秋集注謂「公孫敖既不至京師，魯遂不共天子之喪，故毛伯於是來求金也」，恐是想當然之辭。

九・二 夫人姜氏如齊。無傳。杜注：「歸寧。」蓋以出姜爲齊昭公之女，父母在乃歸寧也。齊昭爲齊桓之子，齊桓公死於僖十七年，距魯文之立已十八年，魯文娶其女，甚有可能。

九・三 二月，叔孫得臣如京師。辛丑，辛丑，二十四日。葬襄王。春秋書周王之葬者五，唯襄王、景王書使卿往會，他王不書，或史有闕略，或無人往，趙鵬飛春秋經筌謂「蓋使微者往」，皆已不可知。然依古禮，天子死，諸侯奔喪會葬。尚書顧命述成王之喪，「大保率西方諸侯入應門左，畢公率東方諸侯入應門右」，是周初天子之喪，諸侯畢至。隱二年傳云：「天子七月而葬，同軌畢至」，是春秋猶存此禮文。昭三十年傳，鄭游吉之言曰：「靈王之喪，我先君簡公在楚，我先大夫印段實往，敝邑之少卿也。王吏不討，恤所無也。」然則鄭簡公若在，當自往。此禮制之述諸春秋人之口者也。惟考之春秋經、傳，周王之喪，諸侯無奔喪、會葬之事，故杜預亦云「天王喪、葬，諸侯例皆不往」。至禮記王制孔疏引許愼五經異義謂「左氏說，王喪，赴者至，諸侯既哭問故，遂服斬衰，使上卿弔，上卿會葬。經書『叔孫得臣如京師，葬襄王』，以爲得禮」；又通典亦引異義云：「左氏之說，諸侯藩衞之臣，不得棄其封守，諸侯千里之內奔喪，千里之外不奔，四方不可空虛，故遣大夫也。」其所謂「左氏說」，亦祇是後儒說左氏，未必合左氏本義。

晉人殺其大夫先都。據傳在正月十八日，而經列在二月，杜注云「從告」，恐不確。疑是因魯用周正，晉用夏正之故。

三月，夫人姜氏至自齊。無傳。孔疏引蘇氏云：「夫人歸寧書『至』，唯有此耳。」

晉人殺其大夫士縠及箕鄭父。孔疏引賈逵云：「箕鄭稱『及』，非首謀。」賈蓋用穀梁義。穀梁傳云：「鄭父，累也。」累者，牽累及之，是非首謀也。然左氏上年明云「故箕鄭父、先都、士縠、梁益耳、蒯得作亂」，箕鄭父赫然首擧，其被殺非牽累及之明甚，故杜注不從，而云「與先都同罪也」。「及」字有無，不爲義例。成八年「晉殺其大夫趙同、趙括」、十七年「晉殺其大夫郤錡、郤犨、郤至」、襄十年「盜殺鄭公子騑、公子發、公孫輒」、哀四年「蔡殺其大夫公孫姓、公孫霍」，皆無「及」字。春秋殺兩人而言「及」者，僖三十年「衞殺其大夫元咺及公子瑕」，公子瑕爲元咺所奉立之君，不可不言「及」，此外，僅此與襄二十三年「陳殺其大夫慶虎及慶寅」兩例耳，傳皆無說，故杜彼注云：「言『及』，史異辭，無義例。」箕鄭稱箕鄭父，見僖十一年經注。

九・七　楚人伐鄭。傳云「楚子師於狼淵以伐鄭」，則楚師爲穆王自將可知。杜注謂「楚子不親伐」，故稱「人」，誤。春秋於宣五年以前，于楚子多稱爲楚人。

九・八　公子遂會晉人、宋人、衞人、許人救鄭。

九・九　夏，狄侵齊。無傳。

九・一〇　秋八月，曹伯襄卒。無傳。管蔡世家云：「共公襄立，三十五年，共公卒，子文公壽立。」

九・一一　九月癸酉，九月無癸酉。地震。無傳。昭二十三年經云：「八月乙未，地震。」傳云：「八月丁酉，南宮極震。」蓋乙未之地震在魯，丁酉爲乙未之第三日，其震在周。經只書「乙未地震」，不書丁酉之地震，可見春秋所書之地震皆自魯言之。說見孔廣森公羊通義。

九・一二　冬，楚子使椒來聘。「椒」，穀梁作「萩」，蓋古音相近得通，如楚大夫椒舉（見襄二十六年及昭四年諸傳），漢書古今人表作楚湫舉。椒是其人之名，不書氏，杜注以爲「史略文」。僖二十八年經云「楚殺其大夫得臣」，僖二十一年經云「楚人使宜申來獻捷」，文十年經云「楚殺其大夫宜申」。得臣氏成，宜申氏鬬，皆不書氏；蓋春秋于楚之卿大夫，成公以前多不書氏。成二年以後，始備書氏與名。

九・一三　秦人來歸僖公、成風之襚。「襚」，阮刻本作「隧」，今從金澤文庫本、宋本、岳本訂正。襚音遂，說文作「裞」，云：「贈終者衣被曰裞。」僖公、成風自是兩人，僖公與其母成風也。成風卒于文四年，僖公則卒已十年，秦人至此始來并贈以死者衣被，故曰「歸僖公、成風之襚」。隱元年經云，「天王使宰咺來歸惠公、仲子之賵」，文例與此同。傳明言「惠公、仲子」爲兩人，則此「僖公、成風」自是兩人無疑。惠棟補注謂「母以子貴，故上經書『夫人風氏』；母以子氏，故此經書『僖公成風』」，以「僖公成風」爲成風一人，誤。

九・一四　葬曹共公。無傳。

傳

九・一　九年春王正月己酉，己酉，二日。使賊殺先克。此承上年傳「故箕鄭父、先都、士縠、梁益耳、蒯得作亂」諸文句而來，不然，則誰「使賊殺先克」，主名無所得矣。乙丑，乙丑，十八日。晉人殺先都、梁益耳。

九・二　毛伯衛來求金，非禮也。杜注：「天子不私求財，故曰『非禮』。」年表云：「王使衛來求金以葬，非禮。」既用左傳，又以「求金」爲供襄王葬事，乃司馬遷之釋義。不書王命，未葬也。

九・三　二月，莊叔如周葬襄王。

九・四　三月甲戌，甲戌，二十八日。晉人殺箕鄭父、士縠、蒯得。晉殺大夫五人，經只書三人。梁益耳、蒯得不書者，非卿也。七年令狐之役，三軍將佐無士縠，但晉於將佐之外，別有散位從卿，如僖三十三年「以一命命郤缺爲卿」，亦未有軍行。況士縠官至司空，宜在卿位。說參孔疏。孔疏又云：「傳箕鄭先士縠，經士縠先箕鄭者，經以殺之先後，傳以位次序列。傳蒯得居下，知其以位次也。」

九•五 范山言於楚子曰：范山，楚大夫。范，楚邑，十年傳有「范巫矞似」，杜注「矞似，范邑之巫」可證，則范山蓋以邑爲氏。「晉君少，不在諸侯，謂其心志不在稱霸諸侯。北方可圖也。」楚子師于狼淵以伐鄭。狼淵當在今河南省許昌市西，太平寰宇記謂之狼溝，水經潩水注謂之狼陂，云：「陂南北二十里，東西十里，春秋左傳曰楚子伐鄭師于狼淵是也。」囚公子堅、公子尨及樂耳。杜注：「三子，鄭大夫。」鄭及楚平。

九•六 公子遂會晉趙盾、宋華耦、衞孔達、許大夫救鄭，據宋程公說春秋分紀世譜七，華御事（見文七年）生二子，曰耦，曰元。杜注：「華耦，華父督曾孫。」不及楚師。卿不書，經書「晉人、宋人、衞人」，不書趙盾、華耦、孔達諸卿。緩也，出師遲緩，以致救鄭而不及。以懲不恪。恪，敬也。不敬，謂執事不嚴肅認真，因而出師遲緩。

九•七 夏，楚侵陳，克壺丘，壺丘，陳邑，當在今河南省新蔡縣東南。以其服於晉也。年表云：「楚穆王八年，伐鄭，以其服晉。」然據傳，楚伐鄭，以范山之言；伐陳，以其服晉。司馬遷蓋用傳義而偶疏，或者年表「伐鄭」爲「伐陳」之誤。

九•八 秋，楚公子朱自東夷伐陳，公子朱即三年傳之息公子朱。陳人敗之，獲公子茷。茷音吠，又音貝，又音伐。公子茷當爲楚公子。顧炎武補正曰：「成十六年鄢陵之戰囚楚公子茷，距此四十四年，疑別是一人。」于鬯香草校書謂「陳人敗之」，「陳人」二字蓋衍文，此爲楚敗陳，非陳敗楚，公子茷當爲陳公子，不當爲楚公子云云，未必可信。陳懼，乃及楚平。杜注：「以小勝大，故懼而請平也。」

九•九 冬，楚子越椒來聘，杜注：「子越椒，令尹子文從子。」子越椒，即鬭椒，字子越，亦字伯棼，連字與名言之，故曰子越椒，宣四年傳可證。說參錢綺左傳札記。若敖生鬬伯比，伯比生令尹子文及司馬子良，椒則子良之子。執幣傲。叔仲惠伯曰：「是必滅若敖氏之宗。宗，族也。與宣四年傳「若敖氏之鬼不其餒而」同意。傲其先君，神弗福也。」杜注：「十二年傳曰：『先君之敝器，使下臣致諸執事。』明奉使皆告廟，故言『傲其先君』也。爲宣四年楚滅若敖氏張本。」

九・一〇 秦人來歸僖公、成風之襚，禮也。諸侯相弔賀也，雖不當事，不當事猶言不及時。以弔禮言，據隱元年傳，贈死宜及尸，弔生宜及哀。此時僖公死及十年，成風死及六年，故以「不當事」爲言。苟有禮焉，書也，以無忘舊好。禮記檀弓上敍衞「將軍文子之喪，既除喪，而後越人來弔，主人深衣練冠待於廟，垂涕洟」云云，則服終來弔與受弔，古有是禮。

十年，甲辰，公元前六一七年。周頃王二年、晉靈四年、齊昭十六年、衞成十八年、蔡莊二十九年、鄭穆十一年、曹文公壽元年、陳共十五年、杞桓二十年、宋昭三年、秦康四年、楚穆九年、許昭五年。

經

一〇・一 十年春王三月辛卯，正月初二癸酉冬至，建子。辛卯，三月二十一日。臧孫辰卒。無傳。臧孫辰卽臧文仲，莊二十八年卽爲卿，出使於齊告糴，至此五十年，蓋老死。其子許嗣爲卿，爲宣叔。杜注：「公與小斂，故書曰。」

10·二 夏，秦伐晉。

10·三 楚殺其大夫宜申。 宜申不書氏族，詳上年經注。

10·四 自正月不雨，至于秋七月。 無傳。 杜注：「義與二年同。」

10·五 及蘇子盟于女栗。 及蘇子盟者，未詳何人，疑是魯文公。 杜注：「蘇子，周卿士。」僖十年狄滅温，蘇子奔衞。此蘇子復見者，狄雖滅其采邑，蘇氏固未亡也，周王蓋復立其支子。 說詳王夫之稗疏。 女栗，不詳何地。

10·六 冬，狄侵宋。 無傳。

10·七 楚子、蔡侯次於厥貉。「厥貉」，公羊作「屈貉」，猶昭十一年左氏經之「厥慭」，公羊作「屈銀」。 據傳，次于厥貉者，尚有陳侯、鄭伯。 經不書者，孔疏引劉炫說，「以爲告文略」，理或然。 杜注：「將伐宋而未行，故書『次』。」莊三年傳云：「凡師，一宿爲舍，再宿爲信，過信爲次。」 厥貉，地名，杜注云「闕」，據彙纂說，則當在今河南省項城縣境。

傳

10·一 十年春，晉人伐秦，取少梁。 少梁卽古梁國，見桓九年傳注，僖十九年亡于秦。

10·二 夏，秦伯伐晉，取北徵。 北徵當爲晉邑。 漢書地理志上「左馮翊徵」，師古注云：「徵卽今之澄城縣是也，左傳所云『秦取北徵』謂此地耳。」年表索隱亦謂北徵「蓋今之澄城也」。 俱以北徵卽今陝西省澄城縣。 然恐晉之疆域不至此，顏師古司馬貞之言未必可信。杜注不言北徵所在，闕疑可也。唯晉世家謂「取晉之鄐」，「鄐」恐誤字。

一〇·三　初，楚范巫矞似謂成王與子玉、子西曰：范，楚邑。范邑之巫名矞似。北魏書陽固傳引陽固演賾賦云：「識同命於三君兮，兆先見於矞姒。」矞似作矞姒。劉文淇疏證云：「似、姒異文，古之巫多女，疑陽氏所稱爲古本也。」矞音聿，又音玦。「三君皆將强死。」孔疏：「强，健也。無病而死，謂被殺也。」城濮之役，王思之，故使止子玉曰：「毋死。」不及。見僖二十八年傳并注。止子西，子西縊而縣絶，縣同懸。其所繫之繩斷，故得不死。王使適至，遂止之，使爲商公。商，據杜注，當在今陝西省商縣東南之商洛鎮，然當時楚之疆境恐不至此。江永考實謂是僖二十五年傳之商密，或是也。商密當在今河南省淅川縣西南，與下傳文「沿漢泝江」之地理亦合。沿漢泝江，沿，順流；順漢水而下。泝，逆流；然後向長江上游逆水而行。將入郢。郢，楚都，卽今湖北省江陵縣北十里之紀南城。子西之入郢，蓋在爲商公之後。所以入郢者，顧炎武補正謂「欲入郢爲亂」，驗之下文，可信。王在渚宮，水經江水注云：「江陵縣城，楚船官地也。春秋之渚宮矣。」名勝志云：「渚宮，楚之别宫。梁元帝於渚宮故地修造臺榭。」宫當在今江陵縣治。下，見之。懼，子西入郢，本不欲使成王見之，不期而遇，故懼。而辭曰：辭讀爲論語季氏「必爲之辭」、宣十一年傳「猶可辭乎」之辭，以藉口而自解説也。説見陶鴻慶别疏。「臣免於死，謂自縊懸絶，王又止之。又有讒言，謂臣將逃，臣歸死於司敗也。」論語述而有「陳司敗」，定三年傳述唐人「自拘於司敗」，是知陳、楚、唐俱有司敗之官。此「歸死於司敗」，與襄三年傳「請歸死於司寇」文意同，足知陳、楚、唐之司敗卽他國之司寇。子西托辭入郢請死。王使爲工尹，杜注：「掌百工之官。」宣四年傳「蔿賈爲工正」，似工尹卽工正。宣十二年傳「工尹齊將右拒卒以逐下軍」、昭二十七年傳「工尹壽帥師至于潛」，則工尹亦可臨時統兵。又與子家謀弒穆王。「弒」，金澤文庫本作「煞」，即殺。穆王聞之，五月，殺鬭宜申及仲歸。仲歸即子家。子家被殺經不書者，杜注曰「非卿」。

10·四 秋七月，及蘇子盟于女栗，頃王立故也。

10·五 陳侯、鄭伯會楚子于息。冬，遂及蔡侯次于厥貉，將以伐宋。宋華御事曰：華御事時爲司寇，見七年傳並注。「楚欲弱我也，先爲之弱乎？弱即强弱之弱，强則抗拒之，弱則服之，故「弱我」，意謂使我服之；「先爲之弱」，意謂我先主動服之。何必使誘我？疑此誘字有逼迫之意。我實不能，民何罪？」謂我等實無能，以致楚見伐，楚軍若來，民當受災難，而民無罪也。乃逆楚子，勞且聽命。自往厥貉迎接楚穆，慰勞楚軍，且表示服從。遂道以田孟諸。引導之往孟諸田獵，孟諸即僖二十八年傳孟諸之麋，詳彼注。宋公爲右盂，鄭伯爲左盂。杜注：「盂，田獵陳名。」盂，取迂曲之義，蓋圓陣也，或曰左右和，韓非子外儲說左上，李悝與秦人戰，爲左和、右和是也。晉、宋人謂之左右甄，宋書禮志：「先獵一日，遣屯布圍，領軍將軍一人督右甄；護軍將軍一人督左甄」是也。合言之曰「雙甄」，世說新語規箴篇「桓南郡好獵，每田狩，車騎甚盛，雙甄所指，不避陵壑」是也。說詳焦循補疏及沈欽韓補注。期思公復遂爲右司馬，期思，楚邑，荀子非相篇、呂氏春秋贊能篇俱言孫叔敖即期思之鄙人，其地即今河南省固始縣西北之期思鎮。楚之縣尹例稱公，復遂乃當時期思縣尹之名。子朱及文之無畏爲左司馬，子朱即上年伐陳之帥。文之無畏即宣十四年傳之申舟。呂氏春秋行論篇、淮南子主術訓俱稱爲文無畏，梁履繩補釋云：「文蓋以謚爲氏者；申，其食邑；舟，字也；之，語辭。」據宣十五年傳，其子犀言于楚王稱「無畏知死」云云，可知無畏是其名。萬氏氏族略謂文之無畏爲楚文王之後，故梁謂「以謚爲氏」。命夙駕載燧。夙駕，早駕也。燧，燧有木燧與金燧。木燧者，鑽木取火之具，論語陽貨「鑽燧改火」是也。金燧見禮記內則，周禮秋官司烜氏亦謂之夫燧，淮南子天文訓及覽冥訓又謂之陽燧，章鴻釗石雅考定爲回光窪鏡，則向日取火之具。左傳之燧恐仍是木燧。馬宗璉補注謂「蓋將焚林而田」是也。或謂將夜獵，既夙駕矣，又將繼之以夜，恐未必然。宋公違命，無畏抶其僕以徇。抶音秩，笞擊也。僕，宋公之御。徇即僖二十八年之「徇于師」，遍示衆人也，古之田獵即軍訓，故其制同。

或謂子舟曰：子舟即文之無畏。「國君不可戮也。」戮，辱也。子舟曰：「當官而行，何彊之有？意言我當其官守，行其職責，不爲强也。或人蓋評子舟辱諸侯，太剛强，子舟則答以有何强乎。詩曰：『剛亦不吐，柔亦不茹。』詩大雅烝民句，原作「柔亦不茹，剛亦不吐」，此引句倒。定四年傳亦引此兩句，則不倒。方言：「茹，食也。」柔物不吞之，剛物不吐之，言「不侮矜寡，不畏彊禦」也。『毋縱詭隨，以謹罔極。』詩大雅民勞句。今詩「毋」作「無」，昭二十年傳引詩亦作「毋」，「縱」作「從」。詭隨爲叠韻連綿詞，不得分訓，謂譎詐欺謾之人也。說詳王引之經義述聞。罔極，今言無標準、無準則，謂言行放蕩醜惡也，與他章「無良」、「惽怓」、「醜厲」等同意。是亦非辟彊也。言詩意在不避强。敢愛死以亂官乎？」愛，惜也。不行其職責爲亂官。言不敢惜死以棄職守。杜注：「爲宣十四年宋人殺子舟張本。」

厥貉之會，麇子逃歸。麇，國名，據地理考實，今湖北省鄖縣即古麇國。御覽一六七引潁容春秋釋例謂「麇在當陽」，方輿紀要因謂麇城在當陽縣東南六十里，恐不可信。此兩句亦併下年傳「春，楚子伐麇」連讀，蓋本爲一傳，爲後人所割裂。

十有一年，乙巳，公元前六一六年。周頃王三年、晉靈五年、齊昭十七年、衞成十九年、蔡莊三十年、鄭穆十二年、曹文二年、陳共十六年、杞桓二十一年、宋昭四年、秦康五年、楚穆十年、許昭六年。

經

一一・一 十有一年春，正月十四日己卯冬至，建子。楚子伐麇。「麇」，公羊作「圈」，蓋音近得通假。

一一・二 夏，叔彭生會晉郤缺于承匡。「叔彭生」，各本均作「叔仲彭生」，衍「仲」字，今從唐石經、宋本正。漢書五行志、水經陰溝水注引亦均無「仲」字，此時尚未立叔仲氏，故但書「叔彭生」。十四年伐邾，三傳皆書「叔彭生」，尤可證。傳稱「叔仲惠伯」者，仲爲其字也。經文「仲」字蓋因傳文而誤衍。說參校勘記及錢綺札記。「承匡」阮刻本作「承筐」，「筐」乃「匡」之或體，見說文，今依唐石經、金澤文庫本、宋本。襄三十年傳亦作「承匡」。承匡，宋地，當在今河南省睢縣西三十里。

一一・三 秋，曹伯來朝。

一一・四 公子遂如宋。

一一・五 狄侵齊。

一一・六　冬十月甲午，甲午，三日。叔孫得臣敗狄于鹹。鹹，魯地，沈欽韓地名補注謂卽桓七年經之咸丘，在今山東省巨野縣南，大事表則謂在今曹縣境。總之，與僖十三年之鹹爲兩地。

傳

一一・一　十一年春，楚子伐麇。此接上文「厥貉之會，麇子逃歸」。成大心敗麇師於防渚。成大心，成得臣之子，字孫伯，見僖二十八年傳。防渚，麇地，卽今湖北省房縣。潘崇復伐麇，潘崇見元年傳。至于錫穴。錫音羊。釋文云：「或作錫。」校勘記云：「漢書地理志錫縣屬漢中郡，應劭曰：『音陽。』師古曰：『卽春秋所謂錫穴。』而後漢書郡國志又云『沔陽有鐵，安陽有錫，春秋時曰錫穴。』」又似以作「錫」爲當。錢綺札記云：「此字舊說互異，未能定其何從。然石經先於版本，班固、應劭又先於後漢志，陸氏釋文亦以『錫』爲正字，『錫』爲或作字，則作『錫』者後出，當從石本。」錫穴當是麇國都城，清一統志謂在今陝西省白河縣東，方輿紀要謂在鄖縣西北百八十里，皆據水經漢水注，地望蓋同。楚軍雖至此，今年並未滅之，十六年傳云「庸人率羣蠻以叛楚，麇人率百濮聚于選」可證。此年楚滅庸，麇恐亦難獨存。

一一・二　夏，叔仲惠伯會晉郤缺于承匡。「匡」，阮刻本作「筐」，今從唐石經、金澤文庫本。謀諸侯之從於楚者。諸侯之從於楚者，有陳、鄭、宋諸國，見九年、十年傳。

一一・三　秋，曹文公來朝，卽位而來見也。九年八月曹共公卒，文公當於去年卽位。此時來魯朝，距其父之死已過二十三月。

襄仲聘于宋，且言司城蕩意諸而復之。諸侯之卿出奔而復歸者，經或書或不書。成十四年書「衞孫林父自晉歸于衞」，十五年書「宋華元自晉歸于宋」，此書之者也；而蕩意諸之歸于宋則不書。傳言之者，爲十六年傳蕩意諸之死張本。因賀楚師之不害也。去年楚將伐宋，宋先聽命，未遭兵害。夏，叔仲惠伯會晉郤缺謀諸侯之從楚者，而襄仲反賀宋，其意可知矣。

鄋瞞侵齊，鄋音搜，又音騷。鄋瞞，據傳下文「鄋瞞由是遂亡」之語，當是國名。說文云「鄋，北方長狄國也，在夏爲防風氏，在殷爲汪芒氏」云云，洪亮吉詁因謂鄋爲國號，瞞或其君之稱。不合傳旨。陶正靖春秋說謂「鄋瞞者，狄之種名，猶後世之部落云爾。僑如等則其酋長云爾」云云，其說可存。蓋春秋時所謂蠻夷戎狄，其文化較中原諸侯爲落後，其國實卽部落，但杜注左氏皆謂之爲國云。據山海經大荒北經、孔子世家及說苑辨物篇，鄋瞞爲釐姓。魯語下及杜注作漆姓者，「漆」當作「淶」字之誤也，說參王引之國語述聞及黃丕烈國語札記。鄋瞞國土，據方輿紀要謂在今山東省境。段玉裁說文注則據說文以「鄋」字厠涿郡北地之下，謂許慎之意其地在西北方，非在山東。疑不能明。遂伐我。孔疏引服虔云：「伐我不書，諱之。」然經書「敗狄于鹹」，卽包括狄之見伐。公卜使叔孫得臣追之，吉。侯叔夏御莊叔，莊叔卽得臣。緜房甥爲右，富父終甥駟乘。古代兵車一般乘三人，此則四人共乘，其第四人曰駟乘，職則爲車右之副手。冬十月甲午，敗狄于鹹，獲長狄僑如。「僑如」，金澤文庫本作「喬如」，魯世家亦作「喬如」。狄有赤狄、白狄與長狄，長狄爲狄之一種。魯語下云：「吳伐越，墮會稽，獲骨焉，節專車。吳子使來好聘。客執骨而問曰：『敢問骨何爲大？』仲尼曰：『丘聞之，昔禹致羣神於會稽之山，防風氏後至，禹殺而戮之，其骨節專車，此爲大矣。』客曰：『敢問誰守爲神？』仲尼曰：『山川之靈足以紀綱天下者，其守爲神。社稷之守者爲公侯，皆屬於王者。』客曰：『防風何守也？』仲尼曰：『汪芒氏之君也，守封、嵎之山者也，爲漆姓，在虞、夏、商爲汪芒氏，於周爲長狄，今爲大人。』客曰：『人長之極幾何？』仲尼曰：『僬僥氏長三尺，短之至也；長者不過十之，數之極也。』」此事頗怪誕，決非信史。後人據此因謂長狄之人極長大，穀梁傳竟謂「長狄也，弟兄三人，佚害中國，瓦石不能害。叔孫得臣，最善射者也。射其目，身橫九畝。斷其首而載之，眉見於軾」，何休公羊注謂「蓋長百尺」，益不足爲信史。清人任泰質疑竟因以計算車高、人高及戈長以説明能摏長狄之喉，尤可笑。

富父終甥摏其喉以戈，殺之。

摏音春，杜注：「摏猶衝也。」此讀「摏其喉以戈」爲句，「殺之」爲句，蓋謂以戈衝其喉，然後殺之。禮記學記鄭玄注云「從讀如富父春戈之春」，是鄭玄亦從此讀。或曰，戈爲勾兵或啄兵，非刺兵，用以撞擊非其所宜。不知戈雖非刺兵，然古人言戈戟不盡分別，戟爲戈矛合體，刺、勾、啄三用之器，故戟有時亦謂之戈，襄二十八年傳云：「盧蒲癸、王何執寢戈，盧蒲癸自後刺子之，王何以戈擊之，解其左肩。」此寢戈蓋亦戟，不然，不能「自後刺」也。昭元年傳云：「子南知之，執戈逐之，及衝，擊之以戈。」此戈亦當是戟。若讀「摏其喉」句，「以戈殺之」句，則「殺之」始用「戈」，「摏其喉」者，不知其爲何種兵器矣。

埋其首於子駒之門。

金澤文庫本作「子駒之北門」，衍「北」字。御覽三五一引傳「門」上亦衍「北」字。惠棟補注曰：「王符潛夫論，魯之公族有子駒氏，以人氏其門者，猶哀十一年黨氏之溝。」沈欽韓補注引山東通志曰：「魯郭門北面三門，最西爲子駒門。」則子駒之門爲魯北郭之西門，顧棟高大事表七之一則謂「西郭門曰子駒之門」。

以命宣伯。

命，名之也。宣伯卽叔孫得臣之子叔孫僑如，得臣既獲長狄僑如而殺之，因以「僑如」之名名其子，定八年傳所謂「待事而名之」也。襄三十年傳説此事云：「狄伐魯，叔孫莊叔於是乎敗狄于鹹，獲長狄僑如及虺也、豹也，而皆以名其子。」是得臣所獲者三人，而皆以名其三子。孔疏云：「此三子未必同年而生，或生訖待事，或事後始生，欲以章己功，取彼名而名之也。」以所獲敵人之名名己子，杜注謂「以旌其功」，可信。于鬯香草校書謂「實借敵人之名爲厭勝之具」，因曲解下文「皇父之二子死焉」句，臆說不足信。

初，宋武公之世，鄋瞞伐宋。孔疏曰：「史記十二諸侯年表，宋武公卽位十八年，以魯惠公二十一年卒，卒在春秋前二十六年，不知鄋瞞以何年伐宋也。」司徒皇父帥師禦之。耏班御皇父充石，皇父充石卽司徒皇父。司徒，其官；皇父，其字；充石則其名也。杜注：「皇父，戴公子。」公子穀甥爲右，司寇牛父駟乘，以敗狄于長丘，張華博物志云：「陳留封丘有狄溝，春秋之長丘也。」則今河南省封丘縣南舊有白溝，今已湮，當爲長丘故址，于春秋爲宋邑。劉文淇疏證曰：「魯世家說宋敗狄事與傳同，年表以宋『敗長翟長丘』亦在魯文公十一年，誤。」獲長狄緣斯。杜注：「緣斯，僑如之先。」皇父之二子死焉，此二句舊有三解，俱見孔疏。馬融以爲皇父之二子在軍，爲敵所殺。名不見者，方道二子死，故得勝之。如令皆死，誰殺緣斯？此說於字面雖可通，但與上下文義無關聯，雖似是而實非。鄭衆以爲穀甥、牛父死耳，皇父不死。此說以「二子」指穀甥、牛父，但仍解「之」爲「的」，但穀甥、牛父實非皇父之子，卽于文字亦嫌不順，故不可取。賈逵云：「皇父與穀甥、牛父三子皆死。」服虔云：「下言宋公以門賞耏班，班爲皇父御而有賞，三子不見賞，疑皆死，賈君近之。」則解「之」爲「與」，謂皇父與二子皆死，二子指穀甥、牛父，因與下文獨賞耏班連繫，此說是也。王引之經傳釋詞云：「之猶與也。書立政，『惟有司之牧夫』，謂有司與牧夫也。考工記梓人，『作其鱗之而』，謂作其鱗與而也。文十一年左傳『皇父之二子死焉』，言皇父與此二子皆死也。」宋公於是以門賞耏班，使

食其征，謂之耏門。 門謂城門，此耏班所食者爲城門之稅，非關稅也。周禮地官司門云：「幾出入不物者，正其貨賄。」鄭注云：「正讀爲征，征稅也。」是城門有征也。司關云：「掌其治禁與其征廛。」是關卡之征也。昭二十年傳云：「偪介之關暴征其私。」亦關稅也。司關又云：「國凶札，則無關門之征。」謂關之征門之征俱免也。則門征、關征分別甚明，此言門而不及關，下文又言「謂之耏門」，則爲城門之征明甚。說詳江永周禮疑義舉要、王引之經義述聞。

晉之滅潞也，獲僑如之弟焚如。 潞卽宣十五年經之潞氏，詳彼注。據左傳，晉之滅潞在宣十五年。劉文淇疏證引朱駿聲云：「晉之滅潞，當亦在春秋前，非宣十五年之赤狄潞氏也。」此說不可信。蓋自魯隱元年迄今已一百餘年，若僑如之弟被俘于一百餘年前，其兄今始被殺，決無是理。此段蓋續前言之，與上文「初」字不接。**齊襄公之二年，鄋瞞伐齊。齊王子成父獲其弟榮如。** 齊襄公之二年，魯桓公之十六年，下距宣十五年焚如之被獲一百零三年，亦決無是理。魯世家作「齊惠公二年」，齊世家及年表同，則魯宣公之二年，三兄弟之先後被獲，相距不甚遠，則合情理。此「齊襄公」之「襄」字，當從史記改作「惠」。阮芝生亦主此說。呂氏春秋勿躬篇及管子、說苑、新序諸書並有王子成父，韓非子外儲說左下又作公子城父，蓋齊襄公舊臣，齊桓公用之者。馬宗璉補注、梁履繩補釋俱以此王子成父當之，自不確。**埋其首於周首之北門。** 周首，齊邑，當在今山東省東阿縣東。**衞人獲其季弟簡如。** 杜注謂「伐齊退走，至衞見獲」，此說可信。魯世家集解引服虔說，謂「獲與僑如同時」，與上文義不接，恐非。**鄋瞞由是遂亡。** 錢綺札記云：「傳蓋因得臣敗狄而終言之，若追敍前事，不當云『遂亡』也。」

郕大子朱儒自安於夫鍾， 杜注：「安，處也。夫鍾，郕邑。」郕見隱五年經並注，又見莊八年經傳。夫鍾，已見

二一·六

桓十一年經並注。國人弗徇。杜注：「徇，順也。」此章當與下年傳「春，郕伯卒」連讀，或本是一傳。

十有二年，丙午，公元前六一五年。周頃王四年、晉靈六年、齊昭十八年、衞成二十年、蔡莊三十一年、鄭穆十三年、曹文三年、陳共十七年、杞桓二十二年、宋昭五年、秦康六年、楚穆十一年、許昭七年。

經

一二·一 十有二年春王正月，正月二十四日甲申冬至，建子，有閏月。郕伯來奔。

一二·二 杞伯來朝。參見僖二十七年傳並注。

一二·三 二月庚子，庚子，十一日。子叔姬卒。書「子叔姬」者，明其已嫁也。十四年書「齊人執子叔姬」、宣五年書「齊高固及子叔姬來」可證。若未嫁之女，則不冠以「子」字，僖九年書「伯姬卒」，蓋未適人者也。由此以知傳文之確，而公羊謂「此未適人」、穀梁謂「許嫁以卒之」之非。

一二·四 夏，楚人圍巢。書序云：「巢伯來朝，芮伯作旅巢命。」則巢爲殷商舊國。一九七七年四月于陝西周原遺址所發現周初卜辭，其一一〇號卜甲云「征巢」，可爲實證。水經沔水注謂「巢，羣舒國也」，則爲偃姓。今安徽省巢縣東北五里有居巢故城址，當即古巢國。高士奇地名考略云：「成七年，吴始伐楚伐巢；十七年，舒庸道吴人圍巢；襄二十五年，吴子伐楚，門于巢；昭四年，薳啓彊城巢；五年，楚使沈尹射待命于巢；二十四年，吴滅巢。二十五年，楚使熊相禖郭巢，蓋巢已亡，而楚欲據其地也。史記，吴公子光六年大敗楚軍於豫章，取楚之居巢而還，自是巢入于吴矣。」

一二・五 秋，滕子來朝。

一二・六 秦伯使術來聘。「術」，公羊作「遂」，漢書五行志中之上同。術與遂，古音近，可通假。

一二・七 冬十有二月戊午，戊午，四日。晉人、秦人戰于河曲。河曲，晉地，當在今山西省永濟縣南，黄河自此折而東，故曰河曲。

一二・八 季孫行父帥師城諸及鄆。「鄆」音運，公羊作「運」，同音假借。春秋書城築者二十九次，惟此及襄十五年城成郛、哀三年城啓陽，書「帥師」。諸，見莊二十九年經並注。魯有兩鄆，東爲東鄆，昭元年傳云：「莒、魯争鄆，爲日久矣。」此時屬魯，故季孫帥師城之。必帥師者，備莒以兵來争也。穀梁傳謂「稱『帥師』，言有難也」，恐未必然。成九年楚伐莒，「莒潰，楚遂入鄆」，襄十二年，「莒人伐我東鄙，圍台，季武子救台，遂入鄆，取其鐘以爲公盤」，則其時鄆在莒矣。家鉉翁春秋詳説謂「鄆有三，莒之别邑亦曰鄆」，則成九年及襄十二年之鄆另是一鄆，恐不確。昭元年三月魯復取鄆。諸及鄆皆與莒相鄰。鄆當在今山東省沂水縣東北五十里。西鄆見成四年經並注。

傳

一二・一 十二年春，郕伯卒，郕人立君。此當承上年傳末章「郕大子朱儒自安于夫鍾，國人弗徇」連讀，則郕人之所以更立君者，由太子自安于他邑而國人不順之。大子以夫鍾與郕邽來奔。邽音圭。御覽一四六引服虔云：

「郕邽亦邑名，一曰郕邦之寶圭，大子以其國寶與地夫鍾來奔也。」然則「郕邽」有兩解，杜預蓋以下文「不書地」云云，只言「地」，不言「寶」，故取服前說，而云「郕邽亦邑」，其實恐不確。高士奇地名考略云：「鄭穆公妾曰圭嬀，疑圭亦小國，郕併之而加邑爲邽，左傳繫之以郕曰郕邽，所以別於秦武所伐之邽也。」此說亦可疑。即據高說，郕果滅圭，必在此年之前，而「圭嬀」之稱則在此後，而見于襄十九年傳，則圭未必爲郕所滅。郕邽仍以解爲郕國之寶爲宜。邽即圭，疑本作圭，自杜注誤從「邑名」之解，而後世傳寫者遂加邑作「邽」。古者器物之貴者，恒以國繫，如尚書顧命稱越玉、夷玉，禮記明堂位稱崇鼎、貫鼎，傳稱紀甗、莒鼎，此「郕圭」亦其一例。說參王引之述聞、朱緒曾經說卷四及李貽德輯述。至楊寬古史新探疑爲郕國命珪，則乏確據。郕國之事此後再無記載，或不久即爲魯國所吞併。公以諸侯逆之，非禮也，郕太子實非君，而魯文以諸侯之禮接待之，故傳曰「非禮」。故書曰「郕伯來奔」。不書地，尊諸侯也。杜注：「既尊以爲諸侯，故不復見其竊邑之罪。」

一二·二 杞桓公來朝，始朝公也。杜注：「公即位始來朝。」且請絕叔姬而無絕昏，公許之。絕叔姬者，使叔姬大歸，脫離其婚姻關係也。無絕婚者，成五年經有「杞叔姬來歸」之文，是另一叔姬爲杞夫人也。杜注謂「立其娣以爲夫人」，如確，則成五年之叔姬爲此叔姬之娣。孔疏引釋例云：「杞桓公以僖二十三年即位，襄六年卒，凡在位七十一年。文、成之世，經書叔姬二人，一人卒，一人出，皆杞桓公夫人也。」據傳文推之，可信。陸淳春秋集傳辨疑引啖助說、家鉉翁春秋詳說以及顧棟高大事表子叔姬卒論皆疑此，無確證，蓋不足信。

二月，叔姬卒。不言「杞」，絕也。書「叔姬」，言非女也。非女者，謂其已嫁。

一二・三　楚令尹大孫伯卒，大孫伯卽成大心。成嘉爲令尹。杜注：「若敖曾孫子孔。」程公説春秋分記世譜七云：「得臣之後爲成氏，生二子，曰大心，曰嘉。」則成嘉亦子玉之子，孫伯之弟。羣舒叛楚，羣舒見僖三年經注。夏，子孔執舒子平及宗子，古人名「嘉」者多以「孔」爲字，如桓二年傳宋有孔父嘉，説詳王引之名字解詁。舒子平者，平爲舒子之名，春秋于所謂「蠻夷」之君多以「子」稱之。宗爲國名，宗子者，宗國之君也。宗國之地，杜注未言，顧棟高大事表謂在今安徽省舒城縣及廬江縣東之古龍舒城之間，雖無確證，羣舒之地固在今安徽省舒城以及廬江縣巢縣一帶，宗國當亦在其間。遂圍巢。巢見經注。

一二・四　秋，滕昭公來朝，亦始朝公也。此承上「始朝公」言之，故用「亦」字。

一二・五　秦伯使西乞術來聘，且言將伐晉。襄仲辭玉，玉乃使者所齎之國寶，若圭、璋之屬以爲聘禮者。據儀禮聘禮「賓襲執圭，擯者入告，出，辭玉」之文，則使者至于所聘國廟門内之中庭，必舒其上服之袒以掩其中衣（卽所謂襲），執圭；上擯乃入以告其君，然後出，辭不受圭。則辭玉爲聘禮中應有之儀節。杜注謂「不欲與秦爲好，故辭玉」，恐非傳旨。説本沈欽韓補注。襄仲辭玉，據聘禮，則時爲上擯。擯者，主國之君所使出招待賓客之人。擯有上擯、承擯、紹擯之別。聘禮云：「卿爲上擯，大夫爲承擯，士爲紹擯。」曰：「君不忘先君之好，照臨魯國，鎭撫其社稷，重之以大器，杜注：「大器，圭、璋也。」寡君敢辭玉。」對曰：「不腆敝器，杜注：「腆，厚也。」不足辭也。」主人三辭。主人指襄仲。賓答曰：「答」，阮刻本誤作「客」，依石經、金澤文庫本及校勘記改正。賓卽西乞術。「寡君願徼福于周公、魯公以事君，徼音驍，要也，求也。周公，姬旦；魯公，其子伯禽。此當時常用辭令，如宣十二年傳「徼福於厲、宣、桓、武」，成十三年傳「而欲徼福於先君獻、穆」，昭三年傳「徼福於大公、丁公」，三十二年傳「徼文、武之福」，「今我欲徼福假靈于成王」，哀二十四年傳「寡君欲徼福於周公」，皆是也。**不腆先君之敝器，**杜注：「出聘必告廟，故稱先君之器。」或曰：「使臣所執圭，亦傳自先君，故以先君爲言。」**使下臣致諸執事，以爲瑞節，**杜注：「節，信也。」**要結好命，**要，約也。要結爲同義詞連用。好命謂友好之命。**所以藉寡君之命，**古人致送禮物必有藉，藉者，薦也，謂以物襯墊之也。執玉固有藉，然此乃言致玉者，用以藉寡君之命也，極言其意義重大，不得辭之。**結二國之好，是以敢致之。」襄仲曰：「不有君子，其能國乎？國無陋矣。」**楊樹達先生讀左傳曰：「『國無陋』與哀二年傳『國無小』義同。彼言鄭國雖小，而有善射者；此言秦國雖僻陋在夷，而有君子也。」**厚賄之。**杜注：「賄，贈送也。」依聘禮有還玉及賄禮，此不言還玉，或視爲當然而省略之。據傳文，「之」指西乞術，則厚賄爲厚贈使者，與聘禮之「重賄」爲報聘君者不同。說見胡培翬儀禮聘禮正義。

秦爲令狐之役故，令狐之役在七年。**冬，秦伯伐晉，取羈馬。**羈馬，晉邑，據太平寰宇記，當在今山西省永濟縣南三十六里。但元和郡縣志云：「羈馬故城在同州郃陽縣東北二十六里。」則在今陝西省合陽縣東北，然此乃秦之羈馬故城，非晉之羈馬。下文云「薄諸河」，則是秦師已渡河，羈馬在河東，不在河西，決可知矣。合陽有羈馬者，江永考實云：「成十三年傳云，『俘我王官，翦我羈馬』，蓋秦遷其民於河西，是以澄城亦有王官，郃陽亦有羈馬耳。」其言不爲無理。**晉人禦之。趙盾將中軍，荀林父佐之。**杜注：「林父代先克。」晉將帥之更易可參七、八、九年諸傳。**郤缺將上軍，**杜注：「代箕鄭。」郤缺見僖三十三年傳。**臾駢佐之。**杜注：「代林父。」臾駢亦見文六年傳。**欒盾將**

下軍，杜注：「欒枝子，代先蔑。」胥甲佐之。杜注：「胥臣子，代先都。」胥甲，宣元年經、傳皆稱胥甲父，則甲父其字也。范無恤御戎，杜注：「代步招。」以從秦師于河曲。

臾駢曰：「秦不能久，請深壘固軍以待之。」深，高也，說見莊二十六年傳注。深壘，高其壁壘也。軍營所處，築土自衞，謂之壘也。從之。

秦人欲戰。秦伯謂士會曰：晉之士會七年奔秦，此時爲秦軍謀士。「若何而戰？」意謂應採取如何措施，始可以打破晉「深壘固軍」之局面，而得誘使晉軍出戰。對曰：「趙氏新出其屬曰臾駢，必實爲此謀，將以老我師也。杜注：「臾駢，趙盾屬大夫，新出佐上軍。」趙有側室曰穿，側室有二義，一爲官名，一爲支子，詳見桓二年傳注。古書言趙氏世系者頗多歧異，以趙夙與趙衰之關係論，晉語謂爲兄弟，世本謂爲父子，史記謂爲祖孫，閔元年傳注已略論之。此既從惠棟補注之說，定之爲父子，則趙盾爲趙夙之孫。而杜預此注云：「穿，趙夙庶孫。」則於趙盾爲從父兄弟。晉世家「盾昆弟將軍趙穿」，亦可證。雷學淇校輯世本于此頗有考證，可參看。晉君之壻也，此時晉君爲靈公，年尚幼稚，不當有壻，自指晉襄。有寵而弱，有寵，謂趙盾寵之。杜注：「弱，年少也。」十四年「穀之子弱」，成二年「二君弱」，弱皆此義。不在軍事；尚書舜典：「在璿璣玉衡以齊七政。」注云：「在，察也。」故杜注云「又未常涉知軍事」，以「涉知」解「在」，可信。此與九年傳「不在諸侯」，句法雖同，而字義不同。參焦循補疏。好勇而狂，狂，狂妄。且惡臾駢之佐上軍也。因惡臾駢，故秦軍獨掩上軍，故趙穿反對「薄諸河」之謀。若使輕者肆焉，隱九年傳云「使勇而無剛者嘗寇而速去之」，即此意。「輕者」即「勇而無剛者」。肆，詩大雅皇矣：「是伐是肆。」毛傳云：「肆，疾也。」鄭箋云：「肆，犯突也。」杜此注云：「肆，暫往而退也。」三義相近，可以互爲補充。其可。」秦伯以璧祈戰于河。杜注：「禱求勝。」

十二月戊午，秦軍掩晉上軍。掩卽肆也。獨掩晉上軍者，臾駢在上軍，秦固以此激趙穿也。趙穿追之，杜注：「上軍不動，趙穿獨追。」不及。反，怒曰：「裹糧坐甲，坐甲有二解，孔疏：「甲，臨敵則被之於身；未戰，且坐之於地。」竹添光鴻會箋：「藉甲而坐之以待敵，使及敵至可亟擐也。」此皆以「坐甲」爲未着甲。惠棟補注云：「昭二十七年傳云，吳王使甲坐於道，故云『坐甲』。」沈欽韓補注云：「言被甲而坐，不時脱也。」此皆以「坐甲」爲已着甲。成二年傳云：「擐甲執兵，固卽死也。」句義句法與此相近，亦以已着甲爲言，則後説較確。固敵是求。敵至不擊，將何俟焉？」軍吏曰：「將有待也。」上文云「請深壘固軍以待之」，兩待字相應。穿曰：「我不知謀，將獨出。」乃以其屬出。趙穿雖非軍帥，但以卿位而在軍中，必有其所統率之士卒。宣子曰：「秦獲穿也，此是假設句，恐趙穿之獨出而敗也。獲一卿矣。杜注云：「僖三十三年，晉侯以一命命郤缺爲卿，不在軍帥之數，然則晉自有散位從卿者。」是以趙穿實爲卿。沈欽韓補注云：「以趙穿爲公壻，其貴重如卿，故以見獲爲憂，趙穿此時非卿。」若穿非卿，盾不當如此言，沈駁恐非是。秦以勝歸，我何以報？」報，回報國人。乃皆出戰，交綏。俞樾平議曰：「綏與退古同聲，交綏卽是交退，乃古文同聲假借之常例。」杜注：「司馬法曰：『逐奔不遠，從綏不及。逐奔不遠則難誘，從綏不及則難陷。』然則古名退軍爲綏。秦、晉志未能堅戰，短兵未致争而兩退，故曰交綏。」三國志武帝紀引司馬法「將軍死綏」，注引魏書曰：「綏，卻也。」

秦行人夜戒晉師曰：戒，告請也。「兩君之士皆未憖也，憖，肯也，願也。此言日中雙方退軍，兩國之士皆未快意，故請明日相戰。杜注謂「憖，缺也」，方言云「憖，傷也」，皆與此文義不協。說參段玉裁說文注。明日請相見也。」臾駢曰：「使者目動而言肆，杜注：「目動，心不安；言肆，聲放失常節。」懼我也，將遁矣。薄諸河，薄，迫也。必敗之。」胥甲、趙穿當軍門呼曰：軍門，營門也。當軍門，阻止晉軍出迫秦軍。「死傷未收而棄之，秦軍掩晉上軍以及皆出戰，雖未大戰，亦有死傷。古者軍非大敗，必收其死傷，此時晉軍未及收其死傷，聞使者言便擬出擊也。不惠也。不待期而薄人於險，秦約明日相見，而晉軍當夜出，故云「不待期」。迫秦軍於河，故云「於險」。無勇也。」乃止。宣元年晉討此役之不用命者，放胥甲，而于趙穿無討，蓋趙穿有寵故也。秦師夜遁。年表于秦、晉兩敍此事，皆與傳合。而秦本紀云：「六年，秦伐晉，取羈馬。戰于河曲，大敗晉軍。」晉世家云：「六年，秦康公伐晉，取羈馬。晉侯怒，使趙盾、趙穿、郤缺擊秦，大戰河曲，趙穿最有功。」又與傳文違異。說苑至公篇述此事，大體與傳同，唯趙穿誤作趙盾。復侵晉，入瑕。瑕見僖三十年傳並注。

一二·七　城諸及鄆，書，時也。

十有三年，丁未，公元前六一四年。周頃王五年、晉靈七年、齊昭十九年、衞成二十一年、蔡莊三十二年、鄭穆十四年、曹文四年、陳共十八年、杞桓二十三年、宋昭六年、秦康七年、楚穆十二年、許昭八年。

經

一三·一　十有三年春王正月。正月初五己丑冬至，建子。

一三·二　夏五月壬午，王韜云：「五月無壬午，在前月之晦。」或王氏誤推。杜氏無注，則其長曆五月有壬午。陳侯朔卒。無傳。陳共公也。以僖二十九年即位。不書葬，蓋魯未會葬。

一三·三　邾子蘧蒢卒。蘧蒢音渠除。公羊、穀梁俱從竹作「籧篨」。說文艸部，蘧與蒢，是不同之兩物；而竹部，籧篨爲粗竹席，是一物。此蓋假物爲名，當以從竹者爲正。凡隸書從竹之字多變從艸，此作「蘧蒢」或由隸變。說參趙坦異文箋、臧壽恭古義。孔疏云：「蘧蒢，邾子瑣之子也。莊二十九年即位，僖元年與魯盟于犖。」

一三·四　自正月不雨，至于秋七月。無傳。杜注：「義與二年同。」

一三·五　大室屋壞。「大」，公羊作「世」。惠棟公羊古義云：「公羊皆以『世』爲『大』，如衞『大叔儀』爲『世叔齊』，宋『樂大心』爲『樂世心』。」大室，賈逵、服虔、杜預皆以爲「大廟之室」，其說是也。大廟者，周公之廟。大室者，大廟當中之室。尚書洛誥「王入大室裸」，昭十三年傳「埋璧於大室之庭」，禮記月令「天子居大廟大室」，皆可以爲證。公羊、穀梁謂爲世室，乃魯公伯禽之廟，不足據。大室之制爲二層，屋上有屋，古謂之重屋。此言「屋壞」，意謂其上之屋壞，非全壞也。

一三·六　冬，公如晉。衞侯會公于沓。公羊「會」下無「公」字，疑脫。杜注：「沓，地闕。」徐卓經義未詳說云：「魯都兗州，晉都平陽，鄭、衞相錯于晉、魯之間。魯公如晉，必歷鄭、衞之郊。鄭伯會公於棐，亦請平於晉，杜注：『棐，鄭地。』

則衞侯會公于沓，請平于晉，沓當在衞地。」

一三・七 狄侵衞。無傳。

一三・八 十有二月己丑，十二月無己丑。包慎言春秋公羊傳曆譜疑爲「乙丑」之誤，則爲十六日。公及晉侯盟。

一三・九 公還自晉，鄭伯會公于棐。穀梁作「還自晉」，無上「公」字，蓋連「公及晉侯盟」爲文，承上而省。「棐」，公羊作「斐」，皆從非聲，故可通假。杜注：「棐，鄭地。」當卽宣元年及襄三十一年傳之棐林，在今河南省新鄭縣東二十五里。

傳

一三・一 十三年春，晉侯使詹嘉處瑕，杜注：「詹嘉，晉大夫，賜其瑕邑。」成元年傳謂詹嘉爲瑕嘉，則瑕爲詹嘉之采邑，故杜注云「賜其瑕邑」。以守桃林之塞。桃林塞在今河南省靈寶縣閿鄉以西，接陝西潼關界。瑕在今山西省芮城南，與桃林隔河相對，故處瑕卽可守桃林，以遏秦師之東向。顧炎武日知錄三十一謂瑕胡音同，卽漢書地理志之湖，爲今河南省閿鄉，閿鄉卽今河南虢略鎭。沈欽韓地名補注亦謂瑕在河南陝縣西南，皆相距不遠。

一三・二 晉人患秦之用士會也，夏，六卿相見於諸浮。孔疏：「六卿在朝，旦夕聚集，而特云『相見於諸浮』者，將欲密謀，慮其漏泄，故出就外野，屏人私議。諸浮當是城外之近地耳。」趙宣子曰：宣子，趙盾。「隨會在秦，隨會卽士會，詳僖二十八年傳注。賈季在狄，賈季奔狄，見六年傳。難日至矣，若之何？」中行桓子曰：杜注：

「中行桓子，荀林父也。僖二十八年始將中行，故以爲氏。」「請復賈季，能外事，孔疏：「賈季本是狄人，能知外竟之事。」且由舊勳。」由，用也。舊勳指其父狐偃，於文公有大功。郤成子曰：成子，郤缺。「賈季亂，亂指其好爲亂，如六年使人召公子樂欲立之。且罪大，杜注：「殺陽處父故。」亦見六年傳。不如隨會。能賤而有耻，柔而不犯；能字爲助動詞，直貫兩句。邵寶左觿謂能字屬上讀，「不如隨會能」句絶，能言才也，恐誤。顧炎武補正駁之云：「以傳上文證之，『能外事』，兩『能』字並相比。」其説是也。俞樾平議又謂「能與耐古字通，能賤猶曰耐賤」云云，亦不可信。蓋士會本士蔿之孫，家本貴族，非素賤者，不得云其耐賤也。其知足使也。知同智。且無罪。」

乃使魏壽餘僞以魏叛者，魏見桓三年傳注。閔元年傳云：「晉侯作二軍，以滅魏。賜畢萬魏。」則魏壽餘乃畢萬之後。孔疏云：「魏犨者，萬之孫，爲魏之世適。壽餘爲魏邑之主，當是犨之近親。」以誘士會。執其帑於晉，使夜逸。魏壽餘僞欲以魏叛，故晉人僞執其妻子歸于晉，而復使之夜晚逃逸。請自歸于秦，魏壽餘逃而至秦，請于秦，率魏邑并其臣民歸附于秦。秦伯許之。杜注：「許受其邑。」馬王堆三號墓出土帛書春秋事語云「晉獻公欲得隨會也，魏州余請召之，乃令君羊（佯）囚己，斬桎瑜（踰）□□□□□□曉朝曰：『魏州余來也台（殆）□□隨會也，君弗許也。』丞（州）余果與隨會出，曉朝熷（贈）之以曰□吾熷子。毋以秦□□人，吾謀實不用□□□□吏□王聞之（以下殘缺甚多）二子畏亓（其）後事，必謀危之。□□會果使諜毚（讒）之曰：『是知余事，將因我干晉。』秦大夫信之，君殺曉朝。」此段大體同於左傳，唯此非晉獻公時事。繞朝被讒殺，亦不見傳。履士會之足於朝。不便相語，暗中躡其足以示意。秦伯師于河西，秦、晉此時以黄河爲界。説詳顧棟高大事表八上。秦在黄河之西，率軍將取魏。魏人在東，魏在黃河東，故魏人在東。壽餘曰：「請東人之能與夫二三有司言者，吾與之先。」此卽是誘士會計策之關鍵部分。「東人」卽指晉國人，因晉在秦之東也。二三有司謂魏邑之臣吏。晉人在秦而能與魏吏之有關官吏相言語者，除士會外，恐難有他人。不明言士會者，恐啓秦之疑也。與之先者，先渡黃河而去魏，卽適晉也。使士會。秦伯使士會。士會辭，曰：「晉人，虎狼也。若背其言，臣死，妻、子爲戮，無益於君，不可悔也。」士會已知魏壽餘之意，但恐歸晉後，其妻子爲秦殺戮，故作此言，示己無去意。秦伯曰：「若背其言，若晉背其言。所不歸爾帑者，有如河！」上文士會云「妻、子爲戮」，此言「歸爾帑」，足見帑卽妻、子。以帑爲子非全義。乃行。繞朝贈之以策，繞朝，秦大夫。策有二義，一爲策書，卽簡策之策；一爲馬檛，卽鞭策之策。服虔主前一義，杜預主後一義。劉勰文心雕龍書記篇云：「春秋聘繁，書介彌盛。繞朝贈士會以策，子家與趙宣以書。」則用服義。曰：「子無謂秦無人，吾謀適不用也。」據傳，則繞朝曾識破晉人之計，阻止士會之東，而秦康公不用之。韓非子說難篇云：「故繞朝之言當矣，其爲聖人於晉，而爲戮於秦也。」繞朝因此被戮，馬王堆三號墓出土帛書春秋事語云「君殺繞朝」，則韓非言非無據。既濟，渡河而東。魏人譟而還。魏人，壽餘等。羣呼曰譟。譟而還，其計已售，喜得士會。秦人歸其帑。秦康公實踐諾言。其處者爲劉氏。士會之子孫有未返晉而仍居秦者，以劉爲氏。所以氏劉者，士會堯後，昭二十九年傳稱「陶唐氏既衰，其後有劉累」，則爲劉累之胤，故復累之姓也。後漢書賈逵傳載賈逵上章帝奏云：「五經家皆無以證圖讖，明劉氏爲堯後者，而左氏獨有明文。」卽指此句。范曄論之曰：「賈逵能附會文致，最差貴顯。」孔穎達作疏，因疑「討尋上下，其文不類。深疑此句或非本旨。蓋插注此辭，將以媚於世」。此說一出，後人頗多附和。然此句必是本有，非東漢人所加，孔疏之説不可信也。第一，襄二十四年傳士匄之語、昭二十九年傳蔡墨之對，皆謂范氏爲堯後，劉累之裔，不必再藉此語爲佐證。第二，漢書眭弘傳載其説云：「漢家堯後」，亦用左傳説。弘爲武帝、昭帝時人，則西漢左傳固有此文。第三，漢書高帝紀贊引劉向頌高祖云：「漢帝本系，出自唐帝。降及于周，在秦作劉。」其「在秦作劉」即用左傳此語，是劉向所見左傳已有此語。第四，漢書高帝紀贊又謂「及高祖即位，置祠祀官，則有秦、晉、梁、荆之巫」。注引應劭云：「先人所在之國，悉致祠巫祝，博求神靈之意也。」又引文穎云：「范氏世仕於晉，故祠祀有晉巫。范會支庶留秦爲劉氏，故有秦巫。」漢初即有晉、秦之巫以祀劉邦祖先，則此語尤非後人所增明矣。第五，漢書敍傳引班彪王命論云：「是故劉氏承堯之祚，氏族之世，著乎春秋。」師古注云：「謂士會歸晉，其處者爲劉氏。」班彪年輩早於賈逵，而用左傳此語，亦可證此語之本有矣。故班固高帝贊亦云「魯文公世奔秦，後歸於晉，其處者爲劉氏」。第六，定五年傳云：「夫槩王歸自立也，以與王戰而敗，奔楚，爲堂谿氏。」堂谿氏之後不顯，故無疑于此語。則「其處者爲劉氏」，亦猶「奔楚爲堂谿氏」也，何能疑其「討尋上下，其文不類」哉？

一三・三 **邾文公卜遷于繹。** 繹音亦，邾邑，今山東省鄒縣東南有嶧山，嶧、繹字通。邾文公所遷當在嶧山之陽與郭山之北夾谷地帶。一九七二年夏于此地因大雨冲出一銅鼎，爲費敏父嫁女與邾之媵鼎。沈欽韓地名補注引山東通志謂邾城在鄒縣東南二十五里，邾文公所遷城周二十餘里，在嶧山之陽，俗誤爲紀王城。邾遷都後，境内又另有繹邑，宣十年公孫歸父帥師伐邾取繹，乃取其別邑，非取其國都。**史曰：「利於民而不利於君。」邾子曰：「苟利於民，孤之利也。天生民而樹之君，** 詩周頌有瞽「崇牙樹羽」，毛傳云：「樹羽，置羽也。」成二年傳「樹德而濟同欲焉」，杜注云：「樹，立也。」則樹有置立之義。樹之君，爲之置立君主也。以利之也。民既利矣，孤必與焉。」左右曰：「命可長也，君何弗爲？」邾子曰：「命在養民。左右所言之命爲壽命之義，邾文公所言之命爲命分之義，兩義似不同，故以生命之長短爲時也。死之短長，時也。金澤文庫本作「死生之短長」，「生」字疑是衍文。民苟利矣，遷也，吉莫如之！」遂遷于繹。

五月，邾文公卒。邾文自即位至此歲已五十一年，蓋老死。君子曰：「知命。」

一三・四 秋七月，大室之屋壞，書，不共也。大室見經注。杜注：「簡慢宗廟，使至傾頹，故書以見臣子不共。」共同恭。

一三・五 冬，公如晉朝，且尋盟。讀本云：「尋八年衡雍之盟。」衞侯會公于沓，請平于晉。魯文適晉經衞，衞成特會之，託其謀求和于晉。公還，鄭伯會公于棐，亦請平于晉。魯文自晉還，過鄭，鄭穆亦特會之，託其謀和于晉。魯文若許，必須反程之晉。公皆成之。晉皆許成，於是有明年六月新城之盟。此言「公皆成之」者，終言之也。

鄭伯與公宴于棐，此補敍「鄭伯會公于棐，亦請平于晉」事，宜跳過「公皆成之」一句看。子家賦鴻鴈。子家，鄭大夫公子歸生之字。鴻鴈，詩小雅篇名。傳言賦詩某篇，不言某章，皆指首章。鴻鴈之首章云：「鴻鴈于飛，肅肅其羽。之子于征，劬勞于野。爰及矜人，哀此鰥寡。」子家賦此者，鄭國以鰥寡自比，欲魯文憐惜之，爲之道路奔波，再度去晉，而請和也。「之子」「劬勞」云云，蓋指魯侯。季文子曰：「寡君未免於此。」言己亦鰥寡也，蓋推諉之辭。文子賦四月。四月亦詩小雅篇名。其首章云：「四月維夏，六月徂暑。先祖匪人，胡寧忍予？」孔疏云：「四月，大夫行役之怨詩也。大夫言己四月初夏而行，至六月徂暑矣。寒暑易節，尚不得歸。我之先祖非人乎？王者何當施忍於我，不使得祭祀也。文子言己思歸祭祀，不欲更復還晉。」顧炎武補正謂取四月「亂離瘼矣」「維以告哀」之意。然此非首章語句，自不可信。四月固非大夫行役之怨詩，然古人賦詩，斷章取義，不必拘泥。徐幹中論譴交篇、詩孔疏引王肅說，皆以此詩爲大夫行役過時刺怨而作，或即用傳意。子家賦載馳之四章。載馳，詩鄘風篇名，許穆夫人所作，見閔二年傳。傳凡兩言「載馳之四章」，不言卒章，則載馳之分章不止四也。今傳箋本分載馳爲五章，但此及襄十九年傳所賦之「載馳四章」，其取義皆在「控於大邦，誰因誰極」兩句，而傳箋則分在末章中，或所分章數雖是，而所分内容則可商。朱熹集傳因此改定載馳爲四章，「控于大邦」兩句雖在四章中，但亦是卒章，仍與傳義不相合。竹添光鴻會箋謂載馳本實五章，首章六句，次八句，次六句，次四句，卒四句，則「控于大邦」兩句在四章，又非卒章，或與傳義合。「控于大邦，誰因誰極」者，毛詩云：「控，引也。極，至也。」鄭箋云：「今衞侯之欲求援引之力，助於大國之諸侯，亦誰因乎？由誰至乎？」子家賦此，蓋謂鄭欲求援引于大國晉，望因魯而至也。文子賦采薇之四章。采薇，詩小雅篇名。義取「戎車既駕，四牡業業。豈敢定居？一月三捷」之「豈敢定居」，蓋許其不安居，折而復至晉，爲之謀成也。鄭伯拜。杜注：「謝公爲行。」公答拜。

十有四年，戊申，公元前六一三年。周頃王六年、晉靈八年、齊昭二十年、衞成二十二年、蔡莊三十三年、鄭穆十五年、曹文五年、陳靈公平國元年、杞桓二十四年、宋昭七年、秦康八年、楚莊王旅元年、許昭九年。

經

一四·一 十有四年春王正月，正月十六日甲午冬至，建子。公至自晉。無傳。杜注謂所以書者，告于廟也。

一四·二 邾人伐我南鄙，叔彭生帥師伐邾。叔彭生見十一年經注。

一四·三 夏五月乙亥，五月無乙亥，疑爲己亥之誤。五月丁丑朔，乙亥爲四月二十八日，己亥則爲五月二十三日。齊侯潘卒。齊昭公也。以僖二十八年即位，凡二十年，年表云「二十年，昭公卒」，與傳合。然齊世家云「十九年五月，昭公卒」，與傳及年表相差一年，梁玉繩史記志疑已疑之矣。

一四·四 六月，公會宋公、陳侯、衞侯、鄭伯、許男、曹伯、晉趙盾。癸酉，癸酉，二十七日。同盟于新城。杜注：「新城，宋地，在梁國穀熟縣西。」據此，則當在今河南省商丘市西南。然王夫之稗疏云：「僖六年，諸侯圍鄭新城。杜云：『新城，鄭新密，今滎陽密縣。』凡春秋書地，有名同而地異者，如郜、防、鄆、郚之類，必因其事迹，溯其形勢，而後可辨。今此同盟，宋、鄭皆與。且晉盟諸侯，多就近晉之地。安知非鄭之新城而爲宋之新城乎？」

一四·五 秋七月，有星孛入于北斗。孛音佩。昭十七年傳「冬，有星孛于大辰西及漢。申須曰：『彗所以除舊布新也』」云云，以「彗」釋「孛」。公羊傳亦云：「孛者何？彗星也。」足見孛即彗星。然昭二十六年傳「齊有彗星，齊侯使禳之。晏子曰『無益也』」云云，晏子春秋內篇諫上及史記齊世家俱載其事。齊世家云：「茀星將出，彗星何懼乎？」諫上云：「何暇在彗！茀又將見矣。」茀即孛。故穀梁傳云「孛之爲言猶茀也」。則孛、彗雖同類，而仍有不同，孛盛而彗弱也。故晉書天文志云：「孛亦彗屬，偏指曰彗，芒氣四出曰孛。」漢書文帝紀文穎注亦云：「孛、彗形象小異，孛星光芒短，其光四出，蓬蓬孛孛也。彗星光芒長，參參如埽彗。」孛雖彗，而經、傳皆用作動詞，哀十三經「有星孛于東方」、十四年經「有星孛」，尤可證。則此孛字之義，猶言彗星光芒蓬蓬孛孛而過，作爲彗星出現之術語矣。近代天文學家以此爲哈雷彗星，而此則是世界上哈雷彗星之最早記録。且查各國史志，記載彗星行道者，亦以此次爲最早。哈雷彗星平均每隔七十六年行近太陽一次，肉眼即可見。自此以後，凡逢哈雷彗星復見，我國古籍多有記載，自此次至清末二千餘年，出現並有記載者共三十一次。

一四·六 **公至自會。** 無傳。

一四·七 **晉人納捷菑于邾，** 「捷菑」，公羊傳作「接菑」。捷、接字通。捷菑爲其人之名，元和姓纂有捷姓，並引風俗通云：「邾公子捷菑之後，以王父字爲氏。」王引之名字解詁因謂邾公子菑字捷，菑其名，捷其字，恐不可據。**弗克納。**

一四·八 **九月甲申，** 甲申，十日。**公孫敖卒于齊。** 公子慶父、臧孫紇，春秋皆不書其卒，故穀梁傳云：「奔大夫不書卒。」公孫敖於八年奔莒，于例不當書其卒，而此書之者，杜注云：「既許復之，故從大夫例書卒。」

一四·九 **齊公子商人弑其君舍。** 春秋之例，故君死，新君踰年即位，始稱君。故僖九年書「晉里克殺其君之子奚齊」，十年則書「晉里克弑其君卓」，卓踰年始稱「君」，因書「弑」。此舍未踰年亦稱「君」書「弑」者，傳云「昭公卒，舍即位」，舍不待踰年便已即位，然仍不得改元，就君位于殯宮耳。

一四·一〇 **宋子哀來奔。** 據傳，其人氏高名哀，則子哀是其字。故杜注云：「大夫奔，例書名氏。貴之，故書字。」

一四・一二　冬，單伯如齊。單伯爲周卿士，詳莊元年經注及萬斯大學春秋隨筆。莊元年距此已八十一年，此單伯與莊元年之單伯必非同一人，當是其子孫。

一四・一三　齊人執單伯。

一四・一三　齊人執子叔姬。書「子叔姬」，明其已嫁，詳十二年經注。此子叔姬自非十二年已死之子叔姬。孔疏引服虔說，謂「子爲在室辭」，然傳亦稱「子叔姬」，則服說不可信。孔疏云：「不知是何公之女，魯是其父母家。」

傳

一四・一　十四年春，頃王崩。周本紀云：「襄王崩，子頃王壬臣立。頃王六年，崩，子匡王班立。」周公閱與王孫蘇争政，周公閱見僖三十年經、傳，蓋爲太宰久矣。故不赴。年表云：「頃王崩，公卿争政，故不赴。」凡崩、薨，不赴，則不書。禍、福，不告，亦不書。禍、福泛指一切災禍、喜慶，杜注謂「奔亡，禍也；歸復，福也」，僅就奔亡歸復言之，恐失之狹。懲不敬也。懲不敬意與九年傳之「懲不恪」同，而變其詞。

一四・二　邾文公之卒也，在去年。公使弔焉，不敬。邾人來討，伐我南鄙，故惠伯伐邾。

一四・三　子叔姬妃齊昭公，阮刻本脱「妃」字，今從各本增。妃同配，釋文云：「本亦作配。」生舍。叔姬無寵，舍無威。齊世家云：「舍之母無寵於昭公，國人莫畏。」公子商人驟施於國。商人，桓公夫人密姬之子，見僖十七年傳。杜注：「驟，數也。」而多聚士，盡其家，金澤文庫本作「盡其家貲」，「貲」字蓋以文義爲後人所增。貸於公有司以繼之。「公有司」爲一詞，謂掌公室之財物者。杜注：「家財盡，從公及國之有司富者貸。」分公及有司爲二者，非。齊世家云：「昭公之弟商人以桓公死争立而不得，陰交賢士，附愛百姓。百姓説。」夏五月，昭公卒，舍卽位。此傳宜併下傳「商人弑舍」連讀。

一四·四 邾文公元妃齊姜，生定公；二妃晉姬，二妃猶次妃。生捷菑。文公卒，邾人立定公。禮記檀弓下云：「邾婁定公之時有弑其父者，有司以告，公瞿然失席。」鄭注云：「定公，貜且也，魯文十四年卽位。」傳世有邾公釛鐘，郭沫若兩周金文辭大系考釋謂釛卽邾定公，「釛」爲「鉏」之古字，又省爲「且」，「貜」則其字。録之備一説。捷菑奔晉。此傳宜併下傳及趙盾納捷菑傳連讀之。

一四·五 六月，同盟于新城，從於楚者服，杜注：「從楚者，陳、鄭、宋。」且謀邾也。杜注：「謀納捷菑。」

一四·六 秋七月乙卯，七月無乙卯。齊世家作十月，古七、十兩字形近誤，依傳「秋」字，仍當作「七」。趙翼陔餘叢考謂經書九月，傳作七月。又管子立政篇正月令農始作；輕重篇令民九月種麥，則齊用夏正。夜，齊商人殺舍，「殺」，阮刻本作「弑」，校勘記云：「傳文直書其事，作『殺』是也。」今據改。齊世家云：「及昭公卒，子舍立，孤弱，卽與衆十月卽墓上弑齊君舍。」年表云：「昭公卒，弟商人殺太子自立。」而讓元。元卽惠公，爲桓公少衛姬所生，商人之兄。亦見僖十七年傳。元曰：「爾求之久矣。我能事爾，爾不可使多蓄憾，將免我乎？意謂汝求爲齊君久矣，則汝當爲之。我能事汝，安心爲臣。我若受汝之讓，是使汝多蓄怨恨也。不可使汝多蓄怨恨，不然，能免我於被殺害乎？爾爲之！」此傳上承「子叔姬妃齊昭公」，下與「齊人定懿公」連，宜合併讀之。

一四・七　有星孛入于北斗。周内史叔服曰：叔服已見元年傳。「不出七年，宋、齊、晉之君皆將死亂。」杜注：「後三年宋弒昭公，五年齊弒懿公，七年晉弒靈公。」

一四・八　晉趙盾以諸侯之師八百乘納捷菑于邾。公羊傳云：「晉郤缺帥師，革車八百乘，以納接菑于邾婁。」穀梁傳云：「是郤克也，長轂五百乘。」是主帥有趙盾、郤缺、郤克之異，兵車有八百、五百之歧。郤克是郤缺之子。下十五年及宣九年，郤缺兩見，父猶在軍，子不可能爲主帥，克至宣十七年始代士會將中軍；且此時靈公尚少，趙盾將中軍主政，新城之盟，所以謀納捷菑，亦趙盾主盟，則帥師者宜爲趙盾明矣。年表云：「趙盾以車八百乘納捷菑。」司馬遷用左傳。唯晉世家不言「納捷菑」，僅言「平周亂，立匡王」，蓋有脱文。邾人辭曰：「齊出貜且長。」齊出猶言齊女所生，説見莊二十二年傳注。貜音矍，且音疽。宣子曰：「辭順，杜注：「立適以長，故曰『辭順』。」而弗從，「而」可讀爲「如」，作假設連詞。不祥。」乃還。

一四・九　周公將與王孫蘇訟于晉，王叛王孫蘇，王，匡王。叛，背其諾言也。劉向九歎云：「始結言於廟堂兮，信中途而叛之。」叛字用法同此。蓋匡王初許助王孫蘇，既而改助周公。而使尹氏與聃啓訟周公于晉。杜注：「尹氏，周卿士；聃啓，周大夫。」萬氏氏族略云：「聃啓，疑聃季之後。」訟周公，爲周公訴冤求理也。趙宣子平王室而復之。調停其間，使其和協，各復其位。年表云：「趙盾平王室。」

一四・一〇　楚莊王立，莊王，穆王子也。楚世家云：「穆王立，十二年卒。子莊王侶立。」則楚穆卒於去年，楚莊立於今年。春秋俱未書，蓋以其未來告也。子孔、潘崇將襲羣舒，子孔，時爲令尹，見十二年傳。潘崇見元年傳。羣舒見僖公三年經注。使公子燮與子儀守，楚語上云：「昔莊王方弱，申公子儀父爲師，王子燮爲傅，使師崇、子孔帥師以伐舒。」楚語之王子燮卽此公子燮，子儀父卽子儀，亦卽鬬克，見僖二十五年傳。而伐舒蓼。據顧棟高大事表，今安徽省舒城縣爲古舒城，廬江縣東百二十里，有古龍舒城，舒蓼約略在此兩城間。二子作亂。城郢，擬拒子孔、潘崇之兵入郢也。而使賊殺子孔，不克而還。賊殺子孔不得而返回郢城。八月，二子以楚子出。度其勢不能敵子孔，乃挾持莊王而離郢都。將如商密，商密當在今河南省淅川縣之西，亦見僖二十五年傳並注。廬戢棃及叔麇誘之，「棃」，阮刻本作「黎」，今從校勘記、敦煌六朝寫本及金澤文庫本訂正。廬，楚邑名，當在今湖北省南漳縣東五十里。徐元誥國語集解謂在今宜城縣，相距不甚遠。杜注：「戢棃，廬大夫；叔麇，其佐。」遂殺鬬克及公子燮。楚語上云：「燮及儀父施二帥而分其室。（韋注：「施罪於二帥。二帥，子孔、潘崇也。室，家資也。」）師還至，則以王如廬。廬戢黎殺二子而復王。」傳云「將如商密」，楚語云「如廬」。蓋將如商密，經廬，而爲戢黎所誘殺也。據襄二十六年傳，析公因此奔晉。成六年繞角之役，晉以析公爲謀主。

初，鬬克囚于秦，見僖二十五年傳。秦有殽之敗，見僖三十三年傳。而使歸求成。成而不得志，成十三年傳呂相絶秦云：「我襄公未忘君之舊勳，而懼社稷之隕，是以有殽之師。猶願赦罪于穆公。穆公弗聽，而卽楚謀我。天誘其衷，成王隕命，穆公是以不克逞志於我。」卽指此事。但此云秦、楚合謀之不得逞，乃由于楚王有人作梗，鬬克且因是爲亂，而呂相之辭僅謂由于楚成之死，蓋外交辭令使然。公子燮求令尹而不得，故二子作亂。

四·二

穆伯之從己氏也，見八年傳。魯人立文伯。文伯，穆伯之子穀，見七年傳。穆伯生二子於莒，而求復。復，返回魯國也。文伯以爲請。請於朝以求准。襄仲使無朝聽命。襄仲與穆伯之關係，見七年傳。無朝聽命，禁止其使不得與聽政事。復而不出。穆伯雖復返魯國，然終未嘗外出。三年而盡室以復適莒。「三年」，阮刻本作「二年」，誤，從校勘記、敦煌六朝寫本及諸本訂正。盡室，盡齎其家財也。文伯疾，而請曰：「穀之子弱，子謂孟獻子仲孫蔑，弱謂其年幼弱也。請立難也。」許之。杜注：「難，穀弟。」文伯卒，立惠叔。穆伯請重賂以求復。惠叔以爲請，許之。將來，九月，卒于齊。告喪，向魯赴告喪事。請葬，杜注：「請以卿禮葬。」沈欽韓補注云：「此請歸葬于魯。下傳『飾棺至堂阜』，知惟請歸葬，尚不及望卿禮也。」沈說是也。弗許。

一四·二　宋高哀爲蕭封人，以爲卿，蕭，宋邑，見莊十二年傳並注。封人，鎮守邊疆之地方官。高哀由蕭邑大夫而升爲卿也。不義宋公而出，遂來奔。書曰「宋子哀來奔」，貴之也。諸侯之大夫來奔，未有不稱名者。惟八年于蕩意諸書官，此于高哀書字，故皆曰「貴之也」。

一四·三　齊人定懿公，定其君位。使來告難，告舍被殺之難。故書以「九月」。杜注：「齊人不服，故三月而後定。」齊公子元不順懿公之爲政也，終不曰「公」，曰「夫己氏」。己讀如詩王風揚之水之「彼其之子」之「其」，鄭箋云：「『其』或作『記』，或作『己』，讀聲相似。」夫己氏猶「彼其之子」，亦猶禮記檀弓上曾子稱子游爲「夫夫」，亦即今日之「那個人」。說見顧炎武補正、沈欽韓補注。孔廣森經學卮言、焦循補疏謂己爲甲乙丙丁戊己之己，商人于桓公子行六，故呼之爲夫己氏。然商人行六，終是猜測之辭，孔、焦之說失之穿鑿。

一四・一四 襄仲使告于王，請以王寵求昭姬于齊，杜注：「昭姬，子叔姬。」曰：「殺其子，子指被商人所殺之舍。焉用其母？請受而罪之。」冬，單伯如齊請子叔姬，齊人執之。杜注：「恨魯恃王勢以求女故。」又執子叔姬。杜注：「欲以耻辱魯。」公羊、穀梁俱謂單伯淫于子叔姬，與傳不同。

十有五年，己酉，公元前六一二年。周匡王元年、晉靈九年、齊懿公商人元年、衞成二十三年、蔡莊三十四年、鄭穆十六年、曹文六年、陳靈二年、杞桓二十五年、宋昭八年、秦康九年、楚莊二年、許昭十年。

經

一五・一 十有五年春，正月二十八庚子冬至，建子，有閏月。季孫行父如晉。

一五・二 三月，宋司馬華孫來盟。華孫名耦，故傳稱「華耦」，華其氏也。稱「華孫」者，亦猶襄十四年傳之厚成叔，以厚爲氏，而稱爲「厚孫」也。外大夫來魯盟者四，桓十四年「鄭伯使其弟語來盟」、宣七年「衞侯使孫良夫來盟」，經皆用「使」字；閔二年「齊高子來盟」及此則不用「使」字。或書「使」或不書「使」，蓋無義例。雖不書「使」，亦由其君所使也。閔二年齊高子之來，乃奉齊桓之使，據齊語可知之。且僖四年書「楚屈完來盟于師」，傳明言云「楚子使屈完如師」，則亦是楚成所使矣，而經亦僅書「來盟」不書「使」。則華耦之來，亦必宋昭所使。後人因其不稱「使」，而猜測紛紜，無謂甚矣。

一五・三 夏，曹伯來朝。

一五・四 齊人歸公孫敖之喪。

一五・五 六月辛丑朔，日有食之。鼓、用牲于社。以今法推之，相當公元前六一二年四月二十一日之日食。

一五・六 單伯至自齊。

一五・七 晉郤缺帥師伐蔡。戊申，戊申，六月八日。入蔡。

一五・八 秋，齊人侵我西鄙。阮刻本無「秋」字，今從敦煌六朝寫本、石經、金澤文庫本、宋本、淳熙本、岳本、足利本增。

一五・九 季孫行父如晉。

一五・一〇 冬十有一月，諸侯盟于扈。此亦總言「諸侯」而不序，與七年扈之盟同；而其所以則異，故傳兼釋之。扈見七年經並注。

一五・一一 十有二月，齊人來歸子叔姬。魯請子叔姬，齊人先執之，今又釋之，故書「齊人來歸」，與宣十六年書「郯伯姬來歸」者異。

一五・一二 齊侯侵我西鄙，遂伐曹，入其郛。年表云：「曹文公六年，齊人入我郛。」

傳

一五・一 十五年春，季文子如晉，爲單伯與子叔姬故也。欲因晉而請于齊。

一五・二 三月，宋華耦來盟，其官皆從之。出國聘盟，必有從行之人。定四年傳云「君行師從，卿行旅從」。據聘禮，使有上介、衆介；至所聘之國，誓于其境，則史讀書，司馬執策，賈人拭玉，有司展幣，然則聘問盟會之使，其隨從官及護衛甚多。春秋之時，或者多不能備具，然而華孫今獨能率其官屬以備衆介有司。書曰「宋司馬華孫」，稱其官，不直稱其名。貴之也。

公與之宴。辭曰：「君之先臣督得罪於宋殤公，名在諸侯之策。督，華督，華耦之曾祖，桓公二年殺其君殤公。桓二年經書云：「宋督弒其君與夷。」魯史如此，他國之史當同，故云「名在諸侯之策」。策，簡策也。臣承其祀，其敢辱君？其，用法同豈，豈敢辱君也。杜注：「耦自以罪人子孫，故不敢屈辱魯君對共宴會。」請承命於亞旅。」亞旅，官名，杜注曰：「亞旅，上大夫也。」尚書牧誓「司徒、司馬、司空、亞旅、師氏」，亞旅列於三司之後，而在師氏之前。成二年傳「賜三帥先路三命之服，司馬、司空、輿帥、候正、亞旅皆受一命之服」，亞旅列於輿師、候正之後。孔疏曰：「華孫不敢當君，請受上大夫宴。」魯人以爲敏。魯人，魯國之人也。孔疏謂「魯鈍之人」，誤。說詳焦循補疏、桂馥札樸。

一五·三 夏，曹伯來朝，禮也。諸侯五年再相朝，以修王命，古之制也。十一年曹伯來朝，今年又來，故傳云云。諸侯五年再相朝，其他古書無徵，或春秋前曾行此制。

一五·四 齊人或爲孟氏謀，公孫敖，慶父之子，爲孟氏，故魯語上稱文伯穀爲孟文子。自孟獻子以後，傳常以孟氏稱之。曰：「魯，爾親也，飾棺置諸堂阜，古人于死人之棺木及其載柩之車，依天子、諸侯、大夫、士之不同，而有不同之裝飾，謂之飾棺。依禮記喪服大記，大夫之飾棺，其圍車之帷，邊緣畫爲雲氣；其上覆蓋以白布，曰荒，邊緣亦畫爲雲氣，謂之「畫帷、畫荒」。帷、荒之中央，又畫爲火三行，黻三行（黻見桓二年傳注），謂之「火三列、黻三列」。再於荒下以白色錦以爲屋，謂之「素錦褚」。帷、荒之間於其四角各以一紐連結之，共計四紐，二紐用紅色，二紐用黑色，謂之「纁紐二，玄紐二」。但此爲國中喪柩之制，齊人于公孫敖，未必用此。禮記雜記上有大夫死於道路之禮，云「以布爲輤而行」。輤者，載柩將殯之車飾也，蓋以白巾圍車也。公孫敖之飾棺或僅如此。堂阜見莊九年傳並注。**魯必取之。」從之。卞人以告。**杜注：「卞人，魯卞邑大夫。」孔疏：「治邑大夫例呼爲人。孔子父爲鄹邑大夫，謂之鄹人，知此『卞人』是卞邑大夫。其邑近堂阜，故見之而告魯君。」其後謂之縣宰，襄七年傳南遺爲費宰，定五年傳子洩爲費宰，論語先進子路使子羔爲費宰。定八年傳、哀十四年傳有成宰，定十年傳有郈宰，論語雍也有武城宰。卞已見僖十七年傳並注。**惠叔猶毁以爲請，**居喪悲哀過甚以致身體容顔有所損害謂之毁，故禮記檀弓下告誡人以「毁不危身」，喪服四制告誡人以「毁不滅性」。公孫敖卒於去年九月，至此年夏，亦已數月。此時其哀例當稍減，然據傳，惠叔爲孝子，於未葬之前，其哀毁猶初死時，故云「猶毁」。沈欽韓補注云：「喪服小記『久而不葬者，惟主喪者不除』。此猶毁者，未行卒哭變除之禮。」其説是也。惠叔哀毁且以歸葬請于朝。**立於朝以待命。**立于朝，不得允許不退。**許之。取而殯之。齊人送之。書曰「齊人歸公孫敖之喪」，爲孟氏，且國故也。**此釋所以書之之故。爲孟氏者，孟氏世爲魯卿，而公孫敖又孟氏之祖也。爲國者，孟氏，國之公族也。**葬視共仲。**共仲卽其父慶父，詳閔二年傳。孟子萬章下：「天子之卿受地視侯。」趙岐注：「視，比也。」杜注：「制如慶父，皆以罪降。」**聲己不視，**聲己，公孫敖之次妻，惠叔之母，見七年傳並注。視者，視其柩也。**帷堂而哭。**古代于人初死，尸置堂中小歛，四周圍以帷幕，曰帷堂。禮記檀弓上云：「尸未設飾，故帷堂，小歛而徹帷。」據鄭玄注，蓋小歛時須動搖尸體，不欲使人共見，乃以帷幕遮之。則帷堂者，初喪之禮也。檀弓下又有帷殯。帷殯者，棺木殯于西階之上，然後帷之。其禮始于敬姜之哭公甫靖，此時尚無有。沈欽韓補注謂「帷堂帷殯，其事惟一」，誤。禮記雜記上鄭玄注云：「凡柩自外來者，正棺於兩楹之間。其殯必於兩楹之間者，以其死不於室，而自外來，留之於中，不忍遠也。」據此，公孫敖之喪亦自外來，其柩當置堂中，與死於室殯於西階者不同，而帷堂是以初喪之禮待之也。杜注云：「聲己怨敖從莒女，故帷堂。」檀弓下孔疏亦云：「聲己哭在堂下，怨恨穆伯不欲見其堂，故帷堂。」若然，則聲己之帷堂，非古禮所當然，恐于禮意不合。襄仲欲勿哭。襄仲於公孫敖爲從父兄弟，于古禮制，服小功五月，則此時已除喪矣。然禮記喪服小記云：「爲兄弟，既除喪已，及其葬也，反服其服。」既反其服，則當哭也。說本馬宗璉補注。襄仲欲不哭者，杜注云：「怨敖取其妻。」惠伯曰：惠伯，叔彭生，亦見七年傳並注。「喪，親之終也。意謂喪亡之事，治喪之禮，乃最後對待親人者。雖不能始，指公孫敖與仲爭莒女事。善終可也。謂宜于其喪禮善以待之。史佚有言曰：史佚見僖十五年傳並注。『兄弟致美。杜注：「各盡其美，義乃終。」救乏、賀善、弔災、祭敬、喪哀，情雖不同，毋絕其愛，親之道也。』救其匱乏，賀其喜慶，弔其災禍，與其祭而敬，逢其喪而哀，五事之情雖各不相同，不絕其愛則一，此對待親人之道也。子無失道，何怨於人？」襄仲說。帥兄弟以哭之。儀禮士喪禮云：「死於適室，親者在室，衆婦人户外北面，衆兄弟堂下北面。」是人初死，衆兄弟哭位在堂下北面也。又云：「入，及兄弟北面哭殯。」是兄弟哭殯之位亦北面也。然則襄仲帥兄弟之哭位宜在堂下北面。說參沈欽韓補注。

他年，此指以後若干年。其二子來，上年傳云：「穆伯生二子於莒。」卽此二子。孟獻子愛之，獻子，文伯穀之子仲孫蔑，此時尚少，宣九年始見經，其當政自在惠叔死後。聞於國。國人皆知之。或譖之，進讒言於孟獻子，欲以陷害二子。曰：「將殺子。」獻子以告季文子。二子曰：「夫子以愛我聞，夫子指孟獻子。孟獻子於二子爲姪，行輩小于二子，然爲孟氏嫡嗣，且繼承卿位，或其年且長于二子，故二子以夫子稱之。我以將殺子聞，不亦遠於禮乎？遠禮不如死。」一人門於句鼆，一人門于戾丘，皆死。門作動詞，有二義。一爲攻門，僖二十八年傳「晉侯圍曹，門焉，多死」是也。一爲守門，哀四年傳「以兩矢門之，衆莫敢進」是也。此則宜爲後一義，蓋句鼆與戾丘俱爲魯邑，二子是魯人，非作亂，自無攻門之事。杜注：「句鼆、戾丘，魯邑。有寇攻門，二子禦之而死。」雖出猜測，或得其理。「鼆」又作「黽」，音黽。句鼆、戾丘，俱不詳今地所在。

一五・五　六月辛丑朔，日有食之。鼓、用牲于社，非禮也。日有食之，天子不舉，舉已見莊二十年傳並注。伐鼓于社；諸侯用幣于社，杜注：「社尊於諸侯，故請救而不敢責之。」伐鼓于朝，以昭事神、訓民、事君，杜注：「天子不舉，諸侯用幣，所以事神。尊卑異制，所以訓民。」訓謂教訓。朱彬經傳考證謂「訓猶順也」，亦通。示有等威，杜注：「等威，威儀之等差。」意謂因天子、諸侯貴賤不一，故威儀亦異，此亦以示之。古之道也。此所以釋「非禮」。非禮者，伐鼓當于朝，不當于社；于社當用幣，不當用牲，此「鼓、用牲于社」，乃用天子之禮故也。互詳莊二十五年傳並注。

一五・六　齊人許單伯請而赦之，使來致命。書曰「單伯至自齊」，貴之也。劉文淇疏證曰：「單伯，王臣，爲魯請子叔姬，適齊被執，得請而還，故書其至以貴之。」

一五・七　新城之盟，蔡人不與。新城之盟在十四年，從楚者陳、鄭、宋諸國皆服晉，唯蔡不與于盟會。晉郤缺以上軍、下軍伐蔡，杜注：「兼帥二軍。」中軍不動，故趙盾不行。曰：「君弱，不可以怠。」阮刻本脱「君」字，今從各本增。　晉靈公于七年即位，時猶在抱，然今年即主諸侯盟會，則其年或已在十歲外。猶未成年，故曰「弱」。弱，幼小也。怠，懈怠。　戊申，入蔡，以城下之盟而還。　城下之盟已見桓十二年傳並注。　凡勝國，曰滅之；惠士奇春秋説曰：「春秋書滅，非盡有其地，又有滅而仍存者。宣十二年『楚子滅蕭』，蕭者，宋附庸，蕭滅于十二年，復見于定十一年『宋公之弟辰入于蕭以叛』，則是蕭仍爲附庸于宋，楚未嘗有其地也。昭十三年『吴滅州來』，昭二十三年傳稱吴人伐州來，楚薳越奔命救州來；然則楚之州來猶宋之蕭，雖滅而仍存也。」襄十三年傳復云：「用大師曰滅。」然則滅有兩義：「楚子滅蕭」、「吴滅州來」，用大師之例也。此勝國曰滅，乃杜注所云「絶其社稷，有其土地」之謂也。　獲大城焉，曰入之。　襄十三年傳又云：「弗地曰入。」則入亦有兩義，有入而取其地者，有入而不取其地者，説詳隱二年傳注。此郤缺入蔡，不有其地也。顧棟高大事表春秋入國滅國論所言雖不盡是，然亦可參考。

一五・八　秋，齊人侵我西鄙，故季文子告于晉。

一五・九　冬十一月，晉侯、宋公、衞侯、蔡侯、陳侯、鄭伯、許男、曹伯盟于扈，阮刻本無「陳侯」兩字，新城之盟有陳侯，陳侯亦當與會尋盟，今從石經、金澤文庫本、宋本、淳熙本等本增。　尋新城之盟，且謀伐齊也。　蓋以齊數伐魯，又嘗執王使，而季文子往告之故。　齊人賂晉侯，故不克而還。　於是有齊難，齊難即下傳之「侵我西鄙」。是以公不會。　書曰「諸侯盟于扈」，經書「諸侯」，而不序列。　無能爲故也。　王念孫據僖十四年及文七年孔疏兩引此句皆無「故」字，因謂「故」字涉下文「王故也」而衍。説見王引之述聞，恐不可信。　凡諸侯會，公不與，不書，諱君惡也。諸侯之會，魯公不與而書者，不一而足，而此云云者，蓋諸侯盟會，有魯公當與者，亦有不當與者。其不當與者，公不與，仍書之。其當與而不與者，則不書之。與而不書，後也。兼釋七年扈之盟。

一五·一〇 齊人來歸子叔姬，王故也。此釋齊所以歸子叔姬之故，因王命也。非釋經之書法。

一五·一一 齊侯侵我西鄙，謂諸侯不能也。杜注：「不能討己。」蓋晉受齊賂，見上傳。遂伐曹，入其郛，討其來朝也。此年夏來朝魯。

季文子曰：「齊侯其不免乎？己則無禮，杜注：「執王使而伐無罪。」而討於有禮者，曰：『女何故行禮？』孔疏曰：「言『曰』者，原齊侯之意而爲之辭也。責曹曰『女何故行禮』，謂責於朝魯也。」禮以順天，天之道也。己則反天，反天卽反禮。而又以討人，難以免矣。詩曰：『胡不相畏？不畏于天。』詩小雅雨無正篇。鄭箋：「何爲上下不相畏乎？上下不相畏，是不畏于天。」君子之不虐幼賤，畏于天也。在周頌曰：『畏天之威，于時保之。』詩周頌我將篇。于時，於是也。見四年傳。「保之」之「之」，所指甚廣，杜注以「福祿」爲言，劉文淇疏證以「天命」爲言，俱無不可。不畏于天，將何能保？以亂取國，齊侯乃殺舍而自立，故云「以亂取國」。奉禮以守，猶懼不終；多行無禮，弗能在矣。」哀二十七年傳「多陵人者皆不在」，與此「在」字同義。爾雅釋詁：「在，終也。」終謂善終。杜注：「爲十八年齊弒商人傳。」

十有六年，庚戌，公元前六一一年。周匡王二年、晉靈十年、齊懿二年、衞成二十四年、蔡文公申元年、鄭穆十七年、曹文七年、陳靈三年、杞桓二十六年、宋昭九年、秦康十年、楚莊三年、許昭十一年。

經

一六·一 十有六年春，正月初九乙巳冬至，建子。季孫行父會齊侯于陽穀，陽穀見僖三年經並注。齊侯弗及盟。弗及盟者，不肯與之盟也。弗，例等於「不……之」，故杜注云：「及，與也。」

一六·二 夏五月，公四不視朔。諸侯于每月初一以特羊告廟，謂之告朔，亦謂之告月。告朔畢，因聽治此月之政，謂之視朔，亦謂之聽朔。又見六年經注。孔疏：「傳稱『正月，及齊平，公有疾，使季文子會齊侯』，則正月公初疾，不得視二月朔，至五月而四，故知不得視二月、三月、四月、五月朔也。」又云：「告朔謂告於祖廟，視朔謂聽治月政。視朔由公疾而廢，其告朔或有司告之，不必廢也。」孔說是也。論語八佾：「子貢欲去告朔之餼羊。子曰：『賜也，爾愛其羊，我愛其禮。』」公羊傳：「自是公無疾不視朔也。」後人據此遂謂告朔之禮廢于文公，其實非也。魯文僅此年二月至五月四次不視朔，六月以後仍視朔。若永不視朔，是不爲君矣，安有此理乎？告朔之禮，或自定、哀之間而漸廢，視朔之禮則不得廢。前人議論此事，多混告朔、視朔爲一，卽江永鄉黨圖考亦不免此病。

一六·三 六月戊辰，戊辰，四日。公子遂及齊侯盟于郪丘。郪音西。公羊作「犀丘」，穀梁作「師丘」。郪、犀、師三字古音皆近，可通假。杜注：「郪丘，齊地。」顧棟高大事表謂在今山東省東阿縣境，江永考實駁之云：「是年公使公子遂納賂於齊侯，因及齊侯盟于郪丘，其地當近國都，豈遠至東阿而與之盟乎？」江說有理，則郪丘當在臨淄附近。沈欽韓地名補注以漢之新郪縣當之，則在今安徽省太和縣北，距齊都尤遠，自不可信。

一六·四 秋八月辛未，辛未，八日。夫人姜氏薨。杜注：「僖公夫人、文公母也。」

一六·五 毁泉臺。據公羊傳，泉臺卽郎臺。餘詳莊三十一年經注。顧棟高大事表七之一謂卽十八年經「公薨於臺下」之臺，非郎臺，似無據。

一六·六 楚人、秦人、巴人滅庸。巴見桓九年傳並注。庸，國名，據尚書牧誓，助周武王伐紂者有庸國之師，則立國已久。楚世家云：「當周夷王之時，熊渠甚得江、漢間民和，乃興師伐庸。」則庸爲屬楚之小國蓋自此始。據顧棟高大事表，今湖北省竹山縣東四十里有上庸故城，當卽古庸國地。

一六·七 冬十有一月，宋人弑其君杵臼。「杵臼」，公羊作「處臼」，與僖十二年經「陳侯杵臼卒」同。

傳

一六·一 十六年春王正月，及齊平。公有疾，使季文子會齊侯于陽穀。請盟，齊侯不肯，曰：「請俟君間。」杜注曰：「間，疾瘳也。」齊懿公以與大夫盟爲失禮，故不肯。

一六·二 夏五月，公四不視朔，疾也。公使襄仲納賂于齊侯，故盟于郪丘。

一六·三 有蛇自泉宮出，入于國，泉宮在郎，郎在曲阜南郊，爲近郊之邑。入于國者，入於魯都曲阜也。如先君之數。杜注以爲魯自伯禽至僖公凡十七君，詳魯世家；蛇入于國者亦十七條，故云「如先君之數」。秋八月辛未，聲姜薨。毁泉臺。杜注：「魯人以爲蛇妖所出而聲姜薨，故壞之。」梁玉繩瞥記云：「杜不數伯御也。其實當數伯御作十八君。文公在位十八年，時公有疾，先示兆，而公母聲姜適後三月而薨，遂以爲姜薨之象。夫蛇果爲姜出，何必如先君之數乎？如先君數者，告公十八年而終也。」以怪異之説爲真，亦失之拘。

一六·四 楚大饑，戎伐其西南，杜注：「戎，山夷也。」至于阜山，阜山，楚邑。據讀史方輿紀要，在今湖北省房縣南一百五十里。師于大林。蓋楚師于大林將以禦敵也。大林，楚邑，據彙纂，當在今湖北省荆門縣西北。又伐其東南，楚將禦敵，敵又逸至其東南。至於陽丘，陽丘，楚地，不詳所在。以侵訾枝。訾音貲。訾枝，楚邑，顧棟高大事表謂在今湖北省鍾祥縣境，沈欽韓地名補注謂當在今枝江縣。以「伐其東南」斷之，沈説近是。

庸人帥羣蠻以叛楚，羣蠻，高士奇地名考略本後漢書南蠻傳謂在今湖南沅陵縣、芷江縣一帶，不知其與庸相距甚遠也。疑此羣蠻是在湖北境内散居各處自成部落者，其與庸相近者，庸得而帥之。麇人率百濮聚於選，麇見十年傳並注。濮，種族名，尚書牧誓助武王伐紂之師有濮人，僞孔傳謂「濮在江、漢之南」，當卽此。下文「百濮離居，將各走其邑」，故孔疏引杜氏釋例云：「濮夷無君長總統，各以邑落自聚，故稱『百濮』也。」蓋濮人部族非一，散處甚廣，此之百濮，當在今湖北省石首縣附近。禮記王制之「僰」，亦卽「濮」。今雲南、四川之玀猓，玀亦古「濮」、「僰」之音轉。説參沈欽韓地名補注、高士奇地名考略。丙申父癸爵有「彙」字，乃地名，郭沫若金文續考季魯考謂疑卽百濮之濮。録之以備一説。選，楚地，據彙纂，當在今湖北省枝江縣境。將伐楚。於是申、息之北門不啓。申見隱元年傳並注。息見隱十一年傳並注。申、息爲楚北境防中原諸國之要鎮，其北門不敢開，所以備中原諸侯也。

楚人謀徙於阪高。杜注僅謂阪高爲楚之險地，彙纂謂當在今湖北省襄陽縣西，洪亮吉詁、沈欽韓地名補注則均以今當陽縣東北二十里之長阪當之，或可信。蔿賈曰：蔿賈見僖二十七年傳並注。「不可。我能往，寇亦能往，不如伐庸。夫麇與百濮，謂我饑不能師，故伐我也。若我出師，必懼而歸。百濮離居，離居猶散處。將各走其邑，誰暇謀人？」意謂楚若伐庸，百濮將自退。乃出師。旬有五日，百濮乃罷。百濮見楚出師，果如蔿賈之言，各自罷歸。

自廬以往，振廩同食。廬見十四年傳並注。楚由郢出師伐庸，必經廬，由郢至廬，尚自携糧。自廬出發以後，則開當地之倉廩散與將士食之。振讀如周書克殷篇「振鹿臺之財」之「振」，猶散也。杜注：「振，發也。」亦通。杜注曰：「同食，上下無異饌也。」次于句澨。杜注以句澨爲楚之西界，彙纂謂在今湖北省均縣廢治西。使廬戢棃侵庸，及庸方城。言庸之方城者，別于楚之方城也。高士奇地名考略云：「今竹山縣東四十五里有方城，山上平坦，四面險固，山南有城周十餘里，卽春秋時『庸方城』也。」庸人逐之，囚子揚窗。杜注：「窗，戢棃官屬也。」子揚爲其字，窗爲其名，此亦猶文九年、宣四年之稱鬭椒爲「子越椒」。三宿而逸，曰：「庸師衆，羣蠻聚焉，不如復大師，復大師謂復起楚之大師。杜注謂「還復句澨師」，不確。夫句澨之師既爲伐庸而來，豈有不用之理？且下文有潘尫之言，則子揚此語，不僅爲廬戢棃言之，且爲楚之衆將帥言之。且起王卒，欲盡用楚衆。合而後進。」師叔曰：由宣十二年傳文，知師叔卽楚大夫潘尫。「不可。姑又與之遇以驕之。彼驕我怒，而後可克，先君蚡冒所以服陘隰也。」楚世家云：「霄敖六年卒，子熊眴立，是爲蚡冒。蚡冒十七年卒。蚡冒弟熊通弑蚡冒子而代立，是爲楚武王。」然則蚡冒乃楚武王之兄，杜注云「楚武王父」，不知何據。梁玉繩史記志疑云：「韓子和氏篇謂『厲王薨，武王卽位』，外儲說左上亦稱『楚厲王』，楚辭東方朔七諫云『遇厲、武之不察，羌兩足以畢斮』，是蚡冒謚厲王矣。」孔疏云：「言服陘隰，則陘隰本是他國，蚡冒始服之也。」顧棟高大事表云：「荊州府以東多山谿之險，因名。」又與之遇，七遇皆北，杜注：「軍走曰北。」北卽背，轉身而逃。此佯敗北以驕敵也。唯裨、鯈、魚人實逐之。「鯈」，或作「儵」，同音儔，亦音由。杜注：「裨、鯈、魚，庸三邑。」馬宗璉補注云：「水經江水『又東逕魚復縣故城南』，酈元曰『故魚國也』，是魚乃羣蠻之一，非庸地。劉昭注巴郡魚復云『古庸國』，是猶沿元凱之誤。」馬說是。裨、鯈、魚恐俱是庸人所帥「羣蠻」之部落名，杜注不可信。裨、鯈所在之地，今已不得知。魚則當在今四川省奉節縣東五里。

庸人曰：「楚不足與戰矣。」遂不設備。楚子乘馹，馹音日，傳車也。會師于臨品，臨品，彙纂謂當在今湖北省均縣界。分爲二隊，杜注：「隊，部也。兩道攻之。」隊有隊伍之義，左傳亦有其義，襄十年「左執之，右拔戟，以成一隊」及二十三年「齊侯遂伐晉，取朝歌，爲二隊」是也。然隊亦有羨道之義，廣雅釋宮云：「羨，隊道也。」左傳則作「隧」，襄十八年「夙沙衞連大車以塞隧」及哀十三年「越子伐吳，爲二隧」是也。杜注云云，似此兩義皆用之。王念孫廣雅疏證則立後一義。子越自石溪，子貝自仞以伐庸。子越，鬬椒之字。石溪、仞，據彙纂，皆在今均縣界，爲入庸之道。秦人、巴人從楚師。羣蠻從楚子盟，杜注：「蠻見楚强故。」遂滅庸。楚世家云：「莊王卽位三年，不出號令，日夜爲樂。令國中曰：『有敢諫者死無赦！』伍舉入諫。莊王左抱鄭姬，右抱越女，坐鐘鼓之間。伍舉曰：『願有進隱。』曰：『有鳥在於阜，三年不蜚不鳴，是何鳥也？』莊王曰：『三年不蜚，蜚將冲天；三年不鳴，鳴將驚人。舉退矣！吾知之矣。』居數月，淫益甚。大夫蘇從乃入諫。王曰：『若不聞令乎？』對曰：『殺身以明君，臣之願也。』於是乃罷淫樂，聽政，所誅者數百人，所進者數百人，任伍舉、蘇從以政。國人大悅。是歲滅庸。」

一六·五　宋公子鮑禮於國人，杜注：「鮑，昭公庶弟文公也。」宋世家或作「鮑革」，但年表仍作「鮑」，錢大昕史記考異謂「革」爲衍文，或是也。又詳下注。宋饑，竭其粟而貸之。貸有兩義，一爲施與之義，説文「貸，施也」、廣雅釋詁「貸，予也」是也。一爲借貸之義，十四年傳「貸於公有司以繼之」、昭三年傳「以家量貸而以公量收之」是也。此貸字兩義皆可通。王念孫廣雅疏證則引此文以證施予之義。年自七十以上，無不饋詒也，孔疏：「民年七十以上，無有不饋遺以飲食也。」專以飲食爲言，蓋因下文「羞珍異」之「羞」爲「致滋味」而言。時加羞珍異。杜注：「羞，進也。」孔疏：「珍異，謂非常美食。時加進珍異者，謂四時初出珍異之物也。」無日不數於六卿之門。數音朔，密也。孔疏：「無有一日不數數於六卿之門，言參請不絶也。」國之材人，無不事也；孔疏：「國之賢材之人無不事，公子皆事之也。」親自桓以下，無不恤也。杜注：「桓，鮑之曾祖。」孔疏：「其族親，自桓公以下子孫無不恤，公子皆賑恤之也。」公子鮑美而艷，襄夫人欲通之，八年傳云：「宋襄夫人，襄王之姊也。」襄王在位三十四年，此年距襄王之死又八年，距宋襄公之死且二十六年，以年度之，襄夫人當六十以上矣，此蓋補敍前事。而不可，公子鮑不肯。乃助之施。阮刻本作「夫人助之施」，今從唐石經、金澤文庫本及校勘記訂正。昭公無道，國人奉公子鮑以因夫人。

於是華元爲右師，華元，華督曾孫。詳七年傳注。宋六卿之輕重，亦詳七年傳注。公孫友爲左師，華耦爲司馬，杜注：「代公子卬。」公子卬死于八年，十五年經已書「宋司馬華孫來盟」，則其爲司馬蓋自八年始矣。鱗矔爲司徒，鱹音貫，敦煌六朝寫本、石經及宋本作「矔」，音同。蕩意諸爲司城，蕩意諸自八年卽已爲司城而奔魯，十一年又返國復位，俱見前傳。公子朝爲司寇。七年華御事爲司寇，則公子朝蓋代華御事。初，司城蕩卒，七年公子蕩爲司城，八年蕩意諸繼之，則公子蕩之卒，當在七、八年之間。公孫壽辭司城，壽爲蕩之子，父死，宜繼其位。請使意諸爲之。意諸，壽之子。壽辭位，而使其子爲之。既而告人曰：「君無道，吾官近，懼及焉。杜注：「禍及己。」棄官，則族無所庇。子，身之貳也，此身字當我字，或己字解，爾雅釋詁云：「身，我也。」韓非子五蠹篇云：「身死，莫之養也。」呂氏春秋應言篇云：「視卬如身。」兩身字皆此義。漢書翟方進傳引王莽誥「不身自恤」，卽用尚書大誥「不卬自恤」，變「卬」爲「身」，尤爲「我」義之確證。此句意謂兒子是本人之副貳。姑紓死焉。兒子代位代死，則己可以緩死。雖亡子，猶不亡族。」雖喪失兒子，本人存，族猶可保。

既，夫人將使公田孟諸而殺之。孟諸見僖二十八年傳並注。公知之，盡以寶行。蕩意諸曰：「盍適諸侯？」公曰：「不能其大夫至于君祖母以及國人，此十四字宜作一句讀。上文歷敍六卿，惟蕩意諸爲其黨，此所謂「不能其大夫」也。不能卽不得，與諸人不睦。孔疏：「哀十六年傳，蒯聵告周云：『蒯聵得罪于君父君母。』謂母爲君母，則祖母爲君祖母矣。昭公，成公之子，襄公之孫，故襄夫人是其祖母也。」沈欽韓補注云：「喪服，適母爲君母，則君祖母是適祖母之稱。」不能君祖母，亦見八年傳。上文云，「國人奉公子鮑以因夫人」，故昭公自云「不能國人」也。諸侯誰納我？且既爲人君，而又爲人臣，適諸侯，是爲人臣也。不如死。」盡以其寶賜左右而使行。「而」，阮刻本作「以」，今從敦煌六朝寫本、唐石經、金澤文庫本及校勘記正。

夫人使謂司城去公。對曰：「臣之而逃其難，若後君何？」杜注：「言無以事後君。」

冬十一月甲寅，甲寅，二十二日。宋昭公將田孟諸，未至，夫人王姬使帥甸攻而殺之。夫人王姬即襄夫人，言王姬者，以其爲襄王之姊，周室之女也。帥甸爲官名，有三解。孔疏云：「周禮載師云：『以公邑之田任甸地。』帥甸者，甸地之帥，當是公邑之大夫也。」此一解也。沈欽韓補注則以周禮天官之甸師當之，云：「周禮甸師之官，其徒三百人。文王世子，公族有罪，磬于甸人。帥甸即此官也。」此又一解也。俞樾茶香室經說則云：「禮記祭義篇『五十不爲甸徒』，鄭注云：『四丘爲甸，甸六十四井也。以爲軍田出役之法。』正義曰：『五十不爲甸徒者，謂方八里之甸，徒謂步卒。軍法，八里出長轂一乘，步卒七十二人。謂之甸者，以供軍賦及田役之事。五十氣力始衰，不爲此甸役徒卒。』是甸役徒卒謂之甸徒，則帥此甸役徒卒者，宜謂之帥甸。」此又一解也。三解之中，沈說較爲可信。禮記檀弓疏引此文，「帥甸」即作「甸師」，雖係誤文，亦可見古人已有解「帥甸」爲「甸師」者矣。宋世家云：「昭公出獵，夫人王姬使衞伯攻殺昭公杵臼。」梁玉繩史記志疑云：「衞伯豈帥甸之名乎？抑帥甸亦號衞伯乎？未知所出。」章炳麟讀力證衞伯即帥甸之又稱，但于帥甸之義，主第一義，然其說似迂曲。蕩意諸死之。書曰「宋人弒其君杵臼」，君無道也。宣四年傳云：「凡弒君稱君，君無道也。」

文公即位，宋世家云：「弟鮑革立，是爲文公。」鮑革即上文之公子鮑，史記索隱引徐廣云「一無『革』字」，年表亦無「革」字，漢書古今人表稱宋文公鮑，足見本無「革」字。使母弟須爲司城。杜注：「代意諸。」華耦卒，而使蕩虺爲司馬。杜注：「虺，意諸之弟。」文公即位當在明年，此蓋探後言之。

十有七年，辛亥，公元前六一〇年。周匡王三年、晉靈十一年、齊懿三年、衞成二十五年、蔡文二年、鄭穆十八年、曹文八年、陳靈四年、杞桓二十七年、宋文公鮑元年、秦康十一年、楚莊四年、許昭十二年。

經

一七・一 十有七年春，正月十九日庚戌冬至，建子。晉人、衞人、陳人、鄭人伐宋。衞與陳之班次，或衞在陳上，自隱公至莊公十四年，四十二年間，凡四會，如此；或陳在衞上，自莊十五年迄僖十七年，三十五年間，凡八會，如此。自此終於定四年（定四年以後，陳、衞不復並書），陳亦常在衞上。然亦間有衞在陳上者，如此及宣二年之「衞人、陳人」、襄二十七年之「衞石惡、陳孔奐」、昭元年之「衞齊惡、陳公子招」、定四年之「衞侯、陳子」，蓋因時因事而異。

一七・二 夏四月癸亥，癸亥，四日。葬我小君聲姜。「聲姜」，公羊作「聖姜」。聲與聖音近得通假。

一七・三 齊侯伐我西鄙。傳云「齊侯伐我北鄙」，故杜注謂「『西』當爲『北』，蓋經誤。」而孔疏引服虔說，則謂齊兩次來伐，一伐西鄙，一伐北鄙；西鄙書，北鄙不書。據傳，四月葬聲姜，其前已有齊難，則齊之來伐，不止一次，服虔說或較是。

六月癸未，癸未，二十五日。公及齊侯盟于穀。穀見莊七年經注。

一七・四 諸侯會于扈。

一七・五 秋，公至自穀。無傳。

一七・六 冬，公子遂如齊。

傳

一七・一 十七年春，晉荀林父、衞孔達、陳公孫寧、鄭石楚伐宋，討曰：「何故弒君？」金澤文庫本「弒」作「殺」。 據晉語五「宋人弒昭公，趙宣子請師於靈公以伐宋。乃使旁告於諸侯，治兵振旅，鳴鐘鼓以至於宋」云云，則趙盾倡其議，荀林父將其師。猶立文公而還。 據宣元年傳，晉取宋賂，宋文公曾受盟于晉。宋世家云：「文公元年，晉率諸侯伐宋，責以弒君。聞文公定立乃去。」諸侯之師本以責殺昭公興師，然至宋時，文公已立定，不能改變，反定其位而還，故云「猶」。于鬯香草校書謂猶非副詞，乃圖謀之義，不可信。卿不書，經書「晉人、衞人、陳人、鄭人」，不書諸國將帥姓名。失其所也。 本以討殺君者往，反立之而還，故云「失其所」。所，處所，立足地，猶今言立場。

一七・二 夏四月癸亥，葬聲姜。有齊難，是以緩。 聲姜死于上年八月，至此凡九月，依「五月而葬」之例，緩。

一七・三 齊侯伐我北鄙，襄仲請盟。六月，盟于穀。 杜注：「晉不能救魯，故請服。」據經，爲魯文及齊懿盟。

一七・四 晉侯蒐于黃父， 據宣七年傳，黃父一名黑壤。其地卽今山西省翼城縣東北六十五里之烏嶺，接沁水縣界。遂復合諸侯于扈，杜注：「傳不列諸國，而言『復合』，則如上十五年會扈之諸侯可知也。」昭四年傳謂「周武有孟津之誓，成有岐陽之蒐」，晉語八則云「昔成王盟諸侯於岐陽」，由此可推成王蒐於岐陽，與召諸侯會盟同時，故晉靈亦以黃父之蒐合諸侯。平宋也。 年表云：「晉靈公十一年，率諸侯平宋。」公不與會，齊難故也。書曰「諸侯」，無功也。杜注：「刺欲平宋而復不能。」

於是晉侯不見鄭伯，以爲貳於楚也。鄭子家使執訊而與之書，以告趙宣子，子家卽公子歸生，見十三年傳。杜注：「執訊，通訊問之官。」孔疏曰：「使執訊，使之行適晉也。與之書，與此執訊書，令持以告宣子。」此實子家與趙宣子之書，執訊往送之耳。曰：

寡君卽位三年，鄭穆公于僖三十三年卽位，其三年，則魯文二年也。召蔡侯而與之事君。九月，蔡侯入于敝邑以行。杜注：「行，朝晉也。」敝邑以侯宣多之難，鄭穆之立，侯宣多有力焉，見僖三十年及宣三年傳。杜注：「宣多既立穆公，恃寵專權。」寡君是以不得與蔡侯偕。十一月，克減侯宣多，減與咸古字通，減，絶也。說詳王引之述聞。而隨蔡侯以朝于執事。十二年六月，鄭穆之十二年，魯文十一年。歸生佐寡君之嫡夷，夷，鄭穆太子靈公也。以請陳侯于楚，而朝諸君。十四年七月，寡君又朝以蕆陳事。蕆音產，杜注：「敕也。」方言：「備也。」蕆有完成之義，蕆陳事者，完成陳國從服于晉之工作也，故下云「陳侯自敝邑往朝于君」。杜注以「敕成前好」解之，恐不確。十五年五月，陳侯自敝邑往朝于君。往年正月，燭之武往，朝夷也。燭之武見僖三十年傳。「朝」，動詞使動用法，謂使夷往朝于晉。八月，寡君又往朝。以陳、蔡之密邇於楚，而不敢貳焉，則敝邑之故也。謂鄭事晉殷勤，陳、蔡不敢專事楚。雖敝邑之事君，朱彬經傳考證云：「雖與惟同。」何以不免？在位之中，一朝于襄，而再見于君。君，晉靈公。孔疏曰：「一朝于襄，三年十一月也。再見於君，十四年七月、往年八月也。」夷與孤之二三臣相及於絳。禮記玉藻云：「小國之君曰孤，擯者亦曰孤。」此所以鄭子家亦稱其君曰孤也。說本姚鼐補注。二三臣，歸生自謂以及燭之武等。絳，晉都。相及於絳，言諸人不絕於道路。雖我小國，則蔑以過之矣。雖作唯用。言唯我小國之事晉，無以加之矣。今大國曰：「爾未逞吾志。」今晉國責我曰，汝鄭國尚未快我之意。敝邑有亡，無以加焉。然而我鄭國已竭盡其力矣，再相誅求，則我小國唯有被晉滅亡，不能再有所加矣。

古人有言曰：「畏首畏尾，身其餘幾？」淮南子說林訓云：「畏首畏尾，身凡有幾？」高誘注云：「畏始畏終，中身不畏，凡有幾何，言常畏也。」又曰：「鹿死不擇音。」音，古有二解。孔疏引服虔云：「鹿得美草，呦呦相呼；至於困迫將死，不暇復擇善音，急之至也。」此讀音如字。杜注：「音，所茠蔭之處。古字聲同，皆相假借。」此讀音爲蔭。莊子人間世篇云：「獸死不擇音，氣息茀然。」則先秦人實解音爲聲音。後漢書皇甫規傳載其上疏自訟云：「臣雖汙穢，廉潔無聞。今見覆没，耻痛實深。傳稱『鹿死不擇音』，謹冒昧略上。」亦以音爲聲音，則服說合本義。說參洪頤煊讀書叢録、章炳麟讀。小國之事大國也，德，則其人也；不德，則其鹿也，小國於大國，若大國德，則小國乃人也；若不德，則小國乃鹿也。鋌而走險，急何能擇？鋌音挺，杜注：「疾走貌」。此言小國若爲鹿，則將如鹿之急不擇路，赴險犯難矣。命之罔極，亦知亡矣，杜注：「言晉命無極。」此言晉對待鄭國之命，毫無準則，鄭國于此，亦知危亡矣。將悉敝賦以待於鯈。「鯈」亦作「鯈」。杜注：「鯈，晉、鄭之境，言欲以兵距晉。」唯執事命之。

文公二年六月壬申，鄭文公二年六月壬申，當魯莊二十三年六月二十日。朝于齊。四年二月壬戌，魯莊二十五年二月無壬戌。爲齊侵蔡，亦獲成於楚。居大國之間，而從於强令，豈其罪也？强令，大國所加壓力之命令。沈欽韓補注云：「此追引鄭事。齊桓之時，鄭固從齊，而亦間成於楚。所以然者，介于兩大也，以救急也。齊于爾時未嘗見罪，晉胡爲苛求乎？」大國若弗圖，無所逃命。」晉鞏朔行成於鄭，鞏朔，晉大夫，成二年謂之鞏伯，又謂之士莊伯。趙穿、公壻池爲質焉。公壻池詳八年傳並注。

一七·五 秋，周甘歜敗戎于邥垂，歜音觸。甘歜，讀本云：「蓋王子帶之後。」邥音審，邥垂，據水經伊水注及清一統志，當在今河南省洛陽市南。乘其飲酒也。杜注：「爲成元年晉侯平戎于王張本。」

一七·六 冬十月，鄭大子夷、石楚爲質于晉。鄭太子夷及石楚俱已見前傳。

一七·七 襄仲如齊，拜穀之盟。復曰：回報魯君也。「臣聞齊人將食魯之麥。下年傳云「齊侯戒師期」，則此「將食魯之麥」者，謂將伐魯也。以臣觀之，將不能。此「將」字與昭五年傳「禮之本末，將於此乎在」之「將」字用法同，殆也，表示不肯定。又詳宣六年傳注。齊君之語偷。杜注：「偷猶苟且。」臧文仲有言曰：文仲爲臧孫辰之諡。禮記玉藻云：「士於君所言大夫，没矣，則稱諡若字。」孔疏云：「君前臣名，若彼大夫生，則士呼其名。若彼大夫已死没，而士於君前言，則稱彼諡。無諡，則稱字。不呼其名，敬貴故也。」襄仲，魯卿，於君前稱臧孫辰亦不名，則不僅士爲然也。『民主偷，必死。』」襄三十一年傳載穆叔之語云：「趙孟將死矣，其語偷，不似民主。」與此意同。

十有八年，壬子，公元前六〇九年。周匡王四年、晉靈十二年、齊懿四年、衞成二十六年、蔡文三年、鄭穆十九年、曹文九年、陳靈五年、杞桓二十八年、宋文二年、秦康十二年、楚莊五年、許昭十三年。

經

一八·一　**十有八年春王二月丁丑，**二月初一日乙卯冬至，建亥，有閏。丁丑，二十三日。**公薨於臺下。**讀本云：「薨于臺下，言非路寢。」此臺當是宮中之臺，或以爲泉臺。夫泉臺在郊邑，且已毁於十六年，故知其未必然。沈欽韓補注云：「臺下非寢疾之所，卒然而斃，或升高而隕，俱未可知。」穀梁曰：『臺下非正也。』

一八·二　**秦伯罃卒。**無傳。秦本紀云：「康公立十二年卒，子共公立。」據宣四年經，共公名稻。秦穆公之卒，經未書，秦君之卒至是始書。

一八·三　**夏五月戊戌，**戊戌，十五日。**齊人弑其君商人。**

一八·四　**六月癸酉，**癸酉，二十一日。**葬我君文公。**

一八·五　**秋，公子遂、叔孫得臣如齊。**二卿同爲使者而書于經者，此及定六年「季孫斯、仲孫何忌如晉」兩次而已。定六年傳云：「季桓子如晉，獻鄭俘也。陽虎强使孟懿子往報夫人之幣。」則兩人同往，各有使命，非一人爲正使，餘人爲介也，故杜此注云：「書二卿，以兩事行，非相爲介。」

一八・六　冬十月，子卒。子是文公太子惡。稱「子」者，僖九年傳云「凡在喪，公侯曰子」是也。詳彼注。稱「卒」不稱「弒」者，傳云：「諱之也。」太子惡之弟視亦被殺，因非太子，年又小，故經不書。

一八・七　夫人姜氏歸于齊。

一八・八　季孫行父如齊。無傳。

一八・九　莒弒其君庶其。

傳

一八・一　十八年春，齊侯戒師期，宣十二年傳：「軍政不戒而備。」杜注：「戒，敕令也。」戒師期，規定出師伐魯之期而命令下達也。而有疾。醫曰：「不及秋，將死。」醫謂齊侯之病不能到秋天便死。公聞之，卜，曰：「尚無及期！」公，魯文公。尚，表希冀祈請之副詞。惠伯令龜。令龜，卽周禮春官大卜之「命龜」，臨卜，以所卜之事告龜。命龜有辭，儀禮士喪禮載卜葬命龜之辭曰：「哀子某，來日某，卜葬其父某甫，考降，無有近悔？」今存殷墟卜辭中亦有命龜之辭。卜楚丘占之，曰：「齊侯不及期，金澤文庫本「齊侯」下有「之」字。非疾也；君亦不聞。杜注：「言君先齊侯終。」令龜有咎。」杜注：「言令龜者亦有凶咎，見於卜兆。爲惠伯死張本。」二月丁丑，公薨。

一八・二　齊懿公之爲公子也，與邴歜之父争田，弗勝。邴音丙，歜音觸。齊世家云：「初，懿公爲公子時，與丙戎之父獵，争獲，不勝。」邴歜作丙戎，然衛世家又作邴歜，與左傳同。以田獵解田，然以左氏文義論之，争田恐仍是争奪田地之義，成十一年、十七年並昭九年傳俱有争田事可證。及卽位，乃掘而刖之，掘謂掘其尸，刖謂斷其足，蓋其時邴歜之父已死。齊世家同。而使歜僕。僕，御也，爲之駕車也。納閻職之妻，而使職驂乘。驂乘，亦作「參乘」，又曰陪乘，此作動詞語，亦可作名詞，古乘車在車右之人也。古乘車之法，導者居左，御者居中，又有一人處車之右，是以戎車則稱車右，其餘則稱驂乘。驂者，三也，蓋取三人爲名義也。齊世家云：「庸職之妻好，公内之宫，使庸職驂乘。」說苑復恩篇云：「奪庸織之妻而使織爲參乘。」「閻職」俱作「庸織」，閻、庸蓋一聲之轉。楚語下云：「邴歜、閻職戕懿公於囿竹。」兩人姓名與左傳同。

夏五月，公游于申池。杜注：「齊南城西門名申門，齊城無池，唯此門左右有池，疑此則是。」襄十八年傳敍晉率諸侯之師伐齊，「焚申池之竹木」，「又焚東郭、北郭」，則申池爲齊都之城外之池無疑，當在今山東省淄博市西，杜注可信。齊世家集解引左思齊都賦注謂「申池，海濱齊藪也」，不可信。惠棟補注從之，誤。說參高士奇地名考略。二人浴于池。歜以扑抶職。杜注：「扑，箠也。」此則爲駕車擊馬之竹鞭。抶音秩，笞擊也。職怒。歜曰：「人奪女妻而不怒，左傳用「女」爲對稱代詞者凡百餘次，用爲領位者僅此一見耳。一抶女，庸何傷？」庸亦何也，庸何同義詞連用，亦猶庸安之爲同義詞連用。荀子宥坐篇「女庸安知吾不得之桑落之下」，是其證。說參王引之釋詞。職曰：「與刖其父而弗能病者何如？」乃謀弑懿公，納諸竹中。殺之而納其尸於竹林中也。齊世家及說苑復恩篇均載此事，與左氏大同小異，可互參。歸，舍爵而行。舍爵，見桓二年傳並注。定八年傳云：「子言辨舍爵於季氏之廟而出。」則舍爵者，謂告奠于廟也。此舍爵義當同。杜注僅以「飲酒」釋之，恐猶不足。說見沈欽韓補注。章炳麟讀引禮記玉藻「浴，晞身，乃屨，進飲」，謂「新浴本當飲酒，申池非飲酒處，故歸而飲酒也」。恐亦曲說。二人殺懿公後，仍敢歸告祖廟，然後逃亡者，杜注云：「言齊人惡懿公，二人無所畏。」齊人立公子元。齊世家云：「懿公之立，驕，民不附。齊人廢其子，而迎公子元於衞，立之，是爲惠公。惠公，桓公子也。其母衞女，曰少衞姬。避齊亂，故在衞。」

一八・三 六月，葬文公。傳無虛立之例，此于經無所補充、說明而立傳者，疑本與下傳不分，爲「拜葬」張本也。

一八・四 秋，襄仲、莊叔如齊，襄仲，公子遂；莊叔，得臣。惠公立故，金澤文庫本句末有「也」字。且拜葬也。杜注：「襄仲賀惠公立，莊叔謝齊來會葬。」

文公二妃。敬嬴生宣公。魯世家云：「文公有二妃。長妃齊女，爲哀姜，生子惡及視。次妃敬嬴，嬖愛，生子俀。」司馬遷所述，當本左傳，而今傳文「文公二妃」下，僅言「敬嬴生宣公」，文意不全，劉文淇疏證謂「『敬嬴』上似有奪句，傳於此宜明惡、視所出也」，其言有理，傳蓋本云「文公二妃，元妃齊姜，生惡及視；次妃敬嬴，生宣公」。此句若以爲無脫文，則可讀作「文公二妃敬嬴，生宣公」，二妃猶言次妃也。亦猶十四年傳之「邾文公元妃齊姜，生定公，二妃晉姬，生捷菑」。「敬嬴」，公羊宣八年作「頃熊」，則楚女矣，恐不足信。敬嬴嬖，而私事襄仲。謂敬嬴私與襄仲勾結也，魯世家謂「俀私事襄仲」，以私事襄仲者爲宣公，恐不合傳意。宣公長，而屬諸襄仲。敬嬴以宣公託之襄仲也。閔二年傳云：「成風聞成季之繇，乃事之，而屬僖公焉。」事、屬兩字之義與此同。襄仲欲立之，叔仲不可。叔仲，惠伯也，即叔彭生。仲見于齊侯而請之。金澤文庫本作「請立之」，「立」蓋衍文。齊侯新立，而欲親魯，許之。孔疏：「惡是齊甥，齊侯許廢惡者，惡以世適嗣立，不受齊恩。宣以非分得國，荷恩必厚。齊侯新立，欲親魯爲援，故許之。」

一八·五　冬十月，仲殺惡及視，出姜以文四年來魯，則惡最大不過十三、四歲耳。公羊成十五年傳叔仲惠伯曰「老夫抱之」，則年極幼，未審可信否。而立宣公。書曰「子卒」，諱之也。不書「弒」或「殺」，而書「卒」，似其自死，故云諱之。公侯在喪稱子，見僖九年傳。公羊傳云：「『子卒』者孰謂？謂子赤也。」以「赤」是其名，與傳名惡者不同。視及惠伯之死皆不書，亦不得不諱之也。

仲以君命召惠伯，文公死，太子惡當立，則此「君」乃指惡，故杜注云「詐以子惡命」。其宰公冉務人止之，卿大夫家臣之長曰宰。公冉，複姓，見廣韻「公」字注。曰：「入必死。」叔仲曰：「死君命可也。」公冉務人曰：「若君命，可死；非君命，何聽？」弗聽，乃入，殺而埋之馬矢之中。沈欽韓補注曰：「說文：『菡，糞也。』韻會云：『通作矢。』莊子人間世篇：『夫愛馬者以筐盛矢。』音義：『矢或作屎。』」章炳麟讀謂馬矢或是宮旁小地名，不但無據，且與文義不合。長沙馬王堆三號墓出土帛書春秋事語云「東門襄（仲）殺而貍（埋）□路」，則未必爲馬矢中。公冉務人奉其帑以奔蔡，既而復叔仲氏。復立其子，其子爲叔仲氏也。禮記檀弓正義引世本云：「叔牙生武仲休，休生惠伯彭，彭生皮，爲叔仲氏。」

一八·六　夫人姜氏歸于齊，大歸也。姜氏即文四年之出姜，惡及視之母。其子被殺，固不得不大歸。詩邶風燕燕孔疏云：「言大歸者，不反之辭。以歸寧者有時而反，此即歸不復來，故謂之大歸也。」將行，哭而過市，曰：「天乎！仲爲不道，殺嫡立庶。」市人皆哭。魯人謂之哀姜。魯世家索隱云：「此哀非謚，蓋以哭而過市，國人哀之，謂之哀姜，故生稱哀。」亦謂出姜者，以其大歸也。劉文淇疏證云：「出亦非謚。夫人卒於齊，蓋不制謚。」昭三十二年傳述史墨對趙簡子之言曰：「魯文公薨，而東門遂殺嫡立庶，魯君於是乎失國，政在季氏。」司馬遷本之，魯世家因云：「魯由此公室卑，三桓强。」

一八·七 莒紀公生大子僕，阮刻本「公」下衍「子」字，據校勘記及各本删正。據經，莒紀公名庶其。杜注：「紀，號也。莒夷無謚，故有別號。」俞樾平議云：「紀乃莒邑名，紀公蓋以邑爲號。」又生季佗，季佗當卽莒渠丘公。愛季佗而黜僕，周語中云：「王黜狄后。」晉語一云：「公將黜太子申生而立奚齊。」韋昭注並云：「黜，廢也。」且多行無禮於國。僕因國人以弑紀公，「弑」，金澤文庫本作「殺」。以其寶玉來奔，納諸宣公。公命與之邑，曰：「今日必授！」季文子使司寇出諸竟，逐之出魯國境界。曰：「今日必達！」達，魯語上作「通」，通、達同義，猶今言徹底執行也。公問其故。季文子使大史克對曰：詩魯頌駉序云：「季孫行父請命于周而史克作是頌。」則大史克亦簡稱史克。魯語上作「里革」，韋注云：「里革，魯太史克也。」

先大夫臧文仲教行父事君之禮，季孫行父於宣公前稱臧孫辰而不名，説見十七年傳注。行父奉以周旋，弗敢失隊，隊同墜。曰：「見有禮於其君者，事之，如孝子之養父母也；見無禮於其君者，誅之，如鷹鸇之逐鳥雀也。」鷹與鸇，俱屬猛禽類，爲食肉鳥。漢翟方進奏曾引此言，見漢書翟方進傳。先君周公制周禮曰：周禮，據文，當是姬旦所著書名或篇名，今已亡其書矣。若以周官當之，則大誤。今之周官，雖其間不無兩周之遺辭舊義，然其書除考工記外，或成于戰國。「則以觀德，六年傳云「導之禮則」，此「則」字亦禮則之義。以禮則觀人之德。德有凶有吉，合則爲吉德，不合則爲凶德。**德以處事，**杜注：「處猶制也。」處卽今區處、處理、處置之義，處事猶言辦事。魯語上云：「夫仁者講功而智者處物。」下云：「朝夕處事。」處字皆此義。孔疏云：「既有善德，乃能制斷事宜，故曰『德以處事』。」**事以度功，**度，舊讀入聲，量也。事以度功者，據其效果，評其功勞之有無與大小也。**功以食民。」**此句可有兩義。杜注：「食，養也。」釋文云：「食音嗣。」孔疏云：「民不自治，立君牧養，作事成功，所以養食下民，故曰『功以食民』也。」此一義也。竹添光鴻會箋云：「功成而後受邑受田，以食於民也。此『車服以庸』之義。晉語『公食貢，大夫食邑，士食田，庶人食力，工商食官，皁隸食職，官宰食加』，字法全同。杜訓食爲養，不確。」兩說皆可通，後說似較勝。**作誓命曰：**誓命似亦姬旦所作篇名，今亦亡。**「毁則爲賊，**毁棄禮則爲賊也，與孟子梁惠王下「賊仁者謂之賊」義相似。**掩賊爲藏。**杜注云：「掩，匿也。」孔疏云：「掩匿賊人是爲藏，言其藏罪人也。」黄生義府云：「藏乃臧之誤也。古『藏』『贓』字皆作『臧』，後人轉寫誤加艸耳。『掩賊爲臧』，言得賊之物而隱庇其人，猶今窩主之謂。」此說較孔說爲勝。朱駿聲亦謂藏卽俗字之贓。**竊賄爲盜，**杜注：「賄，財也。」孔疏曰：「竊人財賄謂之爲盜。」**盜器爲姦。**十二年傳襄仲辭玉，以玉爲大器；此器字亦大器、重器（見成二及十四年傳）之謂。竊人一般財物爲盜，盜人寶物爲姦。依傳上下文義解之如此。魯語云「竊寶者爲宄，用宄之財者爲姦」，自與傳義不一，不能强異爲同。**主藏之名，**杜注：「以掩賊爲名。」**賴姦之用，**賴、利古多通用，周語中「先王豈有賴焉」，晉語一「君得其賴」，晉語二「反義則富不爲賴」，韋注並云：「賴，利也。」用卽「盜器爲姦」之「器」也，左傳「器用」連文爲一詞者凡十五次，如隱五年「其材不足以備器用」，十一年「凡而器用財賄無實於許」是也。足見「用」爲「器」義,「器用」爲同義詞連用。賴姦之用者,以姦人所盜之大器爲利也。爲大凶德,有常,無赦。莊十四年及昭三十一年傳並云:「周有常刑。」昭二十五年傳又云:「常刑不赦。」哀三年傳且云:「則有常刑無赦。」然則此有常者,有常刑也,與哀三年傳同意。逸周書大匡解「有常不赦」,戰國策魏策四引憲之上篇「有常不赦」,常俱謂常刑。在九刑不忘。」依傳上下文義,誓命之言宜至此止。孔疏及周禮秋官司刑疏俱引賈逵、服虔說,謂九刑爲「正刑一,議刑八」。正刑一者,五刑墨、劓、剕、宮、大辟,其中之一也。議刑八者,周禮小司寇有八議,論親、故、賢、能、功、貴、勤、賓八者而附于刑罰也。夫五刑是一事,八議另是一事,合兩者爲九刑,近于不倫,孔疏既已駁之,孫詒讓周禮小司寇正義亦以爲未允。惠棟補注又謂「九刑謂刑書九篇」,引周書嘗麥解爲證。說亦未允。九刑者,九種刑罰之謂,昭六年傳,亦爲刑書之名。據漢書刑法志及尚書呂刑鄭注,墨、劓、刖、宮、大辟五刑加以流、贖、鞭、扑四刑也。忘讀爲妄。在九刑不忘者,于大凶德之人,依其情節之輕重,以九刑之一適當處之,亦不爲過度也。行父還觀莒僕,杜注云:「還猶周旋也。」則還觀爲徧觀、細審之意。莊子秋水篇云:「還虷蟹與科斗,莫吾能若也。」釋文云:「還音旋,顧視也。」章炳麟讀亦云:「還猶觀也。」若解還、觀爲同義詞連用,似較勝。莫可則也。孝敬、忠信爲吉德,盜賊、藏姦爲凶德。夫莒僕,則其孝敬,則弒君父矣;則其忠信,則竊寶玉矣。其人,則盜賊也;其器,則姦兆也。杜注:「兆,域也。」蓋謂莒僕所納之器,乃屬於姦人類。俞樾平議云:「兆當讀爲佻,國語周語曰,『姦仁爲佻』,此姦佻之義也。」章炳麟讀云:「上句盜賊平列,則姦兆亦平列。姦即上文『盜器爲姦』之姦,兆讀周語『郤至佻天之功以爲己力』之佻，偷也。」俞、章之説較勝。**保而利之，則主藏也。**保而利之謂魯宣公保其人而利其器，是「掩賊爲藏」也。**以訓則昏，民無則焉。**意謂以此教訓人民，則爲迷亂，人民無所取法。作孝經者竊取此語改爲「以順則逆，民無則焉」，非傳意，不能强合。**不度於善，**杜注：「度，居也。」言如此行爲，不屬吉德之類。**而皆在於凶德，是以去之。**

昔高陽氏有才子八人，五帝本紀云：「帝顓頊高陽者，黄帝之孫而昌意之子也。」索隱引宋衷云：「顓頊，名；高陽，有天下號也。」又引張晏云：「高陽者，所興地名也。」才子之子，必非兒子之謂，蓋下文云「舜臣堯，舉八愷」，年代不相及也。故五帝本紀索隱引賈逵説，「謂其後代子孫而稱爲子」，杜注本之，因云「八人，其苗裔」。**蒼舒、隤敳、檮戭、大臨、尨降、庭堅、仲容、叔達，**隤音頽，敳音皚，潛夫論五德志作「隤凱」。檮音儔，又音桃；戭音衍，潛夫論作「檮演」。敳、凱，戭、演皆異文。尨音厖。此八人已無可考，後人以其爲舜所舉，於是于舜典中求之，杜注云：「此即垂、益、禹、皋陶之倫。」孔疏申之云：「夏本紀稱禹是顓頊之後，秦本紀稱皋陶是顓頊之後，伯益則皋陶之子，垂之所出，舊説相傳，亦出顓頊，故云『此即垂、益、禹、皋陶之倫』也。不知誰爲禹，誰爲益，故云『之倫』『之屬』，不敢斥言也。」至水經洛水注載晉永平元年九山廟百蟲將軍顯靈碑謂隤敳即伯益，乃鑿空附會之談，不足據。説見梁玉繩史記志疑十九。庭堅又見五年傳注。**齊、聖、廣、淵、明、允、篤、誠，**孔疏：「此並序八人，總言其德。或原其心，或據其行，一字爲一事，其義亦更相通。齊者，中也，率心由道，舉措皆中也。聖者，通也，博達衆務，庶事盡通也。廣者，寬也，器宇宏大，度量寬弘也。淵者，深也，知能周備，思慮深遠也。明者，達也，曉解事務，照見幽微也。允者，信也，終始不愆，言行相副也。篤者，厚也，志性良謹，交游款密也。誠者，實也，秉心純直，布行貞實也。」**天下之民謂之八愷。**杜注：「愷，和也。」**高辛氏有才子八人，**五帝本紀云：「帝嚳高辛者，黃帝之曾孫也。高辛於顓頊爲族子。」**伯奮、仲堪、叔獻、季仲、伯虎、仲熊、叔豹、季貍，**貍音釐。伯奮、伯虎，漢書古今人表「伯」俱作「柏」，伯、柏異文。人表有季熊，師古注以爲卽季貍。仲熊，潛夫論五德志篇作仲雄。杜注：「此卽稷、契、朱虎、熊羆之倫。」孔疏：「契後爲殷，稷後爲周，史記，殷、周皆爲帝嚳之後也。此言伯虎、仲熊，尚書有朱虎、熊羆，二者其字相類，知『此卽稷、契、朱虎、熊羆之倫』也。尚書更有夔、龍之徒，亦應有在元、愷之內者，但更無明證，名字又殊，不知與誰爲一，故不復言之。」山海經大荒東經謂「帝俊生中容」，又海內經謂「帝俊生季釐」，王國維殷卜辭中先公先王考固謂帝俊卽帝嚳，中容、季釐卽此仲熊、季貍。然古代傳說，諸書異詞，莫堪究詰，似不必深考，以上諸說姑録以備參。**忠、肅、共、懿、宣、慈、惠、和，**孔疏：「此亦總言其德，於義亦得相通。忠者，與人無隱，盡心奉上也。肅者，敬也，應機敏達，臨事恪勤也。共者，治身克謹，當官理治也。懿者，美也，保己精粹，立行純厚也。宣者，徧也，應受多方，知思周徧也。慈者，愛出於心，思被於物也。惠者，性多哀矜，好拯窮匱也。和者，體度寬簡，物無乖争也。」**天下之民謂之八元。**易文言云：「元者，善之長也。」范文瀾中國通史簡編云：「八愷指以禹爲首的各族，八元指以契爲首的各族。契距離帝嚳既不只一世，堯、棄、摯年代相近，距離帝嚳當然也不只一世。如果確是同出帝嚳一系，應是同族的後裔，決不是同父兄弟。」**此十六族也，**不云「十六人」，而云「十六族」者，本以其氏族言也，故下云「世濟其美」。孔疏引劉炫云：「各有大功，皆賜氏族，故稱族。」**世濟其美，不隕其名。**孔疏：「世濟其美，後世承前世之美；不隕其名，不隊前世之美名。言其世有賢人，積善而至其身也。」金其源讀書管見云：「呂覽用民高注：『終一人之身爲世。』當以一身解世。」録備一說。**以至於堯，堯不能舉。**金澤文庫本「不」作「弗」。五帝本紀「不」作「未」。**舜臣堯，舉八愷，使主后土，**杜注：「后土，地官。禹作司空，平水土，卽主地之官。」**以揆百事，莫不時序，**杜注：「揆，度也。」據王引之尚書述聞，時序，猶承敍也。承敍者，承順也。閻若璩尚書古文疏證四云：「卽孟子『使之主事而事治』之謂也。」**地平天成。**據僖二十四年傳，「地平天成」四字爲夏書文。**舉八元，使布五教于四方，**杜注：「契在八元之中。」孔疏云：「舜典云：『帝曰：契！百姓不親，五品不遜，汝作司徒，敬敷五教，在寬。』尚書契敷五教，此云『舉八元，使布五教』，以此故知『契在八元中』也。」**父義、母慈、兄友、弟共、子孝，內平外成。**杜注：「內，諸夏；外，夷狄。」竹添光鴻箋云：「此以一家言，則內謂家，外謂鄉黨。」

昔帝鴻氏有不才子，五帝本紀集解引賈逵云：「帝鴻，黃帝也。」李貽德輯述云：「大荒東經云：『帝俊生帝鴻。』帝俊，郭氏以爲帝舜也。畢氏沅據帝王世紀，定爲帝嚳，傳所云『帝鴻氏』，未審與山海經不合。賈云『黃帝』，不知何徵。古籍云亡，難以審定。」**掩義隱賊，**此句杜預無注，則讀「義」如字，意謂掩蔽仁義，包庇姦賊。俞樾平議及章炳麟讀俱謂「掩義」與「隱賊」同義，義與俄通，邪也。尚書立政「茲乃三宅無義民」，呂刑「鴟義姦宄」，據王引之述聞說，義皆當讀爲俄。**好行凶德，醜類惡物，**醜，類也。醜類，同義詞連用，此作動詞，惡物爲其賓語，言與惡物相比類也。說本沈欽韓補注。**頑嚚不友，是與比周，**僖二十四年傳云：「心不則德義之經爲頑，口不道忠信之言曰嚚。」此言頑嚚及于兄弟不友愛之人，渾敦則引之爲同類。天下之民謂之渾敦。五帝本紀作「渾沌」。左傳此文言「四凶」，尚書舜典有「四罪」，後之説此文者，則以此「四凶」當彼「四罪」，因以此渾敦當彼驩兜，故五帝本紀集解引賈逵云：「不才子，其苗裔驩兜也。」杜注：「渾敦，不開通之貌。」以渾敦爲叠韻連綿詞，頗爲有理。孔疏引服虔説以渾敦爲獸名，蓋本之山海經及神異經，不足信。少皞氏有不才子，昭十七年傳云：「我高祖少皞摯之立也。」則少皞名摯。杜注：「少皞，金天氏之號，次黄帝。」「皞」亦作「皓」，亦作「昊」。五帝本紀索隱引皇甫謐及宋衷説，謂少昊即黄帝之子玄囂，按之左傳所叙世次，頗相合。毁信廢忠，孔疏曰：「毁信者，謂信不足行，毁壞之也。廢忠者，謂忠爲無益，廢棄之也。」五帝本紀作「毁信惡忠」。崇飾惡言，周語中「容貌有崇」，楚語下「容貌之崇」，韋注並云：「崇，飾也。」則「崇飾」爲同義詞連用。靖譖庸回，尚書堯典言共工「靜言庸違」，段玉裁尚書撰異謂「『静譖庸回』即『静言庸違』」。「靖譖」是否「靜言」，尚有異説；「庸回」即「庸違」，決無問題。回、違古多通用也。據杜注與孔疏，靖譖者，安於讒譖之謂也。庸回者，信用回邪之謂也。回，邪也。服讒蒐慝，杜注：「服，行也。」則服讒者，施行讒言之謂也。蒐有二義，服虔與杜預俱謂「蒐，隱也」，蓋以蒐爲廋，廣雅及方言並云：「廋，隱也。」則蒐慝者，與「掩義藏賊」之意同，隱瞞爲惡之人之謂也。如讀蒐如字，則爾雅釋詁云「聚也」，聚積姦慝之人之謂也。以誣盛德，誣蔑盛德之人。天下之民謂之窮奇。舊以窮奇當尚書之共工。窮奇者，杜注：「其行窮，其好奇。」山海經西山經與海內北經及神異經俱有怪獸名窮奇，或言共工性似此獸，故以獸名名之，未必足信。顓頊氏有不才子，阮刻本脱「氏」字，今依各本增。顓頊即高陽，已見前。不可教訓，不知話言；話言謂善言，詳見六年傳並注。告之則頑，杜注：「德義不入心。」舍之則嚚，杜注：「不道忠信。」傲很明德，傲疑借爲嫯，說文：「嫯，侮傷也。」很，說文：「不聽從也。」傲很明德，猶言于明德輕侮而不聽從之。昭二十六年傳「傲很威儀」，亦無視威儀之義。以亂天常，天下之民謂之檮杌。檮音濤，杌音兀。五帝本紀集解引賈逵云：「檮杌，凶頑無疇匹之貌。」杜注同。則賈、杜謂所以謂之檮杌者，以其凶頑無疇匹也。孔疏引服虔說，則以神異經有獸曰檮杌，鯀性相似，故號之。賈逵、杜預俱謂檮杌卽鯀，惟杜預之父杜恕考課疏云「殛鯀而放四凶」（見魏志杜恕傳），似別鯀於四凶之外，恐不合舜典本義。此三族也，世濟其凶，增其惡名，此兩句與上文八愷八元「世濟其美，不隕其名」正相對，則其意不過謂終身爲惡耳。以至于堯，堯不能去。縉雲氏有不才子，五帝本紀集解引賈逵云：「縉雲氏，姜姓也，炎帝之苗裔，當黃帝時，任縉雲之官也。」孔疏云：「昭十七年傳稱黃帝以雲名官，故知縉雲黃帝時官名。服虔云：『夏官爲縉雲氏』。」貪于飲食，冒于貨賄，冒亦貪也，哀十一年傳「貪冒無厭」、周語上「貪冒辟邪」、鄭語「而加之以貪冒」均貪冒連文可證。侵欲崇侈，昭八年傳云「宮室崇侈」，亦「崇侈」連文。不可盈厭，盈厭，同義詞連用，今言滿足。聚斂積實，說文：「積，聚也。」段玉裁注：「禾與粟皆得稱積。」杜注：「實，財也。」則「積實」猶財穀之意。不知紀極，紀極猶言限度也。紀極同義詞連用，周語上云：「若國亡，不過十年，數之紀也。」「數之紀」猶數之極也。不分孤寡，謂雖孤寡，亦不以財貨分之，與下文「不恤窮匱」同意。不恤窮匱，天下之民以比三凶，杜注曰：「非帝子孫，故別以比三凶。」謂之饕餮。饕餮音滔鐵。賈逵、服虔及杜注並云：「貪財爲饕，食食爲餮。」王念孫云：「貪財貪食總謂饕餮。饕餮一聲之轉，不得分貪財爲饕、貪食爲餮也。」神異經亦有怪獸曰饕餮，山海經北山經有怪獸曰狍鴞，郭璞注亦以爲卽左傳之饕餮。呂氏春秋先識覽云：「周鼎著饕餮，有首無身，食人未咽，害及其身。」則以饕餮爲獸，其來久矣。或以饕餮當尚書之三苗。

舜臣堯，賓于四門，賓于四門，尚書舜典文。孔疏：「鄭玄以『賓』爲『擯』，謂舜爲上擯，以迎諸侯。」此一說也。杜注則讀「賓」如字，云：「闢四門，達四聰，以賓禮衆賢。」四門者，馬融謂爲四方之門，孫星衍尚書今古文注疏以明堂宮垣四方之門當之，此又一說也。**流四凶族，**杜注：「案四凶罪狀而流放之。」**渾敦、窮奇、檮杌、饕餮，投諸四裔，**裔，荒裔也。一曰裔土，周語上「流在裔土」、周語中「其流辟旅於裔土」、晉語四「以實裔土」是也。四裔者，四方之邊裔也。舜典云：「流共工于幽州，放讙兜于崇山，竄三苗于三危，殛鯀于羽山。」昔人以幽州爲北裔，並謂故老相傳，今北京市密雲縣東北，舜流共工所居城在焉。崇山爲南裔，通典及方輿勝覽謂卽今湖南省大庸縣之崇山，清一統志則謂此非放讙兜處，放讙兜之崇山當在交、廣之間。三危爲西裔，其所在傳說不一，有謂在今甘肅省敦煌縣者，有謂在甘肅鳥鼠山之西者，有謂在甘肅省天水市者，有謂在甘肅省臨潭縣西南古疊州之西者，甚至有謂在今雲南省、在今四川省以及在今西藏者。羽山爲東裔，其說有二，一謂卽今江蘇省東海縣、贛榆縣及山東省郯城縣間之羽山，一謂卽今山東省蓬萊縣南之羽山。要之，舜流四凶，既是傳說，其四裔之地，今更難明，古有此說，茲略述之，不必拘執也。**以禦螭魅。**螭音癡，魅音媚。螭，說文云：「若龍而黃。」又有离字，云：「山神也。」魅，說文作「鬽」，云：「老精物也。」總之，螭魅，古人幻想中之怪物能爲人害者，宣三年傳王孫滿說九鼎云：「鑄鼎象物，百物而爲之備，使民知神姦。故民入川澤山林，不逢不若。螭魅罔兩，莫能逢之」是也。以禦螭魅者，孔疏云：「是放之四方之遠處，螭魅若欲害人，則使此四者當彼螭魅之災，令代善人受害也。」是以堯崩而天下如一，同心戴舜，以爲天子，以其舉十六相，去四凶也。故虞書數舜之功，曰「慎徽五典，五典克從」，此及以下各句俱見今舜典。僞孔傳云：「徽，美也。五典，五常之教，父義、母慈、兄友、弟恭、子孝。舜慎美篤行斯道，舉八元，使布之於四方，五教能從，無違命。」無違教也。曰「納于百揆，百揆時序」，百揆非官名，猶百事也，說詳閻若璩尚書古文疏證及孫星衍尚書今古文注疏。時序猶承順，說見前。此兩句猶言納之于各種事務之中，各種事務俱有條理而妥帖也。無廢事也。杜注：「此八愷之功。」曰「賓于四門，四門穆穆」，五帝本紀云：「賓於四門，四門穆穆，諸侯遠方賓客皆敬。」是以「賓客皆敬」釋「四門穆穆」。集解引馬融云：「四門，四方之門。諸侯羣臣朝者，舜賓迎之，皆有美德也。」是以「皆有美德」釋「四門穆穆」。無凶人也。

舜有大功二十而爲天子，大功二十謂舉十六相與去四凶。今行父雖未獲一吉人，去一凶矣。於舜之功，二十之一也，庶幾免於戾乎！戾，罪也。魯語上所敍與傳互有詳略，亦有同異。

一八·八 宋武氏之族道昭公子，金澤文庫本作「宋武、穆之族導昭公子」，釋文亦云：「本或作『武穆之族』者，取下文妄加也。」以宣三年傳「武氏之謀也」考之，倡議者爲武氏，而穆族實從之，故武、穆之族被逐出也。將奉司城須以作亂。杜注：「文公弒昭公，故武族欲因其子以作亂。」司城須，文公母弟，見十六年傳。十二月，宋公殺母弟須及昭公子，使戴、莊、桓之族攻武氏於司馬子伯之館，讀本曰：「戴族，皇、樂、華三氏。莊族，仲氏。桓族，向、魚、蕩、鱗四氏也。」杜注：「司馬子伯，華耦也。」據十六年傳，此時華耦已卒。**遂出武、穆之族。**宣三年傳作「盡出武、穆之族」，則武族穆族盡出之也。穆族並被逐出者，杜注云「黨於武氏故」。據宣三年傳，蓋出之於曹。**使公孫師爲司城。**代文公之弟須。杜注：「公孫師，莊公之孫。」**公子朝卒，**十六年傳云：「公子朝爲司寇。」**使樂呂爲司寇，**孔疏引世本云：「戴公生樂甫術，術生碩甫澤，澤生夷父須，須生大司寇呂。」則樂呂，戴公曾孫也。餘詳七年傳注。**以靖國人。**左傳凡數言「以靖國人」，分別見于成十五年、襄十五年、昭十三年及二十二年等處。宋世家云：「二年，昭公子因文公母弟須與武、繆、戴、莊、桓之族爲亂，文公盡誅之，出武、繆之族。」但據傳文，戴、莊、桓三族乃助文公攻武族者。

春秋左傳注

宣公

名倭，文公子，母敬嬴。「倭」亦作「倭」，孔疏及公羊楊疏引世本俱作「倭」。新序節士篇謂宣公爲文公弟，未知何據。

元年，癸丑，公元前六〇八年。周匡王五年、晉靈十三年、齊惠公元元年、衞成二十七年、蔡文四年、鄭穆二十年、曹文十年、陳靈六年、杞桓二十九年、宋文三年、秦共公稻元年、楚莊六年、許昭十四年。

經

一·一 元年春王正月，正月十二日辛酉冬至，建子。公卽位。無傳。

一·二 公子遂如齊逆女。文四年傳云：「逆婦姜于齊，卿不行，非禮也。」此則卿行，蓋與當時之禮合。惟文公之死僅及期年，宣公卽急于婚娶，故後之論者多譏之，然在當時則未必以爲非禮。

一·三　三月，遂以夫人婦姜至自齊。稱「婦」者，有姑之辭，與文四年同。「婦姜」之稱與文四年經、傳同，亦猶隱八年傳之「婦嬀」。成十四年經、傳則書「婦姜氏」。有「氏」字與無「氏」字，皆當時慣稱，無義例可言。公羊、穀梁與孔疏所引服虔說，俱以無「氏」字爲貶，蓋妄說。杜注謂「不書『氏』，蓋闕文」，亦不確。說參沈欽韓補注。舊本此條與上「逆女」相連爲一條，今依傳意分之，獨立爲一條。

一·四　夏，季孫行父如齊。

一·五　晉放其大夫胥甲父于衞。說文云：「放，逐也。」杜注：「放者，受罪黜免，宥之以遠。」

一·六　公會齊侯于平州。平州，據杜注，當在今山東省萊蕪縣西。王夫之稗疏據水經汶水注，謂在今桓臺縣境，恐不確。

一·七　公子遂如齊。

一·八　六月，齊人取濟西田。僖三十一年傳云：「取濟西田，分曹地也。自洮以南，東傅于濟。」蓋濟西之田，本得之于晉，今則用以賂齊。年表云：「齊惠公元年，取魯濟西之田。」

一·九　秋，邾子來朝。無傳。邾于桓十五年一朝魯，歷莊、閔、僖、文之世，未見再書來朝。此來朝，蓋以宣公初立，朝新君也。

一·一〇　楚子、鄭人侵陳，楚國征伐而書「楚子」，自此始。遂侵宋。晉趙盾率師救陳。傳言「救陳、宋」，而經僅書「救陳」，不書「救宋」，杜注謂「經無『宋』字，蓋闕」。孔疏引服虔說，則以爲「趙盾既救陳，而楚師侵宋；趙盾欲救宋，而楚師解去」。宋公、陳侯、衛侯、曹伯會晉師于棐林，棐音斐。公羊作「斐」。方輿紀要謂棐林在今河南省新鄭縣東二十五里。然襄三十一年傳謂衛襄公如楚，「過鄭，印段迋勞于棐林」，則棐林宜在新鄭北三、四十里處。伐鄭。孔疏：「晉本與師爲救陳、宋，但楚師已去，故四國之君往會晉師，與共伐鄭。言『于棐林』者，行會禮然後伐。桓十五年『公會宋公、衛侯、陳侯于袲，伐鄭』，亦行會禮乃伐，與此同也。」

一・二 冬，晉趙穿帥師侵崇。「崇」，公羊作「柳」。毛奇齡春秋簡書刊誤云：「『崇』，秦之與國，公改『柳』而曰『天子之邑』，則與策書晉將求成于秦而先侵崇以要其成爲不合矣。故爲作異，多見其陋劣耳。」毛說可從。趙坦異文箋謂「齊人讀『崇』爲『柳』，公羊『崇』作『柳』，正齊人方音之轉」。「崇」、「柳」古音不同，無由相轉，趙說恐不然。殷商有崇國，崇侯虎是也，爲文王所滅，詩大雅文王有聲「既伐于崇，作邑于豐」，襄三十一年傳「文王伐崇，再駕而降爲臣」是也。此崇國當與文王所滅之崇國有別，江永考實謂爲別封，或是也。其地不能確指，舊崇國在今陝西省户縣東，此崇國未必仍在此。王夫之稗疏謂「此崇國必在渭北河湄，雖與秦，而地則近晉」，言頗有理。俞樾俞樓雜纂二十八謂在今河南省嵩縣。嵩離秦、晉俱較遠，恐不確。

一・三 晉人、宋人伐鄭。

傳

一・一 元年春王正月，公子遂如齊逆女。尊君命也。此釋所以稱「公子遂」之故。杜注：「諸侯之卿，出入稱名氏，所以尊君命也。傳於此發者，與還文不同，故釋之。」

一・二 三月，遂以夫人婦姜至自齊。尊夫人也。此釋所以不稱「公子遂」而單稱「遂」之故。成十四年經云：「秋，叔孫僑如如齊逆女。」又云：「九月，僑如以夫人婦姜氏至自齊。」傳亦云：「秋，宣伯如齊逆女。稱族，尊君命也。」「九月，僑如以夫人婦姜氏至自齊。舍族，尊夫人也。」此不云「稱族」「舍族」者，杜注云：「公子，當時之寵號，非族也，故傳不言『舍族』。」

一・三 夏，季文子如齊，納賂以請會。杜注：「宣公篡立，未列於會，故以賂請之。」賂當即濟西田。

一・四 晉人討不用命者，放胥甲父于衞。不用命指文十二年河曲之役，趙穿與胥甲不肯薄秦師於險。趙穿以趙盾之側室及公壻故，未被討，然胥甲亦待七、八年後始受討，不識其故。胥甲稱胥甲父，見僖十一年經注。而立胥克。杜注：「克，甲之子。」先辛奔齊。杜注：「辛，甲之屬大夫。」

一・五 會于平州，與齊侯會也。納賂請會，始有此會。以定公位。即得諸侯承認之意。

一・六 東門襄仲如齊拜成。杜注：「謝得會也。」

一・七 六月，齊人取濟西之田，爲立公故，以賂齊也。

一・八 宋人之弒昭公也，在文十六年。晉荀林父以諸侯之師伐宋，在文十七年。宋及晉平，宋文公受盟于晉。十七年傳云「猶立文公而還」，即此傳受盟之事。又會諸侯于扈，將爲魯討齊，在文十五年。此先敍十七年事而後敍十五年事者，蓋以宋事爲主也。皆取賂而還。傳明言之。受宋賂，文十七年傳未言，此旁出補敍之文。鄭穆公曰：「晉不足與也。」遂受盟于楚。陳共公之卒，卒在文十三年。楚人不禮焉。不禮，蓋謂楚不會喪、會葬。陳靈公受盟于晉。

秋，楚子侵陳，遂侵宋。年表云：「楚莊六年，伐宋、陳，以倍我服晉故。」又云：「宋文三年，楚、鄭伐我，以我倍楚故也。」晉趙盾帥師救陳、宋。張聰咸杜注辨證以經無「宋」字，因謂「宋」字當屬下讀，下句爲「宋會于棐林」，實不可信。蓋楚伐陳、宋，晉故救陳、宋；且會于棐林者四國，何能單言「宋」也？年表云：「晉靈十三年，趙盾救陳、宋。」是司馬遷亦以「救陳、宋」爲句。會于棐林，以伐鄭也。楚蔿賈救鄭，蔿賈已見僖二十七年及文十六年傳，以後又見四年傳。遇于北林，北林，鄭地，當在今河南省鄭州市東南，新鄭縣之北。囚晉解揚。解揚已見文八年傳。據宣十五年傳，解揚後已還晉。晉人乃還。

一·九　晉欲求成於秦。趙穿曰：「我侵崇，秦急崇，必救之。崇是秦之與國，晉侵之，秦必以爲急事而救之。吾以求成焉。」因此而求成也。冬，趙穿侵崇。秦弗與成。讀本云：「秦知穿謀，但救崇而不與晉成。」

一·一〇　晉人伐鄭，以報北林之役。杜注：「報囚解揚。」於是晉侯侈，趙宣子爲政，驟諫而不入，驟諫，屢諫也。謂屢諫而靈公不聽。晉世家云：「趙盾、隨會前數諫，不聽」，蓋本此語。故不競於楚。競有争義，襄二十六年傳云「臣不心競而力争」，莊子齊物論云「有分有辯，有競有争」，競争均同義可證。不競于楚，猶言不能與楚相争也。杜謂「競，强也」，與下年傳「彼宗競於楚」競字同義，句法亦類似，亦通。杜注：「爲明年鄭伐宋張本。」

二年，甲寅，公元前六〇七年。周匡王六年、晉靈十四年、齊惠二年、衞成二十八年、蔡文五年、鄭穆二十一年、曹文十一年、陳靈七年、杞桓三十年、宋文四年、秦共二年、楚莊七年、許昭十五年。

經

二·一 二年春王二月壬子，正月二十三日丙寅冬至，建子。二月無壬子。宋華元帥師及鄭公子歸生帥師，全經唯此華元、歸生及哀二年趙鞅、罕達客主各言帥師。戰于大棘。大棘，此時爲宋地，方輿紀要云：「大棘城在歸德府寧陵縣西南七十里。」則當在今河南省睢縣南。宋師敗績，獲宋華元。彙纂曰：「求之全經，凡不書敗其師而書獲其君與將者二，戰韓與襄八年鄭『獲蔡公子燮』也。先書敗其師而後書獲其君與將者五，是役與莊十年荆敗蔡師，以蔡侯歸；僖元年魯敗莒師，獲莒拏；昭二十三年吳敗頓、胡、沈、蔡、陳、許之師，胡子、沈子滅，獲陳夏齧；哀十一年『齊師敗績，獲齊國書』也。」

二·二 秦師伐晉。

二·三 夏，晉人、宋人、衞人、陳人侵鄭。

二·四 秋九月乙丑，乙丑，二十六日。晉趙盾弑其君夷皋。「皋」，公羊作「獔」。獔從皋聲，自得通假。

二·五 冬十月乙亥，乙亥，六日。天王崩。無傳。天王，匡王也。周本紀云：「匡王六年，崩，弟瑜立，是爲定王。」

傳

二・一 二年春，鄭公子歸生命于楚伐宋，「命于楚」各本均作「受命于楚」，唯金澤文庫本無「受」字，與釋文或本合。杜此注云：「受楚命也。」臧琳經義雜記云：「傳本無『受』字，故注云『受楚命』。若傳本作『受命于楚』，則文義已明，杜可無庸注矣。」洪亮吉詁亦云：「按杜注，不當有『受』字。」劉文淇疏證云：「按宋世家『文公四年春，鄭命楚伐宋』，亦無『受』字。」諸說是也。「命」即「受命」之義，十二年傳「皆命而往」義即「皆受命而往」，尤可證。今從金澤文庫本刪正。宋華元、樂呂御之。御同禦。華元爲右師當政，已見文十六年傳。樂呂爲司寇，見文十八年傳。二月壬子，戰于大棘。宋師敗績。囚華元，獲樂呂，經云「獲華元」，傳云「囚華元」，以「囚」釋「獲」，蓋獲有生、死之異。僖十五年經、傳「獲晉侯」，生獲也；宣十二年傳「皆重獲在木下」，「射連尹襄老，獲之，遂載其尸」，則俱死獲。此以囚釋獲，謂生獲。然則「獲樂呂」，分別言之，蓋死獲可知。故樂呂以後不復見。經不書者，非主帥也。及甲車四百六十乘，甲車即兵車，以馬被甲，故名甲車，說詳武億義證。俘二百五十人，馘百。各本作「馘百人」，釋文謂或作「馘百」，作「馘百人」者，「人」字衍。釋文說是也。今從金澤文庫本刪正。

狂狡輅鄭人，輅，迎戰之意，見僖十五年傳並注。鄭人入于井。倒戟而出之，獲狂狡。讀本云：「鄭人入井，狡乃倒授戟柄，接而出之，而鄭人反獲狂狡。」君子曰：「失禮違命，宜其爲禽也。戎，昭果毅以聽之之謂禮。大戴禮四代篇云：「是以祭祀昭有神明，燕食昭有慈愛，宗廟之事昭有義，率禮朝廷昭有五官，無廢甲胄之戒（惠棟云，當作戎）昭果毅以聽。」足見「戎昭果毅以聽之」乃古語。說本惠棟補注。杜注云：「聽謂常存於耳，著于心，想聞其政令。」此句意謂兵戎之事在于表明果毅精神，唯發揚果毅存念于心，行動于外，斯乃謂之禮。殺敵爲果，致果爲毅。孔疏云：「致此果敢乃名爲毅，言能彊毅以立功。」易之，戮也。」易之猶言反之。孔疏：「反易此道，則合刑戮也。」譏狂狡救敵人反被擒獲。

將戰，華元殺羊食士，其御羊斟不與。羊斟，宋世家作羊羹。肉汁謂之羹，亦謂之斟，故羊羹即羊斟也。錢大昕十駕齋養新録據淮南子繆稱篇「魯酒薄而邯鄲圍，羊羹不斟而宋國危」之文，謂此「斟」亦爲動詞，非人名。其說殊不足據，說詳王引之述聞。及戰，曰：「疇昔之羊，子爲政；禮記檀弓上云：「予疇昔之夜，夢坐奠於兩楹之間。」鄭注云：「疇昔猶前日也。」亦作「誰昔」，詩陳風墓門「知而不已，誰昔然矣」，鄭玄箋云：「誰昔，昔也。」今日之事，我爲政。」呂氏春秋察微篇作「昨日之事，子爲制；今日之事，我爲制。」政作制者，陳樹華春秋內傳考證及洪亮吉詁均謂因秦始皇名改，或然。與入鄭師，呂氏春秋察微篇作「遂驅入於鄭師」。故敗。君子謂羊斟「非人也，以其私憾，敗國殄民，殄民當與下文「殘民」同意。於是刑孰大焉？詩所謂『人之無良』者，人之無良，今詩小雅角弓作「民之無良」。其羊斟之謂乎！殘民以逞。」殘害人民以快己意。

宋人以兵車百乘、文馬百駟以贖華元于鄭。文馬古有兩義，一謂馬之毛色有文彩者，一謂畫馬爲文。按之周本紀「求驪戎之文馬」、尚書大傳「散宜生之犬戎氏，取美馬駮身朱鬣雞目者」，自以前說爲是。說參沈欽韓補注並章炳麟讀。文馬百駟，宋世家譯作「文馬四百匹」。半入，所贖物僅入其半。華元逃歸。年表列「贖華元，亡歸」於明年。立于門外，告而入。杜注：「告宋城門而後入，言不苟。」見叔牂，杜注：「叔牂，羊斟也。卑賤得先歸。」孔疏引賈逵説，云「叔牂，宋守門大夫」，則以叔牂與羊斟爲兩人，按之上下文義，不可通。杜注謂叔牂因卑賤得先歸，亦無據。阮芝生拾遺云「疑其陷元于敵，即脱身而逃，不與元同獲」，較近情理。曰：「子之馬然也？」此係華元之語，有以爲叔牂之語者，于文于理俱不合，不可信。也讀爲邪，問詞。蓋華元知羊斟賣己，故婉其詞以詰之，謂：「子之馳入鄭師者，子之馬則然邪？」杜注云「華元見而慰之」，則以此句爲直陳語，誤。説詳楊樹達先生讀左傳。對曰：「非馬也，其人也。」既合而來奔。杜注：「叔牂言畢，遂奔魯。」合猶答也。

宋城，華元爲植，巡功。植古有兩義，杜注云：「植，將主也。」周禮大司馬云：「大役，屬其植。」鄭衆注云：「植謂部曲將吏。」孫詒讓正義云：「大役人徒衆多，略依軍法部署，故亦有將吏。先鄭蓋以植爲部曲羣聚之名，莊子田子方篇云『列士壞植散羣』。即其義也。部曲羣聚謂之植，因以爲帥領將吏之稱。周書大匡篇云『伍有植』是也。」此一義也。鄭玄則以大司馬之植爲「築城楨」。蓋古人築牆有楨有榦。當牆兩端樹立兩木曰楨，當牆兩邊樹版以障土者曰榦。尚書費誓「峙乃楨榦」是也。此又一義也。周禮「屬其植」之「植」，或宜用鄭玄「築城楨」之義；至此文之植，當以杜注爲長。此言華元爲築城之主持者，巡行檢查工作。城者謳曰：「睅其目，睅音旱，説文云：「大目也。」杜注：「出目。」蓋目大則多出，今謂之鼓。兩義可以相通。皤其腹，皤音婆，杜注：「大腹。」棄甲而復。目、復、腹古音同在覺部，爲韻。睅其目兩句狀華元之形貌。棄甲指其戰敗，復指其逃歸。于思于思，詩齊風盧令云：「其人美且偲。」釋文云：「偲，多鬚貌。」此思與偲同。于爲助語詞，無義。杜注云：「于思，多鬚之貌。」「于思」連文立訓，似未達一間。説見楊樹達先生讀左傳。孔疏引賈逵說，以「于思」爲白頭貌，不如杜義之確。棄甲復來。」思、來古音同在咍部，爲韻。復來指其巡功。使其驂乘謂之曰：「牛則有皮，犀兕尚多，犀皮皺襞極堅厚。兕，如野牛而青。古人制甲之材料有三種，卽牛革、犀革、兕革，荀子儒效篇所謂「定三革」者是也。兕甲、犀甲較堅，周禮考工記函人所謂「犀甲壽百年，兕甲壽二百年」。孔疏云：「偏檢書傳，犀、兕二獸並出南方，非宋所有。假令波及宋國，必不能多。言『尚多』者，苟以答謳者耳。」武億義證云：「兕亦不盡出南方。詩小雅吉日『殪此大兕』、汲郡古文『夷王六年，王獵於社林，獲犀牛一以歸』，則東周畿內有之。國語『昔吾先君唐叔射兕於徒林，殪以爲大甲』，則晉地有之。管子小匡篇『入以兵甲犀脅二戟』，鹽鐵論『强齊勁鄭有犀、兕之甲』，是齊與鄭又並有此。犀多產於南，而皮自可貿易他方。物之所聚，宋亦得言多也。」棄甲則那？」那，奈何之合音，顧炎武日知錄三十二云：「直言之曰『那』，長言之曰『奈何』，一也。」皮、多、那古音同在歌部爲韻。役人曰：「從其有皮，從同縱，讓步連詞。丹漆若何？」言縱令有皮，但丹漆難給，將若之何。華元曰：「去之！夫其口衆我寡。」此句舊有三讀，林堯叟句解、胡鳴玉訂譌雜錄俱以「去之夫」三字爲句，並謂爲「去此役夫」之意。陳樹華考證亦以「去之夫」三字爲句，但謂「夫作助語辭爲允」。此一讀而二解也。章炳麟讀謂當以一「夫」字爲句，此又一讀也。今俱不從。阮元校勘記及陶鴻慶別疏則以「夫其口衆我寡」六字爲句，今從之。兩說俱以夫爲代詞，彼也。「夫其口衆」者，彼之口衆也。但若以夫爲語首詞，亦未嘗不可通。

二・二　秦師伐晉，以報崇也，元年，晉趙穿帥師侵崇。報崇猶言報晉侵崇之役。遂圍焦。焦在今河南省陝縣南，已見僖三十年傳並注。夏，晉趙盾救焦，遂自陰地，陰地，據杜注，其地甚廣，自河南省陝縣至嵩縣凡在黃河以南、秦嶺山脈以北者皆是。此廣義之陰地也。然亦有戍所，戍所亦名陰地，哀四年「蠻子赤奔晉陰地」，又「使謂陰地之命大夫士蔑」是也。今河南省盧氏縣東北，舊有陰地城，當是其地。此狹義之陰地也。此陰地所指之處，當是盧氏東北之陰地城。說參顧棟高大事表及江永考實。**及諸侯之師侵鄭，以報大棘之役。**鄭敗宋師于大棘，在此年春。鄭世家謂「晉使趙穿以兵伐鄭」，梁玉繩志疑云：「穿當作盾。」

楚鬬椒救鄭，曰：「能欲諸侯，而惡其難乎？」意謂欲得諸侯，不能厭惡艱困。**遂次于鄭，以待晉師。趙盾曰：「彼宗競於楚，**彼宗，鬬椒，若敖氏之族也。若敖氏自子文以來，世爲令尹。競，强也，强于楚，世爲楚之强者。**殆將斃矣。姑益其疾。」**杜注：「欲示弱以驕之。」爲四年楚滅若敖氏張本。」**乃去之。**

二·三 **晉靈公不君：**論語顏淵「父不父，子不子」，此則君不君。猶言在君位而言行不合爲君之道。呂氏春秋過理篇云「晉靈公無道」，不君與無道意同。**厚斂以彫牆；**潛夫論浮侈篇云：「晉靈公厚賦以雕牆。」厚斂卽厚賦。杜注：「彫，畫也。」**從臺上彈人，而觀其辟丸也；**丸卽彈，管子輕重丁云：「挾彈懷丸，遊水上，彈翡燕小鳥。」輕重戊云：「衆鳥居其上，丁壯者胡丸操彈居其下，終日不歸。」則彈弓亦曰彈，彈之亦曰彈。其丸則多以土爲之，潛夫論浮侈篇「或取好土作丸，賣之」是也。公羊傳宣六：「靈公爲無道，使諸大夫皆內朝，然後處乎臺上，引彈而彈之，已趨而辟丸，是樂而已矣。」穀梁傳亦云：「靈公朝諸大夫而暴彈之，觀其辟丸也。」然則臺在宮內，所彈者爲大夫，疑不足信。元和郡縣志謂「晉靈公臺在絳州正平縣（正平故城在今新絳縣西南）西北三十一里」，恐係附會之談。**宰夫胹熊蹯不熟，**此宰夫卽周禮天官之膳夫，蓋天子曰膳夫，諸侯曰宰夫（天子另有宰夫，亦見周禮天官，與此宰夫名同而實異），故莊十九年傳云周惠王「收膳夫之秩」，而此云宰夫。鄭亦有宰夫，見宣四年傳。膳夫亦稱膳宰，昭九年傳有「膳宰屠蒯」，儀禮燕禮云「膳宰具官饌于寢東」、禮記玉藻云「皆造於膳宰」、周禮云「膳宰監之」、「膳宰致饔」是也。宰夫掌君飲食膳羞。說參胡匡衷儀禮釋官。釋文云：「胹音而，煮也。」熊蹯即孟子告子上之熊掌，其味甚美，然難熟，互參文元年傳並注。**殺之，寘諸畚，**畚音本，說文云：「蒲器也。」杜注：「以草索爲之。」其質爲蒲或爲草索，蓋不相妨。畚可以盛糧，周禮夏官挈壺氏「挈畚以令糧」、列子黃帝篇「因假糧荷畚之子華之門」可證。亦可以盛土，襄九年傳「陳畚挶」、宣十一年傳「稱畚築」、列子湯問篇「箕畚運於渤海之尾」可證。此則借以盛死尸。**使婦人載以過朝。**詩周頌絲衣云：「絲衣其紑，載弁俅俅。」鄭玄箋云：「載猶戴也。」此載字義當同，謂戴其畚以過朝也。呂氏春秋過理篇云：「令婦人載而過朝以示威。」晉世家云：「使婦人持其屍出棄之，過朝。」則過朝之故有兩說。若爲示威，則趙盾、士季不容「見其手，問其故」始知之，晉世家之説似較近情理。公羊宣六年傳云：「趙盾已朝而出，與諸大夫立於朝。有人荷畚自閨而出者。趙盾曰：『彼何也？夫畚曷爲出乎閨？』呼之。不至，曰：『子，大夫也，欲視之，則就而視之。』趙盾就而視之，則赫然死人也。趙盾曰：『是何也？』曰：『膳宰也，熊蹯不熟，公怒，以斗摮而殺之，支解，將使我棄之。』」此亦可以爲證。「荷畚自閨而出者」，據金鶚求古録禮説閨考，閨是小寢之門，晉靈公殺膳宰在小寢中，使人以畚載尸出小寢門。諸侯有三小寢，門皆南向，東西小寢在路寢後兩旁，故於路門外之朝得見之。**趙盾、士季見其手，**死屍之手露于外。**問其故，而患之。將諫，士季曰：「諫而不入，**楊樹達先生讀左傳曰：「入與納同。」**則莫之繼也。**趙盾爲正卿，若諫而靈公不納，則再無人可以繼之。**會請先，**士季，隨會也。會自稱其名。**不入，則子繼之。」三進，及溜，而後視之，**士會前進三次，最後及于階間之霤，晉靈始舉頭張目視之。前兩次之進，晉靈僞裝不見。三進者，始進爲入門，儀禮燕禮「小臣納卿大夫，卿大夫皆入門右，北面東上」是也。當卿大夫入門之後，依燕禮，「公降立於阼階之東南，南鄉，爾卿。卿西面北上，爾大夫。大夫皆少進。」不知此士會單身入朝之禮與此同否。然再進者，由門入庭可知也。入庭之後，然後升階當霤，則三進矣。管子中匡篇「管子反，入，倍屏而立，公不與言。少進中庭，公不與言。少進傅堂，公曰」云云，其事與此相類，可爲明證。說本沈欽韓補注。孔疏云：「溜謂簷下水溜之處。」沈欽韓又云：「溜即霤。有門內之霤。燕禮『賓所執脯以賜鍾人于門內霤』是也。有階間之霤，鄉飲酒禮『磬階間縮霤』是也。此及溜，及階間之溜也。」及階間之霤，即將入堂，正管子之「傅堂」，齊桓不得不與管仲言，此則晉靈不得不視隨會也。曰：「吾知所過矣，將改之。」稽首而對曰：「人誰無過，過而能改，善莫大焉。詩曰：『靡不有初，鮮克有終。』詩大雅蕩句。謂人多有始無終，鄭箋云：「民始皆庶幾於善道，後更化於惡俗。」此引詩意與之略同。夫如是，則能補過者鮮矣。君能有終，則社稷之固也，襄二十一年傳云：「夫謀而鮮過、惠訓不倦者，叔向有焉，社稷之固也，猶將十世宥之。」此「固」字當與彼同義。說文云：「固，四塞也。」則固猶今保障之意。楊樹達先生讀左傳云：「固當讀爲祜。爾雅釋詁云：『祜，福也。』襄二年傳云：『吾子之請，諸侯之福也，豈惟寡君賴之。』文義與此正同。」雖亦可通，但用之于襄二十一年傳文則不合，似以不改字爲妥。豈惟羣臣賴之。又曰『袞職有闕，惟仲山甫補之』，詩大雅烝民句。袞，天子以及上公之禮服。職猶適也，與成十六年傳「識見不穀而趨」之識同義。後漢諸儒多以「袞職」連讀，鄭玄箋且謂「袞職者，不敢斥王之言也，王之職有闕」云云，實不合詩之本義。說詳楊樹達先生小學述林。仲山甫，周宣王時之賢臣樊侯，故亦稱樊仲甫，時爲卿士，輔佐宣王中興，烝民即尹吉甫讚美仲山甫之詩。補，補衣也。詩以衮衣之闕喻周王之過失，以能縫補衮衣之闕喻仲山甫能匡救君過。**能補過也。君能補過，衮不廢矣。」**言衮不失其爲衮。隨會似以衮喻晉之社稷，仲山甫喻晉靈公。仲山甫爲周天子卿士，晉侯則侯伯，亦可以相當。**此句謂晉靈若能補過，則晉之社稷可以不壞。**

猶不改。宣子驟諫，公患之，晉語五云：「靈公虐，趙宣子驟諫，公患之。」韋注：「患，疾也。」呂氏春秋過理篇云：「趙盾驟諫而不聽，公惡之。」患、疾、惡三義相近。**使鉏麑賊之。**鉏麑，呂氏春秋作「沮麛」，説苑立節篇作「鉏之彌」，古今人表作「鉏麛」。晉世家云：「使鉏麑刺趙盾」，以刺釋賊。高誘呂氏春秋注亦云：「賊，殺也。」**晨往，寢門闢矣，盛服將朝。**朝衣朝冠皆已穿戴，將以往朝。**尚早，坐而假寐。**假寐，不解衣冠而睡。晉語五與左傳同。公羊傳云：「靈公心怍焉，欲殺之，於是使勇士某者往殺之。勇士入其大門，則無人門焉者；入其閨，則無人閨焉者；上其堂，則無人焉；俯而闚其户，方食魚飧。」與傳稍有異同。**麑退，歎而言曰：「不忘恭敬，**恭敬指早起盛服將朝之事。**民之主也。**惠棟補注云：「高誘曰：『大夫稱主，因曰民之主。』案昭五年傳晏子謂子罕『能用善人，民之主也』，亦謂大夫曰主。」此説雖不爲無理，恐仍失之拘。大夫稱主，只是狹義之主。非大夫亦可稱主，哀二十六年傳云：「若得其人，四方以爲主。」此主字則不可云大夫曰主也，此廣義之主。此主字當同。晉語五云：「夫不忘恭敬，社稷之鎮也。」「民之主」與「社稷之鎮」，辭異而義同。**賊民之主，不忠；棄君之命，不信。有一於此，**不忠、不信之中，兩者必有其一。**不如死也。」**晉語五云：「賊國之鎮，不忠；受命而廢之，不信。享一名於此，不如死。」晉世家云：「殺忠臣，廢君命，罪一也。」唯呂氏春秋過理篇此數語與左傳大同。**觸槐而死。**晉語五云：「觸庭之槐而死。」呂氏春秋亦云：「乃觸廷槐而死。」廷、庭字通，是槐在庭中。然庭爲趙氏之庭，抑爲晉靈之外庭？韋昭晉語注云：「庭，外朝之庭也。周禮，王之外朝三槐，三公位焉；則諸侯之朝三槐，三卿位焉。」是説也，惠棟、馬宗璉、洪亮吉主之。惠棟云：「蓋當時麑退而觸靈公之廷槐者，歸死于君也。」杜注不用韋説，而云：「槐，趙盾庭槐也。」是説也，羅願爾雅翼、汪遠孫國語發正、吳曾祺國語補注主之。古者朝位固樹槐，私家之庭亦樹槐。晉語九謂范獻子執董叔而紡於廷之槐，則范氏之廷槐也。鉏麑已至盾家，何從復死於朝乎？杜注較爲合理。至趙坦寶甓齋札記謂「此當是道旁之槐」，顯與傳文不合。公羊傳云「遂刎頸而死」，與諸書異。

秋九月，晉侯飲趙盾酒，伏甲，將攻之。公羊傳接「遂刎頸而死」下云：「靈公聞之，怒，滋欲殺之甚。衆莫可使往者，於是伏甲于宮中，召趙盾而食之。」其右提彌明知之，趙盾之車右也。蓋臨時始察覺而得之，然後趨登以救之。若早知之，當早言之而爲其備。「提彌明」公羊作「祁彌明」，左傳釋文謂「祁」又作「祇」。晉世家作「示眯明」，字音相去不遠，但誤與翳桑餓人合爲一人。趨登，曰：趨登，趨行而登上堂也。臧琳經義雜記云：「左傳所謂趨登者，登階而呼耳。」乃以公羊解左傳，不足信。「臣侍君宴，過三爵，非禮也。」古代君宴臣，其禮有二，一爲正燕禮，一爲小燕禮，即小飲酒禮。正燕禮，儀禮燕禮有詳細記述，脱屨升堂，行無算爵，非止三爵而已。惟小飲酒禮不過三爵，禮記玉藻所謂「君若賜之爵，則越席再拜稽首受。君子之飲酒也，受一爵而色洒如也，二爵而言言斯，禮已三爵而油油，以退」是也。此蓋小飲酒之禮，所宴者惟趙盾一人，故提彌明以「過三爵非禮」爲言，蓋促趙盾之速退。遂扶以下。釋文云：「扶，服虔注作『跣』，今杜注本往往有作『跣』者。」金澤文庫本亦作「跣」。「遂扶以下」與「遂跣以下」兩義不相同。遂扶以下者，提彌明言畢，於是扶持趙盾下堂。遂跣以下者，趙盾聞提彌明之言而悟，急迫不及着韈納屨，因赤足而下堂也。按之燕禮，賓及大夫皆脫屨升就席；禮記少儀亦云：「凡祭於室中，堂上無跣，燕則有之。」鄭注云：「燕則有跣爲歡也。」此脫屨之證也。哀二十五年傳述衞侯與諸大夫飲酒，褚師聲子韈而登席，衞侯因怒，是解韈之證也。跣，說文云：「足親地也。」孔疏主作「扶」，清人多主作「跣」。兩說皆可通。說參臧琳經義雜記、戴望謫麐堂文集。公嗾夫獒焉，嗾音漱，使犬也。方言云：「秦、晉之西鄙，自冀、隴而西，使犬曰哨。」段玉裁說文注云：「哨與嗾一聲之轉。」今言嗾使卽由此義派生。獒，杜注：「猛犬也。」蓋據下文「雖猛何爲」爲義。爾雅釋畜云：「狗四尺爲獒。」說文云：「犬知人心可使者。」明搏而殺之。搏，鬭也。盾曰：「棄人用犬，雖猛何爲！」鬭且出。與伏甲且鬭且出也，此時伏甲當已起矣。劉淇助字辨略云：「且，兩務之辭，言方且如此，又復如彼也。」有用兩「且」字者，韓非子十過篇「且恐且喜」是也。左傳多僅用一且字，成十三年傳「狄應且憎」，亦謂狄且應且憎也。提彌明死之。公羊傳云：「趙盾之車右祁彌明者，國之力士也，仡然從乎趙盾而入，放乎堂下而立。趙盾已食，靈公謂盾曰：『吾聞子之劍，蓋利劍也。子以示我，吾將觀焉。』趙盾起，將進劍。祁彌明自下呼之曰：『盾！食飽則出，何故拔劍於君所？』趙盾知之，躇階而走。靈公有周狗，謂之獒，呼獒而屬之，獒亦躇階而從之。祁彌明逆而踆之，絕其頷。趙盾顧曰：『君之獒不若臣之獒也』」多進劍一事。晉世家所敍蓋本左傳，唯以提彌明作示眯明，並以之爲晉宰夫，則與傳異。

初，宣子田于首山，首山卽首陽山，亦卽雷首山，在今山西省永濟縣東南。中條山卽西起雷首迤邐而東者，胡渭禹貢錐指云：「雷首之脈爲中條，東盡於垣曲。」舍于翳桑，呂氏春秋報更篇云：「趙宣孟將上之絳，見骫桑之下有餓人。」淮南子人間訓云：「趙宣孟活饑人於委桑之下。」公羊傳云：「曰：『子某時所食，活我于暴桑下者也。』」晉世家云：「初，盾常田首山，見桑下有餓人。」俱以爲桑樹，故杜預此注云「翳桑，桑之多蔭翳者」。然江永考實則以翳桑當是首山間地名，王引之述聞亦云：「下文曰『翳桑之餓人也』，翳桑當是地名。僖二十三年傳曰『謀於桑下』，以此例之，若是翳桑樹下，則當曰『舍于翳桑下』、『翳桑下之餓人』。今是地名，故不言『下』也。且傳凡言『舍于』者，若成十五年『出舍于睢上』、襄二十六年『甯子出舍于郊』、哀十四年『成子出舍于庫』、僖二十九年『舍于昌衍之上』、成十六年『退舍于夫渠』、定八年『舍于五父之衢』、哀八年『舍于蠶室』、『舍于庚宗』，句末皆地名。」馬宗璉補注説同。王説是也。諸書自以爲桑樹之下，但非左氏本義，解左傳仍當依左氏文法。見靈輒餓，問其病。曰：「不食三日矣。」此靈輒答語。呂氏春秋報更篇云：「宣孟問之曰：『女何爲而餓若是？』對曰：『臣宦於絳，歸而糧絶，羞行乞而憎自取，故至於此。』」食之，趙盾與之食。舍其半。靈輒餘其半而另置之。問之。趙盾問其故。呂氏春秋報更篇云：「宣孟與脯二朐，拜受而弗敢食也。問其故。」曰：「宦三年矣，晉世家集解引服虔云：「宦，宦學仕也。」（各本「仕」作「士」，宋本作「事」，今依汲古閣本。）杜注云：「宦，學也。」禮記曲禮「宦學事師」，孔疏引熊氏云：「宦謂學仕宦之事。」則「宦三年矣」爲學仕宦之事三年矣，此一義也。俞樾茶香室經説云：「古者學而後入官，未聞别有仕宦之學。越語云，『與范蠡入宦於吴』，注曰：『宦爲臣隸也。』靈輒所謂宦者，殆亦爲人臣隸，故失所而至窮餓如此。僖十七年傳曰，『妾爲宦女焉』，杜注曰：『宦，事秦爲妾。』此傳宦字義與彼同。」俞説有理。未知母之存否，今近焉，請以遺之。」此靈輒答語。使盡之，而爲之簞食與肉，簞音單，古代盛飯食之圓形筐，故論語雍也、孟子離婁下俱言「一簞食」。寘諸橐以與之。橐詳僖二十八年傳注。

既而與爲公介，杜注：「靈輒爲公甲士。」與讀去聲，參與也。倒戟以禦公徒而免之。倒戟猶言倒戈，晉世家云「反擊靈公之伏士」，以「反擊」釋「倒戟」，是也。與前傳「倒戟而出之」之「倒戟」有所不同。公徒卽伏甲，以其爲徒兵（非車兵），故云「公徒」。免之，免趙盾於禍，晉世家云：「伏士不能進，而竟脱盾。」問何故。趙盾問其倒戟之故。對曰：「翳桑之餓人也。」問其名居，問其姓名與居處，蓋欲以答報之。不告而退，後人或疑靈輒既不自言其姓名，作傳者何由知之。不知其人既爲靈公衞士，趙盾于事後必能得其名。亦猶鉏麑爲靈公所使，必有人知其來歷，作史者必能得之也。公羊傳于鉏麑、靈輒俱不言姓氏，公羊自公羊，左氏自左氏。遂自亡也。杜注云：「輒亦去。」晉世家述此事，亦以爲亡者爲救趙盾之人，非趙盾。王引之述聞云：「此謂盾亡，非輒亡也。自『宣子田于首山』至『不告而退』，明盾得免之由。盾既免，遂出奔。出奔出於己意，不待君之放逐，故曰『自亡』。有亡乃有復，故下文言『宣子未出山而復』，而大史謂之『亡不越竟』也。」然案之「遂」字之文義，杜說較勝。吕氏春秋報更篇謂靈輒「還鬭而死」，與傳異。

乙丑，趙穿殺靈公於桃園。各本「殺」作「攻」，惟金澤文庫本作「煞」，煞卽殺。王引之述聞詳論本作「殺」，孔子家語正論篇用左傳，亦作「趙穿殺靈公」，今據正。宣子未出山而復。山，杜注：「晉竟之山也。」王引之述聞云：「晉語『陽處父如衞，反過甯，甯嬴從之，及山而還。』韋注曰：『山，河内温山也。』傳曰『及温而還』，然則『未出山』，亦謂未出温山也。注未詳考。且是時晉境南至河，而山在其內。則出山尚未越境，不得以爲『晉境之山』也。」温山在今河南省修武縣北五十里。晉語五韋注云：「桃園，園名。」晉世家云：「盾遂奔，未出晉境。乙丑，盾昆弟將軍趙穿襲殺靈公於桃園而迎趙盾，趙盾素貴，得民和；靈公少，侈，民不附，故爲弒易。盾復位。」大史書曰「趙盾弒其君」，以示於朝。

宣子曰：「不然。」對曰：「子爲正卿，亡不越竟，竟同境。反不討賊，非子而誰？」公羊傳、穀梁傳及晉世家略同左傳。宣子曰：「嗚呼！詩曰『我之懷矣，自詒伊慼。』各本無「詩曰」二字，杜注云「逸詩也」，則杜所據本有「詩曰」二字，今從金澤文庫本增。杜注以此二句爲逸詩，今詩邶風雄雉有句云「我之懷矣，自詒伊阻」，與引詩僅一字之異，故王肅以爲此卽引雄雉之詩。小雅小明云「心之憂矣，自詒伊戚」，戚卽慼，下句與引詩合而上句異，恐非引小明。鄭箋云：「懷，安也。伊當作繄，繄猶是也。」毛傳云：「詒，遺也。」詩意謂我多所懷戀，不出境而復，自遺此憂也。其我之謂矣。」孔子曰：「董狐，董狐，卽太史。古之良史也，書法不隱。杜注：「不隱盾之罪。」趙宣子，古之良大夫也，爲法受惡。王肅云：「爲書法受弒君之名。」惜也，越竟乃免。」晉世家「越竟」作「出疆」。沈欽韓補注云：「言倉皇出奔他國，義不再返，乃可逃弒君之名。」

宣子使趙穿逆公子黑臀于周而立之。晉世家云：「趙盾使趙穿迎襄公弟黑臀于周而立之，是爲成公。成公者，文公少子，其母周女也。」周語下云：「且吾聞成公之生也，其母夢神規其臀以墨曰『使有晉國』，故名之曰黑臀。」壬申，壬申，十月三日。朝于武宮。武宮，曲沃武公之廟也。晉侯每卽位，必朝之，詳僖二十四年傳注。

二·四　初，麗姬之亂，「麗」，或作「驪」。麗、驪古今字。傳于他處均作「驪姬」，唯此作「麗姬」。詛無畜羣公子，詛，祭神使之加禍于某人之禮，已見隱十一年傳注。古有盟詛之法，盟大而詛小，然皆殺牲歃血，告誓明神，若有違背，神加其禍。襄十一年傳，「季武子將作三軍，盟諸僖閎，詛諸五父之衢」，定六年傳，「陽虎又盟公及三桓於周社，盟國人于亳社，詛于五父之衢」，皆先盟而後詛。詛者，使人無敢違也。晉語二韋注云：「羣公子，獻公之庶孽及先君之支庶也。」晉語二云：「驪姬既殺大子申生，又譖二公子曰：『重耳、夷吾與知共君之事。』公令閹楚刺重耳，重耳逃於狄。令賈華刺夷吾，夷吾逃於梁。盡逐羣公子，乃立奚齊。焉始爲令，國無公族焉。」「盡逐羣公子」，即「無畜羣公子」之事。「焉始爲令，國無公族」，公族爲官名，詳下。既不畜羣公子，自無公族之官。然則獻公、驪姬不僅當時不畜羣公子，且禁後世畜之。孔疏引服虔云「麗姬與獻公及諸大夫詛無畜羣公子，欲令其二子專國」，此說是也。孔疏云：「蓋爲奚齊、卓子以庶篡適，晉國創其爲亂，不用復畜公子。」則是非驪姬創爲此詛，而是晉人因驪姬之亂設此詛，與晉語不合，自不可信。僖十五年傳敍晉惠公入國，秦穆姬囑其「盡納羣公子」，而惠公「不納羣公子」。據文十六年傳，文公之子雍在秦，樂在陳；據本年傳，黑臀在周；據周語下，襄公之曾孫周在周，文、襄之公子俱在他國，則是自獻公、驪姬以迄惠、懷、文、襄、靈，晉國踵行此令，而未改復。自是晉無公族。公族有二義，凡公之同姓子弟曰公族，此廣義之公族也。僖二十八年傳云：「原軫、郤溱以中軍公族橫擊之。」中軍公族者，中軍中由晉公室子弟所組成者也。文七年傳云：「公族，公室之枝葉也。」公族即指宋昭公欲去之羣公子，亦廣義之公族。公族大夫亦省曰公族，此狹義之公族。「自是晉無公族」者，晉自此以後無公族大夫之官也。杜注云：「無公子，故廢公族之官。」禮記文王世子云：「周公踐阼，庶子之正於公族者，教之以孝弟睦友子愛，明父子之義，長幼之序。」如其言可信，則公族之官周初已有，其職掌爲教訓同族子弟。詩魏風汾沮洳「殊異乎公族」，鄭箋云「公族，主君同姓昭穆也」，亦即此義。公族見於金文者，如中觶、毛公鼎、師酉毀、牧毀，皆西周器，義皆王室官名，則西周時猶有此官。晉本有此官，當以同姓爲之。獻公、驪姬之時，廢不復設，至此年復之，然以異姓爲之，因兼掌卿之子弟，成十八年傳所謂「韓無忌爲公族大夫，使訓卿之子弟」可證。孔疏引孔晁國語注云：「公族大夫掌公族及卿大夫子弟之官。」考之經、傳，其言可信。**及成公卽位，乃宦卿之適而爲之田，**「適」下阮刻本有「子」字，「適」卽「適子」，釋文標「之適」，而不標「之適子」，則「子」不當有。校勘記云：「宋本、岳本亦無。詩汾沮洳正義並引作『宦卿之適』，亦無『子』字。」金澤文庫本亦無「子」字，今據之删正。宦，仕也。授卿之嫡子以官職。爲之田，猶言與之田。襄二十三年傳云：「齊侯將爲臧紇田。臧孫聞之，見齊侯。與之言伐晉。對曰：『多則多矣，抑君似鼠。』乃弗與田。」上云「將爲之田」，下言「乃弗與田」，尤可證「爲之田」卽「與之田」。說參俞樾平議。**以爲公族。**爲公族大夫也。**又宦其餘子，**周禮地官小司徒云：「凡國之大事，致民；大故，致餘子。」逸周書糴匡篇云：「成年，餘子務藝；儉年，餘子務穡；大荒，餘子倅運。」管子問篇云：「餘子父母存不養而出離者幾何人？餘子之勝甲兵有行伍者幾何人？」莊子秋水篇云：「壽陵餘子學行於邯鄲。」呂氏春秋報更篇云：「張儀，魏氏餘子也。」離俗篇云：「齊、晉相與戰，平阿之餘子亡戟得矛。」戰國策云：「燕、趙久相攻，餘子之力盡於溝壘。」說苑立節篇云：「佛肸用中牟畔，城北餘子田基獨後至。」統上觀之，「餘子」蓋對「適子」而言，凡支庶俱謂之「餘子」，亦猶孟子滕文公上所謂「餘夫」。而此文之「餘子」則與「庶子」有別，故杜注云：「餘子，嫡子之母弟也。」**亦爲餘子；**此「餘子」則是官名，杜注云：「亦治餘子之政。」**其庶子爲公行。**謂亦宦其庶子爲公行，此承上之省文也。杜注：「庶子，妾子也。掌率公戎行。」**晉於是有公族、餘子、公行。**詩魏風汾沮洳有公族、公路、公行，此則有公族、餘子、公行，則餘子卽公路也。孔穎達疏以公行、公路爲一官，又以此餘子非公路，李黼平毛詩紬義、馬瑞辰毛詩傳箋通釋、胡承珙毛詩後箋、汪中春秋列國官名異同考、黃以周禮書通故俱駁之，是也。

趙盾請以括爲公族，趙括爲趙盾之異母弟，僖二十四年傳云：「文公妻趙衰，生原同、屏括、樓嬰。」括卽屏括，亦卽下文之屏季。盾請以括爲公族大夫。曰：「君姬氏之愛子也。君姬氏卽趙姬，晉文公女，嫁于趙衰而生趙括者，於晉成公爲姊弟。趙括爲趙姬之中子，括之上當有兄趙同，不讓同而讓括者，以趙括爲其母之愛子也。稱「君姬氏」者，盾以嫡母視之也。微君姬氏，則臣狄人也。」趙衰先娶叔隗於狄，生盾，見僖二十三年傳。返國後，趙姬固請於趙衰迎接叔隗與盾歸晉，且以盾爲嫡子，詳僖二十四年傳。公許之。冬，趙盾爲旄車之族，旄音毛。旄車之族，卽餘子，亦卽公路。詩汾沮洳鄭箋云：「公路，主君之軞車。」軞車卽旄車，亦卽諸侯所乘之戎路，亦曰戎車。名之爲旄車者，詩小雅出車云：「設此旐矣，建彼旄矣。」戎車有旄，故名旄車。沈欽韓補注、朱大韶春秋禮徵、黄以周禮書通故均以周禮夏官之「諸子」當此「餘子」，當此「旄車之族」，與鄭箋不同。趙盾本爲嫡子，宜爲公族大夫。今既以之讓于趙括，故以餘子自居而以正卿兼掌旄車之族，平日教訓卿之餘子，戰時則率之掌君之戎車。使屏季以其故族爲公族大夫。其指趙盾。故族，謂自趙夙以來之族屬也。趙盾本爲嫡子，爲大宗，於古禮有收族之誼，故統率之。今趙盾既以公族讓于趙括，故亦以其所統率之故族讓于趙括統之。杜注解「故族」爲「故官屬」，誤，說見沈欽韓補注。年表云：「趙氏賜公族。」晉世家云：「賜趙氏爲公族。」言「賜」者，蓋公族大夫本以同姓爲之，今晉以異姓爲之，故言「賜也」。讀本云：「趙氏欲使卿族强盛，乃請於成公，假公族之官以爲卿族。」

三年，乙卯，公元前六〇六年。周定王元年、晉成公黑臀元年、齊惠三年、衞成二十九年、蔡文六年、鄭穆二十二年、曹文十二年、陳靈八年、杞桓三十一年、宋文五年、秦共三年、楚莊八年、許昭十六年。

經

3.1 三年春王正月，二月初四辛未冬至，建亥。郊牛之口傷，郊，祈穀之祭也，見桓五年傳注。郊祭必先擇牛而卜之，吉則養之，然後卜郊祭之日。未卜日以前謂之牛，既卜日之後改曰牲，僖三十一年傳云「牛卜日曰牲」是也。此曰「郊牛」，是尚未卜日可知。改卜牛。口傷則不能再用，於是另擇他牛更卜之，吉，然後養之備用。公羊傳云：「養牲養二，卜。帝牲不吉，則扳稷牲而卜之。帝牲在于滌三月。於稷者，唯具是視。」若如其言，卜牛限于兩次，此之「改卜牛」，乃「扳稷牛而卜之」，恐未必合于左氏義。牛死，乃不郊。改卜之牛又死，於是不行郊祭。傳于此云「非禮」，似當再卜牛，不能廢郊。猶三望。魯之三望，祭東海、泰山與淮水也，詳僖三十一年傳注。

3.2 葬匡王。無傳。匡王死于去年十月，此之「葬匡王」，未著月，如承前文爲正月，則僅歷四月而葬。依當時之禮，天子七月而葬。卽匡王葬于三月，亦不滿七月。

3.3 楚子伐陸渾之戎。穀梁作「陸渾戎」，公羊作「賁渾戎」，俱無「之」字。公羊「陸」作「賁」者，錢大昕潛研堂答問四云：「此轉寫之訛，本當作『𡙁』，卽古文睦字。睦字從圥，圥讀爲六，故睦亦有陸音。」宋翔鳳過庭録説同。陸渾之戎見僖二十二年傳並注。

3.4 夏，楚人侵鄭。

3.5 秋，赤狄侵齊。無傳。狄自入春秋以來，俱只書「狄」。僖三十三年傳箕之役始見「白狄子」之稱，而「赤狄」之稱自此見。自此經凡赤狄四見、白狄三見。潞氏、甲氏、留吁、鐸辰，此赤狄也。其通言「狄」者，鍾文烝穀梁補注云：「以左傳、國語、呂氏春秋、杜氏後序引汲冢紀年考之，莊三十二年狄伐邢、僖三十三年晉人敗狄于箕，皆白狄也。閔二年狄入衞、僖二十四年狄伐鄭、文七年狄侵我西鄙，皆赤狄也。」顧棟高大事表三九據成三年傳「伐廧咎如，討赤狄之餘焉」，因謂「是年赤狄之種盡絶。」又云：「故中國直名白狄爲狄，不復別之。」未審確否。

三·六 宋師圍曹。亦見年表，與經合。

三·七 冬十月丙戌，丙戌，二十三日。鄭伯蘭卒。鄭穆公也，立於僖三十三年。鄭世家云：「二十二年，鄭繆公卒。子夷立，是爲靈公。」

三·八 葬鄭穆公。無傳。依當時之禮，諸侯五月而葬，此不及五月。

傳

三·一 三年春，不郊，而望，皆非禮也。杜注曰：「言牛雖傷、死，當更改卜取其吉者，郊不可廢也。」望，郊之屬也。不郊，亦無望可也。已見僖三十一年傳。杜注曰：「復發傳者，嫌牛死與卜不從異。」詳僖三十一年傳並注。

三·二 晉侯伐鄭，及郔。郔音延。朱梁補刊石經、宋本、金澤文庫本俱作「延」。沈欽韓補注、洪亮吉詁、嚴可均石經校文均謂延即延津，亦即隱元年傳之廩延，即今河南省滑縣。延津作「延」，則此亦當作「延」。江永考實則云：「十二年『楚子北師次于郔』，杜注：『鄭北地。』與此同一地也，近郯，在鄭州。」以地理考之，江説較合理，今從之作「郔」。**鄭及晉平，士會入盟。** 杜注：「爲夏楚侵鄭傳。」

三·三 **楚子伐陸渾之戎，遂至於雒，** 陸渾之戎在今河南省嵩縣及伊川縣境，雒指雒水，今作洛水，出陝西省洛南縣冢嶺山，東南流合丹水，東經河南省盧氏、洛寧，至宜陽受澗河，又經洛陽市納瀍水，偃師縣受伊河，至鞏縣東北洛口入於黄河。楚莊既至伊川，稍北行即抵洛陽市南之洛水旁也。**觀兵于周疆。** 觀兵，陳兵示威也，詳僖四年傳注。周疆，周王室之境界內。楚世家云「觀兵於周郊」，以「郊」釋「疆」，亦謂周境內。**定王使王孫滿勞楚子。** 勞謂慰勞。楚莊既至周郊，定王乃遣使勞之。王孫滿爲周大夫。僖三十三年傳云「王孫滿尚幼」，距此已二十一年。儀禮覲禮及周禮秋官大行人俱載有郊勞之禮。**楚子問鼎之大小、輕重焉。** 杜注曰：「示欲偪周取天下。」鼎即九鼎，已見桓二年傳並注。周本紀謂「楚莊王伐陸渾之戎，次洛，使人問九鼎。」**對曰：「在德不在鼎。** 即下文「德之休明，雖小，重也；其姦回昏亂，雖大，輕也」之概括語。意謂鼎之大小輕重在于君王之德，不在于鼎之本身。楚世家於此下尚有「莊王曰：『子無阻九鼎，楚國折鉤之喙，足以爲九鼎。』王孫滿曰：『嗚呼！君王其忘之乎？』」數語，然後接下文。**昔夏之方有德也，遠方圖物，** 圖畫遠方各種物象。廣雅釋詁：「圖，畫也。」**貢金九牧，** 杜注：「使九州之牧貢金。」州長曰牧，禮記曲禮下云「九州之長入天子之國曰牧」是也。禮記王制「州有伯」，鄭注亦云：「殷之州長曰伯，虞、夏及周皆曰牧。」相傳夏時劃分天下爲九州，尚書禹貢可證。「貢金九牧」，猶言天下貢金。**鑄鼎象物，** 古代於夏鑄鼎之人有兩説，一説爲禹，則「方有德」之時指禹之時；一説爲啓，則「方有德」之時指啓之時。墨子耕柱篇云：「昔者夏后開使蜚廉折金於山川，而陶鑄之于昆吾。九鼎既成，遷於三國。」夏后開卽啓，此啓鑄九鼎之説也。楚世家敍此語云：「昔虞、夏之盛，遠方皆至，貢金九牧，鑄鼎象物。」「虞、夏之盛」，自指禹之時。後漢書明帝紀述永平六年詔曰：「昔禹收九牧之金，鑄鼎以象物。」亦以爲禹事。鑄鼎象物，以九州之貢金鑄鼎，且依所圖之物鑄以象之。然迄今考古所見，未有夏器，且鑄鼎象物，似亦爲夏初生産水平所不能。是則諸説云云，或皆古時傳説。**百物而爲之備，使民知神、姦。**百物猶言萬物。萬物皆鑄於鼎以備人民周知何物爲神，何物爲姦。畢沅山海經新校正序云：「山海經海内經四篇、海外經四篇，周、秦所述也。禹鑄鼎象物，使民知神、姦。按其文，有國名，有山川，有神靈奇怪之所際，是鼎所圖也。鼎亡於秦，故其先時人猶能説其圖以著於册。」沈欽韓補注亦云：「今山海經所説形狀物色，殆鼎之所象也。」洪亮吉詁亦云：「今山海經海内、大荒等篇，卽後人録夏鼎之文也。」皆以今山海經有鼎象之文字記載，未必可信。呂氏春秋屢言鼎之物象，先識覽云：「周鼎著饕餮，有首無身，食人未咽，害及其身，以言報更也。」愼勢篇云：「周鼎著象，爲其理之通也。」離謂篇云：「周鼎著倕而齕其指，先王有以見大巧之不可爲也。」適威篇云：「周鼎有竊曲，狀甚長，上下皆曲，以見極之敗也。」所謂周鼎，當卽此所謂夏鼎。又參孔廣森經學卮言鑄鼎象物。觀其大略，則所謂禹之鑄鼎，非獨使民知神、姦，且以之寓法戒，而傳文未言及寓法戒。如其言可信，則其所謂「以言」「以見」云云者，恐作呂覽者以意爲之也。**故民入川澤、山林，不逢不若。**若，順也。不若，不順，意指不利於己之物。後漢書明帝紀改作「不逢惡氣」，以「惡氣」釋「不若」。其實，「不若」卽下文「螭魅罔兩」之類。惠棟補注據張衡東京賦及郭璞爾雅釋詁注引用左傳俱作「禁禦不若」，又據杜于下文「莫能逢之」始出注，因謂當從張衡、郭璞本作「禁禦不若」。其言有理。**螭魅罔兩，**螭魅已見文十八年傳注。罔兩，説文作蛧蜽，云：「山川之精物也。」魯語下云：「木石之怪曰夔蝄蜽。」則螭魅罔兩皆古人幻想中之怪物。**莫能逢之。**杜注：「逢，遇也。」**用能協于上下，以承天休。**杜注：「民無災害，則上下和而受天祐。」用，因也。休，賜也。此皆古代傳說，自不足爲信史。論衡儒增篇固已言之。**桀有昏德，鼎遷于商，**商湯討滅夏桀，故鼎遷于商朝。**載祀六百。**載音宰。載、祀皆年也。古人或稱載，或稱祀，或稱年，或稱歲，其實一也。爾雅釋天謂「夏曰歲，商曰祀，周曰年，唐、虞曰載」，亦不盡然。說參閻若璩尚書古文疏證七。「載祀六百」爲敍事語，載祀連言，複詞也，謂殷商有國六百年耳。武億義證謂載當爲記載之載，謂紀年六百與「卜世三十，卜年七百」句義同，不確。漢書律曆志：「自伐桀至武王伐紂，六百二十九歲」，殷本紀集解引譙周古史考亦曰：「殷凡三十一世，六百餘年」，故傳曰「殷載祀六百」。言六百年者，舉其成數也。至殷本紀集解引汲冢紀年謂「湯滅夏，以至於受，用歲四百九十六年也」，則未必可信。近人有爲殷曆譜者，謂自成湯元年（公元前一七一五年）至紂五十二年，亦卽周武王卽位之年，共六百二十九年，而殷年實應計至紂六十三年，卽周武王十一年，是年滅紂，則爲六百四十年。**商紂暴虐，鼎遷於周。**武王伐紂而滅之，故九鼎又歸於周。逸周書世俘篇云：「甲子朝至接於商，則咸劉商王紂。辛亥，薦俘殷王鼎。」此亦周遷殷鼎之一說。**德之休明，**猶言德若休明，此「之」用法可參看文言語法。休，美也；明，光明。休明猶言美善光明。**雖小，重也。**此言若君主有美德，九鼎雖小，亦重而不可遷。**其姦回昏亂，雖大，輕也。**君主之德若姦回昏亂，九鼎雖大，亦輕而可遷。**天祚明德，**祚，福也。**有所厎止。**厎音旨，定也，至也。厎止意義相近，故同用，於此蓋固定之義。句謂上天賜福於明德之人，必有所固定，非隨時可變者。**成王定鼎于郟鄏，**郟鄏卽桓七年傳之郟，周之王城，漢之河南，在今洛陽市。楚世家索隱云：「按周書，郟，雒北山名，音甲。」京相璠云：「郟，山名；鄏，地邑也。」太平寰宇記謂邙山卽郟山之別名。沈欽韓補注云：「續志：『河南縣東城門名鼎門。』唐六典：『東都城南面三門，中曰定鼎。』韓愈送鄭十校理序：『席定鼎門門外。』」是古人猶以成王定鼎之事名城門也。」卜世三十，卜年七百，漢書律曆志云：「周凡三十六王、八百六十七歲。」孔疏云：「過卜數也。」而竹添光鴻則云：「九鼎之定爲成王之二十年甲寅，九鼎之淪於泗，爲顯王之四十二年甲午。自定至淪，凡七百有一年，正合七百年之數。」王孫滿云「卜世」「卜年」，蓋卜有周一代所傳之世，所得之年，不能截頭去尾以求合七百之數。晉書裴楷傳載晉武帝初登祚，探策以卜世數多少，卽取其意可證。前人謂左氏好預言，卽此可以考左傳之著作年代，不爲無理。天所命也。周德雖衰，天命未改。鼎之輕重，未可問也。」楚世家用此文，並云「楚王乃歸」，周本紀亦云「王使王孫滿應設以辭，楚兵乃去」。傳不言楚王歸或兵去者，不言可知也。

三·四　夏，楚人侵鄭，鄭卽晉故也。卽，就也。鄭附於晉卽上傳「鄭及晉平」。

三·五　宋文公卽位三年，宋文公卽位三年，卽宋文之二年，蓋宋昭公被殺後，宋文便卽位，翌年始改元。殺母弟須及昭公子，武氏之謀也。使戴、桓之族攻武氏於司馬子伯之館，盡逐武、穆之族。事在文十八年。互參彼年傳文。彼傳謂「戴、莊、桓之族」，此少莊族，蓋有省略。武、穆之族以曹師伐宋。讀本云：「曹師伐宋，不知其年。傳追言之，以釋今伐曹也。」秋，宋師圍曹，報武氏之亂也。

三·六　冬，鄭穆公卒。

初，鄭文公有賤妾曰燕姞，鄭文元年，魯莊之二十二年。鄭世家列此事于鄭文之二十四年，卽魯僖之十一年，不知何據。如其可信，則可假定鄭穆生于此年。鄭穆立于僖三十三年，時年二十二歲，卽位二十二年而卒，則死時四十四歲。南燕爲姞姓，見隱五年傳注。燕姞爲南燕之女。夢天使與己蘭，天使爲一詞，天之使者也。與成五年傳「嬰夢天使」之「天使」同義。說詳俞正燮癸巳類稿及于鬯香草校書。鄭世家作「夢天與之蘭」，脱「使」字。孔疏謂「夢天者皆非天也」云云，乃誤解「使」爲動詞所致。曰：「余爲伯儵。「儵」，說文「姞」字下引作「鯈」。洪亮吉詁云：「儵卽鯈，但移偏旁居上耳。」余，而祖也。伯儵爲南燕之祖。李貽德輯述云：「黄帝之子得姓者十二，姞其一也。伯儵當是受姞姓者。」以是爲而子。以蘭爲其子也。杜注謂「以蘭爲女子名」，恐非傳意。以蘭有國香，成十六年傳有「國士」，成二年有「國寶」，僖十年公羊傳有「國色」，此「國香」亦其類之詞，謂其香甲於一國也。章炳麟讀謂：「在一國中則蘭多矣，豈若『國士』之有一無二乎？」因云：「古文『國』字作『或』，本作『或香』，『或』借爲『郁』。郁爲香氣之正，故云『蘭有郁香』也。」蓋失之泥。人服媚之如是。」淮南子說山訓「君子服之」，高誘注云：「服，佩也。」杜注云：「媚，愛也。」「服媚之」者，佩而愛之也。章炳麟讀謂「服字若訓佩，則與媚字不相貫」，因云：「服當讀爲婦，婦有美好之義。婦爲美好，亦爲愛好，是則服媚二字同義也。」其說雖若可通，但舉證殊嫌穿鑿牽強，難以信從。既而文公見之，與之蘭而御之。蔡邕獨斷云：「御者，進也。凡衣服加於身，飲食進於口，妃妾接寢皆曰御。」鄭世家云：「以夢告文公，文公幸之，而予之草蘭爲符。」若如此言，是燕姞先告文公以夢，鄭文然後御之，恐與傳意不相符。傳蓋謂文公偶與蘭而幸之耳。辭曰：禮記檀弓上「使人辭於狐突曰」，鄭玄注云：「辭猶告也。」「妾不才，幸而有子。將不信，將可作假設連詞，假若之義。莊子在宥篇云：「天下將安其性命之情，之八者存可也，亡可也。天下將不安其性命之情，之八者乃始臠卷獊囊而亂天下也。」將亦作若字用。敢徵蘭乎？」徵蘭，以蘭爲信物也。此句有二解，杜注云：「懼將不見信，故欲計所賜蘭爲懷子月數。」竹添光鴻箋云：「猶言妾以不才，今得進御於君，幸而吉夢有應，以生公子，人將不信，敢請以此所賜蘭爲徵乎？」此則燕姞對鄭文之言，無由言「人將不信」，杜注較可信。公曰：「諾。」生穆公，名之曰蘭。

文公報鄭子之妃曰陳嬀，桓十八年傳云：「祭仲逆鄭子於陳而立之。」莊十四年傳云：「傅瑕殺鄭子及其二子而納厲公。」據此，足知鄭子卽是子儀，爲文公之叔父。子儀娶於陳，其妃曰陳嬀。詩邶風雄雉孔疏引服虔云：「淫親屬之妻曰報。漢律，淫季父之妻曰報。」晉書石勒載記下：「又下書禁國人不聽報嫂」，報亦淫也。生子華、子臧。子臧得罪而出。僖二十四年傳云：「鄭子華之弟子臧出奔宋。」詳彼注。誘子華而殺之南里，見僖十六年傳。南里，鄭地，襄二十六年傳云「楚子伐鄭，入南里」可證。彙纂於襄二十六年云：「今新鄭縣南五里有地名南里。」使盜殺子臧於陳、宋之間。見僖二十四年傳。又娶于江，生公子士。朝于楚，楚人酖之，及葉而死。葉，楚地，其古城在今河南省葉縣南三十里。惠棟補注引惠士奇說云：「楚滅江，惡其所出爲害，故酖之。」又娶于蘇，蘇本古國名，此疑卽蘇忿生之蘇，亦卽溫，詳隱十一年傳並注。生子瑕、子俞彌。俞彌早卒。洩駕惡瑕，文公亦惡之，故不立也。僖三十一年傳云：「鄭洩駕惡公子瑕，鄭伯亦惡之，故公子瑕出奔楚。」鄭世家云：「初，鄭文公有三夫人，寵子五人，皆以罪蚤死。」三夫人者，報陳嬀、娶江、娶蘇是也。寵子五人者，子華、子臧、公子士、子瑕、子俞彌也。此五人子則是矣，寵則未也。且「皆蚤死」不確，蓋僖三十三年楚尚「將納公子瑕」也。公逐羣公子，公子蘭奔晉，從晉文公伐鄭。僖三十年傳云：「初，鄭公子蘭出奔晉，從於晉侯伐鄭，請無與圍鄭。許之，使待命于東。」鄭世家云：「公怒，溉逐羣公子。子蘭奔晉，從晉文公圍鄭。」石癸曰：「吾聞姬、姞耦，杜注：「姞姓宜爲姬配耦。」其子孫必蕃。蕃見僖二十三年傳並注。姞，吉人也，姞字從吉，亦可作「吉」。詩小雅都人士「謂之尹吉」鄭箋云「吉讀爲姞。尹氏、姞氏，周室昏姻之舊姓也」可證，故以此「吉人」訓「姞」。沈欽韓補注必謂此「姞」字「據『吉人』之字當爲『佶』」，恐失之拘。姞姓之「姞」皆作「姞」或「吉」，詩大雅韓奕「爲韓姞相攸」，亦作「姞」可證。后稷之元妃也。后稷元妃亦姞姓。周之興由后稷。今公子蘭，姞甥也，天或啓之，必將爲君，其後必蕃。先納之，可以亢寵。」亢有扞蔽保護之義，見僖二十八年傳注。亢寵猶言保護寵幸於不衰也。杜注：「亢，極也。」極寵者，使寵幸至於頂峰也。亦通。與孔將鉏、侯宣多納之，盟于大宮而立之，杜注：「大宮，鄭祖廟。」以與晉平。事在僖之三十年，互參彼傳。鄭世家云：「時蘭事晉文公甚謹，愛幸之，乃私于晉，以求入鄭爲太子。晉文公欲入蘭爲太子，以告鄭。鄭大夫石癸曰：『吾聞姞姓乃后稷之元妃，其後當有興者。子蘭母，其後也。且夫人子盡已死，餘庶子無如蘭賢。今圍急，晉以爲請，利孰大焉！』遂許晉，與盟，而卒立子蘭爲太子，晉兵乃罷去。」

穆公有疾，曰：「蘭死，吾其死乎！吾所以生也。」刈蘭而卒。刈蘭而卒，舊有三解。蘭之華實成，他人刈取之，穆公乃卒，一解也。沈欽韓補注云：「穆公欲試己之生死，因刈蘭而果卒。」二解也。或有人誤刈蘭，因而穆公死，三解也。然穆公死于十月，是年據後人推算，實建亥，當夏正之七月，似非刈蘭之時，或可刈者，爲穆公特植之本也。杜注：「傳言穆氏所以大興於鄭，天所啓也。」

四年，丙辰，公元前六〇五年。周定王二年、晉成二年、齊惠四年、衞成三十年、蔡文七年、鄭靈公夷元年、曹文十三年、陳靈九年、杞桓三十二年、宋文六年、秦共四年、楚莊九年、許昭十七年。

經

四・一　四年春王正月，二月十五日丙子冬至，建亥，有閏月。公及齊侯平莒及郯。莒與郯不和，魯宣及齊惠欲共調停之。莒見隱二年經注。郯音談，國名，據昭十七年傳，爲少皡之後，則爲己姓；然史記秦本紀贊云：「秦之先爲嬴姓，其後分封，以國爲姓，有徐氏、郯氏。」則郯似又出于伯益。漢書地理志謂爲「少昊後，盈姓」，盈卽嬴。則于其所自出從左傳，姓則從史記也。楚世家頃襄王十八年有郯國，則郯國至戰國猶存。郯國故城當在今山東省郯城縣西南二十里。莒人不肯。公伐莒，取向。向卽隱二年「莒人入向」之向，在今山東省莒縣南七十里。本爲國，莒人取之。今魯又取之于莒。然襄二十年經云「仲孫速會莒人盟于向」，杜注云：「向，莒邑。」似向仍屬于莒，或此年魯雖取之，而其後莒又有之。杜注謂「東海承縣東南有向城，遠，疑也」，則在今山東省棗莊市之東南。杜預自疑其遠，他人自不信之矣。說詳彙纂及江永考實。

四・二　秦伯稻卒。無傳。秦伯稻，左傳未舉其謚，據穀梁楊疏引世本及秦本紀，蓋秦共公。惟據年表，秦共公名和，秦本紀索隱則云「名貑」。又據傳，秦共公在位四年卽死，而秦本紀云「共公立五年卒」，亦與傳異。

四・三　夏六月乙酉，乙酉，二十六日。鄭公子歸生弒其君夷。年表云：「鄭靈公夷元年，公子歸生以黿故殺靈公。」據十年傳，鄭君夷初謚「幽」，後改謚「靈」。

四·四 赤狄侵齊。無傳。赤狄已見三年經注。

四·五 秋，公如齊。無傳。

四·六 公至自齊。無傳。桓二年傳云：「公至自唐，告于廟也」，則書「至」者，皆反行告廟也。此亦當然。

四·七 冬，楚子伐鄭。

傳

四·一 四年春，公及齊侯平莒及郯，莒人不肯。公伐莒，取向，非禮也。平國以禮，不以亂。調停諸侯間之不和，當以「禮」爲之，不當以「亂」爲之。隱四年傳衆仲之言云：「臣聞以德和民，不聞以亂。」彼以亂謂用兵伐鄭，此以亂則謂用兵伐莒也。伐而不治，亂也。以亂平亂，何治之有？無治，何以行禮？

四·二 楚人獻黿於鄭靈公。黿音元，說文：「大鼈也。」鼈今俗名脚魚，又名團魚。鄭靈公，穆公太子。穆公死于去年，今年則靈公元年。公子宋與子家將見。杜注：「宋，子公也。子家，歸生。」子公之食指動，食指，第二指也。古以大指爲巨指，儀禮大射儀「右巨指鉤弦」是也。以第二指爲食指，此是也；中指爲將指；第四指爲無名指，大射儀「設決朱極三」，鄭玄注「三者，食指、將指、無名指」及孟子告子上「今有無名之指」是也。小指亦曰小指，大射儀鄭注「小指短不用」是也。以示子家，曰：「他日我如此，必嘗異味。」及入，宰夫將解黿，莊子養生主云：「庖丁解牛。」彼「解牛」爲牛生而殺剥之，此則爲已熟而分解之，以便食用，故鄭世家云「及入，見靈公進黿羹」也。相視而笑。公問之，子家以告。及食大夫黿，王念孫據鈔本北堂書鈔酒食部三、初學記服食部、白帖十六等引文及下文「染指於鼎」云云，謂此句本作「及食大夫黿羹」，「黿」下有「羹」字。詳王引之述聞。召子公而弗與也。杜注：「欲使指動無效。」子公怒，染指於鼎，嘗之而出。公怒，欲殺子公。子公與子家謀先。杜注：「先公爲難。」子家曰：「畜老，牲畜既老。猶憚殺之，而況君乎？」反譖子家。杜注：「譖子家於公。」子家懼而從之。夏，弒靈公。史記鄭世家、説苑復恩篇俱載此事而無反譖子家一節，蓋取傳文而略之。

書曰「鄭公子歸生弒其君夷」，權不足也。此解經僅書歸生之故。子公之位似高于子家，故言「權不足」。杜注云：「子家權不足以禦亂，懼譖而從弒君，故書以首惡。」章炳麟讀云：「權與拳通。詩小雅巧言『無拳無勇』，傳：『拳，力也。』則『權不足』猶言力不足或勇不足耳。」古書從無以「權」爲「拳」者，章説不可信。君子曰：「仁而不武，無能達也。」杜注：「初稱畜老，仁也；不討子公，是不武也。故不能自通於仁道，而陷弒君之罪。」朱彬經傳考證云：「達猶通也，行也。歸生聞宋之言，當以討賊爲義，因循不果，甘蹈弒君之罪，故初雖止其惡，而終不可行也。」説苑復恩篇亦載此事，而多用傳文，末云：「子夏曰：『春秋者，記君不君，臣不臣，父不父，子不子者也。此非一日之事也，有漸以至焉。』」子夏語與此之「君子曰」不同。韓非子難四篇云：「明君不懸怒，懸怒則臣懼罪，輕舉以行計，則人主危。故靈臺之飲，衛侯怒而不誅，故褚師作難；食黿之羹，鄭君怒而不誅，故子公殺君。」則又以法家角度論此事。凡弒君，稱君，君無道也；杜注：「稱君，謂唯書君名，而稱國以弒，言衆所共絶也。」稱臣，臣之罪也。孔疏引杜預釋例曰：「稱臣者，謂書弑者之名，以垂來世，終爲不義，而不可赦也。」

鄭人立子良。子良，穆公庶子，公子去疾。辭曰：「以賢，以賢猶言論賢，以賢而論。孟子萬章下云：「以位，則子，君也；我，臣也。以德，則子事我者也。」用法可參楊樹達先生詞詮。則去疾不足；以順，順謂長少。則公子堅長。」乃立襄公。襄公即公子堅。鄭世家云：「鄭人欲立靈公弟去疾，去疾讓曰：『必以賢，則去疾不肖；必以順，則公子堅長。』堅者，靈公庶弟，去疾之兄也。於是乃立子堅，是爲襄公。」鄭世家以襄公爲靈公庶弟，徐廣引年表則云「靈公庶兄」，未詳孰是。

襄公將去穆氏，杜注：「逐羣兄弟。」以穆氏爲穆公之諸子，襄公之衆兄弟，是也。鄭世家云：「襄公立，將盡去繆氏。繆氏者，殺靈公子公之族家也。」以穆氏僅爲子公之族家，恐不合傳旨。而舍子良。杜注：「以其讓己。」子良不可，曰：「穆氏宜存，則固願也。若將亡之，則亦皆亡，去疾何爲？」杜注：「何爲獨留。」似原語則有省略。乃舍之，皆爲大夫。以傳考之，穆公之子十三人，後以罕、駟、豐、游、印、國、良七族著，謂之「七穆」。

四·三

初，楚司馬子良生子越椒。子良，鬭伯比子，令尹子文之弟，司馬爲其官。子越椒即鬭椒，詳文九年傳並注。子文曰：「必殺之！是子也，熊虎之狀而豺狼之聲；之作其用，熊虎其狀、豺狼其聲猶言其狀如熊虎、其聲如豺狼。弗殺，必滅若敖氏矣。若敖爲楚武王之祖，詳僖二十八年傳注，其後人以若敖爲氏。諺曰：『狼子野心。』楚語下述葉公子高之言云：「人有言曰：『狼子野心。』」昭二十八年傳亦云：「及堂，聞其聲而還，曰：『是豺狼之聲也。狼子野心。』」則楚與晉皆傳此諺。是乃狼也，其可畜乎？」其作豈用。子良不可。子文以爲大感。感音戚，憂也。及將死，聚其族，曰：「椒也知政，乃速行矣，無及於難。」且泣曰：「鬼猶求食，禮記內則鄭注云：「猶，若也。」襄二十年傳云：「猶有鬼神，吾有餒而已，不來食矣。」昭二十七年傳云：「猶有鬼神，此必敗也。」又十二年傳云：「猶有闕也，筮雖吉，未也。」猶俱作假設連詞若字用。若敖氏之鬼不其餒而！」若敖氏之鬼，若敖家族之祖先也。論語爲政篇云：「非其鬼而祭之，諂也。」鬼亦指祖先。餒，餓也。不其餒而，猶言不將饑餓乎，意謂子孫滅絶，無人祭祀之。逸周書芮良夫篇云：「下民胥怨，不其亂而！」句法與此同。後漢書黄瓊傳論云：「則武、宣之軌，豈其遠而！」句法亦頗相似。

及令尹子文卒，劉文淇疏證云：「子文之死，傳不著其年。據莊三十年傳，子文爲令尹。僖二十三年，乃授政子玉。其爲令尹凡二十八年。至是年已老壽，其死或在僖公末也。」鬬般爲令尹，般音班。古般、班多通用，故漢書敍傳記子文之事云「楚人謂虎班，其子以爲號」，師古注卽云「子文之子鬬班，亦爲楚令尹」。莊二十八年及三十年傳有一鬬班，則另一人。據僖二十三年傳，子文讓令尹于成得臣子玉。子玉死後，蔿吕臣繼之，見僖二十八年傳。其後子上又繼之，見僖三十三年及文元年傳。成大心又繼子上。成大心卒于文十二年，成嘉繼之。鬬般爲令尹，蓋繼成嘉也。子越爲司馬。蔿賈爲工正，蔿賈已見僖二十七年傳並注。工正之官，各國多有，齊有工正，見莊二十二年傳；宋有工正，見襄九年傳；魯有工正，見昭四年傳。莊二十二年傳，杜注謂工正爲掌百工之官。楚又有工尹，見文十年，宣十二年，成十六年，昭十二、十九、二十七年，哀十八年傳。譖子揚而殺之，蔿賈爲子越椒譖鬬般于王而殺之。子越爲令尹，椒代鬬般。楚世家云：「莊王九年，相若敖氏。」以子越爲令尹，卽此年事。己爲司馬。蔿賈代鬬椒。子越又惡之，鬬椒又惡蔿賈。乃以若敖氏之族，圄伯嬴於轑陽而殺之，圄音語。杜注：「圄，囚也。伯嬴，蔿賈字。」轑陽，杜注只云「楚邑」，未言所在。顧棟高春秋輿圖謂在今湖北省江陵縣境。沈欽韓地名補注則以潦河之陽當之。潦河之源有二，一出河南省南陽縣西馬峙坪，一出縣北曹峰山，南流合爲一，經鎮平縣東爲三瀾河，又南流至新野縣界合湍水。遂處烝野，顧棟高春秋輿圖謂烝野亦在江陵縣境，沈欽韓地名補注謂卽今河南省新野縣。將攻王。王以三王之子爲質焉，三王之子，楚文王、成王、穆王之子孫。弗受。師于漳澨。楚莊王師于漳澨也。杜注曰：「漳澨，漳水邊。」漳水源出今湖北省南漳縣西南之蓬萊洞山，東南流經鍾祥、當陽合沮水，又東南經江陵縣入于江。若上文之轑陽、烝野如顧棟高說在江陵境，則此漳澨亦當在江陵，疑在今之河溶鎮。若轑陽、烝野如沈欽韓說在河南省新野，則此漳澨當在荆門縣西，漳水東岸。沈說似較合理。秋七月戊戌，戊戌，九日。楚子與若敖氏戰于皐滸。顧棟高春秋輿圖謂皐滸在湖北省枝江縣，沈欽韓地名補注謂在湖北省襄陽縣西，沈說似較確。伯棼射王，伯棼，鬬椒字，亦見僖二十八年傳並注。襄二十六年傳作伯賁。棼、賁古音同，相通。汏輈，汏音太，又音闥。杜此注云：「汏，過也。」昭二十六年傳「汏輈」又注云：「汏，矢激。」合而觀之，則汏爲矢力强行激而過之義。輈音舟，車轅。及鼓跗，跗音膚。鼓跗猶今之鼓架。古之軍制，元帥親執旗鼓。楚莊今自將，亦親鼓，故鼓架在焉。著於丁寧。晉語五云：「戰以淳于、丁寧，儆其民也。」吳語云：「鳴鐘鼓丁寧。」韋注並云：「丁寧，謂鉦也。」鉦蓋丁寧之合聲。詩小雅采芑篇「鉦人伐鼓」，毛傳云：「鉦以靜之，鼓以動之。」說文云：「鉦，鐃也。似鈴，柄中，上下通。」段玉裁注云：「鐲、鈴、鉦、鐃四者，相似而有不同。鉦似鈴而異于鈴者，鐲、鈴似鐘有柄，爲之舌以有聲。鉦則無舌。柄中者，柄半在上，半在下，稍稍寬其孔爲之抵拒，執柄搖之，使與體相擊爲聲。」綜合言之，丁寧乃軍中用器，鳴之以收軍者，其形似鈴而稍有不同。句言伯棼之箭力强而利，飛過車轅，穿過鼓架之足，而著於鉦。**又射，汰輈，以貫笠轂。**貫，穿也，通也。笠轂，笠之轂也。段玉裁又說簦字云：「笠而有柄，如蓋也，卽今之雨繖。史記『躡屩擔簦』。案簦亦謂之笠，渾言不別也。」則簦亦可謂笠。士喪禮云「燕器杖笠翣」，說者謂笠卽簦也。此笠亦卽簦，亦卽車上之蓋。杜注謂「兵車無蓋」，於古無據。古兵車宜有蓋，陰則禦雨，晴則蔽日。尤其此當暑時，更宜有蓋。蓋有弓，以便翕張，周禮考工記輈人「蓋弓二十有八」是也。車輪有輻，三十輻之所聚曰轂，則此二十八弓之所聚亦宜曰轂。然則笠轂者，車蓋弓骨之所聚也。說參錢綺左傳札記、孫詒讓周禮考工記輪人正義。錢綺又云：「笠所以蔽王，正當車之中央。傳言伯棼兩矢皆汰輈，輈在輿前，亦當車之中央，一矢稍下及鼓跗，一矢稍上貫笠轂，皆幾於中王，其勢甚危，故師懼而退。」此說甚合當時情勢。昔人多誤解笠轂之轂爲車輪之轂，故其說多誤。蓋伯棼與楚莊兩車迎面相逢，其矢直來，無由邪而及車轂也。**師懼，退。王使巡師曰：**洪亮吉詁云：「廣雅，徇，巡也。巡師卽徇師也。」**「吾先君文王克息，**事見莊十四年傳並注。**獲三矢焉，伯棼竊其二，盡於是矣。」**謂良矢已盡，敵不足懼，以鼓舞士氣。**鼓而進之，遂滅若敖氏。**楚世家云：「莊王九年，相若敖氏。人或讒之王，恐誅，反攻王，王擊滅若敖氏之族。」謂鬭椒之攻王爲有讒懼誅，與左傳所敍有異。襄二十六年傳云：「若敖之亂，伯賁之子賁皇奔晉。」

初，若敖娶於䢵，據楚世家，楚先君若敖當西周之末、東周之初，與此若敖恐非一人。䢵卽鄖，見桓十一年傳並注。程大中在山堂集鄖子國考謂鄖、䢵爲兩國，恐不確。**生鬭伯比。若敖卒，從其母畜於䢵，**畜，養也。**淫**

於䢵子之女，生子文焉。䢵夫人使棄諸夢中。洪興祖楚辭招魂補注云：「楚謂草澤曰夢。」舊説夢即楚之雲夢澤，其澤跨長江南北，此夢必在江北。昭三年傳「王以田江南之夢」，言「江南之夢」，蓋用别於江北者。此皆單稱「夢」者。亦可單稱「雲」，定四年及五年傳「入于雲中」、「王遇盜於雲中」可證。合稱則爲「雲夢」，尚書禹貢「雲夢土作乂」是也。沈括夢溪筆談、金履祥尚書注俱謂江北爲雲，江南爲夢，説不可信。胡渭禹貢錐指云：「蓋雲夢跨川互隰，兼苞勢廣。東抵蘄州，西抵枝江；京山以南，青草以北，皆爲雲夢。」據今考察，古無跨江南北之雲夢，則傳所謂「雲」或「夢」者，僅不相連之沼澤耳。清一統志謂「雲夢縣北有於菟鄉，蓋棄令尹子文之處」，恐附會之談。虎乳之。䢵子田，見之，懼而歸。夫人以告，阮刻本脱「夫人」二字，據各本補。䢵子歸後必言其事，䢵夫人遂以其女私通生子之事告之也。遂使收之。楚人謂乳穀，金澤文庫本「穀」作「𣪊」，蓋用本字。穀、𣪊此皆音構。説文云：「𣪊，乳也。」漢書敘傳如淳注云：「牛羊乳汁曰穀。」阮元積古齋鐘鼎彝器款識卷五云：「虢叔尊銘：『虢叔作叔殷穀尊朕。』𣪊，尊名，説文云：『乳也。』左宣四年傳『楚人謂乳穀』，當爲𣪊。彝器凡作乳形者，義取養人。此尊以𣪊爲名，必作乳形也。」謂虎於菟，於菟舊音烏塗。或作「烏䖘」，漢書敘傳又作「於檡」，字皆音同或音近，爲異字。故命之曰鬭穀於菟。王引之述聞云：「傳凡言『命之曰某』者，皆名也，未有連姓言之者。『鬭』字蓋涉他篇『鬭穀於菟』而衍。漢書敘傳『故名穀於檡』、論語公冶長篇皇疏『故名之曰𣪊於菟』，皆無『鬭』字。」其説是也。焦循補疏據史記義縱傳乳虎，證穀於菟爲小虎之義，恐不合傳意。以其女妻伯比。實爲令尹子文。鬭穀於菟爲令尹子文。杜注：「鬭氏始自子文爲令尹。」

其孫箴尹克黃使於齊，杜注：「箴尹，官名。」呂氏春秋勿躬篇高誘注云：「楚有箴尹之官，諫臣也。」箴尹亦作鍼尹，定四年之鍼尹固，亦即哀十六年之箴尹固。杜注又云：「克黃，子揚之子。」還及宋，聞亂。其人曰：其人，克黃之從者，與文六年傳及七年傳「其人曰」用法同。「不可以入矣。」箴尹曰：「棄君之命，獨誰受之？獨爲表語氣之副詞，常用於疑問句，無實義。襄二十六年傳「子木曰『夫獨無族姻乎』」，二十八年傳「宗不余辟，余獨焉辟之」，孟子梁惠王上「今恩足以及禽獸，而功不至于百姓者，獨何與」，莊子逍遥遊「子獨不見狸狌乎」，獨字俱此用法，亦見詞詮。君，天也，天可逃乎？」遂歸，復命，而自拘於司敗。司敗，楚主司法之官，詳文十年傳注。王思子文之治楚國也，曰：「子文無後，何以勸善？」使復其所，使克黃復任箴尹之官。改命曰生。杜注：「易其名也。」惠士奇云：「劉向改命更生，本此。」說見惠棟補注。

四・四　冬，楚子伐鄭，鄭未服也。杜注：「前年楚侵鄭，不獲成，故曰『未服』。」

五年，丁巳，公元前六〇四年。周定王三年、晉成三年、齊惠五年、衛成三十一年、蔡文八年、鄭襄公堅元年、曹文十四年、陳靈十年、杞桓三十三年、宋文七年、秦桓公榮元年、楚莊十年、許昭十八年。

〔註〕秦桓公榮元年，史記年表謂爲秦共公五年，與傳異，今據傳。

經

五・一　五年春，正月二十五日辛巳冬至，建子。公如齊。

五·二 夏，公至自齊。

五·三 秋九月，齊高固來逆叔姬。「叔姬」，公羊、穀梁作「子叔姬」，「子叔姬」爲已嫁之稱。說詳文十二年經注。此時叔姬尚未成婚，故不當有「子」字；下經「冬，齊高固及子叔姬來」，其時則已成婚，故冠以「子」字，兩者異時，故異稱。公羊、穀梁有「子」字者誤。莊二十七年經「莒慶來逆叔姬」，文與此同，亦無「子」字，尤可證。張洽春秋集解云：「據『高固及子叔姬來』，當從公、穀有『子』字在『叔姬』上。」洪亮吉詁亦云云。是皆不知「子叔姬」之義而誤說。高固即十四年傳之高宣子。襄二十九年傳孔疏引世本云：「敬仲（高傒）生莊子，莊子生傾子，傾子生宣子。」莊子及傾子皆不見於左傳。

五·四 叔孫得臣卒。無傳。隱公元年傳云：「衆父卒，公不與小斂，故不書日。」此亦不書日，故杜注云：「不書日，公不與小斂。」此左氏義也。後漢書孔融傳引融議云：「春秋魯叔孫得臣卒，以不發揚襄仲之罪，貶不書日。」與公羊何休注義同，非左氏義。彙纂云：「仲遂（即襄仲）身爲逆者，其卒也且書其日，而況得臣乎？」其言有理。

五·五 冬，齊高固及子叔姬來。

五·六 楚人伐鄭。

傳

五·一 五年春，公如齊。高固使齊侯止公，止，留也。請叔姬焉。杜注：「留公强成婚。」

五・二 夏，公至自齊，書，過也。推傳之意，謂所以書「至」者，示過也。古史于人君有過，亦書其過。莊二十三年傳云「君舉必書，書而不法，後嗣何觀」、魯語上云「君作而順，則故之；逆，則亦書其逆也」、新書保傅篇云「天子有過，史必書之。史之義，不得書過則死，而宰收其膳」，皆可證也。此亦書其過。過者，杜注謂「公既見止，連婚於鄰國之臣」是也。桓二年傳謂告廟書至，此次之書「至」，自非告廟書至之例。果告廟與否，不能臆測。杜注謂「於廟行飲至之禮」，亦難必其如此也。

五・三 秋九月，齊高固來逆女，自爲也。故書曰「逆叔姬」，卿自逆也。阮刻本「卿」誤作「郎」，從各本及校勘記訂正。當時諸侯娶婦，使卿出境迎迓，隱二年傳云「紀裂繻來逆女，卿爲君逆也」是也。餘詳莊二十四年經注。至卿大夫以下娶婦，必親迎。此則高固自來迎接其新婦，與莊二十七年經「莒慶來逆叔姬」同，故云「自爲也」、「卿自逆也」。

五・四 冬，來，此承上文，省主語，謂「齊高固及子叔姬來」也。反馬也。反馬之禮僅見于此，據孔疏引鄭玄箴膏肓，蓋古代士人娶婦，乘夫家之車，駕夫家之馬，故儀禮士婚禮不載反馬之事。至大夫以上者娶婦，則乘母家之車，駕母家之馬。既婚三月以後，夫家留其車而返其馬。鄭玄云「留車，妻之道也」者，蓋謂妻不敢自必能長久居于夫家，恐一旦被出，將乘此車以歸，杜注所謂「謙不敢自安」之義也。鄭又云「反馬，壻之義也」者，夫家示以後不致發生出婦之事也。杜注及孔疏謂反馬當遣使爲之，高固不宜親行，鄭玄無此義，傳更無此義。說參王紹蘭經說、劉文淇舊注疏證及于鬯香草校書。

五・五 楚子伐鄭。鄭世家云：「楚怒鄭受宋賂縱華元，伐鄭。」晉世家云：「成公三年，鄭伯初立，附晉而棄楚。楚怒，伐鄭。」俱敍及楚伐鄭之故。陳及楚平。晉荀林父救鄭，伐陳。史記年表及鄭世家全用左傳。

六年，戊午，公元前六〇三年。周定王四年、晉成四年、齊惠六年、衞成三十二年、蔡文九年、鄭襄二年、曹文十五年、陳靈十一年、杞桓三十四年、宋文八年、秦桓二年、楚莊十一年、許昭十九年。

經

六・一 六年春，二月初七丁亥冬至，建亥，有閏月。晉趙盾、衞孫免侵陳。劉文淇疏證云：「孫免，杜無注。免，止見此年經，當是衞大夫。」

六・二 夏四月。

六・三 秋八月，螽。無傳。

六・四 冬十月。

傳

六・一 六年春，晉、衞侵陳，陳即楚故也。劉文淇疏證云：「蒙上年傳『陳及楚平』而言。」年表于晉、衞、陳載此事年代皆與傳合。

六・二 夏，定王使子服求后于齊。杜注：「子服，周大夫。」

六·三　秋，赤狄伐晉，赤狄見三年經並注。圍懷及邢丘。韓詩外傳三云：「武王伐紂，到于邢丘，更名邢丘曰懷。」若如其言，則懷與邢丘爲一地而前後異名。但以傳文考之，恐不然。史記秦本紀云：「昭襄王四十一年夏，攻魏，取邢丘、懷。」則懷與邢丘爲兩地，至戰國時猶如此。懷已見隱十一年傳，在今河南省武陟縣西南，尚書禹貢所謂「覃懷厎績」者是也。邢丘卽今河南省温縣東二十里之平皐故城，懷與邢丘僅相近。晉侯欲伐之。中行桓子曰：中行桓子卽荀林父。「使疾其民，沈彤小疏云：「疾，害也。疾其民，謂重民賦役也。」俞樾平議云：「疾猶病也。疾其民猶言病其民也。」俞說更合理，不限于「重民賦役」。以盈其貫。盈貫猶言滿貫，今皆有此語。韓非子說林下云：「有與悍者鄰，欲賣宅而避之。人曰：『是其貫將滿矣，子姑待之。』答曰：『吾恐其以我滿貫也。』遂去之。」貫者，說文云：「錢貝之毌也。」毌者，說文云：「穿物持之也。從一横毌，毌象寳貨之形。」毌、貫宜爲一字，一僅象其形，一則加貝並會其意。故焦循補疏說此云：「貫爲錢貝之貫，如以繩貫錢，一一重之，至於盈滿。多一次戰，則多一次民疾，是爲『盈其貫』。」此及韓非子之貫，皆以錢貝之貫借喻罪惡之貫，僞古文尚書泰誓亦云「商罪貫盈」，故後代有「惡貫滿盈」之俗語。舊刑律例，凡贓私竊盜，計其所得之數罪已至死者亦曰滿貫。杜注謂「貫猶習也」，誤。將可殪也。將爲副詞，殆也。與文十七年傳「將不能」之將字用法同。莊子秋水篇云：「今爾出於崖涘，觀於大海，乃知爾醜，爾將可與語大理矣。」將字亦此義。互詳文十七年傳注。殪音翳，說文云：「死也。」詩小雅吉日「殪其大兕」，毛傳云：「殪，壹發而死。」則此處之殪乃一舉而絶滅之義。周書曰『殪戎殷』，尚書康誥：「天乃大命文王殪戎殷，誕受厥命。」爾雅釋詁云：「戎，大也。」殪戎殷者，滅絶大國殷也。周常稱殷爲「大國殷」或「大邦殷」，尚書召誥云「皇天上帝改厥元子，兹大國殷之命」、「天既遐終大邦殷之命」是也。亦稱

「天邑商」，多士「肆予敢求爾于天邑商」是也。亦稱「大商」，詩大雅大明「諒彼武王，肆伐大商」是也。此之「戎殷」與「大商」、「大國殷」、「大邦殷」、「天邑商」同義。逸周書世俘云：「甲寅，謁戎殷于牧野。」亦稱殷爲「戎殷」。舊解戎爲兵戎，誤。**此類之謂也。」**意謂周文、武待紂之惡貫滿盈然後一舉滅之。我之待赤狄亦猶是也。杜注：「爲十五年晉滅狄傳。」

六·四 **冬，召桓公逆王后于齊。**天子娶婦不親迎，遣卿迎之，已詳桓八年經注，此召桓公代定王逆其后。杜注：「召桓公，王卿士。事不關魯，故不書。爲成二年王甥舅張本。」

六·五 **楚人伐鄭，取成而還。**杜注：「九年、十一年傳所稱厲之役，蓋在此。」沈欽韓注疏考證云：「九年傳曰：『楚子爲厲之役，故伐鄭。』杜注：『六年，楚伐鄭，取成於厲。既成，鄭伯逃歸。』十一年傳曰：『厲之役，鄭伯逃歸，自是楚未得志焉。』杜注：『蓋在六年。』此傳既曰『取成而還』，鄭伯又何至於逃歸乎？杜注前後皆言『蓋』，蓋者，疑辭也。」

六·六 **鄭公子曼滿與王子伯廖語，**杜注云：「二子，鄭大夫。」沈欽韓補注云：「王子似是周人，非鄭大夫，鄭無王子也。」惠士奇說同。周自有王子，楚自稱王，亦有王子；然列國亦有王子，文十一年傳齊有王子成父，襄八年及十一年傳鄭有王子伯駢，則此王子伯廖或亦是鄭大夫。俞樾平議謂此王子伯廖實爲楚大夫，無據。**欲爲卿。伯廖告人曰：「無德而貪，其在周易豐䷶之離䷝，**劉文淇疏證云：「傳言占筮，多援易文或繇詞。此口語，非占、筮比。然第舉『豐之離』，下『弗過』『間一歲』之文無所蒙承，疑有軼脫。」豐卦之第六爻由陰變陽，則爲離卦，故杜注舉豐卦上六爻辭云：「豐上六曰：『豐其屋，蔀其家，闚其户，闃其無人，三歲不覿，凶。』義取無德而大其屋，不過三歲，必滅亡。」豐其屋，猶言高大其屋。蔀，遮蔽陽光之意。蔀其家，猶言庭院架布棚或窗牖挂簾幕。屋宇雖高大，而門庭寂静，三年不見其人焉，故凶。弗過之矣。」杜注：「不過三年。」間一歲，鄭人殺之。據漢書五行志中之上師古注，間一歲者，中間隔一歲之謂。連前帶後，則歷時三年。

七年，己未，公元前六〇二年。周定王五年、晉成五年、齊惠七年、衞成三十三年、蔡文十年、鄭襄三年、曹文十六年、陳靈十二年、杞桓三十五年、宋文九年、秦桓三年、楚莊十二年、許昭二十年。

經

七·一　七年春，正月十八日壬辰冬至，建子。衞侯使孫良夫來盟。孫良夫即孫桓子。春秋書他國大夫「來盟」者凡五次，此及桓十四年「鄭伯使其弟語來盟」皆用「使」字。閔二年「齊高子來盟」、僖四年「楚屈完來盟于師」、文十五年「宋司馬華孫來盟」皆直書「來盟」而已。成三年傳云：「衞侯使孫良夫來聘，且尋盟。」尋盟，即尋此次之來盟也。

七·二　夏，公會齊侯伐萊。萊，國名。齊世家「萊侯來伐，與之争營丘」者是也。其姓無考，或據襄二年傳「齊侯使諸姜宗婦來送葬，召萊子，萊子不會」之文，以爲萊亦姓姜。然孔疏云：「世族譜不知萊國之姓。齊侯召萊子者，不爲其姓姜也。以其比鄰小國，意陵蔑之，故召之，欲使從送諸姜宗婦來向魯耳。萊子以其輕侮，故不肯會。」則萊未必姓姜。晏子春秋内篇問上云「景公伐斄」，孫星衍以爲斄卽萊，據襄六年傳「齊侯滅萊，遷萊于郳」之文，其時萊已早爲齊所滅。恐釐仍卽萊，晏子春秋所言固小說，不足據爲史實。齊侯鎛鐘（亦作叔夷鐘）云「余賜女釐都𦀚劓」，釐亦卽萊。郭伯馭𣪘作「逨」，亦萊國。或云萊國當在今山東省昌邑縣東南，杜注及通志氏族略以黃縣東南二十五里之故黃城當之，以其有萊山，因云云。三代吉金文存云𨙶伯鼎在今黃縣出土，杜說似較可信。

七·三 秋，公至自伐萊。無傳。

七·四 大旱。無傳。詳僖二十一年傳注。

七·五 冬，公會晉侯、宋公、衞侯、鄭伯、曹伯于黑壤。黑壤卽黃父，見文十七年傳注

傳

七·一 七年春，衞孫桓子來盟，始通。魯宣卽位七年，衞始修好，故曰始通。且謀會晉也。卽黑壤之會。

七·二 夏，公會齊侯伐萊，不與謀也。凡師出，與謀曰「及」，不與謀曰「會」。杜注云：「與謀者，謂同志之國相與講議利害，計成而行之，故以相連及爲文。若不獲已應命而出，則以外合爲文。皆據魯而言。」彙纂云：「左氏所謂『與謀』者，彼此同欲伐是國也，故曰『及』。所謂『不與謀』者，他國欲伐之，而我特以兵從之也，故曰『會』。萊在齊之東，魯在齊之西。魯於萊，中隔一齊，素無嫌隙，特以齊欲伐之，而魯往助之耳，故書曰『會』。」然此例也，考之經、傳，亦有未必然者。如隱十年傳云「公會齊侯、鄭伯于中丘。癸丑，盟于鄧，爲師期」，則魯與齊、鄭之伐宋，自可謂「與謀」矣，然經仍書「翬帥師會齊人、鄭人伐宋」。又如桓十六年傳亦云「會于曹，謀伐鄭也」，則魯與宋、衞、陳、蔡之伐鄭，亦「與

謀」矣，然經仍書「公會宋公、衞侯、陳侯、蔡侯伐鄭」。此皆當書「及」而書「會」之例也。王晳春秋皇綱論、劉敞春秋權衡、葉夢得左傳讞、郝敬春秋非左、張應昌春秋屬辭辨例篇俱于此例致疑，所言雖偏，要不爲無理。

七·三　赤狄侵晉，取向陰之禾。杜注：「此無『秋』字，蓋闕文。」杜以魯曆計之，夏無禾可取，必在秋，故謂傳文脱「秋」字。但此是晉事，晉用夏正，麥熟在夏至前，以晉曆計之，固不當有「秋」字，杜説可商。杜注又云：「晉用桓子謀，故縱狄。」向陰，杜無注。顧棟高大事表謂「卽周之向邑」。周之向邑見隱十一年傳，在今河南省濟源縣南。江永考實説同。沈欽韓地名補注則引方輿紀要之向陽水當之。向陽水今已涸，其地今名向陽鎮，在今太原市西北。然傳云「向陰」，不云「向陽」，沈説恐不可信。

七·四　鄭及晉平，公子宋之謀也，故相鄭伯以會。公子宋爲鄭襄相禮以會諸侯。冬，盟于黑壤。王叔桓公臨之，杜注：「王叔桓公，周卿士。銜天子之命以監臨諸侯。」讀本云：「王叔桓公不書，但臨之，不與會盟也。」以謀不睦。

晉侯之立也，晉成迎立于魯宣二年。公不朝焉，又不使大夫聘，襄元年傳云：「凡諸侯卽位，小國朝之，大國聘焉，以繼好結信，謀事補闕，禮之大者也。」此則魯于晉之不朝、不聘爲失禮。晉人止公于會。盟于黄父，黄父，晉地，見文十七年傳注。公不與盟。以晉侯囚禁之故。以賂免。魯賂晉，故宣公獲歸。故黑壤之盟不書，黑壤只書會，不書盟。諱之也。成十六年沙隨之會，晉侯不見成公，仍書於經；昭十三年平丘之盟，昭公不與盟，亦書於經。其所以不諱者，雖被擯，未被止也。被止則諱，故昭十六年傳亦云「王正月，公在晉。晉人止公。不書，諱之也」。

八年，庚申，公元前六〇一年。周定王六年、晉成六年、齊惠八年、衞成三十四年、蔡文十一年、鄭襄四年、曹文十七年、陳靈十三年、杞桓三十六年、宋文十年、秦桓四年、楚莊十三年、許昭二十一年。

經

八・一　八年春，正月二十九日丁酉冬至，建子，有閏月。公至自會。無傳。

八・二　夏六月，公子遂如齊，至黃乃復。無傳。黃，當爲由魯至齊中途之邑，下經云「仲遂卒于垂」，垂爲齊邑，則黃爲齊邑可知。隱元年之黃爲宋邑，桓八年之黃爲國，固皆非此黃。此黃當卽桓十七年經之黃，在今淄川鎮東北，餘詳桓十七年經注。沈欽韓地名補注引山東通志謂「黃城在冠縣南」，然冠縣南之黃城，乃戰國時三晉之邑，趙世家所云「敬侯八年，拔魏黃城」者是也，距齊、魯之道甚遠，其誤自不必辨。孔疏云：「聘禮曰：『賓入竟而死，遂也。若賓死，未將命，則既殯于棺，造于朝，介將命。』哀十五年傳曰：『有朝聘而終以尸將事之禮。』是入所聘之竟，則當遂行。黃是齊境，遂以疾還，非禮也。」

八・三　辛巳，辛巳，十六日。有事于大廟，有事，禘祭也。昭十五年經云「有事于武宮」，傳云「禘于武公」，以此知有事卽禘。禮記明堂位云：「季夏六月，以禘禮祀周公於大廟。」魯之禘並無定月，詳僖八年經注，此禘適在六月耳。仲遂卒于垂。公子遂稱仲遂，亦猶公子友稱季友，仲與季皆其行次。垂爲齊地，杜無注。或以隱八年之垂當之，誤。隱八年之垂爲衞邑，其地在今曹縣北，非魯、齊之中途邑。江永考實謂當在今山東省平陰縣境，亦未知是否。所以知爲齊邑者，春秋之例，卒于國內者不書地名。此書地名，爲齊邑可知。仲遂卒於何日，殊難肯定，蓋其卒地距魯都曲阜或不止一日之程。或仲遂先日卒，魯都辛巳日始聞之。若當日卒而當日聞之，則垂距曲阜只在百里以內。壬午，壬午，十七日。猶繹。猶者，可已之辭也。繹者，祭之明日又祭。正祭必有尸，以代受祭者。繹祭則以賓敬此尸。詳見孔疏。萬入，去籥。萬見隱五年傳並注。萬舞中有籥舞，籥者，古代樂器，吹之以節舞。其形似笛，說文云「三孔」，詩邶風簡兮毛傳云「六孔」，廣雅釋樂云「七孔」，蓋孔有多少不同。去籥者，公羊傳云「去其有聲者」是也。禮記檀弓下云：「仲遂卒于垂，壬午猶繹，萬入去籥。仲尼曰：『非禮也。卿卒不繹。』」以此言之，卿佐之喪，宜廢止繹祭。儀禮有司徹賈公彥疏引此並云：「卿佐卒輕于正祭，不合廢。但繹祭禮輕，宜廢而不廢。」其言或然。

八·四　戊子，戊子，二十三日。夫人嬴氏薨。無傳。「嬴」，公羊、穀梁並作「熊」。蓋古文「嬴」字形與「熊」近，前人誤釋爲「熊」，而今文經從之也。說詳王國維觀堂集林卷十八及楊樹達先生積微居金文說庚嬴卣跋。嬴氏即宣公母敬嬴，爲文公次妃，見文十八年傳注。

八·五　晉師、白狄伐秦。白狄初見于僖三十三年傳，至此始見經。年表云「晉成公六年，與魯伐秦」，不云白狄，而云魯，蓋誤解傳文之故，詳傳注。

八·六　楚人滅舒蓼。「蓼」，穀梁作「鄝」，蓼、鄝同從翏聲，故得通用。舒蓼爲羣舒之一種，文十四年傳云「子孔、潘崇將襲羣舒，使公子燮與子儀守，而伐舒蓼」，卽爲明證。杜於傳注謂舒、蓼爲二國，蓋偶疏。舒初被取于徐，見僖三年經；嗣被執于楚，見文十二年傳；蓼則于文五年已爲楚所滅，復安得舒與蓼而滅之？餘詳文十四年傳注。

八·七 秋七月甲子，甲子，晦日。日有食之，既。無傳。七月無日食，十月甲子朔有全食，自西北至江蘇俱可見，則「七月」之「七」字必爲「十」字之誤，古文「七」與「十」字形本相近易致誤也。年表亦作「七月，日蝕」，則自西漢已誤矣，或史記本不誤，而後人據誤本春秋改之。疑經文本僅「秋七月」三字，「日有食之」在「冬十月」下，文訛脫久矣。

八·八 冬十月己丑，己丑，二十六日。葬我小君敬嬴。「敬嬴」，公羊、穀梁作「頃熊」，不可從，說見文十八年傳注。雨，不克葬。克，能也。庚寅，庚寅，二十七日。日中而克葬。定十五年經云「丁巳，葬我君定公。雨，不克葬。戊午，日下昃，乃克葬」，與此句意同。此「而克葬」卽「乃克葬」。古代以甲、丙、戊、庚、壬五奇日爲剛日，乙、丁、己、辛、癸五偶日爲柔日。春秋時，葬埋均以柔日，此因雨，改用明日，蓋不得已，非用剛日也。漢人便無此禁忌，高祖以丙寅，武帝以甲申，昭帝以壬申，元帝以丙戌，哀帝以壬寅，均以剛日下葬，說參日知錄四。

八·九 城平陽。平陽，魯邑，卽漢之東平陽，在今山東省新泰縣西北。哀二十七年傳之平陽則爲西平陽，與此非一地。

八·一〇 楚師伐陳。年表云：「陳靈公十三年，楚伐我。」

傳

八·一 八年春，白狄及晉平。夏，會晉伐秦。會晉伐秦者，白狄也。傳文承上「白狄及晉平」而省「白狄」兩字，經書「晉師、白狄伐秦」可爲明證。司馬遷誤以「夏，會晉伐秦」爲獨立之傳，「會」上無主語，因誤以爲魯國史因己身稱而省略，故年表于晉成公六年書「與魯伐秦」，不言「白狄」而言「魯」。晉人獲秦諜，説文云：「諜，軍中反間也。」今曰間諜、偵察員。魏、晉以迄唐、宋以後，俱謂之細作。殺諸絳市，六日而蘇。蘇，死而更生也，俗又作甦。年表云：「晉成公六年，與魯伐秦，獲秦諜，殺之絳市，六日而蘇。」除以白狄爲魯外，餘皆與傳合。然秦本紀云：「桓公三年，晉敗我一將。」史記所謂之「桓公三年」，實爲桓公之四年，亦即此年，又以「敗一將」爲言。晉世家又云：「成公六年，伐秦，虜秦將赤。」「赤」不知是否其將之名，索隱則謂「赤即斥，謂斥候之人也」云云，又以此諜當秦將。

八・二　有事于大廟，襄仲卒而繹，非禮也。詳經注。

八・三　楚爲衆舒叛，故伐舒蓼，「故」字屬上句讀，亦可。滅之。楚子疆之。杜注：「正其界也。」及滑汭，杜注：「滑，水名。」春秋之滑水，今已不詳何在。彙纂謂「當在今江南廬州府東境」，則當在今合肥市、廬江縣之東，而在巢縣、無爲之間。沈欽韓地名補注謂「蓋今之丹陽湖」，亦未必有據。汭音芮，水之隈曲處。盟吳、越而還。吳、越始見。吳，姬姓，周太王之子太伯、仲雍之後。史記有吳世家。孔疏引譜云：「至壽夢而稱王。壽夢以上世數可知而不紀其年。壽夢元年，魯成公之六年也。夫差十五年，獲麟之歲也。二十三年，魯哀公之二十二年，而越滅吳。」吳國自稱爲「工𫊸」（者減鐘）、「攻敔」（吳王劍）、「攻吳」（吳王夫差鑑），亦稱爲「干」，詳劉寶楠愈愚録卷四干越、墨子兼愛中孫詒讓閒詁及郭沫若奴隸制時代吳王壽夢之戈。亦稱禺邗，傳世有禺邗王壺，即哀十三年黃池之會後所作。吳自稱王，彝器如此。吳語又稱「吳伯」「吳公」，春秋則稱「吳子」。吳初國于梅里，據高士奇地名考略，今江蘇省無錫縣東南三十里之梅李鄉，舊稱泰伯城者是其地。至諸樊始徙于吴，今之蘇州市。越，越器者汈鐘自稱作「戉」。周禮考工記、楚世家、漢書天文志並作「粵」，越世家索隱引紀年作「於粵」，定五年、十四年傳及公羊作「於越」。於，發聲詞。越世家稱「其先禹之苗裔而夏后帝少康之庶子也」云云，梁玉繩史記志疑卷二十二辨其不然，但范文瀾中國通史簡編云：「甲骨文有戉國，疑即越國。吴越春秋越王無余外傳載無余始受封及子孫興衰等事，似有所據。」越封於會稽，即今浙江省紹興縣，有浙江杭州市以南東至海之地。孔疏引譜云：「濱在南海，不與中國通。後二十餘世至於允常，魯定公五年始伐吴。允常卒，子句踐立，是爲越王。越王元年，魯定公之十四年也。魯哀公二十二年，句踐滅吴，霸中國，卒。春秋後七世，大爲楚所破，遂微弱矣。」終爲楚所滅。

八·四　晉胥克有蠱疾，蠱音古，説文云：「腹中蟲也。」段玉裁注云：「中蟲皆讀去聲。蟲食物也。腹中蟲者，謂腹内中蟲食之毒也。」昭元年傳述秦醫和視晉侯之疾云：「疾如蠱，非鬼非食，惑以喪志。」則古之所謂蠱疾者即食物中毒，或以爲鬼物所迷，其現象爲神經錯亂。俞樾平議謂此蠱字「當讀爲痼。痼，久病也。説文作㽽，與蠱同音，故得通用」。雖亦可通，但仍以不破字爲妥。郤缺爲政。趙盾已死，郤缺代之爲政。秋，廢胥克，使趙朔佐下軍。杜注：「朔，盾之子，代胥克。」爲成十七年胥童怨郤氏張本。

八·五　冬，葬敬嬴，旱，七年經書「大旱」。無麻，始用葛茀。茀音弗，亦作紼、綍。引棺索也。於殯則已有之，繫於載柩之車（古曰輴車），以備火災，蓋有災則引柩以避火。及葬，則用之以下柩。據周禮地官遂人，天子葬用六紼。又據禮記喪服大記，君葬用四紼，大夫與士葬用二紼。禮記曲禮上云：「助葬必執紼。」故後世謂送葬爲執紼。麻爲大麻，雌雄異株，雄曰枲，亦曰牡麻，於花落後，拔而漚之，其皮可織夏布。雌曰苴麻，亦可織麻布，細者曰絺，粗者曰綌。始用葛茀者，言自此以後，紼不用麻而改用葛，與僖三十三年傳「晉於是乎始墨」同義。**雨，不克葬，禮也。禮，卜葬，先遠日，避不懷也。**卜葬者，卜葬日也。先遠日者，此月下旬先卜來月下旬，不吉則卜中旬，又不吉則卜上旬，由遠日而及近日。蓋古人以爲父母既葬，其哀漸奪，非孝子之所欲，由于不得已而爲，故卜葬期先遠日，表示不急于求葬，微申孝心耳。禮記曲禮上云「喪事先遠日」，亦卽此意。辟不懷者，避免不懷念已死父母之心也，已葬則懷念之心漸衰矣。此舉卜葬期先遠日以證爲雨而止之合于禮。雨不克葬是否合理，古有兩說。左氏以爲禮，穀梁則云「葬既有日，不爲雨止。雨不克葬，喪不以制也」，則以爲非禮。然禮記王制云：「庶人縣封，葬不爲雨止。」推其文意，葬不爲雨止，僅庶人如此，天子、諸侯則不然。呂氏春秋開春論亦記魏惠王死，天大雨雪，羣臣諫請改日下葬一事，並謂自文王而已然。說參章炳麟讀卷八。

八·六 **城平陽，書，時也。**此條在冬十月葬敬嬴之後，前人以爲城平陽亦是十月。故趙鵬飛春秋經筌云：「左氏例，『水昏正而栽』（莊二十九年傳）。水昏正夏之十月，非周之十月也。今見書『十月』遂謂之『時』，是不識夏、周正朔之異也。」葉夢得左傳讞、郝敬春秋非左說與此同。此說似是而非。一則此條無月，雖接冬十月葬敬嬴之後，亦未必是十月。十一月、十二月亦未嘗不可。且是年有閏，曆家推言閏在五月，則十一月城平陽，亦未嘗不可書「時」。

八·七 **陳及晉平。楚師伐陳，取成而還。**杜注：「言晉、楚爭强。」

九年，辛酉，公元前六〇〇年。周定王七年、晉成七年、齊惠九年、衞成三十五年、蔡文十二年、鄭襄五年、曹文十八年、陳靈十四年、杞桓三十七年、宋文十一年、秦桓五年、楚莊十四年、許昭二十二年。

經

九·一 **九年春王正月，**正月初十壬寅冬至，建子。**公如齊。**無傳。

九·二 **公至自齊。**無傳。

九·三 **夏，仲孫蔑如京師。**仲孫蔑，公孫敖之孫，文伯穀之子孟獻子。春秋書魯大夫如京師者凡七次，其五次皆有故而爲：僖三十年，公子遂如京師，答宰周公之聘也；文元年，叔孫得臣如京師，拜召伯之錫命也；八年，公孫敖如京師，弔襄王之喪也，然不至而復焉；九年，叔孫得臣如京師，葬襄王也；昭二十二年，叔鞅如京師，葬景王也。其因聘而往者，唯此仲孫蔑及襄二十四年之叔孫豹耳。而此兩次，王皆以爲有禮。

九·四 **齊侯伐萊。**無傳。李廉春秋諸傳會通云：「東萊有萊山，從齊之小國也。齊自七年會魯伐之，今年又自伐之，卒於襄六年而滅之矣。」

九·五 **秋，取根牟。**根牟，國名，宋葉夢得公羊傳讞謂根牟爲附庸之國，可從。地在今山東省沂水縣南。樂史寰宇記謂在安丘，誤。說詳江永考實。昭八年傳「大蒐于紅，自根牟至于商、衞」，即此所取根牟地。公羊傳謂根牟爲邾國之邑，顧棟高大事表三傳異同篇駁之云：「邾在魯南，根牟在魯東北，邾，小國也，邑豈能到此？」其言是也。

九・六 八月，滕子卒。隱七年傳云：「滕侯卒，不書名，未同盟也。」僖二十三年傳云：「凡諸侯同盟，死則赴以名，禮也。赴以名，則亦書之。不然則否。」則此不書名，蓋不同盟，又不赴以名之故。

九・七 九月，晉侯、宋公、衞侯、鄭伯、曹伯會于扈。扈，鄭地，已見文七年經並注。

九・八 晉荀林父帥師伐陳。年表云：「使桓子伐楚。以諸侯師伐陳、救鄭。」伐楚事不見經、傳。救鄭者爲郤缺，亦非荀林父。不知司馬遷何據。

九・九 辛酉，九月無辛酉。杜注謂「日誤」。晉侯黑臀卒于扈。扈本鄭邑，水經河水注引竹書紀年云「出公二十二年，河絶于扈」，似其後爲晉所有。公羊傳謂此時扈已爲晉邑，不可信。經例卒于國內不書地。此書地，足見扈此時尚未爲晉有。扈爲晉會諸侯之地，不言「卒于會」者，會已畢也。不書葬者，魯不會也。

九・一〇 冬十月癸酉，癸酉，十五日。衞侯鄭卒。無傳。衞侯鄭，衞成公也。以僖二十五年立。衞國之君，惠公及成公之卒不書葬，他若桓、宣、文、穆、定、獻、襄、靈皆書葬。

九・一一 宋人圍滕。

九・一二 楚子伐鄭。年表云：「楚莊十四年，伐鄭。」

九・一三 晉郤缺帥師救鄭。年表云：「楚莊王十四年，伐鄭。晉郤缺救鄭，敗我。」

九・一四 陳殺其大夫洩治。「洩」，公羊、穀梁作「泄」。金澤文庫本亦作「泄」。餘詳隱元年傳注。

傳

九·一 九年春，王使來徵聘。王使爲一詞，周定王之使者也。徵聘者，示意魯遣使往周聘問也。徵聘，春秋未書。夏，孟獻子聘于周。「于」，阮刻本作「於」，今從唐石經、金澤文庫本及宋本。王以爲有禮，厚賄之。

九·二 秋，取根牟，言易也。襄十三年經「取邿」，傳云：「凡書取，言易也。」成六年經「取鄟」，傳亦云「言易也」。昭四年經「取鄫」，傳云：「取鄫，言易也。莒亂，著丘公立而不撫鄫。鄫叛而來，故曰取。凡克邑，不用師徒曰取。」綜合觀之，凡取邑或取國，取之甚易，則言「取」。然有用師徒者，亦有不用師徒者。此取根牟，非如鄫之叛其國而來，則用師徒者也。

九·三 滕昭公卒。杜注：「爲宋圍滕傳。」蓋亦以釋經之「滕子」卽昭公也。

九·四 會于扈，討不睦也。七年黑壤之盟，所以謀不睦；此則會于扈，欲以討不睦。蓋此時晉、楚爭彊，諸侯之從楚者，卽不睦于晉，故晉爲扈之會以討之。陳侯不會。去年陳與楚取成。晉荀林父以諸侯之師伐陳。經不書諸侯之師，杜注以爲諸侯之師別無將帥，統由荀林父率之。晉侯卒于扈，乃還。晉世家云：「七年，成公與楚莊王爭彊，會諸侯于扈。陳畏楚不會。晉使中行桓子伐陳。」

九·五 冬，宋人圍滕，因其喪也。滕有昭公之喪。

九·六 陳靈公與孔寧、儀行父通於夏姬，夏姬，鄭穆公之女，陳大夫御叔之妻，夏徵舒之母。稱夏姬、夏徵舒者，或御叔食采於夏也。或曰，徵舒之祖字子夏，以夏爲氏。孔寧、儀行父，杜注以爲「陳卿」，陳世家以爲大夫。據下傳文「公卿宣淫」，則似是卿。孔寧即十一年經之公孫寧。凡淫曰通，見桓十八年傳注。**皆衷其衵服，**衷，説文云「裏褻衣」。此作動詞用，猶襄二十七年傳「衷甲」之「衷」，謂着于內，故杜注云「懷也」。衵音日，説文云：「日日所常衣也。」故杜注云「近身衣」。「其衵服」，夏姬之汗衣也。三人皆着之。**以戲于朝。洩冶諫曰：「公卿宣淫，民無效焉，**「效」，阮刻本作「効」，俗字，今從補刊石經、金澤文庫本、宋本。宣，宣揚。民無效，民無所法效也。陳世家作「君臣淫亂，民何效焉？」意同。**且聞不令。**聞，去聲，名譽也。令，善也。詩大雅文王：「令聞不已。」此猶云且名聲甚惡。于鬯香草校書謂此倒句也，猶云「不令且聞」，謂「不善之聲且外聞於民」云云，恐不確。**君其納之！」**杜注：「納藏衵服。」**公曰：「吾能改矣。」公告二子。二子請殺之，公弗禁，遂殺洩冶。**穀梁傳、列女傳所記與傳略同。賈子新書雜事云：「陳靈公殺泄冶，而鄧元去陳，以族徙。」大戴禮記保傅篇亦云。鄧元事左傳及其他現存古籍皆未見。

孔子曰：「詩云：『民之多辟，無自立辟。』詩大雅板句。「多辟」之「辟」亦作「僻」，金澤文庫本亦作「僻」。仍當以「辟」爲正，説詳詩校勘記。多辟之辟，邪也；立辟之辟，法也。意謂民多邪僻矣，國瀕危亂矣，勿自立法度以危身也。張衡思玄賦云：「覽烝民之多僻兮，畏立辟以危身。」即用此意。**其洩冶之謂乎！」**孔子家語子路初見篇云：「子貢曰：『陳靈公宣婬于朝，泄冶正諫，君殺之，是與比干諫而死同，可謂仁乎？』子曰：『比干于紂，親則諸父，官則少師，忠報之心在于宗廟，而己固必以死争之，冀身死之，紂將悔寤。其本志情在于仁者也。洩冶之于靈公，位在大夫，無骨肉之親，懷寵不去，仕于亂朝，以區區之一身，欲正一國之婬昏，可謂狷矣。詩云「民之多辟，無自立辟」，其洩冶之謂乎？」家語爲王肅所撰集，此語未必可信，或本左傳而附益之耳。即左傳所引孔丘語，後世亦頗有議而疑之者。

九·七 **楚子爲厲之役故，**杜注：「六年楚伐鄭，取成於厲。既成，鄭伯逃歸。事見十一年。」杜以厲之役即六年楚伐鄭之役，乃推測之辭，詳六年傳注。**伐鄭。**

九·八 **晉郤缺救鄭。鄭伯敗楚師于柳棼。**杜注：「柳棼，鄭地。」今地闕。晉世家云：「晉使中行桓子伐陳，因救鄭。與楚戰，敗楚師。」若如其言，則救鄭者爲荀林父，非郤缺；敗楚師者，爲晉，非鄭。與傳異。年表云：「楚莊王十四年，伐鄭，晉郤缺救鄭，敗我。」又以救鄭者爲郤缺，與傳同。**國人皆喜，唯子良憂曰：**子良即公子去疾，見四年傳。**「是國之災也，吾死無日矣。」**杜注：「自是晉、楚交兵伐鄭，十二年卒有楚子入鄭之禍。」

十年，壬戌，公元前五九九年。周定王八年、晉景公獳元年、齊惠十年、衞穆公遬元年、蔡文十三年、鄭襄六年、曹文十九年、陳靈十五年、杞桓三十八年、宋文十二年、秦桓六年、楚莊十五年、許昭二十三年。

經

一〇·一 **十年春，**正月二十一日戊申冬至，建子，有閏月。**公如齊。**

一〇·二 **公至自齊。**無傳。

10·三 齊人歸我濟西田。據元年傳，宣公初立，納濟西田賂齊以請會。此云「齊人歸我濟西田」，定十年經云「齊人來歸鄆、讙、龜陰田」，哀八年經云「齊人歸讙及闡」，三者變文而書，蓋無義例。杜云「不言來，公如齊，因受之」，用穀梁義，非經旨。若然，哀八年不書「來」，且不書「我」，非「公如齊，因受之」也，抑又何故邪？

10·四 夏四月丙辰，丙辰，朔日。日有食之。無傳。杜注：「不書朔，官失之。」此公元前五九九年三月六日環食。

10·五 己巳，己巳，十四日。齊侯元卒。齊世家云：「十年，惠公卒，子頃公無野立。」

10·六 齊崔氏出奔衞。穀梁傳云：「氏者，舉族而出之之辭也。」杜注用此義，云「見舉族出」，實非經旨。據傳，書氏者，蓋從告。

10·七 公如齊。

10·八 五月，公至自齊。無傳。

10·九 癸巳，癸巳，八日。陳夏徵舒弒其君平國。

10·10 六月，宋師伐滕。

10·11 公孫歸父如齊。葬齊惠公。無傳。杜注：「歸父，襄仲之子。」傳又曰「子家」，蓋其字也。河北唐縣出土歸父敦即此人所作，詳文史二十二輯李家浩魯歸父敦小考。據經、傳所載，魯以卿會葬，惟襄王、景王、晉之襄、平、昭公，此年齊惠及宋平、滕成八見而已。

10·12 晉人、宋人、衞人、曹人伐鄭。杜注：「鄭及楚平故。」

一〇·一三 秋，天王使王季子來聘。傳云「劉康公」，蓋食采于劉，謚康公也。公羊謂王季子爲天王之「母弟」，穀梁謂爲「王子」。杜注用公羊。然據十七年傳「凡大子之母弟，公在曰『公子』，不在曰『弟』」之例，若果是天王之母弟，當書「天王使其弟季子來聘」。今不然者，知公羊之說未必合左氏也。說本劉文淇疏證。如公羊說，王季子爲周匡王子；如穀梁說，則爲周定王子。

一〇·一四 公孫歸父帥師伐邾，取繹。「繹」，公羊作「蘱」，不知其故。杜注：「繹，邾邑。」孔疏云：「文十三年傳稱邾遷于繹，則繹爲邾之都矣。更別有繹邑，今魯伐取之，非取邾之都也。亦因繹山爲名，蓋近在邾都之旁耳。」餘見文十三年傳注。

一〇·一五 大水。無傳。

一〇·一六 季孫行父如齊。

一〇·一七 冬，公孫歸父如齊。

一〇·一八 齊侯使國佐來聘。春秋之例，舊君死，新君立，當年稱子，逾年稱爵。齊惠公死未逾年，此稱「齊侯」者，亦猶成四年鄭襄公死未逾年，經于鄭悼公稱「鄭伯」。杜注云「既葬成君，故稱君」，通之會盟則不然，通之他事，或然。互詳桓十三年經注及僖九年傳注。周語下「齊國佐見」，韋注云：「國佐，齊卿，國歸父之子，國武子也。」傳世器有國差𦉜，方濬益綴遺齋彝器考釋卷二十八謂「國差卽齊國武子」。

一〇·一九 饑。無傳。杜注：「有水災，嘉穀不成。」

9·10 楚子伐鄭。

傳

10·1 十年春，公如齊。齊侯以我服故，歸濟西之田。杜注：「公比年朝齊故。」汪克寬纂疏云：「公至四朝齊矣。」

10·2 夏，齊惠公卒。崔杼有寵於惠公，經云「崔氏」，傳云「崔杼」，則崔氏即崔杼也。後人以襄二十五年崔杼殺齊莊公，距此五十一年，則崔杼此時當少，安得「高、國畏其偪」，因以爲疑。不知崔杼弱冠有寵，雖不當政，有寵即有權，高、國亦可畏之。唐書宰相世系表云：「崔氏出自姜姓，齊丁公伋嫡子季子讓國叔乙，食采於崔，遂爲崔氏。濟南東朝陽西北有崔氏城是也（崔氏城當在今山東省章丘縣西北）。季氏生穆伯，穆伯生沃，沃生野，八世孫夭（夭見僖二十八年傳）生杼，爲齊正卿。」高、國畏其偪也，齊之高氏、國氏世爲齊上卿，僖十二年傳管仲所謂「有天子之二守國、高在」是也。此高氏當是高固。（高固已見宣七年、十七年、成二年傳，宣十五年經，又稱高宣子，見宣十四年傳。）國氏當即國佐。公卒而逐之，奔衛。成十七年齊侯又使崔杼爲大夫，蓋又復國。書曰「崔氏」，非其罪也；且告以族，不以名。據下文，則此告書云「崔氏之守臣」，不言「杼」。凡諸侯之大夫違，去國曰違，不論是奔或放。論語公冶長「崔子弑齊君，陳文子有馬十乘，棄而違之」，係自動去國，此則僅指出奔或被放逐言，故杜注云：「違，奔放也。」告於諸侯曰：「某氏之守臣某，杜注：「上某氏者，姓；下某，名。」

孔疏云：「若言崔氏之守臣杼也。」失守宗廟，敢告。」所有玉帛之使者則告，杜注：「玉帛之使謂聘。」孔疏云：「聘禮，執玉致命，執帛致享，故云『玉帛之使謂聘』也。下注云：『恩好不接，故亦不告。』又昭二十年，『曹公孫會自鄸出奔宋。』注云：『嘗有玉帛之使，來告，故書。』則杜意以爲奔者之身嘗有玉帛之使於彼國，已經相接，則告之。若奔者未嘗往聘，恩好不接，則不告。唯告奔者嘗聘之國，餘不告也。劉炫以爲玉帛之使謂國家有交好之國皆告，非指奔者之一身。」若以崔杼論，未見其使於魯，而亦來告，則劉炫之義較杜爲長。不然，則否。杜注：「恩好不接，故亦不告。」杜注所謂「恩好」，若指奔者私人之恩好，如上文孔疏所釋，則非傳旨。若指國家恩好，則與劉炫義不悖。

10·三 公如齊奔喪。何焯義門讀書記云：「德惠公之定其位，故奔喪。」古無諸侯奔諸侯喪之禮。

10·四 陳靈公與孔寧、儀行父飲酒於夏氏。周語中「民將築臺於夏氏」，韋注云：「夏氏，陳大夫夏徵舒家也。」詩陳風株林序云：「刺靈公也。淫乎夏姬，驅馳而往，朝夕不休息焉。」詩首章云：「胡爲乎株林？從夏南。匪適株林，從夏南。」毛傳云：「夏南，夏徵舒也。」則靈公之淫夏姬，不避徵舒。周語中云：「陳靈公與孔寧、儀行父南冠入夏氏。單子曰：『今陳侯不念胤續之常，棄其伉儷妃嬪，而帥其卿佐，以淫於夏氏，不亦嬻姓矣乎？棄袞冕而南冠以出，不亦簡彝乎？』」據此，則陳靈公南冠，蓋微行也。禮記禮運云：「諸侯非問病、弔喪而入諸臣之家，是謂君臣爲謔。」鄭注云：「陳靈公與孔寧、儀行父數如夏氏以取弒焉。」公謂行父曰：「徵舒似女。」對曰：「亦似君。」徵舒病之。杜注：「靈公卽位於今十五年，徵舒已爲卿，年大，無嫌是公子。蓋以夏姬淫放，故謂其子爲似以爲戲。」陳世家云：「十五年，靈公與二子飲於夏氏。公戲二子曰：『徵舒似汝。』二子曰：『亦似公。』徵舒怒。」司馬遷以靈公之言屬之二子，與傳專屬之行父一人者小異。公出，自其廄射而殺之。陳世家集解引左傳以「公出自其廄」爲句，不可從。武億經讀考異謂案之情事，此讀較密，亦誤。陳世家云：「靈公罷酒出，徵舒伏弩廄門射殺靈公。」則司馬遷以「公出」爲句，「自其廄射而殺之」爲句，是也。今從之。年表云：「夏徵舒以其母辱，殺靈公。」二子奔楚。陳世家云：「孔寧、儀行父皆奔楚，靈公太子午奔晉。徵舒自立爲陳侯。」

一〇·五　滕人恃晉而不事宋，六月，宋師伐滕。襄二十七年宋之盟，宋人請滕，叔孫豹謂滕爲宋之私；定元年成周之城，宋仲幾謂滕爲宋役，則滕之被逼於宋，其始終如此。

一〇·六　鄭及楚平，杜注：「前年（去年）敗楚師，恐楚深怨，故與之平。」諸侯之師伐鄭，經首書「晉人」，自以晉國爲主。取成而還。

一〇·七　秋，劉康公來報聘。杜注：「報孟獻子之聘。即王季子也。」劉即隱十一年傳「王取鄔、劉、蔿、邘之田于鄭」之劉，春秋之前爲鄭邑，至桓王時爲周邑。定王時，劉康公始食采於劉。在今河南省偃師縣南。襄十四年有劉定公。國語周語中有劉康公聘魯，歸而與周定王論魯諸大夫事。

一〇·八　師伐邾，取繹。杜注：「爲子家如齊傳」

一〇·九　季文子初聘于齊。杜注：「齊侯初即位。」

一〇·一〇　冬，子家如齊，伐邾故也。杜注：「魯侵小，恐爲齊所討，故往謝。」

一〇·一一　國武子來報聘。報聘，蓋報季文子之聘。

一〇・一二 **楚子伐鄭。** 蓋以鄭與晉成之故。 **晉士會救鄭，逐楚師于潁北。** 潁水出河南省登封縣西境潁谷，東南流，經禹縣、臨潁、西華而南與沙河合而東流。據顧棟高大事表八上，此潁北當在禹縣之北。成十六年諸侯師于潁上，襄十年晉師與楚夾潁而軍，亦禹縣之潁也。沈欽韓地名補注則謂此潁北在新鄭縣，恐不確。 **諸侯之師戍鄭。**

一〇・一三 **鄭子家卒。** **鄭人討幽公之亂，斲子家之棺，** 子家弒鄭靈公事見四年經傳。 斲棺，謂剖棺見尸也。三國魏志王淩傳云：「朝議咸以爲春秋之義，齊崔杼、鄭歸生皆加追戮，陳尸斲棺，載在方策，淩、愚罪宜如舊典。」乃發淩、愚冢，剖棺暴尸於所近市三日。」晉書劉牢之傳云：「牢之喪歸丹徒，桓玄令斲棺斬首，暴尸于市。」魏書韓子熙傳謂元義害清河王懌，子熙等上書，謂「成禍之末，良由劉騰。騰合斲棺斬骸，沈其五族」，遂剖騰棺。則魏、晉、六朝皆以斲棺爲剖棺。杜注謂「斲薄其棺，不使從卿禮」，乃臆說也。說本沈欽韓補注及劉文淇舊注疏證。 **而逐其族。** **改葬幽公，謚之曰「靈」。** 初謚爲「幽」，改謚爲「靈」。

十有一年，癸亥，公元前五九八年。周定王九年、晉景二年、齊頃公無野元年、衞穆二年、蔡文十四年、鄭襄七年、曹文二十年、陳成公午元年、杞桓三十九年、宋文十三年、秦桓七年、楚莊十六年、許昭二十四年。

經

一一・一 **十有一年春王正月。** 正月初二癸丑冬至，建子。

一一·二　**夏，楚子、陳侯、鄭伯盟于辰陵。** 辰陵，穀梁作「夷陵」。臧壽恭古義謂「辰之作夷，蓋隸變致誤」，趙坦異文箋則謂「方音之轉」，猶僖元年經之「夷儀」，公羊作「陳儀」。此陳侯若謂是陳成公，則此時在晉，尚未爲侯，且不得離晉而與楚盟。疑是夏徵舒，則楚夏與之盟，而冬又討殺之，故讀本云「知討亂非其本志」。杜注：「辰陵，陳地。」據清一統志，在今河南省淮陽縣西六十里。洪亮吉詁謂當依穀梁作「夷陵」，即今湖北省宜昌縣，誤。

一一·三　**公孫歸父會齊人伐莒。** 無傳。

一一·四　**秋，晉侯會狄于欑函。** 杜注：「晉侯往會之，故以狄爲會主。欑函，狄地。」孔疏云：「晉侯會狄，是狄在彼地，晉往會之。故傳說晉大夫欲召狄，郤成子勸其勤，是晉侯自往，故以狄爲會主。成十五年『會吳于鍾離』，襄十年『會吳于柤』，其意與此同。」杜以晉侯往會狄，故以欑函爲狄地，今不詳所在。沈欽韓地名補注謂欑函即隱十一年傳之「欑茅」，欑茅在今河南省修武縣，恐非晉、狄相會處。

一一·五　**冬十月，楚人殺陳夏徵舒。** 年表云：「楚莊王十六年，率諸侯誅陳夏徵舒，立陳靈公子午。」

一一·六　**丁亥，** 丁亥，十一日。**楚子入陳。** 傳云：「遂入陳，殺夏徵舒。」揆之事理，必先入陳，然後得殺夏徵舒。然經先書「殺陳徵舒」後書「入陳」者，杜注云：「楚子先殺徵舒，而欲縣陳；後得申叔時諫，乃復封陳，不有其地，故書『入』在『殺夏徵舒』之後。」

一一·七　**納公孫寧、儀行父于陳。** 經書「納」者共六次，莊九年「納子糾」、文十四年「納捷菑」，爭國者也；僖二十五年「納頓子」、昭十二年「納北燕伯」，失國者也；哀二年「納衞世子蒯聵」，則又與其子相爭者也；納大夫，惟有此耳。

傳

一一·一 十一年春，楚子伐鄭，及櫟。櫟即今之禹縣，餘見桓十五年經注。子良曰：子良即公子去疾，見宣四年傳。「晉、楚不務德而兵爭，與其來者可也。晉、楚無信，我焉得有信？」乃從楚。夏，楚盟于辰陵，陳、鄭服也。

一一·二 楚左尹子重侵宋，子重即成二年經之公子嬰齊，楚莊王之弟，又稱令尹子重，又稱將軍子重，此時則爲左尹。王待諸郔。杜注以郔爲楚地，彙纂因云「當在河南省項城縣境」，則與三年及十二年之郔爲兩地。武億羣經義證則云：「子重侵宋，楚莊留爲聲援，必不遽返歸於楚境。疑郔地幅員廣被他邑，自鄭國城之北以逮釐延皆爲其地，故有『延』名。下文十二年傳『楚子北師次于郔』，注『郔，鄭北地』是也。蓋『待諸郔』者，郔之南境；『次于郔』者，郔之北境。一地而前後兩見，傳特以『楚子北』標之。杜氏不達其旨，注爲楚地，非也。」武說雖辯，而實非，且無證據。彙纂謂郔在項城縣境，以地望考之，頗合情理，然亦無的證。高士奇地名考略謂「是時楚子與陳、鄭盟于辰陵，當是近陳地」。總之，此郔當離陳、宋、鄭不遠。

一一·三 令尹蔿艾獵城沂，杜注以蔿艾獵即孫叔敖，亦即十二年傳之蔿敖；而孔疏引世本則謂「艾獵爲叔敖之兄」。兩說不同。後人主蔿艾獵、孫叔敖爲一人者，謂此年云「令尹蔿艾獵」，明年云「令尹孫叔敖」，比年之間，楚令尹不聞兩人。主爲兩人者，謂蔿敖字孫叔，敖既稱叔，宜有兄矣。兩說不詳孰是。可參閻若璩四書釋地、盧文弨鍾山札記與毛奇齡經問九及四書索解、孫星衍問字堂集孫叔敖名字考。**沂，楚邑。**彙纂謂當在今河南省正陽縣境，沈欽韓補注則以三國之流沂當之，則在今湖北省鄂城縣東二十里。兩地相距甚遠，以定五年傳「大敗夫槩王于沂」推之，前說較妥。**使封人慮事，**左傳隱元年有潁谷封人，桓十一年有祭封人，文十四年有蕭封人，昭十九年有郹陽封人，二十一年有呂封人，論語八佾篇有儀封人，諸封人皆是典守封疆之官。此封人不與彼同。周禮地官有封人：「凡封國，設其社稷之壝，封其四疆；造都邑之封域者亦如之。」則是並掌建築城郭。杜注：「封人，其時主築城者。」僅得其大意。慮事，顧炎武補正云：「慮，籌度也。」此謂籌度工事，估計工程工需之類。**以授司徒。**封人爲司徒之屬官，故其慮事畢，上於所司也。杜注：「司徒掌役。」**量功命日，**呂祖謙春秋左氏傳說云：「量功是量用功之多寡，命日是度其日子多少。」**分財用，**財通材。用，用具也。築城必分爲若干工程段，計其材料工具之多少而分與之，便于事也。**平板榦，**板，築城築牆時所用之夾牆板；榦，亦作幹，築牆時樹立兩頭之支柱。平板榦者，平其高低使所築城齊也。**稱畚築，**畚音本，盛土之器，詳二年傳注。築，築土之杵。稱畚築者，使運土之功與築土之功相稱，不使少于築土之功，因而停工待料，亦不使浮于築土之功也。**程土物，**土謂築城土，計城之丈尺而稽其土數，猶今計算土方。物謂材木，若干土方須用多少材木。程土物者，土方與材木皆先計算之，作爲程限，使之預備不致停工待料。**議遠邇，**杜注：「均勞逸。」呂祖謙左氏傳說：「謂就近取水取土，如百步與五十步，去百步内取已爭一半。」兩說均可通。**略基趾，**略即隱五年傳「吾將略地焉」之略，案行邊境曰略。城郭基趾亦是城郊之界，故亦用略字。呂祖謙左氏傳說云：「先巡略基趾，闊狹、高下、方圜曲直都安排之。」**具餱糧，**餱音侯，乾食也。詩大雅公劉：「乃裹餱糧。」呂祖謙左氏傳說云：「謂先辦其役夫之糧食。」**度有司。**築城之工程大，有各方面之主持人，謂之有司。審度人才，使其能力與其職務相稱，謂之度有司。事三旬而成，杜注：「十日爲旬。」不愆于素。杜注：「不過素所慮之期也。」傳言叔敖之能使民。哀元年傳「夫屯晝夜九日，如子西之素」，杜注亦云「子西本計爲壘當用九日而成」，則素謂原來計劃。廣雅釋詁：「素，本也。」

一一・四　晉郤成子求成于衆狄。郤成子即冀缺，亦即郤缺，已見文十三年傳。顧棟高大事表三十九云：「衆狄係白狄之種類，若鮮虞、肥、鼓之屬是也。」衆狄疾赤狄之役，衆狄苦爲赤狄所役使也。杜注：「赤狄潞氏最强，故服役衆狄。」遂服于晉。秋，會于欑函，衆狄服也。顧棟高大事表云：「晉侯親在會，蓋欲携赤狄之黨，以絶其援。至十五年遂滅潞氏。」

是行也，諸大夫欲召狄。郤成子曰：「吾聞之，非德，莫如勤，劉文淇舊注疏證云：「釋詁：『勤，勞也。』言無德以服遠，則當勞以服遠。」非勤，何以求人？言己不勤勞，則無以求人服我也。能勤，有繼。杜注：「勤則功繼之。」其從之也。從，就也。顧炎武補正云：「言往而會狄。」詩曰：『文王既勤止。』句見詩周頌賚。文王猶勤，況寡德乎？」寡德，寡德之人也。

一一・五　冬，楚子爲陳夏氏亂故，伐陳。杜注：「十年，夏徵舒弒君。」今年夏楚莊猶以夏徵舒爲陳侯而與之盟，則此冬討徵舒，非僅因其殺君而已。或者夏徵舒殺靈公而自立，陳國必有不服者，自易生亂，楚亦因而討伐之。謂陳人「無動！動謂驚懼也。昭十八年傳：「將有大祥，民震動。」震動猶震驚也。陳世家作「謂陳曰：『無驚！』」以「驚」解「動」，是其證矣。孟子盡心下述武王伐殷云：「王曰：『無畏！寧爾也，非敵百姓也。』」文意與此相似。說詳王引之述聞。將討於少西氏」。少西氏意卽夏徵舒。徵舒之祖字子夏，名少西，故以「少西氏」爲言。陳世家云：「楚莊王爲夏徵舒殺靈公，率諸侯伐陳。謂陳曰：『無驚！吾誅徵舒而已。』」「誅徵舒」與此「討少西氏」意同。遂入陳，殺夏徵舒，轘諸栗門。轘見桓十八年傳注。栗門，陳城門。因縣陳。杜注：「滅陳以爲楚縣。」據下文「諸侯縣公皆慶寡人」之語，則楚前此已立縣矣。楚世家云：「十六年，伐陳，殺夏徵舒。徵舒弒其君，故誅之也。已破陳，卽縣之。」淮南子人間訓云：「陳夏徵舒弒其君，楚莊王伐之。陳人聽令。莊王以討有罪，遣卒戍陳。」「遣卒戍陳」卽亦滅而有之之意。陳侯在晉。陳侯此時在晉也。陳侯卽靈公太子午，陳成公。其奔晉事不見于經、傳。陳世家繫於徵舒殺靈公，孔寧、儀行父皆奔楚之下，蓋亦十年夏之事。襄二十五年傳鄭子產之言曰：「夏氏之亂，成公播蕩，又我之自入。」則成公入國嘗因鄭。

申叔時使於齊，陳世家集解引賈逵曰：「叔時，楚大夫。」反，復命而退。王使讓之，曰：「夏徵舒爲不道，弒其君，寡人以諸侯討而戮之，孔疏：「經無『諸侯』，而云『以諸侯討之』者，時有楚之屬國從行也。十二年邲之戰，經不書『唐』，而傳云『唐侯爲左拒』；昭十七年長岸之戰，經不書『隨』，而傳言『使隨人守舟』，明此時亦有諸侯，但爲楚私屬，不以告耳。」陳世家云：「率諸侯伐陳。」諸侯、縣公皆慶寡人，杜注：「楚縣大夫皆僭稱『公』。」王引之述聞云：「縣公猶言縣尹也，與公侯之公不同。如謂楚僭稱王，其臣僭稱公，則楚官之貴者無如令尹、司馬，何以令尹、司馬不稱公，而稱公者反在縣大夫乎？襄二十五年傳『齊棠公之妻，東郭偃之姊也』，杜注曰：『棠公，齊棠邑大夫。』齊之縣大夫亦稱公，則公爲縣大夫之通稱，非僭擬於公侯也。」王說是也。女獨不慶寡人，何故？」楚世家、陳世家、淮南子人間訓皆載此事。對曰：「猶可辭乎？」辭見僖四年傳注。王曰：「可哉！」曰：「夏徵舒弒其君，其罪大矣；討而戮之，君之義也。抑人亦有言曰：抑，轉折連詞，表輕度反轉，今語可譯爲「不過」。『牽牛以蹊人之田，蹊音溪，徑也。此作動詞用，謂牽牛從人田中走過以爲捷徑也。而奪之牛。』金澤文庫本作「而田主奪之牛」，多「田主」兩字。陳世家作「鄙語有之：『牽牛徑人田，田主奪之牛。』」楚世家文略同，作「田主取其牛」。淮南子人間訓且作「牽牛蹊人之田，田主殺其人而奪之牛」。除「殺其人」爲淮南子所增者外，俱云「田主奪之牛」，似傳文當有「田主」兩字。其實未必然。左氏文簡潔，「田主」不言可知，本不必有。奪之牛，奪其牛也。牽牛以蹊者，信有罪矣；而奪之牛，罰已重矣。已，太也。諸侯之從也，金澤文庫本作「從楚也」，「楚」字蓋抄者以意補之。曰討有罪也。今縣陳，貪其富也。以討召諸侯，而以貪歸之，歸，猶終也。無乃不可乎？」楚世家、陳世家及淮南子人間訓文意大略相同。王曰：「善哉！吾未之聞也。劉文淇疏證云：「未之聞，謂楚臣無以此說進者。」反之，可乎？」對曰：「吾儕小人所謂『取諸其懷而與之』也。」杜注：「叔時謙言小人意淺，謂譬如取人物於其懷而還之，爲愈於不還。」吾儕小人，當時習慣語，又見襄十七年及三十年傳。昭元年傳云「吾儕偷食」，二十四年傳云「吾儕何知焉」，亦「吾儕」連用。「吾儕」猶今言「我們這一班」，不僅表多數，說詳文言語法。乃復封陳。陳世家云：「莊王曰：『善。』乃迎陳靈公太子午於晉而立之，復君陳如故，是爲成公。」楚世家云：「莊王乃復國陳後。」淮南子人間訓云：「王曰：『善。』乃罷陳之戍，立陳之後。諸侯聞之，皆朝於楚。」鄉取一人焉以歸，謂之夏州。劉文淇疏證云：「楚蓋俘陳之民，鄉各一人，於楚地別立夏州，以旌武功也。」江永考實云：「夏州蓋在北岸江、漢合流之間，其後漢水遂有夏名。」據清一統志，夏州蓋在今湖北省武漢市之漢陽北。故書曰「楚子入陳。納公孫寧、儀行父于陳」，書有禮也。陳世家亦載此事，末云：「孔子讀史記至楚復陳，曰：『賢哉楚莊王！輕千乘之國而重一言。』」孔子家語好生篇亦云：「孔子讀史至楚復陳，喟然嘆曰：『賢哉楚王！輕千乘之國，而重一言之信。匪申叔之信，不能達其義；匪莊王之賢，不能受其訓。』」楚莊不縣陳而復之，與孔丘「興滅國，繼絕世」（論語堯曰篇）之義合，故左氏傳謂之「有禮」。然納孔寧、儀行父，是否「有禮」，後人有疑之者，有辨之者，無當于考史，故不錄。

二·六　厲之役，鄭伯逃歸，杜注云：「蓋在六年。」「厲之役」不見經、傳，杜注以六年「楚人伐鄭，取成而還」當之，詳六年傳注。自是楚未得志焉。六年鄭雖與楚成，七年又及晉平，八年鄭伯又與晉及諸侯會于扈，九年鄭伯且敗楚師，十年鄭又雖及楚平，諸侯之師伐鄭，復取成而還；十一年又從楚。數年之間，晉、楚交兵，鄭皆不得已而與來者。鄭既受盟于辰陵，本年夏事。又徼事于晉。徼音驍，又音邀，求也。此與下年傳「十二年春，楚子圍鄭」相銜接，此敘其原因。

十有二年，甲子，公元前五九七年。周定王十年、晉景三年、齊頃二年、衞穆三年、蔡文十五年、鄭襄八年、曹文二十一年、陳成二年、杞桓四十年、宋文十四年、秦桓八年、楚莊十七年、許昭二十五年。

經

三·一　十有二年春，正月十三日戊午冬至，建子。葬陳靈公。無傳。杜注：「賊討國復，二十一月然後得葬。」

一二・二 楚子圍鄭。傳云「克之，入自皇門，至于逵路」，實爲入而經用「圍」者，蓋以楚雖入而復退也。前人於此議論紛歧，皆未必有當。

一二・三 夏六月乙卯，六月無乙卯。晉荀林父帥師及楚子戰于邲，杜注：「邲，鄭地。」呂氏春秋至忠篇云：「荆興師，戰於兩棠，大勝晉。」賈子先醒篇云：「莊王圍宋，伐鄭，乃與晉人戰於兩棠，大克晉人。」孫人和左宧漫録兩棠考云：「兩棠卽邲地也。」邲本爲水名，卽汴河，汴河亦曰汴渠。其上游爲滎瀆，又曰南濟，首受黄河，在滎陽曰蒗蕩渠。兩棠卽蒗蕩，文異音同。又曰石門渠，顧祖禹方輿紀要四十七河陰縣（河陰縣在鄭州北五十里，今已廢）云：「石門渠，在縣西二十里，滎瀆受河之處，晉、楚之戰，楚軍于邲，卽是水也。」王夫之稗疏亦云：「傳稱楚子次于管，在今鄭州。晉師在敖、鄗之間，渡河而南，正在河陰，濱河之南岸，蓋鄭之北境也。」然則晉、楚交戰處必在今鄭州市之西北，滎陽縣之東北。自元和郡縣志以鄭州東六里之邲城當之，後世多沿其説，考之傳文，實不合。楊守敬春秋列國圖亦列邲於滎陽東北，可云有見。

晉師敗績。

一二・四 秋七月。

一二・五 冬十有二月戊寅，戊寅，八日。楚子滅蕭。蕭已見莊十二年傳注。此年楚子滅蕭，襄十年傳楚圍蕭，定十一年「宋公之弟辰入于蕭以叛」，則此後復爲宋邑。至戰國時仍爲楚邑。

一二・六 晉人、宋人、衞人、曹人同盟于清丘。彙纂曰：「此大夫同盟之始。」杜注：「清丘，衞地。」當在今河南省濮陽縣東南七十里，卽鄄城縣西南四十里。

一一·七　宋師伐陳。衛人救陳。

傳

一二·一　十二年春，楚子圍鄭，此當緊接上年傳文「鄭既受盟于辰陵，又徼事于晉」連讀。旬有七日。鄭人卜行成，欲向楚求和，問之于龜卜。不吉；卜臨于大宮，臨，哭也。大宮，太祖之廟也。諸侯之太祖廟多曰大宮，襄二十五年傳「盟國人於大宮」，齊太祖廟也。餘詳隱十一年傳注。且巷出車，御覽四八〇引賈逵注云：「巷出車，陳於街巷，示雖困不降，必欲戰也。」惠棟補注云：「下鄭復修城，則賈說良是。」杜注謂「出車於巷，示將見遷，不得安居」。不用賈說，恐不確。吉。國人大臨，大臨者，城中人皆哭。守陴者皆哭。陴，城上女牆也。亦曰陴倪，墨子備城門云「俾倪廣三尺，高二尺五寸」，是其制也。守城者必登城而守陴，故守陴卽守城也。備城門又云：「守法，五十步，丈夫十人，丁女二十人，老小十人。計之，五十步四十人。」此亦當近之。守城將士不得哭于大宮，故哭于陴上。楚子退師。鄭人修城。進復圍之，三月，克之。三月可有二義，一爲季春三月，一爲歷時三閱月。此爲第二義。孔疏云：「知非季春克之者，下云『六月晉師救鄭，及河，聞鄭既及楚平，桓子欲還』，是將欲至河，鄭猶未敗，至河聞敗，猶欲還師；在國聞敗，師必不發。若是季春克之，不應比至六月而晉人不聞，以此知三月非季春也。」又云：「經、傳皆言『春圍鄭』，不知圍以何月爲始。圍經旬有七日，爲之退師，聞其修城，乃復更進，進圍三月方始克之，則從初以至於克，凡經一百二十許日，蓋以三月始圍至六月乃克也。」入自皇門，皇門，楚世家集解及御覽四八〇並引賈逵云「鄭城門」，公羊何休解詁則云「鄭郭門」。至于逵路。逵路見隱十一年傳「大逵」注。鄭伯肉袒牽羊以逆，楚世家集解引賈逵云：「肉袒牽羊，示服爲臣隸也。」李貽德輯述云：「肉袒牽羊示臣服者，古禮有之。史記宋微子世家『周武王克殷，微子乃持其祭器造於軍門，肉袒面縛，左牽羊，右把茅』是也。」賈子先醒篇云：「莊王圍宋伐鄭，鄭伯肉袒牽羊，奉簪而獻國。」章炳麟讀謂簪當讀爲識，識卽志字，鄭國之國書與地圖之類也。曰：「孤不天，金澤文庫本作「孤實不天」。杜注：「不爲天所佑。」不爲天佑與下句不能事君難聯接。不天者，不承奉天之旨意也。杜注不確。不能事君，使君懷怒以及敝邑，孤之罪也，敢不唯命是聽？其俘諸江南，以實海濱，意謂俘虜鄭伯置之江南之邊徼，亦猶越王句踐欲遷吳王夫差於甬東。江南卽海濱，高士奇地名考略云：「楚初都丹陽，在枝江，居江南；後徙郢都，在荆州府，在江北；別都鄂，卽武昌府，亦在江之南。自荆州以南，皆楚所謂江南也。楚遷權于那處，遷六小國于荆山，在江北；遷羅于枝江，遷許于華容，在江南，鄭欲自比于此屬耳。春秋時未知有南海，屈完對齊桓公云『寡人處南海』，不過漫爲侈大之辭，實非楚境。鄭請實海濱，亦自貶損以悅之也。」此言甚是。閻若璩潛丘劄記卷三分「俘諸江南」與「以實海濱」爲兩層，實不合傳意。鄭世家作「遷之江南」，楚世家作「賓之南海」，各取一句，足見司馬遷亦以兩句爲一義。亦唯命；其翦以賜諸侯，周禮秋官敍官鄭注云：「翦，斷滅之言也。」成二年傳云：「吾姑翦滅此而朝食。」昭三十年傳云：「使翦喪吳國而封大異姓乎？」翦滅、翦喪同義詞連用，足以證明鄭義。使臣妾之，謂滅亡鄭國，而分以賜諸侯，鄭國之人，其男爲臣，其女爲妾。臣妾義爲奴婢，見僖十七年傳注。亦唯命。若惠顧前好，杜注：「楚、鄭世有盟誓之好。」徼福於厲、宣、桓、武，徼福，求福也。厲、宣，周厲王、周宣王也。鄭桓公爲厲王之子，鄭之所自出；然鄭桓公之被封在宣王時，則宣王爲鄭之所自封。桓、武爲鄭桓公、鄭武公。鄭桓公爲鄭之始封祖，武公則桓公之子。句意謂楚若求鄭祖先之福佑。**不泯其社稷，**杜注：「泯猶滅也。」楚世家作「不絶其社稷」，義同。成二年傳亦云「不泯其社稷」。**使改事君，**改，更也，意猶重新事君。**夷於九縣，**禮記曲禮上云：「在醜夷不争。」鄭注云：「夷猶儕也。」孔疏云：「醜夷皆等類之名。」史記留侯世家云：「今諸將皆陛下故等夷。」等夷同義詞連用，則夷亦等義。夷於九縣，即等於九縣。九縣者，楚滅諸小國，皆以爲縣，莊十八年傳云「楚武王克權，使鬬緡尹之」，哀十七年傳云「實縣申、息」，上年傳云「因縣陳」，皆可證。鄭國土地較大，非僅楚之一縣，故云九縣。九可以用作虚數，汪中述學釋三九已詳言之，則九縣猶言諸縣耳。經典釋文、孔疏以及于鬯校書俱誤解九爲實數，舉某國某縣以實之，非傳旨。鄭世家作「若君王不忘厲、宣王，桓、武公，哀不忍絶其社稷，錫不毛之地，使復得改事君王」云云，「錫不毛之地」是遷之也，恐非鄭伯本意。上文言「不泯其社稷」，則願服楚爲屬國，如陳、蔡、唐、隨、許之類。説參阮芝生杜注拾遺。**君之惠也，孤之願也，非所敢望也。敢布腹心，**尚書盤庚下云：「今予其敷心腹腎腸，歷告爾百姓于朕志。」此之「布腹心」卽盤庚之「敷心腹」，可見此種慣語由來已久。**君實圖之。」左右曰：「不可許也，得國無赦。」**左右，公羊以爲「將軍子重」，見下引文。鄭世家云：「楚羣臣曰：『自郢至此，士大夫已久勞矣，今得國舍之，何如？』」**王曰：「其君能下人，必能信用其民矣，庸可幾乎！」**僖十五年傳云「晉其庸可冀乎」，與此「庸可幾乎」義同，此言其後望無窮，互詳僖十五年傳注。楚世家改作「庸可絶乎」，恐非傳意。鄭世家云：「莊王曰：『所爲伐，伐不服也。今已服，尚何求乎？』」**退三十里而許之平。**楚世家云：「莊王自手旗，左右麾軍，引兵去三十里，而舍，遂許之平。」**潘尪入盟，**潘尪據下傳，字師叔，萬氏氏族略疑爲文元年潘崇之子，或然。子良出質。出質於楚。公羊傳敍此事與左傳有同有異，司馬遷敍此事則於左傳與公羊摻雜用之。

一二・二 夏六月，晉師救鄭。荀林父將中軍，八年傳云「郤缺爲政」，此時郤缺蓋已死，故荀林父代之。先縠佐之；先縠，晉世家謂「先軫子也」。齊召南考證云：「以傳考之，軫子先且居；且居子先克，文九年爲箕鄭等所殺，則此先縠當是軫之孫或曾孫，史記未可信也。」齊說有理。先縠清丘之盟又稱原縠者，以先軫等食采於原也。其本人則食采於彘，故又謂之彘子。彘在今山西省霍縣東北。文十二年河曲之戰，荀林父佐中軍，此則代荀林父。士會將上軍，杜注：「河曲之役，郤缺將上軍，宣八年代趙盾爲政，將中軍，士會代將上軍。」郤克佐之；郤克，郤缺之子郤獻子也。文十二年臾駢佐上軍，此則代臾駢。趙朔將下軍，文十二年欒盾將下軍，此代欒盾。欒書佐之。張應昌春秋屬辭辨例編云：「桓二年傳『晉封桓叔于曲沃，靖侯之孫欒賓傅之』，賓子成共叔，見桓三年傳；成子枝，見僖二十七年傳；枝子盾，見文十二年傳；書，盾之子武子也。」文十二年胥臣佐下軍，宣八年郤缺廢胥臣而使趙朔代之，此又代趙朔。趙括、趙嬰齊爲中軍大夫，趙括、趙嬰齊即僖二十四年之屏括、樓嬰，趙盾之異母弟。此人名嬰齊，古人之名單、複並行，故成四年、八年亦謂之趙嬰，僖二十四年亦謂之樓嬰，猶申公巫臣亦曰屈巫、樂祁犂亦曰樂祁也。鞏朔、韓穿爲上軍大夫，鞏朔已見文十七年傳並注。韓穿字與謚已無考。荀首、趙同爲下軍大夫。據趙世家索隱引世本，晉大夫逝遨生荀林父，又生荀首，故杜注謂「荀首，林父弟」。趙同即僖二十四年傳之原同，趙括、趙嬰齊之同母兄。韓厥爲司馬。韓世家索隱引世本云：「韓萬是曲沃桓叔之子。萬生賕伯，賕伯生定伯簡，簡生輿，輿生獻子厥。」則韓厥爲萬之玄孫。孔疏引世本脱去定伯簡一代，因謂「厥是萬之曾孫」，誤。司馬遷作韓世家不採世本出自桓叔之說，未審其故。晉語八叙韓宣子拜叔向之言「自桓叔以下嘉吾子之賜」，足證世本可信。僖公十五年叙韓簡之言行，亦足證孔疏所引世本脱去韓簡一代。成二年傳又言「韓厥夢子輿謂己」，更足證成世本之説。及河，聞鄭既及楚平，桓子欲還，桓子，中軍帥荀林父之謚。曰：「無及於鄭而勦民，無及於鄭者，鄭已降楚，救之已晚。勦音剿，説文云：「勞也。」焉用之？楚歸而動，意謂俟楚兵返後再動兵伐鄭，責其降楚。不後。」不後者，不爲不及也。隨武子曰：隨武子，士會也，詳僖二十八年傳注。「善。會聞用師，觀釁而動。釁卽桓八年傳「讎有釁，不可失也」之釁。杜彼注云「釁，瑕隙也」是也；而此注云「釁，罪也」，分爲兩義，失之。德、刑、政、事、典、禮不易，不易謂合乎其道。易有改變之義，亦有違反之義，哀元年傳「吾先大夫子常易之」是也。不可敵也，不爲是征。猶言不征是。楚君討鄭，「君」，阮刻本作「軍」，今從金澤文庫本及校勘記改正。怒其貳而哀其卑，卑謂鄭襄公卑辭以求服。年表云「鄭襄公八年，楚圍我，我卑辭以解」，卽用此義。叛而伐之，服而舍之，舍之，文選辨亡論李善注引作「赦之」，蓋用其意。德、刑成矣。伐叛，刑也；柔服，對已服者用柔德安撫之。德也，二者立矣。昔歲入陳，指殺夏徵舒之役。今兹入鄭，左傳凡十一言「今兹」，皆「今年」之義。呂氏春秋任地篇「今兹美禾，來兹美麥」，高注云：「兹，年也。」兹蓋借爲載，故有年義。民不罷勞，罷同疲。君無怨讟，讟音獨，説文云：「痛怨也。」怨讟，同義詞連用。君無怨讟者，謂民對君無怨讟也，上句用「民」字，故下句改用「君」字。説文引作「民無怨讟」，蓋用其意。昭元年傳云「民無謗讟」，八年傳云「怨讟動於民」，皆與此句義同，尤可證。政有經矣。杜注：「經，常也。」此言爲政有常法。荆尸而舉，荆尸見莊四年傳注。商、農、工、賈不敗其業，此商、賈分言。周禮太宰「六曰商賈阜通貨賄」，鄭注云：「行曰商，處曰賈。」餘參孫詒讓正義。而卒乘輯睦，步兵曰卒，車兵曰乘。輯，和也。事不奸矣。杜注：「奸，犯也。」意謂各不相犯。蔿敖爲宰，杜注：「宰，令尹。蔿敖，孫叔敖。」孔疏云：「周禮六卿，大宰爲長，遂以宰爲上卿之號。楚臣令尹爲長，故從他國論之，謂令尹爲宰。」楚國仍別有大宰之官，但位任卑耳，傳稱『大宰伯州犂』是也。擇楚國之令典；令，善也；典，法也，禮也。令典謂禮法政令之善者。軍行，右轅，左追蓐，此有兩義。杜注孔疏謂左右爲步卒在兵車之左右者。蓋兵車一乘有兵卒七十二人，戰時當分左右，各三十六人。而在右之三十六人，則挾轅而行（楚陣以轅爲主，挾轅實卽挾車），左右又各十八人，以備不虞；在左之三十六人則令追求草蓐以爲歇宿之準備，此一義也。兵車步卒七十二人，戰國時法。據春秋時法，一車十人而已。竹添光鴻會箋本傅遜之說而引申之云：「左右與下『前茅』『中權』『後勁』對言，則亦謂左右軍，非車左右。蓋楚分其軍爲五部，而各有所任也。轅謂將車之轅，右轅，言右軍從將軍之轅所向而進退，下文云『令尹南轅及旆』，又云『改乘轅而北之』是也。」後說較合理。杜解「追蓐」爲「追求草蓐爲宿備」，吳闓生文史甄微云「『追蓐』疑當時之方言，說者望文釋之，未是」，雖未見確證，說亦有理。前茅慮無，茅，疑卽公羊傳「鄭伯肉袒，左執茅旌」之茅旌，禮記雜記下云「御柩以茅」，亦謂以茅旌爲前導也。楚軍之前軍或以茅旌爲標幟，故云「前茅」。茅旌者，或云以茅爲之。王引之公羊述聞云：「茅爲草名，旌則旗章之屬，二者絕不相涉，何得稱茅以旌乎？茅當讀爲旄。蓋旌之飾，或以羽，或以旄。旄，牛尾。其用旄者，則謂之旄旌矣。」王說是也。古之軍制，前軍探道，以旌爲標幟告後軍，禮記曲禮上所謂「前有水，則載青旌；前有塵埃，則載鳴鳶；前有車騎，則載飛鴻；前有士師，則載虎皮；前有摯獸，則載貔貅」，鄭注云「載謂舉於旌首以警衆」者是也。通典引李衛公兵法云：「移營，先使候騎前行，持五色旍，見溝坑揭黄，衢路揭白，水澗揭黑，林木揭青，野火揭赤。以鼓五數應之，令相聞。」蓋亦師古人載旌之意。說參沈欽韓補注及劉文淇疏證。　慮無者，思慮所未必有之事，蓋備豫不虞之意。**中權，**杜注曰：「中軍制謀。」章炳麟讀謂「轅、追、蓐、茅慮無、權、勁，皆旌旗之表識」，不確。**後勁。**杜注：「後以精兵爲殿。」**百官象物而動，**章炳麟讀謂此「百官統指在軍中有職者」，按之上下文俱言軍事，有理。　物讀爲周禮大司馬「羣吏以旗物」、春官司常「大夫士建物，師都建旗」之「物」，本是旌旗之一種，此則借爲旌旗之通稱。杜注：「物猶類也。」孔疏云：「類謂旌旗畫物類也。百官尊卑不同，所建各有其物，象其所建之物而行動。」可謂得其意而失其訓。據此，則謂百官各建其旌旗，其旌旗表明其地位與職司，並依此而行動。**軍政不戒而備，**杜注：「戒，敕令。」孔疏云：「軍之政教不待約敕號令而自備辦。」**能用典矣。**葉適曰：「凡兵車宜備者皆備，軍行宜有者皆有，而士會以爲能用典，蓋非倉猝求索，臨事砌合也。」詳習學記言。**其君之舉也，**舉謂選拔人材。**內姓選於親，**內姓謂同姓，親謂支系之親近者。**外姓選於舊。**舊謂世臣。**舉不失德，**孔疏云：「所舉不失有德。」**賞不失勞。**孔疏云：「所賞不失有勞。」**老有加惠，**邵瑛劉炫規杜持平云：「此謂年老者有加增恩惠，賈山所謂『九十者一子不事，八十者二算不事』，又禮所謂執醬、執爵、祝鯁、祝饐也。」**旅有施舍。**旅卽旅客，周禮地官遺人謂之羇旅。　王引之述聞云：「古人言施舍者有二義，一爲免繇役，地官小司徒『凡征役之施舍』，鄉師『辨其可任者，與其施舍者』，注曰『施舍謂應復免不給繇役』是也。一爲布德惠，蓋古聲舍、予相近，施舍之言賜予也。宣十二年左傳『旅有施舍』，謂有所賜予使不乏困也。若地官遺人『野鄙之委積以待羇旅』，委人『以甸聚待羇旅』是也。成十八年傳『施舍已責』、襄九年傳『魏絳請施舍，輸積聚以貸』、三十一年傳『施舍可愛』、昭十三年傳『施舍寬民』、又『施舍不倦』、又十九年傳『王施舍不倦』、二十五年傳『喜有施舍』、周語『縣無施舍』、又『聖人之施舍也議之』、又『布憲施舍於百姓』、晉語『施舍分寡』、楚語『明施舍以道之忠』，皆謂賜予之也。」左傳之施舍皆賜予義。君子小人，物有服章。君子小人以位言，謂各有一定之衣服色彩，杜注所謂「尊卑別」者是也。貴有常尊，貴者有一定可尊之制度儀節，亦不得互相僭越。賤有等威，此句有兩解。馬宗璉補注云：「如『僚臣僕，僕臣臺』之類。」昭七年傳云：「士臣皁，皁臣輿，輿臣隸，隸臣僚，僚臣僕，僕臣臺。」是雖所謂賤者，亦各有其臣屬，是所謂等威也。此一解也。竹添光鴻會箋云：「威、畏通，言賤者有等之可畏，而不苟犯尊也。」此又一解也。後説較勝。禮不逆矣。德立、刑行，政成、事時，典從、禮順，若之何敵之？見可而進，知難而退，軍之善政也。劉文淇疏證云：「此疑出古兵家言。」吴子料敵云：「凡此不如敵人，避之勿疑。所謂『見可而進，知難而退』也。」「見可」八字或引自左傳，或直接引自古兵書。兼弱攻昧，武之善經也。沈欽韓補注云：「周書武稱解：『攻弱而襲不正，武之經也。』」子姑整軍而經武乎！姑，姑且。整軍謂「知難而退」，經武謂「兼弱攻昧」。猶有弱而昧者，何必楚？仲虺有言曰，杜注：「仲虺，湯左相，薛之祖奚仲之後。」杜注本定元年傳文。『取亂侮亡』，兼弱也。襄十四年傳，中行獻子曰：「仲虺有言曰：『亡者侮之，亂者取之。』推亡固存，國之道也。」又三十年傳，子皮曰：「仲虺之志云：『亂者取之，亡者侮之。』推亡固存，國之利也。」俱引仲虺語，意同而文字略異。尚書序云：「湯歸自夏，至於大坰，仲虺作誥。」是古尚書本有仲虺之誥，左傳所引或從之出。尚書疏引鄭玄注云「仲虺之誥亡」，今尚書仲虺之誥乃僞古文。説詳閻若璩尚書古文疏證及王鳴盛尚書後辨。汋曰汋爲詩周頌篇名，今本作「酌」，釋文云：「字亦作『汋』。」春秋繁露作「礿」。『於鑠王師！於音烏，歎詞，此表贊美。此宜「於」字自爲一讀，以其四字爲句，故不點破。句法與周頌清廟「於穆清廟」、武「於皇武王」同。鑠，美也。猶言「嗚呼！美哉王師」。遵養時晦』，毛傳云：「遵，率；養，取；晦，昧也。」義本左傳。陳奐詩毛氏傳疏云：「遵訓率，率與逹同。」逹即今率領字，字亦作帥。時，是也。句謂率領軍隊以攻取此昏昧者。杜注孔疏解養爲養育，謂養是闇昧之君，待惡積而後取之，其義雖通，但補文成義，難從。耆昧也。陳奐傳疏又云：「耆昧即攻昧。」武曰：武，周頌篇名。『無競惟烈。』詩周頌烈文「無競維人」，毛傳云：「競，彊也。」毛傳云：「烈，業也。」鄭箋云：「無彊乎其克商之功業，言其彊也。」撫弱耆昧，以務烈所，可也。」孔疏云：「士會言不須敵楚，兼撫餘諸侯弱者，致討諸侯昧者，以務武王烈業之所，可也。」彘子曰：彘子即先縠，詳上注。「不可。晉所以霸，師武、臣力也。今失諸侯，不可謂力；有敵而不從，不可謂武。由我失霸，晉自文公、襄公以來，久爲霸主。先縠恐由此失之。不如死。且成師以出，聞敵强而退，非夫也。杜注：「非丈夫。」禮記曲禮上「若夫，坐如尸」，鄭玄注云：「言若欲爲丈夫也。」哀十一年傳云「是謂我不成丈夫也」，與此「非夫也」意近。命爲軍帥，阮刻本誤作「命有軍帥」，今從各本及校勘記正。而卒以非夫，謂以非丈夫終。唯羣子能，我弗爲也。」以中軍佐濟。杜注：「佐，彘子所帥也。濟，渡河。」

知莊子曰：知音智，亦作「智」。知莊子即荀首，通志氏族略三謂「荀首別食智邑，又爲智氏」。「此師殆哉！周易有之，在師䷆之臨䷒，坎下坤上爲師卦，初爻由陰變陽，坎變爲兌，兌下坤上爲臨卦。曰：『師出以律，否臧，凶。』師卦初六爻辭。師出以律者，卦爲師卦，初六爲首爻，用師必先出師，故云「師出」。凡師出必以法制號令整齊之，故云「師出以律」。否臧者，猶云「不善」，下文云「執事順成爲臧，逆爲否」亦即此意。全句意謂凡出師必用法制號令，不如此，是與「執事順成」反其道而行之，則凶。執事順成爲臧，凡行事，順其道而行以有成則爲善。逆爲否。逆其道而潰敗則爲否。此釋爻辭之義。衆散爲弱，以下兩句釋卦象。師卦之變爲臨卦，由於坎卦變爲兑卦。晉語四云：「坎，衆也。」坎有衆象，坎卦一變，有衆散之象。兑爲少女，故爲柔弱。坎變爲兑，是衆散爲弱。川壅爲澤。杜注：「坎爲川，今變爲兑，兑爲澤，是川見壅。」流水壅塞淤積爲澤。有律以如己也，有法制號令者，以其能指揮三軍如一人，猶如自己指揮自己。故曰律。否臧，且律竭也。竭，盡也，窮也。意謂如執事不順成，則法制號令其用窮盡。杜謂「竭，敗也」，古訓無徵，且與下文「盈而以竭」義不相關，故不取。盈而以竭，此併卦象辭義論之，坎爲川，川水盈滿，哀九年傳「如川之滿不可遊也」是也，故曰「盈」，此卦象也。川壅爲澤，澤水易竭；又師出不以律，則律竭，兩竭字相應，故曰「盈而以竭」，此卦象及辭義也。夭且不整，夭讀如莊子逍遥遊「莫之夭閼者」之「夭」，夭閼乃阻塞之意。川壅爲澤，是水被阻塞也。衆散，是不整也。所以凶也。不行之謂臨，阮刻本「之謂」作「謂之」，誤，今從各本正。坎變爲兑，卽川壅爲澤，乃成臨卦，澤水不流，故臨卦爲水不行所成。有帥而不從，彘子不從中軍帥之令，是有帥不從也，則軍中法制號令不行甚矣。臨孰甚焉？此之謂矣。杜注：「譬彘子之違命，亦不可行。」果遇，必敗，若遇敵，必失敗。彘子尸之，襄二十七年傳：「非歸其尸盟也。」杜注：「尸，主也。」此言彘子主此禍。雖免而歸，雖免於戰死而歸晉。必有大咎。」終必有禍害。杜注：「爲明年晉殺先縠傳。」韓獻子謂桓子曰：韓獻子卽韓厥。「彘子以偏師陷，彘子僅率中軍佐渡河，故云偏師。子罪大矣。子爲元帥，師不用命，誰之罪也？失屬、亡師，杜注謂屬爲鄭，與下文「得屬」之屬同，則「失屬」者，彘子敗，必失鄭也，彘子以偏師陷，故云亡師。爲罪已重，已，太也。不如進也。事之不捷，國之大事，在祀與戎，此事則指戎事。此句爲假設句，下文云「若事之捷」，則有假設連詞「若」字。若字或有或無，義同，說見文言語法。惡有所分。與其專罪，專罪，謂元帥一人當此罪。六人同之，不猶愈乎？」師遂濟。晉世家節取左傳，唯云「楚莊王圍鄭，鄭告急晉」。鄭於晉告急，乃必然之事，左傳因不言。鄭世家云：「晉聞楚之伐鄭，發兵救鄭。其來持兩端，故遲，比至河，楚兵已去。」持兩端故遲，左傳未載，公羊、穀梁亦無。

楚子北師次於郔。郔在今鄭州市北，詳三年傳注。沈尹將中軍，沈尹，古今頗有異說。一謂孫叔敖既爲令尹，當將中軍，則沈尹卽孫叔敖。沈卽寢，地卽寢丘。據呂氏春秋孟冬紀、史記滑稽列傳，被封寢丘者爲孫叔敖之子，然據韓非子喻老篇「楚莊王既勝，狩於河雍，歸而賞孫叔敖。孫叔敖請漢間之地，沙石之處」云云，則孫叔敖于邲之戰後實受寢丘之封，故謂之沈尹。說參沈欽韓補注、吳闓生文史甄微。一謂孫叔敖與沈尹爲兩人。考之古籍及左傳，後說近是。墨子所染篇云：「齊桓染於管仲、鮑叔，晉文染於舅犯、高偃，楚莊染於孫叔、沈尹，吳闔閭染於伍員、文義，越句踐染於范蠡、大夫種。」管仲、鮑叔等皆兩人，則孫叔、沈尹亦爲兩人必矣。呂氏春秋當染篇亦有此語，作「荆莊王染於孫叔敖、沈尹蒸」，尊師篇又云「楚莊王師孫叔敖、沈尹巫」，察傳篇又云「楚莊聞孫叔敖於沈尹筮」，贊能篇又云「孫叔敖、沈尹莖相與友」，新序雜事五亦云「楚莊王學孫叔敖、沈尹竺」，則孫叔與沈尹爲同時之兩人，尤爲明顯。其名或作「蒸」，或作「巫」、「筮」、「莖」、「竺」，蓋字形皆相似，莫知其孰是。韓詩外傳二載有沈令尹進孫叔敖事，新序雜事一、列女傳賢明傳並有之，而沈令尹作虞丘子，是沈尹者，沈縣之大夫（呂氏春秋尊師篇高誘注），其姓爲虞丘，故又云虞丘子。沈爲楚國之縣，或以爲卽沈國，然沈國春秋末期猶在，則楚此時不得有其全部土地，或文三年楚伐沈時曾得其部分土地以爲楚縣。左傳襄二十四年楚康王時有沈尹壽，昭四年靈王時有沈尹射，五年又有沈尹赤，十九年平王時有沈尹戌，哀十七年惠王時有沈尹朱，而哀十八年另有寢尹，則沈未必卽寢丘，尤未必卽孫叔敖之所封。說參李惇羣經識小及梁履繩補釋。子重將左，子重卽公子嬰齊。子反將右，杜注：「子反，公子側。」將飲馬於河而歸。晉世家云：「楚已服鄭，欲飲馬于河爲名而去。」聞晉師既濟，王欲還，嬖人伍參欲戰。禮記緇衣云：「毋以嬖御人疾莊后，毋以嬖御士疾莊士大夫卿士。」鄭注云：「嬖御人，愛妾也，嬖御士，愛臣也。」然以左傳論之，愛妾、愛臣俱可統稱嬖人。隱三年傳「公子州吁，嬖人之子也」，昭七年傳「嬖人婤姶生孟縶」，俱愛妾也。晏子春秋內篇諫上有嬖人嬰子，亦愛妾也。此嬖人及成二年傳「頃公之嬖人盧蒲就魁門焉」，昭元年傳「荀吳之嬖人不肯卽卒」，哀十六年傳「衞侯占夢嬖人求酒於大叔僖子」，則皆愛臣也。孟子梁惠王下有嬖人臧倉，亦愛臣也。嬖人亦曰嬖寵，僖二十四年傳「棄嬖寵而用三良」，愛臣也。昭三年傳「今嬖寵之喪」，愛妃也。又「燕簡公多嬖寵」，或男女皆有之。杜注：「參，伍奢之祖父也。」令尹孫叔敖弗欲，孫叔敖其人，先秦、兩漢古書所載傳說甚多，散見孟子、荀子、呂氏春秋、史記、說苑、新序、列女傳、論衡諸書，不備引。曰：「昔歲入陳，今茲入鄭，不無事矣。古「不」字可作「非」字用，左傳亦有此用法，此其例。又襄三十年傳「不既和矣乎」，義卽非既和矣乎也。餘詳詞詮。戰而不捷，參之肉其足食乎？」古人狀痛恨其人特甚，輒曰食其肉猶不足，僖三十三年傳文嬴請三帥，曰「寡君若得而食之，不厭」，厭亦足也。參曰：「若事之捷，孫叔爲無謀矣。孫星衍問字堂集孫叔敖名字考謂「蔿賈蓋有二子，一爲蔿艾獵，一爲蔿敖，字叔敖。敖既稱叔，宜尚有兄矣」云云。不捷，參之肉將在晉軍，可得食乎？」令尹南轅、反旆，敵人在北，車當北轅，令尹迴車南向，故曰南轅。旆，軍前大旆。大旗亦反其向。伍參言於王曰：「晉之從政者新，從政者指荀林父。去年秋，其前任郤缺猶在，傳云「晉郤成子求成于衆狄」可證，則荀林父執政最多不過數月。困學紀聞注引閻若璩説謂「林父從政在本月」，則是揣測之詞。未能行令。其佐先縠剛愎不仁，愎，狠也，戾也。未肯用命。其三帥者，專行不獲。杜注：「欲專其所行而不得。」聽而無上，欲聽從而無可聽之上司。衆誰適從？適當讀如詩衞風伯兮「誰適爲容」之「適」，主也，專也。餘詳僖五年傳注。此行也，晉師必敗。且君而逃臣，楚莊，君也；荀林父等，晉臣也，故曰「君而逃臣」。若社稷何？」以君逃臣，有辱國家。僖二十八年傳云：「以君辟臣，辱也。」王病之，告令尹改乘轅而北之，次于管以待之。王次于管以待令尹。管在今河南省鄭州市，餘詳僖二十四年傳注。公羊傳云：「既則晉師之救鄭者至，曰請戰，莊王許諾。將軍子重諫曰：『晉，大國也，王師淹病矣，君請勿許也。』莊王曰：『弱者吾威之，彊者吾辟之，是以使寡人無以立乎天下。』令之還師，而逆晉寇。」韓詩外傳六、新序雜事四同，以欲戰者爲楚莊，不欲戰者爲子重，與傳異。

晉師在敖、鄗之間。敖、鄗爲二山名，俱在今河南省滎陽縣之北。鄭皇戌使如晉師，皇戌，鄭卿，又見成二、三、四、五年。曰：「鄭之從楚，社稷之故也，未有貳心。意謂鄭所以屈服于楚，由於挽救國家之滅亡之故，於晉實無二心，心猶在晉也。楚師驟勝而驕，驟勝猶言屢勝，楚莊王自滅庸以後，屢伐陳、宋，又伐陸渾戎而觀兵於周疆，又滅舒，去年又伐陳，今年又伐鄭，皆勝。其師老矣，自始圍鄭至今蓋已歷數月，故曰「老矣」。而不設備。子擊之，鄭師爲承，杜注：「承，繼也。」楚師必敗。」彘子曰：「敗楚、服鄭，於此在矣。必許之！」

欒武子曰：欒武子，欒書也。「楚自克庸以來，克庸在文十六年。其君無日不討國人而訓之于民生之不易、禍至之無日、戒懼之不可以怠；此作一句讀。杜注：「討，治也。」于，以也。說詳楊樹達先生讀左傳。此謂以民生之不易、禍至之無日、戒懼之不可怠訓導國人也。易爲難易之易，謂民生艱難。在軍，無日不討軍實而申儆之于勝之不可保、紂之百克而卒無後，此亦宜作一句讀。謂以勝之不可保、紂之百克而卒無後申儆軍實也。軍實，此指軍中指揮員、戰士等。申儆，猶言再三告誡。荀子富國篇楊倞注云：「再令曰申。」說文云：「儆，戒也。」說文又云：「警，戒也。」儆、警疑爲一字之異形。史記律書云：「夏桀、殷紂，手搏豺狼，足追四馬，勇非微也；百戰克勝，諸侯懾服，權非輕也。」可證「紂之百克」之義。訓之以若敖、蚡冒篳路藍縷以啓山林。若敖，楚之先君，名熊儀，當周幽王之世，詳楚世家。蚡冒亦楚先君，見文十六年傳注。杜注云：「篳路，柴車。」孔疏云：「以荆竹織門謂之篳門，則篳路亦以荆竹編車，故謂篳路爲柴車。」藍縷，雙聲連緜詞，方言云：「楚謂凡人貧衣被醜敝爲藍縷。」杜注：「藍縷，敝衣。」啓，開闢。句言以楚先君乘柴車，着破衣開闢山林之事訓告士卒。箴之曰：『民生在勤，勤則不匱。』民生即上文「民生之不易」之民生，人民生活。禮記月令「則民不匱，上無乏用」，鄭注云：「匱亦乏也。」此匱義同。不可謂驕。此駁「楚師驟勝而驕」。先大夫子犯有言曰：『師直爲壯，曲爲老。』見僖二十八年傳。我則不德，而徼怨于楚。徼音邀，求也，要也。我曲楚直，不可謂老。此駁「其師老矣」。其君之戎分爲二廣，其君之戎謂楚王之親兵戎車也。廣，舊讀古曠切，音光去聲。句謂楚王親兵分爲左右兩部，每部皆名曰廣。廣有一卒，卒偏之兩。廣有一卒者，謂每部之車數有一卒耳。其數爲偏之兩，卽兩偏，故又云卒偏之兩。據下文「楚子爲乘廣三十乘」，則一偏是十五乘，兩偏是三十乘。楚以三十乘爲一卒，以一卒爲一廣。說詳江永羣經補義。此卒爲戰車之數，非指徒兵之數，昔人多以司馬法及周禮百人爲卒之說證之，使車、徒相混雜，因而糾纏不清，而其說又各不相同，莫衷一是，今皆不取。互詳成七年傳注。右廣初駕，初駕猶言先駕。數及日中，數者，數漏刻也。章炳麟讀謂數猶每也，言每及日中。雖能文從字順，然數之訓每，于古無徵。左則受之，以至于昏。下文云「右廣雞鳴而駕，日中而說；左則受之，日入而說」，與此文異義同。內官序當其夜，內官，王左右親近之臣。序，依次序也。白晝則有左右二廣輪流駕車以爲備戰，入夜則有親近之臣依次值班以爲保衞。以待不虞。不可謂無備。此駁「不設備」。子良，鄭之良也；師叔，楚之崇也。師叔即潘尫，爲楚人所尊崇者。師叔入盟，子良在楚，子良出質在楚。楚、鄭親矣。來勸我戰，我克則來，來服晉。不克遂往，往從楚。以我卜也！以我戰之勝負決其從晉或從楚，故云「以我卜」。鄭不可從。」趙括、趙同曰：「率師以來，唯敵是求。克敵、得屬，克敵謂能勝楚，得屬謂能得鄭爲從屬。又何俟？必從彘子！」知季曰：知季即知莊子荀首。「原、屏，咎之徒也。」原，趙同；屏，趙括。詳見僖二十四年傳並注。咎謂殃咎，其論彘子云「雖免而歸，必有大咎」是也。成八年趙同、趙括被殺。徒借爲塗。老子云「生之徒十有三，死之徒十有三」，猶言生之道十分中有三分，死之道十分中有三分。又云「故堅强者死之徒，柔弱者生之徒」，猶言堅强爲死路，柔弱爲活路。此句猶云實行趙括、趙同之言乃自取殃咎之道。自杜注以後俱解徒爲黨徒，因謂咎指彘子，實非。趙莊子曰：莊子，趙朔也。「欒伯善哉！欒伯，即欒書也。吳闓生文史甄微云：「趙莊子，括、同之姪，故不敢咎括、同，乃善欒伯。」實其言，實猶言實踐，下傳云「卿不書，不實其言也」，可爲的證。杜注謂「實猶充也，言欒書之身行能充此言」，恐非。必長晉國。」杜讀長去聲，謂「長晉國」爲欒書當執晉國之政，恐不合傳旨。此蓋謂若行欒書之言，必能使晉國長久也。長爲長久之長。

楚少宰如晉師，少宰，官名。宋國亦有少宰，爲大宰之副，成十五年傳「向帶爲大宰，魚府爲少宰」是也。楚亦當然。曰：「寡君少遭閔凶，不能文。僖二十三年傳：「子犯曰：『吾不如衰之文也。』」此「不能文」蓋亦當時表謙虚之外交辭令，言其辭坦率無文飾也。聞二先君之出入此行也，二先君爲楚成王與穆王，成王爲穆王之父，莊王之祖。成王六年，即魯莊之二十八年，楚令尹子元伐鄭；穆王八年，即魯文之九年，楚穆師于狼淵以伐鄭，是二先君出入此行之事也。行，道也。出入此行猶言往來于此道，謂由楚至鄭之道。王紹蘭經説謂「聞二先君之出入爲句」，不可從。將鄭是訓定，此倒裝句，謂將訓定鄭也。豈敢求罪于晉？言楚先君之來此，欲以定鄭，非欲與晉相争，則我之來此亦然。二三子無淹久！」成二年傳「無令輿師淹於君地」，杜注云：「淹，久也。」此「淹久」同義詞連用。杜注此謂「淹，留也」，不確。隨季對曰：隨季即士會、隨武子。「昔平王命我先君文侯曰：『與鄭夾輔周室，毋廢王命！』文侯，晉文侯仇也。當周平王之世，與鄭武公共定周室，隱六年傳所謂「我周之東遷，晉、鄭焉依」是也，故平王令其「與鄭夾輔周室」。今鄭不率，率，循也。句謂今不率循王命。不率循王命者，不與晉親也。寡君使羣臣問諸鄭，豈敢辱候人？古有候人之官，詩曹風候人「彼候人兮，何戈與祋」、周語中「候人爲導」可證。據周禮夏官候人，其職掌爲「各掌其方之道治與其禁令；若有方治，則帥而致于朝；及歸，送之于竟」，則候人爲道路迎送賓客之吏。候人亦曰候，襄二十一年傳「使候出諸轘轅」、周語中「候不在疆」是也。則「豈敢辱候人」者，猶言不勞楚吏之迎送，意謂此事與楚不相涉。杜注謂「候人謂伺候望敵者」，則以晉語七之元候、成二年傳之候正、成十八年傳、襄三年傳、十九年傳之候奄當此候人，爲行軍主斥候之官，于文義亦可通，猶言不勞楚斥候之探聽，意謂不擬與楚交戰。然隨季之候人，實指少宰，謂不敢勞少宰之至晉軍。仍以前義爲勝，比少宰如候人。敢拜君命之辱。」彘子以爲諂，使趙括從而更之，曰：更，改也。改其對少宰之辭。「行人失辭。行人已見桓九年傳注。但行人之官，有專官，如襄二十六年傳有行人子員、行人子朱，皆專官也。亦有兼官，見于經者六，襄十一年、十八年、昭八年、二十三年、定六年、七年是也。並以被執見書，乃一時奉使，故書以行人，其在本國皆另有本職，行人乃其臨時兼職。此行人指隨季，其本職爲上軍帥，臨時接待楚少宰，與之應對，故以行人稱之。寡君使羣臣遷大國之迹於鄭，楚嘗至鄭，此言「遷其迹」，乃外交辭令，直言之爲把你軍趕出鄭國。曰：『無辟敵！』辟同避。羣臣無所逃命。」無所逃命，則非與楚戰不可。

楚子又使求成于晉，晉人許之，盟有日矣。已約定盟期。楚許伯御樂伯，攝叔爲右，以致晉師。楚之三帥已見上文，樂伯等不在內，蓋其屬也。古兵車，若非元帥，則御者在中，射者在左，戈、盾在右，故此許伯在中，樂伯以弓矢在左，攝叔以戈、盾在右。致師者，古代將戰，先使勇力之士犯敵，杜注所謂「單車挑戰」也。周禮夏官環人云「掌致師」。逸周書克殷解云：「陳于牧野，帝辛從。武王使尚父與伯夫致師。」若其言可信，則致師之舉由來已久。

孔疏：「楚子既求成而又令挑戰，示其不欲崇和，以疑誤晉之羣帥。」許伯曰：「吾聞致師者，御靡旌、摩壘而還。」杜注云：「靡旌，驅疾也。」蓋疾驅車轅自稍偏，其旌旗必傾斜似披靡，故云靡旌。杜注云：「摩，近也。」禮記樂記鄭注云：「摩猶迫也。」則摩壘者，迫近敵人之營壘也。軍壁曰壘。樂伯曰：「吾聞致師者，左射以菆，左，車左，樂伯以弓矢在車左。菆音鄒，杜注：「矢之善者。」孔疏云：「下云莊子『抽矢，菆，納諸厨子之房』，選好矢而留之，知菆是矢之善者。」代御執轡，御下，兩馬、掉鞅而還。兩馬可有二解。杜注本服虔云：「兩，飾也。」飾者，據周禮地官封人「飾其牛牲」鄭注，謂刷治潔清之也。則兩馬爲刷拭馬毛之義，此一解也。俞樾平議則云：「兩，排比之也。一車有四馬，兩馬在中曰服，兩馬在邊曰驂，詩曰『兩服齊首』、『兩驂如手』，皆言其整齊也。是時車右入壘，而車在壘外留待之，故御者下車排比其馬，使兩驂兩服不致儳互不齊，亦示閒暇之意也。」此又一解也。後說合理。杜注：「掉，正也。」掉鞅謂整理馬頸革。攝叔曰：「吾聞致師者，右入壘，折馘、執俘而還。」右，車右，攝叔爲車右。先入壘，然後折馘執俘。折馘，殺死敵人而取其左耳；執俘，生俘敵人。皆行其所聞而復。晉人逐之，左右角之。晉人皆分三路，在中者逐之，鮑癸是也；另張兩角，從左右夾攻之。樂伯左射馬，而右射人，角不能進。矢一而已。樂伯之矢僅存其一。麋興於前，射麋，麗龜。麗，著也。龜指禽獸之背部。古之田獵者，其箭先着背以達于腋爲善射。北史斛律光傳云：「羨及光並工騎射，每日令出田還，即數所獲。光獲少，必麗龜達腋；羨獲雖多，非要害之所。光恒蒙賞，羨或被捶。人問其故，云：『明月（光之字）必背上着箭，豐樂（羨之字）隨處即下手，數雖多，去兄遠矣。』」則樂伯之射麋中龜，亦狀其善射也。晉鮑癸當其後，使攝叔奉麋獻焉，曰：「以歲之非時，獻禽之未至，獻禽即獻獸，說文云：「禽，走獸總名。」此時爲周正六月，即夏正之四月，周禮天官獸人云「夏獻麋」，則麋是夏季時物，惟當初夏，故云「非時」「未至」也。敢膳諸從者。」「膳諸從者」謂進之於從者以充膳也。儀禮公食大夫禮云：「宰夫膳稻於粱西。」鄭玄注云：「膳猶進也。」鮑癸止之，止其衆不復逐也。曰：「其左善射，其右有辭，善於辭令。君子也。」既免。

既，盡也，謂欒伯、許伯、攝叔三人皆免于俘獲。

晉魏錡求公族未得，錡音蟻，又音奇。魏錡，下文又稱爲厨武子，成十六年傳又稱爲呂錡。杜注以爲魏犨之子，孔疏引世本以爲魏犨之孫。傳世器有郘鐘，王國維據其銘文「余畢公之孫，郘白（伯）之子」，定爲呂錡後人所作，見觀堂集林十八。公族，公族大夫，見宣二年傳。而怒，欲敗晉師。請致師，弗許。請使，許之。遂往，請戰而還。楚潘黨逐之，杜注據成十六年傳謂潘黨爲潘尫之子。及熒澤，熒澤卽滎澤，尚書禹貢所謂「滎波既豬」者是也。自東漢以來，已塞爲平地，然當地人仍稱其地爲滎澤，其地當在河南省滎澤廢縣之南，今滎陽縣之東。參胡渭禹貢錐指。見六麋，射一麋以顧獻，魏錡見六麋，射其一以回車而獻于潘黨。曰：「子有軍事，獸人無乃不給於鮮？周禮天官有獸人，「掌罟田獸」，諸侯當亦有此官。給，足也。句謂因汝有軍事之故，獸人之官不能供給足够之鮮禽獸。敢獻於從者。」叔黨命去之。叔黨卽潘黨。命部下離去不追。趙旃求卿未得，杜注：「旃，趙穿子。」且怒於失楚之致師者，欒伯等致晉師，晉逐而捨之。請挑戰，挑戰之義，昔人多謂與致師同。然詳考之，恐有兩解。晉語三云「公令韓簡挑戰」，僖十五年傳作「遂使請戰」，是挑戰之義同於請戰。此一解也。吳語云「今夕必挑戰，以廣民心」，據其下文，乃成師以出爲攻勢之義。楚策一云「兵不如者，無與挑戰；粟不如者，勿與持久」，此挑戰之義恐亦同於吳語。則挑戰之異于致師者，一則單車、單身以赴敵，一則成軍以出。此又一解也。趙旃之請挑戰，此兩解皆可通。至以挑戰同于致師，亦爲獨身赴敵，恐始于楚、漢之際。弗許。請召盟，許之，與魏錡皆命而往。皆命卽皆受命之義，亦猶宣二年傳「命于楚」義卽「受命于楚」也，石經「皆」與「命」之間旁注「受」字，蓋不識其義而然。郤獻子曰：杜注：「獻子，郤克。」「二憾往矣，二憾指魏錡與趙旃。弗備，必敗。」彘子曰：「鄭人勸戰，弗敢從也；楚人求成，弗能好也。師無成命，多備何爲？」士季曰：「備之善。若二子怒楚，怒楚，使楚怒之也。楚人乘我，周語中「乘人不義」，韋注云：「乘，陵也。」漢書陳湯傳「吏士喜，大呼乘之」，師古注云：「乘，逐也。」此乘字義與之相近，蓋凴陵掩殺之意。喪師無日矣，不如備之。楚之無惡，除備而盟，何損於好？若以惡來，有備，不敗。且雖諸侯相見，軍衞不徹，警也。」彘子不可。杜注：「不肯設備。」

士季使鞏朔、韓穿帥七覆于敖前，七覆，伏兵七處。敖即上文「晉師在敖、鄗之間」之敖山，秦置倉其中，故後又曰敖倉。故上軍不敗。趙嬰齊使其徒先具舟于河，故敗而先濟。此由士季之主張設備，因插敘語言及上、下軍之事並探後言其結果。

潘黨既逐魏錡，杜注：「言魏錡見逐而退。」趙旃夜至於楚軍，杜注：「二人雖俱受命，而行不相隨，趙旃在後至。」劉文淇舊注疏證云：「錡已逐，不得達命，故惟明旃至楚軍之事。杜注非也。」若二人偕行，潘黨無由只逐一人，且旃之至楚軍，亦不待夜，恐杜注不誤。席於軍門之外，趙旃自己布席坐于軍門外。使其徒入之。其徒則入于軍門。楚子爲乘廣三十乘，分爲左右。此句極易誤解爲楚子以三十乘分爲左右廣，每廣十五乘。杜注之誤，亦由于此。此句謂楚子分乘廣爲左右，每廣三十乘。不如此解，不足以解上文「卒偏之兩」及成七年傳「以兩之一卒適吴」諸句，並詳上注及成七年傳注。右廣雞鳴而駕，秦簡編年記有云「〔昭王〕卌五年十二月甲午雞鳴時喜産」，秦仍以雞鳴記時。日中而說；說舊音稅，舍也，意即今之卸車。左則受之，日入而說。許偃御右廣，養由基爲右；襄十三年傳稱養由基爲養叔，則其人姓養名由基字叔可知。昭三十年傳云「楚子使監馬尹大心逆吳公子，使居養」，則楚有養邑，由基或以邑爲氏。養由基善射，見成十六年傳。戰國策西周策云：「楚有養由基者，善射，去柳葉者百步而射之，百發百中。」彭名御左廣，屈蕩爲右。杜注：「楚王更迭載之，故各有御、右。」屈蕩又見于襄十五年及二十五年傳。襄二十五年距此五十年，未審兩屈蕩是一人否。乙卯，王乘左廣以逐趙旃。趙旃夜至楚軍，或謂是乙卯前一日，卽甲寅日之事，然則趙旃留于軍門外者一整夜矣，恐不合事理。且趙旃之徒入于楚軍門矣，楚軍亦留之過夜，待翌日而後戰乎？恐趙旃夜至於楚軍者，猶言夕至於楚軍；夜謂將夜之時，故楚王乘左廣以逐之，而潘黨亦猶能望見晉軘車之塵也。趙旃棄車而走林，跑入林中。屈蕩搏之，屈蕩爲右，下車與趙旃搏鬭。得其甲裳。周禮考工記函人云：「凡爲甲，必先爲容，然後制革。」淮南子兵略訓亦云：「割革爲甲。」則甲爲革制品。函人又云：「權其上旅與其下旅，而重若一。」旅卽膂，膂以上謂之上旅，膂以下謂之下旅，卽腰以下、腰以上也。上旅卽衣，下旅卽裳。古人制甲衣與甲裳，必使其輕重相同，故曰「重若一」。此甲裳卽函人之下旅，漢書蘇林注所謂髀褌也。晉人懼二子之怒楚師也，使軘車逆之。軘音屯，說文云：「兵車也。」據襄十一年傳述鄭人賂晉侯之物，有廣車，有軘車，又另有兵車，則軘車乃兵車之一種。服虔以其字從屯，謂爲屯守之車，或然。潘黨望其塵，潘黨蓋以逐魏錡而猶在道。使騁而告曰：「晉師至矣！」楚人亦懼王之入晉軍也，遂出陳。孫叔曰：「進之！寧我薄人，薄，迫也。無人薄我。詩云『元戎十乘，以先啓行』，詩小雅六月。史記三王世家集解引韓嬰章句云：「元戎，大戎，謂兵車也。車有大戎十乘，謂車縵輪，馬被甲，衡扼之上盡有劍戟，名曰陷軍之車，所以冒突先啓敵家之行伍也。」如此言之，則元戎爲陷軍之車，以十乘先行，突犯敵軍。啓行者，打開敵人之行伍也。杜注解「啓行」爲「開道」，亦可通。先人也。「先人」之「先」，舊讀去聲。先人者，進攻在敵人之先，即今争取主動之意。軍志曰『先人有奪人之心』，杜注：「奪敵戰心。」薄之也。」王念孫據抄本北堂書鈔車部一、通典兵十五所引，謂「薄之也」本作「薄之可也」，爲總結上文之詞，說見王引之述聞，今不取。遂疾進師，車馳、卒奔，乘晉軍。桓子不知所爲，鼓於軍中曰：「先濟者有賞！」中軍、下軍争舟，上文云「趙嬰齊使其徒先具舟于河，故敗而先濟」，趙嬰齊爲中軍大夫，恐先濟者僅爲其所率領之部，中軍之其他部分則仍未濟，故與下軍互争舟。舟中之指可掬也。先乘舟者恐多乘，或恐敵人追至，或恐船重而舟沉，然後來者則攀船舷而欲上，故先乘者以刀斷攀者之指。舟中之指可掬，言其多也。晉世家云「晉軍敗，走河，争渡，船中人指甚衆」，卽述其義。掬音菊，說文有𦥑字，云「叉手也」，實爲掬之本字，像兩手相合捧物之形。亦作匊，詩唐風椒聊「蕃衍盈匊」、小雅采緑「不盈一匊」是也。又作掬，于後代因作量詞，佛國記「卽以一掬土施佛」，「一掬土」猶言一捧土也。公羊傳云：「莊王鼓之，晉師大敗，晉衆之走者，舟中之指可掬矣。」韓詩外傳六、新序雜事四記述相同，唯文字較詳，不以莊王逐趙旃，而以莊王鼓軍，與傳略異。鄭世家云：「莊王聞，還擊晉。鄭反助楚，大破晉軍於河上。」晉世家亦云：「鄭新附楚，畏之，反助楚攻晉。」鄭助楚事爲傳所無。

晉師右移，蓋河在右，中軍、下軍皆崩而右就河也。上軍未動。設七覆于敖前，故不動。工尹齊將右拒卒以逐下軍。工尹爲官名，齊爲人名，楚大夫也。左拒、右拒，方形陣，已見桓五年傳。楚以右拒卒當晉下軍，似晉下軍在中軍左。楚子使唐狡與蔡鳩居告唐惠侯曰：孔疏曰：「此未戰之前告。經不書唐侯者，爲楚私屬，故不見也。」唐狡與蔡鳩居，杜注謂皆楚大夫。唐，春秋時國，楚世家「楚昭王滅唐」正義引世本謂爲「姬姓之國」。通志氏族略二則以唐爲祁姓，恐另是一唐國。彝器有唐子觶，文曰「唐子祖乙」。其地卽今湖北省隨縣西北之唐縣鎮。「不穀不德而貪，以遇大敵，不穀之罪也。然楚不克，君之羞也。敢藉君靈，杜注：「藉猶假借也。」廣雅釋言云：「靈，福也。」哀二十四年傳云：「寡君欲徼福於周公，願乞靈於臧氏。」「乞靈」，與「徼福」爲互文。漢書董仲舒傳云：「受天之祐，享鬼神之靈。」「享靈」與「受祐」爲互文，俱可證成其義。以濟楚師。」使潘黨率游闕四十乘，杜注謂「游闕」爲「游車補闕者」，蓋此種車本可以在戰場巡游，何處需要，卽投入補充。惠棟補注引齊語「戎車待游車之裂」以證此游闕，不確；齊語之游車爲君主游戲之車，非兵車也。周禮春官車僕有闕車，鄭玄注引此文游闕當之，卽以游闕爲闕車。從唐侯以爲左拒，以從上軍。駒伯曰：杜注以駒伯卽郤克，然成十七年傳又有駒伯，杜注又以爲卽郤克子郤錡，若如此，則是克、錡父子同字駒伯也，恐不然。此駒伯當是郤錡，父子同在軍，春秋不乏其例，此年知莊子與知罃、逢大夫與其二子，鄢陵之戰，范文子與范匄皆是也。說見惠棟補注及洪亮吉詁。「待諸乎？」王引之述聞云：「待諸者，禦之也。魯語『帥大讎以憚小國，其誰云待之』，楚語『其獨何力以待之』，韋注並云：『待，禦也。』昭七年傳曰：『晉師必至，吾無以待之。』管子大匡篇曰：『鮑叔因此以作難，君必不能待也。』制分篇曰：『敵人雖衆，不能止待。』孫子九變篇曰：『用兵之法，無恃其不來，恃吾有以待也。』墨子七患篇曰：『桀無待湯之備，故放；紂無待武之備，故殺。』是待爲禦也。禦敵謂之待，故爲宮室以禦風雨亦謂之待。『重門擊柝以待暴客』，『上棟下宇以待風雨』，其義一也。」隨季曰：「楚師方壯，易大壯釋文引王肅注云：「壯，盛也。」此謂氣盛，今言鬬志昂揚。若萃於我，易萃卦彖辭云：「萃，聚也。」詩陳風墓門「有鴞萃止」，毛傳云：「萃，集也。」吾師必盡，不如收而去之。分謗、生民，杜注：「同奔爲分謗，不戰爲生民。」不亦可乎？」殿其卒而退，士會以上軍帥自爲其軍之後殿也。不敗。

王見右廣，將從之乘。屈蕩户之，「户」，阮刻本誤作「尸」，從校勘記及金澤文庫本正。漢書王嘉傳師古注引亦作「户」。杜注：「户，止也。」字亦作「扈」，昭十七年傳「扈民無淫」是也。説參顧炎武補正、惠棟補注。曰：「君以此始，亦必以終。」「以」下省代詞「此」字，文選宦者傳論李善注引作「必以此終」，晉書卷四十賈充等傳史臣曰亦作「必以此終」。自是楚之乘廣先左。

晉人或以廣隊不能進，言「或」者，非大隊，不過一二車乘耳。廣，兵車。隊，墜本字。句謂晉人有一二兵車，因墜于坑陷而不能進。楚人惎之脱扃。惎音忌，杜注：「教也。」扃，車前横木，所以約車上兵器者。句謂楚人教晉抽去車前横木以出坑。少進，馬還，還，盤旋不進。又惎之拔旆投衡，旆，大旗也。「拔旆投衡」，杜注以爲一事，謂拔旆投於衡上。衡卽車軛，轅前横木厄馬頸者也。劉文淇舊注疏證引黄承吉説，則謂「是兩事，謂拔去旆，又拔去衡。投者，投之車外，與『拔旆』互文，拔者亦投，投者亦拔。去此兩物於車外，則車輕馬便，乃可得出」云云，似以後説較勝。乃出。顧曰：「吾不如大國之數奔也。」晉人車陷，楚人不俘獲之，反教以出陷之法。蓋説明楚之不欲窮追也。公羊傳云：「莊王曰：『嘻！吾兩君不相好，百姓何罪？』令之還師，而佚晉寇。」可與此事互證。晉人既脱，反嘲笑楚人，謂出陷之智不如楚人者，以不如楚人之常奔逃而有此經驗也。

趙旃以其良馬二濟其兄與叔父，劉文淇舊注疏證云：「此旃已過左廣奔還晉軍時事，故下云『以他馬反』

也。」或用此證明春秋已有騎戰，其實不然。蓋以良馬二爲兩服駕車，非二人各跨一馬。以他馬反。遇敵不能去，棄車而走林。此第二次棄車走林。逢大夫與其二子乘，杜注：「逢，氏。」謂其二子無顧。杜注：「不欲見趙旃。」顧曰：「趙傁在後。」傁同叟。怒之，使下，指木曰：「尸女於是。」僖三十二年傳云：「必死是間，余收爾骨焉。」公羊傳作「爾卽死，必於殽之嶔巖，吾將尸爾焉」，穀梁傳亦作「我將尸女於是」，呂氏春秋悔過篇亦云「爲吾尸女之易」，則「尸女」者，收女之尸骨也。授趙旃綏，綏，挽以上車之索。論語鄉黨篇「升車，必正立執綏」可證。逢大夫車不能容多人，故下其二子以使趙旃登車。以免。明日，以表尸之，依其所爲標誌而收其尸骨。皆重獲在木下。杜注：「兄弟累尸而死。」獲之言得也，謂其尸兩皆得之于其樹也。說見焦循補疏。

楚熊負羈囚知罃，杜注：「負羈，楚大夫。」趙世家索隱引世本云：「逝遨生莊子首，首生武子罃。」則知罃爲知莊子之子。據晉語七，知罃字子羽。知莊子以其族反之，楚語上韋注云：「族，部屬也。」杜則解「族」爲「家兵」。實則當時各級貴族均有其宗族成員及私屬人員組成之軍隊，對外作戰往往編入國家軍隊中以爲骨幹。知莊子之「族」，既爲「家兵」，亦爲「部屬」。說詳楊寬古史新探。厨武子御，杜注：「武子，魏錡。」蓋食邑於厨，故謂之厨武子。參僖十六年傳注。下軍之士多從之。每射，抽矢，菆，納諸厨子之房。此以「抽矢」爲一逗，昭二十一年傳「抽矢」、哀十一年傳「抽矢，策其馬」、孟子離婁下「抽矢，扣輪」，皆亦以「抽矢」兩字爲讀。古代射手之箭房在背，知莊子每射，必先自背抽矢，若得好箭（菆）則不以射，而納之於厨子之箭房，便于用時抽出之。厨子怒曰：「非子之求，非猶不也，句謂不求子。而蒲之愛，蒲卽菆之原料，詩王風揚之水孔疏引陸璣毛詩草木鳥獸蟲魚疏云：「蒲柳有兩種，皮正青者曰小楊，其一種皮紅者曰大楊，其葉皆長廣於柳葉，皆可以爲箭幹。」宋葉隆禮契丹國志二十七云：「西樓有蒲，瀕水叢生，一榦，葉如柳，長不盈尋丈，用以作箭，不矯揉而堅。」亦足證蒲可以爲矢幹也。董澤之蒲，可勝既乎？」董澤在今山西省聞喜縣東北四十里。顧棟高大事表八上云：「中產楊柳，可以爲箭。」胡渭禹貢錐指七云：「古矢笴（音哿，矢幹也）之材有竹有木，竹二：揚之篠，荆之箘簵也；木二：荆之楛，冀之蒲也。」勝音升，盡也。既，廣雅釋詁作摡，云「取也」。王念孫疏證云：「玉篇，摡，許氣切，引召南『摽有梅，傾筐摡之』，今本作『塈』。毛傳：『摡，取也。』宣十二年傳：『董澤之蒲，可勝既乎？』既亦與摡通，言不可勝取也。」知季曰：「不以人子，吾子其可得乎？其，用法同豈。吾不可以苟射故也。」射連尹襄老，晉語七韋注云：「連尹，楚官名。」梁履繩補釋云：「史記淮陰侯傳楚官名有連敖，蓋卽連尹之遺制。」洪亮吉詁則云：「連，楚地名，襄老當爲此地之尹，故以官稱之也。」然以襄十五年傳「公子追舒爲箴尹，屈蕩爲連尹，養由基爲宮廄尹，以靖國人」證之，連尹非地方官，乃朝官，梁說近是。高本漢本卜魯曼之說，謂連尹爲掌管車輛之官，亦推測之辭。獲之，遂載其尸；射公子穀臣，據成二年傳，公子穀臣爲楚王之子。囚之。以二者還。成三年傳云：「晉人歸楚公子穀臣與連尹襄老之尸于楚，以求知罃。於是荀首佐中軍矣，故楚人許之。」晉語七謂「邲之役，呂錡佐知莊子於下軍，獲楚公子穀臣與連尹襄老，以免子羽」，卽此事也。

及昏，楚師軍於邲。晉之餘師不能軍，宵濟，亦終夜有聲。顧炎武補正云：「言其軍囂，無復部伍。」

丙辰，六月無乙卯，自亦無丙辰。以今推之，乙卯、丙辰蓋在七月十三、十四日。楚重至於邲，杜注：「重，輜重也。」孔疏云：「輜重，載物之車也。蔽前後以載物，謂之輜車；載物必重，謂之重車；人挽以行，謂之輦。輜、重、輦，一物也。襄十年傳稱『秦堇父輦重如役』，挽此車也。輜重載器物糧食常在軍後，故乙卯日戰，丙辰始至於邲也。」遂次于衡雍。韓非子喻老篇云：「楚莊王既勝，狩於河雍。」河雍卽衡雍也，戰國時又曰垣雍，在河南省原武廢縣（今併入原陽縣）西北五里。黄河舊在其北二十二里。淮南子人間訓則云「楚莊王既勝晉於河雍之間」，以河雍爲兩地，恐非。餘詳僖二十八年傳注。潘黨曰：「君盍築武軍而收晉尸以爲京觀？盍，何不之合音字。漢書翟方進傳敍王莽攻破翟義後，夷族其三族，誅其種嗣，至皆同坑，築爲武軍封，方六丈，高六尺，建表木高丈六尺，書曰：「反虜逆賊鱷鯢在所。」此王莽劉歆之「武軍」「京觀」，或與春秋時制相近。以此觀之，武軍、京觀蓋是一事，收晉尸而封土，卽謂之武軍；建表木而書之，卽謂京觀。杜注「武軍」云：「築軍營以章武功。」注「京觀」云：「積尸封土其上。」分之爲兩事，恐誤。顔師古翟方進傳注云：「京，高丘也；觀謂如闕形也。」京觀亦可單稱京。呂氏春秋不廣篇云：「齊攻廩丘，趙使孔青將死士而救之，與齊人戰，大敗之，齊將死，得車二千，得尸三萬，以爲二京。」淮南子覽冥訓云：「掘墳墓，揚人骸，大衝車，高重京。」皆可證。臣聞克敵必示子孫，以無忘武功。」楚子曰：「非爾所知也。夫文，杜注：「文，字。」段玉裁說文敍目注云：「周禮外史、禮記聘禮、論語子路篇皆言『名』，左傳『反正爲乏』、『止戈爲武』、『皿蟲爲蠱』皆言『文』，六經未有言『字』者。秦刻石『同書文字』，此言『字』之始也。」止戈爲武。甲骨武作戓，象人持戈以行，毛公鼎作武、曾伯簠作武，春秋時人因賦予以哲學意義，所謂「戰以止戰」，亦猶「刑期無刑」、「殺以止殺」之意，而造字之初固未必能了此。武王克商，作頌曰：『載戢干戈，載櫜弓矢。此兩句及以下三句皆今周頌時邁文。依傳意，時邁爲武王克商後所作，然周語上祭公謀父則以爲周公所作，後漢書李固傳注引韓詩章句又以爲美成王所作，則西周初之詩，東周以後人已不能確定其作者矣。載，語首助詞，無義。鄭箋謂「載之言則也」，恐不確。戢，説文云：「藏兵也。」隱四年傳云：「夫兵，猶火也；弗戢，將自焚也。」戢訓歛，訓止，蓋其引申義。櫜音高，本名詞，弓衣也，昭元年傳「請垂櫜而入」可證。此作動詞，納弓于其衣内也，詩小雅彤弓「彤弓弨兮，受言櫜之」可證。**我求懿德，**鄭箋云：「懿，美也。」**肆于時夏，**鄭箋云：「肆，陳也。」毛傳云：「夏，大也。」據鄭箋，夏爲樂名，所以名夏者，「樂歌大者稱夏」，周禮春官鍾師有九夏是也。時，是也，此也。句謂我求此美德，因陳之于此夏樂之中。**允王保之。』**允爲語首助詞，無義。保之者，保此夏樂，即保此美德也。夏訓大，故下云「保大」。若解肆爲故，於時爲於是，夏爲大（俱見詞詮），則此句爲故於是大，亦通。則「允王保之」宜解爲信能王天下而保有之。依下「保大」之義，此説較符傳義。**又作武，其卒章曰：『耆定爾功。』**句爲周頌武之末句。或即解「卒章」爲「末句」，恐未必然。古今詩之篇次不盡同，故下文以賚、桓俱屬武，則此句蓋本爲武之卒章也。耆，毛傳云：「致也。」杜注云：「言武王誅紂，致定其功。」**其三曰：『鋪時繹思，我徂維求定。』**句今在周頌賚篇。左傳以爲武之第三章，蓋古今詩之篇次不同。今詩「鋪」作「敷」，同音通用。詩云：「文王既勤止，我應受之。敷時繹思，我徂維求定。」應讀爲膺，當也，受也。敷，布也。繹，陳也。思，語末助詞，無義。徂，往也。謂文王既有勤勞之德，我接受之，佈陳此勤勞之德，我之往伐紂，惟求安定而已。鋪與繹皆佈陳之義，一再言之，重之也。**其六曰：『綏萬邦，屢豐年。』**句在今周頌桓篇。此作武之第六章，亦古今篇次不同之故。孔廣森經學卮言謂左傳所敍未必非周樂之正次。可參閲。綏，安也。萬邦能安之，其衆自和，故下文以「和衆」總結此義。**夫武，禁暴、戢兵、保大、定功、**

安民、和衆、豐財者也，止戈爲武，禁暴也；戢干戈、櫜弓矢，戢兵也；肆于時夏，允王保之，保大也；耆定爾功，定功也；我徂求定，安民也；綏萬邦，和衆也；屢豐年，豐財也。故使子孫無忘其章。王念孫云：「凡功之顯著者謂之章。魯語曰『今一言而辟境，其章大矣。』晉語曰『以德紀民，其章大矣。』義與此章字同。『使子孫無忘其章』，卽上文所云『示子孫以無忘武功』。」說見王引之述聞。今我使二國暴骨，暴矣；觀兵以威諸侯，觀兵見僖四年傳注。兵不戢矣；暴而不戢，安能保大？猶有晉在，焉得定功？所違民欲猶多，民何安焉？無德而强爭諸侯，强，上聲，勉强也。何以和衆？利人之幾，杜注：「幾，危也。」而安人之亂，以爲己榮，何以豐財？武有七德，我無一焉，何以示子孫？其爲先君宮，告成事而已。杜注：「祀先君，告戰勝。」孔疏云：「禮記曾子問稱『古者師行，必以遷廟主行，載于齊車，言必有尊也』。」尚書甘誓云『用命賞于祖』，謂遷廟之祖主也。爲先君宮，爲此遷主作宮於此祀之。告成事，告戰勝也。禮大傳記（卽禮記大傳）云『牧之野，武王之大事也，既事而奠於牧室』，亦是新作室而奠祭也。」劉文淇舊注疏證云：「據疏說，則楚以遷廟主行，諸侯五廟，若用左氏兄弟異昭穆義，當莊王得祀武王、文王、堵敖、成王、穆王。」武非吾功也。言此勝戰不足以爲武功也。古者明王伐不敬，成二年傳云「蠻夷戎狄不式王命，淫湎毁常，王命伐之，則有獻捷，王親受而勞之，所以懲不敬、勸有功也。」於此可證所謂「不敬」之義。取其鯨鯢而封之，鯨亦作鱷。鯨、鯢皆是海中大魚。孔疏引裴淵廣州記云：「鯨鯢長百尺，雄曰鯨，雌曰鯢。」此以喻指大憝首惡耳。以爲大戮，於是乎有京觀以懲淫慝。淫慝卽指不敬而言，非一般淫惡之義。成二年傳亦云「所以敬親暱、禁淫慝」，親暱與淫慝相對，親暱指用王命者，則淫慝亦義同上文「不敬」矣。今罪無所，杜注：「晉罪無所犯也。」下年傳云「罪無所歸」，此亦罪無所歸之義，省歸字，蓋當時習語，省字亦能明白。此言晉無大罪，我戰勝而無歸罪之人。杜注得其意而不曉其辭。而民皆盡忠以死君命，又可以爲京觀乎？」阮刻本「可以」作「何以」，今從石經、宋本及金澤文庫本等。王念孫、洪亮吉俱謂此「可以」即「何以」之義，甚是。此處「可」如字讀固通，若作「何」讀之，更順。祀于河，祭祀河神。作先君宮，作楚武諸王之廟。告成事而還。說苑復恩謂楚莊王夜飲，有美人而絕纓者，莊王令飲者皆絕纓。此人于邲之戰，五次戰鬬，五次擊退敵人以報答莊王。

〔三・三〕是役也，鄭石制實入楚師，鄭石制之使楚師入鄭，竹添光鴻會箋引公羊傳「君之不令臣交易爲言，是以使寡人得見君之玉面」爲證，是以楚之圍鄭乃由石制召之也，恐與左氏不合。惠棟於上傳「三月克之」補注云「時鄭石制爲內閒，故楚得以克鄭」，與左氏文義較合。將以分鄭，而立公子魚臣。孔疏云：「石制引楚師入鄭，將以分鄭國，以半與楚，取半立公子魚臣爲鄭君，己欲擅其寵也。」辛未，辛未，以今推之，爲七月二十九日。鄭殺僕叔及子服。杜注：「僕叔，魚臣也。子服，石制也。」君子曰：「史佚所謂『毋怙亂』者，見僖十五年傳並注。謂是類也。詩曰『亂離瘼矣』，句在小雅四月篇。亂離爲一詞。爾雅釋詁云：「瘼，病也。」此用作狀語，形容亂離之甚。文選潘岳關中詩李善注引韓詩作「亂離斯莫」，莫、瘼同，尤可證成此義。爰其適歸』，爰作焉用，何處也。適歸之適見僖五年傳注。歸於怙亂者也夫！」詩之原意謂當時天下昏亂太甚，何處可以歸宿乎？此引詩者則變其義而用之，言禍害之甚，歸罪于何人乎，歸罪于恃人之亂以爲己利者也夫。

〔三・四〕鄭伯、許男如楚。杜注：「爲十四年晉伐鄭傳。」

三·五　秋，晉師歸，桓子請死，孔疏云：「檀弓云：『謀人之軍師，敗則死之，謀人之邦邑，危則亡之。』今桓子將軍，師敗，故請死。」晉侯欲許之。士貞子諫曰：杜注曰：「貞子，士渥濁。」「不可。城濮之役，晉師三日穀，文公猶有憂色。左右曰：『有喜而憂，如有憂而喜乎？』今有喜却憂，若有憂却喜乎？公曰：『得臣猶在，憂未歇也。歇，竭也，盡也。困獸猶鬬，荀子哀公篇云：「獸窮則攫。」韓詩外傳二云：「獸窮則齧。」淮南子齊俗訓云：「獸窮則觸。」數語俱與此義相近。況國相乎？』及楚殺子玉，公喜而後可知也。杜注：「喜見於顏色。」曰：『莫余毒也已。』以上俱已見僖二十八年傳並注。是晉再克而楚再敗也，既勝其君，又殺其國相，是一則再克，一則再敗也。楚是以再世不競。再世，成王、穆王。不競，不强也。今天或者大警晉也，金澤文庫本「或者」下有「將」字。杜注：「警，戒也。」而又殺林父以重楚勝，其無乃久不競乎？言將久不競也。林父之事君也，進思盡忠，退思補過，「進思」兩句，今孝經事君章亦有之，乃作孝經者用左傳，非此引孝經。社稷之衞也，捍衞社稷之人。若之何殺之？夫其敗也，如日月之食焉，何損於明？」言其敗乃暫時現象。日月之食，古人常用以作喻，如論語子張篇云：「子貢曰：『君子之過也，如日月之食焉，過也，人皆見之；更也，人皆仰之。』」孟子公孫丑下亦有此語。晉侯使復其位。晉世家敘此事以士貞子爲隨會。說苑尊賢篇亦記此事用左傳，士貞子作士貞伯，惟誤晉景公爲昭公。

三·六　冬，楚子伐蕭，宋華椒以蔡人救蕭。蕭人囚熊相宜僚及公子丙。梁履繩補釋云：「哀十六年有熊宜僚，故以『熊』爲氏，此『熊相』是氏，特名同爾。昭二十五年熊相禖即其後。」王曰：「勿殺，吾退。」蕭人殺之。王怒，遂圍蕭。蕭潰。顧炎武補正云：「下有『明日蕭潰』之文，此處宜衍。若此云『蕭潰』，下便不得言『遂傅於蕭』也。」顧説似是而實非。此段是總敍，「蕭潰」是其結局。下兩段補敍圍蕭過程中之二事，不得以此「蕭潰」爲衍文。説參于鬯校書。

申公巫臣曰：巫臣爲申縣之尹，故稱申公巫臣。蓋氏屈，故成二年傳又稱屈巫。據襄二十六年傳，字子靈。「師人多寒。」王巡三軍，拊而勉之。拊通撫，謂撫摩而慰勉之也。三軍之士皆如挾纊。纊音曠，今之絲綿也。遂傅於蕭。金澤文庫本句末有「城」字，與朱梁補刻石經合，宋以下各本俱無，疑不當有。傅見隱十一年傳注。

還無社與司馬卯言，號申叔展。杜注：「還無社，蕭大夫。司馬卯、申叔展，皆楚大夫也。無社素識叔展，故因卯呼之。」號，平聲，呼也。叔展曰：「有麥麴乎？」麥麴即今之酒母，用以釀酒者，蓋蒸麥以爲之，故曰麥麴。曰：「無。」「有山鞠窮乎？」山鞠窮即芎藭，今産于四川者曰川芎。越年生草，以其根入藥。曰：「無。」當時兩軍敵對，自不便正言，故爲隱語以喻之。麥麴與山鞠窮何所喻，古今説多紛歧。杜注本賈逵説，謂兩者所以禦濕，申叔展言此者，暗示還無社逃泥中以避也。而無社不解其意，答以「無」，故叔展復以「河魚腹疾奈何」開導之，無社始解，蹶之上下之義，頗有理。餘如焦循補疏、張聰咸杜注辯證、俞樾平議各有説，悉無當于上下文義，故不録。「河魚腹疾奈何？」此叔展復問，意若曰，兩者禦濕之藥物俱無，若患潮濕之疾，將若之何？河魚腹疾蓋古時習語，以譬因水濕而得之病也。其意乃再三暗示之逃于低下處也。凡先秦書所用「河」字，無不指黃河。河魚，黃河之魚也。淮南子俶真訓云：

「故河魚不得明目。」許慎注云：「河水濁，故不得明目。」曰：「目於眢井而拯之。」眢音宛，眢井，無水枯井也。此是無社答言，蓋已喻其意，故答以「汝見枯井卽可拯救我」。「若爲茅絰，哭井則己。」此又叔展之言，蓋廢井必多，難以的知其處。汝可結茅爲絰，絰形似帶，置于井端以爲標幟。又恐無社錯認他人，更教之云，有向井哭者，則我自己也。說參孔疏。姚鼐補注謂「己」是「已」字，「哭井則已」，言我哭井則可以出耳。亦通。明日，蕭潰。申叔視其井，則茅絰存焉，號而出之。杜注：「號，哭也。」此「號」字與上「號申叔展」之號字義別。有聲無淚曰號，應上文「哭井則己」。元和郡縣志謂眢井在今安徽省蕭縣舊治（今治已移至龍城鎮）北二百步，蓋附會之談。

一三·七　晉原縠、宋華椒、衞孔達、曹人同盟于清丘，曰：「恤病，討貳。」於是卿不書，經皆書「人」，不書原縠等卿姓名。不實其言也。雖有盟約，然未實行。杜注：「宋伐陳，衞救之，不討貳也。楚伐宋，晉不救，不恤病也。」

一三·八　宋爲盟故，伐陳。陳此時附楚，宋依盟「討貳」之義，因伐陳，故下年傳引君子之言曰：「清丘之盟，惟宋可以免焉。」衞人救之，衞亦清丘盟之參與者，不助宋，反救陳，與「討貳」之約言有違。孔達曰：「先君有約言焉。先君指衞成公。衞成與陳共公有舊好，文元年晉襄伐衞，衞成告于陳共，陳共爲之謀，可證。故孔達以爲言，而欲背盟救陳。若大國討，大國指晉。我則死之。」杜注：「爲十四年衞殺孔達傳。」

十有三年，乙丑，公元前五九六年。周定王十一年、晉景四年、齊頃三年、衞穆四年、蔡文十六年、鄭襄九年、曹文二十二年、陳成三年、杞桓四十一年、宋文十五年、秦桓九年、楚莊十八年、許昭二十六年。

經

一三·一 十有三年春，正月二十四日癸亥冬至，建子，有閏月。齊師伐莒。「莒」，公羊作「衞」。汪克寬纂疏云：「證之經文，前後皆無齊、衞交怨之事，而於莒則四年平之不肯而魯伐之，十一年齊又伐之，則此爲『伐莒』無疑矣。」

一三·二 夏，楚子伐宋。

一三·三 秋，螽。無傳。杜注：「爲災，故書。」

一三·四 冬，晉殺其大夫先縠。

傳

一三·一 十三年春，齊師伐莒，莒恃晉而不事齊故也。戰國策齊策五云「莒恃越而滅」，「越」蓋「晉」之字誤。墨子非攻云：「東方有莒之國者，其爲國甚小，間於大國之間，不敬事於大國，大國亦弗之從而愛利，是以東者越人夾削其地，西者齊人兼而有之。」則莒不恃越明矣。

一三·二 夏，楚子伐宋，以其救蕭也。救蕭見去年傳。君子曰：「清丘之盟，唯宋可以免焉。」清丘之盟有晉、宋、衞，唯宋能「討貳」，而衞背盟以救陳，晉此次亦不來救宋，背「恤病」之約，故曰唯宋可以免於譏議，蓋責晉、衞也。說本邵寶左觿。

一三·三 秋，赤狄伐晉，及清，杜注：「清，一名清原。」清原見僖三十一年傳注。先縠召之也。杜注：「邲戰不得志，故召狄欲爲變。」晉世家云：「景公四年，先縠以首計而敗晉軍河上，恐誅，乃奔翟，與翟謀伐晉。」與左傳不同。

一三·四 冬，晉人討邲之敗與清之師，歸罪於先縠而殺之，盡滅其族。晉世家云：先縠「與翟謀伐晉。晉覺，乃族縠」。不言邲之敗，恐不合當時情事。昭三年傳謂原氏降在皁隸，蓋支族亦衰矣。君子曰：「『惡之來也，荀子富國篇「故使或美或惡」楊倞注：「美謂褒寵，惡謂刑戮。」己則取之』，此蓋古有此語。其先縠之謂乎！」

一三·五 清丘之盟，晉以衞之救陳也，討焉。晉根據清丘之盟以責衞也。討，據下文，乃遣使責問，非加兵之謂。使人弗去，沈欽韓補注云：「晉使來責衞者不肯去，欲得其要領也。」曰：「罪無所歸，將加而師。」而同爾。意謂若不得罪首而懲罰之，則將以兵來。孔達曰：「苟利社稷，請以我說，猶言以我爲解也。罪我之由。猶言其罪由我。我則爲政，而亢大國之討，將以誰任？王念孫云：「亢，當也。」言我寔掌衞國之政，而當晉之討，不得委罪於他人也。」說詳王引之述聞。我則死之。」此章當與下年傳「孔達縊而死」連讀，或本是一傳而爲後人割裂。

十有四年，丙寅，公元前五九五年。周定王十二年、晉景五年、齊頃四年、衞穆五年、蔡文十七年、鄭襄十年、曹文二十三年、陳成四年、杞桓四十二年、宋文十六年、秦桓十年、楚莊十九年、許昭二十七年。

經

一四・一 十有四年春，正月初六己巳冬至，建子。衞殺其大夫孔達。

一四・二 夏五月壬申，壬申，十一日。曹伯壽卒。無傳。曹世家云：「共公卒，子文公壽立。文公二十三年卒，子宣公彊立。」索隱云：「按左傳，宣公名廬。」

一四・三 晉侯伐鄭。

一四・四 秋九月，楚子圍宋。

一四・五 葬曹文公。無傳。

一四・六 冬，公孫歸父會齊侯于穀。

傳

一四・一 十四年春，孔達縊而死，衞人以說于晉而免。以此向晉解說而免于被伐。遂告于諸侯曰：「寡君有不令之臣達，不令猶言不善。成六年傳「雖克，不令」，十年傳「忠爲令德，非其人猶不可，況

傳「寡君聞君有不令之臣爲君憂」，諸「令」字均當「善」解。構我敝邑于大國，詩小雅青蠅云：「讒

孔疏云：「構者，構合兩端，令二人彼此相嫌，交更惑亂。」此構字亦同其義。既伏其罪矣。敢告

夫亦皆告。」**衞人以爲成勞**，成勞，猶言舊勳，當時慣語，齊子仲姜鎛銘「𩎟叔有成勞于齊邦」可證。此舊勳卽指孔達助衞成公復國。禮記祭統孔悝之鼎銘云：「乃祖莊叔，左右成公，成公乃命莊叔隨難于漢陽，卽宮於宗周，奔走無射。」莊叔卽孔達，見文元年傳注。隨難于漢陽，隨衞成奔楚也，見僖二十八年傳注。卽宮于宗周，晉執衞成幽囚于京師，孔達亦往就之也，亦見僖二十八年傳注。奔走無射，言孔達爲衞成之事奔走不厭倦也。此卽「成勞」也。說參馬宗璉補注。**復室其子**，室作爲動詞，除此外，左傳尚有三見，昭十九年「建可室矣。王爲之聘於秦」，定九年「齊侯伐晉夷儀。敝無存之父將室之，辭以與其弟，曰『此役也，不死，反必娶於高、國』」，哀十一年「衞人立遺，使室孔姞」是也。三「室」字俱作娶妻義，則此亦宜如此，杜注此云「復以女妻之」，孔疏謂「言衞侯以女妻之也」，可信。孔疏引劉炫謂「復室其子，謂復以孔達財物家室還其子」，後人多有從之者，不知其不合左氏用字法也。其子，據禮記祭統孔疏引世本，爲得閭叔穀。亦見文元年傳注。**使復其位。**杜注：「襲父禄位。」

一四·二　**夏，晉侯伐鄭，爲邲故也。**杜注：「晉敗於邲，鄭遂屬楚。」鄭世家云「襄公十年，晉來伐鄭，以其反晉而親楚也。」晉世家云：「景公五年，伐鄭，爲助楚故也。」**告於諸侯，蒐焉而還。**杜注：「蒐，簡閱車馬。」**中行桓子之謀也，曰：「示之以整，**整謂隊伍整齊，軍紀嚴明。隱九年傳「戎輕而不整」，成十六年傳「過險而不整，不整喪列」俱可證。**使謀而來。」**使鄭自謀而來從晉也。**鄭人懼，使子張代子良于楚。**子張，據杜注爲穆公孫，蓋卽襄二十二年傳之公孫黑肱也，亦曰伯張。子良于十二年爲質于楚。**鄭伯如楚，謀晉故也。**謀所以抵禦晉國者。**鄭以子良爲有禮，**杜注：「有讓國之禮。」子良讓國見四年傳。**故召之。**

一四・三 楚子使申舟聘于齊，申舟卽文十年傳之文之無畏，詳彼注。曰：「無假道于宋。」無假道者，不請于宋而逕過其地也。楚莊禁其假道而欲其逕過宋國，正欲以挑釁。亦使公子馮聘于晉，不假道于鄭。申舟以孟諸之役惡宋，宋導楚穆王田于孟諸，申舟于宋公違命而抶其僕，見文十年傳。曰：「鄭昭、宋聾，昭謂眼明，聾則耳不聽，此猶言鄭解事，宋不解事。晉使不害，使于晉國者無危害。我則必死。」王曰：「殺女，我伐之。」言宋若殺汝，我必伐之。見犀而行。犀，申舟之子。引見于楚莊而後出使。引見其子者，欲以堅其「殺女，我伐之」之言耳，與下年傳「申犀稽首於王之馬前」一事相應。杜注謂「以子託王」，不確。定六年傳載宋樂祁使晉，亦見其子而行，乃爲立後，其事與此同而意不同。及宋，宋人止之。華元曰：「過我而不假道，鄙我也。古代凡過他國之境必假道，故儀禮聘禮有「過邦假道」之禮。周語中云：「定王使單襄公聘於宋，遂假道於陳以聘於楚。」周雖微弱，尚存天子之名，陳尤小國，王使過小國亦必假道，則不假道而徑行，惟行于本國能如此，故華元以「鄙我」爲言。鄙我者，視我爲其邊鄙之邑縣也。僖三十年傳「越國以鄙遠」、襄八年傳「親我無成，鄙我是欲」、成十八年傳「大國無厭，鄙我猶憾」，諸「鄙」字用法俱同此。呂氏春秋行論篇云：「楚莊王使文無畏於齊，過於宋，不先假道，還反。華元言於宋昭公曰：『往不假道，來不假道，是以宋爲野鄙也。』」「以宋爲野鄙」者，以宋爲楚國之野鄙也，足以解釋此義。顧炎武補證解「鄙」爲鄙薄，非傳義。又呂氏春秋謂「往不假道，來不假道」，則殺文無畏在自齊返楚再過宋時，恐不與傳合。謂「華元言於宋昭公」，亦誤文公爲昭公。鄙我，亡也。昭十九年傳云：「是晉之縣鄙也，何國之爲？」十六年傳云：「吾且爲鄙邑，則失位矣。」語義與此近。殺其使者，必伐我。伐我，亦亡也。亡一也。」乃殺之。呂氏春秋行論篇云：「乃殺文無畏於楊梁之隄。」楊梁在今河南省商丘市東南。楚子聞之，投袂而起。淮南子主術訓云：「楚莊王傷文無畏之死於宋也，奮袂而起。」此「投袂」蓋卽「奮袂」也。呂覽行論篇謂「莊王方削袂，聞之，曰：『嘻！』投袂而起」。則解「投袂」爲投棄其袂，恐非傳義。屨及於窒皇，窒皇卽莊十九年傳之經皇，路寢前之庭也。呂氏春秋行論篇作「屨及諸庭」，以「庭」解此「窒皇」，沈欽韓補注、武億義證皆用其說，是也。此時楚莊在路寢，古人在室內不穿鞋。屨，今之鞋。聞申舟被殺，怒而起，起而走，不及納屨。及者，送屨者追而及之也。說參邵寶左觿、桂馥札樸。劍及於寢門之外，追者追及于寢門之外始以劍進之。寢門在庭外。車及于蒲胥之市。「蒲胥之市」呂覽作「蒲疏之市」，胥、疏字通。蒲胥，地名，而市在其中也，車駕始追及之于此。秋九月，楚子圍宋。宋世家云：「文公十六年，楚使過宋，宋有前仇，執楚使。九月，楚莊王圍宋。」不言「殺楚使」，而言「執楚使」，不但與傳異，亦與楚世家及年表言「殺楚使者」自相違異，蓋司馬遷有意存異。

一四・四 冬，公孫歸父會齊侯于穀，公孫歸父見十年經注。穀見莊七年經注。見晏桓子，杜注：「桓子，晏嬰父。」晏蓋以邑爲氏，今齊河縣西北二十五里之晏城蓋卽其地，寰宇記謂之晏嬰城。與之言魯，樂。公孫歸父有寵於宣公，見十八年傳，樂謂樂此也。桓子告高宣子曰：杜注：「宣子，高固。」「子家其亡乎！子家，歸父字。亡謂逃奔。懷於魯矣。懷卽僖二十四年傳「懷與安」之懷，此謂留戀其寵也。懷必貪，貪必謀人。謀人，人亦謀己。一國謀之，何以不亡？」杜注：「爲十八年歸父奔齊傳。」

一四・五 孟獻子言於公曰：孟獻子，仲孫蔑也。見文十五年傳。「臣聞小國之免於大國也，聘而獻物，孔疏曰：「臣聞小國之免罪於大國也，使卿往聘大國，而獻其玉帛皮幣之物。」於是有庭實旅百；金澤文庫本「於是」作「於是乎」。庭實旅百是小國往聘大國所獻之禮物，杜注謂「主人亦設籩豆百品實於庭以答賓」，誤。說詳沈欽韓補注及邵瑛持平。亦見莊二十二年傳注。**朝而獻功，**國君自往大國曰朝。獻功，獻其治國或征伐之功也。邵瑛持平謂「魯實無征伐之功可獻」，此蓋泛言之，不必專指魯。**於是有容貌采章，嘉淑而有加貨，**容貌、采章等亦均是小國所獻大國之物，杜注以為大國報禮，其誤與上同。容貌采章者，蓋指玄纁璣組、羽毛齒革諸物，皆所以充衣服、旌旗之裝飾者。采章，物采、文章也。杜注亦誤。嘉淑謂美善之物。加貨，常額外禮物。加即加籩之加。**謀其不免也。誅而薦賄，則無及也。**杜注：「薦，進也。見責而往，則不足解罪。」**今楚在宋，君其圖之！」公說。**此當與下年傳「公孫歸父會楚子于宋」連讀，或本是一傳。

十有五年，丁卯，公元前五九四年。周定王十三年、晉景六年、齊頃五年、衞穆六年、蔡文十八年、鄭襄十一年、曹宣公廬元年、陳成五年、杞桓四十三年、宋文十七年、秦桓十一年、楚莊二十年、許昭二十八年。

經

一五・一 **十有五年春，**正月十六日甲戌冬至，建子，有閏月。**公孫歸父會楚子于宋。**

一五・二 **夏五月，宋人及楚人平。**孔疏曰：「傳載盟辭，則此平有盟。不書盟者，釋例曰：『宋人及楚人平，實盟書平，從赴辭也。』」

一五・三 六月癸卯，癸卯，十八日。晉師滅赤狄潞氏，潞，國名，赤狄之別種，曰潞氏者，蓋當時所謂夷狄之國，或尚在氏族社會，故其國名帶以氏字，如甲氏、皋落氏及此潞氏是也。其國當在今山西潞城縣東北四十里。西清續鑑甲編有路公鋪，不知是此潞氏器否。餘參文十一年傳並注。以潞子嬰兒歸。春秋于當時所謂夷狄之國皆以「子」稱之，杜注以「子」爲爵，非。

一五・四 秦人伐晉。

一五・五 王札子殺召伯、毛伯。

一五・六 秋，螽。無傳。

一五・七 仲孫蔑會齊高固于無婁。無傳。「無婁」，公羊作「牟婁」。牟婁見隱四年經，已爲莒邑，此時莒恃晉而不事齊，齊、魯固不得于其地相會。杜注謂「無婁，杞邑也」，雖不知所本，但不以爲卽牟婁，從可知也。「無」與「牟」字可通，公羊作「牟婁」，自是由無之聲轉，然不得謂卽隱四年之「牟婁」。無婁，不詳今地所在。

一五・八 初稅畝。

一五・九 冬，蝝生。蝝音沿，據說文引董仲舒說及爾雅郭璞注，爲飛蝗之幼蟲，未有翅者。據漢書五行志引劉歆說，則以爲蚍蜉之有翼者，食穀爲災。據莊二十九年傳「凡物，不爲災，不書」之義例，此書必爲災。故前說未必可靠。

一五・一〇 饑。

傳

一五・一　十五年春，公孫歸父會楚子于宋。此當與去年傳末章連讀。

一五・二　宋人使樂嬰齊告急于晉，晉侯欲救之。伯宗曰：元和姓纂引世本云：「晉孫伯起生伯宗，因氏焉。」晉語五韋注云：「伯宗，晉大夫孫伯糾之子。」伯起、伯糾當是一人。「不可。古人有言曰：『雖鞭之長，不及馬腹。』此蓋譬言晉國雖强，亦不能與楚争。天方授楚，隨季梁亦有此言，見桓六年傳。晉世家、鄭世家作「天方開楚」。未可與争。雖晉之强，能違天乎？諺曰：『高下在心。』處理事務，或高之，或下之，唯由我心之裁度其宜。川澤納污，川澤之水亦容納污濁。山藪藏疾，山藪謂山林與藪澤也。禮記月令「山林藪澤」，孔疏云：「無水之處謂之藪。」山藪多草木，毒害者居之，故曰藏疾。瑾瑜匿瑕，瑾瑜，美玉也，雖其質甚美，而不無疵瑕藏匿其間。國君含垢，以上三句引出此句。含垢，杜注云：「忍垢恥。」老子云：「受國之垢，是謂社稷主。」意蓋謂國君宜以社稷之長遠利益爲重，不宜小不忍而危害社稷。天之道也。君其待之！」欲待楚衰而後從事。乃止。

使解揚如宋，使無降楚，鄭世家云：「乃求壯士得霍人解揚，字子虎，誆楚，令宋毋降。」解揚早已爲晉大夫，見文八年傳；宣元年曾爲楚囚，此時則已歸晉，宜非一時求得之壯士，司馬遷蓋採異說。說苑奉使篇所述則本之史記。曰：「晉師悉起，將至矣。」鄭人囚而獻諸楚。鄭世家云：「過鄭，鄭與楚親，乃執解揚而獻楚。」楚子厚賂之，使反其言。使其言晉不來救。不許。三而許之。登諸樓車，樓車蓋即成十六年傳之巢車，蓋兵車之較高者，所以望敵。餘詳成十六年傳注。使呼宋人而告之。遂致其君命。鄭世家云：「遂負楚約而致其晉君命曰：『晉方悉國兵以救宋，宋雖急，愼毋降楚，晉兵今至矣。』」說苑奉使篇亦載此事。楚子將殺之，使與之言曰：「爾既許不穀，而反之，何故？非我無信，女則棄之。速卽爾刑！」對曰：「臣聞之，君能制命爲義，臣能承命爲信，制定與發佈命令爲君主之事，以此爲當然，爲合理；接受並貫徹命令爲臣下之事，以此爲信守。承，奉行之。信載義而行之爲利。謀不失利，以衞社稷，民之主也。傳凡五言「民之主也」，皆指卿大夫，如宣二年指晉趙盾，昭五年指鄭罕虎，此則似解揚暗中自指。義無二信，杜注：「欲爲義者不行兩信。」信無二命。杜注：「欲行信者不受二命。」君之賂臣，不知命也。此謂楚莊不知「信無二命」之義，故賂解揚使改反其致命。竹添光鴻會箋解此語爲「君之以賂命臣者，臣不知其爲命也」，非傳旨。受命以出，有死無霣，寧有死而不能廢命。霣同隕，杜注：「廢隊也。」又可賂乎？臣之許君，以成命也。所以許君者，欲以完成君之使命也。死而成命，臣之祿也。說文云：「祿，福也。」寡君有信臣，杜注：「己不廢命。」下臣獲考死，杜注以「考」字絕句，「死」字屬下讀，誤。考死爲一詞，猶尚書洪範之「考終命」，此謂死得其所。說本沈欽韓補注、武億異讀、姚鼐補注。又何求？」楚子舍之以歸。鄭世家云：「楚王諸弟皆諫王赦之，於是赦解揚使歸。晉爵之爲上卿。」說苑奉使篇亦云。楚歸解揚由於有人進諫，亦見于晉世家。晉爵之爲上卿，恐無是事。若解揚果爲晉上卿，必再見于傳文，而嗣後則解揚不再見。

夏五月，楚師將去宋，自去秋九月楚子圍宋至今已歷九閱月，宋世家、楚世家俱誤謂「圍宋五月」。據公羊傳及宋世家俱謂楚軍糧盡，或然也。申犀稽首於王之馬前曰：「毋畏知死而不敢廢王命，王棄言焉。」杜注：「未服宋而去，故曰棄言。」參去年申舟聘齊傳。王不能答。申叔時僕，時申叔時爲王駕車也。曰：「築室，反耕者，劉文淇疏證云：「築室反耕，當是古人圍師久留之法。晉書石勒載記，勒遣李龍討徐龕，龕堅守不戰，於是築室反耕，列長圍以守之。慕容儁傳，慕容恪進圍廣固，諸將勸恪宜急攻之。恪曰：『彼我勢均，且有强援，當羈縻守之，以待其斃。』乃築室反耕，嚴固圍壘。禿髮耨檀傳，蒙遜圍樂都，三旬不克。築室反耕爲持久之計。皆用申叔時之策也。」宋必聽命。」從之。宋人懼，使華元夜入楚師，登子反之牀，起之，華元何以得夜入楚師且直登子反之牀，後人頗有猜測，兹皆不録。曰：「寡君使元以病告，曰：『敝邑易子而食，析骸以爨。無糧食，無燃料，困難已極。雖然，城下之盟，有以國斃，不能從也。寧與國俱亡，不能爲城下之盟。去我三十里，三十里爲一舍。唯命是聽。』」以上華元轉述宋公之言。子反懼，與之盟，孔疏引服虔云：「與華元私盟，許爲退師。」而告王。退三十里，宋及楚平。華元爲質。據成二年及五年傳，華元或不久卽歸宋而以公子圍龜代之。盟曰：「我無爾詐，爾無我虞。」虞，欺也。此謂兩不相欺也。説詳王念孫廣雅疏證。此役，楚國將帥尚有子重，見成七年傳。公羊傳云「莊王圍宋，軍有七日之糧爾，盡此不勝，將去而歸爾。於是使司馬子反乘堙而窺宋城，宋華元亦乘堙而出見之」云云，餘與傳所敍情事大同。韓詩外傳所述同，蓋本此。呂氏春秋行論篇云：「與師圍宋九月，宋人易子而食之，析骨而爨之。宋公肉袒、執犧、委服告病，曰：『大國若宥圖之，唯命是聽。』莊王曰：『情矣，宋公之言也！』乃爲却四十里，而舍於盧門之闔，所以爲成而歸也。」所述均與傳有異，蓋傳聞之紛歧。年表又謂鄭「佐楚伐宋」，傳亦不載，世家亦未言，恐僅指「執解揚」爲言也。自去年九月楚圍宋至此年楚宋構平，楚圍宋積九月，吕氏春秋愼勢篇及行論篇俱云「圍宋九月」，是也。唯史記年表及宋世家、楚世家作「五月」，誤。

一五・三　潞子嬰兒之夫人，晉景公之姊也。酆舒爲政而殺之，又傷潞子之目。晉侯將伐之。諸大夫皆曰：「不可。酆舒有三儁才，儁音俊。孔疏云：「有三儁才，知其有才藝勝人者三事耳，不知三者何事也。」不如待後之人。」不如待潞國無俊才而後伐之。伯宗曰：「必伐之。狄有五罪，儁才雖多，何補焉？不祀，一也。不祀，謂不祀其祖先。耆酒，二也。耆同嗜。商紂好酒，古代以爲是被滅亡原因之一，故周初嚴禁嗜酒，尚書酒誥可證。棄仲章而奪黎氏地，三也。杜注以仲章爲潞之賢人。黎，説文作「䣆」，本殷商古國，尚書之西伯戡黎，卽此。吕氏春秋愼大覽云，武王命封帝堯之後於黎，亦卽此。據清嘉慶一統志，黎國本在今山西省長治縣西南三十里黎侯嶺下，其後晉立黎侯，或徙于今黎城縣地。句以兩事合言，蓋仲章嘗諫其奪黎氏地，不用而廢之也。虐我伯姬，四也。惠棟補注云：「上云『酆舒爲政而殺之』，此云『虐』者，尚書吕刑『惟作五虐之刑』，墨子引作『五殺之刑』，論語『不教而殺謂之虐』，又十八年傳云『凡自内虐其君曰弒』，皆以『虐』爲『殺』也。」亦見錢大昕潛研堂文集。傷其君目，五也。怙其儁才，怙，恃也。而不以茂德，茂德，猶言美德、盛德。茲益罪也。茲，此也。猶言此乃增益其罪也。後之人或者將敬奉德義以事神人，而申固其命，申固其命，猶言强固其國家之命運。杜謂命爲政令，不確。若之何待之？意謂若其繼酆舒爲政者，或能敬奉其德義，又能祭祀鬼神，强固其國家，則不可以討伐之矣。不討有罪，曰『將待後』，後有辭而討焉，後有辭者，謂酆舒之後將有理，討之，晉無理。毋乃不可乎？夫恃才與衆，亡之道也。商紂由之，由，謂依其道而行之也，商紂相傳亦是恃才與衆者。故滅。天反時爲災，應寒而暑，應暑而寒，則爲災害。地反物爲妖，羣物失其常性，古人謂之爲妖怪。民反德爲亂。行事之準則爲德，若違反之，便生禍亂。亂則妖災生。謂天災地妖生于民亂。故文，反正爲乏。小篆正作𣥂，乏作𠆢，形似正字之反，故伯宗謂「反正爲乏」，說文亦引之解說「乏」字，其實造字之本意恐不如是。王紹蘭經說卷四以周禮春官射人鄭司農注解之，謂「所以受矢謂之正，所以禦矢謂之乏，其用相反」，於本傳之文不合。伯宗之意蓋謂酆舒反其正道而行之，必致匱乏。盡在狄矣。」晉侯從之。六月癸卯，癸卯，十八日。晉荀林父敗赤狄于曲梁，曲梁有二，襄三年傳有「揚干亂行」之曲梁，在今河北省永年縣境，此曲梁則當在潞國附近，不得遠在河北，杜注誤合兩地爲一。劉昭後漢書郡國志注引上黨記謂曲梁在潞城西十里，是也。其地今名石梁，在潞城縣北四十里。而元和郡縣志謂在今山西沁縣稍西而南，舊斷梁城東北三十里。今不從此說。辛亥，辛亥，二十六日。經書「癸卯」，杜注以爲從赴。滅潞。酆舒奔衞，衞人歸諸晉，晉人殺之。

一五·四 王孫蘇與召氏、毛氏争政，杜注：「三人皆王卿士。」使王子捷殺召戴公及毛伯衞，杜注：「王子捷卽王札子。」卒立召襄。杜注：「襄，召戴公之子。」

一五·五 秋七月，秦桓公伐晉，次于輔氏。杜注：「輔氏，晉地。」據朝邑縣志，朝邑西北十三里有輔氏城，則在今陝西省大荔縣東不足二十里。朝邑縣今已廢，併入大荔縣。壬午，壬午，二十七日。晉侯治兵于稷，稷，晉地。今山西省稷山縣南五十里有稷山，山下有稷亭，相傳爲晉侯治兵處。以略狄土，方言：「略，强取也。」詳王念孫廣雅釋詁疏證。晉雖滅潞，其餘狄土未必服，故晉治兵以强取之。立黎侯而還。黎本舊國，見昭四年傳。潞奪黎氏地，晉復立之。據方輿紀要，山西黎侯城在今黎城縣東北十八里。及雒，雒，晉地。據方輿紀要，洛水自蒲城縣東南流，至朝邑鎮南，入於黄河。則雒蓋以洛水得名，在今大荔縣之東南。魏顆敗秦師于輔氏，獲杜回，秦之力人也。

初，魏武子有嬖妾，無子。杜注：「武子，魏犨，顆之父。」武子疾，命顆曰：「必嫁是。」疾病，古人謂病危曰疾病。則曰：「必以爲殉！」以妻妾殉葬爲奴隸社會之遺俗，據考古發掘所見，甘肅武威皇娘娘臺及臨夏秦魏家齊家文化之氏族公墓中，即發現有男一女一或男一女二合葬墓。男仰身直肢，自爲死者，女則側屈肢附貼于男尸，自爲殉者。及卒，顆嫁之，曰：「疾病則亂，亂謂人之神智不清，故酒醉時亦曰亂，論語鄉黨篇「唯酒無量，不及亂」可證。吾從其治也。」治對亂而言，謂神智清醒時，列子楊朱篇「子奚不時其治也」，謂伺其醒時。及輔氏之役，顆見老人結草以亢杜回。廣雅釋詁：「亢，遮也。」此謂結草以遮攔其路。杜注謂「亢，禦也」，不確。杜回躓而顛，躓音致，又音質，謂行時足遇阻礙而觸之也。說文作疐，云：「礙不行也。」燕策云：「令妾酌藥酒而進之，妾佯躓而覆之。」列子說符云：「意之所屬著，其行，足躓株埳，頭抵植木而不自知也。」諸躓字皆此義。顛，仆也。故獲之。夜夢之曰：「余，而所嫁婦人之父也。而同爾，對稱代詞。爾用先人之治命，余是以報。」晉語七云：「昔克潞之役，秦來圖敗晉功，魏顆以其身却退秦師於輔氏，親止杜回，其勳銘於景鍾。」此事雖涉迷信，固不可信，但亦可見當其時不以活人殉葬爲然，而仍有人殉之俗。一九六九年在侯馬喬村發現戰國殉人墓，足見戰國猶有人殉。

一五·六　晉侯賞桓子狄臣千室，狄臣，狄人之爲奴隸者。室爲其居住之處，故用作計算單位。此賞以奴隸，則其所耕土地宜一併賞之。亦賞士伯以瓜衍之縣，杜注：「士伯，士貞子。」士渥濁諫殺荀林父，見十二年傳。瓜衍之縣，彙纂謂即今山西省孝義縣北十里之瓜城。曰：「吾獲狄土，子之功也。微子，吾喪伯氏矣。」伯氏謂荀林父，字伯，故稱之爲「伯氏」，猶下年傳周定王呼士會爲季氏也。意謂若無爾，則我損失荀林父矣。羊舌職說是賞也，杜注：「職，叔向父。」說，解說，闡明。曰：「周書所謂『庸庸祗祗』者，杜注：「周書，康誥。庸，用也。祗，敬也。言文王能用可用，敬可敬。」謂此物也夫。物，類也。昭元年傳「言以知物」、九年傳「事有其物」、晉語六「如草木之產也，各以其物」，韋、杜注並曰：「物，類也。」六年傳「周書曰『殪戎殷』，此類之謂也」，十二年傳「史佚所謂『毋怙亂』者，謂是類也」，文義與此同，改「物」爲「類」，尤其證也。說見王引之述聞。士伯庸中行伯，謂士伯以中行桓子爲可用。此庸字爲動詞意動用法。君信之，亦庸士伯，亦以士伯爲可用。此之謂明德矣。文王所以造周，不是過也。故詩曰『陳錫哉周』，句見大雅文王篇。周語上云：「大雅曰『陳錫載周』，是不布利而懼難乎？故能載周以至於今。」「哉」作「載」，古字通用。以「布利」解「陳錫」，陳，佈也；錫，賜也；謂佈其利而賜予也。傳亦以「能施」解「陳錫」。哉、載俱創始之義，傳亦以「造周」解「哉周」。皆與晉語引詩義合。能施也。率是道也，循是道而行之。其何不濟？」

一五・七 晉侯使趙同獻狄俘于周，不敬。劉康公曰：杜注：「劉康公，王季子也。」「不及十年，原叔必有大咎。杜注：「原叔，趙同也。」天奪之魄矣。」之作其用。昭二十五年傳云：「心之精爽，是謂魂魄。魂魄去之，何以能久？」蓋古人認爲人于軀殼之外，另有所謂「魂魄」。杜注：「爲成八年晉殺趙同傳。」

一五·八 初税畝，從此以後，按田畝之多少徵税。此是對古代制度之大改革，有其進步意義與作用。非禮也。穀出不過藉，魯語下云「先王制土，藉田以力」，即此藉字。藉，借也，借民力以耕田也。蓋自殷、周以來，行井田之制。井田制有私田，亦有公田。農奴于公田，有進行無償勞動之義務，即所謂藉法。其後生産力日漸發展，不得不逐漸破壞此束縛生産力之井田制。初税畝者，即表明魯國正式宣佈廢除井田制，承認土地私有權，而一律取税。以豐財也。

一五·九 冬，蝝生，饑。幸之也。蝝生爲災，且至於饑，何以「幸之」，實不可解。杜注謂「蝝未爲災，而書之者，幸其冬生，不爲物害」。此亦不可通。魯之冬，夏正之秋，何以「不爲物害」？且經、傳明言「饑」，則其爲害顯然。于鬯校書謂「幸」實「㚔」字，㚔音聶，説文云「所以驚人也」。凡從㚔之字，隸書皆從「幸」，如執、蟄、摯等是，故後人混「㚔」爲「幸」，而以僥幸、幸運解之，實誤。「㚔之」者，罪之也。罪之者，罪宣公之税畝也。此用公羊義，未必合。穀梁傳云：「其曰蝝，非税畝之災也。」則又駁斥公羊義者。然公羊傳亦云：「蝝生不書。此何以書，幸之也。」則公羊亦作「幸」。

十有六年，戊辰，公元前五九三年。周定王十四年、晉景七年、齊頃六年、衞穆七年、蔡文十九年、鄭襄十二年、曹宣二年、陳成六年、杞桓四十四年、宋文十八年、秦桓十二年、楚莊二十一年、許昭二十九年。

經

一六·一 十有六年春王正月。去年閏十二月二十七日己卯冬至，建丑。晉人滅赤狄甲氏及留吁。杜注：「甲氏、留吁，赤狄別種。晉既滅潞氏，今又并盡其餘黨。」甲氏，顧棟高大事表五以爲在今河北省雞澤縣境，不知其所據，未必可信。徐文清管城碩記卷十一謂據水經注，今祁縣有侯甲，侯甲水發源于侯甲山，山在今武鄉縣。據此，甲氏或在今屯留北百里內外。留吁，晉滅之後，改爲純留，襄十八年傳晉人「執孫蒯于純留」是也，在今山西省屯留縣南十里。

一六·二 夏，成周宣榭火。「榭」公羊作「謝」，字通。「火」，公羊、穀梁並作「災」。成周見隱三年傳注。宣榭，呂大臨考古圖所載周郙敦銘文有「王格于宣榭」，虢季子白盤銘文亦有「王各（格）周廟宣廚（榭）」，蓋字本作射，其後加偏旁作榭，指土臺上之廳堂式建築，用以習射講武者。楚語上云：「故先王之爲臺榭也，榭不過講軍實，臺不過望氛祥，故榭度於大卒之居，臺度於臨觀之高。」賈子禮篇云：「歲凶，穀不登，臺扉不塗，榭徹侯。」皆可以證成此義。公羊、穀梁俱謂宣榭爲藏樂器之所，非。謂之宣榭者，孔疏引服虔云「宣揚威武」之義，公羊以爲在宣王之廟中。然宣王廟恐不得在成周，公羊說非也。說參孫詒讓籀高述林卷七。鄦𣪘云：「正月初吉，王在周邵宮。丁亥，王各（格）于宣榭。」宣榭又在邵宮，則不必宣宮矣。郭沫若兩周金文辭大系考釋虢季子白盤跋論此尤詳。

一六·三 秋，郯伯姬來歸。

一六·四 冬，大有年。無傳。穀梁傳云：「五穀大熟爲大有年。」卜辭之「㞢年」即「有年」。

傳

一六·一 十六年春，晉士會帥師滅赤狄甲氏及留吁鐸辰。杜注：「鐸辰不書，留吁之屬。」若依杜注所云，鐸辰當在今山西省潞城縣、屯留縣附近。

三月，獻狄俘。杜注：「獻于王也。」晉侯請于王，戊申，戊申，二十七日。以黻冕命士會將中軍，黻音弗，黻冕，古代禮服之一種。黻指衣而言，詩秦風終南云：「黻衣繡裳。」禮記禮器云：「天子龍袞，諸侯黼，大夫黻，士玄衣纁裳。」金鶚禮説云：「龍袞言衣，非言裳，則黼、黻皆言衣可知。」其言是也，詩終南「黻衣」與「繡裳」相對，且大戴禮記五帝德篇亦云「黃帝黼黻衣、大帶、黼裳」，晏子春秋諫上篇云「景公衣黼黻之衣，素繡之裳」，黼黻皆以衣言，尤爲明徵。黻衣，蓋其衣以青黑兩色繡爲亞字花紋，詳桓二年傳注。孔疏以黻爲韠，謂爲蔽膝（蔽膝之制亦見桓二年傳注），誤。劉履恂秋槎雜記因孔疏之誤而强作解人，實不必。冕，禮帽。此黻冕自是當時卿大夫之禮服，與論語泰伯言禹「惡衣服而致美乎黻冕」之爲祭服者，蓋有不同。且爲大傅。據左傳，文六年陽處父爲大傅，成十八年士渥濁爲大傅，襄十六年羊舌肸爲大傅，蓋晉主禮刑之近官，此則以中軍帥兼之。於是晉國之盜逃奔于秦。列子説符篇有郄雍視盜之故事，其末亦云：「於是用隨會知政，而羣盜奔秦焉。」羊舌職曰：「吾聞之，『禹稱善人，稱，舉也，謂提拔而任之也。不善人遠』，此之謂也夫。詩曰『戰戰兢兢，如臨深淵，如履薄冰』，句在詩小雅小旻篇。戰戰兢兢，恐懼戒慎之貌。如臨深淵，恐其墜也。如履薄冰，恐其陷也。善人在上也。其意謂善人在上，則人民皆恐懼戒慎，不敢妄爲。善人在上，則國無幸民。幸民謂僥幸於萬一之民。管子七法篇云：「朝無政，則賞罰不明。賞罰不明，則民幸生。賞罰明，則人不幸。人不幸，則勇士勸之。」又正篇云：「遏之以絶其志意，毋使民幸。」又明法解云：「行私惠而賞無功，則是使民偷幸而望於上也。」諸「幸」字皆此義，所不同者，羊舌職謂「無幸民」之關鍵在於「善人在上」，而管子則以爲在于「明法」耳。諺曰『民之多幸，國之不幸也』，是無善人之謂也。」

一六・二 夏，成周宣榭火，人火之也。凡火，人火曰火，天火曰災。經書魯國之災者六，桓十四年御廩災、僖二十年西宮災、成三年新宮災、定二年雉門及兩觀災、哀三年桓宮、僖宮災、四年亳社災是也。諸侯之災者五，莊二十年齊大災、襄九年及三十年宋災、昭九年陳災、十八年宋、衞、陳、鄭災是也。唯此年書「火」耳。

一六・三 秋，郯伯姬來歸，出也。郯伯姬蓋嫁于郯國之君而被棄並遣回娘家者。「諸侯出夫人」之禮，見禮記雜記下。

一六・四 爲毛、召之難故，毛、召之難見去年傳。王室復亂，王孫蘇奔晉。杜注：「毛、召之黨欲討蘇氏，故出奔。」晉人復之。

冬，晉侯使士會平王室，平，和也。調和周室諸卿士間之矛盾。周語中作「晉侯使隨會聘於周」，不如左傳之確。定王享之。原襄公相禮。杜注：「原襄公，周大夫。」相禮見桓十八年傳注。殽烝。古代祭祀、宴會，殺牲以置於俎（載牲之器）曰烝。烝者，升也，謂升之于俎也。若將整個牲體置於俎上，並不煮熟，曰全烝，唯祭天用之。若將半個牲體置於俎，曰房烝，亦曰體薦。若節解其牲體，連肉帶骨置之於俎，則曰殽烝，亦曰折俎。殽卽肴，凡非穀物而可食者曰肴，此則殽對胾而言。骨有肉曰殽，猶今之排骨。純肉切之曰胾。殽烝，賓主可食，至全烝、房烝則只是虛設，不能食。武季私問其故。各本「武季」原作「武子」，唯宋慶元本及日本足利本作「武季」。杜此注云：「武，士會謚；季，其字。」是杜所據本作「武季」，今依之訂正。周語中作「范子私於原公」云云。范子卽武季。王聞之，召武子曰：「季氏！據左傳，春秋時，周天子對諸侯卿大夫之稱謂有二。僖十二年傳周襄王稱管仲爲「舅氏」，其一也。其二則是稱其五十歲以後之字，伯、仲、叔、季，此於士會稱「季氏」、成二年於鞏朔稱「鞏伯」、昭十五年於荀躒稱「伯氏」、籍談稱「叔氏」，皆其例也。**而弗聞乎？**而同爾。**王享有體薦，**體薦卽房烝，見上注。**宴有折俎。**折俎卽殽烝，因折斷其骨節而後置之俎上，故亦曰折俎。享同饗，享與宴有時義同，此則意義有別。享有體薦者，設宴殺牲，徒具形式，而賓主並不飲食之，成十二年傳杜注所謂「設几而不倚，爵盈而不飲，肴乾而不食」是也。宴則以折俎，相與共食之。**公當享，**公謂諸侯。天子於諸侯則設享禮。**卿當宴。**天子招待諸侯之卿，則設宴禮。**王室之禮也。」武子歸而講求典禮，以修晉國之法。**周語中亦載此事，其文較繁。末云：「武子遂不敢對而退，歸乃講聚三代之典禮，於是乎修執秩以爲晉法。」

十有七年，己巳，公元前五九二年。周定王十五年、晉景八年、齊頃七年、衞穆八年、蔡文二十年、鄭襄十三年、曹宣三年、陳成七年、杞桓四十五年、宋文十九年、秦桓十三年、楚莊二十二年、許昭三十年。

經

一七·一 **十有七年春王正月庚子，**正月初八日甲申冬至，建子。庚子，二十四日。**許男錫我卒。**無傳。其子靈公寧嗣位。據成二年傳，許靈公之卽位年幼弱。

一七·二 **丁未，**丁未爲二月二日，此未書月，恐史失之。**蔡侯申卒。**無傳。其子景侯固立。據成二年傳，其卽位年亦甚少。

一七·三 夏，葬許昭公。無傳。

一七·四 葬蔡文公。無傳。

一七·五 六月癸卯，日有食之。無傳。 六月乙巳朔，不當有癸卯，且是月無日食。惟五月乙亥朔確有日環食，曲阜可見一分以上，不知是否日月有誤。王韜則推算宣公七年六月癸卯朔有日食，而誤爲十七年，馮澂春秋日食集證亦云：「王韜之説是也。」疑錯簡。

一七·六 己未，王韜推得爲八月十六日，誤。當爲六月十五日，詳春秋長曆考正校注。公會晉侯、衞侯、曹伯、邾子同盟于斷道。杜注：「斷道，晉地。」彙纂及大事表均以今山西省沁縣東北之斷梁城當之，未必確。沈欽韓補注則以斷道與傳之「卷楚」爲一地，而以在今河南省原陽縣西漢所置之卷縣當之，亦未必可據。以傳文「野王」、「原」、「温」諸地理推之，斷道、卷楚當在今濟源縣西南一帶。

一七·七 秋，公至自會。無傳。

一七·八 冬十有一月壬午，壬午，十一日。公弟叔肸卒。

傳

一七·一 十七年春，晉侯使郤克徵會于齊。郤克見十二年傳注。徵，召也。晉欲爲斷道之會，使郤克聘齊，使之參加也。齊頃公帷婦人使觀之。帷，以布帛圍之以自障。婦人卽齊頃公之母蕭同叔子，故成二年鞌之戰後，晉欲以之爲質。郤子登，婦人笑於房。郤克乃跛子，故當其登階而蕭同叔子笑之。蕭同叔子，他書亦作蕭同姪子。房，說文云：「室在旁也。」段注云：「凡堂之內，中爲正室，左右爲房，所謂東房西房也。」公羊傳云：「晉郤克與臧孫許同時而聘于齊。蕭同姪子者，齊君之母也，踊于棓（登上跳板）而窺客，則客或跛或眇，於是使跛者迓跛者，使眇者迓眇者。」說苑敬慎篇亦云：「晉、魯往聘，以使者戲。」穀梁傳云：「季孫行父禿，晉郤克眇，衞孫良夫跛，曹公子手僂，同時而聘於齊。齊使禿者御禿者，使眇者御眇者，使跛者御跛者，使僂者御僂者。蕭同姪子處臺上而笑之，聞於客。」晉世家云：「使郤克於齊。齊頃公母從樓上觀而笑之。所以然者，郤克僂，而魯使蹇，衞使眇，故亦令人如之以導客。」郤子怒，出而誓曰：「所不此報，無能涉河！」所，用於盟誓中之假設連詞，若也。司馬遷以「出」爲出齊境，故晉世家云：「郤克怒，歸至河上，曰：『不報齊者，河伯視之！』」謂其誓於所謂河神也。公羊傳云：「二大夫出，相與踦閭（一人在門內，一人在門外）而語，移日然後相去。齊人皆曰：『患之起必自此始。』」穀梁所敍略同。皆與左傳異。獻子先歸，使欒京廬待命于齊，曰：「不得齊事，無復命矣。」郤克使命未完成而返國，故云「先歸」。欒京廬爲其副手（古謂之上介），則留于齊，必欲其使齊頃公往與會，然後回國復命。「不得齊事」者，不能完成來齊之使命也。杜注謂「使得齊之罪」，誤。郤子至，至于晉國。請伐齊。晉侯弗許。請以其私屬，杜注：「私屬，家衆也。」謂請率其家族之兵車士衆往伐齊。又弗許。晉世家云：「至國，請君，欲伐齊。景公問知其故，曰：『子之怨，安足以煩國？』弗聽。」齊侯使高固、晏弱、蔡朝、南郭偃會。高固，卽高宣子，晏弱卽晏桓子，俱見十四年傳並注。及斂盂，歛盂見僖二十八年傳注。高固逃歸。杜注：「聞郤克怨故。」夏，會于斷道，討貳也。貳，傳未言何國，是時宋已與楚平，鄭、陳、蔡亦皆附楚，貳或指諸國也。既徵會于齊，則原不以齊爲貳也。盟于卷楚，杜注謂「卷楚卽斷道」，陳立公羊義疏則謂「似斷道與卷楚二地」，縱是二地，亦當相距不遠。辭齊人。拒絕齊人參與。晉人執晏弱于野王，野王，在今河南省沁陽縣治。執蔡朝于原，原見隱十一年傳注。執南郭偃于溫。溫，亦見隱十一年傳注。

苗賁皇使，苗賁皇晉語五作「苗棼皇」，賁、棼古音同，得通假。據襄二十六年傳，苗賁皇爲楚鬭椒之子，宣四年楚滅若敖氏，逃奔晉國，晉以苗邑與之。苗在今河南省濟源縣西南。此謂苗賁皇此時正出使而過野王也。見晏桓子。歸，言於晉侯曰：「夫晏子何罪？昔者諸侯事吾先君，金澤文庫本「諸侯」下有「之」字。皆如不逮，論語季氏篇云：「見善如不及。」如不及與此如不逮同意。因其如不逮，故努力爲之，杜注「言汲汲也」，得其義矣。舉言羣臣不信，舉，皆也。諸侯皆有貳志。此謂諸侯皆言晉之羣臣不信之，因皆有貳心。苗賁皇當時不敢斥君，故言羣臣。齊君恐不得禮，不得禮猶言不見禮待，意卽被辱。故不出，而使四子來。左右或沮之，沮，阻止也。齊君之近臣有人阻止之。曰：『君不出，必執吾使。』故高子及歛盂而逃。夫三子者曰：『若絶君好，寧歸死焉。』爲是犯難而來。吾若善逆彼以懷來者。若，應該之意，說詳俞樾平議。謂當盛情迎接，以使來晉國者懷戀思念。吾又執之，此句有省略，意謂吾不善逆之，而又執之。以信齊沮，以使齊國之阻止者其預料得證實。吾不既過矣乎？過，錯誤。過而不改，而又久之，久執之而不釋放。以成其悔，何利之有焉？使反者得辭，反者指高固。得辭，得其逃歸之理由。而害來者，以懼諸侯，以使諸侯懼怕晉國。將焉用之？」晉人緩之，放鬆其囚執。逸。十八年傳繒之盟言「蔡朝、南郭偃逃歸」，不及晏弱，知此時逃逸者唯晏弱一人耳。說詳武億義證。

秋八月，晉師還。惠棟補注引惠士奇云：「晉未嘗出師，而云『晉師還』者，豈斷道討貳之師歟？似有闕文。」然考定四年傳云：「君行師從，卿行旅從」，則會盟可隨師旅。此或盟會之師旅還晉。

一七・二 范武子將老，范武子即晉中軍帥士會。初封隨，故曰隨武子；後改封范，故又曰范武子。以後其子孫終春秋之世均稱范。昔人多謂士會所封之范即孟子「自范之齊」之范，顧棟高大事表力主此說，且謂士會墓亦在山東省范縣（范縣今廢）東三里。然其地距晉遠，恐難置信。老，告老退休也。晉世家作「魏文子請老休」，誤。召文子曰：文子，士燮，武子之子。「燮乎！吾聞之，喜怒以類者鮮，類，法也。喜怒合乎禮法者，曰以類，不然，便爲不類。孔子家語五儀解「忿怒不類」可證。易者實多。易可解爲反易，謂反其道（「喜怒以類」）而行之者實多。亦可解爲輕易（去聲），謂輕易而喜怒者實多。詩曰：『君子如怒，亂庶遄沮。君子如祉，亂庶遄已。』句在小雅巧言篇。沮、已，皆止也。遄，速也。祉，喜也。意謂君子之怒或者喜，皆庶幾能速止亂也。怒、沮爲韻，古音同在模部。祉、已爲韻，古音同在咍部。君子之喜怒，以已亂也。弗已者，必益之。若不欲其止亂，則必增加其亂。參下引晉語文。郤子其或者欲已亂於齊乎。其，表將然之副詞。或者，表不肯定之副詞。不然，余懼其益之也。余將老，使郤子逞其志，逞，快也。逞其志，猶言使其心志快意，滿足其心願也。庶有豸乎。豸音止，解也。言患亂得解也。爾從二三子唯敬。」二三子指晉國諸卿大夫。乃請老。郤獻子爲政。晉語五云：「郤獻子聘於齊，齊頃公使婦人觀而笑之。郤獻子怒，歸請伐齊。范武子退自朝曰：「燮乎！吾聞之，干人之怒，必獲毒焉。夫郤子之怒甚矣，不逞於齊，必發諸晉國。不得政，何以逞怒？余將致政焉，以成其怒，勿以内易外也。爾勉從二三子以承君命唯敬。」乃老。」

一七·三 **冬，公弟叔肸卒，公母弟也。** 穀梁傳謂叔肸于宣公之殺惡及視而自立（見文十八年傳），甚爲不平，故其人「織屨而食，終身不食宣公之食」。穀梁之爲此言，蓋據叔肸既是宣公母弟，而除其卒外，未嘗再見於經、傳，因而推測作此語，但未必是事實。元和姓纂引世本稱「惠伯叔肸」，且其子公孫嬰齊已爲卿，見于經，嬰齊生叔老子叔，子叔生叔弓，叔弓生輒及鞅，輒生詣，亦俱見于經，則其人有謚，其子孫世世爲卿可知矣，叔肸或非不仕。**凡大子之母弟，公在曰公子，不在曰弟。** 此是一通例。然母弟雖其父不存，亦有稱「公子」者，如莊二十五年、二十七年經兩書「公子友如陳」，季友爲莊公母弟，其時桓公已死。又如昭元年虢之會稱「陳公子招」，八年則書「陳侯之弟招殺陳世子偃師」，蓋因其事之不同，行文之便，或稱弟，或稱公子，固未必拘於書例也。**凡稱弟，皆母弟也。** 此又是一通例。考之全經，有雖母弟而不稱弟者，但無非母弟而稱弟者，則此例並無例外。以定十一年經爲例，辰是宋景公之母弟，故稱「弟辰」。他若公子地，則是辰之庶兄，故十年經稱「公子地」，而不稱「弟」，分別甚爲明顯。黄式三春秋釋謂「春秋書同母之兄弟，重宗法也」，可參看。

十有八年，庚午，公元前五九一年。周定王十六年、晉景九年、齊頃八年、衛穆九年、蔡景公固元年、鄭襄十四年、曹宣四年、陳成八年、杞桓四十六年、宋文二十年、秦桓十四年、楚莊二十三年、許靈公甯元年。

經

一八・一 十有八年春，正月二十日庚寅冬至，建子。晉侯、衞世子臧伐齊。

一八・二 公伐杞。無傳。

一八・三 夏四月。

一八・四 秋七月，邾人戕鄫子于鄫。「鄫」，穀梁作「繒」，餘詳僖十四年經注。杜注：「傳例曰『自外曰戕』，邾大夫就鄫殺鄫子。」

一八・五 甲戌，甲戌，七日。楚子旅卒。「旅」，穀梁作「吕」，史記作「侣」，音同通假。楚君之卒書于春秋者始于此。但終春秋，未嘗書楚君之葬。襄二十九年傳稱「葬楚康王，公及陳侯、鄭伯、許男送葬」，而經亦不書葬楚康王。公羊傳云：「何以不書葬？吴、楚之君不書葬，辟其號也。」禮記坊記亦云：「子云：『天無二日，土無二王，家無二主，尊無二上，示民有君臣之别也。春秋不稱楚、越之王喪，恐民之惑也。』」鄭注云：「楚、越之君僭號稱王，不稱其喪，謂不書葬也。」蓋書葬，必書「葬楚某王」，等於承認其王號，故不書以避之。實則考之彝銘自稱王者，不限於楚、吴、越。然經皆不書「王」，多書「子」。

一八・六 公孫歸父如晉。

一八·七 冬十月壬戌，壬戌，二十六日。公薨于路寢。

一八·八 歸父還自晉，至笙。「笙」，公羊、穀梁俱作「檉」，古音同假借。 笙地無考，江永考實謂即莊九年傳之生竇，在今山東省曹縣東北，亦只推測之辭。羅泌路史國名紀注以笙與成二年傳之莘爲一地，亦不可信。遂奔齊。

傳

一八·一 十八年春，晉侯、衛大子臧伐齊，至于陽穀。陽穀見僖三年經注。 年表云「齊頃公八年，晉伐敗我」。傳文無敗齊事，世家亦未言及，年表或別有所本。齊侯會晉侯盟于繒，繒地無考，然絶非鄫國之鄫。或近今山東陽穀縣。以公子彊爲質于晉。晉師還。蔡朝、南郭偃逃歸。杜注：「晉既與齊盟，守者解緩，故得逃。」

一八·二 夏，公使如楚乞師，欲以伐齊。朱梁補刻唐石經「欲」上有「將」字，蓋妄加，各本皆無。 杜注云：「公不事齊，齊與晉盟，故懼而乞師于楚。」

一八·三 秋，邾人戕鄫子于鄫。凡自內虐其君曰弒，各本俱無「內」字，惟唐石經及金澤文庫本有。校勘記云：「周禮大司馬之職正義、李善魏都賦注引傳並有『內』字。」今據補。 虐，殺也。見十五年傳注。 自外曰戕。 春秋無用「戕」者，唯此一次，傳則有襄三十一年「閽戕戴吳」一次，此蓋邾使人就鄫國暗殺之。說文云「戕，他國臣來弒君曰戕」，取左傳義，謂殺之于其國也。若殺之于其國外或他國明目張膽以殺另一國之君者則仍曰殺。 如昭十一年「楚子虔誘蔡侯般殺之于申」、定四年「蔡公孫姓帥師滅沈，以沈子嘉歸，殺之」是也。

一八·四　楚莊王卒，楚師不出。此事緊接「公使如楚乞師」，爲「秋，邾人戕鄫子」所隔斷，左傳本有隔傳相接之例。俞樾平議及古書疑義舉例卷六謂以下二十一字爲錯簡，吳闓生左傳微亦移此二十一字與「欲以伐齊」相接。于文義則然，于傳例則未達一間。既而用晉師，此指成二年鞌之役。意謂魯本欲乞楚師伐齊，楚師不出，不久便用晉師伐齊。楚於是乎有蜀之役。蜀之役在成二年冬，詳彼傳。蜀，魯地，或以爲在今山東省泰安縣西，或以今汶上縣西之蜀山湖當之。據成二年傳，其地當與陽橋相近，則前説較確。周原六八號卜甲有「伐蜀」文，當非此蜀。

一八·五　公孫歸父以襄仲之立公也，有寵，襄仲殺惡及視而立宣公，見文十八年傳。歸父爲襄仲之子，故有寵。欲去三桓，以張公室。與公謀，而聘于晉，欲以晉人去之。欲借晉人之力。冬，公薨。季文子言於朝曰：「使我殺適立庶以失大援者，仲也夫！」歸罪於襄仲，將去公孫歸父。「殺適立庶」，襄仲之謀。「失大援」，「大援」不知誰指，若指齊，則宣公初立，事齊甚勤，齊亦援之甚力，近始有隙。杜注云：「南通於楚，既不能固，又不能堅事齊、晉，故云『失大援』。」義雖得通，然與「殺適立庶」關係不密。沈欽韓補注謂此爲「行父之詭詞欺衆」，義或然也。臧宣叔怒曰：臧宣叔即臧孫許，臧文仲辰之子，武仲紇之父。「當其時不能治也，後之人何罪？此揭露季孫行父之用心。季孫行父恨歸父之欲去三桓，因欲逐之，而不便明言，故託詞以罪其父。臧孫許則云：若謂襄仲失大援，則當其時須治之，其子無罪，不受責。子欲去之，點明季孫行父之陰謀。許請去之。」杜注謂臧孫許「時爲司寇，主行刑」，不知别有據，抑推測之辭。遂逐東門氏。襄仲之族號東門氏，見僖二十六年傳注。公羊成十五年傳云：「宣公死，成公幼。臧宣叔者，相也。君死不哭，聚諸大夫而問焉，曰：『昔者叔仲惠伯之事孰爲之？』諸大夫皆雜然曰：『仲氏也，其然乎？』於是遣歸父之家，然後哭君。」以逐東門氏爲臧孫許所倡議，與傳異。

子家還，子家，歸父之字。**及笙，**公羊謂歸父行至此，聞宣公死，已家被逐。**壇帷，**築土爲壇，除地爲墠（音善），然有時壇亦作墠用。或謂歸父不及築土，僅清除草穢作一場地爲行禮之用而已，公羊亦記此事，作「墠帷」，則此壇字宜讀作墠。然據禮記曲禮下「大夫士去國，踰竟，爲壇位，鄉國而哭」之儀，中途大夫士本可以設壇，何況歸父爲魯之上卿乎？此壇字仍當爲築土之壇。說參沈欽韓補注。帷，以布帛圍其壇。**復命於介。**據儀禮聘禮，使者出使，聞其君死，若已入所聘國之境，則仍須完成聘問之事。返國，在死君之停棺前向死君復命，聘禮所云「聘君若薨于後，入境則遂。歸，執圭，復命于殯」是也。但歸父此時始知季孫行父已逐其家，因不返國，在途中爲壇帷，設位，向其副手復命，欲其副手代之復命于死君。復命之儀節見聘禮。孔疏謂此則「介當南面，歸父於介前北面，執圭復命」，或然也。介，使者有上介，有衆介。上介爲副手，衆介爲助手。此上介也。**既復命，袒、括髮，**古代之袒，無論吉凶，皆袒左，解去左邊外衣，露出內衣。唯受刑則右肉袒。袒或裼，皆不露體。若露體，則云「肉袒」，或云「袒裼」。袒裼亦有二義，有露體者，詩鄭風大叔于田「袒裼暴虎」、孟子公孫丑上「雖袒裼裸裎於我側」是也。禮記內則「不有敬事，不敢袒裼」，則不露體者。括髮，以麻約束其髮也。古人加冠，必先束髮，或以錦束之，或以組束之，或以緇縞束之，同謂之纚（音蓰）。束髮後再加安髮之簪，謂之笄（音雞），然後加冠。初遭喪，先去冠。又二日去笄纚，於是以麻束髮。說詳黃以周禮書通故。又據聘禮，復命之後，「出，袒括髮」，此則不能返國，歸父亦依其儀行之。**即位哭，**歸父就自己之位而哭。**三踊而出。**踊音勇。聘禮又云：「入門右，即位踊。」古代遭喪，有擗踊之儀。擗猶椎胸，踊猶頓足。男踊女擗，表示哀痛之至。**遂奔齊。**書曰「歸父還自晉」，善之也。

春秋左傳注

成公

名黑肱，宣公子。公羊成公十五年傳謂「宣公死，成公幼」，以成公即位十四年後娶妻推之，此說可信。

元年，辛未，公元前五九〇年。周定王十七年、晉景十年、齊頃九年、衞穆十年、蔡景二年、鄭襄十五年、曹宣五年、陳成九年、杞桓四十七年、宋文二十一年、秦桓十五年、楚共王審元年、許靈二年。

經

一・一 元年春王正月，冬至在二月朔乙未，實建亥，此年有閏。公即位。無傳。

一・二 二月辛酉，辛酉，二十七日。葬我君宣公。無傳。

一・三 無冰。無傳。詩豳風七月云：「二之日鑿冰沖沖，三之日納于凌陰。」「二之日」即夏正十二月，周正二月。昭四年傳亦云：「古者日在北陸而藏冰。」「日在北陸」亦即周正二月。禮記月令：「季冬之月，『冰方盛，水澤腹堅，命取冰』。季冬卽周正二月。可見古代有在周正二月取冰、藏冰之禮。若天氣暖和，水澤不凍，則不能行此禮，故史書「無冰」。此年實建亥，但冬至在二月朔日，與建子相差不遠，寒暖無大異。餘詳桓十四年經注。

一·四 三月，作丘甲。詳傳注。

一·五 夏，臧孫許及晉侯盟于赤棘。臧孫許詳宣十八年傳並注。據十二年傳，赤棘，晉地，但不詳今地何在。

一·六 秋，王師敗績于茅戎。「茅」，公羊、穀梁俱作「貿」，蓋古同音假借。餘詳傳注。

一·七 冬十月。

傳

一·一 元年春，晉侯使瑕嘉平戎於王，瑕嘉卽文十三年傳之詹嘉，詳彼注。文十七年「周甘歜敗戎於邥垂」，杜注謂此乃調和因邥垂之役所引起之仇怨。瑕嘉平戎，疑爲以前事。周師爲茅戎所敗，因不得不追敍其源。單襄公如晉拜成。單襄公，據周語中韋注，卽周卿士單朝。又據周語下，其子爲單頃公。拜成，因晉調停有效而答謝。劉康公徼戎，劉康公，見宣十年經、傳並注。徼音驍。徼戎，乘戎因講和之際不設防備而欲僥倖敗戎也。集韻云「儌倖」，毛晃增韻謂後人混儌、徼爲一。考之洪武正韻，亦儌、徼相混。將遂伐之。叔服曰：叔服見文元年經注。「背盟而欺大國，大國指晉。此必敗。背盟，不祥；欺大國，不義；神、人弗助，神承不祥，人承不義。將何以勝？」不聽，遂伐茅戎。茅戎，杜注以爲「戎別種」。水經河水注云：「河北對茅城，故茅亭，茅戎邑也。」據清一統志，在今山西平陸縣西南。但王夫之稗疏則謂今之平陸縣爲晉地，在黄河之邊，是交通要道，不應爲華戎所雜處之地；且離成周遠，周不宜攻伐。此茅戎所在，當卽隱十一年傳之欑茅，在今河南省修武縣。除此二説外，尚有據水經河水注「歷帜關西，逕苗亭」，以茅戎在今濟源縣西者。平陸之茅津離洛陽二百五十里，修武離洛陽二百十里，唯苗亭離洛陽最近，僅八、九十里，且爲周邑，或是此處。至路史國名紀羅苹注謂茅戎在陳留，不知陳留於春秋爲鄭之留邑，且距洛陽三百六十里，既難以得罪周王，東周亦難以越鄭伐之。其不可信顯然。三月癸未，癸未，十九日。敗績於徐吾氏。據孔疏，徐吾氏爲茅戎内聚落之名，卽交戰之處。據叔服語，蓋爲晉所敗，公羊傳亦云然。

一·二 爲齊難故，宣公卽位，事齊極爲恭敬。然十七年斷道之盟，魯、晉諸國聯盟，以齊爲敵。十八年，魯又向楚國乞師，欲伐齊；楚未出師，故須防齊國之侵。作丘甲。周禮小司徒與服虔注引司馬法皆云「九夫爲井，四井爲邑，四邑爲丘，四丘爲甸」，則「丘」係地方基層組織之名。昭四年有「丘賦」，孫子作戰篇有「丘役」，莊子則陽篇有「丘里」，孟子盡心下有「丘民」，諸「丘」字均同此義。甲，古有兩義，一爲鎧甲，一爲甲士。穀梁傳明言此「甲」爲鎧甲。「作丘甲」，卽使一丘之人均作鎧甲。左傳、公羊無此義。何休以穀梁釋公羊，未必合公羊本意，使一丘之人均作鎧甲，恐難行通。毛奇齡春秋傳與經問則謂「使每丘出甲若干勒」，然而增加裝備，不增士卒，備難之道亦不全。此「甲」字自以泛指甲士爲正確。甲士則有甲亦有人。「作丘甲」内容更屬異説紛紜。杜注以爲本爲每丘十六井，出戎馬一匹，牛三頭；每甸六十四井，出戰車一輛，戎馬四匹，牛十二頭，甲士三人，步卒七十二人。今魯則令一丘出一甸之賦，無端增加四倍。此説甚不合理。姑不論人民不勝負担，卽以事實而論，魯本有二軍，若此時徵收軍賦四倍，卽將擴充爲八軍，何以直至哀公十一年始「作三軍」？其後如胡安國春秋傳、孫覺春秋經解、顧炎武補正、萬斯大學春秋隨筆、龔元玠春秋客難、沈欽韓補注等書均於此說有所糾正，或者謂只增賦三分之一，或者謂只增賦四分之一，或者謂「但增加甲士而步卒如故」，然皆推測之辭，並無確證。今人對「作丘甲」亦各有己見。范文瀾中國通史簡編云「就是一丘出一定數量的軍賦，丘中人各按所耕田數分攤，不同於公田制農夫出同等的軍賦」，視之爲軍賦改革，且與宣公十五年「初稅畝」聯繫，較爲合理。餘說不備引。

一·三 聞齊將出楚師，意謂齊將率同楚師來伐。夏，盟於赤棘。據經，臧孫許去晉與晉侯盟。

一·四 秋，王人來告敗。據傳，周師敗績爲三月事，但經書「秋，王師敗績」。此條說明經書「秋」，蓋因周室通告諸侯在秋。

一·五 冬，臧宣叔令脩賦、繕完、具守備，脩賦是一事，即襄二十五年傳「量入脩賦」之「脩賦」，治理軍賦，亦即實施「作丘甲」之政令。繕完是一事，即襄三十一年傳「繕完葺牆」之「繕完」，修治城郭。可單言「繕」，襄三十年傳「繕城郭」可證；可單言「完」，隱元年傳「大叔完聚」，「完」即是「完城郭」。讀本以繕完爲繕甲兵、完城郭兩事亦通。總之爲防守之工作具備。曰：「齊、楚結好，我新與晉盟，晉、楚爭盟，齊師必至。雖晉人伐齊，楚必救之，是齊、楚同我也。意謂兩國同以我爲敵。知難而有備，難，去聲。乃可以逞。」逞，解也，謂憂患可以解開。見隱九年傳注。

二年，壬申，公元前五八九年。周定王十八年、晉景十一年、齊頃十年、衞穆十一年、蔡景三年、鄭襄十六年、曹宣六年、陳成十年、杞桓四十八年、宋文二十二年、秦桓十六年、楚共二年、許靈三年。

經

二·一 二年春，正月十二日庚子冬至，建子。齊侯伐我北鄙。

二·二 夏四月丙戌，丙戌，二十九日。衞孫良夫帥師及齊師戰于新築，新築，據傳，爲衞國地名，彙纂謂在今河北魏縣南。餘詳傳注。衞師敗績。

二·三 六月癸酉，癸酉，十七日。季孫行父、臧孫許、叔孫僑如、公孫嬰齊公孫嬰齊，叔肸之子，又稱仲嬰齊，謚聲伯。帥師會晉郤克、衞孫良夫、曹公子首及齊侯戰于鞌，「首」公羊、穀梁作「手」，音同通用。鞌，音安。餘詳傳注。齊師敗績。

二·四 秋七月，齊侯使國佐如師。己酉，己酉，二十三日。及國佐盟于袁婁。「袁」，傳及穀梁並作「爰」，兩字古音近。餘詳傳注。

二·五 八月壬午，壬午，二十七日。宋公鮑卒。

二·六 庚寅，庚寅，九月五日。傳謂九月，此繫於「八月」之下，王韜謂「史官之誤」。衞侯速卒。「速」，公羊作「遬」，史記同，同音通假。

二·七 取汶陽田。杜注：「晉使齊還魯。」

二·八　冬，楚師、鄭師侵衞。

二·九　十有一月，公會楚公子嬰齊于蜀。公子嬰齊即子重，嘗爲將軍、左尹及令尹。此時已爲令尹。互詳宣十一年傳注。

二·一〇　丙申，丙申，十二日。公及楚人、秦人、宋人、陳人、衞人、鄭人、齊人、曹人、邾人、薛人、鄫人盟於蜀。

傳

二·一　二年春，齊侯伐我北鄙，圍龍。龍，在今山東泰安縣東南。「龍」史記作「隆」。年表列「齊取我隆」於元年，與傳異。頃公之嬖人盧蒲就魁門焉。通志氏族略五云「盧蒲氏，姜姓，齊桓公之後」，不知何據。門謂攻城。龍人囚之。齊侯曰：「勿殺，吾與而盟，無入而封。」兩「而」字均同「爾」。封，境也。弗聽，殺而膊諸城上。膊音博，方言云：「暴也。」廣雅云：「張也。」則相當於今之暴露、陳列。「膊諸城上」與僖二十八年傳「尸諸城上」義同。齊侯親鼓，士陵城。三日，取龍。遂南侵，及巢丘。巢丘，當距龍不遠，或不離泰安縣境。

二·二　衞侯使孫良夫、石稷、甯相、向禽將侵齊，據杜注，孫良夫，孫林父之父。石稷，石碏四世孫。甯相，甯俞子。甯相之「相」舊讀去聲。向禽將，「禽將」當是名。或以「向禽」爲姓名，「將」字另讀，恐不確。衞世家云：「穆公十一年，孫良夫救魯伐齊。」司馬遷以此次衞國出軍爲救魯。與齊師遇。兩國軍隊相遇之地傳文未言，若齊軍由伐魯而直接回國，則不必繞道經衞之新築。彙纂則以爲相遇在新築，因云：「考其情事，蓋衞與侵齊之師尚在衞之封內，而齊既伐魯，遂乘勝而伐衞，兩軍遇於新築而戰爾。」此說難通。若齊果攻衞，衞將帥石稷不應主張退軍。下列二說似較合理：（一）相遇不在新築，而在齊、衞邊境。齊既遇衞向齊進軍，當逼使衞軍後退，而後跟踪之，以至於新築會戰。（二）相遇在新築，而新築不在魏縣南，而在齊、衞邊境。王夫之稗疏以爲新築在「齊、衞交界之境」今山東惠民縣。然其依據錯誤，結論自不可信。且惠民縣偏北，齊、衞兩軍都不必經過其地。但「齊、衞交界之境」此一設想不可厚非。石子欲還。孫子曰：「不可。以師伐人，遇其師而還，將謂君何？猶言將何以向國君復命。若知不能，「不能」猶言「不能戰」。則如無出。如，應當也。句法與僖二十二年傳「若愛重傷，則如勿傷」一致。今既遇矣，不如戰也。」

夏，有……原文有闕脱。此段應爲敍述新築戰事。新築戰事在夏四月，故知「夏」字爲讀。石成子曰：石成子，石稷。「師敗矣，子不少須，衆懼盡。須，等待。意謂孫良夫若不稍許等待，頂住敵人，而倉促後退，恐怕全軍將被殲滅。說本俞樾平議。章炳麟讀解「須」爲退，不確。子喪師徒，「喪師徒」指上文之「衆盡」。何以復命？」皆不對。孫良夫等人皆不答。實爲不肯稍停以禦敵。又曰：「子，國卿也。隕子，辱矣。隕，說文引作「抎」，云「有所失也」，作損失解。此語僅向孫良夫言。停止抵抗，自有被殺被俘之危，故以云「隕子，辱矣」。石稷見諸將帥俱不稍停，故又改口。子以衆退，我此乃止。」我止於此以禦齊師。我此乃止，我乃止此之變句。且告車來甚衆。且，連詞。與宣二年傳「鬬且出」、成十三年傳「狄應且憎」之「且」字用法相同。車，指新築援軍之戰車。此敍石稷要求不停止抵抗，復謂援軍之戰車來者甚多，通告軍中以安人心。齊師乃止，次于鞫居。齊見衛軍停止後退，又將抵抗，又聞其援軍將至，故亦不再前進。鞫居，據後漢書郡國志，在今河南封丘縣。但封丘離新築，離衛都帝丘（今濮陽縣西南）較遠，且偏南，未必是齊國行軍目標，當以闕疑爲是。新築人仲叔于奚救孫桓子，桓子，孫良夫。新築人卽新築大夫。桓子是以免。賈子審微篇云：「齊人攻衛，叔孫于奚率師逆之，大敗齊師。」叔孫于奚卽仲叔于奚。齊師曾大敗，左傳不載。

既，衛人賞之以邑，「既」卽「既而」。文元年傳：「楚子將以商臣爲太子，既又欲立王子職。」周語上：「榮公若用，周必敗。既，榮公爲卿士。」諸「既」字同此用法。賈子審微篇作「衛於是賞以溫」。辭，請曲縣、繁纓以朝。「縣」同「懸」，指鐘、磬等樂器懸掛於架。古代，天子樂器，四面懸掛，象宮室四面有牆，謂之「宮懸」；諸侯去其南面樂器，三面懸掛，曰「軒縣」，亦曰「曲縣」。曲，古作[illegible]，象四方而缺其一也；大夫僅左右兩面懸掛，曰「判縣」；士僅於東面或階間懸掛，曰「特縣」。仲叔于奚請「曲縣」，是以大夫而僭越用諸侯之禮。餘詳周禮春官小胥孫詒讓正義。繁音盤，說文作「緐」，馬鬣毛前裝飾，亦諸侯之禮。詳周禮春官巾車孫詒讓正義。許之。

仲尼聞之曰：「惜也，不如多與之邑。唯器與名，器指「曲縣」、「繁纓」等器物，「名」指當時爵號。不可以假人，君之所司也。「器」、「名」皆人主掌握以指揮、統治臣民之具，不能假借於人。名以出信，有某種爵號，卽賦予某種威信。信以守器，有某種威信，卽能保持其所得器物。器以藏禮，制定各種器物，以示尊卑貴賤，體現當時之禮。禮以行義，義循禮而行。義以生利，行義然後能產生大衆之利。利以平民，平，治理。孟子離婁下「君子平其政」可證；亦可連言「平治」，如孟子公孫丑下「夫天未欲平治天下也」可證。政之大節也。若以假人，與人政也。政亡，則國家從之，弗可止也已。」孔子家語正論解載此事，與此大體相同。賈子審微篇載此事，略有差異。

二・三 孫桓子還於新築，不入，不入國都。遂如晉乞師。臧宣叔亦如晉乞師。皆主郤獻子。兩卿皆以郤克爲主人，蓋郤克爲晉中軍帥，主持政事；宣十七年郤克又曾爲齊頃公母所笑，發誓報仇。晉侯許之七百乘。郤子曰：「此城濮之賦也。城濮之戰，晉發兵車七百乘，見僖二十八年傳。有先君之明與先大夫之肅，故捷。先大夫或指曾爲本國卿大夫者本人之祖先，如禮記檀弓下趙武「是全要領以從先大夫於九京」；但一般用以泛指本國前輩之卿大夫，不必本人同族。此亦泛指，實指先軫、狐偃、欒枝諸人。馬宗璉補注謂「指郤穀」，然郤穀雖曾爲晉文公中軍帥，卻死于城濮戰前，未嘗指揮城濮戰役，說不可信。肅，敏捷也。才具敏捷，則可以勝敵。肅非「敬肅」之義，說詳王引之述聞。克於先大夫，無能爲役，與先大夫相較，不足以爲其僕役。請八百乘。」許之。郤克將中軍，士燮佐上軍，「佐」，阮刻本作「將」。據四年傳，士燮亦佐上軍；據十三年傳，士燮至其時始將上軍，則此時只能佐上軍，故從石經、宋本、金澤文庫本訂正。說本校勘記。齊世家亦作「士燮將上軍」，乃司馬遷之疏誤。不言中軍佐與上軍帥，據下傳，中軍佐當爲荀首，上軍帥當爲荀庚。晉國各軍將、佐各有部隊，此次荀首、荀庚及其部隊均未出動。此役，較城濮之役兵車多一百輛。城濮之役，三軍將佐均出動，而此役三軍將、佐僅出動一半，可見晉國雖名爲三軍，每軍實力已大加擴充。欒書將下軍，宣十二年邲之戰，趙朔將下軍。此時趙朔或已死，故以當時下軍佐欒書升任。下軍佐亦未出動。下軍佐爲誰，無考。韓厥爲司馬，邲之戰，韓厥已爲司馬，此時仍爲司馬。以救魯、衞。

臧宣叔逆晉師，且道之。道同導。導之，爲嚮導開路。季文子帥師會之。

及衞地，韓獻子將斬人，韓獻子卽韓厥。晉國司馬職掌軍法，僖二十八年傳云「祁瞞奸命，司馬殺之」，晉語三述晉惠公令司馬説斬慶鄭，均可爲證。韓厥爲司馬斬人。郤獻子馳，將救之。至，則既斬之矣。郤子使速以徇，告其僕曰：「吾以分謗也。」晉語五文與此大同。韓非子難一篇亦載此事，且有評論。

師從齊師于莘。齊師伐魯、勝衞而歸，晉師追踪而至。莘有幾處。桓十六年之莘是衞地，在今山東莘縣北，莊十年之莘是蔡地，莊三十二年之莘是虢地，僖二十八年之有莘之墟又是古莘國。以地理考之，此莘當是桓十六年之莘，爲從衞至齊之要道。杜注于桓十六年傳云「衞地」，于此注則云「齊地」，則除上外，尚有齊之莘邑，恐不確。説本顧棟高大事表及沈欽韓地名補注。六月壬申，壬申，十六日。師至于靡笄之下。笄音雞。靡笄，山名，卽今山東省濟南市千佛山。江永考實説在長清縣，不確。齊侯使請戰，曰：「子以君師辱於敝邑，不腆敝賦，詰朝請見。」不腆，見僖三十三年傳注。賦指軍賦，與上文「此城濮之賦也」「賦」字義同。詰朝，次日早晨。此齊侯約戰言辭，意謂「爾等率軍隊光臨敝地，敝邑軍隊不强，也請明朝見一高下」。對曰：「晉與魯、衞，兄弟也。晉與魯、衞同爲姬姓國，故云「兄弟」。來告曰：『大國朝夕釋憾於敝邑之地。』大國，指齊；「敝邑」，魯、衞自稱。魯、衞告晉之原文應是「齊國朝夕釋憾於敝邑之地」，與襄十六年傳穆叔之言相同。晉人對齊國轉述，齊國由第三者變爲第二者，故改「齊國」爲「大國」。説詳楊樹達先生讀左傳。寡君不忍，使羣臣請於大國，無令輿師淹於君地。言晉君不忍見齊之侵凌魯、衞，因使羣臣向齊國請求，但又不令晉軍久留於齊境，意謂可速戰一決勝負。「輿師」，輿，衆也，亦可作「師旟」，叔夷鐘「余命女政于朕三軍，肅成朕師旟之政德」可證。見積微居金文說。淹，久也，見僖三十三年傳注。能進不能退，君無所辱命。」此兩句是晉將帥之辭，謂「我等受命而來，只能前進，不能後退，既有明日相見之約，我等當不使齊君落空」。「君無所辱命」猶言不致辱君命，乃許戰之言。杜注謂「不復須君命」，誤。齊侯曰：「大夫之許，寡人之願也；若其不許，亦將見也。」齊侯言無論晉許戰與否，必一戰。齊高固入晉師，高固見宣十七年傳並注。桀石以投人，桀，擧也。說詳焦循補疏。禽之而乘其車，繫桑本焉，「桑本」，桑樹根。以桑樹根繫於車，示與其它兵車有別。以徇齊壘，曰：「欲勇者賈余餘勇！」賈，買也，與桓十年傳「其以賈害也」「賈」字同義。杜注謂「賣也」，非。

癸酉，師陳于鞌。「鞌」同「鞍」。鞌卽歷下，在今濟南市西偏。通典云在今平陰縣東，不可信。說詳彙纂。穀梁傳謂「鞌去國五百里」。顧炎武日知録云：「今之六十二里弱，遂當古之百里。鞌去國五百里，今自歷城至臨淄僅三百三十里。」邴夏御齊侯，文十八年有邴歜，襄二十五年有邴師，定十三年有邴意茲，皆齊人，以邴爲氏。逢丑父爲右。晉解張御郤克，文八年之解揚，襄三年之解狐，皆晉人，以解爲氏。鄭丘緩爲右。下文云「緩曰」，可知「緩」是名，「鄭丘」是氏。齊侯曰：「余姑翦滅此而朝食。」翦滅，同義詞連用，說詳宣十二年傳注。杜注「翦，盡也」，誤。「朝」爲「朝暮」之「朝」，章炳麟讀據齊世家作「會食」，因讀爲「朝會」之「朝」，恐與傳意不合。不介馬而馳之。介，甲也。「不介馬」謂馬不披甲。陶鴻慶別疏解爲不備副馬，誤。郤克傷於矢，流血及屨，未絕鼓音，曰：「余病矣！」齊世家謂「克欲還入壁」，或爲郤克當時本意。張侯曰：張侯即解張，張是其字，侯是其名。古人名字連言，先字後名。「自始合，合，交戰也。而矢貫余手及肘，齊世家用「我始入再傷」解此句，意謂張侯中兩箭，一箭貫手，一箭貫肘。余折以御，折，折斷箭桿，無暇拔出箭鏃。左輪朱殷，殷音煙，赤黑色。「朱殷」，今言「殷紅」。血流左邊車輪，染爲紅黑色。豈敢言病？荀子議兵篇云：「將死鼓，御死轡。」言各盡力於職責，即張侯不敢「言病」之理。吾子忍之！」緩曰：「自始合，苟有險，余必下推車，子豈識之？金澤文庫本句末有「乎」字。雖同在一車中，主將不知車右下推車，足見主將受傷甚重而又專心於擊鼓。章炳麟讀謂「子豈識之」爲「子其祝之」，謂爲勉郤克使速敷藥愈傷，即起擊鼓。曲說不可信。然子病矣！」張侯曰：「師之耳目，在吾旗鼓，進退從之。孫子軍争篇引軍政曰「言不相問，故爲金鼓；視不相見，故爲旌旗。夫金鼓、旌旗者，所以一人之耳目也。人既專一，則勇者不得獨進，怯者不得獨退，此用衆之法也」，可以爲此語作注解。此車一人殿之，殿，鎮守。可以集事。集，完成。若之何其以病敗君之大事也？擐甲執兵，擐音患，穿着。固即死也，即，就也。病未及死，吾子勉之！」左并轡，金澤文庫本「左」上有「乃」字。右援枹而鼓。枹音浮，鼓槌。亦作桴。張侯乃用左手一總把握繮繩，右手執鼓槌代郤克擊鼓。焦循補疏謂枹仍在郤克手，張侯不過牽引郤克之手助之擊鼓，曲說。馬逸不能止，師從之。齊師敗績。逐之，三周華不注。晉語五作「三周華不注之山」，是知華不注爲山名，地在今濟南市之東北。「不」舊音敷。據水經濟水注，此山「孤峰特拔」，故可繞行三圈。明陳繼儒書蕉引九域志云：「大明湖望華不注山，如在水中。」

韓厥夢子輿謂己曰：據杜注，子輿爲韓厥之父。「且辟左右！」「且」，阮刻本作「旦」，今從石經、宋本、金澤文庫本改。說詳校勘記、十駕齋養新録及沈欽韓補注。「辟」同「避」。古代軍制：天子、諸侯親爲元帥，或其他人爲元帥，立於兵車之中，在鼓之下。若非元帥，則御者在中，本人在左。韓厥爲司馬，應在車左，主射。故中御而從齊侯。韓厥夢其父告之避開車之左右，故代御者立於中央執轡。邴夏曰：「射其御者，君子也。」謂韓厥之儀態如君子，請齊侯射之。公曰：「謂之君子而射之，非禮也。」射其左，越於車下。越，墜也。射其右，斃于車中。綦毋張喪車，綦毋音其無，姓。張，名。晉大夫。從韓厥曰：「請寓乘！」寓，寄也。請寄乘韓厥車。從左右，綦毋張上車欲立於車左與車右。皆肘之，韓厥皆以肘推之使退。使立於後。韓厥俛，定其右。俛同俯。韓厥身向下俯，使車右之尸不致墜下，故齊頃公與逢丑父易位而不能見。逢丑父與公易位。本是齊頃公居中，逢丑父居右。今逢丑父居中，齊頃公爲車右。韓厥未曾見此兩人，不能分辨其面貌。古代兵服，國君與將佐相同，僖五年傳「均服振振」是也。故易位即足以欺騙敵人。公羊傳謂「逢丑父面目與頃公相似，衣服與頃公相似」，乃是「想當然」之辭，不足爲據。將及華泉，華泉，華不注山下之泉。驂絓於木而止。金澤文庫本無「驂」字。據杜注，似杜預本亦無「驂」字。因各本均有，故不删。驂音參，左右兩旁之馬。絓音卦，礙也。兩驂爲樹木所阻。丑父寢於轏中，轏音棧，亦即棧車，竹木之車也。說見洪亮吉詁。蛇出於其下，以肱擊之，傷而匿之，故不能推車而及。逢丑父寢於轏車擊蛇而傷肱，事在戰前；其所以隱瞞創傷，或乃恐其不能爲車右。此乃補敍，言丑父不能如鄭丘緩之推車，因此爲韓厥所追及。說參陶鴻慶別疏。韓厥執縶馬前，說文引作「執馽前」，「馽」即「縶」字，臧琳經義雜記與段玉裁注皆以「馬」字因「畢」而誤衍。胡玉縉許廎學林韓厥執縶馬前釋謂韓厥所執之縶，卽齊侯絓馬之縶。恐未必確。軍帥見敵國君主，執縶爲當時之禮。詳下注文。再拜稽首，奉觴加璧以進，襄二十五年傳述鄭子展見陳侯戰敗，亦「執縶」、「再拜稽首」、進酒，可見當時通禮如此。此處多一「加璧」。曰：「寡君使羣臣爲魯、衞請，曰：『無令輿師陷入君地。』下臣不幸，屬當戎行，屬，適也。詳詞詮。戎行謂軍旅之士。陸機辨亡論云：「拔呂蒙於戎行，識潘濬於繫虜。」文選李善注引吴志曰：「呂蒙年十五、六，隨鄧當擊賊，策見而奇之，引置左右。」此陸機之用左傳也。然唐玄宗送張説巡邊詩云：「三軍臨朔野，駟馬卽戎行。」柳宗元爲裴中丞牒云：「莫不鼓舞戎行，虔恭師律。」又以戰車行道或戰場爲戎行。此二義於此亦可通。無所逃隱。謂己身當軍職，不能逃避服役。且懼奔辟，辟同避。而忝兩君。謂自己不能不努力作戰。忝，辱也。兩君，晉君與齊君。臣辱戎士，章炳麟讀以「臣辱戎士」連接「奔辟而忝兩君」爲義，改讀「臣」爲「牽」，甚牽强。今不從，改下屬爲義。敢告不敏，敢，表敬副詞，無義。不敏，當時慣用謙詞，左傳屢見。論語顔淵篇亦云「回雖不敏」。攝官承乏。」攝，代也。承乏亦謙詞，表示某事由於缺乏人手，只能由自己承當。此固當時辭令，實際意爲將執行任務，俘虜此假齊侯。丑父使公下，如華泉取飲。公羊傳云：「使頃公取飲，頃公操飲而至。曰：『革取清者！』頃公用是佚而不反。」依左傳，頃公僅由此下車而逸。丑父使齊頃公下車，卽令之逃，豈頃公如此癡騃，真取飲而來？公羊之不可信如此。鄭周父御佐車，佐車，副車。宛茷爲右，茷音吠。載齊侯以免。韓厥獻丑父，郤獻子將戮之，呼曰：「自今無有代其君任患者，「自今」二字於文不順，自疑借爲卒，卒，終也。謂訖今無有代君任患者。有一於此，將爲戮乎？」郤子曰：「人不難以死免其君，我戮之，不祥。赦之，以勸事君者。」乃免之。公羊傳及說苑敬慎篇均載郤克戮逢丑父，與左傳、史記不同。

齊侯免，求丑父，三入三出。三入三出，第一次入、出晉師，第二次入、出狄卒，第三次入、出衞師。「狄卒」、「衞師」皆晉之友軍。于鬯香草校書云：「不得於晉軍，故改入於狄卒求之；不得於狄卒，故又改入於衞師求之也。」焦循補注從杜注謂三次俱入出晉軍；沈欽韓補注從劉炫說（孔疏引）謂「齊侯三入齊軍，又三出齊軍」，臧琳經義雜記亦主此說，均不確。每出，齊師以帥退。意謂齊侯每自敵軍出，齊軍均擁護之後退，免其傷亡。前人另有幾解。俞樾茶香室經說云：「齊侯既出其軍中，無如大敗之後，號令不行，其勢披靡不可復止，於是各擁其帥以退，而不復能顧其君矣。」解「出」爲「出齊軍」，其誤自明。杜注云：「齊侯輕出其衆，以帥厲退者。」解「帥退」爲督勵士卒不許後退，不合文義。焦循補注且於「每出齊師」爲句，尤誤。劉炫解爲「齊之將帥敗而怖懼，以師而退，不待齊侯」，則原文當作「齊帥以師退」，不當作「齊師以帥退」。齊國將帥自動不顧其君，當時自難以有此情事。其他曲說尚有，不備録。入於狄卒，狄人無車兵，僅有徒兵，所以謂之「狄卒」。狄卒皆抽戈、楯冒之。楯同盾。冒，覆也。狄卒皆抽戈與盾以護衞齊侯。以入於衞師，衞師免之。狄、衞雖是晉之友軍，但皆不肯加害齊侯，反保護之。遂自徐關入。徐關又見十七年傳，齊地，當在今山東省淄川鎮西。或云，在淄博市西南。齊侯見保者，保讀爲六年傳「衞人不保」之「保」，守衞之意。保者，杜注解爲所過城邑之保守者。淮南子說山訓云：「保者不敢畜噬狗。」高誘注亦以「保者」爲城郭保護者。曰：「勉之！齊師敗矣！」辟女子。辟音闢，辟除行人也。古代統治者出外，有前驅開道，使行人避開。周禮秋官士師所謂「王燕出入，則前驅而辟」、孟子離婁下「行辟人」，俱可以爲證。女子曰：「君免乎？」曰：「免矣。」曰：「銳司徒免乎？」銳是古代矛類兵器，尚書顧命：「一人冕執銳。」「銳司徒」或是主管此種兵器之官。曰：「免矣。」曰：「苟君與吾父免矣，可若何？」乃奔。齊侯以爲有禮。以其先問君，後問父。既而問之，辟司徒之妻也。辟音壁。辟司徒，杜注以爲「辟」乃「壁」之借字，因謂其爲「主壘壁者」。予之石窌。窌音溜。石窌，齊地，在今山東長清縣東南。春秋繁露竹林：「自是後頃公恐懼，不聽聲樂，不飲酒食肉，內愛百姓，問疾弔喪，外敬諸侯，從會與盟，卒終其身，家國安寧。」公羊傳、齊世家及說苑敬慎篇亦有類似記載。

晉師從齊師，入自丘輿。左傳凡三見「丘輿」，此丘輿，齊邑，據大事表，當在今山東益都縣西南；或云在今淄博市南。至三年傳之丘輿乃鄭邑，哀十四年傳之丘輿乃魯地。擊馬陘。「馬陘」，齊世家作「馬陵」。高士奇地名考略以爲「地有二名」，梁履繩補釋以爲「陘、陵聲近而訛」。實則「陵」乃誤字，梁玉繩史記志疑謂馬陵非齊地。據水經淄水注，卽襄二十五年傳之「弇中」。據大事表，在今益都縣西南，當在丘輿北，卽南燕慕容德所都之廣固。

齊侯使賓媚人賂以紀甗、玉磬與地。賓媚人卽國佐，從經文「國佐如師」與公羊、穀梁兩傳俱可以知之。吳式芬攈古錄三之一考國佐𦉜引許翰說，據銘文「國差立(莅)事歲」，認爲卽國佐所爲器。差、佐古通用。則國佐曾主齊國之政。漢書古今人表列賓媚人於「中上」，列國佐於「中下」，判爲二人，郭沫若殷周青銅器銘文研究已指出其誤。甗音演，古代一種炊飪器。有陶土制者，見周禮考工記陶人。有青銅鑄者，其狀上體圓而兩耳似鼎，下體三款足似鬲，中設箄，有半環可持以開閉。箄上有十字穿或直線穿四五。有上下兩體可分離者，亦有不可分者。詳容庚商周彝器通考食器。紀甗自爲銅器，或是齊滅紀時所得之器。孔疏推測爲玉製器，不可信。玉磬，杜注以爲亦是「滅紀所得」。據下文，紀甗和玉磬是賂郤克者，然杜預春秋經傳集解後序引竹書紀年云「齊國佐來獻玉磬、紀公之甗」，則獻於晉侯。土地是歸還魯、衞兩國者。「不可，則聽客之所爲」。此齊侯派遣賓媚人時之指示，「不可」上似省略一「曰」字。「客」指晉。意謂晉國若不允許，則任其所爲，我們決定作最後一戰。賓媚人致賂。晉人不可，晉人當是郤克。曰：「必以蕭同叔子爲質，而使齊之封内盡東其畝。」「封内」即境内。「畝」原是農田間高畦，今謂之「壟」。古人種地，依地勢與水勢，使畝間道路或東西向，或南北向，曰「南東其畝」（詩小雅信南山）或「衡縱其畝」（詩齊風南山）。古人多用南北行列，故詩經屢見「南畝」，如周頌載芟與良耜「俶載南畝」、小雅甫田「今適南畝」、「饁彼南畝」。晉在齊之西，若齊之壟畝多爲南北向，則溝渠與道路亦多南北向，於晉之往東向齊進軍，地形與道路有所不利，故晉以「盡東其畝」爲媾和條件之一。據商君書賞刑篇、呂氏春秋簡選篇、韓非子外儲説右上篇，晉文公伐衞，曾强令衞國「東其畝」（其事當在魯僖公二十八年，然左傳無此記載）。若此一記述可靠，晉强令戰敗國改變壟畝方向非僅一事。對曰：「蕭同叔子非他，寡君之母也。若以匹敵，則亦晉君之母也。吾子布大命於諸侯，「吾子」，當指郤克。而曰必質其母以爲信，其若王命何？言周室之命不如此，爾等將如何對待之。齊假借「王命」以對付晉。且是以不孝令也。以母氏作人質送往敵國，是爲不孝，爾卽以「不孝」命令諸侯。詩曰：『孝子不匱，永錫爾類。』解見隱元年傳注。若以不孝令於諸侯，其無乃非德類也乎？古人常以「類」字置於「德」、「義」諸字之下，「德類」猶詩大雅蕩之「義類」，猶言「道德法則」。先王疆理天下，疆，畫分經界。理，分其地理。説詳程瑤田通藝録溝洫疆理小記。古人言農田水利，常用此二字。詩小雅信南山「我疆我理，南東其畝」，大雅緜「迺疆迺理、迺宣迺畝」，俱是其證。物土之宜，儀禮既夕禮「冢人物土」，鄭注：「物猶相（去聲）也，相其地可葬者乃營之。」昭三十二年傳「物土方」，杜注：「物，相也。」「物」可以用作動詞，義同「考察」。說參惠棟補注及馬宗璉補注。而布其利。考察土地適應性而作有利于生産之佈置。

故詩曰：『我疆我理，南東其畝。』詩小雅信南山句。解已見上注。今吾子疆理諸侯，而曰『盡東其畝』而已，唯吾子戎車是利，無顧土宜，無顧即不顧。其無乃非先王之命也乎？反先王則不義，何以爲盟主？其晉實有闕。闕，過失也。四王之王也，據莊三十二年、成十三年傳皆云「虞、夏、商、周」，則四王當爲舜、禹、湯、武（或文）。杜以爲「禹、湯、文、武」，則三代而四王也，未必合傳意。樹德而濟同欲焉；哀元年傳：「樹德莫如滋。」昭四年傳：「求逞於人不可，與人同欲盡濟。」可見「樹德」、「濟同欲」是當時常語。五伯之霸也，五伯，杜注以爲「夏伯昆吾，商伯大彭、豕韋，周伯齊桓、晉文」，與毛詩正義引服虔及應劭風俗通説同。釋文引或説則以爲「齊桓、晉文、宋襄、秦穆、楚莊」。杜注是。說詳劉文淇疏證。後説至戰國始有，如孟子告子下「五霸桓公爲盛」是其例。勤而撫之，以役王命。「王」「霸」對言，與戰國時「王」「霸」對言意義稍有不同。管子霸言篇云：「夫豐國之謂霸，兼正之國之謂王。」又云：「得天下之衆者王，得其半者霸。」與此義尚相近。至於孟子公孫丑上「以力假仁者霸，以德行仁者王」，此戰國時人之説也。春秋則以統一天下者爲「王」，能爲當時天下共主效力者爲「霸」。今吾子求合諸侯，以逞無疆之欲，無疆，猶言無止境。疆本疆界義，此用引申義。詩曰：『布政優優，百禄是遒。』句見詩商頌長發。「布」今詩作「敷」，兩字古本通用。優優，和緩貌。遒音囚，聚也。「百禄是遒」爲「遒百禄」倒裝句。子實不優，不優，不優優之省略。而棄百禄，諸侯何害焉？不然，寡君之命使臣，則有辭矣。曰：『子以君師辱於敝邑，不腆敝賦，以犒從者。兩國戰鬥，言犒勞者，此當時外交辭令。畏君之震，震，威也。成十三年及昭元年傳皆有「畏君之威」一語，與此句同意。師徒橈敗。橈音撓。橈敗爲一詞，卽失敗。吾子惠徼齊國之福，「惠」與「徼福」見僖四年傳注。不泯其社稷，見宣十二年傳注。使繼舊好，唯是先君之敝器、土地不敢愛。愛，愛惜。子又不許，請收合餘燼，燼音盡，物體燃燒後之殘餘，此喻殘兵敗將。背城借一。於自己城下決最後一戰。敝邑之幸，幸而戰勝。亦云從也；「云」字無義，見僖十五年傳注。況其不幸，敢不唯命是聽？』」魯、衞諫曰：諫郤克。「齊疾我矣。疾，怨恨。其死亡者，皆親暱也。子若不許，讎我必甚。唯子，則又何求？此「唯」字用法同「雖」。句意爲，縱是你，亦無可求者。「唯」作「雖」用，詞詮所舉例證甚多。子得其國寶，我亦得地，所致之「賂」，包含退交給魯、衞之侵地。而紓於難，紓，緩也。又見莊三十年傳注。其榮多矣。齊、晉亦唯天所授，「唯」作「因」字用，又見僖二年傳注。豈必晉？」晉人許之，對曰：「羣臣帥賦輿，賦輿，兵車。以爲魯、衞請。若苟有以藉口，若苟，同義詞連用，俱表假設。昭四年傳「君若苟無四方之虞」，與此同。而復於寡君，若少有所得，卽有辭以答復吾君之命。君之惠也。敢不唯命是聽？」

禽鄭自師逆公。禽鄭，魯大夫。魯成公從魯國來與晉師相會，禽鄭從軍中往迎。

秋七月，晉師及齊國佐盟於爰婁。爰婁，據穀梁傳，距臨淄五十里，則在今山東臨淄鎮西。使齊人歸我汶陽之田。據僖元年傳，魯已將汶陽之田歸於季氏。齊取之，今又致於魯，或是季孫行父之意。俞樾賓萌集謂此「汶陽之田」非「魯故地」，而是「晉人使齊人割以謝魯者」，不可信。公會晉師於上鄍。上鄍，高士奇地名考略以爲是齊、衞兩國交界地，在今山東陽穀縣境。賜三帥先路三命之服。三帥，郤克、士燮與欒書。路亦作輅，古代天子、諸侯乘車曰路，卿大夫接受天子、諸侯所賜予之車亦曰路。故詩小雅采薇謂「彼路斯何？君子之車」。據尚書顧命及禮記郊特牲，路有三等：大路、先路及次路。據周禮春官巾車，路有五種：玉路、金路、象路、革路、木路。木路最樸素，已見桓二年傳大路注。革路是牛革輓之加漆之車。若再用玉石、青銅或象牙裝飾，卽是玉路、金路、象路。左傳不言五路，不知兩者如何比擬。襄十九年傳述晉侯請於周王，追賜鄭公孫蠆以大路；二十六年傳云「鄭伯賞入陳之功，享子展，賜之先路三命之服，賜子產次路再命之服」，可見三等路都可由天子、諸侯賞予卿大夫。卿大夫若非接受此種賞賜，而乘自己之車，雖身爲上卿，亦不稱路，故昭四年傳有「冢卿無路」之語。古代於卿大夫有「三命」、「再命」、「一命」之別，命多則尊貴，車服亦隨之華麗。據左傳，卿大夫最高不過「三命」。互詳僖三十三年傳並注。司馬、司空、輿帥、候正、亞旅皆受一命之服。司馬爲韓厥。司空或爲主持軍事工程之官。王鳴盛尚書後案謂牧誓之司徒、司馬、司空等皆「軍中有職掌之人」，此文所言受一命之服者亦宜作此解。杜注謂「輿帥主兵車」，乃解「輿」爲車輿；淮南兵略「夫論除謹（注：論除，論資除吏），動靜時，吏卒辨，兵甲治，此司馬之官也（此句從王念孫說補）。正行伍，連什伯，明旗鼓，此尉之官也。見敵知難易，發斥不忘遺，此候之官也。隧路通，行輜治，賦丈均，處軍輯，井竈通，此司空之官也。收藏於後，遷舍不離，無淫輿，無遺輜，此輿之官也」，惠棟補注則云：「輿，衆也。輿帥，領其衆在軍之後者。」惠說本淮南兵略「收藏於後，遷舍不離，無淫輿，無遺輜，此輿之官也」，高誘注：「輿，衆也。候領輿衆在軍之後者。」當以淮南本文爲正。「候正」爲軍中主管偵探諜報者。十八年傳有候奄，顧棟高大事年表十云：「候奄當即候正，國語作元候。」亞旅已見文十五年傳注。此事可與襄十九年傳參看。

二·四 八月，宋文公卒，其子共公繼立。始厚葬，用蜃、炭，蜃音腎，大蚌蛤。「蜃炭」，杜注以爲一物，即用蜃燒成之灰。「蜃炭」一詞，亦見於周禮秋官赤髮氏，杜說非無根據。孔疏引劉炫說，則以爲「用蜃後用炭」，「蜃炭」爲蜃與炭二物，據下「車馬」爲兩物，劉說亦有理。「蜃」即用蜃燒成之灰，即生石灰，「炭」乃木炭。此二物置於墓穴，用以吸收潮濕。呂氏春秋節喪篇謂當時富人厚葬，「積石積炭以環其外」，可見棺椁外用炭，是當時上層階級之習俗。至於用蜃灰，則只見於周禮地官掌蜃，僅天子用之。此云「厚葬」，考之發掘實況，如長沙馬王堆二號漢墓，應是用炭。晉書石季龍載記下記石虎發掘春秋趙襄子墓，「初得炭，深丈餘」，足見蜃、炭爲二物。又漢書酷吏傳記商賈富人囤積埋葬之物，其中有木炭。三國志魏志文帝紀載曹丕終制，埋葬不用炭，亦可見漢、魏下葬皆用炭。益車、馬，古代天子、諸侯，用車馬隨葬。辛村西周墓中，發現另一專坑，有骨七十二架，車十二輛。西周末至春秋早期之上村嶺虢國墓，虢太子墓中有車十輛、馬二十四，其他墓有車五輛、馬十四者二，有小車馬坑（未發掘）並有車馬器者一，另有車馬器者三，蓋因等級而異。則以真車真馬隨葬，已得地下發掘爲確證。孔疏據禮記檀弓下「塗車、芻靈自古有之」，以爲隨葬車馬是泥土塑成之車、茅草束成之馬，恐不足信。始用殉，用活人殉葬，殷商最甚。光明日報一九五〇年三月十九日學術副刊有郭寶鈞記殷商殉人之史實一文，述一典型大墓，殉葬多達四百人。嗣後地下發掘所見亦比比皆是。但西周以後，由於生產力提高，於奴隸有剩餘勞動可以剥削，以活人殉葬風氣漸衰，但亦未能絶。此云「始用殉」，似宋文公以前宋國未嘗用殉。宋國地處中原，又爲殷人之後，何以至此時「始用殉」，文獻不足，尚有待於地下發掘之進一步證明。重器備。「重」舊讀平聲，杜注：「重猶多也。」「器備」指用品。襄五年傳「無藏金玉，無重器備」可以爲證。襄九年傳「修器備」，器備則指軍用物。各種用品，古代亦多用以隨葬。宋文公隨葬用品特多。椁有四阿，「四阿」本古代天子宮室宗廟建築形式，墓穴亦仿用此種形式，用之於椁上，故曰「椁有四阿」。「四阿」有幾解，以孫詒讓周禮考工記匠人「四阿重屋」正義最爲可信。就「椁有四阿」論，古代作爲外棺之椁與後代不同，蓋在棺四圍用長方木條堆積而成。據儀禮士喪禮，椁堆好後，上面再架坑木，横三縱二，然後加席蓋土，則士椁上平。天子之椁亦爲棺四圍累木，與棺材齊高，仍往上累，積累時方口逐漸縮緊，四面呈坡形，有如房屋「四阿」之制。累至一定高度，又於較小方口上加坑木茵席。棺有翰、檜。據杜注，翰是棺木旁裝飾，檜是棺木上裝飾，皆天子所用。究竟形狀與材料如何，已不可考。宋文公至明年二月始葬，距死時七閱月。依禮，天子七月而葬，諸侯五月。可見宋文公厚葬，僭用天子之禮。吕氏春秋安死篇云：「宋未亡而東冢揚。」高誘注以爲「東冢」即宋文公墓。如可信，宋文公墓終因厚葬而被盜發。

君子謂華元、樂舉「於是乎不臣。樂舉自是當時宋國執政大臣，但左傳僅此一見。臣，治煩去惑者也，易林歸妹之大有云：「依宵夜遊，與君相遭。除解煩惑，使心不憂。」旅之小遇亦云：「依宵夜遊，與大臣俱。除解煩惑，使我無憂。」兩用「除解煩惑」，即用此句。解「煩」爲「煩憂」，未必合本義。此煩應是亂義，周禮考工記弓人鄭注云：「煩，亂也。」因亂，所以治之。是以伏死而爭。今二子者，君生則縱其惑，「縱其惑」，不知何指。杜注謂指文公十八年殺同母弟須，或云指文公十六年殺宋昭公而自立，皆難足信。死又益其侈，是棄君於惡也，何臣之爲？」何臣之爲，爲何臣之倒裝。經傳釋詞卷二謂言何臣之有也，亦通。

二·五 九月，衞穆公卒，晉三子自役弔焉，「三」，阮刻本作「二」，誤。依石經、宋本、金澤文庫本等訂正。晉三子，晉軍帥郤克、士燮、欒書三人。哭於大門之外。據禮記雜記，鄰國官員奉命來弔，弔者應進門升堂哭弔。但此三人未奉晉君之命，於率軍隊返國復命途中，經衞國，順便弔唁，因之不能依常禮行之，只在大門之外哭弔。沈欽韓補注謂此爲臨葬前之弔；但衞穆公之葬不在此時，而在明年，其時三子早已回國，沈說不可信。衞人逆之，衞人亦在門外接待三人。婦人哭於門內。據禮記喪大記，婦人哭於堂。此「哭於門內」，亦因弔客「哭於大門之外」之故。送亦如之。遂常以葬。以後他國官員來弔，亦皆以於大門之外行禮爲常，直至下葬。

二·六 楚之討陳夏氏也，事見宣十一年傳。莊王欲納夏姬。申公巫臣曰：申公巫臣見宣十二年傳注。「不可。君召諸侯，以討罪也；今納夏姬，貪其色也。貪色爲淫。淫爲大罰。周書曰『明德慎罰』，文王所以造周也。此引尚書康誥而加以概括改寫。康誥原文云：「惟乃丕顯考文王克明德慎罰，不敢侮鰥寡，庸庸祗祗，威威顯民，用肇造我區夏。」「造周」即康誥「造區夏」。明德，務崇之之謂也；崇德。慎罰，務去之之謂也。去罰。若興諸侯，以取大罰，楚伐陳之役，楚莊王曾出動其屬國，故云「興諸侯」。「取大罰」應上文「淫爲大罰」。非慎之也。君其圖之！」王乃止。子反欲取之，子反見宣十二年傳並注。巫臣曰：「是不祥人也。是天子蠻，子蠻，杜注謂爲鄭靈公之字，爲夏姬之兄。然據昭二十八年傳，夏姬之兄字子貉，子貉實鄭靈公字。子蠻非鄭靈公字。昭二十八傳又謂夏姬殺三夫，由此推測，子蠻或是其最早之丈夫。互詳昭二十八年傳注。列女孽嬖傳用此文無此句。殺御叔，御叔是夏姬之次夫，亦即夏徵舒之父。據楚語上，爲陳公子夏之子。子蠻、御叔或皆短命早死，巫臣因歸罪於夏姬。弑靈侯，金澤文庫本「弑」作「殺」。靈侯即陳靈公，因夏姬而被殺。戮夏南，夏南即夏徵舒。出孔、儀，孔寧與儀行父因此曾逃奔楚國。喪陳國，陳曾爲楚所滅。以上數事見於宣十一、十二年傳。何不祥如是？人生實難，其有不獲死乎！古人謂不得善終爲「不得死」，如襄二十三年傳「不得其死」，論語先進「不得其死然」；亦曰「不獲死」，此句與昭二十五年傳「言若洩，臣不獲死」句法相同。句意若云爲人於世實非易，子若娶夏姬，將有不得好死之惡。天下多美婦人，何必是？」子反乃止。王以予連尹襄老。襄老死於邲，不獲其尸。連尹襄老與其死，見于宣十二年傳並注。其子黑要烝焉。黑要，襄老之子。要，舊讀平聲。巫臣使道焉，曰：「歸，吾聘女。」道通導。「使道焉」，使人示意與夏姬，令其回鄭國母家，然後巫臣聘之爲妻。禮記內則：「聘則爲妻。」又使自鄭召之，曰：「尸可得也，必來逆之。」巫臣示意夏姬設法回鄭，復使鄭召夏姬歸。使人謂夏姬：爾若來，襄老之尸身可得。姬以告王。王問諸屈巫。屈巫即巫臣。對曰：「其信。知罃之父，成公之嬖也，晉成公爲當時晉君景公之父。而中行伯之季弟也，知罃之父即荀首，中行伯即荀林父。邲之役，知罃爲楚所囚。新佐中軍，而善鄭皇戌，甚愛此子。此子指知罃。其必因鄭歸王子與襄老之尸以求之。王子即公子穀臣，爲荀首所獲，見宣十二年傳。鄭人懼於邲之役，而欲求媚於晉，其必許之。」王遣夏姬歸。將行，夏姬行去鄭。謂送者曰：「不得尸，吾不反矣。」夏姬受巫臣示意回鄭，等待巫臣來聘，求襄老尸僅一藉口耳。夏姬亦知巫臣及己不能再返楚，故「不反」是真，謂之「不得尸」則不真。巫臣聘諸鄭，聘夏姬爲妻。鄭伯許之。及共王卽位，將爲陽橋之役，陽橋，魯地，在今山東泰安縣西北。陽橋之役見下。使屈巫聘於齊，且告師期。巫臣盡室以行。盡室，盡帶其家室與財產。亦見宣十二年傳並注。申叔跪從其父，申叔跪，杜注謂爲申叔時子。申叔時見宣十一年傳。將適郢，遇之，曰：「異哉！夫子有三軍之懼，夫子，第三人稱敬稱代詞。巫臣負有軍事使命而去齊，必戒懼從事。故云「三軍之懼」。而又有桑中之喜，桑中，衞國地名，當在河南淇縣境內。詩鄘風有桑中，爲民間男女幽會戀歌，有云：「云誰之思？美孟姜矣。期我乎桑中，要我乎上宫，送我乎淇之上矣。」此借用「桑中」一詞，暗指巫臣與夏姬私約。宜將竊妻以逃者也。」宜，殆也。參詞詮。及鄭，使介反幣，介，副使。使命畢，齊國所贈楚之禮品由副使帶回，己則不返國復命。巫臣應是完成使命後歸途中始「使介反幣」。新序雜事一云「申公巫臣廢使命，道亡，隨夏姬之晉」，則謂巫臣並未去齊出使卽逃亡，不合傳意。使齊而又返鄭者，迎夏姬也。而以夏姬行。將奔齊。齊師新敗，鞌之戰敗於晉。曰：「吾不處不勝之國。」遂奔晉，而因郤至，據左傳成二年與十一年孔疏引世本，郤至是郤豹玄孫，郤克是郤豹曾孫，郤至則是郤克的族姪。此時晉國郤克當政。以臣於晉。晉人使爲邢大夫。邢，晉國邑名。梁履繩補釋以爲卽宣六年傳之邢丘，卽今河南温縣東北平皋故城；李貽德輯述以爲故邢國，則今河北邢臺市。梁說較妥。子反請以重幣錮之。錮，後漢以後曰「禁錮」，相當于近代之「永不録用」。新序雜事一作「令尹將徙其族」，與傳略異。王曰：「止！其自爲謀也則過矣，過，過失，過誤。其爲吾先君謀也則忠。忠，社稷之固也，所蓋多矣。蓋，覆也，此乃護衛之意。且彼若能利國家，於晉國有利。雖重幣，晉將可乎？晉國將不同意禁錮。若無益於晉，晉將棄之，何勞錮焉？」七年，楚殺盡巫臣之族，巫臣因此爲晉聯吴，並予吴以軍事指導，使之與楚爲敵。此章敍述此事原委。

二·七　晉師歸，范文子後入。范文子，士燮。武子曰：武子，士會，士燮之父。「無爲吾望爾也乎？」爲同謂。晉語五作「燮乎！女亦知吾望爾也乎」？可爲此句注解。對曰：「師有功，國人喜以逆之，先入，必屬耳目焉，屬音囑，聚也，注也。屬耳目，使衆人耳目集中於我。是代帥受名也，故不敢。」武子曰：「吾知免矣。」意謂范文子如此謙讓，可以免於禍害刑戮。

郤伯見，郤伯，郤克。伯，字。見舊音現，進見晉景公。公曰：「子之力也夫！」對曰：「君之訓也，二三子之力也，臣何力之有焉？」范叔見，范叔，即范文子。勞之如郤伯。勞，去聲。對曰：「庚所命也，庚，荀庚。據趙世家索隱引世本，荀庚，荀林父子，荀偃父。荀庚此時將上軍，未出動，而士燮爲上軍佐，應受命於上軍將。克之制也，郤克爲中軍帥，上軍受其節制。燮何力之有焉？」欒伯見，欒伯，欒書。公亦如之。對曰：「燮之詔也，士用命也，書何力之有焉？」晉語五作「書也受命於上軍，以命下軍之士，下軍之士用命，書也何力之有焉」，可作「燮之詔也」兩句注解。

二·八　宣公使求好于楚，宣公曾派使者去楚國，見宣公十八年傳。莊王卒，宣公薨，不克作好。兩「好」字俱讀去聲。公即位，受盟於晉，去年與晉有赤棘之盟。會晉伐齊。即今年鞌之戰。衛人不行使于楚，不去楚國聘問。而亦受盟於晉，從於伐齊。鞌之戰有衛軍。故楚令尹子重爲陽橋之役以救齊。子重見宣十一年傳注。將起師，子重曰：「君弱，據襄十三年傳，楚共王生十歲而莊王死，則今年共王僅十二、三歲。羣臣不如先大夫，師衆而後可。詩曰：『濟濟多士，文王以寧。』句在詩大雅文王。「濟濟」，行止有威儀貌。亦可解爲人才衆多貌。寧，安也。夫文王猶用衆，況吾儕乎？且先君莊王屬之曰：屬，同囑。屬之，謂將共王囑託於我等。『無德以及遠方，莫如惠恤其民，而善用之。』」乃大户，清理户口。已責，已，止也。責，同債。免除人民對國家之拖欠。逮鰥，逮，及也。施舍至於年老鰥夫。救乏，救濟生活困難者。赦罪。以上措施爲「惠恤其民」。悉師，國家軍士盡起，爲此「用之」。王卒盡行。楚王護衛軍亦全部出動。彭名御戎，蔡景公爲左，許靈公爲右。共王雖不行，以「王卒盡行」，其戰車勢必同行。共王若乘車，即居於中間，御者在左，車右在右。今共王不行，御者即在中間，另以兩人分居左右。二君弱，皆强冠之。不到成年，却勉行冠禮。爲車左、車右，必在行冠禮以後。

冬，楚師侵衛，遂侵我師于蜀。蜀見宣十八年傳注。使臧孫往。臧孫即臧宣叔臧孫許。辭曰：「楚遠而久，楚出動軍隊，既遠離本國，且時間已久。固將退矣。無功而受名，臣不敢。」臧孫許以爲楚軍將自動撤退，若去交涉，必虛受退楚之名，以此拒絕使命。楚侵及陽橋，孟孫請往賂之以執斲、執鍼、織紝，孟孫，即孟獻子仲孫蔑。據杜注，執斲指木工，執鍼指女縫工，織紝指織布帛工。皆百人，公衡爲質，杜注：「公衡，成公子。」但成公此時未必有子，或爲宣公之子，成公之弟，杜注難信。說參沈欽韓補注。以請盟。楚人許平。

十一月，公及楚公子嬰齊、蔡侯、許男、秦右大夫説、宋華元、陳公孫寧、衞孫良夫、鄭公子去疾及齊國之大夫盟于蜀。說音悦。「右大夫」疑是秦國官名，襄十一年秦又有「右大夫詹」。說見沈淑春秋經玩。張自超春秋宋朱辨義云：「十二國盟蜀，秦大夫與焉。秦距魯遠，使約會而秦始至，不應若此其速，是必秦大夫亦從楚師矣。」所言不爲無理。杜注謂「齊國之大夫不書姓名，因其非卿」。經尚有曹、邾、薛、鄫四國參加盟會，傳不言，省略。卿不書，匱盟也。杜注：「匱，乏也。」晉語五云：「其言匱，非其實也。」韋注：「匱，乏也。」意謂此乃缺乏誠意之盟會。故明年魯、宋、衞諸國又會晉軍攻打鄭國。沈欽韓補注謂「匱，空也，言空有是盟也」；俞樾平議讀「匱」爲「讀」，「欺也」；章炳麟讀讀「匱」爲「潰」，「逃也」，皆強生曲解。於是乎畏晉而竊與楚盟，故曰「匱盟」。蔡侯、許男不書，乘楚車也，謂之失位。經文不書蔡、許兩國。以一國之君，而乘楚王之車，爲其左、右，故云「失位」。

君子曰：「位其不可不慎也乎！蔡、許之君，一失其位，不得列於諸侯，況其下乎！詩曰：『不解于位，民之攸塈。』句見詩大雅假樂。解同懈。塈，音暨，休息。義爲在位者不懈怠，百姓即得休息。其是之謂矣。」

楚師及宋，公衡逃歸。臧宣叔曰：「衡父不忍數年之不宴，衡父即公衡。宴，安也。以棄魯國，國將若之何？誰居？「居」，語末助詞，表疑問。見詞詮。後之人必有任是夫！國棄矣。」意謂公衡抛棄國家，其後人必有因此受禍者。

是行也，晉辟楚，辟同避。畏其衆也。君子曰：「衆之不可以已也。阮刻本無「以」字，依石經、宋本、金澤文庫本增。大夫爲政，大夫用廣義，包括卿，實指楚國主帥子重。猶以衆克，況明君而善用其衆乎？大誓所謂商兆民離，周十人同者，大誓卽泰誓，尚書篇名。今本泰誓是僞中之僞，說見閻若璩尚書古文疏證卷一。昭二十四年傳亦引大誓，作「紂有億兆夷人，亦有離德；余有亂臣十人，同心同德」，或爲原文，此「商兆民離，周十人同」八字則引者概括之辭。衆也。」

二・九

晉侯使鞏朔獻齊捷于周。獻捷，卽獻俘。鞏朔已見文十七年傳注。王弗見，使單襄公辭焉，曰：「蠻夷戎狄，不式王命，式，用也。淫湎毁常，淫謂淫于女色。湎謂沈湎于酒。毁常，敗壞規矩法度。王命伐之，則有獻捷。宣十五年、十六年晉兩次獻狄俘于周卽是其例。王親受而勞之，勞，去聲。所以懲不敬、勸有功也。伐卽懲不敬；勞卽勸有功。兄弟甥舅，兄弟指同姓諸侯。甥舅指異姓諸侯，以異姓諸侯間多有婚姻關係也。侵敗王略，杜注解略爲「經略法度」，惠棟補注與洪亮吉詁則解爲「封略土地」，杜說較妥。王命伐之，告事而已，不獻其功，所以敬親暱、禁淫慝也。命伐之卽禁淫慝，告事而不獻功卽敬親暱。莊三十一年傳云：「凡諸侯有四夷之功，則獻于王，王以警于夷，中國則否。」與此義可互證。今叔父克遂，叔父指晉景公。克，能也。遂讀爲淮南子精神訓「何往而不遂」之「遂」，順遂成功。不能以「今叔父克遂有功于齊」作一句讀。因「遂」作副詞，「克」是助動詞，助動詞在副詞上，古今無此句法。有功于齊，而不使命卿鎮撫王室，所使來撫余一人，自殷迄秦，天子自稱「余一人」、「予一人」或「我一人」。而鞏伯實來，而，沈欽韓補注讀作「爾」。然此語以晉景公爲對象，於鞏朔不當用爾，故此「而」字仍是轉折連詞。「實來」，見桓六年經注。未有職司於王室，據宣十二年傳，鞏朔當時爲上軍大夫，據明年傳，明年始爲卿，則當時尚非「命卿」。「命卿」，由周王室加以任命之卿。禮記王制：「大國三卿，皆命于天子；次國三卿，二卿命于天子。」可見「命卿」制度。鞏朔既非「命卿」，故曰「未有職司於王室」。意嫌晉侯所派使者身份不高。又奸先王之禮。不應獻捷而獻。余雖欲於鞏伯，欲猶好（去聲）也。意謂我雖愛好鞏伯。其敢廢舊典以忝叔父？其，用法同豈。忝，辱也。言若廢舊例以受捷，是對晉侯之侮辱。夫齊，甥舅之國也，當時王后亦是齊女，見宣六年傳。而大師之後也，大師，齊國始祖呂尚。寧不亦淫從其欲以怒叔父，寧，反詰副詞，豈也。例證見詞詮。不，語詞，無義，此處不作否定副詞。從同縱。抑豈不可諫誨？」句義爲齊國既爲我婚姻之國，又是太公後代，晉往伐之，豈齊放縱私欲激怒晉國，抑齊國完全不可救藥？士莊伯不能對。士莊伯卽鞏朔。王使委於三吏，三吏，據杜注，卽三公。周書大匡「王乃召冢卿、三老、三吏」，孔晁注亦云「三吏，三卿也」。金文「事」與「吏」爲一字，詩小雅雨無正「三事大夫」、逸周書大匡之「三吏大夫」，疑卽此「三吏」。周定王以接待鞏朔之事委之三吏。禮之如侯伯克敵使大夫告慶之禮，不用獻捷禮，而用告慶禮。告慶禮內容已不得而知。降於卿禮一等。以鞏朔實大夫，非卿。王以鞏伯宴，以，與也。當時正式招待使者，先行享禮，禮終則宴。而於鞏朔則宴而不享。而私賄之。告慶之禮，或無贈賄，故此次贈鞏朔以禮品曰私賄。使相告之曰：相，去聲，贊禮者。「非禮也，勿籍！」謂此種接待不合于禮，囑其不記載於史冊。

三年，癸酉，公元前五八八年。周定王十九年、晉景十二年、齊頃十一年、衞定公臧元年、蔡景四年、鄭襄十七年、曹宣七年、陳成十一年、杞桓四十九年、宋共公固元年、秦桓十七年、楚共三年、許靈四年。

經

三·一 三年春王正月，正月二十二日乙巳冬至，建子。公會晉侯、宋公、衛侯、曹伯伐鄭。宋、衛兩君稱爵，詳桓十三年經注。

三·二 辛亥，辛亥，二十八日。葬衛穆公。無傳。

三·三 二月，公至自伐鄭。無傳。

三·四 甲子，甲子，十二日。新宮災。公羊、穀梁兩傳皆謂新宮爲宣公廟，杜注從之。三日哭。無傳。禮記檀弓下云：「有焚其先人之室，則三日哭」；故曰，新宮火，亦三日哭。」

三·五 乙亥，乙亥，二十三日。葬宋文公。無傳。參去年傳注。

三·六 夏，公如晉。

三·七 鄭公子去疾帥師伐許。

三·八 公至自晉。無傳。

三·九 秋，叔孫僑如帥師圍棘。棘，詳傳注。

三·一〇 大雩。無傳。

三·一二 晉郤克、衛孫良夫伐廧咎如。「廧」，公羊作「將」，穀梁作「牆」，音同通用。

三·一三 冬十有一月，晉侯使荀庚來聘。

三·一四 衛侯使孫良夫來聘。

三·一五 丙午，丙午，二十八日。及荀庚盟。

三·一六 丁未，丁未，二十九日。及孫良夫盟。

鄭伐許。無傳。

傳

三·一 三年春，諸侯伐鄭，次于伯牛，伯牛自是鄭國西部地名，已難詳考當今何地。討邲之役也。邲之役在宣十二年。此一戰役中，鄭於晉有二心。遂東侵鄭。鄭公子偃帥師禦之，據杜注，公子偃爲鄭穆公子，亦即六年傳之子游。使東鄙覆諸鄤，覆，埋伏。鄤音瞞，據傳文，當是鄭國東部地。水經河水注有鄤水，與汜水相合，則在鄭之西北，恐是另一鄤。說本江永考實。傳世器有曼龔父簋，阮元積古齋鐘鼎彝器款識以爲即鄭曼伯之曼，亦即此鄤。方濬益綴遺齋彝器考釋則謂鄤仲鼎、𣪘，其文從邑，當即此地，與曼爲姓者不同，阮說誤。敗諸丘輿。丘輿亦當在鄭國東部。皇戌如楚獻捷。

三·二 夏，公如晉，拜汶陽之田。去年晉使齊退回汶陽田與魯，於是魯成公往晉答謝。據經、傳，自文十三年魯朝晉後，至此年再朝晉，中歷二十七年未朝。

三·三 許恃楚而不事鄭，鄭子良伐許。

三·四 晉人歸楚公子穀臣與連尹襄老之尸于楚，以求知罃。於是荀首佐中軍矣，故楚人許之。以上俱可參見去年傳並宣十二年傳。王送知罃，曰：「子其怨我乎？」對曰：「二國治戎，治戎及十六年傳之治戎與僖二十三年傳「晉、楚治兵遇於中原」之「治兵」義同，實卽交戰之意。臣不才，不勝其任，以爲俘馘。知罃實被「俘」，而未被「馘」，此「馘」字是連類而及之詞。執事不以釁鼓，釁鼓，見僖三十三年傳注。使歸卽戮，君之惠也。臣實不才，又誰敢怨？」王曰：「然則德我乎？」對曰：「二國圖其社稷，而求紓其民，紓，緩。各懲其忿，懲，戒也。以相宥也。兩釋纍囚，以成其好。二國有好，臣不與及，其誰敢德？」王曰：「子歸，何以報我？」對曰：「臣不任受怨，君亦不任受德，無怨無德，不知所報。」王曰：「雖然，必告不穀。」對曰：「以君之靈，纍臣得歸骨於晉，寡君之以爲戮，死且不朽。若從君之惠而免之，以賜君之外臣首；當時卿大夫對外國國君自稱爲外臣，此知罃於楚君亦直稱其父之名。首其請於寡君，而以戮於宗，宗，宗廟。荀首不但是知罃之父，且是荀氏小宗宗子，于本族成員有殺戮之權，然先須得國君同意。亦死且不朽。若不獲命，杜注：「君不許戮。」而使嗣宗職，宗職，杜注：「嗣其祖宗之位職。」洪亮吉詁以爲荀首之父未嘗爲卿，不得言「嗣祖宗之位職」，因云：「宗職，父職也。」但此時荀首正佐中軍，未告老退休，洪說亦不可信。沈欽韓補注云：「宗職猶言宗子之事。下『次及於事』，乃是以次序而當晉之事。」較妥。次及於事，而帥偏師，以修封疆。雖遇執事，其弗敢違，其竭力致死，無有二心，以盡臣禮，所以報也。」王曰：「晉未可與爭。」重爲之禮而歸之。

三·五 秋，叔孫僑如圍棘，棘，江永考實據杜注以爲在今山東肥城縣南，沈欽韓地名補注據山東通志以爲在泰安縣西南境。水經汶水注謂棘亭在汶水北八十里，與此兩説皆可合。取汶陽之田。棘不服，故圍之。魯城邑不服或叛而圍之者，據經、傳所載，共七次，此第一次。其他爲昭十三年圍費，二十六年圍成，定六年圍鄆，十年圍郈（二次），十二年圍成。説本李廉春秋諸傳會通。

三·六 晉郤克、衛孫良夫伐廧咎如，廧咎如見僖二十三年傳注。討赤狄之餘焉。赤狄部落甚多，如潞氏、甲氏、留吁、鐸辰之屬，先後皆爲晉所滅，所餘唯廧咎如，故云「討赤狄之餘」。孔疏引劉炫説及惠棟補注，釋均如此。杜注謂「晉滅赤狄潞氏，其餘民散入廧咎如，故討之」，誤。廧咎如潰，上失民也。杜注：「此傳釋經之文，而經無『廧咎如潰』，蓋經闕此四字。」穀梁亦無此四字，杜注未必可信。

三·七 冬十一月，晉侯使荀庚來聘，且尋盟。庚，荀林父子。尋盟，尋元年赤棘之盟。衛侯使孫良夫來聘，且尋盟。尋宣七年之盟。公問諸臧宣叔曰：「中行伯之於晉也，其位在三；中行伯卽荀庚。當時晉以郤克爲中軍帥，位第一；荀首爲中軍佐，位第二；荀庚爲上軍帥，位第三。杜注據下段答語推定「位在三」是下卿。孫子之於衛也，位爲上卿，將誰先？」對曰：「次國之上卿，當大國之中，中，中卿。中當其下，下當其上大夫。次國之卿大夫較大國之卿大夫低一級。小國之上卿，當大國之下卿，中當其上大夫，下當其下大夫。小國之卿大夫較大國之卿大夫低二級。上下如是，古之制也。衞在晉，不得爲次國。不得爲次國，則僅爲小國。晉爲盟主，其將先之。」依上述原則計算兩人等級，衞之上卿相當晉之下卿，則孫良夫與荀庚爲同級官員。但晉不但爲大國，且是盟主，所以荀庚仍當在先。丙午，盟晉；丁未，盟衞，禮也。據李廉會通計算，聘而遂盟，共五次，除此兩次外，尚有十一年及晉郤犨盟，襄七年及衞孫林父盟，十五年及宋向戌盟。

三・八 十二月甲戌，甲戌，二十六日。晉作六軍。年表、齊世家、晉世家「六軍」俱作「六卿」，恐係因下文「皆爲卿」而致誤。韓厥、趙括、鞏朔、韓穿、荀騅、趙旃皆爲卿，騅音錐。荀騅，據晉世家索隱，謚文子。晉原有三軍，此時增置新中、上、下三軍，共六軍。三軍原各有將佐，計六卿；今增置新三軍，亦各有將、佐，增六人爲卿。六年傳云「韓獻子將新中軍」，杜預以此名次推算，以爲「韓厥爲新中軍，趙括佐之；鞏朔爲新上軍，韓穿佐之；荀騅爲新下軍，趙旃佐之」。晉世家「韓穿」誤作「趙穿」。賞鞌之功也。

三・九 齊侯朝于晉，將授玉。古代諸侯相朝見，有「授玉」「受玉」之禮，六年傳云「鄭伯如晉拜成，授玉于東楹之東」，定十五年傳云「邾隱公來朝，邾子執玉高，公受玉卑」，均可以爲證。晉世家云：「齊頃公如晉，欲上尊晉景公爲王，景公讓不敢。」年表與齊世家記載相同。司馬遷解「授玉」爲「尊爲王」，或是認「玉」字爲「王」字之故。說詳孔疏、惠棟補注、齊召南考證、沈欽韓補注。郤克趨進曰：郤克時爲上擯（主人方面行禮時首席輔助人員），在中庭，而兩君在堂上。欲乘授玉之際進言，必須抵阼階（東階）之西。由中庭進至阼階西，相距較遠，故必須趨進，否則難及。同時又以趨進示恭敬。說參陶鴻慶別疏。「此行也，君爲婦人之笑辱也，指郤克爲齊頃公母所笑事，見宣十七年傳。寡君未之敢任。」郤克此語猶在發洩其被笑之怨。

晉侯享齊侯。齊侯視韓厥。視，熟視。韓厥曰：「君知厥也乎？」知，認識。說詳楊樹達先生讀左傳。齊侯曰：「服改矣。」當鞌之戰中，皆着戎服，今着朝服。韓厥登，舉爵曰：「臣之不敢愛死，愛，惜也。爲兩君之在此堂也。」韓厥此語，意在補救郤克之洩怨。意謂兩君在堂上宴會和好，正是我在作戰中奮勇追逐之目的。

四·一〇　荀罃之在楚也，荀罃即知罃。鄭賈人有將寘諸褚中以出。褚，音煮，裝衣物所用之囊。鄭國商人擬盛知罃於褚中逃出楚國，正與公羊哀六年傳陳乞用巨囊載公子陽事相類似。說詳王引之述聞。既謀之，未行，而楚人歸之。賈人如晉，荀罃善視之，視，看待。如實出己。賈人曰：「吾無其功，敢有其實乎？吾小人，不可以厚誣君子。」廣雅釋詁：「誣，欺也。」禮記表記「受祿不誣」，注：「於事不信曰誣。」則亦欺罔之義。與此誣字用法同。遂適齊。

四年，甲戌，公元前五八七年。周定王二十年、晉景十三年、齊頃十二年、衞定二年、蔡景五年、鄭襄十八年、曹宣八年、陳成十二年、杞桓五十年、宋共二年、秦桓十八年、楚共四年、許靈五年。

經

四・一 四年春，二月初四辛亥冬至，實建亥，有閏。宋公使華元來聘。

四・二 三月壬申，三月無壬申，恐日月有誤。杜注謂「壬申，二月二十八日」，亦不確，實二月二十五日。鄭伯堅卒。無傳。

四・三 杞伯來朝。

四・四 夏四月甲寅，甲寅，八日。臧孫許卒。無傳。

四・五 公如晉。

四・六 葬鄭襄公。無傳。

四・七 秋，公至自晉。

四・八 冬，城鄆。無傳。鄆音運。魯有二鄆，東鄆已見文十二年經注。此則西鄆。十六年傳「公還，待于鄆」，即此西鄆。地近于齊，昭二十五、二十六、二十九，以及定六、七、十年諸鄆，皆西鄆。在今山東鄆城縣東十六里。

四・九 鄭伯伐許。鄭襄公死未踰年，鄭悼公稱爵，見僖九年傳注。

傳

四·一 四年春，宋華元來聘，通嗣君也。嗣君指宋共公。據文元年傳「凡君卽位，卿出並聘」之文，則此爲宋共公始聘於魯。又據經、傳所載，在此以前未見宋來聘。魯文十一年，公子遂去宋，不載宋國報聘。此以後，亦僅有八年華元來、襄十五年向戌來及昭十二年華定來三次。總計春秋二百四、五十年間，魯、宋兩國往來通好，若是其少，未必合於情理，當是記載有闕。

四·二 杞伯來朝，歸叔姬故也。叔姬當爲魯公女嫁爲杞伯夫人者。杞伯欲出之，故先來朝。明年春，杞叔姬「來歸」，八年死。

四·三 夏，公如晉。晉侯見公，不敬。季文子曰：「晉侯必不免。詩曰：『敬之敬之！天惟顯思，命不易哉！』詩周頌敬之句，詳僖二十二年傳並注。夫晉侯之命在諸侯矣，晉景公爲諸侯霸主，諸侯向之或背之可以決定其命運。可不敬乎！」

四·四 秋，公至自晉，欲求成于楚而叛晉。因晉景公接見時不敬之故。季文子曰：「不可。晉雖無道，未可叛也。國大、臣睦，而邇於我，諸侯聽焉，未可以貳。史佚之志有之曰：史佚見僖十五年傳注。『非我族類，族類指種族。其心必異。』楚雖大，非吾族也，其肯字我乎？」其作豈用。字，愛也。公乃止。

四・五

冬十一月，鄭公孫申帥師疆許田。公孫申即十年、十四年傳之叔申。去年鄭曾侵許，掠奪田地，今年又帶領軍隊往定其經界，爲許人所敗。至十四年，鄭又伐許，許不得已將此次公孫申所劃界之田與鄭以求成。許人敗諸展陂。展陂當在今河南許昌市西北。鄭伯伐許，取鉏任、泠敦之田。任音壬。鉏任、泠敦當在今許昌縣境内。

晉欒書將中軍，代郤克。荀首佐之，士燮佐上軍，以救許伐鄭，取汜、祭。氾音凡，汜音祀，字本不同，以形近易訛。依杜注，字應作「汜」，與僖二十四年傳之「氾」不同，即水經汜水，自水經以後，均從巳作汜，其地在今河南舊汜水縣（縣今已廢，在今滎陽縣之西北，鞏縣之東北）。祭在今鄭州市北，或云在今中牟縣。汜、祭兩邑相距較遠，晉或先後取得之。年表與晉世家均只云「取汜」，不書取祭。

楚子反救鄭，鄭伯與許男訟焉，兩人在子反前爭是非曲直。皇戌攝鄭伯之辭。攝，代也。皇戌代鄭悼公發言。子反不能決也，曰：「君若辱在寡君，在，存問也，亦見隱十一年傳注。辱在寡君，當時外交辭令，意欲使兩君朝楚。寡君與其二三臣共聽兩君之所欲，成其可知也。成，讀爲詩大雅緜「虞、芮質其成」之成，有斷其是非，使兩得其當，息其爭訟之意，說詳周禮地官調人孫詒讓正義。不然，側不足以知二國之成。」側，子反之名。明年鄭悼、許靈去楚訴訟。

四・六

晉趙嬰通于趙莊姬。趙嬰即僖二十四年傳之樓嬰，宣十二年傳之趙嬰齊，詳彼注。趙莊姬，趙朔之妻，趙朔諡「莊」，故亦稱莊姬。趙朔爲趙盾之子，宣十二年將下軍，此時當已死。趙嬰與趙莊姬是夫叔與姪媳通奸。趙世家云

「趙朔妻成公姊」，則趙莊姬爲晉文公女。據僖二十四年傳，趙衰所妻乃文公女，若如司馬遷所言，趙朔亦娶文公女，則祖與孫各娶一姐一妹，不合情理。賈逵、服虔均以趙莊姬爲成公女，較爲合理。司馬遷或者誤採戰國時異説，梁玉繩史記志疑謂史記有誤字，亦未必然。新序節士篇亦謂「趙朔妻成公姊」，可見説或有自。　此句應與下年傳「原、屏放諸齊」連讀。

五年，乙亥，公元前五八六年。周定王二十一年、晉景十四年、齊頃十三年、衛定三年、蔡景六年、鄭悼公費元年、曹宣九年、陳成十三年、杞桓五十一年、宋共三年、秦桓十九年、楚共五年、許靈六年。

經

五·一　五年春王正月，正月十五日丙辰冬至，建子。杞叔姬來歸。去年傳云「杞伯來朝，歸叔姬故也」，故今年叔姬返魯。「諸侯出夫人」之禮，禮記雜記下有所記述。

五·二　仲孫蔑如宋。

五·三　夏，叔孫僑如會晉荀首于穀。「荀首」，公羊作「荀秀」，首、秀古音同韻部，可以通假。穀，齊地，見莊七年經注。

五·四　梁山崩。

五·五 秋，大水。無傳。

五·六 冬十有一月己酉，己酉，十二日。天王崩。

五·七 十有二月己丑，己丑，二十三日。公會晉侯、齊侯、宋公、衞侯、鄭伯、曹伯、邾子、杞伯同盟于蟲牢。蟲牢，鄭地，今河南省封丘縣北，亦見襄十八年及定八年傳。

傳

五·一 五年春，原、屏放諸齊。此句緊接上年傳「晉趙嬰通于趙莊姬」，謂趙同、趙括逐放趙嬰齊于齊國。原、屏見宣十二年傳並注。嬰曰：「我在，故欒氏不作。欒氏，指欒書等人。此時欒書將中軍，執晉國政。「作」指興起禍害。我亡，吾二昆其憂哉。昆，兄也，趙同、趙括爲趙嬰之兩兄。且人各有能、有不能，意謂我雖不能謹守規矩禮法，但能保護趙氏，而同、括則不能。舍我，何害？」弗聽。

嬰夢天使謂己：「祭余，余福女。」使問諸士貞伯。士貞伯卽宣十二年之士貞子，成十八年之士渥濁。宣十五傳稱爲士伯，下文又簡稱爲貞伯。貞伯曰：「不識也。」不識，不知也。既而告其人曰：其人指趙嬰所遣問于士渥濁之使。士渥濁答以不識，旋卽與使者私言，以己意告之。哀二十六傳載衞出公使人問子貢「吾其入乎」，子貢答以「不識也」，而私於使者云「不識所由入也」，與此情況相同，或古人問對禮節有如此者。說本沈欽韓補注。「神福仁而禍淫。淫而無罰，福也。祭，其得亡乎？」杜注：「以得放遣爲福。」杜注誤。「其得亡乎」猶言「豈得無禍乎」，亡通無。祭之，之明日而亡。八年，趙同、趙括爲晉所殺，此傳先敍其原本。

五・二 孟獻子如宋，報華元也。去年宋華元來聘問，今年仲孫蔑答聘。

五・三 夏，晉荀首如齊逆女，故宣伯餫諸穀。宣伯卽叔孫僑如，見文十一年傳。餫音運，爲在野行路之人餽送食物。

五・四 梁山崩，梁山有數處，詩大雅韓奕之梁山在今北京市房山縣東北，孟子梁惠王下之梁山當在今陝西乾縣西北，此梁山則當在今陝西韓城縣，離黄河不遠之處。本是古梁國名山，僖十九年秦滅梁；文十年晉又伐秦，取之，故爾雅釋山謂之「晉望」，意卽晉國所祭名山。或云卽山西離石縣東北呂梁山，但呂梁山離黄河百餘里，較遠。公羊、穀梁兩傳與韓詩外傳皆云因梁山崩而黄河壅塞，如其言可信，自非呂梁山矣。穀梁傳與韓詩外傳八又云河因晉侯用伯宗之言復流，則論衡感虛篇已云「此虛言也」。晉侯以傳召伯宗。傳，去聲，傳車。傳車爲古代驛站專用車輛，每抵一中途站換車、換馬、換御者，繼續前行，取其快速。伯宗，晉大夫。晉語五韋注以爲「孫伯糾之子」。穀梁傳作「伯尊」，王引之春秋名字解詁云「伯宗字尊」。伯宗辟重，曰：「辟傳！」「辟重」之「辟」音闢。重，重車，裝載貨物之車。形體較大，故晉語謂之「大車」。以人力拉行，穀梁與韓詩外傳又謂之「輦」。晉語五云「遇大車當道而覆，立而辟之，曰：避傳」，恐車覆事不可信。因車當道傾覆，一時避讓不及，不至要之避讓。唯車不覆，始能曰「辟傳」。孟子離婁下「行辟人可也」卽此辟義。至于穀梁傳與韓詩外傳謂鞭打輦車人，更不可靠。「辟傳」之「辟」同「避」。「辟傳」，爲傳車讓路而避開。重人曰：重人，押送或挽行重車之人。「待我，不如捷之速也。」捷，走捷徑。問其所。曰：「絳人也。」問絳事焉。曰：「梁山崩，將召伯宗謀之。」問將若之何。曰：「山有朽壤而崩，可若何？古人不知地震山崩之理，但此人卻能知梁山崩爲自然現象，不作「鬼神禍福」之預言，足爲一時有識者。此人自是當時下層人物。國主山川，國以山川爲主，周語上云「夫國必依山川」，亦此意。杜注云「主謂所主祭」，不合傳意。故山崩川竭，君爲之不舉、不舉，食不殺牲，菜殽不豐盛，不用音樂助食。「舉」義詳莊二十年傳注。降服、杜注云「損盛服」，即不着平常華麗衣服。據周禮春官司服「大裁素服」鄭玄注，「降服」爲「素服縞冠」，即着白色衣、戴白絹帽。穀梁傳作「君親素縞」是也。乘縵、縵有兩解。杜注謂「車無文」，即無彩飾之車，王念孫廣雅釋詁疏證「曼，無也」條下申言此說。周禮春官巾車云「卿乘夏縵」，沈欽韓補注謂縵卽夏縵。王乘卿車，自我貶責之義。兩說皆可通。徹樂、周禮春官大司樂云：「四鎮五嶽崩，令去樂。」出次，離開平時居處。杜注：「舍於郊。」祝幣，陳列獻神之禮物。杜注：「陳玉帛。」史辭以禮焉。祝本是祭祀典司贊詞之官，亦司陳列獻神禮品，史讀祭神文辭以禮祭神。其如此而已。雖伯宗，若之何？」伯宗請見之，見舊讀去聲。「見之」，引重人謁見晉侯。不可。遂以告，而從之。以重人之言告晉侯，而晉侯從之。穀梁傳與韓詩外傳八皆云伯宗隱瞞受之重人事情，且引孔丘之言，責其「攘善」。

五·五　許靈公愬鄭伯于楚。事見去年傳。因爲子反之言，許靈公先作原告。六月，鄭悼公如楚訟，不勝，楚人執皇戌及子國。子國，鄭穆公之子公子發。鄭世家云：「悼公使弟睔於楚自訟。訟不直，楚囚睔。」與左傳不同。司馬遷或另有所據。故鄭伯歸，使公子偃請成于晉。公子偃已見三年傳並注。秋八月，鄭伯及晉趙同盟于垂棘。垂棘，晉地。據沈欽韓地名補注，當在今山西潞城縣北。亦見僖二年傳。

五·六 宋公子圍龜爲質于楚而歸，杜注：「圍龜，文公子。」據下傳，字子靈。華元享之。宣十五年華元去楚爲質，成二年以前便返回宋國。此時圍龜從楚國爲質回來，杜注因此認爲圍龜之爲質，乃代華元。請鼓譟以出，鼓譟以復入，請求擂鼓呼叫以出入華元之門。曰：「習攻華氏。」宋公殺之。

五·七 冬，同盟于蟲牢，鄭服也。

諸侯謀復會，宋公使向爲人辭以子靈之難。宋共公不擬與會，以圍龜欲攻華氏而被殺事辭之。據十五年傳孔疏引世本「桓公生向父肸」云云，向爲人或是宋桓公後裔。

五·八 十一月己酉，定王崩。杜注：「經在蟲牢盟上，傳在下，月倒錯。衆家傳悉無此八字。或衍文。」竹添光鴻會箋則以爲定王不書葬，所以爲此傳者，蓋敍定王諡號，決非衍文。蟲牢之盟所以在前，由于子靈被殺在秋，由此順敍宋共因此辭會而及，不必依隨經序。說頗有理。

六年，丙子，公元前五八五年。周簡王元年、晉景十五年、齊頃十四年、衞定四年、蔡景七年、鄭悼二年、曹宣十年、陳成十四年、杞桓五十二年、宋共四年、秦桓二十年、楚共六年、吳壽夢元年、許靈七年。

經

六·一 六年春王正月，正月二十五日辛酉冬至，建子。公至自會。無傳。

六·二 二月辛巳，辛巳，十六日。立武宮。

六·三 取鄟。鄟，附庸小國，在今山東郯城縣東北三十餘里。公羊傳以爲「邾婁之邑」，春秋經取邑必繫所屬國，獨書某者，皆國也。說本汪克寬春秋胡傳纂疏。

六·四 衞孫良夫帥師侵宋。

六·五 夏六月，邾子來朝。無傳。

六·六 公孫嬰齊如晉。嬰齊已見二年經注。

六·七 壬申，壬申，九日。鄭伯費卒。

六·八 秋，仲孫蔑、叔孫僑如帥師侵宋。

六·九 楚公子嬰齊帥師伐鄭。

六·一〇 冬，季孫行父如晉。

六·一一 晉欒書帥師救鄭。「救」，公羊作「侵」。去年蟲牢之盟，鄭服于晉，故楚伐鄭而晉救鄭。明年楚又伐鄭，晉又率諸侯救鄭。則公羊作「侵鄭」之誤可知。說本汪克寬纂疏及趙坦異文箋。

傳

六·一 六年春，鄭伯如晉拜成，答謝去年垂棘與蟲牢兩次之盟。子游相，子游，公子偃字。古人名「偃」多字

「游」，如鄭國駟偃字子游（昭十六年傳注），晉國荀偃字伯游（襄十三年傳），籍偃亦字子游（晉語七注），吳國言偃亦字子游（史記仲尼弟子列傳）。相，輔助鄭悼公行禮。**授玉于東楹之東。**古代堂上有東西兩大柱，曰東楹、西楹。兩楹之中曰「中堂」。如賓主身份相當，授受玉應在兩楹之間。如賓身份低於主人，授受玉在中堂與東楹之間，即在東楹之西。晉景公與鄭悼公皆一國之君，依當時常禮，應授受玉于兩楹之間。鄭悼縱以爲晉景爲霸主，不敢行平等身份之禮，亦當在中堂與東楹之間。今晉景安詳緩步，而鄭悼則快步又過謙，竟至東楹之東授玉，尤見自卑。參見沈欽韓補注與陶鴻慶別疏。**士貞伯曰：「鄭伯其死乎！自棄也已。**不自尊重謂之「自棄」。**視流而行速，**賈子容經云：「朝廷之見，端若平衡。」流則如流水，既不端正，亦不平衡，若東張西望。說本章炳麟讀。行速，見上注。**不安其位，宜不能久。」**宜，殆也。

六·二　**二月，季文子以鞌之功立武宮，**鞌之戰在二年。此武宮與昭十五年經之武宮不同。一爲魯武公之廟，經、傳之文明白可據。此據下文「立武由己」，不當解爲武公之廟，當爲表示武功之紀念建築。章炳麟春秋左氏疑義答問四謂在魯公所處之宮外，設兵欄，如司馬門，並有守衞屯兵。蓋揣測之辭。韓非子外儲說左上云「宋王與齊仇也，築武宮」，與此武宮意義相同。公羊傳釋爲「武公之宮」，固不可信（于鬯香草校書有說，可以參看），即杜注以宣十二年之武軍釋之，亦未必然。宣十二年邲之戰後，潘黨請楚莊築武軍，乃戰後收埋敵人尸首；而季孫行父築武宮，則在戰後四年，自非收埋敵尸。且武軍築於戰場，此武宮則可能建於魯國國內。**非禮也。聽於人以救其難，**鞌之戰是魯向晉請求出兵以救齊國入侵之難，戎事均聽從於晉人。**不可以立武。**立武，意即用紀念物以表揚武功。**立武由己，**

非由人也。

六・三 取鄟，鄟音專，穀梁傳云「國也」，公羊傳則云「邾婁之邑」。鐵雲藏龜拾遺二一七云「于專」，惜前後字漫漶。小屯乙編八一一云：「貞：乎乍圉于專，勿作圉于專？」此二「專」不知即此「鄟」不。若然，自是殷商以來小國。公羊説之不可信，可參看齊召南公羊注疏考證。鄟所在地，顧棟高大事表以爲在今山東郯城縣東北；畢沅晉書地理志新補正卷一則以爲即昭二十六年之鄟陵，當在今山東兗州一帶。言易也。詳宣九年傳注。

六・四 三月，晉伯宗、夏陽説、衛孫良夫、甯相、鄭人、伊雒之戎、陸渾、蠻氏侵宋，夏陽説，晉國大夫。夏陽或爲地名，即僖二年傳之下陽。夏陽説或以下陽爲采邑，因以爲氏。伊雒之戎見僖十一年傳注。陸渾即僖二十二年傳陸渾之戎，詳彼注。蠻氏，據杜注，即昭十六年戎蠻，當在今河南臨汝縣西南，汝陽縣東南，哀四年楚滅之。以其辭會也。宋共拒絶再會，見去年傳。師于鍼。鍼，衛邑，離當時衛都帝丘不遠，在今河南濮陽縣附近。僖二十八年傳衛有鍼莊子，或以鍼爲其采邑。衛人不保。衛有孫良夫、甯相率師參加聯軍，故聯軍駐紮在其郊外，不加守備。説欲襲衛，曰：「雖不可入，多俘而歸，有罪不及死。」伯宗曰：「不可。衛唯信晉，故師在其郊而不設備。若襲之，是棄信也。雖多衛俘，而晉無信，何以求諸侯？」乃止。師還，謂侵宋而還也。疑還經衛者，僅晉師。衛師自隨之還。其餘若鄭師等，則不必繞道於衛。衛人登陴。陴見宣十二年傳注。衛人仍未喪失警惕。

六・五 晉人謀去故絳，晉從此後遷都新田，亦稱新田爲絳，因稱故都絳爲故絳。絳詳隱五年傳注。諸大夫皆曰：

「必居郇、瑕氏之地，郇已見僖二十四年傳注，瑕已見僖三十年傳注。郇在解池西北，瑕在解池南。面積甚大，不可能全部劃爲晉國都城，此云「居郇、瑕之地」，蓋擇其一部也。杜注以郇瑕爲古國，誤。方濬益綴遺齋彝器考釋卷九已駁之。沃饒而近盬，盬卽鹽池，今曰解池。穆天子傳「至于盬」，説文「盬，河東鹽池」，均可以爲證。國利君樂，不可失也。」韓獻子將新中軍，且爲僕大夫。僕大夫，舊注皆以爲卽周禮夏官大僕之官，掌管宫中之事。公揖而入。晉景公與其臣屬朝禮畢而退入路門内。按當時之禮，諸侯有三座大門及三朝，第一重門内爲外朝，第二重門内爲治朝，第三重門爲路門，門内爲燕朝。晉景公視朝，若非治朝，則爲外朝。錢綺札記謂討論遷都，應在外朝。公揖，揖羣臣，非揖韓厥一人。因當時之禮，人君視朝，徧揖羣臣而退。獻子從。韓厥既兼僕大夫，據周禮司士與大僕，羣臣退後，大僕尚須引導君王退朝。故晉景公進入内朝，他臣皆退散，唯韓厥隨入。顧炎武日知録二十七云：「僕大夫者，君之親臣，故獨令之從公而入寢庭。」此以親臣解之，未必合傳意。公立於寢庭，寢，路寢，亦曰正寢，人君一般在此理政，遇齋戒與疾病，亦居於此。寢庭，路寢外庭院。謂獻子曰：「何如？」對曰：「不可。郇、瑕氏土薄水淺，其惡易覯。惡，污穢骯髒之物，説詳顧炎武補正與武億義證。杜注解覯爲遇見。覯亦可釋爲構之借字，詩小雅四月「我日構禍」，成也，合也，結也。與下文「流其惡」正相對。易覯則民愁，民愁則墊隘，左傳凡三用「墊隘」一詞，均可解爲羸弱。其他爲襄九年「辛苦墊隘」與二十五年「久將墊隘」。杜注於三處解釋不同，不確。於是乎有沈溺重膇之疾。沈溺爲風濕病。重，卽今「腫」字。膇音墜，足腫。不如新田，新田，今侯馬市，距故絳五十里。土厚水深，居之不疾，有汾、澮以流其惡，汾水流經新田西北。澮水流經新田，注入汾水。且民從教，百姓習慣於服從。十世之利也。夫山、澤、林、鹽，國之寶也。國饒，則民驕佚。魯語下公父文伯之母云：「昔聖王之處民也，擇瘠土而處之，勞其民而用之，故長王天下。夫民，勞則思，思則善心生。逸則淫，淫則忘善，忘善則惡心生。沃土之民不材，逸也。」可以與韓厥之言參看。此駁「沃饒」。近寶，公室乃貧。駁「近鹽」。國都接近利藪何以將使公室貧窮，不易理解。孔疏謂國都近寶，民皆將棄農就商，貧富兼併懸殊。貧者則無以供官府，富者又不能多徵，國家賦稅將因之減少。不可謂樂。」公說，從之。夏四月丁丑，丁丑，十三日。晉遷于新田。若不以唐叔所封爲太原市，則晉前後四次遷都，均在平陽（今臨汾縣西南）四周一百五十里之內。翼在今翼城縣東南三十五里。曲沃在聞喜縣東北，距翼約一百五十里。故絳在今汾城南，新絳北，東距翼約一百里。新田即今侯馬市，去翼僅數十里耳。

六·六 六月，鄭悼公卒。此傳有二義。一爲經未書葬，無由表示其謚，故於此補出。二爲上傳士渥濁預言鄭伯將死，以此證其言之驗。經載「鄭伯費卒」在「公孫嬰齊如晉」之後，傳以「如晉」、「伐宋」連敍，故提前。

六·七 子叔聲伯如晉，子叔聲伯即公孫嬰齊。命伐宋。晉人令魯伐宋。三月，晉伯宗等嘗率諸侯之師侵宋，宋仍不從晉，故再令魯伐宋。

六·八 秋，孟獻子、叔孫宣伯侵宋，晉命也。

六·九 楚子重伐鄭，鄭從晉故也。

六·一〇 冬，季文子如晉，賀遷也。特使賀晉遷都。

晉欒書救鄭，與楚師遇於繞角。繞角，據杜注爲「鄭地」，江永考實云「當是蔡地」，在今河南魯山縣東南。江說較可信。楚師還。據襄二十六年傳，晉曾用析公之謀，夜臨楚軍而楚師宵潰。晉師遂侵蔡。楚公子申、公子成以申、息之師救蔡，禦諸桑隧。桑隧在今河南確山縣東。趙同、趙括欲戰，請於武子，武子，欒書。武子將許之。知莊子、范文子、韓獻子諫曰：知莊子，荀首；范文子，士燮；韓獻子，韓厥。「不可。吾來救鄭，楚師去我，吾遂至於此，此指蔡地。是遷戮也。侵蔡即「遷戮」。戮而不已，又怒楚師，戰必不克。雖克，不令。縱戰勝，亦非好事。令，善也。成師以出，宣十二年傳亦有此語。而敗楚之二縣，二縣謂申、息二縣之師。何榮之有焉？若不能敗，爲辱已甚，已，太也。不如還也。」乃遂還。

於是軍帥之欲戰者衆。「帥」阮刻本作「師」，據釋文，當作「帥」，今從金澤文庫本及他本訂正。或謂欒武子曰：「聖人與衆同欲，是以濟事。子盍從衆？子爲大政，大政，即鼄君鐘銘之「大正」，執政大臣也。說詳楊樹達先生金文餘說。此及昭七年傳之「子爲大政」義同于文七年、宣二年、襄四年及二十一年傳之「子爲正卿」。將酌於民者也。子之佐十一人，據孔疏引服虔說，十一人爲荀首佐中軍；荀庚將上軍，士燮佐之；郤錡將下軍，趙同佐之；韓厥將新中軍，趙括佐之；鞏朔將新上軍，韓穿佐之；荀騅將新下軍，趙旃佐之。除下軍將佐外均見三、四年傳。其不欲戰者，三人而已。欲戰者可謂衆矣。商書曰『三人占，從二人』，句在今周書洪範。原文爲「三人占，則從二人之言」，此節取大意。古代卜筮，詢之三人，如哀九年傳「占諸史趙、史墨、史龜」，各人判斷

六·二

未必相同，從其二人相同者。衆故也。」武子曰：「善鈞從衆。鈞同均，善均等，始取多數之言。夫善，衆之主也。有善，衆則從之。三卿爲主，可謂衆矣。周語云：「三人爲衆。」可見「三人爲衆」，當時即有此語。從之，不亦可乎？」

七年，丁丑，公元前五八四年。周簡王二年、晉景十六年、齊頃十五年、衞定五年、蔡景八年、鄭成公睔元年、曹宣十一年、陳成十五年、杞桓五十三年、宋共五年、秦桓二十一年、楚共七年、吳壽夢二年、許靈八年。

經

七・一 七年春王正月，冬至在二月初七日丙寅，實建亥，且有閏月。鼷鼠食郊牛角，改卜牛。鼷音奚，鼠類之最小者。本草綱目獸部三李時珍集解引陳藏器云：「鼷鼠極細，卒不可見，食人及牛馬皮膚成瘡。」春秋載鼷鼠食郊牛者三次，此年及定十五年、哀元年。備郊祭之牛被鼷鼠所傷，乃改用它牛卜其吉凶。郊祭未卜日，謂之牛；卜得日，改曰牲，見僖三十一年並宣三年經傳及注。鼷鼠又食其角，乃免牛。無傳。免牛見僖三十一年經注。

七・二 吳伐郯。

七・三 夏五月，曹伯來朝。

七・四 不郊，猶三望。無傳。見僖三十一年傳注。

七·五 秋，楚公子嬰齊帥師伐鄭。

七·六 公會晉侯、齊侯、宋公、衛侯、曹伯、莒子、邾子、杞伯救鄭。八月戊辰，戊辰，十一日。同盟于馬陵。馬陵，見傳注。

七·七 公至自會。無傳。

七·八 吳入州來。吳見于經始於此。吳見宣八年傳注。州來，國名。詳王夫之稗疏及雷學淇介菴經說卷七，今安徽鳳臺縣。吳卓信漢書地理志補注謂成七年，吳入州來，至昭四年，然丹城州來以備吳；迭屬吳、楚。二十三年雞父之戰，楚師大奔，州來遂爲吳所有，封季札於此，爲延州來。

七·九 冬，大雩。無傳。此因旱而雩，見桓五年傳並注。

七·一〇 衛孫林父出奔晉。

傳

七·一 七年春，吳伐郯，郯見宣四年經並注。郯成。郯與吳和，實爲郯服於吳。季文子曰：「中國不振旅，中國，當時華夏各國之總稱。振旅見僖二十八年傳注。此借用作對「蠻夷」無威之義。蠻夷入伐，而莫之或恤。無弔者也夫！甲骨及金文「叔」「弔」同是一字。叔，同淑，善也。「無弔者」，無善君也。善君指霸主。句意與昭十六年傳「無伯也夫」同。說參王引之述聞通說。詩曰『不弔昊天，亂靡有定』，句見詩小雅節南山。不弔，不淑，不善也。昊音浩，本意爲廣大無邊。昊天，猶言蒼天、上天。句意謂上天不仁，亂無有定。其此之謂乎！有上不弔，有上而不善。杜注：「上謂霸主。」其誰不受亂？吾亡無日矣。」君子曰：「知懼如是，斯不亡矣。」郯去魯不甚遠，吳在當時爲「蠻夷」，竟侵伐至郯，魯執政大臣自然恐懼。

七·二 鄭子良相成公以如晉，見，見，去聲。鄭成公即位不久，初次朝見霸主。且拜師。拜謝去年晉出師救鄭。

七·三 夏，曹宣公來朝。傳文於經文無所說明或補充，據孔疏，僅表示經文「曹伯」即「曹宣公」，即所謂「互見名號」。

七·四 秋，楚子重伐鄭，師于氾。氾音凡。氾有二，僖二十四年傳與此傳之氾是南氾，在河南襄城縣。僖三十年傳之氾是東氾，在河南中牟縣。南氾離楚較近。諸侯救鄭。鄭共仲、侯羽軍楚師，說文：「軍，圜圍也。」廣雅釋言：「軍，圍也。」今言包圍。囚鄖公鍾儀，鄖見桓十一年傳注。獻諸晉。

八月，同盟于馬陵，馬陵，杜注云「衞地」，在今河北大名縣東南。尋蟲牢之盟，且莒服故也。莒本屬齊，齊服晉，莒亦服晉。

晉人以鍾儀歸，囚諸軍府。軍府，據杜注，即軍用儲藏庫，亦用以囚禁戰俘。此句爲九年晉侯見鍾儀事作一伏筆。

七·五 楚圍宋之役，見宣十四、十五兩年傳。師還，子重請取於申、呂以爲賞田。申見隱元年傳注。

呂，古國名，姜姓，周穆王時所封，尚書有呂刑，即呂侯所作。西周彝器有呂䵼，郭沫若兩周金文辭大系圖録考釋亦謂爲呂侯所作。彝器又有郘鍾、郘大叔斧，孫詒讓籀高述林郘鍾跋謂「郘」即「呂」，是也。鄭語云「申、呂方彊」，則當周幽王九年國勢尚盛，此時則早滅于楚。故城在今河南南陽市西。子重欲得呂、申兩縣部份土地。古代本有賞田之制，周禮地官載師所謂「以官田、牛田、賞田、牧田任遠郊之地」可證。又謂之「賞地」，周禮夏官司勳所謂「掌六卿賞地之法以等其功」可證。王許之。申公巫臣曰：「不可。此申、呂所以邑也，是以爲賦，因申、呂土地全爲公家所有，申、呂始能成邑，兵賦於是有所出。以御北方。「御」同「禦」。若取之，是無申、呂也，若取兩邑部份土地以賞私人，則申、呂不能成邑。晉、鄭必至于漢。」申、呂不能成邑，無以禦北方，故晉、鄭可至漢水。王乃止。子重是以怨巫臣。子反欲取夏姬，巫臣止之，遂取以行，取同娶。巫臣取夏姬而逃晉，事見二年傳。子反亦怨之。及共王即位，子重、子反殺巫臣之族子閻、子蕩及清尹弗忌及襄老之子黑要，子閻、子蕩與弗忌，據杜注，皆「巫臣之族」。清尹，據章炳麟讀，非地方官而爲朝廷官。吳彝云「用作青尹寶尊彝」，不知即此「清尹」否。此事當發生于楚共王即位二年以後，傳「及共王即位」意即當楚共王即位以後。而分其室。室，家財。子重取子閻之室，使沈尹與王子罷分子蕩之室，子反取黑要與清尹之室。巫臣自晉遺二子書，二子，子重、子反。晉世家云「巫臣怒，遺子反書」，省言子重。曰：「爾以讒慝貪惏事君，讒慝同義，見桓六年傳注。惏，同婪，貪也。貪惏同義。而多殺不辜，余必使爾罷於奔命以死。」

巫臣請使於吳，晉侯許之。吳子壽夢說之。吳世家謂巫臣自晉使吳在壽夢二年，即此年。當年使吳，當年教之車戰，吳當年伐楚、入州來，使楚七次奔命，未必見效如此之快。或巫臣使吳在去年，司馬遷僅據傳文敍其大略。乃通吳於晉，以兩之一卒適吳，舍偏兩之一焉。兩之一卒是合兩偏成一卒之車，卽兵車三十輛；舍偏兩之一是留其卒之一偏，卽留十五輛於吳。說詳江永補義。互詳宣十二年傳注。與其射御，與吳以射手與御者。「其」作「之」用。教吳乘車，教之戰陳，教之叛楚。寘其子狐庸焉，使爲行人於吳。行人見桓九年及宣十二年傳注。吳始伐楚、伐巢、伐徐，巢見文十二年經注。徐見莊二十六年經注。子重奔命。救援巢與徐。此事當在今年，在馬陵之會以前。馬陵之會，吳入州來，子重自鄭奔命。子重、子反於是乎一歲七奔命。七次奉命奔馳以禦吳軍。蠻夷屬於楚者，吳盡取之，是以始大，通吳於上國。上國卽中原諸國，吳世家作「吳於是始通於中國」。

七·六　衞定公惡孫林父。孫林父，孫良夫之子，謚「文」，又稱孫文子。冬，孫林父出奔晉。衞侯如晉，晉反戚焉。戚本孫氏采邑，孫林父奔晉，戚邑或隨孫氏至晉。今反之。戚見文元年經注。

八年，戊寅，公元前五八三年。周簡王三年、晉景十七年、齊頃十六年、衞定六年、蔡景九年、鄭成二年、曹宣十二年、陳成十六年、杞桓五十四年、宋共六年、秦桓二十二年、楚共八年、吳壽夢三年、許靈九年。

經

八・一 八年春，正月十八日壬申冬至，建子。晉侯使韓穿來言汶陽之田，歸之于齊。

八・二 晉欒書帥師侵蔡。

八・三 公孫嬰齊如莒。

八・四 宋公使華元來聘。

八・五 夏，宋公使公孫壽來納幣。

八・六 晉殺其大夫趙同、趙括。

八・七 秋七月，天子使召伯來賜公命。「賜」，公羊、穀梁皆作「錫」。以莊元年、文元年經「錫命」推之，字或者本作「錫」。禮記曲禮孔疏引亦作「來錫公命」。

八・八 冬十月癸卯，癸卯，二十三日。杞叔姬卒。

八・九 晉侯使士燮來聘。

八・一〇 叔孫僑如會晉士燮、齊人、邾人伐郯。

八・一一 衞人來媵。

傳

八·一 八年春，晉侯使韓穿來言汶陽之田，歸之于齊。季文子餞之，餞，設酒食送行。私焉，私人交談。曰：「大國制義，以爲盟主，大國處理事務合理適宜，以此爲諸侯盟主。是以諸侯懷德畏討，無有貳心。謂汶陽之田，敝邑之舊也，而用師於齊，使歸諸敝邑。用師指鞌之戰。汶陽之田因鞌之戰逼齊還魯。今有二命，曰『歸諸齊』。信以行義，義以成命，小國所望而懷也。信不可知，義無所立，四方諸侯，其誰不解體？解體，渙散，瓦解。詩曰：『女也不爽，士貳其行。王引之詩述聞謂「貳」當爲「貣」誤字。「貣」即「忒」字。爽、忒同義互文。但自鄭玄以後「貣」皆誤作「貳」。詩原意爲女方毫無過失，始終如一；男方行爲則有過錯。季文子以「女」比魯，以「士」比晉。士也罔極，極，標準。二三其德。』句見衞風氓篇。七年之中，一與一奪，金澤文庫本作「而一與一奪」。自成二年至八年歷時七年。二三孰甚焉？士之二三，猶喪妃耦，妃同配。士對女無信無義，將失去嘉耦。而況霸主？霸主無信無義，所失豈止配耦？霸主將德是以，以，用。霸主必用德。而二三之，其何以長有諸侯乎？詩曰：『猶之未遠，是用大簡。』句見詩大雅板。今詩「簡」作「諫」。猶同猷，謀也。意謂謀略無遠見，故我極力來規勸。行父懼晉之不遠猶而失諸侯也，是以敢私言之。」公羊傳云：「鞌之戰，齊師大敗。齊侯歸，弔死視疾，七年不飲酒，不食肉。晉侯聞之，曰：『嘻！奈何使人之君七年不飲酒不食肉？請皆反其所取侵地。』」

八·二　晉欒書侵蔡，杜注以爲六年侵蔡未逞之故。遂侵楚，獲申驪。杜注：「申驪，楚大夫。」楚師之還也，杜注：「謂六年遇于繞角。」晉侵沈，獲沈子揖初，杜注以「自是」解「初」字，則以「沈子揖」爲句，「初」字屬下讀，文義難通。今從竹添光鴻會箋以「沈子揖初」爲讀。從知、范、韓也。意謂晉之得俘沈君，蓋由欒書從荀首等人之謀。君子曰：「從善如流，昭十三年傳亦有此語，可見爲當時常語。宜哉！詩曰：『愷悌君子，遐不作人？』句見詩大雅旱麓。「愷悌」，今詩作「豈弟」。遐不，何不也。意謂愷悌君子，何故不起用人材。求善也夫！作人，斯有功績矣。」

是行也，鄭伯將會晉師，門于許東門，杜注：「過許，見其無備，因攻之。」大獲焉。

八·三　聲伯如莒，逆也。杜注：「自爲逆婦。」

八·四　宋華元來聘，聘共姬也。據明年傳，共姬爲穆姜所生，成公姊妹。其夫爲宋共公，以夫謚爲謚，故稱共姬。古代士人婚禮有六，見莊二十二年經注。在六禮之前，男方遣媒向女方表示通婚之意，士昏禮謂之「下達」。孔疏謂華元來即士昏禮之「下達」。

八·五　夏，宋公使公孫壽來納幣，禮也。公孫壽見文十六年傳。納幣詳莊二十二年經注。

八·六　晉趙莊姬爲趙嬰之亡故，莊姬，晉成公女。趙嬰被逐在五年。譖之于晉侯，之，探下文指原同與屏括。曰：「原、屏將爲亂。」欒、郤爲徵。欒氏、郤氏爲莊姬之譖作證。六月，晉討趙同、趙括。晉世家云：「誅趙同、趙括，族滅之。」武從姬氏畜于公宮。金澤文庫本「武」上有「趙」字。趙武爲趙朔與莊姬所出，姬氏即莊姬。

公宮，晉景公之宮。晉景公爲趙武之舅。趙武何以畜養於晉景公宮中，萬斯大學春秋隨筆謂趙世家所載屠岸賈滅趙氏事雖不可盡信，但云「治靈公之賊以致趙盾」，「合之左傳所載，確爲可據。蓋當時因姬譖討同、括，遂並治弒靈一獄，追論趙盾，欲滅其家。武方幼稚，從母匿公宮幸免」。沈欽韓補注則以爲據宣二年傳，趙盾以趙括爲公族大夫，爲趙氏宗族之主。此時趙括被殺，趙氏宗族祭祀隨之廢棄，故後文韓厥有「無後」之語。以前趙武依趙括，括被殺，無所依歸，只得隨母在舅父家畜養。此兩說似均難足信。以其田與祁奚。田爲氏族之主要財産，趙氏被滅，唯趙武匿公宮而免，故田收于公，公賞于他人。祁奚，爲高梁伯之子。據呂氏春秋去私篇與開春篇高誘注，字黄羊，于省吾晉祁奚字黄羊解（文史第五輯）曾集十五家之説，並加按斷發揮，亦可備一説。襄二十一年傳又稱之「祁大夫」。祁是晉邑，故城在今山西祁縣東南。韓厥言於晉侯曰：「成季之勳，成季，趙衰，輔佐晉文公有功。宣孟之忠，宣孟，趙盾。晉語六述知武子之言，亦謂「宣子之忠，其可忘乎」，可見當時晉人皆以忠稱許趙盾。而無後，爲善者其懼矣。三代之令王皆數百年保天之祿。夫豈無辟王？「辟」同「僻」，邪僻。賴前哲以免也。前哲卽指其先代令王。周書曰『不敢侮鰥寡』，句見尚書康誥。所以明德也。」據十七年傳，韓厥小時爲趙盾所養，故爲趙氏進言。乃立武，而反其田焉。趙世家記載趙氏被滅與趙武復立，全採戰國傳説，與左傳、國語不相同，不足爲信史。據趙世家，韓厥勸晉景復立趙武，應在兩年後晉景患病時。但年表仍列「復趙武田邑」於此年。晉世家敘此事則本左傳。

八·七　秋，召桓公來賜公命。杜注：「召桓公，周卿士。」傳明經之召伯卽召桓公。

八·八　晉侯使申公巫臣如吳，假道于莒。與渠丘公立於池上，渠丘公卽十四年經之莒子朱。莒是當時夷國，國君無謚號，以地名爲號，如襄三十一年之犂比公、昭四年之著丘公、昭十四年之莒郊公、僖二十六年之茲平公。昭十九年有莒共公，共亦非謚，乃地名。渠丘，莒地，據清一統志，在今山東莒縣北。後漢書郡國志謂安丘縣有渠丘亭，或以爲卽此渠丘，誤。說詳江永考實及沈欽韓地名補注。至于昭十一年「齊渠丘」則是齊地。池，護城河。曰：「城已惡。」已，太也。莒子曰：「辟陋在夷，其孰以我爲虞？」虞，望也。意謂無人覬覦此偏僻夷蠻之地。說本章炳麟讀。對曰：「夫狡焉思啓封疆以利社稷者，何國蔑有？唯然，故多大國矣。正因爲如此，故大國多。唯或思或縱也。大國侵伐小國以開拓封疆，小國或思慮而爲備，以是得存；或放縱而不爲備，以是而亡。勇夫重閉，重閉，內外門户層層關閉。此爲古代習語，又見於禮記月令、呂氏春秋節喪篇與淮南子泰族訓。況國乎？」明年楚伐莒，莒因城壞而潰，此作伏筆。

八·九　冬，杞叔姬卒。來歸自杞，故書。杜注：「愍其見出來歸，故書卒也。若更適大夫，則不復書卒。」

八·一〇　晉士燮來聘，言伐郯也，以其事吳故。事在七年。公賂之，請緩師。文子不可，文子卽士燮。曰：「君命無貳，失信不立。不完成使命爲失信，則難以自立。禮無加貨，除規定禮物以外，不得再有餽贈。此拒絕受賂。事無二成。出師與緩師，二者只能取其一。此拒絕緩師。君後諸侯，是寡君不得事君也。杜注：「欲與魯絕。」燮將復之。」復之，以此向晉侯復命。季孫懼，使宣伯帥師會伐郯。

八·一一　衞人來媵共姬，媵，遣女陪嫁。據禮，一國國君之女嫁與另一國君，他國送女陪嫁。公羊莊十九年傳云「諸侯娶一國，則二國往媵之」；但共姬出嫁，則有衞、晉、齊三國來媵。禮也。凡諸侯嫁女，同姓媵之，異姓則否。十年「齊人來媵」無傳，依此傳意，則是「非禮」。然俞正燮癸巳類稾三武王女得適齊侯之子義答何休皇甫謐云：「左傳記載事實，言同姓當媵，異姓不必。凡嫁皆媵，非謂不許媵。」

九年，己卯，公元前五八二年。周簡王四年、晉景十八年、齊頃十七年、衞定七年、蔡景十年、鄭成三年、曹宣十三年、陳成十七年、杞桓五十五年、宋共七年、秦桓二十三年、楚共九年、吳壽夢四年、許靈十年。

經

九・一 九年春王正月，正月二十九日丁丑冬至，建子。杞伯來逆叔姬之喪以歸。

九・二 公會晉侯、齊侯、宋公、衞侯、鄭伯、曹伯、莒子、杞伯，同盟于蒲。蒲見桓三年經傳。

九・三 公至自會。無傳。

九・四 二月，伯姬歸于宋。

九・五 夏，季孫行父如宋致女。致女見桓三年傳注。

九・六 晉人來媵。杜注：「媵伯姬也。」

九・七 秋七月丙子，七月無丙子日，疑有誤。杜注謂丙子六月一日，亦誤。齊侯無野卒。無傳。

九・八 晉人執鄭伯。

九·九 晉欒書帥師伐鄭。

九·一〇 冬十有一月，葬齊頃公。無傳。

九·一一 楚公子嬰齊帥師伐莒。庚申，庚申，十七日。莒潰。楚人入鄆。鄆見文十二年經傳。

九·一二 秦人、白狄伐晉。

九·一三 鄭人圍許。

九·一四 城中城。據穀梁傳，中城卽內城。若然，則此中城卽魯都曲阜之內城。杜注以此爲魯國城邑之名，云在「東海厚丘（各本誤作廪丘，今從金澤文庫本、南宋小字本正）縣西南」，卽在今江蘇沭陽縣境，爲魯邊境所未達。杜注不可信。說詳江永考實。定六年「城中城」與此同。

傳

九·一 九年春，杞桓公來逆叔姬之喪，喪，死尸。請之也。穀梁傳謂「夫無逆出妻之喪而爲之也」。公羊傳謂杞桓公來逆叔姬之喪，蓋爲魯所脅迫。左傳則云因魯之請。是三傳同義。杞叔姬卒，爲杞故也。叔姬之死，由于爲杞所棄絕。逆叔姬，爲我也。杞之來逆喪，由我之請。

九·二 爲歸汶陽之田故，事見去年。諸侯貳於晉。晉人懼，會於蒲，以尋馬陵之盟。馬陵之盟在七年。季文子謂范文子曰：「德則不競，競，強也。意謂晉國逼令魯退汶陽之田與齊，乃缺乏信義之德。尋盟何爲？」范文子曰：「勤以撫之，殷勤安撫。寬以待之，待之寬大。堅彊以御之，「彊」，阮刻本誤作「疆」，今從石經、宋本及金澤文庫本訂正。堅強駕御。明神以要之，諸「之」字均指諸侯。明神要，指會盟。柔服而伐貳，德之次也。」雖不能強于德，如此作爲，亦爲次等。

是行也，將始會吳，吳人不至。

九·三 二月，伯姬歸于宋。

九·四 楚人以重賂求鄭，鄭伯會楚公子成于鄧。鄧有二，一是蔡地，見桓二年經注；一是鄧國，見桓七年經注。鄧國於魯莊公十六年爲楚所滅，見莊六年傳。此疑是楚國之鄧。

九·五 夏，季文子如宋致女，復命，公享之。據儀禮燕禮賈疏引鄭玄目録，諸侯卿大夫出使外國歸來，國君因其有勤勞之功，設宴慰勞，公享之即此。說參馬宗璉補注。賦韓奕之五章。韓奕見詩經大雅。第五章大意謂蹶父屬意韓姞，娶之。韓姞出嫁，生活安樂，且有美譽。穆姜出于房，當時諸侯宮室制度，路寢之北，中間曰室，東西兩旁曰房。室北有牆壁，房北無牆壁，但有階。燕禮舉行在路寢，穆姜爲伯姬之母，此時在東房，有門户通于路寢。聞季孫行父所賦韓奕五章，即由東房出至路寢。再拜，曰：「大夫勤辱，不忘先君，先君指宣公，即穆姜之夫，伯姬之父。以及嗣君，嗣君指成公，伯姬之兄。施及未亡人，施，延也。未亡人，當時寡婦自稱之辭。先君猶有望也。敢拜大夫之重勤。」又賦緑衣之卒章而入。緑衣見詩經邶風，其最後一章之兩句「我思古人，實獲我心」，穆姜之意所在也。列女傳貞順篇亦録穆姜事，「穆」作「繆」，同。

九·六 晉人來媵，禮也。杜注：「同姓故。」

九·七 秋，鄭伯如晉，晉人討其貳於楚也，執諸銅鞮。鞮音題。據襄三十一年傳，銅鞮有晉侯別宮。又據昭二十八年傳，曾爲羊舌赤之食邑。鄭伯被執當在別宮。據嘉慶一統志，銅鞮在今山西沁縣南。

九·八 欒書伐鄭，鄭人使伯蠲行成，晉人殺之，非禮也。兵交，使在其間可也。後漢書來歙傳云：「古者列國交兵，使在其間，所以重兵貴和而不任戰也。」語蓋本此。

楚子重侵陳以救鄭。陳本服楚之國，或此時改而從晉。

九·九 晉侯觀于軍府，見鍾儀。鍾儀被囚於軍府見七年傳。問之曰：「南冠而縶者，誰也？」淮南子主術訓載楚文王喜戴獬冠，楚人效之。南冠或即獬冠。周語中云「陳靈公與孔寧、儀行父南冠以如夏氏」，則陳人亦戴此冠。據蔡邕獨斷、後漢書輿服志注以及孔疏引應劭漢官儀，秦滅楚後，以南冠賜近臣御史。國策秦策五云「不韋使楚服而見」，楚服謂楚人之服，則春秋、戰國楚人冠服異於他國。有司對曰：「鄭人所獻楚囚也。」使稅之。「稅」同「脱」，解除其縶縛拘禁。召而弔之。弔，慰問。再拜稽首。鍾儀向晉景再拜稽首，謝其弔也。問其族。呂氏春秋異寶篇「問其名族」，族，姓氏。然從下文答語觀之，此族字當不作姓氏解。隱八年傳云：「官有世功，則有官族。」族可以從官來，則此族字當是世官之義。對曰：「泠人也。」泠人，樂官，亦作「伶人」，周語下「鍾成，伶人告和」可證。亦可單稱「伶」，魯語下「今伶簫詠歌及鹿鳴之三」可證。公曰：「能樂乎？」對曰：「先人之職官也，敢有二事？」樂乃先父所掌管之職務，自己豈敢從事其他？使與之琴，操南音。南方各地樂調皆可謂之南音，呂氏春秋音初篇謂南音作於夏禹時塗山之女，自是古代傳說。公曰：「君王何如？」對曰：「非小人之所得知也。」固問之。對曰：「其爲大子也，師、保奉之，楚共王之爲大子時，其父莊王曾爲之選擇師傅，考慮教學內容，見于楚語上。古代帝王於太子，設傅、師、保諸官以教導撫育。禮記文王世子：「立大傅、少傅以養之，欲其知父子君臣之道也。師也者，教之以事而喻諸德者也。保也者，愼其身以輔翼之，而歸諸道者也。」以朝于嬰齊而夕于側也。早晨向令尹子重請教，晚間又訪問于司馬子反。不知其他。」公語范文子。文子曰：「楚囚，君子也。言稱先職，不背本也；樂操土風，土風，本鄉本土樂調，即南音。不忘舊也；稱大子，抑無私也；抑，發語詞。晉景公問楚君，答以楚君爲太子時之事，明楚君自幼而賢，以此表示其稱贊楚君非出阿諛之私。名其二卿，尊君也。禮，在君主前，他臣縱是己父，皆直呼其名。鍾儀直呼子重（名嬰齊）、子反（名側）之名，乃尊重晉君之表示。不背本，仁也；不忘舊，信也；無私，忠也；尊君，敏也。仁以接事，信以守之，忠以成之，敏以行之。此三「之」字皆指事。事雖大，必濟。君盍歸之，使合晉、楚之成。」公從之，重爲之禮，使歸求成。

九・一〇 冬十一月，楚子重自陳伐莒，圍渠丘。據清一統志，渠丘在今莒縣北。然楚伐莒，何以繞道由北而南？疑渠丘在莒縣東南。渠丘城惡，衆潰，奔莒。戊申，戊申，五日。楚入渠丘。莒人囚楚公子平。楚人曰：「勿殺，吾歸而俘。」莒人殺之。楚師圍莒。莒城亦惡，庚申，莒潰。楚遂入鄆，莒無備故也。

君子曰：「恃陋而不備，陋，應去年莒君「辟陋在夷」語。罪之大者也；備豫不虞，防範意外。善之大者也。莒恃其陋，而不修城郭，浹辰之間，浹即「汗流浹背」之浹，遍也。辰即從子到亥十二辰。此指由戊申到庚申，經歷地支一遍，故浹辰亦即十二日。而楚克其三都，三都，渠丘、莒與鄆。鄆在莒北，楚入鄆自當在庚申莒潰之後，蓋古人語言不能如後世之周密。無備也夫！詩曰：『雖有絲、麻，無棄菅、蒯；菅音姦，蒯音塊上聲，皆多年生草本植物，古人用以編席、鞋、繩索。王引之述聞謂絲、麻、菅、蒯皆可以爲屨，此則用屨料作比喻。但按之淮南子説林訓「有榮華者，必有憔悴；有羅紈者，必有麻蒯」，羅紈並非鞋料，則王説未必可信。其意僅在上等、次等、下等料俱須儲備。雖有姬、姜，無棄蕉萃；古人相傳，黄帝姓姬，炎帝姓姜；當時則是周朝姓姬，齊國姓姜，姬、姜爲兩大姓。蕉萃即憔悴，面色枯槁貌。「姬姜」與「憔悴」相對文。古人多以姬、姜代美女，如詩陳風東門之池「彼美淑姬，可與晤歌」，衡門「豈其取妻，必齊之姜」。此謂不能因有美婦，拋棄不美者。凡百君子，莫不代匱。』匱，缺少。代匱，或缺此，或缺彼。今詩無此文。杜注云「逸詩」。言備之不可以已也。」

九・一二　秦人、白狄伐晉，諸侯貳故也。因諸侯多對晉國有二心，故秦與白狄來伐。

九・一三　鄭人圍許，示晉不急君也。鄭成公爲晉拘留，鄭故意向晉表示，不以其君被執爲急務，尚有心力用兵圍許。是則公孫申謀之，公孫申見成四年傳並注。曰：「我出師以圍許，僞將改立君者，「僞」，各本俱作「爲」，金澤文庫本作「僞」，與釋文所引或本相合，今從之。句意爲僞裝將另立一君。而紓晉使，暫不遣使如晉。晉必歸君。」晉於明年送還鄭君。

九・一三　城中城，書，時也。

九·一四 十二月，楚子使公子辰如晉，據下年傳，公子辰字子商，官大宰。報鍾儀之使，請脩好、結成。年表「楚共王九年，冬，與晉成」，即此事。

十年，庚辰，公元前五八一年。周簡王五年、晉景十九年、齊靈公環元年、衞定八年、蔡景十一年、鄭成四年、曹宣十四年、陳成十八年、杞桓五十六年、宋共八年、秦桓二十四年、楚共十年、吳壽夢五年、許靈十一年。

經

一〇·一 十年春，二月初十壬午冬至，建亥，此年有閏。衞侯之弟黑背帥師侵鄭。

一〇·二 夏四月，五卜郊，不從，乃不郊。無傳。參僖三十一年經、傳。

一〇·三 五月，公會晉侯、齊侯、宋公、衞侯、曹伯伐鄭。此晉侯爲晉厲公。據傳，晉景公疾，晉人立太子爲君，會諸侯伐鄭。

一〇·四 齊人來媵。無傳。爲伯姬送陪嫁之女。八年、九年衞、晉先後來媵，傳皆云「禮也」。傳又云異姓不媵，則意爲齊人來媵，不合於禮。

一〇·五 丙午，據傳，丙午在六月，當爲六月六日。經無「六月」兩字，或當時史官失書。晉侯獳卒。獳音羺，又音耨，又音儒。

10.6 秋七月，公如晉。

10.7 冬十月。禮記中庸孔疏云：「成十年，不書『冬十月』，賈、服以爲不視朔登臺。」據此，賈逵本、服虔本俱無此條，故浦鏜、段玉裁、洪亮吉、臧壽恭等皆以此三字爲後人所加。公羊無此三字，而穀梁有。

傳

10.1 十年春，晉侯使羅茷如楚，羅茷，晉大夫。報大宰子商之使也。子商即公子辰，去年出使晉國。

10.2 衞子叔黑背侵鄭，子叔黑背，衞穆公子，衞定公弟。晉命也。

10.3 鄭公子班聞叔申之謀。叔申之謀見去年傳。三月，子如立公子繻。子如即公子班。鄭世家云：「鄭患晉國，公子如乃立成公庶兄繻。」則公子繻乃鄭襄公子，成公庶兄。但司馬遷以子如之立公子繻爲應付晉欒書圍鄭，左傳則以爲子如聞叔申「僞立君」之謀。兩說不同。夏四月，鄭人殺繻，立髡頑，據襄七年經、傳，髡頑是鄭成公太子鄭僖公。公羊、穀梁襄七年經皆作「髡原」，鄭世家作「惲」。鄭世家不記「立髡頑」，且述繻被殺在成公返國後，或所據不同。子如奔許。欒武子曰：「鄭人立君，我執一人焉，何益？不如伐鄭而歸其君，以求成焉。」晉侯有疾，五月，晉立大子州蒲以爲君，孔疏引應劭舊君諱議云「昔者周穆王名滿，晉厲公名州滿」，則漢末應劭所據左傳「州蒲」作「州滿」。晉世家作「壽曼」，「州」、「壽」，「滿」、「曼」，音近可通。故自唐劉知幾史通雜駁篇以後，學者率以爲今本「蒲」字爲「滿」字形近之誤。釋文亦云「或作州滿」。晉景公尚未死，太子即立爲君，顧炎武日知録卷十四謂此爲「内禪之始」。而會諸侯伐鄭。鄭子罕賂以襄鐘，「鐘」阮刻本作「鍾」，今從石經、宋本、金澤文庫本。子罕，穆公之子，即十四年經之公子喜。古人名喜者多以罕爲字，如宋樂喜字子罕。襄鐘，鄭襄公廟之鐘。子然盟于脩澤，子然，穆公子，又見襄元年及十九年傳。脩澤，鄭地，在今河南原陽縣西南。子駟爲質。子駟即襄九年傳、十年經之公子騑，亦鄭穆公子。辛巳，辛巳，十一日。鄭伯歸。

10·四 晉侯夢大厲，惡鬼曰厲鬼，昭七年傳「其何厲鬼也」可證。亦省稱厲，襄十七年傳「爾父爲厲」可證。古人又以爲絶後之鬼常爲厲，故禮記祭法有「泰厲」、「公厲」，鄭注謂古代帝王絶後者爲泰厲，諸侯絶後者爲公厲。昭七年傳亦云「鬼有所歸，乃不爲厲」。被髮及地，被，披也。搏膺而踊，搏膺，搥胸。踊，跳。曰：「殺余孫，不義。殺余孫，當指八年晉侯殺趙同、趙括事。晉景公所夢見之惡鬼，應是趙氏祖先之幻影。此孫爲廣義，後代也。趙世家記此事，云「晉景公疾，卜之，大業之後不遂者爲祟」。以夢境爲卜兆，與左傳有所不同，但「大業之後」亦指趙氏祖先。余得請於帝矣！」請求上帝，得其允許，可以報仇。僖十年傳敍大子申生語亦云「余得請於帝矣，將以晉畀秦」。壞大門及寢門而入。公懼，入于室。室在寢後，有户相通。又壞户。公覺，召桑田巫。桑田見僖二年傳並注。本是虢邑，晉滅虢後，自隨之併于晉。巫言如夢。公曰：「何如？」曰：「不食新矣。」新，新麥。謂死在嘗新前。公疾病，疾病連言，病重也。求醫于秦。秦伯使醫緩爲之。爲，診治。未至，公夢疾爲二豎子，豎子，兒童。曰：「彼，良醫也，懼傷我，焉逃之？」亦可讀爲：「懼傷我焉，逃之！」但不如「焉」字屬下讀。其一曰：「居肓之上，膏之下，肓音荒。古代醫學以心尖脂肪曰膏，心臟與隔膜之間曰肓，在肓上膏下爲藥力與針灸所不能及。劉文淇疏證謂當作「肓之下，膏之上」，今本「上」「下」兩字誤倒，不可信。若我何？」醫至，曰：「疾不可爲也，在肓之上，膏之下，攻之不可，達之不及，攻指灸，達指針。藥不至焉，不可爲也。」公曰：「良醫也。」與夢境符合。厚爲之禮而歸之。六月丙午，晉侯欲麥，晉侯欲麥，卽嘗新。禮記月令與呂氏春秋孟夏紀俱載有嘗新之禮，可參看。使甸人獻麥，甸人，天子諸侯俱有此官，據禮記祭義，諸侯有藉田百畝，甸人主管藉田，並供給野物。亦卽周禮天官之甸師。但周禮春官大祝及儀禮燕禮、大射儀、公食大夫禮、士喪禮以及禮記文王世子、喪大記以及周語中皆作甸人，可見本名甸人，周禮作者一時改爲甸師。饋人爲之。饋人，爲諸侯主持飲食之官，相當於周禮天官庖人，說本程公說春秋分紀。召桑田巫，示而殺之。示以所饋新麥，憤其預言「不食新」。將食，張，張，今作脹，肚子發脹。如廁，陷而卒。跌入糞坑而死。小臣有晨夢負公以登天，小臣，宦官，見僖四年傳注。及日中，負晉侯出諸廁，遂以爲殉。

10·五　鄭伯討立君者，戊申，戊申，八日。殺叔申、叔禽。杜注：「叔禽，叔申弟。」君子曰：「忠爲令德，非其人猶不可，「非其人」古有兩解，一指盡忠之人，此指叔申，意謂叔申不足以行忠德，見顧炎武補正引陸粲說。一指所忠之對象，此指鄭成公，謂鄭成公不能爲之效忠，見杜注。隋書張衡傳贊云：「夫忠爲令德，施非其人，尚或不可。」亦用杜注義。又如呂氏春秋至忠篇高誘注、後漢書竇融傳李賢注引左傳此語，皆此義，可見傳統如此。古書用「非其人」者甚多，有時指本人言，如易繫辭下「苟非其人，道不虛行」，孔子家語五帝德篇「予也非其人也」，皆是。有時亦指對方，孟子盡心下「好名之人，能讓千乘之國；苟非其人，簞食豆羹見於色」；荀子大略篇「非其人而教之，齎盜糧借賊兵也」，皆是。故從文法言，兩解俱可通。況不令乎？」杜注：「言申叔爲忠，不得其人，還害身。」

10·六 秋，公如晉。晉人止公，使送葬。於是糴茷未反。此時糴茷出使楚國尚未返晉，晉國于魯國從晉從楚有所懷疑，故止之不令返魯。參明年傳。

10·七 冬，葬晉景之。公送葬，諸侯莫在。魯人辱之，辱之，以此爲耻辱。故不書，經不僅不書魯成送葬，並依例應書「葬晉景公」，亦不書。諱之也。

十有一年，辛巳，公元前五八〇年。周簡王六年、晉厲公州蒲元年、齊靈二年、衞定九年、蔡景十二年、鄭成五年、曹宣十五年、陳成十九年、杞桓五十七年、宋共九年、秦桓二十五年、楚共十一年、吳壽夢六年、許靈十二年。

經

一一·一 十有一年春王三月，正月二十一日丁亥冬至，建子。公至自晉。

一一·二 晉侯使郤犨來聘，己丑，己丑，二十四日。及郤犨盟。「郤犨」公羊俱作「郤州」，與孔疏所引世本合。「州」「犨」音近得通，禮記樂記引世本之「武仲州」，即左傳之「魏犨」或「魏武子」。

一一·三 夏，季孫行父如晉。

一一·四 秋，叔孫僑如如齊。

一〇·五　冬十月。

傳

一一·一　十一年春王三月，公至自晉。晉人以公爲貳於楚，據四年傳，魯成曾欲與楚交好而叛晉，或因此見疑。故止公。公請受盟，而後使歸。魯成自去年七月去晉，至此共歷時九閱月。

一一·二　郤犨來聘，據孔疏引世本，郤犨與郤克皆郤豹曾孫，兩人爲從祖兄弟。且涖盟。上傳謂魯成請接受盟誓，故晉厲派郤犨來與魯盟。

一一·三　聲伯之母不聘，聲伯即公孫嬰齊，見成二年經注。不聘，不行媒聘之禮。禮記內則云「聘則爲妻」，不聘則爲妾，故下文穆姜云「吾不以妾爲姒」。穆姜曰：穆姜，魯宣公夫人。聲伯之父叔肸與魯宣公爲胞兄弟，故穆姜與聲伯之母爲妯娌。「吾不以妾爲姒。」姒，據爾雅釋親，有二義。釋親云：「女子同出，謂先生爲姒，後生爲娣。」「同出」，同父所生也，孫炎、郭璞解爲「俱嫁事一夫」，誤。「姒娣」第一義相當於「姊妹」。據爾雅，「姊妹」爲兄弟對女兄弟之稱呼，「娣姒」則是女兄弟間相互之稱呼。其實，女兄弟間亦可稱「姊妹」，詩邶風泉水「遂及伯姊」可以爲證。男子於女兄亦可不稱「姊」而稱「姒」，列女仁智傳「魯公乘姒者，魯公乘子皮之姒也」可以爲證。由此義引申，釋親又云：「長婦謂稚婦爲娣婦，娣婦謂長婦爲姒婦。」此「姒」即「姒婦」之省稱。「娣姒」第二義即相當于「妯娌」。此處，穆姜爲兄妻，聲伯之母爲弟妻，而穆姜稱之爲「姒」，與昭二十八年傳叔向之嫂稱叔向之妻爲「姒」相同，故孔疏云，雖是弟妻，年長于兄妻，兄妻稱之爲

「姒」。妯娌之間，年長者爲姒，年幼者爲娣。娣姒依妯娌本人年齡，不依其丈夫年齡。此說與「姒娣」之爲「姊妹」本義相合，甚有理。然邵晉涵爾雅正義、王念孫廣雅疏證、李貽德輯述、沈欽韓補注皆不主此說，強謂兄妻爲姒，弟妻爲娣，姒娣之別，依其夫之長幼，不依妯娌之長幼。邵晉涵謂「左傳之稱姒者，不過稱謂之間偶從其省」，李貽德、沈欽韓則云，妯娌互相恭敬，可以互相稱姒。是皆不明姒娣本意。生聲伯而出之，嫁於齊管于奚，生二子而寡，據下文，二子是一男一女，古人於女兒亦可謂「子」。以歸聲伯。聲伯以其外弟爲大夫，外弟指其出母嫁于管于奚所生之子，亦卽異父同母弟，與一般稱舅、姑、姨表兄弟爲「外兄弟」者不同。而嫁其外妹於施孝叔。杜注：「孝叔，魯惠公五世孫。」郤犨來聘，求婦於聲伯。聲伯奪施氏婦以與之。婦人曰：「鳥獸猶不失儷，子將若何？」子指其夫施孝叔。曰：「吾不能死亡。」孝叔恐得罪郤犨而被殺害或驅逐。婦人遂行。生二子於郤氏。郤氏亡，郤氏被滅在十七年，此乃探後終言之。晉人歸之施氏。施氏逆諸河，沈其二子。婦人怒曰：「己不能庇其伉儷而亡之，己，自己，指孝叔，與下文人字相對。又不能字人之孤而殺之，字，慈愛。將何以終？」遂誓施氏。杜注：「約誓不復爲之婦也。」

一一·四　夏，季文子如晉報聘，且涖盟也。

一一·五　周公楚惡惠、襄之偪也，僖二十年傳有周公閱，周公楚當是其後代。顧棟高大事表謂爲閱曾孫，未免言之太鑿。惠、襄指周惠王、周襄王之後裔族人。且與伯輿爭政，「伯輿」本作「伯與」，據釋文訂正。襄十年傳周室有伯輿，兩者相距十八年，或爲同一人。不勝，怒而出。及陽樊，陽樊卽隱十一年傳之樊，又見於僖二十五年傳。

詳隱十一年傳注。此時已爲晉邑。王使劉子復之，盟于鄄而入。鄄，周邑，不詳所在。三日復出，奔晉。

十一·六　秋，宣伯聘于齊，以脩前好。杜注：「寧以前之好。」

十一·七　晉郤至與周爭鄇田，鄇，温別邑，在今河南武陟縣西南。王命劉康公、單襄公訟諸晉。郤至曰：「温，吾故也，故不敢失。」温爲郤至采邑，故十六、十七年傳又稱郤至爲温季。郤至以爲温邑本爲郤氏所有，鄇爲温之別邑，自應歸其所有。劉子、單子曰：「昔周克商，使諸侯撫封，禮記文王世子鄭注云：「撫猶有也。」蘇忿生以温爲司寇，與檀伯達封于河。檀伯達因封于檀而爲氏，檀爲周邑，當在今河南濟源縣境。温與檀同在黄河北，且近于河，故云「封于河」。蘇氏卽狄，又不能於狄而奔衞。見僖十年傳並注。襄王勞文公而賜之温，見僖二十五年傳。狐氏、陽氏先處之，狐溱爲温大夫，見僖二十五年傳。陽氏指陽處父，温嘗爲陽處父采邑，互見文六年傳注。而後及子。若治其故，則王官之邑也，子安得之？」晉侯使郤至勿敢爭。

十一·八　宋華元善於令尹子重，又善於欒武子，晉欒書。聞楚人既許晉糴茷成，晉糴茷去楚求成在去年春。而使歸復命矣。冬，華元如楚，遂如晉，合晉、楚之成。參見下年傳。

十一·九　秦、晉爲成，將會于令狐。令狐見僖二十四年傳並注。晉侯先至焉。秦伯不肯涉河，次于王城，王城，見僖十五年傳並注。使史顆盟晉侯于河東。史顆，秦大夫。令狐在黄河之東。晉郤犫盟秦伯于河西。王城在黄河之西。范文子曰：范文子，士燮。「是盟也何益？齊盟，所以質信也。「齊」同「齋」。詛楚文云：「昔我先君穆公及楚成王是戮力同心，兩邦以壹，絆以婚姻，袗以齊盟。」齊盟同此意。古人盟誓必先齋戒，故盟誓亦言「齊盟」。**會所，信之始也。**會所，約定盟會之處所。**始之不從，其可質乎？**「可」，阮刻本作「何」，唐石經、金澤文庫本、宋本等均作「可」，今從之。其作豈用，可如字讀。**秦伯歸而背晉成。**

十有二年，壬午，公元前五七九年。周簡王七年、晉厲二年、齊靈三年、衛定十年、蔡景十三年、鄭成六年、曹宣十六年、陳成二十年、杞桓五十八年、宋共十年、秦桓二十六年、楚共十二年、吳壽夢七年、許靈十三年。

經

一二·一 **十有二年春，**二月三日癸巳冬至，建亥，有閏月。**周公出奔晉。**

一二·二 **夏，公會晉侯、衛侯于瑣澤。**「瑣澤」，公羊作「沙澤」。沙、瑣古聲部與韻部皆同，可通假。定七年經「盟于沙」，傳作「盟于瑣」，尤可證。瑣澤，彙纂據晉地道記，謂在今河北大名縣境。王夫之稗疏以爲今河北涉縣治。據傳當是晉地，王說較可信。

一二·三 **秋，晉人敗狄于交剛。**赤狄已被晉人全部滅亡，此狄當是白狄。交剛不詳所在，或以爲卽今山西隰縣。

一二·四 **冬十月。**

傳

一二·一　十二年春，王使以周公之難來告。書曰「周公出奔晉」，周公楚奔晉在去年，經書在今年，蓋周于今年春來告。凡自周無出，周公自出故也。此句說明經書「出奔」之故。傳意蓋謂「普天之下，莫非王土」，故凡從周室外逃，不用「出」字。而此用「出」字，乃表示周公楚自己出逃。周王室之臣流亡見于經者凡三次，襄三十年「王子瑕奔晉」、昭二十六年「王子朝奔楚」，兩次均不書「出」，唯此次書「出」。杜注：「天子無外，故奔者不言『出』。周公爲王所復，而自絕於周，故書出以非之。」

一二·二　宋華元克合晉、楚之成，華元謀晉、楚言和見去年傳。夏五月，晉士燮會楚公子罷、許偃。癸亥，癸亥，四日。盟于宋西門之外，曰：「凡晉、楚無相加戎，好惡同之，同恤菑危，菑同災。備救凶患。若有害楚，則晉伐之；在晉，楚亦如之。交贄往來，古代聘問，使者必携帶禮物，謂之「贄」。交贄往來即使者往來。道路無壅；謀其不協，而討不庭。不庭義見隱十年傳注。此「不庭」指背叛晉、楚之諸侯。有渝此盟，明神殛之，俾隊其師，隊同墜。無克胙國。」此誓詞亦見于僖二十八年傳。鄭伯如晉聽成，杜注：「聽，猶受也。晉、楚既成，鄭往受命。」會于瑣澤，據「鄭伯如晉」之文，瑣澤當是晉地。沈欽韓地名補注謂鄭地，蓋誤以瑣澤與襄十一年之瑣爲同一地。成故也。崔適春秋復始外篇疑即襄二十七年弭兵會之誤析。

一二·三　狄人間宋之盟以侵晉，而不設備。秋，晉人敗狄于交剛。

三·四 晉郤至如楚聘，且涖盟。楚子享之，子反相，爲地室而縣焉。「縣」同「懸」。於地下室懸掛鐘鼓。地下室當在堂下。郤至將登，登，登堂。郤至由西階登堂。金奏作於下，金奏，金指鐘鎛（似鐘），奏九種夏樂，先擊鐘鎛，後擊鼓磬，謂之金奏。説參周禮春官鍾師孫詒讓正義。此金奏，應是奏九夏之一之肆夏。據襄四年傳，肆夏本是天子享元侯樂曲，春秋時諸侯相見亦用此樂曲。稍後，諸侯卿大夫亦有用此樂曲者，故禮記郊特牲云，「大夫之奏肆夏也，由趙文子始也」。驚而走出。子反曰：「日云莫矣，云字無義，爲語中助詞。莫，暮本字，但此非昏暮義。禮記聘義：「聘射之禮，至大禮也。質明而始行事，日幾中而後禮成，非強有力者弗能行也。故強有力者將以行禮也，酒清人渴，而不敢飲也；肉乾人飢，而不敢食也；日莫人倦，齊莊正齊，而不敢解惰。」聘禮始於晨，終於午前，而言「日莫人倦」，可見「日莫」非指黃昏，而是指日將正中時。章炳麟讀引賈子脩政語下「旭旭然如日之始出，暯暯然如日之正中，暗暗然如日之已入」，謂此「日莫」之「莫」卽「暯暯然」之「暯」，則「日云莫矣」，實爲日將正中。然剛迎賓行禮，不能日將正中。「日云莫矣」，僅表示時間已不早而已。寡君須矣，須，等待。吾子其入也！」賓曰：賓指郤至。「君不忘先君之好，施及下臣，貺之以大禮，貺，賜也。重之以備樂。備樂指金奏。如天之福，兩君相見，何以代此？以諸侯之樂享己，若晉、楚兩君相見，何以加之？下臣不敢。」子反曰：「如天之福，兩君相見，無亦唯是一矢以相加遺，無，語首助詞，無義。加遺，同義詞連用，詩邶風北門毛傳：「遺，加也。」意謂若晉、楚兩君，唯戰爭始相見。焉用樂，寡君須矣，吾子其入也！」賓曰：「若讓之以一矢，讓讀爲饟，用酒食款待。説詳于鬯校書。禍之大者，其何福之爲？世之治也，諸侯間於天子之事，間讀爲間暇之間，間於天子之事意謂完成周王朝使命後閒暇之時。此語不過外交辭令而已。則相朝也，於是乎有享、宴之禮。享以訓共儉，享禮雖設有酒食，並不吃喝，故云「訓恭儉」。互詳宣十六年及昭五年傳注。宴以示慈惠。宴禮則賓主俱飲酒吃食，故云「示慈惠」。共儉以行禮，而慈惠以布政。政以禮成，民是以息。百官承事，朝而不夕，白天謁見曰朝，晚上謁見曰夕，九年傳「朝于嬰齊而夕于側」可證。當時，晚上無事便不朝君。此公侯之所以扞城其民也。扞城即干城，此處用作動詞。故詩曰：『赳赳武夫，公侯干城。』句見詩周南兔罝。聞一多詩經新義謂干借爲閈，垣也，則干城爲同義詞連用。及其亂也，諸侯貪冒，冒，貪也。貪冒，同義詞連用。左傳計用「貪冒」三次。又見昭三十一年及哀十一年傳。侵欲不忌，不忌，無所顧忌。爭尋常以盡其民，八尺曰尋，一丈六尺曰常。尋常意謂尺寸之地。盡其民，驅使人民從事戰爭而致死亡。略其武夫，略，取也。以爲己腹心、股肱、爪牙。故詩曰：『赳赳武夫，公侯腹心。』句亦見兔罝篇。郤至將「公侯干城」與「公侯腹心」分爲兩截，有正反不同之義，此古人「斷章取義」，不必與詩原意相合。天下有道，則公侯能爲民干城，而制其腹心。亂則反之。今吾子之言，亂之道也，不可以爲法。然吾子，主也，當時國君享宴卿大夫，因地位不等，故國君不自己爲主人。子反爲相，代楚共王作主人，故郤至云「吾子主也」。至敢不從？」遂入，卒事。歸以語范文子。文子曰：「無禮，必食言，吾死無日矣夫！」金澤文庫本作「吾死亡無日也夫」。「吾死無日」，預料晉、楚又將大戰。

冬，楚公子罷如晉聘，且涖盟。十二月，晉侯及楚公子罷盟于赤棘。赤棘已見元年經注。

十有三年，癸未，公元前五七八年。周簡王八年、晉厲三年、齊靈四年、衞定十一年、蔡景十四年、鄭成七年、曹宣十七年、陳成二十一年、杞桓五十九年、宋共十一年、秦桓二十七年、楚共十三年、吴壽夢八年、許靈十四年。

經

一三·一 十有三年春，正月十三日戊戌冬至，建子。晉侯使郤錡來乞師。郤錡，十七年傳又稱之爲駒伯。乞師見僖二十六年經注。

一三·二 三月，公如京師。杜注：「伐秦，道過京師，因朝王。」餘詳僖二十八年經注。

一三·三 夏五月，公自京師，石經作「公至自京師」，劉文淇疏證謂「至」字爲唐人所加，阮氏校勘記以爲衍文。遂會晉侯、齊侯、宋公、衞侯、鄭伯、曹伯、邾人、滕人伐秦。

一三·四 曹伯盧卒于師。「盧」，公羊、穀梁作「廬」，據左氏釋文，或本亦作「廬」。盧、廬通用。管蔡世家謂曹宣公名彊，與春秋不同。

一三·五 秋七月，公至自伐秦。無傳。

一三·六 冬，葬曹宣公。

傳

一三·一 十三年春，晉侯使郤錡來乞師，將事不敬。工作不嚴肅。孟獻子曰：「郤氏其亡乎！禮，身之幹也；敬，身之基也。孔疏云：「幹以樹木爲喻，基以牆屋爲喻。」郤子無基。且先君之嗣卿也，郤錡，郤克之子，郤克爲晉景上卿，郤錡又爲其子厲公之卿，故云「嗣卿」。受命以求師，將社稷是衞，而惰，棄君命也，不亡，何爲？」杜注：「爲十七年晉殺郤錡傳。」

一三·二 三月，公如京師。宣伯欲賜，宣伯，叔孫僑如。欲賜，欲得周王賞賜。請先使。作爲先遣人員出使周王朝。王以行人之禮禮焉。以對待普通外交官禮節招待之，不賞賜。孟獻子從。孟獻子卽仲孫蔑，從魯成公爲上介以朝王。王以爲介而重賄之。孟獻子本是魯成公朝王上介，輔助魯成公行禮，不由周王任命，周語中云「及魯侯至，仲孫蔑爲介」，可以爲證。此「王以爲介」云云，蓋王因其爲上介，乃厚賜之。周簡王不賜宣伯而厚賜孟獻子，乃聽從王孫説之建議，事見周語中。

公及諸侯朝王，遂從劉康公、成肅公會晉侯伐秦。劉康公卽宣十年經之王季子，見彼注。劉、成二人不書於經，因周王室未出兵之故。成子受脤于社，成子卽成肅公。受脤于社見閔二年傳注。不敬。劉子曰：「吾聞之：民受天地之中以生，古人以爲天地有中和之氣，人得之而生。所謂命也。命謂生命。是以有動作禮義威儀之則，以定命也。能者養以之福，「養以之福」，漢書五行志、律曆志，漢酸棗令劉熊碑並如此，自唐石經後誤倒作「養之以福」，今各本皆沿此誤。金澤文庫本不誤，今從之乙正。「養以之福」意謂保持動作禮義威儀之則以致幸福，「之」作動詞，與下文「敗以取禍」正相對爲文，說參姚寬西溪叢話、顧炎武補正、阮元校勘記等。不能者敗以取禍。敗謂破壞動作禮義威儀之則。是故君子勤禮，小人盡力。勤禮莫如致敬，盡力莫如敦篤。敦篤，敦厚篤實。敬在養神，養神，供奉鬼神。說詳陶鴻慶別疏。篤在守業。篤實則在于各安本分。國之大事，在祀與戎。祀有執膰，膰，祭祀宗廟之肉，祭畢，分與有關人員。戎有受脤，神之大節也。執膰與受脤均爲與鬼神交際之大節。今成子惰，棄其命矣，其不反乎！」預料成肅公將死。

【一三·三】夏四月戊午，戊午，五日。晉侯使呂相絶秦，呂相，魏錡之子魏相。魏錡亦稱呂錡，故魏相亦稱呂相。下文乃絶秦書，或由呂相執筆，或由呂相傳遞。其後秦作詛楚文，仿效此書。杜注云：「蓋口宣己命」，恐不確。曰：昔逮我獻公及穆公相好，逮本訓及，章炳麟讀謂此「逮」訓「及」不可通，「逮」當讀爲「肆」，古也。「昔逮」卽「古昔」。此說可通。戮力同心，申之以盟誓，秦穆與晉獻曾有盟誓，然春秋三傳不載。重之以昏姻。晉獻公之女嫁與秦穆公爲夫人。天禍晉國，文公如齊，惠公如秦。文公重耳流亡各國，惠公夷吾先後流亡，曾至梁，然後至秦。此處僅舉齊、秦兩大國。無祿，無祿，今言不幸。獻公卽世。卽世，卽越語下「先人就世」之就世，漢魏人謂之下世，去世也。獻公死于僖九年。穆公不忘舊德，俾我惠公用能奉祀于晉。秦納惠公入晉，見僖十五年傳。又不能成大勳，而爲韓之師。韓之役見僖十五年傳。亦悔于厥心，用集我文公，集，成就，成全。「集我文公」指穆公護送重耳入國。見僖二十四年傳。詩大雅大明

「天監在下，有命既集」，書文侯之命「惟時上帝集厥命于文王」、毛公鼎云「惟天將集厥命」，諸集字亦同義。是穆之成也。成，成就。文公躬擐甲冑，跋履山川，踰越險阻，征東之諸侯，虞、夏、商、周之胤而朝諸秦，此事春秋三傳與諸子皆不載。則亦既報舊德矣。舊德指納惠公、文公。鄭人怒君之疆埸，我文公帥諸侯及秦圍鄭。晉、秦圍鄭見僖三十年傳。晉文流亡，鄭文公不予招待，且背晉助楚，故圍鄭。書云由于鄭人侵犯秦境，或一時外交辭令，未必合當時事實。僖三十年傳敍述此事亦僅謂晉、秦兩國圍鄭，未及「文公率諸侯」。秦大夫不詢于我寡君，擅及鄭盟。與鄭盟者實秦穆公，書云「秦大夫」，措辭委婉。諸侯疾之，將致命于秦。據僖三十年傳，欲攻秦軍者實是狐偃。文公恐懼，綏靜諸侯，秦師克還無害，則是我有大造于西也。大造，大功勞。無祿，文公卽世，穆爲不弔，不弔，不淑，不祥，與下文「君又不祥」之「不祥」同意，亦見成七年傳注。蔑死我君，惠棟補注、武億義證均謂當從釋文所引或本作「蔑我死君」，「死君」卽僖三十三年傳「其爲死君乎」之「死君」，與下文「寡我襄公」正相對。案之文義，確較通順。但三國志魏文帝紀終制有「蔑死君父」語，卽用左傳此句，足見曹丕所讀左傳已是「蔑死」連文。說參章炳麟讀。寡我襄公，迭我殽地，迭借爲軼，卽隱九年傳「侵軼」、僖三十二年傳「過軼」之軼，突然進犯也。奸絶我好，奸絶，遏絶、斷絶。說見章炳麟讀。唐石經於「我好」之中旁注「同」字，其實「我好」卽「我同好」，同盟友好國家也，實指鄭國。伐我保城，高士奇地名考略謂保城非地名，保卽堡，小城也。「保城」，同義詞連用。殄滅我費滑，殄音忝，滅絶。殄滅，同義詞連用。秦滅滑見僖三十三年傳。費爲滑國都城，費滑卽滑國。散離我兄弟，鄭、滑與晉同爲姬姓，兄弟之國。撓亂我同盟，傾覆我國家。我襄公未忘君之舊勳，納晉文公之功。而懼社稷之隕，是以有殽之師。殽之戰見僖三十三年傳。猶願赦罪於穆公。「赦」和「釋」同，釋，解也，說詳王引之述聞。「願赦罪於穆公」，示晉欲求得和解。穆公弗聽，而即楚謀我。天誘其衷，天誘其衷見僖二十八年傳注。成王隕命，穆公是以不克逞志于我。事詳文十四年傳並注。穆、襄即世，康、靈即位。康公，我之自出，秦康公爲晉之外甥。又欲闕翦我公室，據余蕭客古經解鉤沈所引宋本孔疏，闕翦爲損害之意。傾覆我社稷，帥我蝥賊，據爾雅釋蟲，蝥爲食苗根害蟲，賊爲食苗節害蟲，此比喻危害國家之人。以來蕩搖我邊疆，蝥賊指公子雍，此指秦康公送公子雍于晉，實則爲晉派人往迎。見文六、七年傳。我是以有令狐之役。令狐之役見文七年傳。康猶不悛，悛音圈，悔改。入我河曲，伐我涑川，涑音速。據方輿紀要，涑水城在今山西永濟縣東北，當即此涑川。杜注以涑川即涑水，涑水源流甚長，不止一城一邑，不足以解此句。俘我王官，俘，掠取人民以爲俘虜。王官見文三年傳注。秦康伐晉涑川，俘王官，不見於其他記載。翦我羈馬，我是以有河曲之戰。河曲之戰見文十二年傳。東道之不通，則是康公絕我好也。晉在秦東，秦、晉不再友好往來，則是由于康公之絕。

及君之嗣也，秦桓公嗣共公而立。我君景公引領西望曰：「庶撫我乎！」杜注：「望秦撫恤晉。」君亦不惠稱盟，杜注：「不肯稱晉望而共盟。」杜解稱爲符合，誤。稱，舉也。稱盟即爲盟會。利吾有狄難，魯宣十五年，晉正用師滅赤狄潞氏。入我河縣，劉文淇疏證謂河縣疑是河曲之變文。焚我箕、郜，箕見僖三十三年經注。郜，杜預未注。沈欽韓地名補注以爲在今浮山縣南，不確。或以爲在今浮山縣西。高士奇地名考略以爲是「濱河之邑」，疑當距箕不遠。芟夷我農功，秦人搶劫收割晉人莊稼。虔劉我邊垂，垂，陲本字，阮刻本作陲，今從石經、宋本及金澤文庫本等。虔劉，杜注「皆殺也」，卽屠殺晉邊界人民之意。但尚書呂刑孔疏引鄭玄注，謂虔劉是騷擾之意。我是以有輔氏之聚。輔氏之聚卽輔氏之戰。戰争要聚衆，故戰亦曰聚。此役見宣十五年傳。君亦悔禍之延，而欲徼福于先君獻、穆，晉獻公與秦穆公同好，已見前文。使伯車來命我景公曰：伯車，秦桓公子，名鍼，又稱后子。「吾與女同好棄惡，復脩舊德，以追念前勳。」言誓未就，景公卽世，我寡君是以有令狐之會。此文稱「寡君」三次，「我君」一次，似是使臣口吻，然而稱「寡人」五次，又似是晉君口吻，此古人行文不嚴密處。馬宗璉補注將此文分爲兩截，謂前半截自「昔逮我先公」至「寡君不敢顧昏姻」爲呂相口吻，後半截自「君有二心於狄」至「實圖利之」爲呂相代晉厲公詰秦口吻，未必確。令狐之會見十一年傳。君又不祥，不祥與上文「不弔」意義相同。背棄盟誓。白狄及君同州，此「及」字作介詞，用法同與。詩大雅板云「我雖異事，及爾同寮」，周禮大宰云「及執事眡滌濯」，諸「及」字同此用法。同州，同在尚書禹貢之雍州，餘詳僖三十三年傳注。君之仇讎，而我昏姻也。阮刻本作「我之昏姻也」，今從校勘記及金澤文庫本删「之」字。君來賜命曰：「吾與女伐狄。」寡君不敢顧昏姻，畏君之威，而受命于吏。「受」當讀爲「授」。授、受二字，古金文皆作「受」。命于吏，準備共秦伐狄。君有二心於狄，曰：「晉將伐女。」狄應且憎，且，兩務之詞。狄一則接受，一則嫌惡。周語中云「其叔父實應且有同又。

憎」，晉語八云「懼子之應且憎（同憎）也」。王念孫云「應」字皆是接受義，說詳述聞。是用告我。楚人惡君之二三其德也，亦來告我曰：「秦背令狐之盟，而來求盟于我：『昭告昊天上帝、秦三公、楚三王曰：昊音浩，廣大無邊貌。秦三公：穆、康、共。楚三王：成、穆、莊。「余雖與晉出入，出入，往來也。余唯利是視。」此秦對楚之語，楚轉述於晉。不穀惡其無成德，是用宣之，以懲不壹。』此時晉、楚已和解，故楚用以告晉。諸侯備聞此言，斯是用痛心疾首，暱就寡人。寡人帥以聽命，唯好是求。君若惠顧諸侯，矜哀寡人，而賜之盟，則寡人之願也，其承寧諸侯以退，承寧，止息也，安靜也。與上文「綏靜諸侯」義同。杜注云「承君之意以寧靜諸侯」，分「承寧」為二義，不確。說詳章炳麟讀。豈敢徼亂？君若不施大惠，寡人不佞，不佞，當時習語，十六年傳「諸臣不佞」、昭二十年傳「臣不佞」、魯語上「寡君不佞」皆可證。不佞，猶言不才，不敏。其不能以諸侯退矣。阮刻本無「以」字，今依石經、宋本、金澤文庫本增。敢盡布之執事，俾執事實圖利之。」

秦桓公既與晉厲公為令狐之盟，而又召狄與楚，欲道以伐晉，據秦本紀，令狐之盟以後，秦桓公隨即背盟，與狄合謀擊晉。諸侯是以睦於晉。晉欒書將中軍，荀庚佐之；荀庚代荀首。士燮將上軍，代荀庚。郤錡佐之；代士燮。韓厥將下軍，代郤錡。荀罃佐之；代趙同。趙旃將新軍，代韓厥。郤至佐之。代趙括。三年晉作六軍，而此戰及鄢陵之戰晉僅有四軍，似新上軍、新下軍均已取消。說本齊召南注疏考證。郤毅御戎，據杜注，郤毅為郤至之弟，十六年傳又稱步毅。欒鍼為右。據杜注，欒鍼為欒書之子。孟獻子曰：「晉帥乘和，帥，軍帥；乘，車上甲士。帥乘和言上下一致。師必有大功。」五月丁亥，丁亥，四日。晉師以諸侯之師及秦師戰于麻隧。麻隧，秦地，清一統志以爲在今陝西涇陽縣北，方輿紀要以爲在涇陽縣西南。疑一統志近是。秦師敗績，獲秦成差及不更女父。據漢書百官公卿表及續漢書百官志五劉昭注引劉劭爵制，不更僅是秦商鞅所定四級爵，士之最高級，不足爲大夫，爵位甚低，而左傳不但記其被獲，且書其名女父，或此春秋時之不更，與商鞅以後之不更名同實異，職位較高。劉劭爵制又云「不更者爲車右」，此不更或即車右。曹宣公卒于師。禮記檀弓下：「諸侯伐秦，曹桓公（「桓」當作「宣」），卒于會。諸侯請含，使之襲。」師遂濟涇，涇水流經涇陽縣南然後入渭。據魯語下，當時諸侯軍隊俱不肯渡涇水，晉叔向見魯叔孫豹，魯軍始先渡河，各國軍隊乃隨之渡河。及侯麗而還。時秦都雍（今陝西鳳翔縣南），晉自東北向西南進軍，濟涇亦自東北向西南，侯麗當在涇水南岸。或以爲在今禮泉縣境。迓晉侯于新楚。新楚，秦地，當在陝西舊朝邑縣境（朝邑今已併入大荔縣）。

成肅公卒于瑕。說明劉康公預言應驗。瑕，晉地，見僖三十年傳注。

一三·四　六月丁卯夜，丁卯，十五日。鄭公子班自訾求入于大宮，公子班奔許已見十年傳。據杜注，訾爲鄭地，公子班由許入鄭，訾當在鄭南。高士奇地名考略、馬宗璉補注皆謂此訾即昭二十三年傳之訾，實周地，近鄭，今爲河南鞏縣訾店。然公子班自許至鄭，不必繞道至訾店，未必可信。昭十三年傳又有一訾，爲楚地。大宮，鄭祖廟。不能，殺子印、子羽，據杜注，子印、子羽皆鄭穆公子。此子羽非公孫揮（公孫揮字子羽，見襄、昭諸年傳）。反軍于市。己巳，己巳，十七日。子駟帥國人盟于大宮，子駟見十年傳注。遂從而盡焚之，金澤文庫本「從」下有「師」

字。殺子如、子駹、孫叔、孫知。子如即公子班，已見十年傳並注。駹音龐。據杜注，子駹，子如之弟；孫叔，子如之子；孫知，子駹之子。

一三・五 曹人使公子負芻守，使公子欣時逆曹伯之喪。負芻、欣時皆曹宣公庶子。「欣時」公羊成十六年傳與昭二十年傳皆作「喜時」，新序節士篇載此事，文用左傳，但名從公羊作「喜時」。秋，負芻殺其大子而自立也。其大子，宣公大子。諸侯乃請討之。晉人以其役之勞，其役，伐秦之役。請俟他年。冬，葬曹宣公。既葬，子臧將亡，子臧，欣時之字。國人皆將從之。成公乃懼，成公即負芻。告罪，且請焉。請子臧留而不出走。乃反，而致其邑。子臧返國而致采邑於成公。十五、十六年傳於此事續有所敍。

十有四年，甲申，公元前五七七年。周簡王九年、晉厲四年、齊靈五年、衞定十二年、蔡景十五年、鄭成八年、曹成公負芻元年、陳成二十二年、杞桓六十年、宋共十二年、秦桓二十八年、楚共十四年、吳壽夢九年、許靈十五年。

經

一四・一 十有四年春王正月，正月二十四日癸卯冬至，建子，有閏月。莒子朱卒。無傳。莒子朱即莒渠丘公（見八年傳），名季佗（見文十八年傳），自宣元年即位至今年在位共三十二年。死後，子密州繼承，稱犁比公。說參汪克寬纂疏。穀梁傳楊士勛疏云：「葬須稱謚，莒夷無謚，故不書葬也。」

一四·二 夏，衞孫林父自晉歸于衞。杜注：「晉納之，故曰歸。」

一四·三 秋，叔孫僑如如齊逆女。

一四·四 鄭公子喜帥師伐許。喜，穆公子，字子罕。

一四·五 九月，僑如以夫人婦姜氏至自齊。時宣公夫人穆姜尚在，新婦有姑，故稱「婦」，與文四年、宣元年兩經稱「婦」相同。

一四·六 冬十月庚寅，庚寅，十六日。衞侯臧卒。

一四·七 秦伯卒。無傳。秦伯卽秦桓公。經未書名，高閌春秋集注云「史失其名」。但春秋此後於秦君之死，皆僅書「秦伯卒」，豈皆「史失其名」？

傳

一四·一 十四年春，衞侯如晉，晉侯强見孫林父焉。杜注：「林父以七年奔晉。强見，欲歸之。」强衞定公與林父相見。定公不可。夏，衞侯既歸，晉侯使郤犨送孫林父而見之。衞侯欲辭。定姜曰：杜注：「定姜，定公夫人。」「不可。是先君宗卿之嗣也，先君指定公之父衞穆公，宗卿指孫林父之父孫良夫。先君宗卿爲一詞，義卽先君之宗卿。據孔疏引世本，孫氏出于衞武公，與衞君同宗，孫良夫又是當時衞國執政大臣，故曰「先君宗卿」。大國又以爲請。不許，將亡。如不同意，恐將見伐，衞國將亡。雖惡之，不猶愈於亡乎？君其忍之！安民而宥宗卿，此宗卿則是指孫林父本人，因曾承襲孫良夫執衞國之政。不亦可乎？」衞侯見而復之。恢復孫林父職位與采邑。

衞侯饗苦成叔，享燕之享左傳均作「享」，僅此處作「饗」。享，正字；饗，假借字，詳段玉裁說文解字注。苦成，晉國地名，在今山西運城縣東而稍北約二十二里。據王符潛夫論志氏姓與通志氏族略三，以苦爲邑名，郤犨采邑，故苦氏卽郤氏。成爲郤犨謚，叔爲其字。郤犨雖被殺，但不妨有謚，與郤至謚昭子（見晉語八）相同。兩說未詳孰是。郤犨被稱爲苦成叔，亦見于魯語上與晉語六。寗惠子相。寗惠子，寗殖。苦成叔傲。寗子曰：「苦成叔家其亡乎！各本均作「苦成家」，無「叔」字，唐石經旁注「叔」字，藝文類聚三十六、初學記十四引均有「叔」字，魯語上「苦成叔家欲任兩國」，可見「苦成叔家」爲當時習慣稱謂，今依金澤文庫本增「叔」字。古之爲享食也，以觀威儀、省禍福也，故詩曰：『兕觵其觩，觵音肱，兕觵，古代用犀牛角制成之飲酒器，容量較大，罰酒時亦用之，昭元年傳又稱爲兕爵。觩音虯，「其觩」，獸角彎曲貌。旨酒思柔。思爲語中助詞，無義。例證見詞詮。彼交匪傲，「彼交匪傲」卽襄二十七年傳之「匪交匪敖」，彼、匪古得通假。說詳臧琳經義雜記、胡承珙毛詩後箋。交疑爲驕之假借。周頌絲衣：「兕觥其觩，旨酒思柔。不吳不敖，胡考之休。」「觥」、「觵」爲本字，兩字通用。「不吳不敖」與此「匪交匪敖」義同。吳，謂自高自大；交，亦爲驕傲之意。萬福來求。』句見小雅桑扈。求，聚也。說詳王引之詩述聞。來，語中助詞，表示倒裝。萬福來求，聚集萬福也。今夫子傲，取禍之道也。」

一四·二 秋，宣伯如齊逆女。爲魯成公迎其夫人。稱族，尊君命也。釋經書「叔孫僑如」，參宣元年傳。

一四·三　八月，鄭子罕伐許，子罕，公子喜字。敗焉。杜注：「爲許所敗。」戊戌，戊戌，二十三日。鄭伯復伐許。庚子，庚子，二十五日。入其郛。郛，外城。許人平以叔申之封。許人用叔申之封與鄭國構和。叔申之封見四年傳並注。

一四·四　九月，僑如以夫人婦姜氏至自齊。舍族，不稱「叔孫」。尊夫人也。故君子曰：「春秋之稱，稱，言也，說也。此謂春秋之用詞造句。微而顯，言辭不多而意義顯豁。志而晦，記載史實而意義幽深。章炳麟讀解此三字爲「明而晦」，不確。婉而成章，表達婉轉屈曲，但順理成章。盡而不汙，杜注：「謂直言其事，盡其事實，無所汙曲。」焦循補疏解「汙」爲「紆」，蓋因杜注用「汙曲」字之故。懲惡而勸善，非聖人，誰能脩之？」

一四·五　衞侯有疾，使孔成子、甯惠子立敬姒之子衎以爲大子。孔成子，孔達之孫孔烝鉏。敬姒，據下文有「夫人姜氏」一語，當是衞定公妾。衎音看。衎卽衞獻公。冬十月，衞定公卒。夫人姜氏既哭而息，見大子之不哀也，不內酌飲，內同納。酌同勺。酌飲卽定四年傳之「勺飲不入口」之「勺飲」，說見楊樹達先生讀左傳。據禮記喪大記，死者殯後，夫人世婦諸妻皆疏食水飲，勺飲當是指疏食水飲。說見沈欽韓補注。歎曰：「是夫也，將不唯衞國之敗，其必始於未亡人。古代寡婦自稱未亡人，已見莊二十八年傳注。烏呼！天禍衞國也夫！吾不獲鱄也使主社稷。」鱄音專。據襄十四年傳，鱄乃衎之母弟。大夫聞之，無不聳懼。聳借爲悚，說文：「悚，懼也。」孫文子自是不敢舍其重器於衞，重器，寶重之器。盡寘諸戚，戚本是孫氏采邑，孫林父逃亡晉國，晉國曾還之於衞君。孫林父返國復位，衞侯又與之。而甚善晉大夫。後事見襄十四年傳。

十有五年，乙酉，公元前五七六年。周簡王十年、晉厲五年、齊靈六年、衞獻公衎元年、蔡景十六年、鄭成九年、曹成二年、陳成二十三年、杞桓六十一年、宋共十三年、秦景公元年、楚共十五年、吳壽夢十年、許靈十六年。

經

一五·一 十有五年春王二月，正月初五日戊申冬至，建子。葬衞定公。無傳。

一五·二 三月乙巳，乙巳，三日。仲嬰齊卒。無傳。仲嬰齊，仲遂之子，公孫歸父之弟。仲遂之死見宣八年經，歸父奔齊見宣十八年經、傳。嬰齊爲其後，曰仲氏。孔疏引劉炫說云：「仲遂受賜爲仲氏，故其子孫稱仲氏。」

一五·三 癸丑，癸丑，十一日。公會晉侯、衞侯、鄭伯、曹伯、宋世子成、齊國佐、邾人同盟于戚。宋國由太子成出席會盟。蓋宋共公時在病中，六月宋公卒。說見汪克寬纂疏。晉侯執曹伯歸于京師。公羊作「歸之于京師」，「之」爲衍文，說詳阮元公羊傳校勘記。

一五·四 公至自會。無傳。

一五·五 夏六月，宋公固卒。「固」，年表及宋世家、漢書古今人表俱作「瑕」，固、瑕古音近，蓋可通用。

一五·六 楚子伐鄭。

一五·七 秋八月庚辰，庚辰，十日。葬宋共公。

一五・八 宋華元出奔晉。

一五・九 宋華元自晉歸于宋。

一五・一〇 宋殺其大夫山。

一五・一一 宋魚石出奔楚。魚石見傳注。

一五・一二 冬十有一月，叔孫僑如會晉士燮、齊高無咎、宋華元、衞孫林父、鄭公子鰌、邾人會吳于鍾離。經用二「會」字，杜注謂吳是夷，以前未嘗與中原諸國往來，今始來通，故由晉率領諸侯大夫而會之，因用二「會」字。明王樵春秋輯傳則以爲諸侯大夫先約集相會而後會吳，春秋直書其事。鰌音秋。鍾離，路史以爲國名，餘詳傳注。

一五・一三 許遷于葉。

傳

一五・一 十五年春，會于戚，討曹成公也。十三年傳敍曹成公殺宣公太子而自立，諸侯請討之，晉請俟他年，至此而討之。執而歸諸京師。書曰「晉侯執曹伯」，不及其民也。曹成公之罪僅在殺宣公太子而自立爲君，害不及於百姓，故執者書「晉侯」，不書「晉人」。凡君不道於其民，諸侯討而執之，則曰「某人執某侯」，春秋於諸侯相執，一般書「某人執某侯」，未必被執者皆「不道於其民」，此一義例，或僅適用于僖二十八年「晉人執衞侯，歸之于京師」。說參竹添光鴻會箋引龜井昱說。不然則否。此釋經書「晉侯」之故。

諸侯將見子臧於王而立之。子臧詳十三年傳。子臧辭曰：「前志有之曰：前志，古書。『聖達節，最高道德爲能進能退，能上能下，而俱合于節義。次守節，次則不能積極對待，僅消極保守節義。下失節。』下等者唯名利是圖，無節義。新序節士篇亦有此文，作「下不失節」，洪亮吉詁以新序爲誤。爲君非吾節也。雖不能聖，敢失守乎？」遂逃，奔宋。

一五·二 夏六月，宋共公卒。此僅傳宋公之謚耳。

一五·三 楚將北師，杜注：「侵鄭、衞。」子囊曰：子囊，楚莊王子，共王弟公子貞。「新與晉盟而背之，晉、楚相盟見十二年傳。無乃不可乎？」子反曰：「敵利則進，敵情有利於我則進。何盟之有？」申叔時老矣，在申，杜注：「老歸本邑。」聞之，曰：「子反必不免。信以守禮，信用所以保持禮義。禮以庇身，禮義所以保護生存。信、禮之亡，欲免，得乎？」子反於明年鄢陵戰敗被殺。

楚子侵鄭，及暴隧。暴隧即文八年經之暴，詳彼注。遂侵衞，及首止。首止，衞地，見桓十八年傳注。

鄭子罕侵楚，取新石。新石，楚邑，當在今河南葉縣境內。

欒武子欲報楚。欒武子，晉欒書，時爲中軍帥，欲報楚。韓獻子曰：韓獻子，韓厥。「無庸，使重其罪，民將叛之。背棄盟約，驅使人民從事侵略戰爭，故云「重其罪」。無民，孰戰？」失人民，誰爲之戰鬭？此爲明年鄢陵之役張本。

一五・四　秋八月，葬宋共公。於是華元爲右師，魚石爲左師，魚石，據杜注，爲公子目夷之曾孫。蕩澤爲司馬，孔疏引世本云：「公孫壽生大司馬虺，虺生司馬澤。」故杜注云「蕩澤，公孫壽之孫」。其人名山，宋世家作「唐山」，「唐」「蕩」音近通假。華喜爲司徒，孔疏引世本「華父督生世子家，家生季老，老生司徒鄭，鄭生司徒喜」，故杜注云「華父督之玄孫」。公孫師爲司城，孔疏引世本「莊公生右師戊，戊生司城師」，故杜注云「莊公孫」。向爲人爲大司寇，鱗朱爲少司寇，孔疏引世本「桓公生公子鱗，鱗生東鄉矔，矔生司徒文，文生大司寇子奏，奏生小司寇朱」，杜注謂鱗朱「鱗矔孫」，與世本不合。向帶爲大宰，魚府爲少宰。蕩澤弱公室，殺公子肥。蕩澤欲削弱公室，殺公子肥。宋世家作「殺太子肥」，似肥爲宋共公太子，應嗣位而尚未即位。華元曰：「我爲右師，君臣之訓，師所司也。今公室卑，而不能正，吾罪大矣。不能治官，官卽孟子公孫丑下「官守」之義。不能治官，今言不能盡職。敢賴寵乎？」賴，利也。以得寵爲利。乃出奔晉。宋世家：「司馬唐山攻殺太子肥，欲殺華元，華元奔晉。」

二華，戴族也；華元、華喜皆宋戴公之後，故謂之戴族。族有兩義，一爲宗族之族，一爲氏族之族。此氏族之族，與僖七年傳「洩氏、孔氏、子人氏三族」之「族」義同。說詳沈彤小疏。司城，莊族也；六官者皆桓族也。魚石、蕩澤、向爲人、鱗朱、向帶、魚府皆出自宋桓公。魚石將止華元。阻止華元出奔。魚府曰：「右師反，必討，是無桓氏也。」桓氏與桓族同義。恐華元因討伐蕩澤，並連及桓氏。魚石曰：「右師苟獲反，雖許之討，必不敢。且多大功，杜注以爲華元大功，在乎宣十五年之刼子反以解宋圍與成十二年之謀求晉、楚之成。實則華元自文十六年爲右師執政以來，已三十餘年，魚石云「多大功」，或不止此，左傳未盡記載而已。國人與之，不反，懼桓氏之無祀於宋也。不使華元回國，恐國人羣起而攻以致消滅桓族。右師討，猶有戌在。戌，向戌。孔疏引世本：「桓公生向父肸，肸生司城訾守，守生小司寇鱣及合左師。」合左師卽向戌。向戌亦桓族。魚石估計華元縱討伐蕩澤以及其他桓族，必不連及向戌。或向戌是華元黨羽，故事後華元使之爲左師。桓氏雖亡，必偏。」偏，一部份。魚石自止華元于河上。河，黃河。請討，華元請求討伐蕩澤。許之，魚石同意。乃反。據此，華元僅及黃河邊而返。但經、傳皆云「出奔晉」，經尚書「自晉歸于宋」，因之或謂蓋從其動機與政治立言，或又謂華元雖僅至黃河邊，已入晉國境，故書「奔晉」、「自晉」。兩説未詳孰是。使華喜、公孫師帥國人攻蕩氏，殺子山。書曰「宋殺其大夫山」，阮刻本脱「其」字，今依金澤文庫本及校勘記增。言背其族也。據杜注，蕩氏本宋公族，反欲削弱、危害公室，故書其名，不書其氏，以示其罪。則「背其族」之「族」乃「宗族」之義。

魚石、向爲人、鱗朱、向帶、魚府出舍於睢上，睢音雖。睢水本蒗蕩渠支津，舊自河南杞縣流經睢縣北，又東流經寧陵與商丘市南，又東經夏邑縣北，然後東南流。今上游僅睢縣附近有一支入惠濟河，餘皆湮塞。睢上，當是離宋都不遠之睢河邊。華元使止之，不可。冬十月，華元自止之，不可，乃反。五人不肯返，華元獨歸。魚府曰：「今不從，不得入矣。今不聽從華元，以後難入宋都矣。右師視速而言疾，有異志焉。金澤文庫本作「必有異志焉。」此謂並非真心挽留。若不我納，今將馳矣。」登丘而望之，則馳。五人登丘而望華元，華元疾驅車返，其並不歡迎五人返國之意被證實。騁而從之，五人亦驅車跟隨華元。則決睢澨、閉門登陴矣。睢澨，睢水堤防。華元使人決開其口，用水阻止對方。閉門登陴，亦防禦五人以武力進攻。左師、二司寇、二宰遂出奔楚。出奔者五人，經書魚石。華元使向戌爲左師，老佐爲司馬，杜注：「老佐，戴公五世孫。」樂裔爲司寇，以靖國人。

一五·五　晉三郤害伯宗，三郤，郤錡、郤犨與郤至。伯宗見宣十五年傳注。譖而殺之，及欒弗忌。據晉語五韋注，欒弗忌，伯宗黨羽。左傳謂因害伯宗而連及欒弗忌，晉語五云「欒弗忌之難，諸大夫害伯宗」，兩說不同。伯州犂奔楚。伯州犂，伯宗子。據晉語五，保護伯州犂逃楚者爲畢陽其人。伯州犂奔楚後爲太宰，見明年及昭元年諸傳。韓獻子曰：「郤氏其不免乎！善人，天地之紀也，韓厥以爲伯宗與欒弗忌皆善人。而驟絶之，驟，屢也。先後殺害兩人，故言驟。不亡，何待？」爲十七年晉殺三郤作預言。

初，伯宗每朝，其妻必戒之曰：「『盜憎主人，民惡其上。』意謂盜不能憎恨主人，百姓不能厭惡統治者。爾禄位不高，不能向執政進直言。此二語蓋當時俗諺，周語中單襄公引諺「獸惡其網，民惡其上」，説苑敬慎篇引金人銘「盜怨主人，民害其貴」，孔子家語觀周篇亦引金人銘，作「盜憎主人，民怨其上」，大致相同。子好直言，必及於難。」列女仁智傳據左傳與晉語五演繹成晉伯宗妻一章。

一五·六　十一月，會吳于鍾離，杜注：「鍾離，楚邑。」但諸侯與吳相會在楚境，殊爲可怪。杜注鍾離爲楚邑，本於昭四年左傳「楚箴尹宜咎城鍾離」以備吳。鍾離本是小國，據水經淮水注與史記伍子胥列傳索隱引世本，鍾離爲嬴姓國（通志氏族略三云姬姓，難以信從），此時是否被滅，不詳。且鍾離時在吳、楚兩國交界處，穀梁昭四年傳云「慶封封乎吳鍾離」，即使鍾離已滅，或爲吴、楚兩國所分有，則此鍾離當是吴邑。鍾離在今安徽鳳陽縣東稍北。始通吴也。

一五·七 許靈公畏偪于鄭，即以去年論，鄭兩次侵許，許終以「叔申之封」與鄭。請遷于楚。辛丑，辛丑，三日。楚公子申遷許于葉。舊葉城在今河南葉縣西南。許自遷徙後，其本土爲鄭所有，鄭人稱之爲「舊許」。此後，許爲楚附庸，晉會盟侵伐，許皆不從；楚有事，許則無役不從。

十有六年，丙戌，公元前五七五年。周簡王十一年、晉厲六年、齊靈七年、衛獻二年、蔡景十七年、鄭成十年、曹成三年、陳成二十四年、杞桓六十二年、宋平公成元年、秦景二年、楚共十六年，吴壽夢十一年、許靈十七年。

經

一六·一 十有六年春王正月，正月十七日甲寅冬至，建子。雨，木冰。無傳。木冰即氣象學之霧凇，於有霧寒冷天氣下凝聚於樹木枝葉白色鬆散而似雪者。俗稱樹挂。漢人謂之「木介」（見漢書五行志上），唐人謂之「樹介」、「樹架」、「樹稼」（見唐會要及舊唐書讓皇帝憲傳）。劉熙釋名釋天云「氛，粉也，潤氣著草木，因寒凍凝，色白若粉之形也」，即此。

一六·二 夏四月辛未，辛未，五日。滕子卒。春秋書滕君之死，不書名凡三次，隱七年「滕侯卒」、宣九年及今年「滕子卒」是也。說見宣九年經注。

一六・三 鄭公子喜帥師侵宋。

一六・四 六月丙寅朔，日有食之。無傳。公元前五七五年五月九日全食。

一六・五 晉侯使欒黶來乞師。黶音演。欒黶，欒書子。

一六・六 甲午晦，六月小，甲午爲二十九日。晉侯及楚子、鄭伯戰于鄢陵。鄢陵即隱元年傳之鄢。鄭滅鄢以後，初用原名，後改爲鄢陵，今河南鄢陵縣北。說參江永考實。水經渠水注云：「蔡澤陂水出鄢陵城西北，晉、楚相遇處也。陂東西五里，南北十里，下入淮陽扶溝。」楚子、鄭師敗績。

一六・七 楚殺其大夫公子側。參僖二十八年經「殺得臣」注。

一六・八 秋，公會晉侯、齊侯、衞侯、宋華元、邾人于沙隨，沙隨，宋地，古沙隨國，在今河南寧陵縣北。不見公。

一六・九 公至自會。無傳。

一六・一〇 公會尹子、晉侯、齊國佐、邾人伐鄭。

一六・一一 曹伯歸自京師。

一六・一二 九月，晉人執季孫行父，舍之于苕丘。苕音條。公羊「苕」作「招」，兩字同從「召」聲，得通假。苕丘，晉地，不詳今所在。

一六・一三 冬十月乙亥，乙亥，十二日。叔孫僑如出奔齊。

一六・一四 十有二月乙丑，乙丑，三日。季孫行父及晉郤犨盟于扈。扈，鄭地，見文七年經注。

一六・一五 公至自會。無傳。

一六・一六 乙酉，乙酉，二十三日。刺公子偃。刺見僖二十八年經注。

傳

一六・一 十六年春，楚子自武城使公子成以汝陰之田求成于鄭。武城見僖六年傳注。公子成已見成六年傳。顧棟高大事表七之四謂楚國土地止于汝水之南，「汝陰之田」當在今郟縣與葉縣之間。鄭叛晉，子駟從楚子盟于武城。子駟即公子騑，見十年傳並注。

一六・二 夏四月，滕文公卒。

一六・三 鄭子罕伐宋，宋將鉏、樂懼敗諸汋陂。杜注謂將鉏爲樂氏之族，孔疏云「不知所出」。樂懼，據孔疏引世本，爲戴公六世孫。汋陂，宋地，馬宗璉補注以爲卽芍陂，爲今安徽壽縣南之安豐塘。但鄭軍伐宋，不應遠至安徽壽縣，其誤無疑。以下文汋陵推測，當在河南商丘（宋都）與寧陵之間。退，宋師退。舍於夫渠，夫渠當離汋陂不遠。不儆。不加警戒。鄭人覆之，以伏兵襲擊之。敗諸汋陵，據元和志，汋陵在今河南寧陵縣南。獲將鉏、樂懼。宋恃勝也。

一六・四 衞侯伐鄭，至于鳴雁，鳴雁在今河南杞縣北。爲晉故也。晉欲伐鄭，衞先出兵。

一六·五 晉侯將伐鄭。范文子曰：范文子，士燮。「若逞吾願，諸侯皆叛，晉可以逞。二「逞」字意義不同。上「逞」字，舊訓爲「快也」，實爲「快意」「滿足」之義。下「逞」字爲「盈」之假借字，緩也。說詳楊樹達先生讀左傳。此數句意爲，如我君願望得以滿足，諸侯皆將背叛晉國，晉國患難可以緩和。若唯鄭叛，晉國之憂，可立俟也。」此不欲伐鄭也。欒武子曰：「不可以當吾世而失諸侯，必伐鄭。」乃興師。欒書將中軍，士燮佐之；士燮代荀庚。晉語六云「欒武子將上軍，范文子將下軍」，與傳異。郤錡將上軍，杜注：「代士燮。」荀偃佐之；偃，荀庚子，代郤錡。韓厥將下軍；郤至佐新軍。據下傳，郤犨將新軍。荀罃居守。荀罃以下軍佐留國內。郤犨如衞，遂如齊，皆乞師焉。欒黶來乞師。孟獻子曰：「晉有勝矣。」各本無「晉」字，唐石經於「曰」字下旁增「晉」字，依文義以有「晉」字爲强，今據金澤文庫本增。戊寅，戊寅，十二日。晉師起。據經，欒黶六月始至魯，計郤犨至衞、至齊時亦相近，而晉師四月即起，無怪乎諸侯之師皆不及會戰。

鄭人聞有晉師，使告于楚，姚句耳與往。姚句耳非正式使者，僅隨行人員，故云「與往」。楚子救鄭。司馬將中軍，司馬，公子側子反。令尹將左，令尹，公子嬰齊子重，爲左軍帥。依楚國官次，令尹在司馬上。然司馬爲主軍政官，此所以子反將中軍歟？傳世器有王子嬰次盧，王國維定爲楚公子嬰齊所作。右尹子辛將右。子辛卽襄元年、五年經之公子壬夫，將右軍。過申，子反入見申叔時，曰：「師其何如？」對曰：「德、刑、詳、義、禮、信，戰之器也。六種爲戰爭手段。德以施惠，刑以正邪，詳以事神，與淮南子氾論訓「祥於鬼神」同義，詳通祥。祥卽事鬼神之應有態度，順也，善也。說見梁履繩補釋。義以建利，義爲利之本，有義，利始得建立。禮以順時，信以守物。物爲廣義，泛指一切事物。信實保持一切。民生厚而德正，人民生活豐厚，則道德端正。用利而事節，有利則用民，一切舉動依于國有利而行，則舉動合於節度。時順而物成，順時而動，不妨礙生產，則物產有所成。上下和睦，周旋不逆，求無不具，各知其極。如此則上下和睦，一切舉動順利，所求無不具備，人人皆知準則。極，準則也。故詩曰：『立我烝民，莫匪爾極。』句見周頌思文。詩意謂周祖先后稷，安置衆民，無人不合其準則。烝，衆也。是以神降之福，時無災害，民生敦厖，「民生敦厖」當與上文「民生厚」同義，敦，厚也。厖，方言：「豐也。」或讀「民生」爲「民性」，則句當解爲百姓敦厚老實，固通，但就上文義言，不如前說。因「時無災害」，故民生厚；因民生厚，故下文有「和同以聽」數語。「和同以聽」等語實即「德正」。和同以聽，共同一致，聽候政令。莫不盡力以從上命，致死以補其闕，闕，杜注云「戰死者」。顧炎武補正引陸粲說謂「軍國之事有所闕乏」。若依杜注，補當解爲補充、補足。若依陸說，補當解爲「補給」。據下文「補卒乘」，杜注較安。此戰之所由克也。今楚內棄其民，不施惠，無德。而外絕其好，不以義建利。瀆齊盟，瀆，褻瀆，輕慢，不尊敬。齊盟見十一年傳注。褻瀆齊盟即十五年傳「新與晉盟而背之」。古人盟誓，以爲必有鬼神監臨，瀆齊盟，意即不以詳事神。而食話言，不以信守物。奸時以動，正當春耕之時而用兵。而疲民以逞。只求快意，不惜疲民。武力爲刑，不用以正邪。民不知信，進退罪也。人民不知信用何在，進亦罪，退亦罪。人恤所厎，恤，憂也。厎，至也。其誰致死？子其勉之！吾不復見子矣。」申叔時預言楚必敗，子反必死。姚句耳先歸，子駟問焉。對曰：「其行速，過險而不整。過險阻之地行列不整齊。速則失志，動作太速，則考慮不周。不整，喪列。不整齊，則失去行列。志失、列喪，將何以戰？楚懼不可用也。」

五月，晉師濟河。聞楚師將至，范文子欲反，曰：「我僞逃楚，「僞」當作「爲」，如果，假若。說詳俞樾平議。可以紓憂。夫合諸侯，非吾所能也，以遺能者。我若羣臣輯睦以事君，金澤文庫本「若」下有「退」字。唐石經亦于「若」字下旁增「退」字。多矣。」多矣見桓五年傳注。石經于「矣」字下又旁增「又何求」三字。武子曰：「不可。」

六月，晉、楚遇於鄢陵。范文子不欲戰。晉語六載有范文子語，可參看。郤至曰：「韓之戰，惠公不振旅；韓之戰見僖十五年傳。振旅見僖二十八年傳注。不振旅即失敗。箕之役，先軫不反命；先軫死於箕之役，見僖三十三年傳。邲之師，荀伯不復從，邲之戰見宣十二年傳。荀伯，以上文「惠公」、「先軫」例之，自是指邲之戰晉軍元帥荀林父，或以爲指荀罃（說見沈欽韓補注），不可信。不復從也即失敗，恐是當時習語如此，不必深究。顧炎武日知録卷二十七謂「不復從事于楚」，俞樾平議謂爲「不復役」之誤，皆無據。皆晉之恥也。子亦見先君之事矣。今我辟楚，又益恥也。」晉語六以爲欒書所言，內容大同小異。文子曰：「吾先君之亟戰也，有故。亟，去聲，屢也。秦、狄、齊、楚皆彊，不盡力，子孫將弱。今三彊服矣，敵楚而已。陶鴻慶別疏讀作「敵，楚而已」，亦通。惟聖人能內外無患。自非聖人，自，假設連詞，若也，多用于否定句。自非，假若不是。外寧必有內憂，盍釋楚以爲外懼乎？」晉國大臣大多數主戰，唯士燮始終主退。士燮見厲公驕侈，羣臣不和，如戰而勝楚，內憂益滋，故欲釋楚以緩和國內矛盾，非懼戰敗也。

甲午晦，楚晨壓晉軍而陳。楚軍清早逼近晉軍營壘佈陣。軍吏患之。范匄趨進，曰：范匄，士燮之子士匄，謚宣子。時尚幼，班位不高，故快步向前，一則表示恭敬，二則便于進言。「塞井夷竈，陳於軍中，而疏行首。夷，平也。行首，即行道。疏行首，將行列間道路隔寬。說見王引之述聞。沈欽韓補注謂行首即吳語行頭，每行領隊者，不如王說。古人作戰，行列欲其疏闊，司馬法定爵篇所謂「凡陳行惟疏」、淮南子道應訓所謂「疏隊而擊之」，可以爲證。晉、楚唯天所授，何患焉？」文子執戈逐之，文子，其父士燮。曰：「國之存亡，天也，童子何知焉？」欒書曰：「楚師輕窕，輕窕即輕佻，堅韌之反。固壘而待之，三日必退。楚軍僅仗一時銳氣，故欒書曰先不與戰。漢書周亞夫傳亦云「楚兵剽輕，難與爭鋒」。退而擊之，必獲勝焉。」晉語六謂欒書主張俟齊、晉兩國軍至再戰，與傳不同。郤至曰：「楚有六間，間，去聲，間隙，空子。不可失也。其二卿相惡，二卿，子反、子重。兩人有仇隙，故戰敗後子重逼迫子反自殺。此一間。王卒以舊，以舊有二解，杜注云「罷老不代」，則「以舊」爲「太舊」。會箋云：「以，用也。舊，舊家也。」故下文云「舊不必良」。後說較好。此二間。鄭陳而不整，鄭軍雖有陣勢，却不整齊嚴肅。此三間。蠻軍而不陳，晉語六云：「南夷與楚來，而不與陳。」蠻即晉語六之夷。雖有軍隊，然無陣容。此四間。陳不違晦，此日爲月終，古代迷信，月終不宜佈陣作戰。故郤至謂楚軍結陣不避晦日爲一間。在陳而嚻，嚻同囂，吵鬧，喧嘩。士兵在陣中無紀律，不嚴肅。合而加嚻。陣合應静，而楚軍更加喧嘩。此六間。各顧其後，莫有鬭心。晉語六作「鄭將顧楚，楚將顧夷，莫有鬭心」，則左傳之「各」，乃指鄭、楚、蠻各軍。互相觀望依賴，而無鬭志。舊不必良，王卒皆舊家子弟，未必爲强兵。以犯天忌，犯天忌者指晦日用兵。我必克之。」此爲郤至主張速戰理由，與欒書之堅守三日戰略正相反。據晉語六，晉厲公採用郤至之謀。晉語六且云：「欒書是以怨郤至。」十七年傳亦云：「欒書怨郤至，以其不從己而敗楚師也。」

楚子登巢車，以望晉軍。巢車，說文引作「轈車」，兵車之一種，高如鳥巢，用以瞭望敵人。宣十五年傳亦曰「樓車」。李衞公兵法有巢車，車有八輪，上立高竿，竿上裝置轆轤，用繩索挽版屋上竿頭。版屋方四尺，高五尺，有十二孔，分佈四面。車可進可退，亦可環行，用以遠望。蓋後代巢車。春秋時之巢車形制已不詳。子重使大宰伯州犂侍于王後。伯州犂，晉國伯宗之子。伯宗被害後，逃來楚國，楚任之爲大宰。參見去年傳。王曰：「騁而左右，何也？」王問：晉國兵車向左右兩方馳騁，何爲？曰：「召軍吏也。」此伯州犂答語。「皆聚於中軍矣。」此又是楚共王之詢問，謂晉國軍吏皆聚集於中軍，何爲？曰：「合謀也。」共同謀議。「張幕矣。」帳幕張開，又何爲？曰：「虔卜於先君也。」古代行軍，必將先代君王主位載於車上同行。此乃在先君主位前誠心問卜。所載主位，禮記曾子問謂「遷廟主」，孫詒讓周禮小宗伯正義釋爲國君高祖之父與祖之主。但以春秋考之，魯國並無毁廟之制，故哀三年尚有桓宮與僖宮。晉國于此一戰役，所載先君之主究竟爲誰，不詳。「徹幕矣。」帳幕已徹除，又何爲？曰：「將發命也。」「甚囂，且塵上矣。」喧嘩，且塵土上揚，又何爲？曰：「將塞井夷竈而爲行也。」「皆乘矣，左右執兵而下矣。」皆已上車，車上左右又俱持武器下車。古代兵車，唯元帥之車元帥在中，御者在左。一般兵車御者在中，將帥在左。此之左右，當指一般兵車之將帥與車右。曰：「聽誓也。」對軍隊宣佈號令亦稱誓，尚書有甘誓、湯誓，閔二年傳「誓軍旅」皆可證。「戰乎？」曰：「未可知也。」「乘而左右皆下矣。」曰：「戰禱也。」戰前禱告鬼神。伯州犁以公卒告王。公卒，晉侯之卒。以上敍楚偵察晉軍，而伯州犁只以晉軍動作答楚，未設計謀。苗賁皇在晉侯之側，苗賁皇爲楚國鬬椒之子，逃奔晉國，見宣十七年傳注。此人熟悉楚國情況，故在晉侯之側。亦以王卒告。以楚共王之卒告晉侯。皆曰：「國士在，且厚，不可當也。」國士指伯州犁，以其有才，且熟悉晉國情況。孔疏引服虔說，謂「皆曰」之文在伯州犁、苗賁皇之下，因解爲「賁皇、州犁皆言曰，晉、楚之士皆在君側，且陳厚，不可當。以爲州犁言晉強，賁皇言楚強，故云皆曰也」。臧琳經義雜記亦主此說。但說與下文苗賁皇之言矛盾，不可信。孔疏亦駁之。苗賁皇言於晉侯曰：「楚之良，在其中軍王族而已。請分良以擊其左右，而三軍萃於王卒，必大敗之。」「三軍」當作「四軍」，指中、上、下、新四軍，說詳王引之述聞。襄二十六年傳聲子追敍此事云：「鄢陵之役，楚晨壓晉軍而陳，晉將遁矣。苗賁皇曰：『楚師之良在其中軍王族而已，若塞井夷竈，成陳以當之，欒、范易行以誘之，中行、二郤，必克二穆。吾乃四萃於其王族，必大敗之。』晉人從之。」較此爲詳。公筮之。史曰：「吉。其卦遇復☷☳，復卦震卦在下，坤卦在上。曰：繇辭曰。『南國蹙，蹙同蹙，音蹴，局迫也。亦可以解爲國土削小，如詩大雅召旻「今也日蹙百里」。射其元王，或人從「元」字斷句，「王」字屬下讀，不可從。中厥目。』杜注謂「此卜者辭」，但从「蹙」、「目」押韻（古音同在覺部）與下文聯繫，當是繇辭，與僖十五年傳「千乘三去」等句相同，互詳彼注。國蹙、王傷，不敗，何待？」公從之。從苗賁皇之謀與史之筮而戰。

有淖於前，淖音鬧，泥沼。晉軍營壘前有泥沼。乃皆左右相違於淖。大衆或左或右避開泥沼而行。步毅御晉厲公，欒鍼爲右。步毅、欒鍼俱見成十三年傳並注。彭名御楚共王，潘黨爲右。彭名、潘黨已見宣十二年傳。石首御鄭成公，唐苟爲右。欒、范以其族夾公行。族與宣十二年傳「知莊子以其族反之」之「族」字相同。詳宣十二年傳注。陷於淖。據下文，知是晉厲公戎車陷於泥沼中。欒書將載晉侯。鍼曰：「書退！欒鍼，欒書之子，依古代禮制，「君前臣名」（見禮記曲禮上），在國君前，羣臣之間，皆直呼其名，欒鍼於其父亦直呼其名。國有大任，焉得專之？大任，大事也。句意謂國家有大事，爾何能一人攬之？杜注、孔疏皆誤。且侵官，冒也；侵犯他人職權爲侵官，謂之冒犯。失官，慢也；若載晉侯於身爲元帥之車，必拋棄己責。此是怠慢。離局，局即禮記曲禮上「各司其局」之局。姦也。拋棄自己職責，必離開部屬，此爲姦。姦，亂也。有三罪焉，不可犯也。」乃掀公以出於淖。掀，舉出也。文曰「掀公」，實是將晉厲公戎車掀起，離開泥沼。

癸巳，癸巳爲甲午前一天。前敍甲午日事，此補敍前一日事。潘尫之黨與養由基蹲甲而射之，潘尫之黨意即潘尫之子潘黨。「潘尫之黨」語法與襄二十三年傳「申鮮虞之傅摯」相同。周亮工書影卷八云：「意必當時有同名者，故特舉其父以別之。」阮芝生說同。潘尫與養由基俱已見於宣十二年傳並注。蹲甲，以甲置於物上。徹七札焉。徹，穿透。七札，革甲內外厚薄複疊七層，見孫詒讓周禮考工記函人正義。當時革甲一般皆七層，呂氏春秋愛士篇敍晉惠公之車右以殳擊秦穆公，已破六札，唯一札未破；韓詩外傳八敍齊景公射穿七札，列女辯通傳謂晉平公亦射穿七札，皆可證。以示王，曰：「君有二臣如此，何憂於戰？」王怒曰：「大辱國！于鬯校書謂「大辱國」只是當時口頭罵人俗語，頗有理。若以兩人能射透革甲爲大辱國，則不可通，此處只是責備兩人因此誇口而已。詰朝爾射，死藝。」明朝作戰，爾若射，將死於藝。呂錡夢射月，呂錡，晉之魏錡，見宣十二年傳並注。中之，退入於泥。占之，曰：「姬姓，日也；異姓，月也，日月有內外之意。晉爲姬姓，故姬姓爲內，異姓爲外。說詳章炳麟讀。必楚王也。射而中之，退入於泥，亦必死矣。」及戰，射共王中目。王召養由基，與之兩矢，使射呂錡，中項，伏弢。弢音叨，弓套。呂錡被射中頸項，伏於弓套而死。以一矢復命。

郤至三遇楚子之卒，見楚子，必下，免胄而趨風。郤至遇見楚共王，必下車，脫下頭盔，向前快走，以表示恭敬。趨風是當時習語，亦見新序善謀篇。楚子使工尹襄問之以弓，工尹，官名；襄，其名。問，問訊，問好。但古代問好，必致送禮物以表示情意，詩鄭風女曰鷄鳴「雜佩以問之」、哀十一年傳「使問弦多以琴」，皆可證。曰：「方事之殷也，事指戰事。有韎韋之跗注，君子也。韎音妹，赤黃色。韋，柔牛皮。跗音膚，脚背。注，屬也。據杜注，跗注是當時軍服，若今之褲，長至脚背。鄭玄雜問志則以爲淺紅色柔牛皮所製軍衣，沈欽韓補注力主此說。竹簡齊孫子有「末甲」，末卽韎，「末甲」，韎韋之跗注也，則鄭玄說可信。胡培翬研六室雜著釋韎亦可參看。識見不穀而趨，無乃傷乎？」識，時間副詞，適也。此楚共王派遣工尹襄向郤至問訊時語。郤至見客，客卽工尹襄。免胄承命，胄，頭盔。免胄，脫下頭盔。曰：「君之外臣至從寡君之戎事，以君之靈，間蒙甲胄，間，去聲，與莊十年傳「又何間焉」之「間」同義，參與也。說詳王引之述聞。不敢拜命。禮記曲禮上與少儀皆云「介者不拜」。言不敢拜受楚王勞問之命。敢告不寧，此句表示自己未受傷。寧讀爲憖，方言：「憖，傷也。」說詳劉文淇疏證。君命之辱。君命之辱卽晉語六「拜君命之辱」，此言辱承慰問，實不敢當。餘見莊十一年傳注。爲事之故，金澤文庫本作「爲執事之故」，據周禮春官大祝注及杜注，「執」字衍。敢肅使者。」晉語六作「爲使者故，敢三肅之」，王念孫因謂

「爲事之故」之「事」，是指「楚子使人來問之事」，說詳述聞。　肅，卽肅拜，本古代婦女所行禮節，男子則以拜或頓首等以示恭敬。無論拜與頓首，都必須折腰。郤至雖脱頭盔，身仍有革甲。且古禮，甲胄之士不拜，故只行肅拜之禮，站立，身略俯折，兩手合攏，當心而稍下移。　三肅使者而退。

晉韓厥從鄭伯，其御杜溷羅曰：「速從之？　此問話。杜溷羅請示韓厥是否快追。　其御屢顧，不在馬，可及也。」韓厥曰：「不可以再辱國君。」　二年鞌之戰，韓厥已追及齊頃公。阮芝生杜注拾遺謂「再辱國君止就一戰而言。楚王喪目，是已辱也，故不可再辱鄭伯」，亦通。　乃止。郤至從鄭伯，其右茀翰胡曰：「諜輅之，　意謂別遣輕兵從間道迎擊。說見焦循補疏。　余從之乘，而俘以下。」　已則由後追去，跳上其車，活捉之下車。　郤至曰：「傷國君有刑。」亦止。石首曰：「衛懿公唯不去其旗，是以敗於熒。」　熒卽熒澤。衛與狄戰於熒澤，衛師大敗，衛公不去其旗，因而被殺，見閔二年傳。　乃內旌於弢中。唐苟謂石首曰：「子在君側，敗者壹大。　壹，專一。大指鄭君。意謂戰敗之軍應一心保護其君。說詳陶鴻慶別疏。顧炎武亦云：「敗者壹大，恐君之不免也。」　我不如子，子以君免，我請止。」乃死。　止而抵御晉軍，因而戰死。

楚師薄於險，　薄，迫也。楚軍於險阻之地爲晉軍所迫。　叔山冉謂養由基曰：　叔山爲氏，莊子德充符篇有叔山無趾可證。　「雖君有命，　楚共王曾責之「爾射，死藝」，是君有命禁止其射。　爲國故，子必射。」乃射，再發，盡殪。　射兩次，死兩人。　叔山冉搏人以投，　俘晉人以投晉軍。　中車，折軾。晉師乃止。囚楚公子茷。　公子茷，晉語六作王子發鉤。王引之名字解詁謂其人名鉤字發。發、茷古同聲，故左傳作茷。

欒鍼見子重之旌，請曰：「楚人謂夫旌，子重之麾也，欒鍼識子重之旗幟，蓋由楚軍被俘者所供。墨子旗幟篇云：「建旗其署，令皆明白知之，曰某子旗。」旗幟上書姓氏，自是戰國以後制度。彼其子重也。日臣之使於楚也，日，往日。子重問晉國之勇，臣對曰：『好以衆整。』曰：『又何如？』臣對曰：『好以暇。』今兩國治戎，行人不使，不可謂整；臨事而食言，不可謂暇。臨戰事而不履行昔日之言，不可謂之從容閒暇。請攝飲焉。」攝，代也。欒鍼爲晉厲公車右，不能離開，故請求派人代爲進酒子重。說見俞樾平議。公許之。使行人執榼承飲，榼音磕，盛酒之器。承，奉也。造于子重，造，至也。曰：「寡君乏使，使鍼御持矛，御，侍也。侍其側而持矛，意卽爲車右。是以不得犒從者，使某攝飲。」代人進酒。某，其人自稱之名，蓋微者，故不書以某代之。子重曰：「夫子嘗與吾言於楚，夫子指欒鍼。必是故也。不亦識乎？」識，記也。不亦識乎，言其記憶力強。受而飲之，免使者而復鼓。旦而戰，見星未已。從晨戰至黃昏後尚未停止。

子反命軍吏察夷傷，夷，後代作痍，創傷也。夷傷同義。補卒乘，補充步兵與車兵。繕甲兵，展車馬，展，陳也。鷄鳴而食，唯命是聽。晉人患之。苗賁皇徇曰：「蒐乘、補卒，蒐，檢閱。劉文淇疏證引爾雅釋詁云「聚也」，亦通。秣馬、利兵，脩陳、固列，蓐食、申禱，蓐食見文七年傳注。申禱，再次祈禱求勝。明日復戰！」乃逸楚囚。故意放鬆楚囚使之逃逸，傳聞於楚。王聞之，召子反謀。穀陽豎獻飲於子反，子反醉而不能見。子反因此而死，其事楚語上、呂氏春秋權勳篇、韓非子十過篇與飾邪篇、淮南子人間訓、史記晉、楚世家、說苑敬慎篇俱有紀述，詳略有異。「穀陽豎」或作「豎穀陽」、或作「豎陽穀」。王曰：「天敗楚也夫！余不可以待。」乃宵遁。

晉入楚軍，三日穀。與僖二十八年城濮之役同。范文子立於戎馬之前，戎馬，晉厲公車馬。曰：「君幼，金澤文庫本作「君幼弱」，與釋文或本同。晉語六亦作「君幼弱」。諸臣不佞，何以及此？君其戒之！周書曰：『惟命不于常。』尚書康誥文。有德之謂。」

楚師還，及瑕，瑕即桓六年之瑕，說詳江永考實。瑕雖隨國之地，但隨國已極弱小，附庸于楚，只能聽任楚軍經過。王使謂子反曰：「先大夫之覆師徒者，君不在。先大夫指成得臣(子玉)，晉、楚城濮之役，楚軍大敗，當時楚成王不在軍中。子無以爲過，不穀之罪也。」子反再拜稽首曰：「君賜臣死，死且不朽。臣之卒實奔，臣之罪也。」子重使謂子反曰：「使謂」，阮刻本誤作「復謂」，今依石經及各本訂正。「初隕師徒者，指子玉。而亦聞之矣。而同爾。盍圖之！」子重又逼子反自殺，即郤至所謂「二卿相惡」。對曰：「雖微先大夫有之，大夫命側，側敢不義？縱使先大夫子玉無自殺謝罪之事，爾命令我死，我豈敢貪生而自陷于不義。側亡君師，敢忘其死？」王使止之，弗及而卒。韓非子、呂氏春秋、淮南子皆謂楚共王「斬子反以爲戮」，說苑亦云「誅子反以爲戮」，楚世家則云「王怒，射殺子反」，皆與左傳略異。晉世家用左傳，云：「王怒，讓子反，子反死。」

戰之日，金澤文庫本作「戰之明日」。齊國佐、高無咎至于師，衞侯出于衞，公出于壞隤。戰之日，齊軍始至，衞、魯之君剛從國內動身。壞隤，顧棟高大事表說，當在曲阜縣境內。宣伯通於穆姜，宣伯，叔孫僑如。穆姜，成公母。穆同繆，列女孽嬖傳謂「聰慧而行亂，故謚曰繆」。欲去季、孟而取其室。季，季文子；孟，孟獻子。將行，穆姜送公，而使逐二子。公以晉難告，晉難即晉使魯出兵會同伐鄭。曰：「請反而聽命。」據下文，足知魯成公此語乃推託之辭。姜怒，公子偃、公子鉏趨過，金澤文庫本作「趨而過」。偃、鉏兩人爲成公庶弟。指之曰：「女不可，是皆君也。」謂可廢魯成公改立此兩人。公待於壞隤，申宮、儆備、申，古與司常互用，如莊子大宗師申徒狄釋文謂崔本作「司徒狄」，史記留侯世家「以良爲申徒」，集解引徐廣謂「申徒即司徒」。申宮即司宮，意即守宮；儆備，即加强戒備。設守，設置各地之守衞。而後行，是以後。使孟獻子守于公宮。此即「申宮」。季文子隨從率兵去會晉伐鄭，孟獻子留守公宮，可見魯成無意于去此二人。

一六·六　秋，會于沙隨，謀伐鄭也。鄭尚未服晉。宣伯使告郤犨曰：「魯侯待于壞隤，以待勝者。」杜注：「觀晉、楚之勝負。」誣陷魯成。郤犨將新軍，且爲公族大夫，以主東諸侯。主持東方諸侯如齊、魯之屬招待接洽事務。取貨于宣伯，而訴公于晉侯。訴，與論語憲問「公伯寮愬子路於季孫」之「愬」同字，毀謗也。晉侯不見公。公羊傳以爲「公幼」，梁玉繩瞥記則謂此時成公年已三十餘，晉厲不接見魯公者，受讒言耳。

一六·七　曹人請于晉曰：「自我先君宣公卽世，「世」，阮刻本誤作「位」，今依石經及各本訂正。曹宣公死于十三年。國人曰：『若之何？憂猶未弭。』憂指宣公死，太子被殺。弭，止也，息也。而又討我寡君，去年晉執曹成公。以亡曹國社稷之鎮公子，杜注：「謂子臧逃奔宋。」鎮，重也。是大泯曹也，杜注：「泯，滅也。」先君無乃有罪乎？若有罪，則君列諸會矣。列諸會，列之於會；之，仍指先君曹宣公；會，指宣十七年斷道之會盟等。杜注誤以「之」指曹成公，則與文義、事理皆不合。說參會箋。君唯不遺德、刑，遺，失也。以伯諸侯，豈獨遺諸敝邑？謂晉君賞所當賞，罰所當罰，德與刑俱無過失，故稱霸諸侯，豈於我曹國偏有所失？敢私布之。」杜注：「爲曹伯歸不以名告傳。」

一六・八 七月，公會尹武公及諸侯伐鄭。尹武公卽經尹子。將行，姜又命公如初。杜注：「復欲使公逐季、孟。」公又申守而行。申宮設守也。諸侯之師次于鄭西，我師次于督揚，杜注：「督揚，鄭東地。」蓋與襄十九年督揚非一地。不敢過鄭。子叔聲伯使叔孫豹請逆于晉師，子叔聲伯見六年傳並注。叔孫豹，僑如之弟。據下傳「召叔孫豹于齊而立之」與昭四年傳，叔孫豹久已在齊，此時或隨國佐在齊軍中。請逆于晉師，謂叔孫豹請於齊，代表魯國乞晉師往迎。爲食於鄭郊。聲伯在鄭郊爲晉軍準備飯食。師逆以至。聲伯四日不食以待之，食使者而後食。使者當是晉軍使者，杜注以爲是叔孫豹之副使，固誤。會箋以爲卽叔孫豹，亦不確。

一六・九 諸侯遷于制田，諸侯之師遷于制田。據顧棟高大事表，制田在今河南新鄭縣東北。知武子佐下軍，知武子卽荀罃，鄢陵之役留守晉國，此次出軍。以諸侯之師侵陳，至於鳴鹿。鳴鹿在今河南鹿邑縣西。遂侵蔡。晉之所以侵陳與蔡，蓋陳、蔡服于楚也。未反，諸侯遷于潁上。潁水出河南登封縣西，東南流經禹縣、臨潁等地而後入于淮。此潁上意卽潁水之旁，當在今禹縣境。戊午，戊午，二十四日。鄭子罕宵軍之，宋、齊、衞皆失軍。鄭子罕發動夜襲，宋、齊、衞皆潰敗。失軍意猶不復成軍。服虔讀「軍」爲餫，解爲「失其軍糧」，固不可信；俞樾平議解爲「失其營壘」，亦不確。

一六・一〇 曹人復請于晉。晉侯謂子臧：子臧此時在宋，晉侯當遣使言之。「反，吾歸而君。」子臧反，曹伯歸。曹伯當自周歸，新序節士篇云：「晉乃言天子歸成公於曹。」子臧盡致其邑與卿而不出。不出，不出仕。

一六・二

宣伯使告郤犨曰：「魯之有季、孟，猶晉之有欒、范也，政令於是乎成。今其謀曰：『晉政多門，晉國政令出自各大卿族，不能統一。不可從也。寧事齊、楚，有亡而已，蔑從晉矣。』蔑，不也。晉語二「吾有死而已，吾蔑從之矣」，吳語「天占既兆，人事又見，我蔑卜筮矣」，俱同此用法。若欲得志於魯，請止行父而殺之，季孫行父，季文子。我斃蔑也，仲孫蔑，孟獻子，時乃留守公宮。而事晉，蔑有貳矣。蔑，無也。與僖十年傳「蔑不濟矣」蔑字用法同。魯不貳，小國必睦。其它小國必服晉國。不然，歸必叛矣。」謂若不殺季孫行父，返魯必叛晉。九月，晉人執季文子于苕丘。公羊傳謂魯成公與晉厲公相會失時，晉人欲執魯成公，季孫行父歸責于己，因代公被執。與左傳不同。公還，待于鄆，鄆見四年經並注。使子叔聲伯請季孫于晉。郤犨曰：「苟去仲孫蔑而止季孫行父，吾與子國，親於公室。」郤犨欲強迫魯國以國政委之于聲伯，且親聲伯甚于魯公室。杜注解「親於公室」爲「親魯甚於晉公室」，誤，説詳沈欽韓補注。聲伯外妹嫁與郤犨，見十一年傳，故郤犨以利誘之。對曰：「僑如之情，子必聞之矣。僑如與穆姜通姦並欲奪季、孟之室等情。若去蔑與行父，是大棄魯國，而罪寡君也。若猶不棄，不棄魯國。而惠徼周公之福，使寡君得事晉君，不罪寡君。則夫二人者，魯國社稷之臣也。若朝亡之，魯必夕亡。以魯之密邇仇讎，仇讎指齊、楚諸國。亡而爲讎，治之何及？」意謂魯若亡而屬于齊、楚，晉欲補救亦不及矣。郤犨曰：「吾爲子請邑。」對曰：「嬰齊，魯之常隸也，嬰齊，聲伯之名。隸之地位，據昭七年傳，在當時甚低下，聲伯以隸自比，自是謙辭。定四年，衞靈公使祝佗從行，祝佗辭，亦云「且夫祝，社稷之常隸也」，與此相類。敢介大國以求厚焉？介，仗恃，依靠。杜注：「介，因也」，亦通。厚，厚禄，指邑。承寡君之命以請，若得所請，吾子之賜多矣，又何求？」魯語上云「子叔聲伯如晉，謝季文子（謝卽請也）。郤犨欲予之邑，弗受也」。范文子謂欒武子曰：「季孫於魯，相二君矣。二君，指宣公和成公。妾不衣帛，馬不食粟，可不謂忠乎？信讒慝而棄忠良，若諸侯何？子叔嬰齊奉君命無私，杜注：「不受郤犨請邑。」謀國家不貳，杜注：「謂四日不食以堅事晉。」圖其身不忘其君。杜注：「辭邑、不食，皆先君而後身。」沈欽韓補注取杜注，謂三語乃總評聲伯，亦通。若虛其請，虛其請意卽拒絕其請。是棄善人也。子其圖之！」乃許魯平，赦季孫。

冬十月，出叔孫僑如而盟之。出，逐出。周禮秋官司盟云「盟萬民之犯命者」，可見古代于所謂惡臣，有陳其罪惡以盟諸大夫之事。此因逐出僑如而與諸大夫盟。襄二十三年傳載其盟辭，云：「毋或如叔孫僑如欲廢國常，蕩覆公室！」僑如奔齊。十二月，季孫及郤犨盟于扈。歸，刺公子偃。公子偃與公子鉏兩人皆穆姜所指名代立者，而僅殺偃者，杜注以爲「偃與謀」。召叔孫豹于齊而立之。立之爲叔孫氏之後。

齊聲孟子通僑如，聲孟子，齊靈公之母，宋國女。僑如在齊，納女于齊靈公，見襄二十五年傳。使立於高、國之間。立，同位，說詳陶鴻慶別疏。高氏、國氏齊國世襲上卿，並參僖十二年傳注。僑如曰：「不可以再罪。」奔衞，亦間於卿。

一六・一三 晉侯使郤至獻楚捷于周，與單襄公語，周語中亦載此事，云「郤至見邵桓公與之語，邵公以告單襄公」

云云，與左傳異。驟稱其伐。屢誇己功。周語中載有郤至語。單子語諸大夫曰：「温季其亡乎！温季即郤至，參十一年傳並注。位於七人之下，郤至時僅是新軍佐，其上尚有欒書、士燮、郤錡、荀偃、韓厥、荀罃、郤犨等七人。而求掩其上。掩，蓋也。周語中謂至欲由新軍佐一躍而當政。怨之所聚，亂之本也。多怨而階亂，階字用法與隱三年傳「階之爲禍」相同。階亂，禍亂階梯。何以在位？夏書曰：『怨豈在明？不見是圖。』兩句本逸書，作僞者編入僞古文五子之歌。謂防止怨恨不僅在于明顯之仇恨，尚須圖謀不易見之細微怨恨。將慎其細也。今而明之，其可乎？」明年，郤至等即被殺。

十有七年，丁亥，公元前五七四年。周簡王十二年、晉厲七年、齊靈八年、衞獻三年、蔡景十八年、鄭成十一年、曹成四年、陳成二十五年、杞桓六十三年、宋平二年、秦景三年、楚共十七年、吴壽夢十二年、許靈十八年。

經

一七·一 十有七年春，正月二十七日己未冬至，建子，有閏。衞北宫括帥師侵鄭。「括」公羊作「結」。杜注：「括，成公曾孫。」

一七·二 夏，公會尹子、單子、晉侯、齊侯、宋公、衞侯、曹伯、邾人伐鄭。

一七·三 六月乙酉，乙酉，二十六日。同盟于柯陵。淮南子人間訓云「晉厲公合諸侯於嘉陵」，嘉陵即柯陵。爾雅釋地云「陵莫大於加陵」。加陵亦即嘉陵。梁履繩補釋疑此柯陵即莊十四年鄭厲公所侵之大陵，不爲無據。大陵在今河南許昌市南，臨潁縣北三十里。沈欽韓地名補注謂在今河南内黄縣東北，不知内黄之柯城乃襄十九年之柯，非此柯陵。

一七·四　秋，公至自會。無傳。　金澤文庫本「秋」下有「八月」兩字。

一七·五　齊高無咎出奔莒。

一七·六　九月辛丑，辛丑，十三日。用郊。無傳。　參桓五年傳注。

一七·七　晉侯使荀罃來乞師。無傳。　杜注：「爲將伐鄭。」

一七·八　冬，公會單子、晉侯、宋公、衛侯、曹伯、齊人、邾人伐鄭。

一七·九　十有一月，公至自伐鄭。無傳。

一七·一〇　壬申，十一月無壬申。公孫嬰齊卒于貍脤。　阮刻本脱「齊」字，據各本補。脤，公羊作「軫」，穀梁作「蜃」，音近亦通。　貍脤，不知今何地。貍音釐。

一七·一一　十有二月丁巳朔，日有食之。無傳。　此公元前五七四年十月二十二日之日全食。

一七·一二　邾子貜且卒。無傳。　邾定公也，在位四十年，子牼嗣立，爲宣公。

一七·一三　晉殺其大夫郤錡、郤犫、郤至。

一七·一四　楚人滅舒庸。舒庸見僖三年經注。

傳

一七・一 十七年春王正月，鄭子駟侵晉虛、滑。此虛與桓十二年之虛非一地，彼宋邑，此晉邑，據顧棟高大事表七之三，當在今河南偃師縣境。滑詳莊十六年、僖二十年及三十三年傳並注。衞北宮括救晉，侵鄭，至于高氏。高氏在今河南禹縣西南。夏五月，鄭大子髡頑、侯獳爲質於楚，侯獳，鄭大夫。曹國亦有侯獳，見僖二十八年傳。楚公子成、公子寅戍鄭。

一七・二 公會尹武公、單襄公及諸侯伐鄭，自戲童至于曲洧。戲童即襄九年之戲，在今河南鞏縣東南、登封縣嵩山東北。曲洧即今河南之洧川（舊爲縣，今已廢）。流經洧川西南再東南流之雙洎河即古時洧水。

一七・三 晉范文子反自鄢陵，去年自鄢陵之役還國。使其祝宗祈死，祝宗疑是祝史之長，卿大夫之家有祝史，襄二十七年傳可證；亦有祝宗，此傳與昭二十五年傳可證。曰：「君驕侈而克敵，是天益其疾也，難將作矣。愛我者唯祝我，古代詛咒亦可謂祝。尚書無逸「否則厥口詛祝」，詩大雅蕩「侯作侯祝」，祝皆詛咒。使我速死，無及於難，范氏之福也。」六月戊辰，戊辰，九日。士燮卒。晉語六謂晉厲公七年夏范文子卒，俱周正。昭二十五年傳云：「冬十月辛酉，昭子齊於其寢，使祝宗祈死。戊辰，卒。」兩事相類。杜注皆云兩人先祈死，後自裁。孔疏引劉炫說則以爲非自殺。或兩人皆因病而求死，故求死與死，其間相距，遠者將近一年，近者亦有七日。沈欽韓補注、焦循補疏皆駁杜注，是也。

一七·四 乙酉，同盟于柯陵，尋戚之盟也。杜注：「戚盟在十五年。」

一七·五 楚子重救鄭，師于首止。首止，見桓十八年傳並注。諸侯還。杜注：「畏楚強。」

一七·六 齊慶克通于聲孟子，據杜注，慶克爲慶封之父。聲孟子見去年傳注。與婦人蒙衣乘輦而入于閎。哀十五年傳述渾良夫與蒯聵「二人蒙衣而乘，寺人羅御，如孔氏。孔氏之老欒寧問之，稱姻妾以告」，可見蒙衣爲當時婦女外出之習俗。慶克亦男扮女裝，與一婦人同蒙衣而乘。輦，人力推挽之車。閎音宏，宮中夾道門，巷門。鮑牽見之，杜注：「鮑牽，鮑叔牙曾孫。」以告國武子。國武子見宣十年經注。武子召慶克而謂之。謂，告也。慶克久不出，杜注：「慚臥於家，夫人所以怪之。」而告夫人曰：夫人，聲孟子。「國子謫我。」杜注：「謫，譴責也。」夫人怒。國子相靈公以會，杜注：「會伐鄭。」高、鮑處守。高，高無咎；鮑，鮑牽。及還，將至，閉門而索客。靈公將返，關閉城門，檢查旅客，本警戒預防措施。孟子訴之曰：「高、鮑將不納君，而立公子角，角，頃公之子。國子知之。」知，與聞也。參僖四年傳注。秋七月壬寅，壬寅，十三日。刖鮑牽而逐高無咎。無咎奔莒。高弱以盧叛。弱，無咎之子。盧，高氏采邑，據方輿紀要，在今山東長清縣西南。齊人來召鮑國而立之。國，據杜注，爲牽之弟，謚文子。

初，鮑國去鮑氏而來爲施孝叔臣。施孝叔見十一年傳並注。施氏卜宰，卜立家宰。家宰爲卿大夫家總管。匡句須吉。廣韻匡字注引應劭風俗通義姓氏篇謂匡爲魯邑，句須爲其宰，因以匡爲氏。施氏之宰有百室之邑。與匡句須邑，使爲宰，以讓鮑國而致邑焉。不受宰與邑，讓於鮑國。施孝叔曰：「子實吉。」對曰：「能與忠良，吉孰大焉？」鮑國相施氏忠，故齊人取以爲鮑氏後。

仲尼曰：「鮑莊子之知不如葵，鮑莊子卽鮑牽。葵猶能衞其足。」葵非向日葵，向日葵傳入中國甚晚也。古人常以葵爲食物，詩豳風七月「亨葵及菽」，周禮、儀禮均有「葵菹」(用葵葉所制酸菜)可以爲證。且向日葵葉不可食，此葵或是金錢紫花葵或秋葵。古代以葵爲蔬菜，不待其老便掐，而不傷其根，欲其再長嫩葉，故古詩云「採葵不傷根，傷根葵不生」。「不傷根」始合「衞其足」之意。說詳焦循補疏。王肅僞作孔子家語襲用此章而略變其文。

一七・七 冬，諸侯伐鄭。十月庚午，庚午，十二日。圍鄭。楚公子申救鄭，師于汝上。汝，汝水。十六年傳云「楚以汝陰之田求成于鄭」，齊語謂齊桓公「遂南征伐楚，濟汝，踰方城」，可見汝水爲楚、鄭交界綫。十一月，諸侯還。

一七・八 初，聲伯夢涉洹，洹水卽今之安陽河。或與己瓊瑰食之，瑰音閨。瓊瑰與詩經「瓊琚」、「瓊瑤」、「瓊玖」相同，蓋一物，杜注分「瓊」、「瑰」爲二物，誤。瓊瑰是次于玉之美石所製之珠。說詳李貽德輯述。泣而爲瓊瑰盈其懷，所泣之淚化爲石珠而滿其懷。從而歌之曰：「濟洹之水，贈我以瓊瑰。歸乎歸乎，瓊瑰盈吾懷乎！」夢中爲此歌。水、瑰、歸、懷爲韻，古音同在微部。懼不敢占也。古人死後，口含石珠。聲伯疑爲凶夢，不敢卜問。還自鄭，壬申，至于貍脤而占之，曰：「余恐死，故不敢占也。今衆繁而從余三年矣，無傷也。」聲伯最初以爲凶夢，今則從屬既多，且相隨三年，瓊瑰滿懷，可能應驗在此，又以認爲吉夢，因敢于占卜而又云無傷。說見陶鴻慶别疏。言之，之莫而卒。詩秦風渭陽孔疏引作「言之，至莫而卒」。「之莫」卽「至暮」。

一七・九　齊侯使崔杼爲大夫，使慶克佐之，帥師圍盧。上傳云「高弱以盧叛」，故圍之。國佐從諸侯圍鄭，以難請而歸。以齊國之難請於諸侯而返國。遂如盧師，至圍盧之師中。殺慶克，以穀叛。穀見莊七年經注。齊侯與之盟于徐關而復之。徐關見二年傳並注。十二月，盧降。使國勝告難于晉，勝，國佐之子。待命于清。清，齊邑，在今山東聊城縣西（舊堂邑縣東南）。杜注：「齊欲討國佐，故留其子於外。」

一七・一〇　晉厲公侈，多外嬖。外嬖即下文胥童、夷羊五、長魚矯等人，杜注云「愛幸大夫」，甚是。晉世家云「厲公多外嬖姬」，以外嬖姬釋外嬖，不合傳意。反自鄢陵，欲盡去羣大夫，而立其左右。左右卽外嬖，晉世家云「欲盡去羣大夫而立諸姬兄弟」，司馬遷既誤解外嬖爲姬，便不得不解左右爲諸姬兄弟。胥童以胥克之廢也，怨郤氏，郤缺廢胥克，見宣八年傳。童是胥克之子。胥童，晉語六作「胥之昧」，王引之名字解詁謂童是名，之昧是字。而嬖於厲公。郤錡奪夷陽五田，夷陽五，下文作「夷羊五」，晉語六亦作「夷羊五」，陽、羊同音假借。據下文，夷羊爲複姓。五亦嬖於厲公。郤犨與長魚矯爭田，廣韻魚字注以長魚爲複姓。執而梏之，與其父母妻子同一轅。同繫之車轅。既，矯亦嬖於厲公。欒書怨郤至，以其不從己而敗楚師也，鄢陵之戰，欒書主張固守後再出擊，郤至主張速戰，厲公用郤至之謀。見去年傳並注。欲廢之。使楚公子茷告公曰：「此戰也，郤至實召寡君，杜注：「鄢陵戰，晉囚公子茷以歸。」以東師之未至也，東師齊、魯、衞三國之軍。與軍帥之不具也，晉有四軍，將佐當有八人，但荀罃以下軍佐留守，郤犨以新軍將往各國乞師，故云「軍帥不具」。曰：『此必敗，吾因奉孫周以事君。』」此虛構郤至密使言於楚共王者，君指楚共王。孫周卽晉悼公。晉世家云：「悼公周者，其大父捷，晉襄公少子也，不得立，號爲桓叔，桓叔最愛。桓叔生惠伯談，談生悼公周。」晉世家云謂欒書「乃使人間謝楚。楚來詐厲公」云云，與左傳不同。晉語六云「既戰，獲王子發鉤。欒書謂王子發鉤」云云，發鉤卽公子茷。其餘與左傳合。公告欒書。書曰：「其有焉。不然，豈其死之不恤，恤，顧慮。而受敵使乎？杜注：「謂鄢陵戰時楚子問郤至以弓。」君盍嘗使諸周而察之？」杜注：「嘗，試也。」周指周王室。時孫周在周事單襄公，見周語下。晉自獻公以後，不畜羣公子，羣公子皆在外，詳宣二年傳注。郤至聘于周，晉厲公使郤至去周室獻鄢陵之捷。欒書使孫周見之。公使覘之，覘音攙，窺視。信。郤至與孫周相見。遂怨郤至。

厲公田，與婦人先殺而飲酒，後使大夫殺。殺指獵射禽獸。據禮記王制與詩小雅車攻毛傳，田獵時諸侯發矢殺禽獸後，應卽由大夫獵射，婦人不應參與，僖二十二年傳「戎事不邇女器」亦可以爲證。郤至奉豕，寺人孟張奪之，郤至射而殺之。公曰：「季子欺余！」孟張蓋晉厲公之人，郤至不告而射殺之，故厲公曰「欺余」。欺猶今語欺負，輕視。

厲公將作難，胥童曰：「必先三郤。必先從郤錡、郤犨、郤至三人開刀。族大，多怨。族大與多怨，分言之。十一年傳所載郤犨強奪施孝叔妻，郤至與周爭鄇田，以及本傳所述奪田、爭田諸事，皆招多怨。去大族，不逼；公室不受逼迫。敵多怨，有庸。」杜注：「討多怨者，易有功。」公曰：「然。」郤氏聞之，郤錡欲攻公，曰：「雖死，君必危。」郤至曰：「人所以立，信、知、勇也。信不叛君，知不害民，勇不作亂。失茲三者，其誰與我？死而多怨，將安用之？杜注：「言俱死，無用多其怨咎。」君實有臣而殺之，其謂君何？其謂君何猶其奈君何。說見王引之釋詞。我之有罪，此假設分句，猶言我若有罪。說見文言語法。吾死後矣。若殺不辜，將失其民，欲安，得乎？杜注：「言不得安君位。」待命而已。受君之祿，是以聚黨。有黨而爭命，罪孰大焉？」後四句與僖二十三年傳重耳「保君父之命而享其生祿，於是乎得人。有人而校，罪莫大焉」義同。壬午，壬午，二十六日。胥童、夷羊五帥甲八百將攻郤氏，長魚矯請無用衆，公使清沸魋助之。杜注：「沸魋，亦嬖人。」魋音頹。抽戈結衽，而僞訟者。長魚矯與清沸魋兩人各抽戈，衣襟相結，僞爲爭訟者。三郤將謀於榭，榭，建于臺上之房屋。杜注云「講武堂」，非。矯以戈殺駒伯、苦成叔於其位。杜注：「位，所坐處也。」駒伯，郤錡；苦成叔，郤犨。溫季曰：「逃威也。」威讀爲畏。畏，無罪被殺害也。說詳沈欽韓補注。郤至云吾欲逃於無罪而被殺。遂趨。矯及諸其車，以戈殺之。皆尸諸朝。杜注：「陳其尸於朝。」古代殺人，或陳尸於朝，或陳尸於市。論語鄭玄注與漢書刑法志應劭注皆以爲大夫以上尸諸朝，士以下尸諸市。然崔杼爲齊上卿，被殺後陳尸于市，見襄二十八年傳；公孫黑爲鄭國上大夫，被殺後陳尸於周氏之衢，見昭二年傳。梁履繩補釋云「於朝、於市，亦以罪之大小分」，或然。呂氏春秋驕恣篇云「乃使長魚矯殺郤犨、郤錡、郤至于朝而陳其尸」，與左傳略異。晉語六云三郤「皆自殺」，更與左傳違異。晉語六且謂晉厲接收三郤財產分與婦人。此實晉厲七年事，晉世家誤爲八年。

胥童以甲劫欒書、中行偃於朝。中行偃即荀偃。矯曰：「不殺二子，憂必及君。」晉世家以此爲胥童之言，晉語六則以爲長魚矯脅二人而言于公。韓非子內儲說下載此事，以爲是胥童、長魚矯兩人之辭。內容與左傳有異。公曰：「一朝而尸三卿，韓非子六微作「吾一朝而夷三卿」。余不忍益也。」對曰：「人將忍君。杜注：「人謂書與偃。」臣聞亂在外爲姦，在内爲軌。軌借爲宄，晉語六作「宄」。御姦以德，御軌以刑。不施而殺，不可謂德；臣逼而不討，不可謂刑。以數語觀之，「亂在外爲姦」之「外」，非國外，而是朝廷之外。其意若云：「百姓造亂謂之「姦」，朝廷之臣造亂謂之「宄」。對付姦以德，對付宄以刑。對百姓，不先施惠施教卽殺戮，不可以爲德；朝廷之臣其勢逼君，不加討伐，不可以謂刑。杜注以遠近解外内，未瞭傳旨。德、刑不立，姦、軌並至，臣請行。」杜注：「行，去也。」遂出奔狄。公使辭於二子曰：杜注：「辭謝書與偃。」「寡人有討於郤氏，郤氏既伏其辜矣，大夫無辱，杜注：「胥童劫而執之，故云辱也。」其復職位！」皆再拜稽首曰：「君討有罪，而免臣於死，君之惠也。二臣雖死，敢忘君德？」乃皆歸。公使胥童爲卿。

公遊于匠麗氏，據周語下、晉語六及傳，晉厲公在翼被殺，又葬于翼，則匠麗氏當在翼。故晉世家集解引賈逵注：「匠麗氏，晉外嬖大夫在翼者。」事亦見呂氏春秋禁塞篇及驕恣篇。欒書、中行偃遂執公焉。召士匄，士匄辭。召韓厥，韓厥辭，曰：「昔吾畜於趙氏，孟姬之讒，吾能違兵。孟姬讒殺趙同、趙括事見八年傳。當時晉侯、欒氏、郤氏皆攻滅趙氏，韓厥云獨我不肯以兵攻趙氏。「違兵」，不用兵也。古人有言曰『殺老牛莫之敢尸』，尸，主也。古人以爲牛耕田，因之雖疲老不能用，欲殺之，亦無人敢作主張。而況君乎？二三子不能事君，焉用厥也？」晉語六載此事，且云，中行偃欲攻韓厥，欒書認爲不可。

一七·二 舒庸人以楚師之敗也，楚敗于鄢陵。道吳人圍巢，伐駕，圍釐、虺，巢見文十二年經並注。駕又見于襄三年，據顧棟高大事表七之四，駕與鳌皆當在今安徽無爲縣境。虺則在今安徽廬江縣境。遂恃吳而不設備。楚公子橐師襲舒庸，滅之。

一七・一三 閏月乙卯晦，月小，乙卯，二十九日。欒書、中行偃殺胥童。民不與郤氏，胥童道君爲亂，故皆書曰「晉殺其大夫」。

十有八年，戊子，公元前五七三年。周簡王十三年、晉悼公周元年、齊靈九年、衞獻四年、蔡景十九年、鄭成十二年、曹成五年、陳成二十六年、杞桓六十四年、宋平三年、秦景四年、楚共十八年、吳壽夢十三年、許靈十九年。

〔註〕晉悼公周元年，年表作晉厲八年，不確。晉用夏正，經、傳雖敍晉厲被殺于今年，然以夏正推之，于晉實在去年，故悼公當于今年改元。晉語七云「五年，無終子嘉父使孟樂因魏莊子納虎豹之皮以和諸戎」，晉悼公五年，魯襄公四年也。又云「十二年，公伐鄭，軍於蕭魚」，晉悼十二年，魯襄十一年也。襄二十二年傳載鄭公孫僑語晉人云「在晉先君悼公九年，我寡君於是即位」，晉悼九年爲鄭簡公元年，即魯襄八年也，皆可證今年是晉悼元年。說詳錢綺札記。

經

一八・一 十有八年春王正月，正月初九甲子冬至，建子。晉殺其大夫胥童。杜注：「傳在前年，經在今春，從告。」顧炎武日知録四則謂「此魯失閏，杜以爲從告，非也」。然傳明載去年閏十二月，非失閏可知。然以曆法言之，應閏二月耳。蓋晉用夏正，魯史改用周正，故相差也。

一八·二 庚申，庚申，五日。晉弑其君州蒲。「蒲」當作「滿」，說見十年傳注。

一八·三 齊殺其大夫國佐。杜注：「國武子也。」

一八·四 公如晉。

一八·五 夏，楚子、鄭伯伐宋。宋魚石復入于彭城。彭城，今江蘇徐州市。

一八·六 公至自晉。

一八·七 晉侯使士匄來聘。

一八·八 秋，杞伯來朝。

一八·九 八月，邾子來朝。

一八·一〇 築鹿囿。春秋三書「築囿」，此及昭九年「築郎囿」，定十三年「築蛇淵囿」。「郎」與「蛇淵」皆地名，則此「鹿」亦當爲地名。「鹿囿」恐非畜鹿之囿。

一八·一一 己丑，己丑，七日。公薨于路寢。

一八·一二 冬，楚人、鄭人侵宋。

一八·一三 晉侯使士魴來乞師。「魴」，公羊作「彭」，魴、彭古音相近，故得通假。魴音房。

一八・一四　十有二月，仲孫蔑會晉侯、宋公、衞侯、邾子、齊崔杼同盟于虛朾。據沈欽韓地名補注，虛朾即今山東泗水縣，則是魯地。元俞皋春秋集傳釋義大成以爲虛朾即虛。虛見桓十二年經並注，則宋地。以宋地較確，晉侯未必遠至魯境。

一八・一五　丁未，丁未，二十六日。葬我君成公。

傳

一八・一　十八年春王正月庚申，此魯曆，晉曆實在去年十二月。晉欒書、中行偃使程滑弑厲公，晉語六、呂氏春秋驕恣篇、淮南子人間訓皆謂欒書、荀偃幽囚晉厲于匠麗氏，三月而殺之。以左傳考之，晉厲公十七年十二月被執，中歷閏月，十八年正月被殺，正歷時三月。晉世家云「厲公囚六日死」，與諸書均不合。葬之于翼東門之外，以車一乘。晉厲公時正在翼，因之被執、被殺亦在翼。翼爲晉舊都，參見隱五年、桓二年傳注。至于葬，本應與晉之先君葬於絳，但周禮春官冢人云：「凡死于兵者，不入兆域」，則古代於被殺之君，不葬之於族墓兆域中。因之晉厲死於翼，即葬於翼。襄二十五年傳述齊崔杼殺齊莊公而葬之，亦比當時一般禮儀有所減損，但尚用「下車七乘」。杜預注云「諸侯葬車七乘」，而晉厲公之葬僅一乘，故杜注云「不以君禮葬」。使荀罃、士魴逆周子于京師而立之，士魴，士會子，因其食邑於彘，故又稱彘季。晉語七稱之爲彘恭子，蓋謚恭。彘本先縠食邑，先縠被滅族後，今又改封士魴。彘見宣十二年傳注。周子即去年傳之孫周。生十四年矣。大夫逆于清原。清原見僖三十一年傳並注。周子曰：「孤始顧不及此，雖及此，豈非天乎！歸之於天，示非羣臣推戴之力。抑人之求君，使出命也。立而不從，將安用君？二三子用我今日，否亦今日。十六年傳云「晉政多門」，悼公未即位，即表示將收回政權。共而從君，神之所福也。」杜注：「傳言其少有才，所以能自固。」對曰：「羣臣之願也，敢不唯命是聽。」庚午，庚午，十五日。盟而入，晉世家云：「刑雞與大夫盟而立之。」館于伯子同氏。伯子同，當是晉大夫。晉悼初入國，宿於伯子同家。辛巳，朝于武宮。辛巳爲二十六日，距庚午十一日。孔疏引服虔本作「辛未」，爲庚午之次日。臧琳經義雜記、李貽德輯述、錢綺札記皆以服本爲是。蓋僖二十四年晉文公亦於次日朝武宮。但晉語七、晉世家皆作「辛巳」，不作「辛未」，則服本未必確。武宮見僖二十四年傳並注。逐不臣者七人。不臣者有二解。一是引導厲公爲惡，而不依當時道德盡臣責者。一是厲公死黨，不臣屬新君者。杜注云「夷羊五之屬也」。周子有兄而無慧，杜注：「不慧，蓋世所謂白癡。」似杜所據本「無」作「不」。不能辨菽麥，故不可立。

一八・二 齊爲慶氏之難故，國佐殺慶克，見去年傳。甲申晦，王韜以爲三月晦，誤。正月小，丙辰朔，則是正月晦。王誤正月小爲正月大。齊侯使士華免以戈殺國佐于內宮之朝。據杜注與杜氏世族譜，「士」爲官名，「華免」爲人姓名。士爲掌刑之官，故使之殺國佐。內宮，杜注以爲夫人宮，但下文另有「夫人之宮」，或此內宮爲齊侯燕居之宮，朝則內宮前堂。齊侯令國佐至燕寢，因而使人殺之。師逃于夫人之宮。師，衆也，當指其時在「內宮之朝」其他人。諸人紛紛逃散，而進入夫人之宮。杜注解師爲軍隊，意謂防華免失敗，故先「伏兵內宮」，章炳麟因解逃爲藏匿，俱不可信。書曰「齊殺其大夫國佐」，棄命、專殺、以穀叛故也。棄命指拋棄會師伐鄭之命而先歸。三事皆見去年傳。周語下載單襄公預言國佐「立於淫亂之國，而好盡言以招人過」，終將被殺。與左傳之説不同。韓愈陽城論用國語此事，蓋文人之辭。使清人殺國勝。國勝此時「待命于清」，見去年傳。國弱來奔。弱，勝之弟。王湫奔萊。湫，國佐之黨。慶封爲大夫，慶佐爲司寇。齊國之大夫相當于諸侯之卿，非廣義之大夫。司寇尚非大夫，慶佐至襄二十一年始爲大夫。兩人皆慶克之子。既，齊侯反國弱，使嗣國氏，禮也。

一八·三　二月乙酉朔，晉悼公即位于朝。阮刻本作「晉侯悼公」，「侯」字衍，今據各本删。據王韜長曆考正，二月丙戌朔，四月乙酉朔，因之以爲「二月乙酉」實是魯曆「四月朔，晉用夏正也」。但悼公如此遲遲就位，亦不可解，王説未必確。孔疏引晉語作「正月乙酉公即位」，錢綺札記以爲此「唐以前真本」。王引之國語述聞則以爲當作「十二月乙酉」，「正字即爲十二之合譌」。以事理論之，錢説較可信。晉正月乙酉朔，當即魯二月乙酉朔。（王韜以魯二月丙戌朔，恐不確。蓋誤正月小爲正月大。）夏正與周正本相差兩月，今相差一月者，魯于去年置有閏月，晉或於今年始置閏。左傳各事除極相關者並排外，多依魯曆爲先後。故悼公雖正月朔即位，於魯曆仍列於齊殺國佐後。始命百官，下文「使魏相爲卿」云云即「命百官」之事。施舍、已責，施舍，賜予也，詳宣十二年傳注。已責，責同債，免除百姓對國家之拖欠。見二年傳注。逮鰥寡，施惠及于鰥夫寡婦。振廢滯，起用被廢黜或淹滯之舊日貴族。匡乏困，杜注：「匡亦救也。」救濟生活困難者。救災患，禁淫慝，薄賦斂，宥罪戾，節器用，時用民，杜注：「使民以時。」欲無犯時。不因私慾侵佔農時。晉文公初即位時亦如此，見呂氏春秋原亂篇，悼公則效而行之。使魏相、士魴、魏頡、趙武爲卿；魏相即十三年傳呂相，晉語七云「使呂宣子佐下軍」，則其人謚「宣」。魏頡，魏顆之子，晉語七稱之爲令狐文子，令狐其食邑，文子其謚也。佐新軍。趙武已見成八年傳。據晉語七，趙武爲卿在魏相死後，此蓋綜前後兩次任命言之。荀家、荀會、欒黶、韓無忌爲公族大夫，韓無忌據晉語七並注，韓厥之長子，又稱公族穆子。公族其官，穆其謚，厲公被殺時已爲公族大夫，此或重新任命。晉語七云：「欒伯請公族大夫。公曰：荀家惇惠，荀會文敏，黶也果敢，無忌鎮靜。使茲四人者爲之。」使訓卿之子弟共儉孝弟。使士渥濁爲大傅，士渥濁卽士貞伯，見五年傳注。使修范武子之法；范武子卽士會，以中軍帥兼大傅，見宣十六年傳並注。右行辛爲司空，晉語七云：「知右行辛之能以數宣物定功也，使爲元司空。」韋注：「右行辛，晉大夫賈辛也。」僖十年傳有右行賈華，韋昭以右行辛爲賈華之後，故又稱賈辛，若此，則以先代之官爲氏。昭二十二年傳有賈辛，與此相距五十餘年，或爲另一人。使修士蔿之法。士蔿爲獻公司空，見莊二十六年傳。弁糾御戎，晉語七云：「知欒糾之能御以和於政也，使爲戎御。」弁糾卽欒糾。校正屬焉，襄九年傳「使校正出馬」，則校正爲掌馬之官。哀三年傳魯亦有校正。周禮夏官有校人，職掌與校正相同，但統屬關係有異。使訓諸御知義。御戎統率諸御。御戎爲駕御國君戎車之御，諸御則駕御一般兵車之御。校正屬于御戎，助御戎「訓諸御」。荀賓爲右，晉語七云：「知荀賓之有力而不暴也，使爲戎右。」司士屬焉，周禮夏官有司士，與此司士不同。此司士，孔疏以爲卽周禮夏官之司右；會箋以爲「蓋六卿之右」。使訓勇力之士時使。車右必用勇力之士，此「勇力之士」蓋一般車右（兵車每乘各有車右）預備隊。「時使」者，至其時，選用之任車右也。卿無共御，立軍尉以攝之。卿指各軍將佐。蓋以前各軍將佐之御者都有定員定人，如閔二年傳「梁餘子養御罕夷」、成二年傳「解張御郤克」之類，此時則取消此定員定人，而立軍尉以兼代之。閔二年傳云：「梁餘子養御罕夷，先丹木爲右，羊舌大夫爲尉」，則以前諸軍之御與尉各別，今則合併之。祁奚爲中軍尉，晉語七云：「公知祁奚之果而不淫也，使爲元尉。」元尉卽中軍尉。據呂氏春秋去私篇並注，祁奚字黄羊。襄二十一年傳文稱之爲祁大夫。羊舌職佐之；晉語七云：「知羊舌職之聰敏肅給也，使佐之。」羊舌職，説苑善説篇作「羊殖」，云：「其三十也，爲晉中軍尉，勇以喜仁。」則其年此時不過三十，然宣十五年傳卽已見羊舌職，距此歷二十三年，説苑不可信。魏絳爲司馬，晉語七云：「知魏絳之勇而不亂也，使爲元司馬。」司馬卽元司馬，亦卽中軍司馬。禮記樂記孔疏引世本云「州生莊子降」，州卽魏犨，降卽魏絳，諡爲莊子。張老爲候奄。晉語七云：「知張老之智而不詐也，使爲元候。」候奄卽元候，亦卽成二年傳之候正。據晉語八及其韋注，「老」是其名，字孟，故又稱「張孟」。鐸遏寇爲上軍尉，晉語七云：「知鐸遏寇之恭敬而信彊也，使爲輿尉。」輿尉當卽上軍尉。襄二十五年傳齊有鐸父，以鐸爲姓；但據通志氏族略四，鐸遏寇以鐸遏爲複姓。籍偃爲之司馬，晉語七云：「知籍偃之惇帥舊職而恭給也，使爲輿司馬。」輿司馬當卽上軍司馬。據昭十五年傳孔疏引世本「季子生籍游，游生談」，則籍偃卽籍游，爲籍談之父。使訓卒、乘，卒，步兵；乘，車兵。親以聽命。親指步兵與車兵之間步調一致，宣十二年傳「卒乘輯睦」卽此意。聽命，聽從上命。程鄭爲乘馬御，晉語七云：「知程鄭端而不淫，且好諫而不隱也，使爲贊僕。」贊僕當卽乘馬御。據孔疏引世本，程鄭爲荀氏別族。晉語七韋注云：「程鄭，荀騅之曾孫（荀騅見成三年傳），程季之子。」六騶屬焉，杜注：「六騶，六閑之騶。」閑，馬厩。據周禮夏官校人及鄭注，天子十二閑，諸侯六閑，每閑有馬二百一十六匹。騶，官名，據禮記月令鄭注，卽周禮夏官之趣馬，主管駕車與卸車。孔疏據校人計算，六閑之騶有一百八人，由程鄭率領。使訓羣騶知禮。凡六官之長，皆民譽也。杜注以六官爲六卿，但此時晉有四軍八卿，襄八年傳可證，不得謂之六官，杜說不可信。說詳錢綺札記。六官猶言各部門。舉不失職，所提拔者俱稱其職務。官不易方，方，常也，即常規舊典。說見王引之述聞。爵不踰德，量其德行，授以爵位，不使超過。荀子君子篇亦云「古者爵不踰德」、「爵賞不踰德」。師不陵正，旅不偪師，正、師、旅皆一般官吏之名位，正大於師，師大於旅。正蓋各軍各部門之長。兩句即下不陵上之意。襄十年傳「官之師旅不勝其富」、十四年傳「今官之師旅無乃實有所闕」、二十五年傳「百官之正長師旅」，正與師、旅皆同此義。說詳王引之述聞。民無謗言，所以復霸也。杜注：「此以上通言悼公所行，未必皆在即位之年。」

一八·四 公如晉，朝嗣君也。嗣君指晉悼公。

一八·五 夏六月，鄭伯侵宋，及曹門外。杜注：「曹門，宋城門也。」顧棟高大事表七之二謂由宋國去曹國必出此門，故謂之曹門。曹國在宋之西北，則曹門當是宋之西北門。遂會楚子伐宋，取朝郟。據彙纂，朝郟當在今河南夏邑縣。楚子辛、鄭皇辰侵城郜，子辛，即襄公元年經之公子壬夫，曾爲楚之右尹、令尹，于襄五年被殺。取幽丘。城郜、幽丘當在今安徽蕭縣。同伐彭城，此兵分兩支，鄭成、楚共爲一支，取宋朝郟；子辛、皇辰爲一支，取宋幽丘；然後兩支會同，同伐彭城。彭城即今江蘇徐州市。納宋魚石、向爲人、鱗朱、向帶、魚府焉，五人由宋逃奔楚國，見十五年傳。十五年經與本年經五人皆僅書魚石一人。以三百乘戍之而還。書曰「復入」。凡去其國，國逆而立之，曰「入」；復其位，曰「復歸」；諸侯納之，曰「歸」；以惡曰「復入」。四條釋春秋經書法條例，但考之春秋全經經文，甚不相合。孔疏雖企圖彌縫，但難以服人。後人如王晳春秋皇綱論、劉敞春秋權衡、孫覺春秋經解、蕭楚春秋辨疑、葉夢得左傳讞及春秋考統論、張自超春秋宗朱辨義、陳澧東塾讀書記均有辨駁。日人安井衡左傳輯釋疑原文作「國逆而立之曰歸……諸侯納之曰入」，「入」「歸」兩字互相譌誤。吳闓生左傳微則引其父吳汝綸說，謂「凡空釋經文無事實者皆後之經師所爲，非左氏之文」。諸說皆乏確證，存疑可也。宋人患之。此句緊接上文「以三百乘戍之而還」，「書曰復入」是插入語。西鉏吾曰：「何也？言不足以爲我憂也。若楚人與吾同惡，以德於我，吾固事之也，不敢貳矣。杜注：「惡謂魚石。」大國無厭，鄙我猶憾。杜注：「言己事之，則以我爲鄙邑，猶恨不足，此吾患也。」不然，而收吾憎，使贊其政，杜注：「謂不同惡魚石，而用之使佐政。」以間吾釁，亦吾患也。言魚石將受其利用，乘我間隙，亦我之患。今將崇諸侯之姦而披其地，崇與尚書牧誓「乃惟四方之多罪逋逃是崇是長」之「崇」同義，尊重之意。披，分也。崇姦指尊貴魚石諸人，披地指取宋之彭城以封魚石。宋世家云：「平公三年，楚共王拔宋之彭城，以封宋左師魚石。」以塞夷庚。夷，平也；庚與迒通，道也。夷庚，車馬往來之平道。說詳洪亮吉詁。彭城爲各國間往來之要道，今由楚國派兵駐紮，故云塞其通道。逞姦而携服，逞姦，使姦人魚石等得快其意。携服，使本來服楚之國因而携貳。携，離也。毒諸侯而懼吳、晉，此指「塞夷庚」，妨礙各國往來，尤其堵塞吳國、晉國間必經之路，故云爲諸侯之毒害而使吳、晉有所恐懼。吾庸多矣，非吾憂也。楚國如此作爲，足爲吾利，非吾憂患。且事晉何爲？晉必恤之。」杜注：「言宋常事晉何爲，顧有此患難？」

一八·六　公至自晉。晉范宣子來聘，且拜朝也。答謝魯成之朝晉悼。君子謂晉於是乎有禮。禮尚往來，小國君侯朝大國，大國以卿拜朝。

一八·七 秋，杞桓公來朝，勞公，且問晉故。公以晉君語之。杜注：「語其德政。」杞伯於是驟朝于晉而請爲昏。驟有疾速和頻數兩義，時杞桓公即位已六十四年，年甚老，未必能屢次遠行，此處作疾速解爲宜。

一八·八 七月，宋老佐、華喜圍彭城，老佐時爲司馬，見十五年傳。老佐卒焉。杜注：「言所以不克彭城。」

一八·九 八月，邾宣公來朝，即位而來見也。去年十二月經書「邾子貜且卒」，則邾宣公今年即位。

一八·一〇 築鹿囿，書，不時也。周之八月，夏正之六月，農功正忙，非動土木功之時。

一八·一一 己丑，公薨于路寢，言道也。詳莊三十二年經注。

一八·一二 冬十一月，楚子重救彭城，伐宋。宋華元如晉告急。韓獻子爲政，此時欒書若非告老，即已死，韓厥代之爲中軍將。曰：「欲求得人，得人猶言得諸侯。必先勤之。勤，勞也。勤之，爲之勤勞。晉語二云：「秦人勤我矣。」韋注云：「勤我，助我也。」勤作助解亦可通。成霸、安彊，「彊」，石經、宋本、金澤文庫本都作「疆」，則「安疆」爲安定疆境之義。但楚只伐宋，非伐晉，不足以言安疆。仍當作「彊」。安讀爲按，抑止之義。安彊，即管子霸言篇「按強助弱」之「按強」，「彊」指楚國。說見章炳麟讀卷三。自宋始矣。」晉侯師于台谷以救宋。台谷，不詳今何地。高士奇地名考略五引或說，謂在今山西晉城縣境，未必可據。遇楚師于靡角之谷，楚師還。據襄二十六年傳，靡角之谷當在彭城附近。襄二十六年傳載晉以雍子爲謀主，楚師宵潰。

一八·一三 晉士魴來乞師。季文子問師數於臧武仲，臧武仲即臧孫紇，即臧宣叔臧孫許之子。問出多少軍隊。對曰：「伐鄭之役，知伯實來，知伯即荀罃，此事見去年經。下軍之佐也。今彘季亦佐下軍，如伐鄭可也。事大國，無失班爵而加敬焉，班爵見莊二十三年傳。此言以使者爵位高低決定出師多少，且有多無少。禮也。」從之。

一八・一四　十二月，孟獻子會于虛朾，謀救宋也。宋人辭諸侯而請師以圍彭城。孟獻子請于諸侯而先歸會葬。

一八・一五　丁未，葬我君成公，書，順也。據杜注，死于路寢，五月而葬，國家安靜，太子繼位，故云「書順」。莊公雖亦死於路寢，而子般被殺；宣公雖死於路寢，而歸父出奔，國內皆不如成公薨後安謐。